TIERRA FIRME

CAMINATA POR LA NARRATIVA LATINOAMERICANA

SEYMOUR MENTON

CAMINATA POR LA NARRATIVA LATINOAMERICANA

UNIVERSIDAD VERACRUZANA
FONDO DE CULTURA ECONÓMICA
MÉXICO

Primera edición, 2002

Se prohíbe la reproducción total o parcial de esta obra
—incluido el diseño tipográfico y de portada—,
sea cual fuere el medio, electrónico o mecánico,
sin el consentimiento por escrito del editor.

Comentarios y sugerencias: editor@fce.com.mx
Conozca nuestro catálogo: www.fce.com.mx

D. R. © 2002, UNIVERSIDAD VERACRUZANA
Dirección Editorial
Apartado Postal 97; 91000 Xalapa, Ver.

D. R. © 2002, FONDO DE CULTURA ECONÓMICA
Carretera Picacho-Ajusco, 227; 14200 México, D. F.

ISBN 968-16-6389-6

Impreso en México

A Adolfo Castañón, quien, por su parentesco
con el castaño magicorrealista de *Cien años de soledad,*
me promovió la *Historia verdadera del realismo mágico*
y me convenció de que debería emprender
esta larga caminata por la narrativa latinoamericana.

VOLVER A EMPEZAR

En vez de poner la palabra "prólogo" como título de estos comentarios iniciales, me parece más acertado acudir al título en español de una de mis canciones predilectas: "Begin the Beguine", cuyo arreglo de 1940 por la orquesta de Artie Shaw la convirtió en uno de los discos más vendidos de todos los tiempos. Fue durante la Feria Internacional del Libro en Guadalajara, en diciembre de 1998, cuando Adolfo Castañón, director literario del Fondo de Cultura Económica, me sorprendió con la propuesta de publicar una selección de mi obra crítica de medio siglo. Mi primera reacción fue soltar un chorrazo de adrenalina que me permitió olvidarme del peso inexorable de mis siete décadas y aguantar, pese a mi diabetes, las alegres y desveladoras cenas de la Feria. Tanto rejuvenecí que hasta recité la letra completa de "La rondalla", aprendida en 1948 en la ciudad de Guanajuato, durante la presentación de la divertida novela nostálgica *Toda una vida*, de Martha Cerda.

Sin embargo, una vez pasada la euforia, me di cuenta del tremendo desafío que significaba este proyecto. Efectivamente, tendría que "volver a empezar", es decir, releer todos los libros, artículos, reseñas, notas y ponencias escritas desde mi primera estadía en México en 1948-1949 hasta el presente. ¿Cuántos de esos escritos serían dignos de rescate? ¿Me atrevería a publicarlos en su forma original o tendría que rectificar errores, modificar juicios, eliminar detalles gratuitos o ampliar las pruebas de mis afirmaciones? ¿Me sentiría obligado a agregar nuevos escritos para dar un carácter más íntegro al volumen?

Al mismo tiempo, el proyecto me ofrecía la posibilidad de hurgar en el fondo de mis archivos, de mis apuntes, de mi mente, para encontrar las bases teóricas de mi acercamiento a la literatura: ¿bases constantes o bases sujetas a la evolución inevitable de la crítica literaria?

Me parece que se podría resumir mi aproximación a la literatura en dos palabras: "escrutinio" y "caminata". La primera se define en el Diccionario de la Real Academia Española (1984) como "examen y averiguación exacta y diligente que se hace de una cosa para saber lo que es y formar juicio de ella". Desafortunadamente, el uso literario más conocido de la palabra "escrutinio" proviene del *Quijote*, donde la averiguación es más inquisitorial que exacta y diligente. No obstante, hay que reconocer que se salvan de la hoguera los cuatro libros de *Amadís de Gaula*, el *Palmerín de Inglaterra, Historia del famoso caballero Tirante el Blanco, La Araucana* y unos cuantos más por razones que aún hoy podrían ser vigentes.

Quienes respetamos el oficio del escritor afirmamos que se puede percibir y apreciar el talento que luce un artífice de la palabra, un artífice profesional. Muchos de mis profesores me habían enseñado a apreciar la literatura, pero el único que me enseñó a escudriñarla fue Joaquín Casalduero en la New York University. En los cursos doctorales sobre el teatro del Siglo de Oro o la novela española del siglo xx siempre nos sorprendía con preguntas inesperadas que daban la clave para comprender el sentido de la obra. Años después llegaría a saber que ese método se conocía en inglés con el término *New Criticism*. Tanto para Casalduero como para los "nuevos críticos" estadunidenses, el análisis de la obra tenía que ser totalmente intrínseco: nada de datos biográficos del autor, nada de examinar el mundo sociopolítico del cual surge la obra y nada de apreciaciones éticas o filosóficas. Es decir, que la lectura cuidadosa y exacta, lo que se llama en inglés *close reading,* es fundamental y no hay atajos.

Una vez empezada mi propia labor crítica, me di cuenta de que esa lectura intrínseca no siempre bastaba en sí porque no podía realizarse en un vacío. Por mucho que un lector analice la forma de una obra con toda su variedad de recursos técnicos, tiene que colocarla dentro de su contexto tanto sociopolítico como literario. No se puede analizar ni comprender *La última mujer y el próximo combate,* del cubano Manuel Cofiño López, sin colocarla dentro de los cambios en la política cultural de la Revolución entre 1959 y 1971. En cuanto al contexto literario, hay que saber hasta qué punto cierta obra literaria está reaccionando en contra de una tendencia hegemónica. ¿Hasta qué punto contribuye una obra a lanzar una nueva tendencia, o está incorporándose en el auge de esa tendencia o constituye un ejemplo rezagado de la tendencia? El colombiano Tomás Carrasquilla es excelente novelista, pero sus novelas realistas como *Frutos de mi tierra* (1896) y *La marquesa de Yolombó* (1926) no han recibido el debido reconocimiento porque se publicaron demasiadas décadas después de que Alberto Blest Gana introdujera esa modalidad en la novela hispanoamericana. Por otra parte, "El hombre muerto" (1920), de Horacio Quiroga, es un cuento magnífico en sí pero cobra mayor importancia al señalarse que es el primer cuento magicorrealista del mundo entero y se distingue muchísimo de los cuentos criollistas más típicos de Quiroga. De un modo paralelo, *El reino de este mundo* (1949), de Alejo Carpentier, llega a cobrar mayor importancia veinticinco años después de su publicación con la moda de la Nueva Novela Histórica.

Además de analizar intrínsecamente la obra y de examinar las circunstancias en que se gesta y se da a luz, me parece que otra responsabilidad del crítico, quizá la más importante y la más difícil, es enjuiciar la obra. En términos teóricos, ya sé que la objetividad absoluta es imposible, lo que no impide que el crítico serio haga el mayor intento de alcanzar 94.6% de objetividad. Para lograr ese alto porcentaje, el crítico serio tiene que reconocer y rechazar sus predisposiciones tanto afectuosas/enemistosas como ideológicas. Las camarillas literarias pueden contribuir mucho al éxito o al ninguneo de un libro. No obstante, a la larga, con alguna que otra excepción, son las obras verdaderamente superiores las que llegan a ser canonizadas.

¿Cuál es el procedimiento para calificar una obra de superior o de canónica? En mi libro *La novela colombiana: planetas y satélites* (1978) elaboré un "Manual imperfecto del novelista", dando nueve criterios como punto de partida para distinguir entre las novelas planeta y las novelas satélite. Ese manual está incluido en este tomo pero el método, en términos generales, tiene que ser comparativo. El individuo que lee su primer cuento o su primera novela puede quedar muy impresionado por su alta calidad, pero con la lectura subsiguiente de otros cuentos y de otras novelas irá adquiriendo una base más amplia para colocar esas obras en un orden jerárquico.

Respecto a mis propias obras, también quisiera enfocarlas a través de una lente comparativa. Reconozco que algunas de las primeras pueden tildarse despectivamente de descriptivas, pero recuerdo que en esas dos décadas antes del *boom* me sentía obligado a resumir ciertas novelas y proporcionar datos biográficos de los autores porque pocas personas los conocían. Mi disertación doctoral fue el primer estudio completo sobre la obra de Federico Gamboa a pesar de que hoy se le reconoce como el mejor novelista naturalista de toda Hispanoamérica y el primer novelista profesional de México antes de la Revolución. También mi tesis para la maestría en la UNAM fue el primer estudio completo sobre la obra de Gregorio López y Fuentes. Después de doctorarme, mi *Historia crítica de la novela guatemalteca* (1960), lo mismo que *El cuento costarricense* (1964), fueron los primeros estudios sobre esos temas.

Aunque no he abandonado completamente mi afán de dar a conocer, de divulgar la narrativa hispanoamericana, creo que con los años mi labor crítica ha ido adquiriendo mayor sofisticación y recuerdo muy bien que, durante mis investigaciones sobre la novela colombiana, rechacé la idea de leer y de comentar *todas* las novelas colombianas. Al utilizar el método comparativo para ese libro, ya no fue el método comparativo viejo de comprobar la influencia de una obra en otra sino comprobar cómo la identificación de cierto parentesco entre dos o tres obras podría contribuir a hacer perfilarse más claramente los aciertos que hacían brillar más una novela que otra: cuál era planeta y cuál satélite. A medida que iba apareciendo toda una ráfaga de nuevas modalidades teóricas, las fui estudiando sin convertirme en devoto exclusivista de ninguna de ellas. A mi juicio, el papel del crítico no debe consistir en aplicar cierto método o cierta teoría a todas las obras posibles. No, el crítico debe concentrarse primordialmente en la obra literaria aprovechándose del método o de la teoría que le permita analizar mejor esa obra. Por ejemplo, el método arquetípico me sirvió mucho para demostrar que *La vorágine* trascendía el regionalismo o el criollismo. En mis libros sobre la Nueva Novela Histórica y sobre el Realismo Mágico utilicé unos conceptos de Mijaíl Bajtín, a la vez que parodiaba algo a los estructuralistas y a los postestructuralistas.

Antes de cerrar este prólogo, me toca explicar la primera palabra del título: "Caminata". Mi labor crítica a través de las cinco décadas se ha fundado en el estudio de los textos pero también se ha nutrido de múltiples viajes por casi todos los países latinoamericanos. En realidad, las únicas tierras que no he pisado son la boliviana y la paraguaya. Creo que esa larguísima caminata me ha ayudado a conocer directamente varios aspectos culturales de cada país. Mientras realicé mi último viaje a México y a Guadalajara en los flamantes *jets* de American Air Lines y de la Compañía Mexicana de Aviación, que no se distinguen en absoluto unos de otros, no pude menos que añorar algunos de los vehículos más pintorescos de mi caminata.

El conductor del tren urbano (léase tranvía) de Celaya me entregó en 1949 las riendas de la mula mientras él hacía sonar la corneta para prevenir a los peatones. El lanchero en La Unión, El Salvador, viéndome cara de contrabandista o revolucionario, me pidió en 1956 que le entregara 200 dólares por llevarme de noche a través del Golfo de Fonseca hasta la orilla nicaragüense. No se los pagué, optando por tomar el autobús de la línea Flecha Roja hasta Choluteca, Honduras, donde me recogió un camión de carga que me llevó hasta Managua, con el único inconveniente de verme amenazado durante doce horas por las tarántulas anidadas entre los racimos de bananos. El cacique cuna me entregó en 1960 un canalete para que lo ayudara a dirigir el cayuco entre los islotes San Blas, por la costa caribeña de Panamá, después que bajé de la avioneta de Jungle Jim Airways que había aterrizado en la pista más pequeña del mundo entero. Podría seguir con estas anécdotas absolutamente verídicas pero ya es hora, estimados lectores, de obedecer la orden del trío Los Panchos: "Caminemos".

Foto del autor en el tren urbano de Celaya, 1949.

I. ¿Veintiuna naciones individuales o una sola?

EN EL OTOÑO DE 1998, poco antes de mi viaje a México y a Guadalajara, recibí una invitación para participar en un congreso de literatura panameña que se iba a celebrar entre el 8 y el 11 de julio de 1999. El motivo fue la entrega del Canal a la nación panameña y el tema del congreso era la identidad nacional. La preparación de un ensayo sobre la búsqueda de la identidad nacional en el cuento panameño me venía de perlas porque coincidía con el prólogo de este libro: "Volver a empezar". Efectivamente uno de mis primeros estudios, presentado en el congreso de la Modern Language Association en diciembre de 1954 y publicado en diciembre de 1955 en *Hispania*, se titula "En búsqueda de la nación: la novela hispano-americana". Además de releerlo para mi ensayo panameño, tuve que escudriñarlo para calcular cómo iba a resistir el escrutinio de los lectores devotos de los teóricos de moda Benedict Anderson y Homi Bhabha y de la crítica feminista Doris Sommer.

Pese a la antigüedad de "En búsqueda de la nación", prefiero conceder la posición inicial de este libro a un ensayo de tema análogo, "La obertura nacional", publicado en la *Revista Iberoamericana,* 130-131 (junio de 1985), 151-166, e incorporado en *Narrativa mexicana. (Desde "Los de abajo" hasta "Noticias del Imperio")*, Tlaxcala: Universidad Autónoma de Tlaxcala y Universidad Autónoma de Puebla, 1991, 67-85. En ese ensayo señalo los rasgos operísticos de cinco prólogos de novelas y dos de colecciones de cuentos, libros que abarcan un periodo de cuatro décadas y cuatro modalidades literarias. Así es que "La obertura nacional" podría considerarse la obertura de *Caminata por la narrativa latinoamericana*.

LA OBERTURA NACIONAL: ASTURIAS, GALLEGOS, MALLEA, DOS PASSOS, YÁÑEZ, FUENTES Y SARDUY[1]

Entre 1930 y 1967, seis autores hispanoamericanos preludian su novela o su colección de cuentos con una breve síntesis de su país, en forma de poema en prosa. Igual que la obertura operística, esa introducción —llámese "pórtico", "introito", "acto preparatorio" o lo que sea— establece el tono de la obra y sintetiza sus temas de una manera musical.[2]

A pesar de las semejanzas entre las oberturas, cada una tiene su propio carácter y refleja no sólo el tono y los temas de la obra individual, sino también las distintas tendencias artísticas en que ésta suele encasillarse. Sorprende que no se haya observado antes este fenómeno puesto que se trata de obras de primera categoría y de autores sumamente conocidos: *Leyendas de Guatemala* (1930), de Miguel Ángel Asturias; *Canaima* (1934), de Rómulo Gallegos; *La ciudad junto al río inmóvil* (1936), de Eduardo Mallea; *Al filo del agua* (1947), de Agustín Yáñez; *La región más transparente* (1958), de Carlos Fuentes, y *De donde son los cantantes* (1967), de Severo Sarduy.

Aunque el intento de captar la totalidad de una ciudad o de una nación en una sola novela[3] o colección de cuentos puede haberse originado con *Dubliners* (1914) y *Ulises* (1922), de James Joyce; con *Manhattan Transfer* (1925), de John Dos Passos; o con los cuentos de Mariano Latorre a partir de 1912; que yo sepa, la primera obertura nacional data de 1930 con *Leyendas de Guatemala*.[4]

La obertura de esta obra, tanto por su contenido como por su título, "Guatemala", da mayor trascendencia a lo que podría ser una simple co-

---

[1] Se publicó en la *Revista Iberoamericana*, 130-131 (junio de 1985), 151-166; y en Menton, *Narrativa mexicana*, Tlaxcala: Universidad Autónoma de Tlaxcala y Universidad Autónoma de Puebla, 1991, 67-85.

[2] Véase Willi Appel, *Harvard Dictionary of Music*, Cambridge, Mass.: The Belknap Press of Harvard University Press, 1969, 635-636.

[3] Véase mi estudio "In Search of a Nation: the Twentieth-Century Spanish American Novel", *Hispania*, 38, 4 (diciembre de 1955), 432-446.

[4] La introducción a *Swann's Way* (1913), de Proust, empieza con un capítulo muy largo que se titula "Obertura", pero, en realidad, no podría considerarse antecedente de estas oberturas nacionales.

lección de siete leyendas, de interés principalmente folclórico. La primera oración anuncia el ritmo lento de la obertura, igual que su dualismo: "La carreta llega al pueblo rondando un paso hoy y otro mañana".[5] La justificación del estilo dualista es la doble herencia, indígena y española, tanto de los guatemaltecos como de sus leyendas. Otros ejemplos del dualismo en la primera sección de la obertura son: las familias principales, que no se relacionan con los artesanos; el obispo y el alcalde, que representan las dos instituciones que mandan, y las dos temporadas de verano e invierno.

La sección que sigue (no están numeradas ni separadas por un espacio) explica cómo "esta ciudad fue construida sobre ciudades enterradas en el centro de América" (13) y cómo "los árboles respiran el aliento de las personas que habitan las ciudades enterradas" (13-14), con imágenes que indican la procedencia surrealista del autor. El motivo de los árboles se repite como un leit motiv musical para luego ceder su lugar al leit motiv dominante: "El Cuco de los Sueños va hilando los cuentos" (15), que se repite cuatro veces íntegro, como un estribillo a través de toda la obertura. Hechizada la ciudad por los árboles, aparecen brevemente tres de las figuras diabólicas que van a protagonizar tres de las leyendas: la Tatuana, el Sombrerón y el Cadejo. Las capas de las ciudades enterradas se convierten en la imagen de una casa de altos, donde "de puerta en puerta van cambiando los siglos" (14).

La tercera sección de la obertura consta de descripciones individuales de cuatro ciudades mayas, abarcando la extensión geográfica de esa civilización: Palenque, Copán, Quiriguá y Tikal. Abandonada la ciudad de Tikal, el narrador sube la escalera de caracol que lo lleva a las tres capitales españolas de la sección cuarta, las que hoy día se llaman Ciudad Vieja, Antigua y Guatemala. El número de las ciudades indígenas y españolas refleja el carácter sincrético de la religión y de la cultura de Guatemala, que se simboliza, tal vez por casualidad, en la descripción de la música de Antigua: "la música es suave, bullente; y la danza triste a compás de tres por cuatro" (18). Las descripciones de las ciudades españolas evocan leyendas de personajes históricos: Pedro de Alvarado y doña Beatriz y la inundación de Ciudad Vieja; el hermano fray Pedro de Betancourt y su encuentro con el pecador don Rodrigo de Arias Maldonado.

La cuarta y última sección de la obertura se arma a base de ruidos, que se convierten en palabras, para luego terminar en un *crescendo* de oda al

---

[5] *Leyendas de Guatemala*, Buenos Aires: Losada, 1967, 13.

pueblo de Guatemala. Comienza con el estribillo "El Cuco de los Sueños va hilando los cuentos". El ruido de los telares es "un siseo de moscas presas"; el "raz-raz de escarabajo" de los cronistas se junta con el "lero-lero de ranas" de los coros en la iglesia y la "palpitación de yunques, de campanas, de corazones […]"(20) para anunciar la introducción sigilosa de la imprenta por fray Payo Enríquez de Rivera. De ahí en adelante, por primera vez en la obertura, el narrador habla de sí mismo: "las primeras voces me vienen a despertar; estoy llegando" (20). Se entusiasma con los recuerdos de los juegos infantiles y termina la obertura con una exaltación de la naturaleza de toda Guatemala (llanura, selvas, montañas, lagos y volcanes, las flores de izote), sin que haya una precisión geográfica —la excepción es Atitlán—, "mirador engastado en una roca sobre un lago azul" (17). También se exaltan las casas y las calles (probablemente de Antigua), exaltación enmarcada por la doble exclamación: "¡Mi pueblo! ¡Mi pueblo!" (20, 21). De las siete oberturas analizadas en este trabajo, la de Asturias es la única que contiene esta nota personal. También se distingue por su tono nostálgico (se escribió en París) y la ausencia sorprendente de cualquier nota de protesta social, sorprendente por el contraste con las obras posteriores de Asturias.

Con "Pórtico",[6] el prólogo a la novela *Canaima* (1934) del venezolano Rómulo Gallegos, criollista por antonomasia, la obertura nacional llega a su madurez. En comparación con "Guatemala", "Pórtico" capta más la totalidad de la nación. El título indica tanto una entrada a la novela como al país. Aunque "pórtico" se refiere a una región muy específica, el delta del río Orinoco, el narrador convierte todo el sistema fluvial en el esqueleto del país: "¡Agua de mil y tantos ríos y caños por donde una inmensa tierra se exprime para que sea grande el Orinoco!"[7] Se capta la totalidad del interior de Venezuela con la observación de que los ríos nacen "al pie de los páramos andinos" del oeste y "en la selva misteriosa" (12) del sur y que atraviesan el llano del centro.

La obertura se basa en el viaje lento, pero continuo, de un vapor por los caños del delta, desde el amanecer hasta la puesta del sol. La marcha del tiempo se señala con los distintos grados de luz, indicando a veces la herencia modernista del autor: "el turbio amanecer" (9), "destellos de au-

---

[6] Por casualidad, Asturias utiliza la misma palabra "Pórtico" para el prólogo a su segundo tomo de leyendas, *El espejo de Lida Sal* (1967), que, sin embargo, no tiene el aspecto abarcador, panorámico, nacional, que tienen las otras oberturas.
[7] *Canaima*, 6ª ed., Buenos Aires: Espasa-Calpe, 1951, 12.

rora" (9), "sol de la mañana" (10), "largo nubarrón por detrás del cual los rayos del sol, a través del aguacero en marcha, son como otra lluvia, de fuego" (11), "los más vivos destellos del sol de la tarde" (12), "la mágica decoración de la puesta del sol: celajes de oro y lagos de sangre y lluvias de fuego por entre grandes nubarrones sombríos" (13). Los colores de la puesta del sol rematan la predilección cromática de Gallegos, expresada en gran parte a través de los pájaros: "los alcatraces grises" (9), "las blancas gaviotas" (9), "las negras tijeretas" (9), "las garzas rojas, azules y blancas" (9), "los pericos verdes" (12) y "el oro y azul, el rojo y azul de guacamayos" (12). El movimiento constante y rítmico del vapor se indica primero con los gritos de sondeaje: "—¡Nueve pies! ¡Fondo duro!" (9, etc.), y luego con el uso anafórico de la palabra "ya" (10-13).

Aunque el panorama nacional es principalmente geográfico, el narrador también se fija en la composición racial del país y señala distintas etapas de desarrollo cultural: "Mas el barco avanza y su marcha es tiempo, edad del paisaje" (10). Hay caños y ríos descritos como niños, adolescentes, jóvenes, machos y viejos. En la mañana, aparecen los verdes manglares "cual la primera vegetación de la tierra" (10); cuando los manglares ya son "matorrales de ramas adultas" (10), aparecen los indios primitivos con sus "gritos de un lenguaje naciente" (10), su jerga de gerundios. Más adelante "el paisaje es de tiempos menos remotos" (11) y aparecen "los conucos de los margariteños, las umbrosas haciendas de cacao", y, un poco más adelante, "ya se ven los caseríos" (11).

Además de plasmar el espacio geográfico que evoca una visión de toda la nación, la obertura prepara al lector para los trozos deslumbrantes y delirantes, lo mismo que para la violencia de la novela: "una región donde imperan tiempos de violencia y de aventura [...]" (9). El encuentro entre las aguas fluviales y las marítimas hasta podrían reflejar la lucha entre la civilización y la barbarie: "los bruscos maretazos de las aguas encontradas" (9). Más ominosas son las aguas revueltas entregadas al Orinoco por los otros ríos: "rojas cuentas del Atabapo, como la sangre de los caucheros asesinados en sus riberas; turbias aguas del Caura, como las cuentas de los sarrapieros [...]; negras y feas del Cunucunuma [...]; verdes del Ventuari y del Infrida [...]; revueltas del Meta y del Apure, color de la piel del león; azules del Caroní" (12). No obstante toda la violencia, el narrador mantiene su fe en el futuro: "vastos silencios para inmensos rumores de pueblos futuros" (13).

Canaima termina con una especie de epílogo, titulado "¡Esto fue!", que, lo mismo que "Pórtico", comienza con el grito del sondeaje y un párrafo que repite la imagen de la tierra nacional exprimida para formar el sistema fluvial del Orinoco. Sin embargo, el epílogo pierde algo de su carácter panorámico al convertirse en un repaso del paradero de los personajes principales. La novela termina con un párrafo que funde el desenlace de la acción con la fe en el futuro y la visión poética de la obertura. El barco va río abajo, hacia el mar, hacia la civilización representada por el colegio de Caracas:

> Bocas del Orinoco. Agua del Padamu, del Ventuari [...] Allí mismo está esperándolas el mar. Apoyado sobre la barandilla del puente de proa va otra vez Marcos Vargas. Ureña lo lleva a dejarlo en un colegio de la capital donde ya están dos de sus hijos, y es el Orinoco quien lo va sacando hacia el porvenir [...] El río macho de los iracundos bramidos de Maipures y Atures [...] Ya le rinde sus cuentas al mar [...] [261].

Una visión optimista, pero más vaga, también marca el "Introito" y el epílogo titulado "Adiós" de *La ciudad junto al río inmóvil* (1936) del argentino Eduardo Mallea. Tanto para Argentina como para Venezuela, un sistema fluvial constituye la espina dorsal de la nación y la obertura está situada en el delta, o sea, el estuario del Río de la Plata. No obstante, mientras la obertura venezolana consta de un viaje por los caños del delta y se concede mucha importancia a las distintas aguas vertidas al delta por los afluentes, el estuario argentino es un río inmóvil, extraño, con énfasis en el "desierto",[8] metáfora de Buenos Aires. Mientras en la obertura de *Canaima* se mencionan los nombres de los distintos ríos, en la de Mallea ni se menciona el nombre del Río de la Plata. La visión nacional plasmada en la obertura de *La ciudad junto al río inmóvil* se reduce a la oración siguiente, que abarca los extremos geográficos del país, sin nombrarlos concretamente, menos en el caso de Tierra del Fuego, que pierde su especificidad al aparecer sin mayúsculas: "Marchan por su vasto país desde la cordillera nevada hasta la tierra del fuego, hasta las selvas del norte y las provincias de vida lenta, coloniales, hasta el centro de la poderosa metrópoli" (12).

En gran parte, las diferencias entre las dos oberturas-epílogos pueden atribuirse a las diferencias entre el criollismo y el existencialismo. Galle-

---

[8] *La ciudad junto al río inmóvil*, 4ª ed., Buenos Aires: Sudamericana, 1966, 11. Todo el "Introito" y el "Epílogo" están escritos en cursivas.

gos, criollista de herencia modernista, está obsesionado por la geografía, los colores y los sonidos, los nombres exóticos de los ríos, de los pájaros y de las matas y de la manera como hablan los indios. En cambio, Mallea, existencialista antes de que *La Nausée* (1936), de Jean-Paul Sartre, estableciera la moda —los cuentos se publicaron individualmente en la prensa, entre 1931 y 1935—, está más obsesionado con lo que lleva el ser humano adentro: su soledad y su angustia, su falta de comunicación, su "mal metafísico". En toda la obertura y en todo el epílogo no hay un solo nombre argentino ni una sola forma dialectal. En la obertura no aparece ningún color; en el epílogo sólo figuran lo negro y lo gris: "las negras columnas de los relojes" (292), "la inmensa familia gris" (293) y "un traje gris de sport" (254). En cuanto a sonidos, se alude a voces y cantos, cantos del futuro, pero no son sonidos específicos. Las nueve novelas cortas que constituyen *La ciudad junto al río inmóvil* versan sobre el mismo tema de la angustia de la soledad. En la obertura el narrador prepara al lector para el tono del libro con las frases siguientes: "atmósfera áspera", "cargado mutismo", "ojos cargados, taciturnos", "muchachas hurañas" (11); "irritables, y suspicaces como el animal en celo" (12); "hombres huraños" (13). Sin embargo, por pesimistas que sean las novelas cortas, en la obertura, lo mismo que en el epílogo, el narrador expresa una fe en el futuro que, a diferencia de *Canaima*, no concuerda con el contenido de la novela. Según el narrador argentino, "millones y millones de hombres americanos... se están buscando" (11), hombres americanos y argentinos. Donde más se distingue esta obertura de las otras es que Mallea no diferencia entre esos millones: ni por clase social, ni por origen étnico, ni por región. Igual que los venezolanos, los argentinos están en marcha. Si no hablan, si no se comunican, es que están presenciando y experimentando la gestación del nuevo hombre argentino, americano; su mutismo es un canto, un coro del futuro, que se oirá en la ciudad. A pesar de ese mutismo, la obertura consta irónicamente de un diálogo entre dos seres anónimos.[9]

---

[9] La explicación de esta aparente contradicción podría hallarse en la influencia de Waldo Frank. Según Arnold Chapman, Mallea conoció a Frank en 1929, en Buenos Aires, y el "Introito" "as far as I can judge, is an excerpt from one of the Frank-Mallea peripathetic dialogues in the South American Spring of 1929" *(The Spanish American Reception of United States Fiction, 1920-1940,* Berkeley: University of California Press, 1966, 67). El mismo Frank, en una conferencia del 21 de octubre de 1929, en Buenos Aires, había proclamado: "La tristeza argentina es una expectación, es hondo y grave sentido del embrión" (67). Chapman también señala ciertas semejanzas entre las dos colecciones, *La ciudad junto al río inmóvil* y *City Block* (1922), de Frank, pero ésta no tiene obertura.

En cambio, el epílogo está escrito en tercera persona, sin nada de diálogo. Comienza con la noticia de que había llovido, lo que produce cierto entusiasmo primaveral, "cierta universal felicidad" (294). Con una alusión a los cuarenta años pasados en el desierto por los hebreos antes de cruzar el río Jordán, Mallea cierra el libro con una nota optimista, la cual no se justifica por los textos anteriores: "sólo los que han agonizado en el desierto, muerto en la duda, renacerán algún día, encontrándose inocentemente en el territorio de la esperanza y en la familiaridad con el gozo" (294).

Así como Mallea parece haber anticipado a Sartre en el existencialismo, también parece haber anticipado a John Dos Passos en el uso de la obertura y del epílogo nacionales, aunque sí es cierto que la obertura y el epílogo de *U.S.A.* tienen como antecedentes los breves (varían entre nueve y treintaiún renglones) prólogos anónimos, panorámicos —y poéticos algunos— que preceden a cada uno de los dieciocho capítulos de *Manhattan Transfer*, del mismo autor, publicada en el año 1925.

La obertura a la trilogía *U.S.A.*, que lleva el título "U.S.A.", apareció por primera vez en enero de 1938, aunque el epílogo titulado "Vag" se publicó dos años antes, en 1936, al final del tercer tomo de la trilogía *The Big Money*. La obertura capta la esencia de la nación en sólo dos páginas y media, con una visión más externa que la de Mallea. El protagonista es un joven anónimo, desempleado y solitario, que representa a todos los obreros del país. La estructura totalizadora de la trilogía se expresa desde el primer párrafo de la obertura con alusiones a las distintas partes del cuerpo humano (pies, ojos, cabeza, hombro, manos, sangre, mente, músculos y oídos) y a una variedad de trabajadores (peón de la carretera, pescador, remachador de un puente, maquinista y labrador). Continúa con la mención de distintos medios de transporte (metro, tranvías, autobuses, trenes, elevadores, remolcador, vapor, camiones, aviones) y distintos tipos callejeros. De ahí se evocan escenas de los distintos puntos cardinales del país: Seattle, San Francisco y San Diego, en la costa occidental; Yellowstone y Chicago, en el norte; Allentown y Washington, D. C., en el este, y Nueva Orleans, en el sur. Frente al panorama geográfico, el elemento histórico se reduce a las anécdotas de los padres del protagonista, que luego evocan una variedad de cuentos, narraciones y mentiras. No aparecen los nombres de George Washington ni de Abraham Lincoln. Dos Passos se concentra en el periodo contemporáneo: los años de la crisis económica precipitada por la caída de la Bolsa en 1929 y sus antecedentes.

A pesar de la soledad del protagonista, esta obertura se distingue por su tono dinámico, reflejo de toda la trilogía y de la nación. Los grupos de palabras y de nombres basados en la anatomía, la geografía, el transporte y los oficios nunca se presentan en forma de enumeración, sino individualizados con verbos, sustantivos y adjetivos muy específicos. Para rematar lo dinámico de la obertura, Dos Passos efectúa un cambio de protagonista: el joven microcósmico se ve remplazado por la U.S.A. macrocósmica. Sirviéndose de la anáfora "U.S.A. is...", el narrador establece el tono de protesta social, criticando los monopolios y los políticos fanfarrones con cuentas de banco excesivas y lamentando la muerte de los soldados, pero también queda admirado ante el esplendor de su geografía. La obertura termina con una nota nostálgica y una exaltación del hablar del pueblo, que de cierta manera desmiente la soledad del joven desempleado.

Aunque el epílogo "Vag" mantiene el mismo afán de captar en pocas páginas (dos y media) la totalidad de la nación, el énfasis está mucho más en la protesta social. El protagonista ya no es el compendio de varios hombres, como en la obertura, sino un individuo solitario, hambriento, mal vestido, con el cuerpo magullado por los golpes de los policías. Mientras pide aventón en la carretera, con el pulgar levantado, pasa por encima de él un avión lleno de pasajeros transcontinentales que gozan de la vida pensando en contratos, ganancias y vacaciones. Después de seguir la ruta del avión desde Newark hasta Los Ángeles, pasando por Cleveland, Chicago, Iowa, Omaha, Cheyenne, Salt Lake City y Las Vegas, el narrador vuelve a fijarse en el joven hambriento, que se siente más débil cada momento, esperando que se detenga un coche para recogerlo. Para él, el "sueño americano", tan anunciado en los libros y en los avisos comerciales —"went to school, books said opportunity, ads promised speed, own your home, shine bigger than your neighbor, the radio-crooner whispered girls"—,[10] resulta opacado por la insistencia del narrador en dar énfasis a los sentidos del oído, de la vista y del olfato: "A truck roars clatters" (559); "the hissing speeding string of cars" (559); "eyes black with want seek out the eyes of the drivers" (559); "the blinking eyes of the beacons reddening into day" (560); "the carbolic stench of the jail" (559); "the reek of ether and lead and gas melts into the silent grassy smell of the earth" (559).

Dentro del aspecto musical, la tragedia del joven se intensifica mediante la repetición con pequeñas variantes del estribillo: "head swims, hun-

---

[10] *U.S.A.*, Nueva York: The Modern Library, Random House, 1937, 561.

ger has twisted the belly tight" (559); "head swims, belly tightens, wants crawl over his skin like ants" (561); "waits with swimming head, needs knot the belly, idle hands numb, beside the speeding traffic" (561).

En contraste con las oberturas de *U.S.A.* y de *Canaima*, la de *Al filo del agua* (1947) no es nada dinámica, y en contraste con todas las otras oberturas es microcósmica en vez de macrocósmica. Para captar el estancamiento de la vida pueblerina, durante la larga dictadura de Porfirio Díaz (1876-1910), Agustín Yáñez escoge como protagonista un "pueblo de mujeres enlutadas",[11] pueblo anónimo, que se presenta en el "Acto preparatorio", una obertura aún más poética, más musical que las ya comentadas. Aunque no se percibe en absoluto la visión nacional en la obertura, en el cuerpo de la novela el viejo Lucas Macías sirve precisamente para enlazar la vida rutinaria, atemporal, ahistórica de ese pueblo de Jalisco con los acontecimientos y los protagonistas nacionales, remontando al lector a la época de Santa Anna y la guerra contra Texas.

Para justificar la Revolución mexicana, Yáñez retrata un pueblo estancado, enfatizando la represión de los instintos humanos por la Iglesia. La vida del pueblo es una vida casi de convento: "Pueblo de perpetua cuaresma" (14). Su carácter rutinario se capta con la mención de distintas horas del día, de ciertos días de la semana, de ciertos meses y de ciertas fiestas religiosas. En muchos párrafos brillan por su ausencia los verbos, lo que intensifica el ritmo monótono del pueblo.

La obertura tiene aspecto de letanía[12] con las "campanadas lentas, lentísimas" (11), los rezos para las distintas ocasiones: "De Profundis para lenguas y gargantas" (14); "Pueblo de templadas voces" (16). El ritmo lento se refuerza con distintos tipos de repetición y de enumeración. Diez de los párrafos comienzan con una frase corta, sin verbo, en la cual la primera palabra es "pueblo". Como en las otras oberturas, los personajes son anónimos y, además, el protagonista es el pueblo. Para dar la impresión de totalidad, el número cuatro predomina, no sólo en "los cuatro monagos" (12) y "los cuatro jinetes" (15), sino en la construcción cuatrimem-

---

[11] *Al filo del agua*, México: Porrúa, 1947, 9. Todo el "Acto preparatorio" está escrito en cursivas.

[12] En una entrevista con Emmanuel Carballo, Yáñez dijo respecto a la composición de *Al filo del agua:* "El *Réquiem* de Fauré fue, en esos días, mi disco de cabecera. Su música fúnebre se advierte a lo largo de toda la novela [...]". (Carballo, *19 protagonistas de la literatura mexicana del siglo xx*, 291). Yáñez confiesa, en la misma entrevista, la influencia de *Manhattan Transfer:* "Me propuse aplicar a un pueblo pequeño la técnica que Dos Passos emplea en *Manhattan Transfer* para describir la gran ciudad" (291).

bre: "las luces de la tarde —fuertes, claras, desvaídas, agónicas—; viejecitas, mujeres maduras, muchachas de lozanía, párvulas" (9); "Tardo el resolver, el andar, el negociar, el hablar" (18). Igual que en la obertura de *Leyendas de Guatemala,* se utiliza el ritmo trimembre para reflejar la importancia del catolicismo en el pueblo. Figura igualmente el ritmo bimembre como reflejo del dualismo hombres-mujeres, pobres-ricos, matrimonios-entierros, verano-invierno, día-noche, etc. La misma obertura tiene una estructura bimembre, o sea, una dentro de la otra. La obertura empieza con la frase: "Pueblo de mujeres enlutadas" (9) y el primer movimiento, o sea, la obertura a la obertura, se cierra en la página siguiente con el breve párrafo: "Pueblo sin alameda. Pueblo de sol, reseco, brillante. Pilones de cantera, consumidos, en las plazas, en las esquinas. Pueblo cerrado. Pueblo de mujeres enlutadas. Pueblo solemne" (10).

Para subrayar aún más la sequedad espiritual del pueblo, Yáñez emplea irónicamente metáforas acuáticas: "en todo el santo río de la mañana" (9); "un río de sangre, río de voces y colores inunda los caminos, las calles, y refluye su hervor en el atrio de la parroquia [...]" (16).

Tanto este lenguaje como la estructura tan precisa del "Acto preparatorio" refuerzan el carácter opresivo del pueblo, el cual produce la mayor tensión en la obertura, y en la novela total la tensión entre los deseos y el miedo. Así es que en esta novela, igual que en *Leyendas de Guatemala,* se aplican ciertas técnicas surrealistas a temas criollistas. El mundo subconsciente de los sueños, de las pesadillas, en el cual se desencadenan los deseos profundos y se distorsiona la realidad, se anuncia claramente en la obertura: "En las noches de luna escapan miedos y deseos, a la carrera; pueden oírse sus pasos, el vuelo fatigoso y violento, al ras de la calle, sobre las paredes, arriba de las azoteas. Camisas de fuerza batidas por el aire, contorsionados los puños y las faldas, golpeando las casas y el silencio en vuelos de pájaro ciego, negro, con alas de vampiro de tecolote o gavilán [...]" (13).

El cambio del espacio pueblerino de *Al filo del agua* (1947) al espacio capitalino de *La región más transparente* (1958) refleja el cambio en la imagen de la nación mexicana en una sola década. A pesar de la hegemonía ejercida por la misma capital sobre el Imperio azteca, el virreinato de la Nueva España y el México independiente, la imagen literaria de México, entre 1910 y 1958, era la de una nación de fuerte sabor provinciano y rural, en la cual el campesino y el pueblerino eran los prototipos nacionales. Carlos Fuentes fue el primer novelista mexicano que proyectó la nueva imagen de un México modernizado y urbanizado, con todas sus contradicciones.

Por breve que sea la obertura —dos páginas y media—, no deja de ser un intento musical, transcrito en letras cursivas, de captar la totalidad de la nación. Para Fuentes, igual que para José Vasconcelos, Octavio Paz y otros, la clave para comprender a México es su nueva raza mestiza. Por tanto, el protagonista-narrador de la obertura es Ixca Cienfuegos, cuyo nombre indígena y apellido español sintetizan tanto la oposición como la identidad entre las dos razas. Digo "identidad" porque Ixca, además de evocar a Itzcóatl,[13] renombrado príncipe azteca, también evoca etimológicamente las palabras ígneas de "yesca" y "ascuas", que se asocian con el fuego del apellido. Al mencionar a un "Anáhuac que no machaca uvas-corazones" (9) y que bebe un vino hecho de "gelatinas de osamentas" (9), Fuentes recalca el aspecto hereditario de la violencia mexicana, el cual subraya con la yuxtaposición "muerto en la guerra florida, en la riña de cantina" (9).

En su búsqueda de la patria, el narrador Ixca Cienfuegos apostrofa a Hernán Cortés sin nombrarlo: "Al nacer, muerto, quemaste tus naves para que otros fabricaran la epopeya con tu carroña" (10). Aunque Ixca emplea el "nosotros" para indicar que indios y españoles han convivido en la meseta durante más de cuatro siglos, también reconoce que todavía no se han fundido totalmente las dos culturas: "jamás nos hemos hincado juntos, tú y yo, a recibir la misma hostia" (10). Con una alusión a la creación pintada por Miguel Ángel en el Vaticano, Ixca se pregunta si algún día nacerá el nuevo mexicano, mestizo cien por ciento: "A ver si algún día mis dedos tocan los tuyos" (10).

La musicalidad de esta obertura se basa principalmente en un movimiento *in crescendo*. Comienza con tres oraciones sumamente breves y prosaicas: "Mi nombre es Ixca Cienfuegos. Nací y vivo en México, D. F. Esto no es grave" (9). Luego, las oraciones se van extendiendo, a base de la repetición de las palabras "afrenta", "día", "abajo", "derrota" y "faz", para culminar con el empleo anafórico de la palabra "ciudad", ¡35 veces! La obertura se cierra con las palabras: "En la región más transparente del aire" (11).

Igual que las otras obras ya comentadas, *La región más transparente* refleja una de las tendencias predominantes de su generación: en este

---

[13] *La región más transparente*, 3ª ed., México: FCE, 1960, 445.

caso, la novela neobarroca o novela del lenguaje.[14] Aunque las preocupaciones políticas, económicas y sociales de Fuentes son primordiales en sus obras más importantes, su interés o su obsesión por las posibilidades artísticas de las palabras hacen pensar en obras como *Rayuela*, de Julio Cortázar; *Tres tristes tigres*, de Guillermo Cabrera Infante, y *Farabeuf*, de Salvador Elizondo, que constituyen, de cierta manera, una aproximación a la pintura abstracta, o sea, la exploración de las posibilidades del propio medio casi independientemente de su sentido representativo.

Como *La ciudad junto al río inmóvil*, *U.S.A.* y *Canaima*, *La región más transparente* también tiene un epílogo, sólo que en la novela de Fuentes el epílogo es mucho más largo que el prólogo: dieciséis páginas frente a dos y media. El epílogo lleva por título "La región más transparente del aire", y con estas mismas palabras se cierra la novela. La extensión del epílogo se debe a un repaso más explícito de la historia de México, sin perder la musicalidad. Como en el prólogo, la enumeración, la repetición y la anáfora, son los rasgos estilísticos que mantienen la musicalidad. En una pura enumeración de 116 personajes históricos, que recuerda los murales recargados de personajes históricos de Diego Rivera, se entremezclan nombres indígenas, hispánicos y unos pocos extranjeros; figuras políticas, literarias y artísticas, sin ningún orden cronológico: "Acamapichtli, Cortés, Sor Juana, Itzcóatl, Juárez, Tezozómoc, Gante, Ilhuicamina, Madero [...] Cervantes de Salazar, Carranza, Vasco de Quiroga, Xavier Villaurrutia, Ávila Camacho, González Ortega, Nezahualcóyotl, Cantinflas, Labastida, Maximiliano de Habsburgo [...]" (446). Inmediatamente después sigue una serie de unas 80 frases (446-448), que empieza con "tú que..." y algunas variantes, aludiendo a todos los seres anónimos, los pobres, ubicados por épocas: la precolombina ("tú que danzaste estrangulado por las flautas, tú que hiciste el viaje del perro colorado"), la colonial ("tú que diste a luz un nuevo hijo con dos ombligos, tú que pintaste el ángel solferino y esculpiste el dios espinoso"), la revolucionaria ("tú que volviste a caer labrado de plomo, tú que caminaste descalzo con un fusil oxidado") y la contemporánea ("tú que enciendes los petardos, tú que vendes los billetes y las aguas frescas, tú que voceas los periódicos y duermes en el suelo"). El efecto arrollador de esas dos páginas se acentúa al final con una enumeración de la comida y de la ropa mexicana: "tú

[14] Véase Ángela B. Dellepiane, "La novela del lenguaje", en Donald Bleznick (ed.), *Variaciones interpretativas en torno a la nueva narrativa hispanoamericana*, Santiago de Chile: Editorial Universitaria, 1972.

que comes chicharrón y garnachas, tamarindo y mamey magullado, sopes y frijoles refritos [...] chirimoya y guanábana, dulces fríos de cristal y jamoncillo tricolor, tú que te pones un overol azul y un sombrero de petate [...] y chamarras de mezclilla" (448). Esa larga invocación del pueblo termina con dos frases breves, típicamente mexicanas: "tú que no te rajas y tú que me la mamas" (448).

Frente al "tú" pueblerino, sigue una serie de sólo 16 frases paralelas, encabezadas por el "ustedes" de los ricos. El número relativamente reducido de esas frases refleja la concentración de la riqueza y del poder en manos de una oligarquía: "ustedes que viajan y van y vienen y poseen un nombre y un destino claro y ustedes que suben y bajan y ustedes las hormigas y ustedes que construyen carreteras y altos hornos y sociedades anónimas y consorcios industriales y comparten su consejo de administración con míster aquiteinvierto" (448).

Esta sección termina con una denuncia, sintética y amarga, tanto de las fórmulas de cortesía y la xenofilia asociadas con la gente rica como de la hipocresía de los políticos: "¡Don Asusórdenes y doña Estaessucasa, Míster Besosuspies y Miss Damelasnalgas: no hay cuidado, se lo ruego, usted primero, sufragioefectivo, norreelección!" (449).

De repente, el mismo narrador cuestiona la función de la literatura. Después de iniciar un nuevo párrafo con la frase: "Y soñamos el discurso" (449), da unos ejemplos de lenguaje poético y algo experimental, pero luego escucha las voces de los pobres, que le ruegan que no los desampare. Así es que servirán para cantar las injusticias sufridas por los pobres desde que llegaron los españoles. De una manera más explícita, el narrador se pone a trazar la historia de México desde la Conquista, "el tiempo de la viruela y de la pestilencia" (450), hasta el presente de la novela, entremezclando nombres y acontecimientos muy concretos con alusiones reconocibles sólo por el lector muy familiarizado con la historia de México. Después de la descripción de la época colonial se habla del "anciano [Hidalgo] que sólo quería libertad para los esclavos" (450); del "gallero [Santa Anna]" (451), de la Guerra de los Pasteles con Francia, de la Intervención norteamericana, de la Guerra de la Reforma, de la Intervención francesa con Maximiliano y Carlota, de la Paz Porfiriana ("la paz era ¡mátalos en caliente!, la paz era poca política y mucha administración, la paz eran las tierras de las comunidades divididas entre los latifundistas") (454) y de la campaña electoral de Francisco I. Madero. Al llegar a la Revolución, el narrador vuelve a acudir a la enumeración de nombres históricos para luego retratar geográficamente a México como un cuerpo humano: "[...] el rostro de todos que es el único rostro, la voz de todos: la única voz, de la axila de Puerto Isabel al puntapié de Catoche, de la cadera del Cabo Corrientes a la tetilla del Pánuco, del ombligo de México al costillar de Tarahumara" (456).

Para cerrar la novela, el narrador lanza otra serie enumerativa, esta vez de los barrios y calles de la ciudad de México, que termina con la frase "y sus cuatro millones" (457), que sirve de transición para presentar de nuevo a los protagonistas novelescos que actúan en la obra entre la obertura y el epílogo. Ahí aparecen Gladys García, Roberto Régules, Federico Robles y otros, con el mismo estilo y tono empleados para los personajes históricos (anáfora, frases de cajón, enumeración rítmica y tono acalorado e irónico). Siguen dos páginas de popurrí de frases pronunciadas por los distintos personajes a través de la novela, que sirven de repaso. La obra termina con la "despoblación" del escenario, el abandono del tono apostrófico y grandilocuente, denunciador e irónico, y la vuelta de la figura simbólica de Ixca Cienfuegos, con la misma sencillez lingüística con que se dio comienzo a la obertura y con el mismo remate del título: "[...] y la voz de Ixca Cienfuegos, que corre, con el tumulto silencioso de todos los recuerdos, entre el polvo de la ciudad, quisiera tocar los dedos de Gladys García y decirle, sólo decirle: Aquí nos tocó. Qué le vamos a hacer. En la región más transparente del aire" (460). La penúltima frase también aparece en el prólogo pero complementada con otra frase que, a diferencia de las otras oberturas, representa la falta de fe en el futuro, o sea el estoicismo mexicano: "Qué le vamos a hacer. Aguantarnos, mano" (10).

En contraste con la exuberancia lingüística, la pasión por la historia y la imagen profética del autor, que caracterizan a los "oberturistas" ya comentados, culminando en Carlos Fuentes,[15] Severo Sarduy se encuentra dentro de la onda carnavalesca: se burla de las tradiciones literarias y la obertura de *De donde son los cantantes* ya no es un poema en prosa. No obstante, sí comparte con las anteriores el intento de captar la totalidad de la nación (cubana) y de anunciar los temas y el tono de la novela.

Desde el título en latín, "Curriculum cubense", Sarduy establece el tono burlón, carnavalesco de toda la novela. Sin embargo, a pesar de la

[15] El mismo afán de captar la totalidad de la nación mexicana estructura *La muerte de Artemio Cruz* (1962). Aunque no tiene ni prólogo ni epílogo, la antepenúltima sección de "tú" plasma en unas cinco páginas una visión muralística de la geografía y de la cultura sincrética (indígena, europea, africana) de México: *La muerte de Artemio Cruz*, México: FCE, 1973, 274-279.

aparente frivolidad, la obertura y la novela lucen una rica complejidad artística.

Tal vez la broma más significativa sea la de dar gato por liebre en cuanto a las culturas que "se han superpuesto para constituir la cubana —española, africana y china—".[16] A pesar de esta explicación dada por Sarduy en una nota al fin del libro y no obstante que las tres partes de la novela están dedicadas a esas tres razas, la obertura incluye la cuarta raza, la primera, o sea, la de los indios. Al mencionar la "Caridad del Cobre" (17) Sarduy evoca la leyenda de la Virgen del Cobre, según la cual ésta les salvó la vida a los tres representantes raciales de Cuba (indios, blancos y negros) después de que decidieron ayudarse mutuamente. No es por casualidad que, en la misma página, Auxilio describe la foto siguiente: "Aquí estoy entre los indios caduveo o cadiveo, leyendo a Boas y con una grabadora. Lo que me entrega el aborigen es una máscara [...]" (17). En el primer párrafo de la obertura se repite cuatro veces la palabra "plumas" (11), para luego presentar a Auxilio "rayada, como pájaro indio" (11). Otras dos veces (17 y 20) aparece la palabra "plumas" y una vez la palabra "plumero" (16). La metáfora de "serpientes emplumadas" (19), por la pareja que baila, hace pensar en el Quetzalcóatl mexicano. Al final de la obertura Sarduy aclara que en realidad sí son cuatro elementos raciales (en vez de tres) los que integran la cultura cubana: "el blanco de la peluca y la casaca, la china de la charada y el gato boca, la negra lamesca, y la última... que fue la primera: la impostura pelirroja, la Cerosa, la Sola-Vaya" (21). La equivalencia entre primera y última se refiere a los indios, los primeros habitantes de Cuba, que son los últimos porque han sido prácticamente exterminados y olvidados. Teniendo en cuenta la afición de Sarduy por los juegos lingüísticos, no sería muy atrevido sugerir que él utiliza el término "pelirrojo" por su proximidad a "piel roja".

Así es que, como en el "Acto preparatorio" de *Al filo del agua*, la totalidad nacional se simboliza y se recalca con el número cuatro: "Cuatro seres distintos y que son uno solo" (21). El lector de la obertura no se sorprende ante este desenlace puesto que hay toda una serie de grupos de cuatro o de palabras que sugieren el número cuatro: "cuadriculado estás" (12); "cuadrados simultáneos" (15); "en los cuadrados simultáneos" (18); "Rombos azules intermitentes" (15); "El trébol de las carreteras" (15). Auxilio está "en cuatro patas, enredada en su propia peluca" (15-16). La

---

[16] *De donde son los cantantes*, México: Joaquín Mortiz, 1967, 151.

mezquita azul de Constantinopla "tiene cuatro minaretes" (17) y en el *self-service* hay "cuatro lámparas móviles" (18). Inmediatamente antes de presentar las cuatro razas cubanas, Sarduy intensifica la concentración en los números: "El conjunto es un trébol gigante de cuatro hojas, o un animal de cuatro cabezas que miran hacia los cuatro puntos cardinales, o un signo yoruba de los cuatro caminos" (20-21).

Además del número cuatro, el dos también es de gran importancia. Las dos protagonistas de la obertura se llaman Auxilio y Socorro y son prácticamente idénticas, como lo indican los nombres sinónimos. El hecho de que los dos nombres tengan forma masculina también sugiere la homosexualidad. La presencia del espejo en la primera página y posteriormente (11 y 14) no sólo produce el doble, sino que se liga con el psicoanalista francés Jacques Lacan, quien se menciona de nombre dos veces en la obertura: "la falla lacaniana" (12) y "el pájaro pintor de Lacan" (19). El dos también se manifiesta estilísticamente en un párrafo basado en una variedad de repetición:

>—¡Revienta! —es Socorro la que habla—. Sí, revienta, aguanta, muérete, quéjate al Estado, quéjate a los dioses, *drop dead*, cáete abierta en dos como una naranja, ahógate en cerveza, en frankfurter chucrute, jódete. Conviértete en polvo, en ceniza. Eso querías [11].

Otro refuerzo del ritmo bimembre se logra con la asociación libre —"jamón-queso" (12), "cráteres-crápula" (12)—, que llega al extremo carnavalesco[17] de yuxtaponer elementos totalmente ajenos los unos de los otros: "Muros de botellas de Coca-Cola sostienen el plafón que decora una 'Caída de Ícaro'" (18). "Como reflejo de la novela del *boom*, aparecen frases y oraciones enteras en francés, inglés y alemán; predomina la sociedad de consumo con el *self-service*, la capa de Max Factor y la pregunta de los sesenta y cuatro mil dólares" (12), pero el mundo oriental no deja de hacerse sentir con las dos deidades orientales y el guerrero japonés; se comenta el mismo proceso creativo: "—¡Oigan eso! ¡Tres adjetivos de un golpe! En mi tiempo no era así. A dónde va la joven literatura" (20); se alude a otras figuras literarias (la intertextualidad):

Auxilio aparta las mechas. Se asoma, quevediana:

---

[17] El mismo Sarduy, siempre consciente de lo que escribe, obliga al lector a pensar en lo carnavalesco con la oración: "Auxilio [...] delante de una torre de cartón, a una carroza de carnaval, o un mausoleo con letras arábigas" (17).

—Seré ciega, mas tendré sentido.
Polvo seré, mas polvo enamorado [11].

Y la música se intercala constantemente: "arpegio de xilófono" (18) y "Se acabó lo que se daba" (12), canción popular en Cuba, igual que el título de la novela *De donde son los cantantes.*

La importancia de la nueva novela francesa, tan pronunciada en la primera novela de Sarduy, *Gestos,* se observa en la visión geométrica del mundo: "Y detrás, en los cuadrados simultáneos se encienden mil globos de papel. Cerros sobre un tapiz rojo. Y sobre los edificios, raya la noche la estela lechosa del metro. Rombos azules intermitentes" (15); "las cabezas, separadas por unos centímetros, coinciden con el cruce de las diagonales del paisaje —domos azules perforados de ventanas—" (16); "El *self-service* está en los bajos de un octaedro de baquelita" (18); "una negra de redondas nalgas y pechos, muy semicircular, muy cosena" (20).

El haber yuxtapuesto y analizado las seis oberturas nacionales de América Latina puede contribuir al descubrimiento de otros ejemplos. Su importancia reside intrínsecamente en sus logros artísticos, pero el hecho de que haya sobrevivido un periodo de cuatro décadas y de cuatro movimientos literarios —criollismo, existencialismo, surrealismo y la novela del *boom*— atestigua el continuo anhelo que tienen los literatos hispanoamericanos de descubrir y afirmar las bases de una cultura nacional en un mundo donde todavía no han llegado a desempeñar un papel primordial.

OBRAS CONSULTADAS

Appel, Willi, *Harvard Dictionary of Music,* Cambridge, Mass.: The Belknap Press of Harvard University Press, 1969, 635-636.

Asturias, Miguel Ángel, *Leyendas de Guatemala,* Buenos Aires: Losada, 1967.

Carballo, Emmanuel, *19 protagonistas de la literatura mexicana del siglo XX,* México: Empresas Editoriales, 1965.

Chapman, Arnold, *The Spanish American Reception of United States Fiction, 1920-1940,* Berkeley: University of California Press, 1966, 67.

Dellepiane, Ángela B., "La novela del lenguaje", en Donald Bleznick (ed.), *Variaciones interpretativas en torno a la nueva narrativa hispanoamericana,* Santiago de Chile: Editorial Universitaria, 1972.

Dos Passos, John, *U.S.A.,* Nueva York: The Modern Library, Random House, 1937.

Fuentes, Carlos, *La muerte de Artemio Cruz*, México: FCE, 1973.
——, *La región más transparente*, México: FCE, 1960.
Gallegos, Rómulo, *Canaima*, 6ª ed., Buenos Aires: Espasa-Calpe, 1951.
Mallea, Eduardo, *La ciudad junto al río inmóvil*, 4ª ed., Buenos Aires: Sudamericana, 1966.
Menton, Seymour, "In Search of a Nation: the Twentieth-Century Spanish American Novel", *Hispania*, 38, 4, diciembre de 1955, 432-446.
Sarduy, Severo, *De donde son los cantantes*, México: Joaquín Mortiz, 1967.
Yáñez, Agustín, *Al filo del agua*, México: Porrúa, 1947.

LA SÍNTESIS DE LA NACIÓN LATINOAMERICANA: DOS VERSIONES NOVELESCAS

Durante la consagración del verano de 1967, es decir, durante la consagración del *boom* en Caracas, corría la voz de que un quinteto de autores sobresalientes iba a colaborar en una sola novela colectiva en la cual cada uno retrataría a su dictador más extravagante, más granguiñolesco. Según Giuseppe Bellini, el proyecto fue concebido por Carlos Fuentes bajo el título de *Los padres de la patria*. Aunque el proyecto nunca se realizó, es posible que ese rumor haya contribuido a la creación de obras tan insignes o canónicas como *Yo el Supremo* (1974), de Augusto Roa Bastos; *El recurso del método* (1974), de Alejo Carpentier; *El otoño del patriarca* (1975), de Gabriel García Márquez, y otras tantas que luego se encasillaron en el subgénero de novela de la dictadura.[18] Mientras *Yo el Supremo* retrata en tono realista y desde distintos ángulos al dictador paraguayo sui géneris, el Dr. Francia, las de Carpentier y de García Márquez retratan con tono marcadamente burlesco a dictadores paradigmáticos o multinacionales, lo cual entronca estas novelas con las tres novelas extranjeras: *Nostromo*, de Joseph Conrad; *Le dictateur*, de Francis de Miomandre, y *Tirano Banderas*, de Valle-Inclán, que analicé en un estudio publicado en 1960 en el primer anuario de *Humanitas* de la Universidad de Nuevo León (406-464).

Por no violar el título de este libro —narrativa *latinoamericana*— decidí no incluir mis estudios dedicados a estas tres novelas extranjeras. En cambio, sí estoy incluyendo los estudios dedicados a dos manifestaciones auténticamente latinoamericanas de este subgénero: *El recurso del método* y *El otoño del patriarca*. Como García Márquez había anunciado en el famoso congreso de 1967 en Caracas que su próxima novela tendría como protagonista al estrafalario dictador latinoamericano, todos los críticos lo acechamos durante los años siguientes preguntándole constante-

---

[18] En *The Novel of the Composite Latin American Republic*, disertación doctoral preparada bajo mi dirección en la University of California, Irvine, 1976, Maura Wood estudió treinta y una novelas latinoamericanas, europeas y norteamericanas, que tratan de captar en una sola novela la esencia de la dictadura latinoamericana.

mente cuándo iba a salir esa novela. Después de cinco años, hasta se hablaba del complejo rulfiano, o sea que después de escribir una verdadera obra maestra, el autor no podía completar otra novela por miedo a no superarse. Así es que cuando acabó por publicarse en 1975 *El otoño del patriarca*, todos los críticos empezamos a estudiar la novela con el afán de publicar el primer análisis acertado. Como la mayoría de las revistas suelen demorar por lo menos dos años en publicar artículos ya aceptados, tuve la suerte de entregar mi "Ver para no creer" a Matías Montes Huidobro, quien acababa de fundar la nueva revista *Caribe* y cumplió con su promesa de publicar mi análisis en 1976 en el primer número de la revista. Aunque no podría afirmar que "Ver para no creer" fue el primer estudio serio publicado sobre *El otoño del patriarca*, no cabe duda de que fue uno de los primeros. Después se reprodujo en 1981 en la antología de estudios críticos preparada por Peter Earle: *García Márquez* (Madrid: Taurus). Antes, yo mismo lo había incorporado en mi libro *La novela colombiana: planetas y satélites* (Bogotá: Plaza y Janés, 1978).

Mi estudio sobre *El recurso del método* se titula "Lo nuevo y lo viejo en el nuevo neobarroco de Alejo Carpentier" y lo presenté en el Decimoséptimo Congreso del Instituto Internacional de Literatura Iberoamericana, celebrado en marzo de 1975 en Madrid y en Sevilla, siete meses antes de que muriera el dictador Francisco Franco, el 20 de noviembre, aniversario de la Revolución... mexicana.

"El recurso del método": lo nuevo y lo viejo en el nuevo neobarroco de Alejo Carpentier[19]

Neobarroco casi por antonomasia, con la publicación de *El recurso del método* (abril de 1974) Alejo Carpentier da muestras de entrar en una nueva fase de una carrera literaria que se remonta a fines de la década de 1920. Lo nuevo de *El recurso del método* consiste en el tono humorístico y picaresco esbozado hace ocho años en la novela corta *El derecho de asilo* (1967).[20] Del viejo neobarroco carpenteriano, esta nueva novela com-

---

[19] Ponencia presentada en el XVII Congreso del Instituto Internacional de Literatura Iberoamericana en Madrid, marzo de 1975, y publicada en las Actas, Decimoséptimo Congreso del Instituto Internacional de Literatura Iberoamericana, Madrid: Ediciones Cultura Hispánica del Centro Iberoamericano de Cooperación, 1978, t. I, 481-487.

[20] Se incluye en *Guerre du temps*, París: Gallimard, 1967; *War of Time,* Nueva York: Alfred A. Knopf, 1970; *El derecho de asilo*, Madrid: Lumen, 1972.

parte con *Los pasos perdidos* y *El siglo de las luces* el estilo densamente artístico basado en las descripciones multisensoriales, en las oraciones largas llenas de enumeraciones eruditas y en la mediatización de la realidad a través de todas las artes. Sin embargo, el mismo Carpentier parece reconocer que ha sido objeto de burlas de otros autores cubanos como Cabrera Infante, López-Nussa y Reynaldo Arenas,[21] y se burla en esta nueva obra de su propio estilo pero también se defiende, identificándose con el Primer Magistrado, el dictador melómano de los discursos floridos:

> Muchas burlas debía el Primer Magistrado a los rebuscados giros de su oratoria. Pero [...] no usaba de ellos por mero barroquismo verbal; sabía que con tales artificios de lenguaje había creado un estilo que ostentaba su cuño y que el empleo de palabras, adjetivos, epítetos inusitados, que mal entendían sus oyentes, lejos de perjudicarlo, halagaba en ellos un atávico culto a lo preciosista y floreado, cobrando, con esto, una fama de maestro del idioma cuyo tono contrastaba con el de las machaconas, cuartelarias y mal redactadas proclamas de su adversario [...] [48].

Más adelante, Carpentier, otra vez hablando por boca de su protagonista, confiesa su desilusión con su propio estilo:

> Por ahora, esos términos [solía ser severo crítico de sí mismo] habían cobrado un tal sonido de moneda falsa, plomo con baño de oro, piastra sin rebrinco, que, cansado de las vueltas y revueltas de sus ruletazos verbales, se preguntaba con qué iría a llenar los espacios sonoros, los espacios escritos, de proclamas y admoniciones inevitables al emprenderse una acción militar —primitiva— como la que habría de iniciarse en breve [122].

En cuanto a su visión neobarroca del mundo, el *chiaroscuro* de *El recurso del método,* igual que en sus novelas anteriores, consiste en la yuxtaposición inverosímil pero histórica del mundo aparentemente cartesiano de Francia y de los Estados Unidos con lo que llama Carpentier el "continente anticartesiano por excelencia".[22] Si el escepticismo de Carpentier frente a la civilización francesa es una constante en su obra, toma un nuevo sesgo en *El recurso del método,* una actitud más abiertamente

---

[21] Guillermo Cabrera Infante, *Tres tristes tigres,* 2ª ed., Barcelona: Seix Barral, 1968, 241-251; Leonel López-Nussa, *Recuerdos del 36,* La Habana: Unión, 1967, 67-68; Reynaldo Arenas, *El mundo alucinante,* México: Diógenes, 1969, 198.

[22] Véase Jacobo Zabludovsky, "Entrevista con Alejo Carpentier", en *Siempre!,* núm. 1048, 25 de julio de 1973, 44.

burlona, indicada ya por el título que parodia *El discurso sobre el método* de Descartes. Después de que el Primer Magistrado cita en francés el homenaje a la claridad francesa "—*Ce qui n'est pas clair n'est pas français*" (25)—, el Ilustre Académico francés lamenta "el desorden en este país esencialmente razonable. Cosas como el escándalo de Panamá, el *affaire* Dreyfus, hubiesen sido inconcebibles en tiempos de Luis XIV. Esto por no hablar del 'lodo socialista'" (25). Durante la primera Guerra Mundial, el Primer Magistrado cambia de germanófilo a francófilo porque se le levanta en armas un general de apellido alemán, Hoffmann. Cuando su ministro Peralta le da la buena noticia de que están ganando los franceses con la ayuda de los rusos, el Presidente comenta irónicamente: "Ahora resulta que los cosacos son los nuevos defensores de la Latinidad, junto con los cipayos y senegaleses" (146).

Mientras las obras anteriores de Carpentier se sitúan en países identificados o reconocibles, la acción de *El recurso del método* se desarrolla principalmente en la república sintética de Hispanoamérica. Al parodiar la dictadura hispanoamericana arquetípica, Carpentier incorpora su obra en el subgénero constituido por *Nostromo* (1904), de Joseph Conrad; *Le dictateur* (1926), de Francis de Miomandre; *Tirano Banderas* (1926), de Ramón del Valle-Inclán, y otras muchas.

La república sin nombre de *El recurso del método* es un cocido cubano-mexicano con una variedad de otros ingredientes. Como México, la república carpenteriana produce plata y petróleo, oprime a los indios henequeneros, tiene el volcán de Paricutín y la calle de San Juan de Letrán, canta corridos mexicanos y cuenta con un general alzado cuya muerte parece inspirada en la del general villista Rodolfo Fierro, tal como la narra Rafael Muñoz en el cuento "Oro, caballo y hombre".

Como Cuba, la república produce grandes cantidades de azúcar y de tabaco. En efecto, la gran prosperidad durante la primera Guerra Mundial y después se debe al precio alto del azúcar, periodo conocido en Cuba como la "Danza de los Millones". La abuela del general Hoffmann, muy prusiano, es una "negra de traspatio". El nuevo capitolio es una imitación de aquel de Washington y la influencia cultural de los Estados Unidos aumenta muchísimo en la década de 1920. Los comerciantes cantoneses son los primeros en romper el paro general. El embajador de los Estados Unidos se llama Enoch Crowder, como lo fue en realidad entre 1923 y 1927. Las aclamaciones del público para el Primer Magistrado levantan un gran revuelo de palomas (47), que evoca las grandes concentraciones celebradas a principios del régimen revolucionario de Fidel Castro.

Las costas en el Atlántico y en el Pacífico identifican la república con cinco de los países centroamericanos y con Colombia. Los caudillos andinos y el teleférico hacen pensar en Venezuela. La universidad de San Lucas con su gran actividad política y su nombre evangélico se parece a la de San Marcos en el Perú. Sin embargo, el hecho de que la Universidad se sitúe en Nueva Córdoba con alusiones a la lucha por la autonomía universitaria evoca a la Argentina. Bolivia está presente con las minas de estaño y la amenaza de colgar al Primer Magistrado de un poste telegráfico. La colonia alemana con su trenecito hace pensar en la colonia Tovar de Venezuela, en el sur de Chile o en el sur del Brasil. Volviendo al Caribe y a Centroamérica, un hijo del Primer Magistrado se llama Radamés y fue suspendido en un examen de West Point antes de morir en una carrera automovilística en Indianápolis (la República Dominicana); hay una vista del volcán tutelar en las estampillas (Nicaragua y El Salvador); la zona bananera del Pacífico está en manos de la United Fruit Company (Guatemala, Costa Rica y Panamá) y desembarcan los marines (todo el Caribe). El efecto panorámico también se refuerza con la enumeración de distintas santas patronas, de instrumentos y danzas musicales y de algunos que otros vocablos regionales (tamales y ajiacos; buitres, auras y zamuros) —pero no tantos como en *Tirano Banderas*—.

Aunque las alusiones al presidente Villarroel de Bolivia, a Trujillo y a Fidel Castro dan la impresión de que Carpentier está tratando de crear una síntesis tanto histórica como geográfica, en realidad esta novela —no obstante unos cuantos anacronismos— se distingue por su cronología bastante exacta. En efecto, además de parodiar la dictadura hispanoamericana, la novela es una evocación nostálgica —algo nuevo para Carpentier— del periodo de quince años que abarca parte de su niñez, su adolescencia y su juventud, o sea, desde 1912 hasta 1927. Por casualidad, *Viernes de Dolores* (1972), última novela de Miguel Ángel Asturias, contemporáneo y co-mitófilo de Carpentier, y quien citaba a menudo el horror que sentían los mayas frente al espacio vacío, evoca parte de la misma época con el mismo predominio de la nostalgia sobre la protesta. La cronología de *El recurso del método* se establece por medio de alusiones tanto a sucesos y personajes internacionales como a canciones de moda en los Estados Unidos. El primer capítulo transcurre entre la caída de Porfirio Díaz en 1911 y el hundimiento del *Titanic* en 1912 mientras en Nueva York se tocaba "Alexander [sic] Ragtime Band". En vísperas de morirse el Primer Magistrado, llamado en ese momento *El-Ex*, se canta "Yes, We Have No Bananas"; Benito Mussolini es "el hombre de la hora presente" (328) y se celebra en Bruselas la Primera Conferencia Mundial contra la Política Colonial Imperialista bajo la presidencia de Barbusse y la asistencia de Julio Antonio Mella y de Jawaharlal Nehru (326). Entre las fechas limítrofes caben reminiscencias históricas, literarias, operísticas, artísticas, comerciales, arquitectónicas y periodísticas. Uno de los momentos más cómicos es cuando a Enrique Caruso lo llevan preso por homosexual porque andaba en la calle en traje de ópera después de que estalla una sublevación con petardos que interrumpen la función de *Aída*.[23]

El protagonista de la novela es el Primer Magistrado, devoto de la ópera, cuyo nombre verdadero no se menciona más que una vez cuando sus enemigos aprovechan el estreno de la ópera *Tosca* para gritar: "—¡Mueran los esbirros! ¡Abajo Valverde!" (199). Por su periodo de gobernar y por su aparente afición a la cultura, se parece al dictador guatemalteco Manuel Estrada Cabrera (1898-1920), constructor de los templos de Minerva en varios pueblos del país y prototipo de *El señor Presidente,* de Asturias. Al mismo tiempo, parece reunir rasgos de otros dictadores hispanoamericanos tanto históricos como literarios.[24] Sin embargo, a pesar de su venalidad y de la barbarie con que aplasta las sublevaciones, el Primer Magistrado se destaca por su picardía y el tono picaresco predomina por toda la novela. El marco del libro lo forman los recuerdos inmediatos y luego lejanos de cómo el Primer Magistrado tuvo relaciones sexuales con una prostituta vestida como "una hermanita de San Vicente de Paúl" (13, 337). Por cierto, el Primer Magistrado descubre poco antes de morir que el secreto de la vida no es el *"pienso,* luego soy" de Descartes, sino el *"siento,* luego soy" (309). El *siento* puede interpretarse por la afición a la música y a los comestibles, pero *El-Ex* descubre que "lo único permanente" es el sexo. De todos sus súbditos, la única persona que le queda verdaderamente fiel hasta el último momento es su amante, la mayorala

---

[23] El mismo episodio constituye el pie de cría de *Como un mensajero tuyo* (1998), novela de la cubana Mayra Montero.
[24] El mismo Carpentier en una carta a la revista *Proceso,* fechada el 28 de abril de 1980, configura matemáticamente a los prototipos del Primer Magistrado: "40% de Gerardo Machado, 10% de Guzmán Blanco, 10% de Porfirio Díaz, 10% de Cipriano Castro, 10% de Estrada Cabrera, 20% de Leónidas Trujillo, una miaja de Somoza, un poco de Juan Vicente Gómez y tendrá usted el personaje completo" (50). Ángel Rama agrega al cubano Menocal como otro antecedente.

Elmira, una abnegada de poco carácter. En el viaje de regreso a su país desde Francia y Estados Unidos para sofocar la rebelión de Ataúlfo Galván, el Primer Magistrado hace escala en La Habana para acostarse con una mulata cubana. Durante la campaña militar contra Galván toma whisky de una botella escondida en su maletín, a pesar de que siempre da la impresión en público de ser abstemio. Este tono picaresco no impide que el Primer Magistrado actúe con la mayor crueldad. Cuando Galván, preso, se humilla hasta no poder más para pedirle clemencia, la única respuesta del Primer Magistrado es: "—¡Que lo truenen!" (71), y después del tiro de gracia: "—¡Arrójenlo al mar... Los tiburones harán el resto" (71). Más adelante, para no tener que celebrar las elecciones, recuerda con maña de pícaro que su país todavía no ha firmado un tratado de paz con Hungría y por lo tanto en tiempo de guerra no habrá elecciones. Frente a la amenaza de una revolución social, el Primer Magistrado manda recoger toda la literatura roja, incluso *Rojo y negro,* de Stendhal; *La letra escarlata,* de Hawthorne, y *Caperucita roja.*

El mensaje político de la obra queda claro. Igual que en *El señor Presidente,* de Asturias, el dictador no puede ni debe ser derrocado por una sublevación militar. Tanto la sublevación del general Ataúlfo Galván como la del general Hoffmann son aplastadas con relativa facilidad. Tampoco hay que confiarse en la fuerza revolucionaria del doctor Luis Leoncio Martínez, austero profesor de filosofía quien, por ser abstemio, madrugador y vegetariano militante, se parece al octogenario ecuatoriano Velasco Ibarra. El doctor Martínez sube a la presidencia después de la caída del Primer Magistrado, gracias al apoyo de los Estados Unidos. *El Estudiante* reconoce la necesidad de seguir peleando contra el doctor Martínez: "—Tumbamos a un dictador... pero sigue el mismo combate, puesto que los enemigos son los mismos" (326). La actitud de Carpentier frente a una revolución de las masas es algo ambigua. En contraste con el doctor Martínez, Miguel Estatua, minero barrenero, que recuerda al llamado Pípila guanajuatense de la guerra de Independencia de México, es un héroe popular, valiente y puro. Para no caer en manos del odiado dictador durante la sublevación del general Galván, se vuela a sí mismo con dinamita. Así es que Carpentier, por mucho que admire al caudillo popular, no parece creer en ese tipo de revolución. Para él, igual que para Asturias, el héroe es *El Estudiante* anónimo. En *El recurso del método, El Estudiante,* de acuerdo con la ideología del gobierno castrista, es marxista-leninista y logra resistir las amenazas y los sobornos que le tiende el Primer Magistrado en un diálogo cuyas palabras van alternándose con los pensamientos (en cursivas) de los contrincantes.

Conforme con el tema barroco del desorden ordenado, Carpentier publicó primero la segunda de las tres nuevas novelas que anunció en la entrevista citada de *Siempre!*, del 25 de julio de 1973. La primera, según Carpentier, iba a llamarse *Concierto barroco* e iba a salir al mismo tiempo que *El recurso del método*.[25] Ya que esto es imposible, esperamos que salga "aproximadamente a finales de 1974", como anuncia el Departamento de Promoción y Ventas de la editorial Siglo XXI, en carta fechada el 26 de junio. En cuanto a la tercera novela, se trata de la primera, o sea, la novela sobre la Revolución cubana que Carpentier anunció por primera vez en 1963. Desde esa fecha sólo se han publicado tres capítulos. En cuanto a su probable fecha de publicación, la misma carta de Siglo XXI dice: "Respecto a la novela sobre la Revolución cubana, lamentablemente a la fecha el señor Carpentier no nos la ha entregado y no tenemos la seguridad de que lo haga".[26] Aunque no creo que *El recurso del método* figure entre las novelas más sobresalientes de Carpentier[27] y aunque no creo que llegue a la genialidad de *El otoño del patriarca*, sí reúne una serie de elementos de las obras anteriores de Carpentier con algunos de otros autores, y resulta una síntesis de tono picaresco de la dictadura hispanoamericana que, sin ser muy novedosa en términos del subgénero, constituye un aporte valioso y ameno.

"El otoño del patriarca": ver para no creer[28]

En las tres primeras páginas de *El otoño del patriarca* salta a la vista el uso anafórico de la palabra "vimos".[29] Nada menos que dieciséis veces se re-

---

[25] Desde luego que esta ponencia se escribió antes de noviembre de 1974, fecha de publicación de *Concierto barroco*. Esta obra, igual que *El recurso del método,* contiene elementos viejos y nuevos del neobarroco carpenteriano.

[26] Efectivamente se publicó en noviembre de 1978 bajo el título de *La consagración de la primavera,* en la misma editorial Siglo XXI.

[27] Ángel Rama encuentra que la abundancia de detalles "torna farragosa la lectura" (424).

[28] Se publicó primero en *Caribe*, 1, 1 (1976); se incluyó en mi libro *La novela colombiana: planetas y satélites*, Bogotá: Plaza y Janés, 1978; se reprodujo en Peter Earle, *García Márquez*, Madrid: Taurus, 1981.

[29] Para la importancia del verbo "ver" en la literatura española, véase: Donald Bleznick, "Ver para vivir and Paradise Regained in the *Criticón*", *Estudios literarios de hispanistas norteamericanos dedicados a Helmut Hatzfeld con motivo de su 80 aniversario*, Barcelona: Ediciones Hispanos, 1974, 381-391.

pite.[30] El hecho de que esta primera anáfora se repita más que todas las subsiguientes obliga al lector a notar su importancia primordial. Aunque la anáfora aparece a través de toda la novela con una variedad de palabras y expresiones como uno de los recursos estilísticos usados para indicar lo interminable de la dictadura del patriarca, la anáfora con "vimos" y sus variantes "vio", "había visto", "veíamos", "hemos visto",[31] pregona la visión del mundo que refleja toda la obra, o sea que mediante el uso irónico del refrán "ver para creer", García Márquez plasma el panorama increíble de la dictadura sintética y prototípica del Caribe. Que los tres pares de espejuelos del patriarca constituyan uno de los muchos motivos recurrentes refuerza el sentido del refrán "ver para no creer".

El refrán se complementa y enriquece aún más con el empleo anafórico de "oyó" (206) y "oíamos" (252), a veces matizado con formas correspondientes del verbo "sentir", en juego irónico con la sordera del patriarca. Los tres verbos sensoriales se juntan casi sinestésicamente en las postrimerías del patriarcado: "oía vientos de lunas en la oscuridad, sentía los pasos del tiempo en la oscuridad, veía a su madre Bendición Alvarado barriendo en la oscuridad" (253). El regalo norteamericano de "una trompeta acústica igual a la del perro de la voz del amo" (224) demuestra la riqueza y la complejidad de esta nueva obra de García Márquez: la nota nostálgica del fonógrafo RCA Victor insinúa la relación entre el patriarca-amo y los "patriarcanos"[32] perros; intensifica el motivo recurrente perruno[33] y hace burla del altruismo imperialista, puesto que el regalo se dio "para que él pudiera oír una vez más la pretensión insistente

---

[30] La desmesura con que García Márquez utiliza este recurso técnico se destaca por su contraste con la moderación con que lo emplea en *Cien años de soledad*. Después del descubrimiento de los amores entre Meme y Mauricio Babilonia, Fernanda se lleva a su hija en tren. Al alejarse de Macondo, Meme "no vio las umbrosas e interminables plantaciones de banano a ambos lados de las líneas. No vio... No vio... No vio..." (3ª ed., Buenos Aires: Sudamericana, septiembre de 1967, 250).

[31] *El otoño del patriarca*, Barcelona: Plaza y Janés, marzo de 1975, 48, 96, 104, 246-247, 254; 32, 33, 68, 72, 74-75, 164, 228-230, 246; 42-43, 83; 130; 141.

[32] Neologismo mío sugerido por los enemigos "apátridas" (109, 112, 118, etc.) del patriarca.

[33] Como suele ocurrir en las novelas de tiempo complejo o enredado, abundan los motivos recurrentes para ayudar al lector a descifrar la totalidad del mundo novelístico. En *El otoño del patriarca*, la muerte de la esposa y del hijo del patriarca descuartizados y comidos por los perros, y la ferocidad del último cómplice del patriarca, Sáenz de la Barra, simbolizada por su doberman Lord Küchel, se anuncian y se repiten a través de toda la novela con múltiples alusiones a los perros, tanto a los callejeros que se pelean en el barrio de los pobres como a los que forman parte de los símiles y metáforas: "le van a caer encima como perros" (29); "su llantito de perro" (114); "sus ímpetus de perra furiosa" (184); "voy a mandar yo solo sin perros que me ladren" (35); "sácame del calabozo de estas dudas de perro" (77), y muchos más.

de llevarse nuestras aguas territoriales a buena cuenta de los servicios de la deuda externa" (224).

En el mundo del viejo patriarca nada se puede creer: ni lo visto, ni lo oído, ni lo sentido. Después de que sus "viudas felices" (133) y su consejo de ministros celebran su primera muerte, quedan pasmados ante su resurrección al tercer día, ignorando que quien de veras murió fue su doble, nombrado apropiadamente Patricio. Lo que el patriarca aprendió durante sus largos años de reinado fue que "la mentira es más cómoda que la duda, más útil que el amor, más perdurable que la verdad" (270). Pero si el patriarca engaña a los "patriarcanos", él mismo, igual que el señor presidente de Miguel Ángel Asturias, es víctima de su propio sistema, o sea que para él también lo visible no es siempre creíble. Poco antes de morir, Patricio, su doble, le informa "que todos le dicen lo que saben que usted quiere oír mientras le hacen reverencias por delante y le hacen pistola por detrás" (29). No sólo los noticieros que se oían por radio o que se veían por televisión, sino también las radionovelas y las telenovelas se arreglaban según la voluntad del patriarca, o anticipándola: "la película de televisión en que todo ocurría por orden suya al revés de la vida" (225). Y hasta las colegialas que el patriarca seduce "tantas tardes de su vejez" (226) resultan ser "putas [...] reclutadas y bañadas por la policía sanitaria" (226) para complacerlo.

El lector engañado

El mismo lector se encuentra atrapado en este sistema donde nada es creíble. A pesar de que la primera colegiala —que es colegiala de verdad— afirma que "nadie era más hombre" (223) que el patriarca, ella misma parece desmentirse con la descripción en primera persona de los actos exageradamente grotescos cometidos por el patriarca ya decrépito. El lector no sabe hasta qué punto debe creer los recuerdos de esta muchacha a quien sólo con la muerte del patriarca se le permite regresar de su destierro "envejecida y amargada con esta recua de hijos" (223). Cuando ella habla de "una ternura de hombre que nunca volví a encontrar" (222), de "las horas felices de mi pubertad" (222) y de "una generosidad de viejo que nunca más volví a encontrar en tantos hombres apresurados y mezquinos que trataron de amarme sin conseguirlo en el resto de mi vida" (223), el lector apenas queda medio convencido de que el patriarca lograra vencer durante dos años la debilidad de su vejez y su consabida inseguridad frente a las mujeres para satisfacer sexualmente a esta niña de doce a catorce años. En cambio, las palabras bruscas de la "puta del puerto" hacen pensar que la verdadera colegiala compartía todas las indecencias del viejo con inocencia infantil y que todo lo veía como un juego por el cual recibía el gran premio de un caramelo.

El lector vuelve a engañarse cuando por poco se le obliga a creer en los milagros realizados por el patriarca. La cura milagrosa de los paralíticos, los ciegos y los leprosos "sucedió, incrédulos del mundo entero, idólatras de mierda, sucedió que él nos tocó la cabeza al pasar, uno por uno, nos tocó a cada uno en el sitio de nuestros defectos con una mano lisa y sabia que era la mano de la verdad" (251). El lector crédulo se deja convencer porque los enfermos curados lo afirman tan categóricamente, en tanto que la duda del narrador colectivo se atenúa por expresarse con el imperfecto del verbo "pensar": "pero nadie pensaba que fuera cierto, pensábamos que era uno más de los tantos áulicos que mandaban a los pueblos con un viejo bando de merolicos [...]" (251).

Dentro de este mundo de ver para no creer, hasta los sueños y las profecías no se cumplen. Además de la muerte de su doble y de su verdadera muerte, el patriarca sufre una tercera muerte, la cual comprueba que el refrán parodiado se aplica no solamente a la realidad sino también al sueño: "se vio a sí mismo en la casa grande y vacía de un mal sueño circundado por unos hombres pálidos de levitas grises que lo punzaban sonriendo con cuchillos de carnicero, lo acosaban con tanta saña que adondequiera que él volviese la vista se encontraba con un hierro dispuesto para herirlo en la cara y en los ojos, se vio acorralado como una fiera por los asesinos" (94). El patriarca no muere apuñalado por los senadores como Julio César sino de muerte natural; pero se vale del sueño "para liquidar el aparato legislativo y judicial de la vieja república" (95).

Aun su muerte verdadera no acontece tal "como estaba anunciado desde siempre en las aguas premonitorias de los lebrillos" (269). En vez de morir en la oficina vestido de uniforme como habrían de decir "para no contrariar los augurios de sus pitonisas" (269), murió en su dormitorio, tirado en el suelo como siempre, vestido de "pantalón de manta cerril [...] camisa a rayas [...] y las pantuflas del inválido" (268).

Incluso la anonimidad del patriarca resulta problemática cuando en un momento dado se revela que tal vez su nombre sea Zacarías porque cuando estaba aprendiendo a leer y escribir "había escrito que me llamo Zacarías, lo había vuelto a leer bajo el resplandor fugitivo del faro, lo había leído otra vez muchas veces y el nombre tantas veces repetido terminó por parecerle remoto y ajeno, qué carajo, se dijo, haciendo trizas la tira de papel, yo soy yo, se dijo" (132). No se vuelve a mencionar el nombre de Zacarías en el resto de la novela. En cambio, en los últimos momentos de su vida, la muerte lo llama Nicanor: "alguien lo había llamado en el sueño con un nombre que no era el suyo, Nicanor, y otra vez, Nicanor" (268). Como García Márquez identifica el nombre Nicanor con todos los hombres moribundos, parece expresar la idea de que vivir es cantar. Por lo tanto, quien no canta (Nicanor) está condenado a morir, igual que Nicanor Cruz, personaje pétreo de *Todo verdor perecerá*, de Eduardo Mallea: "Cuando la vio de cuerpo entero comprendió que lo hubiera llamado Nicanor Nicanor, que es el nombre con que la muerte nos conoce a todos los hombres en el instante de morir" (269).

El narrador desplazado

El recurso técnico que más contribuye a la creación de este mundo donde nada se puede creer es el punto de vista narrativo que se desplaza continuamente. Es decir que no hay un narrador omnisciente ni la realidad es única y fija. Cada uno de los seis capítulos no numerados se inicia con un narrador anónimo en primera persona plural que nunca llega a identificarse. El "nosotros" parece representar a un grupo de jóvenes pero también podría ser cualquier grupo indeterminado. La credulidad que merezca este narrador colectivo se socava porque los acontecimientos del pasado no fueron presenciados directamente, sino que éstos se han transformado a través de los recuerdos populares y los textos oficiales: "ninguno de nosotros era bastante viejo para recordar lo que ocurrió la primera vez" (47). Es más, la identificación entre el lector y el narrador colectivo frente al patriarca desaparece cuando pasada la mitad de la novela la primera persona plural se convierte en un grupo de políticos cínicos: "invocábamos la unión de todos contra el despotismo de siglos para repartirse por partes iguales el botín de su poder" (169). La narración en primera persona plural pierde aún más credibilidad al usarse no sólo para referirse al grupo que contempla el cadáver del verdadero patriarca sino también para referirse a una gran variedad de grupos, sin cambiar de estilo: *1.* Los galleros: "todos nos sentíamos sus extrañas carcajadas de redo-

blante que resonaban por encima de la música y los cohetes, sufríamos cuando callaba, estallábamos en una ovación de alivio cuando sus gallos fulminaban a los nuestros" (92).
2. La cartomante y el patriarca: "vimos a su madre Bendición Alvarado pintando pájaros [...] Vimos [...] y él dijo ajá [...] vimos [...] Y él dijo ajá [...]" (96).
3. El patriarca y los suyos: "todavía no habíamos descubierto que los más tenebrosos eran los que más gritaban que viva el macho" (101).
4. Los sobrevivientes del ciclón: "donde estaban acampados los náufragos del huracán, los últimos sobrevivientes incrédulos que contemplamos el paso silencioso de la barcaza pintada con los colores de la bandera" (127).
5. Los conspiradores en el banquete del general Rodrigo de Aguilar: "ante la petrificación de horror de los invitados que presenciamos sin respirar la exquisita ceremonia del descuartizamiento y el reparto" (127).

El desplazamiento del punto de vista narrativo a los personajes que aparecen en cada escena no se limita a la primera persona plural. Es aún más frecuente el cambio a la primera persona singular. Esos cambios suelen suceder dentro de la misma oración: "Los símbolos visibles de su poder descomunal como el día del cumpleaños de Manuela Sánchez en que le había pedido que abriera la ventana y ella la abrió y me quedé petrificada de pavor al ver lo que habían hecho de mi pobre barrio de las peleas de perro, vi [...]" (79); "sacaron a la calle del comercio a su madre Bendición Alvarado para que comprobáramos que no tenía cara de duelo, me vistieron con un traje de flores [...]" (31). Cuando el general Guzmán se emborrachó tanto en una fiesta que llegó a orinar en los escotes de las damas elegantes, no había quien se atreviera a someterlo, ni siquiera él, porque "yo me sabía con más poder que cada uno de ellos pero con mucho menos que dos de ellos confabulados" (58); "el embajador Palmerston [...] contaba en sus memorias prohibidas [...] que tuvo que abrirse paso por entre un muladar de papeles rotos y cagadas de animales [...] nadie me dio razón de nada [...] y tuve que valerme de los leprosos y los paralíticos" (90). De vez en cuando el narrador colectivo se dirige retóricamente al lector: "y una tarde de enero habíamos visto una vaca contemplando el crepúsculo desde el balcón presidencial, imagínese, una vaca en el balcón de la patria" (9).

En uno de los desplazamientos más ingeniosos, el narrador colectivo cede la narración al patriarca, quien recuerda a su esposa y se dirige a ella con la forma de la segunda persona singular. En seguida, le cede la narración a ella que incorpora sus órdenes, también en segunda persona singular, en la narración. Finalmente, en las últimas palabras de la cita, se nota cómo el punto de vista vuelve a cambiarse hacia el patriarca:

> [...] pero sólo conseguía recordarla desnuda a las dos de la tarde bajo la luz de harina del mosquitero, se acordaba del lento reposo de tu cuerpo manso y lívido en el zumbido del ventilador eléctrico, sentía tus tetas vivas, tu olor de perra, el humor corrosivo de tus manos feroces de novicia que cortaban la leche y oxidaban el oro y marchitaban las flores, pero eran buenas manos para el amor, porque sólo ella había alcanzado el triunfo inconcebible de que te quites las botas que me ensucias mis sábanas de bramante, y él se las quitaba, que te quites los arneses que me lastimas el corazón con las hebillas, y él se las quitaba, que te quites el sable, y el braguero, y las polainas que te quites todo mi vida que no te siento, y él se quitaba todo para ti [...] [133].

Tiempo concentrado, tiempo prolongado

Con un patriarca tan indestructible, cuyo gobierno se extiende por más de cien años, el tiempo novelístico cumple una función tan importante como la del punto de vista narrativo en la creación del ambiente fantástico. La estructura básica es el paralelismo entre, por una parte, el tiempo actual que comienza "en la madrugada del lunes" (5) y transcurre hasta la medianoche (219), y por otra el tiempo histórico con sus acontecimientos evocados por los recuerdos con cierta vaguedad pero en orden más o menos lineal. El hecho de que el patriarca vea al revés los programas de televisión de circuito cerrado —"los rollos de la película estaban invertidos" (264)— es una clave falsa de la estructura cronológica. Sólo la primera impresión hace pensar en "Viaje a la semilla", de Alejo Carpentier. *El otoño del patriarca* comienza con los "carcomidos muros", "el tiempo estancado", "la luz decrépita" (25) y el cadáver del patriarca picoteado por los gallinazos y poco a poco el lector va penetrando en el pasado para reconstruir toda la vida del personaje a partir de su concepción —aunque la novela se centra en sus años otoñales—. Puesto que el principio de cada capítulo vuelve al punto de partida del cadáver, el tiempo no fluye en línea recta hacia atrás como en "Viaje a la semilla". En la reconstrucción del patriarca sintético-fantástico de la América Latina, una cronología tan precisa como la de Carpentier desentonaría.

Para captar el carácter esfumado del patriarca, García Márquez alude enigmáticamente tanto al futuro como al pasado: "el voluble mar de topacio que en aquellos tiempos de gloria estaba todavía frente a su ventana" (11); "los orígenes más inciertos de su memoria" (171). Mientras más años va acumulando el patriarca, más vagos se van haciendo los recuerdos. Para remediar esta condición, su médico "quería obligarlo a tomar cucharadas de ceregén para taparme los sumideros de la memoria" (202). El patriarca, en cambio, prefiere acudir a "los papelitos enrollados que con tan buen espíritu y tanto esmero había escondido en los resquicios de las paredes porque había terminado por olvidar qué era lo que debía recordar" (260).

Dentro de la estructura cronológica principal, García Márquez emplea el mismo juego entre vaguedad y precisión que dio tan buenos resultados en *Cien años de soledad*. A pesar de la historicidad —en términos generales— de la novela, jamás se menciona una fecha exacta. Se recalca la precisión en cuanto al día y al mes, pero en ningún sitio aparece el año: "un domingo de hacía muchos años" (8); "el histórico viernes de octubre" (44); "en otro diciembre lejano" (42); "la fiesta diplomática de los diez años de mi ascenso al poder" (57), y la celebración del primer centenario de su ascenso al poder (216). El patriarca acaba por morir un "lunes histórico" (7), pero, en realidad, murió el sábado o el domingo; se descubrió el cadáver el lunes y se anunciará su muerte el martes.

Confiado en las aguas premonitorias de los lebrillos, el patriarca se ve muerto "a una edad indefinida entre los 107 y los 232 años" (87). Como "a los ciento cincuenta había tenido una tercera dentición" (49); si murió en 1975, debe haber nacido entre 1743 y 1825. La imposibilidad de calcular la edad verdadera del patriarca también se explica al principio del tercer capítulo: "si aun en los suyos de mayor gloria había motivos para dudar de su existencia, y si sus propios sicarios carecían de una noción exacta de su edad, pues hubo épocas de confusión en que parecía tener ochenta años en las tómbolas de la beneficencia, sesenta en las audiencias civiles y hasta menos de cuarenta en las celebraciones de las fiestas públicas" (89).

Aunque matemáticamente no puede haber nacido antes de 1743, el patriarca está presente cuando llegan los primeros conquistadores españoles. Es más, su longevidad se acentúa mediante reminiscencias tanto del Antiguo Testamento[34] como del Nuevo. En la cita siguiente, la edad del

---
[34] Otra alusión al Antiguo Testamento, al episodio de Abraham e Isaac, se hace cuando el

patriarca se extiende desde los tiempos cristianos del viernes santo hasta el Egipto de las diez plagas y aun hasta los días de la misma creación, o antes: "nos contaba que un viernes santo había sentido el estropicio del viento y el olor de caspa del viento y vio los nubarrones de langostas que enturbiaron el cielo del mediodía e iban tijereteando cuanto encontraban a su paso y dejaron el mundo trasquilado y la luz en piltrafas como en las vísperas de la creación" (172).

En el último capítulo se resume su régimen prolongado presentando la vista de "los arrecifes de solares de los ministerios[35] que se alzaban más que las torres de la catedral" (228) y agregando otras seis vistas —con el consabido "vio" anafórico— de aspectos modernos de la capital, para los cuales el autor emplea irónicamente el tópico *ubi sunt* expresado con otra anáfora, esta vez eneapartita: "dónde está el callejón de miseria de las mujeres sin hombres [...] dónde están los hindúes que se cagaban en la puerta de sus tenderetes [...] dónde están sus esposas lívidas que enternecían la muerte con canciones de lástima, dónde está la mujer que se había convertido en alacrán por desobedecer a sus padres, dónde están las cantinas de los mercenarios, sus arroyos de orín fermentado [...]" (229). La impotencia del patriarca para detener la marcha del tiempo en su ancianidad hace juego con su poder anterior de alterar el paso de las horas. A causa del inútil asedio a Manuela Sánchez, reina de belleza de los pobres, el patriarca se desvela tanto que las horas van pasando lentamente y enumeradas desde las ocho de la noche hasta las tres de la madrugada. En ese momento el "descompositor de la madrugada" (72) proclama que "son las ocho, carajo, las ocho, dije, orden de Dios" (72) y despierta a toda la ciudad. En los años preotoñales, "alguna vez preguntó qué horas son y le habían contestado las que usted ordene mi general" (92).

La autoidentificación del patriarca con Dios la utiliza García Márquez para burlarse tanto de la fe religiosa del pueblo como de la jerarquía eclesiástica. Recuérdense las escenas en *Cien años de soledad:* la ascensión de Remedios la bella (la Virgen), la entrega en una canasta del hijo ilegítimo

patriarca nombra general de división a su hijo recién nacido: "y lo nombraron general de división con jurisdicción y mando efectivos desde el momento en que él lo puso sobre la piedra de los sacrificios y le cortó el ombligo con el sable" (181).

[35] Compárese con el pronóstico de Melquíades y el sueño del fundador José Arcadio Buendía en *Cien años de soledad:* "Una noche Melquíades creyó encontrar una predicción sobre el futuro Macondo. Sería una ciudad luminosa, con grandes casas de vidrio, donde no quedaba ningún rastro de la estirpe de los Buendía. 'Es una equivocación', tronó José Arcadio Buendía. 'No serán casas de vidrio sino de hielo, como yo lo soñé, y siempre habrá un Buendía, por los siglos de los siglos'" (3ª ed., Buenos Aires: Sudamericana, septiembre de 1967, 53).

de Meme (Moisés) y la levitación del padre Nicanor. En *El otoño del patriarca* no se trata sólo de episodios aislados sino que éstos constituyen uno de los elementos estructurantes más fuertes de la novela, el cual se ajusta perfectamente con el tema de ver para no creer, o sea que no puede creerse todo lo que se lee en la Biblia, o, en las palabras de Ira Gershwin, "It Ain't Necessarily So". Al buscar pruebas de la santidad de la madre del patriarca, el eritreno, investigador enviado por el papa, se refiere a Jesús con las palabras: "ese otro dios difícil, uno y trino" (151). En una alusión anacrónica al nacimiento de Jesús, el patriarca y su esposa Leticia Nazareno "contemplan juntos los sauces misteriosos que por aquellas Navidades les mandaron los reyes de Babilonia, para que los sembraran en el jardín de la lluvia" (192). El propio nacimiento del patriarca está envuelto en misterio: "los textos escolares atribuían el prodigio de haberlo concebido sin recurso de varón" (51). En cambio, los cachacos del páramo le informan al eritreno que Bendición Alvarado [quien no se llamaba así en esa época (152)] era una vendedora de pájaros falsificados con pintura que se entregaba a los hombres para sobrevivir: "se sentaba ahí, padre, en la resolana de los fogones, esperando que alguien le hiciera la caridad de acostarse con ella en los pellejos de la melaza de la trastienda, para comer, padre, no más que para comer" (151). La misma Bendición, durante su agonía, le revela al patriarca los secretos de su nacimiento: "nunca pude establecer cuál de tantos fugitivos de vereda había sido tu padre […] lo había engendrado de pie y sin quitarse el sombrero por el tormento de las moscas metálicas […] parido mal en un amanecer de agosto en el zaguán de un monasterio" (135). Gracias a "los artífices de la historia patria que habían embrollado los hilos de la realidad para que nadie pudiera descifrar el secreto de su origen" (153), el eritreno encuentra tres actas de nacimiento distintas "y en todas era él tres veces distinto, tres veces concebido en tres ocasiones distintas, tres veces parido mal" (152).[36] En las vísperas de su otoño, el patriarca llega al páramo donde "le mostraban letreros de bienvenida al patricio sin nombre que está sentado a la diestra de la Santísima Trinidad" (19).

El proceso de canonización de Bendición Alvarado también contribu-

---

[36] Para indicar que los mismos personajes históricos también pueden convertirse en figuras legendarias, el patriarca exagera al hablar del paradero del cadáver de Cristóbal Colón: "se lo tragó la tierra, decían que se había vuelto musulmán, que había muerto de pelagra en Senegal y había sido enterrado en tres tumbas distintas de tres ciudades diferentes del mundo aunque en realidad no estaba en ninguna, condenado a vagar de sepulcro en sepulcro hasta la consumación de los siglos por la suerte torcida de sus empresas" (258).

ye a intensificar la burla del catolicismo. En una referencia a la aparición milagrosa de la Virgen de Guadalupe de México, la imagen de Bendición parece estar impresa en la sábana de lino que cubría su cadáver, imagen "sin trazas de vejez ni estragos de peste acostada de perfil con la mano en el corazón" (144). En la página siguiente se revela que "era la obra de un pintor muy diestro en las buenas y en las malas artes" (145). Sin embargo, Bendición era una buena mujer pueblerina que no dejó de ser lo que era a pesar del poder de su hijo. Un buen toque humorístico resulta cuando durante el desfile del jubileo ella se acercó a la limusina presidencial "y metió la canasta por la ventana del coche y le gritó a su hijo que ya que vas a pasar por ahí aprovecha para devolver estas botellas en la tienda de la esquina" (51). Además del nombre Bendición, el simbolismo cristiano se hace patente en el apellido de la esposa del patriarca, Leticia Nazareno, y en los nombres de los generales Jesucristo Sánchez y Saturno Santos.

Para reforzar la imagen de "ese otro dios difícil, uno y trino" (151), abundan —sin ningún pretexto de sutileza— los grupos trinarios y la estructura tripartita. Al casarse con Leticia Nazareno, quien da a luz durante la misma boda un varón nombrado Emmanuel, el patriarca forma su propia sagrada familia. Unos años después "comían los tres en una mesita de playa bajo el cobertizo de trinitarias" (189), flores que aparecen como motivo recurrente (18, 225). El patriarca vive en la casa presidencial donde protege a los leprosos, los ciegos y los paralíticos. Antes de acostarse cada noche, pasa "las tres aldabas, los tres cerrojos, los tres pestillos" (13, 115, 123, 191, 207, 253, etc.). El truco ingenioso por el cual el patriarca se enriquece con los premios de la lotería también se basa en el número tres: "abrieron el balcón a las tres, hicieron subir tres niños [...] y cumpliendo la orden [...] sacaban las tres bolas mantenidas en hielo durante varios días con los tres números del billete que él se había reservado, pero nunca pensamos que los niños podían contarlo, mi general, se nos había ocurrido tan tarde que no tuvieron otro recurso que esconderlos de tres en tres, y luego de cinco en cinco, y luego de veinte en veinte" (110-111).

Ambigüedad del patriarca

En este mundo novelístico donde nada es real, hasta se llega a disimular la crueldad arbitraria del patriarca con sus "diez soles tristes de general del universo" (219). El más de cientocincuentón solitario no parece ser el mismo que mandaba tirar presos "en los fosos de la fortaleza del puerto para que se los coman vivos los caimanes" (29), ni el que mandaba despellejar vivos a otros para enviarle "el cuero a la familia como escarmiento" (29). Las barbaridades continúan y a pesar de todo lo que se nos dice a los lectores, el patriarca es el responsable. Por la alegría nacional provocada por la muerte de Patricio, su doble, el patriarca castiga a los culpables con las peores torturas. A dos generales del mando supremo, con (¿fingida?) tristeza "ordenó que les dieran de comer, que los dejaran descansar esa noche y que por la mañana se los echen a los caimanes, pobres muchachos engañados, suspiró" (39). En efecto, los suspiros del patriarca suelen asociarse con sus decisiones más enérgicas como cuando rechaza (aunque sólo en apariencia) la petición de Leticia para que permita la vuelta al país de las comunidades religiosas (176) y cuando decide (de veras) eliminar a José Ignacio Sáenz de la Barra (237). Éste había sido contratado por el patriarca para entregarle "las cabezas de los asesinos reales de Leticia Nazareno y el niño" por un "presupuesto de ochocientos cincuenta millones" (209). Aunque le parecieran repugnantes "la fábrica de suplicios" (230) y "las máquinas de tortura más ingeniosas y bárbaras que podía concebir la imaginación" (231), el anciano suspirador "había firmado por novecientos dieciocho cabezas de sus opositores más encarnizados" (212) y permite que Sáenz de la Barra "siga cumpliendo con su deber como mejor convenga a los intereses de la patria con la única condición de que yo no sé nada ni he visto nada" (231). Sáenz le asegura que "puede dormir tranquilo, mi general, pues los buenos patriotas de la patria dicen que usted no sabe nada, que todo esto sucede sin su consentimiento" (233). Para impedir que los dos mil niños revelen el truco de la lotería, el patriarca

> ordenó que metieran a los niños en una barcaza cargada de cemento, los llevaran cantando hasta los límites de las aguas territoriales, los hicieran volar con una carga de dinamita sin darles tiempo de sufrir mientras seguían cantando, y cuando los tres oficiales que ejecutaron el crimen se cuadraron frente a él con la novedad mi general de que su orden había sido cumplida, los ascendió dos grados y les impuso la medalla de la lealtad, pero luego los hizo fusilar sin honor como a delincuentes comunes porque hay órdenes que se pueden dar pero no se pueden cumplir, carajo, pobres criaturas [116].

Sin embargo, a pesar de todas las arbitrariedades del patriarca y de sus cómplices, García Márquez no deja de provocar la compasión del lector.

Esto en buena medida lo consigue por la comunicación de las penas del patriarca a su madre, aún después de muerta: "qué triste madre mía Bendición Alvarado de mi destino, cien años ya, carajo, cien años ya, cómo se pasa el tiempo" (217). Gran parte de esas penas resultan de sus problemas sexuales, lo que también contribuye a humanizarlo. Aunque las crueldades del patriarca como las de algunos dictadores reales (Hitler) pueden atribuirse a complejos sexuales, en *El otoño del patriarca* García Márquez logra irónicamente despertar compasión por este viejo degenerado que se ha sentido humillado por su inseguridad sexual a través de toda su larga vida y no obstante los miles de concubinas con sus respectivos hijos ilegítimos. Por su enorme testículo herniado[37] "seguía siendo virgen aunque ya era teniente de artillería en la tercera guerra civil" (164). Su intento de poseer en el río a la soldadera se malogra por "el mismo miedo ancestral que lo mantuvo inmóvil ante la desnudez de Leticia Nazareno" (165). A ésta es incapaz de poseerla hasta "después del segundo aniversario del secuestro" (167). A la recién casada Francisca Linero la posee mal —después de mandar asesinar a machetazos a su marido— y a la reina de belleza de los pobres, Manuela Sánchez, nunca llega a poseerla. Tal vez por compensación, con las colegialas-putas, se entrega a toda clase de anormalidades. Como Leticia Nazareno es la única mujer que llegó a desnudarlo completamente y hacerlo sentirse completamente hombre, el lector comparte el dolor del patriarca por la muerte horrorosa de Leticia y de su hijo Emmanuel —comidos por perros asesinos en el mercado—. Sin embargo, se insinúa que el mismo patriarca pudo haber sido responsable por esa muerte. Cuando los abusos de Leticia y sus familiares provocan protestas y atentados, el patriarca no aguanta más la ansiedad y toma una decisión que pudo haber sido anticipada por los enemigos "apátridas":

> Tanto más desolado cuanto más convencido estaba de que cada recurso que concebía para aliviar aquella ansiedad insoportable, cada paso que daba para conjurarla lo acercaba sin piedad al pavoroso miércoles de mi desgracia en que tomó la decisión tremenda de que ya no más, carajo, lo que ha de ser que sea pronto, decidió, y fue como una orden fulminante que no había acabado de concebir cuando dos de sus edecanes irrumpieron en la oficina con la novedad terrible de que a Leticia Nazareno y al niño los habían descuartizado y se los habían comido a pedazos los perros [199].

[37] Es otro motivo recurrente (47, 48, 50) que aparece con bastante frecuencia a través de la novela junto con el de la carretilla ortopédica (47) y las patas de elefante (34, 40, 50, 253).

La posibilidad de que la "decisión tremenda" haya influido en el suceso se refuerza con la sabiduría popular: "el horror impasible de las verduleras totémicas salpicadas de sangre caliente que rezaban Dios mío, esto no sería posible si el general no lo quisiera, o por lo menos si no lo supiera" (199-200).

Durante sus años de viudez la soledad del patriarca parece intensificarse continuamente, despertando aún más la compasión del lector crédulo, hasta su despedida, que recuerda el "Goodnight, sweet prince" de *Hamlet*: "que pase buena muerte, madre, le dijo, muy buena muerte, hijo, le contestó ella en la cripta" (268).

La tragedia más grande del patriarca, y también de la patria, es que en los años otoñales de su dictadura se nos dice que no quiere ser dictador, ni quiso serlo nunca: "lo sentaron los ingleses y lo sostuvieron los gringos" (29), y después de tantas barbaridades no se atrevió a darse de baja. Algo parecido sucedió con su doble, Patricio, quien aparentemente habría preferido ser como su padre, "un triste soplador de vidrio para hacer botellas" (29).

Comparación inevitable con Cien años de soledad

La gran soledad otoñal del patriarca no es más que uno de los múltiples elementos que hacen pensar en *Cien años de soledad*. De acuerdo con el refrán parodiado, "ver para no creer", se pueden encontrar numerosas semejanzas entre las dos novelas pero la impresión total es que, a pesar de todo, son más distintas de lo que parecen. Úrsula Buendía está presente tanto por la longevidad del patriarca y la importancia de su madre como por su apellido, Iguarán, que comparte con el gallero Dionisio (92). El nuncio apostólico trata en vano de vencer el ateísmo del patriarca igual que el padre Nicanor con José Arcadio Buendía. El coronel Aureliano es evocado con "los sartales de pescaditos de oro" (185) vendidos por los plateros ambulantes del mercado. La figura de la muerte se corporiza ante el patriarca "vestida con una túnica de harapos de fique de penitente" (269) que recuerda el encuentro de Amaranta con la muerte. Las visitas quincenales del patriarca a la cartomante (95) hacen pensar en Pilar Ternera. El grito "atrévete cabrón" (122) lanzado por el patriarca frente al falso leproso se asemeja al "atrévete, bastardo" (95) de Úrsula a Arcadio. Patricio, igual que Aureliano Segundo, se enamora de la reina del carnaval. El patriarca come guineo tras guineo (99) como Mr. Herbert.

La desaparición de los dos mil niños (111) no es menos horrorosa que la masacre de los peones bananeros. El patriarca "había nacido para rey" (136) tal como el tercer José Arcadio había nacido para papa y también recuerda a éste por su "esplendor femenino de papa muerto" (219). Las sesenta y cuatro bacinillas de oro de Meme prefiguran la obsesión por lo escatológico en *El otoño del patriarca:* Patricio muere defecando, el patriarca defeca en el momento de poseer a Leticia y el excremento llega a ser un verdadero motivo recurrente que culmina en el nuevo dicho: "el día en que la mierda tenga algún valor los pobres nacerán sin culo" (171).

Una de las novedades más comentadas de *Cien años de soledad* fue la incorporación de personajes novelescos de autores contemporáneos: Víctor Hugues, Artemio Cruz, Rocamadour. En *El otoño del patriarca* no aparecen personajes novelescos ajenos pero sí hay reminiscencias de otros autores hispanoamericanos. Hacia el principio de la novela Patricio se enamora de "la mujer más hermosa de la tierra", quien "es de las que saben de dónde son las cantantes" (16) —título de la novela de Severo Sarduy—. Como ocurre en *Hijo de hombre,* de Roa Bastos, "fusilaban a los loros subversivos" (81) por agregar estrofas a una canción que se burlaba del patriarca. La descripción enumerativa de la capital con su insistencia en detalles arquitectónicos y en los cinco sentidos probablemente se inspira en Alejo Carpentier, por no decir que lo parodia:

> [...] atisbaba las mansiones antiguas de calicanto con portales de tiempos dormidos y girasoles vueltos hacia el mar, las calles adoquinadas con olor de pabilo del barrio de los virreyes, las señoritas lívidas que hacían encaje de bolillo con una decencia ineluctable entre los tiestos de claveles y los colgajos de trinitarias de la luz de los balcones, el convento ajedrezado de las vizcaínas con el mismo ejercicio de clavicordio a las tres de la tarde con que habían celebrado el primer paso del cometa, atravesó el laberinto babélico del comercio, su música mortífera, los lábaros de billetes de lotería, los carritos de guarapo, los sartales de huevos de iguana, los baratillos de los turcos descoloridos por el sol, el lienzo pavoroso de la mujer que se había convertido en alacrán por desobedecer a sus padres [...] [18].

En efecto, las oraciones kilométricas como ésta, que son constantes a través de toda la obra, además de captar la longevidad del patriarca podrían constituir una parodia del autor de *El siglo de las luces.*

En ese aspecto de virtuosismo lingüístico, *El otoño del patriarca* va mucho más allá de *Cien años de soledad*. La frase novedosa de *Cien años de soledad,* "los muertos hombres, los muertos mujeres, los muertos niños" (260) se convierte en la locución hecha motivo recurrente de "la mar océana" (125, 179, 249) de *El otoño del patriarca*. Mientras que el monólogo interminable de Fernanda es la única desviación del estilo "cronístico" del narrador en *Cien años de soledad,* en *El otoño del patriarca* García Márquez se entrega al virtuosismo lingüístico por lo menos tres veces: el lenguaje arcaico que corresponde al desembarco de las carabelas, la imitación de la cartilla y el lenguaje poético de Rubén Darío, cuya visita se prefigura desde principios de la novela (8). En una visión anacrónica, el patriarca y los "patriarcanos" presencian la llegada de los primeros españoles y se sorprenden de las rarezas lingüísticas de los forasteros:

> [...] y por fin encontró quien le contara la verdad mi general, que habían llegado unos forasteros que parloteaban en lengua ladina pues no decían el mar sino la mar y llamaban papagayos a las guacamayas, almadías a los cayucos y azagayas a los arpones, y que habiendo visto que salíamos a recibirlos nadando entorno de sus naves se encarapitaron en los palos de la arboladura y se gritaban unos a otros que mirad qué bien hechos, de muy fermosos cuerpos [...] [44].

Ya anciano, el patriarca aprende a leer y sus lecciones de la cartilla se integran en la estructura total de la novela con el uso anafórico de "cantaba" y "cantó", con las alusiones a su madre, con el elemento trinario y con el engaño del ministro holandés:

> [...] cantaba con toda el alma el tilo en la tuna el lilo en la tina [...] cantaba [...] Cecilia vende cera cerveza cebada cebolla cerezas cecina y tocino [...] cantaba [...] las lecciones de leer que él repetía a toda hora y en todas partes [...] aun en presencia del ministro del tesoro de Holanda que perdió el rumbo de una visita oficial cuando el anciano sombrío [...] interrumpió la audiencia para invitarlo a cantar conmigo mi mamá me ama [...] repitiendo de memoria la lección del martes con una dicción perfecta pero con tan mal sentido de la oportunidad que la entrevista terminó como él lo había querido con el aplazamiento de los pagarés holandeses para una ocasión más propicia [...] y cantó tres veces con acordes de misa mayor yo soy el rey y amo la ley, cantó [...] cantó [...] cantó [...] [174-175].

El sonsonete cantado de la cartilla se emparienta con el recital del "joven poeta Félix Rubén García Sarmiento que había de hacerse famoso con el nombre de Rubén Darío" (193). Aunque esta frase coloca el suceso en la década de 1880, la referencia cronológica no ha de tomarse en serio. En el trozo siguiente García Márquez no sólo remeda el estilo rubendariano de la "Marcha triunfal" (1895), sino que lo entreteje estructuralmente en la novela con el uso anafórico de "vio", con las alusiones a los dos motivos recurrentes principales, los perros y el excremento, y con la provocación irónica a la compasión por el patriarca solitario y desprovisto de poder:

> [...] en un rincón del palco en penumbra desde donde vio sin ser visto al minotauro cuya voz de centella marina lo sacó en vilo de su sitio y de su instante y lo dejó flotando sin su permiso en el trueno de oro de los claros clarines de los arcos triunfales de Martes y Minervas de una gloria que no era la suya mi general, vio los atletas heroicos de los estandartes los negros mastines de presa los fuertes caballos de guerra de cascos de hierro las picas y lanzas de los paladines de rudos penachos [...] vio la tropa de jóvenes fieros que habían desafiado los soles del rojo verano las nieves y vientos de gélido invierno [...] se sintió pobre y minúsculo en el estruendo sísmico de los aplausos que él aprobaba en la sombra pensando madre mía Bendición Alvarado eso sí es un desfile, no las mierdas que me organiza esta gente, sintiéndose disminuido y solo [...] carajo, cómo es posible que este indio pueda escribir una cosa tan bella con la misma mano con que se limpia el culo [...] [194-195].

Los puntos de contacto ya comentados entre *El otoño del patriarca* y *Cien años de soledad* podrían multiplicarse fácilmente. Además de estos detalles, el parentesco entre las dos obras se basa en otros aspectos más fundamentales: el sentido humorístico que proviene, en gran parte, de exageraciones rabelesianas (las proezas sexuales del protomacho José Arcadio, la competencia gastronómica entre Aureliano Segundo y la "Elefanta", las varias defecadas del patriarca y sus actos degenerados con las colegialas) y su visión de la América Latina explotada por los oligarcas, los militares, los políticos (tanto liberales como conservadores), los altos funcionarios de la Iglesia católica y, sobre todo, por los imperialistas españoles, ingleses y estadunidenses.

No obstante, por mucho que se parezcan las dos novelas, las diferencias desconcierten al lector acostumbrado a fiarse de los cinco sentidos. Uno de los rasgos sobresalientes de *Cien años de soledad* es su aparente sencillez derivada de una narración lineal con un narrador omnisciente que narra en un estilo desprovisto de adornos retóricos y con un mínimo de diálogo. En cambio, *El otoño del patriarca* se distingue por su complejidad cronológica, narrativa y estilística. Esas diferencias en parte reflejan el cambio de la cosmovisión magicorrealista[38] de *Cien años de soledad* a la cosmovisión fantástico-grotesca de *El otoño del patriarca*. *Cien años de soledad* ofrece una galería de personajes que se destacan por sus cualidades individuales y por su valor arquetípico; en cambio, *El otoño del patriarca* tiene un solo protagonista que domina toda la obra. Mientras que Macondo es un microcosmos, no solamente de Colombia y de la América Latina sino de toda la civilización occidental, desde la creación bíblica y geológica hasta el apocalipsis bíblico y atómico, *El otoño del patriarca* no alcanza la trascendencia de *Cien años de soledad* en la evolución de la novelística latinoamericana y su importancia más bien debe medirse dentro del subgénero novelístico de la república o dictadura sintética de la América Latina.

La novela del dictador y la realidad latinoamericana

En tanto *Cien años de soledad* señala el fin de la sociedad capitalista, *El otoño del patriarca* marca el ocaso de las dictaduras absolutas personalistas. Por pintorescos, y a veces simpáticos, que sean los personajes de *Cien años de soledad,* su alto grado de individualismo y de soledad los condena a perecer: "las estirpes condenadas a cien años de soledad no tenían una segunda oportunidad sobre la tierra" (351). De la misma manera, las extravagancias de los dictadores hispanoamericanos, desde el cortejo fúnebre en honor de la pierna de Santa Anna (1843) hasta el lema dominicano de "Trujillo y Dios", constituyen uno de los aspectos más fascinantes de la historia del Nuevo Mundo. El hecho de que haya desaparecido el último de los grandes dictadores individualistas (el general Stroessner lleva ya más de veinte años gobernando en el Paraguay sin que

---

[38] Por realismo mágico quiero decir: la introducción, por el pintor o por el narrador, de la manera más natural y objetiva, de un toque inverosímil en un ambiente predominantemente realista, cuyo efecto extraño deja al espectador o al lector desconcertado y asombrado. El término se originó con el crítico de arte alemán Franz Roh, en 1925, y ha tenido una trayectoria continua pero no constante hasta la actualidad tanto en la pintura como en la literatura de Europa, Estados Unidos y la América Latina. En *Cien años de soledad* el primer capítulo establece el ambiente magicorrealista con la conversión por el narrador omnisciente de cosas tan comunes y corrientes como el hielo y el imán en objetos misteriosos, maravillosos y mágicos sin deformarlos. Los acontecimientos fantásticos como la subida al cielo de Remedios la bella, la aparición del fantasma de Prudencio Aguilar y la vuelta de la muerte de Melquíades se destacan precisamente por su contraste con el modo narrativo objetivo. En cambio, en *El otoño del patriarca* todo el mundo novelístico se ha convertido en fantasía, porque la proporción de acontecimientos fantásticos ha aumentado y no hay narrador objetivo.

exista un anecdotario sobre sus actividades[39] y el aspecto carismático de Castro se ha subordinado a la planificación por la ex Unión Soviética) explica tanto la proliferación de novelas de dictadores en la década de 1970 como el tono humorístico que predomina en la mayoría de ellas:

1970: H. A. Murena, *Polispuercón* (Argentina).
1970: Alfredo Pareja Diezcanseco, *Las pequeñas estatuas* (Ecuador).
1971: Mario Moreno (Cantinflas), *Su excelencia* (México).
1971: René Avilés Fabila, *El gran solitario de palacio* (México).
1971: Juan Goyanarte, *Farsa* (Argentina).
1972: Alejo Carpentier, *El derecho de asilo* (Cuba).
1972: Julio José Fajardo, *Del presidente no se burla nadie* (Colombia).
1973: Demetrio Aguilera Malta, *El secuestro del general* (Ecuador).
1974: Alejo Carpentier, *El recurso del método* (Cuba).
1974: Augusto Roa Bastos, *Yo, el Supremo* (Paraguay).
1974: Nelson Estupiñán Bass, *Senderos brillantes* (Ecuador).
1975: Gabriel García Márquez, *El otoño del patriarca* (Colombia).
1976: Arturo Uslar Pietri, *Oficio de difuntos* (Venezuela).

La validez de esta interpretación podría comprobarse por el tono serio de *El gran solitario de palacio*, cuyo protagonista no representa en realidad a un dictador histórico ya difunto, sino al tlatoani[40] sexenal del PRI que sigue enarbolando los ideales de la Revolución sin impedir con esto que los pobres se vayan empobreciendo más.

Algunas de las novelas susodichas pertenecen a todo un subgénero de novelas en las cuales se sintetiza la totalidad latinoamericana con varios elementos de distintas repúblicas individuales. Fundado en 1904 por Joseph Conrad con *Nostromo*, no sería raro que la publicación de *El otoño del patriarca*, de Gabriel García Márquez, cerrara el género con broche de oro. Mientras obras como *Nostromo*, *Tirano Banderas*, *El recurso del método* y otras se esfuerzan por captar la síntesis de la república latinoamericana mediante un menjurje geográfico, lingüístico e histórico, en *El otoño del patriarca* el aspecto menjúrjico tiene una función bastante reducida. El país del patriarca está situado en el Caribe y su capital es un puerto. En

---

[39] Véase el análisis de E. J. Hobsbawn, "Dictatorship with Charm", *The New York Review of Books*, 2 de octubre de 1975, 22-25, en el cual no se encuentra ninguna mención de rasgos personales del dictador Stroessner.
[40] El término proviene de Octavio Paz, *Postdata*, 3ª ed., México: Siglo XXI, junio de 1970, 137.

uno de los varios paralelismos que refuerzan la estructura de la novela, tanto el primer capítulo como el segundo terminan con una visión panorámica del Caribe. Con su acostumbrada hipérbole, el narrador nos dice que el patriarca "había visto desde aquella terraza el reguero de islas alucinadas de las Antillas" (42) y luego describe del modo más natural algunos aspectos fantásticos de Martinica, Paramaribo, Tanaguarena, La Guayra, Trinidad, Haití, Curazao, Cartagena, en fin, "el universo completo de las Antillas desde Barbados hasta Veracruz" (44). El efecto panorámico se repite al final del segundo capítulo mediante la enumeración de varias danzas: "un baile de plenas de Puerto Rico [...] el tiquiquitaque de Barlovento [...] la cumbiamba de Aracataca [el pueblo natal de García Márquez] [...] el tamborito de Panamá" (86). Estos y otros nombres geográficos verdaderos del Caribe se mencionan, de una manera menos sistemática, a través de toda la novela.

Más que nada el país del patriarca tiene una configuración que se parece bastante a Venezuela. Igual que varios dictadores venezolanos, el patriarca nació y se crió en el páramo (estado de Táchira); el país cuenta con "afluentes ecuatoriales" (el Orinoco) y "desiertos de salitre" (La Guajira); y "la ciudad lúgubre y glacial de la nación contigua" (106) tiene que referirse a Bogotá con su "llovizna eterna [...] los hombres vestidos de etiqueta en los tranvías eléctricos [...] gente tan rara, exclamó, parecen poetas" (106). Las únicas notas geográficas no caribeñas en toda la novela sugieren la extensión del país al Ecuador y aun hasta la Argentina. El patriarca escucha por radio la misma noticia "desde Veracruz hasta Riobamba" (204) y un "tremendo viento polar de Comodoro Rivadavia [...] volteó al revés las entrañas del mar y se llevó volando un circo de animales acampado en la plaza del antiguo puerto negrero" (193).

La síntesis topográfica de la América Latina se capta al desbarrancarse la mula del eritreno:

> [...] se oyó el interminable aullido de pavor de la mula desbarrancada que iba cayendo en un vértigo sin fondo desde la cumbre de las nieves perpetuas a través de los climas sucesivos e instantáneos [...] el nacimiento exiguo de las grandes aguas navegables [...] las mesetas de magnolias silvestres donde pacían las ovejas de tibia lana [...] y las mansiones de los cafetales [...] y el fragor perpetuo de los ríos turbulentos de los límites arcifinios donde empezaba el calor [...] las plantaciones de cacao [...] y el sol inmóvil y el polvo ardiente y la cucurbita pepo y la cucurbita melo y las vacas flacas y tristes del departamento del atlántico [...] y la exhalación de la mula todavía viva que se despanzurró con

una explosión de guanábana suculenta entre las matas de guineos y las gallinitas espantadas del fondo del abismo [153].

Aunque García Márquez ubica el país del patriarca dentro del Caribe con el uso discreto de referencias geográficas, no intenta crear un lenguaje híbrido a base de regionalismos, rasgo sobresaliente de *Tirano Banderas*. En general, se podría decir que el lenguaje de *El otoño del patriarca* no pertenece a ningún dialecto nacional, a excepción del uso exagerado de la expresión típicamente colombiana "¡qué vaina!" y sus variantes, de "cachacos" (151) para jóvenes elegantes, del uso grancolombiano de "godos" (171) para conservadores y de "chicheras" (143) para los tiliches mexicanos o los chunches guatemaltecos.

En cuanto al panorama histórico, García Márquez abarca toda la historia de la América Latina independiente mediante el largo reinado del dictador. Con la ayuda de los ingleses y respaldado por los federalistas bárbaros, el patriarca llega al poder combatiendo contra el déspota ilustrado, el general y poeta Lautaro Muñoz. Cuando la Santa Sede se niega a canonizar a la madre del patriarca, éste expulsa al arzobispo y a las comunidades religiosas y declara la expropiación de los bienes de la Iglesia, recordando los tiempos de Benito Juárez en México y de Evita Perón en la Argentina. La ausencia de toda alusión a las guerras de independencia, el motivo recurrente de los retratos de los virreyes y la relación establecida entre las tres carabelas de Colón y el acorazado abandonado por los infantes de la marina estadunidense sugieren la teoría de la dependencia. O sea que las luchas entre liberales y conservadores y el desfile de presidentes-dictadores detentando el poder no reflejan, por dramáticos que parezcan los acontecimientos, la verdadera historia de la América Latina. Ésta se basa mucho más en las relaciones económicas con la metrópoli, llámese España (siglos XVI-XVIII), Inglaterra (siglo XIX) o Estados Unidos (siglo XX): "lo sentaron los ingleses y lo sostuvieron los gringos" (29).

De los tres poderes imperialistas, el estadunidense es desde luego el que desempeña el papel más importante en la prolongada dictadura del patriarca. Como señal de la continuidad de esa influencia, actúan en la novela por lo menos veinte embajadores distintos, mencionado cada uno solamente una vez por los apellidos, en su mayoría típicamente norteamericanos: Stetson, Thompson, Evans, Norton, Wilson, Forbes, Baxter, Mitchell, Macqueen, Kippling, Johnson, etcétera. El pretexto para la primera ocupación de los infantes de la marina fue combatir la fiebre amarilla, pero, en realidad, el patriarca la aceptó por miedo al mando supremo de las fuerzas armadas. Los infantes molestaron al patriarca con sus manías higiénicas, puritánicas y estadísticas: "los enseñaron a caminar con zapatos, a limpiarse con papel, a usar preservativos" (117); "le pusieron en la calle a las dos últimas concubinas" (53); "tenían contabilistas que anotaban en sus libros hasta las sobras de los almuerzos, se lamentaba de que el otro día vino a la cena presidencial el comandante del acorazado con unos como astrónomos de tierra firme que tomaron medidas de todo y ni siquiera se dignaron saludarme, sino que me pasaban la cinta métrica por encima de la cabeza mientras hacían sus cálculos en inglés [...] había medidores midiendo hasta el tamaño de la luz de los balcones" (53). No obstante, con una referencia poco velada a las actividades de la CIA, los infantes también "me enseñaron el secreto de mantener servicios paralelos para fomentar rivalidades de distracción entre la gente de armas, me inventaron la oficina de seguridad del Estado, la agencia general de investigación, el departamento nacional de orden público y tantas otras vainas que ni yo mismo las recordaba" (117).

A diferencia de *El recurso del método,* de Alejo Carpentier, en *El otoño del patriarca* no se insiste mucho en la influencia cultural de los Estados Unidos. No hay más que una canción, por cierto, repetida varias veces, "Susana, ven Susana" (66, 202, 214); una frase popular, "empujar margaritas" (233), y la parodia, muy apropiada en esta novela en que nada se puede creer, de la letanía jurídica: "es la única verdad, toda la verdad y nada más que la verdad" (155). La ocupación norteamericana termina irónicamente por la misma razón por la cual, al parecer, empezó: "aquel estado de escasez había de durar hasta que las fuerzas de ocupación abandonaron el país espantadas por una peste" (54).

El retiro de las tropas, sin embargo, no indica el fin de la influencia estadunidense. En las postrimerías de la dictadura del patriarca se ejerce una presión persistente por obtener concesiones de las aguas territoriales. Basándose en el conflicto sobre los límites territoriales marítimos, conflicto surgido entre los países que aspiran a usufructuar la pesca y los posibles yacimientos de petróleo, García Márquez, con su acostumbrada imaginación y su destreza artística, lo convierte en uno de los motivos recurrentes más originales. En la tercera página del libro el lector se entera de que el mar ya no está frente a la costa pero no sabe por qué: "vimos los cráteres muertos de ásperas cenizas de luna de la llanura sin término donde había estado el mar" (7). En la página 50 el narrador colectivo hace hincapié en "la inconcebible maldad del corazón con que le vendió el mar a un poder extranjero y nos condenó a vivir frente a esta llanura sin horizonte de áspero polvo lunar". Las alusiones al mar ausente aparecen periódicamente, pero la explicación completa se da sólo hasta el último capítulo. Si el patriarca vendió el mar no fue por maldad, sino obligado por lo irremediable de la situación. El resumen de las deudas externas del país constituye una breve historia del imperialismo en la América Latina, culminando con el de los Estados Unidos:

> [...] estamos en los puros cueros, mi general, habíamos agotado nuestros últimos recursos, desangrados por la necesidad secular de aceptar empréstitos para pagar los servicios de la deuda externa desde las guerras de independencia y luego otros empréstitos para pagar los intereses de los servicios atrasados, siempre a cambio de algo, mi general, primero el monopolio del caucho y el cacao para los holandeses, después la concesión del ferrocarril de los páramos y la navegación fluvial para los alemanes, y todo para los gringos [...] [224].

Por mucho que el patriarca andino ame el mar —"no, mi querido Wilson, todo eso lo hice por conocer el mar, de modo que piensa en otra vaina" (201-202); "ni de vainas, mi querido Baxter, primero muerto que sin mar" (225)—, parece convertirse en una verdadera figura trágica cuando viejo e impotente tiene que ceder frente a la amenaza de otra invasión: "[...] o vienen los infantes o nos llevamos el mar, no hay otra, excelencia, no había otra, madre, de modo que se llevaron el Caribe en abril" (247). El modo en que "se lo llevaron" agrega un toque tragicómico (la omnipotencia de los Estados Unidos y la exageración de su eficacia) y demuestra una vez más la ingeniosidad del autor, pero también tiene antecedentes realistas: el traslado, pieza por pieza, de The Cloisters desde Francia hasta Nueva York y el traslado del famoso puente de Londres al desierto de Arizona en 1971: "se lo llevaron en piezas numeradas los ingenieros náuticos del embajador Ewing para sembrarlo lejos de los huracanes en las auroras de sangre de Arizona" (247).

Si García Márquez se da cuenta de que en realidad los dictadores más tiránicos de la América Latina no son más que instrumentos de los poderes extranjeros, no puede menos que sentirse atraído por sus extravagancias, tal como le pasó con los personajes de *Cien años de soledad*, condenados a desaparecer por su soledad.

Como dictador del Caribe, los antecedentes del patriarca pueden buscarse en toda una serie de dictadores pintorescos, desde Trujillo hasta

Fidel Castro. Reforzando la interpretación de que el patriarca es el prototipo y el último de los dictadores, éste recibía a "todos [los dictadores] como si fueran uno solo" (20) y jugaba dominó con sus congéneres caídos: "los antiguos dictadores de otros países del continente, los padres destronados de otras patrias a quienes él había concedido el asilo" (20). Sin pretender identificar a todos los dictadores aludidos, unos cuantos servirán para indicar el carácter sintético del patriarca. Como Porfirio Díaz, el cometa Halley marcó un hito en la historia de sus largos e interminables años de gobierno: "yo solo me basto y me sobro para seguir mandando hasta que vuelva a pasar el cometa" (36). Como Maximiliano Hernández Martínez (1931-1944) de El Salvador o como François "Papa Doc" Duvalier (1957-1971) de Haití, tiene fama de brujo y cura a los leprosos con sólo tocarlos. A la manera de Anastasio Somoza García (1937-1956) de Nicaragua, manda construir el estadio de béisbol más grande del Caribe. Su dirección personal de los trabajos de reconstrucción del país después del ciclón podría referirse a la actuación de Anastasio Somoza Debayle (Tachito) después del terremoto de Managua en 1972:

> [...] él repartió entre los miembros del mando supremo los cargamentos de vituallas y medicinas y los materiales de asistencia pública de la ayuda exterior, desde que las familias de sus ministros hacían domingos de playa en los hospitales desarmables y las tiendas de campaña de la Cruz Roja, le vendían al ministerio de la salud los cargamentos de plasma sanguíneo, las toneladas de leche en polvo que el ministerio de salud le volvía a vender por segunda vez a los hospitales de pobres [108].

Como Manuel Estrada Cabrera (1898-1920) de Guatemala, su culto a la madre junto con la vergüenza de su nacimiento ilegítimo y su niñez humilde ayudan a explicar sus complejos psicológicos.[41] Como Cipriano Castro (1899-1908) y "el brujo" Juan Vicente Gómez (1908-1935) de Venezuela, se sirve de su poder para acostarse con cualquier mujer, por joven que sea. Como Fidel Castro (1959) de Cuba, el patriarca suprimió los domingos[42] (244) y "aparecía en los pueblos a la hora menos pensada sin

---

[41] El sacristán de *El señor Presidente,* novela basada en la dictadura de Manuel Estrada Cabrera, cae preso: "—[...] por un delito que cometí por pura equivocación. ¡Figure 'usté' que por quitar un aviso de la Virgen de la O, fui y quité del cancel de la iglesia en que estaba de sacristán, el aviso del jubileo de la madre del Señor Presidente!" (Miguel Ángel Asturias, *El señor Presidente,* Buenos Aires: Losada, 1952, 16). Véase también *Ecce Pericles!,* de Rafael Arévalo Martínez, Guatemala: Tipografía Nacional, 1945, 3, 19, 25.
[42] En realidad Fidel suprimió la celebración oficial de la Navidad durante más de veinte años.

LA SÍNTESIS DE LA NACIÓN LATINOAMERICANA 65

más escolta que un guajiro descalzo con un machete de zafra [...] se informaba sobre el rendimiento de las cosechas y el estado de salud de los animales y la conducta de la gente [...]" (90). Extendiendo la visión del libro más allá del Caribe, el patriarca hace colgar de los tobillos a su ex cómplice, José Ignacio Sáenz de la Barra, de un farol de la plaza de armas, tal como murió el dictador boliviano Gualberto Villarroel (1943-1946).

Entre todos los dictadores históricos, predomina en la novela la imagen del "benefactor de la patria", el "doctor y general" Rafael Leónidas Trujillo de la República Dominicana (1930-1961). Como Trujillo, el patriarca visitaba a su madre todos los días,[43] era muy aficionado tanto al ganado[44] como a las adolescentes y nombró general de división a su hijo en el momento de nacer. Trujillo cambió el nombre de la capital de Santo Domingo a Ciudad Trujillo. El patriarca, para celebrar el retiro de los infantes de la marina, se siente tan poderoso que ordena invertir los colores de la bandera. El parecido más grande, sin embargo, entre los dos dictadores es haberse atribuido ambos rasgos divinos. Durante la última etapa de su dictadura, el patriarca recuerda cómo en sus años preotoñales el pueblo creía que era más poderoso que la naturaleza y que Dios mismo: "acuérdense cómo era antes [...] porque decían que yo era el benemérito que le infundía respeto a la naturaleza y enderezaba el orden del universo y le había bajado los humos a la Divina Providencia" (234). Si esta exageración es producto de la imaginación artística de García Márquez, no menos increíble es la realidad histórica. En la era de Trujillo, el lema "Trujillo y Dios" se veía por todas partes y en el interior del enorme monumento en Santiago de los Caballeros,[45] segunda ciudad de la república, había escenas pintadas de la vida de Trujillo paralelas a las de Jesús, desde la anunciación, pero sin incluir la crucifixión. Esto es verdad porque recuerdo que el lunes 22 de agosto de 1957 a las tres de la tarde yo lo vi.

---

[43] Un día típico durante la presidencia de Trujillo termina así: "Por la noche se hace una breve tertulia de sobremesa y después Trujillo va a rancho Cayuco a visitar a su madre" (José Almoina, *Yo fui secretario de Trujillo,* Buenos Aires: Editora y Distribuidora del Plata, 1950, 23.

[44] "He truly loved cattle, but, with the rarest of exceptions, he had no love for humans" ('Sentía un verdadero amor por el ganado, pero, con raras excepciones, no sentía ningún amor por los seres humanos') (Robert D. Crassweller, *Trujillo: The Life and Times of a Caribbean Dictator,* Nueva York: Macmillan, 1966, 4).

[45] Incluso se menciona esta segunda ciudad de la República Dominicana, junto con Curazao y Guantánamo, en la página 149 de la novela.

OBRAS CONSULTADAS

"El recurso del método"

Arenas, Reynaldo, *El mundo alucinante,* México: Diógenes, 1969.
Cabrera Infante, Guillermo, *Tres tristes tigres,* 2ª ed., Barcelona: Seix Barral, 1968.
Carpentier, Alejo, *El derecho de asilo,* Madrid: Lumen, 1972.
———, *Guerre du temps,* París: Gallimard, 1967.
———, *El recurso del método,* México: Siglo XXI, 1974.
———, *War of Time,* Nueva York: Alfred A. Knopf, 1970.
López-Nussa, Leonel, *Recuerdos del 36,* La Habana: Unión, 1967.
Rama, Ángel, "Un culto racionalista en el desenfreno tropical", *La novela en América Latina, Panoramas 1920-1980,* Bogotá; Instituto Colombiano de Cultura, 1982.
Zabludovsky, Jacobo, "Entrevista con Alejo Carpentier", *Siempre!,* 1048, 25 de julio de 1973.

"El otoño del patriarca"

Almoina, José, *Yo fui secretario de Trujillo,* Buenos Aires: Editora y Distribuidora del Plata, 1950.
Arévalo Martínez, Rafael, *Ecce Pericles!,* Guatemala: Tipografía Nacional, 1945.
Asturias, Miguel Ángel, *El señor Presidente,* Buenos Aires: Losada, 1952.
Bleznick, Donald, "Ver para vivir and Paradise Regained in the *Criticón*", *Estudios literarios de hispanistas norteamericanos dedicados a Helmut Hatzfeld con motivo de su 80 aniversario,* Barcelona: Ediciones Hispanos, 1974.
Crassweller, Robert D., *The Life and Times of a Caribbean Dictator,* Nueva York: Macmillan, 1966.
García Márquez, Gabriel, *Cien años de soledad,* 3ª ed., Buenos Aires: Sudamericana, 1967.
———, *El otoño del patriarca,* Barcelona: Plaza y Janés, 1975.
Hobsbawn, E. J., "Dictatorship with Charm", *The New York Review of Books,* 2 de octubre de 1975.
Menton, Seymour, "La novela experimental y la república comprensiva de Hispanoamérica: estudio analítico y comparativo de *Nostromo, Le dictateur, Tirano Banderas* y *El señor Presidente*", *Humanitas,* Monterrey: Universidad de Nuevo León, 1, 1, 1960.
Palencia-Roth, Michael, *Gabriel García Márquez. La línea, el círculo y las metamorfosis del mito,* Madrid: Gredos, 1983.
Paz, Octavio, *Postdata,* 3ª ed., México: Siglo XXI, 1970.

II. México

"UN TERCER GRINGO VIEJO O CARLOS FUENTES Y YO"[1]

AUNQUE TODAVÍA NO ESTOY CELEBRANDO mis bodas de oro como estudiante de la literatura mexicana, ahí voy acercándome. Efectivamente, en agosto de 1988, al dar una conferencia en Xalapa, me di cuenta de que ya habían pasado cuarenta años desde que me matriculé en la Facultad de Filosofía y Letras de la UNAM, ubicada en aquel entonces en el viejo edificio colonial de Mascarones. Platicando, en Xalapa, con Luis Arturo Ramos, sobre su novela recién publicada, *Éste era un gato...* (1988), le comenté cierto parecido entre su protagonista, Roger Copeland —quien regresa a Veracruz para morir sesenta años después de haber servido en 1914 con las tropas de ocupación—, y el Ambrose Bierce de *Gringo viejo*, de Carlos Fuentes. Le dije que, si tuviera yo talento de creador, completaría el trío de gringos viejos novelando cuarenta años de observación de los cambios sociopolíticos de México. Comenzaría con la mañana del 6 de marzo de 1949, día de mi cumpleaños —cuando los camiones Juárez-Loreto tuvieron que improvisar nuevas rutas porque al presidente Miguel Alemán se le antojó cambiar de piel (de asfalto a concreto) al Paseo de la Reforma—, y terminaría con la tarde del 31 de agosto de 1988, cuando se concentraron miles de campesinos bajo la lluvia, frente al Monumento a la Revolución, para vitorear a Cuauhtémoc Cárdenas.

Desgraciadamente no soy más que un simple crítico académico y, por lo tanto, las pocas aventuras novelescas que he vivido quedan opacadas por las tantísimas que he experimentado gracias a los innumerables personajes auscultados desde que inicié los estudios doctorales. Dicho de otro modo, nunca me he sentido asediado por los llamados demonios, a los cuales ciertos artistas atribuyen su necesidad de crear. Así es que, en

---

[1] Prólogo a *Narrativa mexicana. (Desde "Los de abajo" hasta "Noticias del Imperio")*, coedición de la Universidad Autónoma de Tlaxcala y el Centro de Ciencias del Lenguaje de la Universidad Autónoma de Puebla, 1991.

vez de novelar en forma prolija mis experiencias, prefiero apuntar, en forma más bien escueta, mis recuerdos, muy vivos, de todos los narradores mexicanos que he conocido.

Durante el verano de 1948 la profesora Berta Gamboa, tan entusiasmada con su curso sobre la novela de la Revolución que dirigía la clase con trazas de coronela, nos llevó a conocer personalmente a Mariano Azuela, a Martín Luis Guzmán y a José Rubén Romero. De ellos recuerdo sobre todo cómo Azuela sólo quería hablar de sus sesenta y pico de nietos. ¿Quién habría pronosticado que, cuarenta años después, uno de esos nietos, Arturo, también novelista, iba a presidir, con mucha responsabilidad, el Congreso del Instituto Internacional de Literatura Iberoamericana (IILI), en el viejo Colegio de San Ildefonso, en la calle Justo Sierra, donde yo había frecuentado las librerías de Porrúa y de Robredo, ésta convertida milagrosamente en la zona sagrada del Templo Mayor? Por cierto, fue en ese curso de la profesora Gamboa donde nació mi afición por la literatura mexicana y todavía recuerdo las discusiones acaloradas sobre el carácter revolucionario o antirrevolucionario de *Los de abajo*. Mi estudio sobre esa novela demuestra cómo la presencia intertextual de algunas de las grandes epopeyas de la literatura universal enriquece la plasmación tan realista, tan mexicana y tan original de Azuela.

"La fiesta de las balas", de Martín Luis Guzmán, una verdadera joya cuentística a pesar de encontrarse en un libro de memorias, *El águila y la serpiente*, figura en mi antología *El cuento hispanoamericano* (México: FCE, 1964). En este libro lo comparo con "Oro, caballo y hombre", de Rafael F. Muñoz, teorizando sobre los pares mínimos y las diferencias generacionales.

A Gregorio López y Fuentes, sobre cuyas novelas escribí mi tesis de maestría, lo visitaba con cierta frecuencia en las oficinas de *El Universal*, en Bucareli, donde siempre me atendía con su personalidad campechana de buen jarocho.

En cambio, a Agustín Yáñez, quien dirigía en 1948 el Departamento de Filosofía de la UNAM, ni me atrevía a saludarlo, por su aspecto adusto. Aunque *Al filo del agua* ya se había publicado el año anterior, todavía no se le reconocía el papel importantísimo de señalar nuevos derroteros para la novela mexicana. En mi estudio biográfico-literario comento las increíbles semejanzas entre Yáñez y sus coetáneos Alejo Carpentier y Miguel Ángel Asturias. También ubico el prólogo de la novela de Yáñez dentro de la obertura nacional, estableciendo vínculos entre *Al filo del agua* y *La región más transparente, Canaima, La ciudad junto al río inmóvil, U.S.A., Leyendas de Guatemala* y *De donde son los cantantes.* No fue hasta 1975 que llegué a conocer a Yáñez, obligándolo a medio sonreír mientras le sacaba una foto frente al Mesón de La Mancha, durante el Congreso del IILI celebrado en Madrid y en Sevilla.

Cuatro años antes de la publicación de *Al filo del agua*, *El luto humano* (1943), de José Revueltas, inspirada tanto en los frescos de Rivera, Orozco y Siqueiros como en las innovaciones técnicas de James Joyce y William Faulkner, había roto con el carácter episódico de la novela de la Revolución. No tuve la oportunidad de conversar con Revueltas hasta 1972, cuando lo invitamos a dar una conferencia en la Universidad de California, Irvine. Ya se había convertido en un mito por su actuación durante los sucesos de 1968, pero estaba bastante delicado de salud y no llegué a conocerlo bien hasta que ya había muerto, a través de los recuerdos de su sobrina Eugenia y de su marido Abelardo Villegas, con quienes celebramos por primera vez en Irvine, durante el otoño de 1989, las fiestas del Día de los Muertos y después las Posadas Navideñas.

Juan Rulfo, Juan José Arreola y todos los prosistas posteriores se dieron a conocer literariamente después de que terminé mi primera estadía en México. En cuanto a Rulfo, me contagié de su consabido laconismo configurando una ponencia a base de tres miniponencias sobre el realismo mágico de "Luvina", la presencia de *Los de abajo* en "El Llano en llamas" y el segmento de los indios de Apango en *Pedro Páramo*. No llegué a conocer a Rulfo sino hasta el verano de 1979, cuando coincidimos en el Encuentro de Escritores y Narradores Hispanoamericanos en Cali, Colombia. Enterado de antemano de la renombrada timidez de Rulfo, quedé asombrado de su elocuencia, tanto en la mesa redonda como en la rueda de prensa y en la plática personal. En realidad, lució más que otros dos novelistas con fama de deslumbrar al público con sus dones oratorios, aunque de estilos muy diferentes: el español Camilo José Cela, Premio Nobel 1989, y el argentino Manuel Puig.

En cuanto a deslumbrar al público, es la frase más apta para Juan José Arreola. En la sesión inaugural del Congreso del IILI, celebrada a fines de agosto de 1988 en la Alameda de Santa María, Arreola no hizo menos que deslumbrar a todos los congresistas por la lucidez y la elocuencia de su intervención. Siempre que nos encontramos me agradece el análisis de *Confabulario*, que se publicó en 1959 en la revista *Hispania*. A raíz de su no autorizada republicación en 1963, por la Casa de las Américas en

Cuba, se armó una pequeña polémica en *Siempre!* respecto a mi insistencia en aclarar que la edición cubana no fue la primera. En la edición de *Confabulario total* (1941-1961) Arreola tuvo la gentileza de dedicarme la primera sección, titulada "Prosodia". La primera vez que nos vimos, de lejos, fue en la UCLA, a principios de los setenta, cuando Arreola, en un amplio paraninfo, aludió a mi presencia en el público en términos que deben de haber despertado la envidia de todos mis colegas metropolitanos. Pocos años después, durante su visita a la UCI, empatamos en dos partidos muy reñidos... de ping-pong. En ajedrez, otra tremenda pasión de Arreola, no me atreví a competir.

De Rosario Castellanos guardo un recuerdo grato: la mujer elegante, ensimismada y solitaria de 1963 en Ciudad Juárez, donde, junto con Luis Leal, participamos en la serie de conferencias auspiciada por el PRONAF, la organización encargada, entre otras cosas, de subir el nivel cultural de las ciudades fronterizas. Rosario Castellanos ya había publicado *Balún-Canán* y *Oficio de tinieblas,* que dieron un nuevo enfoque a la novela indigenista, a la vez que despertaron mis ganas de conocer Chiapas. Luis Leal y yo habíamos pasado unas seis semanas enseñando en Guadalajara, en un instituto organizado por la Universidad de Arizona para profesores norteamericanos de ascendencia mexicana dedicados a la enseñanza del español. Entre el alumnado se encontraba Tomás Rivera, quien a base de esa experiencia había de inspirarse para completar el doctorado y publicar, en 1970, una de las obras más importantes de la literatura chicana: *...y no se lo tragó la tierra*. Tomás subió rápidamente por los escalones de la carrera universitaria, llegando a ser rector de la Universidad de California, en Riverside, sin olvidar jamás sus raíces humildes.

En 1970 volví a encontrarme con Rosario Castellanos, compañera de asiento en el vuelo de México a Caracas, y tuvimos más tiempo para platicar. Íbamos al Congreso de la Comunidad de Escritores Latinoamericanos junto con Demetrio Aguilera Malta, Ernesto Mejía Sánchez, Wilberto Cantón, Pedro Frank de Andrea, Fedro Guillén y Edmundo Valadés. A éste, cuya revista *El Cuento* ya celebró sus bodas de oro, volví a verlo en la primavera de 1988, en San Antonio, Texas, en una pequeña pero importante reunión de mexicanistas mexicanos y gringos, organizada por el Centro de Extensión de la UNAM, en San Antonio, y por la Universidad de Texas, en Austin, a fin de estimular, en los Estados Unidos, la divulgación de la literatura mexicana. Ahí me encontré también con los viejos amigos John Brushwood, Frank Dauster y Juan Bruce-Novoa y conocí a Emmanuel Carballo; conversé una vez más, después de cuarenta años, con mi ex profesor José Luis Martínez, y traté en vano de convencer a José Emilio Pacheco de que se trasladara a la UCI. Hacia 1962, cuando yo todavía enseñaba en Kansas y dirigía la revista *Hispania,* le había solicitado un artículo sobre la nueva poesía mexicana. También estamos ligados Pacheco y yo por nuestro interés en el todavía no suficientemente apreciado Federico Gamboa, tema de mi disertación doctoral (1952), en la New York University, y de algunos artículos. En 1977 Pacheco publicó un nuevo tomo de *Mi diario,* de Gamboa, abarcando los años 1892-1939. Cuando me dijo que en México ni se conocía la primera obra teatral de Gamboa, *La última campaña,* decidí realizar un estudio sobre ella y las otras dos piezas de Gamboa, *La venganza de la gleba* y *Entre hermanos,* que se publicará algún día en homenaje a Pedro Frank de Andrea, cuya Colección Studium contribuyó tanto a la divulgación de las letras mexicanas e hispanoamericanas antes del *boom.*

La primera vez que me encontré con Luisa Josefina Hernández fue en el verano de 1953, cuando ella era estudiante en un curso de teatro dictado por Rodolfo Usigli, en la UNAM. Andaba yo en busca de la autorización de Usigli para incluir unas escenas de *Corona de sombra* en mi primer libro, *Saga de México* (1955), cuya segunda edición actualizada, con la colaboración de mi colega María Herrera Sobek, salió a la luz en el año 1992. (Se trata de un conjunto de selecciones literarias para estudiantes universitarios de los Estados Unidos, que presenta la historia de México desde el punto de vista mexicano. Por casualidad estaba yo predestinado a estudiar, más de tres décadas después de 1955, una novela íntimamente vinculada con *Corona de sombra: Noticias del Imperio,* de Fernando del Paso, uno de los pocos novelistas mexicanos que no he conocido... todavía.) En cuanto a Luisa Josefina Hernández, quien hace unos diez años dio una conferencia en la UCI, añadiré que comenté su novela *La primera batalla* en mi libro sobre la narrativa de la Revolución cubana (durante el trimestre invernal de 1990 su obra teatral *Los huéspedes reales* figuraba entre los textos que estudiamos en mi curso sobre el teatro latinoamericano).

En el transcurso de mis cuarenta[2] años de enseñar, no cabe la menor duda de que las mujeres han venido cobrando cada año más importancia en las letras mexicanas. Además de mis coetáneas Rosario Castellanos y Luisa Josefina Hernández, he tenido el privilegio de conocer a varias de

---

[2] Para el año 2000 ya son cincuenta.

las escritoras más renombradas, hasta la más joven, Ethel Krauze, nacida en 1954, cinco años después de que terminé mis estudios en la UNAM. Algunas de ellas figuran en mi estudio panorámico "Las cuentistas mexicanas en la época feminista, 1970-1988". Con Margo Glantz y Sara Sefchovich, en distintas ocasiones, nos contamos anécdotas sobre nuestros antepasados judíos-ucranianos.

A Vicente Leñero lo conocí en el verano de 1969, en Cuernavaca, donde dictaba un curso de cuatro semanas sobre la novela de la Revolución cubana, en el instituto CIDOC del Padre Illich. Dieciocho años después, en el Simposio sobre el Cuento, celebrado en Morelia, Leñero me recordó que el 21 de julio de 1969, mientras todos los mexicanos veían en televisión el aterrizaje en la Luna del primer astronauta, mi esposa y yo habíamos ido al teatro para ver *Los albañiles*.

Mis investigaciones sobre la narrativa cubana culminaron con la publicación del libro *Prose Fiction of the Cuban Revolution* (Austin: University of Texas Press, 1975), con traducciones actualizadas en Madrid (1978) y en México (1982). Para la edición mexicana de Plaza y Janés se organizó una presentación del libro en el Centro Cultural Librerías Reforma de Franklin Ramos. Ahí me presentó José Agustín, entusiasmado con mis comentarios en *El cuento hispanoamericano* sobre "Cuál es la onda" y posteriormente con la traducción al inglés. Entre el público se encontraban Martha Robles y Aurora Ocampo. La primera había contribuido al gran éxito de un simposio sobre literatura mexicana que habíamos organizado pocos años antes en la UCI, con la colaboración de Gustavo Sainz, director en esa época de la sección de literatura del INBA. Junto con Sainz y Robles participaron Emilio Carballido, Jorge Ruffinelli y David Huerta.

Tanto Sainz como Agustín han dictado conferencias excelentes en la UCI. De los otros onderos, en el verano de 1984, durante el congreso de la American Association of Teachers of Spanish and Portuguese (AATSP), en México, me tocó improvisar una sesión con Héctor Manjarrez y Hugo Hiriart. A René Avilés Fabila no llegué a conocerlo hasta el Congreso del IILI de 1988 en el Colegio de San Ildefonso, aunque sí había conocido a su padre, cuarenta años antes, en Guanajuato, donde yo enseñaba inglés e historia de la lengua española a los maestros rurales, en el Instituto de Capacitación del Magisterio Rural... cuando no estaba callejoneando desde la Alhóndiga hasta la Presa de la Olla; escuchando "Pénjamo", "La rondalla" y "El abandonado" en la sinfonola de la cantina Aquí Me Quedo; dando vueltas en las serenatas del Parque de la Unión, el llamado

Quinto de queso; subiendo hasta el Pípila y haciendo alpinismo en los cerros cercanos mientras chupaba las limas de Silao; paseándome en Celaya, en el ferrocarril urbano, o sea, el tranvía jalado por una mula; leyendo *El Sol de León;* y usurpando a la vez la mecedora de don Goyo, el viejo campeón de los escupitajos y dueño del destartalado Hotel Madrid; en fin, conociendo, con diez años de anticipación, el espacio de *Las buenas conciencias,* de Carlos Fuentes.

Fuentes me ha dicho que frecuentaba el cafetín de Mascarones en sus días enmascarados de 1948-1949, cuando todavía no se había revelado de escritor genial; los mismos años en que yo seguía los cursos del sonriente imperturbable Francisco Monterde, del inaudible Julio Torri, del declamador barroco Julio Jiménez Rueda, del viejo sabio, humilde y orgulloso a la vez, Erasmo Castellanos Quinto y de los cascarrabias españoles Amancio Bolaños e Isla y Rafael Sánchez de Ocaña... pero no nos conocimos Fuentes y yo, hasta mayo de 1980, cuando entró corriendo y jadeando (porque le molesta la falta de puntualidad) en la sala de conferencias de la UCI, donde lo esperaba un centenar de estudiantes y profesores. Para darle tiempo a que se calmara escogí la más larga de las dos presentaciones que había preparado. Contagiándome de lo fantástico de *Una familia lejana* —que acababa de leer en el vuelo de regreso a California, desde París, donde había disertado sobre el realismo mágico en un simposio internacional dedicado al cuento—, paso a paso, tal como recitaba en la secundaria las pruebas de los teoremas de la geometría euclidiana, comprobé en términos junguianos y borgesianos que si el narrador de esa novela, Carlos Fuentes, era también el narratario de Branley; y si Branley era cualquiera o todos los personajes con apellido de Heredia; y además si Aura era Consuelo Llorente; y si el narrador güero de "Tlactocatzine, del jardín de Flandes" convivía con la vieja Charlotte, Kaiserin von Mexiko, en una mansión de la avenida Puente de Alvarado; entonces los dos triángulos eran congruentes y... yo también era Carlos Fuentes. Ya repuesto del jadeo y del asombro, Fuentes plasmó una visión muralística y sinfónica de México, entretejiendo trozos seleccionados de sus novelas. Esa noche, durante una pequeña tertulia en casa, Fuentes volvió a impresionarnos dibujándome al lado de "Artemio Cruz", por estar casados los dos con una mujer llamada Catalina. En octubre de 1989, pocos días después del estreno de la película *Old Gringo,* volvió Carlos Fuentes a la UCI para hablar sobre la literatura y la pintura de España ante el público más numeroso y más entusiasta para un conferenciante hispanoamericano

(800 personas) en la historia de la UCI. Después de la conferencia, durante toda una hora, firmó, con dedicatorias personales, ejemplares de sus novelas en inglés. De regreso al hotel le regalé una copia enmarcada de la caricatura de 1980, porque le había oído decir, pocos días antes, en una entrevista de televisión, que, si no hubiera nacido escritor, le habría gustado ser… caricaturista.

Caricatura del autor con Artemio Cruz, dibujada por Carlos Fuentes, 1980.

TEXTURAS ÉPICAS DE "LOS DE ABAJO"[3]

MÁS DE SETENTA AÑOS DESPUÉS de publicarse, *Los de abajo* sigue ocupando un lugar consagrado en la novelística hispanoamericana. Sin embargo, igual que *Doña Bárbara*, *La vorágine*, *Don Segundo Sombra* y otras novelas clasificadas como telúricas, la obra de Azuela ha sido algo opacada por las de los nuevos novelistas del *boom*. Sin intentar rebajar a éstas su prestigio internacional, conviene, de vez en cuando, echar una ojeada a las obras clásicas para determinar hasta qué punto se mantienen sus valores. En el caso de *Los de abajo*, una nueva lectura analítica, desde el punto de vista intertextual, confirmará y reforzará la observación de Luis Leal sobre la unidad orgánica de la novela, desmintiendo la impresión de varios críticos anteriores y posteriores de que la obra consta de un grupo de cuadros sueltos, sin estructura premeditada:

> La estructura de la novela de Azuela, más que lógica, es orgánica. Aunque sea una historia donde todo es confusión —en una pintura de la revolución no puede haber orden, sino caos—, el novelista ha logrado elevar el tema a un plano estético, en donde, bajo ese desorden aparente, encontramos un orden interno, orgánico, en donde no hay escenas o episodios que no tengan una función dentro del relato y no nos ayuden a interpretar la obra.[4]

---

[3] Publicado en Menton, *Narrativa mexicana. (Desde "Los de abajo" hasta "Noticias del Imperio")*, 1991, 15-32, y antes en *Mariano Azuela, "Los de abajo"* (Jorge Ruffinelli, editor, Madrid: Colección Archivos, 1988). Este estudio es una elaboración más extensa del artículo "La estructura épica de *Los de abajo* y un prólogo especulativo", publicado en *Hispania*, L, 4 (diciembre de 1967), 1001-1011.

[4] Luis Leal, *Mariano Azuela: vida y obra*, México: Ediciones De Andrea, 1961, 113. En cambio, Manuel Pedro González dice: "Es probable que al escribir esta novela, el doctor Azuela no se propusiera *a priori* el empleo de ninguna técnica especial ni que tuviera conciencia clara de la valía estética de su obra" (*Trayectoria de la novela en México*, México: Botas, 1951, 144). Rojas Garcidueñas afirma que *Los de abajo* "es una serie de cuadros magníficos [...] más que una novela urdida y estructurada [...]" (*Breve historia de la novela mexicana*, México: Ediciones De Andrea, 1959, 97). La misma insistencia en el carácter episódico de la novela se encuentra en John S. Brushwood *(Mexico in Its Novel,* Austin: University of Texas Press, 1966, 179-182), Walter M. Langford *(The Mexican Novel Comes of Age,* Notre Dame, Indiana: University of Notre Dame Press, 1971, 20-23), Adalbert Dessau *(La novela de la Revolución mexicana,* México: FCE, 1972, 224) y Marta Portal *(Proceso narrativo de la Revolución mexicana,* Madrid: Ediciones Cultura Hispánica, 1977, 74-80).

Estas palabras desmienten también el comentario del propio Azuela:

> *Los de abajo*, como el subtítulo primitivo lo indicaba, es una serie de cuadros y escenas de la revolución constitucionalista, débilmente atados por un hilo novelesco. Podría decir que este libro se hizo solo y que mi labor consistió en coleccionar tipos, gestos, paisajes y sucedidos, si mi imaginación no me hubiese ayudado a ordenarlos y presentarlos con los relieves y el colorido mayor que me fue dable.[5]

La clave para comprender esta estructura orgánica es la interpretación de la novela como la epopeya de la Revolución mexicana y, de cierta manera, la epopeya del pueblo mexicano en general.[6] Aunque la acción de la novela está explícitamente colocada entre 1913 y 1915, las alusiones directas e indirectas a las raíces indígenas del pueblo mexicano extienden los límites cronológicos de la novela y refuerzan su aspecto mítico. Descendientes de los indios precortesianos, Demetrio Macías y sus hombres están condenados a caminar a ciegas en el espacio y en el tiempo. Igual que los personajes posteriores de *El luto humano* (1943), de José Revueltas, y de *Los peregrinos inmóviles* (1944), de Gregorio López y Fuentes, Demetrio y sus compañeros más fieles "vuelven al lugar de donde salieron", el cañón de Juchipila: "En su alma rebulle el alma de las viejas tribus nómadas. Nada importa saber adónde van y de dónde vienen; lo necesario es caminar, caminar siempre, no estacionarse jamás; ser dueños del valle, de las planicies, de la sierra y de todo lo que la vista abarca".[7]

Esta identificación de Demetrio con sus antepasados no es una casualidad, más bien remata las alusiones bien distribuidas en las páginas anteriores: "impasibles los unos con la impasibilidad pétrea de los ídolos aztecas" (126), "cerros que parecen testas de colosales ídolos aztecas" (88), "un costado de la Bufa con su crestón, como testa empenachada de altivo rey azteca" (71), "Demetrio [...] en sus mejillas cobrizas de indígena de pura raza corría de nuevo la sangre roja y caliente" (49).

Además de su identificación racial, Demetrio, tanto por su nombre

---

[5] Mariano Azuela, *Obras completas,* México: FCE, 1960, vol. III, 1078.

[6] El carácter épico de la novela ya ha sido señalado por Arturo Torres-Rioseco *(Grandes novelistas de la América Hispana,* Berkeley y Los Ángeles: University of California Press, 1941, t. I, p. 10), Manuel Pedro González, Luis Leal, Fernando Alegría *(Historia de la novela hispanoamericana,* México: Ediciones De Andrea, 1965, 145) y otros, pero ninguno de ellos ha analizado específicamente los aspectos estructurales y estilísticos.

[7] Las citas de *Los de abajo* corresponden a la edición crítica coordinada por Jorge Ruffinelli: Mariano Azuela, *"Los de abajo",* Madrid: Colección Archivos, 1988, 138.

como por su papel en la sociedad, representa al hombre de la tierra, al hombre de maíz. Según la mitología griega, Demeter era la diosa del maíz y del grano. Demetrio se distingue de sus compañeros por ser el único que expresa su meta en términos de labrar la tierra. Le explica a Luis Cervantes por qué anda en la revolución: "Mire, antes de la revolución tenía yo hasta mi tierra volteada para sembrar, y si no hubiera sido por el choque con don Mónico, el cacique de Moyahua, a estas horas andaría yo con mucha priesa, preparando la yunta para las siembras [...] No quiero yo otra cosa, sino que me dejen en paz para volver a mi casa" (40-42). Aun después de hacerse famoso por sus grandes hazañas militares, Demetrio no deja de considerarse campesino. Al encontrarse con el pobre peón cojo, "pensaba en su yunta: dos bueyes prietos, nuevecitos, de dos años de trabajo apenas, en sus dos fanegas de labor bien abonadas" (105). El otro gran dios mitológico de la tierra era Dionisio, dios del vino, con quien Demetrio también se asocia por su afición a la bebida.

Otro elemento que ayuda a transformar la epopeya de la revolución en epopeya del pueblo mexicano es la identificación de los revolucionarios con los antirrevolucionarios. Los federales del tercer capítulo de la primera parte —"hombres diminutos en caballos de miniatura"— (10) no se distinguen en absoluto de los revolucionarios del capítulo quince —"parecen juguetes de rinconera"— (48). El viejo espía federal, igual que Demetrio, tiene cara de indígena (48, 58). Los mismos reclutas federales tienen tanta justificación para andar en la revolución (22) como los hombres de Demetrio (32, 37, 38, 40, 42, 43). El primer ataque de éstos contra los federales se lanza con el repetido grito irónico de Demetrio: "—A los de abajo... A los de abajo" (12). Con la misma ironía, las últimas palabras que "ruge" Demetrio "como una fiera" son: "¡A quitarles las alturas!" (139).

Aunque se ha insistido en el aspecto verídico de *Los de abajo* aludiendo a la participación de Azuela como médico en las escaramuzas y batallas libradas y ganadas por las fuerzas de Pancho Villa, no cabe duda de que la novela está por lo menos parcialmente mediatizada por la *Ilíada* de Homero y por otros poemas épicos. A pesar de que ese descubrimiento se hizo hace sesenta años, los críticos en general siguen haciéndole caso omiso... los críticos españoles de manera unánime buscan analogías entre esta novela y la epopeya medieval.

Por ejemplo, Jiménez Caballero escribe:

Los de abajo es la cosa auroral, donde la novela se confunde con el poema épico, donde es más bien un poema épico devenido novela. *Los de abajo*, en su sentido íntegramente histórico (de doble significado), es un romance. Un género medioévico, infante, balbuceador, con ojos de niño [Ernesto Jiménez Caballero: "Un gran romance mejicano", en *La Gaceta Literaria,* Madrid, 1º de septiembre de 1927].[8]

Las relaciones textuales entre la novela y el poema épico griego se confirman con el hecho de que Azuela estudió el griego, examinándose durante el año lectivo de 1890-1891 en el Liceo de Varones de Guadalajara.[9] Dentro de la primera edición de la novela (1915), Solís incluye, en su elogio de la actuación militar de Demetrio en la batalla de Zacatecas, la siguiente oración, que luego fue omitida en las ediciones posteriores, tal vez porque suena un poco artificiosa y le resta vigor a la descripción testimonial: "La hazaña de hoy es digna de la pluma de Homero…"[10]

Igual que la *Ilíada* y otras epopeyas heroicas, *Los de abajo* se basa en un acontecimiento histórico de trascendencia nacional; comienza *in medias res;* presenta las hazañas extraordinarias de un héroe legendario apoyado por sus amigos; se encierra en un marco cronológico, con una estructura reforzada con motivos recurrentes, y luce varios rasgos estilísticos que suelen asociarse con la poesía épica. Lo que transforma el carácter episódico de la obra es que "supera las dimensiones del realismo" y "tiene presente la perspectiva histórica".[11]

A pesar de que Azuela presenta la acción de solamente un pequeño grupo de revolucionarios, nunca pierde de vista que ellos están participando en la revolución que engendró al México del siglo xx. La división de la novela en tres partes corresponde a tres fases históricas de la revolución, muy precisas. El hecho de que la primera parte sea la más grande —veintiún capítulos— y que capte el espíritu idealista de la lucha contra las fuerzas reaccionarias del usurpador Victoriano Huerta, contribuye a desmentir la afirmación de algunos críticos de que *Los de abajo* es una novela antirrevolucionaria.[12] Sin embargo, hay que reconocer que la coinciden-

---

[8] Citado por Adalbert Dessau, *La novela de la Revolución mexicana*, 142.

[9] Véase Luis Leal, 171.

[10] Stanley L. Robe, *Azuela and the Mexican Underdogs,* Berkeley y Los Ángeles: University of California Press, 1979, 144.

[11] Paul Merchant, *The Epic,* Londres: Methuen and Co., 1971.

[12] Véase José Luis Martínez, *Literatura mexicana siglo xx,* México: Robredo, 1949, t. I, 42, y José Mancisidor, "Rabasa, Azuela y la Revolución", en *Intercambio Cultural*, México, junio de 1956, vol. III, núm. 16, citado por Rojas Garcidueñas en *Breve historia de la novela mexicana*, 94.

cia de la gran victoria revolucionaria de Zacatecas con la muerte del idealista Solís, al final de la primera parte, constituye una observación irónica de Azuela sobre el destino trágico de su pueblo. Los catorce capítulos de la segunda parte, que corresponden históricamente a las maniobras políticas de los varios caciques antes de la Convención de Aguascalientes, hacen resaltar la barbarie de los revolucionarios. Los siete últimos capítulos de la tercera parte comienzan con la derrota de Pancho Villa, en la batalla de Celaya, y reflejan el proceso lento, pero definitivo, de la supresión de las actividades bélicas.

Aunque se mencionan todos los grandes generales revolucionarios, menos Zapata, éstos no intervienen personalmente en la novela, para no empequeñecer el bulto de Demetrio Macías, el protagonista novelesco. Al contrario, Azuela se sirve de Pancho Villa para enaltecer a Demetrio. El capítulo veinte, penúltimo de la primera parte, empieza con una gran exaltación de Villa: "¡Que viene Villa! La noticia se propagó con la velocidad del relámpago. ¡Ah, Villa!... La palabra mágica. El Gran Hombre que se esboza; el guerrero invicto que ejerce a distancia ya su gran fascinación de boa" (66); pero, en sólo dos páginas, Azuela rebaja despiadadamente al héroe chihuahuense, preparando al lector para la apoteosis de Demetrio, en el capítulo siguiente. El título de "¡Nuestro Napoleón mexicano!", al salir de la boca del desvergonzado Luis Cervantes, tiene un efecto contraproducente. Alberto Solís emplea "un tono un tanto irónico" (66) para indicar que él también dijo eso en un discurso en Ciudad Juárez. Luego, la leyenda que se ha forjado alrededor de Villa se desvanece por completo cuando Anastasio Montañés, el amigo más fiel de Demetrio, se da cuenta de que nadie ahí conoce personalmente a Villa y que todas las proezas se conocen sólo de oídas. Para Anastasio, Villa no es más valiente que ninguno de ellos: "—¡Hum..., pos se me hace que de hombre a hombre todos semos iguales!... Lo que es pa mí naiden es más hombre que otro" (68). Cuando otro compañero de Demetrio, la Codorniz, remeda la manera de hablar de Anastasio, el capítulo termina con grandes risotadas y la figura de Villa se borra de la mente del lector. En cambio, en el capítulo siguiente, el narrador atribuye a Demetrio Macías y a los suyos el éxito de la toma de la Bufa, en Zacatecas, la batalla decisiva de la revolución contra el gobierno de Victoriano Huerta. En contraste con los comentarios sobre Villa, es Alberto Solís, el idealista, quien describe en términos épicos la actuación heroica de Demetrio frente al cinismo de Luis Cervantes, quien ni siquiera la presenció por haberse escondido:

Entonces fue cuando Demetrio Macías, sin esperar ni pedir órdenes a nadie, gritó:
—¡Arriba, muchachos!...
—¡Qué bárbaro! —clamé asombrado.
Los jefes, sorprendidos, no chistaron. El caballo de Macías, cual si en vez de pezuñas hubiese tenido garras de águila, trepó sobre estos peñascos. "¡Arriba, arriba!", gritaron sus hombres, siguiendo tras él, como venados, sobre las rocas, hombres y bestias hechos una. Sólo un muchacho perdió pisada y rodó al abismo; los demás aparecieron en brevísimos instantes en la cumbre, derribando trincheras y acuchillando soldados. Demetrio lazaba las ametralladoras, tirando de ellas cual si fuesen toros bravos [70-71].

El triunfo de la revolución, representado simbólicamente por la llegada de Demetrio a la cumbre de la Bufa, ocurre en el centro matemático de la novela —las tres partes constan respectivamente de 21, 14 y 7 capítulos—. Puesto que tanto la primera escaramuza de Demetrio como la última transcurren en el cañón de Juchipila, se puede describir la unidad estructural de la novela casi en forma de un triángulo equilátero-topográfico. Es más, esta interpretación se refuerza a la vez que se enriquece con dos alusiones simbólicas. El arrancar los grabados de la *Divina comedia,* en el segundo capítulo de la segunda parte, señala el descenso al infierno de la barbarie. En cambio, el símil del "pórtico de vieja catedral" (140), en el último párrafo de la novela, hace pensar en la subida al cielo del alma de Demetrio.[13]

Además de esa unidad topográfica, el personaje de Demetrio le da a la novela una gran unidad, por su carácter épico, que se destaca constantemente en medio de todo el caos revolucionario. Él solo es el primero que se enfrenta a los federales, en el primer capítulo de la novela, y él solo sigue apuntando después de que sus compañeros o lo han abandonado o han muerto.

La creación del héroe épico, en el primer capítulo, es verdaderamente magistral. De acuerdo con la fórmula épica, comienza *in medias res,* con un diálogo anónimo. Después, en cuatro páginas muy cortas, Demetrio

---

[13] Aunque esta interpretación religiosa parece tener poco sentido en una novela sobre una revolución marcadamente anticlerical y escrita por un médico que se inició en las letras bajo la influencia del naturalismo, se justifica con la presencia del motivo religioso, que se va intensificando hacia el final de la novela (109, 120, 132, 134). La Virgen de Jalpa se menciona tres veces (6, 74, 98) en la novela, y antes de entrar en la revolución, Demetrio tenía la costumbre de oír misa (40). En general, los carrancistas eran más anticlericales que los campesinos villistas y zapatistas.

crece desde la figura más insignificante —"un hombre que, en cuclillas, yantaba en un rincón"— (3) hasta toda una figura legendaria. El primer paso en la transformación ocurre cuando un hombre anónimo en cuclillas se vuelve *el* hombre después de que su mujer le aconseja que se esconda, mencionando su nombre por primera vez: "El hombre, sin alterarse, acabó de comer; se acercó un cántaro y, levantándolo a dos manos, bebió agua a borbotones. Luego se puso en pie" (3). Al ceñirse la cartuchera se establece su parentesco con el Cid Campeador que *en buena ora cinxó espada*. Por medio del sargento federal, el *campesino* Demetrio se convierte en el *famoso Demetrio Macías*. En contraste con el teniente federal, muy locuaz y fanfarrón, el callado Demetrio se agiganta. La rata metida "en algún agujero" (60) se cambia instantáneamente en "una silueta blanca" (6), que llena de pronto la boca oscura de la puerta. Guardando silencio total mientras el teniente se humilla, Demetrio permite que los tres federales se vayan. Sin mostrar emoción alguna se despide de su mujer, que lleva al niño en brazos. Al trepar por la montaña ve alejarse a su familia y, después de muchas horas de ascenso, ve arder su casa en el fondo del cañón (7).

En el capítulo siguiente se repite la metamorfosis de Demetrio cuando sube "como hormiga arriera" (7) desde el fondo de un barranco poblado de pajarillos, chicharras y diminutas cascadas, hasta escalar la cumbre donde la naturaleza adquiere un aspecto gigantesco. Ahí, Demetrio, volviendo a agigantarse, toca el cuerno, como un nuevo Roldán, para convocar a sus veinticinco hombres y de ahí en adelante casi nunca se separa de ellos, hasta el final.

El incendio de su casa y la separación de su familia no sólo justifican el levantarse en armas de Demetrio y tantos otros campesinos mexicanos, sino que sirven para humanizar al héroe épico. La comparación de la despedida de Demetrio con las escenas correspondientes del *Poema de Mío Cid* y de la *Ilíada* es inevitable. Aunque el destierro del Cid se anuncia en la primera estrofa del primer cantar, no es hasta la estrofa dieciséis que se despide de su mujer y de sus dos hijas, en una escena cargada de emoción. Se subraya el hecho de que el Cid llora y se usa un símil bastante fuerte para expresar su dolor: "Llorando de los ojos, que non vidiestes atal, assis parten unos dótros commo la uña de la carne".[14]

La escena de la *Ilíada*, al final del Libro Sexto, se parece más a la de *Los*

---

[14] *Poema de Mío Cid*, texto español de Ramón Menéndez Pidal, traducción al inglés en verso de W. S. Merwin, Nueva York: Mentor Classics, 1962, 62.

de abajo porque Héctor, como Demetrio, se despide de su esposa y de su hijo único, un niño en brazos. Tanto *Los de abajo* como la *Ilíada* son obras en gran parte bélicas y por lo tanto las escenas familiares, por breves que sean, se destacan mucho. En realidad, la segunda despedida de Demetrio, en el penúltimo capítulo de la novela, se parece aún más a la escena de la *Ilíada*. La esposa de Demetrio, igual que Andrómaca, acompañada de su hijo, está contenta de ver a su marido, pero presiente la muerte y le ruega que deje de pelear: "—¡Demetrio, por Dios!... ¡Ya no te vayas!... ¡El corazón me avisa que ahora te va a suceder algo! [...]" (137). Andrómaca por su parte le habla a Héctor en tono de regaño más que de ruego: "—¡Infeliz! Tu valor ha de perderte: ni tienes compasión del tierno infante, ni de esta desgraciada, que muy pronto en viudez quedará".[15] En las dos obras los niños asustados resisten el abrazo del padre: "Demetrio [...] miró al niño, que clavaba en él sus ojos con azoro [...] Y quiso atraerlo y abrazarlo; pero el chiquillo, muy asustado, se refugió en el regazo de la madre" (136); Héctor "alargó la mano para tomar en brazos al infante; pero, asustado el niño, sobre el pecho de la nodriza se arrojó gritando: porque al ver la armadura refulgente y la crin de caballo que terrible sobre la alta cimera tremolaba, se llenó de pavor" (88). A pesar de su amor por la familia, los dos héroes se sienten obligados a seguir peleando, sin temer a la muerte, por su fe en el fatalismo. Según Héctor: "[...] hombre ninguno podrá lanzarme a la región del orco antes del día que la dura Parca me tenga prefijado. Y cuando llegue, fuerza será morir; porque hasta ahora ningún hombre, cobarde o valeroso, el rigor evitó de su destino desde que entró en la vida" (88). Demetrio, de acuerdo con su carácter de campesino mexicano sufrido y callado, expresa la misma idea metafóricamente, arrojando la piedrecita al fondo del cañón: "—Mira esa piedra cómo ya no se para [...]" (138). El hecho de que las dos escenas familiares de *Los de abajo* estén inspiradas en la *Ilíada* no les quita en absoluto su autenticidad mexicana. Las relaciones entre hombre y mujer, la anonimidad de ésta, la emoción no expresada de Demetrio, pero no por eso menos intuida por el lector, la parquedad del diálogo y la brevedad de las dos escenas en general encajan perfectamente bien dentro de la novela y no dan ninguna indicación de una influencia exterior.

No sólo la presencia de su esposa y de su niño en la novela, sino toda una serie de rasgos destaca a Demetrio por encima de los otros soldados

---

[15] Homero, *Ilíada*, traducción directa del griego de José Gómez Hermosilla, 3ª ed., Buenos Aires: Editorial Sopena, 1950, Libro Sexto, 87.

revolucionarios; su papel de protagonista en *Los de abajo* es mucho más fuerte que el de Aquiles en la *Ilíada*. Igual que en la toma de la Bufa, se subraya la valentía singular de Demetrio en los dos encuentros en el cañón de Juchipila y en la toma del pueblo. Su ingenuidad frente a los aspectos políticos de la revolución puede disminuir su estatura épica, pero lo humaniza más y, a lo largo, esa disociación de los juegos políticos lo ayuda a mantener su pureza revolucionaria y acaba por engrandecerlo (114). Aunque depende de Luis Cervantes y del general Natera para orientarlo políticamente, se siente bastante capaz para administrar la justicia. El episodio en la hacienda de don Mónico le da a Demetrio un aspecto de todo un héroe del Viejo Testamento. Se venga de aquél incendiándole la casa, pero no permite que sus hombres la saqueen, y cuando uno de sus propios reclutas le desobedece, Demetrio lo mata.

Este hecho tiene una gran importancia porque a Demetrio, aunque parezca mentira, no le gusta matar. Durante todo el primer capítulo de la segunda parte, en el cual se presenta Margarito, el güero, rodeado del tema "yo maté", Demetrio permanece "silencioso y huraño en medio de la alharaca general" (75). Tampoco encuentra chiste en los juegos "balísticos" de Margarito con los señoritos, con el mozo de la cantina y con el sastre. Aun en los dos casos, cuando Demetrio se siente obligado a matar, no se le menciona el nombre en la oración mortífera: "En un gesto de pavor, Luis Cervantes vuelve bruscamente el rostro. La lámina de acero tropieza con las costillas que hacen crac, y el viejo cae de espaldas, con los brazos abiertos y los ojos espantados" (58); también: "Pero antes de que pueda franquear el umbral, un disparo instantáneo lo hace caer como los toros heridos por la puntilla" (92).

A Demetrio tampoco le gusta robar. Mientras todos sus hombres se disputan los "avances", Demetrio es capaz de rechazar todas las joyas y las monedas ofrecidas por Luis Cervantes. Incluso, el único "avance" que le toca y que guarda, el reloj de repetición, nada lo rebaja. Primero, despierta en el lector un sentimiento de compasión cuando Anastasio no puede decir la hora sino consultando las estrellas (77) y luego se vuelve insignificante ante los dos diamantes robados por Luis Cervantes (78).

Demetrio tampoco es tan mujeriego como sus compañeros. No acepta la invitación de Margarito de visitar el barrio alegre y se comporta bien con Camila, de quien se enamora sinceramente. Dentro de las circunstancias revolucionarias, esta infidelidad matrimonial no le mancha el carácter. A excepción del Meco, cuya esposa apenas se menciona una vez, Demetrio es el único revolucionario que tiene familia. Aunque su mujer y su hijo, siempre anónimos, sólo aparecen en el primer capítulo y en el penúltimo, son dos de los capítulos más inolvidables de la novela. Además, Demetrio los recuerda en otras dos ocasiones, casi matemáticamente colocadas cinco capítulos antes del fin de la primera parte, cuando le contesta al pobre jornalero que pide compasión por su "mujer y muchos hijos chiquitos": "—¿Y los que yo tengo serán perros?" (52); y cinco capítulos después del comienzo de la segunda parte, en el encuentro con don Mónico (91).

Sin embargo, por ser Demetrio un héroe épico del siglo XX y de la Revolución mexicana, Azuela no lo idealiza. Le gusta tomar y a veces se emborracha, bamboleándose (47), dando tumbos por la calle (77) y dejándose tumbar por la Pintada (86). Comienza a creer el relato exagerado de sus hazañas (62) y no puede menos que contagiarse algo de la brutalidad de sus compañeros en la segunda parte. Clava "su mirada de rapiña" (82) en la "novia" de catorce años de Luis y mira a la Pintada como si la estuviera olfateando (75). Pero, en realidad, el punto más bajo para Demetrio ocurre todavía en la primera parte de la novela, poco antes de su apoteosis en la Bufa. Cuando Anastasio le cuenta que dos reclutas amanecieron con el cráneo agujereado, la única respuesta de Demetrio es: "—¡Psch!... Pos que los entierren..." (63). No obstante, Demetrio es capaz de regenerarse y de mantener su carácter heroico, a pesar de toda la barbarie de la segunda parte. Esto se debe a la atribución de la mayor parte de las maldades a dos nuevos personajes, Margarito y la Pintada, que actúan sólo en esa segunda parte. Tenía que ser así porque ellos son los únicos que no reconocen la autoridad de Demetrio: Margarito no le devuelve el maíz al viudo según le había ordenado Demetrio y además le da una cintareada y la Pintada mata a Camila.

En cambio, los guerrilleros del grupo original siguen a Demetrio con una fidelidad digna de los compañeros de Aquiles, Roldán y el Cid. Cuando Demetrio cae herido, lo llevan en una camilla al pueblo, donde Azuela capta plásticamente la relación entre los hombres y su jefe: "Pancracio, Anastasio Montañés y la Codorniz se echaron a los pies de la camilla como perros fieles, pendientes de la voluntad de su jefe. Los demás se dispersaron en busca de comida" (16).

De todos los compañeros, Anastasio Montañés es el más cercano a Demetrio y, por lo tanto, el más bueno. Es el primero que ofrece seguir a Demetrio en su campaña contra los federales y le queda fiel hasta su muerte. Aunque se considera superior a los otros hombres de Demetrio (18), no le cabe ninguna duda de que Demetrio es el jefe de todos (9). Además, por el uso constante de la palabra "compadre" se establece una relación afectuosa que humaniza a los dos hombres, al mismo tiempo que los separa de los demás. Demetrio, que suele no mostrar sus emociones, "derrama lágrimas de rabia y de dolor" (139) al ver morir a Anastasio.

Igual que Demetrio, Anastasio representa la fusión del héroe épico con el hombre mortal. La insistencia en su barba, sus cejas espesas y muy negras (9, 13, 37), su mirada dulzona (9, 13, 37, 58), su robustez (9, 53) y su religiosidad (9, 14, 15, 121) le da el aspecto de una figura del Viejo Testamento. Esa imagen se reafirma por su nombre, que es también el de varios santos medievales y que proviene del griego "volver a levantarse" o "resucitar" y que se suele usar todavía hoy día para referirse a la resurrección de Jesús. Lo mismo que Demetrio, Anastasio es capaz de conservar su pureza en medio de la barbarie de sus compañeros. No le gusta jugar a la baraja ni insultar; no se emborracha ni se mete con las mujeres, aunque le da consejos al respecto a Demetrio a base de su "muncha experencia" (24). A pesar de proclamarse muy amigo del güero Margarito desde la penitenciaría, Anastasio actúa muy poco en toda la segunda parte de la novela.

No obstante, Azuela se cuida mucho de idealizarlo. Como varios de los compañeros, ha estado en la penitenciaría por un crimen: "le metí un navajazo a un capitancito faceto" (38). Aunque no se distingue como Pancracio y el Manteca en la matanza de los federales, Anastasio sí participa: "deja caer su mano, rendida ya" (58). Junto con la ingenuidad, brilla en su "impasible rostro [...] la amoralidad del chacal" (58). De la misma manera casi impersonal en que Anastasio participa en la matanza, también interviene en el saqueo de la casona con Pancracio y la Pintada. Como éstos, hunde las manos en un montón de papeles, pero, mientras ellos reaccionan violentamente al no encontrar nada, el nombre de Anastasio ni aparece en el resto del capítulo.

Donde Anastasio se individualiza más como personaje de carne y hueso es en el aspecto humorístico de su caracterización. Muy ingenuo, no sabe leer y tiene que consultar las estrellas después de ver el reloj de Demetrio para averiguar la hora. Le gusta comer hasta eructar (83) y duerme roncando como un trombón (32). Después de lanzar un brindis a Demetrio, se aplaude a sí mismo (83). A través de toda la novela, los compañeros, sin dejar de reconocer su autoridad en asuntos militares, escuchan con incredulidad los relatos de sus hazañas, precedidos de la muletilla: "¿A que no me lo crees?" (9, 37, 65, 68, 133).

Los otros cinco compañeros de Demetrio, sin dejar de ser personajes muy secundarios, logran distinguirse entre sí. La Codorniz es ladrón, mujeriego y cómico. Entró en la revolución por haber robado "un reloj y unos anillos de brillantes" (32); se roba las cortinas de la casona para convertirlas en sudaderos para su yegua (80); y se roba "los relojes y anillos de oro" de la casa cural (101). Propone el baile de despedida en el pueblo (44); le indica a Pancracio que la tuerta María Antonia también le pertenece a él —"tuya y mía"— (65); entra en la casa saqueada con la chiquilla de doce años (80), y al recibir la orden de perseguir a los orozquistas, grita: "—¡Aprevénganse, tapatías de mi alma, que allá voy!" (99). Pero es en el papel de cómico donde más se destaca: pretende torear a los federales con los calzones (110); se disfraza de cura para confesar a Luis Cervantes (26); paga veinticinco centavos por la máquina de escribir por el gusto de romperla (64); remeda a Anastasio (68); se burla del Manteca porque su "resplandor" no era plata, sino hoja de lata (101), y habla con un lenguaje pintoresco (129, 134).

A pesar de ser ladrón, la Codorniz es un personaje muy simpático. En cambio, de todo el grupo original de Demetrio, Pancracio es el más antipático. En lo físico, el narrador insiste en su "cara lampiña, inmutable como una piedra" (13, 17, 23, 38). Con un nombre que significa en griego "todopoderoso", es la encarnación de la bestialidad. Las señoras en casa de don Mónico aprietan a los niños con horror al ver a Pancracio: "¡han visto el sayón que está crucificando a Nuestro Señor Jesucristo en el vía crucis de la parroquia!" (91). Fue él quien hirió a Luis Cervantes (18) y luego está por tronarlo (19, 25); se distingue en la carnicería del pueblo matando tanto al hermano del paisano como al capitancito, empujando a éste desde la azotea de la iglesia (59); después mata al sacristán nomás porque vestía de catrín (99); muere apuñalado por el Manteca pero no sin antes matar a éste (123).

El Manteca es tan antipático y tan asesino como Pancracio pero menos importante como personaje en la novela. Si Pancracio se distingue por su rostro lampiño e inmutable, el Manteca se identifica por sus "ojos torvos de asesino" (13), sus "ojos escondidos, mirada torva" (23) y sus "ojos de culebra" (38). Igual que la barba y las cejas negras de Anastasio y la cara lampiña de Pancracio, los ojos torvos del Meco constituyen una especie de epíteto épico, o sea, cada vez que aparece el nombre del personaje, aparece acompañado de la frase adjetival que lo distingue de sus compañeros. El Meco también se caracteriza por ser muy moreno, sólo que el narrador se lo dice al lector de una manera oblicua: "sólo en los ojos y en los dientes tenía algo de blanco" (11), "blanca dentadura" (49).

Más importante que el Manteca y el Meco, Venancio no se desarrolla como personaje tanto como promete. Por ser barbero, sabe leer y sacar muelas. Les cuenta a los compañeros episodios de *El judío errante* (14) y evoca la admiración, no totalmente desinteresada, de Luis Cervantes. Luego aparece brevemente en la batalla del pueblo (52) y no se le menciona el nombre otra vez hasta el capítulo quinto de la segunda parte, cuando galantea a la Pintada, con versos. Vuelve a aparecer importante al principio de la tercera parte por la carta de Luis Cervantes, que le niega la posibilidad de comprarse el título de médico en los Estados Unidos, pero le ofrece la posibilidad de establecer un restaurante "netamente mexicano" (124). De ahí en adelante Venancio sigue con las tropas de Demetrio, sin que se destaque de los demás por sus conocimientos superiores. Cuando muere, "con el pecho horriblemente abierto por la ametralladora" (139), el narrador parece decirnos que los pocos conocimientos de Venancio no eran suficientes para ponerlo en el plano de los tres curros (Cervantes, Solís y Valderrama) y tenía que bajarse al nivel de los compañeros y morir con ellos.

Aunque los percances del héroe legendario y sus amigos parecen desordenados, la obra está bien estructurada. Además de la ruta circular, de los altibajos y del carácter de los personajes, la unidad del libro se refuerza con una serie de motivos recurrentes: las ratas (6, 52, 58), la hoja seca (46, 47, 62), el escondite de Luis Cervantes (20, 89), los perros (3, 88, 107, 126), la cerveza (40, 43, 81, 95) y los presagios de Demetrio (103, 104, 114, 130, 138).

Igual que el *Poema de Mío Cid*, *Los de abajo* consta de tres cantos (partes). Es más, la estructura tripartita se refuerza constantemente por las muchas combinaciones de tres personas, tres cosas y tres palabras o frases paralelas. Son tres federales que llegan a Limón a turbarle la vida a Demetrio, cuya familia consta de tres personas; tres federales reniegan de ser federales (22-23) y tres viejas chismorrean (28), mientras duerme Demetrio; hay tres curros (Cervantes, Solís y Valderrama) y éste promete levantar tres tiendas, para Dios, para Moisés y para Elías (130); Demetrio sopla tres veces y contestan tres silbidos (7); tres gendarmes "reclutaron" al soldado federal (22); durante tres días desaparece Camila (35); Pancracio toca tres veces en la puerta de don Mónico (89); en la hacienda donde trabaja Pifanio hay tres casitas (103), con tres grandes fresnos (104), y están a tres jornadas de Limón (106); en Aguascalientes comen tres tortillas (120), y el vendedor les ofrece tres reliquias (121).

En cuanto al estilo, abundan los ejemplos de grupos paralelos de tres sustantivos, tres verbos y tres adjetivos:

sustantivos: blanquillos, leche, frijoles (4); imprecaciones, amenazas, insolencias (9); injurias, maldiciones, amenazas (9); ebrios de sol, de aire y de vida (49).

verbos: cantaban, reían, ululaban (49); se abrazaban, se confundían y se borraban en la nada (72).

adjetivos: ocultos, quietos y callados (11); odio solapado, implacable y mortal (23); hombres requemados, mugrientos y casi desnudos (64).

El hecho de que este estilo trimembre no se deba a la casualidad se confirma en el penúltimo capítulo del libro, en el cual Demetrio se reúne con su mujer. En este capítulo no hay ni un ejemplo de una frase trimembre. En cambio, abundan los grupos de dos para reflejar y realzar el encuentro de hombre y mujer después de dos años de no verse. Aunque el hijo está presente, no se individualiza y desaparece, en términos plásticos, refugiándose en el regazo de su madre. En sólo dos páginas, he aquí los ejemplos:

Se abrazaron y permanecieron mudos; [...] los sollozos y las lágrimas.

[...] diez o veinte años.

[...] en la reproducción de las mismas líneas de acero de su rostro y en el brillo flamante de sus ojos [...] atraerlo y abrazarlo;

—"¡Es tu padre, hijo! [...] ¡Es tu padre!"

[...] metía [...] y se mantenía huraño.

[...] silenciosos, angustiados.

[...] comenzó [...] tuvieron que [...]

[...] se desató [...] sacudió [...] en los árboles, en las peñas, entre la maleza [...] y en toda la serranía.

[...] rectas y cimbradoras [...]

[...] plateado vientre y alas angulosas [136-137].

Viendo la novela en total se nota que la estructura trimembre también se refuerza con el predominio de tres colores: blanco, negro y rojo. Aunque el narrador insiste en el azul de las montañas, cuando Demetrio y los suyos salen del pueblo de Camila (48, 50), en todo el resto de la novela no destaca más que el *blanco* de la carretera polvorienta (50), de la humareda de la fusilería (71), de los muros de las casitas (103), del calzón de Pifanio

(103), de los eriales de la cañada (125), del pueblo de Juchipila (131) y de los esqueletos de los caballos (135); el *negro* de los capotes federales (57), de los borbotones de los edificios incendiados (71), de las faldas de las mujeres en casa de don Mónico (90), del núcleo de cierto fruto (121), de las caballerías (125) y de la huella de los incendios (135), y el *rojo* de las casas incendiadas (7, 71, 135), de la tierra (107), del relámpago (51) y del sol (71, 103, 105, 107, 125). La combinación de los tres colores en la victoria de Zacatecas (71) y en la derrota de Juchipila (135), que se ligan con el comentario "y se acordaron de que hacía un año ya de la toma de Zacatecas" (135), capta el aspecto trágico de la revolución, que después habría de pintar con los mismos colores en la biblioteca de Jiquilpan el coterráneo de Azuela, José Clemente Orozco.[16]

Insistiendo en los rasgos épicos del estilo de *Los de abajo*, igual que en la *Ilíada*, abundan los símiles. De acuerdo con el carácter rural de la novela, la mayoría de ellos se basan en animales, pájaros, insectos y fenómenos de la naturaleza. Aunque casi todos son relativamente sencillos, la repetición de algunos de ellos constituye otro refuerzo estructural del carácter épico de la novela. Los cinco símiles a base de perros (6, 16, 75, 91, 126), además de su valor intrínseco, sirven para evocar constantemente la escena inicial de la muerte de Palomo y para presagiar la muerte de los revolucionarios. De la misma manera, el símil final del pórtico de vieja catedral (140) se prepara con la sierra de gala para las nupcias (138), "una verdad como un templo" (42) y "los demás federales permanecían inmóviles, como bajorrelieves de las peñas" (11).

Las frecuentes alusiones a las peñas (11, 46), a los crestones (18), a los picachos (37), a las cimas (34), a los cerros (131, 138) también desempeñan una doble función. Como motivos recurrentes, refuerzan la estructura, pero también, junto con frases como "la oscuridad impenetrable de la noche" (4) y "los horizontes dilatados, la inmensidad del cielo" (48), le dan a la novela un tono grandioso, propio de una epopeya. No cabe duda de que a veces los hombres quedan empequeñecidos frente a la grandiosidad de la naturaleza, pero a lo largo y, sobre todo, gracias a las varias subidas de Demetrio, el efecto final es de identificación con lo grandioso.

---

[16] En su *Breve historia de la novela mexicana*, Rojas Garcidueñas compara toda la novela "a esos grupos o series de murales enérgicos [...] en los frescos de Diego Rivera y de José Clemente Orozco [...]" (97). Para un estudio más detallado de estas correspondencias, véase Enrique Pupo-Walker, "*Los de abajo* y la pintura de Orozco: un caso de correspondencias estéticas", *Cuadernos Americanos*, 154 (diciembre de 1967), 236-254, aunque no señala el predominio de lo rojo, lo blanco y lo negro, ni en la novela ni en los frescos de Jiquilpan.

Si bien es cierto que autores más jóvenes que Azuela, como Gabriel García Márquez y Carlos Fuentes, para citar sólo a dos, piensan en términos de una epopeya no solamente nacional, sino también universal —*Cien años de soledad* y *La muerte de Artemio Cruz*—, esto no significa que el valor de una buena novela telúrica quede más limitada. La mexicanidad de *Los de abajo* es obvia, pero la lucha de un grupo de hombres relativamente primitivos para asegurar su posición en la vida no difiere básicamente de las búsquedas de un Horacio Oliveira, de Julio Cortázar. Cada novela no debe juzgarse *a priori* por su tema ni por su tipo de estilo, sino por su calidad general. En el caso de *Los de abajo*, se trata de una obra excelente, cuya estructura y cuyo estilo concuerdan muy bien con el ambiente caótico de la revolución, pero de ahí a afirmar que el libro no es más que una serie de cuadros sueltos, que no es una novela bien estructurada y que no sigue un plan premeditado, son equivocaciones que ya no se deben repetir. Igual que la *Ilíada* y el *Poema de Mío Cid, Los de abajo* es una epopeya nacional.

OBRAS CONSULTADAS

Alegría, Fernando, *Historia de la novela hispanoamericana,* México: Ediciones De Andrea, 1965.
Azuela, Mariano, *Los de abajo,* edición crítica bajo la coordinación de Jorge Ruffinelli, Nanterre, Francia: Colección Archivos, 1988.
——, *Obras completas,* México: FCE, 1960.
——, *The Underdogs,* edición crítica coordinada por Seymour Menton, Pittsburgh: University of Pittsburgh Press, 1992.
Brushwood, John S., *Mexico in Its Novel,* Austin: University of Texas Press, 1966.
Dessau, Adalbert, *La novela de la Revolución mexicana,* México: FCE, 1967.
González, Manuel Pedro, *Trayectoria de la novela en México,* México: Botas, 1951.
Homero, *Ilíada,* traducción de José Gómez Hermosilla, 3ª ed., Buenos Aires: Editorial Sopena, 1950.
Langford, Walter M., *The Mexican Novel Comes of Age,* Notre Dame, Indiana: Notre Dame University Press, 1971.
Leal, Luis, *Mariano Azuela: vida y obra,* México: Ediciones De Andrea, 1961.
Martínez, José Luis, *Literatura mexicana siglo xx,* México: Robredo, 1949.
Merchant, Paul, *The Epic,* Londres: Methuen, 1971.

Poema de Mío Cid, traducido por W. S. Merwin del texto de Ramón Menéndez Pidal, Nueva York: Mentor, 1962.

Portal, Marta, *Proceso narrativo de la Revolución mexicana,* Madrid: Ediciones Cultura Hispánica, 1977.

Robe, Stanley L., *Azuela and the Mexican Underdogs,* Berkeley y Los Ángeles: University of California Press, 1979.

Rojas Garcidueñas, José, *Breve historia de la novela mexicana,* México: Ediciones De Andrea, 1959.

Torres-Rioseco, Arturo, *Grandes novelistas de la América Hispana,* Berkeley y Los Ángeles: University of California Press, 1941.

MARTÍN LUIS GUZMÁN Y RAFAEL F. MUÑOZ: LOS PARES MÍNIMOS Y LAS DIFERENCIAS GENERACIONALES[17]

Una de las obras mejor logradas de Martín Luis Guzmán es "La fiesta de las balas". A pesar de constituir un capítulo del libro de memorias *El águila y la serpiente,* no cabe duda de que reúne todos los rasgos del género cuentístico, como ya está comprobado en mi antología *El cuento hispanoamericano* (1964). Identificar los rasgos que determinan su calidad se relaciona con uno de los problemas fundamentales para los críticos de todas las épocas: ¿cómo determinar la calidad de cualquier obra literaria? Aunque nadie puede llegar a formular en términos absolutos la receta del cuento perfecto, los críticos sí tendemos a estar de acuerdo sobre el valor relativo de la gran mayoría de las obras literarias. No sólo eso, sino que los críticos tenemos la responsabilidad de evaluar una obra, además de analizarla e interpretarla. Si no fuera así, tendríamos que suspender todos los concursos literarios y reescribir todas las historias de la literatura, lo que proponen algunos de los nuevos teóricos, pero sin que se lancen a la empresa.

Para llegar al juicio de valor más acertado, todos los críticos usamos, consciente o inconscientemente, el método comparativo. En efecto, lo que distingue al crítico del lector común y corriente es no sólo los principios teóricos para estudiar la literatura, sino el gran caudal de obras leídas que le permite colocar cualquier obra dentro de una perspectiva más amplia y más compleja. Tal como los lingüistas de mediados del siglo buscaban los pares mínimos para analizar la fonética, la morfología y la sintaxis de un idioma extranjero, el crítico literario puede percibir, analizar, interpretar y evaluar mejor los distintos elementos de una obra contrastándolos con los de otra obra, cuanto más semejante mejor. Sirvan de ejemplos dos cuentos de Horacio Quiroga: "El hombre muerto" y "Las moscas",

---

[17] Publicado en *Narrativa mexicana. (Desde "Los de abajo" hasta "Noticias del Imperio"),* 33-42. Una versión abreviada de este trabajo se leyó en el congreso de la AATSP, celebrado en agosto de 1987, en Los Ángeles, California. Se publicó primero en *Mexican Studies/Estudios Mexicanos* (Irvine: UCI, 6, 1 [invierno de 1990], 1-9).

escrito éste como réplica de aquél; y los dos cuentos titulados "La mujer", escritos respectivamente por el dominicano Juan Bosch y el puertorriqueño José Luis González.

Así es que se puede apreciar la alta calidad de "La fiesta de las balas" por su propia lectura, pero se puede apreciar aún más contrastándolo con otro cuento protagonizado por el mismo general villista, Rodolfo Fierro. Se trata de "Oro, caballo y hombre", de Rafael F. Muñoz. Aunque el carácter de Rodolfo Fierro parece igual en los dos cuentos, su papel es muy distinto. Mientras Guzmán lo pinta como un gigante diabólico e invulnerable, Muñoz demuestra que, en el momento de la muerte, hasta un Rodolfo Fierro siente miedo y vuelve a asumir dimensiones humanas.

Esa diferencia de enfoques se percibe desde el título. Mientras Rodolfo Fierro es el rey (a pesar de no ser nombrado en el título) de "La fiesta de las balas", no ocupa más que el tercer lugar en el título "Oro, caballo y hombre" y rebajado a hombre, o sea, a cualquier hombre. El aspecto diabólico del retrato hecho por Guzmán constituye, de un modo algo sutil, el marco de "La fiesta de las balas". En el primer párrafo, Fierro aparece "arrogante el busto"[18] y, por lo tanto, como Lucifer, es culpable del pecado capital de la soberbia. Mientras el viento frío y tenaz obliga a los soldados a acogerse al socaire de las casas, Fierro lo considera "un airecillo fresco" (247) y no trata de evitarlo mientras sigue cabalgando. Su tremenda crueldad al inventar y llevar a cabo el juego de matar a los presos mientras tratan de alcanzar la barda se recalca con la última oración del cuento: "Bajo el techo del pesebre dormía Fierro" (260). No sólo es capaz de dormir tranquilamente en el mismo sitio donde había matado las docenas de presos, sino que el narrador, al escoger un pesebre como lugar de dormir para Fierro, establece un nexo irónico entre éste y el niño Jesús, o sea que Fierro es el Anticristo, es el diablo.

El Fierro de Rafael F. Muñoz también se enfrenta arrogantemente a la naturaleza, pero no logra vencerla. Insiste en cruzar una laguna a caballo, rechazando la advertencia de sus soldados de que el terreno es muy peligroso. Al darse cuenta de que el caballo se está hundiendo, Fierro "sintió miedo, un miedo espantoso de quedarse ahí para siempre, con su caballo y con su oro".[19] Con esa frase se desdibuja el retrato gigantesco de Fie-

---

[18] Martín Luis Guzmán, "La fiesta de las balas", en *El águila y la serpiente*, 3ª ed., Madrid: Espasa Calpe, 1932, 247.
[19] Rafael F. Muñoz, "Oro, caballo y hombre", en *Si me han de matar mañana...*, México: Ediciones Botas, 1934, 43.

rro. Fracasados los esfuerzos de los villistas de rescatar a su jefe, tirándole sus reatas, lo abandonan a su suerte y continúan su marcha en la nieve. Esa noche, acostados, los soldados recuerdan el drama, cerrando, de una manera demasiado obvia, el marco anunciado en el título:

> Recordando el drama, algunos dijeron:
> —¡Lástima de oro!
> Otros:
> —¡Lástima de caballo!
> Y ninguno lamentó la desaparición del hombre [46].

Castigado Fierro, tanto por su soberbia como por su codicia, el cuento de Muñoz adquiere un tono didáctico que puede hacer pensar al lector en términos religiosos o filosóficos, pero que disminuye el impacto dramático, tan bien realizado en "La fiesta de las balas". Además, éste, aunque parezca mentira, es más literario, mientras el cuento de Muñoz es más histórico. En "Oro, caballo y hombre" se precisan el espacio y el momento histórico. En la primera oración, el narrador sitúa la acción en el pueblo de Casas Grandes e informa al lector que los villistas van rumbo a Sonora. En la segunda página, al mencionar "los combates de Celaya", el narrador entera al lector de la fecha: 1915. En cambio, en el prólogo a "La fiesta de las balas", el narrador prepara al lector para la mitificación de Fierro. En el párrafo siguiente el narrador se coloca en Ciudad Juárez, distanciándose del episodio que va a narrar; indica que va a escoger una hazaña legendaria más que histórica para simbolizar el villismo, y el uso de las palabras "pintaban" y "exaltación poética" anuncian la conversión de la historia en arte —que puede resultar, según Guzmán, una versión más verídica de la historia que los datos estrictamente históricos—:

> Atento a cuanto se decía de Villa y el villismo, y a cuanto veía a mi alrededor, a menudo me preguntaba en Ciudad Juárez qué hazañas serían las que pintaban más a fondo a la División del Norte: si las que se suponían estrictamente históricas, o las que se calificaban de legendarias; si las que se contaban como algo visto dentro de la más escueta exactitud, o las que traían ya con el toque de la exaltación poética, la revelación tangible de las esencias. Y siempre eran las proezas de este segundo orden las que se me antojaban más verídicas, las que, a mis ojos, eran más dignas de hacer Historia [246].

Continuando con el mismo tono de exposición, el narrador comienza a dar los detalles acerca del escarmiento de los quinientos prisioneros de aquella batalla, o sea que no nombra la batalla y en todo el resto del capítulo no localiza la acción. El cuento propio empieza con la oración inesperadamente breve: "Declinaba la tarde" (247), y, de ahí en adelante, el narrador está muy consciente de que está transformando la realidad en arte. En efecto, esa oración breve se destaca no sólo por ser la oración inicial, sino también por su contraste con las oraciones largas, más típicas del estilo del narrador; por la importancia concedida a la unidad temporal del cuento, y por el papel de la naturaleza indiferente al sufrimiento humano. Narrada la matanza de los presos con gran exactitud, la acción parece extenderse por mucho tiempo. Sin embargo, la oración paralela a la inicial, "Pardeaba la tarde" (257), indica el transcurso de tal vez sólo un par de horas, digamos desde las cuatro hasta las seis de la tarde, en un día de invierno. No tarda en caer la noche: "Había anochecido. Brillaban algunas estrellas" (258). El remate del preso herido que pide agua debe ocurrir ya pasada la medianoche, en medio de una gran tranquilidad, captada con la metáfora acuática: "Pasaron seis, siete horas. Había caído el viento. El silencio de la noche se empapaba en luz de luna" (259). Ese tono poético se mantiene durante las dos últimas páginas, culminando en la penúltima oración, revestida también de una metáfora acuática, que produce un toque algo extraño, por aparecer en medio de la llanura chihuahuense: "La luna navegaba en el mar sin límites de su luz azul" (260).

Esos toques artísticos, y otros creados por el narrador, dan la impresión de que tal como Rodolfo Fierro ve a los presos, como un pretexto para lucir su puntería, aquél se aprovecha del episodio para lucir su talento artístico. Antes de que empiece el juego de la puntería, cuando los soldados disparaban de vez en cuando para mantener compacto el grupo de presos, el narrador introduce por primera vez la metáfora acuática, cuyo valor poético se realza por el contraste con el término matemático "perímetro": "Una onda rizaba entonces el perímetro informe de la masa de los prisioneros, los cuales se replegaban para evitar el tiro" (249). El verbo "huir" se convierte en un motivo musical por el doble sentido de la palabra "fuga": "El angustioso huir de los prisioneros en busca de la tapia salvadora —fuga de la muerte en una sinfonía espantosa" (225). Los montones de cadáveres, mencionados varias veces, se transforman a la luz de la luna en cerros que se funden con el paisaje: "Éstos se levantaban enormes en medio de tanta quietud, como cerros fantásticos, cerros de formas confusas, incomprensibles" (259).

La conversión horripilante de los muertos en cerros se prefigura con su conversión en ganado: "aquellos trescientos huertistas... eran de la fina raza de Chihuahua" (248). Los soldados los obligan a pasar de corral en corral como si fueran "vaqueros que arrearan ganado" (253) y una vez que Fierro empieza a disparar, "ellos brincaban como cabras" (254).

Tal vez el mayor logro de "La fiesta de las balas" sea su estructura cabal con una unidad de tiempo ya comentada; una dosis apropiada de descripción, narración y diálogo, y un buen equilibrio entre las cuatro divisiones del cuento, que corresponden a la prefiesta, la fiesta y la posfiesta, ésta dividida en dos. En las cuatro primeras páginas, el narrador, siempre omnisciente, retrata físicamente a Fierro, utilizando el imperfecto para describir su figura imponente y el pretérito para captar sus movimientos decisivos. La descripción detallada de los corrales proyecta una visión exacta del sitio de la fiesta, a la vez que aumenta el suspenso del cuento. Ese suspenso sigue incrementándose con el primer uso del diálogo para cerrar la primera parte o el primer acto del drama. Fierro da instrucciones a su asistente y éste contesta con una mezcla de respeto y miedo. El diálogo tiene un marcado sabor mexicano, pero sin extremos dialectales.

La segunda parte consta de la fiesta, o sea, la ejecución de los presos, narrada también en cuatro páginas. El interés se mantiene mediante el cambio rápido de enfoque, desde la actitud de los presos condenados; las pistolas de Fierro; el terror del asistente; la serenidad de Fierro; el clamor producido por los disparos; el griterío de los condenados, mezclado con las exclamaciones alegres de los soldados villistas; y por fin el escape de uno solo de los presos, con la posible complicidad del soldado que apunta y dispara después de decir: "—Se ve mal" (224).

Las tres últimas páginas del cuento, que corresponden a la posfiesta, se dividen en dos partes. La primera se reviste de tranquilidad y hasta Fierro siente rendido el brazo, pero el narrador sigue enriqueciendo su retrato diabólico con varios renglones dedicados al dedo hinchado. El uso de palabras como "blandura", "dulzura" y "suave" recalca la barbarie de Fierro: "Luego notó que le dolía el índice y levantó la mano hasta los ojos: en la semioscuridad comprobó que el dedo se le había hinchado ligeramente. Lo oprimió con blandura entre los dedos y la palma de la otra mano. Y así estuvo, durante buen espacio de tiempo, entregado todo él a la dulzura de un suave masaje" (257). Esa tercera parte termina tendiéndose Fierro en el pesebre, para dormirse en seguida, mientras el asistente se hinca de rodillas para persignarse. El retrato de Fierro se completa en la última parte cuando, pasada la medianoche, los dos hombres son despertados por los gemidos de un preso moribundo. La compasión del asistente tiene que ceder ante la orden terminante de Fierro: "—¡Que te levantes y vayas a darle un tiro a ese jijo de la tiznada que se está quejando! ¡A ver si me deja dormir!" (260). Después de que el asistente remata al preso en la oscuridad, el narrador cierra el cuento con la imagen de Fierro dormido en el pesebre, mientras afuera brilla la luna.

Igual que "La fiesta de las balas", "Oro, caballo y hombre" se concentra en un solo episodio, después de retratar a Rodolfo Fierro. Sin embargo, como cuento, no puede considerarse una obra tan magistral como aquél. Ya se comentó cómo el aspecto didáctico de la oración final debilita el cuento de Muñoz. El comienzo del cuento, a pesar de su paralelismo con "La fiesta de las balas", tampoco tiene la misma calidad literaria. La oración inicial, todo un párrafo, se parece al preámbulo de "La fiesta de las balas", en el sentido de establecer el contexto histórico con una prosa de exposición, de poco impacto literario: "Como en Casas Grandes terminaba la línea férrea, los villistas que se dirigían rumbo a Sonora bajaron de los trenes, echando fuera de las jaulas la flaca caballada y después de ensillar emprendieron la caminata hacia el Cañón del Púlpito" (37). Luego sigue una descripción más literaria, que se podría equiparar con el párrafo de "La fiesta de las balas" que empieza con la oración "Declinaba la tarde". Igual que ésta, la oración de Muñoz prefigura el final del cuento de una manera poética: "La llanura estaba oculta bajo una espesa costra de nieve endurecida que crujía a la presión de las herradas pezuñas de los animales" (37). Con el uso del punto y coma la oración continúa por unos siete renglones más, pero sin perder su calidad artística. Lo que sí desentona es el párrafo siguiente, en el cual la actitud moralizante del narrador y su uso de formas impersonales distancian al lector de la escena: "¡Qué poco amiga del hombre es la tierra nevada, agradable solamente en las pinturas alegóricas de Nochebuena! ¡No se ve el terreno que se pisa [...] Los peatones dan traspiés [...] las armas se hunden en la nieve [...] Y hay que soltar algunas maldiciones para calentarse!" (38). Después de otro párrafo con más observaciones impersonales sobre la crueldad de las nevadas y los deshielos, de repente se reproducen los gritos de Rodolfo Fierro, sin identificarlo a él en absoluto: "—¡No hay que rajarse, muchachos! ¡Síganle, que ya verán cómo delante está peor...!" (38).

La introducción de estos gritos anónimos se justificaría si precediera inmediatamente al párrafo dedicado a la descripción de Fierro, que empieza con la oración: "A la cabeza del grupo iba un hombre alto, con el sombrero tejano arriscado en punta sobre la frente, tal como lo usan los ferrocarrileros, 'los del riel'" (39). Sin embargo, entre los gritos y la presentación de Fierro intervienen otros tres párrafos, dedicados respectivamente a los efectos de la batalla de Celaya, a la descripción de la laguna y a la descripción del pequeño grupo de villistas que decidieron atravesar la laguna en vez de desviarse. La separación de las palabras de Fierro y su descripción física, por buena que sea ésta, debilita el retrato total. Con una buena selección de adjetivos e imágenes animalísticas, en una sola oración, el narrador logra crear la figura imponente de Fierro: "Rostro oscuro completamente afeitado, cabellos que eran casi cerdas, lacios, rígidos, negros; boca de perro de presa, manos poderosas, torso erguido y piernas de músculos boludos que apretaban los flancos del caballo como si fuera garra de águila" (39).

El retrato, sin embargo, vuelve a debilitarse en la próxima oración, cuando el narrador se distancia del Fierro de ese momento para comentar su carrera de un modo panorámico y con juicio moral: "Aquel hombre se llamaba Rodolfo Fierro; había sido ferrocarrilero y después fue bandido, dedo meñique del jefe de la División del Norte, asesino brutal e implacable, de pistola certera y dedo índice que no se cansó nunca de tirar del gatillo" (39).

De ahí en adelante, o sea, en las próximas seis páginas y media (no hay más que nueve en total), se concentra en la escena de la muerte de Fierro, combinando la narración, las advertencias de los soldados anónimos y los insultos de Fierro. La muerte de Fierro se atribuye no sólo a su soberbia (su insistencia en vencer la laguna), sino también a su codicia, subrayada por el uso anafórico de la palabra "oro", cuyo peso contribuía al hundimiento del caballo en el fango de la laguna. Con el fin moralizante se opaca totalmente la figura gigantesca de Fierro, remplazada por los sobrevivientes, los soldados anónimos, quienes, en una descripción previa, habían evocado algunos cuadros y grabados revolucionarios: "Y los demás de la columna, muy lejos, a la orilla de la laguna tersa y oscura como un espejo ahumado, continuaban su marcha a rastras sobre la nieve, preocupado cada uno de ellos por su propia marcha mirando hacia abajo para evitar los pedruscos y los hoyancos y sin dirigir una ojeada al grupo que se había atrevido a pasar en línea recta el manto de agua" (43).

Ese traslado del enfoque del general al soldado anónimo, lo mismo que la menor sofisticación literaria, puede atribuirse a la diferencia generacional entre Rafael F. Muñoz y Martín Luis Guzmán. A pesar de haber nacido ambos en el estado de Chihuahua, Guzmán, nacido en 1887, se crió bajo el régimen de Porfirio Díaz. La posición relativamente acomodada de su padre (en el mismo año, 1887, fue nombrado instructor de caballería en El Colegio Nacional) y la estabilidad política de México en la primera década del siglo xx permitieron que Guzmán se inscribiera en la Escuela Nacional Preparatoria, para luego ingresar en la Facultad de Leyes. Con el triunfo de Madero, consiguió un puesto en Obras Públicas, a la vez que se integró, junto con José Vasconcelos (1881), en el grupo literario-intelectual del Ateneo de la Juventud. Productos de la educación positivista, tanto Guzmán como sus contemporáneos abogaban por el progreso y se entusiasmaron mucho con los ideales reformistas de Francisco I. Madero. Con el asesinato de Madero, en 1913, Guzmán renunció a su puesto burocrático y se unió a las fuerzas revolucionarias, primero de Carranza y después de Villa. Por su contacto directo con la brutalidad de la revolución y la corrupción subsiguiente de los regímenes de Carranza, Obregón y Calles, tanto Guzmán como sus contemporáneos se desilusionaron y, siendo coetáneos también de Rómulo Gallegos y de José Eustasio Rivera, se dedicaron a denunciar, con un estilo culto, la barbarie de los generales y de los caciques.

Aunque los doce años que separan el nacimiento de Guzmán (1887) del nacimiento de Muñoz (1899) no constituyen una generación, según las teorías de Ortega y Gasset y otros, la erupción revolucionaria de 1910-1915 fue tan cataclísmica que alteró la evolución normal de la gran mayoría de los autores de varias generaciones. En cuanto a la "generación" de Muñoz, los autores nacidos entre 1895 y 1902 (Mancisidor, López y Fuentes, Muñoz y Ferretis) eran apenas adolescentes o muchachos cuando estalló la revolución, así que sus estudios primarios o secundarios quedaron truncados. Muñoz hizo los primeros estudios en el estado de Chihuahua, donde su padre tenía un rancho cerca de la frontera con Texas. Con el triunfo de la revolución de Madero se trasladó a México para seguir estudiando. Igual que a Guzmán, el asesinato de Madero lo lanzó a la revolución, pero mientras Guzmán sirvió de secretario a Villa, Muñoz, que sólo tenía catorce años, se mezclaba más con las tropas. Él y sus coetáneos no pudieron seguir carreras profesionales y después de la revolución tendían a dedicarse al periodismo. Mientras la generación criollista de Martín Luis Guzmán y Rómulo Gallegos, cuyas obras claves se publicaron en la década de 1920, abogaba por la democracia política, la generación "proletaria" de Rafael F. Muñoz y Jorge Icaza, cuyas obras claves se publicaron en la década de 1930, tendía a identificarse más con el pueblo, abogando en la mayoría de los casos por reformas sociales.

Con el auge de la nueva narrativa hispanoamericana, a partir de 1950, la complejidad y el virtuosismo de autores como Borges, Carpentier, Cortázar, Yáñez, Rulfo, Fuentes, García Márquez, Vargas Llosa y tantos otros, han opacado por igual a la generación criollista y a la generación proletaria. Sin embargo, al ponerse frente a frente los dos cuentos protagonizados por Rodolfo Fierro, el estudio comparativo revela que, en términos artísticos, las cualidades intrínsecas de "La fiesta de las balas" no sólo le dan mayor valor que "Oro, caballo y hombre", sino que lo ponen a la par de los mejores cuentos de cualquier época.

OBRAS CONSULTADAS

Curiel, Fernando, *La querella de Martín Luis Guzmán*, México: Oasis, 1987.

Guzmán, Martín Luis, "La fiesta de las balas", en *El águila y la serpiente*, 3ª ed., Madrid: Espasa-Calpe, 1932.

Jeffery, I. Catherine, *El arte narrativo de Rafael Felipe Muñoz*, Madrid: J. Porrúa Turanzas, 1986.

Megenney, William W. (ed.), *Five Essays on Martín Luis Guzmán*, Riverside, California: UCR, Latin American Studies Program, 1978.

Menton, Seymour, *El cuento hispanoamericano*, 2ª ed., 3ª reimpr., México: FCE, 1984.

Millán, María del Carmen, "Panorama de la literatura mexicana", en Aurora M. Ocampo y Ernesto Prado Velásquez (coords.), *Diccionario de escritores mexicanos*, México: UNAM, 1967.

Muñoz, Rafael F., "Oro, caballo y hombre", en *Si me han de matar mañana...*, México: Botas, 1934.

Ocampo, Aurora M., y Ernesto Prado Velázquez (coords.), *Diccionario de escritores mexicanos*, México: UNAM, 1967.

Perea, Héctor, y Xavier Guzmán Urbiola (coords.), *Martín Luis Guzmán*, México: FCE, 1987.

JUAN RULFO: TRES MINIPONENCIAS

COMO EL CUENTO ES UN GÉNERO que se distingue por su relativa brevedad, no les voy a presentar una ponencia, sino dos miniponencias.[20] Se trata de comentarios sobre dos cuentos de Juan Rulfo dentro de un marco teórico. La hipótesis es que para analizar, enjuiciar y apreciar un cuento, hay que complementar el análisis intrínseco (inmanente) del cuento con elementos extrínsecos (contextuales): la obra total del autor, el momento histórico, las tendencias artísticas del momento y la intertextualidad.

1. El realismo mágico en "Luvina"

Empecemos distinguiendo muy claramente entre *lo real maravilloso*, término atemporal inventado en 1949 por Alejo Carpentier, y el *realismo mágico*, término inventado en 1925 por el crítico de arte alemán Franz Roh (1890-1965) y divulgado entre 1926 y 1929 por el italiano Massimo Bontempelli (1878-1960) en su revista *Novecento*. La existencia del realismo mágico y su importancia en la década de 1920, en París, también se atestigua en el cuento "El secreto de Saverio" (1926) del escritor austriaco Franz Werfel (1890-1945),[21] cuando uno de los personajes afirma: "en todos los escaparates de las pequeñas galerías de la calle de Boetie verás el realismo mágico que es la última moda hoy día" (394). Mientras lo real maravilloso se refiere al ambiente mágico de ciertas partes de América Latina, donde la cultura tiene fuertes raíces indígenas o africanas, el realismo mágico ha sido una tendencia artística internacional con ubicación cronológica igual que el barroco, el romanticismo o el surrealismo. Tal como se habla de dos o tres generaciones románticas y tal como se habla del surrealismo de Breton en la década de 1920 y del surrealismo de Octavio Paz y el grupo de Taller hacia 1944, también el realismo mágico tiene sus dos momentos claramente definidos.

---

[20] Ponencia presentada en agosto de 1987, en Morelia, en el Simposio Internacional sobre el Cuento.
[21] Franz Werfel, "Saverio's Secret", en *Twilight of a World*, traducido por H. T. Lowe Porter, Nueva York: The Viking Press, 1937, 394. La traducción al español es del autor.

Cuando Franz Roh escribió su libro, en 1925, codificaba lo que transcurría en el mundo artístico de Europa y de los Estados Unidos a partir de 1918, o sea, la reacción en contra del expresionismo. Siguiendo el ejemplo de su profesor Heinrich Wölfflin, que había distinguido, diez años antes, entre el arte renacentista y el arte barroco, Roh contrastó los rasgos magicorrealistas y los rasgos expresionistas.

Si el ascenso al poder de Hitler, en 1933, acabó con el realismo mágico en Alemania, la crisis económica de 1929 a 1939 y la segunda Guerra Mundial limitaron, por todo el mundo, las posibilidades del realismo mágico, lo mismo que del surrealismo y de casi toda experimentación formal a favor de un arte más realista, de protesta social. Hacia fines de la segunda Guerra Mundial el realismo mágico resucita con la exposición en el Museo de Arte Moderno de Nueva York, titulada *Realistas y magicorrealistas estadunidenses* (1943), con los cuentos más famosos de Borges, con el tomo de cuentos de Truman Capote, *Un árbol de noche y otros cuentos* (1945), con el cuadro *El mundo de Cristina* (1948), de Andrew Wyeth, y con la poesía magicorrealista de Gunter Eich y otros jóvenes alemanes de la posguerra. De ahí siguió hasta su verdadero florecimiento hispanoamericano en la década de 1960, con la obra ejemplar *Cien años de soledad*. En una entrevista publicada en 1970, en la revista *Review*, García Márquez dijo: "Creo que si uno sabe mirar, lo cotidiano puede de veras ser extraordinario. La realidad cotidiana es mágica, pero la gente ha perdido su ingenuidad y ya no le presta atención. Yo encuentro en todas partes correlaciones increíbles".[22]

Por difícil que sea definir las tendencias literarias, digamos que el realismo mágico consiste en la presentación objetiva, estática y precisa de la realidad cotidiana con algún elemento inesperado o improbable, cuyo conjunto deja al lector desconcertado, aturdido o asombrado. Con esta definición queda clara la distinción entre el realismo mágico y tanto lo fantástico como el surrealismo, que versan sobre elementos no improbables, sino imposibles, desde el punto de vista racional.

En México los dos cuentistas más sobresalientes, Juan Rulfo (1918-1986) y Juan José Arreola (1918), tienen cuentos ejemplares del realismo mágico, cuentos que se distinguen claramente de otras obras suyas. En cuanto a Rulfo, pese a la fuerte base realista de *Pedro Páramo*, el hecho de que hablen y actúen los muertos asocia la novela con la literatura fan-

---

[22] *Review*, 70 (1970), 175.

tástica. En cambio, los cuentos de *El Llano en llamas*,[23] con una excepción, son esencialmente realistas. Esa excepción, que el mismo Rulfo reconoció, es "Luvina", magnífico ejemplo del realismo mágico.[24] La visión purgatorial de San Juan Luvina es tan impresionante como la visión infernal de Comala en *Pedro Páramo*. Situado en lo alto de la cuesta de la Piedra Cruda, el pueblo de Luvina tiene la tierra tan reseca como la de Comala, situada en el fondo de una barranca. Casi no llueve y sopla constantemente un viento "que no deja crecer ni a las dulcamaras" (110). Lo que impide que "Luvina" se clasifique dentro de la literatura fantástica es que los habitantes de ese pueblo parecen muertos o fantasmas, pero no lo son, como sí lo son los de *Pedro Páramo*. En efecto, la palabra clave de la oración anterior es *parecen:* el pueblo de Luvina se transforma en un lugar mágico por el empleo frecuente del símil. Todas las mujeres de Luvina se anuncian con un ruido "como un aletear de murciélagos" (117) y "como si fueran sombras, echaron a caminar calle abajo" (118). En un cuento de unas trece páginas, la frase "como si" aparece dieciocho veces y el símil con "como", nueve veces.

Lo que contribuye a realzar el ambiente magicorrealista de todo el cuento no es solamente la descripción en sí de San Juan Luvina, sino también la manera en que funciona el narrador-protagonista. Éste es un profesor que retrata a Luvina a través del doble filtro de sus recuerdos de hace quince años y de unas cuantas botellas de cerveza. El oyente, un nuevo profesor destinado al pueblo de Luvina, sólo existe en las palabras del narrador-protagonista: no dice ni una sola palabra ni lo menciona jamás el narrador omnisciente, a tal punto que el lector hasta puede preguntarse si el viejo profesor está hablando a solas. En contraste con la locuacidad poética de éste, el narrador omnisciente interviene sólo cuatro veces en todo el cuento y con un estilo parco, desprovisto totalmente de símiles: "El hombre aquel que hablaba se quedó callado un rato, mirando hacia afuera" (111). La escena de afuera, vista a través de la puerta "en el pequeño espacio iluminado por la luz que salía de la tienda" (111), es otro ejemplo de una técnica empleada frecuentemente por los pintores magicorrealistas: la presentación simultánea y con parecida precisión de un espacio interior y exterior, normalmente a través de una ventana, lo que también hace pensar en "El fin", de Borges. En el cuento de Rulfo

---

[23] *El Llano en llamas,* 2ª ed., México: FCE, 1955.
[24] "En el cuento 'Luvina' halló lo que buscaba y emprendió la redacción de *Pedro Páramo*", reportaje en *El Occidente*, diario de Cali, Colombia, 8 de agosto de 1979.

los gritos de los niños jugando y el sonido del río hacen destacar aún más la esterilidad del paisaje de Luvina. Así es que observar el paralelismo con la pintura magicorrealista enriquece nuestra apreciación del cuento.

2. "El Llano en llamas", antiepopeya de la Revolución[25]

Si "Luvina" se destaca entre los cuentos de Juan Rulfo por su realismo mágico, "El Llano en llamas" se destaca por estar totalmente desprovisto de elementos mágicos y míticos. No sólo eso, sino que se distingue de todos los otros cuentos de la colección por su extensión y por su falta de concentración temporal y espacial. Tampoco hay tanta concentración en el (los) protagonista(s).

La explicación de la unicidad de "El Llano en llamas" reside en su carácter antiépico; es una especie de réplica de *Los de abajo,* o sea, una desmitificación de la Revolución mexicana. Igual que *Los de abajo*, "El Llano en llamas" sigue las peripecias de un grupo de revolucionarios a través de varias escaramuzas con los federales. En las dos obras los revolucionarios responden a la señal de un cuerno (84). Los incendios de la casa de Demetrio Macías y de la de don Mónico se ven reflejados en el título del cuento de Rulfo y en el incendio de los ranchos del Llano Grande (85-86). En una alusión directa a *Los de abajo,* el narrador de "El Llano en llamas" dice: "Por ese tiempo casi todos éramos 'abajeños', desde Pedro Zamora para abajo" (91). La escena final en que el narrador se encuentra con su mujer y su hijo desconocido recuerda claramente el penúltimo capítulo de la novela, cuando Demetrio tira la famosa piedrecita al fondo del cañón.

Precisamente por estos paralelismos son tan notables las divergencias entre las dos obras. Aunque tanto los revolucionarios de Rulfo como los de Azuela matan, roban, incendian y secuestran mujeres, los de "El Llano en llamas" no tienen nada de carácter heroico. Las tropas federales de Petronilo Flores los derrotan y ellos huyen y se esconden dedicándose "a criar gallinas" (85), con la connotación despectiva de esa última palabra. Cierto tiempo después, cuando vuelven a levantarse en armas, los federales los matan "otra vez, como antes, aunque no con la misma facilidad. Ahora se veía a leguas que nos tenían miedo" (87), pero la falta de heroís-

---

[25] Publicado en *La Palabra,* Temple: University of Arizona Press, 4-5, 1-2 (1982-1983), 93-96. Número especial, homenaje a Luis Leal.

mo entre los revolucionarios se subraya en la oración siguiente: "Pero nosotros también les teníamos miedo" (87), lo que no ocurre en *Los de abajo*, a excepción de los curros negativos, Luis Cervantes y el poeta Valderrama. Los revolucionarios de Rulfo siguen a Pedro Zamora "como si estuviéramos ciegos" (92), como los de Azuela siguen a Demetrio, pero aquél no tiene carácter épico ni heroico. A diferencia de Demetrio, Pedro Zamora no sufre ninguna injusticia a manos de los caciques ni de los federales y no muere en una batalla, sino que lo matan en la capital, tal vez a causa de una mujer. Mientras *Los de abajo* empieza con la creación paulatina y cuidadosa de la estatura épica de Demetrio —desde "un hombre [...] en cuclillas"[26] hasta "una silueta blanca llenó de pronto la boca oscura de la puerta"— (8), las primeras palabras de "El Llano en llamas" —"¡Viva Petronilo Flores!"— (76) se refieren al general de los federales y el lector se desconcierta al enterarse, pocos renglones más adelante, de que el narrador es revolucionario. Ese desconcierto del lector ante los dos bandos crece a lo largo del cuento por la ausencia total de fechas y de nombres históricos. En *Los de abajo*, a pesar de la variedad de personajes individualizados, nunca se pierde de vista la estatura gigantesca de Demetrio, que se distingue de los demás por su gran valor físico, su rectitud revolucionaria y su relativa pureza. En cambio, Pedro Zamora nunca alcanza proporciones heroicas. No realiza ninguna hazaña individual. Él y sus hombres parecen incendiar los ranchos por gusto, llenando "de terror todos los alrededores del Llano" (86). Mata a los presos en un simulacro del toreo con el mismo sadismo de Rodolfo Fierro en "La fiesta de las balas", de Martín Luis Guzmán, pero sin la fuerza descomunal y el carácter férreo del jefe villista. Para restarle a Pedro Zamora el último vestigio de importancia, Rulfo termina el cuento convirtiendo en protagonista al narrador, insignificante hasta en su apodo, Pichón.[27] Además, Pichón estuvo en la cárcel, no por haber andado con Pedro Zamora, sino por haber robado muchachas. Al salir de la cárcel, la "muchachita de unos catorce años" (98), a quien Pichón se había llevado violentamente, acaba por rebajarlo, diciéndole que al hijito también le llaman el Pichón, "pero él no es ningún bandido ni ningún asesino. Él es gente buena" (98). El cuento termina con las palabras sumisas del narrador: "Yo agaché la cabeza" (98). Así es que ni el jefe revolucionario Pedro Zamora ni su subalterno mueren heroicamente y éste ya avisó al lector de que hace tres años vive

---

[26] *Los de abajo*, México: FCE, 1970, 5.
[27] Podría ser una alusión a Codorniz de *Los de abajo*.

con "quizá la mejor y más buena mujer, de todas las mujeres que hay en el mundo" (97). El lector de hoy día puede felicitar a Pichón por haberse dejado amansar y por cumplir con sus responsabilidades familiares, pero esa actitud dista mucho de la de Demetrio Macías, quien subordina, en 1915, sus deberes familiares a lo que considera su obligación de seguir peleando hasta el final por la causa revolucionaria. Al morir Demetrio, "al pie de una resquebrajadura enorme y suntuosa como pórtico de vieja catedral" y "con los ojos fijos para siempre" y "apuntando con el cañón de su fusil" (140), Azuela refuerza el carácter épico, el carácter mítico de su héroe y de la novela. En cambio, Rulfo refuerza el carácter antiépico de su obra comentando desde lejos la muerte poco heroica de Pedro Zamora y subrayando el amansamiento total del narrador.

3. Los indios de "Pedro Páramo"[28]

Por mucho que se haya comentado, analizado y desmenuzado *Pedro Páramo,* que yo sepa, nadie ha explicado la importancia del fragmento[29] cuarenta y cinco —dos páginas— dedicado a los indios yerberos de Apango. Dada la gran precisión con que están entretejidos los personajes, los temas y los motivos recurrentes de toda la novela, sorprende la aparición de ese fragmento cuya única ligazón con el resto de la novela es la participación muy breve en la escena de Justina Díaz, la niñera de Susana San Juan. A excepción de este fragmento, no se menciona a los indios en toda la novela. Entonces, ¿qué función desempeña el fragmento y cuál es la importancia de los indios? A mi parecer, es nada menos que la clave para identificar tanto el eje estructurante como la visión del mundo de toda la novela.

La acción de ese fragmento es muy sencilla. Los indios de Apango bajan un domingo a Comala a vender sus yerbas, a pesar de que está lloviendo. Pasan todo el día, desde la mañana hasta el oscurecer, bajo los arcos del portal, esperando sin ninguna ilusión. Sin embargo, son felices. O sea, que los indios son felices porque no tienen ilusiones. Para ellos vivir consiste en cumplir con ciertos ritos inalterables. ¿De dónde se saca

---

[28] Ponencia leída en el Congreso del Instituto Internacional de Literatura Iberoamericana, agosto de 1988, México, D. F.
[29] El término "fragmento" y la numeración provienen de Marta Portal, *Análisis semiológico de "Pedro Páramo",* Madrid: Narcea, 1981, 71.

la impresión de que los indios son felices? El mismo fragmento lo subraya dos veces, de acuerdo con el ritmo bimembre de toda la novela. Las dos veces que aparece la palabra "esperan", aparece en posición final en la oración, lo que llama la atención del lector y le da a la palabra el sentido de "dejar pasar el tiempo pasivamente": "Tienden sus yerbas en el suelo, bajo los arcos del portal, y esperan... Los indios esperan".[30] La siguiente oración reza: "Sienten que es un mal día" (106), y el narrador nos dice que tal vez por eso tiemblan, "no de frío, sino de temor" (106). El temor no proviene de la poca probabilidad de vender, sino del temor de que el mal tiempo presagie mayores desastres que les puedan alterar la vida. En efecto, su temor encuentra eco en las palabras posteriores de Pedro Páramo, respecto a los revolucionarios villistas: "Estoy viendo llegar tiempos malos" (125).

Volviendo a la escena de los indios bajo la lluvia, hacia mediodía, a pesar de estar mojados, ríen: "El 'gabán' se les hace pesado de humedad conforme se acerca el mediodía. Platican, se cuentan chistes y sueltan la risa" (106). Lamentan la ausencia del pulque, pero expresan su filosofía estoica con la frase: "En fin, qué se le va a hacer" (106). Al levantar sus puestos se oyen otra frase estoica y otra risa: "Luego enderezaron hacia Apango, de donde habían venido. 'Ahi será otro día', dijeron. Y por el camino iban contándose chistes y soltando la risa" (107). Indudablemente lo que les permite a los indios aguantar la ausencia de compradores en su día de mercado es su solidaridad. Frente a la soledad de Pedro Páramo, Susana San Juan y otros personajes de la novela, los indios, a través de todo el fragmento, actúan, hablan y piensan como una unidad. No se individualizan en ninguna ocasión: siempre se usa la tercera persona en plural, el "ellos".

A diferencia de los indios, lo que une a los personajes individualizados de *Pedro Páramo* es su soledad y su desilusión.[31] Los personajes sufren porque cada uno se siente obsesionado por una ilusión que no se realiza. La denuncia de las ilusiones en general se hace claramente en el diálogo, a principios de la segunda mitad de la novela, entre los cadáveres de Juan Preciado y Dorotea:

---

[30] *Pedro Páramo*, 3ª ed., México: FCE, 1961, 106.
[31] Arthur Ramírez señala el juego entre ilusión y desilusión como el eje estructurante de la novela, pero sin comentar el fragmento de los indios y sin notar la relación con la actitud hacia la Revolución: "Style and Technique in Juan Rulfo", disertación doctoral inédita, Austin: University of Texas, 1973.

—Mejor no hubieras salido de tu tierra. ¿Qué veniste a hacer aquí?

—Ya te lo dije en un principio. Vine a buscar a Pedro Páramo, que según parece fue mi padre. Me trajo la ilusión.

—¿La ilusión? Eso cuesta caro. A mí me costó vivir más de lo debido. Pagué con eso la deuda de encontrar a mi hijo, que no fue, por decirlo así, sino una ilusión más; porque nunca tuve ningún hijo [74].

Además de Juan Preciado y Dorotea, el mismo Pedro Páramo también sufre, treinta años, a causa de una ilusión. Sólo tres fragmentos antes del fragmento de los indios, Pedro Páramo expresa su ilusión por el amor de Susana con la repetición del verbo "esperar", pero en el sentido de "ansiar": "Esperé treinta años a que regresaras, Susana —dijo Pedro Páramo—. Esperé a tenerlo todo. No solamente algo, sino todo lo que se puede conseguir, de modo que no nos quede ningún deseo, sólo el tuyo, el deseo de ti" (101). Sin embargo, la ilusión no se realiza porque Susana, "sufrida y quizá loca" (99), no tarda mucho en morir. Totalmente desilusionado, Pedro Páramo "seguía vivo, siempre allí, como un espantapájaros frente a las tierras de la Media Luna" (100), después de haber despedido a la gente: "Le perdió interés a todo. Desalojó sus tierras y mandó quemar los enseres. Unos dicen que porque ya estaba cansado, otros que porque le agarró la desilusión; lo cierto es que echó fuera a la gente y se sentó en su equipal, cara al camino" (99).

La misma Susana logró gozar de la felicidad durante su breve matrimonio con Florencio, pero lo pagó caro, con la locura y los recuerdos recurrentes de sus encuentros sexuales (122-124).

También sufren de ilusiones los personajes secundarios. Bartolomé San Juan, padre y tal vez amante de su hija Susana, tiene la ilusión de encontrar oro bajando a la niña Susana a un hoyo muy profundo. Ella no encuentra más que una calavera, lo que contribuye a la enemistad entre los dos y tal vez a su locura posterior: "Entonces ella no supo de ella, sino muchos días después entre el hielo, entre las miradas llenas de hielo de su padre" (112).

Damiana Cisneros, vieja, sufre después de haber rechazado una noche a Pedro Páramo. Todas las otras noches de su vida deja entornada su puerta y espera en vano a que entre Pedro Páramo (130). También espera en vano el viejo licenciado Gerardo Trujillo, a que Pedro Páramo le dé una recompensa cuando va a despedirse de él. Otra vez se expresa en una forma doble: "La verdad es que esperaba una recompensa... La verdad es que esperaba una compensación. Una retribución grande y valiosa" (126). El hecho de que Pedro termine por darle mil pesos, en vez de los cinco mil que pedía Trujillo, no le alivia la desilusión.

Situados los personajes de *Pedro Páramo* dentro del periodo revolucionario y luego de la Guerra de los Cristeros, no cuesta mucho establecer un eslabón entre las ilusiones fracasadas de los personajes y las ilusiones fracasadas de la Revolución. La mayor ilusión de los revolucionarios es la tierra. La presencia de éstos se anuncia a Pedro Páramo mediante el Tartamudo, quien cuenta cómo, antes de matar a Fulgor Sedano, administrador de la Media Luna, "le dijeron que eran revolucionarios. Que venían por las tierras de usté" (115). Pedro Páramo se las ingenia para frustrar esas esperanzas. Crea su propio grupo revolucionario, bajo el mando de su matón, el Tilcuate, con la recomendación poco idealista: "Ya te he dicho que hay que estar con el que vaya ganando" (131). El hecho de que Pedro Páramo logre mantener intacta su hacienda no es un caso único ni fortuito. Para Rulfo, la meta de la Revolución, en cuanto al reparto de la tierra, no fue más que un mito expresado irónicamente en el título de su cuento "Nos han dado la tierra".

A los revolucionarios se les conceden relativamente pocas páginas en la novela; no se vislumbra en absoluto su dimensión épica; y en contraste con la solidaridad de los indios, se subrayan las diferencias y aun las disputas individuales. En el único encuentro directo entre Pedro Páramo y los revolucionarios, éstos no son más que veinte. Cuando uno de los revolucionarios le pregunta a Pedro Páramo: "—¿Usted es el dueño de esto?", "otro lo interrumpió diciendo: —¡Aquí yo soy el que hablo!" (119). Cuando Pedro Páramo les pregunta por qué se han levantado en armas, uno le contesta: "—Pos porque otros lo han hecho también. ¿No lo sabe usté? Aguárdenos tantito a que nos lleguen instrucciones y entonces le averiguaremos la causa" (119). Otro afirma que sí sabe la causa: "Nos hemos rebelado contra el gobierno y contra ustedes porque ya estamos aburridos de soportarlos. Al gobierno por rastrero y a ustedes porque no son más que unos móndrigos bandidos y mantecosos ladrones" (119).

Tal como Rulfo desmitifica la Revolución en su cuento "El Llano en llamas", que es una especie de réplica a *Los de abajo,* en un breve diálogo entre Pedro Páramo y el Tilcuate, critica despiadadamente el aspecto personalista y caprichoso de los movimientos revolucionarios, fundiendo la Revolución con la Guerra de los Cristeros:

El Tilcuate siguió viniendo:
—Ahora somos carrancistas.
—Está bien.
—Andamos con mi general Obregón.
—Está bien.
—Allá se ha hecho la paz. Andamos sueltos.
—Espera. No desarmes a tu gente. Esto no puede durar mucho.
—Se ha levantado en armas el padre Rentería. ¿Nos vamos con o contra él?
—Eso ni se discute. Ponte al lado del gobierno.
—Pero si somos irregulares. Nos consideran rebeldes.
—Entonces vete a descansar.
—¿Con el vuelo que llevo?
—Haz lo que quieras, entonces.
—Me iré a reforzar al padrecito. Me gusta cómo gritan. Además lleva uno ganada la salvación.
—Haz lo que quieras [143-144].

Teniendo en cuenta la imagen negativa de la Revolución proyectada en *Pedro Páramo*[32] y en algunos cuentos de *El Llano en llamas,* junto con el sufrimiento de los personajes individualizados de la novela por sus ilusiones, Rulfo parece estar cuestionando todo el concepto progresista del mundo occidental.[33] Volviendo al fragmento de los indios de Apango, por su unicidad en la novela, Rulfo parece estar abogando por una actitud estoica frente a la vida.

OBRAS CONSULTADAS

Azuela, Mariano, *Los de abajo,* México: FCE, 1970.
Carballo, Emmanuel, "Arreola y Rulfo", *Revista de la Universidad de México,* 8, 7, marzo de 1954, 28-29, 32.
Leal, Luis, *Juan Rulfo,* Boston: Twayne, 1983.
Portal, Marta, *Análisis semiológico de "Pedro Páramo",* Madrid: Narcea, 1981.
Ramírez, Arthur, "Style and Technique in Juan Rulfo", disertación doctoral inédita, Austin: University of Texas, 1973.

[32] Joseph Sommers comenta la extrema amargura con que se evalúa en la novela la Revolución: "Implicitly, it runs counter to the widely circulated versions of the past two decades of progress and reforms". *After the Storm,* Albuquerque: University of New Mexico Press, 1968, 92.
[33] La visión indígena, negativa, de la Revolución también se proyecta en *El indio* (1935), de Gregorio López y Fuentes, y en *El resplandor* (1937), de Mauricio Magdaleno.

Rodríguez Alcalá, Hugo, *El arte de Juan Rulfo,* México: Instituto Nacional de Bellas Artes, 1965.

Rulfo, Juan, *El Llano en llamas,* 2ª ed., México: FCE, 1955.

——, *Pedro Páramo,* México: FCE, 1961.

Sommers, Joseph, *After the Storm,* Albuquerque: University of New Mexico Press, 1968.

Werfel, Franz, "Saverio's Secret", en *Twilight of a World,* traducido al inglés por H. T. Lowe Porter, Nueva York: The Viking Press, 1937.

JUAN JOSÉ ARREOLA Y EL CUENTO DEL SIGLO XX[34]

A MEDIADOS DEL SIGLO XX se ha presenciado el triunfo del cuento como un género literario independiente. El cuento, que a la vez refleja y se adapta al ritmo acelerado de nuestros tiempos y a los múltiples medios de comunicación, ha intrigado a los mejores escritores del siglo XX. No sólo la variedad y la perfección de la forma, sino también la evolución de la temática, le han dado al cuento su valor actual. El cuento anecdótico, con un fin inesperado, perfeccionado por De Maupassant, y las lentas narraciones psicológicas y filosóficas de Chéjov, han sido remplazados por temas más trascendentes. En los primeros años del siglo XX, Horacio Quiroga presentó la lucha entre el hombre y la naturaleza en el noreste de la Argentina. Este criollismo se extendió después para incluir la lucha entre clases sociales y, en muchos casos, el cuento se convirtió en medio de protesta social. Entre 1930 y 1945, los cuentistas, inspirados en parte por *U.S.A.*, de Dos Passos, y dotados de la técnica surrealista, se extendieron aún más para abarcar toda la nación dentro de pocas páginas. Hoy el escritor no reconoce fronteras nacionales y es capaz de pintar la sociedad de todo el mundo. Entre tanto, los autores hispanoamericanos se han mantenido al día con todos los movimientos de la literatura universal, sin perder su individualidad. Sin embargo, hoy día se encuentra en una encrucijada difícil. Hay peligro de estancarse en el intento de exprimirle la última gota al criollismo y, al mismo tiempo, la búsqueda de temas más universales encierra el peligro de ser tachado de xenófilo. Las obras de Juan José Arreola, *Varia invención* y *Confabulario* (México, 1952), que constituyen un compendio del cuento moderno, ofrecen una solución a este problema.

El epígrafe de *Confabulario* es la clave de toda la obra de Juan José

---

[34] Se leyó una versión abreviada de este trabajo en el Congreso de la Modern Language Association, celebrado en 1957, en Madison, Wisconsin. Se publicó por primera vez en *Hispania*, 42, 3 (septiembre de 1959), 295-308. Se volvió a publicar en *Iberoamérica*, colección de ensayos publicados en *Hispania*, seleccionados por Robert G. Mead, Jr., México: Ediciones De Andrea, 1962, 33-51; y en La Habana: Casa de las Américas, 1963.

Epistolario 1954-1995

Buenos Aires, octubre 3, 1962
De mi consideración:
En respuesta a su carta de septiembre p. p. le diré que me siento muy honrado con su idea de incluir en su antología, mi cuento "El jardín de senderos que se bifurcan" y le agradezco desde ya, la introducción y lo que pueda decir de mí. Espero que sus gestiones en México tengan éxito y que[do] a sus gratas órdenes
Muy cordialmente

Jorge Luis Borges

A/C Maipú 994

París, 24 de octubre de 1970

Querido Seymour Menton:

Gracias por *El cuento hispanoamericano*, por el magnífico trabajo de elucidación crítica, por su amor hacia un género literario que no siempre es bien comprendido. Su antología me parece muy buena, osada y sólida a la vez, con novedades que me han sorprendido gratamente y con reencuentros siempre bellos. Usted nos conoce como no siempre nos conocemos nosotros mismos. Gracias por todo eso, y un abrazo de su

Julio Cortázar
París, 70

Praga, 1o de mayo de 1995

Querido Seymour,

Hace días que recibí tu larga carta y el envío de tus libros que no tenía, incluida esa "Novela Histórica" publicada por Fondo de Cultura.

Tu carta[1] es como una semilla (madura) de una novela digna de Singer. Te agradezco tu generosidad. Al leerte pensé que tu hijo Allen debe tener nostalgia de "aquellos sufrimientos" del Bronx y aquellos abuelos a la aventura en ese lugar increíble que (todavía) es New York! Tu carta está llena de amor y de poesía y uno se quedaría leyendo, como ves. Deberías escribir un libro suelto, fragmentario, de memorias enamoradas. [Ya me apropio del título del best-seller: *Infancia en el Bronx*!!!]

Muy tierna es la evocación de tu padre. Y detrás de todo, como un pariente callado, poderoso, un poca canalla e inesperadamente tierno, está siempre La Ciudad. Y la radio, Tommy Dorsey, Bing Crosby, etc. etc.

Estoy seguro que Katerina te impulsará para que sigas con esa memoria libre.

Aquí tienes entonces el comentario con el que

---

[1] Posse se refiere al primer capítulo de mi libro todavía incompleto, *Confesiones de un profesor aparentemente feliz*.

me desafiaste al final de tu carta. Ahora quedas comprometido a un segundo capítulo.

Al fin de cuentas, podemos invertir los roles: yo me transformo en crítico y vos escribís el libro. Lo único que cuenta es la totalidad poética. De alguna manera tu infancia sería la inocencia de Estados Unidos. El momento de fuerza, de pujanza, de creación en los años duros. Las pequeñas alegrías…

Tenés a Katherina, una linda casa, tenés tiempo y este verano puedes escribir en la galería. (Mi comisión por el impulso que te doy, serán unas largas caminatas por tu Bronx y después una comilona en un restaurante italiano!)

El libro de Evita interesa mucho, tanto en Argentina como en España, donde apareció la edición de Planeta. Me dejó un poco vacío y nostálgico del largo verano muy caliente en que escribí de continuo la novela. Tengo que hacer artículos y planifico ponerme a escribir de lleno los "Heraldos Negros", sobre los jesuitas en el Paraguay. Es un gran proyecto, metiéndome en temas de teología y

filosofía. Una especie de ambiciosa montaña de la que siempre huyo.
 Me gustó mucho conocerte, conocerlos. Nos quedamos con la sensación de que somos amigos de mucho tiempo! (En nuestro diálogo en el hotel intimamos más que en toda la estadía —Estuvimos incluso interrumpidos por "el Embajador"—). Nos quedamos en deuda. Si vienen mientras todavía estemos, se podrían alojar aquí, en esta casa. De otro modo será en Nueva York, festejando el best-seller.
 Un fuerte abrazo. Un beso a Katherina.

Abel y Sabina

Gracias por las fotos

EMPRESA EDITORIAL GUATEMALTECA, S. A.

DIRECTIVA PROVISIONAL:
EDUARDO ECHEVERRIA HERRERA
JOSE GONZALEZ RODRIGUEZ
DR. FRANCISCO BENDFELDT

5A. AVENIDA 10-68
GUATEMALA,
GUATEMALA, C. A.
TELEFONO 51-41
CABLE: EGSA - GUATEMALA

DIRECTOR DE LOS ORGANOS DE
PRENSA Y RADIODIFUSION:
MARIO MONTEFORTE TOLEDO

14 de octubre de 1954.

Prof. Seymour Menton.
The University of Kansas.
Lawrence.
Dept. of Romance Languages and Literatures.

Estimado profesor Menton:

Mucho le agradezco los elogiosos conceptos de su carta. A la vez le ruego que dispense mi tardía respuesta; ojalá que mis informes le lleguen oportunamente.

Conservo algunas decenas de ejemplares de mis libros; desgraciadamente están encajonados, con el resto del menaje de nuestra casa, que acabo de traer de México (nos hemos trasladado a Guatemala de nuevo, con la idea de publicar un periódico). Tuve la intención de enviar a Ud. una colección completa de mis obras, pero varias se agotaron en las librerías de aquí. No puedo, pues, complacerlo. Señalo a Ud. dos librerías de México, "Cristal" y "Porrúa" (de la Avenida Juárez) que seguramente disponen todavía de ejemplares de Entre la Piedra y la Cruz; tenga la bondad de escribir primero a Cristal (cuya única dirección es "La Alameda", México, D. F.), haciendo el pedido. Dígame también si los ejemplares que yo podría enviarle dentro de 3 o 4 semanas aún llenan su propósito. Por de pronto, hace varios días le remití por ordinario unos ejemplares de mi última obra, Donde acaban los caminos.

Sin duda le agradará saber que acabo de ganar el más honroso premio que me ha tocado durante mi carrera de novelista: el otorgado por la Unión de Universidades Latinoamericanas en el primer concurso de este carácter continental; compartí el premio mayor (y esto suena a lotería) con Lautaro Yancos, novelista chileno de quien sólo conozco un ensayo sobre letras y un cuento. Innumerables dificultades de última hora impiden a la Universidad de Chile llevarme allá; creo que el acto solemne se hará en México, a donde está a punto de trasladarse la sede de la Unión. Entre tanto, me entregaron el premio en metálico, como quien compra mercancía. Entiendo que la Universidad de Guatemala hará una especie de celebración el 1o. de noviembre, conjuntamente con las fiestas de aniversario de la autonomía.

Esta última obra es lo más serio en que me he metido. Sin ubicación y en cierto sentido intemporal, aborda uno de los problemas humanos que considero más graves de nuestro tiempo (al menos en los países no sajones): la gradual destrucción que ejerce el partido político ortodoxo (el comunista, por ejemplo; pero también cualquier ortodoxia) sobre el hombre y "su circunstancia", como dirían los existencialistas. Se llama Una manera de morir y es bastante doloroso de leer. Creo que interesará en cualquier idioma y que me traerá violentos ataques de parte de todas las extremas de la política. En el mundo del libro no hay pícaros ni intención docente o panfletaria; me limito a los problemas humanos que he visto fermen-

Carta de Mario Monteforte Toledo.

EMPRESA EDITORIAL GUATEMALTECA, S. A.

DIRECTIVA PROVISIONAL:
EDUARDO ECHEVERRIA HERRERA
JOSE GONZALEZ RODRIGUEZ
DR. FRANCISCO BENDFELDT

5A. AVENIDA 10-68
GUATEMALA,
GUATEMALA, C. A.
TELEFONO 51-41
CABLE: EGSA - GUATEMALA

DIRECTOR DE LOS ORGANOS DE
PRENSA Y RADIODIFUSION:
MARIO MONTEFORTE TOLEDO

tar en mi derredor durante los últimos 15 años en su país y por estos rumbos. Mi más ferviente deseo es que los francotiradores de la política no utilicen la novela como atestado probatorio de una causa cualquiera. Desde luego, también pretendo exhibir un amargo caso de nuestros días, para advertencia de quienes aún estén a tiempo de evitar el despeñadero de la obediencia que conduce a una manera de morir. Me gustaría mucho que apenas salga el libro, externase Ud. su opinión; por haberme seguido a través de mis trabajos, acaso halle Ud. curioso el proceso de mi modesta producción.

Complaciendo sus deseos, incluyo un resumen bio-bigliográfico; y para completar la información, le anuncio que estoy escribiendo una especie de reportaje novelado sobre la llamada "Legión del Caribe", con sus proyecciones y sus raíces en este complejo mar con tanta historia y tantos destinos. Además, redondeo el plan de una novela sobre el matrimonio de una norteamericana con un hispanoamericano.

Ojalá que esta carta inicie una correspondencia que sin duda será de gran provecho para su cordial servidor,

Mar del Plata, 18 de noviembre de 1967.

Dr. Seymour Menton
Irvine, California

Mi distinguido amigo:

    Deploro muy de veras contestar tan tardíamente su cordial carta del 11 de setiembre último que me llegó con la separata de su espléndido estudio sobre mi "Hijo de hombre", publicado en la Revista Iberoamericana. No pude agradecerle ambas cosas en seguida de recibirlas porque una afección en las vértebras cervicales complicada con un agotamiento nervioso muy extremo, de los que me voy reponiendo poco a poco, me tuvieron postrado durante bastante tiempo. Le ruego, pues, sus disculpas por esta forzosa desatención.

 No podré en esta ocasión, por lo mismo, explayarme en detalle sobre el cúmulo de iluminadores e incitadores estímulos que derivan de su penetrante ensayo. Me hubiera gustado dialogar con usted, mi muy apreciado Prof. Menton, sobre algunos aspectos de su trabajo -probablemente el más lúcido, comprensivo y profundo que he leído hasta hoy sobre mi novela, esto se lo digo con absoluta seguridad y sinceridad-; me hubiera gustado decirle de qué manera su ensayo ha venido a aclararme y apoyarme en algunos aspectos desconocidos y aun enigmáticos para mí mismo, no sólo de mi "Hijo de hombre", sino de lo que podría ser, por decirlo así, las constantes de mi mundo íntimo, de mi cosmovisión, y por tanto, de la lucha desgarrada que sostiene un autor con los elementos inmediatos de expresión, agravada en mi caso -como en el de los demás escritores de mi país- como usted mismo lo demuestra, por los efectos anuladores de una cultura bilingüe no todavía suficientemente integrada y superada; una cultura en constante erosión no sólo por los factores de lengua, sino también por los otros factores no menos concretos y compulsivos de su desdichado destino histórico -que usted también radiografía y diagnostica muy sagazmente en el contexto de su análisis. En tales condiciones, la mente colectiva sobre la que un autor trata de tender las proyecciones de su línea creativa individual -único modo que tiene de trasponerlas y trascenderlas a módulos más universales, si es que no quiere quedarse en la mera corteza localista o foklórica; en tales condiciones, digo, la psique colectiva y aun la propia alma de un autor se vuelven un suelo muy delgado, muy frágil, como sustento de una realidad literaria que quiere tener su vida propia, su autonomía, en lo estético y no en lo ético solamente: una realidad autónoma, mágica, válida en sí misma por su temperatura y densidad mitopoética. Todo esto usted lo ha visto muy bien; pero además me ha mostrado otros vericuetos de mi libro y de mi mundo acerca de los cuales yo no tenía una conciencia muy clara y, en algunos casos, completamente ignorados por mí. Yo redacté mi novela en muy escaso tiempo, en un tirón de seis meses -experimento casi siempre contraproducente para algo que no sea un mero ejercicio de estilo o un divertimiento-, y naturalmente pagué las consecuencias de esa prisa y de esa improvisación que no eran caprichosas, sino forzadas por las circunstancias, las de la lucha por subsistencia en el exilio. Teniendo esto en cuenta y sobre todo plena conciencia de sus fallas y carencias, no deja de alentarme que mi "Hijo", magüer de su padre, como diría un viejo castellano, no sólo no haya sido un completo fracaso, sino que incluso haya concretado de alguna manera los sueños de su autor.

Siempre he pensado, Prof. Merton, que una crítica seria, honesta y comprensiva es una actividad del espíritu parejamente creadora a la de las obras que estudia y desentraña. Su estudio sobre mi libro me viene a probar una vez más con qué pasión de conocimiento y de verdad se acerca usted a los autores y a los textos de nuestra literatura latinoamericana, en un instante en que verdaderamente tales obras constituyen el espejo más fiel para una imagen no sólo exterior sino intrínseca y profunda de la vida y del hombre americanos. El que usted haya situado mi libro entre los más valiosos aportes en este sentido, es algo que me llena de orgullo, pero al mismo tiempo de responsabilidad con respecto a mi tarea de escritor que no se solaza unicamente en los sueños de la vanidad literaria, y que cree firmemente -con la porción mejor de nuestros autores de hoy- que esta tarea y esta obra sen la realización, a su escala de hombre y de artista, de la única vocación que puede justificarlo de algún modo entre tantas tareas más urgentes y comprometidas.

En alguna otra oportunidad querré tener el gusto de conversar con usted sobre esos conceptos de dualidad que usted observa sagazmente en la estructura mental y espiritual de la colectividad paraguaya y sobre el caracter magico que reviste esta especie de tensión dialéctica entre las vertientes dualísticas de la realidad paraguaya en su conjunto. Por ahora mis fuerzas no me dan aún el margen necesario para hacerlo con la extensión y la claridad que hubiera deseado; cosa que también hace es ocioso el que le pida disculpas por estas deshilvanadas líneas.

Estaré aun por un tiempo en esta ciudad balnearia donde estoy desde agosto pasado me encuentro algo así como aislado o refugiando escribiendo una novela. A raíz de la afección que le cuento, tuve que interrumpirla totalmente, y no se imagina usted la impaciencia que tengo de reanudarla, pues estaba totalmente absorbido por ella.

Renovándole mis sentimientos de gratitud, le saludo con mi estima más cordial.

Su afmo.
Augusto Roa Bastos
Augusto Roa Bastos

s/c/: Av. Corrientes 3916-11º-"B"
     Buenos Aires
     Argentina

EMBAJADA DE MEXICO
TEL-AVIV, ISRAEL

Tel-Aviv, a 31 de mayo de 1974

Señor Seymour Menton,
University of California,
Department of Spanish and Portuguese,
Irvine, California 92664,
U.S.A.

Muy estimado Seymour:

Ha sido una serie de coincidencias tan milabrosas que no me queda más remedio que creer en la divina providencia. Además su carta llegó en un momento muy oportuno: cuando la Dr. Solotorevsky tenía que afrontar el hecho de que su marido fue lesionado de manera grave y quizá permanente en la guerra de "Yom Kippur".

Me da mucho gustó saber lo de su proyecto de viaje y lo de su inclusión de Israel en el itinerario. Si para noviembre yo estoy aquí me dará un enorme placer que nos encontremos de nuevo, que nuestros hijos (el mío tiene 13 años y todavía habla español) se conozcan y que además yo tenga la oportunidad de ser presentada a su esposa y podamos hablar de tanto que nos concierne y que nos ocupa.

Además usted va encontrar que, si quiera o no, Israel es ahora el ombligo del mundo. Usted sigue los acontecimientos por la prensa pero aquí se contemplan desde una perspectiva más próxima y más rica en detalles.

A pesar de todos los sobresaltos políticos y bélicos se procura siembre que la vida continúe su ritmo normal. Así por eso que puedo asegurarle que la Universidad Hebrea estará funcionando en las fechas de la estancia de usted en este país. Y que el Departamento de Estudios Latinoamericanos se va a sentir muy honrado si usted acepta la invitación que por mi conducto le están haciendo de modo provisional mientras se dirigen a usted oficialmente para que los honre con una visita, con un intercambio de ideas con el cuerpo docente y con una conferencia (o las que usted quiera) para los estudiantes. Muchos lo conocen de nombre y quienes han leído sus trabajos de investigación y de crítica lo tienen en muy alta estima.

Yo tengo además el privilegio de conocerlo personalmente y de haber recibido, otra vez, una prueba de su generosidad y su calidad humana. Por lo cual le quedo deudora de gratitud y siempre amiga,

Rosario Castellanos.

SS/ml

París, 21 de agosto de 1978

Querido Seymour Menton:

Ya leí, imagínese usted, con el mayor interés, su libro,[1] que es para mí no solamente un documento biográfico sino también, yo diría, a su manera, una magdalena proustiana, porque he encontrado en estas páginas los nombres, los recuerdos y los textos de los amigos olvidados o quedados en la isla o dejados en el olvido de las viejas fotos amarillentas. Su trabajo es tanto exhaustivo como analítico. Le agradezco haber estudiado tan bien lo poco que he podido realizar y haberme metido tan bien dentro de un contexto que, a pesar de todo, queda el de mi escritura, pese a la distancia.

Dispénseme por haber escrito, esta vez, en francés, pero estoy en vísperas de un viaje para la India. Le expreso, querido Seymour Menton, mi sincera admiración y mis sentimientos más cordiales.

Severo Sarduy

[1] *La narrativa de la Revolución cubana*, Madrid: Playor, 1978, traducción de *Prose Fiction of the Cuban Revolution*, Austin, University of Texas Press, 1975.

Arreola: "[...] mudo espío, mientras alguien voraz a mí me observa". Los amplios conocimientos literarios del mexicano Arreola lo señalan como hombre representativo del siglo xx, un ecléctico que es capaz de utilizar lo mejor de quienes le antecedieron para crear verdaderas obras maestras, que a la vez serán aprovechadas por otros. El contraste entre los adjetivos "mudo" y "voraz" indica la posición tan tenue del artista sensible en nuestra sociedad, tan ferozmente mecanizada y comercializada. Después de definirse con el epígrafe, Arreola le presenta al lector una colección de treinta cuentos cuya variedad de tema y de estilo atestigua los alcances de este género en el siglo xx.

En su filosofía de la vida, Arreola vacila entre la desilusión más profunda del existencialismo y la actitud escéptica y tranquila del realismo mágico. En "Autrui" la influencia de *Huis clos,* de Sartre, es bastante obvia. El cuento consta de un diario de una semana escrito por el protagonista-abeja que se siente perseguido por Autrui, representante de los demás hombres. Para el martes ya está asediado en una calle sin salida. El jueves se encierra en su propio cuarto. El sábado se despierta dentro de un cuartucho hexagonal y para el domingo ya está podrido. En una sola página, Arreola crea la misma angustia y desesperación que logra el argentino Mallea en sus cuentos largos de *La ciudad junto al río inmóvil.* Aunque el existencialista ve el mundo como una lucha eterna entre individuos solitarios, ni en la muerte hay esperanza de descanso ni de consuelo. Arreola no puede menos que burlarse del hombre que a ciegas se atropella hacia su propia muerte.

"Topos", una de las varias fábulas que explican el título del volumen, está escrito como si fuera el informe de un agrónomo sobre un método para acabar con los topos. La primera reacción del lector es sonreírse de la prosa seudocientífica, pero luego esa misma objetividad científica le hace estremecerse ante la visión dantesca del hombre moderno. Los agricultores han descubierto un sistema perfecto para eliminar a los topos. Éstos se suicidan entrando en sus propios agujeros, que se han extendido hasta el centro volcánico de la tierra, donde casi todos se reducen a cenizas. Sólo seis agujeros se necesitan para cada hectárea. El intento de Arreola es claro: representar al hombre del siglo xx que amenaza su existencia con sus propias invenciones.

Tanto como "Topos" alude a la autodestrucción del hombre, "La caverna" capta la interpretación existencialista de la muerte: "Nada más que horror, espacio puro y vacío" (82). La exactitud matemática con la cual se describe la caverna —"oval y doscientos metros de largo con ocho metros de ancho"— hace un contraste muy raro con lo poco que se sabe de su verdadero carácter. Aunque el hombre sabe las dimensiones exactas, tiene que espantarse ante su "espacio puro, la nada en su cónclava mudez [...] La nada en cáscara de piedra. Piedra jaspeada y lisa. Con polvo de muerte" (83).

El pesimismo de estos tres cuentos existencialistas se alivia un poco en "Libertad", con el sentido humorístico de Arreola, aunque el toque final es algo cruel. Rodeado de las figuras alegóricas de unos cuantos deseos insatisfechos y de dos o tres actitudes desmedradas, el protagonista declara su independencia. Ya no quiere sentirse preso de sus obligaciones a la sociedad. No obstante, precisamente a causa de su pomposidad, la declaración fracasa y el protagonista vuelve a su trabajo. El factor humorístico consiste en la naturaleza de este trabajo: la revisión de una constitución que hay que llevar al día siguiente ante la Asamblea General. Mientras el hombre continúa puliendo su prosa jurídica, oye "un tenue soplo de marsellesa" (89).

En el realismo mágico de "El guardagujas", más que en ninguna parte, Arreola presenta su interpretación del mundo de mediados del siglo. En este cuento relativamente largo, que consta casi exclusivamente de un diálogo entre un pasajero en espera del tren y un viejo guardagujas, Arreola logra fundir, de una manera maravillosa, una sátira muy realista de los defectos de los ferrocarriles mexicanos con un simbolismo magicorealista. Dentro de la realidad, el autor parece burlarse de los trenes que no respetan los horarios; de los planes para túneles y puentes que ni han sido aprobados por los ingenieros; del mejor trato que reciben los pasajeros de primera clase; de la falta de cortesía de la gente en el momento de abordar el tren; de la venalidad de los policías, y de la costumbre consagrada de subir y bajar el tren sin esperar que éste pare. En un sentido más amplio, los sucesos inverosímiles que narra el viejo guardagujas constituyen la respuesta de Arreola al materialismo y al existencialismo del siglo xx. Admite con tristeza que no vivimos en el mejor mundo posible y se ríe de aquellas personas que se dejan absorber tanto por ese mundo que nunca pueden librarse de su magnetismo irresistible. Al mismo tiempo, su actitud es más mexicana cuando no desespera, sino que aboga por el viaje a bordo del tren de la vida sin preocuparse de la ruta que lleva. El solo hecho de abordar el tren es una verdadera hazaña y debe apreciarse como tal. ¿Por qué desesperarse cuando el hombre es capaz de adaptarse a cualquier peripecia que pueda suceder durante el viaje? Una vez, el tren llega a un abismo profundísimo, donde no hay puente. Los pasajeros desarman el tren; llevan las piezas a través del abismo; arman el tren de nuevo; y continúan el viaje sin fin. Lo importante es que el tren siga. Los rumbos fijos son ridículos porque algunos pasajeros son capaces de llegar sin saberlo. Al final del cuento el tren verdadero llega a la estación y el viejo guardagujas se aleja por la línea. Mientras se pierde de vista, el pasajero se queda reflexionando sobre la sabiduría de las palabras pronunciadas por un hombre que tal vez sea loco.

El escepticismo, desarrollado filosóficamente en "El guardagujas", asume un aspecto a veces benigno, a veces mordaz, en varios cuentos que señalan concretamente algunas de las imperfecciones del hombre. "En verdad os digo", cuento seudocientífico que hace pensar en el argentino Jorge Luis Borges, es una sátira de la investigación científica, donde se compara el paso de un camello por el ojo de una aguja con el paso del rico por la puerta del cielo. En "De balística", uno de los cuentos menos sutiles del grupo, un estudiante graduado de la Universidad de Minnesota es la víctima del autor ingenioso. Caricaturizado casi tanto como los estadunidenses en "Asalto al tren", del mexicano Rafael F. Muñoz, este investigador erudito no se interesa tanto en descubrir la verdad sobre las armas romanas como en encontrar bastante material para una tesis y varias conferencias. No sabe apreciar en absoluto la belleza de las ruinas de Numancia, que el autor describe en un párrafo final, cuyo estilo poético contrasta notablemente con la parte anterior del cuento: "El sol se había puesto ya sobre el árido paisaje numantino. En el cauce seco del Merdancho brillaba una nostalgia de río. Los serafines del Angelus volaban a lo lejos, sobre invisibles aldeas. Y maestro y discípulo se quedaron inmóviles, eternizados por un instantáneo recogimiento, como dos bloques erráticos bajo el crepúsculo grisáceo" (100).

En "Baby H. P." no es un solo norteamericano, sino toda la sociedad norteamericana que se pone en solfa. Escrito en el estilo de un anuncio comercial para radio o televisión, "Baby H. P." retrata al estadunidense dinámico y siempre comercial, capaz de convertir la energía inagotable de los niños en fuerza eléctrica: "Señora ama de casa: convierta usted en fuerza motriz la vitalidad de sus niños. Ya tenemos a la venta el maravilloso Baby H. P., llamado a revolucionar la economía hogareña" (86). La lógica fría de este anuncio se parece mucho a "A Modest Proposal...", de Jonathan Swift.

Mientras Arreola estudia los aspectos mecánicos de la sociedad del siglo XX, no pasa por alto las tragedias personales. El matrimonio, sobre todo, parece ser la causa principal de la desilusión y de la frustración. En "El rinoceronte", la ex esposa del juez McBride cuenta cómo luchó por diez años con su "rinoceronte", antes de conseguir el divorcio. A primera vista parece estar muy contenta de que éste haya sido totalmente domado por su segunda esposa, Pamela. A pesar de la actitud totalmente objetiva de Arreola, el lector sospecha la amargura de la primera esposa cuando dice: "Renuncié al amor antes de saber lo que era" (14). Aunque le gusta ver al rinoceronte domado, en el subconsciente la primera señora McBride envidia el éxito de Pamela y no puede menos de contrastarlo con su propio fracaso.

Al hacer el paralelismo entre el juez McBride y un rinoceronte, Arreola atestigua la herencia de los cuentos psicozoológicos de Rafael Arévalo Martínez. Sin embargo, cuando un hombre se transforma de veras en un animal, aunque sea una transformación parcial, entonces la inspiración parece venir de Franz Kafka. En *Metamorfosis,* de Kafka, Gregor Samsa se despierta una mañana transformado en un insecto enorme. Compárense los dos primeros párrafos de "Pueblerina", de Arreola:

> as Gregor Samsa awoke one morning from uneasy dreams he found himself transformed in his bed into a gigantic insect. He was lying on his hard, as it were armor-plated, back and when he lifted his head a little he could see his dome-like brown belly divided into stiff arched segments on top of which the bed quilt could hardly keep in position and was about to slide off completely. His numerous legs, which were pitifully thin, compared to the rest of his bulk, waved helplessly before his eyes.[35]

> Al voltear la cabeza sobre el lado derecho para dormir el último, breve y delgado sueño de la mañana, don Fulgencio tuvo que hacer un gran esfuerzo y empitonó la almohada. Abrió los ojos. Lo que hasta entonces fuera una blanda sospecha se volvió certeza puntiaguda.
>
> Con un poderoso movimiento del cuello don Fulgencio levantó la cabeza y la almohada voló por los aires. Frente al espejo, no pudo ocultar su admiración, convertido en un soberbio ejemplar de rizado testuz y espléndidas agujas. Profundamente insertados en la frente, los cuernos eran blanquecinos en su base, jaspeados a la mitad y de un negro aguzado en los extremos [33].

---

[35] *Selected Short Stories of Franz Kafka,* Nueva York: Modern Library, 1952, 19.

A medida que don Fulgencio se da cuenta de la presencia de los cuernos, la terminología taurina empleada por el autor aumenta hasta llegar al *crescendo* de la muerte del protagonista:

> A fuerza de pinchazos, varas y garapullos, don Fulgencio disfrutaba sangrías cotidianas y pomposas hemorragias dominicales. Pero todos los derrames se le iban hacia dentro, hasta el corazón hinchado de rencor.
> Su cuello grueso y corto de miura hacía presentir el instantáneo fin de los pletóricos. Rechoncho y sanguíneo, seguía embistiendo en todas direcciones, incapaz de reposo y de dieta. Y un día que cruzaba la Plaza de Armas, trotando a la querencia, don Fulgencio se detuvo y levantó la cabeza azorado, al toque de un lejano clarín. El sonido se acercaba, entrando en sus orejas como una tromba, ensordecedora. Con los ojos nublados vio abrirse a su alrededor un coso gigantesco; algo así como un Valle de Josafat lleno de prójimos con trajes de luces. La congestión se hundió luego en su espina dorsal, como una estocada hasta la cruz. Y don Fulgencio rodó patas arriba sin puntilla [35-36].

Una vez más se funde el gran talento artístico del autor con la tragedia personal de don Fulgencio, cuya mujer le es infiel. El autor nunca hace la menor alusión a dificultades matrimoniales, pero la presencia repentina de los cuernos sólo se explica así. Si no fuera por esa interpretación, el cuento no tendría sentido.

En "Epitalamio", escrito en un estilo totalmente distinto, no es la mujer, sino el hombre, el que ha de pecar. Esta poesía en prosa nupcial luce una cantidad de miel:

> Sobre el lecho revuelto, encima de la profunda alteración de las almohadas, como una nube de moscas flotan palabras más densas y cargadas que el áloe y el incienso. El aire está lleno de te adoro y de paloma mía [...] la brisa matinal orea con su lengua ligera pesadas masas de caramelo [...] la rosa en botón que ella llevaba entre sus pechos. Doncella melindrosa —parece que la oigo cómo pide mimos y caricias, desfalleciente de amor [84].

No obstante la miel inicial, la criada previene que la novia pronto será abandonada por su marido, quien buscará nuevas aventuras en otra parte. La criada está bien enterada porque hace poco, cuando ella no tenía más que quince años, fue seducida por el mismo hombre.

Una felicidad más duradera parece posible para los novios de "Apuntes de un rencoroso". Igual que en "Epitalamio", el protagonista es la tercera persona. En este caso, el rencoroso es el pretendiente rechazado, quien, como Joaquín Monegro en *Abel Sánchez,* de Unamuno, refiere los detalles de su envidia. La mayor parte del cuento se basa en imágenes marítimas. Mientras los novios gozan de su vida idílica, el rencoroso se siente constantemente atormentado: "Y entretanto, hago señales desesperadas desde mi roca de náufrago. Giro en la espiral del insomnio. Clamo a la oscuridad. Lento como un buzo, recorro la noche interminable. Y ellos aplazan el acto decisivo, el previsto final" (71).

Las ideas de Arreola sobre el matrimonio se formulan en teorías en "In Memoriam". Escrito en tercera persona, en un estilo erudito, este cuento presenta la historia del difunto barón Büssenhausen, quien dedicó toda su vida a escribir una *Historia comparada de las relaciones sexuales,* que ataca al matrimonio como un "apasionado ejercicio de neuróticos, un increíble pasatiempo de masoquistas" (74). En este cuento son las piedras las que forman la base de las imágenes. Después de leer la dedicatoria de la famosa obra de su marido, la señora Büssenhausen deja caer el libro "como una pesada lápida mortuoria sobre el pecho de la baronesa viuda de Büssenhausen" (72). El matrimonio se compara con un molino prehistórico en que dos piedras rotativas se muelen continuamente hasta la muerte. Claro que el famoso barón, él mismo, es un ejemplo muerto de su propia teoría. Su alma porosa y caliza fue pulverizada por la índole de cuarzo de su esposa. Sin embargo, Arreola, de un modo burlón, prefiere considerar la *Historia comparada de las relaciones sexuales* un homenaje a la *perfecta casada:* "Desoyendo la algarabía escandalizada y festiva de los que juzgan la obra del barón como un nuevo resumen de la historia universal, disfrazado y pornográfico, nosotros nos unimos al reducido grupo de los espíritus selectos que adivinan en la *Historia comparada de las relaciones sexuales* una extensa epopeya doméstica, consagrada a una mujer de temple troyano. La perfecta casada en cuyo honor se rindieron miles y miles de pensamientos subversivos, acorralados en una dedicatoria de dos páginas, compuesta en reverentes unciales germánicas: la baronesa Gunhild de Büssenhausen, *née* condesa de Magneburg-Hohenheim" (76).

Tal como el barón quiso escapar de su esposa antipática haciendo investigaciones y escribiendo, el mismo Arreola decide escapar, de cuando en cuando, de su ambiente cruel, escondiéndose en el pasado. En su búsqueda de temas exóticos se parece a los modernistas, que tanto hicieron para levantar la literatura hispanoamericana al nivel de la literatura universal en el siglo xx. Sin embargo, Arreola va más allá de los modernistas:

mientras éstos escogían sólo aquellas épocas literarias que concordaban con sus ideales artísticos, Arreola aplica su propio arte a periodos más diversos, tanto de la literatura como de la historia, desde la Grecia antigua al México revolucionario.

En "El Lay de Aristóteles", Arreola cuenta la leyenda de cómo el filósofo griego escribió *De armonía*. Después de ver bailar a la musa Armonía, el apasionado Aristóteles la persiguió en vano. Para vengarse, escribió su tratado, en el cual explica todos los detalles de *La Armonía* con la esperanza de desprestigiarla. Pero hasta su prosa dialéctica se le rinde a la Armonía, quien cabalga por encima de sus versos torpes y los convierte en yambos sonoros. En "Elegía", Arreola capta el estilo elegiaco para describir las ruinas de Numancia. Con imágenes melodramáticas la elegía llega a su desenlace y sólo entonces se menciona, por primera vez, el nombre de Numancia: "Hasta que un día el exasperado Escipión se alzó en el horizonte como una ola vengativa, y apretó con sus dos manos tenaces, sin soltar durante meses, el duro pescuezo de Numancia" (84).

Saliendo de la antigüedad y entrando en los primeros años de la época cristiana, Arreola incluye en *Confabulario* un boceto biográfico del hereje Sinesio de Rodas, en el cual se burla de la teología. A propósito, emplea una prosa muy pesada, con muchas palabras polisilábicas: "Dijo que los ángeles viven entre nosotros y que a ellos debemos entregar directamente todas nuestras plegarias, en su calidad de concesionarios y distribuidores exclusivos de las contingencias humanas" (41).

Otro boceto biográfico, de un clérigo chauceriano en la época de Juana de Arco, lleva el título apropiado de "Epitafio". Las oraciones son breves y abruptas; predomina el pretérito; hay pocas palabras correlativas y se repiten las frases: "—Nació en un tiempo malo" y "Rogad a Dios por él" (45).

En contraste con los clérigos mundanos del siglo xiv, destacan los poetas cortesanos de la misma época. "La canción de Peronelle" presenta un amor completamente platónico entre la joven y bella Peronelle de Armentières y el poeta y músico francés Guillermo de Machaut, ya viejo y casi ciego. El empleo de palabras como "rondel" y "rabel" ayudan a crear el ambiente del amor cortesano. El simbolismo de la manzana, fruta prohibida de la Biblia, es utilizado por Arreola de una manera paradójica: "Mordió la carne dura y fragante de las manzanas y pensó en la juventud de aquella que se las enviaba. Y su vejez retrocedió como sombra perseguida por un rayo de luz. Contestó con una carta extensa y ardiente, intercalada de poemas juveniles" (37). A pesar de los deseos ardientes del poeta, su amor siempre fue casto.

Arreola emplea el mismo estilo trovadoresco en "Loco de amor", homenaje a Garci Sánchez de Badajoz, poeta de principios del siglo XV: "A paletadas de versos tristes cubre su cadáver de hombre desdeñado. Y un ruiseñor le canta exequias de hielo y de olvido. Lágrimas de su consuelo que no hacen maravillas; sus ojos están secos, cuajados de sal ardida en la última noche de su invierno amoroso: 'Qu'a mí no me mató amor, sino la tristeza dél'" (85).

En ningún otro cuento se expresa más claramente la estética de Arreola que en "El discípulo". El espacio es Florencia, probablemente durante el Renacimiento. El gran pintor critica la obra de su discípulo: "No falta en tu dibujo una línea, pero sobran muchas" (30). Para reforzar la lección dice al discípulo que le va a enseñar cómo se destruye la belleza. Esboza una bella figura y proclama: "Ésta es la belleza" (31). Después de terminado el cuadro, el discípulo lo contempla embelesado, pero el maestro le afirma que acaba de destruir la belleza. Rompe el cuadro y se lo echa al fuego. El discípulo ingenuo y prosaico, que hace las veces de narrador del cuento, se extasía ante la vista brillante de Florencia a la luz del sol, pero se asusta ante el crepúsculo. La estética de Arreola queda clara: la verdadera belleza consiste en sugerir la belleza. Cuando la obra hace más que sugerir, entonces pierde su encanto.

Góngora, ídolo de los modernistas, es el protagonista de "Los alimentos terrestres". Escrito en el lenguaje del Siglo de Oro, el cuento consta de una serie de trozos sacados de cartas en los cuales el escritor pide constantemente más dinero para comprar mejores comidas. El chiste del cuento depende del último renglón, cuando se sabe por primera vez que todas estas solicitudes de comida vienen del *Epistolario* de don Luis de Góngora y Argote.

Otro aspecto inesperado de la literatura del Siglo de Oro se despliega en "Teoría de Dulcinea". Bien entrenado en la psicología moderna, Arreola explica la locura de don Quijote como un escape de una Dulcinea verdadera: "En un lugar solitario cuyo nombre no viene al caso hubo un hombre que se pasó la vida eludiendo a la mujer concreta" (78).

Después de los periodos prerrenacentista, renacentista y barroco, Arreola salta a fines del siglo XIX para escribir el cuento gracioso "Una reputación", inspirado en la prosa de Manuel Gutiérrez Nájera. Durante un viaje en un camión capitalino, el narrador se gana la reputación de caballero ofreciendo su lugar a todas las mujeres que suben. Lo gracioso es que el pobre diablo no es en realidad un caballero. Sólo que se le ocurre ofrecer su lugar una vez y después siente que todos los otros pasajeros ya lo tienen por caballero. Hasta se siente obligado a no bajar en su parada para mantener su reputación. El mismo chofer siente la influencia del caballero y para el camión cerca de la acera y no arranca hasta que todos hayan bajado y subido. La gracia sencilla de este cuento marca un gran contraste con la angustia existencialista de otros.

El poeta Enrique González Martínez liga a los modernistas con los autores más sofisticados del siglo XX. Arreola le rinde homenaje en "El condenado", que de cierto modo se parece a "El discípulo". En los dos cuentos el narrador es un tipo de antagonista que permite que Arreola exprese sus propias ideas por los otros personajes. "El condenado" es el poeta cursi de la provincia que se siente injustamente desconocido frente a la fama de González Martínez.

En su intento de captar las varias fuentes de la literatura del siglo XX, Arreola no olvida el cuento criollista de tradición popular. "Corrido" es uno de los cuentos mejor labrados del tomo. El tema de los dos pretendientes celosos que se matan no es nuevo. Es una tragedia causada por el desprecio de la vida y el machismo exagerado de los mexicanos. La presentación de la muchacha desgraciada, con quien nadie se casará después, concuerda con el papel abnegado que ha desempeñado la mujer mexicana desde la Malinche. La historia se desarrolla en el estilo y en el espíritu del corrido mexicano. Arreola emplea el presente del verbo para describir la plaza de Ameca en el pueblo de Zapotlán. Luego anuncia el tema del corrido en el pretérito: "Y en ella se encontraron una tarde, hace mucho, dos rivales de ocasión. Pero hubo una muchacha de por medio" (27). Sigue otro trozo descriptivo en el presente y luego la propia narración comienza en el pretérito. La joven y los dos rivales, todos anónimos, se acercaban a la plaza desde tres calles distintas. El destino los juntaba en la plaza. La joven, asustada, llenó el cántaro de agua, pero queriendo apresurarse, se le cayó del hombro. Ésa fue la señal para que los dos rivales comenzaran a pelear. Se hirieron mortalmente uno a otro. Ya moribundo, uno quiso saber si su rival también moría. El párrafo final resume el futuro de la muchacha, quien se llamaba desde entonces la *mancornadora*. Para infundir en este cuento todo el espíritu del corrido, Arreola emplea muchas frases octosílabas y a veces hexasílabas, que contienen a menudo rima asonante interior. El vocabulario es netamente mexicano, con muchos diminutivos y frases arcaicas y parentéticas: "Hay en Zapotlán una plaza que le dicen de Ameca, quién sabe por qué. Una calle ancha y empedrada se da contra un testarazo partiéndose en dos. Por allí desemboca el pueblo en sus campos de maíz [...] Ésa fue la merita señal. Uno con daga, pero así de grande, y otro con machete costeño. Y se dieron de cuchillazos, sacándose el golpe un poco con el sarape" (27-28).

La comparación del duelo mortal de los dos rivales a una pelea de gallos justifica su inclusión en un tomo llamado *Confabulario,* que en parte deriva su título del papel importante de los animales en varios cuentos. "El prodigioso miligramo" es en realidad una fábula. "Insectíada" y "El sapo" son estudios simbólicos de la vida de los insectos y del sapo. En los cuentos seudocientíficos "En verdad os digo" y "Topos", el camello y el topo son también símbolos. En "El rinoceronte" el hombre se identifica con el animal y en "Pueblerina" hasta llega a convertirse parcialmente en un animal. En "Epitafio" se usa un animal de un modo muy común y corriente que no por eso deja de ser eficaz: un clérigo francés del siglo xv se compara con un lobo.

Sin embargo, el título "Confabulario" tiene un sentido más amplio. Da la idea de ser una antología del cuento, tanto en el contenido como en la forma, desde la leyenda sobre Aristóteles hasta el diario simbólico y existencialista de "Autrui". No cabe duda de que Arreola es un maestro de la técnica del cuento. Su capacidad para adaptar su estilo a cualquier tema en cualquier periodo histórico demuestra un gran talento ingenioso. No obstante, no nos engañemos. Arreola es más que ingenioso. Sus cuentos revelan su ingenio, pero también son verdaderas obras de arte, cuyas semejanzas, a pesar de las diferencias superficiales, dan una gran unidad a esta colección. En todos los cuentos, el lector tiene que participar en el proceso creativo. No puede apreciarlos pasivamente como los cuentos del siglo xix. Como demuestra Arreola en "El discípulo", el deber del artista es sugerir la belleza. Cuanto más puede contribuir el lector a la obra de arte, tanto más puede comprender y apreciar el genio del artista. En muchos de los cuentos Arreola revela un talento descomunal para convertir lo real en lo mágico y, con más frecuencia, lo mágico en lo real. Esto se ve claramente en "El guardagujas". Todo el cuento, basado en un episodio muy prosaico —un hombre espera el tren en la estación y habla con el guardagujas—, tiene un aire mágico. En cambio, los episodios más inverosímiles —desarmar el tren para cruzar el abismo— se aceptan sin la menor incredulidad.

Arreola logra este efecto por varios métodos. Nueve de los treinta cuentos son narrados en primera persona, lo que significa que el lector tiende a creer más lo que alguien le dice directamente. De la misma manera, tiende a creer lo que oye, sin la intervención del autor, en los diálogos que constituyen la base de "De balística" y de "El guardagujas". El estilo expositivo, generalmente reservado para el ensayo, se usa mucho en esta obra para dar realidad al tema más absurdo —aunque sea el paso de un camello por el ojo de una aguja en "En verdad os digo"—. La prosa es clara, concisa y adaptada al tema. Apenas figuran las descripciones y las que hay tienen un propósito fijo. Aunque algunos de los cuentos parecen ensayos, siempre tienen un rasgo dramático con un desenlace sutil que los mantiene dentro del género. A excepción de "Los alimentos terrestres", los cuentos no se basan en un final inesperado. A pesar de la falta de un espíritu dinámico, la acción sigue despacio, pero sin parar, hacia una conclusión lógica. Otro rasgo común, presente en casi todos los cuentos, es el humorismo, que cae dentro de la tradición de los mejores autores mexicanos, sin dejar de ser muy suyo. Como Lizardi, José Rubén Romero y otros muchos mexicanos, Arreola contempla la vida con un cinismo templado por el estoicismo. Su actitud fundamental es burlarse de los defectos humanos, sin el genio mordaz de un Voltaire ni con la desilusión total de un Sartre, sino con compasión. Además de caer dentro de la tradición mexicana, Arreola se distingue por su propia cuenta. Los rasgos netamente suyos son un gran ingenio, que se combina con los amplios conocimientos de la literatura para producir un arte de la mayor sutileza.

El estilo de Arreola no siempre tenía esta pureza y concisión. En efecto, es indispensable estudiar una colección anterior de sus cuentos para comprender la evolución de su proceso creativo. El mismo título de esta obra, *Varia invención*, indica que, en 1949, Arreola ya pensaba componer un panorama del cuento. Vale la pena notar que muchos de los cuentos de *Confabulario* se anticipan en *Varia invención*. En aquellos cuentos que presentan la filosofía del autor hay menos cinismo y menos existencialismo. "Pablo", combinación de un tema seudocientífico y religioso, se inspiró en una historia bíblica. La conversión de un empleado del banco a místico es tan abrupta como la de Saúl a Pablo en el camino a Damasco. Pablo comienza a ver a Dios en todas partes, pero a un dios dividido en fragmentos. El elemento seudocientífico aparece cuando Pablo comienza a absorber físicamente los fragmentos de Dios. Este proceso deja al mundo sin Dios y muy próximo a la catástrofe. Pablo pronto se da cuenta de que si sigue absorbiendo los fragmentos de Dios, el mundo no tardará en destruirse. Para salvarlo, Pablo decide suicidarse, devolviendo al mundo los fragmentos de Dios. De esta manera, Arreola ofrece una explicación seudocientífica de los sacrificios de los redentores. También expresa una fe en Dios. Una presentación irónica de un tema parecido ocurre en "El converso", donde un fraile pecaminoso se arrepiente después de su muerte y predica la fe y la humildad entre los habitantes del infierno.

El concepto que tiene Arreola de un dios práctico se presenta en "El silencio de Dios", cuento que consta de dos cartas. Cuando un hombre bueno, pero solitario, le pide a Dios una explicación del mal en el mundo, recibe una respuesta de Dios que nos hace pensar en el *"il faut cultiver notre jardin"*, de Voltaire. Aunque el cuento es demasiado prolijo, se parece a los de *Confabulario* en que convierte lo fantástico en lo verdadero y viceversa:

> Creo que te falta actividad y que todavía no has penetrado en el profundo sentido del trabajo. Deberías buscar alguna ocupación que satisfaga tus necesidades y que te deje solamente algunas horas libres. Toma esto con la mayor atención, es un consejo que te conviene mucho. Al final de un día laborioso no suele encontrarse uno con noches como ésta, que por fortuna estás acabando de pasar profundamente dormido. En tu lugar, yo me buscaría una colocación de jardinero o cultivaría por mi cuenta un prado de hortalizas.[36]

El tono menos cínico de *Varia invención* se trasluce en "Un pacto con el diablo", que tiene la misma fusión de lo real y lo mágico que "El guardagujas". Una fase de la civilización moderna, el cine, es el punto de partida del cuento, que se inspiró en "El diablo y Daniel Webster", de Stephen Vincent Benet. Tal como el pasajero de "El guardagujas" no está seguro de la realidad del guardagujas, el protagonista de "Un pacto con el diablo" no está seguro de la realidad del diablo que estaba sentado a su lado en el cine viendo una película acerca de Daniel Brown, quien firmó con sangre un contrato otorgando el alma al diablo por siete años a cambio de la riqueza. El lector nunca sabe con seguridad si el protagonista se durmió durante la película y lo soñó todo o si en realidad ocurrió. Esta confusión de lo real y lo mágico se remata al final del cuento con la esposa del protagonista: "Sin embargo, cuando yo me acostaba, pude ver cómo

---

[36] *Confabulario y Varia invención*, México: FCE, 1955, 211.

ella, sigilosamente, trazaba con un poco de ceniza la señal de la cruz sobre el umbral de nuestra casa" (175).

Arreola reacciona de distintas maneras a los adelantos de la civilización moderna. En "El guardagujas" y "Un pacto con el diablo", el tren y el cine están envueltos en un ambiente magicorrealista. En "El fraude", igual que en "Baby H. P.", la comercialización del mundo se lleva a conclusiones absurdas. La Compañía Brown que vende estufas Prometeo se ha convertido en una religión. Cuando muere el "sacerdote" principal, quiebra la "religión". El narrador, jefe de propaganda de la Compañía, se remuerde por no haber invertido todos sus ahorros en la Compañía. Para expiar su desconfianza en la Compañía, compra todas las estufas usadas. La dueña de una de las estufas la quiere tanto que el narrador no puede conseguirla sino casándose con la mujer... y viven felices.

Como ya se ha notado, ese matrimonio feliz es una excepción en la obra de Arreola. Predominan en *Varia invención* los cuentos que presentan el matrimonio como un "increíble pasatiempo de masoquistas". El cuento que más se parece a aquellos de *Confabulario* es "La migala", no sólo en el uso simbólico del insecto, sino también en su presentación existencialista de un matrimonio infeliz y de su relación con una figura literaria, Dante. Narrado en primera persona, "La migala" usa la araña como símbolo del protagonista, cuyo idealismo antes de casarse se convierte en desesperación solitaria. Lo que intensifica su dolor aún más son los recuerdos de los días felices: "Nessun maggior dolore che ricordarse del tempo felice nella miseria". El nombre de su mujer, Beatriz, no deja lugar a dudas sobre la inspiración del cuento: "Entonces, estremecido en mi soledad, acorralado por el pequeño monstruo, recuerdo que en otro tiempo yo soñaba en Beatriz y en su compañía imposible" (182).

El tema del matrimonio infeliz con un símbolo zoológico es también la base de "Interview", que podría ser antecedente de "El rinoceronte". Mientras el rinoceronte simboliza al juez McBride, una ballena monstruosa simboliza a la mujer del poeta en "Interview". La brevedad del cuento, una página y media, su forma dialogada, la interpretación existencialista del matrimonio y la vista cruel del mundo intensificada por el humorismo sutil de Arreola, todo indica que éste ya se acercaba al momento de perfeccionar su técnica: "—En tal caso, dé usted un giro tranquilizador a mis ideas. Diga sencillamente que a todos, a usted y a mí, a los lectores del periódico y al señor director, nos ha tragado la ballena.

Que vivimos en sus entrañas, que nos digiere lentamente y que poco a poco nos va arrojando hacia la nada [...]" (202).

Los problemas matrimoniales también preocupan al autor en "El faro", "La vida privada" y "El soñado". En los dos primeros cuentos el tema es el adulterio. "El faro", como "Pueblerina", presenta el caso de un marido que se da cuenta de que su mujer le es infiel. Lo ingenioso de "El faro" es que el marido engañado se venga fingiendo desconocer la situación y burlándose sutilmente de los amantes. El horror de la situación se destaca aún más por el escenario: un faro solitario. El narrador, que es el amante, escribe en oraciones breves y cortadas: "Lo que hace Genaro es horrible. Se sirve de armas improvistas. Nuestra situación se vuelve asquerosa" (165). "La vida privada" es más dinámico porque la acción está incompleta y el desenlace ofrece varias interpretaciones. Esta vez es el marido quien narra. Su actitud es totalmente distinta de la del marido de "El faro". Para mantener su propia tranquilidad, prefiere no hacer caso de los chismes acerca de su esposa y su viejo compañero de clase. Los dos amantes van a ser los protagonistas en el drama romántico *La vuelta del cruzado* del autor mexicano Fernando Calderón. El uso de un drama dentro de un drama evoca inmediatamente recuerdos de *Hamlet, Pagliacci* y *Un drama nuevo*, pero el final inconcluso impide que el cuento sea cursi. El ingenio arreoliano vuelve a revelarse en "El soñado", donde el narrador es un niño deseado que no existe. El deseo frustrado de tener un niño, igual que en *Yerma*, de García Lorca, causa el fracaso de un matrimonio. Es el mismo niño fantasma que cuenta al lector la angustia que causa la lentitud de su creación: "Debí comenzar diciendo que todavía no he acabado de nacer, que soy gestado lentamente, con angustia, en un largo y sumergido proceso. Ellos maltratan con su amor, inconscientes, mi existencia de nonato" (240).

Las relaciones sexuales que se entablan fuera del matrimonio no son menos trágicas. En "Monólogo del insumiso", el poeta romántico de fines del siglo XIX es criticado por la sociedad por haberse aprovechado de la muerte del padre de su novia para seducirla. El cerebro torcido del narrador es antecedente del poeta mediocre de "El condenado" de *Confabulario*. El amor violento también es el tema de "Eva", donde, como en "Epitalamio", una doncella inocente ha sido seducida. "Eva" también se parece a "Teoría de Dulcinea" en que la joven se rinde al hombre convencida por su nueva teoría original de que la mujer fue creada antes que el hombre y que después de que apareció el hombre, la mujer ya no podía vivir sin él.

Se ha demostrado, tanto para *Varia invención* como para *Confabulario*, que Arreola quiere presentar no sólo una variedad de cuentos, sino una historia panorámica de la literatura universal. En los cuentos ya tratados se han visto alusiones al Viejo y al Nuevo Testamento y a Dante, Voltaire, Fernando Calderón, Stephen Vincent Benet y García Lorca. Otros cuentos "históricos" son "El asesino" y "Baltasar Gérard (1555-1582)". En "El asesino" el narrador ficticio, un emperador de la antigüedad, cuenta cómo reconoció a su futuro asesino y cómo piensa dejarse asesinar. Prefiere morir asesinado por un fanático que por un pretendiente al trono que lo considera un tirano. Un asesinato también es el eje del cuento biográfico "Baltasar Gérard (1555-1582)". Escrito en tercera persona, con un estilo que hace pensar en las *Vies imaginaires*, de Marcel Schwob, este cuento sigue el plan de Baltasar Gérard para matar al príncipe Guillermo de Orange a fin de cobrar la enorme suma que ofrecía Felipe II de España por la cabeza de su rival. Aunque el asesino fue llevado preso y ejecutado, su familia recibió el dinero. La última oración es buen ejemplo del estilo conciso de Arreola: "Felipe II pagó puntualmente los veinticinco mil escudos de recompensa a la familia del asesino" (179).

Siguiendo el panorama de la literatura universal hasta el siglo xx, Arreola tiene algunos cuentos en *Varia invención* que se identifican con la literatura mexicana. "Hizo el bien mientras vivió", como "Una reputación", de *Confabulario*, puede compararse con las obras de unos autores de fines del siglo xix. Escrito en forma de memorias, este cuento, muy largo para Arreola, treinta y siete páginas, constituye una crítica de las altas esferas de la sociedad mexicana. Una crítica sutil de su hipocresía se combina con una compasión por sus víctimas: "Engendrados sin amor, un viento de azar ha de arrastrarlos como hojarasca" (154). Igual que "Corrido", en *Confabulario*, "El cuervero" está íntimamente relacionado con la literatura de la Revolución mexicana. Es la historia trágica de un hombre que se gana la vida matando cuervos. En una cantina muy mexicana su amigo le convence de que podría ganar más haciendo adobes. No bien comienza su nuevo trabajo caen unos aguaceros muy fuertes que lo echan a perder. Su mala suerte continúa cuando le nace un niño ciego, que pronto muere. En parte, el realismo del cuento se logra mediante una abundancia de diálogo en el dialecto mexicano, que es tan característico de las renombradas novelas de Mariano Azuela, Gregorio López y Fuentes, José Revueltas y otros muchos autores de la revolución: "—¡Qué tuceada ni qué ojo de hacha! Eso se acabó. Ojalá y que las tuzas y los cuervos le tragaran toda la labor a ese hijo de don Pancho. ¡Yo no más dale y dale todo el día matando tuzas jolinas, que para que no se las paguen a uno lo mismo da que tengan cola o que no tengan!" (231).

En cambio, Arreola se identifica con unos escritores contemporáneos de tendencias escapistas en unos cuentos principalmente humorísticos. "Carta a un zapatero", escrito con un estilo muy erudito, es una queja dirigida a un zapatero acerca de un par de zapatos que se encogieron: "Estimable señor: Como he pagado a usted tranquilamente el dinero que me cobró por reparar mis zapatos, le va a extrañar sin duda la carta que me veo precisado a dirigirle" (196). Esta mezcla muy seria de lo ridículo y lo sublime es el antecedente directo de "Los alimentos terrestres", de *Confabulario*. Una de las víctimas favoritas de la mordacidad arreoliana es el investigador erudito, como ya se ha visto en "De balística" y "Numancia". Su antecedente en *Varia invención* es "Nabónides", un informe seudocientífico acerca del intento del arqueólogo Rabsolom de investigar la antigua escritura de los babilonios.

En esta rápida ojeada de *Varia invención* saltan a la vista ciertos parecidos con *Confabulario:* el espíritu ecléctico del autor; la desesperación existencialista templada por el realismo mágico mexicano; la burla de la erudición y de la ciencia; la reacción contra la comercialización excesiva del mundo; la opinión pesimista del matrimonio; el uso simbólico de los animales; el deseo de presentar personajes y sucesos de todos los periodos históricos con una variedad de estilos —todo esto presentado con la sutileza arreoliana—. A pesar de sus puntos de contacto, *Varia invención* (1949) y *Confabulario* (1952) son inconfundibles. Éste representa la perfección del arte de Arreola mientras aquél tiene muchos de los mismos elementos algo contaminados de impurezas. Según Emmanuel Carballo, entre las dos obras "no se observan bruscas rectificaciones sino una depurada ratificación de principios, una sabiduría cada vez más concisa al combinar los elementos, un dominio absoluto sobre el lenguaje".[37]

Varia invención y *Confabulario* fueron combinados por el Fondo de Cultura Económica en un solo tomo, publicado en 1955, que constituye la segunda edición de cada libro. Mientras no hay ningún cambio en *Varia invención*, sí se nota inmediatamente la inclusión de nuevos cuentos en *Confabulario*. El más importante de éstos es "Parturient montes", sobre todo porque Arreola lo coloca en el lugar inicial de la colección. Ba-

---

[37] Emmanuel Carballo, "Arreola y Rulfo, cuentistas", México: *Revista de la Universidad de México*, UNAM, 8, 7 (marzo de 1954), 29.

sado en la leyenda bien conocida de los montes que dieron a luz a un ratoncillo, este cuento, con su título en latín, pertenece al periodo prehistórico dentro del programa cronológico de la literatura universal. También refleja el humorismo amargo de Arreola. El protagonista, que también es el narrador, está trepado en un banquillo de agente de tránsito en medio de la calle. Inspirado por la cara de una mujer entre la muchedumbre, da a luz a un ratón. Todo el mundo, menos esa mujer, queda asombrado. Ella se acerca y le pide el ratón al agente. Quiere llevarlo a su departamento lujoso para sorprender tanto a su marido como a su gato, quienes no saben lo que es un ratón. La posición inicial del cuento en el libro sólo se explica con una interpretación simbólica. En efecto, este cuento sirve de introducción o de epígrafe para todo el libro. El autor inspirado ha escrito una serie de cuentos que seguramente encontrarán entre el público una falta de comprensión total.

Hay otros dos nuevos cuentos en la segunda edición de *Confabulario,* que desmienten el acostumbrado cinismo y existencialismo de Arreola. "Parábola del trueque", escrito en la forma de una parábola bíblica, demuestra el error de los hombres que cambian las esposas viejas por nuevas. Sólo el narrador guarda a su esposa original, a pesar de las protestas de ella misma. Después, cuando los otros maridos descubren la falsedad de las nuevas esposas, el narrador se da cuenta de que hizo bien. Su esposa Sofía se pone más hermosa que nunca. El tema de la parábola se parece a aquel de *L'oiseau bleu,* de Maeterlinck: la felicidad, bien buscada, se encuentra en casa. Otro punto de contacto con el arte parisiense de fines del siglo XIX se revela en "Una mujer amaestrada", con su compasión por los artistas del circo. La comprensión de los sentimientos humanos, que se esconden detrás de la máscara del payaso, concuerda con el temperamento artístico de Arreola, pero hace contraste con su manera concisa y fría de presentar aun las tragedias más grandes. Después de ver cómo el saltimbanqui se hace obedecer por la mujer amaestrada, el narrador se entusiasma ante el baile de la mujer: "Como actitud final, nada me pareció más adecuado que caer bruscamente de rodillas" (119). La sinceridad de este entusiasmo contrapesa la ironía de darle a la mujer el papel de una foca.

Predomina más el aspecto cruel y pesimista en las ocho nuevas selecciones que se incorporaron en la parte de *Confabulario* que se llama "Prosodia". Estos cuentos, verdaderamente cortos, constan de menos de una página cada uno. "La boa" nos horroriza con sus insinuaciones simbólicas. El cuadro de una boa que se traga un conejo vivo se hace aún más horrible cuando los mismos movimientos del conejo ayudan a la boa a digerir a su víctima. No se puede menos que estremecerse, como en "Topos", ante la autodestrucción simbólica del hombre. Arreola no deja ningún lugar a duda en "Flash", que en dos párrafos cortos logra sacudir los cimientos de la civilización moderna: los adelantos científicos. El estilo del comunicado demuestra una vez más el talento de Arreola en adaptar su estilo al tema:

> LONDRES, 26 de noviembre (AP).—Un sabio demente, cuyo nombre no ha sido revelado, colocó anoche un Absorsor del tamaño de una ratonera en la salida de un túnel. El tren fue vanamente esperado en la estación de llegada. Los hombres de ciencia se afligen ante el objeto dramático, que no pesa más que antes, y que contiene todos los vagones del expreso de Dover y el apretado número de las víctimas.
>
> Ante la consternación general, el Parlamento ha hecho declaraciones en el sentido de que el Absorsor se halla en etapa experimental. Consiste en una cápsula de hidrógeno, en la cual se efectúa un vacío atómico. Fue planeado originalmente por Sir Acheson Beal como arma pacífica, destinada a anular los efectos de las explosiones nucleares [99].

Arreola sigue atacando a la sociedad contemporánea en "Los bienes ajenos". Denuncia a los verdaderos ladrones de la sociedad, que pueden robar impunemente valiéndose de sus altos puestos. Arreola se alegra de ver que algunos de éstos se arrepienten y que esperan las visitas nocturnas de los llamados ladrones como si fueran mensajeros de Dios.

Aun entre estos pocos cuentos agregados a "Prosodia", la actitud y el estilo de Arreola varían. Vacila entre el existencialismo y el realismo mágico, el cual predomina en "El mapa de los objetos perdidos". El narrador compra un mapa que lo ayuda a encontrar muchos artículos perdidos. Hasta llega a ganarse la vida con lo que encuentra. El lector nunca está seguro de si tal mapa de veras existe o si es una manera discreta de decir que el narrador es ladrón o *pepenador*. De todos modos, Arreola termina el cuento con una alusión despectiva a su víctima predilecta, la mujer: "Por fortuna, de tiempo en tiempo aparece en el mapa alguna mujer perdida que se aviene misteriosamente a mis modestos recursos" (99).

Otros cuatro cuentos cortos de "Prosodia" también aluden a las relaciones entre los hombres y las mujeres. "El encuentro" es una explicación geométrica de cómo dos personas enamoradas, que se buscan una a otra, no siempre siguen una línea recta. "Luna de miel" es una interpretación literal del título. Mientras la novia y el novio caminan por la luna hecha de miel, éste trata de escapar. Después de llegar al aire libre y lavarse los últimos restos de la miel, se da cuenta de que ha perdido a su novia. Este cuento está íntimamente ligado con "Dama de pensamientos", que sugiere que más vale la mujer soñada que la verdadera. Se puede invocar la imagen idealizada a cualquier hora sin tener que escucharla. Este amor sublime se vuelve ridículo en "Flor de retórica antigua", donde Góngora presenta un plato de tripas y rosas a un convento lleno de monjas.

Las ocho selecciones agregadas a "Prosodia" y los cuentos "Parturient montes", "Parábola del trueque" y "Una mujer amaestrada" enriquecen el contenido de *Confabulario,* pero en ningún sentido lo alteran.

En general, la actitud cosmopolita de Arreola frente a la literatura ha provocado muchas polémicas entre los mexicanos. Muchas veces lo ponen frente a Juan Rulfo, cuyos cuentos caen más dentro de la tradición nacional. No es la primera vez que se ha planteado en México la cuestión de los valores relativos de la literatura cosmopolita y la criollista. En efecto, esta dicotomía caracteriza la prosa mexicana del siglo xx. Aunque la revolución ha sido el tema constante de la mayoría de los escritores, siempre ha habido un pequeño grupo de herejes cosmopolitas. Entre los ateneístas, colonialistas y contemporáneos han figurado autores tan conocidos como Alfonso Reyes, Artemio de Valle-Arizpe y Jaime Torres Bodet, cuyos cuentos revelan un escape total de los grandes problemas sociales del siglo xx. Juan José Arreola ha sido identificado con este grupo, un poco injustamente. Si es cierto que Arreola les pertenece por su intelectualismo y su cultura enciclopédica, también es cierto que en muchos de sus cuentos revela que está constantemente preocupado por el mundo en que vive. La literatura hispanoamericana en general está pasando por un periodo crítico. La exaltación de temas criollistas ya pasó de moda, pero han dejado una huella que no se puede borrar. Y es difícil que un autor de hoy o del futuro pueda divorciarse totalmente de los problemas de su medio ambiente. Los cuentos de Juan José Arreola revelan principalmente la herencia artística de los ateneístas y de los contemporáneos, pero también tienen un espíritu muy mexicano, cuyos orígenes remontan hasta Lizardi. *Varia invención* y *Confabulario* constituyen un valioso intento de fundir las dos tendencias. Sólo el futuro podrá decir si esa fusión durará.

OBRAS CONSULTADAS

Arreola, Juan José, *Confabulario y Varia Invención,* México: FCE, 1955.
Carballo, Emmanuel, "Arreola y Rulfo, cuentistas", en *Revista de la Universidad de México,* México: UNAM, 8, 7, marzo de 1954.
Kafka, Franz, *Selected Short Stories,* Nueva York: The Modern Library, 1952.
Poot Herrera, Sara, *Un giro en espiral. El proyecto literario de Juan José Arreola,* Guadalajara: Universidad de Guadalajara, 1992.
Washburn, Yulan M., *Juan José Arreola,* Boston: Twayne, 1983.

CUATRO VIAJES CUENTÍSTICOS EN FERROCARRIL Y UNO AÉREO: MUTIS, CORTÁZAR, PERI ROSSI, DICKENS Y ARREOLA[38]

HACE MUCHOS AÑOS, casi cuatro décadas, leí por primera vez los cuentos de Juan José Arreola. Me impresionaron tanto que les dediqué varias clases en mi primer curso sobre el cuento hispanoamericano en la Universidad de Kansas. Con gran entusiasmo analicé cada uno de los cuentos de *Confabulario* para luego interpretar todo el volumen como un compendio totalizante tanto de la historia universal como de la cuentística universal. Esta mesa, que no es redonda sino rectangular, la ocupan cuatro eruditos arreolianos; ésta es mi cuarta visita a Guadalajara, y ésta es la cuarta ocasión que veo a Arreola. Lo conocí en la Universidad de California, Los Ángeles, hacia 1970; después lo invité a dar una conferencia en la Universidad de California, Irvine, en 1972; luego pasaron muchos años y no volvimos a vernos hasta septiembre de 1988 en la Alameda de Santa María, en México, cuando Arreola hechizó con su don de palabras a los que asistimos a la inauguración del congreso del Instituto Internacional de Literatura Iberoamericana; y anoche me encontré con él por cuarta vez en esa celebración inolvidable.

Pero los que me conocen saben que no me gusta gastar cumplidos ni echar flores, así es que cuando Dante Medina me pidió que participara en este acto decidí tratar de hacer algo original, de modo que en los catorce minutos que me quedan propongo hablarles de cuatro viajes cuentísticos en ferrocarril y uno aéreo. Tres llevan el mismo título, "El viaje": el primero del colombiano Álvaro Mutis, que data de 1948; el segundo del argentino Julio Cortázar, que se encuentra en *Último round*, de 1969, y el tercero de la uruguaya Cristina Peri Rossi, que se encuentra en la colección *Una pasión prohibida*, de 1992. Los otros dos cuentos llevan casi el mismo título: "The Signalman" ("El guardavías"), de Charles Dickens, y el muy conocido "El guardagujas", de Arreola.

---

[38] Presentación en una mesa redonda de la Feria Internacional del Libro, 29 de noviembre de 1992, para celebrar la entrega del Premio Juan Rulfo a Juan José Arreola.

Mientras Juan José Arreola alcanzó la fama literaria en la década de 1950 a una edad relativamente joven, el más o menos coetáneo colombiano Álvaro Mutis (1923), cuya residencia en México data de 1956, ha superado hace poco su fama de poeta con la publicación de seis novelas en los seis últimos años. Además, el gran éxito de *El general en su laberinto,* de Gabriel García Márquez, ha contribuido al descubrimiento y al mayor aprecio del cuento bolivariano "El último rostro" (1978), una verdadera obra maestra. A mi juicio, "El viaje" (1948), de apenas dos páginas, de Mutis, publicado en su *Obra literaria* (1985),[39] es una pequeña joya literaria pero que no llega a la trascendencia de "El guardagujas". Igual que el cuento de Arreola, "El viaje", de Mutis, utiliza la hipérbole para plantear los problemas ferroviarios: el viaje desde el páramo hasta la tierra caliente dura casi nueve meses y en ocasiones hay demoras "de varias semanas debido a la caída de un viaducto" (208). Sin embargo, a diferencia de Arreola, Mutis no presenta este viaje prolongado como una crítica del sistema ferroviario. Más bien el viaje sirve de metáfora de la sociedad dividida en *cuatro* vagones: "en el primero iban los ancianos y los ciegos; en el segundo, los gitanos [...] en el tercero, los matrimonios burgueses, los sacerdotes y los tratantes de caballos; en el cuarto, las parejas de enamorados" (208). Como el viaje dura tanto, igual que en "La autopista del sur", de Cortázar, da tiempo para muertes y partos. En "El guardagujas" sólo hay muertes en el trayecto y los trenes llevan "un vagón capilla ardiente y un vagón cementerio" (69). Además de las relaciones entre los pasajeros, lo que se destaca en el cuento de Mutis es su fascinación con los cambios de terreno según la altura, fascinación que perdura en sus novelas más recientes: *La nieve del Almirante* (1986) y *Un bel morir* (1989), y que también está presente en *El otoño del patriarca,* de García Márquez. En vez del final enigmático de "El guardagujas", "El viaje", de Mutis, termina felizmente como un cuento de hadas con un toque de realismo mágico. Habla el conductor-narrador: "Cierto día me enamoré perdidamente de una hermosa muchacha que había quedado viuda durante el viaje... me fugué con ella" (209). El tren queda abandonado y "una tupida maraña de enredaderas y bejucos invade ahora completamente los vagones y los azulejos han fabricado su nido en la locomotora y el furgón" (210).

A diferencia del lenguaje discretamente poético de "El viaje", de Mutis, el lenguaje del cuento homónimo de Cortázar es totalmente conversacio-

---

[39] *Obra literaria*, Bogotá: Procultura, 1985, vol. I.

nal con marcado sabor regional: los personajes hablan con el voseo. Como en "El guardagujas", la acción no transcurre en el tren sino en la boletería antes del viaje, pero en vez de la denuncia de las imperfecciones del sistema ferroviario y del papel del misterioso guardagujas, el cuento de Cortázar se enfoca sólo en la compra de un boleto. La extensión desesperadamente larga de ocho páginas consta principalmente de un diálogo repetitivo entre un hombre y su esposa que no pueden recordar el nombre del pueblo a donde él tiene que ir, al estilo del teatro del absurdo. Aunque acaba por recordar que debe comprar el boleto para Mercedes, se ha creado tanta confusión que el lector saca la misma conclusión arreoliana de que no hay diferencia entre T y X.

En contraste con los cuatro cuentos ferroviarios, "El viaje", de Cristina Peri Rossi, es un tanto largo (24 páginas) y predominantemente realista sin dejar de lucir ciertos elementos absurdistas: se comenta y planea el viaje del protagonista durante seis años y medio, pero el cuento termina sin que se realice. Además, el destino no es un lugar cualquiera como en "El viaje", de Cortázar, y en "El guardagujas", de Arreola, sino la ciudad específica de Malibur, por ficticia que sea. El protagonista anónimo se decide por Malibur sólo después de estudiar todo el mapamundi y una variedad de diccionarios y enciclopedias en la Biblioteca Nacional. La fecha se establece más o menos por la población de Malibur: 60 000 hacia 1950. Luego se menciona un catálogo de discos de jazz del año 1970. Sin embargo, no se identifica la ciudad, o más bien el pueblo donde vive el protagonista; digo "pueblo" porque no tiene más que una agencia de viajes, poco frecuentada. El protagonista conversa sobre su viaje con varios amigos o contertulios que no se identifican hasta la sexta página del cuento. Son (¿por casualidad?) cuatro: Alejandro, Irineo, Pablo y Santiago. Como los mundos inventados por Borges en "Tlön, Uqbar, Orbis, Tertius", el protagonista estudia el idioma, el malabar, que es un dialecto del celta, que tiene la complicación de que cada habitante habla su propio dialecto. El protagonista siente la obligación de estudiar no sólo el idioma sino la historia y todos los aspectos de la cultura de Malibur, incluso la lista de precios y los alimentos. Por eso la demora de seis años y medio se justifica. El cuento termina con un remate totalmente lógico. El protagonista entra en la agencia de viajes y dice: "—Quiero cinco carteles de la ciudad de Malibur... Grandes y a todo color... Encárguelos. No me importa cuánto tiempo tarden en llegar. Ni lo que cuesten".[40]

[40] Cristina Peri Rossi, *Una pasión prohibida*, Barcelona: Seix Barral, 1992, 72.

Al comentar estos cuatro cuentos ferroviarios y el no llevado a cabo por avión, mi meta no es comprobar influencias sino llegar a una mayor percepción del contenido y la forma de cada uno para llegar a la tarea más difícil del crítico: el juicio de valor. Antes, hay que decir unas cuantas palabras sobre "The Signalman" ("El guardavías"), de Charles Dickens. Su título completo en inglés es "No. 1 Branch Line: The Signalman" y es el cuarto capítulo de una novela corta titulada *Mugby Junction* ("El empalme de Mugby"), publicada en 1866 como número extra de los cuentos navideños. Aunque "El guardavías" es la parte de la novela que más corresponde a "El guardagujas", hay que tener en cuenta toda la novela corta. En la primera página, el protagonista decide inesperadamente bajar del tren y quedarse en Mugby Junction a pesar de la lluvia y del viento, aunque tenía un boleto para una ciudad más distante. Conoce al mozo pintoresco llamado Mr. Lamps, que escribe canciones cómicas. En el segundo capítulo se dice: "So at last the gentleman for Nowhere took a ticket for Somewhere, and his destination was the great ingenious town" ["Así es que por fin el señor para Ninguna Parte compró un boleto para Alguna Parte, y su destino fue el gran pueblo ingenioso"] (159). Aunque el capítulo cuarto de *Mugby Junction* comparte con "El guardagujas" un diálogo enigmático entre el forastero y el guardavías, el cuento de Dickens es un cuento fantástico dentro de un ambiente más realista. El guardavías le confiesa al forastero que tiene miedo de un fantasma que ha visto en dos ocasiones prefigurando dos sucesos trágicos. Últimamente ha vuelto a ver al espectro. Cuando el forastero vuelve la noche siguiente, descubre que el guardavías acaba de ser atropellado misteriosamente por el tren, así que se trata claramente de un cuento fantástico.

Tanto el descubrimiento del cuento de Dickens como el descubrimiento del cuento de Álvaro Mutis se lo debo a mi colega de la Universidad de Santa Bárbara, Sara Poot Herrera, quien publicó el año pasado el estudio más completo sobre la obra de Arreola. En su capítulo sobre "El guardagujas", ella también comenta el parecido con "Renuncia", de Kafka, obra que no incluyo en esta ponencia porque no quiero pasar de los quince minutos, porque no tuve tiempo de leer el cuento de Kafka y porque no quería estropear mi juego numerológico de cuatro.

Para esta miniaproximación a la obra totalizante de Arreola, además de recomendarles el libro de Sara Poot, no puedo dejar de mencionar el primer estudio serio sobre Arreola que conocí, que es el artículo breve pero enjundioso de Emmanuel Carballo, "Arreola y Rulfo, cuentistas", publicado en la *Revista de la Universidad de México* en marzo de 1954.

Antes de ceder la palabra a mis compañeros de mesa, quisiera resumir la competencia entre los cuatro cuentos ferroviarios y el de Cristina Peri Rossi. Como autor del siglo XIX, Dickens crea un ambiente misterioso con muchos detalles realistas para lograr los efectos de un buen cuento fantástico. El cuento del poeta Mutis luce el lenguaje más poético de los cuatro, pero las cuatro agrupaciones de la sociedad no me parecen las más felices. "El viaje", de Cortázar, es un buen cuento absurdista con una parte del mensaje de "El guardagujas" pero que no logra la gran intensidad de su propio cuento "No se culpe a nadie". "El viaje", de Peri Rossi, es el más realista de los cinco cuentos. El único elemento no realista es la invención del lugar de Malibur con todos sus detalles culturales. El cuento me parece muy bien logrado, pero tal vez un poco demasiado largo y sin la trascendencia de "El guardagujas".

De manera que, a mi juicio, Juan José Arreola se lleva el galardón con "El guardagujas" por ser el mejor cuento. Además de su calidad intrínseca, seleccioné "El guardagujas" para mi antología de 1964 porque:

1. Combina alusiones a la realidad mexicana del sistema ferroviario con la magia: dos elementos que normalmente se hallan separados en los cuentos de Arreola.
2. Ejemplifica la tendencia magicorrealista que ha llegado a identificarse con algunos de los escritores más renombrados de América Latina desde Borges hasta García Márquez. La visión de mundo magicorrealista ofrece una alternativa a la angustia existencialista. Hay que abordar el tren de la vida sin preocuparse demasiado por la ruta que lleva. El ser humano es capaz de adaptarse.
3. Al mismo tiempo, denuncia los abusos del poder: el mejor trato que reciben los pasajeros de primera clase, los planes para túneles y puentes que no han sido aprobados por los ingenieros, los trenes que no respetan los horarios y la venalidad de los policías.
4. Y luce un magnífico manejo del lenguaje... y termino leyendo el final del cuento cuyo último símil capta la llegada del tren y sugiere más de una interpretación: "En ese momento el viejecillo se disolvió en la clara mañana. Pero el punto rojo de la linterna siguió corriendo y saltando entre los rieles, imprudentemente, al encuentro del tren. Al fondo del paisaje la locomotora se acercaba como un ruidoso advenimiento" (436).

OBRAS CONSULTADAS

Arreola, Juan José, "El guardagujas", en *Confabulario y Varia invención*, México: FCE, 1955.
Carballo, Emmanuel, "Arreola y Rulfo, cuentistas", *Revista de la Universidad de México*, 8, 7, marzo de 1954.
Cortázar, Julio, "El viaje", en *Último round*, México: Siglo XXI, 1969.
Dickens, Charles, "The Signalman", en *Mugby Junction, the Extra Christmas Number of All the Year Round*, Londres: C. Whiting, Beaufort House, 1866.
Mutis, Álvaro, "El viaje", en *Obra literaria*, Bogotá: Procultura, 1985, vol. I.
Peri Rossi, Cristina, "El viaje", en *Una pasión prohibida*, Barcelona: Seix Barral, 1992.
Poot Herrera, Sara, *Un giro en especial. El proyecto literario de Juan José Arreola*, Guadalajara: Editorial Universidad de Guadalajara, 1992.

EN BUSCA DEL CUENTO DIALÓGICO: JOSÉ REVUELTAS[41]

DESDE HACE UNOS TREINTA AÑOS, el cuento en toda Hispanoamérica queda opacado por la novela. Mientras el cuento llegó a su apogeo en la década de 1950, con la mayor difusión y el reconocimiento internacional de la obra de Jorge Luis Borges y con la publicación de las obras de Juan Carlos Onetti, Julio Cortázar, Juan Rulfo y Juan José Arreola, el tremendo éxito, tanto crítico como comercial, de la novela en la década de 1960 —el llamado *boom*— le proporcionó al cuento un golpe duro, del cual todavía no se ha repuesto. Con la publicación y las traducciones casi inmediatas de *La muerte de Artemio Cruz* (1962), *La ciudad y los perros* (1962), *Rayuela* (1963), *Cien años de soledad* (1967) y unas pocas más, los narradores de varias generaciones se dedicaron con entusiasmo a la novela, empeñándose en seguir las mismas fórmulas mágicas, en plasmar panoramas nacionales o continentales totalizantes; con erotismo exuberante, y con experimentación estructural y lingüística. Aunque los cuatro grandes novelistas del *boom* también publicaron tomos de cuentos en la década de 1960, a excepción de Cortázar, éstos no alcanzaron la misma fama que sus novelas.

En la década de 1980 otros factores surgieron, haciendo aún más difícil la competencia del cuento con la novela. Por la aproximación del quinto centenario del Encuentro de Dos Mundos o del descubrimiento de América y una serie de otros factores, los narradores se obsesionaron con el tema histórico, para el cual se presta mucho más la novela que el cuento. Sirvan de ejemplos mexicanos: *Noticias del Imperio, Gringo viejo, Ascensión Tun* y *Madero, el otro*. Además, durante la década de 1980 se puso muy de moda el teórico ruso, tardíamente traducido y reconocido, Mijaíl Bajtín, a quien Carlos Fuentes llama "tal vez el teórico de la novela más grande del siglo",[42] a causa de su énfasis en lo dialógico y lo polifónico.

---

[41] Se publicó en mi *Narrativa mexicana. (Desde "Los de abajo" hasta "Noticias del Imperio")*, Tlaxcala: Universidad Autónoma de Tlaxcala y Universidad Autónoma de Puebla, 1991.

[42] Carlos Fuentes, "Defend Fiction, and You Defend Truth", *Los Angeles Times*, 24 de febrero de 1989, sección II, 11.

En ese artículo, Fuentes defiende a Salman Rushdie contra las amenazas del fanático ayatolá Jomeini, pero al mismo tiempo elogia la visión de mundo posmoderna que todo lo cuestiona y que desconfía de cualquier ortodoxia o de cualquier interpretación absoluta de la realidad. Según Bajtín, la novela es superior a la poesía porque mientras ésta suele ser monológica, o sea, de una sola voz, de un solo tono y de una sola visión de mundo, la novela se caracteriza por su multiplicidad de voces, su polifonía, su carácter dialógico. Ahora bien, el cuento moderno, desde sus inicios en las primeras décadas del siglo xix, y sus primeros teóricos, como Edgar Allan Poe, ha dependido, se ha jactado, de su gran unidad desde la primera hasta la última palabra, o sea, su carácter monológico.

Así es que hoy día el cuento tiene que luchar contra varios obstáculos:
1. las casas editoriales prefieren publicar novelas por sus mayores posibilidades de venta;
2. los temas históricos, muy de moda, no caben holgadamente dentro de los límites del cuento;
3. la predilección bajtiniana por lo dialógico está en pugna con el carácter monológico del cuento tradicional.

Para que el cuento pueda competir con la novela hoy día, tiene que adaptarse al mundo posmoderno y volverse dialógico. Hay que aclarar que aunque muchos mencionan a Borges como uno de los primeros posmodernistas —con lo cual estoy de acuerdo—, la mayoría de sus cuentos —hay excepciones— no son dialógicos. Me explico. Aunque sus cuentos son mucho más complejos que los cuentos anteriores de Poe, de Chéjov, de De Maupassant y de Horacio Quiroga, suelen lucir una unidad nítida. A veces cuesta trabajo encontrar la clave de esa unidad, pero una vez encontrada desaparecen todos los cabos sueltos y todo contribuye a hacer resaltar el carácter monológico del cuento.

Si el cuento ha de competir con la novela en la década de 1990, tiene que adaptarse al nuevo mundo pluralista, donde ya no rigen los dogmas absolutos, totalizantes, sean políticos, religiosos o genéricos, en el doble sentido de la palabra. Cuando los cuentistas neófitos y los veteranos flexibles logren incorporar lo dialógico en sus obras, los críticos y los historiadores de la literatura van a descubrir que uno de los precursores más importantes fue José Revueltas, quien compartía con Bajtín el cuestionamiento de las teorías absolutas y la admiración por Dostoievski.

"Hegel y yo", uno de los últimos cuentos escritos por José Revueltas, se aproxima a lo que podría ser el cuento dialógico, o sea, el cuento dentro del cual se oye una variedad de voces, a veces contradictorias. Por ejemplo, la segunda oración del cuento identifica a Hegel "con toda su filosofía de la historia y su espíritu Absoluto",[43] así, con mayúscula. Sin embargo, en la segunda página se afirma que Hegel se contradecía respecto a la memoria desmintiendo su espíritu Absoluto: "porque lo dice de varios modos, muchas veces contrapuestos" (58).

Cada uno de los dos protagonistas tiene una doble existencia contradictoria dentro del espacio de la cárcel, que podría justificarse por la dialéctica hegeliana. *Hegel* es el apodo ganado por el compañero de celda del narrador por haber tratado de asaltar un banco en la calle Hegel. Le dispararon los de la radiopatrulla, destrozándole las piernas. Ese ladrón habla en el cuento con el discurso filosófico de Hegel, a excepción de tres ocasiones distintas en que se le atribuye el habla hampesca: "—'Dado a la mierda es poco', como dice *Hegel*" (60); "—'Dado a la mierda es poco', hubiera comentado *Hegel*" (63). En otra ocasión, tal vez como reminiscencia del conflicto entre los presos intelectuales de 1968 y los presos comunes,[44] *Hegel* le confiesa al narrador que quiso matarlo "para quedarse con la celda solo" (58). Había tratado de contratar a dos amigos: "'Va un *azul* para cada uno: cincuenta *baros* a cada quien, ustedes dicen'" (58). El vínculo entre el filósofo y el preso se plantea desde el principio en forma de broma, que el mismo narrador celebra con la frase "forrado en piel" (57), que puede referirse tanto al tomo encuadernado de las obras de Hegel como al preso desgraciado. Cuando el narrador dice: "Pero basta de bromas" (57), asume dialógicamente el papel de un Borges autoconsciente que difícilmente se puede equiparar con el del asesino.

El discurso filosófico de Hegel, pronunciado por el lisiado, es tan difícil que el narrador lo encuentra oscuro a pesar de que le gusta. La respuesta de *Hegel* refleja no sólo el concepto dialógico de Bajtín, sino también el rechazo de todo concepto absoluto, rechazo típico del desconstruccionismo, en la época posmoderna:

> *Hegel* sonríe, pues, cuando opongo alguna objeción a la oscuridad de sus ideas y lo contradictorio de sus términos; replica que no hay una sola idea verdadera

---

[43] José Revueltas, "Hegel y yo", en Gustavo Sainz (ed.), *Los mejores cuentos mexicanos*, Barcelona: Océano, 1982, 57.

[44] "Of special importance was New Year's Day, 1970, when students and professors were assaulted by other inmates, apparently with the full knowledge of prison officials" [De importancia especial fue el día de Año Nuevo de 1970, cuando los estudiantes y los profesores fueron asaltados por los otros presos, aparentemente a sabiendas de los oficiales de la cárcel], Sam L. Slick, *José Revueltas*, Boston: Twayne, 1983, 14.

que no sea oscura, ni una sola palabra, tampoco, que pueda tener un sentido único, todo depende del tiempo y la colocación: de lo que se comprometan a decir y a suscitar las palabras y las ideas. Para él, el lenguaje es un rodeo, un extravío pernicioso [64].

Por interesante que sea la caracterización del preso-filósofo, la tensión del cuento depende mucho más de la identidad, también doble, del narrador. Sabiendo el lector que Revueltas estuvo en la cárcel a raíz de los sucesos de 1968, no puede menos que identificar al narrador con el mismo Revueltas, gran conocedor de la filosofía de Hegel. Esa identidad se refuerza al principio del cuento, con un tono algo humorístico, cuando el narrador impone a todos los presos la pronunciación correcta de *Hegel:* no es *Ejel* sino *Jeguel,* o sea, la diferencia entre la pronunciación de base visual y de base auditiva, como Olidaín y jonrón. Sin embargo, el grueso del cuento consta de la revelación paulatina de los antecedentes del narrador. Las dos oraciones claves son: "Lo que trato de recordar es otra cosa, desde que falta Medarda, desde que no viene" (58) y "¿Dónde, dónde diablos fue que comenzó todo esto?" (59).

Al hurgar en su memoria, el narrador evoca una especie de José Revueltas que se solidariza con los desgraciados del mundo: los negros discriminados, las prostitutas del puerto y el semienano giboso de *Hegel*. Marinero en un barco anclado en Panamá, el narrador presenció una escena doblemente trágica por ser negro el chofer de la *guagua* de la Zona del Canal (Balboa) quien tuvo que decirle al panameño negro, desafiante, que no podía viajar en la misma *guagua* con los empleados blancos, o, mejor dicho, semiblancos, de las oficinas de la Zona; el narrador/Revueltas bajó de la *guagua* con el negro: "Le eché al negro el brazo sobre el hombro, le dije que yo bajaría junto con él y que los dos nos iríamos a pie hasta Panamá o hasta donde él quisiera" (60).

Ese idealismo puro del narrador volvió a manifestarse en el episodio de las prostitutas en Salina Cruz. Mientras todos los marineros aguardaban su turno para acostarse con la Tortuguita, la más apetecible, el narrador se fija en las otras cinco "cabizbajas", "sentidas" (62) y parece que se acostó con una de ellas, salvándose así de la gonorrea. De manera que el narrador/Revueltas siente compasión tanto por las prostitutas menos bonitas como por la misma Tortuguita, quien, después de atender a seis o siete de los marineros, pide un descanso: "Para darle una demostración amistosa de nuestra conformidad con ese descanso, pedimos otra tanda de cervezas heladas; para ella un anís" (61). Respecto a los marineros contagiados por la Tortuguita, el narrador vuelve a expresar su compasión por ella: "Pero no hubo ningún culpable fuera de la Tortuguita misma, la pobre, que a la mejor ni siquiera sabía que estaba enferma" (63).

Sin embargo, lo que asombra al lector de "Hegel y yo" y lo que lo distingue de los cuentos anteriores de Revueltas es su carácter dialógico, o sea que el mismo narrador que se solidariza con los negros discriminados y con las prostitutas del puerto también es capaz de patear el carrito de su compañero de celda y de haber asesinado a su amante-prostituta.

En el presente del cuento, *Hegel* tiene una silla de ruedas mecanizada con la cual amenaza "con atropellar, sin consideración alguna, a quien quiera que sea" (64), pero mientras esperaba durante seis meses la llegada de esa silla, el narrador se entretenía disparando a patadas "el carrito de una pared a la otra" (65). La crueldad del narrador se subraya con una serie de frases dramáticas: "[*Hegel*] se sujetaba convulsamente, las manos crispadas [...] el pequeño trozo de cuerpo en tensión [...] su inmenso terror [...] todos los brutales desplazamientos del carrito [...] lanzaba una especie de mugido breve y rasposo" (65). Se remata la descripción con dos oraciones breves y desprovistas de palabras dramáticas, cuya ironía atestigua el cinismo del narrador en ese momento: "Nunca llegó a caerse del carrito, durante estos juegos. Lo sabía hacer" (65).

Ese cinismo del narrador se vuelve aún más perverso al identificarse con el Fut, "excelente pateador de cabezas" (64), quien, ¡en el epígrafe del cuento!, había explicado racionalmente su conducta al agente del Ministerio Público: "[...] Verdá de Dios que no lo hice por mal. ¿Cómo quería que yo agarrara esa cabeza con las manos, cuantimás habiéndolo yo matado, digo, siendo yo el autor de la muerte de ese occiso? No lo hice por mal, señor [...]" (57). ¿Será que el mismo Revueltas al fin de su vida haya comenzado a dudar de su fe en los proscritos de la sociedad?

¿Por qué mató el Fut a su víctima? Nunca se aclara. ¿Por qué mató el narrador a Medarda? Tampoco se aclara. O, si la víctima no fue Medarda —ella lo visitaba en la cárcel ("Medarda nomás dejó de venir" [58])—, ¿quién fue?, tal vez una de las prostitutas de Salina Cruz. Lo que sí parece cierto es que el narrador sufre de la misma pesadilla: la sala de defensores se convierte en el anfiteatro, la nave, la bóveda de los muertos donde yace, en el piso, la occisa convertida en Medarda. Las pesadillas terminan con el vómito y el cuento termina con la revelación inesperada, al estilo de De Maupassant: "—Eres un mal asesino —ríe y me apunta con el índice, bullente, divertido, feliz—; sigues soñando con la puta muerta. *Hegel* lo sabe muy bien. Son ya varias las veces que me ocurre. Y con esta pesadilla siempre acabo vaciándome del estómago (66). Así es que irónicamente Revueltas termina su cuento dialógico, propio de fines del siglo XX, según las normas del cuento de fines del siglo XIX, o sea, con la revelación inesperada. Al mismo tiempo, el cuento tiene un final abierto. Nunca se aclara la identidad de la occisa ni el motivo del asesinato.

Establecido el carácter dialógico de "Hegel y yo", ¿cómo lo vamos a enjuiciar? ¿Merece canonizarse? ¿Cuáles son sus aciertos? ¿Tiene algunos defectos? Para contestar a esas preguntas tengo que acudir a la metacrítica, esto es, analizar, confesar la actitud con la cual me acerco a este cuento.

Como profesor investigador siempre me han atraído los proyectos capaces de estimular la adrenalina: nuevas interpretaciones de obras consagradas, como *Los de abajo* y *La vorágine,* o visiones totalizantes y sintéticas del cuento hispanoamericano o de la narrativa de la Revolución cubana. Hace unos dos años descubrí un nuevo proyecto, que me tiene muy entusiasmado: la Nueva Novela Histórica, que se inicia en 1949 con *El reino de este mundo,* de Alejo Carpentier, y unos cuentos de Borges, pero que no llega a florecer hasta fines de la década de 1970. Pues bien, uno de los rasgos principales de la Nueva Novela Histórica —sirvan de ejemplos sobresalientes *La guerra del fin del mundo,* de Mario Vargas Llosa; *Los perros del Paraíso,* de Abel Posse, y *Noticias del Imperio,* de Fernando del Paso— es la dificultad, si no la imposibilidad, de alcanzar la verdad histórica. En esas novelas y otras se cuestiona cualquier intento de postular una interpretación dogmática de la historia y, por lo tanto, los novelistas se acercan a su mundo novelesco con la misma visión de mundo dialógica que he señalado en "Hegel y yo". Es más, el cuento de Revueltas, en una elaboración del motivo recurrente de la memoria, diserta sobre la mitificación de ciertos personajes históricos, mitificación válida sólo para ciertos periodos. Entre sus ejemplos, Revueltas incluye personajes tan heterogéneos como Gengis-Kan, Galileo, Napoleón, el marqués de Sade, Jesucristo o Lenin, y a la vez los desmitifica agregando a la lista al Fut (64). La actitud antidogmática del cuento "Hegel y yo" se anuncia desde el principio, tanto con el epígrafe sobre el Fut como con las dos palabras iniciales: "es curioso" (57), que expresan un asombro ante los aspectos extraños e inesperados de la vida, asombro típico de la tendencia magicorealista en la pintura, lo mismo que en la literatura, a la cual he dedicado varios años de estudio.

De manera que "Hegel y yo" me impresiona porque proyecta una visión de mundo que he estudiado y con la cual me identifico. Por otra parte, al preparar un curso de posgrado sobre el cuento mexicano, que ya había dado varias veces, buscaba un nuevo enfoque, algo que me estimulara. En ese momento llegó la invitación de la Universidad Autónoma de Tlaxcala[45] para participar en el simposio sobre el cuento con homenaje a mi gran amigo Luis Leal. Así es que me sentía obligado a escribir una nueva ponencia.

Además de las razones susodichas, que me hicieron pensar en Revueltas, coincidieron los sucesos internacionales con los personales. En agosto de 1989 nuestro hijo viajó a Berlín para estudiar literatura comparada en la Freie Universität, a tiempo para presenciar el derrumbe del muro y la llamada Revolución de 1989, tanto en Berlín como en Praga, y en el trimestre otoñal de ese mismo año de 1989 llegó a Irvine, de profesor visitante, Abelardo Villegas, acompañado de su esposa, Eugenia Revueltas, sobrina de José.

Reconociendo todos estos factores, que me tienen predispuesto a canonizar el cuento "Hegel y yo", me siento obligado a escudriñarlo todo lo que pueda para descubrir sus defectos. Puede haber dos:

1. la inverosimilitud: el carácter doble de los dos personajes sirve muy bien para proyectar la visión de mundo de un hombre cuyo pensamiento marxista independiente no le permitía someterse por mucho tiempo a la disciplina de cualquier partido ortodoxo ni a las reglas de un género literario, pero hay que admitir que es un poco difícil aceptar, desde el punto de vista realista, que un preso común hable como Hegel y que un narrador bondadoso haya asesinado a su amante. En cambio, el carácter contradictorio de los dos personajes podría reflejar la dialéctica hegeliana, como ya se ha hecho, pero sin llegar a una síntesis;
2. la revelación inesperada del asesinato al final podría tildarse de melodramático porque, en realidad, no tiene ninguna explicación.

¿Cuál es mi juicio final? Yo diría que, pese a estos dos posibles defectos, la gran originalidad del cuento podría marcar un hito en la evolución del cuento mexicano, hispanoamericano y universal. Si todavía no están ustedes totalmente convencidos, podría ponderar, a mi vieja manera formalista, el uso de la lista de los tantos del dominó... "('Ellos', 'Nosotros')" (62)

---

[45] Me invitaron a participar en el Segundo Encuentro de Investigadores del Cuento Mexicano, celebrado el 23, 24 y 25 de mayo de 1990 en Tlaxcala, donde leí esta ponencia.

y el estilo bimembre —"ella, ella"; "¿dónde, dónde diablos?", "su halo, su periferia", "semiblancos, seminegros" (59), "era, es" (62)— que utiliza Revueltas para reflejar el carácter doble de los dos personajes. Y finalmente podría señalar la importancia, en la penúltima página, de la frase: "el extremo del hilo se me va" (65), con la cual el protagonista-narrador confiesa no poder encontrar el hilo de los recuerdos que le permita salir de su laberinto y trazar la historia de Medarda y sus dos dobles: su doble mitológica Medusa —así califica el narrador los manglares de las dos bandas del río Guayas (60)— o su doble realista, una de las prostitutas anónimas de Salina Cruz.

Para salir de este laberinto, para el cual no hay una clave absoluta, me conformo con rematar el motivo recurrente de la memoria, afirmando, mejor dicho, sugiriendo, que "Hegel y yo" es uno de los cuentos más inolvidables de las últimas décadas y que puede prefigurar un nuevo florecimiento del cuento.

OBRAS CONSULTADAS

Agustín, José, "Epílogo: la obra literaria de José Revueltas", en José Revueltas, *Obra literaria,* México: Empresas Editoriales, 1967, t. II.

Carballo, Emmanuel, *et al., Revueltas en la mira,* México: Dirección de Difusión Cultural, Serie Molinos de Viento, 1984.

Fuentes, Carlos, "Defend Fiction, and You Defend Truth", *Los Angeles Times,* sección II, 24 de febrero de 1989, 11.

Negrín, Edith (ed.), *Nocturno en que todo se oye. José Revueltas ante la crítica,* México: UNAM/Era, 1999.

Revueltas, José, "Hegel y yo", en *Los mejores cuentos mexicanos,* selección de Gustavo Sainz, Barcelona: Océano, 1982.

Slick, Sam, *José Revueltas,* Boston: Twayne, 1983.

Torres, Vicente Francisco, *Visión global de la obra literaria de José Revueltas,* México: UAM/INBA, 1985.

SIN EMBARGO: LAS CUENTISTAS MEXICANAS EN LA ÉPOCA FEMINISTA: 1970-1988[46]

No CABE DUDA de que uno de los acontecimientos más importantes de la cuentística mexicana, en las dos últimas décadas, ha sido el movimiento feminista. La celebración de congresos y la publicación de antologías y de varios estudios críticos han servido tanto para revalorizar a las cuentistas del pasado como para afianzar la reputación de las que escriben y publican cuentos a partir de 1970.

La presencia en este periodo de una cantidad relativamente grande de escritoras ha sido estimulada con claridad por el movimiento internacional pro liberación de la mujer. Además de la lucha pro trato igual en la educación, en el trabajo, en el matrimonio y en las relaciones sexuales, el movimiento feminista, que coincide con el auge de los teóricos estructuralistas y posestructuralistas, ha engendrado una serie de teóricas que tratan de explicar la cantidad relativamente pequeña de mujeres que figuran en las historias de la literatura. Algunas la atribuyen a las condiciones poco favorables en que vivían las mujeres en el pasado. Otras la atribuyen a los criterios estéticos seguidos a través de los años por los críticos hombres; o sea que, para apreciar la literatura femenina, habrá que elaborar nuevos criterios estéticos. Sin embargo, las teóricas menos radicales reconocen que la literatura no es sexista en sí. Como dice Sara Sefchovich en la introducción a *Mujeres en espejo:*

> No se trata de hacer una crítica literaria particularista que justifique cualquier escrito de mujeres por el hecho de serlo, pues en el análisis, como en el placer de la lectura, no hay masculino ni femenino, negro ni blanco, sino buena literatura [...] En este caso, como en muchos otros que se quieren reivindicar (la negritud, el tercermundismo, el exilio) no hay un "nosotras las mujeres"; hay buena y hay mala literatura y no podemos permitirnos la complacencia [19, 22].

Pasemos ahora a los datos empíricos. No hay, o por lo menos no se ha descubierto hasta la fecha, ni una sola cuentista importante en el México

[46] Publicado en *Hispania*, 73, 2 (mayo de 1990), 366-370.

del siglo XIX. Es más, pese a las mayores oportunidades proporcionadas a las mujeres como consecuencia de la Revolución, relativamente pocas parecen haberse dedicado al cuento antes de la década de 1950, década que presenció el auge del cuento por toda Hispanoamérica. En las antologías del cuento mexicano, publicadas entre 1946 y 1969 por José Mancisidor, Luis Leal y Emmanuel Carballo, escasean las mujeres. En los dos tomos de Mancisidor sólo hay una mujer, Carmen Báez (1908); en la antología de Luis Leal (1957) una, Nellie Campobello (1909), aunque por error de la imprenta no figura en el índice. En las tres antologías de Carballo figuran, en combinaciones distintas, Guadalupe Dueñas (1920), Carmen Rosenzweig (1920), Elena Garro (1920), Emma Dolujanoff (1922) y Elena Poniatowska (1932). Sin embargo, en la última de esas tres antologías, *Narrativa mexicana de hoy,* de los 17 autores no hay más que una mujer, Elena Garro. De estas estadísticas surge la pregunta: ¿la poca representación femenina obedece a la actitud misógina de los críticos o a la escasez de escritoras sobresalientes debida a las condiciones sociales en que vivían las mujeres en la época de la preliberación? Veamos las antologías preparadas por mujeres. En los tomos dos y tres de la antología de María del Carmen Millán, en la serie SEP-Setentas (1976), se incluyen cuatro mujeres: Rosario Castellanos, Guadalupe Dueñas, Amparo Dávila e Inés Arredondo, frente a 16 hombres. En las dos antologías, publicadas en 1969 y en 1971 por la escritora y crítica feminista Margo Glantz, *Narrativa joven de México* y *Onda y escritura en México,* sólo figura en la primera una mujer, Elsa Cross, junto con diez hombres, todos nacidos entre 1938 y 1948; en la segunda, de los 28 autores sólo hay dos mujeres: Margarita Dalton y Esther Seligson. Lo que sorprende más que nada es que en la última antología importante de la cuentística mexicana que conozco, *Jaula de palabras* (1980), de Gustavo Sainz, que se limita a cuentos escritos entre 1977 y 1980, en plena época de liberación de la mujer, se atestigua la relativa escasez de buenas cuentistas mexicanas, aun en la generación más joven. A pesar de que figuran siete mujeres entre un total de 52 escritores, porcentaje relativamente alto, no hay más que tres nacidas a partir de 1939, frente a 36 hombres de la misma edad. Es más, un escrutinio de las dos antologías dedicadas exclusivamente a las cuentistas mexicanas, y publicadas respectivamente en 1975 y 1976 por Elsa de Llarena y por Aurora M. Ocampo, confirma el mismo fenómeno. En la primera, de las 14 mujeres incluidas sólo una, María Esther Perezcano de Salcido, parece haber nacido después de 1939. De las 22 cuentistas incluidas por Aurora M.

Ocampo sólo figuran dos nacidas después de 1939: Esther Seligson y Margarita Dalton. ¿Será que las jóvenes liberadas están huyendo de la literatura igual que de las otras carreras tradicionalmente consideradas apropiadas para la mujer, como las de maestra, enfermera y secretaria?

Sin embargo, dejemos ahora los cálculos matemáticos y fijémonos en el meollo del asunto, o sea, el intento de llegar a una valoración, última fase de la crítica según el esquema de Alfonso Reyes, que para mí sigue vigente pese a los teóricos actuales que atacan los juicios canónicos desde distintos puntos de vista. Para Reyes, el juicio es el "último grado de la escala [...] aquella crítica de última instancia que definitivamente sitúa la obra en el saldo de las adquisiciones humanas".[47] Henri Peyre, el renombrado crítico francés, afirma que la mayor responsabilidad del crítico actual es arriegarse para señalar quiénes son los autores dignos de ser leídos y releídos, los importantes y los destinados a sobrevivir.[48]

Aunque el movimiento feminista de las dos últimas décadas todavía no haya producido ninguna cuentista superestrella, no cabe duda de que ha estimulado la publicación de cuentos entre las mujeres que estrenaron literariamente tanto antes como después de 1970. Aunque no se puede afirmar que todas las obras recientes representen una superación de las obras anteriores, es verdaderamente impresionante la actividad cuentística de primera categoría de una variedad de mujeres nacidas entre 1920 y 1954.

En 1980 Elena Garro (1920-1998) publicó *Andamos huyendo, Lola*, una colección de diez cuentos que comparten con los cuentos anteriores de *La semana de colores* (1964) varios rasgos, sin que el conjunto llegue al mismo nivel de calidad. Todos los cuentos de Elena Garro son muy originales y hasta raros, combinando, grado más, grado menos, la psicología anormal, el mundo fantástico de los niños, la realidad cotidiana de México y de otros países, el sentimiento del terror y el parentesco estrecho entre varios de los cuentos. De la primera colección se destacan el justamente antologado "La culpa es de los tlaxcaltecas", "La semana de colores", "El día que fuimos perros" y "Antes de la guerra de Troya". En cambio, siete de los diez cuentos de *Andamos huyendo, Lola* son variantes del mismo tema: una mujer y su hija andan huyendo y se refugian en un hotel de Manhattan o de Madrid, donde se encuentran con otras personas también acosadas. Los cuentos son demasiado difusos y carecen de unidad estructural.

[47] Alfonso Reyes, *La experiencia literaria*, en *Obras completas*, México: FCE, 1962, vol. XIV, 113.
[48] Henri Peyre, *French Novelists of Today*, Nueva York: Oxford University Press, 1967, 37.

Rosario Castellanos (1925-1974), conocida principalmente por su poesía y por sus dos novelas chiapanecas, *Balún-Canán* (1957) y *Oficio de tinieblas* (1962), también publicó tres tomos de cuentos: *Ciudad Real* (1960), *Los convidados de agosto* (1964) y *Álbum de familia* (1971). Los dos primeros van paralelos con las novelas, presentando a través de un narrador objetivo varios aspectos de la vida de los indígenas y de los ladinos en San Juan Chamula, San Cristóbal de las Casas y Comitán. Aunque no tienen lo que Cortázar llama la intensidad de los cuentos de Edgar Allan Poe, o sea el dramatismo, sí logran captar de una manera muy interesante las relaciones entre los dos grupos raciales en Chiapas, superando la narrativa indigenista, más simplista, del periodo de 1930-1950. En *Álbum de familia*, el tema, los personajes y el espacio están totalmente cambiados. Se trata de los problemas de una variedad de mujeres, pero todas capitalinas de clase media alta. De esta colección, "Lección de cocina" ha llegado a ser una especie de manifiesto de la mujer intelectual. Aunque tal vez linde demasiado con el ensayo, me parece muy buen cuento. Se trata de una mujer culta, recién casada, que se entrega a un monólogo interior arquetípico mientras mal prepara una carne asada para su esposo.

Mientras Elena Garro y Rosario Castellanos no se conocen principalmente por sus cuentos, Amparo Dávila (1928) e Inés Arredondo (1928-1989), sí. Aurora Ocampo califica *Tiempo destrozado* (1959) y *Música concreta* (1964), de Amparo Dávila, como "dos de las mejores colecciones de nuestros días".[49] En 1977 se publicó una tercera colección, *Árboles petrificados,* que mantiene la misma alta calidad. Aunque sus cuentos suelen clasificarse dentro de la línea de lo fantástico, emparentados con los de Poe, Kafka y Cortázar, a veces sobresalen los cuentos más realistas. En *Árboles petrificados,* "El pabellón del descanso" retrata a la secretaria capitalina agobiada por el trabajo de cuidar a su tía, vieja y de mal genio, en una casona porfiriana. Al internarse, enferma de leucemia, en un sanatorio muy bueno, se siente aliviada, tan aliviada que se repone, al punto que los médicos quieren darle de baja. Frente a la amenaza de volver a sus tribulaciones anteriores, la secretaria prefiere suicidarse con píldoras para poder entrar en el pabellón de descanso donde colocan los cadáveres hasta que los familiares los recojan.

Inés Arredondo, cuyo tomo *La señal* (1965) es considerado por Aurora Ocampo "uno de los más espléndidos libros de relatos publicados en

---

[49] Aurora M. Ocampo, *Cuentistas mexicanas, siglo xx,* México: UNAM, 1976, 177.

México" (219), sacó a luz otra colección dentro de la época feminista: *Río subterráneo* (1979). Del cuento "Río subterráneo", publicado por primera vez en 1970, Martha Robles elogia la "aguda penetración psicológica".[50] Aunque Arredondo, igual que Dávila, cultiva el tema de la mujer solitaria, no coloca a ésta dentro de una situación fantástica. Más bien se distinguen los cuentos de Arredondo por su mayor sensualidad e incluso sexualidad. Además de los cuentos antologados, "Río subterráneo" y "En la sombra", me parecen muy bien logrados los dos cuentos más largos del tomo —entre 30 y 40 páginas—: "Las mariposas nocturnas" y "Atrapada". La primera es la historia, ubicada a principios de siglo, de un hacendado riquísimo y homosexual y sus relaciones con una maestra rural virgen, a quien convierte en toda una dama elegante, al estilo de *Pigmalión* o *My Fair Lady*. Acaba por echarla de la hacienda cuando ella trata en vano de excitarlo. Uno de los logros del cuento es que el narrador es el joven amante del hacendado. En "Atrapada" también se trata de un hombre que domina a una mujer, pero en una situación totalmente distinta. En la época actual un arquitecto capitalino trata de modernizar a su esposa curándola de toda clase de sentimentalismo. Es tan buen profesor que, cuando ella lo engaña por primera vez con su antiguo novio, echa a perder el encuentro romántico, apasionado, telefoneando a la casa para mentir sobre su demora. El título se refiere a su decisión de seguir sufriendo "al hombre de mi vida, al enemigo amado".[51]

María Luisa Mendoza (1931), bien conocida como periodista, locutora de televisión, novelista y diputada, no se estrena en el cuento hasta 1985, con *Ojos de papel volando,* cuyas particularidades son una mayor complejidad estructural, un estilo neobarroco y una predilección por trazar las historias paralelas o divergentes de dos amigas, primas o hermanas. Sirvan de ejemplo los títulos "Estábamos tú y yo", "La una y la otra" y "Regla de tres", siendo el tercero en éste el marido donjuanesco de una de las hermanas. La mayoría de los cuentos versan sobre distintas situaciones y actitudes de la mujer casada respecto al sexo. A veces no se logran del todo por el estilo excesivamente labrado y por ser demasiado ambiciosos en general.

Siguiendo en orden cronológico, Elena Poniatowska (1932) se ha destacado más que nada por sus libros de crónicas: *La noche de Tlatelolco*

---

[50] Martha Robles, *La sombra fugitiva. Escritoras en la cultura nacional*, México: UNAM, 1985-1986, vol. II, 219.
[51] Inés Arredondo, *Río subterráneo*, México: Joaquín Mortiz, 1979, 157.

(1971) y *Fuerte es el silencio* (1980). Sin embargo, también es la autora de *Hasta no verte Jesús mío* (1969), novela autobiográfica de una soldadera durante y después de la Revolución, y de dos tomos de cuentos: *Lilus Kikus* (1954) y *De noche vienes* (1979). Éste consta de unos veinte cuentos escritos "a través de los años"[52] y por lo tanto lucen una gran variedad temática y estilística, desde lo alegórico de "La hija del filósofo" y "El rayo verde" hasta la protesta social de "El limbo", "Métase mi prieta entre el durmiente y el silbatazo" y "De noche vienes". Algunos de los cuentos presentan el enfoque feminista de las relaciones entre hombres y mujeres; otros tocan el tema cotidiano, pero poco tratado en la narrativa mexicana, de las relaciones entre la mujer relativamente rica y su criada; varios tienen un sabor muy mexicano que no suele encontrarse en otras cuentistas.

Las cuatro cuentistas más jóvenes, cuya obra voy a comentar, se distinguen mucho entre sí. María Luisa Puga (1944) se estrenó en 1978 con un libro extraño para la literatura mexicana por estar ubicada la acción en Kenya: *Las posibilidades del odio*. Igual que Rosario Castellanos en *Ciudad Real* y a diferencia de las cuentistas intimistas, Puga presenta personajes y situaciones en Nairobi y en Mombasa que captan la manera de pensar de la raza explotada. Aunque no hay desenlaces dramáticos, los cuentos agarran al lector y no lo sueltan hasta el final. A diferencia de la gran unidad temática de *Las posibilidades del odio,* el siguiente tomo de Puga, *Accidentes* (1981), consta de siete cuentos muy distintos entre sí, la mayoría de ellos con distintos grados de experimentación estructural y estilística, que incluye la objetividad de la nueva novela francesa en "Helmut y Florian" y la metaliteratura a la *Tristram Shandy* en "Las mariposas". Para mi gusto, estos cuentos son más artificiosos y menos logrados que los del primer tomo.

Los veintiún cuentos de *Muros de azogue* (1979), de Beatriz Espejo (1938), varían mucho en extensión, en calidad y en tema. "La modelo", seleccionado por Gustavo Sainz para *Jaula de palabras,* narra en segunda persona el suicidio de una mujer publicitaria que ya no aguanta ser tratada como objeto sexual. Sin embargo, este cuento dista mucho de ser el más representativo de la autora. Aunque hay mucha variedad temática en el tomo, figuran, en por lo menos dos cuentos o más, las relaciones entre una joven y una pariente rica y envejecida, ubicadas en la ciudad de Vera-

---

[52] Elena Poniatowska, *De noche vienes,* México: Grijalbo, 1979.

cruz, descrita con cierto sabor costumbrista. De ellos, el mejor, a mi juicio, es "La última visita a la tía Mercedes", en que la protagonista, a pesar de su edad y de sus enfermedades, sigue tratando a la sobrina como si fuera una niña.

Esther Seligson (1941), en cuya obra se siente la influencia de Juan García Ponce, lo mismo que de Proust, se distingue por su análisis psicológico de sentimientos y sensaciones, inspirados, en gran parte, en el recuerdo de distintos tipos de relaciones amorosas. Estrenó con los diez cuentos de *Tras la ventana un árbol* (1969), de los cuales se destacan "El encuentro" y "Réquiem". En el primero, la protagonista regresa de noche al departamento que ella y su amante casado utilizaban para sus encuentros amorosos. Ella entra sigilosamente por la ventana, pero, después de describir detalladamente los muebles comprados por los dos y de recordar cómo se encontraron, sale contenta por la puerta, a pesar de que ya se han separado. "Réquiem" también trata de un amor adulterino idílico entre un profesor y una alumna quinceañera, sólo que la separación final es dolorosa para los dos. En los próximos tres libros narrativos de Seligson se nota una búsqueda de nuevas formas. *Luz de dos* (1978), menos logrado, consta de dos cuentos cortos, con toques surrealistas y narradores-protagonistas hombres, y dos largos, ubicados en España. El cuento "Luz de dos" termina con la historia de los amores legendarios entre Inés de Castro y don Pedro I, que refuerzan el idilio amoroso de los dos protagonistas-narradores en Cuenca y Coimbra. *Diálogos con el cuerpo* (1981), en cambio, consta de seis poemas en prosa que, por bellos que sean, no son cuentos. *Sed de amar* (1987) es una actualización de los sentimientos evocados por la vuelta del legendario Ulises a Ítaca. El narrador del proemio es Telémaco, mientras los tres capítulos siguientes son narrados por Penélope, Euriclea, la nodriza, y el mismo Ulises. Sin embargo, la última palabra la tiene Penélope, quien en el epílogo justifica su resentimiento contra Ulises, por su ausencia, y explica por qué ha huido en busca de la ruta de él, respondiendo al llamado "como un ansia de apertura".[53] En una expresión máxima de feminismo *actual*, Penélope le dice: "Entonces comprendí que hubiera querido penetrarte [...] Penetrar y salir, penetrar y dejarte dentro un dardo inflamado, hacerte sentir en su punta el centro de mi centro. Hacer estallar tu ser en tu ser, y, liberándolo, liberarme yo misma de la prisión que me construí dentro [...]" (40).

[53] Esther Seligson, *Sed de amar*, México: Artífice Ediciones, 1987, 40.

A pesar de que el libro no tiene nada que ver con México, es una pequeña joya literaria.

Que yo sepa, la más joven de estas cuentistas, Ethel Krauze (1954), ha publicado dos tomos: *Intermedio para mujeres* (1982) y *El lunes te amaré* (1987), lo suficiente para establecerla como la portavoz de la nueva mujer liberada. Los once cuentos del primer tomo se distinguen por su ambiente capitalino actual, con personajes que son estudiantes universitarios, artistas, médicos y otros profesionales. Los cuentos están estructurados a base de diálogos elípticos y fragmentarios, con frecuente cambio del punto de vista y con el lenguaje coloquial, desenfadado y a veces humorístico, de la onda o de la postonda. "El domingo y los otros días", muy antologable, capta maravillosamente la vida de una familia rica en la capital. A pesar de que el señor de la familia es médico y la señora psicóloga, el retrato subraya la persistencia del sexismo. Por ejemplo, el señor quiere que su hijo adolescente estudie para médico, pero que las dos hijas estudien cualquier cosa, antes de casarse. La narradora es la hija de ocho años, quien reproduce lo que dicen los demás.

En el segundo tomo, *El lunes te amaré*, Krauze abandona el pintoresquismo del lenguaje coloquial para concentrarse en el conflicto entre el amor y el matrimonio. En "El lunes te amaré", una mujer casada compadece a las amantes que tienen que aguantar la soledad durante los fines de semana y la quincena de Navidad, pero termina compadeciéndose a sí misma por las faenas de casa, las malas crianzas de los niños, la inutilidad de la criada y la indiferencia sexual del marido. En realidad, el tema más frecuente de todo el tomo es la problemática para la mujer del matrimonio burgués frente a los amores ilícitos. En cuatro de los cuentos Krauze toca de distintas maneras el tema de la identidad judía en México. De éstos, el más ambicioso es "Brasil 47", título ingenioso que no se refiere al país, sino a la dirección de una vecindad cerca del Zócalo. La visita nostálgica a la vecindad evoca recuerdos de la niñez de la narradora y también escenas de la vida de sus padres en Polonia. Los distintos planos cronológicos se actualizan, a la vez que se universalizan, con las distintas capas del recién descubierto Templo Mayor.

Total que, entre 1970 y 1988, las condiciones para las cuentistas mexicanas han mejorado mucho. Varias de ellas han sido becarias de los talleres del Centro Mexicano de Escritores y del Instituto Nacional de Bellas Artes; algunas han sido catedráticas y otras periodistas; sus obras han sido publicadas por casas editoriales de prestigio. Sin embargo, teniendo en cuenta que la gran mayoría de los estudiantes universitarios de letras son mujeres, sorprende la cantidad relativamente pequeña de mujeres que se han destacado en el cuento desde 1970. No obstante, hay que señalar que frente al tremendo éxito de la novela a partir de 1960 y frente a los "monstruos sagrados" (la frase es de José Agustín):[54] Revueltas, Rulfo y Arreola, en las dos últimas décadas tampoco se ha destacado por encima de los demás ningún cuentista hombre.

OBRAS CONSULTADAS

Agustín, José, "Los monstruos sagrados del cuento mexicano", *Deslinde (Revista de la Facultad de Filosofía y Letras)*, México: UNAM, septiembre-diciembre de 1968, enero-abril de 1969, vol. I, núms. 2-3, 31-35.
Arredondo, Inés, *Río subterráneo,* México: Joaquín Mortiz, 1979.
——, *La señal,* México: Era, 1965.
Carballo, Emmanuel, *Cuentistas mexicanos modernos,* México: Biblioteca Mínima Mexicana, 1956, 2 tomos.
——, *El cuento mexicano del siglo XX. Antología,* México: Empresas Editoriales, 1964.
——, *Narrativa mexicana de hoy,* Madrid: Alianza Editorial, 1969.
Castellanos, Rosario, *Álbum de familia,* México: Joaquín Mortiz, 1971.
——, *Ciudad Real,* Xalapa: Universidad Veracruzana, 1960.
——, *Los convidados de agosto,* México: Era, 1964.
Congrains Martín, Enrique, *Antología contemporánea del cuento mexicano,* México: Instituto Latinoamericano de Vinculación Cultual, s. f. (¿1970?).
Correas de Zapata, Celia, y Lygia Johnson, *Detrás de la reja,* Caracas: Monte Ávila, 1980.
Dávila, Amparo, *Árboles petrificados,* México: Joaquín Mortiz, 1977.
——, *Música concreta,* México: FCE, 1964.
——, *Tiempo destrozado,* México: FCE, 1959.
Espejo, Beatriz, *Muros de azogue*, México: Diógenes, 1979.
Fontaine, Joffre de la, *Diez cuentos mexicanos contemporáneos,* Xalapa: Universidad Veracruzana, 1967.
Garro, Elena, *Andamos huyendo, Lola,* México: Joaquín Mortiz, 1980.
——, *La semana de colores,* Xalapa: Universidad Veracruzana, 1964.

[54] José Agustín, "Los monstruos sagrados del cuento mexicano", en *Deslinde (Revista de la Facultad de Filosofía y Letras)*, México: UNAM, vol. I, 2-3 (septiembre-diciembre de 1968; enero-abril de 1969), 31-35.

Glantz, Margo, *Onda y escritura en México: jóvenes de 20 a 33,* México: Siglo XXI, 1971.

——, y Xorge del Campo, *Narrativa joven de México,* México: Siglo XXI, 1969.

Krauze, Ethel, *Intermedio para mujeres,* México: Océano, 1982.

——, *El lunes te amaré,* México: Océano, 1987.

Leal, Luis, *Antología del cuento mexicano,* México: Ediciones De Andrea, 1957.

Llarena, Elsa de, *14 mujeres escriben cuentos,* México: Federación Editorial Mexicana, 1975.

Mancisidor, José, *Cuentos mexicanos de autores contemporáneos,* México: Editorial Nueva España, 1946.

——, *Cuentos mexicanos del siglo XIX,* México: Editorial Nueva España, 1947.

Mendoza, María Luisa, *Ojos de papel volando,* México: Joaquín Mortiz, 1985.

Millán, María del Carmen, *Antología de cuentos mexicanos,* México: SEP-Setentas, 1976, 3 tomos.

Ocampo, Aurora M., *Cuentistas mexicanas, siglo XX,* México: UNAM, 1976.

Peyre, Henri, *French Novelists of Today,* Nueva York: Oxford University Press, 1967.

Poniatowska, Elena, *De noche vienes,* México: Grijalbo, 1979.

——, *Lilus Kikus,* México: Era, 1985.

Puga, María Luisa, *Accidentes,* México: Martín Casillas, 1981.

——, *Las posibilidades del odio,* México: Siglo XXI, 1978.

Reyes, Alfonso, *La experiencia literaria,* en *Obras completas,* México: FCE, 1962, vol. XIV.

Robles, Martha, *La sombra fugitiva. Escritoras en la cultura nacional,* México: UNAM, 1985-1986, 2 tomos.

Sainz, Gustavo, *Jaula de palabras. Una antología de la nueva narrativa mexicana,* México: Grijalbo, 1980.

Sefchovich, Sara, *Mujeres en espejo,* México: Folios Ediciones, 1983 (vol. I), 1985 (vol. II).

Seligson, Esther, *Luz de dos,* México: Joaquín Mortiz, 1978.

——, *Sed de amar,* México: Artífice Ediciones, 1987.

——, *Tras la ventana un árbol,* México: Bogavante, 1969.

Silva-Velázquez, Caridad L., y Nova Erro, *Puerta abierta. La nueva escritora latinoamericana,* México: Joaquín Mortiz, 1986.

"LA CAMPAÑA", DE CARLOS FUENTES: CRÓNICA DE UNA GUERRA DENUNCIADA[55]

El título de este ensayo, que alude a *Crónica de una muerte anunciada*, de Gabriel García Márquez, refleja el carácter intertextual, paródico, lúdico (y serio a la vez) de la última novela de Carlos Fuentes. Su complejidad desmiente la sencillez de su título, *La campaña*. Dentro de sus escasas 240 páginas de lectura aparentemente fácil caben holgadamente los seis códigos siguientes:

1. la novela neocriollista;
2. la novela arquetípica;
3. la novela dialógica, carnavalesca... bajtiniana;
4. la novela intertextual;
5. la parodia de la novela histórica popular;
6. en fin, la *Nueva* Novela Histórica.

El hecho de que no haya enumerado más que seis aproximaciones a *La campaña* se debe al producto matemático de dos por tres.[56] Por extraño que parezca, la novela está estructurada con base en un ritmo tanto binario como trinario para reflejar la ideología pregonada de flexibilidad y de pluralismo. O sea que Fuentes aboga por el fin del maniqueísmo, el fin de encuentros violentos entre fuerzas contradictorias como posible solución de los problemas de Hispanoamérica: los encuentros violentos entre españoles e insurgentes durante las Guerras de Independencia; las guerras civiles interminables entre liberales y conservadores, sobre todo en el si-

---

[55] Publicado en Menton, *La nueva novela histórica de la América Latina, 1979-1992*, México: FCE, 1993, 246-277, traducción de la primera edición en inglés, University of Texas Press, 1993. Distintas versiones se presentaron como ponencias o conferencias en el Tercer Encuentro de Mexicanistas, México: UNAM, 3 de abril de 1991; UCI, 29 de mayo de 1991; Caracas: Universidad Central de Venezuela, 12 de julio de 1991. Fue publicado por primera vez en *Universidad de México*, 46, 485, junio de 1991, 5-11. Aunque decidí no incluir en este libro capítulos de *La nueva novela histórica de la América Latina, 1979-1992*, ni capítulos de mi *Historia verdadera del realismo mágico*, los dos libros publicados por el Fondo de Cultura Económica en años recientes, hago excepción con el estudio sobre *La campaña* porque me parece que la novela no se ha difundido ni comentado ni apreciado debidamente.

[56] Fuentes afirma su fascinación con la numerología en *Terra nostra*, donde en la sección titulada "Dos hablan de tres" dedica tres páginas a la explicación del sentido simbólico de los números dos a once (Carlos Fuentes, *Terra nostra*, 2ª ed., México: Joaquín Mortiz, 1976, 535-537).

glo XIX, y las luchas más recientes entre las guerrillas y las tropas del gobierno. No es por casualidad que en la serie de conferencias dada en la Universidad de Harvard y publicada bajo el título de *Valiente mundo nuevo* (1990) Fuentes haya abogado por "la tradición erasmista,[57] a fin de que el proyecto modernizante no se convierta en un nuevo absoluto, totalitarismo de izquierda o de derecha, beatería del Estado o de la empresa, modelo servil de una u otra 'gran potencia', sino surtidor relativista, atento a la presencia de múltiples culturas en un nuevo mundo multipolar" (272).

Entrando ya en la novela propia, el título se refiere a las campañas del ficticio joven protagonista argentino Baltasar Bustos: la campaña entre 1810 y 1821 por la causa de la independencia de toda Hispanoamérica y la campaña amorosa de probarse digno de su Dulcinea, la bella Ofelia, esposa chilena del presidente de la Audiencia rioplatense. El ritmo binario se refuerza por sus dos amores chilenos, Ofelia y Gabriela, y por el doble fusilamiento en Veracruz de la Virgen de Guadalupe, partidaria de los insurgentes, efectuado por el capitán realista Carlos Saura (cineasta español de fines del siglo XX) del quinto regimiento de granaderos de la Virgen de Covadonga, de modo que la Guerra de Independencia en México se reduce a una lucha entre dos vírgenes nacionales: "El comandante del fuerte de San Juan de Ulúa volvió a repetir la orden, apunten, fuego, como si un solo fusilamiento de la imagen de la virgen independentista no bastase y apenas dos ejecuciones diarias mereciese la efigie venerada por los pobres y los alborotadores que la portaban en sus escapularios y en las banderas de su insurgencia" (195).[58]

A la vez, Baltasar forma parte de un trío de amigos argentinos dedicados a los tres principios de la Revolución francesa: libertad, igualdad y fraternidad, pero que se distinguen entre sí por su adhesión respectiva al apasionado romántico Rousseau, al cínico racionalista Voltaire y al flexible Diderot. La estructura trinaria se refuerza por otro trío de amigos (Baltasar, el padre Francisco Arias y el teniente Juan de Echagüe) que cruzan los Andes para incorporarse en Mendoza al ejército de San Martín. Para

---

[57] En *Terra nostra* Fuentes lamenta que el erasmismo no haya llegado a ser la "piedra de toque" (774) de la cultura hispanoamericana.
[58] Las citas de *La campaña* provienen de la primera edición en español, Madrid: Mondadori, fines de 1990. La edición en alemán salió a luz unas semanas antes, Hamburgo: Hoffmann und Campe Verlag, 1990. La primera edición hispanoamericana fue publicada en diciembre de 1990 por la editorial mexicana Fondo de Cultura Económica... ¡en Buenos Aires!, y la edición mexicana no apareció en las librerías de México hasta marzo de 1991.

citar otro elemento lúdico de la novela, la agrupación trinaria se refuerza en México con los tres curas insurgentes: Miguel Hidalgo en Guanajuato, José María Morelos en Michoacán y, en Veracruz, Anselmo Quintana (desde luego, apócrifo), mujeriego, gallero y jugador, a quien sus consejeros, abogados macondinos que ni en la campaña se quitaban "la chistera negra y el levitón fúnebre" (211), le aconsejan que se adelante a Iturbide proclamándose "Alteza Serenísima" (210), alusión obvia a Santa Anna.[59]

El ritmo binario/trinario se refuerza estilísticamente a través de toda la novela con series de dos o tres sustantivos, adjetivos y verbos paralelos. En el primer capítulo, como reflejo de los tres principios revolucionarios y los tres amigos, predomina el ritmo trinario:

> Quieren ser abogados en un régimen que los detesta, acusándolos de fomentar continuos pleitos, odios y rencores [...] ¡La seducción! ¿Qué es, dónde empieza, dónde acaba? [12] [...] nuestra máxima atracción son los relojes, admirarlos, coleccionarlos y sentirnos por ello dueños del tiempo [...] [13]. Ardía la hiedra, ardían las gasas, ardía la recámara [29].
>
> [...] Van a tener que decidirse entre abrir las puertas al comercio o cerrarlas [...] Si las cierran, protegerán a todos esos vinicultores, azucareros y textileros de las provincias remotas [30].

En cambio, en el capítulo segundo, como reflejo de la relación entre padre e hijo, el ritmo es binario. Después de que el narrador menciona la doble fundación de Buenos Aires por los dos Pedros, Pedro de Mendoza en 1535 y Pedro de Garay en 1575, la prosa adopta el ritmo binario: "Estaba una ciudad soñada para el oro y ganada para el comercio. Una ciudad sitiada entre el silencio del vasto océano y el silencio de este mar interior, igualmente vasto, por donde Baltasar Bustos corría al tranco, arrullado por el paso largo y firme de los caballos, soñando, soñándose en medio de este retrato del horizonte que era la Pampa, con la impresión de no avanzar" (38).

En el capítulo sexto, tal vez por casualidad, los ritmos binario y trinario se funden en la descripción de la campaña de San Martín al cruzar los Andes: "[...] una empresa que en Buenos Aires era comparada a las de Aníbal, César o Napoleón: ahí van, desde la capital porteña, los despa-

---

[59] En *Valiente mundo nuevo* (Madrid: Mondadori, 1990) Fuentes revela su fascinación por la figura de Santa Anna: "¿Quién puede inventar un personaje más pintoresco que Antonio López de Santa Anna, el dictador mexicano que ocupó la presidencia de la república 11 veces entre 1833 y 1855, llegando a darse golpes de Estado a sí mismo: el tenorio, gallero y jugador [...]?" (194).

chos de los oficiales, los vestuarios y las camisas. Van 2 000 sables de repuesto y 200 tiendas de campaña. Van, en un cajoncito, los dos únicos clarines que se han encontrado. Y basta ya, escribió Pueyrredón: 'Va el Mundo. Va el Demonio. Va la Carne' " (155).

Para rematar el juego numerológico, los nueve capítulos están subdivididos, la mayoría de ellos, en seis, tres o dos secciones numeradas para facilitar la lectura; Baltasar tiene un total de seis consejeros arquetípicos, y hay seis caudillos rebeldes en el Alto Perú.[60]

1. La novela neocriollista

En 1969, en *La nueva novela hispanoamericana,* Carlos Fuentes proclamó eufóricamente la superioridad de las novelas de Alejo Carpentier, Julio Cortázar, Gabriel García Márquez, Mario Vargas Llosa e, implícitamente, las suyas sobre las novelas "geográficas" no sólo de los novelistas criollistas[61] de 1915-1945, sino de todos los novelistas hispanoamericanos anteriores. Con esta proclamación, coincidía con la famosa declaración de Vargas Llosa de 1967 en Caracas de que la década de 1960 representaba la frontera entre la novela primitiva y la de creación:

"¡Se los tragó la selva!", dice la frase final de *La vorágine,* de José Eustasio Rivera. La exclamación es algo más que la lápida de Arturo Cova y sus compañeros: podría ser el comentario a un largo siglo de novelas latinoamericanas: se

---

[60] Los caudillos históricos son José Vicente Camargo, Miguel Lanza, Juan Antonio Álvarez de Arenales, el padre Ildefonso de las Muñecas, Ignacio Warnes y Manuel Ascencio Padilla con su esposa (74).

[61] En mi ponencia "En busca de la nación: la novela hispanoamericana del siglo xx", presentada en 1954 en el congreso de la Modern Languages Association, señalé que la meta principal de los autores criollistas era la búsqueda de la identidad nacional a través de una síntesis de las distintas regiones geográficas, de los distintos periodos históricos y de los distintos grupos étnicos con sus dialectos. Si las obras completas de Rómulo Gallegos constituían un compendio paradigmático de todos esos aspectos de Venezuela, en otros países había ciertos autores que trataron de captar la totalidad de la nación en una sola novela: *Cholos* (1938), de Jorge Icaza, para el Ecuador; *El mundo es ancho y ajeno* (1941), de Ciro Alegría, para el Perú; *El luto humano* (1943), de José Revueltas, para México, y *Entre la piedra y la cruz* (1948), de Mario Monteforte Toledo, para Guatemala. Además, en otra ponencia, de 1985, titulada "La obertura nacional", analicé una serie de obras narrativas que captan la totalidad de la nación con una especie de obertura operística, al estilo del prólogo (1938) y del epílogo (1936) de *U.S.A.,* de John Dos Passos, pero sin haberse dejado influir en cada caso por Dos Passos; *Leyendas de Guatemala* (1930), de Miguel Ángel Asturias; *Canaima* (1934), de Rómulo Gallegos; *La ciudad junto al río inmóvil* (1936), de Eduardo Mallea, y en el periodo poscriollista, *La región más transparente* (1958), de Carlos Fuentes, y *De donde son los cantantes* (1967), de Severo Sarduy.

los tragó la mina, se los tragó el río. Más cercana a la geografía que a la literatura, la novela de Hispanoamérica había sido *descrita* por hombres que parecían asumir la tradición de los grandes exploradores del siglo XVI.[62]

En 1990 un Carlos Fuentes más maduro y arrepentido modificó su desprecio excesivo por la novela criollista revalorizando *Canaima*, de Gallegos, en *Valiente mundo nuevo* e incorporando elementos de la novela criollista en *La campaña*. Igual que muchas novelas criollistas, *La campaña* evoca una gran variedad de detalles geográficos, históricos, étnicos y lingüísticos. Dividida en nueve capítulos titulados, la novela recorre gran parte de Hispanoamérica desde Buenos Aires hasta Orizaba, México, con escalas en la pampa, el altiplano hoy boliviano, Lima, Santiago de Chile, Mendoza, Guayaquil, Panamá, Maracaibo y Mérida (la de Venezuela). Tal vez[63] parodiando las novelas criollistas, Fuentes evoca los nombres más pintorescos de toda América desde Jujuy y Suipacha hasta Oruro y Cochabamba; desde Belem a Paysandú; desde Cojedes hasta el río Chachalacas, Xoxotitlán y el pico de Citlaltépetl. Fuentes también salpica cada capítulo con un surtido discreto de regionalismos, pero sin acudir a las transcripciones fonéticas: los pagos, los pingos y los pibes argentinos; los damascos chilenos; las lechosas venezolanas, y los tejocotes mexicanos. El aspecto tragicómico de la historia de Hispanoamérica se ejemplifica por la derrota de Bolívar en la batalla del Semen y la derrota de Páez en la batalla de Cojedes, "estas palabras cómicas" (174).

En cuanto a la historia, Fuentes también sigue el modelo de aquellas novelas criollistas que intentan captar la totalidad de la historia nacional. Por una parte sigue muy de cerca, año por año como una crónica, los sucesos políticos en la Argentina desde la noche del 24 de mayo de 1810 hasta la vuelta de Baltasar en 1821, o sea, desde Mariano Moreno hasta

---

[62] Carlos Fuentes, *La nueva novela hispanoamericana*, México: Joaquín Mortiz, 1969, 9.
[63] Digo "tal vez" porque la parodia parece teñida de una verdadera fascinación con esos nombres de parte de un autor nostálgico de 62 años de edad que nació en Panamá, pasó la adolescencia en Chile y en la Argentina y que ha viajado extensamente por todo el continente. En su ensayo sobre Gallegos, en *Valiente mundo nuevo*, Fuentes establece el paralelismo entre el novelista venezolano y los cronistas del siglo XVI: "Para Gallegos el primer paso para salir del anonimato es bautizar a la naturaleza misma, nombrarla. El autor está cumpliendo aquí una función primaria que prolonga la de los descubridores y anuncia la de los narradores conscientes del poder creador de los nombres. Con la misma urgencia, con el mismo poder de un Colón, un Vespucio o un Oviedo, he aquí a Gallegos bautizando: '¡Amanadoma, Yavita, Pimichin, el Casiquiare, el Atabapo, el Guainía! [...]'" (111-112). En *La campaña*, Julián Ríos, el primer profesor de Baltasar, le había enseñado la importancia de los nombres: "'Por algo la fascinación con el nombre propio que da origen al primer tratado de crítica literaria, que es el *Cratilo*, de Platón'" (188).

Bernardino Rivadavia... simbolizados por los relojes que colecciona Dorrego:[64]

> Suenan los relojes de las plazas en estas jornadas de mayo y los tres amigos confesamos que nuestra máxima atracción son los relojes, admirarlos, coleccionarlos y sentirnos por ello dueños del tiempo o por lo menos del misterio del tiempo, que es sólo la posibilidad de imaginarlo corriendo hacia atrás y no hacia adelante o acelerando el encuentro con el futuro, hasta disolver esa noción y hacerlo todo presente [13].

En contraste con la cronología newtoniana,[65] es decir, el tiempo lineal y muy preciso de los sucesos porteños, la novela se proyecta de una manera menos precisa tanto hacia el pasado como hacia el futuro[66] la conquista de México por Cortés; las dos fundaciones de Buenos Aires; las reformas de Carlos III, y los pronósticos sobre la anarquía de la época posindependentista hasta la actualidad.

El afán totalizante étnico comienza al principio de la novela cuando Baltasar secuestra al niño blanco de Ofelia para remplazarlo en la cuna con un niño negro (esto para simbolizar la igualdad racial). El panorama racial se completa con los indios del Alto Perú (hoy Bolivia) y una variedad de mestizos y de mulatos a través de toda la novela, culminando en el burdel de Maracaibo. Además de la mención y de la representación de los grupos raciales, la igualdad racial es una de las metas constantes de las Guerras de Independencia. El sacerdote veracruzano Anselmo Quintana está orgulloso de la ley que él auspició en el Congreso de Córdoba, "que

---

[64] Aunque Dorrego el voltairiano es el más relojófilo de los tres amigos, Rousseau, el ídolo de Baltasar Bustos, era hijo de un relojero suizo.

[65] La fascinación ejercida por el tiempo sobre Fuentes también está presente en *Valiente mundo nuevo*, en el capítulo sobre *Paradiso*, de José Lezama Lima (238). En *Aura*, una vez que el protagonista Felipe Montero entra en la casa fantástica/infernal de la calle Donceles, su reloj ya no sirve: "No volverás a mirar tu reloj, ese objeto inservible que mide falsamente un tiempo acordado a la vanidad humana, esas manecillas que marcan tediosamente las largas horas inventadas para engañar el verdadero tiempo, el tiempo que corre con la velocidad insultante, mortal, que ningún reloj puede medir" (57).

[66] En su ensayo sobre *Los pasos perdidos*, de Alejo Carpentier, en *Valiente mundo nuevo*, Fuentes observa que "cuando el misionero fray Pedro habla del 'poder de andarse por el tiempo al derecho y al revés', éste no es un espejismo: es simplemente la realidad de otra cultura, de una cultura distinta [...] La otra cultura es el otro tiempo. Y como hay muchas culturas, habrá muchos tiempos. Como posibilidades ciertamente —pero sólo a condición de reconocerlos en su origen, de no deformarlos *ad usum ideologicum* para servir al tiempo progresivo del Occidente, sino para enriquecer al tiempo occidental con una variedad que es la de las civilizaciones en la hora— previstas por Carpentier, por Vico, por Lévi-Strauss, por Marcel Mauss, por Nietzsche [...]" (127-128).

dice que de ahora en adelante ya no habrá ni negros ni indios ni españoles, sino puros mexicanos" (208). "En cambio, los militares criollos prometían proteger los intereses de las clases altas e impedir que las razas malditas, indios, negros, zambos, mulatos, cambujos, cuarterones y tentenelaires, se apoderasen del gobierno" (196).

Además de captar la totalidad geográfica, histórica, étnica y lingüística de América, Fuentes problematiza el tema más frecuente de las novelas criollistas: el de civilización y barbarie. El encuentro entre el ciudadano ilustrado Baltasar Bustos y su padre estanciero exige una comparación con *Los caranchos de la Florida* (1916), de Benito Lynch. Sólo que en esta novela neocriollista el estanciero, a diferencia de su precursor criollista, no es ningún representante de la barbarie: "Si el hijo debía ser implacable en la ciudad, el padre, acaso[67] debía ser flexible en el campo" (44). La personalidad agradable, moderada, salomónica, flexible del padre y su "sexto sentido extraordinario[68] para enterarse de las cosas por inducción a veces" (45) se contrastan con el fervor revolucionario de su hijo urbano. El padre no sólo se dedica a la ganadería sino que también absorbió bastantes ideas del siglo XVIII para iniciar de joven "una pequeña industria de textiles y metales" (46).

La predilección del estanciero por la evolución en vez de la revolución, es una actitud menos bárbara que la de Baltasar, para el Fuentes de 1990. Con un simbolismo digno de Rómulo Gallegos, el padre le dice a Baltasar que si lo encuentra muerto, "con una vela en la mano" (37), esto querrá decir que murió aceptando las ideas revolucionarias de Baltasar. En cambio, si lo encuentra "con las manos cruzadas sobre el pecho y enredadas en un escapulario", esto querrá decir que murió aferrado a sus propias ideas evolucionarias: "una confederación de España y sus colonias, soberanas pero unidas" (61). De acuerdo con la ideología dialógica de la novela, Baltasar, después de pelear entre los montoneros, encuentra el cadáver de su padre "con las manos dobladas, los dedos enrollados en un escapulario y una vela, erguida como un falo blanco" (110).

Siendo *La campaña* la primera novela de Fuentes con esta visión continental, surge la pregunta: "¿por qué?" La explicación reside en las reservaciones actuales de Fuentes frente al plan de los presidentes Carlos Salinas

---

[67] Dentro del ambiente argentino, el uso de la palabra "acaso" es una alusión intertextual a Jorge Luis Borges.
[68] Para reforzar la importancia del número seis, en la misma página en que aparece la mención del "sexto sentido extraordinario", el narrador repite anafóricamente seis veces la palabra "necesitaba".

y George Bush de establecer un tratado de libre comercio entre México, Estados Unidos y el Canadá. En un artículo publicado en el *New Perspectives Quarterly* del invierno de 1991, Fuentes aboga por un federalismo iberoamericano basado en una continuidad cultural de 500 años (16) con la exclusión de los Estados Unidos. En otras palabras, mientras Fuentes escribía *La campaña* también estaba recreando el sueño de Bolívar de una Hispanoamérica unida. Al mismo tiempo, bajo el título de *El espejo enterrado*, Fuentes escribía el guión y narraba para la televisión una serie de programas documentales que entretejen la cultura precolombina, la española y la hispanoamericana.

2. La novela arquetípica

Una segunda manera de analizar *La campaña* es a través del código arquetípico:[69] la aventura del héroe y la imagen negativa de la Madre Terrible, las cuales resultan algo subvertidas por Fuentes de acuerdo con la ideología de la novela de cuestionarlo todo. Aunque Baltasar y su padre no concuerdan ideológicamente, a diferencia de los protagonistas de las novelas criollistas, sus diferencias políticas no afectan sus relaciones personales, su amor mutuo. Sin embargo, para que Baltasar pueda llegar a madurar, tiene que independizarse tanto de su padre como de sus dos amigos porteños: un doble cruce del umbral en términos de *The Hero with a Thousand Faces* ("El héroe de los mil rostros") (1949), de Joseph Campbell. Vagando solo por toda Sudamérica y luego llegando hasta México, Baltasar se encuentra con el número extraordinario de seis consejeros sabios: desde su preceptor ex jesuita Julián Ríos hasta el cura insurgente mexicano Anselmo Quintana, que lo ayudan a pasar por ciertos ritos como la iniciación sexual y la prueba de valentía física y también a aclarar sus ideas políticas y filosóficas.

El histórico sacerdote insurgente Ildefonso de las Muñecas, uno de los caudillos de las republiquetas del Alto Perú, llama "pucelo" (76) a Baltasar, el equivalente masculino del término *pucelle* ("doncella") asociado con Juana de Arco. Luego facilita la iniciación sexual de Baltasar presentándolo a una de las consagradas vírgenes indias del lago Titicaca.

El famoso Simón Rodríguez, ex maestro de Bolívar, le sirve de guía en el descenso arquetípico al infierno. Van bajando por una puerta del sóta-

---

[69] La familiaridad y la fascinación de Fuentes con los arquetipos junguianos se revelan explícitamente en su ensayo "Juan Rulfo: el tiempo del mito", en *Valiente mundo nuevo*.

no del Ayuntamiento a orillas del lago Titicaca hasta desembocar en una caverna oscura donde se les revela "la visión de Eldorado, la ciudad de oro del universo indio [...]" (90), como la visión del futuro. En esa luz, Baltasar comienza a dudar tanto de su amor por Ofelia como de su fe en Rousseau y en la razón: "la unidad con la naturaleza no es necesariamente la receta de la felicidad; no regreses al origen, no busques una imposible armonía, valoriza todas las diferencias que encuentres [...] No creas que al principio fuimos felices. Tampoco se te ocurra que al final lo seremos [...]" (90).

En los meses que siguen, Baltasar pasa por la prueba arquetípica de la hombría participando en todas las actividades guerrilleras de otro caudillo histórico, Miguel Lanza. Baltasar llega a convertirse en el hermano menor de Lanza, remplazando a los dos verdaderos hermanos que habían muerto en la lucha por la independencia. El hermano mayor de Lanza había sido ahorcado en la plaza principal de La Paz, prefigurando el ahorcamiento cabeza abajo en 1946 del presidente derribado Gualberto Villarroel. El hermano menor había muerto en un combate singular arquetípico con un capitán español, que recuerda el combate de Arturo Cova y Narciso Barrera en *La vorágine,* lo mismo que el combate de Galileo Gall y Rufino en *La guerra del fin del mundo.*

Al experimentar Baltasar, porteño ilustrado, la violencia de la guerra de guerrillas de los montoneros, comienza a cuestionar su pasión revolucionaria: "¿nos hemos equivocado, tenía razón mi padre, pudimos ahorrarnos esta sangre mediante el compromiso, la paciencia, la tenacidad?" (107), preguntas que implican la denuncia de las Guerras de Independencia. Entusiasmado con la celebración del Quinto Centenario, Fuentes puede haberse permitido la ilusión de imaginar una Hispanoamérica todavía ligada políticamente a España.

A pesar de la creciente madurez de Baltasar y a pesar de la muerte de su padre, todavía le quedan a aquél tres encuentros más con los consejeros arquetípicos. En Lima vuelve a encontrarse con su viejo tutor ex jesuita Julián Ríos, quien sigue guiándolo. De acuerdo con la visión de mundo prohispánica de la novela, Ríos pregunta: "¿entenderían los patriotas suramericanos que sin ese pasado nunca serían lo que anhelaban ser: paradigmas de modernidad?" (133-134).

En Venezuela, el penúltimo consejero es un viejo general mulato que vive en el futuro. Él sabe que Bolívar murió solo y que a San Martín lo obligaron a exiliarse. Es más: sus historias dan una visión pesimista del siglo XIX y tal vez del XX, con cierta especificidad mexicana: "Cada vez contaba más historias desconocidas, guerras contra los franceses y los yanquis, golpes militares, torturas, exilios, una interminable historia de fracasos y de sueños sin realizar, todo aplazado, todo frustrado, puras esperanzas, nada nunca se acaba y quizás es mejor así porque aquí, cuando todo se acaba, acaba mal [...]" (184).

El último de los seis consejeros arquetípicos es el ya mentado cura apócrifo Anselmo Quintana. Dentro de un ambiente epifánico,[70] el padre Anselmo se confiesa un jueves a Baltasar, a quien liga a Jesús porque "en Maracaibo se hizo cargo de la mujer caída y del enemigo herido" (215), lo que le hace recordar al lector que uno de los tres reyes magos, el negro, también se llamaba Baltasar. El padre Anselmo afirma su fe en Dios, rechaza el racionalismo absoluto de Descartes[71] y pide dos cosas a Baltasar: la complejidad y el mantenimiento de la herencia cultural, con ciertas reminiscencias de *La raza cósmica* (1925), de José Vasconcelos:

> O sea que yo te lo pido, por favor, Baltasar, sé siempre un problema, sé un problema para tu Rusó y tu Montescú y todos tus filósofos, no los dejes pasar por tu alma sin pagar derechos de aduana espiritual; a ningún gobernante, a ningún Estado secular, a ninguna filosofía, a ningún poder militar o económico, no les des tu fe sin tu enredo, tu complicación, tus excepciones, tu maldita imaginación deformante de todas las verdades [...] Lo que te estoy pidiendo es que no sacrifiquemos nada, mijo, ni la magia de los indios, ni la teología de los cristianos, ni la razón de los europeos nuestros contemporáneos, mejor vamos recobrando toditito lo que somos para seguir siendo y ser finalmente algo mejor [223-224].

Con estos consejos Baltasar puede poner fin al viaje del héroe, volver a su punto de partida y comenzar a actuar porque, como les dice a los dos amigos porteños, "todavía hay un buen trecho entre lo que ya viví y lo que me falta por vivir. Se los [*sic*] advierto. No lo voy a vivir en paz. Ni yo, ni la Argentina, ni la América entera [...]" (239). O sea que a pesar de

---

[70] Empleo la palabra "epifánico" porque el mismo Fuentes habla de epifanías (aunque sea de un modo algo distinto) refiriéndose a Proust en *Valiente mundo nuevo:* "Doy a la epifanía, para hablar de Lezama y *Paradiso*, el mismo valor que James Joyce en *Stephen Hero:* 'Por epifanía entendía una súbita manifestación espiritual surgida en medio de los discursos y los gestos más ordinarios, así como en el centro de las situaciones intelectuales más memorables. Pensaba que al hombre de letras le correspondía notar esas epifanías con cuidado extremo, puesto que ellas representan los instantes más delicados y los más fugitivos'" (218).

[71] En *Terra nostra* el narrador se da cuenta de que ha leído mal a Descartes y ahora está dispuesto a moderar a Descartes con Pascal (774).

su mayor madurez, Baltasar no ha perdido su entusiasmo y, cuando lo pierda, al igual que Marcos Vargas en *Canaima*, el ciclo arquetípico volverá a empezar con su hijo adoptivo, quien no deja de jugar "a la gallina ciega, solo, con los ojos vendados" (240), motivo recurrente que acaso simbolice la historia de la América Latina.

Mientras el protagonista masculino de *La campaña* evoluciona más o menos de acuerdo con el viaje arquetípico del héroe, las mujeres de la novela se asocian a menudo con la imagen negativa de la Gran Madre junguiana[72] en la tradición de Circe, Lorelei, doña Bárbara y Zoraida Ayram (la antropófaga de *La vorágine*). Al atravesar la pampa, el todavía virgen Baltasar, devoto de Rousseau, tiene ganas de consumar el matrimonio espiritual con los grandes llanos de la Argentina, imagen positiva de la Gran Madre arquetípica, pero "la presencia en el coche de los españoles quejosos y parlanchines" (40) no lo dejan. Una vez que llega a la estancia de su padre, se siente asediado de una imagen negativa de su Ofelia idealizada, quien se identifica con los Andes estériles e "impenetrables" (50). En la imagen, Ofelia le ofrece a Baltasar la espalda, "y entonces la mujer se volteaba y no le daba el sexo soñado, sino la cara temida: era una Gorgona, lo acusaba con ojos blancos como mármol, lo convertía en piedra de injusticias, lo odiaba [...]" (50). Baltasar encuentra un odio parecido en los ojos gauchos de su padre —"otras Medusas"— (50) que se burlan de sus modales urbanos.

La imagen negativa de Ofelia se reafirma con el bastón que regala a su marido: "la empuñadura de marfil de su bastón, que era una cabeza de Medusa, con la mirada inmóvil y aterrante y los senos duros [...] los antiguos pezones de la atroz figura mitológica" (118). Cuando Ofelia se sirve de su sexo para matar oficiales, tanto reales como insurgentes, se identifica con "una amazona a la que le faltaba una teta" (175) y con la Pentesilea, reina de las amazonas (179).

En cambio, de acuerdo con el aspecto dialógico de *La campaña*, Fuentes, en su caracterización de la hermana y de la madre de Baltasar, puede estar tratando de contestar a aquellos críticos que lo han acusado de representar a sus personajes femeninos de un modo negativo, ambiguo y equivocado.[73] Aunque Baltasar no recibe nada de afecto de su hermana

---

[72] Véase Erich Neumann, *The Great Mother: An Analysis of the Archetype* [1955], trad. Ralph Manheim, Princeton: Princeton University Press, 1970.
[73] Véase Will H. Corral, "Gringo viejo/ruso joven o la recuperación dialógica en Fuentes", *Cuadernos Americanos*, 4-6 (1987), 130, nota 17.

amargada, "solterona antes de tiempo, nacida solterona, monja frustrada [...]" (45), Fuentes parece justificar su actitud. Ella le guarda rencor a Baltasar por sus ideas revolucionarias que a ella y a su padre les han quitado su refugio: "Tú y tus ideas nos han dejado a la intemperie. Teníamos un refugio: la colonia. Teníamos una protección: la corona. Teníamos una redención: la iglesia. Tú y tus ideas nos han dejado a la merced de los cuatro vientos" (45). Fuentes también indica que simpatiza con la envidia que siente Sabina —su nombre evoca la violación de las sabinas por los romanos— de la libertad de su hermano: "—Qué ganas de irme lejos, yo también" (54). Sabina refuerza su actitud feminista al denunciar a su padre por sus muchos hijos ilegítimos y al decirle que nada le consuela "salvo una idea maldita que yo me traigo, y es que mi madre debió ser capaz de una pasión, de una sola, de una sola infidelidad, de tener otro hijo [...] Eso me consuela cuando veo a un gaucho salvaje con la cara de mi madre y el antebrazo cosido de puñaladas [...]" (66). Cuando su padre le responde tranquilamente diciéndole que parece "hechizada" (66), ella se defiende echándole la culpa a la sociedad: "—Eso es, padre. El mundo me ha hechizado" (66).[74] Con la muerte de su padre, Sabina llega a ser la dueña de la estancia y tiene que enfrentarse al dilema de morir de soledad o de entregarse a los gauchos bárbaros (114). Su papel de mujer argentina rural no representa ningún progreso del papel de su madre miope a quien el narrador había identificado antes con la hormiga y la araña arquetípicas:

> Encorvada y ciega, la esposa de José Antonio Bustos dejó de hablar con sus semejantes, que se erguían lejanos, para mantener sólo largos monólogos con las hormigas en sus días prácticos y, en días soñados, con las arañas que se le acercaban, columpiándose ante su mirada, tentándola, haciéndola reír con sus subibajas plateados, obligándola a imaginar cosas, inventar fábulas, deseándose, a veces, enredada por esos hilos de humedad pegajosa, hasta quedar capturada en el centro de una red tan inconsútil como los tejidos que, en los talleres de su marido, fabricaban los ponchos y las faldas y las ropas gauchas [46].

Como los modelos arquetípicos se basan en la filosofía de que todos los seres humanos en todo periodo cronológico y en todo espacio son esencialmente iguales, esos modelos quedan desmentidos por la visión de

---

[74] La mayor comprensión de la perspectiva femenina en la ficción más reciente de Fuentes también se observa en la relación ambigua entre Harriet Winslow y su padre en *Gringo viejo*, que se distingue bastante de la de Catalina y su padre don Gamaliel Bernal en *La muerte de Artemio Cruz*.

mundo de *La campaña*, que consta del rechazo de todos los absolutos, de la promoción de la flexibilidad y de la gran importancia de las circunstancias específicas, todo relacionado con el código bajtiniano.

3. La novela dialógica, carnavalesca... bajtiniana

La relación simbiótica entre praxis novelística y teoría literaria, que se observó en las décadas de 1950 y 1960 respecto al análisis arquetípico, se observa en la proliferación en la última década de novelas posmodernas donde se luce el reconocimiento tardío de las teorías de Mijaíl Bajtín. Como Fuentes lo ha llamado "tal vez el teórico más grande de la novela de nuestro siglo"[75] no es de extrañar que *La campaña* se distinga por sus elementos dialógicos y carnavalescos. Al nivel teórico Baltasar repudia su fe en la razón, en el progreso y en la meta suprema de la felicidad humana, recordando la revelación que experimentó al lado de Simón Rodríguez en Eldorado:

> [...] donde la luz era necesaria porque todo era tan oscuro y por eso ellos podían ver con los ojos cerrados y revelar sus sueños en el cancel de sus párpados, advirtiéndole a él, a Baltasar Bustos, que por cada razón hay una sinrazón sin la cual la razón dejaría de ser razonable: un sueño que niega y afirma, al mismo tiempo, a la razón. Que por cada ley hay una excepción que la hace parcial y tolerable [217].

Baltasar, tanto en sus rasgos físicos y mentales como en su filosofía, representa lo dialógico. Aunque normalmente se considera gordo, baja muchos kilos mientras lucha al lado del caudillo insurgente Miguel Lanza (137), vuelve a engordar en Lima y en Santiago de Chile —"cegatón irremediable, pero regordete a voluntad, perdiendo la dureza del cuerpo ganada en la campaña del Inquisivi con una dieta de melindres, cremas, yemas de huevo y polvorones, obedeciendo la orden de regresar a su naturaleza natural, gorda y suave, perdiendo el orgullo de su virilidad esbelta" (156)—, baja de peso otra vez cruzando los Andes con San Martín (173) y seguramente subirá de peso en el futuro.

Como la mayor parte de la novela versa sobre el proceso arquetípico

---

[75] Carlos Fuentes, "Defend Fiction, and You Defend Truth", *Los Angeles Times*, 24 de febrero de 1989, sección II, 11.

hacia la madurez de Baltasar, se retrata como un ingenuo. No obstante, en su búsqueda del sexto y último consejero sabio Anselmo Quintana, Baltasar comprueba su ingeniosidad o su alcance de la madurez identificando a Quintana por ser el único en el campamento militar que vacila en decidir entre dos botellas de vino y por ser el único que anda destocado porque su cofia blanca lo habría delatado (206). También las lecturas de Baltasar son dialógicas: "las lecturas apasionadas de Rousseau se mezclaron con las enseñanzas frías de la patrística, pues si el héroe intelectual de Baltasar Bustos, que era el ciudadano de Ginebra, nos pedía abandonarnos a nuestra pasión a fin de recuperar nuestra alma, el santo Crisóstomo condenaba los amores ideales que jamás se consumaban, porque así se inflamaban más las pasiones" (20).

La conversión de Baltasar en un personaje dialógico se pregona por su admiración hacia las personas que no se le parecen: "—Mi peligro es que admiro todo lo que no soy" (97); "—Admiro todo lo que no soy, sabes. La fuerza, el realismo y la crueldad" (100). En la estancia de su padre, Baltasar queda fascinado por su "gemelo atroz" (51), "un Baltasar sucio, barbado, hambriento, aunque saciado de vaca muerta" (51). Mientras Baltasar pelea al lado del caudillo Miguel Lanza en el Alto Perú, se encuentra con otro "gemelo", su tocayo, Baltasar Cárdenas. Indio moreno, Cárdenas es el ayudante de Lanza y su apellido establece un eslabón entre el intelectual porteño y México. Aunque Baltasar Burgos había predicado a los indios sobre los ideales de la Independencia, en su primer combate mortal contra el enemigo se da cuenta de que está matando a un realista indio, no por ser realista sino por ser indio, "por débil, por pobre, por distinto" (108).

Un poco más adelante en la novela, Baltasar pregunta al cadáver de su padre: "¿Podemos ser al mismo tiempo cuanto hemos sido y cuanto deseamos ser?" (113). La respuesta contundente de Fuentes implica el elogio de la doble personalidad de Baltasar, en su reencuentro con Ofelia y su hijo: "[...] Baltasar, suspendido físicamente entre sus dos personalidades, la del joven gordo y miope y la del combatiente esbelto e hirsuto; el de los balcones de Buenos Aires y el de las campañas montoneras del Alto Perú; el de los salones de Lima y el de los burdeles febriles de Maracaibo [...]" (227).

Los dos amigos francófilos de Baltasar, Dorrego y el narrador Varela, también se presentan dialógicamente. Dedicados a la independencia de la Argentina, se presentan primero de una manera muy positiva. Sin embargo, su afiliación con los ideales unitarios queda algo manchada por su adaptación constante a los cambios políticos (lo cual en realidad subvierte el ideal de la novela, la flexibilidad) y por su decisión de quedarse en Buenos Aires mientras Baltasar arriesga la vida peleando contra los españoles:

> [...] Varela y Dorrego, jugando con nuestros relojes en Buenos Aires, ajustándolos como ajustábamos nuestras vidas políticas, acomodándonos a la dirección de Alvear cuando renunció Posadas, sin atrevernos a hacer la pregunta: ¿qué hacemos aquí mientras nuestro hermano menor, Baltasar Bustos, el más débil de los tres, el más torpe físicamente, el más intelectual también, se expone en las montañas contra los godos? [124].

Para el capítulo final de la novela, Dorrego y Varela han perdido, tal vez, su credibilidad revolucionaria: "pronto nos desilusionamos de la política revolucionaria y regresamos a nuestros hábitos heredados: él, rentista; yo, impresor [...] Pero ahora, Rivadavia reanimaba nuestras esperanzas [...]" (235).

Todavía otro ejemplo de lo dialógico bajtiniano, fundido en este caso con lo carnavalesco, es la caracterización de Ofelia y el sentido de su nombre. Fuentes parece haber escogido el nombre de Ofelia por dos motivos. En primer lugar, evoca la obra *Hamlet*, identificada con el tema de la indecisión, el cual concuerda con la desconfianza de los ideales absolutos, mensaje ideológico de *La campaña*. Por otra parte, aunque la etimología de Ofelia sea la palabra griega por "serpiente" o la palabra latina por "oveja",[76] Fuentes prefiere jugar con su parecido con la fidelidad. En el plano superficial la bella chilena le pone cuernos a su marido, nombrado apropiadamente el marqués de Cabra. En Lima dicen los chismosos que "no era la perfecta casada, quizás, pero sí la perfecta tapada, ja, ja" (122).

En un plano más complejo, "la dulce Ofelia" (122) de Shakespeare lleva un peinado "a la guillotina" (21) y un moño rojo alrededor del cuello indicando tal vez su adhesión a la causa revolucionaria. Sin embargo, Ofelia se transforma en la Judit bíblica cuando corre la voz de que asesinó a un coronel insurgente "mientras fornicaban" (147), contribuyendo a la derrota de los insurgentes en la decisiva batalla de Rancagua (144).

---

[76] Según Charlotte Yonge, *History of Christian Names*, Ofelia proviene de la palabra griega "serpiente" (346). En cambio, según Harry A. Long, *Personal and Family Names*, Ofelia significa "pastora" (105) y proviene de la palabra latina por "oveja": *ovis* (240).

Dicen que es responsable por la muerte de otros oficiales patriotas pero también, inesperadamente, de un general realista (179). De acuerdo con el concepto bajtiniano de lo dialógico, y con el concepto borgesiano de que es imposible conocer la realidad, en Orizaba el padre insurgente Anselmo Quintana le asegura a Baltasar que Ofelia "ha sido el agente más fiel de la revolución de independencia en la América" (228), y que ella utilizó una red de canciones para mantener las comunicaciones entre el padre Anselmo, Bolívar y San Martín. Al regresar Baltasar a Buenos Aires, cuestiona las palabras del padre Anselmo. Para el lector, posiblemente contagiado de la incredulidad de Baltasar, el narrador Varela asegura que el padre Anselmo tenía toda la razón porque Ofelia "noche tras noche" le pasaba datos útiles "para la causa" (239) mientras hacían el amor; o sea que el mismo narrador estaba traicionando a su "hermano menor" permitiéndole idealizar a una mujer algo promiscua. Desde luego que el tema de la traición se entronca también con la campaña política: Baltasar traiciona al guerrillero Miguel Lanza, escapándose; tanto Bolívar como San Martín fueron traicionados (183), y según el padre Anselmo "en esta Nueva España no hay salida más segura que la traición. Cortés traicionó a Moctezuma, los tlaxcaltecas traicionaron a los aztecas, Ordaz y Alvarado traicionaron a Cortés [...]" (211), tema mucho más elaborado por Fuentes en *La muerte de Artemio Cruz*.

En cuanto a lo carnavalesco, muchos de los ejemplos están relacionados con el próximo código de la intertextualidad. Sin embargo, conviene mencionar aquí que se destaca ese elemento en el capítulo séptimo, que transcurre en el puerto tropical de Maracaibo, pero sin olvidar la convivencia con los estragos de la guerra, con reminiscencias de *Las lanzas coloradas*, de Arturo Uslar Pietri, y *All Quiet on the Western Front* ("Sin novedad en el frente") (1929), de Erich Maria Remarque.[77]

4. La novela intertextual

Desde que García Márquez sorprendió a los lectores de *Cien años de soledad* con la introducción en su novela de personajes novelescos de Carpentier, Fuentes y Cortázar, la intertextualidad cobró una vigencia mayor

---

[77] En el libro *Bolívar hoy*, Uslar Pietri describe las consecuencias desastrosas de la guerra de independencia para Venezuela: "La tercera parte de la población venezolana pereció, directa o indirectamente, en la guerra. La prosperidad alcanzada a fines del siglo XVIII desapareció. El ar-

tanto en la praxis novelística como en los escritos teóricos de Gérard Genette y Julia Kristeva. El mismo Fuentes, en las últimas páginas de *Terra nostra,* junta en un juego de póker a los protagonistas de Borges, Carpentier, Cortázar, Donoso, García Márquez, Cabrera Infante, Vargas Llosa y Severo Sarduy.

Desde el famoso congreso del *boom* (Caracas, agosto de 1967), algunos de los novelistas más distinguidos parecen haber seguido senderos paralelos. Incluso, durante ese congreso de Caracas, circulaba la noticia de que se estaba gestando una sola novela sobre el dictador arquetípico de la América Latina en la cual colaboraban Carlos Fuentes, Gabriel García Márquez, Augusto Roa Bastos y otros. El proyecto nunca se llevó a cabo, pero puede haber contribuido a la creación de obras tan sobresalientes como *Yo el Supremo* (1974), de Roa; *El recurso del método* (1974), de Carpentier, y *El otoño del patriarca* (1975), de García Márquez.

Unos pocos años después, Fuentes, García Márquez y Vargas Llosa publicaron parodias de la novela detectivesca: *La cabeza de la hidra* (1978), *Crónica de una muerte anunciada* (1981) y *¿Quién mató a Palomino Molero?* (1986). Más recientemente, los mismos tres autores han publicado novelas históricas: *La guerra del fin del mundo* (1981), de Vargas Llosa; *El general en su laberinto* (1989), de García Márquez, y *La campaña* (1990), de Carlos Fuentes, quien ya había publicado *Terra nostra* y *Gringo viejo* dentro del mismo género.

En cuanto a *La campaña,* no se puede dejar de observar su diálogo con *El general en su laberinto* (1989). En el último capítulo el narrador porteño, Varela, afirma que tenía entre sus manos "una vida del libertador Simón Bolívar, cuyo manuscrito, manchado de lluvia y atado con cintas tricolores, me envió como pudo, desde Barranquilla, un autor que se firmaba Aureliano García" (234). De cierta manera se podría considerar *La campaña* una réplica de *El general en su laberinto.* En contraste con "la melancólica previsión de un Bolívar enfermo y derrotado como su sueño de unidad americana y libertad civil en nuestras naciones" *(La campaña,* 234), *La campaña* proyecta una visión más panorámica, más muralista y algo más optimista destacando a José de San Martín como libertador modelo. Enérgico, pragmático y excelente estratega, San Martín organiza

caduz quedó sin agua, la tierra sin semillas, el arado sin brazos. Los campesinos se volvieron soldados y andaban por los pantanos de Guayaquil o por el altiplano del Titicaca El antiguo mayordomo era ahora general o magistrado. Los soldados que regresaban no sabían volver al campo. Preparaban golpes armados contra las autoridades o merodeaban las soledades como bandoleros" (26).

el Ejército de los Andes, y sólo después de ganada la Guerra de la Independencia proclamará "los ideales de la ilustración" (159) para no asustar a los criollos ricos. Insiste en que "no bastan las teorías o los individuos para lograr la justicia. Se necesita crear instituciones permanentes" (159). También señala los peligros del militarismo: "si triunfamos, en realidad habremos sido derrotados si le entregamos el poder al brazo fuerte, al militar afortunado" (160).

Además de su diálogo con *El general en su laberinto*, *La campaña* también evoca en el último capítulo el manuscrito de Melquíades de *Cien años de soledad* con la revelación de que "Baltasar sabía que otra crónica de esos años —la que tengo entre mis manos en estos momentos y algún día, tú, lector, también— la había escrito él con sus continuas cartas a 'Dorrego y Varela'" (234). Cuando Baltasar pregunta al viejo en los Andes venezolanos por la guerra, la respuesta: "¿Cuál guerra?, ¿de qué hablas?" (181), recuerda el episodio en la novela colombiana cuando nadie cree la historia de José Arcadio Segundo sobre la masacre de los 3 000 obreros de las fincas de la compañía frutera. En el pueblo venezolano tampoco han oído hablar de Bolívar, de Páez o de Sucre. Fuentes le da a la escena un toque más posmoderno convirtiéndola en una parodia de la versión musical de *Candide,* de Leonard Bernstein. Cuando los niños rodean a Baltasar "en círculo, cantando: '¿*Cuál guerra, cuál guerra?*'" (181), el lector recuerda la canción de Bernstein "What a day, what a day, for an auto de fe" ("¡Qué día más maravilloso, qué día más maravilloso, para un auto de fe!").

Además de García Márquez, se podría analizar casi toda novela con el código de la intertextualidad, desde la literatura española medieval hasta la Nueva Novela Histórica. Combinando *El libro de buen amor (ca.* 1343) y *La Celestina,* Fuentes describe con sonrisa disimulada el encuentro amoroso de Baltasar, no con su amada platónica Ofelia, sino con la otra chilena igualmente bella, Gabriela Cóo: "Una tarde se encontraron, el Hermano Menor y la Dueña Chica, sin necesidad de darse una cita, sencillamente. Él saltó la barda en el momento en que ella abría el zaguán que separaba las dos propiedades" (153).

Conocida la admiración que siente Fuentes por Cervantes, no es de extrañar la presencia de éste en una novela que aboga por la continuidad de la herencia cultural de Hispanoamérica. A Baltasar, por su impetuosidad y por su lectura voraz de los pensadores franceses del siglo XVIII, lo llaman "el Quijote de las Luces" (26). Más adelante Baltasar ve la llegada a mula del sacerdote insurgente Ildefonso de las Muñecas, "como una aparición cervantina" (76). La decisión del guerrillero Miguel Lanza de pelear hasta la muerte le merece el título de "héroe numantino" (107), alusión a *La Numancia,* obra teatral de Cervantes sobre el sitio romano de Numancia. Lo que es aún más genial es la fusión intertextual de *Don Quijote* (1605, 1615) con una novela reciente del puertorriqueño Luis Rafael Sánchez, *La importancia de llamarse Daniel Santos* (1989). Tal como don Quijote y Sancho descubren en la segunda parte de la novela que ya están impresas sus aventuras de la primera parte, Baltasar descubre al viajar hacia el Caribe que su búsqueda de Ofelia por todo el continente se ha convertido en canción, con la variedad musical de la novela de Luis Rafael Sánchez: cumbia en Buenaventura, tamborito en Panamá, merengue, zamba, valsecito peruano, cueca, vidalita (172-173, 177) y corrido (216).

Frente a su fama cantada, Baltasar se dice o más bien se exclama cuatro veces con cierto autodesprecio: "¡Vaya un héroe!" (172) por ser "regordete, melenudo y miope" (172). Es decir que es un héroe inverosímil, inverosímil como héroe romántico lo mismo que como héroe insurgente. Mientras su aspecto de gordo cambia cuando está peleando al lado de los montoneros, lo miope nunca se le quita. Desde el primer capítulo (17) hasta el último (237) se le caracteriza como miope o cegatón usando espejuelos, gafas o anteojos. Cuando arroja los anteojos al río Guayas, ya no cabe la menor duda sobre su parentesco con el héroe inverosímil de Canudos, el periodista miope de *La guerra del fin del mundo,* de Vargas Llosa. Por ser gordo, además de miope, evoca la figura de Pierre Besukhov en *La guerra y la paz,* de Tolstoi.

En una lectura intertextual de una Nueva Novela Histórica de ninguna manera se podría pasar por alto la presencia de Jorge Luis Borges. El maravillarse Baltasar de cómo los detalles de su vida diaria, el "comer un sabroso queso parameño, un pan andino y un trago de guarapo de piña" (180), estaban prefigurados en las canciones populares, lleva al narrador a aludir al "Tema del traidor y del héroe" de Borges, en el cual las obras literarias prefiguran los sucesos históricos:

> Pensó, mascando, en Homero, en el Cid, en Shakespeare: sus dramas épicos ya estaban escritos antes de ser vividos: Aquiles y Ximena, Helena y el jorobado Ricardo, no hicieron en realidad sino seguir las instrucciones escénicas del poeta, actuar lo que ya estaba escrito. La inversión de la imagen se llamaba

"historia": la fe crédula de que primero se actuó y luego se escribió. Era la ilusión, pero él ya no se engañaba [180-181].

Una variedad de otros contemporáneos de Fuentes también están presentes en *La campaña*. La frase algo extraña "al filo del sol" (180) es un reconocimiento juguetón de la primera de las novelas modernas de México, *Al filo del agua* (1947), de Agustín Yáñez. La decisión de Fuentes de cambiar su denuncia de las novelas criollistas puede reflejarse en su descripción de Miguel Lanza como "el cabecilla feroz" (151), frase inspirada en la novela mexicana *El feroz cabecilla* (1928), de Rafael Muñoz. Dentro de la tendencia más reciente de lo dialógico, la descripción de la cara de Anselmo Quintana como "el rostro de una vieja pelota de cuero pateada" (219) puede ser un tributo a uno de los últimos cuentos de José Revueltas, el dialógico "Hegel y yo".

Tal vez el aspecto más asombroso de la intertextualidad de Fuentes sean sus conocimientos de las novelas hispanoamericanas más recientes.[78] La alusión hecha por el cafetero Menchaca, padre de Artemio Cruz, a la colaboración con los conquistadores españoles de los enemigos indios de los aztecas —"pues sin ellos los aztecas se hubieran merendado a Cortés y sus quinientos gachupines" (197-198)— es una variante de la escena de *Los perros del Paraíso* (1983), de Abel Posse, cuando el *tecuhtli* azteca le dice al representante de Túpac Yupanqui: "—Señor, ¡mejor será que los almorcemos antes que los blanquiñosos nos cenen [...]!" (32). La descripción del baile de máscaras en Lima hace pensar en el baile de máscaras de Napoleón III en *Noticias del Imperio* (1987), de Fernando del Paso. El canto del castrato en el mismo baile de Lima (126) proviene de *Canto castrato* (1984), del joven argentino César Aira.

La intertextualidad de *La campaña* también se extiende hacia el pasado, a la famosa carta de Jamaica (1815) de Bolívar: "Bolívar está exiliado en Jamaica y, en vez de organizar ejércitos, escribe cartas quejándose del infantilismo perenne de nuestras patrias, de su incapacidad para gobernarse a sí mismas, de la distancia entre las instituciones liberales y nuestras costumbres y carácter" (139). La visión del padre de Baltasar sobre el futuro de la tierra excesivamente fecunda de la Argentina también es pesimista: "Un país donde basta escupir para que la tierra florezca, puede ser un país flojo, dormilón, arrogante, satisfecho de sí mismo, carente de crí-

---

[78] Se confirman estos conocimientos en *Valiente mundo nuevo*.

tica" (56). Además de todas las alusiones a obras españolas, hispanoamericanas y mexicanas, Carlos Fuentes no puede menos que intercalar algunas alusiones a sus propias obras: la autointertextualidad. Ya se ha indicado la presencia en *La campaña* de *La muerte de Artemio Cruz* con el cafetero veracruzano Menchaca. El coro de voces anónimas en que Fuentes se burla del lenguaje exageradamente cortés de los limeños en *La campaña* (121-122) tiene sus antecedentes en *La región más transparente:* "¡Don Asusórdenes y doña Estaessucasa, Míster Besosuspies y Miss Damelasnalgas!" (449).

Como transición al código de la literatura popular, cierro esta sección de la intertextualidad señalando que Fuentes también se aprovecha en *La campaña* de la letra de la música popular mexicana. La frase "olía a tierra mojada" (199) para describir la ciudad de Orizaba se inspira en la canción "Guadalajara" ("hueles a pura tierra mojada") y la descripción de Gabriela Cóo al final de la novela, "con sus ojos negros bajo esas famosas cejas fuertes" (241), es una variante de la letra de "Malagueña salerosa" ("¡Qué bonitos ojos tienes debajo de esas dos cejas!"). La identificación de todos estos elementos intertextuales no es para revelar influencias sino para indicar cómo *La campaña* se enriquece estéticamente con la presencia de tantas obras literarias (y musicales) de España y de Hispanoamérica, lo que refuerza uno de los temas principales de la novela: la unidad de la cultura hispánica.

5. La parodia de la novela histórica popular

Desde que se fundó el género de la novela histórica con las obras exitosas de Walter Scott, se ha seguido cultivando hasta nuestros días. La gran mayoría de esas novelas, tanto en Hispanoamérica como en los Estados Unidos, aspiran a ser éxitos de librería sin grandes aspiraciones artísticas. La fórmula general es la fusión de un tema histórico con un tema amoroso con énfasis en la trama, es decir, la aventura y el suspenso; personajes planos, de poca complejidad psicológica, y predominio del diálogo sobre la descripción, con un lenguaje relativamente sencillo. La novela histórica del cubano Carlos Alberto Montaner hasta se titula *Trama* (1987), sugiriendo la posibilidad de una interpretación paródica.

Pues bien, el marco de *La campaña* exagera aparentemente la fórmula de la novela histórica popular. En el primer párrafo de la novela el narrador nos informa escuetamente que la noche del 24 de mayo de 1810 Baltasar Bustos secuestró al hijo recién nacido de la marquesa de Cabra, poniendo en su lugar en la cuna a un niño negro, hijo de una prostituta. Unas nueve páginas más adelante el narrador nos cuenta cómo Baltasar se enamoró de Ofelia, la primera vez que la vio, "espiando desde el balcón" (20) como ensayo del secuestro. Sigue adorándola a través de toda la novela pero Fuentes se burla del prototipo al alterar el final. *La campaña* no termina con la muerte de la amada ideal sino con la inesperada aparición de la otra belleza chilena, Gabriela Cóo, de quien Baltasar se enamoró, también espiándola desde un balcón. O sea que *La campaña* termina con la felicidad del protagonista. Muerta Ofelia, Baltasar podrá casarse con Gabriela y criar a su hijo adoptivo, el que secuestró diez años antes.

6. La Nueva Novela Histórica

Todo lo que se ha comentado hasta este punto indica que *La campaña,* lo mismo que *Terra nostra* y *Gringo viejo,* de Fuentes, merece encasillarse como una Nueva Novela Histórica, que por lo menos desde 1979 está en pleno auge. Igual que *El arpa y la sombra,* de Carpentier; *Los perros del Paraíso,* de Abel Posse; *Noticias del Imperio,* de Fernando del Paso, y otras varias novelas de gran renombre, *La campaña* muestra la mayoría de los seis rasgos siguientes, sin olvidar que los seis, en su totalidad, no son indispensables:

1. *Lo bajtiniano, es decir: lo dialógico, lo heteroglósico y lo carnavalesco.* El baile de máscaras en Lima, las tertulias en Santiago de Chile y las escenas en el burdel de Maracaibo dan a la novela un tono carnavalesco que contrasta con los aspectos trágicos de las Guerras de Independencia y con la historia de Hispanoamérica en general. Esta imagen trágica y cómica a la vez es uno de los muchos ejemplos de la visión de mundo dialógica que se proyecta en *La campaña* y en otras Nuevas Novelas Históricas. El tercer término bajtiniano que se emplea con abundancia para describir muchas novelas contemporáneas es la heteroglosia, o sea la multiplicidad de discursos, que no se destaca ampliamente en *La campaña,* mucho menos que en *Noticias del Imperio,* de Fernando del Paso, por ejemplo.

2. *La intertextualidad.* Las alusiones a las obras de García Márquez y a otras muchas, incluso las del propio Fuentes, contribuyen al tono carnavalesco de la novela.

3. La metaficción o los comentarios del narrador sobre la creación de su propio texto. Como toda la novela es de cierta manera una parodia de la novela histórica popular, no caben dentro de *La campaña* los autoanálisis filosóficos de *Tristram Shandy, Noticias del Imperio* y *Cristóbal Nonato.* Sin embargo, sí hay que reconocer las múltiples alusiones del narrador Varela a las cartas de Baltasar y el comentario autorreferencial (totalmente inesperado) al comienzo de la tercera sección del capítulo cinco: "Sobran solamente un par de papeles antes de dar fin a este capítulo" (139).

4. El protagonista histórico. Aunque el protagonista Baltasar Bustos y sus dos amigos porteños son totalmente ficticios, hay por lo menos cuatro personajes históricos que desempeñan papeles significantes en la novela: San Martín, Simón Rodríguez y los caudillos guerrilleros de las *"republiquetas"* (74) del Alto Perú, Miguel Lanza y el padre Ildefonso de las Muñecas. Sin embargo, *La campaña* se distingue en este rasgo de las otras Nuevas Novelas Históricas donde lucen protagonistas como Cristóbal Colón, Magallanes, Lope de Aguirre, Francisco de Miranda, Bolívar, Maximiliano y Carlota y Juana Manuela Gorriti.

5. La distorsión consciente de la historia por omisiones, exageraciones y anacronismos. Recuérdese el papel importante del cura heroico Anselmo y su parecido con la figura histórica de Santa Anna.

6. La subordinación de la reproducción mimética de cierto periodo histórico a conceptos filosóficos trascendentes. En general, estos conceptos provienen de Borges: la imposibilidad de averiguar la verdad histórica; el carácter cíclico de la historia, y, a la vez, lo imprevisible de la historia: los sucesos más asombrosos e inesperados pueden ocurrir. Este rasgo es tal vez el más importante para distinguir la Nueva Novela Histórica de la tradicional. En *La campaña,* aunque se denuncian las Guerras de Independencia con cierta especificidad, la meta principal de la novela no es la recreación del mundo de 1810-1821 sino más bien la denuncia de cualquier tipo de dogmatismo, incluso el racionalismo. El triple mensaje es:

  a) hay que cuestionar constantemente todas las ideologías dogmáticas; el modelo no debe ser ni el cinismo intelectual de Voltaire ni el romanticismo ingenuo de Rousseau, sino "la máscara sonriente de Diderot, la convicción de que todo cambia constantemente y nos ofrece, en cada momento de la existencia, un repertorio de dónde escoger" (25);

  b) hay que apreciar, integrar y mantener todos los ingredientes de la cultura hispanoamericana;

c) hay que mantener con entusiasmo la esperanza de crear un mundo mejor a pesar de toda la destrucción de las Guerras de Independencia.[79]

Contagiándome del concepto bajtiniano de lo dialógico, ofrezco dos finales para el capítulo... y para el libro:

Aunque los sucesos de *La campaña* no justifican su optimismo final, ese optimismo coincide con el mensaje de la primera de todas las Nuevas Novelas Históricas, *El reino de este mundo,* de Alejo Carpentier: "[...] el hombre nunca sabe para quién padece y espera. Padece y espera y trabaja para gentes que nunca conocerá, y que a su vez padecerán y esperarán y trabajarán para otros que tampoco serán felices, pues el hombre ansía siempre una felicidad situada más allá de la porción que le es otorgada. Pero la grandeza del hombre está precisamente en querer mejorar lo que es" (153).

Aunque la actitud de Fuentes es digna de admiración, los sucesos de *La campaña* no justifican su optimismo final. Las palabras dirigidas a Baltasar por el sexto consejero arquetípico, Anselmo Quintana, respecto a la Guerra de Independencia, pueden resultar más proféticas: "Después vendrán los que luchan por el dinero y el poder. Eso es lo que temo, ése será el fracaso de la nación" (226).

OBRAS CONSULTADAS

Bajtín, M. M., *The Dialogic Imagination. Four Essays,* traducido del ruso por Caryl Emerson y Michael Holquist, Austin: University of Texas Press, 1986.

Corral, Will H., "Gringo viejo/ruso joven o la recuperación dialógica en Fuentes", *Cuadernos Americanos,* 4-6, 1987, 121-137.

---

[79] Se pregona el mismo mensaje en la conferencia dedicada a *El otoño del patriarca* en *Valiente mundo nuevo:* "De *El otoño del patriarca* pasamos a la falsa primavera del tecnócrata. Nos faltaba pasar por los inviernos del desarrollo sin justicia y por los infiernos de la deuda, la inflación y el estancamiento en todos los órdenes. La verdadera primavera democrática pasará por estas pruebas. No podrá ser, otra vez, una ilusión de bienestar para pocos aplanando el bienestar de la mayoría. Se han aprendido muchas lecciones. El nuevo modelo de desarrollo, como democracia política pero también como justicia social, será exigente para todos los actores de nuestra vida política de derecha y de izquierda. Impondrá obligaciones a todos. Requerirá un esfuerzo sin antecedentes en nuestra historia. No habrá modernidad gratuita en la América española. No habrá modernidad que no tome en cuenta la totalidad cultural de nuestros países. No habrá modernidad por decreto. Nadie cree ya en un país ideal divorciado del país real" (206).

Fuentes, Carlos, *Aura*, 6ª ed., México: Alacena, 1971.
——, *La campaña*, Madrid: Mondadori, 1990.
——, *La nueva novela hispanoamericana*, México: Joaquín Mortiz, 1969.
——, *La región más transparente*, 3ª ed., México: FCE, 1960.
——, *Terra nostra*, 2ª ed., México: Joaquín Mortiz, 1976.
——, *Valiente mundo nuevo*, Madrid: Mondadori, 1990.
García Márquez, Gabriel, *Crónica de una muerte anunciada*, Bogotá: La Oveja Negra, 1981.
——, *El general en su laberinto*, Madrid: Mondadori, 1989.
Long, Harry A., *Personal and Family Names. A Popular Monograph on the Origin and History of the Nomenclature of the Present and Former Times*, Londres: Hamilton, Adams, 1883; reimpresión, Detroit: Gale Research Co., 1968.
Neumann, Erich, *The Great Mother: An Analysis of the Archetypes*, traducido del alemán por Ralph Manheim, Princeton, N. J.: Princeton University Press, 1970.
Uslar Pietri, Arturo, *Bolívar hoy*, Caracas: Monte Ávila, 1990.
Yonge, Charlotte, *History of Christian Names*, Londres: Macmillan, 1884; reimpresión, Detroit: Gale Research Co., 1966.

CUARTETO COLOMBO-MEXICANO DE LAS ÚLTIMAS NOVELAS HISTÓRICAS: "RASERO" (1993), "EL INSONDABLE" (1997), "¡VIVA CRISTO REY!" (1991) Y "MAL DE AMORES" (1996)[80]

Hoy, CINCO AÑOS DESPUÉS de la publicación de mi libro *Latin America's New Historical Novel*, los datos empíricos indican que la novela histórica sigue en auge. Desde 1993 se han publicado por lo menos cuarenta novelas históricas. Además, el hecho de que en 1997 se le haya otorgado a Ángeles Mastretta el Premio Rómulo Gallegos por su novela *Mal de amores*, sobre la Revolución mexicana, atestigua la alta calidad de algunas de las últimas novelas históricas.

En vez de intentar una visión panorámica de la novela histórica en el último quinquenio, prefiero concentrarme en un cuarteto de novelas, dos de las cuales son colombianas. Igual que varios cuartetos de ópera, éste consta de dos voces masculinas y dos femeninas. Las novelas de los dos hombres caben dentro del registro de la Nueva Novela Histórica. En cambio, las de las dos mujeres son más tradicionales pero también tienen su aspecto moderno, el feminismo. Las dos novelas escritas por hombres transcurren principalmente en la Europa del siglo XVIII y principios del XIX, mientras las novelas escritas por las mujeres transcurren en la primera mitad del siglo XX, en México y en Colombia respectivamente. Las dos Nuevas Novelas Históricas son *Rasero* (1993),[81] primera novela del químico mexicano Francisco Rebolledo, nacido en 1950, y *El insondable* (1997),[82] del crítico y novelista colombiano Álvaro Pineda Botero, quien nació en 1942 y se doctoró en la SUNY, Stony Brook. Las dos novelas son relativamente largas (630 y 460 páginas), complejas y muy bien documentadas.

En mi libro de 1993 destaco seis rasgos de la Nueva Novela Histórica que la distinguen claramente de la novela histórica tradicional basada en

---

[80] Publicado en *Revista de Estudios Colombianos*, 19, 1999, 45-50. Conferencias dictadas en abril de 1998 en la Catholic University of America y en la University of Maryland.
[81] Francisco Rebolledo, *Rasero*, México: Joaquín Mortiz, 1993.
[82] Álvaro Pineda Botero, *El insondable*, Bogotá: Planeta, 1997.

la fórmula de Walter Scott. No obstante, como desconfío de las teorías dogmáticas, tengo que confesar que todos los seis rasgos no se encuentran en cada una de las Nuevas Novelas Históricas. Uno de los rasgos principales es que los protagonistas de las Nuevas Novelas Históricas son personajes históricos muy conocidos como Cristóbal Colón, Felipe II, Goya y Maximiliano y Carlota. Por lo tanto, el hecho de que Simón Bolívar sea el protagonista de *El insondable* no debe asombrarnos en absoluto. En cambio, ¿cómo me atrevo a ponerle la misma etiqueta a *Rasero*, cuyo protagonista es un personaje ficticio? Fausto Rasero es un noble español, calvo y libertino, que pasa la mayor parte de su vida en la Francia del siglo XVIII. La justificación es que siete de los nueve capítulos llevan como título el nombre de un personaje histórico que cobra vida en sus encuentros con Rasero: Diderot, Voltaire, Mozart, madame Pompadour, el químico Lavoisier y Goya.

Los dos capítulos que no siguen esta pauta reflejan el sentido de humor del autor y, por lo tanto, contribuyen al concepto bajtiniano de lo carnavalesco, rasgo número dos de las Nuevas Novelas Históricas. El capítulo dos se llama "Damiens", nombre que casi ningún lector podría reconocer. Es el hombre que apuñaló al rey Luis XV, pero sólo con la intención de herirlo. En cambio, el capítulo cinco se titula "Mariana", nombre de la actriz mexicana ficticia, viuda virgen del virrey viejo. Rasero se enamora profundamente de ella durante un concierto del pianista niño Wolfgang Amadeo Mozart. La importancia de Mariana para Rasero es que le enseña la diferencia entre el gozo sexual y el amor verdadero. Antes de conocerla, Rasero disfrutaba de una serie de conquistas sexuales relativamente fáciles pero con una particularidad carnavalesca única y muy apropiada para un hombre nombrado Fausto: sus orgasmos van acompañados de visiones del futuro. Estas visiones acaban por explicarse en el capítulo final de la novela por medio de un ejemplo de la metaficción, tercero de los seis rasgos típicos. Fausto Rasero escribió un libro titulado *Por qué os desprecio*, con dibujos de Goya, en el cual expresa su desprecio por la humanidad debido a los estragos que ha causado en el mundo: los excesos de la Revolución francesa, los horrores de los campos de concentración de los nazis, la destrucción de Hiroshima por la bomba atómica, las atrocidades de la guerra de Vietnam, la masacre de Tlatelolco en 1968 y los efectos deshumanizadores de todas las ciudades modernas.

El hecho de que estos desastres ocurran a través de los siglos revela un cuarto rasgo de la Nueva Novela Histórica: la novela no se limita a la recreación mimética de cierto periodo histórico. También puede proyectar, como algunos cuentos de Borges, ciertas ideas filosóficas que se pueden aplicar a todos los periodos del pasado, del presente y del futuro. Además de las visiones orgásmicas del futuro experimentadas por Rasero, el tiempo novelístico hasta se cambia brevemente al futuro en los dos últimos capítulos. En el capítulo ocho, titulado "Robespierre" y dedicado a la Revolución francesa, Rasero se despierta una mañana para encontrarse en el año 1989, justamente en el bicentenario de la Revolución, pero este viaje al futuro termina rápidamente para Rasero. Vuelve a 1789 y se encuentra personalmente con toda una variedad de personajes históricos relacionados con la Revolución: Lafayette, Mirabeau, Marat, Danton, Saint-Just, Robespierre y el pintor Jacques-Louis David.

En realidad, sólo en el capítulo final, titulado "Goya", se desarrolla ampliamente la alternación entre pasado, presente y futuro. A la edad de ochenta y ocho, en el año 1812, Rasero vive en Málaga y recuerda cómo conoció a Goya en 1796 y cómo ha crecido su amistad a través de los años. En el futuro, el narrador Francisco —así se llama el autor— cuenta cómo se le murió el papá en 1966, dejándole una buena herencia que le permitirá escribir su novela en México, otro ejemplo de la metaficción. Su esposa, Mariana, igual que la actriz del siglo XVIII, trabaja en el teatro. Viajan a un pueblo de España para ver la casa que Francisco ha heredado y ahí descubren los retratos de Fausto Razero [sic] y de otros antepasados junto con el descubrimiento de una edición del *Apocalipsis,* de san Juan, ilustrado por el pintor francés del siglo XVIII, François Boucher. Estos descubrimientos confirman la identificación del personaje novelístico Fausto Rasero con su creador, el químico y novelista mexicano Francisco Rebolledo: "Me siento como si estuviese metido entre dos espejos; voy y vengo, vengo y voy; es el futuro que llega para hacerse pasado, que vuelve a ser futuro" (631-632).

Puesto que casi noventa por ciento de la novela ocurre en el pasado, este salto final al futuro no amenaza en absoluto su identidad como novela histórica. En cambio, la caracterización de Mariana como una mujer liberada con una tremenda curiosidad por explorar todos los niveles de la sociedad parisiense refleja a la nueva mujer de fines del siglo XX. Hasta se empeña en hablar con el carretero que recoge los excrementos, sobre todo de los ricos, porque valen más, por la calidad de lo que digieren.

En cuanto a los otros dos rasgos de la Nueva Novela Histórica que no he identificado en *Rasero,* veámoslos brevemente. Mientras *Los perros del Paraíso,* de Abel Posse, y otras muchas Nuevas Novelas Históricas distorsionan la historia por medio de omisiones, exageraciones y anacronismos, *Rasero* se destaca más que nada por su recreación convincente de los sucesos y los personajes históricos de la época. La enorme documentación histórica nunca llega a abrumar al lector ni empalagan ni fastidian las descripciones detalladas, como ocurre a veces, por ejemplo, en *El siglo de las luces,* de Alejo Carpentier, para citar otra novela histórica ubicada en la misma época. El otro rasgo típico que no se encuentra en *Rasero* es la intertextualidad que puede variar desde la participación muy breve de personajes de otras novelas, como en *Cien años de soledad,* hasta el palimpsesto o reescritura total de otra obra, como *El mundo alucinante* (1969), de Reinaldo Arenas, basada en las *Memorias* de fray Servando Teresa de Mier, y *La guerra del fin del mundo,* de Vargas Llosa, basada en *Os Sertões,* de Euclides da Cunha.

El gran parentesco entre *El insondable* y *Rasero* proviene principalmente de la recreación realista de un periodo importante de la historia de Europa. Los protagonistas de las dos novelas asisten a los salones culturales de París donde conocen algunas personas renombradas y se dejan asediar por una variedad de mujeres. A pesar de estar limitada la estadía en Europa de Bolívar a unos cuatro años, de 1802 a 1806, viaja más que Rasero, por Austria, Italia, Inglaterra, España, Portugal y Francia. Lo acompaña su tutor, Simón Rodríguez, nombrado José Carreño en la novela. Los capítulos narrados por Carreño y destinados al canciller de Inglaterra llevan el título de "José". En contraste con *Rasero,* no se destacan tanto los otros personajes históricos. Bolívar conoce a Beethoven, a Alejandro von Humboldt y a Alessandro Manzoni, pero la novela dedica más páginas a las descripciones de los paisajes tanto rurales como urbanos, sobre todo de Francia, Italia y Austria. Aunque Bolívar nunca llega a conocer personalmente a Napoleón Bonaparte, asiste a sus dos coronaciones (París y Milán) y queda profundamente impresionado e intrigado por el héroe o antihéroe francés. Aunque Bolívar se disgusta con el "servilismo de los señorones" (308), en una de las secciones ubicadas en 1830 su *alter ego* lo critica por haber tenido la desfachatez de invocar a Napoleón como modelo (328) con el pretexto de "controlar el caos con la dictadura" (327). El título de la novela, *El insondable,* se refiere precisamente a ese carácter dialógico de Bolívar.

Mientras el carácter experimental de *Rasero* proviene en gran parte de las visiones orgásmicas del futuro, el carácter experimental de *El insonda-*

ble refleja la idea filosófica de Borges de que la historia es inconocible ("Historia del traidor y del héroe"). En efecto, las breves secciones tituladas "Simón", que se intercalan con frecuencia a través de toda la novela, constan de diálogos en 1830 entre dos personajes no identificados de nombre que representan al Bolívar glorioso de la historia y a su *alter ego*/contrincante que cuestiona algunas de sus decisiones y que le recuerda su lamentable estado de salud. Igual que en *El general en su laberinto*, de García Márquez, y "El último rostro", de Álvaro Mutis, Bolívar evoca ciertos episodios del pasado, pero su mayor preocupación es cómo lo recordará la historia.

Otra perspectiva sobre Bolívar se encuentra en las secciones menos numerosas tituladas "El autor", en las cuales se comenta cómo el canciller británico George Canning contrató en 1826 a José Carreño para que le rindiera un informe completo sobre el carácter de Bolívar. Canning desconfiaba de Bolívar y quería saber si en realidad Bolívar pensaba hacerse emperador o dictador de toda Sudamérica. El lector también descubre a través del "autor" cómo éste encontró el diario de María Teresa del Toro, la joven esposa de Bolívar, en la Biblioteca Nacional de Bogotá. Las secciones intercaladas del diario se titulan "María Teresa" y revelan otra fase de la vida de Bolívar, la del hacendado rico rodeado de esclavos.

El gran desafío para Álvaro Pineda Botero al emprender todavía otra versión novelesca de Bolívar fue establecer su originalidad. El proyecto se dificultó aún más por las muchas escenas ubicadas en 1830 en Santa Marta, también presentes en *El general en su laberinto*, de García Márquez. No obstante, *El insondable* se destaca por su concentración en los años preheroicos de Bolívar, 1802-1806, y por la ágil alternación de los cinco puntos de vista.

Las dos novelas femeninas del cuarteto se asemejan todavía más que las masculinas. Las dos novelistas, igual que Pineda Botero, tuvieron que esforzarse por crear una nueva versión novelesca de un tema ya bastante cultivado. Las dos escogieron el fenómeno histórico nacional más importante del siglo xx: la Violencia para Colombia y la Revolución para México. Aunque ya se habían publicado decenas de novelas y tomos de cuentos sobre los dos fenómenos históricos, las dos novelistas se distinguen de sus antecesores famosos en que ellas no presenciaron los sucesos y por lo tanto escriben desde una perspectiva histórica. La mexicana Ángeles Mastretta nació en 1949, mientras la colombiana Silvia Galvis debe de haber nacido en los años cincuenta.[83] Aunque las dos novelas captan o aluden a una gran variedad de sucesos históricos, también denuncian la violencia histórica que atribuyen a los hombres y presentan la lucha de sus protagonistas femeninas por liberarse.

Entre las novelas de la Violencia colombiana, ¡*Viva Cristo Rey!* (1991) se destaca por abarcar un periodo cronológico mucho más largo. Mientras la mayoría de los historiadores y narradores colombianos señalan 1946 como el comienzo de la Violencia[84] con la elección como presidente del conservador Mariano Ospina Pérez, ¡*Viva Cristo Rey!* remonta a la Guerra de los Mil Días (1899-1902) para trazar el antagonismo entre los conservadores apoyados por los terratenientes y la Iglesia y los liberales anticlericales hasta el Pacto de 1958 entre los dos partidos. No obstante, conforme con la fórmula de Walter Scott para la novela histórica, los protagonistas y todos los personajes secundarios son ficticios. Ni se mencionan de nombre las figuras históricas más importantes. A Jorge Eliécer Gaitán, el líder carismático del ala izquierda del Partido Liberal cuyo asesinato en 1948 provocó el bogotazo, se le nombra sencillamente el Caudillo. A Laureano Gómez, el conservador derechista elegido presidente en 1950, se le llama el Basilisco exterminador.

A pesar del poco énfasis que se les da a los líderes políticos nacionales, ¡*Viva Cristo Rey!* presenta una historia social de Colombia en la primera mitad del siglo XX concentrada en la historia de dos pueblos ficticios de nombre humorístico: Onán e Himeneo. Como los liberales constituían la mayoría de la población de Onán, los conservadores se dieron cuenta de que nunca podrían ganar una elección y decidieron fundar otro pueblo, Himeneo, cuyo nombre fue escogido para recordar constantemente a los habitantes su necesidad de reproducirse para poder competir con los liberales.

Los personajes ficticios se dividen tanto entre liberales y conservadores como entre hombres y mujeres. Partidaria de los liberales sin ser incondicional, la autora los divide entre los Mansos, que son tan moderados que aceptan la autoridad del papa, y los Tercos, que son enemigos

---

[83] Silvia Galvis, ¡*Viva Cristo Rey!*, Bogotá: Planeta, 1991. Es la primera novela de la autora y su primer libro, *Colombia nazi*, se publicó en 1986. Aunque la novela se publicó en 1991, confieso que la incorporé entre las novelas del último quinquenio porque cabe perfectamente dentro del cuarteto.

[84] La Violencia se divide normalmente en tres fases: 1946-1953 para el conflicto entre liberales y conservadores; 1954-1958 para el bandolerismo exento de ideología política; 1959-1965 para la guerra de guerrillas, guerra revolucionaria.

declarados de la Iglesia. El líder de los Tercos muere a la edad de noventa y uno sin haber entrado nunca en una iglesia. Incluso celebró su matrimonio estando él en el atrio mientras la novia se arrodillaba sola frente al altar. Los dos grupos de liberales respaldan los derechos de los obreros y de los pobres en general. Denuncian el imperialismo de los Estados Unidos y abogan por una reforma agraria y por la educación pública laica. Los conservadores, en cambio, se identifican con los grandes latifundistas y la Iglesia y se empeñan en mantener el *statu quo*. Su representante odioso es el hacendado Napoleón Guerrero, que no tiene ningún reparo en violar esposas e hijas de sus peones sin ningún reconocimiento de los niños ilegítimos. Sus hijos gemelos legítimos, José Beatriz y Faraón, llegan a ser respectivamente el senador conservador más importante y el obispo de Onán e Himeneo.

Aunque el armazón de la novela parece ser el conflicto entre los dos partidos políticos que produjo la Violencia, de cierta manera sería más acertado caracterizar la novela de *Bildungsroman* de Rosalía Plata, con reminiscencias nada disfrazadas de *Cien años de soledad*. La misma narradora afirma al final del capítulo treinta y ocho: "De que la vida inédita de Rosalía Plata no se pierda en la maraña de la historia, es que trata este relato de recuerdos de Onán" (300). Tanto Rosalía como su futuro amigo, novio y marido, Alejo Coronado, nacieron en 1898. Alejo, huérfano, se cría en casa de su tía Flora Coronado, maestra del pueblo, quien por su actitud de mujer liberada llega a ser modelo para Rosalía. A los quince años Alejo se matricula para estudiar leyes y comienza su carrera política como Terco, mientras a Rosalía su mamá la interna en un colegio católico de Bogotá después de descubrir las cartas apasionadas de Alejo.

Rosalía se queja "con furor uterino" (118) con Flora acerca del régimen y de las enseñanzas del colegio: una mujer fuerte no sirve ni para esposa ni para madre. Después de la muerte de su mamá, Rosalía abandona el colegio, lee la poesía erótica de Alfonsina Storni, de Juana Ibarborou y de Delmira Agustini y emprende la misión de "redimir la pobreza" (166). Sin embargo, después de casarse con Alejo, éste, a pesar de su liberalismo, insiste en el papel tradicional de la esposa. No permite que Rosalía lo ayude en su campaña para senador diciendo que las mujeres no tienen el derecho del voto y que debería respetarse el dicho de "las señoras en la casa y los hombres en la plaza" (268). Por mucho que se haya liberado Rosalía, sigue enamorada de Alejo a pesar de sus infidelidades antes y después del matrimonio: "No puedo vivir sin él y con él la vida es agonía" (307). Esa contradicción es todavía más asombrosa teniendo en cuenta que Rosalía aprecia el amor sincero y serio de otro correligionario político.

Una situación paralela en una capa social más baja se presenta a través del diario de Visitación Jinete, cuyas selecciones constituyen siete de los cuarenta y ocho capítulos de la novela. Hija de uno de los peones de Napoleón Guerra, éste la violó cuando tenía catorce años. Al resultar embarazada la internaron en el mismo colegio de Bogotá con Rosalía, donde se hacen amigas. Luego, un amigo de Alejo la enamora, finge casarse con ella en un simulacro de ceremonia nupcial y la abandona después de que resulta embarazada otra vez. El senador conservador José Beatriz "le tiene compasión" y la coloca en el burdel de Onán. Para la sorpresa de los lectores, al final de la novela Visitación acaba por alcanzar la felicidad: su hija se recibe de maestra y ella deja el burdel para vivir en casa de Rosalía.

La novela termina con una condena implícita de los hombres, que son los responsables por la Violencia, y una reafirmación explícita del anticlericalismo de la autora. El Pacto de 1958 se celebra con un abrazo público entre los enemigos a muerte: Alejo Coronado, liberal, y José Beatriz Guerrero, conservador. Al ver el abrazo histórico por televisión, Visitación, cuya madre fue desollada viva, no puede alegrarse por la resolución del conflicto. Más bien siente asco por la hipocresía de los hombres. Poco después se comenta la ascensión al cielo de la hermana monja de Rosalía. La incrédula Rosalía afirma con certidumbre que "Amelia murió de hambre, de tanto ayunar por el amor del Divino esposo; lo demás son inventos de las monjas para reclutar ingenuas" (383).

La huella de García Márquez en estas palabras es obvia. Para eliminar cualquier duda, la primera amante de Alejo se llama Soledad Márquez. Además, en 1996, la autora publicó un libro titulado *Los García Márquez*, basado en entrevistas con nueve de los diez hermanos del novelista. Sin embargo, señalar la presencia de García Márquez en *¡Viva Cristo Rey!* no implica una crítica de mi parte. Esa presencia no es gratuita; no desentona en absoluto con el contenido y la forma de toda la novela. En cambio, si por una parte ameniza la lectura, por otra reduce el impacto dramático de la Violencia, en contraste, por ejemplo, con otras dos novelas, no históricas, totalmente desprovistas de humor: *El día señalado* (1963), de Manuel Mejía Vallejo, y *Cóndores no entierran todos los días* (1971), de Gustavo Álvarez Gardeazábal.

Mal de amores, de Ángeles Mastretta,[85] la cuarta voz del cuarteto, también podría considerarse un *Bildungsroman* feminista que traza la vida de su protagonista desde fines del Porfiriato en Puebla —ella nace en 1892— hasta la presidencia de Álvaro Obregón (1920-1924). Como Rosalía Plata, Emilia se enamora de su amigo de la niñez, Daniel Cuenca, y tiene de modelo a una mujer mayor. Emilia sigue los consejos de su tía soltera Milagros, quien apoya su amor por Daniel a través de toda la novela. Milagros demuestra su independencia participando activamente en la política, en este caso, la campaña antirreeleccionista, y llegando a instalarse en la casa del poeta Rivadeneira, a quien quiere, aunque la semana anterior rechazó su propuesta de matrimonio con palabras que recuerdan las de Amaranta en *Cien años de soledad:* "—¡Rivadeneira querido, lamento decirte que ya envejecimos!" (198).

Emilia se retrata como una mujer más moderna y más liberada que Rosalía. A los diecisiete años se hace amante de Daniel. Lo que sorprende aún más es que los padres de ella permiten que los jóvenes vivan en su casa. Otro paralelismo con *¡Viva Cristo Rey!* es el conflicto entre la vida personal y la vida pública del novio/amante. A Emilia le despierta celos la pasión de Daniel por la política. Él la abandona en distintos momentos de la Revolución, aun después de casarse. Daniel se distingue, sin embargo, de Alejo Coronado, en que no parece ser mujeriego. Además de Emilia, sólo le apasiona la Revolución. En cambio, ella, mujer liberada, es capaz de amar a dos hombres. Mientras Daniel anda con las tropas norteñas de Pancho Villa en 1910, Emilia se enamora poco a poco de Antonio Zavalza, médico inteligente, equilibrado y comprensivo. Ella decide casarse con él pero mientras se está celebrando el compromiso con una cena en casa de los padres, no puede resistir la melodía amorosa tocada en la flauta por Daniel y corre a la calle a encontrarse con él. Después se pone furiosa consigo misma pero, igual que la protagonista colombiana, por moderna y liberada que sea, no puede dejar de quererlo. La tía Milagros resume concisamente la situación: "—Las mujeres no vamos a cansarnos nunca de perder a los hombres perfectos" (240). Emilia, no obstante, no pierde a su novio perfecto. Después de varios encuentros apasionados, pero breves, con Daniel, ella toma la iniciativa y se instala en casa del médico anunciando a sus padres que es bígama. No sólo sus padres sino también el doctor Zavalza le perdonan sus breves encuentros con Daniel,

---

[85] Ángeles Mastretta, *Mal de amores,* México: Alfaguara, 1996.

que continúan. En el capítulo final la narradora revela que para 1963 Emilia ya tiene tres hijos, pero con cierto toque de humor no se revela cuál de los dos hombres es el padre.

A pesar del tono de mis últimos comentarios y a pesar del título de la novela, *Mal de amores,* no debería confundirse esta obra de ninguna manera con una telenovela. Se trata de una novela histórica seria, muy bien escrita y con una caracterización más desarrollada que la de *¡Viva Cristo Rey!* El comportamiento de Emilia puede ser inusitado para una poblana de esa época.[86] En efecto, es aún más atrevido que el de la protagonista de *Arráncame la vida* (1985), la novela anterior de Mastretta ubicada en los años treinta. Sin embargo, se dan bastantes antecedentes para que su comportamiento no parezca tan inverosímil. A partir de su niñez, Emilia se congenia con su papá, farmacéutico autodidacta, criado en una isla por la costa de Yucatán. Su personalidad alegre y campechana de costeño, su gran interés en los sucesos internacionales y su liberalismo tanto político como religioso influyen mucho en la formación de Emilia. Su padre, lo mismo que su madre, enseñaban a Emilia de niña que los dioses católicos no eran ni mejores ni peores que la diosa maya de la luna, que los dioses aztecas o que los dioses griegos. Las ideas de Emilia respecto a la medicina son también eclécticas. Su papá le enseñó cuanto sabía acerca de las drogas farmacéuticas, pero también le comunicó su respeto por los conocimientos médicos de Maimónides. Del doctor Zavalza, Emilia aprende a aceptar los últimos descubrimientos de los médicos austriacos y estadunidenses, pero también se informa acerca de las yerbas curativas que se venden en el mercado público. Aunque nunca recibe título de médico, Emilia ejerce, sobre todo para ayudar a los pobres y a los heridos. Uno de los capítulos más inolvidables de la novela describe el largo viaje en tren desde Nuevo León hasta la capital durante el cual Emilia coopera con una vieja curandera para aliviar el sufrimiento de los soldados.

Igual que en *¡Viva Cristo Rey!,* las acciones de Emilia como mujer independiente se entretejen con la condena de la muerte y la destrucción al nivel nacional causadas por los hombres. Sin embargo, a diferencia de la novela colombiana, *Mal de amores* ofrece un panorama histórico mu-

---

[86] "My character is a woman who has the attitudes of the 1970s in 1910, something, quite possible because the period of the Revolution from 1910 to 1940 was rather permissive" ["Mi personaje es una mujer con las actitudes de la década de los setenta en 1910, algo muy posible porque el periodo de la Revolución de 1910 a 1940 ofrecía bastante libertad"] (Ángeles Mastretta, Interview with Gabriella de Beer in the latter's *Contemporary Mexican Women Writers,* Austin: University of Texas Press, 1996, 235).

cho más detallado y específico. Casi la mitad de la novela está ubicada en las dos últimas décadas del Porfiriato. El papá de Emilia junto con el papá de Daniel organizan reuniones secretas de su club antirreeleccionista, aunque desconfían del espiritismo de Madero y de sus intentos de complacer a las distintas facciones que integran su movimiento. Se describen las actividades del maderista Aquiles Serdán en Puebla, que culminan en su muerte a manos de la policía sólo dos días antes de que estalle la revolución en todo el país. Pocos meses después se derrumba la dictadura de Porfirio Díaz y Emilia presencia la entrada triunfal de Madero en la capital el 7 de junio de 1911. De ahí en adelante se acelera el ritmo de la novela para reflejar los sucesos rápidos y caóticos de la Revolución. En los capítulos dieciséis a veintisiete se describen o se retratan los sucesos claves de la siguiente década: el golpe militar de Victoriano Huerta seguido del asesinato de Madero; la ocupación de la capital por las tropas de Villa y de Zapata; el triunfo final de Carranza y la formulación de la Constitución revolucionaria de 1917, y por último, la sublevación de Obregón contra Carranza, seguida del asesinato de éste y la elección de aquél en 1920.

Esta visión histórica de la Revolución muy bien lograda y focalizada a través de una mujer independiente y liberada complementa las visiones masculinas de la Revolución encontradas en las novelas más canónicas de México, desde *Los de abajo* (1915) hasta *La muerte de Artemio Cruz* (1962).

La continuación del auge de la novela histórica no se limita a México y a Colombia. Argentina también puede jactarse de varias novelas históricas del último sexenio, desde *El largo atardecer del caminante* (1992), de Abel Posse, sobre Cabeza de Vaca y la reescritura en Sevilla de sus *Naufragios*, hasta *Montevideo* (1997), de Federico Jeanmaire, novela erótica sobre la estadía de Sarmiento en la capital del Uruguay. En los Estados Unidos, una novela histórica tradicional aparece en la lista de *best-sellers* del *New York Times* desde hace unas cuarenta semanas. Se trata de *Cold Mountain,* de Charles Frazier, que traza la caminata de un soldado herido hacia su pueblo a fines de la Guerra Civil. También en 1997 se publicó una Nueva Novela Histórica de ochocientas páginas, *Mason and Dixon,* de Thomas Pynchon, escrita a las mil maravillas en la retórica del siglo XVIII, con retratos carnavalescos de Benjamín Franklin y de Jorge Washington. Así es que no sólo en Hispanoamérica, sino en todo el mundo, sigue predominando la novela histórica. La única duda surge del número relativamente reducido de Nuevas Novelas Históricas.

OBRAS CONSULTADAS

De Beer, Gabriella, *Contemporary Mexican Women Writers,* Austin: University of Texas Press, 1996.
Frazier, Charles, *Cold Mountain,* Nueva York: Atlantic Monthly Press, 1997.
Galvis, Silvia, *¡Viva Cristo Rey!,* Bogotá: Planeta, 1991.
Gargallo, Francesca, *La decisión del capitán,* México: Era, 1997.
Jeanmaire, Federico, *Montevideo,* Bogotá: Norma, 1997.
Mastretta, Ángeles, *Mal de amores,* México: Alfaguara, 1996.
Morales, Heberto, *Jovel, serenata de la gente menuda,* México: Gobierno del Estado de Chiapas/Porrúa, 1992.
Pineda Botero, Álvaro, *El insondable,* Bogotá: Planeta, 1997.
Posse, Abel, *El largo atardecer del caminante,* Buenos Aires: Emecé, 1992.
Pynchon, Thomas, *Mason and Dixon,* Nueva York: Henry Holt, 1997.
Rebolledo, Francisco, *Rasero,* México: Joaquín Mortiz, 1993.

III. Guatemala

FLAVIO HERRERA: UN CRIOLLISTA DIFERENTE[1]

PARA COMPRENDER LA GÉNESIS de la novela criollista en Guatemala hay que tener en cuenta la supresión de la libertad durante las dictaduras de Estrada Cabrera (1898-1920) y de Jorge Ubico (1931-1944) y, por consiguiente, el gran entusiasmo por la Revolución de 1944. Antes de esa fecha casi todos los autores escribieron sus novelas en el destierro o las adaptaron en Guatemala para no desagradar al dictador. A partir de 1944 hubo un gran fermento cultural en todas las artes que se esforzaba por captar la esperanza del pueblo. Igual que en la mayoría de los países hispanoamericanos, la novela criollista comenzó a definirse hacia la tercera década de este siglo y llegó a predominar entre más o menos 1925 y 1945.

Con la obra de Flavio Herrera (1895-1968) se registra el triunfo de la novela criollista en Guatemala. No obstante, la introspección, tan característica de la literatura guatemalteca en general, está presente en cada una de las novelas de Flavio Herrera; la estructura tiende a ser experimental; y el lenguaje luce símiles y metáforas atrevidos. El escenario de todas sus novelas es principalmente el departamento de Escuintla, cuyo ambiente tropical ha sido transformado por Herrera para representar a toda la América tropical.

El tigre, la primera y la más conocida de las novelas de Flavio Herrera, se publicó en 1932 y ha merecido por lo menos seis ediciones. A pesar de ser su primera novela, tiene una madurez asombrosa. Sin embargo, se explica si se toma en cuenta que el autor tenía a la sazón treinta y siete años, había viajado por Europa, conocía muy bien la literatura mundial y había publicado varios *hai-kais* y dos tomos de cuentos, *La lente opaca* (1921) y *Cenizas* (1923), éste en Leipzig, Alemania. Aunque los cuentos revelan la técnica de De Maupassant, los temas son bastante criollistas y el estilo impresiona por su vigor y por su rapidez, en contraste con el detallismo lento de los naturalistas y la belleza artificial de los modernistas.

[1] Adaptación de mi *Historia crítica de la novela guatemalteca*, 2ª ed., 1985.

El tigre ha sido comparada con *La vorágine* por su delirio tropical y con *Doña Bárbara* por el antagonismo entre la civilización procedente de la ciudad y la barbarie del campo. Aunque el parentesco con esas dos obras maestras es innegable, *El tigre* tiene su propio carácter original. Más que nada, es una visión cubista del trópico. El Chato Ortiz, espectador literario de la acción, lo ve todo como "la estilización cubista del paisaje y del obraje, triangulizada en el cono impecable del volcán".[2] La novela, que sólo cuenta en su sexta edición unas ciento treinta páginas, consta de unos treinta capítulos que presentan la acción desde distintos ángulos. La focalización predominante es de don Luis y del narrador omnisciente, pero algunas escenas se ven por los ojos de los criados Tisiquín y la Mocha, el Chato Ortiz, Fernando, Margarita y Pilar de Osegueda. Los episodios se suceden rápidamente en los capítulos cortos que van de un tema a otro sin permitir que el tiempo pase cronológicamente. Algunas veces, al volver al mismo episodio después de varios capítulos, se crea la impresión de que el tiempo es inmóvil. En otras partes se logra el mismo efecto por medio de una rapidez excesiva: "En su mente veía su propia vida como un poliedro rojo que giraba, giraba a voluntad [...]" (29); "Superposición de cuadrículos en fuga en proyección cinemática a cámara lenta. ¡El tren!"(115).

Para captar el trópico, Herrera subordina los personajes al efecto total sin restarles su valor humano. Como José Eustasio Rivera, se exalta ante el "holocausto supremo" (47) del trópico. No lo glorifica como hacían los románticos, pero no puede menos que admirarse ante su fuerza primitiva: "Trópico. Entre devoramiento perpetuo. Tragedia cotidiana. Imperio del tigre, de la víbora, del gavilán [...] ¡Colmillo y garra!" (125). Para los hombres civilizados de la ciudad, el escenario tiene una "estupefacción de pesadilla"(13). Ese aspecto medio fantástico se intensifica por la transformación intermitente de Fernando en *el tigre,* encarnación del trópico. Su fuerza se hace sentir constantemente aunque raras veces interviene directamente en las escenas. Irrumpe por primera vez en el séptimo capítulo pasando como un rayo. Es el jinete anónimo que detiene la representación de una comedia malísima gritando y disparando. Antes de que el comandante pueda agarrarlo, se escapa. En el capítulo siguiente, Margarita, campesina bonita y casta, se queja con don Luis de que Fernando la está acosando. Éste hace su primera actuación identificada en el capítulo nueve.

---

[2] Flavio Herrera, *El tigre,* 6ª ed., Guatemala: Editorial Popol Vuh, 1954, 45.

Invita a bailar a Margarita y se va renegando cuando ella lo rechaza. Vuelve a aparecer como personaje dos capítulos después enfrentándose a un caporal que estaba persiguiendo a unos peones que se le habían escapado. Pasan cinco capítulos sin ninguna alusión a Fernando pero luego vuelve a asumir su papel de tigre. Mientras don Luis y su padre hablan de los problemas de la finca, el narrador insinúa que Fernando está rondando la casa: "En esto, la luz de un foco acusa una sombra fugitiva volando por la cal lívida del muro. Pisadas leves y cautelosas que se alejan [...] Nadie contesta; pero en el lado opuesto a donde miran se oye el estrépito de alguna cosa derribada como en la premura de alguna fuga [...]" (59). La primera descripción de Fernando como hombre ocurre en el capítulo veinte, y en el siguiente trata en vano de averiguar de un campesino embrutecido lo que pasó en una reunión entre su padre, su hermano y un abogado. Cuatro capítulos más adelante, Margarita siente que alguien está rondando de noche su casa. Dispara y hace que se retire el enemigo, que no puede ser otro que el tigre. En el capítulo veintisiete, el Chato Ortiz escribe a Luis que su hermano es "el salto atrás de la especie. Es algo trágicamente elemental" (108). Es que ha echado a la hoguera ocho gatitos recién nacidos. En el penúltimo capítulo del libro, Luis piensa en su hermano, y en el último, éste, convertido en tigre otra vez, lo asesina sin entrar en escena.

El ambiente violento del trópico, personificado en Fernando, se refuerza con unas escenas en que actúan otros personajes. Don Bonifacio Palencia, patrón viejo "de plata y de bragueta" (51), hace el papel del centauro llevándose a la fuerza a Feliciana. Don Luis sufre una pesadilla que lo deja horrorizado. Caminando por la selva con su criado Tisiquín se oyeron lloriqueos y, al entrar en una casucha cercana, descubrieron a una mujer muerta, cercenada la cabeza, con su niño todavía chupándole los pechos. En otra escena de pesadilla, que en realidad sucedió, el mismo don Luis atacó y poseyó a una mujer desconocida en medio de la selva mientras esperaba a Alicia.

Este episodio desmiente el papel de Luis como civilizador del trópico. Médico que llega desde la ciudad, es natural que se enfrente con su hermano rapaz. Es el mismo tema de la civilización contra la barbarie tan netamente desarrollado por Gallegos en *Doña Bárbara*, sólo que aquí triunfa la barbarie. Triunfa no sólo porque al final Fernando mata a Luis, sino también porque a través de la novela el hermano fiera contagia al civilizado. Si los capítulos "Husmeo", "Venteando presa", "Acoso" y "El último zarpazo" se refieren a Fernando, a Luis le toca la responsabilidad de los títulos felinos "La huella" y "Otra huella". Poco antes de morir, Luis se reconoce "abúlico [...] hiperestético, ¡fracasado!" (125). Sabe que Fernando merece un tiro pero se siente incapaz de dárselo.

Por medio de este tipo de divagaciones, el carácter de Luis se revela y se transforma de símbolo en hombre. Aunque el propósito principal del autor es crear el ambiente del trópico, como buen guatemalteco se interesa bastante en el mundo interior de su protagonista. Las vistas introspectivas de Luis tienen como motivo sus relaciones con tres mujeres: Margarita, Alicia y Pilar de Osegueda. Sus deliberaciones resaltan por su lentitud, en contraste con el movimiento rápido y violento de la mayor parte de la novela. Cuando Margarita solicita su protección contra Fernando, Luis no puede menos que preguntarse si en realidad ella quiere entregarse a él. Reacciona fuertemente contra ese pensamiento y se horroriza ante el parecido con Fernando que le ha suscitado el bramido de la lujuria. El conflicto interior de Luis vuelve a manifestarse al final de este capítulo. Después de que promete ayudarla, Luis besa castamente a Margarita, luego apasionadamente y, la última vez, castamente. En otro capítulo, Herrera capta las emociones que siente Margarita al saber que el tigre está rondando la casa.

El caso de Alicia es muy distinto. Es una mujer todo sexo cuyo marido está ausente. Va a consultar a Luis y éste le ofrece poca resistencia. Se deja seducir y se citan para esa misma noche en la selva. Es entonces cuando Luis no puede contenerse y posee por fuerza a una india desconocida antes de que llegue Alicia. Cuando ella llega, Luis se siente tan avergonzado que se esconde. Al otro día, vencida su vergüenza, Luis va a la finca de Alicia y se entablan entonces las relaciones sexuales. No se comentan en absoluto los sentimientos íntimos de Alicia. En cambio, en la entrevista de Luis y Pilar de Osegueda, se revelan las dos almas. Luis sospecha, igual que Pilar, que fue Fernando quien la violó en la selva y le hace muchas preguntas para obligarla a admitirlo. Al final del capítulo, Luis se convence y se desprecia terriblemente tanto por la brutalidad de su hermano como por saberse culpable él mismo de un acto exactamente igual. Entretanto, se descubre la rabia que le roe las entrañas a Pilar al saber que lleva un niño engendrado por aquel hombre que la atacó con tanta vileza.

La preocupación de Flavio Herrera por el mundo interior de sus personajes es propia de todas sus novelas, que por eso se diferencian de la mayor parte de las novelas criollistas producidas en todo el mundo hispanoamericano. Otra diferencia es el poco caso que hace Herrera de los problemas sociales. Prefiere hurgar en la personalidad de los individuos y crear un cuadro artístico del trópico. No comparte el afán reformador de Rómulo Gallegos, Jorge Icaza, Gregorio López y Fuentes, Ciro Alegría y otros muchos. En *El tigre,* los pocos elementos de protesta social que hay están colocados en capítulos cuya función principal no es señalar las injusticias sino interrumpir el ritmo delirante del trópico. En un capítulo denominado precisamente "El trópico", Luis atiende a los indios en su consultorio, increpándoles por comer tierra y por tenerles más fe a los brujos que a él. Un hombre mordido por una víbora no sólo indica uno de los peligros de la vida en el trópico sino que también permite al autor la crítica consuetudinaria de los extranjeros. Una alemana, al enterarse del percance, llega corriendo para ver la piel de la víbora sin hacer caso del hombre moribundo. Todo eso provoca la meditación de Luis sobre la suerte fatal de los indios y los mestizos de su tierra. El estadunidense que quiere comprar la finca tiene el nombre caricaturesco de Mr. Right, pero en realidad no actúa en la novela. En cuanto al sistema semifeudal de las fincas, que ha constituido la materia de tantas novelas hispanoamericanas, Herrera apenas lo toca. En un capítulo que sirve para fijar el carácter violento e impetuoso de Fernando, se presentan unos mayordomos buscando unos peones que se han escapado de la finca. Aunque estos episodios contribuyen al cuadro total del trópico, no cabe duda de que no se les proporciona gran importancia. En medio de la fuerza aplastante del trópico no hay más que un momento cómico. Durante la fiesta, don Lencho Domínguez, viejo abogado cursi, presenta una comedia malísima. A pesar de la burla del público, "don Lencho, impertérrito, hasta sublime, engolándose en desdén olímpico prosigue su viaje hacia la gloria montado en una tortuga" (17).

Esta oración demuestra cómo Flavio Herrera goza jugando con el lenguaje. En *El tigre,* igual que en los famosos *hai-kais,* se nota el don de captar paisajes con pinceladas breves y firmes mediante el uso de símiles y metáforas atrevidos. En la página inicial, Herrera describe la puesta del sol con gran dinamismo y colorido que establecen desde el principio el tono, lo mismo que el tema de todo el libro: "Cae la tarde [...] el sol se despeña cauteloso y dando sangre como un tigre herido" (5). Describe el pelo de Margarita con una metáfora muy propia de la topografía de Guatemala: "La crencha es media noche en las barrancas" (23). Las metáforas llegan a su mayor exuberancia al referirse al trópico: "[...] el sol llueve a chorros anegando el mundo" (41), "el trópico estalla en una carcajada de todos colores" (41). Muchas veces alternan grupos de oraciones breves y largas. En la descripción siguiente, Herrera junta una serie de frases de semejante número de sílabas y una combinación de letras estridentes para lograr cierto efecto auditivo, terminando con una yuxtaposición de metáforas que produce un efecto visual: "Parejas de loros, con cháchara roída de erres, pasan gritando el drama de la puesta. Allá por los corrales, puntas de vacas corren y se aprietan entre el ladrido de los perros y la cacofonía de las esquilas. Un borrico de felpa, junto al corral, se desgañita en un rebuzno aserruchando el filo cándido de la tarde que, hipnotizada, se va de punta de pies tras el recuerdo del sol" (5). Muchas veces el autor se sirve de fragmentos de oraciones para captar la condición caótica del trópico: "El bosque naufragando en una borrachera de música. Una sinfonía bárbara y elemental" (77). En el mismo pasaje repite mucho la palabra "selva" para abrumar al lector con su fuerza.

Esta técnica fragmentaria también se usa en la estructura de toda la novela y contribuye al efecto apetecido. Los capítulos son generalmente breves y muy variados. El narrador se impone en las descripciones de la naturaleza, de los personajes y de unas escenas folclóricas, pero los mismos personajes ofuscan a su creador en las narraciones dinámicas. Los diálogos están escritos en forma teatral y sin comentarios del narrador. Una carta mantiene a los lectores al corriente de lo que ha pasado últimamente y acelera el movimiento hasta el desenlace. En sólo un capítulo, "Historia", se cuenta cómo el padre de Luis hizo prosperar la finca de café cerca del río Nahualate. Ese capítulo se destaca porque es una de las muy pocas ocasiones en todo el libro que hace pensar en el modo tradicional de novelar. En su carta a Luis, el Chato Ortiz le dice que hay que escribir la novela del trópico moderno. *El tigre* es esa novela. La unión de muchos elementos dispersos, característica de todas las novelas de Flavio Herrera, concuerda perfectamente con el tema. Si hay algunos personajes que no se desarrollan tanto como se debía, si no se establece bastante bien el antagonismo entre Luis y Fernando y si el final es algo precipitado, todo puede atribuirse al carácter anárquico del trópico y a la visión poética de su intérprete artístico.

En su novela siguiente, *La tempestad* (1935), Flavio Herrera intentó controlar su imaginación poética para estudiar más profundamente la esencia de Guatemala. En eso, estaba anticipando el próximo paso en el desarrollo de la novela hispanoamericana. Hacia 1940 el criollismo se transformó en la novela nacional, inspirada en parte por *U.S.A.*, de Dos

Passos. *El luto humano,* de José Revueltas; *Cholos,* de Jorge Icaza; *El mundo es ancho y ajeno,* de Ciro Alegría; *Juyungo,* de Adalberto Ortiz, y *Canaima,* de Gallegos, trataron los mismos aspectos bárbaros de su país pero con un afán de colocarlos dentro de su perspectiva histórica. Obsesionados por el ansia de conocerse a sí mismos, los autores se identificaron con su país y se esforzaron por captar la totalidad geográfica, racial e histórica de su nación. En una novela nacional, la acción suele ocurrir en distintas partes del país; los personajes representan distintos grupos raciales, y los sucesos suelen estar ligados al pasado.

La tempestad fue uno de los primeros intentos latinoamericanos de captar toda la nación en una sola novela, aunque de una manera limitada. La acción transcurre en varias fincas, en un pueblo provinciano y en la capital. Un viaje en tren permite al autor aludir a todos los pueblos en el camino: Pamplona, Morán, Relleno, Amatitlán, Palín y Escuintla. Sin embargo, no hay ningún intento de incluir ni el Petén ni el altiplano y la sierra del noroeste donde vive la mayoría de los indígenas. Los protagonistas son un blanco y un mestizo. Los peones de la finca son indios y uno de ellos, Chilolo, llega a tener su propia personalidad, cosa bastante inusitada en la mayoría de las novelas hispanoamericanas de la época. Para completar el cuadro racial de Guatemala, el autor introduce a los explotadores alemanes y estadunidenses y se vale de un chino anónimo para producir una escena tragicómica en el tren. En la apostilla del libro, Flavio Herrera indica su propósito de intentar "una interpretación real y estética del ambiente campesino guatemalteco". Traza la evolución histórica de la agricultura guatemalteca desde 1875, lo que hace más comprensibles los cambios que se efectúan durante la acción novelística. Pero, a diferencia de los frescos de Diego Rivera y de *El luto humano,* de Revueltas, no trata de abarcar toda la historia nacional.

El aspecto histórico de *La tempestad* gira alrededor de la personalidad tempestuosa de Leonarda, una mestiza advenediza que tiene varios rasgos esenciales del hombre marginal. Éste, producto de dos culturas antagónicas, ha desempeñado un papel importante en algunas novelas de Rómulo Gallegos, Jorge Icaza, Adalberto Ortiz y otros. Leonarda, como muchas mestizas novelísticas, tiene una ambición insaciable de subir en la sociedad, y para ganar prestigio se casa con el hijo de una familia linajuda de su pueblo. Sin embargo, la prosperidad económica no le basta. Si ella no puede ser aceptada por sus orígenes, quiere que su hijo Julián se integre en la nueva aristocracia. Se instalan en un barrio rico de la ciudad para que Julián pueda relacionarse con las hijas de las buenas familias. Hay un intento de establecer un noviazgo con la hija de un abogado respetado, pero fracasa. Julián se obsesiona entonces por Alina, que llega a ser su amante y quien le da un niño que Leonarda acaba por aceptar a causa de su carne blanca y pelusilla rubia. Quizás el mayor afán del personaje marginal es asemejarse a la raza superior, renegando de su propia sangre de raza "inferior". Una de las tramas secundarias trata de Jacinta que, al principio de la historia, es una niña pordiosera. Cuando Leonarda le ofrece un chal, Jacinta lo rechaza por miedo de volverse negra y la llama "india". Esto, para Leonarda, es el peor insulto posible y nunca se lo perdona. Unos años después vuelve Jacinta, ya ciega, con un viejo pordiosero. Leonarda le guarda mucho rencor pero, al mismo tiempo, le tiene compasión y la hospeda en su casa. Una noche, Leonarda sorprende a su hijo caminando rumbo al cuarto de Jacinta. Furiosa, la emprende con la muchacha aunque ésta lo niega todo. Cuando llega Vicente, el esposo de Leonarda y el verdadero amante de Jacinta, Leonarda lo mata mientras Jacinta huye en medio de la tempestad. Lo que más enfurece a Leonarda es que alguien le recuerde su procedencia indígena.

Los indígenas en esta obra y en las novelas de Flavio Herrera en general son seres despreciables, haraganes y aficionados al engaño. En la finca, piden cosas al amo aunque en realidad no tengan nada que pedir. Sólo quieren aprovecharse de la bondad del amo. Esa interpretación difiere muchísimo de la de casi todas las novelas indigenistas de Hispanoamérica. Sin embargo, es exacta en cuanto representa con certeza el punto de vista del finquero.

Por el mismo punto de vista se caracterizan los extranjeros en Guatemala. El gringo no es el tipo brutal y caricaturesco de Mr. Danger de *Doña Bárbara,* sino un explotador anónimo que va desplazando a los finqueros guatemaltecos. Se critica a los presidentes/dictadores por las preferencias que otorgan a los extranjeros. Mientras el cafetalero español, don Jorge, es un hombre simpático que ayuda a Leonarda y a su esposo en su afán de superarse, el inmigrante alemán, Herr Glura, va quitándole tierra a Juan de la Cruz, uno de los personajes simpáticos del libro.

Sin embargo, tanto en esta novela como en *El tigre,* Flavio Herrera no se preocupa principalmente por la protesta social. En *El tigre* le interesaba más la elaboración artística del trópico. En *La tempestad* quería retratar la nación y por eso incluyó a los indios y a los extranjeros, pero se siente mucho más atraído por los personajes que por los temas. Mientras que, en la mayoría de las novelas hispanoamericanas de 1930 a 1945, sobresale el pueblo anónimo y se subordinan los individuos, en la obra de Flavio Herrera ocurre lo contrario.

En *La tempestad* sobresalen varios individuos que, de cuando en cuando, piensan en voz alta y se analizan a sí mismos. Ya se ha discutido el caso de Leonarda, la mujer marginal. Aunque el autor le capta algunas emociones sinceras, ella es esencialmente un ser representativo que figura en la epopeya del café. Por regla general, Flavio Herrera desarrolla más a sus personajes masculinos. En *La tempestad* el protagonista es César, el dueño de la finca. En medio de todos los problemas nacionales, la mayor preocupación de César es el sexo. Discute interminablemente con su novia Palma sobre la estrechez de la moralidad guatemalteca y, recién regresado de Europa, trata en vano de convencerla de que debe dejarse amar apasionadamente. En cambio, Alina, la amante de Julián, seduce a César a pesar de una resistencia heroica. Durante todos estos capítulos se revelan los pensamientos de César. Muy parecido a Luis de *El tigre*, es un abúlico culto y sofisticado a quien le cuesta trabajo adaptarse a la vida provinciana y tropical de Guatemala. Su seductora Alina se parece mucho a Alicia de *El tigre*. El uso de los mismos personajes en sus distintas obras recalca la importancia que Flavio Herrera les concede. Hasta se sirve del mismo individuo en las dos novelas para representar al explotador alemán, Herr Glura. Asimismo, el Chato Ortiz es *alter ego* tanto de Luis en *El tigre* como de César en *La tempestad*.

A causa del entronque entre estas dos novelas, una comparación es inevitable. En *El tigre*, a pesar de todos sus elementos dispersos, hay una gran unidad y todo contribuye al retrato del trópico. En cambio, *La tempestad* tiene varias tramas y varios temas que el autor no logra fundir muy bien. El libro se divide en tres partes: atrio, paréntesis y agonía, que no tienen el valor simbólico que parecen indicar. En *La tempestad* quiso hacer una novela nacional a la moda criollista. Figuran los explotadores extranjeros, el personaje marginal, las escenas folclóricas, la vida de los indios, las discusiones sobre los límites de la finca, en fin, el intento de abarcar toda la nación. Su título sugiere que la nación se está gestando y que los choques entre los distintos tipos sociales son necesarios para su evolución, pero el autor no mantiene ese propósito. La parte del libro denominada "Paréntesis" termina con una tempestad, en medio de la cual la ciega Jacinta huye de la furia desencadenada de Leonarda. La otra tempestad de la novela, que refuerza un poco la estructura total, le ofrece a

Alina el pretexto de refugiarse en la casa de César. Así es que el autor une los dos temas, pero la unión resulta algo artificial. El protagonista de toda la novela es César y la trama principal depende de sus deseos de poseer a Palma. Por eso se malogra el intento de Flavio Herrera de hacer una novela nacional. Si pudo controlar su afición por el lenguaje experimental —*La tempestad* es inferior a *El tigre* en cuanto a la riqueza de imágenes y la creación de colores y de sonidos— no fue capaz de reprimir su obsesión por los temas eróticos que a pesar suyo llegan a predominar en *La tempestad*. La novela tiene la importancia de ser uno de los primeros esbozos de la novela nacional en toda Hispanoamérica. Tiene algunos personajes y episodios muy bien presentados, pero el conjunto carece de esa unidad que caracteriza la novela bien hecha del siglo xx.

Caos (1949) se considera la obra maestra de Flavio Herrera. Conforme al cosmopolitismo de la posguerra, la naturaleza pierde aquí su importancia primordial. Las condiciones caóticas del trópico de *El tigre* y de la nación en general de *La tempestad* ceden su lugar al caos interior de los personajes. La experimentación con los símiles y metáforas de *El tigre* y la inclusión de una novelita parentética en *La tempestad* se combinan en forma madura en *Caos*. La novedad más atrevida es la división del libro en dos partes que, al parecer, son completamente distintas. Sin embargo, en realidad, la segunda parte es la explicación de la primera y a través de toda la novela se establecen nexos entre las dos divisiones, lo que produce una especie de contrapunto musical.

Como en las otras novelas de Flavio Herrera, los personajes principales son los hombres. En *Caos* son tres, que en efecto no son tres sino uno. De ahí la clave de la novela. Los tres hombres, Adolfo, Simón y Luis, que se influyen unos a otros en la finca costeña de la primera parte, se funden en uno solo en la segunda parte, que es un psicoanálisis de Adolfo mediante evocaciones de su niñez, su adolescencia y su juventud.

Adolfo es el finquero que desde hace mucho tiempo vive en un estado mórbido. En la primera página de la novela, el narrador nos entera de su estado psíquico con sólo decirnos la frase "tras una de sus noches de mal sueño".[3] En esa condición descubre a Simón, quien está rodeado de misterio desde el principio. No se sabe su nombre hasta el segundo capítulo, mientras que el narrador lo describe con palabras como "alucinación", "fantasma", "espectro" y "alucinado" (7). Simón es un hombre arruinado

---

[3] Flavio Herrera, *Caos,* Guatemala: Editorial Universitaria, 1949, 7.

por el alcoholismo que comete algunos actos bárbaros que Adolfo siempre trata de disculpar. Es como si Simón fuera lo que él pudiera haber sido o lo que él sería. Desde el primer capítulo se anuncia la segunda parte del libro con la reacción de Adolfo frente al ataque de Simón. "Adolfo mismo estuvo observándolo largo rato, mordido de misterio e inquietud, mordido de pavor sintiendo que el incidente le alumbraba un tenebroso panorama pretérito con una aguda desazón de oscuros prenuncios" (8). La emoción que más posee a Simón es el miedo, que predomina también entre los recuerdos de Adolfo en la segunda parte. Otra indicación de que las dos partes del libro no son tan independientes como parecen a primera vista es que Simón no se acuerda de nada. Puesto que él no tiene historia y dado su carácter fantástico, su conducta puede explicarse con la historia personal de Adolfo. El tercer personaje integrado en el protagonista es Luis, quien se revela en el segundo capítulo, por medio de dos cartas cambiadas, que es amigo de Adolfo y que tiene un carácter sólido. Es más práctico y tiene más "ecuanimidad, orden, dinamismo" (15) que Adolfo. Éste lo llama para que dirija la finca durante su ausencia. A Luis no le gusta la conducta extravagante de Simón. Cuando Adolfo vuelve, tiene que defender su deseo de proteger a Simón: "Confieso que Simón me tocó una fibra vulnerable y, a pesar mío, lo mantengo aquí porque es un desgraciado con el que siento una ligazón afectiva que viene de lo más hondo de la vida" (36). Luis, igual que Simón, no tiene antecedentes y viene a ser como la conciencia del hombre tripartito. Adolfo le consulta sus dudas mientras que Simón es vigilado por él. Es que Simón representa las tendencias violentas del hombre, las cuales se destacan en unas escenas muy dramáticas. Se emborracha en la fiesta de San Lorenzo y hace caracolear el caballo de Adolfo. Después lo acusan, falsamente al parecer, de haber asesinado a Goyo López, quien estaba bebiendo con él. Luis lo observa en el acto de poseer a la Troncho, una mujer ciega y feísima. Los tres ángulos del hombre compuesto saltan a la vista en el episodio de la muerte de la Troncho. Simón la mata porque estaba encinta. Adolfo, adivinando el intento de Simón, se aleja de la hacienda mientras que Luis se encarga del entierro. Adolfo se reconoce culpable, pero al volver a la finca no muestra ningún interés en el caso de Simón. Cuando éste acaba por incendiar toda la hacienda, Luis ya no quiere continuar como administrador y participa en un diálogo enigmático que sólo se explica si se tiene en cuenta que los tres hombres forman en realidad uno solo.

—¿Y el asesinato de la Troncho?
—¿Estás seguro de que fue asesinato...? Y en este caso ¿estás seguro de que fue Simón...?
—¿Cómo estás seguro...? ¿Quién fue entonces...?
—Tal vez tú... tal vez yo...
—¿Y lo del incendio?
—¿Estás seguro de que fue Simón...?
—No me friegues... ¿Quién fue entonces?
—Tal vez tú... tal vez yo... [90].

La culminación de la primera parte ocurre cuando los peones, alborotados por los crímenes de Simón, se quejan con Adolfo, que está acompañado de Luis. Se acalora la discusión y un indio intenta darle un machetazo a Adolfo. Antes de que pueda descargárselo, cae muerto por una bala disparada por Simón, quien se aleja entre las sombras, reforzando así la estructura del libro con otra alusión a su parecer fantástico. La última prueba de la identificación de Adolfo con Simón ocurre en la escena con la Trina. Adolfo hace planes para casarla con Simón, vengándose en esta forma del desprecio con que ella siempre lo ha tratado a él. Al recordar el momento cuando hace veinte años él trató en vano de poseerla, Adolfo oye una voz que lo coloca en el mismo nivel con Simón. Luego, un párrafo en cursivas anuncia la segunda parte: "Calló la voz mientras Adolfo, medusado, vio una monstruosa identificación de dos seres soslayando lo perentorio de las formas y la ilusión de las fronteras corporales [...]" (66).

Toda la segunda parte, titulada "Suicidio del ángel", también está escrita en cursivas. Son los recuerdos de Adolfo de sus experiencias sexuales en los años de la pubertad, la adolescencia y la juventud. La relación con Simón se establece en los primeros renglones y después su nombre no vuelve a mencionarse:

Pero ¿quién sabe algo del misterio de la conciencia? ¿Por qué este maldito Simón asoma ahora en mi vida a recordarme tantas cosas feas, sórdidas y tristes? Surgen hilachas de recuerdo o, en el limbo amnésico, son puntitos claros como las primeras estrellas cuando amaga la noche [...] Bueno; pero ¿qué tiene que hacer Simón con este relámpago de historia que ilumina el panorama de catástrofe y de extravío vital que fue mi pasado? ¿Qué tiene que hacer Simón? No sé, pero al verlo, me asaltaron los fantasmas de ayer así, a mansalva, me sacudieron [...] me sacuden [...] me plantan de un golpe ante un espejo, el espejo de mí mismo. El ángel va a suicidarse ante su espejo [...] [97].

Aunque el nombre de Simón no vuelve a aparecer en esta parte de la novela, todos los recuerdos de Adolfo logran explicar la conducta de Simón en la primera parte. Sus borracheras, su miedo, su valentía repentina y su actitud para con las mujeres, todo tiene sus antecedentes en el pasado de Adolfo. La timidez de Simón para justificarse ante Adolfo corresponde al primer recuerdo de éste. El abarrotero le obsequiaba un caramelo o una fruta cada vez que iba a la tienda por su madre. Al muchacho le daba pena porque tenía miedo de que se acabaran las dádivas, tanto que le dijo mintiendo a su madre que el abarrotero le había hecho mala cara. Cuando lo supo éste, el niño perdió su simpatía para siempre. El niño se desesperaba por confesarle toda la verdad a don Germán pero no pudo "por aquella su timidez que, a lo largo de su vida, le iba a prestar un sentido equívoco a muchas de sus intenciones más puras" (99). Luego, sigue una serie de recuerdos de episodios sexuales que constituyen los documentos psiquiátricos para analizar la conducta de Simón con la Troncho. Los mimos, los besos y las caricias de Paquita le revelaron al niño Adolfo el instinto amoroso que después lo hizo pasar por muchas peripecias trágicas. Impulsado por deseos muy vagos y todavía informes, Adolfito tumbó a su amiga Jacinta y ésta se dio un golpe en la cabeza, asustando al niño. La asociación del miedo con el sexo se refuerza cuando el preadolescente por poco no se libra de los deseos frenéticos de la inquilina solterona. La situación se empeora cuando, ya adolescente, Adolfo le confiesa a su padre que tiene asco al acto sexual. Su padre lo ridiculiza un poco y lo manda a un médico poco comprensivo. Las alucinaciones que sufre el niño, en las cuales descubre a un indio muerto y asesina con un balazo a un criado inofensivo, hacen juego con la visión de Simón en que insistía gritando que estaban matando a Goyo López. El médico y los demás lo creen epiléptico. El mismo Adolfito queda convencido. El casamiento de su novia Julia con otro lo aniquila por completo, a tal punto que el médico con torpeza sentencia que no debe casarse. Afortunadamente otro médico le asegura que no tiene nada y el muchacho se restablece. Sin embargo, sus contactos desagradables con el sexo continúan. Un día, no puede contenerse y trata de derribar a su tía Susana. Ella lo rechaza y aunque nunca se lo revela a nadie, Adolfo queda muy avergonzado. Después de entrar en el colegio, su primera experiencia con las prostitutas termina en un engaño, lo que enfurece a Adolfo que por poco mata a puñetazos al *macho* del colegio que arregló la cita. La asociación del sexo con el miedo se intensifica cuando Adolfo sabe poco después que el mismo *macho*

Muller fue muerto de un tiro en un prostíbulo y que padecía de sífilis. El destrozo moral de Adolfo se completa con su amor apasionado por Celina, mujer sensual casada con un hombre que casi siempre está ausente de su finca. Celina tiene un niño muy enfermo que acaba por morir durante una de las visitas amorosas de Adolfo. Para él, esto es el colmo. Por casualidad el derrumbe de su mundo interior coincide con el derrumbe de toda la ciudad, causado por el terremoto de 1917. El miedo de Adolfo, que corresponde al miedo de Simón, llega a su máximo durante sus relaciones con otra amante, Serafina. Una noche, volviendo por el cementerio, se topa con una calavera y otra noche se encuentra con un loco que lo deja aterrado. Los soldados lo toman por ladrón y están por fusilarlo cuando Adolfo de repente recobra la capacidad para hablar y les explica el caso. Sin embargo, el miedo de Adolfo no surge tanto de los acontecimientos como de los recuerdos de su conciencia, "pero esa noche eran muchas cosas sobre mí, y con la mente al filo de una noche más negra que la muerte me emborraché, para echar por la borda a ese verdugo vil de la conciencia" (151).

En lo que queda de los recuerdos, Adolfo se va acercando al momento del despertar en la actualidad novelística. Su padre, por cuestiones de su propia salud, tiene que cambiar de clima y lleva a Adolfo a una finca costeña donde el joven también convalece. Se empapa de la vida del campo y cobra esperanza. El recuerdo del atentado contra su tía Susana, como los otros recuerdos, lo atormenta por la noche hasta que le nace una necesidad imperiosa de redimirse. Piensa expiar todos sus pecados matando a Toñote, el terror de toda la comarca. Al sólo pensar en su intención, que ya confesó al viejo campesino Felipe, Adolfo se siente poseído de terror. Sin embargo, cuando un día de repente se enfrenta cara a cara con el bandido, lo desafía con una valentía que deja asombrado a Toñote. Éste, sin su escolta de maleantes, lo cita para el cementerio. Adolfo, medio delirante, allí lo espera en vano. Una escolta de soldados toma preso a Adolfo y el juez quiere sentenciarlo al manicomio mientras que el muchacho afirma que mató a Toñote sin tener clara conciencia del hecho. Al ser sentenciado, Adolfo siente un gran alivio por haberse quitado de encima todo el peso de sus recuerdos. Sentenciado, puede vivir de nuevo y en ese instante vuelve a vivir despertándose del mundo de sus recuerdos y entrando otra vez en el mundo caótico del presente. El último capítulo, llamado "Caos, vida", ata los cabos sueltos de la novela. Se identifican ya definitivamente Adolfo y Simón. Como Simón, Adolfo se emborracha todos los días envenenándose con el alcohol, ha engendrado un hijo y tiene miedo de que nazca. Al desear la muerte del feto recuerda cómo hizo abortar a Elena, otra amante, provocando el galope de su caballo. Sin embargo, reacciona, e hipnotizado por algo cósmico, grita que el hijo debe nacer. Después, vuelve a cavilar y decide suicidarse. Montado a caballo, trata de ahogarse en una corriente crecida, pero en el momento supremo, se aferra de una rama y se salva por su hijo. Las últimas frases de la novela resumen el carácter dualista de Adolfo-Simón; hacen juego con la escena final de la primera parte, cuando la peona afirmó que Simón fue Satanás, y explican el sentido del título de los recuerdos "Suicidio del ángel": "Ángel o demonio [...] no importa. También el Diablo es gloria, es movimiento [...]" (187).

Flavio Herrera, al escribir *Caos*, quiso dar una nota más cósmica a esta novela sin renegar por completo de sus obras anteriores. El atractivo misterioso que se revela entre Simón y las serpientes al principio de la novela se aclara hacia el final de la primera parte en la visión de Adolfo, en la cual la serpiente, personificada en Quetzalcóatl o Gucumatz, se ve como el corazón del cielo y el creador del nuevo mundo. En todas las novelas de Herrera, el mundo es caótico, pero es nuevo y tiene un gran dinamismo basado en el instinto de la procreación.

La naturaleza, que estableció el tono de *El tigre*, apenas se menciona. Las condiciones sociales están presentes en parte, pero siempre en el fondo, pues aunque el autor se da cuenta de la miseria de los de abajo, no puede menos que despreciarlos. En *Caos*, las palabras siguientes, que otro autor hubiera convertido en todo un capítulo, pierden su importancia por la presencia de Simón cuyas ocurrencias se destacan por encima de todo: "Aquella serpiente había costado la vida a dos peones mordidos en el trance de atraparla ilesa, codiciosos de la propina ofrecida por el amo" (11).

A diferencia de las novelas de protesta social en que los amos dan de beber a los peones para que borrachos se olviden de lo que sufren, en *Caos* los peones ayudan a Simón a fabricar su propio guaro. En las obras de protesta social, las fiestas titulares de la finca siempre terminan trágicamente para los peones; en *Caos*, Simón se emborracha más que los indios, los obliga a bailar con él, se entremezcla con ellos y, para el autor, se convierte en su héroe: "Y sobre la finca pasaba entonces una ráfaga de júbilo pagano. Un aliento de gloria dionisiaca" (51). En el bautizo de un indiecito, la crítica del cura apenas se insinúa: "El cura, rosmando latinajos, persigna y crisma con sal y aceite a los indiecitos. Ya son cristianos" (59). En el mismo bautizo, Flavio Herrera junta a los padres del indio con el patrón Adolfo y Aurora, quienes sirven de compadres. Es decir, que en los casos particulares el autor no ve ninguna explotación, aunque en general se da cuenta de que el indio es barro pisado por los que están en el poder. La introducción al capítulo del bautizo es toda una poesía dedicada al indio:

> Van, vienen. Se mueven. Se agitan como en una pantomima de sombras. Nacen, aman, sufren y mueren junto a nosotros. Entre nosotros y nosotros no lo sentimos. Existe un muro entre ellos y nosotros [...] Pero, ellos son la savia y el alma de esta tierra, de nuestra tierra, de su tierra [...] Piedra de carne. Piltrafa de gloria. Indio inédito, torturado, fementido y explotado como una industria nacional por el cacique, el encomendero, el mercachifle, el médico, el abogado, el pintor, el literato, el turista y el leader. Indio: befa, escarnio, vituperio y abominación. Indio gloria aún inédita. Fracaso y promesa. Indio, mugre, congoja y silencio. Protoplasma de América y herida abierta en la conciencia continental. Y, entre él y nosotros, siempre el muro inexorable, la membrana opaca que, a veces, se desgarra y, por la grieta, pasa furtivo un hilo de sol, de calor, de humanidad [57].

Con la palabra "nosotros" hacia el final del trozo, Herrera indica que él no puede identificarse con los indios ni sentir sus desgracias. La muerte de la Troncho le preocupa más a Adolfo por el daño que le hace a su conciencia que por su injusticia. La rebeldía de los peones cuando piden a Adolfo que les entregue a Simón, que ha incendiado toda la finca, pierde sus toques épicos cuando aparece la figura fantástica de Simón revestida de traza demoniaca, en una escena que recuerda a Fernando de *El tigre*.

De todas sus obras anteriores, *Caos* se parece más a *El tigre,* no solamente en cuanto a la trama sino también en cuanto al estilo. El caos del trópico, lo mismo que el caos interior de los personajes de los dos libros se refleja en el estilo "caótico" del autor: muchas oraciones de todo tamaño sin verbos; símiles y metáforas nuevos y transformación de palabras para intensificar su efecto como *"miedooo"* (161), y capítulos breves que alternan de un modo irregular con capítulos largos. Igual que en *El tigre,* el punto de vista de la narración cambia a menudo; las cartas se usan para revelar ciertos acontecimientos, y algunas escenas, por ser puro diálogo, parecen sacadas de una pieza teatral. *Caos,* en fin, resume la novelística de Flavio Herrera y es su obra más representativa. Influido por los cubistas y por los otros vanguardistas, Flavio Herrera utilizó un estilo experimental para captar las condiciones caóticas del trópico.

Con la obra de Flavio Herrera triunfa en Guatemala la novela criollista, pero novela criollista *sui generis*. Ya se ha hecho la observación de que Herrera da poco énfasis a la protesta social, que era la nota dominante en las novelas criollistas de los otros países hispanoamericanos. En parte eso se debe a la dictadura de Jorge Ubico (1931-1944), que no permitía ninguna protesta. No fue sino hasta la caída de Ubico que irrumpieron las novelas más telúricas de Miguel Ángel Asturias y de Mario Monteforte Toledo que, a diferencia de Flavio Herrera, quisieron captar la esencia cósmica del país a la vez que protestar contra las injusticias que sufría en silencio el pueblo guatemalteco.

OBRAS CONSULTADAS

Acevedo, Ramón Luis, *La novela centroamericana, desde el Popol Vuh hasta los umbrales de la novela actual,* Río Piedras: Editorial Universitaria, 1982.

Albizúrez Palma, Francisco, y Catalina Barrios y Barrios, *Historia de la literatura guatemalteca,* Guatemala: Editorial Universitaria, 3 tomos, 1981, 1982, 1987.

Estrada H., Ricardo, *Flavio Herrera. Su novela,* Guatemala: Universidad de San Carlos, 1960.

Herrera, Flavio, *Caos,* Guatemala: Editorial Universitaria, 1949.

——, *Poniente de sirenas,* Guatemala: Unión Tipográfica, 1937.

——, *Siete pájaros del iris,* Guatemala, 1935.

——, *La tempestad,* Guatemala: Unión Tipográfica, 1935.

——, *El tigre,* 6ª ed., Guatemala: Editorial Popol Vuh, 1954.

——, *20 fábulas en flux,* Montevideo, 1946.

Vela, David, *Literatura guatemalteca,* Guatemala: Tipografía Nacional, 2 tomos, 1944.

MIGUEL ÁNGEL ASTURIAS: LA DICTADURA INFERNAL DE "EL SEÑOR PRESIDENTE" Y EL MUNDO DE LO REAL MARAVILLOSO DE "HOMBRES DE MAÍZ"

EN LA OBRA DE MIGUEL ÁNGEL ASTURIAS (1899-1974), Premio Nobel de 1967, se combina la experimentación vanguardista aprendida en Europa con una gran penetración en la esencia cósmica del pueblo guatemalteco y con una clara visión de sus problemas contemporáneos. Algunos críticos y el mismo autor han llamado "realismo mágico" a esta fusión.[4] Sin embargo, como compruebo en mi *Historia verdadera del realismo mágico* (1998), las obras de Asturias, como también las de Alejo Carpentier, que captan la visión mágico-mítica de los indios o de los negros con un estilo que se ha calificado de neobarroco, pertenecen más a lo que Carpentier nombró "lo real maravilloso".

De las diez novelas de Asturias, la primera, *El señor Presidente,* es sin duda alguna una de las dos mejores. Firmada en 1922 en Guatemala, y en 1925 y en 1932 en París, esta obra no se publicó sino hasta 1946, después de la caída del dictador Jorge Ubico. Aunque el dictador de la novela no es Ubico sino Manuel Estrada Cabrera, la novela constituía un ataque demasiado fuerte contra todos los dictadores para que Ubico permitiera su publicación. No se menciona ni el nombre ni el país del dictador, pero su identidad es innegable. Muchos de los mismos episodios se encuentran en *Ecce Pericles!* la biografía bien documentada que escribió Rafael Arévalo Martínez acerca de Estrada Cabrera, y la mención de la batalla de Verdún (1916) confirma cronológicamente el intento del autor.

El señor Presidente es una presentación realista y maravillosa a la vez de una dictadura latinoamericana. El protagonista no es el dictador sino la dictadura. Aunque se siente la sombra del señor Presidente a través de toda la novela, en realidad lo vemos muy poco. Su poca participación directa en el sistema que él ha creado lo rodea de un misterio sobrenatural y al mismo tiempo comprueba que la dictadura, una vez iniciada, corre

---

[4] Véase Gunther W. Lorenz, "An Interview with Asturias", *Review,* otoño de 1975, 10-11.

por su propia cuenta sin la intervención personal del dictador. Es decir que si el señor Presidente no fuera Manuel Estrada Cabrera, sería otro que ejercería igual despotismo.

En todos los distintos aspectos de la dictadura predomina una emoción: el terror. Toda la novela está empapada de un terror que determina la conducta de todos los personajes, desde los mendigos desgraciados hasta el tan exaltado Presidente. El Auditor de Guerra es el agente principal del señor Presidente en infundir el terror. Aterra a los mendigos torturándolos hasta que confirman su denuncia falsa contra el general Eusebio Canales y el licenciado Miguel Carvajal por el asesinato del coronel José Parrales Sonriente. Todos acaban por aceptar la mentira, menos el más desgraciado de todos, el Mosco. Ciego y sin piernas, muere recalcando la verdad: que el coronel Parrales fue asesinado por el idiota Pelele. Es una de las muy pocas ocasiones en que un personaje logra resistir las torturas diabólicas de la dictadura.

Fedina Rodas, al oír el llanto de su criatura hambrienta, ya no puede resistir más y le admite al Auditor que Lucio Vásquez, el amigo de su marido, fue cómplice de Miguel Cara de Ángel en el rapto de Camila, la hija del general Canales. Todo, pero absolutamente todo lo que ocurre en todas partes del país llega a los oídos del dictador. Los espías hasta se espían unos a otros para conseguir los favores que otorga el señor Presidente. Este terror no se limita a los pobres. Por miedo a los espías omnipresentes, don Juan Canales, ayudado por su esposa Judith, niega a su propio hermano y no quiere admitir en su casa a su sobrina. Hasta telefonea a otros dos hermanos, Juan Antonio y Luis, para advertirles que no deben recibir en su casa a Camila. El licenciado Abel Carvajal asiste a su propio juicio aturdido y preso de terror. No puede menos que verlo todo como una pesadilla. El terror que se apodera de Miguel Cara de Ángel crece rápidamente tan pronto como se da cuenta de que el señor Presidente está jugando con él como una araña con una mosca. Sin embargo, el terror engendra más terror y el mismo dictador se contagia. Vive rodeado de guardias día y noche. Sólo ellos saben en cuál de sus varias casas de campo va a pasar la noche. Los amigos del dictador afirman que jamás duerme de verdad; se acuesta en la cama pero queda despierto con un látigo en la mano y un teléfono a su alcance. Uno de los muy contados momentos cómicos marca la celebración del aniversario del fracaso de un atentado contra la vida del señor Presidente. De repente, se oye una serie de explosiones que espanta a medio mundo. Después de describir muy bien la confusión consiguiente, el narrador menciona muy lacónicamente la salida misteriosa del dictador: "Lo que ninguno pudo decir fue por dónde y a qué hora desapareció el Presidente".[5] El capítulo termina con la revelación de que las explosiones fueron producidas por el primer bombo que fue botando escalera abajo.

Es el miedo del mismo dictador lo que ha impuesto la tiranía sobre el país. Se encarcela a la gente sin ningún procedimiento legal. En su primera descripción de la Plaza de Armas, Asturias se sirve del tiempo imperfecto para indicar la frecuencia de los abusos: "A veces, los pasos de una patrulla que a golpes arrastraba a un prisionero político, seguido de mujeres que limpiaban las huellas de sangre con los pañuelos empapados en llanto" (10). Al doctor Barreño lo llevaron preso porque descubrió que en el hospital se moría la gente con el estómago agujereado por una dosis de sulfato de soda que los otros médicos le recetaban. Hay dos presos cuyos diálogos aparecen de cuando en cuando para contribuir al refuerzo de la estructura. Descuellan aún más en la novela precisamente por su falta de heroísmo. Son anónimos y los conocemos por la posición que ocupan en la sociedad. El sacristán es un hombre inculto e insignificante que tuvo la desgracia de quitarle al cancel de su iglesia un anuncio sobre la celebración del cumpleaños de la madre del dictador. Su compañero en el calabozo es un estudiante. Puesto que nunca se nos ofrece una explicación del encarcelamiento del estudiante, se crea la impresión de que el dictador considera que el solo hecho de ser estudiante constituye un crimen. Éste llega a ser el portavoz del autor en el epílogo después de ser restaurado a la vida sin más explicación que cuando se le quitó la libertad. Tanto en la prisión como en todo el país la dictadura se caracteriza por su afición a la fuerza brutal. El señor Presidente condena a un viejo a recibir doscientos golpes por haber tenido la desgracia de volcar una botella de tinta en su oficina. El narrador jamás critica el régimen que pinta. Los mismos sucesos bastan para impresionar al lector con la barbarie de la dictadura. En efecto, se logra mayor impresión al dar muy poco énfasis a los episodios más brutales. La muerte del viejo apaleado, aunque ocurre casi imperceptiblemente en la novela, no puede menos que enardecer al lector. El asesinato oficial del idiota Pelele es sólo un ejemplo más de un castigo excesivo aplicado a seres indefensos. La brutalidad ejercida por el mayor Farfán y sus soldados contra Cara de Ángel en un puerto anónimo constituye una de las experiencias más horripilantes de la novela.

[5] Miguel Ángel Asturias, *El señor Presidente,* Buenos Aires: Losada, 1952, 103.

Aunque éste se dio cuenta de que ya no era el favorito del dictador, creía que lo iban a castigar alejándolo del país y mandándolo contra su voluntad como enviado a Washington. Después del viaje largo y cansado al puerto, la desilusión de Miguel se intensifica más por ser el mayor Farfán quien le administra el castigo diabólico. Ese mismo mayor Farfán fue prevenido por Cara de Ángel contra el señor Presidente, quien le tenía vigilado por los discursos revolucionarios que lanzaba al emborracharse.

Al parecer, el dictador prefiere la tortura mental a la física por sus efectos mayores. La carta anónima se usa como instrumento para hacer dudar a la gente de su propia familia. Una descripción larga pero falsa de la boda de Camila y Cara de Ángel se publica en los periódicos y tiene el efecto previsto por el señor Presidente. Mientras comía, el general Canales, que encabezaba las fuerzas revolucionarias, leyó que su gran enemigo apadrinó la boda de su hija Camila y Cara de Ángel, conocido por todos como el favorito del dictador. Sin emitir ni un quejido, el general Canales muere. Sin embargo, esta desesperación del general Canales, aunque lo mata, no se compara con la muerte de Cara de Ángel. Ni la brutalidad ingrata del mayor Farfán; ni la vuelta por tren a Guatemala; ni la oscuridad eterna de su calabozo inmundo puede anonadar a Miguel. A pesar de todo, lo sostiene el recuerdo de su esposa Camila. Asturias llega a crear el colmo de la desesperación cuando otro preso, Vich, se insinúa en la amistad de Miguel para mentirle después que Camila ha llegado a ser la amante predilecta del señor Presidente. Por este servicio rendido al gobierno, Vich recibe ochenta y siete pesos y el permiso de salir para Vladivostok. La oscuridad de la prisión se hace más sombría por el contraste con el brillo falso que rodea al señor Presidente. Las injusticias perpetradas contra los seres inocentes y la brutalidad de los que abusan de su poder resaltan aún más por algunas alusiones periódicas a los extensos preparativos para celebrar el fracaso del atentado contra la vida del dictador. Durante la ceremonia pública, lo exaltan de una manera ridícula. En la cantina El Tus-Tep, Cara de Ángel mira un retrato del dictador de joven con ferrocarriles como charreteras en los hombros y un angelito en actitud de colocarle en la cabeza una corona de laurel. Recordando las pretensiones culturales de Estrada Cabrera —hizo construir templos de Minerva por todo el país para celebrar su cumpleaños—, Asturias le da al poeta oficial un lugar de honor en el banquete dedicado al señor Presidente.

No hay límite a la degradación humana que practican los aduladores del dictador. En una escena, éste, borracho, goza burlándose de Cara de

Ángel por su matrimonio tal como una araña juega con una mosca atrapada en su telaraña. Se llega al colmo de la ignominia cuando el dictador vomita sobre Cara de Ángel y éste tiene que ayudar al subsecretario a acostarlo antes de comenzar a limpiarse a sí mismo. Por tiránico que sea el dictador latinoamericano, casi siempre trata de justificar su mando con un respeto fingido de la Constitución. El mismo título de la novela indica la insistencia del dictador en llamarse Presidente. Como tal, tiene que administrar las elecciones que autorizan su permanencia en el cargo. La campaña política con todos sus cartelones y sus discursotes sería ridícula si no fuera tan trágica. Mientras el pueblo se va convenciendo de que su bienestar depende de la reelección del Presidente, el terror engendrado por la dictadura sigue penetrando en la vida de todos los ciudadanos, desde el más humilde hasta el más elevado.

Aunque Miguel Ángel Asturias se esfuerza por hacer sobresalir las manifestaciones de la dictadura, no ignora las bases de ese gobierno. Convencido de la influencia malévola que los Estados Unidos y sus grandes empresas han ejercido en Guatemala, Asturias dedicó cuatro novelas enteras al tema del antimperialismo: *Viento fuerte* (1950), *El papa verde* (1954), *Week-end en Guatemala* (1956) y *Los ojos de los enterrados* (1960). Por eso sorprende que *El señor Presidente* contenga solamente una alusión al papel importante desempeñado por los Estados Unidos en las dictaduras latinoamericanas. La viuda del licenciado Carvajal recibe una carta de pésame anónima que elogia a su marido por haber matado al coronel Parrales, "uno de los muchos bandidos con galones que la [nación] tienen reducida, apoyados en el oro norteamericano, a porquería y sangre" (238).

Sin indicar una alianza directa entre la Iglesia y el señor Presidente, Asturias critica con amargura la función de la religión en la sociedad guatemalteca. El Auditor de Guerra, patológicamente cruel, toca el órgano en la iglesia de Nuestra Señora del Carmen y nunca deja de asistir a la primera misa de la mañana. Después de rechazar a Camila, Judith Canales se dirige a la iglesia para rezar. Asturias se ríe del ritualismo de la extremaunción contrastándolo con el verdadero candor e inocencia de Camila. Describe la catedral como un "refugio de mendigos y basurero de gente sin religión" (299). Su cinismo llega al punto de transformar a Jesucristo en Jesupisto en boca del Mosco. Sin embargo, el hecho de que este juego de palabras proceda de la boca del Mosco indica que Asturias no está atacando la religión en general sino la forma corrompida que ha asumido en Latinoamérica. El mismo Mosco, ciego y sin piernas, llega a transformarse en una especie de Cristo cuando lo cuelgan de los dedos y lo vapulean brutalmente. Su integridad se aprecia aún más si se pone en contraste con la actitud del Auditor de Guerra, quien, además de todas las barbaridades que comete, se vale de su oficio para ganar dinero. Por diez mil pesos vende la prisionera Fedina Rodas a la Niña Chon para su prostíbulo, y después acude a muchas trampas para no devolverle el dinero cuando Fedina se enferma gravemente. Mientras que el Auditor y los otros amigos del dictador explotan el país sin compasión, los pobres maestros ni siquiera reciben sus sueldos. Asturias describe a los amigos del primer mandatario como "propietarios de casas —cuarenta casas, cincuenta casas—, prestamistas de dinero al nueve, nueve y medio y diez por ciento mensual, funcionarios con siete y ocho empleos públicos, explotadores de concesiones, montepíos, títulos profesionales, casas de juego, patios de gallos, indios, fábricas de aguardiente, prostíbulos, tabernas y periódicos subvencionados" (20). Al mismo tiempo, los profesores venden a la mitad de su valor los recibos de sus sueldos todavía no pagados.

El terror, las injusticias y los abusos de la dictadura latinoamericana no se limitan a la capital. El señor Presidente recibe informes de sus espías colocados estratégicamente por todo el país. Cuando el general Canales llega a un pueblo cerca de la frontera, que podría ser Asunción Mita, pronto se entera de que el cacique local y el médico están sirviéndose de los mismos medios que el jefe supremo para explotar a la gente. El poder del cacique se extiende al campo donde la víctima es el indio. En solamente dos páginas, el indio que le sirve de guía al general Canales presenta en su propio dialecto una serie de desgracias que le han acaecido personalmente, pero que son casi exactamente iguales a las que ocurren con frecuencia en las muy conocidas novelas indigenistas del siglo xx de México y de los países andinos. El cacique manda al indio que le "ofrezca" el uso de sus mulas para cargar leña. Se las quitan desde luego y lo echan en la cárcel *incommunicato*. Cuando protesta, lo apalean tanto que tienen que llevarlo al hospital. Al reponerse y salir del hospital, el indio sabe que sus dos hijos están presos y que no los soltarán hasta que él le pague al cacique tres mil pesos. Va a la capital y recibe los tres mil pesos por hipotecar su terreno. Aunque le da el dinero al cacique, sus hijos son mandados de reclutas al ejército. Uno de ellos muere vigilando la frontera; el otro se pone zapatos y abandona la cultura de sus padres. La esposa del indio muere de paludismo. Para colmo, descubre que el documento que firmó en la capital no fue una hipoteca sino una venta de su terreno a un extranjero. Privado de su tierra y de su familia, el indio se ha hecho bandolero, sin considerarse ladrón. Esta historia, más la narración de lo que han sufrido las tres hermanas pobres a causa de la avaricia del médico, refuerzan las propias experiencias del general Canales con el dictador. Ya no puede contenerse. Se lanza a la revolución con el fin de derribar todo ese sistema malévolo.

> Y volvió el puño —platos, cubiertos y vasos tintineaban—, abriendo y cerrando los dedos como para estrangular no sólo a aquel bandido con título, sino a todo un sistema social que le traía de vergüenza en vergüenza. Por eso —pensaba— se les promete a los humildes el reino de los cielos para que aguanten a todos esos pícaros. ¡Pues no! ¡Basta ya de Reino de Camellos! Yo juro hacer la revolución completa, total, de abajo arriba y de arriba abajo; el pueblo debe alzarse contra tanto zángano, vividores con título, haraganes que estarían mejor trabajando la tierra. Todos tienen que demoler algo; demoler, demoler [...] Que no quede Dios ni títere con cabeza [...] [202].

El programa definitivo de la revolución indica algunos abusos que no se habían mencionado antes: una reforma agraria; división justa de las aguas; eliminar el castigo del cepo; creación de cooperativas agrícolas para importar maquinaria, buenas semillas, animales de sangre pura, abonos y técnicos; mejores y más baratos medios de transporte; facilidades para llevar las cosechas a los mercados; entregar la prensa a personas electas por el pueblo, las cuales se sentirán responsables a sus electores; abolir las escuelas particulares; fijar impuestos proporcionales; rebajar los precios de las medicinas; eliminar el exceso de médicos y abogados; libertad de cultos, inclusive el derecho de los indios de adorar a sus dioses y reconstruir sus templos (262).

La revolución del general Canales fracasa porque él muere. De este modo, el autor promulga su idea de que la verdadera revolución no debe ser inspirada por los militares. Sólo así se explica la importancia que Asturias le concede al estudiante anónimo. En el epílogo, éste sale de la prisión y se dirige a su casa que está situada al final de una calle sin salida. Su madre, todavía confiando en el poder de las oraciones, ruega por las almas benditas que sufren en el santo purgatorio. Sin embargo, el hecho de que el estudiante siga viviendo representa una pequeña esperanza para el futuro. En efecto, las revoluciones guatemaltecas de 1920 y de 1944, lo mismo que varias otras revoluciones latinoamericanas, han sido realizadas en gran parte por los estudiantes.

El señor Presidente, ya lo hemos dicho, es la historia del gobierno de Manuel Estrada Cabrera. Aunque el autor no identifica ni los personajes ni los lugares, los describe tan bien que son inconfundiblemente guatemaltecos. No obstante, el cuadro de la dictadura trasciende las fronteras de Guatemala y abarca toda Latinoamérica. Esa extensión de lo particular a lo general se logra mediante la transformación del mundo verdadero en un mundo dantesco.

A través de toda la novela el autor se empeña en crear un infierno-purgatorio. El párrafo inicial es una representación onomatopéyica del doblar de las campanas en medio de las sombras. El nombre de Luzbel tiene que referirse al señor Presidente, el príncipe de las tinieblas:

> [...] ¡Alumbra, lumbre de alumbre, Luzbel de piedralumbre! Como zumbido de oído persistía el rumor de las campanas a la oración, maldoblestar de la luz en la sombra, de la sombra en la luz ¡Alumbra, lumbre de alumbre, Luzbel de piedralumbre, sobre la podredumbre! ¡Alumbra, lumbre de alumbre, sobre la podredumbre, Luzbel de piedralumbre! ¡Alumbra, alumbra, lumbre de alumbre..., alumbre..., alumbra..., alumbra, lumbre de alumbre..., alumbra, alumbre [...] [9].

Conforme a los retratos consagrados de Lucifer, el señor Presidente viste rigurosamente de luto. Su vestido, sus zapatos, su sombrero y su corbata son negros. Se asocia no sólo con el Lucifer cristiano sino también con Tohil, el dios maya del fuego. El capítulo "El baile de Tohil" presenta una visión en la cual se ofrecen a Tohil sacrificios humanos en cambio por el fuego. Los efectos onomatopéyicos de los tambores indios y la alusión al purgatorio refuerzan la impresión de oscuridad y terror de la primera página a la vez que atestiguan la coexistencia del paganismo y el catolicismo en Guatemala.

Mientras que el nombre Lucifer indica que el señor Presidente es todavía el dueño todopoderoso de la luz, el nombre Satán se aplica generalmente a Miguel Cara de Ángel como el ángel caído. Su nombre basta para revelar el intento del autor, pero se refuerza con la repetición de la frase "era bello y malo como Satán" (41, 254). Al final de la novela, Cara de Ángel baja literalmente a las entrañas de la tierra cuando lo encierran en el calabozo más oscuro y más profundo de toda la prisión. Aunque Asturias trata de deshumanizar a sus personajes, su propio conocimiento del mundo que describe no se lo permite. Varios personajes revelan de cuando en cuando emociones humanas muy sinceras y Miguel Cara de Ángel hasta cambia de carácter durante la novela. En la primera parte es el más servil de todos los aduladores, pero su amor por Camila lo redime. Cuando Camila se siente rechazada por todos sus tíos, Cara de Ángel llora por primera vez desde la muerte de su madre. Más tarde, cuando la muchacha está gravemente enferma, el ángel caído espera salvarle la vida haciendo buenas obras. Intercede en favor de una mujer que pregunta por su hijo en la puerta del cuartel y arriesga la propia vida para decirle al mayor Farfán que es *persona non grata* para el señor Presidente. Se asombra tanto de su propia conducta que apenas puede creerlo. "Al marcharse el mayor, Cara de Ángel se tocó para saber si era el mismo que a tantos había empujado hacia la muerte, el que ahora, ante el azul infrangible de la mañana, empujaba a un hombre hacia la vida" (185).

Mientras que Lucifer domina el mundo infernal, Cristo tiene que sufrir horriblemente. Transformado en Pelele el idiota, vaga por la ciudad como si estuviera en una pesadilla. Un zopilote le muerde en el labio y sus gritos, que se parecen a los aullidos de un perro herido, se van cambiando de "erre, erre, erre" a "I-N-R-Idiota!" (22). El episodio en que Juan Canales niega a su propio hermano y a su sobrina se inspiró en el episodio de Pedro y Jesús, en tanto que la esposa de Juan Canales se llama Judith, igual que la heroína bíblica, quien causa por su traición la muerte de un general.

Para crear el ambiente del purgatorio-infierno, Asturias es muy aficionado al uso de las pesadillas. La más horrenda es la de Genaro Rodas en que él se siente perseguido por un ojo de vidrio. Los ruidos proporcionan a los personajes demoniacos una sinfonía análoga. Durante el rapto de Camila, su criada es empujada contra la cómoda y se le enreda el pelo en el agarrador de la gaveta que contiene todos los cubiertos de la familia. Al caer la gaveta se produce una explosión plateada que retumba por toda la casa. En la misma escena los ladrones golpean el teclado del piano mientras saquean la casa. Las explosiones ensordecedoras producidas por el primer bombo interrumpen la celebración del señor Presidente. El capítulo "Toquidos" es una pieza musical elaborada a base del tema repetido de los toquidos. A pesar del estruendo, las puertas que permitirían a Camila una salida del infierno quedan cerradas. La única respuesta a su desesperación son los ladridos del perro. Estos efectos auditivos son *crescendos* de lo que podría llamarse la composición musical de toda la novela.

La música surge principalmente de monólogos sinfónicos, hablados y pensados a la vez por Cara de Ángel en cuatro ocasiones distintas; por Camila en dos ocasiones, y en una ocasión por Pelele, el general Canales, la Chabelona, don Juan Canales, Fedina Rodas y la señora de Carvajal. Estos largos movimientos sinfónicos se contrastan con los cortos diálogos esticomíticos presentados por el sacristán, el estudiante y el licenciado Carvajal mientras sufren en la oscuridad de su prisión. Otro ejemplo exagerado de ese artificio se observa en la escena de la cantina.

—Los señores, ¿qué toman?
—Cerveza...
—Para mí, no; para mí, "whiskey"...
—Y para mí, coñac...
—Entonces son...
—Una cerveza...
—Un "whiskey" y un coñac...
—¡Y unas boquitas!
—Entonces son una cerveza, un "whiskey", un "coñá" y unas bocas...
—¡Y a mí...go que me coma el chucho! —se oyó la voz de Cara de Ángel, que volvía abrochándose la braguera con cierta prisa.
—¿Qué va a tomar?
—Cualquier cosa; tráeme una chibola...
—¡Ah, pues!... entonces son una cerveza, un "whiskey", un "coñá" y una chibola [263].

Además de los sonidos, la presencia o la ausencia de la luz desempeña un papel muy importante en la creación del purgatorio-infierno. Muchas veces la luz o la sombra tienen un sentido simbólico bastante claro. Varios capítulos terminan con el amanecer. El único capítulo inundado de luz se llama "Luz para ciegos" y presenta una bella escena amorosa completamente platónica entre Camila y Cara de Ángel bajo un sol brillante. ¡Qué contraste con la vela que se apaga cuando esas dos personas salen para buscar ayuda de los hermanos Canales! "La fondera salió con la candela que ardía ante la Virgen para seguirles los primeros pasos. El viento se la apagó. La llamita hizo movimiento de santiaguada" (128).

En sus contrastes *chiaroscuros*, Miguel Ángel Asturias se preocupa mucho por la marcha del tiempo. Durante algunas de las pesadillas, el movimiento del reloj es inexorable en tanto que en otras ocasiones el tiempo parece pararse: "se llevó el reloj de la pulsera al oído para saber si estaba andando" (46). La eternidad de su mundo se realiza con una combinación de tiempo parado con tiempo acelerado. La primera parte de la novela transcurre entre el 21 y el 23 de abril. De la misma manera, la portada de la segunda parte lleva las fechas 24, 25, 26 y 27 de abril. Para comprimir la acción de una gran variedad de gente en unos cuantos días, Asturias presenta una serie de capítulos que no siguen un orden cronológico. El bosquejo siguiente de la primera parte indica cómo algunos capítulos representan un retroceso cronológico, mientras que otros ocurren simultáneamente:

Tiempo cronológico

```
C    I                II
A
P            III  IV
Í
T            V        VI       VII      VIII
U
L                                        IX
O                                        X
S                                        XI
```

En contraste con el tiempo muy limitado de la primera parte y la segunda, la portada de la tercera parte lleva las palabras "semanas, meses, años..." (205). En la prisión, el guardia chino pasa "de siglo en siglo" (218). Para la viuda del licenciado Carvajal, "el tiempo se le hacía eterno" (278) mientras hacía antesala para hablar con el señor Presidente.

La idea del tiempo inmóvil y eterno a la vez es una característica del cubismo, que en la década entre 1920 y 1930, cuando Asturias comenzó a escribir esta novela, estaba muy de moda entre los vanguardistas tanto en la pintura como en la literatura. Otro rasgo cubista es la multiplicidad de puntos de vista. En un retrato de Picasso vemos a la persona desde distintos ángulos. En *El señor Presidente* la narración se proyecta en la pantalla alternando entre el punto de vista de unos diez personajes. La precisión que emplea Asturias para estructurar su novela se parece a la que se exige a un arquitecto. Por medio del concepto cubista del tiempo, los capítulos se entrelazan estrechamente. La estructura de toda la novela en general se refuerza con alusiones a episodios o situaciones anteriores.

Dentro del concepto cubista del arte, no sólo la obra entera sino también cada parte debe constituirse en una unidad precisamente forjada. En *El señor Presidente*, cada capítulo es una unidad artística en sí. A menudo el capítulo se encierra en un marco cronológico, comenzando durante la noche y terminando con el amanecer. Varios capítulos se refuerzan internamente con la repetición sinfónica del mismo leit motiv. El capítulo dieciséis, que presenta a Fedina Rodas martirizada en la prisión, se hace mucho más eficaz con tres alusiones muy bien colocadas a la fiesta presidencial que seguía afuera en todo su esplendor. El trágico calabozo del capítulo veintiocho se reviste de patetismo con los ruegos constantes del licenciado Carvajal: "¡Hablen, sigan hablando, sigan hablando!" (208, 209, 211, 212).

Además de armar una estructura poligonal reforzada por contrafuertes horizontales, verticales y diagonales, Asturias se sirve de varios artificios estilísticos que contribuyen notablemente a la creación del programa infernal. Como sus compatriotas Antonio José de Irisarri, José Milla y Rafael Arévalo Martínez, Asturias tiene un gran sentido lingüístico. Es muy aficionado a la repetición rápida de frases breves, palabras y aun sílabas, no tanto para estrechar la estructura del capítulo o de la novela como para crear efectos acústicos propios del mundo subterráneo. El doctor Barreño, al explicarle sus desgracias al secretario presidencial, se sirve de la muletilla "yo le diré" (32, 33) once veces dentro de página y media, lo que contribuye a acentuar la frustración patética de ese hombre. El idiota Pelele, huyendo locamente por la ciudad, ve pasar puertas y ventanas: "A sus costados pasaban puertas y puertas y puertas y ventanas y puertas y ventanas" (21). Su risa idiota se recalca repitiendo la primera sílaba de la palabra *carcajada:* "El idiota se despertaba riendo, parecía que a él también le daba risa su pena, hambre, corazón y lágrimas saltándole en los dientes, mientras los pordioseros arrebataban del aire la car-car-car-car-carcajada, del aire, del aire […] la car-car-car-car-cajada […]" (11).

La enumeración se emplea no tanto para darnos una descripción precisa y detallada como para crear un efecto total. Por ejemplo, Asturias logra una impresión total de montones de basura enumerando los artículos individuales: "Cubierto de papeles, cueros, trapos, esqueletos de paraguas, alas de sombreros de paja, trastos de peltre agujereados, fragmentos de porcelana, cajas de cartón, pastas de libros, vidrios rotos, zapatos de lenguas abarquilladas al sol, cuellos, cáscaras de huevo, algodones, sobras de comidas […], el Pelele seguía soñando" (25). La brevedad de la parte principal de la oración y su colocación al final ayudan a hacer inolvidable el cuadro de montones de basura oprimiendo al trapo humano.

A veces estas series de palabras parecen interminables e indican un cultivo de la asociación libre explotada con tanto éxito por James Joyce. Asturias se divierte sobremanera jugando con derivaciones de la misma palabra. El juego puede consistir en señalar una palabra y luego elaborarla: "lógico, ilógico, relógico, recontralógico, ilolololόgico, requetecontralógico" (58). El contraste entre dos formas del mismo nombre constituye un motivo humorístico en el caso de Benjamín y su esposa Venjamón. Los nombres se transforman mediante errores hechos a propósito. La Mazacuata cambia el nombre de Lucio Vásquez por Sucio Bascas para indicar su disgusto por su condición sucia tanto en lo moral como en lo físico. Asturias observa que *rapto* y *parto* (44) tienen las mismas letras. Este anagrama no sólo es un juego de palabras sino que también nos prepara para el matrimonio de Camila y Cara de Ángel y el nacimiento de su hijo.

Aunque Asturias describe y alude a muchos lugares particulares de Guatemala, insiste en omitir cualquier nombre que tenga el efecto de localizar la acción. No obstante, se sirve de muchos guatemaltequismos para fortalecer el realismo del libro. El glosario de la edición de 1952 incluye las siguientes palabras: bolo (borracho), caula (engaño), cuque (soldado), chamarra (frazada), chirís (niño), chumpipe (pavo), castilla (lengua castellana), estar de goma (malestar que sigue a la borrachera), hacer campaña (favorecer), ishtos (indios), chucho (perro), torcidura (desgracia), traido (novio) y zope (zopilote).

Como ya se ha observado, la conciencia lingüística es una característica netamente guatemalteca. Más en consonancia con la literatura mundial de esa época está la experimentación de Asturias con símiles y metáforas novedosos. Los símiles que siguen dan forma, color, sustancia, movimiento y significado especial al objeto comparado: "[...] la voz se perdía como sangre chorreada en el oído del infeliz" (18); "[...] carcajada se le endureció en la boca, como el yeso que emplean los dentistas" (54); "En el mar entraban los ríos como bigotes de gato en taza de leche" (281). Las metáforas que siguen atestiguan la imaginación original del autor lo mismo que su conciencia lingüística. En "[...] el silencio ordeñaba el eco espeso de los pasos" (48), la frecuencia de la ese produce el efecto de silencio mientras que la palabra *espeso* refuerza el uso original de *ordeñaba*. El uso de la doble metáfora de fuego y agua no es tan atrevido, pero vale la pena observarla como buen ejemplo del sentido humorístico de Asturias: "Los vivas de la *Lengua de vaca* se perdieron en un incendio de vítores que un mar de aplausos fue apagando" (103).

La experimentación que emplea Asturias en esta obra lo sitúa dentro del movimiento vanguardista de los años veinte. Aunque no se publicó *El señor Presidente* hasta 1946, fue escrita principalmente en esa década de la posguerra en Guatemala así como en París. Es seguro que fue entonces cuando Asturias llegó a conocer *Tirano Banderas* (1926), del polígrafo español Ramón María del Valle-Inclán. El parecido entre las dos novelas salta a la vista. La trama, el concepto cubista del tiempo y los personajes esperpentescos son casi iguales en las dos novelas. No obstante, *El señor Presidente* es un estudio más vasto, más sensible y más auténtico de la dictadura típica de la América Latina. En tanto que Valle-Inclán se preocupa más por su destreza en manejar los regionalismos de todos los países hispanoamericanos, a través de la obra de Asturias se trasluce el dolor sincero que siente el autor al describir las condiciones increíblemente infernales de su patria, y en realidad, de casi toda Latinoamérica. Precisamente allí sobresale Asturias por encima de su contemporáneo español. Aunque Valle-Inclán se esfuerza por crear el efecto panorámico con un país inventado, compuesto de elementos geográficos, raciales y lingüísticos de distintos países latinoamericanos, Asturias logra mayor efecto panorámico limitándose a la dictadura de Manuel Estrada Cabrera y convirtiéndola en el reinado de Lucifer. *El señor Presidente* no sólo es una de las dos mejores novelas de Miguel Ángel Asturias, sino también tiene que figurar entre las novelas cumbres de toda Hispanoamérica.

Mientras la estructura ultraprecisa de *El señor Presidente* refleja tanto la precisión geométrica del cubismo como el gobierno totalitario de Estrada Cabrera, la estructura menos rígida de *Hombres de maíz* (1949) es más apropiada para captar la visión de mundo real maravillosa de los indígenas que constituyen más de 50% de la población nacional. Las seis divisiones de la novela representan seis episodios independientes con sus propios personajes que se entretejen desde el principio hasta el final. Sin embargo, lo que más refuerza la unidad de la novela es la visión arquetípica, junguiana de la realidad y sobre todo de la mujer en su carácter de *Mater magna*.[6] La mujer es la madre tierra: "Sí, la tierra era un gran pe-

---

[6] A pesar de los varios estudios arquetípicos que se han publicado sobre *Hombres de maíz*, ninguno estudia la imagen negativa de la mujer, que es lo que más establece lazos estructurales entre los distintos episodios. Véase, sobre todo, Richard Callan, *Miguel Ángel Asturias* (Nueva York: Twayne, 1970), 53-64; Ricardo Estrada, "Estilo y magia del *Popol Vuh* en *Hombres de maíz*, de Miguel Ángel Asturias", *Humanidades* (Guatemala: Universidad de San Carlos, 1961); Gerald Martin, "Theme and Structure in Asturias's *Hombres de maíz*", *Modern Language Quarterly*, xxx (1969), 582-602; Ariel Dorfman, "El mito como tiempo y palabra", *Imaginación*

zón, un enorme seno al que estaban pegados todos los peones con hambre de cosecha".[7] La tierra que sustenta al hombre también tiene su aspecto negativo de tragárselo con la muerte o con el sexo en forma de abismo o cueva: "toda mujer atrae como el abismo [...]" (195); "ese hondón de cueva húmeda de su sexo" (328). La actuación negativa de la mujer en la novela se justifica por la violación de la madre tierra de parte de los maiceros: "los que se han entregado a sembrar maíz para hacer negocio, dejan la tierra vacía de huesos" (228).

El personaje más heroico de la novela es Gaspar Ilóm. En su aspecto terrestre, es el jefe de los indios que están en pugna con la civilización moderna, o sea con los maiceros, los comerciantes. Gaspar pertenece a la misma tradición del héroe arquetípico que Ulises, Jesús, El Cid o Demetrio Macías de *Los de abajo*. Tiene rasgos sobrenaturales y, junto con su esposa, la Piojosa Grande, mujer positiva por tener más lunares que las otras mujeres, y con su hijito recién nacido que dormía "como una cosa de barro nuevecita" (25), forma una imagen de la Sagrada familia. En la primera parte, la montada acaba con los hombres de Gaspar Ilóm después de que una traidora lo envenena. Al darse cuenta, Gaspar se arroja al río, ahogándose. En cuanto al aspecto mágico, Gaspar Ilóm podría ser un personaje del *Popol Vuh*. Tiene que pelear contra los maiceros de Pisigüilito porque así se lo mandan los brujos que sienten los dolores que sufre la tierra. Las palabras de los brujos, que inician la novela, establecen el espíritu mítico desde el principio:

—El Gaspar Ilóm deja que a la tierra de Ilóm le roben el sueño de los ojos.
—El Gaspar Ilóm deja que a la tierra de Ilóm le boten los párpados con hacha [...]
—El Gaspar Ilóm deja que a la tierra de Ilóm le chamusquen la ramazón de las pestañas con las quemas que ponen la luna color de hormiga vieja [...] [11].

Gaspar y los suyos son los descendientes de los primeros hombres creados por los dioses. Por eso se identifican con el maíz y con los conejos. Gaspar no vuelve a aparecer en toda la novela, pero hay una gran variedad de comentarios sobre su fin trágico, los cuales poco a poco van transformándolo en una figura legendaria.

y violencia en América (Santiago: Editorial Universitaria, 1970); Emilio F. García, "*Hombres de maíz*": *unidad y sentido a través de sus símbolos mitológicos* (Miami, 1978); René Prieto, *Miguel Ángel Asturias's Archaeology of Return* (Nueva York: Cambridge University Press, 1993). El estudio fundamental sobre el arquetipo femenino es Erich Neumann, *The Great Mother*, traducido del alemán por Ralph Manheim (Princeton, Nueva Jersey: Princeton University Press, 1972).

[7] Miguel Ángel Asturias, *Hombres de maíz*, Madrid: Alianza Editorial, 1972, 51.

En la segunda parte, los brujos decretan el castigo de todos los que participaron en la matanza de los indios. La luz de su prole será apagada y ya no podrán tener hijos. La primera víctima es Tomás Machojón, ex indio convertido en ladino por su mujer la Vaca Manuela, quien le dio el veneno a Gaspar. Su hijo, llamado Machojón a secas, va a otro pueblo para pedir la mano a Candelaria Reinosa. Cargado de regalos, se encuentra con el diablo y desaparece convertido en una luminaria del cielo.

El protagonista de la tercera parte es el Venado de las Siete-Rozas, curandero cuyo nahual es el venado. Cuando uno de los hermanos Tecún mata un venado, el curandero cae muerto. Antes le curó el hipo a la madre de los Tecún mediante una escena de horror, en la cual los hermanos Tecún, impulsados por el curandero, degüellan de noche a toda la familia Zacatón.

El coronel Chalo Godoy es el protagonista de la cuarta parte. Debido a la magia legendaria, envuelve su caminata con el subteniente Musús con la oscuridad de la montaña en medio de una tempestad. Se les aparece la Sierpe de Castilla, una de las formas que asume el diablo en Guatemala, pariente del Sombrerón y de la Llorona; al coronel Godoy se le ve "en el fondo del embudo" (115) poco antes de que "manos de tiniebla esgrimiendo dagas lo obligarán a suicidarse […] clavado poro por poro en una tabla por los ojos de los búhos" (117). En realidad, el coronel Godoy y los que quedan con él son acechados y quemados por los hermanos Tecún, cumpliendo la profecía que había anunciado siete años antes la Vaca Manuela. Otra manifestación sobrenatural en esta parte es que Benito Ramos, uno de los soldados que acompañan a Musús, tiene un pacto con el diablo y puede prever el futuro.

La quinta parte, titulada "María Tecún", también funde la realidad y la magia. El ciego Goyo Yic se da cuenta de que su mujer lo ha abandonado. Acude al herbolario, quien le cura su ceguera para que pueda vagar por todas partes en busca de la ingrata pero todavía querida María Tecún. Piensa en ella tanto que se sugestiona y se le aparecen visiones. Aunque esta parte termina de una manera muy realista —a Goyo Yic lo condenan a tres años en la prisión de la costa atlántica—, la historia de María Tecún y el ciego se convierte en leyenda. En la última parte del libro se cuenta varias veces que el ciego, al encontrarse con María Tecún en una cumbre, la vio transformada en un pilastre de sal. La leyenda se ha divulgado tanto que a cualquier mujer que abandona a su hombre la llaman María Tecún. Los hombres se desbarrancan en la cumbre de María Tecún.

La última parte, "Correo-coyote", es la más larga de toda la novela, quizás un reflejo de la ruta larguísima que recorre a pie el correo Nicho Aquino, desde el pueblo de San Miguel Acatán en el departamento de Huehuetenango hasta la capital. Igual que en el caso de Goyo Yic, su mujer lo abandona y él se desespera. Después de pasar por la Cumbre de María Tecún se desbarranca y se encuentra "entre la bocanada de la cueva y el espinero" (309). Allí se evoca la imagen de la *vagina dentata:* "Se decidió a entrar en la cueva. Pero al dar los primeros pasos tuvo el temor de que aquellas fauces de boca de fiera desdentada fueran a cerrarse y se lo tragaran" (310). Al pensar en su mujer traicionera, Nicho generaliza llamándola "tecuna" e intensifica la visión negativa de la mujer con una alusión modificada a las relaciones entre la abeja y el zanganote: "la 'tecuna' llora, se debate, muerde, se estruja, se quiere incorporar, silabea, paladea, suda, araña, para quedar después como avispa guitarrona sin zumbido, igual que muerta de sufrimiento. Pero ya ha dejado el aquijón en el que la tuvo bajo su respiración amorosa. ¡Liberarse para quedar atados! […]" (311).

Nicho cae en un pozo muy profundo y durante su viaje arquetípico por el mundo subterráneo, convertido en coyote, presencia la creación mitológica del hombre de maíz y escucha las verdaderas historias de Gaspar Ilóm, la Piojosa Grande, Tomás Machojón y el coronel Godoy.

En el último capítulo de la última parte de la novela, ubicado en un puerto del Atlántico, Nicho deja de ser correo y se vuelve un don nadie después de entregarse a la Doña del hotel, "desnuda hasta la mitad del cuerpo, igual que una sirena vieja" (340). La novela termina con la revelación a Nicho de que María Tecún es María Zacatón es la Piojosa Grande, o sea el concepto borgesiano-junguiano de que todas las mujeres son una, todos los hombres son uno y todos los seres humanos son uno por compartir la inconsciencia colectiva.

A medida que avanza la novela, los episodios y los personajes de las seis partes se van entrelazando, no sólo entre sí sino también con otros muchos episodios y personajes secundarios que, por su gran realismo, constituyen otro mundo que sirve para hacer sobresalir los elementos mágicos, legendarios y míticos ya comentados. Hay algunas escenas o episodios que podrían sacarse íntegros, en tanto que otros están relacionados, grado más grado menos, con los personajes principales. Esas escenas se multiplican en la segunda mitad de la novela. En la primera parte, la montada del coronel Godoy espera en Pisigüilito antes de atacar a Gaspar Ilóm. La escena se construye a base de tres temas: una serenata que se le ofrece al coronel; un perro rabioso que matan con veneno conseguido en la botica, y el diálogo de dos soldados sobre el sentido de la vida, diálogo provocado por los movimientos del perro:

>—Entuaviá se medio mueve. ¡Cuesta que se acabe el ajigolón de la vida! Bueno Dios nos hizo perecederos sin más cuentos [...] pa que nos hubiera hecho eternos!
>—De sólo pensarlo me basquea el sentido.
>—Por eso digo yo que no es pior castigo el que lo afusilen a uno —adujo el del chajazo en la ceja.
>—No es castigo, es remedio. Castigo sería que lo pudieran dejar a uno vivo para toda la vida, pa muestra [...]
>—Ésa sería pura condenación [22].

Toda esta escena tiene una gran unidad, al parecer independiente, pero en realidad está firmemente ligada al resto de la novela. Los comentarios de los soldados captan la filosofía de la vida que determina las acciones de los hombres de maíz. El perro envenenado es el anuncio del envenenamiento de Gaspar Ilóm, en tanto que durante la serenata, el coronel baila con la Vaca Manuela y le da el veneno que ella ha de hacer tragar a Gaspar.

Tanto como la primera parte presenta de una manera indirecta la vida del soldado, la segunda presenta la del campesino. Después de la desaparición de Machojón, los maiceros inventan la historia de que el fantasma de éste regresa durante la quema de los campos. Tomás Machojón, para ver a su hijo, les entrega muchos terrenos. A uno de los maiceros, Tiburcio Mena, le da pena y quiere desengañar al viejo, pero otro, Pablo Pirir, lo amenaza con un machete para que no los delate. Una gran sequía provoca sentimientos de culpa, pero la lluvia llega a tiempo. El viejo Tomás Machojón, enloquecido, se identifica con los espantajos e incendia todo el milperío matándose a sí mismo, sin que los maiceros puedan apagar el fuego.

A medida que el relato se aleja de la matanza de los indios de Gaspar Ilóm, se ensancha el horizonte de la novela. Las dos últimas partes son mucho más largas que las anteriores y están enriquecidas con más escenas realistas.

El protagonista de la quinta parte no es María Tecún, según reza el título, sino el ciego Goyo Yic. Aunque después se convierte en leyenda, Goyo Yic interviene activamente en algunas de las escenas más inolvidables del libro. El pasaje de la operación sobre las cataratas —no importa que haya un herbolario de por medio— es digno de incluirse en una revista de medicina. Asturias describe con gran realismo todos los detalles de la operación, lo mismo que las preparaciones folclóricas y las reacciones psicológicas de Goyo Yic al darse cuenta de que puede ver por primera vez. Su búsqueda de María Tecún lo lleva a las fiestas de Santa Cruz de las Cruces. El narrador las describe con tanto realismo que se pueden identificar como las fiestas de Santa Elena de la ciudad de Santa Cruz del Quiché. Están presentes el convite, los enmascarados, los cohetes, la cofradía, la procesión con la patrona en andas y la marimba inevitable. Durante la feria, Goyo Yic se enreda con una mujer anónima y se acuesta con ella, pero no puede echar fuera a María Tecún. Cuando la mujer le reclama su dinero, Goyo Yic le descarga encima toda la caja de madera que tenía los tiliches que él iba vendiendo. Todavía en la feria, Goyo Yic se junta con Domingo Revolorio para hacer una fortuna vendiendo aguardiente. Tienen que ir bastante lejos para conseguirlo y hacen un pacto solemne de que no van a soltar ni un trago si no es al contado. La resolución de ese negocio tiene que figurar entre los mayores aciertos de la novela. Con los únicos seis pesos que les quedan, Goyo y Mingo se van comprando tragos uno al otro hasta que, bien borrachos, se acaban todo el garrafón. Cuando vuelven en sí, no pueden recordar lo que pasó con todo el dinero reunido en la venta mutua del aguardiente. Asturias logra captar el humorismo patético de la situación narrando el episodio trago por trago, notando por medio del diálogo los distintos pasos de la borrachera.

Para captar el ambiente y el espíritu de la última parte, Asturias se sirve de los arrieros que abarcan una gran extensión de tierra, lo mismo que una rica variedad de temas realistas. Hilario Sacayón, el más importante de ellos, es obligado a seguir al correo Nicho Aquino. El episodio del chal tiene algo del humorismo patético de la borrachera de Goyo y Mingo. Nicho compró un chal en la capital para su mujer, pero al llegar a San Miguel Acatán descubre que ella lo ha abandonado. Trata de vender el chal, primero al chino y después al alemán don Deféric, pero no lo quieren. Más tarde Nicho entra en la fonda de Aleja Cuevas, cuyo apellido y cuya actuación la identifican como una versión más de la imagen negativa de la mujer arquetípica. Después de que Nicho "se tiró al interior del estanco, como a una poza sombreada" (200), ella lo envenena con el peor aguardiente por medio de un embudo, todo por antojársele el chal. Tan obsesionada está la Aleja con el chal que no se da cuenta de que se rompe mientras ella está emborrachando a Nicho. Por desenrollarse y deshilacharse el chal, Aleja Cuevas se asocia con la araña, otro símbolo de la madre terrible. También Moncha, tanto parturienta como castradora de animales, con quien Nicho se encuentra poco después, se asocia con la araña. Era "partera, curandera, casamentera, por el lado bueno de la medalla [...] Pero el peor, peor acuse que le hacían era el de saber preparar polvitos con andar de araña" (239).

La escena con Aleja Cuevas se cierra con la entrada de los arrieros, que introducen nuevos temas. Los amores secretos entre Aleja e Hilario asocian a éste con San Miguel Acatán a pesar de todos sus viajes. Después de que desaparece el correo Nicho, Hilario llega hasta la capital buscándolo. La descripción del amanecer en la ciudad es una magnífica creación en sí misma. Hilario comienza la escena pidiendo café en un puesto, quizás en el barrio del Guarda Viejo, pero después se opaca mientras que el narrador describe a todos los otros tipos que acuden a pedir café. Hilario vuelve a participar en la descripción de la ciudad viendo de una manera impresionista la multiplicidad de automóviles, bicicletas, tiendas, plazas y estatuas.

El ritmo acelerado de la ciudad es interrumpido por el episodio de Mincho Lobos, un conocido de Hilario. En otro ejemplo de humorismo patético, encerrando una gran realidad, Mincho se dirige al santero para reclamar que la virgen que él había comprado para su pueblo tiene los ojos muy fieros. Durante la discusión entra el aprendiz y con mucha indiscreción le dice al maestro que le trae los ojos de venado. La Virgen con ojos de animal recuerda a Hilario al coyote que vio con ojos humanos en la cumbre de María Tecún.

Averiguada la desaparición del correo Nicho Aquino en la capital, Hilario se pone en camino para San Miguel Acatán. Se encuentra con sus amigos arrieros y paran en la casa de un español, don Casualidón. Antes de referir la historia de éste, Asturias mete a sus arrieros en un juego de dados con el cuto Melgar, lo que constituye una escena folclórica con gran sabor realista. Después del juego, don Casualidón acompaña a los caminantes, lo que da ocasión al autor de presentar su historia, que está ligada con la novela en general sólo por su humorismo patético y por su crítica de la Iglesia. Don Casualidón había sido cura párroco de un pueblo rico poblado de ladinos pobres. Aceptó la oferta de otro cura de cambiar por la parroquia de un pueblo pobre donde vivían indios ricos. Al darse cuenta de la imposibilidad de sacarles dinero a los indios para la iglesia, abandonó el pueblo infeliz, regresó a la civilización y colgó la sotana. Por medio de todos estos episodios y escenas realistas se ensancha el enfoque de la novela. A pesar de su título, Asturias no quiere retratar sólo a los indios sino a toda la nación guatemalteca. Desde luego, predominan los indios y su cosmogonía maya; pero cuando se juntan todos los mosaicos que forman parte de este cuadro, aparece todo el mundo realista de Guatemala que rodea al indio. Los militares, los burócratas y muchos de los capitalinos son ladinos. Los negros pelean con los tiburones en la costa atlántica. El español don Casualidón fracasa en su intento de explotar la sotana. Don Deféric, el alemán, es de los que cuentan en San Miguel Acatán. El chino representa a todos los chinos de Guatemala que se ganan la vida y algo más con sus tiendas. El gringo O'Neill es un ser misterioso que vende máquinas de coser pero que nunca se presenta en la novela. Los extranjeros viven en Guatemala pero nunca echan raíces. El belga, aunque es el amante de la Doña, sale al mar para hacer no se sabe qué cosa. Un italiano cruza la escena en menos de un segundo. Tanto como estos tipos representan los distintos sectores de la población de Guatemala, algunos lugares fijos dan una idea amplia de su geografía. Aunque la mayor parte de la acción se desenvuelve en la sierra o en el pueblo desconocido de Pisigüilito, la inclusión de algunos nombres verdaderos sirve de contrapeso al mundo sobrenatural que prevalece en varias escenas. San Miguel Acatán es un pueblo en el departamento de Huehuetenango en el extremo del noroeste. Hay descripciones inconfundibles del lago de Atitlán y probablemente de Chichicastenango y de Santa Cruz del Quiché sin ninguna mención de su nombre. Asturias nos presenta, como ya se dijo, un cuadro impresionista de la capital y hasta se extiende a la costa atlántica. También trata de abarcar la totalidad histórica de Guatemala por medio del ambiente mágico aunque la actualidad es probablemente hacia 1940 durante la dictadura de Ubico, por encontrarse encarcelado el hijo de Goyo Yic: "Por alzado [...] Nos querían hacer trabajar sin paga [...]" (337). Sin embargo, a diferencia de *El señor Presidente* hay relativamente poca protesta social y la que hay se relaciona con la administración de la justicia. A Goyo Yic y a Mingo Revolorio, por emborracharse y por haberse perdido su "guía", los mandan a la cárcel donde "no hay malo, todo es peor" (179), y luego los destierran a la costa atlántica. El trato que recibe Nicho a manos de los administradores del Correo también merece una queja.

Como ya se ha visto en *El señor Presidente,* uno de los mayores encantos de la obra de Miguel Ángel Asturias es su gran sentido lingüístico. Especialmente en la primera parte de *Hombres de maíz*, se esfuerza por crear la sencillez bíblica del *Popol Vuh*, sirviéndose de la repetición de palabras y de frases enteras; de la enumeración y del ritmo trimembre: "—Conejos amarillos en el cielo, conejos amarillos en el monte, conejos amarillos en el agua guerrearán con el Gaspar. Empezará la guerra el Gaspar Ilóm arrastrado por su sangre, por su río, por su habla de ñudos ciegos [...] Tierra desnuda, tierra despierta, tierra maicera con sueño [...]" (12). Por ser los personajes de *Hombres de maíz* principalmente indios, resalta el dialecto guatemalteco más que en *El señor Presidente:* "—Ve, Piojosa, diacún rato va a empezar la bulla [...] Arrejuntá unos trapos viejos pa amarrar a los trozados, que no falte totoposte, tasajo, sal, chile, lo que se lleva a la guerra" (15).

Aunque Asturias capta el espíritu bíblico de la cosmogonía maya en algunos trozos y el sabor del pueblo en otros, jamás deja de ser el vanguardista experimentador. En las descripciones busca constantemente nuevos símiles y metáforas. Al referirse a un río, dice: "De un lado a otro se hamaqueaba el canto de las ranas" (66). Al insistir mucho en el nombre de María Tecún, da vida a las mismas letras y las convierte en símbolo de la mujer: "En la cumbre el nombre adquiría todo su significado trágico. La 'T' de Tecún, erguida, alta, entre dos abismos cortados, nunca tan profundos como el barranco de la 'U', al final" (246). Las letras también llegan a tener su valor auditivo. Asturias capta los gritos de Goyo Yic repitiendo la vocal acentuada tres veces como minúscula y tres veces como mayúscula: "¡María TecúuuUUU!... mucháaaAAA... muchóooOOO... mis hí í í I I I" (241).

Se podrían citar muchísimos ejemplos de la gran virtuosidad de Asturias, pero no hace falta. Comenzamos este capítulo afirmando que *El señor Presidente* es una de las dos mejores novelas de Asturias. Claro que la otra es *Hombres de maíz*, una creación artística sumamente rica del mundo real maravilloso del indígena guatemalteco.

OBRAS CONSULTADAS

Andrea, Pedro Frank de, "Miguel Ángel Asturias, anticipo bibliográfico", *Revista Iberoamericana*, México, 1969.

Arévalo Martínez, Rafael, *Ecce Pericles!,* Guatemala: Tipografía Nacional, 1945.
Asturias, Miguel Ángel, *El Alhajadito,* Buenos Aires: Goyanarte, 1961.
——, *Hombres de maíz,* Buenos Aires: Losada, 1949.
——, *Maladrón,* Buenos Aires: Losada, 1969.
——, *Mulata de tal,* Buenos Aires: Losada, 1963.
——, *Los ojos de los enterrados,* Buenos Aires: Losada, 1960.
——, *El papa verde,* Buenos Aires: Losada, 1954.
——, *El señor Presidente,* Buenos Aires: Losada, 1952.
——, *Viento fuerte,* Buenos Aires: Losada, 1950.
——, *Viernes de Dolores,* Buenos Aires: Losada, 1972.
——, *Week-end en Guatemala,* Buenos Aires: Goyanarte, 1956.
Bellini, Giuseppe, *La narrativa di Miguel Ángel Asturias,* Milán: Instituto Editoriale Cisalpino, 1966.
Callan, Richard, *Miguel Ángel Asturias,* Nueva York: Twayne, 1970.
Estrada, Ricardo, "Estilo y magia del *Popol Vuh* en *Hombres de maíz,* de Miguel Ángel Asturias", *Humanidades,* Guatemala: Universidad de San Carlos, 1961.
Lorenz, Gunther W., "An Interview with Asturias", *Review,* Nueva York, otoño de 1975, 10-11.
Menton, Seymour, *Historia verdadera del realismo mágico,* México: FCE, 1998.
Valle-Inclán, Ramón María del, *Tirano Banderas,* Buenos Aires: Espasa-Calpe, 1945.
Prieto, René, *Miguel Ángel Asturias's Archaeology of Return,* Nueva York: Cambridge University Press, 1993.

MARIO MONTEFORTE TOLEDO: CUATRO ETAPAS DE LA NOVELA HISPANOAMERICANA

Entre la confusión sobre la clasificación genérica de tantas obras narrativas guatemaltecas, se distinguen las cuatro novelas bien estructuradas de Mario Monteforte Toledo (1911). *Anaité* (1948), *Entre la piedra y la cruz* (1948), *Donde acaban los caminos* (1953) y *Una manera de morir* (1957) marcan cuatro fases básicas en el desarrollo de la novela hispanoamericana: el criollismo; la novela nacional; la novela psicológica revestida de experimentación estilística, y la novela filosófica de tendencias universales.

Anaité, escrita en 1938, es la historia de la civilización de la ciudad de Guatemala en pugna con la barbarie del Petén. Tiene varias reminiscencias de *Doña Bárbara* y de *Canaima*, de Rómulo Gallegos, pero en realidad se parece más a *La vorágine*, de José Eustasio Rivera. A pesar de todo su realismo, *Anaité*, como sus precursores sudamericanos, está impregnada de resabios románticos y modernistas.

En el prólogo, el mismo Monteforte dice que *Anaité* "es una novela mala, pero es una novela, quizás la primera que merece el nombre de tal en la copiosa lista de libros de estampas más o menos bien escritos que se habían publicado en Guatemala hasta aquel tiempo".[8]

Después de escudriñar por unos veinte años la barbarie de las regiones remotas de su país, el novelista hispanoamericano se dedicó a retratar en un solo libro la totalidad de su país. En todas partes de Hispanoamérica se escribieron novelas con ese intento. Una de las primeras fue *La tempestad*, de Flavio Herrera. Una de las mejor logradas es *Entre la piedra y la cruz*, de Monteforte Toledo. El cuadro nacional se forma por una vista comprensiva de la geografía, la población y la historia de Guatemala. La acción comienza en el pueblecito de San Pedro la Laguna, a orillas del lago de Atitlán. Pasa a una finca cafetalera por la costa del Pacífico. Pedro Matzar, el protagonista indio, visita el puerto de San José. Después de pasar por Escuintla, va a la capital para estudiar y luego enseña en la sierra cerca de Sololá. Además del protagonista indio, otros tipos raciales

[8] Mario Monteforte Toledo, *Anaité*, Guatemala: Editorial El Libro de Guatemala, 1948, 27.

que aparecen en la novela son el ladino, el español, el alemán, el negro, el chino, el jenízaro y el libanés. Monteforte se remonta a los tiempos precolombinos para darnos una visión amplia de los motivos históricos de su país, la cual incluye: leyendas indias, el baile de la Conquista, la casa colonial de Teófilo Castellanos, el terremoto de Antigua, la Revolución Unionista de 1920, la crisis económica de 1929, la Guerra Mundial de 1939 y la Revolución de 1944.

Entre la piedra y la cruz, por ser una novela nacional, se preocupa principalmente por la situación del indio en la época antes de la Revolución de 1944. Se presenta un retrato étnico que, a pesar de sus variaciones guatemaltecas, ya ha llegado a ser tradicional en la novela hispanoamericana. Los indios, que constituían más de 65% de la población total de Guatemala, no tienen más que pequeñas parcelas, mientras que los dueños de las grandes fincas son ladinos que por lo general viven en la ciudad. Muchas veces los mercaderes compran el maíz a los indios, lo acaparan todo, y luego resulta que los mismos indios no tienen bastante maíz para comer.

Las compras se hacen a la sombra de la Iglesia, en el sentido literal y figurado, y el hambre de los indios no se aplaca con las misas del cura. Si los indios se quejan ante los jueces, éstos se hacen los sordos y permiten que los abogados engañen a los indios mientras se prolongan los pleitos. Si se presenta alguna queja en contra de un indio, éste se ve condenado a trabajar de peón en la carretera. De cuando en cuando llegan los soldados al pueblo para reclutar trabajadores para las fincas tropicales. Allí aumentan los sufrimientos del indio. El calor tropical, los mosquitos pestíferos y las víboras contribuyen a poner en peligro su vida. Vive en la finca cafetalera como siervo. No le pagan sino con fichas que se aceptan sólo en la tienda de raya. Naturalmente las deudas se le van amontonando. Si huye de la finca, los soldados lo alcanzan y lo llevan de vuelta a donde le esperan las bofetadas y las patadas del dueño. Indefenso, tiene que contemplar la violación de las mujeres de su familia. Su único alivio es el guaro que le proporciona benévolamente el patrón. Claro, le da al indio una sensación ilusoria de felicidad pero le debilita la voluntad. Al mismo tiempo que los patrones utilizan el guaro, persiguen con crueldad a los indios que lo producen clandestinamente. Uno de los aspectos más trágicos de todo esto es que el mismo ejército, que es el instrumento de opresión contra los indios, consta de reclutas indios.

Al describir el pueblo de San Pedro la Laguna, Monteforte Toledo no puede menos que incluir muchas leyendas, supersticiones y costumbres indias. La importancia de las cofradías es primordial. Varias leyendas sobre los dioses indios son narradas con un deseo de captar el ambiente del *Popol Vuh*. Se alude a la creencia en el nahual, o sea la existencia del alma de un indio en un animal. Las costumbres matrimoniales de los indios también aparecen en la primera parte de la novela.

Lo que distingue a *Entre la piedra y la cruz* como una novela bien hecha es que todos los elementos nacionales y las notas de protesta social están fuertemente ligados por un solo personaje. Como tantos otros protagonistas de novelas hispanoamericanas de las décadas de 1930 y 1940, Pedro Matzar es un hombre marginal. Se encuentra "entre la piedra y la cruz", o sea entre la cultura de los indios y la de los ladinos. El acierto de Monteforte consiste en infundirle vida humana a un ser simbólico y en convertir a un ser humano en símbolo. El nacimiento de Lu Matzar se rodea de la superstición pagano-cristiana tan característica de los indios de Guatemala. El brujo hace sus oraciones "a un lado del calvero" donde "estaba la piedra plana, frente a una cruz ennegrecida por millares de ceremonias".[9] Así es que desde el principio se plantea el problema expresado en el título "entre la piedra y la cruz". El brujo transmite lo que los dioses vaticinan para el recién nacido: "—Dicen ellos que Lu Matzar tendrá un gran espíritu. Va a pelear contra los fuertes y va a creer en lo que nadie cree" (13). De niño, a Lu Matzar se le atribuyen varios milagros. Una vez una tormenta sorprendió a unos indios que estaban atravesando el lago de Atitlán, pero la sola presencia de Lu los salvó. Después acabó con una plaga de taltuzas que destruían la milpa. En otra ocasión, con sólo alargar la mano, fue capaz de parar los ventarrones de noviembre que estaban haciendo estragos en la milpa. Por fin, un día en que los soldados estaban por llevarse de recluta a su padre, Bartolo Matzar, entró Lu riendo en tal forma que los soldados no se sintieron con ganas de acabar con su felicidad. Cuando Lu ya está en edad para razonar, comienza a cumplir la profecía, "va a creer en lo que nadie cree", o sea la fusión de todas las razas de Guatemala, misión del gobierno revolucionario de 1944-1954, con el cual Monteforte colaboró al principio. Con su espíritu fuerte, Lu pregunta varias veces a su padre por qué "aparte son los ladinos y aparte los naturales" (46). Cuando Lu interrumpe las pláticas ceremoniales sobre el noviazgo de su hermana, eso representa más que la impetuo-

---

[9] Mario Monteforte Toledo, *Entre la piedra y la cruz*, Guatemala: Editorial El libro de Guatemala, 1948, 12.

sidad de un niño. Indica que Lu está dispuesto a romper con las tradiciones de su pueblo. Para darle más trazas de redentor a su protagonista, Monteforte se sirve de varias escenas bíblicas. El éxodo de Bartolo Matzar y toda su familia de San Pedro la Laguna da fin a la primera parte de la novela con una estampa inolvidable por su sencillez y por sus proporciones épicas:

> En la última curva del camino, donde el cerro caía a pico sobre el lago, Tol se detuvo. Desde allá se divisaban el cementerio de Sololá y la punta historiada de la torre. Multiplicados por el eco llegaban los repiques de las seis de la tarde. Las ovejas moteaban el verdor de los trigales. Hacía frío. Un cactus cortaba el horizonte en dos: de un lado, Cerro de Oro, la rinconada de San Lucas, los volcanes y la bahía de Atitlán, apuntando como una flecha hacia la costa; del otro, la serranía de Cristalín, Rujilá-Ec y el rancherío blanco de su aldea. Tol Matzar y su gente volvieron la espalda a San Pedro la Laguna y siguieron por el camino, con la cabeza baja, hacia el pueblo grande [64].

En la segunda parte, Monteforte transforma el símbolo en un niño que lo cuestiona todo. Esta parte, más que las otras, señala los abusos que sufren los indios que bajan de la sierra a trabajar en la costa. Lu Matzar vuelve a sentirse redentor cuando Franz viola a su hermana Trey después de haberlo empujado a él. Se siente muy indio y se le representa simbólicamente la posición del indio: "abajo está el templo del sol, encima la catedral" (117). Cuando la familia de Tol Matzar abandona las fincas cafetaleras, el autor crea una escena tan épica como el primer éxodo, que se capta en la portada de la primera edición: "Luego se veían los pies, elocuentes, vivos como seres aparte del cuerpo, y continuaban andando legua tras legua, por sobre la tierra que cambiaba de colores y de temperatura, a través de potreros, canales, bosques y ríos sin puente" (129). Los pies del indio llegan a personificarse para representar los dolores de todos los indios. El autor hace entronque entre el vagar eterno de la raza indígena y la suerte del judío errante.[10]

Al llegar a la ciudad, Lu se adapta a la sociedad ladina por el contacto con los hijos de Teófilo Castellanos, su benefactor, y con los otros adolescentes de la escuela. Sus amigos le ponen el nombre de Pedro. Su amor torpe por Margarita, sus narraciones fantásticas, sus primeras preocupa-

[10] El tema del indio errante también está presente en *El luto humano* (1943), de José Revueltas; en *Los peregrinos inmóviles* (1944), de Gregorio López y Fuentes, y en *El mundo es ancho y ajeno* (1941), de Ciro Alegría.

ciones sexuales y los acontecimientos diarios de la escuela le dan el carácter de un muchacho individualizado de quince años. No obstante, no se olvida de sus orígenes. Después de recibirse vuelve a San Pedro, pero allí toma la decisión de volver a salir de su pueblo para aprender las ideas nuevas con el fin de enseñarlas a los suyos. El tercer éxodo en que participa Pedro Matzar lo emprende solo. Ya está decidido a redimir a los indios: "Cuando desde las cumbres de Mixco divisó las casas de la ciudad, sintió rencor, y un férreo deseo de seguir aprendiendo a cualquier costa para regresar un día a enseñar a los suyos la ciencia, la verdad metálica que podía más que los rajau del aire" (193).

Mientras que los títulos de las tres primeras partes —"Sierra", "Costa" y "Casas"— indican lugares fijos, "Caminos" representa los cambios rápidos que ocurren dentro de Matzar en la cuarta parte. Está metido a redentor enseñando a los indios a pesar de la falta de materiales pedagógicos. Su éxito se revela en las palabras de uno de sus alumnos: "—Me gusta cómo nos decías las cosas. Quisiera que fueras mi tata" (203). Sin embargo, el redentor vuelve a ser hombre de carne y hueso otra vez. Pedro Matzar conoce a su primera mujer, la tabernera ladina del pueblo, y comienza a emborracharse. Cuando el gobierno no le manda los materiales que ha pedido, se desilusiona por completo y abandona la escuela. Como individuo, se mete en el ejército con la idea de subir para triunfar sobre su condición de indio. Aunque sube vertiginosamente, sabe que ha abandonado a su pueblo y se siente el "arcÁngelnegro, expulsado de los cielos" (253). Cuando Pedro presencia sin protestar la tortura de un hombre, el narrador hace pensar al lector en la negación de Jesús por san Pedro. Igual que el fundador de la Iglesia de Cristo, Pedro Matzar logra salvarse. Un capitán le habla de los ideales de la Revolución y Pedro se deja convencer. Lo encarcelan por haber soltado a dos presos, pero cuando estalla la Revolución del 20 de octubre sale de la cárcel y encabeza un grupo de revolucionarios que pelean en la calle. Resulta herido pero su conciencia ya está en paz. Va a redimir a los suyos entrando en el nuevo mundo de los ladinos, lo cual se simboliza con su matrimonio con Margarita. El fin optimista de *Entre la piedra y la cruz* no concuerda con el desarrollo lógico del protagonista, pero refleja el entusiasmo rebosante de los jóvenes intelectuales por la Revolución de 1944.

Entre la piedra y la cruz, tanto por su estructura y su estilo como por su tema, es una de las mejores novelas nacionales de toda Hispanoamérica. En esta obra Monteforte revela una seguridad en su técnica que no está presente en *Anaité*. El estilo es más sobrio y todo concuerda para hacer sobresalir el tema principal de la novela. El acierto del autor depende desde luego de la elaboración del tema, pero también de la selección de un tema tan trascendente para Guatemala, Hispanoamérica y tantos otros países del mundo. Perfeccionada la técnica de la novela criollista y enfocado uno de los problemas esenciales de Guatemala, Monteforte, con su cultura cosmopolita, empezó a buscar otros rumbos para sus novelas. Por toda Hispanoamérica se habían escrito docenas de novelas sobre la lucha entre la civilización y la barbarie; los abusos de los dictadores, los finqueros y las compañías extranjeras; el destino del indio y los problemas del hombre marginal. Al iniciarse la década de 1950, estos temas criollistas se habían agotado. El novelista hispanoamericano en general y Monteforte en particular sintieron la necesidad de buscar una nueva orientación.

Donde acaban los caminos (1953) es un intento experimental de crear un nuevo tipo de novela en Hispanoamérica. Su aspecto experimental se destaca por estar el tema estrechamente relacionado con el de *Entre la piedra y la cruz:* la fusión de los indios y de los ladinos para crear la nación guatemalteca. *Entre la piedra y la cruz* termina felizmente con la unión del indio Pedro Matzar y la ladina Margarita Castellanos. En *Donde acaban los caminos,* escrita unos años después, cuando ya se habían defraudado las ilusiones despertadas por la Revolución de 1944, no se logra la fusión de las dos culturas. Por mucho que trate de adaptarse, el médico Raúl Zamora no puede casarse con una india y acaba por abandonar a María Xahil, cediendo a la presión de la sociedad ladina. Además de la preocupación primordial del autor, hay otras semejanzas entre las dos novelas. El mundo de los indios desempeña un papel bastante fuerte en la novela, lo que quiere decir que están presentes elementos épicos, folclóricos y de protesta social. A veces este mundo parece más verídico que el de Pedro Matzar porque lo panorámico y lo simbólico han sido remplazados por lo particular. Toda la acción sucede en el mismo pueblo y los indios individuales llegan a destacarse más. No obstante, su identidad con la tierra y su eternidad son legendarias: "Los campesinos que heredaban memorias de cataclismos y de locas mutaciones geográficas, observaban en silencio".[11] Al referirse directamente a sus amores con María Xahil, Zamora no puede menos que asombrarse ante la poca significación que tiene el tiempo para la india: "Lleva ya treinta y ocho días

---

[11] Mario Monteforte Toledo, *Donde acaban los caminos,* Guatemala: Tipografía Nacional, 1953, 53.

aquí. Lo mismo será dentro de noventa años. Para ellos el tiempo es lustral. Nosotros, recién nacidos. Este olor a tortillas. Esta eternidad de carne [...]" (143).

Lo que es novedoso y de cierta manera desconcertante en *Donde acaban los caminos* es que a pesar de la importancia del mundo indio, la novela no debería clasificarse como indigenista. Ocurre aquí algo de lo que pasa en *Caos*, de Flavio Herrera, es decir que se combinan el mundo criollista y el mundo del subconsciente. Mientras que Herrera separó los dos mundos casi por completo, Monteforte trata de entretejerlos uno con el otro. Ya se ha notado el carácter introspectivo de la novela guatemalteca en general. En *Donde acaban los caminos*, Raúl Zamora está constantemente ensimismado, lo que proporciona al autor la oportunidad de plasmar el mundo de la realidad interior.

Puesto que el doctor Zamora es el protagonista de *Donde acaban los caminos*, Monteforte puede identificarse más con él que con el indio Pedro Matzar de *Entre la piedra y la cruz*. Además, el mismo Monteforte tuvo una experiencia parecida con una indígena, quien le dio una hija que se crió con Monteforte en el mundo ladino de la capital. A causa de esta identidad entre autor y protagonista, el estilo de esta novela es distinto de aquel de *Entre la piedra y la cruz*. Para captar el carácter de un médico, Monteforte emplea un estilo mucho más culto con oraciones largas y un vocabulario mucho más extenso. En cambio, escasean las palabras indias aun en las escenas con María Xahil y su familia. Dos episodios típicamente indigenistas se destacan por su conversión en cuadros surrealistas: la operación que efectúa Raúl Zamora para sacar el machete de la cabeza del indio y la borrachera de Diego Raxtún, el doctor Zamora y Antonio Xahil durante la cual Raxtún estrella una botella en la frente de su hijo y Antonio Xahil trata de matar al doctor con un machete. En las novelas criollistas estos dos episodios servirían para contribuir a la protesta social, en tanto que en esta novela confirman el espíritu surrealista que predomina en muchas partes de la novela. Por la abundancia de introspección, hay menos diálogo que en *Entre la piedra y la cruz*. Hasta las carátulas indican las diferencias esenciales entre las dos novelas. El lector queda impresionado ante el tamaño enorme del pie indio —símbolo del andar eterno y del sufrimiento— y la relativa pequeñez de la cruz montada sobre la piedra en la carátula de P. Audivert para *Entre la piedra y la cruz*. En cambio, el lector queda perplejo ante la carátula de Carlos Mérida para *Donde acaban los caminos*. El espíritu maya sí está presente en los dibujos abstractos, pero falta el tono épico. El perfil y las diversas figuras geométricas reflejan los distintos puntos de vista y la complejidad del ser humano.

En su novela siguiente, *Una manera de morir*, ya no hay criollismo y la experimentación estilística no sirve otro propósito que hacer resaltar el tema de la novela. Igual que para *Entre la piedra y la cruz* y para *Donde acaban los caminos*, una carátula capta el espíritu de la obra. La viñeta de José Vela Zanetti retrata a un hombre desnudo agobiado en su lucha por sobrevivir. No hay ningún elemento artístico que lo identifique como guatemalteco y las figuras geométricas que lo rodean y que lo descuartizan indican el examen de su ser consciente y subconsciente desde todos los ángulos. Monteforte plantea en esta obra otra lucha entre el individuo y la sociedad. Peralta, igual que Raúl Zamora, tiene que rendirse ante las presiones de aquélla.

El título —*Una manera de morir*— se refiere a los individuos que en los años de la posguerra no han tenido más remedio que sacrificar sus ideales para someterse a un pensamiento ortodoxo. La ortodoxia principal de la novela, sin ser la única, es el comunismo. Al tratar el tema del comunismo, Monteforte no solamente logra presentar la realidad de Guatemala, sino que también plantea un problema universal. El protagonista Peralta es un comunista que se da cuenta de la hipocresía del Partido y después de permitirse el lujo de pensar por su propia cuenta, se siente tan atormentado que acaba por salir de esa organización. Al principio se encuentra solo en el mundo. Hasta su propio hermanito, que antes lo idolatraba, lo desprecia por haber abandonado la lucha en la cual había creído con tanto fervor. No obstante, externamente no le cuesta mucho trabajo adaptarse a la nueva vida. El novio de su hermana le consigue un empleo, irónicamente en un banco, donde, valiéndose de su inteligencia y de su aplicación, comienza a ascender con rapidez. Conoce a una joven rica y simpática que pronto llega a ser su novia. Parece que todo le está saliendo a pedir de boca. Sin embargo, en el fondo, Peralta sabe que tampoco pertenece a esta nueva sociedad. Ni él puede aceptar su insipidez ni su afectación, ni ellos pueden perdonarle sus ideas radicales. A pesar de eso, llega hasta el punto de querer casarse con su novia, pero se interpone la Iglesia. Peralta no puede transigir con sus ideales que lo ayudaron a librarse de la ortodoxia del Partido y el cura no puede librarse de la ortodoxia de su dogma que justifica su propia existencia. El diálogo termina cuando el padre le niega definitivamente su Dios a Peralta. Casi inconsciente y completamente deshumanizado, éste vuelve a entrar en el Partido. Ya no se atreverá a pensar. Es *una manera de morir.*

A primera vista, *Una manera de morir* puede considerarse una novela anticomunista, pero en realidad no lo es. Con una angustia que aun excede la de las obras existencialistas de Eduardo Mallea, Monteforte expone la ciega hipocresía de los dogmas ortodoxos, cualesquiera que sean, y su efecto aniquilador sobre el individuo capaz de pensar por su propia cuenta. Ni los mismos banqueros de la novela se atreven a pensar de un modo independiente. Se intuye que aunque ellos reconocieran cierta verdad en lo que les dice Peralta, nunca podrían admitírselo a sí mismos. Los únicos personajes felices son los que no tienen la manía de pensar: la hermana y la novia de Peralta, ambas frívolas, y al fin, su hermanito Luis, quien vuelve a la casa decidido a trabajar y a desentenderse por completo de cuestiones políticas.

Quizás indicando una nueva orientación para la novela hispanoamericana, *Una manera de morir* está totalmente desarraigada de Guatemala. Su conflicto ideológico proviene obviamente de las experiencias del propio Monteforte durante la Revolución en Guatemala, pero la novela podría ubicarse en cualquier parte del mundo. El autor, en busca de una nueva técnica, nos dice muy poco sobre los antecedentes de sus personajes. Lo que importa es el momento actual. La novela consta de una serie de diálogos largos, cada uno de los cuales es sumamente doloroso. Se inicia la novela cuando Peralta, todavía dentro del régimen del Partido, llega a un pueblo para enfrentarse con Rueda, el líder local. Peralta lleva la comisión de eliminar a éste como jefe de los campesinos porque se ha desviado de la ideología del Partido. Su desviación consiste en haber transigido con la finquera para que los campesinos no murieran de sed. Los diálogos están llenos de una angustia desesperada. Peralta está convencido de que Rueda ha obrado bien, pero como miembro del Partido tiene que cumplir su misión de destituirlo. Rueda, también convencido de que ha obrado bien, trata de obligarse a creer que ha traicionado a los suyos y hasta pide que lo maten para satisfacer al Partido, pero esto no basta. Se ha resuelto que Rueda tiene que salir del pueblo, desprestigiado. Peralta, avergonzado por su papel hipócrita en la destitución de Rueda, se tortura frente a la inocencia candorosa de su víctima: "Peralta sintió que le ardía una sola mejilla; una sola, cual si le hubiesen dado una bofetada a mano abierta".[12]

---

[12] Mario Monteforte Toledo, *Una manera de morir*, México: FCE, 1957, 57.

Por medio de un salto hacia atrás en la acción de la novela se presencia una escena igualmente dramática entre Rueda y la dueña de la finca. A pesar de su altanería, se siente cierta compasión por esta vieja señora feudal que ha visto la destrucción de su familia y de su tierra. El mismo Rueda le habla con cierta humildad y aguanta su desprecio para poder transigir con ella. A cambio del permiso que otorga la señora para que los campesinos puedan usar su agua, ellos tienen que devolverle algo de la tierra expropiada. Se destaca la tragedia de esta mujer cuya impotencia de obrar como acostumbraba antes es lo que más le irrita. La transacción de Rueda en este diálogo muy humano es lo que causa su caída frente a la dialéctica inexorable del Partido.

Cuando Peralta vuelve a la ciudad, se desahoga con su madre, quien aumenta la angustia de su hijo al no comprenderlo. Ella es una persona sencilla cuya preocupación principal es el bienestar de su hijo, pero es incapaz de comprender su inquietud. No puede concebir que haya cambiado de opinión respecto al Partido después de haberle servido por tantos años. Le aconseja que descanse porque el Partido lo necesita y cree darle la clave de su inquietud diciéndole: "—Tú nunca fuiste niño" (79).

La falta de comprensión persigue a Peralta y su tormento llega al colmo en otro diálogo penoso con su amante Laura. Ella representa la fe y su amor está íntimamente ligado con el Partido. Parece querer a Peralta, pero los fieles tienen que subordinarse a la disciplina del Partido hasta el punto de renegar de sus propias emociones.

La angustia de la novela se convierte en heroísmo cuando Peralta toma la decisión de romper con el Partido. Con gran tranquilidad de espíritu se enfrenta a Urrutia y le refuta firmemente toda su dialéctica. La victoria de Peralta contra su ambiente y contra sí mismo ocurre hacia la mitad del libro. Aunque, al parecer, el tono angustioso se alivia, en realidad sólo se disfraza. Durante todo el noviazgo de Peralta y Silvia se sospecha que él nunca podrá seguir disimulando. La vuelta a la angustia existencialista caracteriza toda la escena con el cura, en la cual se muestra claramente a Peralta la barda infranqueable entre él y el mundo burgués. Sintiéndose en un vacío y espiritualmente muerto, se reintegra entonces al Partido. Pero la historia no termina ahí, pues todavía falta algo para completar el armazón de la novela. En el último capítulo, Peralta vuelve a bajar del tren en el mismo pueblo que en el primero, lo que a primera vista parece algo artificial. El entusiasmo de los campesinos se ha disipado. Rueda ha vuelto. Los ídolos capitalinos ya son los derrotados. Peralta, en unión de dos compañeros, Antonio y Lamberto, se va en el tren rumbo al próximo pueblo. Este final, algo forzado y demasiado obvio, se salva con un diálogo angustioso más. En la plataforma del tren, sacudidos por las vibraciones y ensordecidos por el viento y los ruidos metálicos, discuten Lamberto y Peralta. Lamberto le pide una explicación por su reingreso en el Partido. Cuando Peralta, completamente disciplinado, léase "muerto", le repite la cantaleta de que se había desviado pero que ya ha reconocido su error, Lamberto se exaspera porque él y otros, lo mismo que Peralta, ya no estaban conformes con la política comunista y esperaban que él les enseñara la manera de vivir fuera del Partido. Sintiéndose defraudado por su amigo deshumanizado, Lamberto se vuelve ciego de ira y por poco mata a Peralta empujándolo fuera del barandal. La última página del libro tiene una angustia insuperable. El tren se detiene salvando a Peralta; Lamberto y Peralta vuelven a entrar en el carro; los dos, junto con Antonio, bajan en la próxima estación.

Aunque duele leer esta novela por su angustia y por la desesperación de Lamberto en la última escena, el autor ofrece dos soluciones. Luis, hermano menor de Peralta, renuncia a sus ideales, o mejor dicho, los adapta para conformarse con la sociedad. Piensa vivir sin planes acompañando y comprendiendo a los pobres. La figura más heroica de la novela es el campesino Rueda, que acaba por triunfar. Él nunca abandona sus ideales y aun cuando se denuncia a sí mismo, está convencido de que obra bien. Aunque se va del pueblo en el cuarto capítulo, al final se encuentra de vuelta y ya no se irá nunca. Representa la fuerza cósmica de los campesinos. Ya en la primera parte de la novela el autor nos prepara para este heroísmo recalcando el sentido cósmico del mundo de los campesinos. Éstos tienen un "gesto de esperar que heredaban de innumerables generaciones" (13). Rueda se identifica con "los penitentes indígenas de las épocas remotas" (23).

La precisión matemática de la dialéctica de las ortodoxias se refleja en la estructura de la novela. Los veinte capítulos están divididos en cuatro partes, aunque el autor no indica ninguna división. Cada parte termina con un éxodo: Rueda y Peralta, del pueblo; Peralta, del Partido; Peralta, de la iglesia; Peralta, Antonio y Lamberto, del pueblo de Rueda, aunque poco después estos tres sí llegan a otro pueblo. Los diálogos fundamentales de Peralta: con Rueda, con su madre, con Laura, con Urrutia, con el padre Béistegui y con Lamberto, ocurren respectivamente en los capítulos tres, cinco, ocho, diez, dieciocho, catorce y veinte. Las conversaciones de Peralta alternan con grupos: de campesinos, comunistas, empleados del banco, banqueros y huelguistas en los capítulos uno, cuatro, siete, doce, trece, diecinueve y veinte. El predominio de Peralta como protagonista se refuerza por el suspenso que crea por su ausencia en los diálogos de Rueda y la finquera (II), de Daniel y Marta (VI), de la madre de Peralta y Antonio (IX), y de Lamberto y Marta (XV).

Igual que los capítulos, los personajes tienen un equilibrio casi perfecto. Laura y Silvia son novias/amantes de Peralta; Urrutia, jefe del Partido, y el padre Béistegui tratan de controlar sus pensamientos; don Alfredo y Lamberto representan al hombre que quiere salirse del camino pero que queda amarrado a su sociedad durante toda la vida; Antonio y Daniel son seres de poca trascendencia: Daniel es el novio de la hermana de Peralta mientras que Antonio llega a ser el amante de Laura; la madre de Antonio lo mismo que la madre de Silvia chocan contra la honradez sencilla e ingenua de la madre de Peralta; el grupo de los comunistas hace juego con el grupo de los banqueros y también con el grupo de los campesinos. En este esquema quedan fuera Peralta, su madre, su hermanito Luis y Rueda. Este último constituye un reproche para Peralta tanto a comienzos como a finales de la novela. La madre permanece constante en su amor por su hijo, pero, en general, es una figura pasiva. Luis representa otra generación. Es capaz de vencer su desilusión y adaptarse a la vida guardando cierta independencia mientras que Peralta, por su edad y sus experiencias, no puede seguir su propio criterio en un mundo lleno de conflictos.

El espíritu de angustia que lo oprime todo se deriva en gran parte del tormento personal de Peralta pero se refuerza con distintos motivos existencialistas que se repiten a través del libro. Cuando Lamberto vuelve de Europa, describe el existencialismo en estos términos: "—Se habla de no querer, de no tener, de no esperar, de no ser" (246). Se insiste en la soledad espiritual del individuo: "Pero no hay nadie, no hay un solo ser en el mundo. Estamos solos frente a un sendero desconocido y casi tenebroso" (166). La soledad no basta para crear el espíritu de angustia. Además, hay que vivir en un mundo de odio y veneno donde todo está en conflicto: "—¿Qué es ese pleito eterno que existe entre las gentes de hoy [...]?", pregunta la madre de Peralta y éste contesta: "—Hemos tragado demasiado veneno. Hemos odiado mucho" (79). Los titulares de los periódicos anuncian guerras y revoluciones por todo el mundo. Los niños riñen por las calles. Luis pelea en la escuela con sus compañeros. Los mismos españoles, despreciados por los americanos, se odian unos a otros. Mientras Peralta y Laura hablan, suben ruidos de golpes y gritos desde el departamento de abajo. Daniel y unos borrachos en la calle cambian insultos.

El hombre existencialista, solo, amargado y lleno de angustia, observa los detalles más insignificantes porque reflejan su estado de ánimo. El motivo de las colillas de cigarrillos apagadas en el cenicero se repite varias veces. Claro está que las personas fuman para calmarse los nervios pero, al mismo tiempo, las colillas simbolizan la vida truncada y apagada de los seres humanos. Nunca se describe el departamento de Peralta pero se revela "un espejo medio opaco y rajado" (77-78) y el cielo "descascarado" (80). En la casa de Rueda, Peralta sólo pone su atención en "la mesa cubierta con un ahulado a cuadros rojos" (13). Los animales, empleados como símbolos en *Entre la piedra y la cruz* y otras muchas novelas criollistas, ceden su lugar a los insectos. En una taberna hasta se menciona el excremento de las moscas, no con el afán naturalista de retratarlo todo sino con el afán de simbolizar la vida insignificante del hombre. Los letreros de neón constituyen otro símbolo existencialista de lo transitorio de la vida humana y también representan el brillo falso de la sociedad actual. De la misma manera se concede cierta importancia simbólica al nudo de la corbata y al colorete. Un pedregullo bajo la suela no es más que una de las muchas pequeñas causas de exasperación. El mundo llena al hombre de tanta amargura, angustia y asco que a veces su único lugar de refugio es el retrete. El espejo, la espita, la ducha y hasta el inodoro desempeñan el papel de provocar los pensamientos y sentimientos de los personajes.

La importancia atribuida a los detalles no podría considerarse de ninguna manera una descripción. No hay descripciones porque el autor quiere dar la impresión de que los lugares individuales no tienen importancia. La angustia, la amargura y el asco están presentes por todo el mundo, que no es más que un desierto por el cual tiene que caminar el hombre solitario. Hasta el estilo de la novela causa esa misma sensación. Los personajes ni siquiera van acompañados del autor. Es decir, que éste trata de no intervenir. El relato se logra por medio de los pensamientos y palabras de los mismos personajes y el mundo no se ve únicamente por los ojos de Peralta. De cuando en cuando, el punto de vista cambia a casi todos los otros personajes principales. Los diálogos, que constituyen la espina dorsal de la novela, son tan amargos que el autor intercala divagaciones interiores, sentimientos humanos y alguna que otra explicación para suavizarlos. El orden casi matemático en que están colocadas estas interrupciones y el relieve que le dan al asunto principal intensifica la angustia de los diálogos sin distraer al lector. Ya se ha visto la precisión arquitectónica que emplea el autor en la estructura de toda la novela.

Por ser una novela intelectual, *Una manera de morir* tiene un vocabulario erudito. En general, las oraciones son largas, pero a veces el autor se vale de oraciones breves para iniciar capítulos o para crear ciertos efectos. Las oraciones siguientes se destacan no sólo por su brevedad sino también por la acción que se encierra en el uso del pretérito y de los participios: "El tren se detuvo resollando" (9); "El avión aterrizó retrasado" (242); "Estalló la huelga de luz a las siete de la noche" (354). Estas oraciones también indican el predominio de los verbos y los sustantivos sobre los adjetivos, que escasean en toda la novela. Por la falta de descripción, hay pocos símiles y metáforas. Por eso, los que hay impresionan tanto: "unos pensamientos gruesos como pedruscos" (363).

Una manera de morir representa, tanto por el tema como por la estructura y el estilo, la obra cumbre de Mario Monteforte Toledo. Si el estilo peca de un poco de intelectualismo, corresponde al tema de la novela. Otra tacha que se le podría hacer es el equilibrio excesivo entre el mundo de los comunistas y el mundo burgués. Peralta se adapta con demasiada facilidad a su nueva vida burguesa para reafirmar el mensaje del autor de que toda la sociedad está dividida en ortodoxias y que los comunistas no son los únicos que viven con una fe religiosa en sus doctrinas. Sin embargo, y a pesar de lo antedicho, esta novela es digna de colocarse al lado de cualquiera de las grandes novelas guatemaltecas e hispanoamericanas.

En 1957, en vísperas del *boom*, *Una manera de morir* es un buen ejemplo de la última etapa en la evolución de la novelística hispanoamericana desde 1915 hasta 1957. Los elementos criollistas han desaparecido; la preocupación por la identidad nacional se abandona al cinismo de la posguerra, y las especulaciones freudianas ya han pasado de moda. Esta obra, como las anteriores de Monteforte, refleja el ambiente del momento (de la Guerra Fría). No obstante, revela además ciertos valores del autor que son constantes en cada una de las cuatro novelas: su talento para penetrar en el cerebro de sus personajes, su verdadero don de narrador y sus conocimientos del arte de novelar.

OBRAS CONSULTADAS

Acevedo, Ramón Luis, *La novela centroamericana, desde el Popol Vuh hasta los umbrales de la novela actual,* Río Piedras: Editorial Universitaria, 1982.

Albizúrez Palma, Francisco, y Catalina Barrios y Barrios, *Historia de la literatura guatemalteca,* Guatemala: Editorial Universitaria, 1981.

Arias, Arturo, *Ideologías, literatura y sociedad durante la revolución guatemalteca, 1944-1954,* La Habana: Casa de las Américas, 1979.

Correa, Gustavo, "La novela indianista de Mario Moneforte Toledo y el problema de una cultura integral en Guatemala", *Memoria del Séptimo Congreso del Instituto Internacional de Literatura Iberoamericana,* México: Studium, 1957, 183-195.

Liano, Dante, "Las dos caras del mundo y un relato de Monteforte Toledo", *Studi Latinoamericani,* L'Aquila, 81, 1982, 127-144.

Monteforte Toledo, Mario, *Anaité,* Guatemala: Editorial El Libro de Guatemala, 1948.

——, *La cueva sin quietud,* Guatemala: Ministerio de Educación Pública, 1949.

——, *Los desencontrados,* México: Joaquín Mortiz, 1976.

——, *Donde acaban los caminos,* Guatemala: Tipografía Nacional, 1953.

——, *Entre la piedra y la cruz,* Guatemala: Editorial El Libro de Guatemala, 1948.

——, *Llegaron del mar,* México: Joaquín Mortiz, 1966.

——, *Una manera de morir,* México: FCE, 1957.

LOS SEÑORES PRESIDENTES Y LOS GUERRILLEROS: LA NUEVA NOVELA GUATEMALTECA (1976-1982)

EL EQUIVALENTE GUATEMALTECO de la novela del *boom* no se inicia hasta 1976 con la publicación por Joaquín Mortiz, en México, de *Los compañeros,* de Marco Antonio Flores (1937). Entre 1976 y 1985 (fecha de publicación de esta segunda edición actualizada) no hay sino otras tres novelas que merecen agruparse, guardadas las proporciones, con *Rayuela, Cien años de soledad, La casa verde* y *Tres tristes tigres.* Me refiero a *Los demonios salvajes,* de Mario Roberto Morales (1947), y *El pueblo y los atentados,* de Edwin Cifuentes (1926), publicadas en 1978 y 1979, en Guatemala, y *Después de las bombas,* de Arturo Arias (1950), publicada en 1979 por Joaquín Mortiz en México. Las cuatro obras, todas escasamente conocidas fuera de Guatemala, se basan de una manera o de otra en variantes de *El señor Presidente,* inmortalizado por Miguel Ángel Asturias, y en los distintos movimientos guerrilleros emprendidos desde 1960.

Aunque tienen muchos rasgos en común, estas cuatro novelas podrían dividirse en dos grupos: el realista y el carnavalesco. *Los compañeros,* de Marco Antonio Flores, y *Los demonios salvajes,* de Mario Roberto Morales, las realistas, no tienen un protagonista individual sino un grupo de jóvenes urbanos que se sienten o comprometidos o desilusionados con la guerrilla de los 1960, participando en ella o viviendo a su margen. Aunque la postura ideológica de los dos autores es distinta, ambas obras dejan una impresión pesimista. En cambio, tanto *El pueblo y los atentados* como *Después de las bombas,* por ser de cierta manera *Bildungsromane,* abarcan periodos más extensos y terminan con la victoria de una especie de héroe picaresco contra el dictador arquetípico pero identificable como Ubico y Arana Osorio, respectivamente.

Sin embargo, por interesante que sea buscar semejanzas y contrastes entre estas cuatro novelas, su poca difusión nos obliga primero a analizarlas individualmente. Escrita entre 1968 y 1971 en México, Madrid y Guatemala, *Los compañeros* presenta una visión negativa del movimiento guerrillero de los sesenta, sin dejar de denunciar la violencia derechista de los gobiernos guatemaltecos. Combinando la técnica de *Mientras agoni-*

zo, de William Faulkner, y la de *La muerte de Artemio Cruz,* de Carlos Fuentes, con la experimentación lingüística de *El señor Presidente,* la novela consta de trece capítulos numerados, fechados y titulados con el nombre del personaje a través de cuyo punto de vista se presenta la acción. El modo de narrar varía de primera a segunda a tercera persona y el uso abundante del monólogo interior y de la asociación libre sirve para evocar recuerdos del pasado.

De los cuatro protagonistas, sobresale el Bolo, imagen del propio autor, quien se conoce en Guatemala como el Bolo Flores. Es el narrador en primera persona de cinco de los trece capítulos, incluso el primero y el último, y desempeña un papel importante en el capítulo seis, narrado en segunda persona por su novia cubana Tatiana. En realidad, de todos los compañeros el Bolo es el menos involucrado en la guerrilla. Sólo se revela que en 1962 va a Cuba por un año, en contra de los deseos de su madre. Luego va a París, pero sólo hasta 1969 ofrece reincorporarse a la guerrilla cuando ésta ya está totalmente destrozada. Un compañero anónimo contesta a su carta:

> Ya tenés seis años de andar haciéndote la bestia hippie. Ya es hora de que te pongás claro […] dejá de chingar con esas cartas lloronazas que nos hacés la campaña de mandar […] Aquí hay muerte a carretadas […] El rompimiento se produjo al fin, las FAR y el Partido se echaron verga, todo se hizo una bola de mierda […] Escribí y dejate de babosadas y de dar facha de revolucionario […] Si sos chingón terminá la novela que decís que estás escribiendo. Ai cuando nosotros terminemos la revolución te mandamos a llamar, ¿oíste?[13]

Por no haber participado en la guerrilla, los capítulos del Bolo versan mucho más sobre su guerra de liberación contra su madre, la madre terrible arquetípica: "Mi madre, con su gran cuerpo de morsa, tapando la puerta para que no saliera hizo un gesto de asco" (18). La opresión materna se intensifica con la figura igualmente dominadora de la abuela: "Cacique maldito, machorra, doña bárbara del barrio de Matamoros, que domina en su tribu, en su familia, en mi madre y en todo lo que tiene cerca y que tuvo la culpa que mi padre no me conociera ni yo lo conociera a él" (20). El Bolo recuerda cómo su abuela y su madre lo vestían de niña, cómo se mojó el pantalón corto el primer día en la escuela cuando le preguntaron el nombre de su padre, cómo siguió mojando la cama hasta los

---

[13] Marco Antonio Flores, *Los compañeros,* México: Joaquín Mortiz, 1976, 20.

catorce años, cómo su madre le advirtió que el sexo era pecado y que tenía que esperar hasta que se casara y cómo se asustó frente a la cubana Tatiana, antes lesbiana, que se le entregó con toda el alma.

La novela termina con una declaración del Bolo que establece la identidad total entre la madre terrible y la Guatemala violenta: "No voy a volver nunca más, no voy a regresar nunca a mi pinche guatemalita de la asunción, a meterme a ese hoyo que me destruye, que me ningunea, que me asfixia. Allí, donde está la casa de mi madre" (237-238).

El hecho de que el capítulo final transcurra en 1962 en Cuba, igual que el primer capítulo, refuerza el carácter inmóvil del Bolo —nunca se define— pero también refuerza el concepto de lo interminable que parece ser la violencia en Guatemala…

En contraste con el Bolo, el Patojo es el revolucionario más puro de la novela, tal vez el único. En sus tres capítulos, todos fechados 1966, y narrados indistintamente en primera y tercera persona, se conjuga la escena de la tortura a vergazos y puñetazos, con distintas escenas del pasado simbolizadas por el remolino violento desde su propio nacimiento: "Caí en el vacío y empecé a dar vueltas, a gritar, a chillar, a berrear con rabia" (51). Después recuerda sus andanzas de adolescente —borracheras y carreras— con el Rata, el Bolo, Chucha Flaca y otros; una experiencia sexual malograda con su prima, y la participación en dos manifestaciones callejeras, violentadas y remolineadas por la policía: la primera, al lado de su madre, contra Ubico, y la otra, de estudiantes universitarios, contra los Estados Unidos por la invasión de Playa Girón. Igual que el Bolo, el Patojo fue a Cuba, pero a él lo entrenaron y se comprometió con la revolución por toda la vida: "Mi decisión tendría que ser definitiva de por vida. Ya no era cuestión de hablar y teorizar, sino cuestión de vida o muerte, de matar o morir, sin disyuntiva, sin remordimientos de conciencia"(82). Efectivamente el Patojo muere torturado pero sin delatar a nadie. Su identificación con una versión pesadillesca de Caperucita Roja en el momento de morir representa la vuelta a la niñez. En seguida, Caperucita Roja se convierte en hombre que camina con botas de siete leguas por un túnel que se hace más oscuro, representando la vuelta al útero materno, cerrando su historia, igual que la del Bolo, en forma circular.

Tanto en los capítulos del Patojo como en los del Bolo, por interesantes que sean, falta la tensión porque no hay argumento dinámico que vaya aumentando de intensidad. Esa tensión sí existe en la historia de Chucha Flaca (complementada por la del Rata), narrada en tres capítulos fechados 1967 y otro subdividido en cinco secciones fechadas que llevan su trayectoria hasta 1969. Chucha Flaca, ayudado por el Rata, se escapa de Guatemala en 1967 tomando un avión para México. Acusado de desfalco y deserción por haber abandonado su cargo de jefe de propaganda del Partido Comunista y por haberse llevado una cantidad de dinero, se siente perseguido tanto por los revolucionarios como por los policías. Justifica su decisión criticando la anulación del individuo exigida por el Partido, lo mismo que la buena vida que se dan los dirigentes:

> Ustedes saben que el Partido llega a convertirse en tata y nana, ya no podés cogerte a quien te plazca, ni ir a una cantina a echarte un trago, ni tener una tu cacerola, ni mujer siquiera, ni hijos, porque si no viene la crítica, su rendimiento personal ha bajado, compañero.
> ...los del Comité Central del Partido tenían carro particular y chofer y ciento cincuenta maracandacas mensuales y viajes de diplomáticos para ellos y sus familiares cada año. Sí, por allí aparecían en Moscú, en Praga, en La Habana en congresos y en pendejadas por el estilo, pelándose la verga. Así quién no se hace revolucionario [69].

Además de su crítica de los dirigentes comunistas, también lanza una crítica contra Fidel Castro y los cubanos:

> La culpa de todo este desbarajuste la tienen los cubanos de mierda. ¿Qué tenían que meterse donde no les iba ni les venía? Según Fidel iba a ser otro Bolívar. Regular Bolívar resultó el cabrón; sólo embrocó a un chingo de gente y después se lavó las manos [...] Al principio todo chévere, muy de a huevo, viajes, pisto, descansos en Varadero, meses y meses de pelarse la riata uno sin hacer nada, como turista en el Hotel Presidente o en el Habana Libre. Como en capilla ardiente, querrás decir. Como querrás, pero a fin de mes ibas con el encargado del Partido y cobrabas tu mesada y a chupar, a chingar, a zingar cubanas. Después que vio que la cosa no marchaba empezó la presión [...] Iniciaron la presión en la Universidad, en las casas de becados, en los hoteles. Los cubanos lo miraban a uno como traidor porque estaba estudiando o descansando. Lo hacían sentir cobarde y traidor porque no se iba a echar verga a la montaña... [74].

Una vez en México, Chucha Flaca tiene que luchar contra los absurdos trámites de Gobernación, pero acaba por conseguir un trabajo en la fábrica Renault de Ciudad Sahagún, después del viaje arquetípico al mundo subterráneo, al "submundo total" de la pulquería y a la "casa de putas de poca móder" (208) de los obreros. Sin embargo, a los dos años se encuentra totalmente aburguesado, sin trabajar, mantenido por una investigadora de El Colegio de México orgullosa de vivir con un ex guerrillero.

En cuanto a su niñez, Chucha Flaca hace una breve alusión a Ubico y a la Revolución del 20 de octubre y cita tres renglones de una canción comunista de la Guerra Civil española (68). Mas recuerda cómo el Rata era el líder de los compañeros en el colegio, sobre todo en cuestión de vicios. El viaje zigzagueante en carro por la ciudad de Guatemala evoca las carreras anteriores con el Rata acompañados de chicas tanto por la ciudad como por la carretera a la costa. Irónicamente, en la actualidad el Rata es el menos revolucionario de los compañeros. Sigue obsesionado por el trago y el sexo; ha engordado y se ha casado burguésmente.

Los recuerdos individuales de los cuatro protagonistas llegan a cuajarse en la sección del último capítulo titulada "El Hoyito 1953". Así se llama el prostíbulo donde todas las tardes "el Rata, el Bolo, el Qüino, el Patojo y yo [Chucha Flaca]. Todos los bois" (209) llegaban.

Además de los aspectos políticos y psicológicos, *Los compañeros* se destaca por su creación lingüística. Las descripciones de la ciudad de México son muy acertadas. El *collage* de los letreros comerciales de Guatemala refleja bien la modernización de la ciudad en la década de los sesenta. A pesar de la crítica que hace de Miguel Ángel Asturias, Flores da la impresión de compartir con el autor de *Hombres de maíz* el miedo tradicional que tenían los mayas al vacío. Las palabras parecen brotar como un chorro de agua con el uso constante de la asociación libre: "Técnica Universal Tecún Umán el de las Plumas verdes, verdes, verdes, verdes, ese Miguel Ángel es un maricón, todas las mierdas que escribió sobre Tecún, es un chantajista sentimental y gordo: el de las plumas verdes, verdes, verdes, bien a pichinga ha de haber estado cuando escribió esa mierda" (33).

Por tener también un protagonista colectivo, una estructura fragmentaria y una obsesión por la experimentación con el lenguaje coloquial, *Los demonios salvajes,* de Mario Roberto Morales, se presta para un análisis contrastivo con *Los compañeros*. Aunque sólo diez años de edad separan a los dos autores, pertenecen a dos generaciones muy distintas, tanto en el plano internacional como en el guatemalteco. Nacido en 1937, Marco Antonio Flores se identifica más con la generación de García Márquez (1927) y de Carlos Fuentes (1928), la cual también incluye a Mario Vargas Llosa (1936) y a Severo Sarduy (1937). En general, son autores que se toman muy en serio y se dan la responsabilidad de plasmar una visión muralística de los problemas nacionales con resonancias universales. En Guatemala, es la generación que se entusiasmó con la Revolución de 1944-1954 durante sus años de adolescencia; que se radicalizó frente a la contrarrevolución preparada por los Estados Unidos mediante Castillo Armas, y que, inspirados por la Revolución cubana, cuando llegaban a la madurez de los treinta años, se lanzaron a la guerrilla de 1962-1970. En cambio, Morales pertenece más a la generación de la onda, identificada más con los mexicanos Gustavo Sainz (1940) y José Agustín (1944), pero con representantes en casi todos los otros países: Andrés Caicedo (1951-1977) y Marco Tulio Aguilera Garramuño (1949), de Colombia, y Antonio Skármeta (1940), de Chile. Éstos son los jóvenes que se sublevaron en 1968 contra todas las instituciones, incluso contra las tradiciones literarias. Por eso, sus escritos, sin que esté ausente la preocupación sociopolítica, están más orientados hacia sus propias experiencias de adolescentes con énfasis en la música, el sexo y las drogas. Como autores, no se conceden tanta importancia, y como rebeldes literarios, no pretenden armar una novela bien estructurada.

Los demonios salvajes consta de varios tipos de textos. Las "estúpidas hazañas" de los "demonios salvajes" se parecen a las andanzas en carro de los "compañeros" de Flores cuando eran adolescentes. Incluso, en las dos novelas figura una carrera a la playa del Pacífico con las "traidas". Sin embargo, en *Los compañeros* esas escenas son más remotas y menos importantes que en *Los demonios salvajes*. En ésta, los varios episodios en el carro Opel se recuerdan con más detalles y están más específicamente ubicados. El narrador Roberto vive cerca del Calvario por la Avenida Elena en la parte occidental de la capital. Los amigos se pasean en el carro fumando, tomando, tocando la guitarra, peleando y chocando. El narrador se enfrenta al dilema de escoger entre aprender a tocar la guitarra con Arturo o aprender karate con el Choco. Éste trata de suicidarse tomando una gran cantidad de barbitúricos, pero el intento se malogra y sobrevive. A veces, en estas secciones el autor acude a un estilo casi telegráfico.

Mientras Marco Antonio Flores entremezcla y funde los distintos momentos de la vida de sus protagonistas por medio del monólogo interior y la asociación libre, Morales separa muy claramente las distintas épocas cronológicas evitando totalmente el rompecabezas faulkneriano. Por lo menos una tercera parte de *Los demonios salvajes* está dedicada a captar el mundo del colegio, anterior a la época de las "estúpidas hazañas", con cada texto encabezado por el nombre de una materia: matemáticas, inglés, historia, canto, filosofía, etc. Se retrata a cada profesor y se narran las travesuras de los muchachos. El profesor de matemáticas les exige que estudien mucho porque hasta los gobiernos comunistas necesitan científicos,[14] y "El comunismo se nos viene encima, señores" (123) se vuelve una cantaleta con don Jorge. El director del colegio, muy preocupado por la actitud represiva del gobierno, no permite que los alumnos salgan a participar en la Huelga de Dolores.

Las escenas del colegio, junto con las "estúpidas hazañas", constituyen la mayor parte de la novela, la que sería aburrida si no fuera por las seis secciones especiales que llevan título. Algunas de ellas son verdaderos cuentos y todas pregonan una actitud revolucionaria. Hasta el tono de estas secciones es distinto. El autor abandona el tono irreverente y burlón típico de su generación y narra con mayor seriedad y a veces hasta con lirismo. La mejor de las seis secciones es "David o como se haya llamado", que podría incluirse en una antología de los cuentos guatemaltecos más sobresalientes. Es aquí que se expresa mejor el tema único de las seis: el contraste entre el idealismo de los revolucionarios comunistas y el egoísmo de los burgueses. El momento culminante es cuando el Canche, estudiante de medicina, con tremenda vergüenza reconoce en la sala de autopsias el cadáver baleado de su amigo, cuya petición de repartir volantes revolucionarios había rechazado unos días antes. La narración de Roberto tiene mayor impacto por el empleo del voseo dirigido al Canche, estableciendo una relación íntima entre narrador y narratario.

En otras tres secciones, el narrador se avergüenza por su cobardía, en contraste con el heroísmo de David. En "Y ahora sí a lo que te truje", el narrador se dirige a su amante en estilo poético recordando los momentos de amor y a la vez sacando a luz su conciencia social despertada tanto por la lectura de *El capital* como por una visita a las covachitas de cartón cerca de la vía férrea. Sin embargo, el conflicto entre la conciencia social y el amor matrimonial con sus preocupaciones burguesas se resuelve a favor de éste. En "Como una muñeca predilecta", el narrador habla de su matrimonio, actual o hipotético, con la típica mujer de clase media que sólo se interesa en su casa bien amueblada, sus dos patojos y los viajes a Miami. Ella critica el comunismo de su marido que todo lo pone en peligro. En "Yo para estas cosas me llamo René", el narrador recuerda con cierto tono elegiaco al guerrillero heroico David que se entrenaba en la

---

[14] Mario Roberto Morales, *Los demonios salvajes,* Guatemala: Dirección General de Cultura y Bellas Artes, s. f. [1978], 41.

Sierra, mientras él fue expulsado del grupo por no querer arriesgarse pensando en sus responsabilidades de esposo y de padre. En las dos secciones tituladas "Hay gentes en la universidad" se describen los terrenos de la ciudad universitaria y de los oligarcas nacionales y gringos que viven cerca. El narrador critica a los estudiantes universitarios, hijos de burgueses, que creen que están cumpliendo con la Revolución al participar en la Huelga de Dolores cuando en realidad ellos llegarán a ser los políticos del futuro iguales a los actuales. Aun alude al líder estudiantil histórico Oliverio Castañeda con sus "ciento-cincuenta guardaespaldas" (106), "antes de que se convirtiera en mártir —después de la publicación de la novela— asesinado en el Parque Central". Irónicamente, la novela termina con las palabras grabadas en la placa, en la 6a. Avenida y la 11 Calle, dedicada a otros estudiantes asesinados.

Aunque *Los demonios salvajes* se dedica mucho menos al movimiento guerrillero que *Los compañeros,* Morales no demuestra ninguna ambigüedad ideológica. En otro tipo de texto impreso con letras más pequeñas, resume la historia del periodo de 1944-1954 con Juan José Arévalo y Jacobo Arbenz y la del periodo de Castillo Armas (1954-1957). También se habla del presidente Ydígoras Fuentes y el narrador lee una biografía del jefe guerrillero Luis Turcios, muerto en 1966 (113).

Sin ser una novela tan bien estructurada y tan "psicoanalítica" como *Los compañeros, Los demonios salvajes* sí es digna de codearse con sus congéneres mexicanos y latinoamericanos en general gracias a su afición guatemalteca por los juegos lingüísticos y a la protesta contra los Señores Presidentes.

En contraste con *Los compañeros* y *Los demonios salvajes, Después de las bombas* y *El pueblo y los atentados* lanzan su protesta social por medio de elementos carnavalescos. En *Después de las bombas,* a diferencia de *Los compañeros,* no existe la menor ambigüedad ideológica. Se trata de una novela revolucionaria directamente emparentada con *El señor Presidente,* de Asturias, por los personajes fantoches, la presencia actual de la mitología maya, los juegos de palabras, la importancia de las prostitutas, el anticlericalismo y el antimperialismo. Sin embargo, las deudas con Asturias no le quitan a la obra su originalidad. Publicada en 1979 en México con un tiraje de tres mil ejemplares, *Después de las bombas* todavía no ha sido reconocida por lo que es: la mejor representante guatemalteca de la llamada novela de creación, la nueva novela, la novela del *boom.* Menos realista y también menos surrealista que *El señor Presidente, Después de las bombas* tiene un ritmo más dinámico y más ágil, más apropiado para el ambiente de un carnaval grotesco con baile de disfraces. El eje estructurante básico es el proceso arquetípico de la maduración del protagonista, entretejido con la sucesión de presidentes posteriores a 1954, desde Carlos Castillo Armas hasta Carlos Arana Osorio. El título se refiere al bombardeo de la capital en 1954 por las fuerzas opuestas al régimen de Jacobo Arbenz, cuando el protagonista, Máximo Sánchez, tenía meses de nacer. Aunque el novelista exagera la intensidad del bombardeo histórico, acierta artísticamente al ligarlo con las ronchas, las erupciones que aparecen, que estallan, en la cara del niño. El bombardeo cobra mayor trascendencia al relacionarse también con la erupción del volcán Santa María que destruyó la ciudad de Xela (abreviatura de Xelajú, nombre antiguo de Quezaltenango) y con el terremoto de 1917 durante la dictadura de Estrada Cabrera, el cual asoló la capital.

Como consecuencia de la lucha contra Arbenz, desaparece el padre del niño, quien trabajaba en el gobierno de Arbenz. Máximo lo extraña y como en la *Odisea* y en *Pedro Páramo,* la búsqueda del padre es un elemento clave en su desarrollo a partir del segundo capítulo (hay siete). No aparece en el primer capítulo porque Máximo todavía está en su carruaje empujado y protegido por su madre. Apenas dos años después, en el segundo capítulo, con el asesinato de Castillo Armas, Máximo sale a la calle solo por primera vez. En términos arquetípicos, cruza el umbral por primera vez. Descubre una ciudad llena de cadáveres y se pregunta si también su padre se apestaría. Se incorpora a una pandilla de muchachos para enterrar a un pájaro muerto y luego se encuentra con el primer consejero sabio arquetípico. Se trata de un viejo pepenador que habla a Máximo acerca de la conquista, de la batalla singular entre Pedro de Alvarado y Tecún Umán. Sin embargo, Máximo es todavía demasiado joven para entender la historia; le pregunta por su padre y vuelve a casa.

En el capítulo siguiente, titulado "Fogata", Máximo pasa por otro hito en su viaje arquetípico. Ya debe estar en primer grado (1959), pero por motivo de otra crisis política se cancelan todas las clases. Sin soltar su "pepe" (chupete), símbolo de la infancia prolongada, Máximo observa cómo los soldados le queman los libros a un hombre, "por comunista". Ese hombre puede considerarse el segundo sabio arquetípico orientador de Max:

¿Dónde está mi padre? ¿Dónde lo encuentro?
¿Tu padre? ¿Vos tenés padre? ¿Buscás a tu padre? ¿Un padre?
Sí.
Buscalo en las cenizas de mis libros.[15]

El cuarto capítulo, titulado "Primer amor", encuentra a Máximo todavía con el pepe en la boca y bailando twist con una gringa, hija del presidente de la Compañía Monsanto y embajador interino. Ya cayó el presidente Ydígoras Fuentes (1963), así es que Max tiene unos nueve años. Su falta de madurez se señala por sus obsesiones: el futbol, el cine, el bar El Último Adiós y los senos de Karen, sin que él responda a las invitaciones sexuales de ella, prototipo de la joven gringa de modales "avanzados". Máximo sigue preguntándole a su madre acerca de su padre, pero ella no quiere decirle nada. Máximo está en la edad de la búsqueda: "Yo busco sentido, una explicación. Veo en cada dato de mi vida mil motivaciones" (75). Su tercer sabio orientador y el más cabal de todos es el ciclista onírico Chingolo, "un aprendiz de pensador" (83) que se empeña en devolver a la biblioteca varios libros con las páginas en blanco, porque "su contenido es ilegal" (74). Chingolo lleva a Máximo a un prostíbulo donde Amarena, la hija del pastor de la Union Church, emplea todas sus mañas para incitarle, pero en vano. Máximo todavía no está preparado.

Tres años más tarde, en el capítulo cinco, la timidez de Máximo con las prostitutas continúa y él sigue chupando el pepe. El capítulo se abre con una pesadilla, llena de símbolos freudianos, en que dos indios matan a su padre y él, muy niño, se escapa solo: "Nadando como un lagarto solitario en la limpia superficie del gran, profundo, misterioso río, flotando eternamente río abajo" (103). Al final del capítulo, Chingolo asombra al incrédulo de Máximo narrándole la historia de Ubico y la Revolución de 1944. Al volver a casa, Máximo insiste en que su madre le cuente los acontecimientos de 1944, "pero antes de empezar su narración, le habló de lo malo que era masturbarse. Máximo pasó en vela esa noche" (124). O sea que el conocer la verdad histórica se relaciona con la madurez sexual.

Por fin, en el penúltimo capítulo, titulado "Amanecer", Máximo logra poseer a Amarena después de contarle todo lo que su madre le había referido acerca de los sucesos revolucionarios de 1944, vinculados con los de 1920 y los de 1871. Así es que Máximo llega a sentirse hombre por pri-

---

[15] Arturo Arias, *Después de las bombas,* México: Joaquín Mortiz, 1979, 65.

mera vez identificándose con su padre, con su abuelo y con su bisabuelo. El sentirse hombre también le da el poder creativo. Durante la misma copulación, mientras Amarena goza enormemente, Máximo se exalta con sus planes para escribir:

> Encontraré a mi padre a través de las palabras… construiré una catedral de palabras. Crearé al país con mis palabras…
> Lo que quiero hacer es decir todas esas cosas que callan los demás… Poder llenar todas esas páginas en blanco que coleccionan polvo en nuestras bibliotecas…
> Claro, claro. Y con lo chistoso que sos harás reír a los generales.
> Los haré reír. Se reirán y reirán y reirán tanto que se les hinchará la panza y explotarán.
> […]
> Exageraré. Mentiré. Chingolo dice que para ser entendido hay que mentir. Es otra manera de penetrar dentro de alguien…
> Volvete palabra entonces. O hasta soldadito de plomo si querés. Con tal que te echés siempre tus pasaditas por mi cama, ya sabés [146-148].

Ya en el capítulo final, "La ensalada de las flamas", Máximo se convierte en todo un héroe carnavalesco. Se atreve a apagar el televisor del bar que servía para endrogar a los mendigos y a los lisiados. Luego, durante el entierro de un agente de la CIA, irrumpe Máximo inesperadamente para divertir al público leyéndoles el cuento titulado "El hombre de la CIA". Mientras los generales, los diplomáticos y el arzobispo se van desconcertando más y más con las palabras de Máximo sobre los cadáveres mutilados y la lujuria del hombre de la CIA, los futbolistas y las prostitutas lo aplauden frenéticamente. En medio de una gran confusión Max se esconde en la Union Church. Ya no chupa el pepe y por primera vez tiene la piel libre de ronchas. Mientras los policías torturan a Chingolo en la cárcel, Máximo cumple su promesa de visitar el altar de María Tecún: "morir antes de rendirse ante el invasor extranjero" (182). Chingolo morirá pero Máximo, su hijo espiritual, seguirá adelante con su misión revolucionaria, después de escaparse al aeropuerto en un baile de disfraces en que todos los futbolistas y las prostitutas van twisteando y cantando *La Adelita* desde la Union Church. Así es que en *Después de las bombas,* igual que en *Los compañeros,* la salida de la madre patria tiene una gran importancia. La diferencia es que mientras el personaje de Flores identifica la política opresiva de su patria con su propia madre dominadora, Arturo

Arias escoge a María Tecún como imagen positiva de su patria, que implícitamente se identifica con su propia madre, quien actuó en la Revolución de 1944 y quien acaba por permitir que se identifique con su padre, independizándose de ella.

Aunque el proceso de maduración de Máximo constituye el argumento principal de la novela, nunca se pierde de vista la denuncia de los Señores Presidentes. Por las alusiones a los presidentes y a algunos acontecimientos históricos, cada uno de los siete capítulos puede fecharse: 1954, 1957, 1959, 1963, 1966, 1968, 1970. De acuerdo con el tono carnavalesco, los nombres de los presidentes históricos se distorsionan: Carlos Castillo Armas (1954-1957) se transforma en Castillo Cañones; Idígoras Fuentes (1958-1963) se escribe Idigyoras que, pronunciado en inglés (el autor estudió en Boston University), se vuelve una obscenidad: "I dig your ass"; Peralta Azurdia (1963-1966) se convierte en Peralta Absurdo; Carlos Arana Osorio (1970-1974) en Araña Sobrio, y Kjell Laugerud (1974-1978) en Shell Genial Longitud. En cambio, no se distorsionan los nombres de los tres dirigentes guerrilleros de los sesenta: Luis Turcios, César Montes y Yon Sosa.

Sin embargo, a pesar de la relativa facilidad con que se pueden identificar los personajes históricos, el autor proyecta una interpretación algo junguiana de la historia. Los presidentes no se distinguen unos de otros. Cada cambio de gobierno va acompañado de una crisis con el consabido estado de sitio y la cancelación de clases. En efecto, el protagonista jamás asiste al colegio entre la edad de cuatro y veinte. Los soldados y los policías de cada régimen golpean y torturan a cualquier sospechoso, violan a las mujeres y tiran los cadáveres al río o al mar. Para darle un carácter atemporal a la novela, el autor establece una identidad entre la actualidad y la época precolombina. En el hipódromo, Máximo, llevado ahí por su novia gringa, presencia la ejecución de los *jockeys* que pierden —igual que en el juego de pelota de los mayas—. Cuando los guerrilleros matan al embajador de los Estados Unidos,[16] las siete líderes de una huelga de prostitutas son acusadas y ejecutadas en el estadio nacional al estilo azteca: el verdugo les arranca el corazón con el cuchillo y su propia mano. En el éxodo danzante del último capítulo toca el grupo llamado Los Flamas, evocando el baile de Tohil, dios maya del fuego, inmortalizado en *El señor Presidente*, de Asturias.

[16] El embajador Mein fue asesinado por los guerrilleros en septiembre de 1968.

A pesar del parentesco innegable con *El señor Presidente, Después de las bombas,* igual que *Los compañeros* y *Los demonios salvajes,* es una creación original. Como el mismo protagonista dice, "encontraré el universo y entenderé el eterno presente a través de mis palabras. En mis palabras encontraré, acabaré, me volveré las palabras mismas, seré palabras, palabras, palabras, encarnaré palabras, palabras, palabras" (147). De modo que el valor de la novela no reside en la denuncia de los Señores Presidentes, sino en las palabras utilizadas para realizar esa denuncia. En ese sentido se parecen las tres novelas ya analizadas —*Los compañeros, Los demonios salvajes* y *Después de las bombas*— en la gran importancia concedida al lenguaje coloquial con todos sus guatemaltequismos y albures en la tradición de *El señor Presidente* y de toda la novelística guatemalteca desde *El cristiano errante,* de Antonio José de Irisarri.

La cuarta de las nuevas novelas guatemaltecas y la más lingüística de todas es *El pueblo y los atentados* (1979), de Edwin Cifuentes (1926). En efecto, es tan lingüística la novela que en la primera lectura los juegos lingüísticos predominan sobre el contenido. Las frases y las oraciones se encadenan por medio de la repetición de una palabra, o de una(s) sílaba(s); de la transformación ortográfica de las palabras para producir otro significado, o por la asociación libre. Lo que llama la atención es que el autor mantiene este sistema estilístico a través de toda la novela:

> La fuerza pública se hizo presente. Presiente que la cosa va en serio. En serie lanza bombas lacrimógenas y da garrote. Y a daga rota y a culata entera, vapulea y arresta al vecindario, que se ve sin diarios, sin radio-periódicos, sin transporte y sin alimentos, pero con el sambenito de incendiario que le impone el gobierno y las noticias internacionales.[17]
>
> "...Bromeando, que va, esto va en serio y para que vaya en serie, señalaremos a los dos primeros que se irán al paredón." "Pare, don, le contestamos parodeándolo..." [222].

A pesar de la originalidad de la obra, como en las novelas de Arturo Arias y Marco Antonio Flores, no se puede negar la influencia de Miguel Ángel Asturias. El trozo siguiente evoca inmediatamente el viaje en tren de Cara de Ángel en *El señor Presidente:*

---

[17] Edwin Cifuentes, *El pueblo y los atentados,* Guatemala: Serviprensa Centroamericana, 1979, 208.

y si no tenés suerte te violarán y te tirarán a un barranco junto con el chiquitío y entonces ya no tendré nada, a pesar de las razones de los compañeros de lucha por quién vivir. Vivir, vivir, comenzó despacio el tren y luego más ligero, vivir vivir, vivir vivir, vivir vivir, y todavía más ligero, vivir vivir, vivir vivir, vivir vivir vivir y correr, correr y vivir vivir y correr, corrientes tres cuatro ocho segundo piso ascensor, ascensor las escaleras subite al último vagón, vagón, vagón, vagón, vago vagabundo sin chance para qué me sirves mundo [...] [3-4].

En efecto, las ruedas del tren simbolizan lo circular de la acción y el estilo de repetición. El capítulo segundo empieza con las dos oraciones: "La gente se arremolinó. El remolino casi siempre trae desgracia" (4). El capítulo cuarto invierte el orden de las oraciones algo cambiadas y les agrega una oración más: "El remolino trae desgracia. También esa vez la gente se arremolinó. ¡Arre!, decían los arrieros llevando trigo para el molino [...]" (15).

Por mucho que distraiga la ingeniosidad lingüística, una segunda lectura hace resaltar la protesta social en contra del régimen de Ubico, pero actualizado y atemporalizado. No cuesta mucho trabajo identificar al tirano como Ubico. De presidente, "llevaba ya trece años constitucionales en el poder" [1931-1944] (6), y al retroceder, antes de que naciera el protagonista, el personaje histórico Jorge Ubico Castañeda se llama el capitán Augusto Aurelio Ubeda Castañas. En cuanto a los "trece años constitucionales en el poder", el mismo presidente reconoce que no ha habido "elecciones verdaderamente libres desde tiempos de la independencia", y por lo tanto "se les autorizaba a votar cuantas veces quisieran en nombre de sus antepasados que no lo habían podido hacer desde aquellas épocas. Se sacudió y se acudió entonces al árbol genealógico, y lógico, al cementerio para averiguar el número y el nombre de los difuntos" (194). Si me dejara contagiar del estilo de Cifuentes, diría que Ubico se conocía por su ubicuidad. En la novela, como en la realidad, hace sus giras por todo el territorio nacional en motocicleta. Su poder se hace sentir personalmente por todas partes. Cuando una explosión le destroza una pierna por descuido de sus guardaespaldas, a todos les manda poner pierna de palo. Los que le causan un disgusto por cualquier motivo reciben golpes o van a la cárcel. A los más desgraciados los trasladan a otra cárcel y cuando tratan de escaparse, se les dispara: la ley fuga. Las jóvenes agraciadas cuyos favores él exige, o se le rinden o sufren las consecuencias.

En efecto, así comienza la historia del protagonista Coca Aguilar. Cuando sus padres María Rosa Candelaria y Chalo Aguilar se casaron contra la voluntad del entonces capitán Ubeda Castañas, quien andaba locamente enamorado de ella, el militar no dejó de perseguirlos y mató al padre de Coquita antes de que éste cumpliera un año de edad. Así es que Coquita, como Máximo de *Después de las bombas* y el Bolo de *Los compañeros,* se cría sin padre. Sin embargo, a diferencia de los otros huérfanos, Coquita no parece tener problemas edípicos. Su única misión en la vida es vengar la muerte de su padre. A la edad de cinco años, le da una patada en la manzana de Adán al capitán Ubeda, impidiendo así que viole a su madre. Ésta le aconseja entonces herir a Ubeda cada vez que lo vea "porque si no ese desgraciado te va a matar" (48). A los quince años, Coquita decide "comenzar los atentados contra su enemigo mortal" (69). Aunque le fallan los primeros tres presidencialazos no obstante su ingeniosidad, Coquita no se cansa de luchar. Se hace guerrillero bajo las órdenes de Sam Dinista, pero al final tiene que contentarse de que el dictador muera a manos de uno de sus subalternos.

El nombre de Sam Dinista indica que el autor funde la dictadura ubiquista y la actualidad, tanto guatemalteca como centroamericana. Además de la clara alusión a los sandinistas nicaragüenses, la presencia del Comandante Ciro [sic][18] y los juegos irresistibles con el nombre Tacho evocan obviamente la revolución contra el dictador Somoza.

> Coca Aguilar con todos los del comando salió de allí admirado de sí mismo y por supuesto del Comandante Ciro —celebrando la operación en todos sus detalles y celebrando el triunfo más audaz de los actuales luchadores contra las dictaduras, tachaduras —tacho duras—, tachones, tachines, matachines, matachinos, tachas, pa'tachas y patachos de la represión, lamentando sólo que no hubiera estado en el palacio que asaltaron el tal de su enemigo mortal, para darle la mortadela [224].

El movimiento antisomocista, en su aspecto antimperialista, evoca las concesiones otorgadas en Guatemala a la Compañía United Fruit: "Los hombres engrosaban las filas de Sam Dinista y engrasaban el filo de sus machetes, y la Dinastía —de la tía Dinastasia— parecía haber llegado a su fin: fin de finqueros financieros del norte —nor te presto si nor me das una enorme tajada de tu territorio para que Terry Thory pueda sembrar bananos [...]" (232).

[18] El Comandante Cero era el nombre de guerra de Edén Pastora, uno de los líderes en la lucha sandinista contra Somoza. Después del triunfo de 1979, rompió con ellos y peleó contra ellos en el frente costarricense.

La mención de "los mejores sindicateros" (13) tronados y la enumeración de los desaparecidos dan la impresión de referirse más a la época actual que a la de Ubico: "varios periodistas, uno que otro poeta, cinco conocidos 'golpistas' —todos militares pero no estadistas—, ciento veinticuatro estudiantes, trecientos [sic] empleados públicos, quinientos que formaban un laberinto de horror" (178-179).

Para rematar su autenticidad guatemalteca, en *El pueblo y los atentados,* igual que en *Después de las bombas* y *Los compañeros,* la cantina y las prostitutas desempeñan un papel importante en la obra. Se elabora la complicidad entre el dueño del "BAR LA ETERNIDAD BAR" y los comisarios de policía, don Efra Barrotes y don Barras, que reciben "una nueva tajada con cada nueva autorización" (183). Como en *Después de las bombas,* las prostitutas se comportan heroicamente. Salen a la calle a protestar con cartelones contra los déspotas del pueblo y dos de ellas caen tronadas por don Efra Barrotes.

Además de estas cuatro novelas que he identificado con el *boom,* hay otras cuatro del último quinquenio que tratan el mismo tema pero que pertenecen estilísticamente a épocas anteriores: *La semilla del fuego* (1976), de Miguel Ángel Vázquez (1922); *Eran las doce... y de noche* (1976), de Argentina Díaz Lozano (1909), hondureña radicada largos años en Guatemala; *¡Violencia!* (1978), de Carlos Cojulún Bedoya (1914), y *Los estafados* (1981), de Pruden Castellanos (1929), español radicado en Guatemala desde 1950. Aunque este último cuarteto de novelas seguramente no va a trascender las fronteras nacionales por sus valores estéticos, no deja de subrayar la tremenda obsesión por la temática política en la novela guatemalteca de 1976-1981.[19]

OBRAS CONSULTADAS

Arias, Arturo, *Después de las bombas,* México: Joaquín Mortiz, 1979.
Castellanos, Pruden, *Los estafados,* Guatemala: Editorial Apolo, 1981.
Cifuentes, Edwin, *El pueblo y los atentados,* Guatemala: Serviprensa Centroamericana, 1979.

[19] Con el Acuerdo de Paz firmado en 1996 por los guerrilleros y el gobierno de Guatemala y la elección de presidentes civiles desde 1986, dudo que se publiquen más novelas de la dictadura. Sin embargo, esto no quiere decir que se hayan eliminado los graves problemas socioeconómicos y étnicos. Queda por ver cómo los novelistas tratados en estas páginas y otros van a incorporar estos problemas en sus próximas obras.

Cojulún Bedoya, Carlos, ¡Violencia!, Guatemala: Editorial Landívar, 1979.
Díaz Lozano, Argentina, Eran las doce... y de noche, México: Costa-Amic, 1976.
Flores, Marco Antonio, Los compañeros, México: Joaquín Mortiz, 1976.
Morales, Mario Roberto, Los demonios salvajes, Guatemala: Dirección General de Cultura y Bellas Artes, 1977.
Vázquez, Miguel Ángel, La semilla del fuego, Guatemala: Ediciones Técnicas y Culturales, 1976.

IV. El Salvador

LA NUEVA NOVELA HISTÓRICA Y "LAS HISTORIAS PROHIBIDAS DEL PULGARCITO", DE ROQUE DALTON

Respecto a las manifestaciones centroamericanas de la Nueva Novela Histórica, lamento confesar que no conozco ninguna.[1] Aunque es peligroso aplicar criterios deterministas a la creación artística, siempre es interesante teorizar sobre los fenómenos de la historia literaria. Más que nada, me parece que la ausencia en Centroamérica de la Nueva Novela Histórica entre 1979 y 1989 obedece a las condiciones políticas que difícilmente animarían a un escritor a divagar artísticamente sobre una época remota. Además, los autores de las Nuevas Novelas Históricas más sobresalientes han gozado de la posibilidad de documentarse durante varios años en las mejores bibliotecas del mundo, posibilidad poco disponible para la mayoría de los escritores centroamericanos.

Teniendo en cuenta la participación de los superestrellas del *boom* en la Nueva Novela Histórica, salta a la vista la ausencia de sus correligionarios centroamericanos. En la década de los setenta, un pequeño grupo de novelistas centroamericanos se dio a conocer con textos que seguían los patrones de Fuentes, García Márquez, Vargas Llosa, Cabrera Infante y otros: panorama muralístico, complejidad cronotópica, personajes arquetípicos, punto de vista múltiple y variado, juegos de palabras y anhelo de experimentación en general. Entre las obras paradigmáticas se podrían citar: *Después de las bombas* (1979), del guatemalteco Arturo Arias; *El árbol de los pañuelos* (1972), del hondureño Julio Escoto; *El Valle de las Hamacas* (1970), del salvadoreño Manlio Argueta; *Tiempo de fulgor* (1970) y *¿Te dio miedo la sangre?* (1977), del nicaragüense Sergio Ramírez. Aunque estos novelistas y sus contemporáneos han publicado otras

---

[1] Ponencia presentada el 8 de agosto de 1989 en la Casa de Flavio Herrera en Guatemala, adaptación de la reseña del libro de Roque Dalton publicada en *Journal of Spanish Studies: Twentieth Century*, otoño de 1975, 154-155.

novelas en los años ochenta, ninguna de ellas cabe dentro del molde de la Nueva Novela Histórica.

Por eso, quisiera saltar por encima de los bardos genéricos para comentar otro texto histórico que si no es novela, sí es centroamericano. Me refiero a *Las historias prohibidas del Pulgarcito*,[2] del poeta salvadoreño Roque Dalton, publicado en 1974 en México. La forma de presentación es el *collage* donde predominan la poesía de protesta social y los anuncios oficiales con la intercalación de noticias, de encabezados periodísticos y de *bombas* (cuartetos populares, humorísticos). Mediante la técnica del *collage,* empleada también por el cubano Guillermo Cabrera Infante en *Vista del amanecer en el trópico* (del mismo año de 1974) y por el uruguayo Eduardo Galeano en los tres tomos de *Memoria del fuego* (1982-1986), Dalton ofrece una interpretación inolvidable de la historia de su país, desde la conquista de los pipiles de Cuzcatlán por Pedro de Alvarado hasta la mal nombrada Guerra del Futbol de 1969 y la intervención mal disimulada de la CIA.

Aunque sería una distorsión calificar este texto de novela, algunos de los recursos artísticos empleados por Dalton son semejantes a los que se encuentran en las Nuevas Novelas Históricas. El mismo título del tomo, a la vez que sugiere irónicamente el tono de una fábula para niños, plantea la necesidad de cuestionar la historia oficial, actitud que se plantea filosóficamente en algunos cuentos de Borges y en la actitud política de García Márquez en el episodio de la masacre bananera en *Cien años de soledad*. En el capítulo titulado "La enseñanza de la historia" (148-152), un profesor de historia en un colegio católico presenta una versión distorsionada de la sociedad precolombina de los indios pipiles interpretándola con modelos católicos. La creatividad de Dalton se manifiesta en la reproducción del lenguaje apropiado para ese profesor del siglo XIX y en la nota humorística de que el profesor se ve obligado a interrumpirse varias veces para regañar individualmente a algunos alumnos poco atentos o traviesos.

Una de las técnicas más constantes del libro es el contrapunto entre acontecimientos del pasado y de la actualidad. La sublevación de los indios cuzcatlecos se presenta bajo el título del libro de Che Guevara, *La guerra de guerrillas*. En ese informe en verso escrito por Pedro de Alvarado y dirigido a Hernán Cortés, Dalton desmiente la declaración del jefe

---

[2] Imagen del país inventada por Gabriela Mistral.

del Estado Mayor, que cierra el capítulo. Éste insiste en que la guerra de guerrillas fue creada por Carlos Marx, Lenin y Mao Tse-Tung, declaración falsa según ciertas frases del informe de Alvarado impresas en letra negrita: "se alzaron para el monte" (3). La persecución de brujos en 1786 se compara con la de los comunistas en 1960. El líder juvenil independentista Mateo Antonio Marure se llama un Otto René Castillo[3] del siglo pasado. Esta misma técnica contrapuntística se emplea para inyectar una nota humorística cuando el título de la novela de Ernesto Sábato, *Sobre héroes y tumbas,* encabeza una carta de 1884 del director del cementerio nacional al presidente de la junta de caridad.

En algunos capítulos, Dalton rebaja a los héroes consagrados del país y elogia a los proscritos. En el capítulo titulado "Saludemos la patria orgullosos de hijos suyos podernos llamar", critica al ayuntamiento por haber decidido proclamar la independencia sólo para anticiparse al pueblo. Dalton trata al prócer José Matías Delgado, el Hidalgo salvadoreño, de un modo dialógico. Lo critica por haber apoyado la anexión a los Estados Unidos (185), pero lo elogia por haber luchado contra "el enemigo principal de aquel feto de nación que era entonces el colonialismo español" (188). A pesar de ser latifundista, el padre Delgado, en su lucha contra el colonialismo español, "defendía los intereses de todos los centroamericanos, desde el más encopetado hasta el más pelado" (188). De todos modos, para Dalton, el verdadero padre de la patria en el siglo XIX fue el comandante indio Anastasio Aquino, líder martirizado de la sublevación de 1833, a quien compara con los guerrilleros de la década de 1960-1970: el guatemalteco Yon Sosa y el congolés Patricio Lumumba. Otros héroes del tomo son Farabundo Martí y Miguel Mármol, líderes comunistas[4] de la sublevación de 1932 que terminó con la masacre de los campesinos llevada a cabo por el dictador teósofo Maximiliano Hernández Martínez. La importancia de esa masacre se subraya con el verso: "Todos nacimos medio muertos en 1932" (128). Francisco Gavidia, maestro de Rubén

[3] Estudiante revolucionario guatemalteco asesinado en 1967.

[4] Dalton publicó póstumamente una biografía de Miguel Mármol de quinientas páginas: *Miguel Mármol,* San José de Costa Rica: EDUCA, 1982. La traducción al inglés con prefacio de Margaret Randall e introducción de Manlio Argueta se publicó en 1987 por Curbstone Press en Willimantic, Connecticut. En *Las historias prohibidas del Pulgarcito,* Dalton se identifica con todos los líderes revolucionarios y elogia a los comunistas. En cambio, en el libro de poemas *Un libro levemente odioso,* publicado en 1988, trece años después de su ejecución por una banda de guerrilleros salvadoreños distinta de la suya, Dalton afirma su odio para la ortodoxia dogmática tanto de los comunistas como de los católicos. También expresa su odio para toda clase de imperialismo, para los abogados pomposos y para los poetas egoístas.

Darío, es fustigado por no haber tenido tiempo de pensar en su papel moral, o sea que no reaccionó en contra de la masacre.

En su afán revisionista, Dalton critica al muy respetado intelectual Alberto Masferrer en una poesía titulada "Viejumierda". A pesar de que Masferrer denunció las injusticias sociales, Dalton lo critica por denunciarlas en la onda de Domingo Faustino Sarmiento: "en eso de confundir a cada rato los pobres con los bárbaros" (104).

En su reescritura de la historia patria, Dalton usa una serie de recursos que contribuyen a crear un cuadro panorámico de gran unidad. En muchos capítulos, los paralelismos y las yuxtaposiciones de trozos de discursos oficiales, notas periodísticas y documentos legales obligan al lector a pensar en la historia del país como una sola tragedia interminable.

En la obra se efectúa una buena combinación de la historia política y la social. Se elogia el papel heroico del general Gerardo Barrios en la guerra centroamericana contra William Walker y en otro capítulo se hace un resumen poético de los abusos del presidente borracho Tomás Regalado. En una poesía que elogia al hondureño Francisco Morazán como buen centroamericano, se condenan la oligarquía salvadoreña, los dictadores centroamericanos, el Mercado Común Centroamericano y el imperialismo de "todos los tiempos" (40). A través de toda la obra se recalcan las diferencias entre los ricos y los pobres pero se destacan sobremanera en los capítulos "Fin de siècle" y "Ganarás el pan con el sudor de tu frente". En éste, se yuxtapone la descripción detallada de una boda de ricos publicada en *La Crónica de Hoy* con una enumeración de las tareas diarias de los campesinos. En "Palimpsestos" se usa irónicamente el término erudito para describir cuatro ejemplos de *grafitti* en la pared de una cárcel.

Igual que los autores de varias de las Nuevas Novelas Históricas, Dalton luce un gran manejo de la heteroglosia. En "Larga vida o buena muerte para Salarrué", parodia en verso el dialecto rural de *Cuentos de barro*. En "El idioma salvador", presenta una pura enumeración de términos hampescos con definiciones. En "Ni hieras a una mujer ni con el pétalo de una rosa", se contrasta el lenguaje legalista del siglo pasado con una lista de los apodos de las prostitutas de 1958.

De acuerdo con la estructura contrapuntística de la obra, Dalton intercala siete selecciones de una antología de poetas salvadoreños, o sea, poesía culta (aunque la primera selección es un canto en náhuatl con su traducción), y nueve bombas y seis refranes como manifestaciones de la cultura popular.

Dado el carácter de *collage* de toda la obra, no se puede esperar el desarrollo creciente de una tensión propia de una novela. No obstante, pese al tono de fábula sugerido por el título, el libro termina con un *crescendo*. El capítulo más largo está dedicado a la Guerra del Futbol que sirvió para "la consolidación temporal de ambas dictaduras militares sobre la base de la llamada unidad nacional contra el enemigo de la patria" (227). Consta de treinta y siete segmentos, principalmente notas periodísticas con tres poemas y termina con dos páginas de enumeración de los "resultados del conflicto (hasta la fecha)", escritas completamente en mayúsculas, que culminan con el cuadro trágico de los dos pueblos: DECENAS DE MILES DE SALVADOREÑOS VAGANDO CON SU HAMBRE A CUESTAS DE HONDURAS A EL SALVADOR Y DE EL SALVADOR A HONDURAS. EN HONDURAS YA NO TIENEN TIERRA. EN EL SALVADOR NO TIENEN TIERRA NI TRABAJO. NO SON NI SALVADOREÑOS NI HONDUREÑOS: SON POBRES.

El tono de *crescendo* se mantiene en el breve capítulo final, una increpación poética de la patria lanzada personalmente por el poeta. El poema se llama "Ya te aviso..." La primera estrofa reza así:

> Patria idéntica a vos misma
> pasan los años y no rejuvenecés
> deberían dar premios de resistencia por ser salvadoreño
> Beethoven era sifilítico y sordo
> pero ahí está la Novena Sinfonía
> en cambio tu ceguera es de fuego
> y tu mudez de gritería [230]

Para terminar, sin ser novela, *Las historias prohibidas del Pulgarcito* ofrece una interpretación de la historia de El Salvador, y de cierta manera de toda Centroamérica, elevada a un nivel artístico relativamente alto mediante el uso ingenioso de una variedad de recursos lingüísticos y estructurales; una interpretación que, además de cuestionar la historia oficial, logra conmover al lector.

OBRAS CONSULTADAS

Cabrera Infante, Guillermo, *Vista del amanecer en el trópico*, Barcelona: Seix Barral, 1974.

Dalton, Roque, *Las historias prohibidas del Pulgarcito,* México: Siglo XXI, 1974.

Donoso Pareja, Miguel, reseña de *Las historias prohibidas del Pulgarcito, El Día,* 27 de junio de 1974, 16.

Galeano, Eduardo, *Memorias del fuego,* México: Siglo XXI, 1982.

Jaeger, Frances, "El poeta y el lector revolucionario en *Historias prohibidas del Pulgarcito,* de Roque Dalton", *Casa de las Américas,* 203, abril-junio de 1996, 108-115.

Menton, Seymour, reseña de *Las historias prohibidas del Pulgarcito, Journal of Spanish Studies: Twentieth Century,* otoño de 1975, 154-155.

V. Honduras

"REY DEL ALBOR, MADRUGADA", DE JULIO ESCOTO: LA ÚLTIMA NOVELA NACIONAL Y LA PRIMERA NOVELA CIBERNÉTICA

Casi siete décadas después de la publicación de *La raza cósmica* (1925), de José Vasconcelos, Julio Escoto (1944) publicó *Rey del albor, Madrugada* (1993), la primera novela nacional de Honduras y la más reciente y tal vez la última novela nacional de la América Latina. A la vez podría ser la primera novela cibernética de toda la América Latina. Por muy rezagada que parezca una novela nacional en 1993, *Madrugada* sobresale como la mejor novela hondureña de todos los tiempos y una de las mejores novelas centroamericanas de las últimas décadas. El hecho de que todavía no se haya aplaudido continentalmente[1] se debe a la poca difusión de libros publicados en Honduras y a su configuración física: consta de 547 páginas con márgenes mínimos y renglones apretados.[2]

Aunque la búsqueda novelística de la identidad nacional llegó a su apogeo en los años treinta y cuarenta —*Canaima* (1935), de Rómulo Gallegos; *Cholos* (1938), de Jorge Icaza; *Bahía de silencio* (1940), de Eduardo Mallea; *El mundo es ancho y ajeno* (1941), de Ciro Alegría; *El luto humano* (1943), de José Revueltas, y *Entre la piedra y la cruz* (1948), de Mario Monteforte Toledo—, ha seguido cultivándose hasta el presente: *La muerte de Artemio Cruz* (1962), de Carlos Fuentes; *De donde son los cantantes* (1967), de Severo Sarduy; *Los niños se despiden* (1968), de Pablo Armando Fernández, y la trilogía de Lisandro Otero: *La situación* (1963),

---

[1] La crítica hondureña Helen Umaña me dijo a principios de marzo de 2000, en el Octavo Congreso de Literatura Centroamericana celebrado en Antigua, Guatemala, que ella misma había publicado algo sobre *Madrugada* y que conocía algunos que otros comentarios más que se habían publicado en Honduras. Pude leer el análisis breve pero acertado de Ramón Luis Acevedo "La nueva novela histórica en Guatemala y Honduras" (*Letras de Guatemala*, 18-19, 1998, 3-17) que comenta tanto *Madrugada* como *Jaguar en llamas* (1989), de Arturo Arias.

[2] Mientras *Madrugada* tiene 47 renglones por página y cada renglón tiene 78 letras y espacios, la primera edición de *Cien años de soledad,* en la editorial Sudamericana de Buenos Aires, tiene 351 páginas, con 42 renglones por página y cada renglón tiene 63 letras y espacios.

En ciudad semejante (1970) y *Árbol de la vida* (1990). Además, hay que tener en cuenta las colecciones de viñetas, poesías y cuentos: *Vista del amanecer en el trópico* (1974), de Guillermo Cabrera Infante; *Las historias prohibidas del Pulgarcito* (1974), de Roque Dalton, y *Las huellas de mis pasos* (1993), de Pedro Rivera.

Lo que distingue a *Madrugada* de sus congéneres es la combinación feliz de los tradicionales ingredientes geográficos, históricos y étnicos de la novela nacional, con lo que se podría llamar la novela cibernética con resonancias de las películas de James Bond[3] y otras *thrillers* posmodernas. La computadora desempeña un papel importante en la misión actual (1989) del protagonista, el doctor Quentin H. Jones, catedrático de historia latinoamericana de la Universidad de Cornell, invitado a Tegucigalpa por el Departamento de Estado para escribir un nuevo texto de historia patria eliminando toda crítica de los Estados Unidos. El hecho de que sea el presidente de Honduras quien le comisiona personalmente este proyecto indica la colaboración del presidente con los Estados Unidos en su proyecto de controlar el destino de Honduras, de Centroamérica y de toda la América Latina. Por ser ciudadano estadunidense, Jones desconfía de los revolucionarios izquierdistas que poco a poco le van revelando los detalles del proyecto imperialista, pero, tal vez por ser afroamericano, acaba por convencerse.

De los veintisiete capítulos de la novela, dieciocho transcurren en 1989. Los otros nueve son en gran parte novelas cortas individuales, fechados en orden cronológico al revés desde 1974 hasta 1495.

Proyecto imperialista

El tema principal de la novela es la denuncia del proyecto imperialista de "convertir ideológicamente a Honduras en un siervo capitalista" (231) y de convertir a toda Centroamérica en "un vasto centro colonial de los Estados Unidos" (332). Los comandantes guerrilleros le aseguran al doctor Jones que le van a entregar la documentación del proyecto para que él lo pueda divulgar en los medios de comunicación de los Estados Unidos. Igual que las películas de James Bond, la novela termina felizmente. Después de una serie de encuentros y escapes fortuitos y a veces espeluz-

---

[3] La novela más *bondiana* de la América Latina, que es en realidad una parodia de esas películas, es *La cabeza de la hidra* (1978), de Carlos Fuentes.

nantes, Jones se junta inesperadamente en el avión con su contacto revolucionario, la bella negra Sheela, médica con "trencitas a la Jamaica" (187), quien lo va a llevar a Kingston, donde "hay una caja de seguridad, la 7876 del Banco de Londres que lo está esperando" (507). Ahí está la documentación.

Los detalles del proyecto se revelan a través de toda la novela. Al conocer al doctor Jones en el tercer capítulo, el presidente de Honduras le afirma: "después de haber vivido en Honduras toda mi vida comprendo que el futuro es anglosajón" (31). La meta imperialista es "desespañolizar el pensamiento de la raza mestiza centroamericana" (470). Para realizar la conquista cultural, no bélica, los Estados Unidos van a "hiperbolizar la leyenda negra antihispana [...] protagonizar el *American way of life* [...] desde el gusto por el chicle hasta la imperiosidad del jean, el jet o la computadora" (471). El cine, la radio, la televisión, los deportes y las becas van a contribuir a desespañolizar la cultura. El padre Miguel (Miqui) de San Miguel, en El Salvador, le explica a Jones cómo Ronald Reagan y Jeanne Kirkpatrick piensan "acabar con la fe católica e instaurar la religión protestante" (112). Hasta el Instituto Lingüístico de Verano, que desde 1934 traduce la Biblia a distintos idiomas indígenas, incluso al garífuna, participa en la conspiración.

Según los guerrilleros, el proyecto imperialista "de la CIA [...] llamando a las cosas por su correcto nombre, propone estrangular la economía hondureña" (335) para que los hondureños pidan la anexión para el año 2000. Con la anexión, los Estados Unidos podrían suministrarse los materiales tácticos: molibdeno, cromo, asbesto, petróleo (463) y construir el futuro "canal norteamericano-japonés en los lagos de Nicaragua" (466).

Escrito este mi ensayo en el año 2000 sin que se haya realizado la anexión de Honduras, el proyecto imperialista puede parecer muy exagerado. No obstante, esa exageración podría justificarse si se piensa en los imperios malévolos de las películas de James Bond. También hay que tener en cuenta que Julio Escoto escribió la novela desde la perspectiva de 1989: los presidentes Reagan y Bush lanzaron una guerra despiadada contra el gobierno sandinista de Nicaragua; los Estados Unidos se sentían amenazados comercialmente por el Japón y los otros países recién industrializados de Asia, y otra amenaza provenía de "la extinción del petróleo y el progresivo expansionismo islámico" (461). A la vez, desde la perspectiva de Escoto en 1989, "la sociedad norteamericana está cansada o ablandada por el confort y por la expansión geométrica de consumo de algún tipo de droga" (460). Hoy día, febrero de 2000, la situación económica de los Estados Unidos, después de los dos periodos del presidente Clinton, parece haber mejorado mucho y parece haber crecido también su hegemonía internacional. Claro, para los hondureños y los latinoamericanos en general esto no reduce la amenaza de la conquista cultural porque en la novela Miqui insiste con Jones en "la maldad congénita de todos los imperios" (304) y la segunda generación de conquistadores españoles afirma en 1542 que "hay algo en los grandes imperios que los conmina a destruirse a ellos mismos [...] que el imperio no puede existir sin nuevas conquistas" (436).

La primera novela cibernética y las películas de James Bond

Aunque sea imposible prever el futuro, el proyecto imperialista no es totalmente estrafalario. Además, sirve para crear en los capítulos ubicados en 1989 una buena novela de aventuras, una novela de espionaje, una película de James Bond moderada, en la cual la computadora desempeña un papel primordial.

La nueva historia patria que está escribiendo el doctor Jones se redacta en su computadora con un documento titulado "Madrugada", nombre del "último rey de la ciudad Maya [con mayúscula] de Copán, quien falleció hacia el año 992" (32). Aunque el presidente de la república es quien nombra el documento "Madrugada", llega a simbolizar más adelante el movimiento revolucionario. Por casualidad, tecleando en la computadora, Jones da con material clasificado dentro del documento "Madrugada". Se trata de las frecuencias radiales de NASA y de las bases de la Fuerza Aérea. No tarda en aparecer en el departamento de Jones un yanqui llamado Frank Hollander, apodado Spider, quien hace derrumbar todo el disco duro de la memoria metiendo un disquete en la ranura, disquete con un virus nuevo. Sin embargo, el técnico de la embajada llega con una variedad de aparatos ("medidores, oscilógrafos, escanógrafos, voltímetros, sensores, paro de contar" [103-104]) y logra restituir los programas originales del documento "Madrugada".

En el capítulo veinticuatro, Jones y Miqui descubren en la computadora, también por casualidad, un documento confidencial de la CIA que interpreta en acápites sangrados la historia de Centroamérica entre 1940 y 1988 y la recomendación de anexarla frente a la amenaza de la hegemonía comercial del Japón. Al final del documento, Miqui lee con terror que la CIA ha "logrado plantar un agente en las células de subversión" (474).

En ese momento comienza la carrera para prevenir al jefe de seguridad de los guerrilleros y se intensifica la presencia *bondiana*. Irónicamente, hacia el principio de la novela, Jones recuerda que su esposa Jennifer le había criticado su falta de espontaneidad y su excesiva fe en el pensamiento y la razón: " 'Tú no, Jones, tú nunca harías un buen James Bond; en cambio al conocerte se harían pis de envidia juntos Franklin, Webster y Einstein' " (56).

Aunque Jones dista mucho de ser "un buen James Bond", se encuentra involucrado en varias situaciones *bondianas*. Recibe llamadas telefónicas misteriosas, tanto de los guerrilleros ofreciéndole la posibilidad de "adquirir unos documentos exclusivos sobre la historia del país" (53, 87), como del comandante Franklin, de la contra, amenazándolo de muerte con la frase en clave "dar café", que habían usado los franquistas durante la Guerra Civil española para asesinar a García Lorca (240). El proceso de reunirse con los comandantes guerrilleros se inicia con citas misteriosas en el aeropuerto, en dos restaurantes de Tegucigalpa, en una entrevista con el licenciado José Antonio Casco, ex ministro de Trabajo en el gobierno del presidente reformista Ramón Villeda Morales (1957-1963), y en un *simulacro* de amores con la negra Sheela, bella y casada. Vigilado por un automóvil de la embajada, Jones se reúne varias veces con Sheela en su nido de amor, un apartamento del edificio La Alhambra. Ahí Miqui levanta la tina del baño para abrir la entrada al túnel tortuoso, un viejo tiro de mina, por el cual guiará a Jones en su descenso al infierno arquetípico "para conocer la verdad" (307). Después de muchas vueltas en la semioscuridad, desembocan en una sala donde todos los comandantes reciben a Jones con entusiasmo. El capítulo termina con la broma pesada de uno de los comandantes: " '¡Camarrrada Jones!', saludó con un terriblemente grueso acento moscovita. '¡Bienvenido, tovarich prrrofesor, bienvenido!' " (310).

La aventura *bondiana* culminante comienza con la emboscada realizada por la contra fuera de los apartamentos La Alhambra. El "fuelle ultrasónico del balazo" (478) acaba con el comandante Gato y poco después muere Miqui en medio de una "ráfaga de ametralladora" (478). Un guerrillero desconocido —después se revela que se llama Pregunta— salva a Jones pero sólo para entregarlo a Spider, probablemente agente de la CIA. Spider está a punto de matar a Jones y hasta logra dispararle pero en ese momento aparecen dos agentes israelíes que matan a Spider y a Pregunta y salvan a Jones. El capítulo termina con la despedida en hebreo: "Shalom" (484).

Los israelíes están involucrados en la novela gracias a Érika, asistente de Jones. La mamá de Érika era una lavandera pobre que sufría frecuentes atracos y violaciones en el río Choluteca antes de conseguir trabajo de lavandera en la casa del matrimonio Goldstein. Los Goldstein protegían a Érika y la animaban a que se dedicara a los estudios. Después la mandan a la Universidad de la Florida y ella se convierte al judaísmo. Mientras trabaja con Jones, entrega una copia del documento "Madrugada" a su rabino, quien seguramente se lo entrega al Mossad, agencia secreta de Israel.

Teniendo en cuenta la complicidad de los grupos protestantes evangélicos en el proyecto imperialista y teniendo en cuenta la actitud anticontras (y por lo tanto prosandinista)[4] que luce la novela, sorprende la imagen positiva de los judíos y de Israel en una novela que pregona una nueva época revolucionaria para la nueva raza cósmica.

Aunque el doctor Jones no es tan mujeriego como James Bond ni mucho menos, acaba por dejarse seducir por Érika cuando ella le da un masaje para que se reponga de una pesadilla angustiosa. El masaje conduce a la copulación que el autor describe con la misma "maestría increíble" (490) que atribuye Érika a Jones. Él la penetra "como se desplazaría armónicamente una nave espacial" (490).

El mural nacional[5]

Aunque aparecen los ingredientes geográficos, históricos y étnicos de Honduras (y de Centroamérica) en el presente novelístico de 1989, se complementan con una gran variedad de recursos artísticos en los capítulos históricos, sin que se note la presencia de elementos *bondianos*.

Antes de comentar los ingredientes específicos de la novela nacional, hay que teorizar/especular sobre su aparición tardía en Honduras. Aunque la búsqueda de la identidad nacional comenzó a manifestarse en la

---

[4] En *Adiós muchachos*, de Sergio Ramírez; en *Carlos, el amanecer ya no es una tentación*, de Tomás Borge, y en *La lotería de San Jorge*, novela mexicana de Álvaro Uribe, se indican las relaciones estrechas entre los sandinistas y los países árabes.

[5] En la nota histórica al final de la novela, Escoto la llama "casi el mural de un país centroamericano" (547) y agradece la colaboración de su esposa Gypsy Silverthorne Turcios, fallecida en 1990.

década de los veinte, sobre todo en el México posrevolucionario (*La raza cósmica* y los muralistas), llegó a su auge en las décadas de los treinta y los cuarenta. Sin embargo, en ciertos países como Cuba, El Salvador, Panamá y Honduras, la preocupación por la identidad nacional no se expresó de un modo muralístico hasta que un gran suceso histórico llegó a despertar el patriotismo del pueblo: la Revolución cubana de 1959; la guerra civil en El Salvador; la invasión de Panamá en 1989 por los Estados Unidos y la entrega del canal a fines de 1999, y la instalación de los contras en Honduras en el otoño de 1981 junto con 1 260 soldados yanquis en la base de Palmerola (223). Antes, Honduras se consideraba "la ideal república bananera" (84), "el llamado país más atrasado de Centroamérica" (83). El mismo licenciado Casco, partidario de los guerrilleros que denuncia la intervención de los Estados Unidos, reconoce la evolución más lenta de Honduras respecto a los otros países latinoamericanos: "avanzamos en una evolución más o menos lenta que la de otros pueblos pero caminamos [...] cuando se supone que vamos paso a paso formando nuestra nacionalidad, nuesta identidad moderna como nación, intervienen y nos la trastocan, nos la reorientan, nos la modifican" (99). Casco reconoce "lo que parece ser nuestra pasividad" (101). Hasta Érika, cuyos apellidos, Chac Alvarado, simbolizan el mestizaje, encuentra a los hondureños "con muy limitados deseos de trabajar" (47) al regresar a Honduras después de cinco años en la Florida. Para promover la conciencia nacional de los hondureños, Julio Escoto no sólo proyecta en *Madrugada* la totalidad geográfica, étnica e histórica de la nación, con sus lazos centroamericanos, sino que también la proyecta de modo muy positivo.

A pesar de que la unidad nacional de Honduras tiene que superar el obstáculo de la rivalidad geográfica entre Tegucigalpa, centro político, y San Pedro Sula, centro comercial,[6] en la novela se da la importancia primordial a Tegucigalpa. Todos los capítulos de 1989, protagonizados por Jones, transcurren en Tegucigalpa y abundan las descripciones, sobre todo matutinas pero también vespertinas, de las vistas de las colinas, las cuestas empinadas y los cerros. La larga caminata con el misquito revolucionario Sambulá lo mismo que el viaje en taxi al aeropuerto le proporcionan a Jones la ocasión de conocer distintas partes de la ciudad. Sambulá le dice que "hasta hace veinte años [1969] Tegucigalpa era considerada una de las ciudades más bellas del continente" (136). Jones queda tan

---

[6] Se plantea el mismo problema en Ecuador entre Quito y Guayaquil.

impresionado con el paisaje al amanecer que compara a Tegucigalpa con Río de Janeiro y con varias capitales europeas: "el esplendor de la naturaleza, la vigorosidad y la luminosidad de este cielo brillante y azul sólo lo tenían en Tegucigalpa y en Río de Janeiro [...]" (23). Después de repasar sus propias impresiones de los cielos de Florencia, Colonia, Londres, París y Bonn, los llama "simples bocetos de esta obra magistral. Aquí Dios estrenaba paisaje cada día, paletazos de colores cada día, recomenzaba alegre el gozo de la creación cada día" (23). En cambio, no trata de ocultar las "favelas de cartón, de adobe y de ladrillo [...] techos oxidados de lámina sostenida con piedras" (500), en contraste con "las extraordinarias mansiones que se afincaban al Picacho, al Hatillo [...] ornamentadas con los más caprichosos gustos de la arquitectura" (500). Tegucigalpa también se destaca en ciertos capítulos históricos: el golpe militar de 1963 contra el presidente Ramón Villeda Morales, el sitio de Tegucigalpa durante la revolución de 1924 y el trabajo de los esclavos negros en las minas de Tegucigalpa en 1621.

Aunque la costa norte no figura tanto en el presente de la novela, sí se comentan las fincas bananeras, y al final, cuando Jones aterriza en San Pedro Sula, la llama "la urbe que más se desarrollaba entre México y Bogotá" (505). En cuanto a los capítulos históricos, la costa norte predomina sobre Tegucigalpa por la llegada de los españoles en 1495[7] y su lucha contra los indios dirigidos por Lemquiaco, la llegada de los esclavos africanos en 1621, el desembarco de los corsarios ingleses en 1633 y el secuestro de la criolla Aurelina por los misquitos en 1785-1786 y su traslado de Granagua (Granada, Nicaragua) a Gracias a Dios en la frontera actual con Nicaragua.

La visión geográfica de Honduras se ensancha en el Diario de la guerra de 1924, en que se pelea por todo el país: San Marcos de Colón cerca de la frontera sur con Nicaragua; Comayagua en el centro; San Pedro Sula, Puerto Cortés y La Ceiba en el norte; Juticalpa, Olancho hacia el noreste; Choluteca y Amapala en el extremo sur. Las fuerzas antagónicas llegan por fin a un acuerdo en Amapala gracias a la intervención de los Estados Unidos en la persona de Sumner Welles. Copán, en el occidente, cerca de la frontera con Guatemala, tiene una gran importancia como centro religioso donde reinaban Madrugada y los dioses mayas, consultados durante la lucha contra los primeros invasores españoles. Por el lado oriental del

---

[7] Según la historia oficial, Honduras fue descubierto en 1502 por Cristóbal Colón.

país se destaca el departamento de Olancho, donde en el primer capítulo histórico el padre McKenzie es asesinado en la catedral de Juticalpa por orden del viejo hacendado porque había organizado sindicatos y cooperativas agrícolas.

En el ciclo novelístico de Rómulo Gallegos y en ciertas novelas nacionales como *Cholos*, de Jorge Icaza; *El mundo es ancho y ajeno*, de Ciro Alegría, y *Entre la piedra y la cruz*, de Monteforte Toledo, la meta de captar la totalidad étnica de la nación consta del enfoque en los distintos grupos raciales. En cambio, en *Madrugada*, igual que en *La raza cósmica*, de Vasconcelos, se hace más hincapié en el mestizaje y en su superioridad sobre el anglosajón. Tanto la negra Sheela, en 1989, como el misquito David Robinson, en 1785-1786, afirman que la razón no basta. En un lenguaje muy poético, Sheela le explica a Jones lo que llaman "el camaleonismo del mestizo… la nuestra es una personalidad en rotación permanente como un espiral de fuego que se va agotando y se va consumiendo pero que a la vez alumbra y se transforma […] El problema con los sajones es que lo intelectualizan todo, lo racionalizan todo […] la diferencia entre gozar el universo y analizarlo" (228-229). En el capítulo histórico, Don Robinson sostiene un debate paralelo con Aurelina, la joven criolla secuestrada. Católico toda la vida hasta 1782, los ingleses lo convencieron de que se bautizara como cristiano moravo. Para desprestigiar la razón, le explica a Aurelina que "el padre Lutero afirma que la razón es como un borracho montado a caballo […] que cuando se le recompone por un lado se derrumba por el otro" (289). Es mucho más importante sentir "la energía del universo" (291). Descendiente del mestizaje de indios y negros, Don Robinson afirma: "somos el fruto de la tierra, los hijos de la tierra americana" (287). Para resolver las diferencias entre los españoles y los misquitos, Robinson propone que Aurelina se case con él: "Serían los esponsales de dos grandes mundos […] Seríamos los progenitores de la moderna estirpe americana" (294). Robinson hasta estaría dispuesto a volver a la fe católica. En los últimos renglones del capítulo, Aurelina parece inclinada a aceptar la propuesta: "Don Robinson […] tomó despaciosa, delicadamente, la mano sin resistencia de ella por primera vez" (296).

La misma creación de la raza mestiza se discute en un palenque de negros e indios cimarrones en el capítulo histórico de 1621. El viejo sabio Juan Decidor le dice al protagonista negro Mateu Casanga: "Ya no somos lo que fuimos, Casanga, y aún no somos lo que seremos… vamos a parir una nueva raza… Tenemos que esperar que los que hoy nos dominan mezclen su sangre con la nuestra, haciéndonos más fuertes" (390). Por su espíritu rebelde en el Real de Minas de Tegucigalpa, a Mateu Casanga le sacan el ojo izquierdo con una daga ardida (364) y después le cortan una mano y un pie (365), lo que no impide que se escape para llegar hasta el palenque. Aunque los españoles acaban con el palenque y Juan Decidor es matado por "un guardia pardo […] y un piquero sambo" (394), sobrevive Mateu, convencido más que nunca de que el hombre se define por la lucha sin fin:[8] "eché otra vez a rodar los caminos de la esperanza y la fe, que son los únicos que hace el hombre y no se borran" (395), últimas palabras del capítulo.

La lucha sin fin se funde con el concepto del mestizaje en la mescolanza de nombres y apellidos de líderes revolucionarios y personajes del capítulo: "¿O nos tocaba quedar entre los muertos todavía calientes de Agustín Sandinos, Pedro Chajal, Ernesto Guevara, Necum Necum Tecalan, Leví Cienfuegos, Abulaé Martí, Juana India, Espósito Laviana y Farabundo Lima" (395).

Al final de la trayectoria novelesca del doctor Jones en el vuelo hacia San Pedro Sula, él se imagina copulando con la azafata blanca para contribuir al mestizaje universal: "América era el crisol de las generaciones, la fragua universal de la mezcla de los elementos más disímiles de la humanidad, el hervidero del tiempo, la confluencia geométrica de todos los espacios y las ideas y los sentimientos, el magma, la sima, el cono del volcán" (506). Antes, con la revelación en la computadora de que Estados Unidos "está siendo inevitablemente rebasado por el poderío asiático y a más tardar en 2016 será el mayor deudor del financiamiento nipón" (460), Jones pronostica el futuro racial de los Estados Unidos: "Ya no seremos latinos, nos volveremos americanos negriblancos amarillos" (460).

En cuanto al panorama histórico, *Madrugada* da más importancia a los temas del mestizaje y de la lucha por la libertad que al panteón de los héroes nacionales. Los nueve capítulos históricos, todos fechados, ofrecen una variedad fascinante de extensión, de temas y de técnicas. Los cuatro capítulos más largos (entre 39 y 51 páginas cada uno) son en realidad no-

---

[8] Así se llama la finca de José Figueres, escogido últimamente como el costarricense más importante del siglo XX. El doctor Jones elogia mucho a Figueres por haber "puesto en funcionamiento las medidas sociales más radicales de su época" (84), por haberse opuesto activamente a los dictadores Somoza, Trujillo y Batista y por haber apoyado el movimiento sandinista y el del grupo Farabundo Martí en El Salvador. La definición del hombre por su deseo eterno de luchar por un mundo mejor también es el mensaje de *El reino de este mundo,* de Alejo Carpentier.

velas cortas individuales que versan sobre distintos episodios de la conquista y la colonización de Honduras.

El título del último capítulo de la novela, "La memoria de nosotros (1495)", y su primera oración, que anuncia la narración en primera persona plural, subrayan la solidaridad de los indígenas en su lucha contra los invasores españoles. Además, el uso inicial de la palabra "hoy" elimina la distancia cronológica entre el lector actual y los sucesos históricos: "Hoy nos ha invadido la ferocidad de los hombres de fuego que vinieron del mar en sus casas flotantes de plata y de algodón hinchadas por un viento que las empujaba hacia las arenas y a las orillas de los templos, en donde nosotros ya habíamos descubierto el humo nuevo que los anunciaba" (508). Esta descripción, que contiene ciertos elementos más específicos asociados normalmente con la conquista de México, dan a este capítulo una trascendencia más allá de las fronteras de Honduras.

Después de reponerse del asombro ante las carabelas y los caballos, los indígenas pierden unas batallas porque las flechas no pueden competir con las balas. Lemquiaco, hijo del cacique, cuyo nombre se parece al del cacique hondureño Lempira, igual que Moctezuma, da la bienvenida a los españoles que cuentan con la ayuda de un intérprete tlaxcalteca. Otro factor "mexicano" que contribuye a la derrota de los indios son las profecías pesimistas desde Copán. Al no poder resistir la fuerza de los españoles, los indios creen que sus dioses los han abandonado.

Los dos españoles que mandan son Fuentes el viejo y Fuentes el joven, cuyos familiares ya se dieron a conocer en el capítulo veintitrés, ubicado en el año 1542. Tanto Lemquiaco como Fuentes el joven se identifican con epítetos épicos: "Lemquiaco que era joven, Lemquiaco que era sabio" (519, 524, 527, 534, 536); "Fuentes el joven, que era encelado y marrullero" (522, 538) —lo que evoca las epopeyas medievales—. En una alusión aún más específica al *Poema de Mio Cid*, aparece otro jefe indio: Tecum Nicacatl "de los sus ojos llorando" (533) por la derrota de los indios. Con su nombre, que recuerda tanto a Tecún Umán, de Guatemala, como a Nicarao de Nicaragua, Tecum Nicacatl enseña a los indios a pelear con táctica guerrillera. Sin embargo, gracias a los mastines feroces, triunfan los españoles. Reconociendo la sed de oro que obsesiona a los españoles, Lemquiaco les muestra el camino a Taguzgalpa, donde encontrarán el oro. No obstante, con reminiscencias de Cuauhtémoc lo mismo que de Túpac Amaru en el siglo XVIII, Lemquiaco es cruelmente torturado antes de ser descuartizado, y los pedazos de su cadáver son quemados en una olla.

Los españoles pueden haber triunfado, pero en la última página de la novela el narrador ("nosotros") del capítulo está seguro de que las cenizas de Lemquiaco moran "con los dioses que algún día volverán" (545), rematando el espíritu optimista, revolucionario de toda la novela.

Avanzando cronológicamente a la vez que retrocediendo en la novela, el título del capítulo veintitrés, "Como en los tiempos de guerra (1542)", refleja la violencia de la época. Narrado en tercera persona omnisciente, el capítulo presenta en forma dramática no sólo el conflicto entre el hacendado, "la figura ciclópea de [Antonio] Guzmán" (428), y sus peones indígenas, sino también sus conflictos con los otros dos hacendados en la zona importante de San Jorge de Olancho[9] y los conflictos de los tres con el rey Carlos V por la promulgación de la nueva cédula real.

Igual que tantos otros capítulos y pasajes importantes, el amanecer se identifica con la revolución: "Ese día amaneció un sol dè domingo"(408) y los indios de Guzmán "estaban revueltos" (408) porque no querían seguir trabajando los domingos y no estaban conformes "con las leyes que les proveía su Majestad" (408). Todo el capítulo está lleno de suspenso por los presentimientos de los mismos amos. Dice el juez repartidor: " 'Los siervos están inquietos y huraños, algo inminente que sólo ellos saben va a ocurrir' " (426). Dominados y maltratados por el mayordomo Fernando, los indios también anuncian "el advenimiento de una pronta liberación" (426) que tiene que ver con su calendario: "el 12 Ahau 18 Zip estaba a punto de concluir y que habrían de suceder cosas maravillosas, según lo anunciaban sus propias y ocultas escrituras" (426). El indio Rodrigo Sochit mata al mayordomo Fernando de una pedrada y logra escaparse a caballo. Por mucho que lo persiga el ciclópeo Guzmán, no lo encuentra y se insinúa que puede haberse transformado en lechuza, su nahual. A la vez, cuando el otro mayordomo dispara a un jaguar, resulta muerto "el cacique noble Olaita, el alcalde indio" (453).

Guzmán se había preguntado antes: "por qué en esta tierra se había sembrado tan fértil la semilla de la violencia" (449). En una ampliación geográfica, evoca la muerte violenta de Pedro de Alvarado en México, de Vasco Núñez de Balboa en Panamá, de Fernández de Córdoba en Nicaragua y otras más. Guzmán también reconoce que está viviendo en una "tierra de presagios y vaticinios, población de adivinos magos y brujerías de indios" (451).

---

[9] Tegucigalpa no llegó a ser el centro económico y político de Honduras hasta 1580.

Además del conflicto entre Guzmán y sus peones indígenas, otro conflicto igualmente importante se entabla entre Guzmán, el hacendado advenedizo adinerado, y el viejo Fuentes, de "rancio abolengo" (432). Hacia el principio del capítulo llega huyendo desesperadamente el hijo mayor de Guzmán perseguido por los Fuentes y los alguaciles, que lo han herido. Éstos lo acusan de asalto y seducción de la hija menor de Fuentes, "la fogosita" (433). En su deseo de blanquear la leyenda negra, el autor permite que los dos hacendados resuelvan el problema con el matrimonio de los dos jóvenes. Como dice el viejo Fuentes: " 'Hay dos clases de gente en este país [...] los que arreglan sus problemas en el monte y los que los resolvemos civilizadamente como a [...] hidalgos nos corresponde' " (432). En un acto algo paralelo, el hacendado Guzmán viola a la joven sirvienta indígena, pero ella no parece sufrir tanto de la pérdida de la virginidad; más bien es "el día más temido y más deseado" (424). Hasta parece gozar y está dispuesta a entregarse voluntariamente: "Pero cuando quiso continuar los juegos, decidida a prodigar voluntariamente lo que a fuerza se le había quitado, Guzmán la apartó con un brusco movimiento" (424). Guzmán condena su propia conducta animalesca e implícitamente la de su hijo: " '¡Maldición!', maldijo, 'tenemos el cerebro puesto en la punta de la verga los amos' " (424). Al final del capítulo, tanto la fogosa hija menor de Fuentes como la moza india ya "llevaban prendido el germen de otra existencia" (453) sin darse cuenta. El episodio del hijo herido se enriquece con la descripción detallada de cómo el cirujano tartamudo le saca los perdigones de la pierna.

El tercer conflicto del capítulo tiene que ver con la fecha del título: 1542, fecha de la aprobación de las Leyes Nuevas que reconocen la legalidad de las tierras comunales de los indígenas prohibiendo que los hacendados se las quiten, y que definen los términos de los repartimientos y la evangelización de los indígenas. El viejo Fuentes lamenta las nuevas leyes y denuncia al fraile Bartolomé de las Casas: " 'Hemos llegado tarde [...] Hace medio siglo podíamos tomar lo que deseáramos y reducir a vasallaje total a los naturales que quisiéramos, pero ya todo ha cambiado, todo varió [...] en gran parte por la imaginación desbocada de ese frayle no letrado, no santo, envidioso, vanaglorioso y apasionado, inquieto y no falto de codicia que nos combate' " (436). Sin embargo, Fuentes no se atreve a proponerle a Guzmán un acto de rebeldía: "guardó un largo silencio seguro de haberse detenido en el instante exacto para conocer la fidelidad de Guzmán al rey y no poner en duda la suya" (437).

En cambio, en el capítulo clave (el veinte) del encuentro secreto de Jones con los comandantes, el doctor Núñez Perdomo,[10] secretario del Comité por la Paz, da una interpretación muy positiva de las Leyes Nuevas de 1542, de acuerdo con uno de los propósitos de la novela, el de combatir la leyenda negra: "España [...] promulgó en 1542 un nuevo estatuto, que liberaba al indio de la explotación inhumana y le regulaba, todavía insuficientemente, sus derechos [...] Y esas Leyes Nuevas, aún con su imperfección [...] significaron el primer brote realmente humanista en la historia de América [...] Acabó la guerra y se trabajó en codificar y sistematizar la paz" (341).

Volviendo al año en que se promulgaron las Leyes Nuevas, Fuentes lo mismo que Guzmán prefieren no seguir comentándolas. La llamada codicia de fray Bartolomé de las Casas le sirve de transición a la historia de fray Blas del Castillo, con quien Fuentes había tratado de "hacer un negocio de minerales en el volcán de Masaya" (438). Fuentes lee en voz alta para Guzmán "un fajo de papeles... folios de papel ácido y rectangular" (438) que narran la historia increíble de cómo fray Blas bajó al volcán en busca del oro, sin encontrarlo. Esta historia intercalada (438-455) contribuye al suspenso y a la fascinación de todo el capítulo sin distraer la atención del lector de la situación en la hacienda. El relato se interrumpe por la acusación de Guzmán a su mensajero, José Mestizo, de haber embrujado a su hijo menor. Guzmán lo golpea y le manda castigar con "veinte azotes secos" (442) pese a "las leyes reales que prohibían hacerlo" (442), reclamo hecho por la mujer de Guzmán.

Tal vez la prueba más contundente de que los tiempos estaban cambiando fue "la promulgación de una Cédula Real que permitiría llevar africanos a la América para el trabajo de las posesiones" (443), sin ninguna obligación de parte de los dueños de las haciendas y de las minas. Ochenta años después, la presencia de los esclavos negros es tan fuerte que el capítulo veintiuno, titulado "Mateu Casanga (1621)", es el más largo (51 páginas) de toda la novela. Mientras los capítulos históricos que lo siguen en la novela se narran respectivamente en tercera persona omnisciente y en primera persona plural, "Mateu Casanga" proyecta una visión de Honduras desde la perspectiva del protagonista negro con la particularidad de un mestizaje lingüístico español-portugués. En realidad, el lenguaje de Mateu

---

[10] La novela comienza con un discurso antimperialista en defensa de la paz pronunciado en el Teatro Nacional por el ex rector de la Universidad, el doctor Rodolfo Perdomo. ¿Será el mismo Núñez Perdomo?

es español salpicado de ciertos vocablos en portugués: "bailan alborotados los mulatos y los indianos de servicio... soliviantados en una fiesta en que todo mundo bebeu, todo mundo comeu, sólo yo fiquei sem nada" (345).

Además de lo que ya se ha comentado sobre la importancia de este capítulo para el mestizaje hondureño y latinoamericano, es verdaderamente impresionante la manera dramática en que se capta la totalidad de la experiencia negra. En pocos renglones inolvidables, Mateu describe "las factorías africanas de los portugueiros" (349). Después Juan Decidor, el viejo y ciego sabio arquetípico, cuenta sus propias experiencias en África señalando las peleas entre las distintas tribus y hasta entre "dos sociedades secretas para alcanzar la libertad y fundar palenques de libertos en la sierra"(388). Sus diferencias parecen aludir a las diferencias internas entre los distintos grupos de sandinistas y de guerrilleros guatemaltecos y salvadoreños en la segunda mitad del siglo XX: "Pero unos querían de momento la rebelión y otros pedíamos más tiempo, más gobierno de las gentes, más unión entre las naciones antes de empezar a degollar castellanos, porque no hay libertad sin organización, Casanga" (388).

Después de la presentación de la experiencia africana, se dedican más de dos páginas al viaje con todos sus horrores en los barcos negreros, viaje dividido cronológicamente: "de día en día" (350) y de diez noches en diez noches (351). Una vez en Honduras, los "escravos", sean "de pueblos mondongos o jolofos o mandingas" (347), sufren el trabajo agotador acompañado de los latigazos, pero tratan de mantener su cultura, sobre todo su religión y su música. Juan Decidor le explica a Casanga "que la esclavitud no es sólo del cuerpo y la materia. Nos amansan primero quitándonos la lengua africana, después nos borran los dioses y nos lavan la memoria de nuestras historias y costumbres para que tomemos las suyas como buenas" (389). En el contexto de toda la novela, esta manera de proceder del imperio español anticipa el proyecto imperialista actual de los Estados Unidos. No obstante, nada puede apagar los deseos tanto de los negros como de los indios de vivir libres. Tuerto, manco y cojo, Mateu Casanga no abandona su afán de fuga: "Y aunque era otra la color, y suspirábamos por dioses distintos, indios y escravos teníamos mucho en común [...] Y por confidencias y secreteos nacidos en el trato común [...] viose en los indianos tan grande afán de fuga y deseos de ser libertos que andábase corriendo la contraseña de cimarronería" (366). Esta historia de Mateu Casanga parece haberse transmitido de generación en generación porque en 1989 Sheela se la cuenta al doctor Jones:

mis antepasados esclavos añoraban la libertad y según las crónicas coloniales uno de ellos escapó trece veces, ¡trece veces, Quentin!, de la sujeción española... Cada vez le cortaban algo para imposibilitarle huir: los ojos, los brazos, los pies, lo amarraban al cepo y él sólo esperaba, aguardaba pacientemente a que lo soltaran, se arrastraba con los muñones hasta las afueras de la ciudad. Tegucigalpa era entonces sólo un real de minas, y lo volvía a intentar [227].

Al acercarse al palenque, Mateu Casanga, ayudado por su amante Juana de Angola y acompañado de Juana India y otros prófugos, oyen el saludo de "¡Salam!", que se convierte en una especie de coro acompañado de "un teponaztle indio de cuero de venado puesto sobre un tronco de bambuco" (375). El "¡Salam!" anticipa el "Shalom" del capítulo veinticuatro con los dos agentes israelíes y los dos saludos pacíficos recalcan el mensaje de paz lanzado en el primer capítulo por el doctor Rodolfo Núñez Perdomo.

La convivencia de negros e indios en el palenque contribuye a la formación de La Mosquitia, tierra de los misquitos que se extendía desde Belice hasta Panamá, tema del cuarto de los capítulos históricos más extensos, el capítulo diecisiete, titulado "Aurelina (1785-1786)". Tanto como el capítulo "Mateu Casanga (1621)" presenta el origen del mestizaje entre negros e indios, "Aurelina (1785-1786)" le agrega la fusión de ingleses y españoles representada por Don Robinson, bilingüe y bicultural. Nacido y criado católico con el nombre de Carlos Yarrinche Tercero, los ingleses le cambiaron el nombre. Sin embargo, Don Robinson le explica a Aurelina que los ingleses trataron mucho mejor a los misquitos que los conquistadores españoles con sus misioneros: "Viéndonos tal como éramos [los ingleses] nos propusieron negocio y amistad, comercio y armas conque nos defender y salvar de los otros blancos que nos amarraban y llevaban y vendían como cosas en sus plazas y mercados" (267). La fuerza de los misquitos se demuestra en la toma de Granagua con el saqueo de la catedral y el sitio de Managua y León con la ayuda de los ingleses: "¡naves inglesas, urcas inglesas, tropas inglesas, bucaneros ingleses, un Gobernador inglés!" (257). La fuerza de los misquitos también se deriva de su identificación con sus antepasados, lo mismo que con la tierra: " 'No somos españoles ni somos ingleses [...] somos [...] los pueblos originales, la sangre que fecundó este continente y lo pobló durante milenios, la savia de esta enorme naturaleza. Sólo somos el fruto de la tierra, los hijos de la tierra americana' " (287).

El tema del mestizaje también se refuerza por la insinuación del mestizaje entre cristianos y moros, o sea que la caída de Granagua a los misquitos recuerda la de Granada a los españoles en 1492: "Arriba de Granagua sobrevolaba un sordo y quebrantado rumor de gritos de batalla, relinchos, ronquidos y órdenes de mando en extrañas lenguas cortas que se encajonaban en los callejones y rebotaban encima de los patios, en las alcobas, las palmeras y los blancos arcos del cementerio... '¡Granagua estaba vencida!' [...] 'Granagua se había perdido'" (255). El acercamiento entre Don Robinson y Aurelina y su futuro matrimonio se capta estructuralmente por la narración en tercera persona omnisciente que primero se focaliza por Aurelina ("Cuando Aurelina abrió los ojos..." [252]) y luego por Don Robinson ("Don Robinson estaba instalado en el portal de una cabaña de madera"[274]), quien termina por imponerse.

Para 1785-1786 los misquitos ya han incorporado algo de la cultura inglesa en su mestizaje indio-negro-español. En el próximo capítulo histórico, el diecinueve, titulado "Reunión en Omoa (1633)", se dan los antecedentes de la presencia inglesa en la costa norte de Honduras. Por no querer tolerar el monopolio comercial de España en América, los ingleses encargan a los corsarios penetrar en las colonias como puedan. Igual que los otros capítulos, el diecinueve, pese a su relativa brevedad de diecisiete páginas, está lleno de suspenso con varios refuerzos estructurales. Para subvertir la imagen positiva de los anglosajones pregonada por algunos hondureños de 1989, el coprotagonista de este capítulo es Eugene, viejo inglés, contrabandista, homosexual y borracho. Resulta degollado al final del capítulo por el otro coprotagonista, el capitán corsario holandés Blauvelt porque sospecha que Eugene vaya a delatarlo a los españoles. Blauvelt desembarca acompañado de un muchacho llamado Morgan, cuyo apellido es el mismo del famoso pirata inglés, aunque la posible identificación del muchacho con el pirata queda desmentida por la fecha de nacimiento de éste: 1635. El muchacho Morgan salpica su habla de refranes que llegan a molestar a Blauvelt, evocando la reacción de Don Quijote a los refranes de Sancho Panza. También evocan los refranes de otro personaje de *Madrugada*, la mamá de Érika.

Pese a las sospechas de Blauvelt, antes de morir Eugene le da buenos consejos para los ingleses:
1. Que no deberían tratar de conquistar a Honduras y a Centroamérica, a causa de la fuerza no sólo de los españoles sino también de los

guerreros indígenas: los xicaques y los lencas de Honduras y los quiché de Guatemala.
2. Que deberían tratar mejor a los indígenas aprovechándose del odio que éstos sienten por los españoles: "'Recojan todo el odio que hay aquí... amásenlo, santifíquenlo, moldéenlo, panifíquenlo'" (322).
3. Que deberían concentrarse en la costa del Caribe: "'Los dados no hay que tirarlos en el interior sino en la costa, de aquí para abajo hasta Portobello, que es donde hay menos riesgo. ¡Quien conquiste la costa Caribe será el dueño del mundo!'" (319).
4. Que deberían fijarse en los grandes lagos de Nicaragua que serán "'el puente de aguas, la unión de los dos mares... la fuente del comercio mundial'" (322).

Aunque Blauvelt degüella al viejo Eugene, el hecho de que el capítulo termine con el amanecer —"Afuera los primeros tintes rosados empezaban a triturar sobre el océano las sombras finales del amanecer" (327)— indica que los ingleses seguirán esos consejos garantizando su hegemonía en el Caribe... hasta por lo menos mediados del siglo XIX.

Ya formado el mestizaje hondureño y centroamericano en la época colonial, los otros cuatro capítulos históricos tienen otra orientación. Tres de ellos están dedicados a acontecimientos importantes del siglo XX y sólo uno, el más breve de todos —¡tres páginas!— ocurre en el siglo XIX: la declaración de independencia. Aunque ese capítulo aparenta ser dialógico, el título "Los mismos (septiembre 21, 1821)" refuerza la visión negativa de la independencia. Por el lado positivo, el narrador exalta el nacimiento de la nueva nación centroamericana: "La América estaba comenzando a transformarse en el continente de la justicia, los albores maravillosos de una nueva nación libre y ordenada se encendían sobre el nuevo día de la libertad" (235). Sin embargo, esta gloriosa oración se vuelve irónica si se tienen en cuenta las oraciones anteriores y posteriores. El capítulo está enfocado por don Manuel de Casconia, rico propietario, y su esposa doña Rosa: "Don Manuel se reclinó al pie del doble lecho de lino relleno con crines de caballo y dispuesto con almohadones de pluma de gallina..." (235). El título del capítulo se explica en las dos oraciones posteriores: "Todo había cambiado y por el prodigio de la bienaventuranza también todo permanecía igual. Gobernaban los mismos, sus mismos" (235). O sea que la independencia fue declarada en Guatemala por criollos y peninsulares *"pa prevenir las consecuencias q. serían terribles en el caso de q. la proclamase de hecho el mismo pueblo"* (234). Casi exactamente las mismas palabras aparecen en *Historias prohibidas del Pulgarcito* (1974), del poeta guerrillero salvadoreño Roque Dalton.[11] Aunque se mencionan en el capítulo algunos de los próceres guatemaltecos como Pedro Molina, Gabino de Gaínza y otros de "los descendientes de las más ilustres y poderosas familias de Guatemala" (234), brillan por su ausencia los próceres hondureños José Cecilio del Valle (1776-1834), quien escribió la Declaración de Independencia, y Francisco Morazán (1799-1842) de la siguiente generación, quien hizo todo lo posible por mantener unidas las provincias centroamericanas. No aparecen en este capítulo porque habrían complicado la denuncia de las familias hegemónicas. En cambio, en el presente de 1989, el ex maestro misquito Sambulá, en su conversación con el doctor Jones, llama a Morazán "nuestro más grande caudillo, un maravilloso hombre de honor" (130).

En la serie de capítulos históricos se da un gran salto de 1821 a 1924, tal vez por el gran número de revoluciones injustificadas, "sangrientas y malévolas" (130) según Sambulá —"entre 1824 y 1950 llegamos a tener unas ciento cincuenta revoluciones, casi como Bolivia" (130)—. Otra posible explicación sería evitar el relato de los conflictos del siglo xix entre las cinco repúblicas centroamericanas para no perjudicar la imagen novelística de la unidad centroamericana.

Los tres capítulos históricos ubicados en el siglo xx varían entre sí. El trece, titulado "Diario de la guerra (1924)", presenta en forma de diario las maniobras militares y diplomáticas desde el 30 de enero hasta el 30 de abril de 1924. Las tropas revolucionarias luchan para que se respeten las elecciones democráticas de 1923, elecciones ganadas por el futuro dictador tiránico, el doctor y general Tiburcio Carías Andino. Éste, según Sambulá en su conversación peripatética con el doctor Jones, era "un gigantón indiano de doscientas libras con un gran mostacho [...] una versión aumentada de Pancho Villa que poseía una sagacidad política increíble para gobernar. Carías era la esperanza" (131). Sin embargo, una vez en el poder, que mantuvo de 1932 a 1948, "coqueteó con las compañías bananeras [...] hasta convertírseles en algo menos que su sirviente [...] Carías puso orden, puso paz, es cierto, pero a cambio de una represión desconocida en el país" (131). La guerra civil de 1924 era muy sangrienta, duró tres meses y costó unos veinte millones de dólares. Aunque el énfasis está en las operaciones militares por todo el país, incluso el sitio de Te-

---

[11] Roque Dalton, *Historias prohibidas del Pulgarcito*, México: Siglo XXI, 1974, 27.

gucigalpa, se insinúa la culpa de los Estados Unidos y se denuncia el desembarque de los marinos.

Si Carías defraudó las esperanzas del pueblo hondureño, el doctor Ramón Villeda Morales, presidente entre 1957 y 1963 y protagonista del capítulo once, "Un silencio blanco (1963)", se presenta como un verdadero reformador honrado. La primera mitad del capítulo se focaliza en septiembre de 1963 entre el teniente Pejuán, que está enterado del próximo golpe militar, y el presidente Villeda Morales, llamado Diego Manuel Velasco, aunque la verja de la casa familiar lleva las iniciales V. M. (142).[12] El presidente recuerda sus días estudiantiles y su servicio social en los pueblos de la frontera con El Salvador acompañado de su esposa Jimena y luego su actuación política contra la dictadura de Carías en 1948, su encarcelación y su exilio en Costa Rica. La segunda mitad del capítulo de 1963, pp. 156-174, se concentra en la discusión animada sobre la reforma agraria en el consejo de ministros. Mientras el presidente y varios de sus ministros abogan por la reforma agraria, el joven Coronel anónimo sentencia que "'las bananeras son intocables'" (165). Como el mismo Coronel "joven y codicioso" (146) había dicho al comandante de la Fuerza Aérea: "'¿qué decís si le damos vuelta al Hombre'" (146), se da a entender que el golpe de 1963 contaba con el apoyo de la bananera y por lo tanto de los Estados Unidos.

En contraste con los otros capítulos históricos de la novela, el nueve, titulado "Amanecer en Olancho (1974)", que versa sobre el asesinato del padre McKenzie, es el único que luce suspenso propio de un cuento.

En cuanto a un juicio estético sobre toda la novela, coincido completamente con los aciertos señalados por el centroamericanista puertorriqueño Ramón Luis Acevedo:

> las escenas impactantes, como la inicial; la creación de personajes muy convincentes en su humanidad, el desarrollo efectivo de una complicada intriga; la armónica fusión de realidad y ficción; el impecable manejo de un riquísimo registro lingüístico; la cuidadosa y original estructuración, la vasta y bien empleada erudición histórica y la interpretación profunda y reveladora del pasado y del presente de uno de nuestros países más marginados y menos conocidos. [15]

En cuanto a la interpretación del presente (de 1989), creo importante subrayar el reflejo de la situación ideológica de ese momento. Pese al

---

[12] Sambulá también lo llama doctor Diego Manuel Velasco (131), pero su esposa lo llama Ramón (149).

tono antimperialista de la novela, los comandantes guerrilleros están dispuestos a abandonar la guerra y buscar vías democráticas (344), igual que los guerrilleros salvadoreños de ese año. Sheela le explica al doctor Jones que "la izquierda hondureña está escindida, fragmentada" (220), como lo eran la izquierda salvadoreña y la guatemalteca de ese año. La misma Sheela comenta las consecuencias de la desintegración de la Unión Soviética para los revolucionarios hondureños, igual que para el gobierno sandinista de Nicaragua:

> no creemos ya más ser comunistas, no sé si me entiende, los cambios que están pasando en el Este, las transformaciones de la perestroika de Gorbachev nos están moliendo la doctrina a todos y a decir verdad ya ni sabemos qué más esperar. Hemos comenzado por abandonar el lema de la dictadura del proletariado, uno de nuestros principios más queridos, y ahora ninguno de nosotros se atreve siquiera a pronunciarlo en público. (221)

No obstante, los comandantes insisten en que el país necesita una revolución, aunque "'ni siquiera es necesario volverlo socialista'" (340). La nueva revolución se define como "una batalla por la honestidad" (340). Hay que "recuperar nuestro ser nacional y sentirnos orgullosos de considerarnos centroamericanos y hondureños [...] y gozar el orgullo de ser mestizos" (340). Enfrentándose al siglo XXI, los comandantes buscan inspiración en el emperador maya Madrugada: "'Quisiéramos resucitar la voluntad del soberano Madrugada de Copán [...] que fue capaz de imaginar un nuevo imperio de paz mientras su sociedad se le estaba cayendo a pedazos y se le venía desmembrando... Pretendía un nuevo amanecer, un nuevo hombre llamémosle para ese entonces hondureño aunque no sea así, quizás en el año 992'" (341).

Aunque el huracán Mitch de 1998 haya postergado, tal vez por décadas, el nuevo amanecer[13] hondureño, la novela *Rey del albor, Madrugada* quedará como motivo de orgullo no sólo como base para la creación de una conciencia nacional e istmeña, sino también como una de las mejores muestras de la novela centroamericana de las últimas décadas.

---

[13] Por la presencia de "albor" y "madrugada" en el título de la novela, no sorprende en absoluto la conversión de esas palabras y sus variantes "amanecer", "alba", "aura" en un verdadero motivo recurrente. Cito a continuación sólo tres de los muchísimos ejemplos: "el aura resplandeciente del sol de la mañana de Tegucigalpa" (236), "destellaba el día resplandeciente de Tegucigalpa" (36), "los albores maravillosos de una nueva nación libre y ordenada" (235).

OBRAS CONSULTADAS

Acevedo, Ramón Luis, "La nueva novela histórica en Guatemala y Honduras", *Letras de Guatemala*, 18-19, 1998, 3-17.
Escoto, Julio, *Rey del albor, Madrugada,* Honduras: Centro Editorial S. R. L., 1993.
Vasconcelos, José, *La raza cósmica*, México: Espasa-Calpe, 1948.

VI. Nicaragua

ARTE E IDEOLOGÍA EN "ADIÓS MUCHACHOS", DE SERGIO RAMÍREZ

COMO AFICIONADO tanto del tango como de la narrativa revolucionaria, me fue imposible resistir el llamado de *Adiós muchachos,* de Sergio Ramírez, que compré en México pocos días después de su publicación en julio de 1999. Como estudioso y crítico de la literatura, creo que me toca analizar esta "memoria de la revolución sandinista" primero desde el punto de vista estético, reconociendo que no se puede separar del todo el contenido y la forma.

Con nostalgia salpicada de resentimiento, amargura y desilusión, Sergio Ramírez se despide, como reza el título de tango,[1] de sus ex compañeros sandinistas. Aunque los recuerdos de una experiencia de veinte años están enmarcados por las fauces de Saturno, predominan las ilusiones utópicas de todos los que lucharon contra la dictadura somocista. Aunque se alude a las diferencias entre los tres grupos ideológicos que se disputaron el poder una vez que cayó Somoza, no se revelan muchos detalles de las luchas intestinas.

Además de su vicepresidencia en el gobierno sandinista, Sergio Ramírez es el novelista más destacado de su país. Autor de cinco novelas, dos de las cuales, *Castigo divino* (1988) y *Margarita, está linda la mar* (1998),[2] han recibido premios prestigiosos, Ramírez acudió a sus herramientas novelísticas para convertir su memoria en una obra de creación. *Adiós muchachos* va más allá de una simple crónica política, sin que Ramírez se haya dejado tentar por las complejidades estructurales y estilísticas, aprendidas de los maestros del *boom,* que aparecen en sus novelas.

---

[1] El tango también le sirvió de inspiración a Sergio para el cuento "Volver" (1990), publicado en 1992 en el tomo *Clave de sol.*
[2] Las otras novelas son *Tiempo de fulgor* (1970), *¿Te dio miedo la sangre?* (1976) y *Un baile de máscaras* (1995). *Clave de sol* (1992) es una colección de nueve cuentos, ocho de los cuales fueron escritos entre 1990 y 1992. Varios se parecen a *Un baile de máscaras* por su tono carnavalesco con el motivo recurrente de la música popular.

El título *Adiós muchachos,* como ya dije, se refiere a los ex compañeros sandinistas, pero no sólo a ellos sino también a "todos esos muchachos de distintas épocas y etapas de la lucha [cuyos nombres] han ido siendo borrados del lugar que tenían en los frontispicios de las escuelas" (44). El título puede también referirse a los propios hijos de Sergio: Sergio hijo, María y Dorel, quienes tuvieron que criarse prácticamente sin padre. De hecho, el primer capítulo lleva como título "Confesión de parte" y su protagonista es Sergio hijo, "siempre retraído y huraño" (21), en 1979. En el momento de escribir este libro, el autor dice que él y su hijo ahora son buenos amigos y que el hijo está a punto de graduarse de administrador de empresas, reflejo tal vez de la generación postsandinista, neoliberal. Después del triunfo sandinista, Sergio hijo y María participaron en la Cruzada Nacional de Alfabetización; los tres hijos cortaron café en las brigadas de la Juventud Sandinista, y Sergio hijo luchó en contra de los contras. El primer capítulo se cierra con la alusión mitológica a las fauces de Saturno, identificadas explícitamente con los vituperios sufridos por el autor y su hija María pero que también podría interpretarse como la devoración de los tres hijos por el padre entregado a la política:

> Tratados entonces [1994] como enemigos a muerte por el aparato de poder que aún sobrevivía, Saturno que me alzaba del suelo para meterme entre sus fauces resuelto a devorarme, y no sólo a mí, sino también a María, a la que ultrajaban a toda hora por la Radio Ya, la radio de Daniel,[3] como la forma más eficiente de ajustar cuentas conmigo; María que otra vez había estado a mi lado a la hora de fundar un nuevo partido; su manera de expresarme su cariño, así como la de Dorel era negarme su apoyo [34].

De acuerdo con la estructura de muchas novelas, el motivo de las fauces de Saturno vuelve a aparecer al final de la obra como título del capítulo trece y final, y en las dos últimas páginas de ese capítulo con más detalles y con bastante más pasión.

El hecho de que la obra tenga trece capítulos y que el capítulo ocho se llame "El probable número trece" se explica por el Grupo de los Doce, que formaba parte de la tendencia Tercerista dentro del FSLN. A diferencia de la tendencia de la Guerra Popular Prolongada (GPP), protagonizada por los marxistas más antiguos, Carlos Fonseca y Tomás Borge, y de la tendencia Proletaria que, bajo la dirección de Jaime Wheelock, aboga-

---

[3] Sergio Ramírez casi siempre llama a Daniel Ortega, Daniel a secas.

ba por concientizar y organizar a los trabajadores urbanos antes de emprender una campaña militar, la tercera tendencia, la Insurreccional, organizada por Humberto Ortega, y en la cual militaba Sergio, estaba más dispuesta a colaborar con todos los sectores antisomocistas. Por lo tanto, los terceristas apoyaban la creación del Grupo de los Doce, que incluía, en las palabras de un combatiente campesino, "mucho cura y mucho rico" (98). Fue elegido presidente del grupo Felipe Mántica, industrial y dueño de una cadena de supermercados. Cuando Mántica se retiró del grupo, fue remplazado en 1979 por Ramírez, pero el verdadero poder estaba en manos de los nueve comandantes del FSLN. El mismo Ramírez dice: "en junio del año siguiente [1979], continué siendo presidente de ese gobierno que nunca existió" (171). La marginación política de Ramírez se confirma en la novela *Un sol sobre Managua* (1998), de Erick Aguirre (1961), cuando Ramírez aparece brevemente como personaje novelesco. En una recepción celebrada en 1990 en la presidencia, Ramírez habla con entusiasmo sobre temas literarios con los dos protagonistas periodistas y con la poeta Rosario Murillo, esposa de Daniel Ortega. Pero en cuanto Rosario cambia el rumbo de la conversación hacia la política, "Sergio guardó silencio [...] y no dijo una palabra, sólo sonreía, con cierto deje de complacencia tal vez por ver a un par de muchachos, escritorzuelos en ciernes, resistiéndose con candorosa terquedad a una relación demasiado cercana con un poder que en el fondo apoyaban..."[4] Al llegar al grupo Daniel Ortega, Sergio se marcha "discretamente" (209). Es la única intervención de Sergio en toda la novela.

Igual que en la Revolución bolchevique de 1917 y en la de Cuba de 1959, la sandinista se servía del simbolismo cristiano. El mismo Ramírez alude a su entrada triunfal en Managua en julio de 1979 en "la camioneta de los doce apóstoles, como se nos llamaba en la jerga policial" (176). En realidad, ese simbolismo era más auténtico para la revolución sandinista que para las anteriores por la unión entre los marxistas y los curas de la teología de la liberación.[5]

Dos de los capítulos, el dos y el nueve, elaboran la identificación de los sandinistas con el cristianismo. El dos, titulado "Vivir como los santos", recalca el paralelismo entre los jóvenes guerrilleros sandinistas y los cris-

---

[4] Erick Aguirre, *Un sol sobre Managua*, Managua: HISPAMER, 1998, 207-208.
[5] Casi todo el número 5 (abril-junio de 1981) de la revista *Nicaráuac* está dedicado a "Los cristianos y la Revolución" con artículos de un sacerdote y teólogo nicaragüense, de un pastor bautista nicaragüense y de un capuchino norteamericano.

tianos primitivos o los franciscanos. El título proviene del joven "poeta místico [...] poeta guerrillero, el poeta de las catacumbas" (38) Leonel Rugama, quien murió en 1970, a los veinte años, peleando contra la Guardia Nacional. Había declarado en uno de "sus poemas coloquiales [...] que en la lucha clandestina era necesario vivir como los santos, una vida como la de los primeros cristianos. Esa vida de las catacumbas era un ejercicio permanente de purificación [...]" (41). En su poema "Como los santos", Rugama convocaba a todos los pobres, a todos los enfermos y lisiados y a todos los proscritos de la sociedad para que le escucharan su plática:

> en las catacumbas
> ya en la tarde cuando hay poco trabajo
> pinto en las paredes
> en las paredes de las catacumbas
> las imágenes de los santos
> de los santos que han muerto matando el hambre
> y en la mañana imito a los santos
> ahora quiero hablarles de los santos [42-43].

Entre los santos figuran Sandino y Che Guevara. "Es un nuevo santoral" (43). Tres años después de su muerte, Rugama alcanzó su apoteosis en *Oráculo sobre Managua* (1973), del poeta exteriorista Ernesto Cardenal, el poeta más conocido de Nicaragua en el exterior después de Rubén Darío. Rugama va a inspirar al pueblo nicaragüense en su resurrección después del terremoto de diciembre de 1972 y después de la larga época de sufrimiento bajo la dictadura de los Somoza.

Si Rugama era hijo de un jornalero y de una maestra rural, otro poeta, Ernesto Castillo, muerto en 1978 a los veintiún años y también autor de "poemas de las catacumbas" (37), "venía de las familias oligárquicas de Granada" (35). Ramírez insiste en que los santos venían tanto de las clases altas como de las bajas. Por ejemplo, Edgar Lang, "hijo de uno de los empresarios más ricos de Managua" (48), se puso a dormir en el suelo en su cuarto como preparación para la vida guerrillera; murió en 1979.

En el último tercio de este capítulo segundo, Ramírez contrasta los valores éticos de los jóvenes martirizados con la corrupción y el lujo exagerado de la vida somocista. Aún más doloroso para Ramírez fue el contraste con la burocratización de la santidad, con algunos gobernantes sandinistas que "a imagen y semejanza de Tartufo, supieron convertir en un arte el aparentar de santidad" (51). Denuncia específicamente los lujos que se permitían los que integraban "la alta jerarquía del partido y del gobierno" (53) exponiendo con ironía sus justificaciones. Sin embargo, a pesar de su enemistad actual con Daniel Ortega, Ramírez declara: "A Daniel nunca le conocí ninguna preocupación por los bienes materiales" (57). El capítulo termina con "la verdadera pérdida de la santidad" de los que no podían dejar el gobierno después de la derrota electoral de 1990 "sin medios materiales" (55), o sea, sin entrar en *el juego de la piñata*.

El otro capítulo cristiano, el noveno, titulado irónicamente "El paraíso en la tierra", versa sobre la visita del papa Juan Pablo II en marzo de 1983, que fue un verdadero desastre para el gobierno sandinista. El capítulo empieza con un retrato del cura español Gaspar García Laviana, poeta y revolucionario martirizado en 1978, para reflejar el cisma entre las decenas de sacerdotes y misioneros que predicaron la revolución en su trabajo de barrio y los dirigentes jerárquicos. Recuérdese que en 1968 el Congreso Eucarístico de Medellín, de acuerdo con el Concilio Vaticano II iniciado por el papa Juan XXIII, había formulado la teología de la liberación. Hasta el arzobispo de Managua, Miguel Obando y Bravo, odiado por Somoza, justificó la insurrección en junio de 1979. Sin embargo, el patrocinio oficial por los sandinistas triunfantes de una iglesia paralela ofendió a Obando y a toda la jerarquía. Cuando se anunció a finales de 1982 la próxima visita del papa Juan Pablo II, los sandinistas creían que podría ayudarlos. En ese momento, ellos estaban preparados a dialogar con la contra y esperaban que el papa hablara sobre la paz. En cambio, el papa declaró que "ninguna ideología puede reemplazar a la fe" (197) mientras la multitud sandinista le gritaba: "¡Queremos la paz!" (197). Según Ramírez, parecía "un verdadero motín contra el papa" (197), lo que no podía menos que ofender a muchos nicaragüenses. Además, el papa regañó a los sacerdotes Ernesto Cardenal y Miguel de Escoto por no haber obedecido a los obispos que los presionaban para que dejaran de colaborar activamente en el gobierno.

Tratándose de *una memoria*, *Adiós muchachos* se distingue de las obras autobiográficas o testimoniales de Tomás Borge y de Omar Cabezas en que no está estructurada cronológicamente sino temáticamente. De acuerdo con el carácter anticaudillesco de la revolución sandinista, ningún líder político-militar protagoniza un capítulo. No había un equivalente a Fidel Castro. Ramírez observa que la Dirección Nacional de los Comandantes del FSLN "llegó a ser un caudillo con nueve cabezas en lugar de una" (66). Quien pudo haber sido el líder carismático fue tal vez Carlos Fonseca, militante marxista, teórico y pragmático, quien cayó en noviembre de 1976. Fonseca, junto con Augusto César Sandino y Rigoberto López Pérez, quien asesinó en 1956 a Anastasio Somoza García, fueron convertidos en iconos por el gobierno sandinista en banderas, carteles, *affiches* y sellos postales. Ramírez menciona "la silla vacía en los actos para Carlos Fonseca" (46), pero dista mucho de mitificarlo como hace Tomás Borge en *La paciencia impaciente*. El mismo Borge tampoco figura mucho en la memoria de Ramírez, aunque éste reconoce que era el más famoso de los nueve comandantes y el más carismático por haber sido preso varias veces y por sus huelgas de hambre.

Como Ramírez sirvió de vicepresidente bajo Daniel Ortega y pertenecía con él y su hermano Humberto a la tendencia Tercerista, es natural que los trate más en su obra. A pesar de su rompimiento con Daniel en 1994, Ramírez parece dispuesto a no criticar su actuación personal durante los once años que gobernaron juntos. Es más, elogia implícitamente a Daniel por haber contribuido a un futuro democrático para Nicaragua pese a los fracasos de los sandinistas: "La Revolución no trajo la justicia anhelada para los oprimidos ni pudo crear riqueza y desarrollo, pero dejó como su mejor fruto la democracia sellada en 1990 con el reconocimiento de la derrota electoral" (17). En cambio, Ramírez parece mucho más resentido contra Humberto Ortega. El título del capítulo quinto, "La edad de la malicia", se refiere directamente a Humberto, quien "gracias a su malicia y desparpajo, resultó nombrado comandante en jefe del naciente Ejército Popular Sandinista" (110), lo que "le permitió elevar a su hermano Daniel a coordinador de la Junta de Gobierno" (111). En septiembre de 1981, Humberto declaró a los cuadros del ejército que "el sandinismo, sin el marxismo-leninismo, no puede ser revolucionario" (113), declaración que fue desautorizada por la Dirección Nacional del FSLN, que hacia fuera proclamaba una "economía mixta, pluralismo político y no alineamiento internacional" (112).

Tal vez la figura más polémica de la revolución sandinista fue Edén Pastora. Por haber dirigido en 1978 el asalto al Congreso Nacional, llegó a ser el héroe más visible con su seudónimo de Comandante Cero.[6] El asalto se describe en el capítulo diez titulado "El año del cerdo" por "la

---

[6] En realidad, ese título o seudónimo se reservaba para el jefe de un asalto. El primer Comandante Cero fue Eduardo Contreras, quien dirigió en diciembre de 1974 el asalto a la casa del doctor José María Castillo.

chanchera", nombre dado por Edén Pastora al Congreso Nacional. No sorprende que Ramírez lo retrate con matices positivos: "un narrador de envidiables virtudes histriónicas [...] [con] un constante acento de picardía" (92), puesto que Ramírez fue el encargado de reclutarlo para los terceristas después de que había sido expulsado en 1972 de las filas guerrilleras del FSLN. A pesar del gran éxito del asalto con el pago del rescate de cinco millones de dólares y la liberación de todos los prisioneros sandinistas, incluso Tomás Borge, los otros dirigentes sandinistas nunca le perdonaron a Edén el haberse quitado la máscara para hacerse fotografiar como el héroe del momento. El mismo Ramírez recuerda a Edén "contando siempre sus embustes" (123). Por lo que cuenta Ramírez, Edén es una persona pintoresca, carismática e individualista, tanto que la CIA desconfiaba de él aún después de que se levantó en armas contra el gobierno sandinista.[7]

Dos capítulos, el sexto y el séptimo, "La cadena y el mono" y "El destino manifiesto", tratan de las relaciones internacionales, sobre todo con los Estados Unidos. En los dos años inmediatamente anteriores al triunfo sandinista (1977-1979), Ramírez se dedicaba a conseguir el respaldo de otros países por la revolución sandinista. El título del capítulo seis, "La cadena y el mono", se explica por la recomendación del dictador panameño Omar Torrijos: "nada de radicalismos... A los yankis, con cuidado. Hay que jugar con la cadena, pero no con el mono" (134). Torrijos y su ayudante Chuchú Martínez son los que más se destacan en el capítulo. También figura bastante Carlos Andrés Pérez, presidente de Venezuela, a quien Ramírez conoció gracias a Gabriel García Márquez. Como Ramírez y otros muchos sandinistas vivían en Costa Rica en esos años, era natural que se solicitara también la ayuda del ex presidente José Figueres, viejo enemigo de Anastasio Somoza García. Lo que parece algo raro es que Ramírez fuera dos veces a Libia a buscar la ayuda de Khadafi. La importancia de Cuba para la revolución sandinista y para el mismo Sergio Ramírez se reconoce en el capítulo anterior: "Para muchos, que venían desde la lucha en las catacumbas, la revolución cubana siguió siendo el modelo político por excelencia" (115). Ramírez también agradece toda la ayuda proporcionada por Cuba: "La generosidad de Cuba fue total, y llegó a abusarse de ella, porque se pedía de todo y nunca se nos negó nada" (117). Además, recalca su amistad con Fidel Castro: "Seducido por su halo de leyenda y su cuidado paternal, disfruté de su compañía [...] en

---

[7] Este dato histórico no se incluye en la memoria de Sergio.

dos viajes míos a La Habana, lo vi aparecer en reuniones públicas con mi novela *Castigo divino* en la mano [...] Y quizás estuve entre los pocos capaz de entrar en diálogos verdaderos con él, siempre dominado por una fatal atracción al abismo del monólogo" (118-119). Ramírez lamenta que su ruptura actual con el FSLN ha afectado sus relaciones con Fidel (119).

En cuanto a los Estados Unidos, desde luego que la política de Ronald Reagan y de George Bush de organizar y respaldar a los contras no fue la primera intervención de ese país en la historia de Nicaragua. De hecho, según Ramírez, "ningún otro país de América Latina había sido víctima, como Nicaragua, de tantos abusos e intervenciones militares de Estados Unidos" (137). William Walker, invitado por los liberales a intervenir en una guerra civil, se proclamó presidente en 1855 restableciendo la esclavitud e imponiendo el inglés, junto con el español, como idioma oficial. La infantería de la Marina desembarcó en Nicaragua en 1909 y otra vez en 1927. Fue en esa última época que Augusto César Sandino se convirtió en héroe nacional peleando contra los *marines*. Cuando éstos por fin abandonaron el país, dejaron a Anastasio Somoza García como jefe de la Guardia Nacional, y él no demoró en hacer asesinar a Sandino. De manera que Ramírez justifica "la retórica más virulenta en las plazas públicas, en las arengas radiales, en los editoriales de *Barricada*" (138) contra los Estados Unidos. Critica severamente a Reagan pero reconoce que Jimmy Carter (1976-1980) "había querido ser tolerante" con la revolución sandinista pero que era "víctima de su mala estrella, de sus vacilaciones y de los reclamos de su conciencia" (141). Según Ramírez, Nicaragua no tenía otra alternativa que solicitar la ayuda de Cuba y de la Unión Soviética y de apoyar a los guerrilleros salvadoreños. Desgraciadamente para los sandinistas, la Unión Soviética estaba en vísperas de disolverse después de la perestroika y la glasnost de 1985 con Gorbachov y Boris Yeltsin. Cuba, sin la ayuda de la Unión Soviética, entró en una grave crisis económica y recomendó a Nicaragua que no se enfrentara a los Estados Unidos. Al mismo tiempo, con la reelección de Reagan en 1984, se intensificó la oposición al gobierno sandinista: bases permanentes en Honduras, puertos minados por la CIA, e Irangate con Ollie North en violación de la enmienda Boland, aprobada por el Congreso de Washington en octubre de 1984.

No obstante, la crítica de los Estados Unidos en *Adiós muchachos* no es tan virulenta como se esperaría. Por ejemplo, no se parece en absoluto al tono de *Las venas abiertas de la América Latina*, de Eduardo Galeano. Es más, en el capítulo dedicado a la situación económica, con el título irónico de "Los ríos de leche y miel" (palabras que provienen del himno sandinista), Ramírez afirma que "aun sin guerra, las sustancias filosóficas del modelo que buscábamos aplicar habrían conducido a un colapso económico" (241). Elogia el gran éxito de los sandinistas en crear la sensibilidad por los pobres pero critica "los espejismos ideológicos que nos deslumbraron entonces […] los excesos burocráticos y […] las carencias del marxismo practicante […], la inexperiencia […], las improvisaciones […], las poses, las imitaciones y la retórica" (225). Uno de los graves errores fue el haber entregado al Estado la tierra expropiada a los Somoza en vez de dársela a los campesinos. Ramírez también lamenta que algunos de los ex militantes, "en la época postsandinista se hayan convertido en magnates" (243).

Ni novela ni testimonio, *Adiós muchachos* es un texto político-literario muy bien escrito que mantiene el interés del lector por el tono sincero y nostálgico que se mantiene a través de sus trescientas páginas; por su estructura no cronológica sino temática, y por los títulos sugerentes de los trece capítulos. Escrita en 1998-1999, después de su ruptura con el FSLN, *Adiós muchachos* ofrece otra perspectiva del sandinismo que complementa las de Omar Cabezas Lacayo y Tomás Borge, elaboradas desde adentro y durante la década del gobierno sandinista. Mientras Borge y Cabezas son marxistas que participaron en la guerrilla de la llamada guerra popular prolongada, Sergio se identifica en *Adiós muchachos* como "social demócrata" (33).[8] A mí lo que me inquieta es cómo Sergio, a quien conozco desde 1970, pudo haber apoyado la política cultural del realismo socialista pregonada en 1980, en el primer número de *Nicaráuac* (mayo-junio). En ese número abogó por una literatura para el pueblo; rechazó la cultura elitista del pasado: "Los talleres de poesía popular que […] reflejan una poesía de jóvenes combatientes […] Una poesía elaborada sobre la experiencia diaria, sobre la realidad, que me parece muchísimo más importante que la poesía producida por la diletancia elitista en toda la historia de nuestra cultura nacional" (160) y cuando no quiso "restringir el concepto de cultura a la mera creación individual" (160), y cuando no quería "admitir la existencia de una cultura aislada del proceso revolucionario" (160). En cambio, Sergio reafirmó su identificación con la democracia social en el ensayo titulado "Oficios compartidos", publicado en el número 83 (1999) de la revista *Hispamérica*. Ahí declara Sergio que en 1987 él y Ernesto Cardenal propusieron un artículo para la Cons-

[8] Sergio Ramírez, *Adiós muchachos. Una memoria de la revolución sandinista*, México: Aguilar, 1999.

titución, que dice que "la creación artística y literaria son libres, en el fondo y en la forma" (72). Como en toda obra de tipo autobiográfico, el lector puede analizar cuánto aprende acerca de cierto fenómeno histórico y a la vez lamentar que la versión de ese fenómeno histórico no fuera más completa para desmentir el concepto borgesiano de que la verdad histórica es inconocible.

OBRAS CONSULTADAS

Aguirre, Erick, *Un sol sobre Managua,* Managua: HISPAMER, 1998.
Beverley, John, y Marc Zimmerman, *Literature and Politics in the Central American Revolutions,* Austin: University of Texas Press, 1990.
Borge, Tomás, *Carlos, the Dawn Is No Longer Beyond Our Reach. The Prison Journals of Tomás Borge Remembering Carlos Fonseca, Founder of the FSLN,* traducida por Margaret Randall, Vancouver, Canadá: New Star Books, 1984.
——, *La paciente impaciencia,* La Habana: Casa de las Américas, 1989.
Cabezas Lacayo, Omar, *La montaña es algo más que una inmensa estepa verde,* La Habana: Casa de las Américas, 1982.
Hodges, Donald C., *Intellectual Foundations of the Nicaraguan Revolution,* Austin: University of Texas Press, 1986.
Nicaráuac, Managua, 1, mayo-junio de 1980; 5, abril-junio de 1981.
Ramírez, Sergio, *Adiós muchachos. Una memoria de la revolución sandinista,* México: Aguilar, 1999.
——, *Un baile de máscaras,* México: Alfaguara, 1995.
——, *Castigo divino,* Madrid: Mondadori, 1988.
——, *Clave de sol,* México: Cal y Arena, 1992.
——, "Oficios compartidos", *Hispamérica,* 83, 1999.
——, *¿Te dio miedo la sangre?,* Caracas: Monte Ávila, 1976.
——, *Tiempo de fulgor,* Guatemala: Editorial Universitaria, 1970.
Santos Rivera, José (ed.), *Rubén Darío y su tiempo,* Managua: Ministerio de Educación, 1980, 2ª ed., con pórtico de Carlos Tünnerman y presentación de Edelberto Torres, Managua: Editorial Nueva Nicaragua, 1981.
Valle-Castillo, Julio (ed.), *Nuestro Rubén Darío,* con introducción de Ernesto Mejía Sánchez, 2ª ed., Managua: Ministerio de Cultura, 1982.
Whisnant, David E., *Rascally Signs in Sacred Places. The Politics of Culture in Nicaragua,* Chapel Hill: University of North Carolina Press, 1995.
White, Steven, *Culture and Politics in Nicaragua. Testimonies of Poets and Writers,* Nueva York: Lumen Books, 1986.

LA NOVELA POSTSANDINISTA: "UN SOL SOBRE MANAGUA" Y "LA LOTERÍA DE SAN JORGE"

Aunque mi interés en la narrativa postsandinista nació con la lectura en julio del 99 de *Adiós muchachos. Una memoria de la revolución sandinista*, de Sergio Ramírez, por ser *memoria*, no la incluyo dentro de este ensayo dedicado a dos novelas: *Un sol sobre Managua* (1998), del poeta nicaragüense Erick Aguirre (1961), y *La lotería de San Jorge* (1995), de Álvaro Uribe (1953), cuentista mexicano que fungió en Nicaragua de agregado cultural en 1986-1987. Las dos obras, publicadas después de las derrotas electorales de los sandinistas en 1990 y 1994, reflejan distintos grados de desilusión con la Revolución. Además, las dos se asemejan: por cierta ambigüedad genérica, por su título sugerente y por su recepción.

1. Desilusión con la Revolución sandinista

Mientras *Un sol sobre Managua*, igual que *Adiós muchachos*, capta la euforia del triunfo sandinista en julio de 1979, en *La lotería de San Jorge*, Gracián Rosales, uno de los protagonistas y portavoz parcial del autor, no comparte el entusiasmo revolucionario de su ex novia Beatriz y de sus compañeros universitarios, y eso a pesar de sus orígenes relativamente humildes. Para concientizarse, Beatriz, hija de una familia acomodada, lee *El capital*, de Marx, e ingresa al Frente Facundista de Liberación Popular; en cambio, Gracián mantiene una actitud escéptica. Tanto la novela de Uribe como la de Aguirre hacen hincapié en las fallas y en la inmoralidad de los dirigentes sandinistas una vez que toman el poder.

En *Un sol sobre Managua*, los dos protagonistas periodistas, Carlos y Joaquín, como muchos de sus coetáneos, recuerdan el gran entusiasmo que sintieron con la victoria sandinista de julio de 1979 y su programa idealista: "Los veinte años más intensos que ha vivido la nación en su historia reciente. Una aventura esplendorosa y plena, marcada por el heroísmo, la abnegación, la lealtad patriótica y una infinita generosidad que al final terminó en un enorme desperdicio" (241). Lo que más les duele a los protagonistas es la imposición de una ideología doctrinaria y la falta de libertad de expresión: "el catecismo estalinista con que el Frente Sandinista le había enseñado [a Carlos] a interpretar la historia nacional desde su adolescencia" (21). Sin embargo, los dos reaccionaron en contra: "un grupo de imberbes, incautos jovencitos alborotábamos a la casi totalmente indoctrinada opinión pública con nuestra irreverente guerrilla literaria en periódicos y revistas" (36). En julio de 1987, Joaquín leyó un manifiesto del comando beltraniano, nombrado por el crítico Beltrán Morales, quien abogaba "por la discusión abierta de la relación Poesía y Revolución" (135). Beltrán Morales "estaba contra la hipocresía del 'deber apoyar intelectualmente a la Revolución' " (135).

Carlos también critica a los dirigentes sandinistas por haber defraudado las esperanzas de los pobres que vivían en los nuevos asentamientos (barrios), proporcionándoles "empleos fijos alrededor del Ejército, de la Policía, de las empresas del Estado Sandinista [...] Pero esa integración, además de ilusoria y temporal, careció de un sustento moral porque los autollamados dirigentes de la revolución no tuvieron capacidad de proporcionarlo" (239).

En cuanto a los dirigentes sandinistas, sólo aparecen los hermanos Ortega. En 1990, a fines de la campaña electoral, Daniel trata de sobornar a Carlos y a Joaquín ofreciéndoles la dirección de una nueva revista literaria de jóvenes (208). También se rebaja su figura cuando en el acto del cierre de campaña, "saltó a la tarima con ímpetu inusitado, micrófono en mano, como un cantante de rock" (213). Daniel quedó tan engreído con la multitud de sesenta mil personas que cometió el error político de no decretar la abolición del Servicio Militar Obligatorio, lo que contribuyó a su derrota.

Humberto Ortega figura en una escena de 1957 evocada por Danilo, padre de Carlos. Humberto, trabajando de chofer, "tenía en la mano un libro de Darío listo para incinerar y clavaba con odio su mirada en el poeta" (235). Humberto le echa la culpa a Darío por haber inspirado a todos los nicaragüenses a escribir poesía: "¿Quién lo mandó a nacer en este país subdesarrollado que no necesita de vagos sino de gente que trabaje?" (236). Después los sandinistas convirtieron a Darío en uno de sus santos.[9]

---

[9] A pesar de las discrepancias sobre Darío, el sandinismo quiso apropiarse de él con la publicación de por lo menos dos libros: *Nuestro Rubén Darío*, con una introducción de Ernesto Mejía

En cuanto al culto de la personalidad y la mitificación de los héroes, *La lotería de San Jorge* proyecta una visión aún más negativa del sandinismo, desmitificando a los héroes desde sus orígenes. El mismo Augusto César Sandino, nombrado Facundo en la novela, puede mostrar su heroísmo, desafiando a un aeroplano yanqui, pero su compañero lo rebaja diciendo: "nunca me impresionaron sus dotes militares" (20) y revelando que antes colaboró con los yanquis en Panamá, trabajando de estibador en el canal (19). Carlos Fonseca, transformado en Samuel Heredia pero reconocible por "sus gruesos anteojos" y "la gran estatura de su cuerpo flaco" (30), muere en vísperas del triunfo por haber ordenado un asalto que podría haber evitado. Tomás Borge podría identificarse en la novela con Ramón Cerezo: "hombrecito de aspecto lastimero" (41): enano, con bota ortopédica por polio, ojos achinados y calvo. Cerezo se considera culpable por la muerte del comandante Rodrigo, fundador en 1964 del Frente Facundista de Liberación Popular, durante la guerra de guerrillas. Rodrigo podría identificarse, igual que Samuel Heredia, con Carlos Fonseca. Cerezo (Tomás Borge), en cambio, llega a ser viceministro del Interior. El periodista mexicano lo critica por burócrata revolucionario y por haber sustentado la alianza entre los facundistas y los agentes del terrorismo internacional.[10] También critica a "los actuales jerarcas del facundismo" (119) en general por poseer los últimos modelos de los ricos automóviles japoneses o alemanes.

Sánchez, 2ª ed., Managua: Ministerio de Cultura, 1982, con un breve prefacio de Julio Valle-Castillo, y *Rubén Darío y su tiempo*, selección y notas de José Santos Rivera, Managua: Ministerio de Educación, 1980. Una segunda edición fue publicada en 1981 por la Editorial Nueva Nicaragua. Tanto en el pórtico del ministro de Educación Carlos Tünnerman Bernheim como en la presentación de Edelberto Torres, Darío está vinculado con Sandino y ligado a la campaña de alfabetización: "cuando todas las chozas tengan como huéspedes de honor a los compañeros Darío y Sandino, sólo entonces, se habrá completado un ciclo de nuestra gran Revolución: la épica y la lírica" (Tünnerman, 7); "esta selección [...] que un día ha de llegar a las manos obreras y campesinas de casi un millón de alfabetizados" (Tünnerman, 7); "porque la alfabetización abre la puerta gigantesca del saber humano, celebramos esa magna empresa revolucionaria, que Rubén y Sandino se abrazan en la inmortalidad con regocijo viendo su realización" (Torres, 10).

[10] En el libro de Tomás Borge *Carlos, the Dawn Is No Longer Beyond Our Reach. The Prison Journals of Tomás Borge Remembering Carlos Fonseca, Founder of the* FSLN, traducción de Margaret Randall (Vancouver, Canadá: New Star Books, 1984), Borge apunta lo siguiente para 1970: "On September 5, in an FSLN act of solidarity with the just cause of the Arab peoples, the Sandinista combatant Patricio Argüello is mortally wounded when he tries, along with Palestinian guerrillas, to hijack a Zionist plane in French skies" (66).

2. La ambigüedad genérica

Aunque *La lotería de San Jorge* tiene más trama y más acción novelesca que *Un sol sobre Managua*, de cierta manera se podría decir que consta de cinco cuentos enmarcados por un prólogo y un epílogo. Los dos primeros capítulos revelan claramente las huellas de Jorge Luis Borges, de quien el autor se reconoce discípulo.[11] Con reminiscencias de "La forma de la espada", el narrador en primera persona de "La sombra de Facundo" termina por aclarar cómo traicionó a Facundo (Sandino) a pesar de ser el primer facundista, lo cual se subraya por la alternación entre las frases "estuve a su lado" y "estuve con él" (17-25) con las cuales empieza cada párrafo del capítulo. El título del segundo capítulo, "La indulgencia imperdonable", evoca los títulos oximorónicos de *Historia universal de la infamia*, de Borges. Sin relacionarse con Borges, el cuarto capítulo, titulado "La última batalla de Alejandro", lleva como subtítulo "Un cuento de Gracián Rosales", o sea, un cuento escrito por uno de los personajes principales de la novela. El quinto capítulo, el más largo de todos, es un cuento epistolar con unas quince cartas escritas por el periodista mexicano a su amigo Armando entre abril y diciembre de 1989. El marco del prólogo y del epílogo se basa, algo artificialmente, en dos encuentros del periodista mexicano con un viejo ciego, vendedor de billetes de lotería, el día de su llegada a San Jorge y el día de su salida. Sin embargo, a pesar de la variedad técnica de los capítulos cuentísticos, el conjunto sí tiene una buena unidad novelística basada en el tema constante, en ciertos personajes que reaparecen en distintos capítulos y en la visión de mundo y el tono del periodista mexicano.

En contraste con *La lotería de San Jorge*, *Un sol sobre Managua* tiene menos acción pero más unidad novelística en el sentido de que los dos protagonistas-narradores, Carlos y Joaquín, están presentes en toda la obra y sirven de timoneles en el entretejimiento de los tres ejes estructurantes: los momentos más importantes de la historia nacional en el siglo xx, la historia de la poesía nicaragüense a partir de Rubén Darío y la evocación de la Managua vieja. Donde se podría cuestionar su identidad no-

---

[11] En una entrevista con Angélica Abelleyra publicada el 15 de enero de 1996 en *La Jornada*, Uribe llama a Borges "mi santo patrono de la literatura". En otra entrevista, con Álvaro Enrigue, publicada el 14 de abril de 1996, en *La Jornada Semanal*, Uribe se llama "un borgesiano irredento".

velística es en la falta de una trama, la falta de suspenso. En eso, la obra linda con la historia y con la historia de la literatura. Por la frecuente participación de los protagonistas en las tertulias intelectuales en las cantinas de Managua y por el tono existencialista del final, hace pensar en la novela ensayística de Eduardo Mallea, *Bahía de silencio* (1940). No hay trama con conflictos, no hay suspenso, pero lo que sí hay es un panorama excelente de la política, de la poesía y de la vieja Managua. Desde luego que el hecho de no conformarse con la definición más limitada de una novela no debe mermar su valor literario. Pero veamos más de cerca los tres ejes estructurantes.

El pretexto para la creación novelística del panorama histórico es la orden, dada en 1994 por el jefe de redacción del diario *La Noticia*, de "resumir los acontecimientos nacionales trascendentes registrados a lo largo del siglo" (14). El título del primer capítulo, "Las vueltas del tiempo", homónimo de la novela malograda (1973) de Agustín Yáñez, plantea la visión de mundo arquetípica: que la historia se repite, que el tiempo es circular y según las palabras citadas de Octavio Paz: "La búsqueda de un futuro termina con la conquista de un pasado, un pasado reinventado" (21). No obstante, la creencia de Carlos de que cada revolución era singular, "era un hecho irrepetible" (19), reconoce que las cosas más inesperadas pueden ocurrir y, con ejemplos de la Revolución francesa, la rusa, la cubana y la nicaragüense, afirma que "nada puede durar por siempre" (19).

Los acontecimientos trascendentes son, sin que aparezcan en orden cronológico: los terremotos de 1931 y de 1972, el asesinato en enero de 1978 de Pedro Joaquín Chamorro, la derrota electoral en 1990 de los sandinistas, la insurrección victoriosa de 1979 y la masacre de 1967 en la avenida Roosevelt. Aunque la masacre fue llevada a cabo por la Guardia Nacional de Anastasio Somoza Debayle, en general no se subrayan tanto como se esperaría los actos brutales de la dinastía de los Somoza, que duró más de cuarenta años. Eso se explica por la mayor concentración en la desilusión y en la frustración de los dos protagonistas con el gobierno sandinista.

Lo que más impresiona de la presentación de los acontecimientos trascendentes es su gran variedad. Es decir que el autor no cae en el error de enumerarlos primero, ni de ordenarlos cronológicamente, ni de narrarlos con la misma técnica de un modo mecánico. Mientras los protagonistas Carlos y Joaquín conversan personalmente con el vicepresidente Sergio Ramírez y con el presidente Daniel Ortega y Rosa Murillo a fines de la campaña electoral de 1990 y presencian el cierre de la campaña en la Plaza de la Revolución, se evocan el terremoto de 1931 y la masacre de 1967 a través de los recuerdos respectivos del abuelo y del padre de Carlos. En cuanto a la masacre, el mismo Carlos guarda unos recuerdos de su niñez. Tanto el terremoto de 1972 como el asesinato de Pedro Joaquín Chamorro se presentan desde varios puntos de vista con la reproducción de reportajes, testimonios, crónicas periodísticas, conversaciones de cantina entre los poetas y la reproducción de parte de *Oráculo sobre Managua*, de Ernesto Cardenal. Joaquín recuerda haber visto en televisión la entrega del poder de Daniel Ortega a Violeta Chamorro.

Efectivamente, la poesía nicaragüense desde Darío hasta Ernesto Cardenal y los jóvenes poetas sandinistas constituye el segundo de los tres ejes estructurantes de *Un sol sobre Managua*. Varios de los poetas antologados en el primer número de la revista sandinista *Nicaráuac* (1980) aparecen en la novela como personajes o como temas en las tertulias literarias celebradas en La Chalía o en otras cantinas de Managua. En el mismo capítulo quinto donde Humberto Ortega denunció a Darío, éste resucita no tanto por los "dos leones incoherentes [que] custodiaban la tumba del poeta Darío frente al atrio" (221) de la catedral de León, sino por la evocación del dramaturgo Rolando Steiner en 1986, titulada *La agonía del poeta*, "inspirada en las dolorosas horas que precedieron a la muerte de Rubén Darío, quien al parecer, según Rolando, tuvo la desgracia de sufrir en el lecho de muerte el acoso de sus enemigos más cercanos" (230). Después de asistir a la representación de la obra, Carlos se exalta pensando en lo que sufrió Darío en sus últimos días. Elogia tanto su poesía como su patriotismo y su conciencia humana: "Contrario a Martí —gritaba sin importarle las malas miradas de los demás clientes en la barra de La Cavanga—, él se consagró sólo al Arte, y con sus ideas políticas luchó no por gobiernos, sino por la patria. Era realmente admirable, no sólo la conciencia calculadora y rigurosa que poseía sobre su propia obra [...], sino la conciencia que tuvo de sí mismo como hombre. Física y espiritualmente..." (232). Sin embargo, a Darío se le critica por haber sido el poeta del general Zelaya: "el *Viaje a Nicaragua* es una abierta apología del general Zelaya López" (116). En su evocación de la vieja Managua, el poeta Julio Valle-Castillo expresa algo del canibalismo (234), o sea, la necesidad que sienten los poetas y los hombres, al revés de Saturno, de comerse a sus padres, cuanto más sobresalientes tanto más sabrosos: "Entonces los dos grandes poetas de Nicaragua eran Rubén Darío y Rubén Darío" (255).

Como reacción contra la gran fama de Darío, Carlos afirma que a finales de los veinte, los vanguardistas encaminaron la poesía "hacia derroteros inéditos, hacia caminos más frescos de modernidad y universalidad literaria" (88). A pesar de su linaje conservador, católico y oligárquico, y su admiración por el dictador español Francisco Franco, José Coronel Urtecho (1906), Pablo Antonio Cuadra (1912) y Joaquín Pasos (1915-1947) pusieron a Nicaragua en la vanguardia literaria de toda Centroamérica en los años veinte y, a pesar de su edad, desempeñaron un papel importante en la época sandinista. Coronel Urtecho, a pesar de haber disfrutado de un puesto oficial en el consulado de Nueva York bajo el primer Somoza, escribió "numerosos panfletos de apoyo al sandinismo" (89). Joaquín Pasos también apoyaba al primer Somoza, aunque antes de morir muy joven había adoptado un "férreo antisomocismo" (89). En una entrevista grabada de diez páginas, Alejandro Valle, conocido "por su poesía erótica y surrealista" (112), encuentra "insuperable" (115) *El canto de guerra de las cosas,* de Pasos, que le "impresiona y emociona tanto como *Piedra de sol*" (115), de Octavio Paz. En cuanto a Pablo Antonio Cuadra, Valle elogia desde una perspectiva marxista al Cuadra bueno y condena al Cuadra malo: "ideológicamente pésimo" (118), citando dos versos que llama "tan intragables, o más, que una toma del desalmado purgante castor: *La amistad del pobre / es la honra de mi casa*" (119). Aunque el protagonista Carlos señala que Cuadra "rebajó sus niveles de calidad literaria para atacarlo [el sandinismo]" (89), Erick Aguirre lo redime escogiendo un poema antisomocista de Cuadra como epígrafe del capítulo cuarto dedicado principalmente al terremoto de 1972:

> Luché
> toda la noche
> (¡mira mis manos
> hechas sangre!)
> Luché
> toda la noche
> para salir de la tierra
> ¡Ay!
> cuando ya fuera
> me creí libre
> miré en el muro
> la efigie del tirano [141]

En la entrevista susodicha, Alejandro Valle defiende a Carlos Martínez Rivas (1924) de la acusación de haber sido el poeta del segundo Somoza y le perdona también su política liberal. Igual le perdona a Mario Cajina-Vega (1929) el haber sido uno de los fundadores de la democracia cristiana y perdona a los dos por su bohemia: "en medio de una densa y afable nube de alcohol" (118).

De todos los poetas comentados en la entrevista con Alejandro Valle, el que sale más elogiado es Ernesto Mejía Sánchez (1923-1985): "en son de hondísima burla, buriló el demonio de Ernesto Mejía Sánchez en *Historia sacra,* un prosema que no he logrado olvidar: *Yo podría demostrar, si quisiera, que soy hijo de Dios"* (114). Después lo elogia por su "pura luz inteligente" (120), por su "finísima incisión del escalpelo brujo en el cuerpo de las clases sociales nicaragüenses: cirujano diestro, exhibe su lección de anatomía como el campeón de billar de carambolas fantásticas de tres bandas. Ni aun Ernesto Cardenal, oficialmente marxista y más 'cardiaco' que cerebral, ha penetrado tan bien en la esencia […] de la lucha de clases" (120).

Indudablemente el poeta oficial del gobierno sandinista era Ernesto Cardenal (1925), contemporáneo de Mejía Sánchez. Joaquín describe con gran certeza su figura física: "El poeta trapense de pie, frente a sus ya no tan jóvenes discípulos, junto a una lámpara empotrada en la pared de su casa, papeles en mano; con su cotona blanca, sus sandalias y sus *jeans* casi cayéndosele; calada su boina guevarista sobre el pelo blanco, ajustando sus lentes con el dedo o sobándose las barbas grises mientras lee" (90). De acuerdo con el enfoque ideológico de la novela, se trata a Cardenal de una manera ambigua. Carlos, en una conversación con su padre Danilo y con Joaquín, narrador del capítulo, afirma: "Es que el 'exteriorismo' poético que ha puesto en boga Ernesto Cardenal puede prender entre las masas pero no en la dinámica de los intelectuales —lo interrumpió Carlitos, con una ingenuidad realmente sorprendente" (234). Edwin Yllescas (1942) y Roberto Cuadra (1941), de la Generación Traicionada, escucharon a Cardenal en silencio: "Ellos estaban interesados en las novedades técnicas del poeta, en la posible utilización de todos los lenguajes en la poesía, pero […] en razón a sus propias perspectivas individuales. Por eso se alejaron del compromiso político, por eso se empeñaron en no ideologizar sus textos. Por eso quizás fueron los más olvidados en las últimas dos décadas" (90).

No obstante, Carlos reconoce la gran importancia poética de Cardenal:

Yo no tengo por qué unirme al coro de quienes quieren acabar con Cardenal sólo porque se portó mal con algunos de nosotros cuando fue ministro de Cultura de los sandinistas [...] un poeta de dimensiones harto reconocidas en el mundo, aunque muchos aspectos de su obra, y sobre todo de su magisterio poético, hoy puedan ser cuestionables. Su poesía hay que entenderla ligada íntimamente con la historia. Después de sus epigramas, sus salmos y su poema a Marilyn Monroe, que siempre recuerdo, yo siempre estoy releyendo el *Canto Nacional*, pero especialmente su *Oráculo sobre Managua* [87].

El recorrido multidimensional por las distintas generaciones de poetas nicaragüenses se completa con una alusión sorprendentemente breve a dos poetas revolucionarios: Leonel Rugama y Gioconda Belli. Según el poeta Francisco Urtecho, Rugama y Belli gozan de popularidad porque "abordan directamente asuntos políticos" (104). No obstante, el crítico Beltrán Morales "admiraba la armonía encontrada por Rugama entre actividad poética y actividad revolucionaria" (135).

El agente transicional entre el eje estructurante de la historia de la poesía nicaragüense y el eje estructurante de la vieja Managua es el viejo cuentista Juan Aburto (1918), "a quien considerábamos un tardío pionero de la narrativa urbana en Nicaragua" (44). Aburto figura como personaje en la novela, "aquel anciano inquieto y parlanchín" (216) que está resentido contra los jóvenes poetas que parecen burlarse de él por su devoción a la prosa: "—quién diablos les dijo a ustedes que soy 'un devoto de la prosa'? ¡Yo soy un militante de la prosa, un militante...!" (216). Aunque Joaquín dice que se negaban a "reconocerle méritos al viejo Juan Aburto" (44), Carlos admite su "recuerdo obsesivo" (43) de sus cuentos con "la calle azul, el humo, el ocaso, los niños corriendo, la basura quemándose en las esquinas mientras las vecinas barren las aceras y un grupo de muchachos juega béisbol en medio de la calle" (44-45). Efectivamente la frase "la calle azul, el humo, el ocaso" se repite con leves variantes en otras partes de la novela. Incluso se utiliza como título de la quinta parte de la novela en la cual Aburto actúa más como personaje, acompañando a Carlos en el entierro de su suegro en León.

El "recuerdo obsesivo" de los cuentos de Juan Aburto se entronca con la tercera de las grandes pasiones de Carlos, que son: la poesía, el periodismo (la política) y "el obsesionado interés que solía poner a los tristes, aburridos, humeantes atardeceres de Managua" (30). La obsesión con Managua se destaca en los tres trozos impresos en cursivas que describen respectivamente la "olvidada aldea de pescadores, de ranchos de paja y pocas casas de adobe, convertida en capital a mediados del siglo xix" (51); la descripción por el abuelo de Carlos de la estación del ferrocarril a principios del siglo xx, cuando según la abuelita del abuelo "Managua era 'un París chiquito' " (198), y el texto de Julio Valle-Castillo que empieza con "Nostalgia, nostalgias de Managua, de la vieja Managua" (255) y concluye con una evocación nostálgica de cantinas, de cines y del cementerio, pero sólo después de describir la ciudad de 1994, víctima de los dos sismos y de la revolución: "Fea antes, horrible después y peor ahora. Temblando siempre. La ciudad más fea de América" (257).

A pesar de la fealdad de Managua, se evocan con cariño los viejos barrios a través de Danilo, padre de Carlos. Los viernes por la tarde, en la década de los treinta, se reunía con los amigos, las guitarras y el tocadiscos para exaltar las virtudes de Carlos Gardel y para repasar los detalles de su muerte trágica. La norteamericanización de la cultura nicaragüense se manifiesta en el tremendo interés en el béisbol. El Campeonato Mundial de Béisbol Aficionado se celebrará en 1994 en Managua y se evocan algunos de los jugadores más sobresalientes de las Ligas Mayores a partir de los años cincuenta: Lew Burdette y Eddie Mathews, de los Bravos de Milwaukee, que ganaron la Serie Mundial de 1957 contra los Mulos de Nueva York; Roberto Clemente, que murió en un accidente aéreo "cuando traía ropa y alimentos a los damnificados del sismo" (126) de 1972, y el joven Denis Martínez, quien había de lanzar un juego perfecto contra los Esquivadores de Los Ángeles. El mismo Danilo recuerda haber jugado béisbol "con la mano porque no había para guantes" (181). Además de las alusiones a la geografía, a la historia y a distintos aspectos culturales de Managua, también se indaga en el carácter de los managuas: "El managua es el más típico de los nicaragüenses, el que se ríe de su desgracia. El hombre de 'adentro' del país es mucho más serio, más ensimismado, más circunspecto [...]" (49); "La moral del managua es una mezcla de hosquedad, sentido del humor y autocompadecimiento" (47). Al final de la novela, después de la muerte de Carlos, Joaquín describe a los managuas con tono más negativo: "Heredamos cruelmente todo un sistema de cosas que nos vuelven casi por completo improductivos, agresivos, hipócritamente solemnes o payasos yoquepierdistas [...] Constantemente jugamos (los que nos creemos más listos o 'preparados intelectualmente' que los demás) a las ironías y los puyonazos entre el tintineo de los vasos, la espumeante marea de las cervezas o el ajetreo de las redacciones" (314).

A pesar de la falta de una verdadera intriga novelesca y de conflictos novelescos, *Un sol sobre Managua* se destaca por el entretejimiento ingenioso de los tres temas, por la variedad de personajes a través de los cuales se focalizan las observaciones y los comentarios sobre sucesos y figuras nacionales y por el carácter sincero y espontáneo de los diálogos.

3. Los títulos

El título aparentemente cursi de *Un sol sobre Managua* cobra un valor irónico al contrastarse con la portada de la novela: dos jóvenes anónimos parados en la lluvia en la esquina de la Financiera con un letrero que reza "Ahora gánese 15 000..." Las letras algo borrosas, los colores nada brillantes y el tono azulado (reflejo de la frase aburtiana de "calle azul de humo y ocaso") reflejan el fin pesimista de la novela: el sol[12] que alumbra la construcción de la nueva Nicaragua en la estampilla de realismo socialista (tractores y otros medios de transporte con trabajadores activos) emitida en 1981 para celebrar el segundo aniversario de la Revolución se ha convertido en la sombra de una sociedad neocapitalista que "profesa una silenciosa hostilidad hacia el escritor" (312), donde el protagonista Carlos, después del derrumbe de su matrimonio, muere apuñalado por un ladrón.

El título enigmático de *La lotería de San Jorge* se descifra fácilmente. San Jorge es Nicaragua, su capital se llama Georgina y la lotería se refiere literalmente al billete de lotería regalado en el prólogo al periodista mexicano Antonio Ugarte. San Jorge es el santo patrón de Inglaterra que, según la leyenda, mató al dragón. Si el dragón representa la dictadura de los Somoza o las injusticias de la sociedad presandinista, entonces hay que buscar una interpretación irónica porque la revolución sandinista y tal vez cualquier revolución se presentan como una lotería, una aventura del azar, que falla. La actitud escéptica hacia las revoluciones coincide con las ideas

---

[12] En la edición sandinista de *Nuestro Rubén Darío* (Managua: Ministerio de Cultura, 1982), con introducción de Ernesto Mejía Sánchez y selección de Jorge Eduardo Arellano, Fidel Coloma, Marc Zimmerman y Julio Valle-Castillo, la primera sección que recoge ciertos poemas de motivos nicaragüenses se titula "Bajo el nicaragüense sol de encendidos oros". Tomás Borge, ministro del Interior, también empleó el simbolismo solar para describir la poesía producida por los talleres sandinistas: "tan luminosa y además tan original, y a la vez tan sencilla [...] como un sol recién nacido" (citado en David E. Whisnant, *Rascally Signs in Sacred Places. The Politics of Culture in Nicaragua*, Chapel Hill: University of North Carolina Press, 1995, p. 203).

políticas y filosóficas de Jorge Luis Borges, cuya influencia en Álvaro Uribe ya se ha notado. Para rematar el tema, Borges concluye su cuento ensayístico "La lotería en Babilonia" afirmando que Babilonia, es decir el mundo entero, "no es otra cosa que un infinito juego de azares" (73).

4. La recepción

En primer lugar, hay que constatar que la recepción de las dos novelas ha sido muy positiva, a pesar de las discrepancias ideológicas que puedan existir entre autores y críticos. Digo esto porque a pesar de que las dos novelas denuncian las fallas del gobierno sandinista, la mayoría de los que las han comentado prefieren soslayar ese aspecto. En tres de los cuatro comentarios[13] acerca de *Un sol sobre Managua,* Isolda Rodríguez Rosales, Franz Galich y Joaquín Absalón Pastora señalan equivocadamente el terremoto de 1972 como eje narrativo y dan demasiada importancia respectivamente a la enajenación existencialista de los protagonistas en la sociedad consumista del neoliberalismo "con todos los vicios que conlleva" (Isolda Rodríguez Rosales) y al "duro oficio de escritor, que es, en el fondo, el gran tema de la novela" (Galich). Sólo Roberto Aguilar Leal no tiene reparo en indicar que una de las obsesiones del protagonista Carlos Vargas es "la revolución abortada en gran parte por la soberbia y corrupción de sus dirigentes", junto con "las reflexiones críticas sobre la libertad de expresión".

La recepción de *La lotería de San Jorge* es aún más sorprendente. De la docena de reseñas, entrevistas y breves comentarios en libros[14] que he

[13] Erick Aguirre me mandó los cuatro comentarios por correo electrónico, pero sin indicar la procedencia de tres de ellos. El de Isolda Rodríguez Rosales viene de su libro *Una década en la narrativa nicaragüense y otros ensayos.*

[14] Angélica Abelleyra, entrevista con Uribe, *La Jornada,* 15 de enero de 1996, 25; Fabienne Bradu, reseña, *Vuelta,* abril de 1996, reproducida en *La Prensa,* 11 de mayo de 1996; Noé Cárdenas, reseña, *El Semanario de Novedades,* 4 de febrero de 1996; Silvia Cherson S., entrevista con Uribe, *Cultura de Reforma,* 3 de enero de 1996; Álvaro Enrigue, entrevista con Uribe, *La Jornada Semanal,* 14 de abril de 1996; Bruno Hernández Piché, reseña, *La Jornada Semanal,* 21 de enero de 1996; José Homero, reseña, *Nexos,* 220, abril de 1996, 79-80; Leo Eduardo Mendoza, reseña, *El Universal,* 9 de enero de 1996; Leo Eduardo Mendoza, reseña, "Nuevo Siglo", suplemento de *El Universal,* 4, 204, 21 de enero de 1996; Alejandro Ortiz González, entrevista con Uribe, *El Nacional,* 13 de diciembre de 1996; Federico Patán, reseña, *Uno más Uno,* 30 de diciembre de 1995; Patricia Ruvalcaba, entrevista, *El País,* 13 de abril de 1996; Danubio Torres Fierro, reseña, *Vuelta,* febrero de 1996; Vicente Francisco Torres, "Tres lustros de novela mexicana", *Revista de Literatura Mexicana Contemporánea,* 1, 2 (enero-abril de 1996), Universidad de Texas, El Paso.

podido leer —todos positivos—, lo que más se destaca es el escepticismo de la novela respecto a las revoluciones latinoamericanas *en general*. Como ya he indicado, no es nada difícil descifrar la clave de esta novela. Sin embargo, cinco de las reseñas ni mencionan a Nicaragua. Es más, el mismo autor, en tres entrevistas, insiste que "San Jorge no toma el lugar de ningún otro país, no es Nicaragua, ni quiere serlo. Puede referirse a cualquier lugar de Centroamérica" *(Cultura de Reforma,* 3 de enero de 1996). El mismo Uribe se arrepiente de haber confiado, durante su juventud, en la revolución como solución a los problemas de México: "Creo que la desesperanza que yo experimento y reflejo en mi novela, es la desesperanza ante la acción violenta que en nuestra juventud [1968] justificábamos como una alternativa transformadora de la sociedad. Hoy sabemos que la violencia es un mal cercano al mal absoluto y que nunca trae consigo una mejoría" *(Cultura de Reforma,* 3 de enero de 1996). Uribe no tiene fe en la creación del nuevo hombre socialista porque, según dice, "existe algo en la naturaleza humana, una esencia del hombre que determina una gran capacidad de maldad en todos nosotros, que luego aumenta con el poder" *(La Jornada,* 15 de enero de 1996). Fabienne Bradu no niega que la novela "podría retratar cualquier otra aventura similar, entre el sinnúmero de rebeldías que asolaron América Latina desde las Guerras de Independencia hasta nuestros días" *(Vuelta,* abril de 1996), pero indica que el periodista mexicano en la novela "atestigua la desbandada final, la mentira de los comandantes, el crimen innecesario y la farsa en que se ha convertido el gobierno sandinista". Además, Fabienne Bradu recuerda personalmente "el desfile de los Mercedes de los comandantes [...] los poetas disfrazados de Che Guevara que, en las terrazas de los cafés, posaban con gusto y arte para la fotografía turística [...] y los vociferantes y malolientes 'internacionalistas' que, recién desembarcados de su tedio europeo, eran los más feroces defensores de un gobierno que los propios nicaragüenses criticaban con mayor conocimiento de causa". ¿Por qué la voz de Fabienne Bradu es tan diferente de las demás? Me parece que se trata de la moda política: cuando se publicó la novela, estaba muy de moda expresar la desilusión con el PRI y por lo tanto con la Revolución mexicana. En cambio, aunque se reconozcan los errores que cometieron los sandinistas, no está de moda en México criticarlos abiertamente por el aspecto antimperialista, antiyanqui de su lucha, que nunca deja de tener amplia resonancia en México. El mismo periodista mexicano de la novela critica a su director Augusto Padierna por su "escandalosa política editorial de apoyo a las causas justas en el extranjero" y "la discreción que observa su diario sobre la injusticia en nuestro país" (119).

Para concluir, me toca justificar el título de este ensayo. ¿Cómo se puede hablar de la novela postsandinista en general a base de solamente dos novelas, una de las cuales ni fue escrita por un nicaragüense? La respuesta es que, después de la derrota electoral de los sandinistas en 1990, no se han publicado más que otras dos novelas nicaragüenses sobre el periodo sandinista: *Vuelo de cuervos* (1997), de Erick Blandón, y *Tu fantasma, Julián* (1992), de Mónica Zalaguett, chilena nacionalizada en Nicaragua. Las dos son bastante interesantes y bien escritas, pero me parecen menos complejas que *Un sol sobre Managua* y *La lotería de San Jorge*. *Vuelo de cuervos* es una crítica mordaz de la arbitrariedad y de la inmoralidad del "Coro de Ángeles", o sea los dirigentes sandinistas, respecto a la evacuación de los misquitos. Predomina el diálogo en lenguaje popular y el tono es en gran parte carnavalesco. En cambio, *Tu fantasma, Julián* presenta las consecuencias trágicas de la guerra civil en un pueblo pequeño cerca de la frontera hondureña. Los campesinos se consideran maltratados por los sandinistas urbanos lo mismo que por los contras apoyados por los norteamericanos. En cuanto a la novela sandinista durante la década de los ochenta, que yo sepa, no hay más que dos: *La insurrección* (Hanover, New Hampshire, 1982), del chileno Antonio Skármeta sobre la lucha guerrillera de 1978-1979 en León, narrada de una manera sencilla sin innovaciones estructurales ni lingüísticas, y *La mujer habitada* (México, 1989), de la poeta nicaragüense Gioconda Belli sobre la concientización política de una arquitecta en Managua, que culmina con el ataque sandinista a la casa de un general somocista en diciembre de 1974. El título se refiere a la inspiración hereditaria que recibe la protagonista feminista de una indígena que peleó contra los conquistadores españoles. El hecho de que no se hayan publicado más que estas dos novelas durante el gobierno sandinista refleja la preferencia que el gobierno dio en esa década al testimonio y a la poesía exteriorista porque la novela en ese momento con su énfasis en la Nueva Novela Histórica parecía demasiado elitista y, por lo tanto, no podría contribuir a la creación del nuevo hombre socialista.[15]

[15] Entrevistado por Steven White hacia 1984, Sergio Ramírez dijo: "Many good poems and books of poems have been produced after the revolutionary triumph [...] But I can tell you that up until now, there hasn't been a single short story or a single new novel written by those who could call themselves the old professional writers of prose —even though there were never very many of us" (Steven White, *Culture and Politics in Nicaragua. Testimonies of Poets and Writers*, Nueva York: Lumen Books, 1986, 77).

Teoría aparte, *Un sol sobre Managua* y *La lotería de San Jorge* se destacan por su valor intrínseco, por su originalidad y por su imagen del gobierno sandinista que coincide más o menos con la imagen proyectada por el novelista y ex vicepresidente Sergio Ramírez en su memoria *Adiós muchachos* (1999): Ramírez afirma que "aun sin guerra, las sustancias filosóficas del modelo que buscábamos aplicar habrían conducido a un colapso económico" (241). Elogia el gran éxito de los sandinistas en crear la sensibilidad por los pobres, pero critica "los espejismos ideológicos que nos deslumbraron entonces [...], los excesos burocráticos y [...] las carencias del marxismo practicante [...], la inexperiencia [...], las improvisaciones [...], las poses, las imitaciones y la retórica" (225).

OBRAS CONSULTADAS

Aguirre, Erick, *Un sol sobre Managua,* Managua: HISPAMER, 1998.
Arellano, Jorge Eduardo, *Panorama de la literatura nicaragüense,* Managua: Editorial Nueva Nicaragua, 1986.
Belli, Gioconda, *La mujer habitada,* México: Diana, 1989.
Blandón, Erick, *Vuelo de cuervos,* Managua: Vanguardia, 1997.
Borge, Tomás, *Carlos, the Dawn Is No Longer Beyond Our Reach. The Prison Journals of Tomás Borge. Remembering Carlos Fonseca, Founder of the FSLN,* traducción de Margaret Randall, Vancouver, Canadá: New Star Books, 1984.
Borges, Jorge Luis, *Ficciones,* 9ª ed., Buenos Aires: EMECÉ, 1968.
Cortés, Carlos, *Cruz de olvido,* México: Alfaguara, 1998.
Hood, Edward W. Hood, "La narrativa nicaragüense actual: los novelistas", *La literatura centroamericana. Visiones y revisiones,* Actas del Segundo Congreso Internacional de Literatura Centroamericana, Granada, Nicaragua, 1993.
——, y Werner Mackenbach, "La novela en Nicaragua: una bibliografía tentativa", inédita.
Mackenbach, Werner, "Del 'nacionalismo literario' a una 'nueva complejidad'. Apropiaciones de la realidad en la novela nicaragüense de los años ochenta y noventa", ponencia del Séptimo Congreso Internacional de Literatura Centroamericana, Managua, Nicaragua, 17-19 de marzo de 1999.
Morales, Mario Roberto, "Mirando de nuevo el futuro: la narrativa centroamericana posrevolucionaria", ponencia del congreso de la Latin American Studies Association, 1998; *Suplemento Cultural,* Costa Rica, ICAT, octubre de 1998.
Rodríguez Rosales, Isolda, *Una década en la narrativa nicaragüense y otros ensayos,* Managua: Centro Nicaragüense de Escritores, 1999.

Skármeta, Antonio, *La insurrección*, Hanover, New Hampshire, 1982.
Uribe, Álvaro, *La lotería de San Jorge*, México: Vuelta, 1995.
Volek, Emil, "El testimonio, un género profético", *Cuadernos de Marcha*, noviembre de 1998, 3-10.
Zalaguett, Mónica, *Tu fantasma, Julián*, Managua: Vanguardia, 1992.

VII. Costa Rica

LAS DOS EDICIONES DE "PUERTO LIMÓN", DE JOAQUÍN GUTIÉRREZ[1]

"Puerto Limón", de Joaquín Gutiérrez, la mejor novela costarricense, todavía no ha sido suficientemente reconocida dentro de la novelística hispanoamericana por una variedad de razones. Publicada en Chile en 1950, donde vivía Gutiérrez, casado con la hija del dueño de la casa editorial Nascimento, la novela apenas se conocía en Costa Rica antes de 1960, cuando surgió una polémica en San José sobre cuál era la mejor novela costarricense.[2] Tampoco debe haber despertado mucho la atención en Chile, donde el prólogo del entonces viejo criollista Mariano Latorre seguramente identificó la obra con las novelas de la tierra ya desprestigiadas. Latorre elogió a Gutiérrez por haber sido el primero en realizar "en forma más moderna la interpretación del hombre y del paisaje de Costa Rica";[3] además, la poca distribución de los libros de Nascimento fuera de Chile impedía que se conociera la novela en el resto de la América Latina. Los pocos críticos que la incluyeron en sus panoramas de la literatura o de la novelística hispanoamericana la encasillaron entre las novelas antimperialistas.

Una segunda edición, muy revisada, no fue publicada hasta 1968, en San José, por la Editorial Costa Rica, fundada en 1961. Aunque los tres mil ejemplares de esa edición deben haber encontrado más lectores nacionales que la primera, la novela, en cuanto a su fama internacional y aun nacional, todavía sufre de su pecado original: el título. O sea que el

---

[1] Se publicó en la *Revista Iberoamericana*, 138-139 (enero-junio de 1987), 233-244.

[2] Alberto Cañas, crítico costarricense muy conocido, afirmó en la prensa que un catedrático norteamericano (un servidor) se había equivocado rotundamente al escoger *Puerto Limón* como la mejor novela costarricense para su seminario en la Universidad. Como prueba de su alegato, afirmó que esa novela era desconocida en Costa Rica, que él mismo no la había leído y que el catedrático norteamericano debiera haber escogido cualquiera de las diez novelas que a continuación él comentó brevemente. A los quince días, Fabián Dobles, autor de una de las novelas preferidas por Cañas, contestó en la prensa ponderando los valores de *Puerto Limón* y lamentando la poca atención que había recibido esa obra de los compatriotas de Gutiérrez.

[3] *Puerto Limón*, Santiago de Chile: Nascimento, 1950, 6.

haberse publicado la segunda edición en 1968, en pleno auge de la nueva novela hispanoamericana, cuando Vargas Llosa denunciaba las novelas primitivas y Carlos Fuentes despreciaba las "novelas geográficas", eliminaba toda posibilidad de una reivindicación. En cambio, si *Puerto Limón* se hubiera publicado en la década de los treinta, se habría considerado una superación de la típica novela de la tierra o novela de protesta social. Es más, hay que tener en cuenta que, aun para una novela criollista, la mayor parte de los ticos que residen en el altiplano no se identifican en absoluto con la zona de la costa atlántica. El problema con el título, lo mismo que con las carátulas de las dos ediciones, es que subrayan demasiado el aspecto tropical de la novela: la naturaleza y la huelga bananera que estalló en agosto de 1934, durante la tercera y última presidencia de Ricardo Jiménez Oreamuno (1932-1936).[4] En realidad, el gran logro de la novela es la fusión de los sucesos de la huelga con el desarrollo psicológico del joven protagonista Silvano. La importancia del aspecto individual de la novela se nota en el hecho de que está enmarcada por el viaje en tren de Silvano desde la capital hasta la finca bananera de su tío Héctor Rojas y su escape de Puerto Limón en un barco que va rumbo a Veracruz.

Un cotejo de las dos ediciones revela que casi todos los cambios efectuados contribuyeron a mejorar la calidad literaria de *Puerto Limón*, reforzando su lugar primordial en la novelística costarricense, lugar que todavía en 1985 no se le ha disputado. Lo que más sorprende de la segunda edición de *Puerto Limón* es el grado de los cambios que afectan la caracterización, el enfoque histórico-ideológico, la estructura y el estilo. El protagonista Silvano resulta menos tímido y menos miedoso en la edición de 1968. Aunque sigue acosado por la comezón de independizarse de su tío escapándose de Puerto Limón, se muestra más seguro en su trato con éste, con su prima sensual Diana y con los contrincantes de la huelga. En la escena basada en la misma pregunta de Silvano: "—Tío, ¿por qué me trajo aquí?" (1950, 36; 1968, 46), las diferencias entre los dos personajes son menos tajantes en la segunda edición. Se eliminó la frase anterior, que subrayaba la timidez del joven: "le cuesta, pero por fin lo increpa" (1950, 36), y el diálogo se extiende más con un intento mutuo de mayor aproximación. Cuando Silvano dice que no quiere trabajar en la finca, en la edición de 1950, "don Héctor se yergue prepotente, con las manos hundidas bajo el cinturón, rascándose" (36), y Silvano "permane-

---

[4] Véase Eugenio Rodríguez Vega, *Los días de don Ricardo Jiménez*, San José: Editorial Costa Rica, 1971, 134-137.

ce mudo [...] siente fermentar el rencor de la impotencia, como un vinagre, en las entrañas" (36). En cambio, en la de 1968, aunque no llegue a ninguna solución, Héctor enmarca una nueva página de diálogo con las palabras: "—¿Y qué querés hacer entonces?" (47) y "—¿Y cuál vida querés? Decime cuál, a ver si hay alguna manera de arreglarlo" (48). El uso del voseo, en vez del tuteo de 1950, también da un tono más afectuoso a las palabras del tío. Silvano, entretanto, pide comprensión y la demuestra para la actitud de Héctor: "—No sé, no sé. Trate de entenderme. Si me pone atención tal vez me entienda. Usted llegó aquí hace veinte años, entonces aquí no había nada, todo esto era selva virgen y pantano. Yo eso lo entiendo. Y entiendo también que para usted ésta es la vida misma. Pero para mí no. Trate de entenderme. Pero trate de veras, ¡haga el esfuerzo!" (47).

Sin embargo, a través de la novela, Héctor representa la fuerza que obliga a Silvano a trabajar en la finca después de terminarse la huelga. En las dos ediciones, Silvano acaba por escaparse de Limón, pero sólo después de la muerte de Héctor. En las dos ediciones, Silvano pudo haber salvado a su tío si hubiera telefoneado más pronto para avisarle que la línea del tren se había desmoronado por el río crecido. En la primera edición se hace más explícita la actitud de Silvano frente a la muerte de su tío. Sirviéndose de la máquina de afeitar de Héctor, se corta la mejilla y le cuesta mucho parar la sangre. La cocinera, alborotada por la muerte de su amo, le grita a Silvano: "—¿Ahora se siente seguro?" (373). Todo eso se elimina en la edición de 1968, con el resultado de que Silvano no parece tan neurasténico.

El deseo de Silvano de independizarse de su tío podría interpretarse como la dificultad que siente para identificarse con el tío muy macho, y, por lo tanto, su neurastenia proviene de su inseguridad sexual. En la edición de 1968, esa inseguridad parece claramente disminuida. Al llegar a la casa del tío Héctor, en Limón, Silvano se baña, lo que no hace en la de 1950. Las nuevas oraciones siguientes sirven para proyectar una imagen más positiva, más macha de Silvano: "Silvano se desinteresó, entró al baño, se desnudó y se metió bajo la ducha. El agua estaba tibia, pero salía con magnífica fuerza. Se miró el cuerpo mientras se enjabonaba. Tenía razón su tía, claro que debía ganarse más libras, tal vez haciendo ejercicios. Se enjabonó dos veces y para resistir un deseo turbio boxeó furiosamente dos o tres minutos con la sombra" (92).

En la primera edición, Silvano parece perseguido por el recuerdo de la muerte de su tía Pacífica, de la cual se siente culpable porque no la atendió por estar iniciándose sexualmente con la criada Mireya. En la segunda edición, el encuentro de Silvano con ésta y sus consecuencias son mucho más explícitas: "Siempre conservó Silvano un regusto de ceniza de su primera experiencia amorosa" (84). No obstante, ese recuerdo no parece afectarlo tanto en la edición de 1968. Durante el paseo por el muelle con su prima Diana, Silvano le propone que se escape con él a México y trata de abrazarla. Más adelante, cuando los dos jóvenes van a la playa en bicicleta, dialogan más y Silvano habla de un modo más atrevido:

—Y si se te moja se te pega al cuerpo y como es de organdí te verías toda transparente.
Ella calla. Él siente que el deseo es doloroso.
—Toda transparente —repite, y luego, venciendo el rubor—: te verías como si estuvieras desnuda.
Ella calla. Y él insiste sintiéndose implacable:
—Qué linda te debés ver sin ropa [233].

Aunque en las dos ediciones llega a consumarse el acto sexual, hay por lo menos dos cambios significativos. En la primera edición se da mayor importancia a su efecto liberador para Silvano, relevándolo del recuerdo de la muerte de la tía Pacífica: "Y eso fue lo último que se dijeron. Desde ahora quedaría por fin la tía Pacífica sola con las voces de la tierra" (291). Por otra parte, en la edición de 1968, Diana parece más enamorada de Silvano y la escena de la entrega va precedida de todo un proceso en el que ella va a la biblioteca para tratar de ponerse al nivel cultural de él. La descripción poética del acto sexual, que cierra el capítulo, se comprime en un cincuenta por ciento en la edición de 1968.

La menor inseguridad sexual que manifiesta Silvano en la segunda edición también se refleja en su actitud respecto a la huelga. Aunque sigue siendo un "sánguche", en las palabras de Paragüitas —"Así que usted está hecho un sánguche. De los dos lados le tienen desconfianza" (222)—, Silvano se ve más "concientizado" en la segunda edición. En su primera conversación con Diana, repudia la corrupción de los oficiales limonenses, y cuando Diana defiende sus sinvergüenzadas con la justificación de que "todos las hacen", Silvano le responde contrastando la situación de los negros: "—¿Así que vos creés que ese negro —le señaló un negro que, con su esposa y los chiquillos, se paseaba alrededor de la pila— tiene la menor posibilidad de llegar hasta la oficina del Capitán de Puerto a proponerle un contrabando?" (107-108).

La conciencia social de Silvano y su mayor seguridad personal se ven aún más en la escena con los hijos de los bananeros nacionales, que están planeando la formación de una milicia secreta para pelear contra los peones huelguistas. En la primera edición, la actuación de Silvano sólo dura dos páginas. Lo abuchean, lo sacan a empellones del local y él "corría por la larga calle asfaltada. Sentía que unas lágrimas de fuego le rebosaban en el corazón. Una amargura intensísima, un sentimiento profundo de vergüenza y de odio" (139). En cambio, en la edición de 1968 su actuación dura más de cinco páginas; se opone al entrenamiento militar "con esos tres máuseres ridículos" (162); sugiere que se formen grupos pequeños para hablar con los peones y averiguar "qué es lo que quieren" (161), y mientras lo arrastran a la puerta del local, "dio codazos y patadas" (165). Se siente derrotado y humillado, pero nada avergonzado. Reconoce que "había sido derrotado por la estupidez, la cobardía colectiva, la fuerza bruta" (165). Entra en un bar y "allí pidió un ron doble y se lo bebió de un trago" (165).

En la segunda edición, Silvano también se muestra más valiente frente al nicaragüense Paragüitas, el dirigente casi legendario de la huelga. En la primera edición, Silvano no puede borrar a través de toda la novela la imagen de los pies inmóviles de Paragüitas cuando el tío Héctor le disparó con la metralleta llevada por Silvano desde San José. Ese primer capítulo termina de un modo muy dramático:

> Los dos zapatones no se movieron ni una sola pulgada, ni una sola línea. Cuajados en piedra quedaron como adheridos profundamente al suelo de tablas carcomidas por el comején. No podría Silvano asegurar que no hubiera gritado, que no hubiera implorado clemencia; pero sí estaba seguro de que los dos zapatones de Paragüitas se habían quedado absolutamente inmóviles.
> Alrededor comenzaron a llover los cascarones de los tiros [33].

En la segunda edición, es un rifle que Silvano lleva a su tío; éste dispara con una pistola, y Silvano parece más obsesionado por los ojos que por los pies de Paragüitas. Además, los ojos no constituyen un motivo recurrente tan recalcado como los pies de la primera edición. En el único encuentro directo entre Silvano y Paragüitas, en la edición de 1968, Silvano se ve mucho menos tímido. En las dos ediciones, Silvano llega a la casa del negro Tom Winkelman para darle la noticia de que su hermana Azucena, que trabaja de cocinera para los Rojas, tiene lepra. Paragüitas se asoma y luego aparece Trino, otro dirigente de la huelga. En la primera edición, Paragüitas rebaja a Silvano con el diminutivo "sobrinillo" y con la alusión a la escena de la pulpería. En cambio, en la segunda edición, aunque Paragüitas todavía se refiere a Silvano con cierta ironía, está más dispuesto a aceptarlo como un prójimo individualizado:

>—¿Te acordás de éste, el sobrinillo de Héctor Rojas? ¡Cómo no te vas a acordar! —(Trino luchaba contra la silueta a contraluz de Silvano)—. Este muchacho le trajo a Siquirres ese fusil ametralladora, con el que nos metieron aquel susto en la pulpería [1950, 201].
>
>—Trino, ¿vos te acordás del sobrino de don Héctor Rojas? [1968, 213].

En la primera edición, el narrador dice que Silvano "se sentía azorado en medio de esa gente. Entonces habló en forma apresurada, con incoherencias" (202) sobre la lepra de Azucena. Al eliminarse estas palabras en la segunda edición, se mantiene el nuevo carácter menos tímido de Silvano. En la nueva edición también se prolonga más el diálogo entre Paragüitas y Silvano, sin que éste se deje amedrentar por el nica:

>—¿Y qué opinión tiene?
>—¿Le interesa la mía o la de mi tío? —la voz le sonó más agresiva de lo que hubiera querido [213].

Sin embargo, mientras más comprometedor se vuelve el diálogo, más se da cuenta Silvano de que era un "sánguche" y vuelve a sentirse preso de la inseguridad:

>Así era. Un sánguche. Estaba en la tierra de nadie y los disparos de los dos lados le pasaban zumbando junto a los oídos. Una mierda, pero así era. La ilusión que albergó, por unos instantes, de saltarse la valla, ahora caía cenicienta, marchita [...] ¿Y ser libre, no era acaso también un espejismo? Tal vez ya estaba escrito que se iría a la finca, que sería finquero, que viviría esa vida que él no quería vivir [223].

No cabe duda de que los cambios de caracterización en las dos ediciones se ven más en el protagonista Silvano. Sin embargo, Gutiérrez también introdujo alguno que otro cambio en los demás personajes. Ya se ha señalado que Diana resulta más enamorada de Silvano y que Héctor es más flexible en su actitud hacia su sobrino y que también está más dispuesto a transigir con los peones huelguistas de la United Fruit. De Elvira, la esposa de Héctor, se agregan los datos siguientes, que ayudan a explicar su vulgaridad: "Hija de un viejo empleado de la Aduana, Elvira Soto era de extracción social más modesta que los Rojas. Toda su vida había pasado en Limón; a la escuela no había asistido y se había casado a los quince años, después de un noviazgo vertiginoso, que dio ocasión a interminables habladurías" (90). También se agregan unos datos sobre los antecedentes de Tom Winkelman y su hermana Azucena: "Cuarenta años atrás habían llegado con su padre desde Jamaica a trabajar en el ferrocarril. Entonces él tenía fuerzas suficientes para jugar un partido de beisbol después de haber paleado diez horas" (216). En la segunda edición, se nos informa que llaman chumecas a los negros por venir de Jamaica (173).

Además de los cambios de caracterización, la segunda edición también se distingue por una variedad de cambios respecto a la huelga. Más que nada, hay mayor especificidad histórica. Compárense las dos versiones de la misma oración siguiente:

> Nada parecía indicar que las peonadas estuvieran en huelga, que chisporrotearan innumerables violencias por ambas partes, que se librara una sorda guerra a muerte en aquel verde imperio maligno del banano [1950, 24].

> Nada alrededor parecía indicar que doce mil peones de las bananeras estuvieran en huelga, en la huelga más importante librada nunca en la historia de los países del Caribe contra la todo poderosa United Fruit Co.[5] [1968, 33].

En la reunión del jefe del Comité Nacional de la Huelga con el presidente de la República, éste se identifica más explícitamente en la edición de 1968. Aunque la edad, la experiencia y la personalidad del presidente en la primera edición lo identifican como Ricardo Jiménez Oreamuno (1932-1936), en la de 1968, el jefe de la huelga lo llama "don Ricardo" (118).

Mientras el capítulo XVI de la primera edición se concentra en el estado neurasténico de Silvano y la pesca del pulpo en el muelle, con énfasis, en el motivo recurrente de los ojos, el capítulo XIV de la segunda edición, que es el correspondiente, contiene todo eso, pero con más datos históricos sobre la huelga y un intento de influir más directamente en los lectores a favor de los peones:

---

[5] Gutiérrez parece hacer caso omiso de la huelga de 1928 en la costa norte de Colombia, huelga inmortalizada por García Márquez en *Cien años de soledad* y por otros varios autores colombianos, incluso Álvaro Cepeda Samudio en *La casa grande*.

Millares de hombres palúdicos, hambreados, andrajosos, se mueven como sombras por las inmensidades lodosas de los bananales [...] Contingentes de rompehuelgas llegan traídos desde Puntarenas y Guanacaste. Piquetes de policía peinan la región en busca de los dirigentes y encarcelan a veintenas de trabajadores [...] un violento temporal azota toda la región [...] El Ministro de Gobernación fue enviado por el Presidente de la República a recorrer los campamentos [...] [los peones] rechazan las mejoras ofrecidas por el Ministro y confirman sus exigencias [...] Fracasado este recurso y ante las nuevas presiones de la compañía, el Presidente finalmente cede y recurre al uso de la fuerza. Centenares de policías invaden la zona [...] Centenares de trabajadores nicaragüenses son expulsados del país [258, 259, 261, 262].

Aunque en las dos ediciones Héctor Rojas se burla de la exigencia, por parte de los peones, de suero antiofídico, recordando cómo su padre se curó él solo cuando una víbora le picó, en la de 1968 sí "estaba de acuerdo, que era injusto que la United les pagara con vales" (67).

Cuando se anuncia el fin de la huelga, en la edición de 1968 se reconoce el papel decisivo del presidente: "Cuando vio la inutilidad de la violencia, el Presidente resolvió finalmente buscar con energía una solución" (315). El arreglo consta de cuatro concesiones de parte de la United Fruit Co.: "La Compañía aceptó reducir las jornadas de trabajo, subir los salarios, abandonar el pago con fichas y establecer dispensarios en la zona" (315). En cambio, en la edición de 1950 sólo se mencionan las dos últimas concesiones (294). La edición de 1968 también refuerza la afiliación de Paragüitas con el Partido Comunista. En las dos ediciones, terminada la huelga, hay un diálogo gracioso entre Trino y Paragüitas a base de células y cédulas, pero en la de 1968 también aparece la afiliación política de Paragüitas en la escena con Tom Winkelman. El nicaragüense critica al negro por haber llevado en motocar a Héctor Rojas y a Silvano a Limón; Tom despista a los policías pretendiendo estar borracho y tambaleándose abrazado a Paragüitas; pero en la edición de 1968 se agregan dos páginas en las que Paragüitas trata de concientizar al negro. Lo critica por su falta de "conciencia de clase" (134) y trata en vano de convencerlo de que es uno de millones de trabajadores que sufren, mientras unos pocos accionistas de Wall Street "se ganan montañas de dólares sin hacer nada, calentándose el culo en unos grandes sillones y tomando tragos" (135). Tom dice que entiende, pero que no puede colaborar en la huelga: "—Sí, mí entender, pero Tom trabajar sólo en el motocar. Tom trabajar y la Compañía pagar los sábados. Y Tom querer ayudar huelga, pero no poder. Tom querer que vos gane, pero no poder hacer nada" (135).

Tanto la mayor afirmación ideológica de Paragüitas como el mayor énfasis en el motivo recurrente de los ojos en vez de los pies se anticipan con la autobiografía poética, que remplazó en la edición de 1968 al prólogo de Mariano Latorre. Titulada "Mirando y mirando", el hablante narra, en tono nerudiano, los sucesos más importantes de su vida, desde su nacimiento hasta los viajes internacionales e intercontinentales y terminando con la visión retrospectiva nostálgica. El asesinato de Sandino lo sacó de su felicidad juvenil. Al tomar conciencia de la situación, entró en el Partido Comunista:

> Y así llegó el día del descubrimiento,
> un folleto chico, hojeado y mugriento:
> "Recorre un fantasma el mundo" decía
> (yo miré hacia atrás por ver si venía)
> y desde aquel día
> voy con el fantasma seguro y contento [14].

De adolescente rompió con Dios y desde entonces su único Señor es "don Pueblo", identificándose con los obreros de todo el mundo:

> Y así he caminado por el ancho mundo
> mirando y mirando,
> un ojo entornado y el otro entornando.
> Con ambos he visto a Pedro el Herrero,
> a Juan Pescador y a Luis Sabanero,
> a María que lava la camisa ajena
> y a Pablo que labra la tierra de otro
> creyéndola buena [16].

Esa expresión de solidaridad con los obreros de todo el mundo bien puede explicarse por el ambiente político de 1968, en contraste con el de 1950. Mientras la primera edición se publicó en 1950, en pleno ambiente anticomunista, la de 1968 coincide con el movimiento estudiantil internacional. También podrían atribuirse al ambiente político de 1968 los cambios estructurales y estilísticos que mejoraron la novela. En general, se puede decir que en la edición de 1968 se eliminaron los elementos artificiosos, para entregar más directamente la visión de la realidad sociológica de los personajes y la realidad sociopolítica de la huelga. La primera edición está dividida en cinco partes, tituladas: "El juego y su sombra", "Los guerreros", "Rosa simple", "Madre violencia" y "Los ríos y sus muertos", y veinticuatro capítulos. En la de 1968, esos títulos están suprimidos, seguramente por parecerle al autor demasiado melodramáticos, y más o menos el mismo material de la novela está distribuido en veintiún capítulos. También gana la novela con la supresión de la fecha, tan obviamente simbólica —el 24 de diciembre—, en que Silvano logra escapar de Puerto Limón, independizándose de su tío para una especie de nuevo nacimiento.

Mientras en la primera edición muchos de los capítulos están estructurados a base de la técnica de contrapunto, en la de 1968 hay mayor concentración. Por ejemplo, el capítulo VI de la edición de 1968 consta de cuatro escenas, que presentan distintos aspectos de la huelga: la entrevista entre el presidente y el dirigente de la huelga; la reunión de los bananeros nacionales convocada por Mr. Maker[6] de la United Fruit, en su casa; la muerte del hermano del dirigente Trino y su evocación de la vida sencilla en Cot, y la llegada de Paragüitas, en tren, a Limón y su encuentro con Tom Winkelman. En cambio, el capítulo VII de la primera edición consta sólo del traslado de Paragüitas a Limón y su encuentro con Tom y la muerte del hermano de Trino, intercalándose una escena en que Diana y su novio Beto Cortés presencian el bochinche callejero. La reunión de los bananeros nacionales con la United Fruit no ocurre hasta el capítulo IX, y la entrevista entre el presidente y el jefe de la huelga no ocurre hasta el capítulo XII.

El traslado de la pesadilla del circo con las dos hachas desde el comienzo del capítulo tercero (1950) hasta el capítulo noveno (1968) logra relacionarla más lógicamente con las várices de Azucena, la fascinación de Tom por el salto en bicicleta, narrado por Silvano, y el recuerdo de éste de cómo Diana le anunció que ya tenía leche en los pechos.

La edición de 1968 también supera a la de 1950 por los cambios en las proporciones de descripción, narración y diálogo. En general, hay menos descripción y más diálogo, lo que permite que los personajes cobren más vida. Por ejemplo, en la primera edición no hay más que dos páginas dedicadas al encuentro de Silvano con el chileno Tapón en el muelle (130-132), mientras que en la segunda hay más de siete (145-153), en que predomina el diálogo más salpicado de chilenismos ("mampato", "cabrito",

---

[6] ¿Provendrá el nombre de George Maker Thompson de *El papa verde*, de Miguel Ángel Asturias?

"chuleo", "un buen gallo"), y Tapón revela más antecedentes de su vida —había sido miembro de la IWW— y de su personalidad.

De la misma manera, en el breve encuentro de Silvano con la mulata, por el río, la visión de 1968 cobra más vida por la intercalación de los comentarios de la mulata y por la descripción menos sensual y menos voraginesca:

> Frente a los ojos de Silvano las dos recias piernas, las rodillas con hoyuelos, la enagua mojada a trechos y adherida a la carne, y el río bramando por entre sus pantorrillas, lechoso y oscuro.
> Estaban tan cerca que se puso de pie.
> Ella se aproximó y se le quedó mirando con una sonrisa casi tierna, casi pícara.
> Silvano tomó su valija y el paquete con el arma y comenzó a retroceder: dio vuelta a la espalda y apuró el paso. Desde lejos podía divisar el burrocar ya listo. Caminó más de prisa. Cuando volvió a mirar la mujer ya se había marchado [1950, 23].

> Por entre las piernas de la mujer él vio el río corriendo turbulento y oscuro. Se puso de pie y quedaron frente a frente, casi tocándose. La mujer olía a cacao secándose al sol.
> —¿Te enojaste por algo? —dijo ella pasándose la lengua por los labios—. Achará, tan lindo el chiquillo y tan enojón.
> Él recogió sus bultos y comenzó a alejarse.
> —No te vayás, ¿qué apuro tenés?
> Siguió lo más rápido que le daban las piernas y cuando al fin se volvió a mirar, la mujer ya no estaba [1968, 32].

En la edición de 1968 también se ha eliminado, felizmente, alguno que otro trozo en que el narrador interrumpe la acción con comentarios medio filosóficos. Por ejemplo, cuando Diana entra en la casa, a comienzos del capítulo VIII (1950), el narrador comenta:

> Diana tiene los deliciosos años en que la vida aún se desconoce a sí misma; años en que el dolor aún no proyecta sombra sino que se recorta iluminado por todos lados como la víscera en la mesa de operaciones, años en que los besos aún saben a leche y a saliva; en que la muerte debe adquirir corporeidad para poder representársela; en que una pasión es un nuevo juguete, y un cariño es un capricho, cuando más [112].

Aunque casi todos los cambios hechos por Joaquín Gutiérrez en la segunda edición sirven para mejorar la novela, hay unos cuantos que parecen gratuitos. Por ejemplo, el nombre de la esposa de Héctor Rojas se cambia de Elvira Morales (1950) a Elvira Soto (1968). La tía Pacífica, con quien se crió Silvano, se convierte en la tía Palmira, y su criada Mireya se transforma en Ramona. Mientras Tom les cobra cinco pesos por persona a Héctor y a Silvano, por el viaje en motocar (1950, 65), Héctor no le ofrece más que dos por cada uno en la edición de 1968 (77).

No obstante estos pequeños detalles, la segunda edición representa una clara superación. Si *Cien años de soledad* y las otras novelas del *boom* han opacado las novelas criollistas, la obra maestra de García Márquez ha despertado mayor interés en las otras obras colombianas que tratan la huelga de 1928, como *La casa grande,* de Álvaro Cepeda Samudio. ¿Será posible que ese interés en el tema bananero, reforzado por el interés actual en los sucesos relacionados con el gobierno sandinista de Nicaragua, atraiga más lectores a *Puerto Limón,* que, por sus méritos intrínsecos, debería figurar, si no entre las mejores novelas hispanoamericanas, sí entre aquellas de mediados del siglo, como *Hijo de ladrón,* de Manuel Rojas, y *Los ríos profundos,* de José María Arguedas, que, sin repudiar el criollismo, lo ampliaron para dar mayor profundidad psicológica, por lo menos al protagonista?

OBRAS CONSULTADAS

Bonilla, Abelardo, *Historia y antología de la literatura costarricense,* San José: Editorial Universitaria, 1957, 1961.

Gutiérrez, Joaquín, *Puerto Limón,* Santiago de Chile: Nascimento, 1950; 2ª ed., San José: Editorial Costa Rica, 1968.

Menton, Seymour, *El cuento costarricense. Estudio, antología y bibliografía,* México: Ediciones de Andrea y University of Kansas Press, 1964.

Rodríguez Vega, Eugenio, *Los días de don Ricardo Jiménez,* San José: Editorial Costa Rica, 1971.

VIII. Panamá

LA BÚSQUEDA DE LA IDENTIDAD NACIONAL EN EL CUENTO PANAMEÑO

EN JULIO DE 1999 se celebró en Panamá el primer congreso internacional de literatura panameña con motivo de la próxima entrega final del canal. Entre las conferencias y ponencias presentadas se comentó la obra de tres narradores panameños que en la última década del siglo veinte publicaron colecciones de cuentos integrados:[1] *Las huellas de mis pasos* (1993), de Pedro Rivera; *"Semana de la mujer" y otras calamidades* (1995) y *¿Quién inventó el mambo?* (1986), de Rosa María Britton, y *Cartas apócrifas* (1997), de Gloria Guardia. Los cuatro tomos, además de ser cuentos integrados, reflejan las dos vertientes de la narrativa panameña: la nacional y la cosmopolita.

Según Raymond Leslie Williams en su libro *The Modern Latin American Novel*, publicado en 1998, "el tradicionalismo y el nacionalismo en la cultura y en la política pertenecen al pasado porque la actitud de los novelistas latinoamericanos es posnacionalista" (160). Así es que, de cierto modo, hablar hoy de la búsqueda de la identidad nacional es hablar de una cuestión anacrónica. Sin embargo, el caso de Panamá es doblemente único. Por una parte, hay que reconocer que tal vez el primer tomo de cuentos que intenta captar la totalidad de la nación panameña sea *Las huellas de mis pasos*, de Pedro Rivera, que data de 1993, unos setenta años

---

[1] Por "cuentos integrados" entiendo un tomo de cuentos entrelazados por un solo espacio o por un solo protagonista o varios protagonistas con rasgos semejantes, con el fin consciente de parte del autor de crear un conjunto unido. En cuanto a los cuentos integrados espacialmente, hay que pensar en *Sub terra* (1904), de Baldomero Lillo; en *Dubliners* (1914), de James Joyce; en *Winesburg, Ohio* (1919), de Sherwood Anderson, y en *La ciudad junto al río inmóvil* (1936), de Eduardo Mallea. En cuanto a los cuentos integrados por el mismo protagonista o por varios protagonistas semejantes, sírvanse de ejemplos los tomos de Pedro Rivera, de Gloria Guardia y de Rosa María Britton. Aunque las fronteras entre cuentos integrados y cuentos sueltos pueden a veces disputarse, igual que algunas fronteras nacionales, me parece que los tomos de cuentos de Quiroga, Borges, Cortázar y Rulfo no son cuentos integrados porque a pesar de que compartan una sola visión de mundo y ciertos rasgos estilísticos, no constituyen un tomo unido e indivisible.
Incluso, en el caso de Cortázar, se han publicado los cuentos en distintas combinaciones.

después de que Diego Rivera se esforzara por captar la totalidad de la nueva nación mexicana, la posrevolucionaria, en una serie de frescos y casi setenta años después de que Rómulo Gallegos emprendió su proyecto novelístico de captar la totalidad de la nación venezolana. En el transcurso de esta conferencia propondré una teoría para explicar este aparente atraso. Por otra parte, propondré la teoría de que la identidad nacional de Panamá, a diferencia de la de los otros países latinoamericanos, no se limita a una síntesis geográfica, étnica e histórica. Un estudio tanto de las varias antologías del cuento panameño como de los tomos individuales de los tres cuentistas revela que la identidad nacional de Panamá se distingue precisamente por su fuerte carácter internacional o cosmopolita.

Pese a su aparición tardía, me parece que *Las huellas de mis pasos,* premio de cuento Ricardo Miró para 1993, de Pedro Rivera, merece uno de los curules panameños en el Congreso de la Narrativa Nacional Latinoamericana. También hay que destacar que los primeros diecisiete relatos están tan estrechamente relacionados que si estuvieran publicados como un solo tomo sería difícil decidir si deberían llamarse cuentos integrados o una novela corta. El narrador recuerda su niñez en una casa de madera en el barrio pobre de El Chorrillo en la ciudad de Panamá. La época es el fin de la segunda Guerra Mundial, 1945-1946, cuando él tenía seis años. En el segundo relato y en el tercero se dan los antecedentes de sus papás, que representan el crisol étnico y geográfico del país. Su mamá era del campo, "ni negra negra, ni india india, dejaba presentir por algún lado al bisabuelo chino y por el otro a la bisabuela blanca" (16). En cambio, el narrador nunca menciona los orígenes raciales de su padre, a pesar de que lo describe con bastantes detalles físicos y enumera sus oficios. Su papá era cubano y llegó a El Chorrillo a los cuarenta y tantos años después de recorrer "países, oficios y mujeres" (14). El narrador lo presenta como un tipo admirable: muy trabajador y políticamente correcto: "quemó cañaverales en tiempos de Menocal. Escupía con cara de asco cuando hablaba de Machado" (14). Su trabajo en Colombia indica el carácter anticlerical del narrador: "reparó el mecanismo eléctrico de un santo que sudaba aceite" (14). Para subrayar el ingrediente internacional de la etnia panameña, el narrador lo identifica con las transformaciones internacionales tanto tecnológicas como políticas de la primera mitad del siglo XX: desde "la carreta de bueyes [...] a las naves espaciales. De la lámpara de querosín [...] a la televisión [...] la independencia de Cuba [...] la revolución mexicana, la revolución soviética [...] Hitler, dos guerras mundiales" (12).

A pesar de la búsqueda nada disimulada de la identidad nacional en los tres primeros relatos, en éstos y en los demás predominan las condiciones de vida en El Chorrillo presentadas con toda su fealdad. El ambiente es, en las palabras de Oscar Lewis, la cultura de la pobreza, sin que los ojos del niño lo vean así. En la casa, las varias familias llevan una vida comunitaria. Los baños se comparten entre todos: pescadores, trabajadores en la Zona, prostitutas, mariguaneros, niñas precoces y, sobre todo, niños. El narrador tiene varios hermanos; pelea, aguanta remedios caseros y se escapa encuerado de la casa para vagar por el malecón, atraído por los pescadores y el horizonte lejano, con su valor simbólico. Los soldados gringos están presentes en las cantinas y en la calle, donde insultan a las adolescentes panameñas. El cuento donde se siente más el antagonismo hacia las tropas norteamericanas se llama "Oquei". Éste es el apodo de un policía panameño que sirve de guía a los MP *(military police)* encargados de poner fin a las trifulcas de cantina. El habla de Oquei se salpica de anglicismos como "foquing", "tequirisi" y "sanamabich". Oquei pierde su trabajo por haber golpeado demasiado a un soldado gringo borracho y violento. Además de la casa en El Chorrillo, la ciudad de Panamá en 1945 se define con la chiva y las alusiones a la Avenida Central, al parque de Santa Ana, a la Catedral y a las Bóvedas.

La otra mitad de la nación, o sea el campo, aparece en los cuatro últimos cuentos de *Las huellas de mis pasos*. El narrador recuerda su primera visita a la casa de la abuela en el campo y el asombro que sintió ante la naturaleza. Acostado de noche en la pradera, contemplaba el cielo lleno de estrellas y cocuyos, con su "primera sensación de infinito [...] Era yo y el universo" (58). La presencia anterior de la palabra "horizonte" (57) en la descripción recuerda al lector la fascinación del niño con el mar. Las impresiones idílicas del niño se captan en estos relatos con un estilo mucho más poético que el que se utiliza para captar la vida en El Chorrillo.

Aunque la casa de la abuela se encuentra cerca de la población de El Bejuco, no se insiste nada en su ubicación geográfica. Lo importante es que sea el campo en contraste con el barrio pobre de la ciudad. Pues bien, además de ese contraste geográfico y además de los antecedentes raciales del protagonista, lo que confirma la búsqueda de la identidad nacional en un solo tomo es la segunda parte del libro titulada "Las huellas iniciales", que consta de cinco relatos históricos bastante más largos que los del pasado inmediato de 1945-1946. El uso de la palabra "huellas" en el título sirve para establecer un paralelismo entre la niñez del narrador y la niñez de la nación. Rivera capta acertadamente el descubrimiento de Panamá, narrado en primera persona por el mismo "Almirante de los tormentos", es decir, Cristóbal Colón, en su cuarto viaje. El segundo relato histórico, narrado en tercera persona, mitifica al señor de Urracá,[2] héroe invicto, quien recuerda la llegada de Colón, cuando era niño. Dieciocho años después Urracá se ha convertido en el primer héroe nacional peleando contra Gaspar de Espinosa, Pedrarias Dávila, Pizarro, Hernán De Soto, Hernán Ponce de León y otros. En el tercer relato, el narrador anónimo se dirige a los espectadores/lectores con la forma de vosotros: "Esta que veis, de levante a poniente, es la ciudad de Nuestra Señora de Asunción de Panamá" (105), fundada en 1519 por Pedro Arias de Ávila. El narrador, que parece ser contemporáneo de éste, comienza por describir todos los rasgos negativos del sitio donde Pedrarias decidió fundar la ciudad: calor, moscas, mosquitos, humedad e insuficiente marea para permitir que atraquen las naves. Lamenta el traslado de la ciudad de Darién a Panamá, aunque reconoce la gran fertilidad de ésta. En efecto, "tanta es la fertilidad que a un borracho que se quedó dormido tres días en la Plaza de la Catedral le empezó a crecer hierba en la mugre de las uñas" (108). En la segunda parte de este relato se insiste en la tremenda crueldad de Pedrarias Dávila, llamado el Decapitador por haber decapitado a su propio yerno Vasco Núñez de Balboa. Sin embargo, entre las varias voces anónimas de los españoles que frecuentan la taberna, algunas lo defienden.

Si el tercero de los relatos históricos se concentra en los conquistadores, tanto los jefes como los soldados, el cuarto entrega una visión panorámica de los distintos grupos indígenas, con énfasis en la geografía y la antropología. Para completar la síntesis racial, el último relato de la colección se llama "Cimarrones" y se concentra en un solo episodio: el escape de unos esclavos negros que estaban atravesando el istmo cargando mercancías del Perú.

Por interesante que sea cada uno de los relatos del tomo entero, lo que más llama la atención en cuanto a la búsqueda de la identidad nacional es la ausencia de episodios y personajes históricos posteriores a 1539. Para explicar este fenómeno, quisiera acudir una vez más a mi método de comparar un país con otro para hacer perfilar más claramente las particularidades de cada uno. Aunque la búsqueda de la identidad nacional está ligada a la modalidad criollista que predomina entre 1915 y 1945, esa bús-

---

[2] Urracá es el protagonista de la novela *El guerrero*, de Acracia Sarasquete de Smyth, Panamá: Imprenta Nacional, 1962. La novela ganó el tercer premio del concurso Ricardo Miró para 1961.

queda también puede surgir fuera de época en ciertos países convulsionados por un suceso que provoca un gran sentimiento patriótico (uso la palabra sin ninguna connotación negativa).

Examinemos el caso de Cuba. En la época criollista, es decir, antes de la Revolución, el único intento cubano de captar la totalidad nacional fue la poco conocida novela malograda *Ciénaga* (1937), de Luis Felipe Rodríguez. Con la Revolución cubana de 1959, semejante a lo que pasó con la Revolución mexicana de 1910 y con la de los sandinistas en Nicaragua en 1979, se fomentó mucho la creación de una conciencia nacional. Paradójicamente, el primer novelista que intentó una síntesis de la nación cubana fue uno de los primeros en exiliarse, Severo Sarduy. En 1963 publicó la novela *Gestos,* que sigue siendo la mejor epopeya de la Revolución. Cuatro años después publicó *De donde son los cantantes* (1967), síntesis altamente experimental de la historia, la geografía y las etnias cubanas. La obertura hasta se llama "Curriculum cubense". El año siguiente salió premiada por Casa de las Américas *Los niños se despiden,* del poeta Pablo Armando Fernández, que también intenta captar de un modo experimental, pero muy distinto, una visión total de la nación cubana. Para descubrir los orígenes se remonta a las raíces africanas, indígenas y hasta bíblicas. Además se alude específicamente a las dos guerras de independencia, la de 1868-1878 y la de 1895-1898, y a la huelga contra el dictador Gerardo Machado. Se subraya la influencia cultural de los Estados Unidos antes de 1959 y Fidel aparece sentado en un caballo blanco. Otro intento novelesco de captar la totalidad de la nación cubana fue llevado a cabo por Lisandro Otero, pero de una manera mucho más mimética, realista en una trilogía publicada a través de un periodo de veintisiete años: *La situación* en 1963, *En ciudad semejante* en 1970 y *Árbol de la vida* en 1990. Además de estas novelas, el más famoso de todos los exiliados, Guillermo Cabrera Infante, captó la esencia total de Cuba en *Vista del amanecer en el trópico* (1974),[3] colección de ochenta y dos relatos o viñetas, muchos de ellos basados en grabados y fotos. Todos los breves relatos se presentan en orden cronológico desde la Conquista hasta la guerra de guerrillas dirigida por Fidel con la colaboración de Che Guevara.

Aunque no triunfó la revolución en El Salvador, el movimiento guerrillero de los años sesenta y setenta también engendró, anacrónicamente en términos literarios, un tomo basado en un *collage* que intenta captar la

---

[3] El mismo título que se le dio originalmente a *Tres tristes tigres.*

totalidad nacional. Se trata de *Las historias prohibidas del Pulgarcito* (1974), del poeta guerrillero Roque Dalton, acusado de traición y ejecutado en mayo de 1975 por su propia banda revolucionaria. Igual que *Vista del amanecer en el trópico,* de la misma fecha, este tomo interpreta la historia nacional desde la conquista de Cuzcatlán por Pedro de Alvarado hasta la intervención mal disimulada de la CIA en la época de las guerras de liberación nacional. Una de las técnicas predilectas de Dalton es el contrapunto o fusión de pasado y presente con alusiones a héroes y antihéroes salvadoreños y otros centroamericanos de distintas épocas.

Por ser una colección de cuentos que también aspira a ser un panorama nacional, *Las huellas de mis pasos* se presta para una comparación con sus congéneres de Cuba y de El Salvador. Rivera comparte con Dalton y con Cabrera Infante el afán de despertar la conciencia nacional, inspirado en un momento clave: la invasión del 19 de diciembre de 1989 llevada a cabo por los Estados Unidos para capturar al dictador Manuel Noriega. Rivera efectivamente colaboró con Fernando Martínez para lanzar *El libro de la invasión,* crónica testimonial publicada por el Fondo de Cultura Económica en México con un prólogo de Elena Poniatowska. Según ésta, "la construcción del canal fue la destrucción de su identidad. El canal dividió a los panameños" (8). En ese sentido, la recuperación actual del canal representa la recuperación de la soberanía y, por eso, el momento para celebrar la identidad nacional. Sin embargo, Rivera no encuentra otros momentos históricos ni otros héroes dignos de rescatarse en *Las huellas de mis pasos.*

Igual que *Las huellas de mis pasos,* *¿Quién inventó el mambo?*, tomo de ocho cuentos integrados, está estructurado a base de una casa de departamentos que desmiente su nombre elegante, "La Alhambra". Predomina cierto tono nostálgico porque la casa está abandonada y se va a convertir en una colchonería. El hecho de que el/la protagonista de cada cuento sea el inquilino de su propio departamento refleja el nivel socioeconómico más alto que en *Las huellas de mis pasos,* donde la vivienda en El Chorrillo es más comunitaria y todo gira alrededor del narrador protagonista.

Cada uno de los ocho cuentos de Britton lleva como título el número de un apartamento y un subtítulo que identifica al inquilino por su trabajo ("El diputado" [en realidad, su mantenida], "La Cruz del Sur" [marino], "¿Quién inventó el mambo?" [el pianista], "Coqueta rima con alcahueta") o con su religión o su salud ("La Rosacruz", "La tuberculosa"). Mientras *Las huellas de mis pasos* es una colección de cuentos de espacio, o sea que la creación del ambiente de El Chorrillo predomina sobre la trama y la caracterización, en ¿*Quién inventó el mambo?* son más bien cuentos de personajes. Entre ellos se destacan "El diputado" y "La tuberculosa". El primero es un retrato biográfico que incluye la campaña electoral en los pueblos, la vida aburrida con su esposa y sus hijos y una serie de amantes, una de las cuales vive mantenida en el apartamento cuatro, hasta que una vecina envidiosa asusta al diputado con un fantasma grande. El retrato de "La tuberculosa", en cambio, está limitado a su actuación dentro del apartamento cinco. Es una persona amargada y perversa que saborea los caramelos y luego los envuelve y los deja en el patio para contagiar a los niños. Sin embargo, ni a este cuento ni a los otros se les podría tildar de trágicos o de protesta social. Hasta en "La Cruz del Sur", el tono predominante es humorístico y la crítica de los gringos no es tan fuerte como en *Las huellas de mis pasos*. Se trata de un marino que viaja por todo el mundo y regresa cada vez con regalos exóticos para sus dos sobrinas, incluso un pájaro capaz de hablar en siete idiomas y un pingüino de las Galápagos que no aguanta el calor de Panamá. Los gringos de la Zona resuelven el problema con su acostumbrada eficacia mandando un camión blindado lleno de hielo para devolver el pingüino a las Galápagos, lo que provoca la crítica de los gringos por los comunistas del apartamento ocho: "Los comunistas del ocho comentaron con sorna que así como se ocupaban de los animales, los gringos deberían cuidar a los pobres negros de ese país, doblegados y oprimidos por la discriminación racial" (55). La crítica habría tenido mayor impacto si no se hiciera hincapié en el hecho de que proviniera de los comunistas. La variedad de retratos constituye un retrato totalizante de la casa de apartamentos, pero, como cuentos, no hay suficiente tensión en cada uno y les falta dramatismo a los desenlaces.

Mejor logrados son los cuentos de *"Semana de la mujer" y otras calamidades* (1995), también de Britton, que por sus protagonistas femeninas se presta para una comparación con *Cartas apócrifas*. En cada uno de los once cuentos se alude al cursillo "Semana de la mujer", cuya meta es concientizar a las mujeres, en gran parte secretarias. Predominan los problemas matrimoniales, pero el feminismo no se presenta como la solución, más bien se burla de él. En el último cuento, titulado simbólicamente "Después del arco iris", una feminista profesional se da cuenta del fracaso de su propia vida: divorciada, abandonada por un amante y con un hijo drogadicto en el hospital. Sin embargo, ella no puede renegar públicamente del fracaso de su doctrina feminista y sigue dando el mismo discurso. No obstante el tono burlesco de algunos de los cuentos, el conjunto ofrece un panorama de las calamidades que asedian a las mujeres: el marido que todo lo controla, el marido infiel, los celos, el amante casado, el aborto, un tumor en el seno con un marido comprensivo, la mujer divorciada con niños que pesca hombres en el bar, la obsesión con la belleza del cuerpo que no impide que fracasen dos matrimonios y la gorda soltera que seduce a un hombre, quien la mañana siguiente se escapa.

"Semana de la mujer" y otras calamidades, de Rosa María Britton, y *Cartas apócrifas,* de Gloria Guardia, se parecen por ser dos versiones del feminismo: la primera, panameña, y la segunda, cosmopolita. Aunque Gloria Guardia todavía no figura en ninguna de las antologías del cuento panameño o del cuento centroamericano que he consultado, su ausencia no se debe a la calidad de su obra sino a su "estreno" cuentístico relativamente reciente. Su primer cuento, "Otra vez Bach", se publicó en 1975, pero *Cartas apócrifas,* su primera colección, no se publicó hasta 1997. En efecto, es buen ejemplo del carácter cosmopolita e internacional de algunos de los cuentistas panameños más sobresalientes a través de distintas generaciones: Rogelio Sinán (1904-1994), Enrique Jaramillo Levi (1944) y Claudio de Castro (1957).

Cartas apócrifas consta de seis cartas apócrifas escritas por seis mujeres de una variedad de países: santa Teresa de Jesús de España, Virginia Woolf de Inglaterra, Teresa de la Parra de Venezuela, Gabriela Mistral de Chile, Simone Weil de Francia y Tania von Blixen de Dinamarca. Las seis cartas captan con buen lenguaje apropiado los problemas sentimentales y/o místicos[4] de cada protagonista, a la vez que comenta los sucesos internacionales que les toca experimentar.

En "Andariega de amor", santa Teresa escribe en 1554 una carta a su confesor jesuita. Con el lenguaje del siglo XVI, la carta revela la preocupación de la monja por la sensualidad de su amor por Dios y por Jesús. A través de sus escasas doce páginas, la emoción va creciendo. Al citar la frase "bésame con el beso de su boca"[5] de las Escrituras, santa Teresa insiste en "que es menester no confundir nunca lo humano con lo divino" (31) y señala la importancia que ella dio en "trabajar en la limpieza de las

---

[4] Utilizo la palabra "místico" tanto en su sentido muy específico para santa Teresa de Jesús como en su sentido más amplio de espiritual para Simone Weil, Tania von Blixen y Gabriela Mistral.

[5] Gloria Guardia, *Cartas apócrifas,* Bogotá: Instituto Distrital de Cultura y Turismo, 1997, p. 30.

moradas de mi castillo interior" (34). Para ubicar el tema místico en su momento histórico, la carta alude a la muerte de la reina Juana [la Loca], madre del emperador Carlos V, y también a la muerte de su esposa, la emperatriz Isabel.

Las otras cinco cartas pertenecen al siglo XX, pero el tema místico persiste en dos de ellas. "Peregrina de la trascendencia" traza la casi[6] conversión al catolicismo de Simone Weil (1909-1943), periodista judía, anarquista y trotskista que peleó en la Guerra Civil española. Tiene que salir de Francia en 1942 y quiere entrar en la resistencia de De Gaulle. La carta, escrita a bordo de un barco, va dirigida a su amigo Thibón, en cuya casa pasó varios días. Los dos se sienten atraídos a Cristo por haber fundado éste "la religión de los esclavos y, por eso, la de los más pobres" (127). Mientras Thibón reconoce la espiritualidad de los que "labran la tierra diariamente" (119), Simone Weil afirma su "amor por los más necesitados [...] En el drama de los obreros de la fábrica Renault" (121). A pesar de sus posibles diferencias políticas (Thibón podría ser acusado injustamente de colaboracionista con el gobierno de Vichy), Simone comparte con él "ese milagro [espiritual] que experimentamos el año pasado" (123). No obstante, hay una leve insinuación de que Simone y Thibón, por muy casado que estuviera él, eran más que amigos espirituales, más que "un par de líneas paralelas" (141): "De ahí pues que a nosotros nos convenga la separación" (141).

De las seis cartas, la más larga y la más compleja es "La venganza de la verdad", de Isak Dinesen, seudónimo de la escritora danesa Tania von Blixen. Es la única de las cartas que no se dirige a un hombre. Más bien la carta, fechada en 1962, se dirige a la baronesa Blixen, la tercera parte de un todo, o sea que los tres personajes forman "una sola energía creadora" (149). La mayoría de la carta no la dicta Isak Dinesen sino Tania, dirigiéndose de vez en cuando a *Messieursdames*. Su historia se divide en tres "peldaños", para reforzar el concepto de la Trinidad, antes de la vuelta a Isak Dinesen como narrador: "Tres somos, señores, los que estamos aquí reunidos; tres, los episodios que he de narrar, y tres, los peldaños que ascenderemos para llegar a la cima de nuestra escala de Jacob" (164). Efectivamente, el número tres es todo un motivo recurrente.

---

[6] En un mensaje electrónico fechado el 14 de junio de 2000, Gloria Guardia me informó que Simone Weil "nunca llegó a convertirse al catolicismo. Curiosamente, y pese a sus visiones místicas, poco antes de morir en Inglaterra, pidió muy firmemente que no la bautizaran, pues no se creía digna de este sacramento".

Aunque la carta presenta los amores trágicos de Tania, culmina con un fuerte sabor místico. Ella nació en 1885 y se casó antes de 1914 con un primo sueco en "un pacto social" (153), aunque se sentía más atraída físicamente a su hermano gemelo. Tania acompañó a su marido a Kenia, donde él la contagió de sífilis, de la cual ella sigue sufriendo. Se divorciaron pero ella quedó veinte años en Kenia, dueña de un cafetal, y donde "logré alcanzar mi libertad interior" (155) después de una serie de tragedias. El suicidio de su padre la afecta mucho. El hecho de que lo llame Wilhelm subraya la relación estrecha entre ellos. Luego se enamora idílica y apasionadamente de Denys, guía de safaris inglés, a quien compara con Wilhelm y con el califa, éste porque Tania como narradora se identifica con Sherezade. El amor entre Tania y Denys alcanza una dimensión espiritual o mística por la alusión a Dante y a Beatriz y a los tres "peldaños", siendo el segundo los vuelos en la avioneta, donde los dos escuchan "la voz del Altísimo" (176). El tercer peldaño (el primero fue la caza del león), equivalente a "ese empinado ascenso a la Luz" (177) y en contraste con "la noche oscura del alma" (177), es el "anillo encantado [...] que perteneció a Sherezade" (180) que le regala Denys. Sin embargo, ese amor ideal no puede durar y Tania sufre una serie de tragedias: había perdido al hijo de Denys y su vientre "había quedado yermo para siempre" (177); el cafetal quiebra por la baja del precio internacional del café, lo que resulta en su necesidad de partir de África; su hermano no contesta a su larga carta; se le incendia la granja; riñe violentamente con Denys, quien le pide que le devuelva el anillo, y recibe la noticia de la muerte de Denys al estrellarse su avioneta. No obstante, Tania reacciona y antes de volver a Europa, se dedica a ayudar a los más de doscientos nativos que vivían en su granja, incluso aliviándoles dolores, quemaduras y quebraduras de huesos. En eso, un amigo llega para entregarle una carta dejada por Denys con la cual le devuelve el anillo encantado. Después, un misionero francés le asegura que el anillo data de los tiempos del profeta Isaías. El anillo le provoca un sueño místico: "poseer aquel anillo sagrado era recuperar el Paraíso perdido" (191).

Así es que esta carta apócrifa no sólo cuenta la vida trágica de la escritora Isak Dinesen, sino que también capta sus momentos místicos incorporando elementos tanto del Antiguo Testamento como de la *Divina comedia*, de Dante, reforzando la unidad de este tomo de cuentos integrados.[7]

[7] Las alusiones al mundo árabe de Sherezade y al castillo danés de Elsinore en *Hamlet* constituyen otros dos parentescos literarios, reforzando esa viga estructural relativamente menor.

De las otras tres cartas, dos se escriben desde sanatorios con énfasis en los conflictos amorosos de escritoras famosas: Virginia Woolf y Teresa de la Parra. La tercera, de Gabriela Mistral, se sirve de la ceremonia del Premio Nobel para hacer comparaciones culturales entre Suecia y la América Latina. Woolf escribe en 1929 a su marido Leonard desde un sanatorio para enfermas mentales, donde él la internó hace cuatro meses. Aunque ella insiste al principio de la carta en que no está enferma, poco a poco va revelando los orígenes de sus problemas sexuales. Aquí no hay absolutamente nada de experiencia mística, tal vez por el racionalismo de su papá, de su marido y del idioma griego, "símbolo de mis propios fracasos, de mi incapacidad práctica, de mi propia naturaleza, de mi insuperable ignorancia" (45). Obviamente se trata no de "insuperable ignorancia" sino de problemas psíquicos. La misma Virginia Woolf reconoce que ella ha tratado de olvidar el pasado: "y yo que me valía de toda suerte de ardides, artificios y tretas para evadir el pasado y tirarlo violentamente al olvido" (54). Sin embargo, gracias a las sesiones psiquiátricas, ella puede escribir a Leonard acerca de su violación repetidas veces por su hermano George después de la muerte de su mamá y de la fatal enfermedad de su papá. De ahí que ella no podía sentirse atraída físicamente a Leonard, aunque parece respetarlo y hasta quererlo como persona. Por eso, ella también se siente avergonzada de haber sido acosada sexualmente por Vita Sackville-West mientras escribía *Orlando,* cuyo protagonista cambia de sexo durante la novela.

A diferencia de las otras cartas, la de Virginia Woolf no alude a sucesos políticos de la época, pero sí menciona a los que integraron el grupo literario de Bloomsbury. También menciona otras novelas suyas, como *La señora Dalloway, El fin del viaje, Noche y día* y *Al faro.* En fin, la carta logra captar tanto la prosa culta y racional de una novelista importante como la fragilidad mental de una mujer con serios problemas sexuales. El título del cuento, "¿Quién le teme a Virginia Woolf?", proviene de la pieza de Edward Albee y refleja la condición indefensa de la mujer una vez instalada en el asilo.

La carta apócrifa de Teresa de la Parra se titula "Esta otra Ifigenia" y podría considerarse una variante de su novela *Ifigenia* (1924). Igual que Virginia Woolf, Teresa de la Parra escribe desde un sanatorio, pero es para tísicas, en Madrid, y no escribe a su marido sino a su ex amante Gonzalo (Lillo), en el año 1935. Al final de la carta, comenta la muerte del dictador venezolano Juan Vicente Gómez y la próxima guerra civil en

España. Aunque el tono es más templado y menos neurasténico que el de la carta de Virginia Woolf, la revelación de que Lillo había roto con ella para quedarse con su esposa no deja de tener una fuerte carga de emoción. La frase "otra Ifigenia" en el título alude a la novela donde la protagonista opta por rechazar a su ex novio, ya casado, que le pide que huya con él. Igual que Lillo, María Eugenia prefiere casarse con su novio ultraburgués y filisteo, resignándose a vivir aburrida en una casa bien amueblada.

En el transcurso de la carta, Teresa de la Parra evoca recuerdos de su niñez en Venezuela y "sus años de locura parisina cuando fumaba y aprendía a conducir automóvil" (69). La noticia de que *Ifigenia* había ganado en 1924 el premio de diez mil francos llegó al mismo tiempo que la noticia de que tenía tuberculosis. Entre la evocación de sus momentos felices con Lillo, Teresa recuerda su otra novela *Las memorias de Mamá Blanca* y su amistad con Francis de Miomandre y con Gabriela Mistral, ésta prefigurando el próximo cuento o capítulo. Otros enlaces intercuentísticos en la carta de Teresa de la Parra que justifican la aplicación al tomo del nombre de cuentos integrados son la lectura del *Libro de la vida* de santa Teresa y el haberle devuelto la sortija a Lillo como en la carta de Tania von Blixen. Gabriela Mistral le pregunta a Teresa cómo iba su libro sobre Bolívar, que pensaba escribir. Parece que Teresa nunca lo escribió, pero el hecho de que el Libertador haya muerto tísico refuerza ese tema. Teresa reconoce su deuda con Marcel Proust por el tono nostálgico, mientras la mención de *La casada infiel,* de Federico García Lorca, puede servir como alusión a la protagonista de la novela *Ifigenia.*

El título de la carta de Gabriela Mistral, "Recado desde Estocolmo",[8] indica el carácter menos dramático y menos emocionante que el de las otras cartas. La poeta chilena se dirige a Stefan Zweig, novelista y biógrafo austriaco. La carta, fechada Estocolmo, diciembre de 1945, tiene la particularidad de que su destinatario murió en 1942. La protagonista lamenta que el Premio Nobel haya llegado demasiado tarde "cuando usted y los que mucho he amado se han marchado y me han dejado huérfana en este valle inmenso" (91). A diferencia de las otras cartas, la protagonista no se desnuda el alma en cuanto a amores apasionados y conflictivos, pero sí comparte con las de Tania von Blixen y Simone Weil el tono algo

---

[8] Gloria Guardia dedica esta carta al renombrado poeta nicaragüense Pablo Antonio Cuadra, quien era muy amigo de Gabriela Mistral. "Ella lo impulsó mucho cuando él era aún un joven que se iniciaba en la poesía" (mensaje electrónico del 14 de junio de 2000).

místico. Aunque la carta versa principalmente sobre las experiencias de la poeta en Estocolmo relacionadas con el Premio Nobel, en un momento dado evoca su propia imagen de maestra rural en Chile, de su infancia, de su lectura de ciertos libros del Antiguo Testamento y de su misión poética de descubrir, con Cristo, la importancia de los pobres y de los afligidos: "[...] y, hoy, aquí la madre putativa, la que sobre la Tierra lleva desnudo el costado, descubriendo con Cristo que la vida y sus constantes lutos pueden ser también oro y dulzura de trigo" (101-102). La poeta premiada termina la carta agradeciéndole a Zweig el haber reforzado su contacto con la Biblia: "Le envío, recíbalo, un gajo —el más puro— de mi alma. Lo he guardado, intacto, en quien encontré, de quien recogí, la miel de Isaías, la llama de Pablo, la ambrosía de Rut. Adiós" (112).

No obstante, el tema principal de la carta es el elogio de los suecos, desde la novelista Selma Lagerlöf, el rey Gustaf y su familia hasta "la doncella sonrosada y tierna del Grand Hotel" (95) que "hacen gala de esa sencillez que revela gran raza en cualquier oficio" (95). También los elogia por haber aceptado a miles de judíos alemanes y otros refugiados. Como la carta está fechada 1945, no sorprende que la poeta condene a Hitler, a Mussolini (96) y a Stalin (95). Volviendo a los suecos, los llama "majestuoso y organizado pueblo" (100); "sobrios y respetuosos del hombre" (109); "el extranjero, el perseguido y el débil reciben la acogida gozosa de la cortesía, la voluntad de salvarlos del más fuerte y un acento de ternura" (110); "se ama al niño y al menesteroso" (110).

Frente a esta imagen utópica de Suecia, la poeta no puede menos que contrastarla con la de América Latina: "¡Qué lindo puede ser un pueblo donde no existen casi la pobreza, el analfabetismo, las enfermedades congénitas e infecciosas![9] Y ¡qué diferente resulta esta realidad con esa otra, que acosa —desde el amanecer hasta el ocaso— a los niños de nuestro Continente!" (111).

Al captar los pensamientos y las emociones de estas seis mujeres sobresalientes, Gloria Guardia ha logrado dar unidad integral a esta colección de cuentos, cada uno de los cuales también se destaca por su alta calidad literaria basada en la originalidad temática lo mismo que estilística. En comparación con *"Semana de la mujer" y otras calamidades, Cartas apócrifas* se diferencia por cuatro factores importantes: el espacio, la clase

---

[9] Aquí Gabriela Mistral recoge el tema de la penicilina, invención del también premiado médico inglés sir Alexander Flemming, cuya sobriedad y falta de autoalabanza la deja muy impresionada.

social de las protagonistas, el tono y los lectores. Mientras *"Semana de la mujer" y otras calamidades* se ubica totalmente dentro de la ciudad de Panamá, incluso con alguna que otra crítica del dictador Noriega, *Cartas apócrifas* refleja la tendencia cosmopolita, universal del cuento panameño. Las protagonistas de *Cartas apócrifas* son autoras famosas y algunas son de la clase alta, mientras que las mujeres del tomo de Britton son tipos comunes y corrientes de la clase media. El tono serio, y a veces trágico, de *Cartas apócrifas* hace contraste con el tono burlón y algo frívolo de *"Semana de la mujer" y otras calamidades*. En fin, *Cartas apócrifas* pertenece a la literatura elitista destinada a los estudiosos de la literatura mientras *"Semana de la mujer" y otras calamidades* pertenece más a la literatura popular destinada a un mayor número de lectores.

Para resumir, los cuatro tomos panameños de cuentos integrados reflejan tanto el carácter cosmopolita, internacional del cuento panameño como la tardía búsqueda literaria de la identidad nacional. En cuanto al juicio de valor, me parece que *Cartas apócrifas* constituye todo un hito tanto en la literatura panameña como en la narrativa de toda la América Latina.

OBRAS CONSULTADAS

Antologías

Ávila, José A., *Cuentos panameños,* Bogotá: Instituto Colombiano de Cultura, vol. II, 1973.

Cabezas, Berta María, *Cuentos panameños,* Bogotá: Instituto Colombiano de Cultura, vol. I, 1972.

Fuentes, Cipriano, *Narradores panameños,* Caracas: Doble Fondo, 1984.

Garcés Larrea, Cristóbal, *Narradores centroamericanos contemporáneos,* Guayaquil: Ariel, 1973.

Jaramillo Levi, Enrique, *Antología crítica de joven narrativa panameña,* México: Federación Editorial Mexicana, 1971.

———, *Hasta el sol de mañana. 50 cuentistas panameños nacidos a partir de 1949,* Panamá: Fundación Cultural Signos, 1998.

Miró, Rodrigo, *El cuento en Panamá,* Panamá: Imprenta de la Academia, 1950.

Ramírez, Sergio, *Antología del cuento centroamericano,* San José: EDUCA, 1973, dos tomos.

Varios, *Panorama del cuento centroamericano,* Primer Festival del Libro Centroamericano, Lima, 1959.

Tomos individuales de cuentistas panameños

Britton, Rosa María, *¿Quién inventó el mambo?* [1985], 2ª ed., Panamá: Editora Sibauste, 1996.
——, *"Semana de la mujer" y otras calamidades* [1995], Madrid: Ediciones Torremozas, 1998.
Castro S., Claudio de, *El camaleón,* Panamá: Editorial Mariano Arosemena, Instituto Nacional de Cultura, 1991.
——, *El juego,* San José: EDUCA, 1989.
——, *La niña fea de Alajuela,* Impresora Real, s. l., diciembre de 1985.
Guardia, Gloria, "La carta" (cuento), Salta: Editorial Biblioteca de Textos Universitarios, 1997.
——, *Cartas apócrifas,* Bogotá: Instituto Distrital de Cultura y Turismo, 1997.
Jaramillo Levi, Enrique, *Ahora que soy él,* San José: Editorial Costa Rica, 1986.
——, *El búho que dejó de latir,* México: Editorial Samo, 1974.
——, *Caracol y otros cuentos* [1993], México: Alfaguara, 1998.
——, *Duplicaciones,* México: Joaquín Mortiz, 1973.
——, *La voz despalabrada,* San José: EDUCA, 1986.
Ochoa López, Moravia, *Yesca,* Panamá: Ministerio de Educación, 1962.
Rivera, Pedro, *Las huellas de mis pasos,* Panamá: Instituto Nacional de Cultura, 1994.
Rivera, Pedro, y Dimas Lidio Pitty, *Recuentos,* Panamá: Imprenta Universitaria, 1988.
Sinán, Rogelio, *La boina roja y cinco cuentos,* Panamá: Cuadernos de Cultura, diciembre de 1953.

Otras obras consultadas

Anónimo, *Recordemos... para que no vuelva a suceder, octubre de 1968 a diciembre de 1989,* Panamá: *La Prensa,* 1992.
Arosemena, Justo, *Fundación de la nacionalidad panameña,* Caracas: Biblioteca Ayacucho, 1982.
Helms, Mary W., *Ancient Panama. Chiefs in Search of Power,* Austin: University of Texas Press, 1979.
Jaramillo Levi, Enrique (ed.), *Una explosión en América: el canal de Panamá,* México: Siglo XXI, 1976.
McCullough, David G., *The Path Between the Seas. The Creation of the Panama Canal, 1870-1914,* Nueva York: Simon and Schuster, 1977.

Priestley, George, *Military Government and Popular Participation in Panama: the Torrijos Regime, 1968-1975,* Boulder y Londres: Westview Press, 1986.

Rivera, Pedro, y Fernando Martínez (eds.), *El libro de la invasión,* prólogo de Elena Poniatowska, México: FCE, 1998.

IX. Cuba

NARRATIVA DE LA REVOLUCIÓN CUBANA[1]

> [...] nunca he sido incondicional de nada ni de nadie.
> ERNESTO SÁBATO

> [...] sin libertad de crítica y sin pluralidad de opiniones y grupos no hay vida política. Y para nosotros, hombres modernos, vida política es sinónimo de vida racional y civilizada.   OCTAVIO PAZ

> La literatura, en general, y la novela, en particular, son expresión de descontento: el servicio social que prestan consiste, principalmente, en recordar a los hombres que el mundo siempre estará mal hecho, que la vida siempre deberá cambiar.
> MARIO VARGAS LLOSA[2]

FASE PRIMERA, 1959-1960:
LA LUCHA CONTRA LA TIRANÍA

El primer grupo de novelas que se publica en Cuba después del triunfo de la Revolución, en enero de 1959, refleja el entusiasmo desbordado y casi universal por la caída del dictador Fulgencio Batista. Aunque ya en los primeros meses de 1959 emergieron a la superficie diferencias entre los que colaboraron para derrocar a Batista, el periodo conocido como de luna de miel o "periodo romántico de la Revolución",[3] caracterizado por su

---
[1] A continuación van los epígrafes de mi libro *Prose Fiction of the Cuban Revolution* (1975) y una síntesis de las cuatro primeras fases de la producción novelística a partir de 1959.
[2] *Prose Fiction of the Cuban Revolution*, Austin: University of Texas Press, *Narrativa de la revolución cubana*, Madrid: Playor, 1978; México: Plaza y Janés, 1982. Este estudio es una adaptación de la edición de 1982 y de "La novela de la Revolución cubana: fase cinco", *Revista Iberoamericana*, 56, 152-153 (julio-diciembre de 1990), 913-932.
[3] Ernesto F. Betancourt, "Exporting the Revolution to Latin America", en *Revolutionary Change in Cuba*, ed. Carmelo Mesa-Lago, Pittsburgh: University of Pittsburgh Press, 1971.

"espontaneidad y desorientación",[4] había de durar hasta la primavera de 1961.

En 1960 se fundó la Casa de las Américas para coordinar los intercambios culturales con los otros países latinoamericanos. Nunca antes en la historia de Cuba habían gozado el escritor y el artista de mayor distinción.[5] Este espíritu de entusiasmo, espontaneidad y rebeldía encontró su expresión cultural en *Lunes de Revolución,* que reflejaba gustos vanguardistas mucho más adelantados que las novelas de ese primer bienio.

Del total de siete novelas publicadas en Cuba durante 1959 y 1960, las cuatro realmente significativas tienen que ver con la Revolución desde un punto de vista notablemente parecido: *El sol a plomo* (1959), de Humberto Arenal (1926); *La novena estación* (1959), de José Becerra Ortega; *Bertillón 166* (1960), de José Soler Puig (1916), y *Mañana es 26* (1960), de Hilda Perera Soto (1926). De todas las novelas publicadas después de 1960, sólo *El perseguido* (1964), de César Leante (1928), comparte las características de este primer grupo. Estas cuatro novelas versan sobre la lucha que derrocó a Batista. Por el énfasis en ese momento dramático, son breves, episódicas y emocionantes y hay relativamente poca preocupación por los objetivos revolucionarios de largo alcance.

La acción de estas novelas transcurre en los dos últimos años del batistato, 1957 y 1958. Sólo en el capítulo final de *Mañana es 26* se extiende la acción hasta enero de 1959, para incluir la entrada triunfal de Fidel Castro en La Habana, acompañado de su pequeño hijo y de Camilo Cienfuegos, "como un Nazareno vigilante".[6] El argumento de estas novelas se desarrolla en la ciudad: tres en La Habana y *Bertillón 166* en Santiago. El tema constante es la persecución despiadada a que eran sometidos los conspiradores revolucionarios por los sicarios de Batista. La sola presencia de un patrullero policiaco aterroriza por igual a revolucionarios y transeúntes, mientras muchos de los protagonistas son asesinados por ráfagas de ametralladora. Por encima de cualquier otra consideración, a Batista lo critican por las torturas llevadas a cabo en el último año de su

---

[4] José Antonio Portuondo, "Corrientes literarias en Cuba", *Cuadernos Americanos,* 26, 4 (julio-agosto de 1967), 197.

[5] Aunque la inmensa mayoría de los autores cubanos apoyó la Revolución durante este periodo, hubo algunas excepciones significativas entre la gente algo mayor: Lino Novás Calvo (1903), Carlos Montenegro (1900) y Lydia Cabrera (1900). También el joven Severo Sarduy (1937) recibió una beca auspiciada por el Instituto de Cultura para estudiar crítica de arte en París y decidió no regresar a Cuba.

[6] Hilda Perera Soto, *Mañana es 26,* La Habana: Lázaro Hnos., 1960. Es tal vez el primer ejemplo del simbolismo cristiano que había de cultivarse con bastante frecuencia en obras posteriores.

régimen. Los títulos de dos de las novelas se refieren directamente al estado policiaco existente: *La novena estación* es aquella muy infame por la eficacia con que el capitán tortura a sus víctimas; *Bertillón 166* es la clave utilizada por la prensa para anunciar la muerte de los conspiradores revolucionarios. En *El sol a plomo*, el capitán Fortuna y sus secuaces golpean y torturan salvajemente a una maestra. *Mañana es 26*, quizás por haber sido escrita por una mujer, es la única novela del grupo que no describe de una manera directa la violencia de la policía batistiana.

Tanto la identidad de los revolucionarios como su ubicación urbana parecen confirmar la tesis cada vez más aceptada de que la revolución cubana no fue el resultado de un movimiento de masas de carácter agrario o proletario. Estas primeras novelas también ofrecen el testimonio de la existencia de más de una organización revolucionaria. En las cuatro novelas los revolucionarios son jóvenes y se subraya su condición de estudiantes universitarios; en dos pertenecen a las clases altas, mientras que en las otras provienen de la clase media. En *Bertillón 166* y en *Mañana es 26*, los conspiradores pertenecen al Movimiento 26 de Julio, de Fidel Castro; en *El sol a plomo* aparecen sólo como miembros de un movimiento, posiblemente el mismo 26 de Julio; en *La novena estación* pertenecen a otro grupo revolucionario cuyo nombre específico no se menciona. Por la juventud de sus protagonistas, uno de los subtemas de *Bertillón 166* y de *Mañana es 26* es la falta de comprensión entre los protagonistas heroicos y sus padres, algunos de los cuales participaron activamente en la lucha contra el dictador Gerardo Machado a principios de la década de los treinta. Ante el nuevo movimiento revolucionario responden ellos con un cinismo que contrasta con el idealismo entusiasta de sus hijos, por la experiencia de que la caída de Machado no terminó con los males del país.

La calidad relativamente baja de estas novelas podría atribuirse a la inexperiencia de los autores y a la precipitación con que fueron escritas durante el alboroto inicial del triunfo de la Revolución. Todas ellas son novelas primerizas que nada tienen que ver con el desarrollo más sofisticado de la narrativa hispanoamericana a partir de los últimos años de la década de 1950.

Fase segunda, 1961-1965:
exorcismo, existencialismo y autocensura

El desarrollo de la novela cubana se vio profundamente afectado por la proclamación del carácter marxista-leninista de la Revolución, hecha por Fidel Castro en abril de 1961. Entre 1961 y 1965, la mayor parte de los novelistas, armados de recursos técnicos más modernos, se esforzaron por justificar este giro hacia la izquierda. Únicamente Soler Puig, entre los novelistas del primer periodo, participó en la nueva orientación.

Mientras que dos de las novelas del periodo 1959-1960 se presentan con epígrafes de José Martí (*La novena estación*) y de Jorge Mañach (*El sol a plomo*), *La búsqueda* (1961), de Jaime Sarusky, pregona su existencialismo con un epígrafe de Jean-Paul Sartre, cuya visita a Cuba en marzo de 1960 puede haber contribuido a prolongar el existencialismo que ya había influido en varias obras prerrevolucionarias de la década anterior. Aunque ya en los cuentos de Lino Novás Calvo escritos a principios de la década de los treinta se pueden encontrar huellas del pensamiento existencialista, éste no se convirtió en una tendencia dominante, sino hasta los años cincuenta.

Si las novelas de 1959-1960 se caracterizan por sus héroes románticos que viven melodramáticamente durante un breve periodo novelístico de menos de un año, los protagonistas de este segundo grupo son individuos angustiados cuya vida prerrevolucionaria carente de sentido justifica las arrolladoras reformas sociales llevadas a cabo por la Revolución a principios de los sesenta. Estos autores, al ver la Revolución con una perspectiva histórica, comprenden que para 1961 el derrocamiento de Batista ya no podía ser considerado como el propósito fundamental de la Revolución. Con la campaña de alfabetización y el establecimiento de los Comités de Defensa de la Revolución y de las Escuelas de Instrucción Revolucionaria, todo ello hacia finales de 1960, no cabe ninguna duda de que a todos los cubanos los estaban movilizando para crear una nueva nación. Al exorcizar el pasado, la mayor parte de los narradores participaron, consciente o inconscientemente, en ello. Todavía en 1966 el crítico cubano José Rodríguez Feo reflexionaba sobre el escaso número de obras que trataban sobre los cambios revolucionarios producidos a partir de 1959. Su explicación parcial y el uso del término exorcismo, acuñado por él, han sido repetidos con posterioridad por otros críticos.

¿Por qué son tan escasas las obras cubanas que reflejan profundamente los cambios habidos en Cuba a partir del triunfo de la Revolución? Creo que una de esas razones es el hecho de que la mayor parte de nuestros cuentistas más maduros son hombres que nacieron y se formaron intelectualmente en la época prerrevolucionaria [...] Pero insisto en que una de las razones hay que buscarla en ese afán de liquidar el pasado, de saldar cuentas con una situación que todavía queda en nuestra memoria como una pesadilla. Gran parte de nuestra literatura es un exorcismo de ese pasado terrible que a muchos nos tocó vivir.[7]

En realidad, la autocensura que caracteriza este periodo de 1961 a 1965 desmiente las tan citadas palabras de Fidel Castro dirigidas a los autores y artistas reunidos el 16, 23 y 30 de junio de 1961: "[...] dentro de la Revolución, todo; contra la Revolución, nada. ¿Quiere decir que vayamos a decir aquí a la gente lo que tiene que escribir? No. Que cada cual escriba lo que quiera, y si lo que escribe no sirve, allá él [...] Nosotros no le prohibimos a nadie que escriba sobre el tema que prefiera. Al contrario. Y que cada cual se exprese en la forma que estime pertinente y que exprese libremente la idea que desea expresar".[8]

Fidel Castro se sentía obligado a dirigirse a los intelectuales en esas fechas porque exactamente en los mismos días los directores de *Lunes*, suplemento cultural del periódico *Revolución,* Guillermo Cabrera Infante, Pablo Armando Fernández y Heberto Padilla, tuvieron que comparecer ante un tribunal de interrogación presidido por varios miembros del Partido Socialista Popular. *Lunes* también fue defendido por Roberto Fernández Retamar y Lisandro Otero, que después llegaron a ocupar puestos importantes en la burocracia cultural. No obstante, *Lunes* dejó de publicarse y los tres editores principales fueron enviados al extranjero: Cabrera Infante a Bruselas como agregado cultural y luego encargado de negocios; Pablo Armando Fernández a Londres como agregado cultural, y Heberto Padilla a Moscú y a Praga como periodista. En agosto de 1961 se fundó la Unión de Escritores y Artistas Cubanos (UNEAC) para coordinar las actividades de todo artista creativo y su primer presidente fue el poeta Nicolás Guillén, antiguo miembro del Partido Comunista.

A pesar de las palabras de Fidel, durante el periodo de 1961-1965, no dejó de discutirse la cuestión del realismo socialista, asociado con el estalinismo. Como era de esperarse, casi todos los escritores estaban en con-

[7] José Rodríguez Feo, *Aquí 11 cubanos cuentan,* Montevideo: Arca, 1967, 8-9.
[8] Fidel Castro, *Palabras a los intelectuales,* La Habana: Consejo Nacional de Cultura, 1961, 11, 20-21.

tra. Tal vez la denuncia más categórica del realismo socialista la hizo Edmundo Desnoes en su crónica de 1964 sobre *Un día en la vida de Iván Denisovich*, de Alexander Solzhenitsyn: "Toda literatura que no profundice o enriquezca la vida del hombre se convierte en una estafa. El arte como instrumento de propaganda o como profecía tiende a desvirtuar su naturaleza: es un arte enajenado. La literatura sólo puede estar al servicio de la visión del artista".[9] El mismo Che Guevara, en una carta a la revista uruguaya *Marcha*, en marzo de 1965, parece haber puesto punto final al debate sobre el realismo socialista, por lo menos durante los próximos cuatro años: "Se busca entonces la simplificación, que es lo que entienden los funcionarios. Se anula la auténtica investigación artística y se reduce el problema de la cultura general a una apropiación del presente socialista y del pasado muerto (por tanto, no peligroso) [...] Pero, ¿por qué pretender buscar en las formas congeladas del realismo socialista la única receta válida?" (635-636).

En cuanto a las veintinueve novelas publicadas entre 1961 y 1965, ¡veinticinco! tienen como motivación principal justificar la total transformación de la sociedad cubana emprendida por Fidel Castro, sobre todo en sus aspectos sociales y morales, más que en los políticos. La brutalidad de la policía batistiana, tema principal de las novelas de 1959-1960, solamente se describe en tres de las novelas de este segundo periodo: *No hay problema* (1961), de Edmundo Desnoes; *Los días de nuestra angustia* (1962), de Noel Navarro, y *Concentración pública* (1964), de Raúl González de Cascorro. En las dos primeras, sin embargo, la acción no queda limitada a los años 1957-1958, sino que se retrocede, respectivamente, al golpe de Estado de Batista el 10 de marzo de 1952 y al ataque de Fidel Castro al Cuartel Moncada el 26 de julio de 1953. No obstante, el enfoque de las tres novelas va más allá de la brutalidad policiaca. Diecinueve de las veinticinco obras en consideración se sitúan en el periodo prerrevolucionario, o sea que hacen el contrapunto entre la vida en Cuba antes y después de 1959. Aunque casi la mitad de los autores nacieron entre 1908 y 1920, las novelas más importantes fueron escritas en su mayor parte por miembros de la generación de 1950, llamada también la primera generación de la Revolución. Nacidos entre 1924 y 1937, estos autores estrenaron en los últimos años de la década de 1950 y se formaron en el periodo de degeneración moral de Cuba durante las presidencias de Ramón

[9] *Casa de las Américas*, 4, 24 (enero-abril de 1964), 100-102.

Grau San Martín (1944-1948), Carlos Prío Socarrás (1948-1952) y Fulgencio Batista (1952-1959). Aunque el golpe de Estado de 1952 de Batista constituyó uno de los acontecimientos fundamentales en la formación de esta generación, la mayor parte de estos contemporáneos de Fidel Castro (1926) no participó activamente en la lucha que derrocó a Batista —ni en la Sierra Maestra ni en La Habana—, y muchos de ellos vivieron durante varios años en los Estados Unidos.[10]

1. El héroe existencialista anterior a 1959

La corriente principal de las novelas de este periodo se inicia con cinco obras cuyo ambiente urbano anterior a 1959 y el carácter existencialista de sus protagonistas no sólo simbolizan el estado decadente de la sociedad cubana, sino que las acercan a las de sus contemporáneos hispanoamericanos encabezados por el uruguayo Juan Carlos Onetti, quienes convirtieron el existencialismo en una de las tendencias dominantes de la narrativa de los años cincuenta. No resulta extraño que dos de esas novelas, *Pequeñas maniobras* (1963), de Virgilio Piñera (1912), y *El sol, ese enemigo* (1962), de José Lorenzo Fuentes (1928), fueran escritas en 1957. La influencia del existencialismo internacional se reafirma en que, por lo menos, en tres de estas cinco novelas, el protagonista angustiado representa más al hombre medio de cualquier sociedad burguesa que al cubano típico.

El epígrafe de Sartre que Jaime Sarusky (1931) inscribe en su novela *La búsqueda* (1961) es perfectamente válido para los protagonistas y demás personajes de cada una de estas cinco novelas: "érase una vez un pobre tipo que se había equivocado de mundo". No importa cuáles fueran sus orígenes, todos se sienten enajenados de la sociedad en que viven. Estos personajes, incomprendidos por familiares y amigos a causa de su personalidad introspectiva, rehúyen el compromiso con otras personas o con causa alguna. Son seres extremadamente sensibles que prefieren vivir en la soledad para no tener que responder de su inactividad o falta de intereses. Sin embargo, cada uno de los autores nos presenta a estos cinco personajes con leves variantes.

[10] Lisandro Otero (1932) parece haber sido la excepción sobresaliente: "[...] regresó de París en 1956 y luchó con los revolucionarios durante tres años" (Roberta Salper, "Literature and Revolution in Cuba", *Monthly Review*, octubre de 1970, 23).

Anselmo, protagonista de *La búsqueda,* de Sarusky, a pesar de ser el menos existencialista, es el más trágico de todos. Aunque posee una personalidad tan solitaria y pasiva como los otros, los orígenes de su angustia residen en su incapacidad de alcanzar una meta. Quizá su origen humilde pueda explicar el que todavía conserve un objetivo en su vida, fenómeno relativamente raro entre los protagonistas existencialistas. Anselmo, hijo de una prostituta, es un flautista mulato en una orquesta de baile, y su meta, su deseo, es llegar a tocar en una orquesta sinfónica para ascender socialmente. Su fracaso se debe tanto a su incapacidad para comunicarse con sus semejantes como a las imperfecciones de la sociedad cubana.

Sebastián, el protagonista de *Pequeñas maniobras,* de Virgilio Piñera, en contraste con la búsqueda de Anselmo, está decidido a no triunfar. Como Anselmo, se siente totalmente enajenado de todos los seres humanos, sean sus familiares, sus patronos, sus compañeros de trabajo, sus vecinos, sus amantes, y aun esas víctimas de la sociedad con quienes simpatiza, como el anciano bedel moribundo o algunos de los tipos grotescos a quienes saca fotos en la calle. Mientras Anselmo fracasa en su empeño, Sebastián acaba por lograr su propósito de total aislamiento al servir de guardián y asistente para un grupo de espiritistas cuyas creencias los alejan de los problemas de la realidad. El "éxito" de Sebastián se acentúa por la muerte prematura de tres hombres dinámicos y "triunfantes" (según los valores de una sociedad materialista).

Escrita entre 1956 y 1957, *Pequeñas maniobras* es la más interesante de estas novelas existencialistas, aun cuando es aparentemente la que menos relación tiene con la Revolución. El virtuosismo profesional de Piñera, unido a su pericia en saber combinar la fórmula existencialista con otras técnicas, distingue a esta novela de las de sus contemporáneos. El carácter picaresco del constante cambio de trabajos del protagonista —de maestro a sirviente, a vendedor de enciclopedias, a fotógrafo callejero, a guardián espiritista— ayuda a quebrar la monotonía existencialista. Algunas escenas de carácter absurdista, que predominan en las piezas teatrales y en los cuentos de Piñera, y varias palabras dirigidas al lector sobre el proceso creador, sirven también para añadir un poco de humor al mundo generalmente torvo, solitario y monótono del protagonista existencialista con sus símbolos tradicionales de gatos, moscas y náuseas. Aunque la novela está situada obviamente en La Habana de los años treinta y cuarenta, las alusiones locales escasean de acuerdo con la visión universal del hombre tanto de los existencialistas como de los absurdistas.

De estas cinco novelas existencialistas de ambiente prerrevolucionario urbano, solamente *El sol, ese enemigo* (1962), de José Lorenzo Fuentes (1928), y *No hay problema* (1961), de Edmundo Desnoes (1930), poseen un final con rasgos optimistas. *El sol, ese enemigo*, fechada en octubre-noviembre de 1957, narra en primera persona la amargura y la angustia de un hombre condenado a una silla de ruedas a causa de un accidente hípico, motivado por una ilusión amorosa. Este inválido, perteneciente a la alta burguesía, vive en un vacío camusiano, totalmente alejado del resto de la sociedad. El final optimista, que se produce inesperadamente, tiene una motivación política: el odio que el inválido siente por la hija de su antigua amante se convierte, gradualmente, en amor, al tiempo que se produce una identificación con el triunfo inminente de la Revolución, a la que no se había hecho alusión alguna hasta entonces.

La combinación del protagonista existencialista con el tema revolucionario está mucho mejor lograda en la novela de Desnoes *No hay problema*. Sebastián,[11] de padre cubano y madre norteamericana, trabaja de corresponsal en La Habana de una revista neoyorkina. Como otros tantos protagonistas existencialistas, es un joven inteligente y sensible que se siente enajenado de sus padres, de sus amigos, de su amante y hasta de sí mismo: "Nadie entiende a nadie".[12] En el departamento de Sebastián hay una foto de Sartre y en la solapa de la novela se informa que los autores preferidos de Desnoes son Dostoievski, Martí, Kafka y Baroja. La presencia sorprendente de Martí nos ayuda a comprender la preocupación que siente el autor por la realidad política del país, así como la actitud heroica del protagonista al final de la novela. *No hay problema*, a diferencia de las otras cuatro novelas existencialistas, posee unos límites cronológicos bien definidos: desde el golpe de Estado de Batista, en marzo de 1952, hasta la intensificación de las actividades revolucionarias en la Sierra Maestra en 1958. Las noticias sobre el ataque al Cuartel Moncada, dirigido por "un abogado de ojos tristes y febriles" (67), inician el movimiento revolucionario en el que terminarán inmersos Sebastián y algunos

---

[11] El hecho de que éste sea el mismo nombre del protagonista de *Pequeñas maniobras*, de Piñera, sugiere una posible fuente común: el mártir cristiano san Sebastián, condenado a muerte, entregado a los arqueros para que lo ejecutaran y luego se recuperó milagrosamente y fue posteriormente asesinado a golpes y su cuerpo lanzado a una cloaca. Su martirio fue descrito por el conocido poeta cubano Eugenio Florit (1903), en "Martirio de san Sebastián", el cual Piñera y Desnoes posiblemente conocieran, puesto que fue publicado en la colección *Doble acento* (1937), el libro más importante de Florit.

[12] Edmundo Desnoes, *No hay problema*, La Habana: Ediciones R, 1961, 139.

de sus amigos burgueses. A Sebastián lo llevan preso, lo golpean y lo torturan por haber criticado a Batista en la prensa. Profundamente atemorizado, su miedo le impide unirse activamente al movimiento revolucionario. En compañía de su amante, una norteamericana rica y frívola, parte hacia la Florida, pero, una vez allí, se siente igualmente alienado por la vida excesivamente rutinaria, antiséptica y estéril de los norteamericanos. En la tercera y última parte de la novela, la más breve, Sebastián decide heroicamente regresar a Cuba, con el riesgo de enfrentarse a nuevas torturas y aun a la muerte. Esta decisión se inspiró en el reconocimiento de su amigo Francisco junto a Fidel Castro en una foto de la revista *Life*. Francisco, el único personaje positivo de la novela, desempeña un papel muy secundario en contraste con el protagonista y con algunos representantes de otras clases sociales, como el hijo de un rico terrateniente, la sirvienta mulata que prefiere prostituirse antes que casarse con Sebastián y un sargento de la policía que participó en actividades revolucionarias contra Machado en 1933. El sargento apoya a Batista, porque está convencido de que "nadie puede cambiar a Cuba... Cuba es una puta que necesita que la metan en cintura" (101).

2. *Existencialismo prerrevolucionario y euforia revolucionaria: Sartre más Dos Passos y Faulkner*

La mayor parte de las novelas de este periodo bajo este acápite contrastan el ambiente existencialista de la Cuba anterior a 1959 con el regocijo revolucionario posterior, o bien trazan de manera diversa los orígenes históricos de la Revolución. Tal vez la obra más representativa sea *La situación* (1963), de Lisandro Otero (1932), primer volumen de una trilogía,[13] en la cual se logra una fusión del protagonista existencialista con la técnica de Dos Passos. Premiada en 1963 en el concurso de Casa de las Américas, *La situación* fue elogiada en todas partes como la mejor novela producida por la Revolución hasta ese momento. Consta de varias tramas que están bien fundidas con el fondo histórico, y, en general, la novela está sólidamente estructurada y bien escrita.[14] El protagonista, Luis Dascal, perso-

---

[13] El segundo volumen, *En ciudad semejante*, se publicó en 1970; el tercero, *Árbol de la vida*, en 1990.

[14] Luis Agüero escribió en 1964 que Otero y Desnoes son los únicos jóvenes escritores cubanos capaces de estructurar una novela: "Con Desnoes, Lisandro Otero es el otro joven novelista

naje típicamente existencialista, siente que todo anda mal en Cuba durante los años 1951-1952, pero es absolutamente incapaz de remediar la situación. La novela comienza con un monólogo interior en que Dascal, bebiendo un scotch tras otro, se presenta: "El horizonte está enrojecido y no tengo conciencia del tiempo. Estoy aquí en Varadero frente a este largo muelle de Kawama y existo. Mi nombre es Luis Dascal, son diez letras, un signo convencional, una marca de fábrica para distinguir un producto elaborado; no dice, no quiere decir absolutamente nada: Luis Dascal".[15] Luis, estudiante universitario, se deja llevar por la tentación de mejorar su situación social y económica convirtiéndose en amante de Cristina Sarría, esposa de un poderoso propietario azucarero. Al negarse Luis a comprometerse políticamente, considera el golpe de Estado de Batista en marzo de 1952 como un episodio poco importante de la historia de Cuba.

> Nada realmente ha pasado hoy, pensó Dascal, nada importante; nada que pueda alterar esta isla florecida de caña, sumergida en un mar de mierda, flotando hacia la nada, cubierta de relajo, orgasmo y fetiches, devota del azar, quebrada por la ineficacia, sucia de ansiosa violencia. Nadie se siente bien y esto que es lo otro es lo mismo: con su Prío de todos los días y su Batista para amanecer y siempre un Machado, un Grau, un Zayas para romperlo todo y gastarnos la vida que se nos va. Aquí no ha pasado nada [280].

A pesar de que Dascal rechaza con pesimismo el concepto del progreso histórico, sus alusiones a Machado, Grau y Zayas fuera de orden cronológico, a propósito, sirven irónicamente de nexos con las otras dos series de capítulos breves, que van alternándose y que se presentan en un orden cronológico preciso. Compuestos en cursiva, *Oro blanco* y *Un padre de la patria* describen la historia de las familias Sarría y Cedrón, representativas, respectivamente, de los magnates del azúcar y de los políticos corrompidos desde la Guerra de Independencia hasta el presente novelístico de 1951-1952. Los capítulos sobre Luis Dascal también están fechados con exactitud desde el 26 de agosto de 1951 hasta el 10 de marzo de 1952. La autenticidad histórica de la novela, tanto en el tratamiento del pasado como del presente, se refuerza con el uso limitado de la técnica de Dos Passos de intercalar titulares de periódicos y breves noticias de la prensa,

---

cubano que sabe armar una novela", "La novela de la Revolución", *Casa de las Américas*, 4, 22-23 (enero-abril de 1964), 66.
[15] Lisandro Otero, *La situación*, La Habana: Casa de las Américas, 1963, 1.

así como por la presencia de fragmentos de canciones populares. Toda la historia de la Cuba independiente hasta 1952 se ve contaminada por la influencia norteamericana y la frivolidad, tanto en el sector privado como en el público.

3. El mundo revolucionario posterior a 1959: propaganda socialista y restos de la mentalidad burguesa

Sólo cinco de las veintinueve novelas publicadas entre 1961 y 1965 se desarrollan exclusivamente en el periodo posterior a 1959 y reflejan varios matices de identificación con la Revolución. *Maestra voluntaria* (1962), de Daura Olema García (1937), y *El farol* (1964), de Loló Soldevilla, fallan artísticamente por su intención propagandística demasiado obvia. Su propósito es captar el tremendo entusiasmo revolucionario generado en 1961 por la campaña dirigida a eliminar el analfabetismo. Premio Casa de las Américas para 1962, *Maestra voluntaria* es una novela documental sobre el tema de la conversión al comunismo de una maestra voluntaria. Una joven de La Habana deja a su pequeño hijo al cuidado de su madre para participar en un programa riguroso de entrenamiento físico y mental. Aun el culto a la personalidad de Fidel Castro se ve disminuido para facilitar la conversión de la sociedad al comunismo: "La Revolución está en todos nosotros, en el pueblo, y no te quepa duda de que aunque Fidel es muy útil, no es indispensable para que la Revolución marche".[16]

En cambio, en *El farol*, publicada dos años después, en 1964, la figura de Fidel resulta constantemente glorificada. Los maestros le dedican sus esfuerzos: "Unidos, siempre unidos, marchemos adelante en este empeño noble de cultos todos ser: arriba compañeros alfabetizadores, que llegue nuestro canto a oídos de Fidel".[17]

Indudablemente la novela más renombrada del periodo de 1961-1965 es *Memorias del subdesarrollo,* de Edmundo Desnoes, que presenta las repercusiones de la Revolución en la burguesía mejor que en ninguna otra novela. Este relato impresionista narrado en primera persona se concentra en los efectos de los acontecimientos revolucionarios en un solo hombre, antiguo propietario de una mueblería y posible escritor. Esta novela tuvo gran resonancia con una edición en Buenos Aires y con tra-

[16] Daura Olema García, *Maestra voluntaria,* La Habana: Casa de las Américas, 1962, 102.
[17] Loló Soldevilla, *El farol,* La Habana: Ediciones R, 1964, 22.

ducciones al inglés, francés, ruso, checo y búlgaro. También se hizo una película bajo la dirección de Tomás Gutiérrez Alea, que se ha divulgado mucho tanto fuera como dentro de Cuba. La versión en inglés, *Inconsolable Memories* (1967), que recibió importantes reseñas del *New York Times Book Review* (11 de junio de 1967, 4-5), de *Nation* (16 de octubre de 1967, 378-380) y del *New York Review of Books* (23 de mayo de 1968, 37-41), contiene algunos elementos que no aparecen en la versión original: un tratamiento más amplio de la crisis de los cohetes y una visita a la antigua casa de Hemingway, donde se encuentran algunos turistas rusos. Este nuevo material, escrito especialmente para la película, fue publicado en España en *Narrativa cubana de la revolución*, de Caballero Bonald, y en la antología de la Unión de Escritores y Artistas de Cuba (UNEAC), *Literatura cubana 67*.

El éxito de esta novela se debe, sin duda alguna, a la gran sinceridad con que se presenta el antihéroe de la Revolución. Como otros muchos novelistas de este periodo, Desnoes se propone captar la esencia de la sociedad burguesa prerrevolucionaria, pero supera a los demás porque se limita a las experiencias personales de un solo individuo. Estas experiencias, además, son discretamente evocadas desde el ambiente del presente revolucionario de 1962. Como el protagonista de su primera novela, *No hay problema*, el narrador es prototipo del héroe existencialista. Su esposa, sus familiares y sus amigos han abandonado a Cuba, pero él permanece en el país solitario y enajenado. Aunque reconoce todos los aspectos negativos de la vida burguesa prerrevolucionaria y aunque desprecia a todos sus representantes, no puede librarse de su pasado y se mantiene apegado a tales costumbres burguesas, como el tener una amante de posición económica inferior y el quejarse por la escasez de bienes de consumo. Totalmente privado de ideales, sencillamente sobrevive de un día a otro, acompañado de los consagrados símbolos existencialistas: "me siento metido en un pozo", "vomitar", "eructos", "machaqué la punta del cigarro en el cenicero de bronce" y "soy una cucaracha insignificante".[18] De acuerdo con la visión de mundo existencialista, el personaje se siente tan obsesionado por su mundo interior, que la realidad exterior queda reducida a un papel aparentemente insignificante. Sin embargo, Desnoes dota a su novela de significación histórica al relacionar sus propios problemas con un análisis del carácter del cubano y de las posibles consecuencias

---

[18] Edmundo Desnoes, *Memorias del subdesarrollo*, La Habana: Unión, 1965, 17, 21, 26 y 92.

para la Revolución. Mientras que en *No hay problema* el regreso de Sebastián a Cuba en 1958 es una afirmación de su fe revolucionaria, el narrador de *Memorias del subdesarrollo* no profesa fe alguna en la Revolución y prefiere mantenerse al margen criticando, con su estilo *staccato* típico, los estereotipos cubanos, todo ello con tal de no dejarse desilusionar nuevamente:

> Todo el talento del cubano se gasta en adaptarse al momento. En apariencias. La gente no es consistente, se conforma con poco. Abandona los proyectos a medias, interrumpe los sentimientos, no sigue las cosas hasta sus últimas consecuencias. El cubano no puede sufrir mucho rato sin echarse a reír. El sol, el trópico, la irresponsabilidad... ¿Fidel, será así? No me parece, pero... No quiero volverme a engañar. Cuando más, puedo ser un testigo. Un espectador [39].

Al negarse a participar en la Revolución al mismo tiempo que cobra una renta mensual de la Reforma Urbana, el narrador reconoce que realmente es un enemigo del gobierno: "todavía no me acostumbro a colocarme dentro de la revolución" (49), "yo soy un gusano" (51). Cuando comenta una novela escrita por su amigo Eddy, sin duda alguna su propia obra *No hay problema*, Desnoes presenta la cuestión que ha preocupado a Cuba casi desde el principio de la Revolución, el papel del artista en una revolución socialista: "El artista, el verdadero artista (tú lo sabes, Eddy), siempre será un enemigo del Estado" (44).

4. Fuera del camino trillado

Si se tiene en cuenta que uno de los principales objetivos de la Revolución fue la reforma agraria, puede parecer asombroso el pequeño número de novelas de la tierra publicadas desde el triunfo de la Revolución. Ni una sola de las novelas del periodo 1959-1960, únicamente cinco de las veintinueve del periodo 1961-1965 y sólo una o dos de las novelas del periodo 1966-1970 pueden ser catalogadas como tales. La explicación radica en la importancia de las corrientes literarias internacionales que son capaces de determinar la forma y aun los temas de cualquier literatura nacional. Si la revolución cubana de 1933 contra Machado hubiera triunfado, es probable que las novelas posteriores hubieran seguido la pauta de las novelas de la tierra. Sin embargo, hacia la década de los sesenta, las obras criollistas como *La vorágine, Don Segundo Sombra, Doña Bárbara, Huasipungo* y *El mundo es ancho y ajeno* ya no estaban de moda y se consideraban "primitivas" frente a la literatura sofisticada de escritores como Borges, Onetti, Carpentier y Fuentes. Por consiguiente, las pocas novelas de ambiente rural escritas en Cuba durante la primera década revolucionaria constituían una minoría y, por lo tanto, quedaban fuera del camino trillado.

Entre las cinco novelas de la tierra del periodo 1961-1965, la más conocida es, sin duda, *Tierra inerme* (1961), de Dora Alonso (1910). Premiada por Casa de las Américas en el certamen de 1961, esta novela es un intento anacrónico para justificar la reforma agraria; recuérdese que 1960 había sido proclamado el año de la reforma agraria. Si la novela resulta anacrónica, no es porque las condiciones que describe carecieran de actualidad, sino más bien porque éstas ya habían sido presentadas de manera más convincente en las novelas y en los cuentos de Luis Felipe Rodríguez y de Carlos Montenegro en las décadas del veinte y del treinta. En efecto, el fracaso literario de *Tierra inerme* podría atribuirse al frustrado intento de su autora de aplicar las fórmulas novelísticas de Rómulo Gallegos al paisaje cubano.[19] La autora entremezcla varios hilos novelísticos y un número relativamente grande de personajes como en *Canaima*, de Gallegos; pero la caracterización es débil, el suspenso es mínimo, las descripciones de la naturaleza resultan poco inspiradas y la novela carece de tono épico.

Fase tercera, 1966-1970: epopeya, experimentación y escapismo

Entre los años 1966 y 1970 la narrativa cubana se incorporó al *boom* hispanoamericano.[20] No sólo desde el comienzo de la Revolución, sino en toda la historia de la isla, 1967 fue el año en que la producción novelística logró su máxima realización: quince obras en comparación con tres en

---

[19] Rómulo Gallegos se refugió en Cuba en 1948 después de ser derrocado de su cargo de presidente de Venezuela por un golpe de Estado militar. Su novela *La brizna de paja en el viento* (1952) capta la totalidad de la nación cubana, incluso el gangsterismo político dentro de la Universidad de La Habana.

[20] De más de una treintena de novelas aquí encasilladas, sólo dos, *El siglo de las luces* (1962) y *Gestos* (1963), se publicaron antes de 1966, ambas fuera de Cuba. *Tres tristes tigres*, de Guillermo Cabrera Infante, obtuvo el premio Seix Barral para 1964 en Barcelona, pero no se publicó hasta 1967. Asimismo, sólo tres novelas con estos rasgos se publicaron posteriormente a 1970, las tres fuera de Cuba: *Sonámbulo del sol* (1972) de Nivaria Tejera; *Cobra* (1972), de Severo Sarduy, y *El recurso del método* (1974), de Alejo Carpentier.

1965, cinco en 1966, ocho en 1968 y tres en 1969. Este brote repentino, tanto cualitativo como cuantitativo, podría atribuirse a los acontecimientos políticos y literarios tanto domésticos como internacionales.

La nueva apertura para las artes en Cuba se marca en 1966 con la publicación de la novela *Paradiso,* de Lezama Lima, con escenas explícitamente homosexuales, y del tomo de cuentos *Los años duros,* Premio Casa de las Américas, a pesar de las malas palabras que antes evitaban los autores por miedo a la actitud moralizante del gobierno revolucionario. En 1967 se celebró el Salón de Mayo con una exposición de pintura abstracta internacional.

Esa nueva libertad para el escritor tuvo sus orígenes en la nueva política internacional de Cuba: el intento de independizarse de la Unión Soviética. En enero de 1966, mientras en la América Latina los comunistas pro Moscú se separaban de los movimientos guerrilleros, Cuba reaccionó contra la intervención norteamericana en la República Dominicana y la intensificación de la guerra de Vietnam fundando la Organización para la Solidaridad con los pueblos de África, Asia y Latinoamérica y la Organización Latinoamericana de Solidaridad. A finales de 1966, Che Guevara emprendió su campaña malograda en Bolivia. En junio de 1967, el primer ministro Kosygin y el presidente Lyndon Johnson sostuvieron conversaciones conciliatorias en Glasboro, New Jersey. En el primer congreso de la OLAS, en agosto de 1967, Fidel Castro atacó al Partido Comunista venezolano por no colaborar con el dirigente guerrillero Douglas Bravo. En octubre de 1967 fue matado Che Guevara en Bolivia después del fracaso total de su grupo guerrillero, debido en parte a la falta de cooperación del Partido Comunista boliviano. En enero de 1968, Aníbal Escalante y otros viejos e importantes miembros del Partido Comunista Cubano fueron acusados de actividades microfaccionales y fueron sentenciados a prisión. La breve independencia de Cuba de la Unión Soviética terminó en agosto de 1968 cuando Fidel Castro aprobó con ciertas reservas la invasión soviética de Checoslovaquia. Dos meses después, en el congreso de la UNEAC celebrado en Cienfuegos, el gobierno formuló una nueva política cultural que, sin embargo, no logró detener la publicación de las nuevas novelas tipo *boom* hasta finales de 1970.

El florecimiento de la narrativa cubana entre 1966 y 1970, especialmente entre 1966 y 1968, coincidió con el reconocimiento internacional otorgado a un grupo de escritores latinoamericanos como Julio Cortázar, Gabriel García Márquez y Mario Vargas Llosa, quienes estaban entonces identificados con la Revolución. De la misma manera que el año 1967 marcó el momento culminante de la narrativa cubana, también marcó el auge del *boom* de la novela hispanoamericana: en junio, *Cien años de soledad*, de García Márquez, se convirtió en un *best-seller;* en agosto, *La casa verde*, de Vargas Llosa, ganó el primer premio Rómulo Gallegos en Caracas, donde se desplegó un entusiasmo que hasta entonces el público reservaba sólo para artistas de cine y héroes deportivos; en octubre se concedió el premio Nobel de Literatura a Miguel Ángel Asturias.

La narrativa latinoamericana de los años sesenta se distingue de la mayor parte de las novelas de la década anterior por la experimentación dinámica y la visión épica que contiene. Si bien los cuentos filosóficos y cosmopolitas de Borges y Arreola y las novelas existencialistas de Onetti, concentradas en la angustia del habitante urbano, predominaron en los cincuenta, en la década del sesenta surgió la novela de proporciones épicas que utilizaba una serie de recursos experimentales para expresar una visión revolucionaria de la historia, la geografía y las etnias nacionales, a la vez que creaba personajes de complejidad psicológica que se regían por mitos y arquetipos universales: *Hijo de hombre* (1960), de Augusto Roa Bastos; *La muerte de Artemio Cruz* (1962) y *Cambio de piel* (1967), de Carlos Fuentes; *Sobre héroes y tumbas* (1962), de Ernesto Sábato; *La casa verde* (1967), de Vargas Llosa, y *Cien años de soledad* (1967), de García Márquez. Paradójicamente, y a pesar de ser la obra menos nacionalista de la nueva producción, *Rayuela* (1963), de Julio Cortázar, fue de cierta manera tal vez la novela más representativa del *boom* por constituir una crítica muy fuerte no sólo contra la sociedad burguesa argentina, sino contra la sociedad burguesa occidental en general. El sentido de humor absurdista, la ruptura de los márgenes tradicionales del género y la interrogante metafísica y estética de *Rayuela* reflejan la crisis mundial que se manifestó en 1968 con las revueltas estudiantiles de Francia, Alemania, México, Japón, los Estados Unidos y otros muchos países.

Aparte del valor intrínseco de las novelas mencionadas, el éxito se convirtió en *boom* gracias a la tenaz campaña de publicidad dirigida en parte por el crítico uruguayo Emir Rodríguez Monegal (1921). Entre junio de 1966 y julio de 1968 dirigió la revista *Mundo Nuevo,* con sede en París, en la cual dio a conocer a los hispanistas de todo el mundo las obras de los cubanos José Lezama Lima, Guillermo Cabrera Infante y Severo Sarduy. Junto con Alejo Carpentier, respetado internacionalmente, estos hombres constituyen el núcleo del tercer grupo, los escritores cuyas obras demuestran la exuberancia, la experimentación y la madurez artística ausentes en las obras anteriores de la Revolución.

El nuevo virtuosismo respaldado por el ejemplo de los otros novelistas hispanoamericanos estimuló a varios escritores cubanos a que retrataran la Revolución con una perspectiva histórica más amplia que antes. Para 1966 habían quedado establecidas las estructuras básicas de la Revolución y ya no era necesario justificar los cambios en relación con el pasado inmediato, lo que habían hecho las novelas de 1961-1965. Por lo tanto, emprendieron panoramas nacionales más ambiciosos, como había sucedido en la evolución de la novelística de la Revolución mexicana: *El luto humano* (1943), de José Revueltas; *Al filo del agua* (1947), de Agustín Yáñez; *Pedro Páramo* (1955), de Juan Rulfo; *La muerte de Artemio Cruz* (1962) y *Cambio de piel* (1967), de Carlos Fuentes. Además, la mayor libertad artística permitió a muchos autores aplicar los nuevos recursos técnicos a temas apolíticos o a los mismos temas ya elaborados en las novelas de 1959-1960 y de 1961-1965.

Aunque la mayoría de las novelas publicadas entre 1966 y 1970 fueron escritas por autores nacidos más o menos entre 1927 y 1932, la fuerza de esta explosión proviene de su poder de atraer a cuatro generaciones distintas, cada una de ellas representada por sus autores más importantes: Alejo Carpentier (1904), José Lezama Lima (1912), Virgilio Piñera (1912), Guillermo Cabrera Infante (1929), Severo Sarduy (1937) y Reinaldo Arenas (1943).

1. Epopeya heroica; epopeya muralística

En este periodo de 1966 a 1968, la mayor libertad artística y el mayor acceso a los recursos técnicos de las novelas consagradas del *boom* permitieron el engendro de varias novelas que intentaron captar la esencia de la Revolución cubana y de identificarla como culminación de la epopeya nacional. Los dos enfoques eran el microcósmico, que podría llamarse la epopeya heroica, y el macrocósmico, que podría llamarse la epopeya muralística.[21]

---

[21] Estas páginas sobre los dos tipos de épicas han sido adaptadas de una ponencia que presenté en la primavera de 1979 en el Coloquio de Yale con la presencia de Alejo Carpentier. De ahí se publicaron las conferencias y ponencias bajo el título de *Historia y ficción en la narrativa hispanoamericana*, de Alejo Carpentier, Rodríguez Monegal y otros, Caracas: Monte Ávila, 1984, 343-358.

La epopeya heroica, cuyos prototipos son la *Ilíada*, la *Chanson de Roland*, el *Poema de Mío Cid* y *Los de abajo*, de Mariano Azuela, se concentra en las hazañas militares extraordinarias de un superhéroe apoyado por un grupo relativamente pequeño de amigos leales, en un periodo histórico de gran significación nacional. Lo que lleva el carácter episódico del conflicto al ámbito de la epopeya es el hecho de que la obra "surpasses the dimensions of realism"[22] y revela "an awareness of historical perspective" (Merchant, 2).

La epopeya muralística, cuyos prototipos son la *Eneida*, de Virgilio; *Os Lusíadas*, de Camõens; *U.S.A.*, de John Dos Passos; *El luto humano*, de José Revueltas, y *La muerte de Artemio Cruz*, de Carlos Fuentes, se basa no sólo en el suceso inmediato, sino en su relación con la totalidad de la historia nacional. Como los murales de Diego Rivera y José Chávez Morado, las raíces del presente se extienden horizontal y verticalmente.

De los dos tipos de novela épica, no cabe duda de que casi todas las novelas épicas de la Revolución cubana pertenecen a la variedad muralística. Partiendo de las inevitables comparaciones con la Revolución mexicana de 1910, si buscamos una versión cubana de *Los de abajo*, veremos que ninguna novela cubana por sí sola representa las hazañas heroicas de Fidel Castro y su pequeño grupo de revolucionarios en la Sierra Maestra, como *Los de abajo* lo hace con el ficticio Demetrio Macías en las montañas de Jalisco y Zacatecas. El equivalente más cercano en Cuba sería la obra autobiográfica de Ernesto Che Guevara, *Pasajes de la guerra revolucionaria* (1963), pero no es novela sino testimonio.

En efecto, la búsqueda de un *Los de abajo* cubana podría ser totalmente inútil debido a diferencias históricas y literarias. Mientras que *Los de abajo* en 1915 era una de las primeras de las llamadas novelas de la tierra o novelas telúricas que habían de predominar en Latinoamérica hasta 1945, ya para 1959 éstas se habían vuelto completamente anticuadas en términos artísticos.[23] Más aún, la Revolución cubana, a diferencia de la

---

[22] Mary McCarthy, *Sunday Times*, 21 de julio de 1968, citado en Paul Merchant, *The Epic*, Londres: Methuen and Co., 1971, 1.
[23] Apenas un mes después del triunfo de la Revolución, Severo Sarduy pudo prever los peligros de basar el futuro arte nacional sobre patrones caducos del pasado:

Adivino que dentro de cinco años nuestra ciudad estará llena de murales con soldados aplastando bajo sus botas mujeres tuberculosas, de lienzos que hablan de cultura popular roja (o amarilla), de poemas "objetivos" donde aparezcan prostitutas de quince años y bombardeos [...] Pues bien, yo digo que todo esto es inútil. Digo que ya es tarde. La Pintura Popular, el Arte Objetivo tuvo que haberse hecho antes. Si Cuba hubiera tenido una figura como Diego

mexicana, no fue un levantamiento básicamente campesino y rural. No eran más que quince los revolucionarios que llegaron a la Sierra Maestra en diciembre de 1956 y todavía para mayo de 1958 sólo había trescientos hombres armados, y para principios de diciembre de 1958 probablemente no había más que 1 500 a 2 000.[24]

Aunque no cabe duda de que Fidel Castro era el héroe carismático de la Revolución, el número de personas involucradas en la violencia urbana fue mayor que el de los guerrilleros que luchaban en la sierra, y la contribución de los primeros puede que haya sido más significativa. Ciertamente esto es lo que sugiere el gran número de novelas y cuentos dedicados a la violencia urbana, particularmente en La Habana. Hugh Thomas afirma categóricamente que "the reasons for Batista's fall did not lie in the Sierra. The field of struggle was in Havana, and in Santiago, and in Washington as well" (941).

En este sentido, la novela que más se acerca a ser la epopeya heroica cubana es *Gestos,* de Severo Sarduy (1937),[25] cuya publicación en 1963 antes de que empezara la apertura artística en Cuba (1966) se explica por su publicación en Barcelona. Además, a excepción de *El siglo de las luces*, de Carpentier, *Gestos* fue la primera novela cubana que reflejó el alto grado de experimentación que había de caracterizar las obras del *boom* hispanoamericano de los sesenta. El héroe épico no es Fidel Castro sino la anónima "Ella", lavandera de día y cantante de noche en un club nocturno, que siempre anda con su pequeño maletín que contiene aspirinas para su persistente dolor de cabeza, y… bombas. La anonimidad de "Ella" se extiende a todos los personajes. La gente pulula por las calles, los niños juegan y las bombas estallan. La hazaña más heroica de "Ella" es volar la planta eléctrica de La Habana.[26] Su pequeña banda épica se reduce a dos

---

Rivera, no hubiera habido Dictadura […] Sí, queremos arte nacional, pero puede hacerse pintura nacional sin llenar los cuadros de guajiros y palmas, puede hacerse teatro nacional donde no aparezcan gallegos y negritos, puede hacerse poesía nacional que no cante a los turistas y a los soldados […] ["Pintura y revolución", *Revolución*, 31 de enero de 1959, 14, citado en Roberto González Echevarría, "Son de La Habana: la ruta de Severo Sarduy", *Revista Iberoamericana*, 76-77 (julio-diciembre de 1971), 730].

[24] Véase Hugh Thomas, *Cuba: The Pursuit of Freedom,* Nueva York: Harper and Row, 1971, 1042.

[25] Aunque Sarduy nació en 1937, su precocidad —publicó poesía en la revista *Ciclón* en 1955-1956 y cuentos en *Bohemia* y *Carteles* en 1957— lo coloca dentro de la generación de 1950. Lourdes Casal define 1937 como la fecha límite para lo que ella llama la primera y la segunda de las generaciones revolucionarias ("La novela en Cuba, 1959-1967: una introducción", *Exilio*, otoño-invierno de 1969-primavera de 1970).

[26] Se refiere probablemente a la explosión del 28 de mayo de 1957: "immense explosion in

colaboradores, que son en realidad sus superiores revolucionarios: su novio blanco y un viejo chino, quienes, junto a "Ella", representan el panorama racial cubano. Se recalca el panorama racial por una vista muy de cerca de la medalla de la Virgen de la Caridad del Cobre que lleva el sereno de la planta eléctrica. En la medalla se ve una lancha con tres pescadores (un indio, un blanco y un negro) amenazados por una tormenta. La Virgen los salvará con tal que se ayuden entre sí. Todavía más importante que el panorama racial, sin embargo, es el hecho de que "Ella" aparece como la representante de las clases bajas en general y de los negros en particular, cuyo constante movimiento establece el ritmo de la novela: "Los negros de La Habana nunca cesan. Cantan siempre. No cesan porque no tienen trabajo, por eso nunca cesan de cantar. Van y vienen a todas horas, van y vienen siempre cantando [...]"[27] El predominio de este estilo oral —antítesis del de Carpentier— concuerda con la tradición oral de la epopeya heroica.

El suceso histórico extraordinario es claramente el movimiento revolucionario para derrocar a Batista, con una conciencia de la relación entre la guerrilla de la sierra y la violencia urbana: "Hoy han comenzado las bombas. Ha comenzado la guerra en Oriente... dicen que tienen hasta aviones... que van a venir en una invasión" (22). Se revela la identificación de "Ella" con el Movimiento 26 de Julio cuando el cantinero le pregunta cautelosamente: "—Usted es un poco barbuda, ¿no?" (35).

Como en la epopeya heroica, la concentración recae sobre los sucesos del presente, pero al lector también se le hace consciente de una mayor perspectiva histórica. A Batista no se le menciona de nombre, pero el ampuloso e hipócrita candidato a reelección claramente se refiere a él como prototipo de los políticos. A los policías se les presenta como abusadores y cobardes; se hace burla de la libertad de prensa, y la influencia norteamericana se presenta de una manera negativa a través de marineros tirabotellas, Testigos de Jehová que marchan y gritan y el predominio del idioma inglés en el Picasso Club. A medida que se acerca la victoria final, "Ella" alude en su propia manera pintoresca a los cambios revolucionarios del futuro, en la penúltima página de la novela: "Habrá que cambiarlo todo, que virar la vida boca abajo, y luego salir de pronto a la calle, a cualquier esquina e ir sorprendiendo a cada uno que pase para sacudirlo

---

Havana which cut off telephone, electricity, gas and water for over fifty homes" (Hugh Thomas, 942).
[27] Severo Sarduy, *Gestos*, Barcelona: Seix Barral, 1963, 12.

por los hombros y gritarle: oiga, mire, coño, hay que virar la vida al revés" (139). A pesar de ese tremendo entusiasmo, la novela termina con una nota escéptica. La oración que sigue a esta cita reza: "O quizá sea mejor que me vaya antes de que empiece la montaña rusa" (139), es decir, que la Revolución tendrá sus altibajos. En la página siguiente, la última de la novela, el idealismo revolucionario cede lugar al pragmatismo de la vida diaria: "He perdido toda la tarde. Toda la tarde. Ni siquiera he lavado" (140).

Aunque el título "gestos" puede significar "ademanes" o muecas, la predilección de Sarduy por la experimentación lingüística sugiere la connotación de cantar de gesta, el poema épico. Si mi interpretación de *Gestos* como epopeya heroica tiene alguna validez,[28] ¿por qué no ha recibido mayor reconocimiento esta insigne novela, dentro de Cuba lo mismo que fuera de Cuba? Como Sarduy dejó a Cuba en 1960 con una beca para estudiar crítica de arte en París y decidió no regresar, en Cuba se le consideraba, hasta los años noventa, un desertor; sus obras no se publicaron y no se le mencionaba. Sarduy, él mismo, por su asociación con el grupo Tel Quel en París, repudió *Gestos* a medida que fue "progresando", a través de *De donde son los cantantes* (1967), *Cobra* (1972), *Maitreya* (1978) y *Colibrí* (1984) hacia el nuevo concepto de la novela sostenido por los críticos estructuralistas, según el cual el proceso de escritura en sí constituye la novela, con la exclusión de todo contenido tradicional. Sarduy dijo que "lo único que la burguesía no soporta... es la idea de que un autor *no escriba sobre algo, sino escriba algo*".[29] Además, la mayor importancia que se le concede a la lucha urbana sobre la lucha en la sierra y la montaña rusa de la penúltima página ofenderían con seguridad a Fidel Castro.

En contraste con la épica heroica *Gestos*, *De donde son los cantantes* (1967), del mismo Sarduy, se destaca como una de cuatro epopeyas muralísticas que se publicaron en este mismo periodo. De las tres, *De donde son los cantantes* y *Los niños se despiden* (1968), de Pablo Armando Fernández (1930), son las que más se asemejan a las novelas prototípicas del *boom*. Ambas obras tratan de plasmar la esencia total de Cuba mediante

---

[28] Roberto González Echevarría analiza *Gestos* como una parodia de la anterior narrativa cubana, particularmente *El acoso*, de Carpentier. Según él, la novela de Sarduy hace con la narrativa cubana lo que el *Quijote* hizo con las novelas de caballerías y las pastoriles. Aun si la interpretación de González Echevarría fuera correcta, ésta no excluiría la interpretación de *Gestos* como épica heroica. Véanse "Son de La Habana: la ruta de Severo Sarduy", 736-737, y "Rehearsal for *Cobra*", *Review*, invierno de 1974, 39-40.
[29] Severo Sarduy, *Escrito sobre un cuerpo*, Buenos Aires: Sudamericana, 1969, 19-20.

el entretejimiento de los distintos elementos geográficos, étnicos e históricos en una estructura sumamente experimental.

De donde son los cantantes, segunda novela de Sarduy, fue publicada por la editorial mexicana Joaquín Mortiz, poco tiempo después de haberse publicado la versión francesa *Écrit en dansant.* Ofrece una visión sumamente original de la nación cubana basada en tres de sus cuatro componentes raciales: el español, el negro y el chino. En el prólogo, titulado "Curriculum cubense", Sarduy reconoce al indio como una de las cuatro partes integrales de la población cubana, pero en el resto de la novela, que está dividida en tres en vez de cuatro partes, apenas se hacen nuevas alusiones al indio, porque, en opinión del autor, todos los vestigios de la cultura india cubana han desaparecido:

> [...] el conjunto es un trébol gigante de cuatro hojas, o un animal de cuatro cabezas que miran hacia los cuatro puntos cardinales, o un signo yoruba de los cuatro caminos:
>
> > el blanco de la peluca y de la casaca,
> > la china de la charada y el gato boca,
> > la negra lamesca,
>
> y la última —que fue la primera—: la impostura pelirroja, la Cerosa, la Sola-Vaya.[30]

En una de las estampas étnicas del prólogo que confirma la identificación de los indios, se muestra al narrador entre los indios caduveos leyendo al antropólogo Boas con una grabadora magnetofónica a su lado.

A pesar de que en la novela no existe ni la trama ni la caracterización tradicionales ni tampoco un tiempo o espacio fijo y preciso, Sarduy logra rastrear las raíces de Cuba hasta la España medieval y logra captar y reflejar la frivolidad y la corrupción de la sociedad cubana prerrevolucionaria. También la marcha triunfal de Fidel Castro desde Santiago hasta La Habana en enero de 1959 puede haber inspirado al autor para remontar a las procesiones religiosas medievales a Santiago de Compostela, con sus elementos musulmanes, judíos y cristianos. En la tercera parte de la novela se retrocede, efectivamente, hasta la España musulmana del siglo décimo. La búsqueda de Mortal Pérez conduce a las protagonistas Socorro y Auxilio, semitocayas, por distintas regiones de España, como Aragón,

---

[30] Severo Sarduy, *De donde son los cantantes,* México: Joaquín Mortiz, 1967, 20-21.

Castilla, Toledo, La Mancha, Ronda y Cádiz, y por distintos estilos arquitectónicos, como el mudéjar, el plateresco, el barroco y el churrigueresco, con alusiones literarias que van desde el Cid al Quijote. Los viajes constantes de Socorro y Auxilio, que en algún momento son peregrinas mendicantes y en otros prostitutas, permiten a Sarduy dibujar un amplio cuadro de lo que era España antes y durante la conquista de América. Obviamente, la fidelidad cronológica no se toma en serio.

Después de su llegada a Cádiz, Socorro y Auxilio viajan en un barco hacia Santiago de Cuba. La velocidad de este viaje, que se recoge en un espacio menor de una página, es parte esencial en la meta del autor para transformar la realidad en fantasía valiéndose especialmente del encuentro de las protagonistas con sirenas y tritones. La estancia prolongada de ambas en la catedral de Santiago, como organistas, ofrece la oportunidad para comentar el arte y la música[31] coloniales.

La búsqueda de los orígenes de Mortal Pérez concluye con el encuentro de una imagen de Jesús en la catedral de Santiago de Cuba. La peregrinación de la imagen de Jesús, que es Mortal Pérez, que es Fidel Castro, sale de Oriente, deteniéndose en diferentes puntos en su ruta hacia La Habana, en cuyas coyunturas Sarduy procura captar los rasgos lingüísticos y el sabor vernáculo de cada provincia: "Parte del interior de Cuba, de Santiago, recorre de Oriente a Occidente las provincias y el 'habla' de cada una. Porque esta pregunta sobre Cuba se me ha convertido en una interrogación de lenguaje: ¿cómo hablamos, es decir, cómo somos?"[32]

La influencia norteamericana, con su tecnología altamente desarrollada y su sociedad de consumo, se refleja en el bautismo de Socorro y Auxilio como "Las Cristo's Fans" (119), en la descripción de la escalera automática y el ascensor del metro de Las Villas y, finalmente, en el comentario sobre las fotografías que sacan a Jesús al llegar la procesión a La Habana: "¡Lo retratan más que a una botella de Coca-Cola!" (138). Ya en La Habana, a Jesús lo recrucifican con una ventisca y una lluvia de balas lanzadas desde un helicóptero.

La segunda parte de la novela satiriza al corrupto político cubano del régimen de Batista y antes. En "La Dolores Rondón", título de esta segunda parte, se presenta la historia de una cantante mulata camagüeyana, que como amante de Mortal Pérez asiste a sus ascensos de concejal a

---

[31] Carpentier hace lo mismo en *El reino de este mundo* cuando el protagonista Ti Noel se encuentra en Santiago.
[32] Entrevista con Severo Sarduy, en Emir Rodríguez Monegal, *El arte de narrar*, 279.

senador, hasta que cae en la desgracia política que lo conduce al cementerio. Las alusiones a los ritos religiosos afrocubanos, a los inmigrantes haitianos y jamaiquinos, así como a los músicos norteamericanos Duke Ellington, Ella Fitzgerald y Eartha Kitt, subrayan el carácter representativo de Dolores en la cultura negra cubana. El hecho de que Batista era mulato puede haber sido un factor para que Sarduy mezclara la política en la temática de la parte dedicada a los negros, de la misma manera que asoció la religión con los españoles en la tercera parte de la novela. Pero no cabe duda de que la constante de esta parte es la corrupción de la Cuba prerrevolucionaria, que se subraya con la frase "toda tragedia es repetitiva" (79) y con la alteración del orden cronológico en los nueve capítulos dedicados a referir la vida de Dolores Rondón. En esta segunda parte se utiliza exclusivamente el diálogo, logrando un aire de superficialidad que, según la opinión de Sarduy, caracteriza al político de los discursos ampulosos. La cultura negra la concibe Sarduy como teatral, como un diálogo o una interrogación: "La segunda parte corresponde al estrato negro, a las culturas negras. Es una parte de mucha acción, muy teatral, donde no hay ninguna descripción. Son sesenta páginas donde todo es diálogo. La *negritud,* en el fondo, se me aparece como diálogo, como pregunta" (entrevista con Rodríguez Monegal, 278).

La primera parte de la novela titulada "Junto al río de cenizas de rosa" plantea el papel de los chinos en la cultura cubana e introduce los motivos básicos de toda la novela. Aunque no suele concedérsele al chino la importancia cultural que se concede al negro y al español, Sarduy defiende su decisión de dedicarle toda una tercera parte de la novela:

> Los chinos han sido muy importantes en Cuba, porque, aparte su influencia en el orden cultural, están en el centro de la concepción del mundo cubano [...] Esta flauta china es el centro de la música cubana. Eso por una parte, y por la otra el sentido del azar cubano. Debo decirle que allá, en mi país, el azar llegó a proporciones diabólicas, puesto que había entre ocho y diez loterías diarias [...] La charada o lotería y el sentido aleatorio de la vida que se manifiesta en Cuba son chinos. Y creo que el sentido del azar ha sido muy importante en la historia de Cuba [entrevista con Rodríguez Monegal, 277].

Para captar esta concepción, Sarduy da una importancia especial a un cabaret chino de La Habana donde trabajan Auxilio Chong y Socorro Si-Yuen como coristas-prostitutas. El gallego Mortal Pérez, quien en la segunda parte se presenta como político corrupto y en la tercera como imagen religiosa, representa en ésta al general lascivo e impotente que busca exóticos placeres sexuales en un ambiente enrarecido por un humo anaranjado. Además de la prostitución y el *show* cabaretero, la influencia china se asocia a la venta y el uso de drogas y a la bolita, todas estas actividades en complicidad con la policía. La influencia yanqui en la isla se revela cuando la prostituta María deja plantado a un general cubano para marcharse con un infante de la marina norteamericana. Por otra parte, el uso de frases en inglés, alemán e italiano subraya la ausencia de orgullo nacional en la Cuba prerrevolucionaria.

El diálogo entre el autor y un lector cada vez más hipotético (49) que recoge muchos de los comentarios sobre el proceso creativo recuerda a *Rayuela* y otras obras del *boom*. Como su título indica, *De donde son los cantantes* es una parodia de la novela nacional cubana protagonizada tanto por los personajes como por el idioma. "De dónde son los cantantes" es una frase de una canción popular que Socorro canta en Santiago, frase que repercute en otras tonadas populares, tales como "Se acabó lo que se daba" y "Parece que va a llover", que quedaron incorporadas a la jerga del pueblo. Al igual que en la ópera, cada una de las tres partes de la novela comienza con una obertura titulada "Curriculum cubense", en la cual se escuchan los temas básicos de la obra. También abundan los motivos recurrentes, entre los cuales se destacan cuchillos fálicos, serpientes, pelo, plumas, disfraces, identidades múltiples, frutas tropicales, colores verde, anaranjado y violeta, así como figuras geométricas, estas últimas producto de los contactos personales de Sarduy con autores y críticos de la nueva novela francesa.

A diferencia de la recepción de *Gestos* y de *De donde son los cantantes* en Cuba, *Los niños se despiden,* de Pablo Armando Fernández, epopeya muralística más extensa y armada más mecánicamente, fue consagrada oficialmente en 1968 con el premio Casa de las Américas. Igual que las dos novelas de Sarduy y varias novelas del *boom,* el lenguaje es uno de los protagonistas. En un momento dado, afirma el narrador que "nada es superior a las palabras".[33] Aunque la trama y la caracterización quedan subordinadas a la elaboración lingüística, el énfasis que se le da a la Guerra de los Diez Años (1868-1878) como antecedente de la Revolución recoge directamente la celebración oficial del centenario y contribuyó seguramente a que se premiara.

[33] Pablo Armando Fernández, *Los niños se despiden,* La Habana: Casa de las Américas, 1968, 528.

El título *Los niños se despiden* representa el concepto muy amplio que el autor tiene sobre las raíces cubanas. Literalmente se refiere a la emigración hacia Nueva York, antes de 1959, de los jóvenes que querían mejorar su situación económica. Un análisis más profundo del título lo identifica como la proclamación de una nueva Cuba creada por la Revolución, una nueva Cuba que abandona su matriz y se dispone a trazar y andar su propio camino después de muchos años de estar anclada a sus tradiciones. Las raíces de la Cuba prerrevolucionaria remontan en la novela a los relatos bíblicos sobre Adán y Eva y sobre el Arca de Noé. Se recuerdan constantemente las también lejanas raíces africanas por conducto de las anécdotas de Ianita, la nana negra. Al servirse del truco tipográfico de cambiar 1948 en 1498, el autor obliga a los niños a que evoquen a los primeros habitantes indios de Cuba y a los conquistadores españoles. Los siglos XVI, XVII y XVIII se mencionan de vez en cuando, pero las dos primeras guerras de independencia (1868-1878 y 1895-1988) aparecen mucho más frecuentemente. También como antecedentes de la Revolución se plantean discusiones sobre Mella y Guiteras y se alude a la huelga de 1933 contra el presidente Machado.

Sin embargo, esta novela no debería calificarse de histórica. Las 547 páginas se dividen en dos partes desiguales que describen la vida diaria en los años treinta y cuarenta del pueblo imaginario de Sabanas, Cuba, y de Nueva York. En la primera parte, los niños que llevan la voz narrativa escuchan la conversación de los mayores, evocan sus años infantiles y sueñan, a veces, en monólogos interiores. Se crea un ambiente mítico-poético por la semejanza de sus antepasados con ciertos personajes bíblicos: "La intención de panoramizar la historia poetizándola, construyendo mitos, hallando en la posibilidad del mito la posibilidad de la poesía".[34] La realidad, en este mundo onírico, se concentra en sus primeras experiencias sexuales y en la influencia cultural norteamericana. En esta novela, las estrellas de Hollywood (y de las tiras cómicas) desempeñan un papel más predominante que en *La traición de Rita Hayworth* (1968), del argentino Manuel Puig. Diseminadas entre los once capítulos de la primera parte, hay cinco secciones breves, tituladas "Miscelánea", con datos económicos de la industria azucarera, en contraste con las cinco secciones tituladas "Baldío", repletas de folclor afrocubano. En la segunda parte, las secciones "Miscelánea" y "Baldío" ceden su lugar a siete

[34] Reynaldo González, "La palabra, el mito, el mito de la palabra", *Casa de las Américas*, 9, 49 (julio-agosto de 1968), 149.

secciones tituladas "Jardín", en que la perspectiva de la Revolución cubana como Jardín del Edén se contrasta con los quince capítulos dedicados a la visión negativa de Nueva York como antro de maldad y de perdición. Mediante el uso de narradores en primera, segunda y tercera personas, y cartas de Alejandro a sus amigos, el autor complementa los *collages* antes mencionados con descripciones de degradación sexual. Para Alejandro, vivir en Nueva York es "estar como muerto" (396, 409). En cambio, las secciones tituladas "Jardín" están saturadas de un alto contenido poético. En la primera de estas historias, tituladas "Canto a las Antillas", así como en la sexta, se describe el progreso revolucionario en una Cuba donde no existe el analfabetismo ni el latifundio, tal como lo soñara Martí.[35] Al final del último capítulo, numerado 26 (en homenaje al 26 de julio), la novela concluye con la séptima sección "Jardín", en la que se endiosa a Fidel Castro, quien se integra en una especie de Trinidad revolucionaria con la Luz de Yara (1868), el mártir Martí (1895) y Fidel Castro (1959): "He aquí que él está sentado sobre un caballo blanco y es llamado Fiel y Verdadero y juzga con justicia y pelea" (541).

A diferencia de *Los niños se despiden*, *En ciudad semejante,* de Lisandro Otero, es buen ejemplo de una novela épica con lenguaje relativamente sencillo. El cambio de estilo literario entre las novelas de 1961-1965 y las de 1966-1970 está perfectamente representado en los distintos grados de experimentación en los dos primeros volúmenes de la trilogía de Lisandro Otero. Si bien *La situación* (1963) se consideraba la novela más experimental de la narrativa cubana a principios de los años sesenta, *En ciudad semejante* (1970), a pesar de ser más experimental que *La situación,* parece casi tradicional al comparársele con *De donde son los cantantes* y *Los niños se despiden.*

El planteamiento cronológico de seis meses y medio en *La situación* se extiende a los siete años que corresponden a la dictadura de Batista en la segunda novela de Otero. En el primer volumen, Luis Dascal, existencialista, es el único protagonista; en el segundo volumen le acompañan dos héroes revolucionarios cuyas experiencias se narran en segunda persona, en dos series de capítulos independientes: Raúl Figueroa en "Retrato de un héroe", y Julia Salazar en "La educación revolucionaria". En el segun-

---

[35] Sin embargo, esta misma sección contiene alusiones inconfundibles a la controversia de 1968 entre el gobierno y los intelectuales: "Hay que defender el barco, pero por defenderlo no vamos a matarnos unos a otros [...] todos ahora se miran de la manera más extraña. Nadie se dice nada. El barco parece un gran fantasma, repleto de fantasmas [...] No sé qué sospechan, llamándose hermanitos, mientras piensan en lo que piensa el otro [...]" (487-488).

do volumen, a medida que se acelera el ritmo revolucionario, el autor intenta presentar un panorama dinámico que abarque lo más ampliamente posible los sectores de la sociedad tanto contemporáneos como históricos que contribuyeron al triunfo de enero de 1959. El personaje Gabriel Cedrón, "el padre de la patria", en *La situación,* representa en el segundo tomo al ex presidente Carlos Prío Socarrás, quien coopera económicamente con los rebeldes y gestiona el envío de armas a la sierra. No obstante, se opone a la actividad revolucionaria de su hija María del Carmen y la manda a Miami en 1958. Luis Dascal se deja atraer por la misma María del Carmen, su novia, al movimiento revolucionario, pero nunca se compromete totalmente en la lucha. Sin esforzarse mucho, distribuye panfletos y alguna que otra vez se ofrece para transportar activistas de un sitio a otro y hasta resulta herido accidentalmente en un encuentro entre policías y estudiantes cuando los primeros dispersaban un mitin político. Aunque Dascal progresa moral y políticamente, no puede, sin embargo, romper con su pasado. Se siente desilusionado con su mentor político, el muy respetado, pero excesivamente santurrón, doctor Pedroso; pero mantiene la compañía de sus dos amigos ociosos Arsenio, un esteta cínico, y Octavio, un comunista dogmático y exclusivamente teórico. Hasta el final del volumen, cuando Dascal visita a la revolucionaria moribunda Julia Salazar, su actitud continúa siendo ambivalente y al parecer seguirá sin definirse en el tercer volumen, *Árbol de la vida,* que no se publicó hasta 1990.

Las dudas sobre la Revolución que Dascal y otros personajes negativos no pueden extirpar quedan opacadas por la sincera devoción de un grupo de revolucionarios cuyas raíces se extienden hasta la Guerra de los Diez Años (1868-1878), y de forma un tanto más artificial hasta el descubrimiento y la conquista de Cuba por los españoles. Los héroes más representativos son Raúl Figueroa y Julia Salazar, que "se escapan" de las secciones a que están destinados para convertirse, independientemente, en personajes de los quince capítulos individualmente titulados, que constituyen la parte esencial de la novela. Raúl es un estudiante universitario que fomenta actividades revolucionarias en La Habana y acaba por lanzarse a la sierra, donde alcanza el grado de capitán del ejército rebelde. Julia, en cambio, nació en el campo, hija del administrador de una central azucarera, propiedad del zar del azúcar, apellidado Sarría. Después de trasladarse a La Habana, comienza a militar en el Movimiento 26 de Julio junto a Raúl. Se va con él a la sierra y resulta mortalmente herida en una de las escaramuzas decisivas. Con la intención de transmitir el mensaje de que la Revolución no es el producto del esfuerzo de un solo hombre, se menciona poco a Fidel Castro, en tanto Julia y Raúl comparten la gloria con otros compañeros que mueren después de ser perseguidos y torturados por la policía.

La imagen de Cuba como hervidero de violencia se refuerza con quince relatos históricos, titulados "El nacimiento de una nación". En ellos se narran de distintas maneras los antecedentes de la Revolución desde la muerte del presidente Carlos Manuel de Céspedes en 1874, hasta la huida de Batista en la madrugada del Año Nuevo de 1959. Hasta se incluye un poema dedicado a la generación del treinta. Se señala que Céspedes inició la lucha por la independencia cubana, contando solamente con doce hombres, y que fueron también doce los hombres que cayeron junto al general Maceo cuando fue derribado de su caballo por las balas españolas. El número doce se relaciona con los apóstoles de Jesús y vincula a los próceres Céspedes y Maceo con Fidel Castro, quien sobrevivió al desembarco desastroso del *Granma* en compañía de los más o menos doce hombres que lograron adentrarse en la Sierra Maestra.

De todos los héroes históricos, tal vez el que se destaca más es el negro Jesús (sin mencionar su apellido, Menéndez), líder comunista de los obreros azucareros y quien de cortador de caña llegó a ser miembro del Congreso. Al lector le impresiona el asesinato de Jesús en 1947, más por su amistad con la protagonista Julia Salazar que por su significado político. El origen de esa amistad se describe en una de las secciones dedicadas a la formación revolucionaria de Julia: trabajando de cortador, Jesús fue insultado por un administrador de la central Sarría y golpeado por sus esbirros; Julia presenció la escena y afligida le ofreció su amistad.

La relación entre Julia Salazar como personaje novelesco y sus antepasados históricos se estrecha en la última sección de las tituladas "La educación revolucionaria". Moribunda, Julia evoca el ataque al Cuartel Moncada ordenado por Fidel y atribuye a José Martí el plan del desembarco en la provincia de Oriente. En su delirio, no puede definir quién comenzó el proceso revolucionario y entremezcla los nombres de Céspedes, Maceo, Gómez, Martí y Castro con su primo Ciro, mártir de la Revolución, y con Hatuey, el indio rebelde quemado en la hoguera por los españoles en el siglo XVI. Finalmente, es el dios de los huracanes y de la violencia, Mabuya, que "siempre ha actuado contra los que violan a la dulce isla".[36]

---

[36] Lisandro Otero, *En ciudad semejante*, La Habana: Unión, 1970, 364.

quien se identifica como el creador e impulsor de la violencia revolucionaria.

Aunque los antecedentes revolucionarios que se remontan a la época del presidente Céspedes logran crear una visión muralística de la Revolución, el lenguaje de Otero no posee la originalidad y la creatividad artística que caracterizan las obras de Carpentier, Lezama Lima, Fernández y Sarduy.

Aunque en sus novelas y cuentos anteriores a 1959 Alejo Carpentier revela una marcada predilección por la historia panorámica con una fuerte visión enciclopédica, las diferencias entre *Los pasos perdidos* (1953) y *El siglo de las luces* (1962) refleja de cierta manera el cambio experimentado en la novela hispanoamericana: el paso de la temática existencialista con un protagonista urbano individualizado de los años cincuenta a las epopeyas nacionales con una aproximación a la totalidad geográfica, histórica y étnica. Aunque Carpentier terminó *El siglo de las luces* en 1958, no se publicó hasta 1962, demora debida a la necesidad de pulir la novela y al alboroto de los cambios revolucionarios: "Traía en la maleta una novela, *El siglo de las luces,* que había comenzado a escribir en Caracas en 1956 y terminado en la isla de Barbados dos años más tarde, pero necesitaba retoques y el cambio que se observaba en la vida y en la sociedad cubanas me resultó demasiado apasionante para que pudiera pensar en otra cosa. Por eso no se publicó hasta 1962".[37]

Esta novela histórica sobre los efectos de la Revolución francesa en el Caribe, que termina con la sublevación en 1808 de los españoles contra Napoleón, refuerza las ideas planteadas en la primera novela histórica de Carpentier, *El reino de este mundo:* la historia se repite; por muchas sublevaciones o revoluciones que haya, los pobres siguen sufriendo a manos de los que tienen el poder, incluso en el mundo de las hormigas; a pesar de que está condenado a fracasar, el ser humano sigue luchando por mejorar su situación. Aunque *El siglo de las luces* no debe considerarse literalmente una epopeya muralística, bien podrían establecerse analogías con la Revolución cubana. Esta interpretación se apoya en la afición de Carpentier a borrar los límites cronológicos y a elaborar arquetipos universales, tal como sucede en "Semejante a la noche" y en *Los pasos perdidos*. Sobre esto, el mismo Carpentier dijo: "Me apasiono por los temas históricos por dos razones: porque para mí no existe la modernidad en el

[37] Alejo Carpentier, *Bohemia*, 9 de julio de 1965, 27.

sentido que se le otorga; el hombre es a veces el mismo en diferentes edades y situarlo en su pasado puede ser situarlo en su presente" *(Bohemia, 27)*. De hecho, al principio de *El siglo de las luces* no define, a propósito, el periodo histórico: "Me propuse, asimismo, que el lector no supiese que la historia transcurría en los momentos de la Revolución francesa hasta vencidas por lo menos las primeras ochenta páginas" *(Bohemia, 27)*. La escena de la llegada de la guillotina a la isla de Guadalupe en el capítulo veintiuno recuerda aquella de los fusilamientos en el paredón a principios de 1959 y, más concretamente, el juicio de Sosa Blanco en el estadio deportivo de La Habana. Sería imposible establecer lazos incontrovertibles entre ambos procesos, pero las frases siguientes podrían fácilmente describir el ambiente de La Habana:

> Pronto, por sacarse del horror que los tenía como estupefactos, pasaron muchos, repentinamente, al holgorio que habría de alargar aquel día que ya se daba por feriado y de asueto [...] y como la curiosidad por presenciar las ejecuciones era siempre viva donde todos se conocían de vista o de tratos —y guardaba éste sus rencores contra aquél, y no olvidaba el otro alguna humillación padecida [...] la guillotina empezó a centralizar la vida de la ciudad [...] Pero a pesar de las muchas novedades y diversiones traídas en aquellos días a la vida pastoril y recoleta de la isla, podían observar algunos que el Terror empezaba a descender los peldaños de la condición social, segando ya a ras del suelo [...][38]

El consagrado crítico marxista cubano José Antonio Portuondo, al rechazar la posible relación entre *El siglo de las luces* y la Revolución cubana, no hace otra cosa sino fortalecer la relación:

> Al cabo de la lectura de *El siglo de las luces* nos queda el deslumbramiento de su riqueza verbal, el agradable mareo que sigue a la contemplación de un vasto film histórico en el que un amplio y hábil movimiento de masas sacude a los protagonistas y los sumerge en la gran vorágine para devolvérnoslos al fin con una sonrisa escéptica sobre la firmeza y aun la validez de sus ideales políticos. No llegamos a advertir la importancia capital de la Ilustración, ni las consecuencias profundas de la Revolución francesa en nuestras tierras. Pero la novela queda en pie como mural inmenso que retrata lo que fueron aquellos acontecimientos históricos para cierta parte de la burguesía criolla.

Con respecto a la Revolución cubana, *El siglo de las luces* no tiene nada más

---

[38] Alejo Carpentier, *El siglo de las luces,* 2ª ed., México: Compañía General de Ediciones, 1965, 131-132.

que una simple coincidencia cronológica: crecieron juntas, sin relación causal alguna entre ellas [Portuondo, 198-199].

A falta de otros puntos de contacto entre *El siglo de las luces* y la Revolución cubana, se han publicado tantos estudios críticos que huelga comentar y analizar sus valores artísticos indiscutiblemente altos.[39]

Aunque José Lezama Lima (1912-1976) comparte el esteticismo de Carpentier, su carencia de compromiso político podría atribuirse, en parte, al hecho de que nació ocho años después. En tanto que Carpentier es básicamente un producto de la década vanguardista de 1920 —revolucionario tanto en la política como en el arte, que participó activamente en la lucha contra Gerardo Machado—, la generación de Lezama Lima abjuró de la política activa al comprobar que la derrota de Machado en 1933 solamente condujo al advenimiento de otro dictador, Fulgencio Batista, con decidido apoyo norteamericano. Lezama, a diferencia de Carpentier, permaneció en Cuba y se hizo famoso como máximo representante del movimiento de poesía esotérica al que se denominó trascendentalismo, y cuya revista, *Orígenes,* dirigió desde 1944 a 1956. Aunque había escrito algunos cuentos en esos años, no fue hasta 1966 cuando publicó su primera novela, *Paradiso,* que se convirtió rápidamente en un éxito internacional debido en buena parte a los comentarios y análisis sumamente favorables que le dedicaron Julio Cortázar,[40] Mario Vargas Llosa[41] y Emir Rodríguez Monegal.[42]

Paradiso es indudablemente una de las novelas más difíciles y más originales de toda Hispanoamérica, que por su visión panorámica y su experimentación formal encaja perfectamente dentro del grupo de 1966-1970. Los primeros siete capítulos están dedicados a presentar la infancia y la adolescencia del protagonista José Cemí. Mientras su nombre José representa su procedencia española, su apellido Cemí alude indudablemente al

---

[39] Véanse *Homenaje a Alejo Carpentier,* Helmy Giacomán (ed.), Nueva York: Las Américas, 1970, y Eugene R. Skinner, "Archetypal Patterns in Four Novels of Alejo Carpentier", disertación doctoral, Universidad de Kansas, 1969.

[40] Julio Cortázar, *La vuelta al día en ochenta mundos,* México: Siglo XXI, 1967, 135-155, y reproducido en "Para llegar a Lezama Lima", *Unión,* 5, 4 (diciembre de 1966), 36-60.

[41] Artículo publicado en *Amaru,* 1 (1967), publicación de la Universidad Nacional de Ingeniería de Lima, comentado por Emir Rodríguez Monegal en *Mundo Nuevo,* 16 (octubre de 1967), 89-95.

[42] *Mundo Nuevo,* 24 (junio de 1968), contiene una serie de estudios sobre Lezama, incluso uno de Rodríguez Monegal, y una breve selección de sus poesías, cuentos y entrevistas preparada por Severo Sarduy.

nombre de un dios taíno,[43] lo que capta la mezcla étnica que dio origen al pueblo cubano. Por su nombre, por la fecha de su nacimiento, por los antecedentes de varios de sus familiares y por su ambiente social, José Cemí es el representante de las clases altas de la sociedad prerrevolucionaria. Nacido alrededor del año 1904, su infancia transcurre en los primeros años de la independencia política de Cuba. Los fuertes vínculos de la recién nacida república con los Estados Unidos están señalados por el hecho de que el padre de José Cemí, coronel del ejército cubano, se traslada a Pensacola, Florida, en 1917, tras haber eliminado del campo de Cuba a las pandillas de bandoleros. Mediante los orígenes de los abuelos y los bisabuelos del protagonista se proyecta un panorama geográfico, algo histórico y algo étnico de Cuba. Poco antes de que estallara la Guerra de Independencia (1895-1898), una de las bisabuelas maternas de José, hija de un juez que ejercía en la Audiencia de Puerto Rico, había emigrado a Jacksonville en tanto otra de sus bisabuelas había ayudado a los insurrectos. La abuela materna de José era de Matanzas, y el padre de ella de Sevilla, mientras que la abuela paterna había nacido en Pinar del Río, aunque de ascendencia inglesa. Doña Munda, la abuela del coronel Cemí, quien le crió, lamentaba constantemente la mudanza de la familia desde una bella finca de tabaco a un cañaveral. Entre los sirvientes de la familia se encuentran negros y chinos; otros personajes son austriacos, daneses y judíos.

De los catorce capítulos de la novela, los siete primeros parecen una parodia del *Bildungsroman* del siglo XIX. Se presentan la niñez y la adolescencia del protagonista con los antecedentes de sus papás. Con el séptimo capítulo se cierra la primera parte de la novela. Con la muerte del tío de José, que siguió a la muerte de su papá, la familia decide enviar al adolescente a un colegio.

Desde este punto de la narrativa en adelante, los numerosos personajes de la familia de José van desapareciendo poco a poco y el protagonista comienza de forma progresiva a depender cada vez más de sus compañeros de colegio. En el octavo capítulo conoce a Ricardo Fronesis, y en el noveno a Eugenio Foción, personajes que mantendrán su vigencia hasta el capítulo once. En los tres últimos capítulos, los más herméticos de toda la novela, sus dos amigos lo abandonan y José Cemí se encuentra solo junto a varios personajes extraños viajando en un autobús simbóli-

---

[43] Véase José J. Arrom, "Research in Latin American Literature: the State of the Art (A Round Table)", *Latin American Research Review*, 6, 2 (verano de 1971), 110.

co. El simbolismo cristiano se vuelve más claro y José Cemí queda, definitivamente, transformado con sus iniciales en el símbolo representativo de la soledad irremediable de todos los hombres. Cuando Oppiano Licario, su protector misterioso, muere en el último capítulo, José Cemí ya no tiene a nadie que lo proteja, y, como consecuencia, está capacitado y listo para empezar a vivir: "podemos empezar".[44]

Aunque José Cemí es el personaje central de la novela, no cabe duda de que el verdadero protagonista es el lenguaje.[45] De la misma manera que los pintores abstractos se concentran en el medio expresivo con exclusión de la representación, Lezama y otros novelistas de la década de los sesenta se concentran en elaboraciones virtuosistas a base de ciertos motivos recurrentes: el sexo, la muerte, la comida, la música y la religión. Además del simbolismo cristiano, las mitologías griega, asiática y nórdica forman parte integral de la textura de la novela. La prosa de Lezama, al igual que la de Carpentier, es densa y sensual, y se enriquece y se vuelve más compleja por el empleo abundante de metáforas recónditas, confeccionadas en la tradición de Góngora.

Tal como no se puede leer *El siglo de las luces,* de Carpentier, sin pensar en su relación con la Revolución cubana, *El mundo alucinante* (1969), de Reinaldo Arenas (1943), el más joven de los novelistas cubanos asociados con el *boom,* disfraza aún menos su relación. La actitud inconformista de Arenas lo identifica con el protagonista histórico fray Servando Teresa de Mier. En el prólogo, dice explícitamente: "tú y yo somos la misma persona".[46] También ofrece una posible explicación de por qué la novela todavía no ha sido publicada en Cuba: "Estás, querido Servando, como lo que eres: una de las figuras más importantes (y desgraciadamente casi desconocida) de la historia literaria y política de América. Un hombre formidable. Y eso es suficiente para que algunos consideren que esta novela debe ser censurada" (10). La dedicatoria de la novela a Camila Henríquez Ureña y a Virgilio Piñera, "por la honradez intelectual de ambos", subraya las dificultades enfrentadas por los escritores cubanos bajo el gobierno revolucionario, con la excepción de 1966-1968.

Una verdadera Nueva Novela Histórica, antes de que empezara su auge en 1975, *El mundo alucinante* es un palimpsesto de las *Memorias* de fray Servando Teresa de Mier, en el cual también influye la biografía de fray

---

[44] José Lezama Lima, *Paradiso*, 2ª ed., México: Era, 1968, 490.
[45] Véase Julio Ortega, *La contemplación y la fiesta*, Caracas: Monte Ávila, 1969, 91.
[46] Reinaldo Arenas, *El mundo alucinante*, México: Diógenes, 1969, 9.

Servando por Artemio de Valle-Arizpe. Aunque la condena a Napoleón y a Iturbide por haber traicionado los ideales que alimentaron sus respectivas revoluciones se encuentra en la obra original de fray Servando, el retrato del presidente mexicano Guadalupe Victoria en el penúltimo capítulo de la novela de Arenas es una imagen negativa de Fidel Castro creada por Arenas:

> Sin embargo, es tanto el entusiasmo del pueblo por servir al apuesto Presidente, que la cola de la entrada supera siempre la que forman los cuerpos inertes que retiran. El Señor Presidente goza de un apoyo casi unánime. Casi... [195].
>
> Pero a veces el delirio de los admiradores, los aplausos y los gritos de "¡Viva nuestro Gran Libertador!", "¡Viva el que nos redimió del imperio!", junto con la declamación de los grandes poemas de gracia, trascienden los límites acostumbrados (exageran las metas). Entonces, el Señor Presidente, que ya no puede dormir, se levanta algo molesto, sale en calzoncillos hasta el palco presidencial y con suma gracia se lleva el dedo índice a la punta de sus bigotes [196].
>
> [Fray Servando] Qué somos en este Palacio sino cosas inútiles, reliquias de museo, prostitutas rehabilitadas. De nada sirve lo que hemos hecho si no danzamos al son de la última cornetilla. De nada sirve. Y si pretendes rectificar los errores no eres más que un traidor, y si pretendes modificar las bestialidades no eres más que un cínico revisionista, y si luchas por la verdadera libertad estás a punto de dar con la misma muerte [207].
>
> ¿Esta hipocresía constante, este constante repetir que estamos en el paraíso y de que todo es perfecto? Y, ¿realmente, estamos en el paraíso? [207].

Poco antes de su regreso a México durante el reinado de Iturbide, fray Servando se encuentra en la prisión de La Cabaña, en La Habana, donde los colores en su celda aluden directamente al Movimiento 26 de Julio: "El verano. Las paredes de mi celda van cambiando de color, y de rosado pasan al rojo, y del rojo, al rojo vino, y del rojo vino al negro brillante" (182).

No obstante estas citas, *El mundo alucinante* versa casi exclusivamente sobre las aventuras extraordinarias de fray Servando desde su infancia y niñez en Monterrey hasta su muerte en la ciudad de México, y aún después, en Buenos Aires, donde se exhibe su momia como víctima de la Inquisición; luego, y varias décadas más tarde, en Bélgica, donde presentan su momia en un circo famoso. Durante la narración de su vida, el autor refiere los comienzos de la odisea de fray Servando, resultado del sermón polémico que predicó en 1794, en el cual atacó elocuentemente la versión oficial de la leyenda sobre la Virgen de Guadalupe. De acuerdo con su tesis, la Virgen de Guadalupe no se apareció por primera vez en "la sucia capa del indio Juan" (34) en el siglo XVI, sino más bien en la capa de Quetzalcóatl, quien era en realidad el apóstol santo Tomás. Esta tesis no sólo era herética desde el punto de vista religioso, sino que también destruía una de las supuestas contribuciones de España a México y, por lo consiguiente, fortalecía el movimiento independentista. En la novela, fray Servando es encarcelado en la isla de San Juan de Ulloa, en la costa de Veracruz, y logra escaparse comiéndose los grilletes. De ahí en adelante viaja de país en país y de prisión en prisión a un ritmo fantástico: España, Francia, Italia, Portugal, Inglaterra, Estados Unidos, México, Cuba y de vuelta a los Estados Unidos y México. Con perspectivas goyescas, fray Servando denuncia la inmoralidad sexual de la corte decadente del rey Carlos IV y critica los excesos de la Revolución francesa igual que Carpentier en *El siglo de las luces*. Describe las horribles condiciones en un barco negrero en el mar Caribe; las de un tren de carbón primitivo en los Estados Unidos y, más tarde, las de veintinueve carros cargados de negros que son arrojados a la caldera para alimentarla.

Cuando no está en la cárcel, fray Servando conoce y trata algunas de las eminencias políticas y literarias del periodo: Simón Rodríguez, Simón Bolívar, Napoleón, Alexander von Humboldt, Lady Hamilton, Chateaubriand, Madame de Staël y José María Heredia. Arenas no tiene ningún reparo en intercalar personas actuales en su cuadro panorámico de finales del siglo XVIII y principios del XIX. Como el Orlando de Virginia Woolf, como Christine Jorgensen, el Orlando de Arenas, cuyo nombre siempre va acompañado del epíteto "rara mujer" (27), también es bisexual. El asmático José Lezama Lima, que dedicó seis páginas de su *La expresión americana* a fray Servando, y a quien Arenas cita (221), aparece en la novela bajo el disfraz del histórico padre José de Lezamis, "predicando con su voz de muchacho resentido" (201). Alejo Carpentier, aunque no se le nombra específicamente, es uno de los escritores que residen en el palacio presidencial del primer presidente mexicano, Guadalupe Victoria, junto con fray Servando y Heredia. El pasaje siguiente es una alusión directa a la afición de Carpentier a detallar la arquitectura y el escenario en general.

Aquel hombre (ya viejo), armado de compases, cartabones, reglas y un centenar de artefactos extrañísimos que Fray Servando no pudo identificar, recitaba en forma de letanía el nombre de todas las columnas del Palacio, los detalles de las mismas, el número y la posición de las pilastras y arquitrabes, la cantidad de frisos, la textura de las cornisas de relieve, la composición de la cal y el canto que formaban las paredes, la variedad de árboles que poblaban el jardín, su cantidad exacta de hojas, y, finalmente, hasta las distintas familias de hormigas que crecían en sus ramas [198].

2. *Experimentación lingüística*

Las siguientes dos novelas se destacan principalmente por su creatividad lingüística, aún más que *El siglo de las luces, Paradiso* y *El mundo alucinante*. Mientras *Tres tristes tigres* (1967), de Guillermo Cabrera Infante, fue una de las novelas más exitosas del *boom* internacional, *Recuerdos del 36* (1967), de Leonel López-Nussa, no se sabe de ella en el exterior y apenas se conoce dentro de Cuba.

Una versión anterior de *Tres tristes tigres* (pero no la primera), bajo el título "Vista del amanecer en el trópico", ganó el premio Seix Barral de Barcelona en 1964. En ella se describe la vida nocturna de la capital cubana como símbolo del decadente régimen batistiano a finales de los años cincuenta. Al igual que en las novelas de 1961-1965, la existencia antisocial de los protagonistas contrasta con el comportamiento ejemplar de los guerrilleros urbanos y rurales. Según Cabrera Infante, "resultaba un libro de realismo socialista absoluto [...] un libro políticamente oportunista" (entrevista con Rodríguez Monegal, *El arte de narrar*, 64, 66), un libro que desde entonces ha repudiado moralmente. Al cambiar su actitud hacia la Revolución, Cabrera Infante se aprovechó de los reparos puritanos de la censura española a la obra galardonada y la reescribió usando fragmentos de la primera versión. En realidad, comenzó a escribir la novela a mediados de 1961 bajo el título "La noche es un hueco sin borde", inspirado en la confiscación por el gobierno revolucionario de un cortometraje de veinticinco minutos, *P. M.*, que había realizado su hermano Sabá.

Aun teniendo en cuenta la nueva actitud del autor y su nostalgia por La Habana anterior a 1959, sus recuerdos son básicamente "memorias del subdesarrollo", como las denominó Edmundo Desnoes. Esto se ve desde el prólogo mismo de la novela, en el que se muestra al servil maestro de ceremonias del cabaret Tropicana presentando el espectáculo no en castellano, sino en *spanglish*. Además del lenguaje híbrido que sale de su boca, la norteamericanización de Cuba se subraya con la presencia de otros dos personajes: William Campbell, heredero de la industria sopera, y Vivian Smith Corona Álvarez del Real, una *debutante* quinceañera. La vida de los dos representa la influencia estadunidense en Cuba hasta en sus costumbres gastronómicas y de trabajo, éste simbolizado en la máquina de escribir. En fin, hasta las costumbres matrimoniales reflejan lo mismo, o sea, la aristócrata cubana de insigne estirpe española casada con el plebeyo norteamericano enriquecido.

El tono frívolo del prólogo se mantiene a través de las 451 páginas de la novela, cuya extensión refleja la locuacidad consabida del cubano. De una manera parecida, la falta de una trama bien estructurada que pudiera servir de eje novelístico refleja la espontaneidad y la improvisación que se asocian con el carácter nacional de los cubanos en la obra y en la realidad. No hay más que dos hilos novelísticos que siguen reapareciendo durante casi toda la obra: "Ella cantaba boleros", que es la historia de una cantante mulata sumamente obesa, y las confesiones que hace a un siquiatra una perturbada mental casada con un escritor, las cuales se narran en diez secciones numeradas. La undécima sección está colocada al final de "Bachata", la tercera y última parte de la novela, en la cual Arsenio Cué, actor de televisión, y el periodista Silvestre se pasean en automóvil por la ciudad de La Habana jugando con las palabras en desenfrenados retruécanos, utilizando nombres de estrellas de cine y de autores famosos. El tercero de los "tres tristes tigres" es el fotógrafo Codac, quien narra y participa activamente en la sección "Ella cantaba boleros". Las múltiples aventuras de los "tres tristes tigres" se inspiraron, según Cabrera Infante, en su lectura del *Satiricón*, de Petronio. Hay, además, un cuarto amigo, el bongosero y dibujante comercial, Eribó, encargado de contar la historia de otra cantante, Gloria Pérez, a quien él descubre y le da el nombre artístico de Cuba Venegas. El autor representa la dependencia de la vida nocturna de La Habana del turismo norteamericano en la sección titulada "Los visitantes", que consta de la "Historia de un bastón", anécdota narrada dos veces por Mr. Campbell y corregida otras tantas veces por la señora Campbell.

Aunque estas narraciones constituyen trozos del mosaico de lo que fue la vida nocturna habanera —el epígrafe del libro es una frase de Lewis Carroll: "Y trató de imaginar cómo se vería la luz de una vela cuando estaba apagada"— el único protagonista es realmente el lenguaje, más aún que en *Paradiso*, *De donde son los cantantes* y *Los niños se despiden*. Los retruécanos que predominan en toda la obra provienen de Bustrófedon, una especie de mentor de los "tigres", quien en ningún momento aparece físicamente en la novela. Entre los juegos lingüísticos también figuran: una serie de trucos tipográficos, dibujos y páginas en blanco que recuerdan al humorista español Jardiel Poncela (1902-1952); la transcripción de una carta llena de faltas de ortografía y un monólogo en ñáñigo, dialecto negro, escrito fonéticamente, y parodias del estilo de una variedad de autores cubanos: José Martí, José Lezama Lima, Virgilio Piñera, Lydia Cabrera, Lino Novás Calvo, Alejo Carpentier y Nicolás Guillén.

Al escoger el asesinato de Trotski como tema único de todas esas parodias, más las alusiones poco respetuosas a Stalin y al líder comunista cubano Blas Roca, Cabrera Infante expresa la aversión que comenzaba a sentir por el camino que la Revolución tomaba a fines del primer lustro. Retrospectivamente, pone en ridículo la decisión de Arsenio Cué de irse a la sierra con Fidel, la cual identifica con el cabaret La Sierra, con Pancho Villa, con la Legión Extranjera, Ronald Colman y Nicolás Guillén. El propio Fidel queda ridiculizado en la parodia intraducible del poema "Los zapaticos de rosa", de José Martí:

> Váyala fiña di Viña
> deifel Fader fidel fiasco
> falla minú psicocastro
> alfú mar sefú más phinas.[47]

Al final de la novela, Silvestre cuenta el sueño de un amigo, en el que un fuego apocalíptico destruye La Habana, pero de las llamas sale un caballo gris —a Fidel se le apoda Caballo— que se detiene bajo un balcón milagrosamente intacto. Y aunque Cabrera Infante presenta de jinete a Marilyn Monroe, Silvestre elimina cualquier otra interpretación al comparar este sueño con el que tuvo Lydia Cabrera antes del golpe de Estado de Batista en 1952 (421-422).

Recuerdos del 36 (1967), de Leonel López-Nussa (1916), igual que *Tres tristes tigres*, critica el comunismo, lo que sorprende para una novela publicada en Cuba. Sin embargo, se explica por la mayor libertad de expresión en este periodo de 1966 a 1968. Esta novela, poco mencionada, merece mayor reconocimiento no sólo por su contenido anticomunista, sino también por el tono burlón con que se describe la sociedad cubana de los

---

[47] Guillermo Cabrera Infante, *Tres tristes tigres,* Barcelona: Seix Barral, 1967, 210.

años treinta y por su experimentación tanto estructural como lingüística. El marco de la novela lo forman el plan y la ejecución exitosa de un atraco "al estilo Chicago". La absoluta inexperiencia de los asaltantes convierte el atraco en una parodia que establece el tono absurdista de toda la novela. El narrador termina el último capítulo como si el libro fuera un episodio de cine, típico de los años treinta: "Si quiere usted saber, lector, lo que escribió Fernando, lo que vivió Efrén y el destino que le cupo a Onelio y Basilio tanto como a Fernandina, lea sin falta EL EXTRANJERO, próxima novela de esta serie absurda. Ahora desciende el TELÓN".[48]

El grueso de la novela consta de escenas y conversaciones en las que se involucra individualmente a los asaltantes, plasmando así un cuadro panorámico de la sociedad cubana a mediados de la década de 1930. La familia de Tembeleque tiene su procedencia en los esclavistas de antaño, es adinerada, latifundista, americanizada y vive en La Habana. Ellos y sus parientes son ricos, católicos, asiduos lectores del *Diario de la Marina* y viajan con frecuencia a Miami. De acuerdo con el tono absurdista de la novela, el narrador de esta sección sobre Tembeleque es el *guajiro* Efrén Capote. Tembeleque lee a Trotski y después resulta herido en la Guerra Civil española. Entretanto, el guajiro Efrén y su hermano Fernando, poeta, abandonan la provincia para trasladarse a La Habana, donde se reúnen con Onelio, un tercer hermano, que es comunista. Basilio, el cuarto hermano, es un abogado poco escrupuloso que permanece en la provincia para continuar estafando campesinos y quitándoles sus terrenos como hacía en la novela anterior del mismo autor, *Tabaco* (1963).

A través de estos personajes y otros, el autor presenta escenas protagonizadas por el policía corrompido en negocios con prostitutas, el universitario enamoradizo y personalidades artísticas y literarias del periodo: Nicolás Guillén, Félix Pita Rodríguez, Alejo Carpentier, Carlos Montenegro y Carlos Enríquez. Se esboza la historia política de Cuba desde la caída de Machado en 1933 hasta la subida a la presidencia del sargento-taquígrafo Batista con el apoyo de Sumner Welles. Batista es elevado a esa posición después de un diálogo absurdo durante el cual responde "yes" a ocho diferentes preguntas que en español le ha hecho el embajador norteamericano, entre ellas "¿qué piensas de la democracia?" y "¿del Ejército de Salvación?" (159). El sabor de la época se refuerza mediante referencias a las películas, a la pelea entre los boxeadores Joe Louis y Max

---

[48] Leonel López-Nussa, *Recuerdos del 36*, La Habana: Unión, 1967, 194.

Schmeling, a Adolfo Hitler, a la abdicación de Eduardo VIII y al primer ministro británico Neville Chamberlain.

Los dos temas constantes de conversación, no importa el nivel social de que se trate, son el comunismo y el sexo. El autor trata con sorna a una variedad de tipos: el donjuanesco Cheo, fanfarrón que persigue o es perseguido por varias mujeres, todas llamadas Rosa; Fico, el homosexual de figura tarzanesca; prostitutas, adolescentes de ambos sexos y solteronas esperanzadas. La burla de los comunistas puede reflejar la política del gobierno en el bienio de 1966-1968 de independizarse de la Unión Soviética para convertirse en el líder del Tercer Mundo. Casi todos los asaltantes son miembros del grupo Juventud Comunista, pero adoptan el nombre de Jóvenes Martianos. No obstante, el uso del nombre de Martí no impide que Dámaso, comunista doctrinario, critique las limitaciones del apóstol: "Bueno... a mí me parece que a Martí se le ha inflado un poco [...] su estrechez ideológica [...] Martí pudo abrazar la causa del internacionalismo proletario. Estuvo en sazón para ello. En su lugar se contentó con un modesto apostolado [...] la independencia de Cuba lo obcecó, como si libertar a Cuba fuera una gran cosa. ¿No hubiera sido mucho más hermoso liberar a la Humanidad?" (36-37).

Los comentarios sobre Félix Pita Rodríguez, Alejo Carpentier y Carlos Montenegro, tres de los autores cubanos más conocidos de los años treinta, contribuyen a vincular aún más esta obra con *Tres tristes tigres*. Pita Rodríguez, antiguo miembro del Partido Comunista, asiste a un congreso de intelectuales en París, de donde regresa jactándose de sus aventuras amorosas. La descripción enumerativa y excesivamente erudita de una bodega parodia el estilo de Carpentier. Carlos Montenegro resulta muy elogiado, aunque abandonó la literatura en la siguiente década, salió de Cuba después del triunfo de la Revolución y está prácticamente olvidado en la Cuba de hoy.

3. *Continúa el exorcismo*

Aunque el exorcismo del pasado, tema predilecto del periodo 1961-1965, se opacó en importancia durante 1966-1970 con el brote de los panoramas épicos y la exuberante experimentación lingüística, no desapareció totalmente. Al igual que en las obras *La búsqueda, Pequeñas maniobras, Los muertos andan solos, Los días de nuestra angustia* y *Memorias del subdesarrollo* del periodo anterior de 1961-1965, las nuevas novelas exorcistas (y no son pocas) crean la atmósfera de angustia y desesperanza que permeaba La Habana antes de 1959, y describen la obsesión burguesa de riquezas y de sexo de antes y después del citado año. Sin embargo, en varias obras de este grupo también se utiliza una serie de recursos experimentales identificados con las novelas del *boom*.

Si bien Cabrera Infante ve con nostalgia la vida nocturna de La Habana antes de 1959, Nivaria Tejera (1933) presenta el otro lado de la moneda en *Sonámbulo del sol* (1972). Nivaria Tejera, pese a ser destituida en 1965 de su cargo diplomático en Europa igual que Cabrera Infante, no critica al gobierno revolucionario en su novela ni reniega del comunismo. Por el hecho de haber sido publicada en 1972, después de ganar el premio Seix Barral de 1971, *Sonámbulo del sol* no cabe dentro de los límites cronológicos del tercer periodo 1966-1970. Sin embargo, hay que tener en cuenta que estos límites se refieren más rigurosamente a las novelas publicadas en Cuba.

El título se refiere a un mulato desempleado que camina de día por La Habana. De acuerdo con el sonambulismo del protagonista y el despiadado sol tropical, la novela se caracteriza por las impresiones visuales altamente poéticas y vagamente situadas entre 1953 (comentarios sobre la coronación de la reina, probablemente Isabel II de Inglaterra) y 1958 (alusiones a la brutalidad policiaca y a la huelga general, quizá la malograda de abril de 1958). Pese a la influencia de las nuevas novelas francesas de Nathalie Sarraute y Alain Robbe-Grillet, la técnica artística no es obstáculo para que el mensaje exorcista se manifieste con toda claridad. La trama y la caracterización se reducen al mínimo y la gente se deshumaniza por la personificación de objetos inanimados que se presentan como complejas figuras geométricas: "Uno y otro parecían estar a igual distancia separados por la tabla horizontal que sostenía los soportes verdes del banco".[49] No obstante, Tejera logra penetrar bajo la superficie y revela un extenso panorama de la corrupción y decadencia de la sociedad cubana antes de 1959.

Sidelfiro, el protagonista y único personaje nombrado en toda la novela, lleva tres años en La Habana. Recuerda las adversas condiciones de vida en el cafetal de Santa Clara, pero su incapacidad para encontrar trabajo en La Habana hace que le parezcan peores las condiciones de la ca-

---

[49] Nivaria Tejera, *Sonámbulo del sol*, Barcelona: Seix Barral, 1972, 91.

pital: "y si me dieran un chancito aunque fuera pa cartero aunque fuera en el muelle, viejo, pa la pesetita pal café con leche... lo que pasa es que aquí en la habana todo el mundo está enviciao" (13). La sociedad cubana se divide entre los negros y los blancos. Los ricos asisten a conciertos, no porque aprecien la música, sino para figurar en las crónicas sociales. La élite cultural es duramente criticada por su verborrea. Los políticos son ampulosos y fraudulentos. Los turistas norteamericanos, los infantes de la marina y los diplomáticos reciben también su descarga crítica.

Pasada la mitad de la novela, Sidelfiro consigue trabajo de mensajero en un ministerio del gobierno, circunstancia que aprovecha la autora para comparar y contrastar la vida superficial de las secretarias con la degradación que sufre el gran número de desempleados que invaden día tras día las salas de espera por el aviso de una vacante. Aunque la autora acude a un simbolismo bastante obvio para pintar la vida trágica del protagonista —tiene 33 años y la fecha también alude a Jesús: "Hoy lunes 22 pascuas resurrección de Cristo" (107)—, no se deja caer en el sermón. La superficialidad de las secretarias se nota directamente en sus propias conversaciones, en tanto que las opiniones sobre La Habana y sobre Cuba en general se transmiten por el protagonista.

En *Mariana* (1970), David Buzzi (1932) emplea un estilo poético con simbolismo cristiano con el propósito de anunciar el toque a muerte para los restos de la sociedad burguesa que sobrevivieron hasta mediados de la década de 1960. Las dos constantes de la novela son el tema exorcista y la experimentación estructural más que lingüística. En contraste con las dos novelas anteriores de Buzzi, el número de personajes y de hilos novelísticos está bastante reducido; se define más sutilmente el mensaje revolucionario, y la visión prosaica y poco inspirada de la realidad se remplaza con un mundo magicorrealista poetizado y mitificado. Sin embargo, la identidad imprecisa de los personajes y de los narradores, más la confusa cronología, parecen demasiado urdidos y las influencias de otros autores no están bien asimiladas.

Las dos primeras novelas de Buzzi, *Los desnudos* (1967) y *La religión de los elefantes* (1969), se ocupan básicamente del mismo tema que *Mariana*, sólo que de forma mucho más específica y con el empleo de otras técnicas experimentales. Ambas obras critican a los burgueses prerrevolucionarios inmorales y a los artistas e intelectuales enajenados que son incapaces de adaptarse a la nueva Cuba. Se contrasta la actitud de éstos con el puritanismo revolucionario ejemplificado en la regeneración de las prostitutas. Para crear complejos mosaicos de diferentes niveles sociales, pre y posrevolucionarios, Buzzi acude demasiado al "faulknerismo", o sea que cambia con demasiada frecuencia el punto de vista narrativo; alterna los planos cronológicos, utiliza el mismo nombre para dos personajes relacionados entre sí y urde artificialmente paralelismos entre las distintas tramas.

Los desnudos, aún más que *La religión de los elefantes*, contiene una estructura excesivamente experimental para una vista panorámica de Cuba relativamente limitada entre los años 1958 y 1964. El título, *Los desnudos*, se refiere a la necesidad de los cubanos de desechar sus actitudes prerrevolucionarias para poder rehabilitarse dentro de la nueva sociedad. La dificultad que encierra esta regeneración para el artista es el mismo tema de *Memorias del subdesarrollo*, de Edmundo Desnoes.

Igualmente compleja y doctrinaria, *La religión de los elefantes* luce mayor unidad estructural que *Los desnudos*, dado que los variados y diferentes hilos de su argumento se derivan de una forma u otra de la familia burguesa de Virginia Troncoso. El título enigmático se refiere a Virginia y a Pablo, su marido artista, ambos incapaces de adaptarse a la Revolución y quienes buscan consuelo en la Iglesia. En otras palabras, son elefantes que viven en el pasado. Las experiencias de Pablo en un barrio de mala muerte durante su alejamiento de Virginia se entretejen con las experiencias sexuales de ésta con la prostituta Alejandra; con el noviazgo de Grisel, la hija comunista de Virginia, y Alex, universitario pobre, hijo de Alejandra, quien más tarde se rehabilita, y con otros hilos novelescos. Los diferentes hilos se trenzan en la acción militar que tiene lugar en las montañas del Escambray, donde intervienen casi todos los personajes. El fondo histórico se refuerza con intervenciones periódicas de titulares de prensa y escenas con Fidel Castro, descrito como "el hombre grande de la barba espesa".[50] Se mitifica a Fidel aún más en el relato del soldado herido mortalmente, quien escribe el nombre de FIDEL con su propia sangre antes de morir.[51]

Aunque en *Los caminos de la noche* (1967) Noel Navarro también usa los rasgos experimentales asociados con Faulkner, se distingue de Buzzi y de sus colegas más famosos —Carpentier, Lezama Lima, Sarduy, Fer-

[50] David Buzzi, *La religión de los elefantes*, La Habana: Unión, 1969, 11.
[51] Bajo el título de "Tengo que hacerlo", este cuento figura en *Narrativa cubana de la revolución*, antología de Caballero Bonald, y en *Cuentos de la Revolución cubana*, antología de Ambrosio Fornet.

nández y Cabrera Infante— por su estilo simple y poco adornado, casi a la manera de las tiras cómicas, el cual concuerda con las muchas ilustraciones de pop art —Andy Warhol y Roy Lichtenstein— que forman parte íntegra de la novela. El experimento es interesante y quizás explique que los personajes resultan más estereotipos que personajes de carne y hueso, pero la obra en conjunto no satisface.

Una ausencia de adorno lingüístico también caracteriza *Canción de Rachel* (1969), de Miguel Barnet, que corresponde tanto a un concepto diferente de la narrativa como a la rebelión generacional. Barnet, nacido en 1941, así como sus colegas contemporáneos nacidos a finales de los treinta y principios de los cuarenta, se sintió menos traumatizado que sus antecesores por el golpe de Estado de Batista en 1952 y más abiertamente regocijado por el triunfo de la Revolución en 1959. Aunque eran adolescentes durante la dictadura de Batista, llegaron a adultos y comenzaron a escribir durante el proceso revolucionario de los años sesenta. Por lo tanto, se diferencian de la generación de 1950 en que no necesitan exorcizar el pasado, están inmunizados contra el virus existencialista y, salvo notables excepciones, tienden a rechazar la experimentación lingüística y estructural de sus colegas anteriores, para adoptar un tipo de literatura más directa, que a veces llega a ser documental. Esto se nota particularmente en el género del cuento, como puede apreciarse en *Los años duros* (1966), de Jesús Díaz (1941); *La guerra tuvo seis nombres* (1968), de Eduardo Heras León (1941); *Condenados de Condado* (1968) y *Cazabandido* (1970), de Norberto Fuentes (1943), y en la antología del chileno Bernardo Subercaseaux titulada *Narrativa de la joven Cuba* (1971).

No obstante, las dos obras de Barnet, *Biografía de un cimarrón* (1968), internacionalmente elogiada, y *Canción de Rachel* (1969), son de cierta manera tan innovadoras como *Paradiso, Tres tristes tigres, De donde son los cantantes* y *Sonámbulo del sol*. Barnet, al emprender una nueva especie de obra biográfico-testimonial, en realidad se separa del concepto tradicional de la novela apróximandose a la llamada *non-fiction novel* de *In Cold Blood* (1966), de Truman Capote, y de *The Armies of the Night* (1968), de Norman Mailer, y a los libros antropológicos de Oscar Lewis, *Five Families* (1959) y *The Children of Sánchez* (1961). *Biografía de un cimarrón*, por estar basada en una serie de entrevistas grabadas, con Esteban Montejo, un antiguo esclavo de 108 años, es en realidad una biografía y no debe considerarse una novela. En cambio, *Canción de Rachel*, que versa sobre un personaje que también refiere en primera persona su pasado, sí puede definirse como novela. En este caso, la protagonista no es histórica, sino un personaje de ficción, una cupletista nacida alrededor de 1892. Durante el régimen de Batista recuerda toda su vida en orden cronológico y especialmente el periodo comprendido entre el año 1902 y finales de los veinte. Los recuerdos de Rachel se recrean en el mundo de fantasías de los cabarets y *music-halls,* que evocan la película de Sarita Montiel *El último cuplé* y el cuento de Humberto Arenal "Mr. Charles" (1964), frecuentemente recogido en antologías. Sin embargo, si bien Arenal pone énfasis en el aislamiento existencialista y la angustia de su protagonista en tiempo presente, Barnet se empeña más en recrear los primeros años de la Cuba independiente a través de los ojos de su protagonista. La rebelión de los negros en 1912 se destaca más que en ninguna otra novela. También se mencionan varios presidentes y otras figuras históricas, pero nunca se pierde de vista la protagonista Rachel con los relatos de sus distintos amoríos, que la proyectan como un verdadero ser humano. Otras dimensiones de su carácter se revelan con los comentarios de otros personajes y con los recortes de periódicos que el autor intercala de vez en cuando. Como Barnet no está tan obsesionado con la experimentación estructural y lingüística como sus antecesores, puede adaptar su propio estilo al mismo género que cultiva Rachel. Aunque el autor no da la impresión de añorar aquellos viejos tiempos de los veinte y antes, tampoco está obsesionado con condenar el pasado, tal como hicieran Arcocha, Buzzi, Desnoes, Fernández, Navarro, Otero y Soler Puig. Esta nueva postura podría significar el primer indicio del ocaso del tema exorcista en la narrativa cubana futura.

4. *Otra vez, la tiranía batistiana*

Dada su característica sumamente dinámica y su idealismo revolucionario, la temática de la guerrilla urbana de los años 1957-1958 fue resucitada durante el *boom* de los años 1966-1970 y es probable que sobreviva al tema exorcista. Además de *Gestos,* de Severo Sarduy, cinco novelas publicadas en 1967 y 1968 retratan este periodo emocionante con distintos grados de experimentación, de acuerdo con la moda literaria de la época: *Ciudad rebelde* (1967), de Luis Amado Blanco (1903-1975); *Siempre la muerte, su paso breve* (1968), de Reynaldo González (1941); *Viento de enero* (1968), de José Lorenzo Fuentes (1928); *Reportaje de las vísperas*

(1967), de Gregorio Ortega (1926), y *Rebelión en la octava casa* (1967), de Jaime Sarusky (1931). Aunque estas novelas narran la persecución y tortura de los revolucionarios antibatistianos, cada una de ellas es diferente en cuanto a la intensidad con que tratan el tema. Entre todas, sólo dos se limitan al periodo 1957-1958; las otras hacen el contrapunto entre esos años y otros periodos. Dos de ellas se sitúan exclusivamente en La Habana; una casi totalmente en la capital y las otras dos en provincia con alguna acción en La Habana. En estas novelas, al igual que en las de 1959 y 1960, la meta principal es derrocar a Batista y no se mencionan los objetivos socialistas de la Revolución. Quizá la diferencia temática más significativa de estas novelas de 1966-1970 está en la identidad de los revolucionarios. Ya no son principalmente universitarios de clase media alta. Sólo en una, *Ciudad rebelde,* provienen los revolucionarios de los mismos sectores sociales y profesionales que en las novelas de 1959-1960 y, aun en este caso, los revolucionarios obtienen ayuda de la clase obrera. En tres de las novelas se omite la procedencia social de los revolucionarios, en tanto que en otra el proletariado urbano, incluidos los negros, desempeña un papel predominante.

A mi juicio, la más interesante de las cinco es *Siempre la muerte, su paso breve,* que también es la más experimental. Como *La muerte de Artemio Cruz,* de Carlos Fuentes, la narrativa en primera, segunda y tercera persona se va alternando junto con diferentes planos cronológicos. Como *Cambio de piel,* de Fuentes; *La traición de Rita Hayworth,* de Manuel Puig; *Tres tristes tigres,* de Cabrera Infante, y *Los niños se despiden,* de Pablo Armando Fernández, las numerosas alusiones a estrellas de cine y a personajes de tiras cómicas indican el predominio cultural de los Estados Unidos en Latinoamérica desde 1930 hasta los años cincuenta, o sea, desde Shirley Temple hasta Rock Hudson. Como en *Cien años de soledad,* se mencionan personajes de otras novelas, como Víctor Hugues, de *El siglo de las luces,* y Luis Dascal, de *La situación,* de Lisandro Otero.

Aunque los recuerdos del protagonista de *Siempre la muerte, su paso breve,* principalmente los sexuales, esbozan la vida pueblerina durante los años treinta, cuarenta y cincuenta, la ausencia de la angustia típicamente existencialista y el papel actual del protagonista, revolucionario preso y torturado, identifican la obra más con las de 1959-1960 que con las de 1961-1965. La acción transcurre en Ciego de Ávila, en la provincia de Camagüey, que el autor disfraza levemente con el nombre de Ciego del Ánima. La fecha es 1958 y el protagonista, escoltado por dos guar-días, asiste al velorio de su madre. Los recuerdos de su niñez, intercalados con impresiones del velorio, se funden gradualmente con la gestación de la Revolución, especialmente de 1956 en adelante.

5. *Distintos grados de escapismo*

Aunque la mayor parte de las novelas sobre la Revolución cubana publicadas en Cuba ha evitado los temas polémicos, todas las que se han comentado hasta este punto tratan distintos aspectos de las causas y las consecuencias de la Revolución, junto con apreciaciones históricas. En esta última agrupación del periodo 1966-1968 se comentarán unas cuantas novelas muy distintas, distintas de las anteriores y distintas entre sí, algunas de las cuales, por escapistas que parezcan, han provocado reacciones polémicas.

Pasión de Urbino (1966), novela corta de Lisandro Otero, no tiene nada que ver con sus novelas anteriores, *La situación* y *En ciudad semejante*. *Pasión de Urbino* parece más bien un ejercicio en experimentación literaria inspirado en películas vanguardistas. Como sucede en la película japonesa *Rashomon*, Otero presenta tres versiones distintas de la muerte de su protagonista, el padre Antonio Urbino: accidente, asesinato y suicidio, y permite al lector escoger entre las tres o aceptar todas. Algunas escenas entre el padre Urbino y su amante Fabbiola, que es su propia cuñada adúltera, hacen pensar en la película *El año pasado en Marienbad*, de Robbe-Grillet, y en otras películas experimentales francesas de los años sesenta. El retratar a un cura sensual y el señalar la inmoralidad sexual de las clases altas podrían identificar la novela con las obras exorcistas, pero no hay ningún intento de ubicar la acción en el periodo prerrevolucionario. A pesar de su calidad relativamente inferior, *Pasión de Urbino* alcanzó cierta fama equívoca por su papel en el caso Padilla.

Aunque el caso Padilla comenzó en realidad en 1961, cuando el gobierno incautó el suplemento *Lunes*, su fase más dramática empezó a finales de 1967 por una controversia sobre los méritos de la novela de Lisandro Otero, que no obtuvo el premio Seix Barral de Barcelona en 1964, ganándolo *Tres tristes tigres*. Padilla fue uno de los escritores invitados a colaborar en el suplemento literario *El Caimán Barbudo*, del diario *Juventud Rebelde*, para opinar sobre los valores de *Pasión de Urbino*. Siendo Otero por entonces vicepresidente del Consejo Nacional de Cultura, Padilla obviamente corrió un gran riesgo al denunciar severamente la novela y al protestar contra la decisión de no publicar *Tres tristes tigres* en Cuba a pesar de su superioridad artística.

Aunque el espacio novelístico de *Celestino antes del alba* (1967), de Reinaldo Arenas, es el campo cubano, no hay ninguna ubicación cronológica y, en general, esta obra es casi totalmente escapista. A pesar de la pobreza de los personajes, el ambiente mágico o de cuentos de hadas impide que sea interpretada como novela de protesta social o novela revolucionaria. Claramente influenciado por William Faulkner y Miguel Ángel Asturias, Arenas presenta un cuadro sumamente poético y fantástico de la sórdida existencia de una pobre familia campesina. El narrador, combinación del Benjy de *The Sound and the Fury* y el protagonista de *El alhajadito*, de Asturias, es un niño retrasado mental que no puede ni sabe distinguir entre la realidad y la fantasía. Su único amigo es su primo mayor y *alter ego*, Celestino, que escribe poesía en los troncos de los árboles, que su abuelo se apresura en derribar. El odio que existe entre casi todos los personajes impulsa al narrador/Celestino a vivir y morir en un mundo de brujas, duendes y fauna que habla. El narrador transforma mentalmente a su madre en una lagartija e imagina que se come la oreja de su abuelo para calmar su hambre. La afirmación del abuelo de que ambos chicos son afeminados por su afición a la poesía, además de los epígrafes y citas incluidas de autores como Oscar Wilde, Jorge Luis Borges, Federico García Lorca, Arthur Rimbaud y Tristan Corbière, sugieren que la novela abogue por el arte puro y por el instinto espiritual del hombre frente a sus necesidades corporales. Esta interpretación indicaría que la novela no es tan escapista y constituye una protesta contra la política oficial del gobierno, que se traduce de cierta manera en el siguiente comentario del autor: "Pero lo triste de todo esto es que cuando alguien se preocupa por expresar las demás realidades, se molestan, o lo tachan a uno de poco realista... el esquema con el cual trabaja el 99 por 100 de nuestra crítica".[52]

La misma defensa del escapismo sobresale en una novela que pretende poner en ridículo la actitud escapista de un intelectual por la transformación de un pueblo al pie de la Sierra Maestra en un mundo de fantasía: *Vivir en Candonga* (1966), de Ezequiel Vieta (1922), que ganó el premio UNEAC de 1965. El protagonista Waldo Uriello es un naturalista que se dedica a coleccionar mariposas en Candonga, un pueblo de Oriente, des-

---

[52] Reinaldo Arenas, "Celestino y yo", *Unión*, 6, 3 (julio-septiembre de 1967), 119.

de poco antes del golpe de Estado de Batista en marzo de 1952. La meta de toda su vida profesional es encontrar la mariposa *Stella aequalis*, descrita en el Diario de Cristóbal Colón, pero que nadie ha vuelto a ver. Aunque Utiello está consciente de la lucha de Castro y sus hombres en las proximidades, no entiende por qué esto debe afectarlo en su búsqueda. Llega a encontrar y capturar la mariposa rara mientras conversa con Camilo Cienfuegos, el cual no es nombrado en la novela, pero resulta perfectamente identificable. Los rebeldes habían tomado el pueblo y ordenaron que fuera evacuado antes de que llegaran los bombarderos del gobierno. Mientras tanto, Utiello sólo piensa en regresar a su laboratorio para fotografiar y estudiar la *Stella* en tanto le quede vida. Lo detiene un encuentro con el propio Fidel Castro (presentado como Alejandro, su *nom de guerre* histórico), quien entabla una conversación muy animada con el "científico loco". Fidel, completamente exasperado, se asombra de que un hombre pueda vivir tan ajeno a la realidad:

—¿Dónde estamos? ¿Dónde usted está parado? ¿Lo sabe? ¿Sabe qué es esto... qué es todo esto que le está pasando? ¿Qué nos pasa? ¿Sabe...? Y dígame ahora qué pinta en todo aquí, en este momento, la *Stella*. (Aunque la tenga en la mano.) Humboldt y el mismísimo ¡Almirante! No importa si Candonga está al arder. El universo [...] si una montaña entera le viene encima. La Sierra toda. ¡Usted no lo sentiría, ¿eh?, tenía ya un acomodo! Una seguridad. ¿No...? ¿Para qué sirve el calendario entonces? ¡Vivir en qué mundo![53]

El sonido de tiroteo de rifles interrumpe la conversación, lo que permite a Utiello regresar a su laboratorio en el pueblo ya abandonado. Sólo encuentra a su sirvienta Lucía, que empaca sus cosas febrilmente. Igual que la sirvienta de don Quijote que ayuda a quemar los libros de su amo, Lucía destruye la *Stella* para liberar a Utiello. Poco después, los B-26, "los yanqui-mastodontes de la aviación batistiana" (84), bombardean a Candonga por segunda vez y Utiello cae muerto.

Lo que pone en duda la ridiculización del escapismo de Utiello es su parecido con don Quijote y la conducta absurda de las fuerzas de Batista. A pesar de su obsesión por fotografiar la *Stella*, el humanismo de Utiello le impulsa a detener su desenfrenada carrera para ayudar a un niño que se encuentra separado y perdido de su familia. En una ocasión anterior había prestado socorro a un sargento del gobierno herido y había acepta-

[53] Ezequiel Vieta, *Vivir en Candonga*, La Habana: Unión, 1966, 59.

do entregar un paquete de documentos a un esbirro de Batista en Candonga. El hecho de que el segundo bombardeo de Candonga sea ordenado como medida de represalia por haber perpetrado un bombardeo equivocado sobre la fiesta de bautismo de la hija de un senador opulento lleva al lector a cuestionar la cordura de los políticos y soldados, que pueden estar más enajenados de la realidad que el idealista y escapista Utiello. Las citas literarias y los apartes humorísticos del autor también contribuyeron a irritar a algunos lectores revolucionarios. Acerca del particular comentó José Antonio Portuondo en su informe sobre los premios UNEAC de 1965, reproducido en la solapa de la novela:

> Su novedad estaba en el modo de abordar, con procedimiento y lenguaje tomados de la novela del absurdo, un tema de absoluto realismo, que desemboca en una aguda sátira del intelectual sorprendido por la Revolución. Este modo satírico y absurdo de expresar un problema fundamental de nuestra hora cubana habría de causar, y seguirá causando, la irritación de muchos. Pero, para algunos jurados, al menos, ésta es precisamente una de las virtudes de la novela.

Igual que *Celestino antes del alba* y *Vivir en Candonga,* el espacio novelístico de *Jira descomunal* (1968), de Samuel Feijóo (1914), también es rural, pero, como reza el subtítulo, es "novela cubana, nativista, costumbrista, folclorista e indigenista". Sin embargo, a diferencia de sus novelas anteriores, *Juan Quinquín en Pueblo Mocho* (1964), *Tumbaga* (1964) y *Pancho Ruta y Gil Jocuma* (1968),[54] *Jira descomunal* revela la influencia de la nueva narrativa latinoamericana por la combinación de una visión más panorámica y una variedad de elementos de pura fantasía. Trasciende al folclor por la intercalación de ciertos fragmentos que revelan una amplia visión histórica de la Cuba prerrevolucionaria a partir de 1868. Además se presenta una sociedad utópica a lo Julio Verne, fundada en el Brasil por unos ucranianos que logran escapar de la Rusia zarista del siglo XIX y que más tarde se van acoplando con los indígenas. Esta mezcla tan rara de pasado, presente y futuro se logra mediante el viaje arquetípico de treinta y dos pasajeros en un ómnibus secuestrado que encuentran en un transbordador zarandeado por un huracán. Cada uno de los personajes narra sus experiencias prerrevolucionarias para pasar el tiempo, mientras el

---

[54] *Pancho Ruta y Gil Jocuma,* lo mismo que *Jira descomunal,* se publicaron respectivamente en los números 28 y 29 de la revista *Islas* de la Universidad Central de Las Villas en Santa Clara. Las otras dos novelas se publicaron como tomos individuales por la misma Universidad Central de Las Villas.

transbordador flota a la deriva por el Caribe. Esta técnica *boccacciana* permite al pescador, al artista circense, al sepulturero y a otros representantes de las clases bajas pintar un cuadro de explotación e injusticia. Después que visitan la Utopía brasileña, un barco mágico los devuelve a la costa sur de Pinar del Río, donde los ex pasajeros del ómnibus y los sobrevivientes del naufragio emprenderán una variedad de trabajos revolucionarios. Sin embargo, el mensaje revolucionario demasiado forzado no opaca la destreza deliciosa con que el autor reproduce el habla pintoresca del guajiro cubano.

Por muy escapistas que sean las siguientes novelas de ciencia ficción, igual que *Jira descomunal,* expresan una actitud revolucionaria: *Presiones y diamantes* (1967), del disidente Virgilio Piñera, a quien Reinaldo Arenas dedicó *El mundo alucinante*, así como *El libro fantástico de Oaj* (1966) y *El viaje* (1968), de Miguel Collazo (1936). La popularidad del género de ciencia ficción en Cuba, en toda Latinoamérica y en los Estados Unidos aumentó marcadamente durante los años sesenta a causa de la exploración del espacio que llevaban a cabo los Estados Unidos y la Unión Soviética. En 1969 Óscar Hurtado publicó una antología internacional de 400 páginas. *Cuentos de ciencia ficción. Cuentos cubanos de lo fantástico y lo extraordinario* (1968), de Rogelio Llopis, contiene una sección de ciencia ficción con cuentos de Ángel Arango (1926), Miguel Collazo (1936), Juan Luis Herrero (1939), Germán Piniella (1935) y Manuel Herrera (1943).

El libro fantástico de Oaj (1966), de Collazo, alterna ingeniosamente el relato de un saturniano sobre la Tierra y el relato de un terrícola sobre Saturno. Las naves espaciales van girando por el espacio y aterrizan en La Habana. Los saturnianos llegan en platillos voladores para espiar a sus enemigos. El conflicto crece y termina en una guerra destructiva. El tono del libro es satírico, pero no se aclara cómo la posible metáfora política puede definir cabalmente las relaciones cubano-norteamericanas.

En *El viaje,* Collazo emplea un tono mucho más serio para tratar el problema más profundo de la búsqueda del hombre para encontrar el mundo ideal. Varias generaciones de habitantes del planeta imaginario Ámbar vuelven a vivir las experiencias básicas de la humanidad con resabios del Antiguo Testamento. El último viaje de la novela se realiza para eliminar las causas del dolor y del pesar, para establecer una nueva relación entre la mente y la materia y para crear al hombre nuevo. Si bien este último concepto es una de las metas de la Revolución cubana, no existen otros vínculos entre esta novela y la realidad cubana en general.

En la última novela de Virgilio Piñera, *Presiones y diamantes,* se expresa una actitud más claramente revolucionaria. Si bien *Pequeñas maniobras,* escrita entre 1956 y 1957 y publicada en 1963, refleja el existencialismo y el exorcismo imperantes en el periodo 1961-1965, *Presiones y diamantes* está conforme con los rasgos generales de la novelística cubana de 1966-1968. De acuerdo con la fórmula absurdista, Piñera emplea un estilo directo y bastante simple para exagerar extremadamente las imperfecciones de la sociedad. Los elementos de la ciencia ficción podrán parecer escapistas, pero los rascacielos, el metro, los chicles, los contraceptivos y el hecho de que el protagonista-narrador sea un vendedor de joyas identifican la sociedad que se desintegra como una especie de Nueva York, que simboliza a los Estados Unidos y al mundo capitalista en general. Aunque no se menciona a Cuba, la implicación fundamental es que el futuro pertenecerá al nuevo hombre socialista.

Fase cuarta, 1971-1974:
la novela ideológica, realismo socialista

No cabe duda que la cuarta fase representa un cambio brusco de la tercera. En contraste con las más de treinta novelas audazmente experimentales publicadas en Cuba entre 1966 y finales de 1970, no se publicaron más que seis novelas en 1971 y ninguna en 1972 y 1973. El premio Casa de las Américas para 1970 y para 1971 se concedió a novelas cubanas ideológicamente correctas: *Sacchario,* de Miguel Cossío Woodward (1938), y *La última mujer y el próximo combate,* de Manuel Cofiño López (1936). El premio Casa de las Américas de 1972 se otorgó a un boliviano, Fernando Medina Ferrada, por su obra *Los muertos están cada día más indóciles,* y el premio de 1974 correspondió a un peruano, Marcos Yauri Montero, por su obra *En otoño, después de mil años.* El premio de 1973 se declaró desierto. También se declararon desiertos los premios UNEAC de 1972 y 1973, otorgados solamente a cubanos. Cinco de las seis novelas publicadas en 1971 reflejan de forma directa la nueva política del gobierno expuesta por el uruguayo Mario Benedetti, simpatizante del régimen, como "una más fuerte presión social, para que los intelectuales se integren en la Revolución".[55]

[55] Mario Benedetti, *Cuaderno cubano,* Montevideo: Arca, 1969, 112.

La nueva política se adoptó en el congreso de la UNEAC, que se celebró en Cienfuegos, en octubre de 1968, como respuesta a la aguda crisis económica y política que obligó a Cuba a buscar relaciones más estrechas con la Unión Soviética: "[...] el escritor debe contribuir con su obra a la Revolución, concebir la literatura como un medio de lucha, como un arma contra las debilidades y los problemas que puedan detener su avance directa o indirectamente".[56] Una clara exposición de esta nueva política la formuló poco más de un año después Juan Marinello, decano de la Universidad de La Habana, en un discurso presentado el 4 de diciembre de 1969, en el que expresa el imperativo de una literatura comprometida y la necesidad de un estilo claro que sea accesible a la mayor cantidad de lectores, con calidad literaria intrínseca:

> Si la literatura ha de ser porción principal de nuestra Revolución —y nadie se atrevería a contradecirlo—, debe hacer fuerzas para sumar en su curso, no importan preferencias de enfoque y estilo, las poderosas ansiedades, los incansables empeños y los enérgicos matices que tejen hoy la vida heroica de nuestro pueblo. Para lograrlo ha de usar el escritor la sabia claridad que llega a todos. En el ejercicio de la asequible novedad está la hazaña de mayor jerarquía. Aspire a su dominio quien pretenda llegar, desde la letra, al nivel de este tiempo cubano. Y no olvide esta verdad cardinal: una etapa comprometida pide una literatura comprometida; pero el compromiso ha de cumplirse a través de un desvelo incansable por la más firme calidad de la obra, con una maestría a escala con el tiempo que se sirve.[57]

En su comentario sobre *Sacchario,* premio Casa de las Américas de 1970, el crítico cubano Ambrosio Fornet expresó una de las más sinceras exposiciones sobre la nueva línea emprendida por la narrativa cubana: "La novela cubana actual —que no ha sentido nunca la tentación del objetalismo— se ha cuidado mucho de no caer en el panfleto. Hoy tenemos la terrible sospecha de que se cuidó demasiado".[58]

Tanto *Sacchario* como *La última mujer y el próximo combate* se diferencian de las novelas del periodo anterior por ser menos audaces en cuanto a la experimentación, por situar primordialmente la acción en el

---

[56] *Granma Weekly Review,* 27 de octubre de 1968, p. 8, citado por Lourdes Casal en "Literature and Society", en *Revolutionary Change in Cuba,* editor Carmelo Mesa-Lago, Pittsburgh: University of Pittsburgh Press, 1971, 460.

[57] Juan Marinello, "Sobre nuestra crítica literaria", *Vida Universitaria,* 21, 219 (mayo-junio de 1970), 48.

[58] *Casa de las Américas,* 11, 64 (enero-febrero de 1971), 183.

campo y por relacionarse más directamente con temas revolucionarios, como la zafra, la lucha contra el ausentismo, el desarrollo de una consciencia revolucionaria genuina y el nuevo papel de la mujer en Cuba. La política igualitaria del Estado socialista se refleja tanto en la disminución del número de imágenes o referencias eruditas, como en la eliminación del dialecto.

Aunque la narración en *Sacchario* de un día en la vida de un cortador de caña voluntario sucede en abril de 1965, sin duda la novela se inspiró en el esfuerzo supremo de cosechar diez millones de toneladas de caña en 1970. No obstante, la zafra azucarera sólo sirve de marco estructural para el verdadero tema: la formación del nuevo revolucionario, que corre paralelamente con la visión revolucionaria de la historia cubana desde los años treinta hasta 1965. El protagonista Darío recuerda su infancia y adolescencia, lo que sirve de pretexto para presentar la imagen ya estereotipada de los años cuarenta y especialmente la de los cincuenta: los cabarets, la bolita, los colegios parroquiales, la influencia norteamericana omnipresente en las tiras cómicas (Buck Rogers, Mandrake el Mago, el Pato Donald), el béisbol (Joe DiMaggio y Minnie Miñoso), las películas, las canciones populares ("You Ain't Nothing but a Hound Dog") y el racismo. El primer paso dado para la creación del nuevo revolucionario ocurre cuando Darío ayuda a los conspiradores antibatistianos. Luego se va a la sierra, pero no sin antes haber sufrido persecuciones, encarcelamientos, palizas y torturas sin delatar a sus compañeros. Su llegada a la mayoría de edad (veintiún años) coincide con el triunfo de la Revolución. Así como la situación en Cuba tendrá que cambiar, Darío reconoce que también él tendrá que "cambiar de piel".[59] El camino hacia el socialismo es duro y largo y exige una despreocupación por el sexo y el amor. Darío recuerda en orden cronológico la creación de los Comités de Defensa de la Revolución, las batallas contra los contrarrevolucionarios en el Escambray y la invasión de Playa Girón, narrando el heroísmo, como también lo hizo David Buzzi, del miliciano herido que escribe el nombre de Fidel con la propia sangre antes de morir. Entre el temor y la fe provocados por la crisis de los cohetes de 1962, Darío ve crecer su conciencia socialista. El socialismo no se gestará gracias a los burócratas en el Ministerio de Industria ni a través de libros teóricos sobre el comunismo, sino más bien gracias a la camaradería y solidaridad de todos durante las crisis más se-

---

[59] Miguel Cossío Woodward, *Sacchario*, La Habana: Casa de las Américas, 1970, 114.

rias de la Revolución: el episodio de los cohetes, el ciclón Flora de octubre de 1963 y la gran zafra azucarera. Un momento clave en la conversión de Darío ocurre cuando adquiere plena conciencia de que tiene que sacrificarlo todo para llegar a ser un verdadero revolucionario: "[...] era necesario romper con todo, rebelarse contra la mediocre ficción de hogar, familia" (245). A pesar de que no se revela ningún problema matrimonial, abandona a su esposa, "[...] y empezó por marcharse a cortar caña" (247).

Así es que la novela termina donde comenzó: en los cañaverales. Todos los recuerdos arriba mencionados se intercalan en las actividades de un solo día de abril de 1965, dividido en una mañana, una tarde y una noche —que constituyen las tres secciones de la novela—. Durante este día, la acción se narra en tiempo presente, y la solidaridad de los cortadores de caña se refleja en un estilo casi neoprimitivo, que se acerca al poema en prosa: "El sonido insistente del silbato. Duermen pesadamente. Encogidos. Doblados en las hamacas. Roncan. Serruchan" (19). El sacrificio del individuo por el grupo también se perfila en el estilo a través del punto de vista narrativo, el cual cambia de personaje en personaje y varía de primera a segunda, a tercera persona, aunque en grado menos audaz que en las novelas del periodo 1966-1970.

Además del protagonista Darío, el otro personaje importante es su compañero segador, el viejo negro analfabeto Papaíto, cuyas experiencias prerrevolucionarias en una central azucarera, en un circo, en los muelles y en el cabaret Tropicana, más su conocimiento de supersticiones afrocubanas, amplían la visión panorámica del pasado de Cuba. Entre otros personajes de menor importancia hay un cortador incapaz de soportar el duro trabajo físico y un barbero ex contrarrevolucionario pero ya "rehabilitado". Mientras se desarrolla la conciencia revolucionaria en Darío, que se revela a través de sus recuerdos, también se desarrolla la conciencia revolucionaria que surge y crece entre los cortadores de caña durante el día. Por la mañana, se destaca la reacción de cada individuo al rudo trabajo de cortar caña. Hasta la hora del almuerzo no hay conversación; cuando ésta tiene lugar, se comentan las últimas noticias leídas en el diario *Hoy* sobre los cosmonautas soviéticos. El esfuerzo común de apagar un incendio en el cañaveral evoca en Darío los recuerdos de los mítines masivos de 1960. Cuando unos obreros se presentan con una vaca muerta, que ha sido atropellada por un tren y se disponen a comerla, Darío establece su superioridad revolucionaria al señalarles que antes deben investigar a quién pertenece el animal. Le aseguran que ya han obtenido el permiso pertinente, y la tensión se disipa en una escena de camaradería amenizada por el humor.

Diseminadas entre las escenas del pasado de Darío y del presente de los cortadores de caña, se encuentran nueve secciones de una página, cada una titulada "Sacchario", que presentan una breve historia de la industria azucarera: párrafos de distintos libros históricos, trozos de cartas y discursos de Carlos Manuel de Céspedes, de Máximo Gómez y del ministro de Agricultura del gobierno de Prío Socarrás, y algunos versos de la canción *Caña quemá - Qué le pasa al Buen Vecino* (211).

Aunque las secciones tituladas "Sacchario" recuerdan *U.S.A.*, de John Dos Passos, el antecedente más directo de esta novela es *Los niños se despiden,* de Pablo Armando Fernández, ganadora del premio Casa de las Américas en 1968. Ambas novelas reflejan la política oficial del gobierno, pero el mensaje de *Sacchario* es mucho más explícito y su lenguaje y su experimentación estructural son menos complejos y, por lo tanto, la novela es más accesible a un mayor número de lectores que *Los niños se despiden*.

La brecha entre autor y lector promedio se salva aún más en la obra *La última mujer y el próximo combate,* de Manuel Cofiño López. Su estilo es simple aunque la estructura es en cierto grado experimental. El vocabulario es limitado, las frases cortas y se repiten frecuentemente las mismas palabras. Las leyendas orales de la región comienzan con la frase "dicen que" y están sangradas para evitar confusiones. Aunque el estilo posee un sabor netamente cubano, como *Sacchario,* no se hacen transcripciones fonéticas como las que se encuentran en *Tres tristes tigres,* ni se crea el dialecto rural como en la *Odisea*.

La última mujer y el próximo combate se sitúa en el año 1965, como *Sacchario,* aunque también se basa en un problema revolucionario más actual: la eliminación de abusos en un Plan revolucionario, consecuencia de la persistente actitud burguesa en la población rural. No obstante, esta obra está menos dedicada al exorcismo del pasado que *Sacchario* y otras muchas novelas de la Revolución. La mayor parte de sus páginas presenta, paso a paso, los esfuerzos logrados del nuevo director, Bruno, por convertir el Plan en una cooperativa ideal. A través de la novela, se insinúa y luego se confirma que Bruno, ex capitán del ejército revolucionario, es el héroe legendario llamado Pedro el Buldocero. Bruno vence, por procedimientos democráticos, la resistencia de los campesinos introduciendo en el Plan la luz eléctrica y luego ofreciéndoles películas. Poco a poco se reduce el ausentismo. Se construyen nuevas viviendas para los campesinos y se les exige que devuelvan al Plan las tierras compradas ilegalmente. Tres grupos representativos de la Revolución ayudan a Bruno a llevar a cabo su misión: el antiguo sargento negro del destacamento de Bruno, un grupo de estudiantes anónimos de La Habana y la Brigada de Mujeres encabezada por Mercedes, joven bonita y laboriosa de quien Bruno se enamora a primera vista. Cuando Bruno necesita ayuda, va a La Habana y la consigue directamente del Comandante (Fidel Castro).

La actitud revolucionaria hacia el sexo se perfila en el contraste entre el héroe Bruno y el antagonista Siaco. Igual que en *Sacchario*, Bruno sacrifica su matrimonio a la causa revolucionaria. En 1959 su esposa, a quien quería, le exigió que escogiera entre ella y la Revolución. Al decidir él por la Revolución, ella pidió el divorcio y se fue a los Estados Unidos. Mercedes y Bruno se enamoran profundamente a primera vista, pero las relaciones son estrictamente platónicas. No existe la menor sensualidad y apenas llegan a tocarse los dedos. Las manos no llegan a tocarse hasta que Bruno agoniza, después de haber sido herido mortalmente por Siaco y tres contrarrevolucionarios con quienes conspira después de que desembarcaron en la costa cercana. En contraste con Bruno, Siaco golpea a su esposa, a quien ya no ama, bebe constantemente y visita frecuentemente a su amante sensual Nati, aburrida con su marido Clemente. Nati recuerda su iniciación a una vida de promiscuidad sexual después de ser violada a la edad de doce años por el hacendado típicamente cruel y licencioso Alejandro de la O. La subordinación del sexo a la Revolución se resume en el título de la novela y queda explicado en uno de los breves pasajes intercalados que dan los antecedentes de Pedro el Buldocero. Cuando le preguntan a Pedro cómo podían vivir sin mujeres él y el resto de los revolucionarios, contestó: "[...] aquí nosotros pensamos en la última mujer que tuvimos y en el próximo combate".[60]

A pesar de la muerte de Bruno, el final de la novela es optimista. Sus asesinos contrarrevolucionarios mueren y las últimas palabras de Bruno son: "tengo fe en la gente. Todo será posible" (329). Antes de su muerte, Bruno logró vencer, con la cooperación del gobierno central de La Habana, la corrupción del director del Plan anterior, el escepticismo de los campesinos, las supersticiones de la cultura popular presentadas con excesiva frecuencia en trozos sangrados precedidos de la frase "dicen que", la naturaleza con insistencia en el polvo y el fango y la infiltración

---

[60] Manuel Cofiño López, *La última mujer y el próximo combate*, La Habana: Casa de las Américas, 1971, 62.

malograda de la CIA. *La última mujer y el próximo combate* es obviamente una novela ideológica al estilo del realismo socialista tanto por su contenido como por su forma. El autor lo confirma con sus propias palabras: *"La última mujer y el próximo combate* ha tenido que ser escrita con un gran rigor ideológico. Eso me ha servido para darme cuenta de que contenido y forma son una sola cosa. Porque cuando tú extremas el rigor ideológico, mecánicamente tienes que exigir más rigor formal".[61]

La consagración oficial de *La última mujer y el próximo combate* como novela revolucionaria ejemplar se confirma en las palabras del crítico oficial José Antonio Portuondo: *"La última mujer y el próximo combate* constituye una realización feliz de novela revolucionaria, entendiendo por tal aquella forma de narración en la cual la imaginación creadora está al servicio de una intención clara y definidamente política: exponer el proceso dialéctico del nacimiento de una conciencia socialista".[62]

OBRAS CONSULTADAS

Novelas

Alonso, Dora, *Tierra inerme,* La Habana: Casa de las Américas, 1961.
Arenal, Humberto, *El sol a plomo,* Nueva York: Las Américas, 1959; 2ª ed., La Habana: Cruzada Latinoamericana de Difusión Cultural, 1959.
Arenas, Reinaldo, *Celestino antes del alba,* La Habana: Unión, 1967.
———, *El mundo alucinante,* México: Diógenes, 1969.
Barnet, Miguel, *Canción de Rachel,* La Habana: Instituto del Libro, 1969.
Becerra Ortega, José, *La novena estación,* La Habana: El Siglo XX, 1959.
Cabrera Infante, Guillermo, *Tres tristes tigres,* Barcelona: Seix Barral, 1967.
Carpentier, Alejo, "El año 59", *Casa de las Américas,* 4, 26, octubre-noviembre de 1964, 45-50. Capítulo de *La consagración de la primavera.*
———, "Los convidados de plata", *Bohemia,* 9 de julio de 1965, 28-32. Capítulo de *La consagración de la primavera.*
———, *El siglo de las luces,* México: Compañía General de Ediciones, 1962.
Cofiño López, Manuel, *La última mujer y el próximo combate,* La Habana: Casa de las Américas, 1971.
Cossío Woodward, Miguel, *Sacchario,* La Habana: Casa de las Américas, 1970.

[61] Manuel Cofiño López, entrevista, *La Gaceta de Cuba,* 90-91 (marzo-abril de 1971).
[62] *Casa de las Américas,* 12, 71 (marzo-abril de 1972), 105.

Desnoes, Edmundo, *Memorias del subdesarrollo,* La Habana: Unión, 1965. *Inconsolable Memories,* traducida por Edmundo Desnoes, Nueva York: New American Library, 1967.
———, *No hay problema,* La Habana: Ediciones R, 1961.
Fernández, Pablo Armando, *Los niños se despiden,* La Habana: Casa de las Américas, 1968.
González, Reynaldo, *Siempre la muerte, su paso breve,* La Habana: Casa de las Américas, 1968.
Lezama Lima, José, *Paradiso,* La Habana: Unión, 1966.
López-Nussa, Leonel, *Recuerdos del 36,* La Habana: Unión, 1967.
Olema García, Daura, *Maestra voluntaria,* La Habana: Casa de las Américas, 1962.
Otero, Lisandro, *En ciudad semejante,* La Habana: Unión, 1970.
———, *Pasión de Urbino,* Buenos Aires: J. Álvarez, 1966.
———, *La situación,* La Habana: Casa de las Américas, 1963.
Perera Soto, Hilda, *Mañana es 26,* La Habana: Lázaro Hnos., 1960.
Piñera, Virgilio, *Pequeñas maniobras,* La Habana: Ediciones R, 1963.
———, *Presiones y diamantes,* La Habana: Unión, 1967.
Sarduy, Severo, *De donde son los cantantes,* México: Joaquín Mortiz, 1967.
———, *Gestos,* Barcelona: Seix Barral, 1963.
Soldevilla, Loló, *El farol,* La Habana: Ediciones R, 1964.
Soler Puig, José, *Bertillón 166,* La Habana: Ministerio de Educación, 1960.
———, *El derrumbe,* prólogo de José Antonio Portuondo, Santiago de Cuba: Consejo Nacional de Universidades, 1964.
Tejera, Nivaria, *Sonámbulo del sol,* Barcelona: Seix Barral, 1972.
Vieta, Ezequiel, *Vivir en Candonga,* La Habana: Unión, 1966.

Crítica

Abella, Rosa, "Bibliografía de la novela publicada en Cuba y en el extranjero por cubanos desde 1959 hasta 1965", *Revista Iberoamericana,* 32, 62, julio-diciembre de 1966, 307-318.
Agüero, Luis, "La novela de la Revolución", *Casa de las Américas,* 4, 22-23, enero-abril de 1964, 60-67.
Arenas, Reinaldo, "Celestino y yo", *Unión,* 6, 3, julio-septiembre de 1967, 119.
Caballero Bonald, José Manuel, *Narrativa cubana de la revolución,* Madrid: Alianza, 1968.
Casal, Lourdes, "The Cuban Novel, 1959-1969: An Annotated Bibliography", *Abraxas,* 1, 1, otoño de 1970, 77-92.

Casal, Lourdes, "Literature and Society", en Carmelo Mesa-Lago (ed.), *Revolutionary Change in Cuba,* Pittsburgh: University of Pittsburgh Press, 1971.
Castro, Fidel, *Palabras a los intelectuales,* La Habana: Consejo Nacional de Cultura, 1961.
Cofiño López, Manuel, entrevista, *La Gaceta de Cuba,* 90-91, marzo-abril de 1971.
Cortázar, Julio, "Para llegar a Lezama Lima", *Unión,* 5, 4, diciembre de 1966, 36-60.
Dumont, Rene, *Cuba, ¿es socialista?,* Caracas: Tiempo Nuevo, 1970.
Fell, Claude, "Rencontre avec Alejo Carpentier", *Les Langues Modernes,* 59, 3, mayo-junio de 1965, 101-108.
Fornet, Ambrosio, crítica sobre *Sacchario, Casa de las Américas,* 11, 64, enero-febrero de 1971, 183.
Giacomán, Helmy (ed.), *Homenaje a Alejo Carpentier: Variaciones interpretativas en torno a su obra,* Nueva York: Las Américas, 1970.
Guevara, Ernesto Che, *Obra revolucionaria,* 4ª ed., México: Era, 1971.
Marinello, Juan, "Sobre nuestra crítica literaria", *Vida Universitaria,* 21, 219, mayo-junio de 1970, 43-48.
Mesa-Lago, Carmelo (ed.), *Revolutionary Change in Cuba,* Pittsburgh: University of Pittsburgh Press, 1971.
Müller-Bergh, Klaus, "Alejo Carpentier: autor y obra en su época", *Revista Iberoamericana,* 33, 63, enero-julio de 1967.
Ortega, Julio, *La contemplación y la fiesta,* Caracas: Monte Ávila, 1969.
Portuondo, José Antonio, "Corrientes literarias en Cuba", *Cuadernos Americanos,* 26, 4, julio-agosto de 1967.
――, crítica sobre *La última mujer y el próximo combate, Casa de las Américas,* 12, 71, marzo-abril de 1972, 105.
――, prólogo a *El derrumbe,* de José Soler Puig, Santiago de Cuba: Consejo Nacional de Universidades, 1964.
Rodríguez Feo, José, "Breve recuento de la narrativa cubana", *Unión,* 6, 4, diciembre de 1967, 131-136.
Rodríguez Monegal, Emir, *El arte de narrar,* Caracas: Monte Ávila, 1968.
―― (ed.), *Mundo Nuevo,* 24, junio de 1968, número dedicado en gran parte a Lezama Lima.
Skinner, Eugene R., "Archetypal Patterns in Four Novels of Alejo Carpentier", disertación doctoral inédita, University of Kansas, 1969.

Periodización de la novela de la Revolución cubana*

Periodo	Sucesos históricos	Tendencias literarias y tipos de novela	Obras ejemplares
1959-1960	Gran entusiasmo general por la Revolución – Juicios públicos de ciertos oficiales de Batista: el paredón – Cambios rápidos – Fundación de la Casa de las Américas	Novelas episódicas llenas de suspenso sobre la guerra clandestina de 1957-1958 en La Habana y Santiago	José Soler Puig (1916), *Bertillón 166* (1960)
1961-1965	Invasión de Playa Girón – Declaración de Fidel de que la Revolución es marxista-leninista – Clausura del periódico cultural *Lunes* – Encuentro de Fidel con los intelectuales: "Dentro de la Revolución, todo; contra la Revolución, nada" – Crisis de los cohetes – Campaña contra homosexuales	Existencialismo – Visión negativa de La Habana prerrevolucionaria	Edmundo Desnoes (1930), *Memorias del subdesarrollo* (1965)
1966-1970	Cuba se identifica con el Tercer Mundo y promueve revoluciones en la América Latina y en África – Denuncia de la microfacción comunista – Muerte de Che Guevara en Bolivia – Fidel apoya la invasión de Checoslovaquia en agosto de 1968 – Estalla la controversia de Padilla	Visión épica y totalizante de la historia de Cuba y experimentalismo dinámico	Pablo Armando Fernández (1930), *Los niños se despiden* (1968)
1971-1974	El encarcelamiento de Padilla y su confesión (marzo-abril de 1971) provocan protestas internacionales y divisiones entre los escritores latinoamericanos y europeos – La nueva política cultural del gobierno exige al artista una contribución más directa al proceso revolucionario	Realismo socialista	Manuel Cofiño López, *La última mujer y el próximo combate* (1971)
1975-1987	Cuba interviene más abiertamente en los conflictos de África y el Caribe: Angola, Etiopía, Granada, Nicaragua – El Primer Congreso del Partido Comunista Cubano (1975) señala mayor institucionalización de la Revolución y conduce a la promulgación de la primera constitución revolucionaria en 1976 – Creación del Ministerio de Cultura – Muchos cubanos se refugian en la Embajada del Perú (1980) y luego sigue el éxodo de Mariel	Novelas policíacas y de contraespionaje; novelas históricas que subrayan la identificación de Cuba con África y el Caribe	Luis Rogelio Nogueras (1944) y Guillermo Rodríguez Rivera (1943), *El cuarto círculo* (1976); César Leante (1928), *Los guerrilleros negros* (1976) y *Capitán de cimarrones* (1982); Antonio Benítez Rojo (1931), *El mar de las lentejas* (1979)

* *Revista Iberoamericana*, 152-153 (julio-diciembre de 1990).

LA QUINTA FASE, 1975-1987: NOVELAS DETECTIVESCAS Y NOVELAS HISTÓRICAS[63]

AUNQUE LA POLÍTICA OFICIAL del gobierno cubano con respecto a las artes no había cambiado desde el periodo de 1971-1974, la década siguiente presenció un aumento significativo en la producción novelística. Esta paradoja puede explicarse por el fomento oficial de ciertos tipos de novelas que contribuyen a las metas internas y externas del gobierno revolucionario. Me refiero, por una parte, a las novelas detectivescas o de contraespionaje y, por otra, a las novelas históricas.

Entre las más o menos ochenta novelas publicadas entre 1975 y 1987, figuran veintiuna novelas detectivescas o de contraespionaje. En 1980 se publicó una antología de 415 páginas titulada *Cuentos policiacos cubanos*, y en 1984 apareció otra antología de 316 páginas titulada *Por la novela policial*, de estudios sobre la novela detectivesca. También se han publicado muchas traducciones de obras detectivescas de Bulgaria, de Checoslovaquia, de Polonia y de la Unión Soviética. Los autores de estos libros detectivescos o de contraespionaje "pueden ganar hasta 15 000 pesos (cinco o seis veces el promedio de sueldo anual, y mucho más que los 1 300 pesos ganados por el autor de una obra de interés limitado)".[64]

El estímulo oficial para este género provino del establecimiento, en 1972, de un concurso auspiciado por el Ministerio del Interior, bajo cuya dependencia funciona la policía. En el coloquio sobre literatura policial celebrado en 1979, con motivo del decimoctavo aniversario del Ministerio del Interior, "la coronel Haydée Díaz Ortega, al hacer las conclusiones, destacó que la actual novela policial cubana contribuirá de modo

---

[63] Este estudio de la fase quinta se publicó en la *Revista Iberoamericana*, 152-153 (julio-diciembre de 1990), 913-932.

[64] Véase Leonard Shatzkin, "Book Publishing in Cuba; How It Works", *Publishers Weekly*, 12 de abril de 1985, 37. James W. Carty, Jr., confirma la popularidad del "spy and crime genre", afirmando que durante las dos últimas décadas "se han producido treinta y siete novelas, quince ensayos testimoniales, trece cuentos —probablemente trece tomos de cuentos—, cinco piezas y dos novelas cortas para niños. Además, se han presentado dramas de ese género en radio y televisión, películas y cuentos con fotos en los periódicos y en las revistas" (*The Times of the Americas*, 2 de octubre de 1986, 3).

positivo a la prevención de actividades contrarrevolucionarias y delictivas antisociales".[65]

Antes de 1972, la única novela detectivesca cubana fue *Enigma para un domingo* (1971), de Ignacio Cárdenas Acuña. Sin embargo, a pesar de su marco prerrevolucionario —la eficacia, la probidad y la cortesía de la policía revolucionaria de 1963 se contrastan con la ineficacia, la venalidad y la brutalidad de la policía prerrevolucionaria de 1951—, no se considera esta obra dentro del canon de novelas detectivescas revolucionarias, porque más del noventa por ciento de la novela narra cómo un detective privado estilo Sherlock Holmes descubre quién fue culpable de un asesinato misterioso.

Las primeras novelas detectivescas cubanas verdaderamente revolucionarias fueron *La ronda de los rubíes* (1972), de Armando Cristóbal Pérez (1938); *No es tiempo de ceremonias* (1974), de Rodolfo Pérez Valero (1947), y *Los hombres color de silencio* (1974), de Alberto Molina (1949). Aunque las tres obras fueron premiadas por el Minint, no fue hasta el año 1976 cuando el género llegó a cobrar verdadera fama, con el éxito popular de *El cuarto círculo*, de dos poetas: Luis Rogelio Nogueras (1944-1985) y Guillermo Rodríguez Rivera (1943). Sólo un mes después de publicarse se habían vendido 80 000 ejemplares. En febrero del año siguiente, los dos autores publicaron un artículo en *La Gaceta de Cuba*, en donde trazaron la evolución de la literatura detectivesca en los países capitalistas y destacaron cinco rasgos que distinguen su propia obra como ejemplo de lo que debe ser la obra detectivesca en un país socialista:

1. *El criminal no es el enemigo de una víctima personal, sino del Estado.*

En *El cuarto círculo*, el asesino es un camionero que mata al sereno de una base de camiones y después a otro camionero. El motivo del crimen fue el robo: el intento de robar el dinero destinado a pagar los sueldos de los obreros, para pagar a alguien que lo sacara del país. O sea que el asesino es un contrarrevolucionario, un "gusano" que quisiera salir de Cuba.

2. *El detective o investigador principal, o sea el protagonista, no es un aficionado brillante ni un detective particular, como Sherlock Holmes y otros que sobresalen, en contraste con los jefes de policía mediocres.*

El investigador principal cubano forma parte de una policía eficaz, bien entrenada y bien equipada técnicamente, y se distingue por "su moral intachable", que le gana la admiración y el respeto del pueblo cubano, a quien representa.

[65] *La Gaceta de Cuba*, 181 (agosto de 1979), 7.

El protagonista-detective, llamado Héctor Román, descubre la identidad del asesino en cuatro días de trabajo intenso. Proviene de una familia humilde y tuvo que hacer una gran variedad de trabajos para sostener, casi desde niño, a su madre viuda. Participó en la lucha contra el dictador Batista, y con el triunfo de la revolución subió rápidamente estudiando sin descanso. Se concentra tanto en seguir la pista del asesino que no se menciona su esposa hasta la página 235 (la novela tiene 266 páginas).

En cuanto a su método, Román explora con gran diligencia todas las posibilidades e interroga con cortesía a los que cree involucrados en el crimen. Cuenta con la técnica moderna de la foto-robot para identificar al asesino, con los conocimientos toxicológicos de su ayudante principal y con un buen grupo de perros rastreadores.

3. *El investigador cubano cuenta con la ayuda de los ciudadanos cubanos y, sobre todo, de los Comités de Defensa de la Revolución.*

En la novela, los presidentes cederistas consultan sus cuadernos y revelan los datos a los detectives. Los cederistas más importantes de la novela son tanto un médico como un profesor de literatura. Insinuando la existencia de cierto desprecio literario por el género policiaco, el doctor afirma la nueva aceptación general de ese género: "—Hay quienes no se atreven a confesar su simpatía por la novela policiaca porque la consideran un género inferior. Pero son los menos. Ya casi nadie se avergüenza de leer novelas policiacas —dijo el doctor con seguridad".[66]

Por diligente e ingenioso que sea el teniente Román, a diferencia de Sherlock Holmes, no puede deshilvanar el misterio por sí solo. En efecto, hacia el fin de la novela se siente parado en sus investigaciones cuando por casualidad una telefonista le ofrece la clave que lo conduce al descubrimiento del verdadero asesino.

4. *Además de la inteligencia del investigador-protagonista, se subraya la importancia del trabajo de equipo en la sociedad socialista.*

El equipo de Román consta del sargento Sierra, toxicólogo, y de otros cuatro agentes eficaces que cumplen con una variedad de funciones, desde investigar los expedientes hasta perseguir a los maleantes y luchar con ellos. Por ejemplo, "Egoscue no tenía el poder de deducción ni la brillantez de Román, o del mismo Sierra, pero su cerebro bien ordenado terminaba siempre por hallar una solución adecuada a cualquier problema" (150).

---

[66] Luis Rogelio Nogueras y Guillermo Rodríguez Rivera, *El cuarto círculo,* La Habana: Editorial Arte y Literatura, 1976, 126.

5. *El propósito de la obra policiaca no es sólo divertir, sino también investigar las causas sociológicas y psicológicas del crimen.*

En este aspecto, *El cuarto círculo* no cumple con el principio. El asesino es un antirrevolucionario que quiere salir de Cuba, pero nunca se explican sus motivos. Tampoco se explican los motivos del jefe del departamento de personal de la unidad por vender ilegalmente piezas de repuesto. Otro sospechoso es un "ausentista reincidente" (36), a pesar de haber pasado varios meses en una granja de rehabilitación, también por robo de piezas. Sin embargo, sería injusto criticar a los autores por este defecto, puesto que raras veces aparece el análisis sociopsicológico en las obras policiacas o detectivescas de cualquier país.

Más que nada, *El cuarto círculo* es una novela de acción y de suspenso, y como tal, merece los elogios que ha recibido. La obra se lee con verdadero interés, tanto por la trama como por la visión que proyecta de la ideología y de la realidad en Cuba. Según el fecundo novelista Noel Navarro, quien prologó la obra: "*El cuarto círculo* reúne, en fin, las condiciones exigidas en las bases del concurso de tener un carácter didáctico y ser un estímulo a la prevención y vigilancia de todas las actividades antisociales o contra el poder del pueblo, además de ser agradable y ágil lectura para todos". En una carta literaria publicada en 1979 en el *New York Times Review,* Peter Winn señala la alta categoría literaria de Luis Rogelio Nogueras: "despite his specialization in a minor genre, many Cuban critics and writers consider Nogueras the most promising novelist of his generation".[67]

La próxima novela de Nogueras, *Y si muero mañana* (1978), también fue bien recibida tanto por los críticos como por los lectores en general. Se trata de una novela de contraespionaje, en la que los cubanos revolucionarios-comunistas no sólo son más idealistas que sus contrincantes capitalistas de los Estados Unidos, sino también más listos. La cooperación desinteresada de los cubanos prevalece, en gran parte, debido a las rivalidades que perjudican los esfuerzos de los que trabajan para la CIA. La novela termina con la victoria del protagonista cubano, quien emplea el karate contra un esbirro chino, empleado de la CIA, que emplea el kung-fu. Mortalmente herido, el protagonista, en un esfuerzo supremo, manda un mensaje cifrado por radio, advirtiendo a los oficiales cubanos que un yate armado va a atacar cierto punto de la isla, a cierta hora, para

---

[67] Peter Winn, "Literary Letter from Cuba", *New York Times Book Review,* 10 de junio de 1979.

desembarcar un grupo de contrarrevolucionarios. La mayor parte de la acción novelesca se desarrolla en Nueva York, Miami y California, con énfasis en la violencia, la inmoralidad y la competencia despiadada de la sociedad norteamericana: "Había tomado el pulso de aquel país, enfermo de cólera, altivez y miedo".[68] En cambio, todos los cubanos revolucionarios-comunistas están muy unidos por "una misma fe en la victoria, un mismo amor a la tierra que los había visto nacer, por una misma fidelidad a la sangre derramada para que esa tierra sea alguna vez el lugar hermoso en el que correrán libres los hijos del comunismo" (62).

La moda de las novelas de contraespionaje y de detectives, que empieza en 1975, va acompañada, por casualidad, de cierta preferencia por la novela histórica. Antes de 1975, con las notables excepciones de *El siglo de las luces* (1962), de Alejo Carpentier, y *El mundo alucinante* (1969), de Reinaldo Arenas (publicada ésta en México), la novela histórica lucía por su ausencia en la Cuba revolucionaria. La publicación, en julio de 1976, de *Los guerrilleros negros,* de César Leante, después de haber ganado el premio de novela de la UNEAC para 1975, marca el comienzo del cultivo de la novela histórica, que produce unas doce obras en diez años, coincidiendo con el auge de la novela histórica en toda Hispanoamérica (véase, por ejemplo, *La guerra del fin del mundo,* de Mario Vargas Llosa). Aunque la novela de Leante, que narra la vida de un cimarrón a comienzos del siglo XIX, respondía perfectamente a la nueva política oficial de hacer resaltar las raíces africanas de la nación cubana, otras novelas históricas de este periodo representan distintos grados de compromiso revolucionario. La intervención armada de Cuba en Angola, en 1975, seguida de sus actividades en Etiopía, más el envío de distintos tipos de ayuda a los gobiernos de Jamaica y de Guyana, influyeron en la decisión de crear en los concursos literarios de Casa de las Américas un premio especial para obras de lengua inglesa. Las dos primeras obras premiadas fueron *Wages Paid*, del jamaicano James Carnegie, e *Ikael Torass*, del guyanés Noel D. Williams. Poco después, otros premios fueron creados para los francoparlantes del Caribe y para los brasileños. En abril de 1976, el decimoquinto aniversario de la victoria de Playa Girón fue marcado por la emisión de una serie de sellos postales, uno de los cuales presenta por primera vez en la historia filatélica de la Revolución a un soldado cubano negro.

A pesar de la presencia de negros en la novela cubana, desde la obra antiesclavista de Gertrudis Gómez de Avellaneda, *Sab* (1839), e incluso,

[68] Luis Rogelio Nogueras, *Y si muero mañana*, La Habana: Letras Cubanas, 1980, 50.

desde luego, las obras de Alejo Carpentier *Ecue-Yambo-O* y *El reino de este mundo* (1935), escasean los protagonistas negros en las novelas a partir de 1959. Tal vez el único antes de 1976 es el protagonista de la poco conocida *Adire y el tiempo roto* (1967), de Manuel Granados. Aunque *Biografía de un cimarrón* (1968), de Miguel Barnet, sí es una obra conocida dentro y fuera de Cuba, es más un libro antropológico estilo Oscar Lewis que una novela.

Desde el punto de vista revolucionario, *Los guerrilleros negros,* de César Leante, es una novela histórica ejemplar. El mismo título identifica a los cimarrones negros de la provincia de Oriente con los guerrilleros de Fidel Castro en la Sierra Maestra, entre 1956 y 1958. El cambio del título a *Capitán de cimarrones* en la edición española de 1982, después de que Leante dejara a Cuba, refleja su cambio ideológico. Mientras la palabra *guerrilleros* tiene una connotación socialista de grupo o colectividad, la palabra *capitán* refleja el mayor énfasis capitalista en el líder individual. La palabra *negros* del título original establece nexos entre Cuba y África, las islas del Caribe y los Estados Unidos. En cambio, la palabra *cimarrones* tiene una especificidad cubana mucho mayor. El contenido de la novela refleja la política intervencionista en África y en el Caribe por la descripción del viaje de tres meses de Dahomey a Cuba en un barco negrero realizado por el viejo consejero arquetípico del protagonista. Los nexos actuales entre el pueblo cubano y el pueblo haitiano se refuerzan en la novela por la figura legendaria de François Mackandal, que inspira a los rebeldes cubanos, por el triunfo de los insurgentes haitianos y por los recursos mandados por el rey haitiano Henri Christophe. Aunque el protagonista negro muere al final de la novela (después de caer en una emboscada se suicida y luego lo decapitan los españoles), resucita el 25 de diciembre al sonido de los tambores para indicar que la lucha por la liberación va a continuar bajo el nuevo capitán.

La forma de *Los guerrilleros negros* también está de acuerdo con la política oficial del gobierno. El narrador omnisciente tradicional narra la historia interesante de un modo lineal. El estilo carece totalmente de experimentación y, por tanto, puede apreciarse fácilmente por todos los que saben leer. Como novela, *Los guerrilleros negros* es defectuosa, tanto en la trama como en el desarrollo de los personajes. La ausencia casi total de diálogo impide que los personajes cobren vida. Sin embargo, como obra histórica, la novela es interesante por la manera en que se presentan las condiciones de vida, tanto en las fincas como en el palenque situado en la sierra.

En contraste con *Los guerrilleros negros*, *La consagración de la primavera* (1978), de Alejo Carpentier (1904-1980), es una obra verdaderamente importante; en efecto, es una especie de novela épica de la revolución cubana. A diferencia de la novela histórica típica, la obra muralística de Carpentier se sitúa en un pasado menos remoto, un pasado que él mismo vivió. El título se refiere literalmente a la composición musical de Igor Stravinsky, obra revolucionaria que sacudió el mundo de la música en 1913. En términos metafóricos, la primavera representa el tremendo optimismo de la nueva raza de cubanos dirigida por Fidel Castro. La Revolución cubana se percibe en la novela como la culminación del movimiento revolucionario internacional que comienza con la Revolución francesa de 1789, pero cuyos antecedentes más importantes son la Revolución bolchevique de 1917 y la Guerra Civil española de 1936-1939. El título también se refiere al remozamiento (es decir, la conversión política) de los dos protagonistas cincuentones: Vera, bailarina rusa, y Enrique, arquitecto cubano. La nueva raza cubana se simboliza por el matrimonio entre el negro pobre Calixto y la blanca rica Mirta, los dos, alumnos en la escuela de ballet de Vera. Como reflejo de la política oficial, el miembro ejemplar del Partido Comunista que convence a Enrique a que se integre en la Brigada Internacional en España es un trompeta mulato de Santiago. La Unión Soviética y el Partido Comunista, en general, se presentan de un modo muy favorable, lo que concuerda más con la política que regía en 1978, fecha de publicación de la novela, que en la década anterior, cuando Carpentier empezaba a escribirla. El famoso pacto de agosto de 1939 entre Hitler y Stalin, que provocó la salida del Partido Comunista de muchos miembros por todo el mundo, según el trompeta santiaguero, "había sido una jugada magistral de la URSS para aplazar [...] una guerra inevitable con Alemania".[69] Se elogian las actividades del Partido Comunista después de la caída en 1933 del dictador Machado (164), pero no se alude para nada a la colaboración del Partido en 1939 con el dictador Batista ni a sus reservas con respecto a Fidel Castro, entre el ataque al Fuerte Moncada en 1952 y la guerra de guerrillas entre diciembre de 1956 y la primavera de 1958.

Desde 1963, por lo menos, se sabía que Carpentier estaba preparando una trilogía épica sobre la Revolución cubana. El primer tomo había de llamarse *El año 59*, y bajo ese nombre se publicó el primer capítulo en

---

[69] Alejo Carpentier, *La consagración de la primavera*, México: Siglo XXI, 1978, 253.

1964. El progreso de la novela siguió comentándose en entrevistas con Carpentier en los próximos años, mientras que se publicaron otros tres capítulos, los cuales, en forma bastante modificada, están incorporados en la novela. Sin embargo, la obra en conjunto es muy distinta de lo que Carpentier había dado a entender durante tres lustros. Desde luego que cualquier artista tiene el derecho de cambiar el enfoque de su obra en cualquier momento del proceso creativo. Como ya se indicó, el aspecto épico de la novela es más internacional que nacional. La novela termina con la gloriosa victoria de Playa Girón, en abril de 1961, que coincide con la declaración de Fidel Castro de que la Revolución es marxista-leninista. Al poner fin a la novela en ese momento tan eufórico, Carpentier se evitó el problema de tratar los sucesos más polémicos que surgieron después. A excepción del final y de unos pocos momentos más, el tono de la novela tiende a ser más nostálgico que épico, con la evocación enciclopédica de una cantidad de artistas internacionales a partir de 1920 y de los acontecimientos históricos más importantes. Se elogia, en particular, al cantante negro y comunista Paul Robeson y a varios músicos negros de *jazz*. A pesar de esa visión panorámica, los protagonistas de la novela sí son dos individuos en vez de la colectividad que Carpentier había pregonado en las entrevistas. Aparte la ideología ortodoxa, *La consagración de la primavera* fascina por el entretejido de los hilos nacionales e internacionales en una tapicería típicamente carpentieriana. Sin embargo, si se observan los cambios efectuados por Carpentier en los capítulos anteriormente publicados, se puede concluir que, de acuerdo con la nueva política cultural del gobierno, Carpentier decidió hacer la obra asequible a un mayor número de lectores cubanos, sacrificando así la experimentación artística.

La última novela de Carpentier, *El arpa y la sombra* (1979), es más experimental y, a mi juicio, representa una superación de las novelas anteriores de Carpentier, con la excepción de *El reino de este mundo*. La primera parte de la novela y la tercera narran el intento malogrado de dos papas decimonónicos de beatificar a Cristóbal Colón para mejorar la imagen de la Iglesia en Hispanoamérica. La segunda parte, en cambio, consta de la confesión apócrifa del descubridor genovés, en la cual se revela culpable de todos los siete pecados capitales menos la pereza, pero agregándole el octavo pecado de la mentira. No parece haber ninguna relación entre esta novela y la situación cubana en el momento de su publicación. Sin embargo, me parece una de sus novelas más originales y mejor logradas. Las tres partes constituyen un reflejo de la evolución de la novela hispanoamericana. La primera, nombrada "El arpa" para cantar la gloria falsificada de Colón, es esencialmente mimética. Comienza en 1864 cuando el papa Pío IX está promoviendo la beatificación de Cristóbal Colón para combatir *"las pestes* que eran modernamente, el socialismo y el comunismo".[70] Luego se retrocede a la niñez de Giovanni María Mastai, el futuro papa, para convertirse en un *Bildungsroman*, a través del cual Carpentier luce su enciclopedismo geográfico, histórico, musicológico y arquitectónico. Mastai se cría con su familia venida a menos en la ciudad de Senigallia, rival de Trieste. En 1824 viaja con un oficial del Vaticano a la Argentina y a Chile, lo que Carpentier explota para recrear el ambiente geográfico e histórico de los dos lugares, incluso la intertextualidad con "El matadero" de Echeverría y el conflicto en Chile entre los pipiolos y los pelucones, entre Bernardo O'Higgins y Ramón Freire. La segunda parte, titulada "La mano" para simbolizar la prestidigitación de Colón, consta de la confesión del navegante moribundo antes de la llegada del confesor franciscano. Carpentier, cercano a la muerte él mismo, se identifica con Colón de cierto modo, distorsionándole la vida y desmitificándolo. Colón arma todo un "tinglado de las maravillas" dando detalles sobre el descubrimiento de Vinlandia por los vikingos y sobre sus amores con la reina Isabel. Colón comparte el ensayo de su confesión con el lector con la muletilla de "esto se lo diré". Sin embargo, al llegar el franciscano, Colón comprueba que sí es adicto de los siete pecados capitales (la pereza, no; pero, la mentira, sí) confesando al lector que sólo le dirá al franciscano lo positivo. La tercera parte, titulada "La sombra" para referirse al invisible, al fantasma de Colón que escucha el debate carnavalesco de 1882 en el Vaticano sobre su beatificación. Derrotada la propuesta, la sombra de Colón se consuela hablando con la sombra de su contrincante, también genovés, Andrea Doria. Si los genoveses tienen fama de ser tramposos, también la realidad es tramposa: las cuatro columnas de Bernini vistas desde cierto lugar parecen una. Así es que la verdadera historia de Cristóbal Colón es inconocible.

Por casualidad, Cristóbal Colón también figura en otra novela histórica publicada en 1979, *El mar de las lentejas,* de Antonio Benítez Rojo, reconocido en 1968 por Mario Benedetti como el mejor de los nuevos cuentistas cubanos. La obra de Benítez Rojo plasma una visión multidimen-

---

[70] Alejo Carpentier, *El arpa y la sombra*, México: Siglo XXI, 1979, 13.

sional de la conquista del Caribe mediante la alternación de cuatro relatos, en los cuales se emplea una variedad de recursos técnicos. Los veintiocho capítulos de la novela están distribuidos equitativamente entre los relatos, protagonizados, respectivamente, por el rey agonizante, Felipe II, en El Escorial; el soldado plebeyo y ambicioso, Antón Babtista, tripulante del segundo viaje de Colón en La Española (o sea, Hispaniola); el hidalgo y futuro gobernador de Cuba, Pedro de Valdés, en La Florida, y los comerciantes Pedro de Ponte, de Tenerife (Islas Canarias), y John Hawkins, de Plymouth (Inglaterra), ambos con sus hijos. Cada uno de los cuatro relatos abarca distintos periodos entre el segundo viaje de Cristóbal Colón en 1493 y la muerte de Felipe II en 1598.

En la primera parte del segundo tomo de la trilogía (todavía —1999— inédito), que ha de llamarse *Paso de los vientos*, se introduce un nuevo personaje histórico: Thomas Gage, aventurero, pícaro y apóstata, misionero católico en Centroamérica y predicador protestante en Kent (Inglaterra), quien escribe la historia de su vida en 1642, momento en que se va intensificando el conflicto entre el rey Carlos I y el Parlamento.

Reafirmando el eslabón entre la Cuba revolucionaria, el Caribe y la historia de Inglaterra, Lisandro Otero (1932), director en ese momento del Centro de Estudios del Caribe, publicó en 1983 *Temporada de ángeles*, una novela histórica más tradicional que se concentra exclusivamente en el mismo conflicto entre el Parlamento y el rey Carlos I y que termina con la decapitación de éste en 1649. Para justificar lo que parece a primera vista un tema algo raro para una novela cubana, Otero escogió para epígrafe un trozo del famoso discurso de Fidel Castro de 1953, "La historia me absolverá", en el cual se liga la insurrección contra Batista con las revoluciones inglesas contra el despotismo de Carlos I y Jacobo II, la revolución norteamericana de 1776, la francesa de 1789 y las guerras de independencia de las colonias españolas de 1810, 1868 y 1895. Puesto que Otero ya había publicado, entre otras obras, dos tomos de una trilogía épica que siguen de modo realista la gestación del Movimiento 26 de Julio hasta la victoria de 1959, su demora en novelar la época post-1959 parece otro caso de la autocensura que recuerda la transformación de "El año 59" de Carpentier en *La consagración de la primavera*. En cambio, hay que constatar que Otero empezó la novela en 1975 en Londres, donde trabajaba de agregado cultural. De cierta manera, se podrían establecer paralelismos entre Cromwell y Fidel Castro y aplicar la visión burguesa del pueblo inglés a Cuba: "Stanton [...] ve desfilar a la chusma, el populacho de Londres, la plebe hedionda y revoltosa".[71] Por tenues que sean estos paralelismos, sí sorprende el estilo descriptivo, bastante denso en ciertos momentos (párrafos largos y a veces unos trozos llenos de enumeraciones carpentierianas), que no sigue la política oficial de 1975-1987 de borrar las barreras entre la cultura elitista y la popular.

En contraste con *Temporada de ángeles, Cuando la noche muera* (1983), de Julio Travieso (1940), es una novela políticamente ejemplar para ese periodo. En 1968 se celebró el centenario de la Guerra de los Diez Años, tanto oficial como novelísticamente, con *Los niños se despiden* (1968), de Pablo Armando Fernández, y *En ciudad semejante* (1970), de Lisandro Otero, obras que podrían compararse, en su visión panorámica de la historia nacional, con los frescos de Diego Rivera y con tres novelas mexicanas: *El luto humano* (1943), de José Revueltas; *Al filo del agua* (1947), de Agustín Yáñez, y *La muerte de Artemio Cruz* (1962), de Carlos Fuentes. En cambio, la novela de Travieso fue una de las primeras en limitarse históricamente a los diez años de la guerra, 1868-1878, con una estructura y un estilo relativamente sencillos. El comienzo de la guerra se presenta en tono dramático, con la alternación rápida de vistazos de la sublevación del finquero Céspedes en la provincia de Oriente, de la conspiración revolucionaria en La Habana y de la campaña de Antonio Izaguirre, jefe de policía malévolo, de descubrir mediante su sistema de espionaje a los revolucionarios. La historicidad de la época se refuerza con la reproducción de anuncios periodísticos de la venta de esclavos. Aunque la novela linda a veces con lo melodramático, provocando una comparación con la *Amalia,* de Mármol, presenta de una manera interesante distintas perspectivas de varios sectores de la población cubana durante esa guerra.

Igual que la Guerra de los Diez Años, la Guerra de Independencia de 1895-1898 constituye una parte íntegra del panorama muralístico de la epopeya revolucionaria. Sin embargo, todavía no se ha tratado como tema principal de una novela histórica. *El candidato* (1979), de Alfredo Antonio Fernández (1945), se concentra en la corrupción política, el racismo y la inmoralidad del periodo de 1915 a 1917 con unas pocas alusiones a la participación del protagonista en la guerra de 1895. Cintio Vitier (1921) abarca el periodo histórico desde la muerte de José Martí, en la invasión de 1895, hasta el triunfo de Fidel Castro en 1959, en *De Peña Pobre. Memoria y novela* (1978); pero la obra, más que nada, es una auto-

---

[71] Lisandro Otero, *Temporada de ángeles,* La Habana: Letras Cubanas, 1983, 238.

biografía de Vitier, sobre todo en cuanto a sus relaciones literarias con Lezama Lima y el grupo de *Orígenes*. *Un mundo de cosas* (1982), de José Soler Puig (1916), presenta una visión excelente, pero relativamente breve de la guerra contra España como una parte de la historia social de la ciudad de Santiago, desde 1868 hasta mediados de la década de los setenta, mediante el entretejimiento de los problemas personales de varias generaciones de la familia Infante, fabricantes de ron, y de la familia Recio, sus empleados.

Esta sexta novela de Soler Puig, aunque cabe dentro del género histórico, es mucho más compleja que las otras novelas de 1975-1987 y, en muchos aspectos, se asemeja más a las novelas de la cuarta fase, las de 1966-1970. Su visión histórica, muy amplia, evoca *Los niños se despiden*, de Pablo Armando Fernández, y *En ciudad semejante*, de Lisandro Otero, y comparte con aquélla el plantear la situación polémica del escritor dentro de la Revolución. Cuando una estudiante universitaria, comunista militante, manda una colección de sus cuentos a un concurso mexicano sin consultar a sus profesores, la expulsan de la Juventud Comunista y muchos de sus amigos dejan de tratarla, porque las autoridades más dogmáticas opinan que ciertos problemas de la Revolución no deberían exponerse fuera de Cuba. No obstante, la estudiante, el narrador-autor y Madeline Camara, quien reseñó la novela en *Casa de las Américas*, afirman que "la revolución la tenemos que mostrar a todo el mundo como es, la revolución es la verdad y de la verdad no hay que encubrir nada".[72] El caso se resuelve con la publicación exitosa del libro en Cuba. Otro punto de contacto con *Los niños se despiden* es que el autor se protege contra posibles denuncias de disidencia exaltando en varias ocasiones a Fidel Castro.

En cambio, el hecho de que la novela esté estructurada en parte sobre la lucha de clases entre dueños y obreros de la fábrica de ron concuerda más con las novelas de la quinta fase (1975-1987). Cuando se nacionaliza la empresa porque "Infante y comunismo son dos cosas que no ligan" (156), se nombra director de la fábrica a Roberto Recio, hijo de Rosa Fuentes, heroína ficticia de la Guerra de Independencia. A pesar de identificarse lealmente durante setenta años con la familia Infante, Roberto afirma que apoya al gobierno comunista actual. Otra manifestación de la política cultural del gobierno de 1975-1987 es el papel semimítico del ex esclavo

---

[72] José Soler Puig, *Un mundo de cosas*, La Habana: Unión, 1982, 267-268, y Madeline Camara, "Soler Puig: un nuevo mundo", *Casa de las Américas*, 139 (julio-agosto de 1983), 158.

negro Juan Mandinga, que tiene cien años de edad y veintisiete hijos artesanos que pelean al lado de Fidel en la Sierra Maestra.

No obstante las alusiones a Fidel y a otros personajes históricos como Machado, Mella, Grau, Prío y Batista, *Un mundo de cosas* es más la saga de una familia que la típica novela histórica. Las escenas del pasado surgen, sin orden cronológico, de los recuerdos de Roberto Recio, envejecido y sentado todo el día en un "balance" (mecedora). Los personajes evocados cobran vida y conversan. En las últimas páginas de la novela, Recio repasa su vida entera como si fuera una película, ofreciendo al lector la oportunidad de resolver posibles dudas sobre la identificación de ciertos personajes y cómo se relacionan los unos con los otros. En realidad, el defecto principal de la novela es que, en gran parte, los personajes ficticios no están bien integrados en el proceso histórico. Por lo mismo, a veces parece que se mencionan ciertos nombres históricos gratuitamente. A la vez, por mucho que se mencionen los nombres de los personajes ficticios, con pocas excepciones no se destacan en la mente del lector, y el virtuosismo técnico del autor constituye un obstáculo para que el lector mediano capte la totalidad sociohistórica proyectada en la novela. En esto, a mi juicio, *Un mundo de cosas* no sigue la consigna de la fase quinta de escribir para un público más amplio. Sin embargo, según Madeline Camara, los diálogos dinámicos, dramáticos y humorísticos constituyen "la garantía mayor que tiene su estilo para ser aceptado por la generalidad de público, sin hacer concesiones al facilismo ni mermar en exigencia formal" (157).

Aunque la novelística cubana de la última década se caracteriza por el predominio tanto del género histórico como del detectivesco, la irrupción de una nueva generacion de escritores nacidos hacia 1950 puede señalar un cambio de tendencias. Manuel Pereira (1948) se hizo famoso en Cuba con su primera obra, *El comandante Veneno* (1979), un "testimonio novelado"[73] sobre las experiencias de un muchacho de trece años que va a la sierra para alfabetizar a los campesinos. Sin ser una novela sobresaliente, *El comandante Veneno* es muy superior a las dos novelas propagandísticas sobre el mismo tema: *Maestra voluntaria* (1962), de Daura Olema García, y *El farol* (1964), de Loló Soldevilla. A pesar de las palabras de Fidel Castro y de las estadísticas que preceden a cada uno de los dieciocho capítulos, la presentación de las condiciones en que viven los campe-

---

[73] Manuel Pereira Quintero, *El comandante Veneno*, Barcelona: Editorial Laia, 1979, 5.

sinos en una zona muy remota de la sierra predomina sobre el afán de enaltecer el trabajo de los brigadistas, incluso su lucha contra los contrarrevolucionarios. La novela se destaca por su buen lenguaje literario, pero la falta de un argumento aglutinador y de personajes bien desarrollados lo identifican más con el testimonio que con la novela.

En cambio, *El Ruso* (1980), la segunda novela de Pereira, se concentra en la maduración política del protagonista, un adolescente apodado el Ruso, por llevar al extremo su amor a la Unión Soviética. Además de estudiar el ruso, lleva puesto un abrigo de astracán que nunca se quita... ¡en La Habana! Gracias a su iniciación sexual con una prostituta comprensiva llamada Nieves, el Ruso se da cuenta de que el llevar el abrigo y sus otras actividades verdaderamente raras no tienen nada que ver con su meta de ser buen comunista. Manifiesta su maduración defendiendo a un compañero poco comprometido políticamente y reconciliándose con su padre. Además de su tema original y algo arriesgado, *El Ruso* luce un grado relativamente alto de complejidad artística. La mayoría de los capítulos empiezan en el presente para luego evocar escenas del pasado. Las descripciones detalladas, basadas en un vocabulario erudito, la enumeración, la anáfora y las metáforas, recuerdan a Carpentier y a Lezama Lima. El punto de vista, que cambia de tercera a primera persona y de cuando en cuando a segunda, identifica *El Ruso* con la novela hispanoamericana de la década del sesenta.

Un mayor grado de complejidad literaria también se nota en *Un rey en el jardín* (1983), de Senel Paz (1950). La vida prerrevolucionaria, tanto rural como pueblerina en la provincia de Las Villas, se presenta a través del narrador, un muchacho sensible que habla a las flores, a las mariposas y a los animales. Criado entre una abuela de carácter fuerte, una madre algo frívola y dos hermanas mayores, el personaje recuerda mucho al protagonista de *Celestino antes del alba* (1967), de Reinaldo Arenas (1943). Sin embargo, en contraste con la novela de Arenas, la de Senel Paz luce una visión de mundo revolucionaria gracias al descubrimiento, a mediados de la novela, de un hombre herido en el jardín que llega a ser el héroe espiritual del protagonista. Las últimas treinta páginas de la novela describen la llegada triunfal de las tropas revolucionarias en 1959. Intercaladas en la narración del protagonista se encuentran secciones impresas en bastardillas narradas por la abuela sobre sus experiencias durante la Guerra de Independencia y por la madre sobre la vida prerrevolucionaria en La Habana.

Aunque *El Ruso* y *Un rey en el jardín* no son novelas verdaderamente sobresalientes, son importantes porque es posible que señalen la emergencia de una nueva generación de escritores, quienes podrán incorporar dentro de sus obras la experimentación lingüística y estructural que ha caracterizado la novela hispanoamericana de los últimos veinticinco años sin chocar con la política cultural vigente. Esa política, con sus distintos virajes, indicados en el esquema de periodización, ha limitado la libertad creadora de los escritores cubanos, varios de los cuales han emigrado desde 1959. Durante la última década, los novelistas más importantes que han salido son Reinaldo Arenas, Antonio Benítez Rojo y Edmundo Desnoes. El disidente más reciente ha sido Ricardo Bofill (1934), quien actualmente se encuentra refugiado en la embajada de Francia en La Habana. Sin embargo, sus dificultades con el régimen, que empezaron en 1978, no parecen provenir de su novela única, *El tiempo es el diablo*, otro de los tantos satélites hispanoamericanos de *Cien años de soledad*, que no tiene nada que ver con la Revolución cubana.

En cuanto a los novelistas cubanos que actualmente se hallan en el exilio, parecen caber dentro de dos grupos: los que establecieron una reputación internacional en Cuba antes de emigrar y el grupo, más numeroso, que sólo empezó a novelar después de emigrar. Dentro de la última década, las novelas más importantes publicadas por los autores del primer grupo, sin que hayan superado las obras que les dieron fama, son *Maitreya* (1978) y *Colibrí* (1984), de Severo Sarduy (1937); *La Habana para un infante difunto* (1979), de Guillermo Cabrera Infante (1929), y *Otra vez el mar* (1982), de Reinaldo Arenas (1943). El segundo grupo de exiliados ha publicado unas veinticinco novelas en la última década sin que se haya mejorado mucho su calidad. Sin embargo, la publicación de *¡Felices Pascuas!* (1977), de Hilda Perera (1926), y *Los viajes de Orlando Cachumbambé* (1984), de Elías Miguel Muñoz (1954), que versan sobre los problemas personales de los exiliados cubanos en los Estados Unidos, pueden señalar el comienzo de una nueva temática que, libre de la exaltación política de las obras anteriores de este grupo, favorezca la creación de novelas de una calidad superior.

OBRAS CONSULTADAS

Novelas

Arenas, Reinaldo, *La loma del ángel,* Miami: Mariel Press, 1987.
Benítez Rojo, Antonio, *El mar de las lentejas,* La Habana: Letras Cubanas, 1979.
Carpentier, Alejo, *El arpa y la sombra,* México: Siglo XXI, 1979.
———, *La consagración de la primavera,* México: Siglo XXI, 1978.
Fernández, Alfredo Antonio, *El candidato,* La Habana: Unión, 1979.
Heras León, Eduardo, *Acero,* La Habana: Editorial Arte y Literatura, 1977.
Leante, César, *Los guerrilleros negros,* La Habana: Unión, 1976; publicada también bajo el título de *Capitán de cimarrones,* Barcelona: Argos Vergara, 1982.
Lezama Lima, José, *Oppiano Licario,* México: Era, 1977.
Montaner, Carlos Alberto, *Trama,* Barcelona: Plaza y Janés, 1987.
Muñoz, Elías Miguel, *Los viajes de Orlando Cachumbambé,* Miami: Ediciones Universal, 1984.
Nogueras, Luis Rogelio, *Y si muero mañana,* La Habana: Letras Cubanas, 1978.
———, y Guillermo Rodríguez Rivera, *El cuarto círculo,* La Habana: Editorial Arte y Literatura, 1976.
Otero, Lisandro, *Temporada de ángeles,* La Habana: Letras Cubanas, 1983.
Paz, Senel, *Un rey en el jardín,* La Habana: Letras Cubanas, 1983.
Pereira Quintero, Manuel, *El comandante Veneno,* Barcelona: Editorial Laia, 1979.
———, *El Ruso,* La Habana: Letras Cubanas, 1980.
Soler Puig, José, *Un mundo de cosas,* La Habana: Unión, 1982.
———, *El pan dormido,* La Habana: Unión, 1975.
Vitier, Cintio, *De Peña Pobre: memoria y novela,* México: Siglo XXI, 1978.

Crítica

Camara, Madeline, "Soler Puig: un nuevo mundo", *Casa de las Américas,* 139, julio-agosto de 1983, 158.
Carty, James W., Jr., comentario sobre literatura cubana reciente, *The Times of the Americas,* 2 de octubre de 1986, 3.
Díaz Ortega, Haydée, "Coloquio sobre literatura policial", *La Gaceta de Cuba,* 181, agosto de 1979, 7.
Rodríguez Coronel, Rogelio, "La novela cubana contemporánea: alternativas y deslindes", *Revista Iberoamericana,* 152-153, julio-diciembre de 1990, 899-912.

Shatzkin, "Book Publishing in Cuba; How It Works", *Publishers Weekly,* 12 de abril de 1985.

Winn, Peter, "Literary Letter from Cuba", *New York Times Book Review,* 10 de junio de 1979.

P. D. LA SEXTA FASE: 1989-2000

Esta etapa corresponde más o menos a la última década, que se define como el "periodo especial", o sea la crisis económica provocada por la desintegración de la Unión Soviética. La crisis ha resultado tan severa que paradójicamente la política cultural del gobierno se ha vuelto menos severa. Los escritores exiliados como Cabrera Infante, Severo Sarduy y Reinaldo Arenas ya no se ningunean dentro de Cuba y se habla de una literatura cubana que también integra la producción de la diáspora. La mayor libertad artística incluso se ha extendido a los homosexuales, marginados durante las tres primeras décadas del gobierno revolucionario. Dentro de este nuevo ambiente, se han destacado las siguientes obras:

Tuyo es el reino (1997), del dramaturgo Abilio Estévez (1954), novela muy bien recibida tanto en Cuba como en Estados Unidos y Europa. Se trata de un microcosmos artísticamente elaborado de La Habana prerrevolucionaria con una abundancia de alusiones intertextuales a varios escritores disidentes como Virgilio Piñera, José Lezama Lima y Antonio Benítez Rojo. Dentro de este mural nacional altamente original se han infiltrado ciertos elementos subversivos. El autor reconoce abiertamente su deuda a varios escritores internacionales, pero sobre todo a Proust: "¡es Proust! El divino Marcel, léase a Proust y tírese el resto a las hogueras" (117).

Máscaras (1997), de Leonardo Padura (1955), es tal vez la mejor de su serie de novelas policiacas, que distan mucho de las novelas policiacas o detectivescas de la quinta fase. El protagonista es un detective pintoresco e individualista que se permite ciertas críticas del régimen. Incluso se condena la represión oficial del homosexualismo.

Caracol Beach (1998), de Eliseo Alberto (1951), compartió el premio Rómulo Gallegos con *Margarita, está linda la mar*, novela histórica de Sergio Ramírez. Se van alternando escenas de la vida bohemia en los cayos de la Florida con recuerdos de la intervención militar en Angola.

El rey de La Habana (1999), de Pedro Juan Gutiérrez (1950), es una novela hipernaturalista con reminiscencias de la novela picaresca que capta el inframundo habanero a fines del siglo xx.

Dreaming in Cuban (1993), de Cristina García (1958), es una novela binacional o bicultural focalizada por tres generaciones de mujeres neurasténicas. Con ciertos toques magicorrealistas, se presentan escenas tanto de Brooklyn como de Cuba. Las escenas en Cuba remontan a la época de los años treinta y llegan hasta 1980 con el amontonamiento de los refugiados en la embajada del Perú en La Habana. Se funden muy bien los problemas personales de las mujeres con vistas de la situación política y socioeconómica de Nueva York y de Cuba.

Juego de espejos (1998), de Gregorio Ortega (1926), es una de las muy pocas novelas históricas cubanas de la última década. El protagonista es el poeta colonial Silvestre de Balboa, autor del primer poema épico de Cuba, *Espejo de paciencia,* escrito en 1608 pero cuya primera edición data de 1927. Con bastante intertextualidad, se captan la violencia y las intrigas a fines del siglo XVI y principios del XVII. Además del poeta, figuran los oficiales españoles, el obispo y otros clérigos, los hacendados, los piratas franceses y holandeses y los negros, tanto esclavos como palenqueros, pero los distintos grupos no están bien integrados en la trama poco coherente.

ESCRITORES INVISIBLES[74]

En 1968 Mario Benedetti destacó a Antonio Benítez Rojo como el nuevo cuentista cubano "más ameno y a la vez más profundo" a base de dos colecciones premiadas en Cuba: *Tute de reyes* (1967) y *El escudo de hojas secas* (1969). En 1979 Benítez publicó en Cuba *El mar de las lentejas,* excelente novela histórica sobre la conquista y la colonización del Caribe. En junio de 1980 Benítez se refugió en los Estados Unidos. En mayo de 1982 participó en el Congreso del Instituto Internacional de Literatura Iberoamericana presentando una ponencia titulada "Carpentier y J. S. Bach: relaciones estructurales". En la *Hispania* de diciembre de 1982 se publicó una nota de Dwight García sobre ese congreso (632-633) en la cual no figura el nombre de Benítez ni entre los críticos ni entre los escritores. ¿Casualidad? Tampoco se menciona a José Triana, autor de *La noche de los asesinos,* la pieza teatral cubana más famosa de las que se han escrito desde 1959… y también refugiado en los Estados Unidos. Triana, a pesar de su invisibilidad, participó en una sesión especial con el muy visible Edmundo Desnoes en la cual los dos respondieron a preguntas del público, predominando mucho más la sinceridad anticastrista de Triana sobre la ambigüedad frívola de Desnoes.

El don de hacerse invisible no se limita a los escritores. También se extiende a los que nos atrevemos a estudiar a éstos. En la nota de Dwight García se citan los nombres de treinta y seis críticos con los títulos de las ponencias. Quedaron fuera (¿por casualidad?) los nombres de cinco críticos que comentaron la obra de Reinaldo Arenas, renombrado novelista del *boom,* también refugiado en los Estados Unidos desde la primavera de 1980: Alfred MacAdam, María Teresa Miaja, Adriana Méndez Rodenas, Emil Volek y Roberto Echavarren. Tampoco figuran Myriam Echeverría, que presentó una ponencia sobre Triana, y Anita Arroyo, que analizó la última novela de Mario Vargas Llosa, insultado y ninguneado por los castristas desde su defensa de Padilla en 1968. Tampoco figura el que esta aclaración suscribe por haber presentado un estudio sobre la nueva novela todavía inédita de Antonio Benítez Rojo, *Paso de los vientos.*

[74] Una carta al director de la revista *Hispania* publicada en mayo de 1983, 228-229.

A primera vista, todas estas omisiones pueden parecer de poca importancia, pero no se trata de un caso aislado y creo que todos los académicos, todos los intelectuales, tenemos el deber de denunciar los abusos cometidos contra creadores y críticos, provengan de donde provengan.

"TRAMA", DE CARLOS ALBERTO MONTANER[75]

Dos de los subgéneros novelísticos más cultivados en las dos últimas décadas en Hispanoamérica han sido la novela histórica y la parodia. Entre éstas se han destacado *Boquitas pintadas* y *The Buenos Aires Affair*, de Manuel Puig; *La cabeza de la hidra*, de Carlos Fuentes, y *Crónica de una muerte anunciada*, de García Márquez; entre aquéllas, *El arpa y la sombra*, de Alejo Carpentier, y *La guerra del fin del mundo*, de Vargas Llosa.

Trama, del ensayista y periodista cubano Carlos Alberto Montaner (1943), combina de una manera fascinante los dos subgéneros. En cuanto a parodia, el mismo título indica que es una novela de acción sin pretensiones de literatura canónica o elitista. Uno de los protagonistas hasta adopta el alias de Trama para esconder su verdadera identidad. No obstante, lo que se destaca más es la recreación del ambiente histórico entre la época de los conflictos laborales que culminaron en el Haymarket Affair de Chicago en mayo de 1886 y la de la voladura del crucero *Maine* en febrero de 1898 en La Habana.

El gran acierto de la novela es la fusión total del drama de los personajes ficticios con los sucesos y los personajes históricos. Los tres protagonistas son: un judío alemán que se escapa a Nueva York; una cubana, con quien se casa, que había participado de adolescente en la Guerra de los Diez Años, y el ex amante de ella, capitán en esa guerra que continúa conspirando a favor de la independencia.

De los 36 capítulos, cada uno encabezado por el nombre de un lugar y una fecha específicos, 22 transcurren en los Estados Unidos (Nueva York, Chicago, Paterson, Tampa y Jacksonville). La movilidad se debe a la persecución del matrimonio por un agente Pinkerton, tan empedernido como el Javert de *Les misérables,* por estar ellos involucrados con los anarquistas en los disturbios de Chicago. Diez de los capítulos transcurren en Cuba, donde el capitán, alias el señor Trama, establece nexos con los anarquistas en los Estados Unidos y en Europa para conseguir armas y para hacer asesinar al ministro español Cánovas del Castillo por su

[75] Reseña publicada en *Hispania*, 71, diciembre de 1988, 845-846.

oposición intransigente a la autonomía de Cuba y por su apoyo al general Weyler, adicto a los métodos más represivos.

En cada capítulo, con pocas oraciones logra Montaner captar la esencia del lugar y del momento, sea la Alemania victoriosa de Bismarck; la Cuba insurgente con las divergencias entre Máximo Gómez, Antonio Maceo y Calixto García sobre el mejor modo de proceder contra los españoles, o los Estados Unidos con las huelgas contra las compañías de Cyrus McCormick en Chicago; el atentado contra Frick en Pittsburgh, y la actuación de Theodore Roosevelt como jefe de policía de Nueva York en 1897. La historicidad de la novela se amplía con alusiones nada gratuitas a Jefferson Davis y a Robert E. Lee, a los presidentes Cleveland y McKinley y a los héroes nacionales de Cuba, Puerto Rico e Italia: José Martí, el doctor Betances y Garibaldi.

La novela termina con un epílogo en el cual, al estilo de algunas películas históricas, se cuenta escuetamente el destino de cada uno de los personajes, incluso la hija de un mulato que participó en la voladura del *Maine*, quien le reveló al autor la verdadera historia sobre el episodio.

Trama es un verdadero *thriller* que además desmiente su título creando personajes verdaderamente humanos dentro de un marco histórico bien documentado y vivo a la vez.[76]

---

[76] Nota de 1999: si no fuera por la actitud anticastrista del autor (actitud que no está presente en absoluto en la novela), *Trama* se habría convertido en un verdadero *best-seller*.

X. Haití

EL REALISMO MARAVILLOSO DE JACQUES STÉPHEN ALEXIS

TENIENDO EN CUENTA que el concepto de lo real maravilloso de Alejo Carpentier se publicó en *El reino de este mundo,* novela ubicada principalmente en Haití, es verdaderamente asombroso que los críticos de la literatura latinoamericana no hayan comparado, que yo sepa, las declaraciones teóricas de Alexis (1922-1961) con las de Carpentier.[1] Las de Alexis se presentaron el 21 de septiembre de 1956 en el Primer Congreso Internacional de Escritores y Artistas Negros, celebrado en la Sorbona de París, siete años después de la publicación de *El reino de este mundo.*

Por ser creyente del marxismo y miembro del Partido Comunista, Alexis se oponía al concepto de la *négritude*. Es decir, no creía en la "homogeneidad universal de la cultura negra [...] se negaba a considerar la cultura haitiana como sencillamente neoafricana",[2] y criticaba el vudú haitiano. Sin embargo, reconocía la necesidad de retratar todos los aspectos de Haití. Propuso para el grupo de pintores contemporáneos de Haití el nombre de escuela del realismo maravilloso y en su "Prolegómeno a un manifiesto del realismo maravilloso haitiano", definió su arte popular: "El arte haitiano presenta en efecto lo real acompañado de lo extraño, de lo fantástico, del elemento de ensueño, del crepúsculo, de lo misterioso y de lo maravilloso".[3] Sin rechazar el arte occidental, Alexis insiste en que el arte haitiano no sigue sus ideales de "orden, belleza, lógica y sensibilidad controlada" (Séonnet, 70). También señaló que en el mundo subdesarrollado, la gente goza de un mayor uso de los sentidos. Aunque la explicación de Alexis se parece a la del famoso prólogo de Carpentier, Alexis

---

[1] Véase Menton, *Historia verdadera del realismo mágico,* México: Fondo de Cultura Económica, 1998, 173-176.

[2] J. Michael Dash, *Literature and Ideology in Haiti, 1915-1961,* Totowa, N. J.: Barnes and Noble, 1981, 187.

[3] Michel Séonnet, *Jacques Stéphen Alexis ou "Le voyage vers la lune de la belle amour humaine",* Tolosa: Édition Pierres Hérétiques, 1983, 70.

no lo menciona en absoluto. Se diferencia de Carpentier sólo en su orientación populista, que dista mucho del estilo erudito eurocéntrico del cubano: "¡Viva un realismo vital, ligado a la magia del universo, un realismo que conmueve no sólo el espíritu sino también el corazón y todo el árbol de los nervios!" (Séonnet, 71).

Saltando desde el trabajo teórico de Alexis a *Les Arbres musiciens* (Los árboles cantantes, 1957), quizás la más conocida de sus tres novelas, se nota que el retrato del mundo maravilloso de Haití también es algo ambiguo. En un panorama muralístico no muy bien realizado, el tema principal parece ser la lucha entre la Iglesia católica y la religión vudú que se basa en el culto a los dioses africanos. El narrador omnisciente en tercera persona parece simpatizar con los devotos oprimidos del vudú, pero su simpatía no es incondicional dado que él mismo no es creyente. La descripción realista de una ceremonia vudú cuyo propósito es destruir al teniente Edgar Osmin tiene un tono claramente crítico: "El espectáculo tenía algo alucinatorio, algo barroco, algo irreal que proyectaba hasta el cielo un sello *grandguignol* de montaje teatral, de superchería, de brujería y de ignorancia".[4] Al hechicero violento Danger Dossous, quien montó el espectáculo disfrazado de cerdo gigantesco, se enfrenta el viejo sacerdote supremo Bois d'Orme, quien acaba por vencerlo.

Aunque el conflicto principal de la novela parece ser entre la Iglesia católica hegemónica, representada por el padre Diógenes Osmin, y los creyentes del vudú que provienen de la clase baja, lo que hace estallar el conflicto es la invasión de una compañía estadunidense de caucho que está respaldada tanto por el gobierno y el ejército como por la Iglesia. Los campesinos resultan despojados de su tierra y luego se reclutan para tumbar los pinos cantantes, que una vez heridos ya no cantan. No obstante, la novela termina con una nota improbablemente optimista: Gonaïbo, el solitario muchacho maravilloso de la naturaleza, se casa con la nieta de Bois d'Orme, que lleva el nombre simbólico de Harmonise, y los dos dejan las abras para penetrar felizmente en el bosque de la sierra. La última oración de la novela es: "Los árboles cantantes se tumban de vez en cuando pero la voz del bosque es siempre igualmente poderosa. La vida comienza" (392).

---

[4] Jacques Stéphen Alexis, *Les Arbres musiciens,* París: Gallimard, 1957, 370

OBRAS CONSULTADAS

Alexis, Jacques Stéphen, *Les Arbres musiciens,* París: Gallimard, 1957.
Dash, J. Michael, *Literature and Ideology in Haiti, 1915-1961,* Totowa, N. J.: Barnes and Noble, 1981.
Séonnet, Michel, *Jacques Stéphen Alexis ou "Le voyage vers la lune de la belle amour humaine",* Tolosa: Édition Pierres Hérétiques, 1983.

XI. República Dominicana

DOS MUJERES DESIGUALES: LA DE JUAN BOSCH Y LA DE JOSÉ LUIS GONZÁLEZ[1]

Los dos cuentos hasta llevan el mismo título, "La mujer", y tienen un desenlace muy parecido: una mujer mata de una manera ilógica al hombre que la defiende. No obstante, las diferencias son tales que no cabe ninguna duda sobre la superioridad de uno sobre el otro. "La mujer" (1932), de Juan Bosch (1909), es una sinfonía audiovisual del trópico. Si existiera alguna duda, lo comprueban las palabras del mismo narrador: "la lucha era como una canción silenciosa". En esta composición musical se funden los personajes con el escenario. Ellos se deshumanizan mientras la naturaleza y la carretera adquieren rasgos humanos.

La estructura de la composición se basa en el cruce de los dos motivos principales: la carretera comienza como motivo principal, baja en la segunda y en la tercera parte, y vuelve a subir al final. En cambio, la mujer aparece como un punto negro en la primera parte y poco a poco va cogiendo importancia hasta el acto culminante de la tercera parte. Después, al final vuelve a diluirse en la inmensidad de la carretera. A pesar de caminar por rumbos opuestos, estos dos motivos se identifican uno con el otro por la muerte, la piedra y la sangre.

El argumento, desde luego, constituye una parte muy importante de la sinfonía pero sin llegar a dominarla excesivamente. La lucha entre los dos hombres es el punto culminante que termina con el golpe seco (tambor) de la piedra.

El episodio se absorbe dentro de la sinfonía con la vuelta al motivo de la carretera. Su piel gris convertida en acero blanco por el sol rojo crea una imagen deslumbrante. Al mismo tiempo, los efectos visuales son respaldados por los efectos auditivos, creados por la repetición sistemática de otros motivos, la aliteración y la brevedad de las oraciones.

---

[1] Aquí se combinan "El método contrastivo", *Hispania*, 55, 1 (marzo de 1972), 28-31, y *El cuento hispanoamericano*, México: Fondo de Cultura Económica, 1989, 309-310.

A pesar de las descripciones brillantes del paisaje, no deja de impresionar la vida trágica de la gente pobre del trópico. La mujer anónima y abnegada se sacrifica por su niño y acepta los golpes furiosos del marido, trastornado por el sol y por la frustración de no poder ganarse la vida.

La acción de la mujer sorprende por su falta de lógica, pero se comprende dentro del contexto del ambiente primitivo. Conviene notar que el mismo caso ocurre en las novelas *El embrujo de Sevilla,* del uruguayo Carlos Reyles, y en *Historia del arrabal,* del argentino Manuel Gálvez.

Tanto la construcción artística como la importancia concedida a la luz y al sonido de la composición denuncian la herencia modernista. Igual que el venezolano Rómulo Gallegos, Juan Bosch sabe adaptar las innovaciones modernistas para dar más relieve a la escena criollista. Además, la imagen deslumbrante de la carretera indica cierta influencia del surrealismo.

Aunque la calidad del cuento de Bosch impresiona intrínsecamente, sobresale aún más en contraste con su epígono homónimo de José Luis González (1926-1998), puertorriqueño nacido en la República Dominicana de madre dominicana. En "La mujer" (1945), de González, la hija de un jíbaro, campesino viudo y honrado, es violada por un ingeniero estadunidense. El padre, al darse cuenta de que su hija está encinta, averigua la identidad del hombre y lo mata, por lo cual tiene que purgar una condena de seis años en la cárcel. Entretanto, nace el niño y la mujer poco a poco le va cobrando cariño. Puesto en libertad, el viejo regresa a su bohío y resume su vida interrumpida como si no hubiera pasado nada. Al principio, no le hace caso al nieto, pero después de unos días su severidad se va suavizando. De repente, una noche la mujer toma el machete y degüella a su padre, vengando así la muerte del padre de su hijito.

En el cuento de Bosch, un viajero descubre a una mujer deshecha con un niñito en medio de la carretera. La recoge y la lleva a su bohío, donde se revela que su marido le había pegado y la había echado para siempre. Cuando el marido entra y ve a su mujer, comienza a pegarle sin darse cuenta de la presencia del viajero. Éste interviene y se entabla una lucha mortal entre los dos hombres. Cuando el viajero está a punto de estrangular al marido, la mujer levanta una piedra y mata a su protector.

Aunque los cuentos se basan en la psicología algo anormal de una mujer, el criterio de la verosimilitud destaca la superioridad del cuento dominicano. En éste, la mujer actúa de una manera espontánea en el instante de ver peligrar la vida de su marido, no importa que éste la haya maltratado.

Además, antes de la lucha, el narrador coloca la acción dentro de un ambiente tropical y primitivo. En cambio, en "La mujer", de González, el ambiente se pinta de una manera mucho más realista y las circunstancias que anteceden al crimen final no lo justifican en absoluto. La mujer del cuento puertorriqueño mata a su propio padre, lo mata en un momento tranquilo, lo mata cuando él ya está dispuesto a aceptar al niño y el único contacto que tuvo ella con el hombre cuya muerte venga fue un momento hace seis años cuando se engendró violentamente el niño. Así es que en este caso, el criterio de la verosimilitud, lo mismo que el criterio de la unidad integral de todos los elementos artísticos de la obra hacen que sobresalga "La mujer", de Juan Bosch, como uno de los cuentos más inolvidables de toda Hispanoamérica, mientras que "La mujer", de José Luis González, queda como un intento malogrado de ofrecer otra versión del argumento. Afortunadamente, González supo superarse tanto en el cuento como en la novela y en el ensayo.

OBRAS CONSULTADAS

Bosch, Juan, "La mujer", en *Camino real,* 2ª ed., Santiago, R. D.: Editorial El Diario, 1937.
Gálvez, Manuel, *Historia de arrabal,* Buenos Aires: Editorial Deucalion, 1956.
González, José Luis, "La mujer", en *5 cuentos de sangre,* San Juan, Puerto Rico, 1945.
Reyles, Carlos, *El embrujo de Sevilla,* Buenos Aires: Sopena, 1954.

XII. Puerto Rico

LA GENERACIÓN DEL CUARENTA[1]

UNO DE LOS FENÓMENOS LITERARIOS MÁS INTERESANTES de toda Hispanoamérica es la actividad intensa de un grupo de jóvenes puertorriqueños que surge a partir de 1940. Hasta la fecha, su género predilecto ha sido el cuento y la nueva antología de René Marqués, *Cuentos puertorriqueños de hoy* (México: Club del Libro de Puerto Rico, 1959) ofrece una magnífica oportunidad de estudiar toda esa generación.

De los ocho autores representados en la antología, seis nacieron entre 1925 y 1929. Los otros dos, René Marqués y Abelardo Díaz Alfaro, nacieron en 1919 y cronológicamente no forman parte de la Generación del Cuarenta, aunque Marqués ha logrado establecerse como su jefe indiscutible. Díaz Alfaro se considera como figura de enlace con la Generación del Treinta por su último cuento, "Los perros", que revela el deseo bien logrado de universalizar el criollismo de su propia generación.

En todos los autores se funden la estética cosmopolita poscriollista y una conciencia puertorriqueña muy fuerte, la cual en parte se debe a su procedencia. Casi todos nacieron y se criaron fuera de lo que se llama el área metropolitana. Tampoco son de Ponce, la segunda ciudad de Puerto Rico. Llegaron a la capital de todas partes de la isla: Cataño, Trujillo Alto, Caguas, Arecibo, Guayama y Aguadilla. José Luis González nació en Santo Domingo, pero se crió en Guaynabo y en San Juan. La identificación con la tierra y sobre todo con el pueblo de Puerto Rico se refuerza con los estudios, la estancia en Nueva York y el trabajo a que se dedican estos autores. De los ocho representados en la antología de Marqués, sólo Salvador de Jesús no es universitario. Cinco de ellos estudiaron en la Universidad de Puerto Rico, tres ya tienen la maestría, uno está por doctorarse, cuatro han estudiado en universidades norteamericanas y dos estuvieron en el

---

[1] Publicado en *Hispania*, 44, 2 (mayo de 1961), 209-211. La investigación para este estudio la llevé a cabo en la Universidad de Puerto Rico en Río Piedras en agosto de 1957. Presenté una versión abreviada del trabajo en el congreso del Instituto Internacional de Literatura Iberoamericana ese mismo mes en Puerto Rico.

ejército de los Estados Unidos por dos años. Su conciencia puertorriqueña los ha llevado a casi todos a una labor docente. Edwin Figueroa es catedrático de literatura en la Universidad de Puerto Rico, mientras que José Luis González lo es en México. René Marqués, Pedro Juan Soto y Emilio Díaz Valcárcel trabajan en la Educación de la Comunidad del Departamento de Instrucción Pública de Puerto Rico. Ellos tres forman el núcleo de la Generación del Cuarenta y sus aspiraciones literarias se reflejan en la obra de sus colegas artistas: Rafael Tufiño, José Meléndez Contreras y Lorenzo Homar. José Luis Vivas es actualmente profesor de una secundaria, pero también colaboró en la Educación de la Comunidad. Abelardo Díaz Alfaro, después de varios años de trabajador social, sirve actualmente de libretista en la radioemisora WIPR del Departamento de Instrucción Pública. Salvador de Jesús también trabaja con el Departamento de Instrucción Pública en la División de Finanzas, así es que de todo el grupo sólo José Luis González no es empleado del gobierno de Puerto Rico.

Además de los detalles biográficos que comparten estos autores, también los hay bibliográficos. Casi todos se dieron a conocer en la revista *Asomante* de la Universidad de Puerto Rico y en la página literaria del periódico *El Mundo,* aguijoneados por los certámenes celebrados por el Ateneo de Puerto Rico. Los tomos de cuentos ya publicados por esta generación son relativamente pocos. Edwin Figueroa y Salvador de Jesús apenas están preparando su primero; Díaz Alfaro, Pedro Juan Soto, Marqués, José Luis Vivas y Díaz Valcárcel no tienen más que uno publicado y sólo José Luis González ya tiene publicados cuatro tomos de cuentos y una novela corta. Sin embargo, la Generación del Cuarenta está entrando actualmente en pleno vigor: cinco de los autores están preparando nuevas colecciones de cuentos y seis ya han escrito o están escribiendo su primera novela. El establecimiento del Club del Libro de Puerto Rico por René Marqués parece asegurar la publicación de estas nuevas obras y debe estimular la futura producción de este grupo todavía joven.

Ya que se ha señalado la homogeneidad biobibliográfica de la Generación del Cuarenta, conviene examinar más de cerca su obra. En el prólogo a *Cuentos puertorriqueños de hoy,* René Marqués la caracteriza muy bien... hasta cierto punto. Afirma el papel fundamental de sus precursores: Manuel Zeno Gandía, Miguel Meléndez Muñoz, Luis Lloréns Torres, Antonio S. Pedreira, Tomás Blanco, Emilio S. Belaval y Enrique Laguerre. Nota la ausencia de la literatura española en la década de 1936-1946 por la Guerra Civil y la dictadura de Franco. La falta de comunicación con el resto de Hispanoamérica a causa de la segunda Guerra Mundial impidió que los autores puertorriqueños se mantuvieran al día con sus contemporáneos hispanoamericanos; sólo parecían conocer las obras de Horacio Quiroga, Rómulo Gallegos y Juan Bosch. Aislados de Europa y de Hispanoamérica durante la guerra, llegaron a conocer la literatura de los Estados Unidos y la literatura europea a través de sus traducciones al inglés. Sólo después de la guerra descubrieron a Jorge Luis Borges, a Novás Calvo y a Guillermo Meneses.

Siguiendo la pauta mundial de la posguerra, los temas de casi todos los cuentos son psicológicos y filosóficos. El campesino pintoresco y a veces explotado frente a un paisaje rural ha cedido su lugar al hombre urbano torturado por dudas y angustias en un ambiente existencialista. En el autoanálisis de los personajes el tema del sexo se trata con relativa audacia.

En cuanto a los recursos técnicos, coexisten el estilo lacónico inspirado en Hemingway y Camus y la expresión exuberante, más compleja de Joyce y de Faulkner. El monólogo interior y las escenas retrospectivas se emplean con frecuencia para deshilvanar poco a poco las situaciones incomprensibles con que se inician los cuentos.

Aunque Marqués caracteriza muy bien esta generación, no la coloca dentro de su contexto histórico. De cierta manera, este grupo constituye un reflejo cultural del movimiento reformador de Luis Muñoz Marín, quien comenzó a representar las esperanzas de la mayoría de los puertorriqueños a partir de 1940. Nacido en 1919, Marqués llegó a la adolescencia en los años infaustos que sucedieron a la crisis económica de 1929. Durante sus años formativos, la situación de Puerto Rico estaba tan mala que algunos respaldaron pasiva o activamente los esfuerzos violentos de Pedro Albizu Campos y los nacionalistas. En cambio, los jóvenes nacidos entre 1925 y 1929 no se sentían ni se sienten tan hechizados por la figura profética de Albizu Campos. Durante sus años adolescentes presenciaron la esperanza del pueblo en el programa de Muñoz Marín. Hoy día, nadie, sea independentista o estadista, puede negar la gran transformación de Puerto Rico que se ha llevado a cabo durante el gobierno de Muñoz Marín. El plan de fomento ha incluido la reforma agraria, la industrialización controlada, la extensión y el mejoramiento de la instrucción pública y el mayor desarrollo de la cultura puertorriqueña. Como se ha visto, casi todos los escritores de esta antología trabajan por el gobierno contribuyendo a la realización del programa de Muñoz Marín, aunque discrepan de sus ideas políticas.

Aunque las actividades culturales de la Generación del Cuarenta corresponden a la realidad puertorriqueña, a primera vista su obra resulta algo anacrónica dentro de las letras hispanoamericanas. Por su gran conciencia nacional, su identidad con los de abajo, estos jóvenes puertorriqueños se parecen a los novelistas de la Revolución mexicana, al grupo proletariado del Ecuador y a tantos otros autores hispanoamericanos que plantearon las condiciones netamente nacionales de su país a partir del primer decenio del siglo actual, pero sobre todo entre 1915 y 1945. En esos años, las condiciones en Puerto Rico no se prestaban para la formación de grupos literarios, y por eso lo que no se expresó entonces está saliendo a luz ahora. No obstante, el criollismo puertorriqueño no tiene carácter rezagado porque está íntimamente fundido con la temática y la forma contemporáneas. A pesar de su juventud y de sus pocas obras, estos escritores revelan ya dos etapas, reconocidas por Marqués en sus propios cuentos y también en los de Díaz Alfaro, Pedro Juan Soto y Emilio Díaz Valcárcel. En la primera etapa, el tema netamente puertorriqueño se presenta de una manera directa y sincera. Luego los autores se incorporan a las tendencias actuales y tratan de dar más universalidad a sus propios temas, al mismo tiempo que revisten sus cuentos de una técnica tan experimental que en algunos casos llega a predominar sobre el contenido. No cabe duda de que estos autores se están comprobando a sí mismos y al mundo entero que han leído a los grandes maestros actuales y que son capaces de adaptar ingeniosamente las innovaciones más atrevidas a sus temas puertorriqueños. El rumbo definitivo de la Generación del Cuarenta queda por resolverse. ¿Se entregarán a una experimentación excesiva, en una esterilidad gongorina, o reaccionarán absorbiendo de una manera más madura la experimentación técnica para utilizarla con mesura cuando conviene? El papel de preceptor de Marqués por su edad, su talento indiscutible y su iniciativa en la formación del Club del Libro de Puerto Rico le dan una gran responsabilidad en el desarrollo futuro del grupo que podrá llegar a constituir la expresión artística de la nacionalidad madura de Puerto Rico. En *Cuentos puertorriqueños de hoy,* Marqués define la Generación del Cuarenta. Aunque la mitad de los cuentos incluidos ya aparecieron en las antologías de *Asomante* (1956), de Concha Meléndez (1957) y de Paul J. Cooke (1956),[2] la contribución de Mar-

---

[2] *Asomante,* número antológico, San Juan, 3 (1956); Concha Meléndez, *El cuento, antología de autores puertorriqueños,* III, San Juan: Ediciones del Gobierno, 1957; Paul J. Cooke, *Antología de cuentos puertorriqueños,* Godfrey, Illinois: Monticello College, 1956.

qués consiste en haber limitado su selección a cuentos sobresalientes y representativos, en su gran mayoría, del grupo homogéneo formado por los seis autores de la Generación del Cuarenta, por su maestro Marqués y por su precursor más inmediato, Abelardo Díaz Alfaro. El prólogo, a pesar de no colocar el grupo dentro de su contexto político, define bien los orígenes literarios y las características de la generación. Los ensayos biográficos y autobiográficos de cada autor proporcionan al público por primera vez datos completos sobre estos jóvenes y la promesa de nuevas obras que enriquecerán la producción literaria de Puerto Rico.

OBRAS CONSULTADAS

Asomante, número antológico, San Juan, 3, 1956.
Cooke, Paul J., *Antología de cuentos puertorriqueños,* Godfrey, Illinois: Monticello College, 1956.
Marqués, René, *Cuentos puertorriqueños de hoy,* México: Club del Libro de Puerto Rico, 1959.
Meléndez, Concha, *El cuento, antología de autores puertorriqueños,* III, San Juan: Ediciones del Gobierno, Estado Libre Asociado de Puerto Rico, 1957.

"OTRO DÍA NUESTRO", DE RENÉ MARQUÉS[3]

El tema central de la colección de cuentos es la vida de los puertorriqueños bajo la ocupación norteamericana. Escritos dentro de la corriente existencialista, los cuentos revelan el sentimiento de amargura y frustración de los nacionalistas.

"Otro día nuestro", título del primer cuento, así como del libro entero, es un retrato trágico del jefe nacionalista Pedro Albizu Campos, aunque nunca se menciona su nombre. El autor mitifica al "maestro" comparándolo con Jesús. Al contemplar el crucifijo en la pared de su cuarto, el "maestro" se siente paralizado en la cama en la posición del crucificado. Es un hombre que pertenece a otra época: la de la colonia española. Se viste a la moda del siglo XIX y guarda una vieja espada española. Le repugna el progreso, que para él no es más que la muestra de la invasión anglosajona. Critica la torre de la base naval y los turistas, lo mismo que los postes telegráficos y el camión que recoge la basura. Su frustración llega al máximo cuando, después de salir de la casa en busca de la muerte, se da cuenta de que los centinelas no quieren ni pueden complacerle.

Los otros seis cuentos del tomo presentan otros aspectos de la dominación norteamericana. "Pasión y huida de Juan Santos, santero" es la historia del jíbaro auténtico que ha dedicado toda su vida a esculpir santos de madera. Con la conversión de todo el pueblo al protestantismo, los santos y la casa de Juan son quemados y éste se ve obligado a abandonar a su pueblo querido. De tema parecido pero de menor intención política, "El milagrito de san Antonio" versa sobre una vieja campesina que prefiere sus santos trigueños de madera a los santos rubios de yeso que quizás no entiendan el español. Su religión ingenua pero sincera triunfa sobre la religión ortodoxa del cura español. En "Isla en Manhattan", que anticipa la pieza teatral *La carreta* (1951-1952), la obra más famosa de Marqués, la protagonista tiene que dejar su pueblo y va a Nueva York, donde su sensibilidad choca contra la discriminación racial y contra el efecto desmoralizante que ejerce el ambiente sobre uno de sus compa-

[3] Reseña publicada en la *Revista Interamericana de Bibliografía*, 7, 1 (enero-marzo de 1957), 105-106.

triotas. Éste pierde tanto su idioma como su idealismo. Por eso, la protagonista prefiere rechazarlo por agringado para poder firmar una protesta contra la condena de ocho negros por haber tratado de violar a una blanca.

La justicia se satiriza de una manera aún más mordaz en "El juramento", el cuento más sobresaliente del volumen, a mi juicio. Trata de la condena de un hombre por un juramento que hizo de niño en la escuela, veintiocho años antes. La fuerza del cuento proviene de la sinceridad del niño al jurar ante la directora amenazante que no era americano y que nadie lo obligaría a serlo nunca. En "El miedo", el protagonista existencialista, al preguntar: "¿Qué quieren de mí?",[4] se transforma en el símbolo de Puerto Rico. En vez de enfrentarse a su problema de inseguridad y de miedo, prefiere emborracharse y acostarse con su amante, aunque tiene plena conciencia de que al día siguiente se despertará con la misma inseguridad y el mismo miedo. El miedo también es el tema de "La muerte", aumentado por una preocupación del más allá. El protagonista, que siente profundamente la angustia de la vida, acaba por encontrar el secreto (sartreano) de la existencia: la libertad para actuar. Logra librarse de su miedo y encuentra la muerte en forma trágica.

Todos los cuentos están bien escritos y bien estructurados. Suelen empezar por la presentación del protagonista a través de cuyos ojos se focaliza la acción. Se realiza una unión muy estrecha entre el desarrollo del argumento en la actualidad del protagonista con sus visiones retrospectivas que dan los antecedentes necesarios. La unidad de algunos de los cuentos se refuerza con una serie de motivos recurrentes asociados con los personajes: las vigas, el crucifijo, la bandera y la espada del "maestro"; la perra de Juan Santos y los "jachos" (antorchas) del ministro evangelista; el cuello de la chaquetilla de lana de la puertorriqueña en Nueva York; los espejuelos de concha, la campanilla y los "malletazos" del juez en "El juramento".

Como los cuentos están focalizados por la visión de mundo del Partido Nacionalista, este lector norteamericano y tal vez algunos lectores puertorriqueños podríamos reclamar que la mejor manera de abogar por el bienestar de Puerto Rico no es añorar la colonia española y católica.[5]

---

[4] René Marqués, *Otro día nuestro,* San Juan, Puerto Rico: Imprenta Venezuela, 1955, 84.

[5] Para un nuevo análisis de la actitud de los nacionalistas, véanse los siguientes dos estudios publicados en la *Revista Iberoamericana,* 184-185 (julio-diciembre de 1998): Guillermo Irizarry, "El 98 en *La llegada* de José Luis González: las trampas de la historia" (397-411), y César Salgado, "El entierro de González: con(tra)figuraciones del 98 en la narrativa ochentista puertorriqueña" (413-439).

"LA VÍSPERA DEL HOMBRE", DE RENÉ MARQUÉS[6]

Después de triunfar en el drama y en el cuento, René Marqués se estrena en la novela con *La víspera del hombre* (1959), primera selección del Club del Libro de Puerto Rico, una especie de *book of the month club* fundada por el mismo Marqués para fomentar la producción y la divulgación de la literatura puertorriqueña.

La víspera del hombre funde la pauta ya tradicional de la novela criollista de Hispanoamérica con el viaje arquetípico del héroe. El protagonista Pirulo es el prototipo del puertorriqueño que se identifica con la naturaleza y con los problemas de su país. Además, a diferencia de muchas novelas criollistas, Marqués logra revelar el mundo íntimo de Pirulo mientras sigue su transformación de niño en hombre, transformación que va acompañada de cambios de espacio significativos.

La primera etapa de la vida de Pirulo se desenvuelve en el interior de la isla cerca del pueblo histórico de Lares, donde se lanzó en 1868 el famoso grito contra la dominación española. Hijo ilegítimo de la campesina Juana y el finquero don Rafa, Pirulo vive con su madre y un padrastro egoísta, borracho y violento. Para consolarse, Pirulo acude a la naturaleza y a la finca de su padre. Cuando don Rafa vende la finca, Pirulo descubre que "la seguridad y la paz ya no estaban en la casa grande" (28). El temporal de San Felipe en 1928 acaba con la finca, marcando el fin de la niñez del protagonista. Ya no aguanta los golpes del padrastro y se escapa dirigiéndose hacia el mundo más amplio de la costa.

En Carrizal, la otra finca de don Rafa situada cerca de Arecibo, Pirulo vive con su tío Payo y disfruta de la protección de don Rafa trabajando, estudiando y jugando. Al llegar a la pubertad se enamora de Lita, hija de su amigo y consejero arquetípico, el negro Félix. Un día en la playa, Lita se deja poseer por Pirulo y el héroe ya se siente bastante prepotente para poseer la tierra y el mar. Lo único que falta para que llegue a la madurez es experimentar el dolor y vencerlo.

Cuando Félix se desespera al saber que su hija está deshonrada, a Piru-

---

[6] Reseña publicada en *Armas y Letras*, Monterrey, México, julio-septiembre de 1959, 83-86.

lo le remuerde la conciencia. Luego ese remordimiento se trueca en despecho cuando Lita, pensando en la gran amistad entre su papá y Pirulo, miente que Raúl, nieto de don Rafa, fue el culpable. Los dolores de Pirulo se van intensificando: su amigo Félix se suicida; la madre de Lita se vuelve loca y mata a su hija a machetazos; Pirulo descubre que es hijo ilegítimo de don Rafa. Totalmente aturdido, Pirulo corre a lanzarse al mar, pero el espíritu de Félix lo ayuda a reaccionar. Llega a comprender que "el problema no era, pues, buscar el sentido de la vida, sino vivirla sin esperanza alguna de encontrar su sentido [...] Hoy sólo era la víspera. El día sería mañana" (268). Al terminarse el dolor de crecer, Pirulo entra en la plenitud de la vida, dejando a Carrizal para la ciudad de Arecibo, donde va a vivir en casa de don Rafa y seguir estudiando.

Por sensible y acertada que sea la presentación de los pensamientos y las emociones de Pirulo, él nunca pierde su valor simbólico. Su niñez refleja la existencia idílica de Puerto Rico antes de la conquista española. Se deja fascinar tanto por la naturaleza (el ausubo, el coquí y el pitirre) como por la leyenda de la princesa india. Las alusiones a las *dos* épocas coloniales, aunque coinciden más con los años pasados por Pirulo en Carrizal, comienzan durante su niñez. Llega a Lares para escuchar embelesado un discurso revolucionario de Pedro Albizu Campos, quien tiene que recordar a los campesinos ingenuos que el enemigo ya no es España como en 1868 cuando se echó el famoso Grito de Lares, sino los Estados Unidos. La lucha a muerte entre los Estados Unidos y Puerto Rico se simboliza ante los ojos azorados de Pirulo en el ataque del guaraguao contra el pitirre.

Una vez en Carrizal, Pirulo resiente más las manifestaciones del colonialismo de los Estados Unidos. En la escuela, la directora norteamericana le pega porque no sabe ni quiere decir la jura a la bandera. Pregunta por qué la P. R. Distilling Co. produce alcoholado en vez de ron, y por qué el ron está prohibido. Lamenta la desaparición de las calesas frente a la invasión de los automóviles norteamericanos. Cuando Raúl regresa de los Estados Unidos convencido de la superioridad de ese país, Pirulo insiste en que Puerto Rico tiene que independizarse. René Marqués, en su afán de criticar todo lo norteamericano —tal como lo hace en los cuentos de *Otro día nuestro* y en sus obras teatrales—, muestra una predilección anómala por todo lo español. La india Marcela, que durante la niñez de Pirulo se identifica con la princesa legendaria, se pasea por el bosque cantando ¡letanías en latín! Unos cuatro capítulos se dedican al retrato del inmigrante español Francisco Domingo Abreu. Marqués lo pinta como justo, honrado y trabajador y le perdona las aventuras amorosas por ser parte de su carácter pintoresco. En la finca, el español Abreu y después su yerno don Rafa tratan bien a sus peones, los invitan a tertulias en la casa grande y se preocupan por sus problemas personales. ¡Qué distintos son de los hacendados pintados por el muralista Diego Rivera y por tantos novelistas hispanoamericanos del siglo xx!

En el futuro, tanto Pirulo como Puerto Rico serán independientes. Aunque Pirulo se dirige a Arecibo con una mezcla de incertidumbre y de optimismo, Puerto Rico, con una actitud parecida, se inspirará en la tradición autóctono-española para alcanzar su independencia.

En cuanto a un juicio estético de la novela, hay que reconocer su anacronismo. El criollismo y la búsqueda de la nación caracterizaban la novela hispanoamericana en las décadas de los veinte, treinta y cuarenta. En la década de los cincuenta predominan más los cuentos de Borges, Onetti, Cortázar y Arreola con su actitud más cosmopolita: algo de existencialismo, de realismo mágico, de lo fantástico, de lo absurdo. En cambio, *La víspera del hombre* podría compararse con *Don Segundo Sombra* (1926) en cuanto a las semejanzas entre los dos protagonistas. En las dos obras, un niño crece creyéndose pobre. Los dos son hijos ilegítimos que acaban por ser reconocidos por el padre finquero. Los dos simbolizan el nacimiento de una nueva época para su país: el joven argentino ya no puede ser gaucho mientras que Pirulo ya no puede ser jíbaro porque los tipos tradicionales, por pintorescos que sean, tienen que ceder ante el empuje de la civilización y la modernidad. En cuanto a ciertos detalles del argumento para no hablar de la creación lingüística, *La víspera del hombre* no llega al mismo nivel artístico que *Don Segundo Sombra*. Las insinuaciones acerca de la paternidad del protagonista son demasiado obvias y no permiten que el lector comparta la inquietud y la desorientación que siente Pirulo al saber su verdadero origen. El exceso de elementos criollistas, tan variados que parecen traídos por el pelo, dan a la novela cierto aspecto artificial que debilita el mensaje del autor. A Marqués también se le escaparon algunos detalles de su mundo novelesco: por importante que sea Raúl como contrincante de Pirulo, nunca se alude a sus padres; sólo se sabe que es nieto de don Rafa; en el capítulo del desgrane de gandules, doña Isabel parece ser un personaje importante (218-219), pero nunca se revela su identidad; la madre de Lita no aparece en la novela hasta el penúltimo capítulo, cuando mata a su hija.

Pese a sus defectos, *La víspera del hombre* es una novela importante que podría marcar el comienzo de un nuevo sendero en la carrera literaria de René Marqués, a la vez que podría estimular a otros escritores puertorriqueños en ciernes a novelar la problemática actual de la isla.

"FALSAS CRÓNICAS DEL SUR", DE ANA LYDIA VEGA[7]

Las ocho crónicas falsas del sur se inspiran tanto en ciertos acontecimientos y personajes históricos como en las tradiciones orales de Ponce, Guayama, Arroyo, Patillas y Maunabo, ciudades ubicadas en el sudeste de Puerto Rico. Cada cuento va precedido de una página de comentarios por la autora, un epígrafe y un grabado. Como muchas de las nuevas novelas históricas de la América Latina publicadas entre 1975 y 1992, predomina el tono carnavalesco.

La mitad del volumen la ocupa "El baúl de Miss Florence: fragmentos para un novelón romántico", novela corta protagonizada por una tutora norteamericana estilo Jane Eyre, quien se enamora poco a poco de su alumno adolescente, cuyo padre mujeriego la apetece. El único pretendiente verdadero de Miss Florence es el médico francés Fouchard. Parece que los dos se quieren, pero ella se asusta ante sus ideas abolicionistas. El espacio de la novela corta es la finca azucarera Lind, cerca de Arroyo, entre 1856 y 1859; la señora Lind es la hija del inventor y artista Samuel F. B. Morse. Además de parodiar los novelones románticos, "El baúl de Miss Florence" capta muy bien las condiciones sociales en que viven los dueños lo mismo que los esclavos.

De los otros siete cuentos auténticos, cuatro transcurren entre 1890 y 1913; uno presenta la masacre de los nacionalistas el domingo de Pascuas de 1937 en Ponce, mientras los otros dos son parodias contemporáneas, de un crimen de pasión y de un viaje tipo Chaucer en camioneta. A excepción de "Cosas de poetas", que se burla del poeta inédito de Guayama, quien procura en balde conseguir el respaldo del poeta visitante José Santos Chocano, los cuentos históricos proyectan en una variedad de formas narrativas un sentimiento no exagerado de patriotismo puertorriqueño dirigido contra España, igual que contra los Estados Unidos. "Cupido y Clío en el Bazar Otero" es un cuento de misterio político ubicado a fines del siglo XIX. Se trata del escape de Puerto Rico de un independentista

---

[7] Reseña publicada en inglés en *World Literature Today*, 67, 1 (invierno de 1993), 159.

disfrazado de sacerdote. Lo ayudan su hermana, quien pretende estar embarazada, y el dueño de una tienda de instrumentos musicales.

En "Un domingo de Lilianne" se van alternando tres hilos para captar de un modo bastante original la masacre de los nacionalistas en 1937. La narradora principal es una mujer que recuerda en primera persona las excursiones dominicales con su familia rica a la finca de su abuelo en las afueras de Ponce. Aunque están enterados de los planes para el desfile nacionalista ese domingo de 1937, no lo consideran suficiente causa para cancelar el paseo en el Packard. Entretanto, los otros dos focalizadores del cuento buscan un buen sitio para ver el desfile. El fotógrafo capitalino logra sacar una foto de la masacre desde una azotea, mientras el joven que acaba de regresar en bicicleta de la playa donde recogía conchas recibe un balazo en la cabeza. No se subraya el mensaje político hasta la última página, cuando se contrasta la "historia oficial" de la "conspiración" con las palabras pintadas en rojo en las paredes blancas del convento: "VIVA LA REPÚBLICA, ABAJO LOS ASESINOS" (120), palabras dirigidas a los norteamericanos.

En "El regreso del héroe", el mismo tema patriótico dirigido contra España se reviste de una crítica feminista de los machos puertorriqueños, crítica rica en dialecto y en humor como en "Letra para salsa y tres soneos por encargo" que incluí en la última edición de *El cuento hispanoamericano*. La vuelta triunfal a Arroyo en 1895 de un ex preso político se focaliza a través del *voyeur* mujeriego "Chebo Farol, príncipe de las letrinas, rey de los frescos" (133). El mismo espíritu picaresco con jerga actual y una dosis discreta de metaficción se encuentran en los dos últimos cuentos: "Premio de consolación" y "Cuento en camino".

Con *Falsas crónicas del sur*, su cuarto tomo de cuentos sobresalientes, Ana Lydia afianza su reputación de figurar entre los mejores cuentistas hispanoamericanos de su generación. Sirviéndose de un tono carnavalesco, ingeniosidad lingüística y una "pasión de historia" (título del cuento que le mereció el Premio Internacional Juan Rulfo de París para 1984 y que no tiene nada que ver con la historia), también se incorpora en la Nueva Novela Histórica que predomina en la América Latina desde 1979.

XIII. Venezuela

DOBLEGADA PERO NO VENCIDA: "LA BRIZNA DE PAJA EN EL VIENTO"[1]

DADA LA ENORME IMPORTANCIA de Rómulo Gallegos, sorprende la casi nula bibliografía sobre su penúltima novela, *La brizna de paja en el viento* (1952).[2] A pesar de sus seis ediciones,[3] no he podido encontrar ningún estudio monográfico sobre esta novela y apenas se menciona en los libros dedicados a la novelística de Gallegos, de Venezuela o de Hispanoamérica. Las razones son obvias. Más que nada, la novela es artísticamente inferior a las novelas más renombradas del autor; toda la acción no se desarrolla en Venezuela sino en Cuba, y se publicó en 1952, cuando la novela criollista ya había pasado de moda. Sin embargo, creo que la novela debería rescatarse del olvido completo en que ha caído no porque sea una gran novela, sino por las siguientes tres razones: nos entrega un panorama nacional de Cuba, un panorama muralístico que ningún novelista cubano había intentado antes; también porque nos entrega una visión de la vida universitaria en La Habana, precisamente en el momento en que Fidel Castro combinaba los estudios de derecho con la actividad política; y, por fin, porque nos ofrece la posibilidad de llegar a un mejor aprecio del arte de Gallegos comparando el empleo de los mismos recursos novelísticos en esta novela "cubana" con su uso más acertado en las novelas venezolanas, como *Doña Bárbara* y *Canaima*.

[1] Presentado en forma abreviada en agosto de 1979 en el congreso del Instituto Internacional de Literatura Iberoamericana celebrado en Caracas y publicado en *Nine Essays on Rómulo Gallegos*, Riverside, California: Latin American Studies Program, diciembre de 1979, 140-155.
[2] He consultado la *Contribución a la bibliografía de Rómulo Gallegos*, trabajo de investigación realizado por los estudiantes del Seminario de Literatura Venezolana de la Universidad Católica Andrés Bello bajo la dirección de Efraín Subero (Caracas: Gobernación del Distrito Federal, 1969); Orlando Araujo, *Lengua y creación en la obra de Rómulo Gallegos* (Caracas: Ministerio de Educación, 1962); Giuseppe Bellini, *Il romanzo di Rómulo Gallegos* (Milán: Goliapica, 1962); Pedro Díaz Seijas, *Rómulo Gallegos: realidad y símbolo* (Caracas: Centro del Libro Venezolano, 1965); Lowell Dunham, *Rómulo Gallegos, vida y obra* (México: Andrea, 1957), y las bibliografías anuales de la Modern Language Association de 1953 a 1977.
[3] La Habana: Editorial Selecta, 1952; Madrid: Aguilar, 1953; La Habana: Editorial Selecta, 1953; México: Editorial Monobar, 1957; Madrid: Aguilar, 1959; Lima: Editorial Latinoamericana, 1959.

1. La novela nacional de la Cuba prerrevolucionaria

Una parte íntegra del criollismo fue la búsqueda de la nación. Desilusionados con la barbarie de los europeos en la primera Guerra Mundial y amenazados por la nueva actitud imperialista del Coloso del Norte, los intelectuales hispanoamericanos se pusieron a buscar hacia 1920 los ingredientes geográficos, históricos y étnicos de su propio país. La Revolución mexicana de 1910 dio la pauta en la década de 1920 tanto en el arte muralístico de Rivera, Orozco y Siqueiros como en *La raza cósmica,* obra visionaria de José Vasconcelos. En las dos décadas siguientes, en ciertos países aparecieron novelas individuales que intentaron captar la totalidad de la nación en una sola obra. En algunas de ellas influyó la trilogía *U.S.A.* (1938), de John Dos Passos. Entre las novelas nacionales hispanoamericanas se destacan *Cholos* (1938), de Jorge Icaza, y *Juyungo* (1942), de Adalberto Ortiz, las dos de Ecuador; *El mundo es ancho y ajeno* (1941), del peruano Ciro Alegría; *El caballo y su sombra* (1941), del uruguayo Enrique Amorim; *El luto humano* (1943), del mexicano José Revueltas, y *Entre la piedra y la cruz* (1948), del guatemalteco Mario Monteforte Toledo. La perduración de este tipo de novela aún en la década de 1960, la década de la gran experimentación artística, comprueba que la búsqueda de raíces, la búsqueda de la conciencia nacional, todavía es una preocupación vigente en la América Latina. Estoy pensando en *La muerte de Artemio Cruz,* del mexicano Carlos Fuentes, y *De donde son los cantantes,* del cubano Severo Sarduy.

En Venezuela, nadie mejor que Rómulo Gallegos logró captar la esencia total de su país, sólo que prefirió hacerlo en una serie de novelas más que en una sola, a excepción del "Pórtico" de *Canaima,* donde entrega una visión poética de todo el país estructurada a base del Orinoco y sus afluyentes.

En Cuba, la extensión de la época colonial hasta 1898 y la caída bajo el dominio primero militar y luego político-económico de los Estados Unidos impidieron el desarrollo de una clara conciencia nacional, lo que a su vez explica la relativa escasez e inferioridad de la novela cubana prerrevolucionaria respecto a la poesía y el cuento. No obstante, en el año 1937, Luis Felipe Rodríguez, más cuentista que novelista, publicó la novela *Ciénaga,* obra alegórica en la cual el protagonista sale de la ciudad ficticia de Tontópolis para escribir la novela nacional de Cuba en el pueblo de

Ciénaga. El personaje no escribe la novela, pero la vive enamorándose de Conchita Fundora, prototipo de la bella cubana sensual. El mensaje es que los diversos elementos de la población tienen que fundirse para que Cuba pueda progresar como nación. Eso se recalca en la leyenda de los tres pescadores: Juan el Indio, Juan el Blanco y Juan el Negro, quienes fueron salvados en una tempestad por la Virgen del Cobre, pero sólo después de que prometieron ayudarse mutuamente.

En contraste con *Ciénaga*, *La brizna de paja en el viento* presenta un panorama muralístico más realista y más completo con un tema real y candente de la época: el gangsterismo en la Universidad de La Habana. Mediante la familia Azcárate se proyecta toda la geografía económica de la isla. El fundador Pablo emigró de España y se casó en Camagüey. Los seis hijos, nombrados en orden alfabético, se dedican a una variedad de actividades en una variedad de lugares. Alfonso, el hijo mayor, dirige el ingenio en la provincia de Oriente; Bernardo, en el otro extremo de la isla, dirige las vegas de tabaco en Pinar del Río; Clemente administra la finca pecuaria de Camagüey; Dionisio hace de las suyas en un campo de pastos y labranzas menores en Guanabacoa, mientras Eugenio estudia en La Habana. Tampoco podía faltar Miami en el panorama geográfico de la Cuba prerrevolucionaria: Florencia, la muñeca de la mano Azcárate, estudia en Miami, y de ahí proviene Edith, esposa norteamericana de Clemente.

Si los Azcárate representan a los criollos que predominan económicamente en el panorama racial, éste se completa con Natividad, vieja manejadora negra de Florencia, la mulata Clorinda y Juan Luis, hijo de guajiros cubanos. Aunque Juan Luis no se identifica racialmente al principio, en un diálogo medio jocoso entre él y Florencia se revela que es producto de la fusión de las tres razas:

> —Bueno... No es que ya no fueras bastante feo, aunque te lo disimulaban un poco los entrecrespos y lacios cabellos.
> —¿Como algo de negro entre lo indio?
> —¡Umjú! Entre lo demás de menos oscuro color [primera edición, 225].

Además de la unidad geográfica y étnica, la novela nacional muralística suele basarse también en una unidad histórica; es decir, cualquiera que sea el momento del presente, se echan raíces hacia el pasado. La acción de la novela se desarrolla en las décadas de 1930 y 1940, pero hay alusiones a los conquistadores españoles y a los frailes (125), a los barcos negreros

(79), al apóstol José Martí (95), a la voladura del *Maine* (93-94) y a la "intromisión imperialista en la caída de la dictadura" (208) de Machado en 1933.

2. La vida universitaria en La Habana en 1948

Al referirse a la "intromisión imperialista", Gallegos estaba pensando, sin duda, en su propio caso. Después de haber sido elegido presidente de Venezuela, no pudo servir más que unos nueve meses, desde el 15 de febrero hasta el 24 de noviembre de 1948. Fue destituido por un golpe militar por el cual él echó la culpa a las compañías petroleras. ¿Con qué motivo? Durante la presidencia tan breve de Gallegos, había subido los impuestos sobre las ganancias del petróleo a cincuenta por ciento. Después de pasar unos once días preso, Gallegos fue desterrado a Cuba el 5 de diciembre de 1948 y quedó en ese país unos nueve meses hasta el 2 de agosto de 1949, cuando se trasladó a México.

Durante esos nueve meses de gestación para *La brizna de paja en el viento,* Fidel Castro estaba muy activo en la política universitaria, la cual se identificaba con los grupos de acción que habían degenerado en gangsterismo: el Movimiento Socialista Revolucionario (MSR) de Emilio Tro. Fidel Castro había entrado en la universidad en octubre de 1945; en el verano de 1947 participó en la invasión malograda de la República Dominicana y el 9 de abril de 1948 presenció el famoso bogotazo. Al regresar a Cuba, Fidel se casó en octubre de 1948 y acabó por recibirse en derecho en 1950. Es muy posible que Rómulo Gallegos se haya enterado de la situación universitaria a través del profesor Portell Vilá, profesor de historia de Fidel Castro. En la novela hay dos estudiantes cuyos nombres hacen pensar en una posible identificación con Fidel Castro: Justo Rigores y Mauricio Leal, éste positivo, aquél negativo. En contra de la identificación de Fidel con el negativo Justo Rigores, éste pudo haberse inspirado en Justo Fuentes, estudiante-gángster histórico. Según el libro publicado en 1978 por Lionel Martín, basado en entrevistas llevadas a cabo en Cuba en los últimos años, Fidel dirigió la lucha en la universidad en contra de los grupos de acción y en contra de la corrupción política.[4] En cambio, José Pardo Llada, ex locutor de radio cubano, basándose en sus

---

[4] Lionel Martín, *The Early Fidel. Roots of Castro's Communism,* Secaucus, New Jersey: Lyle Stuart, 1978. Su interpretación discrepa de la de Hugh Thomas, *Cuba. The Pursuit of Freedom,* Nueva York: Harper and Row, 1971, 809-817.

propios recuerdos, indica que Fidel estaba vinculado con el grupo de Emilio Tro.[5]

En conclusión, la novela de Gallegos presenta el ambiente del gangsterismo universitario en que se movía Fidel sin que se pueda comprobar con exactitud el papel que desempeñaba. Además, en la novela no se establecen con precisión las fechas de la acción. La única fecha explícita que se menciona en toda la novela es septiembre de 1930 para narrar la muerte del estudiante mártir histórico Rafael Trejo (126-127). No obstante, la siguiente oración con sus alusiones a la caída de Machado (1933), a la dictadura de Batista (1934-1940) y a la Constitución de 1940 coloca la acción en la década de 1940: "Trágico saldo de la intromisión imperialista en la caída de la dictadura —que malogró la culminación del movimiento revolucionario— del subsiguiente predominio castrense y del restablecimiento del orden constitucional" (208).

3. Un juicio de valor comparado

La brizna de paja en el viento comparte con las otras novelas de Rómulo Gallegos la misma visión de mundo, el mismo elenco de personajes, la misma fascinación por el folclor y algunos de los mismos recursos técnicos. Una comparación a base de estos elementos revelará por qué la novela cubana de Gallegos no está a la altura de sus obras venezolanas.

Más que nada, Gallegos era un hombre puro, idealista y optimista. Tenía fe en el futuro y creía que las fuerzas del bien tenían que triunfar sobre las fuerzas del mal. En sus novelas venezolanas abogaba por la educación y el respeto a la ley como factores indispensables para el progreso de la nación. En *Doña Bárbara,* al final, desaparece la cacica representante de la barbarie y se da a entender que Santos y Marisela se casarán y juntos trabajarán para civilizar la llanura tal como Santos había civilizado a Marisela. Hoy en día, cuando por toda la América Latina la modernización llevada a cabo por los elementos "civilizados" ha resultado en el abandono de los campos y en el crecimiento de las barriadas urbanas, la fe de Gallegos en la educación y en la ley parece excesivamente ingenua. Sin embargo, hay que recordar que en aquella época "premoderna"en que él escribía, primero había que eliminar la violencia, la co-

---

[5] José Pardo Llada, *Fidel. De los jesuitas al Moncada,* Bogotá: Plaza y Janés, 1976, 22-24.

rrupción y el analfabetismo para poder dar los primeros pasos de la modernización. Es más, si todos los políticos latinoamericanos fueran tan idealistas, tan puros como Gallegos, es muy posible que la modernización contribuyera hoy al progreso para un porcentaje más alto de la población. Sea como sea, el fin optimista de *Doña Bárbara* resulta mucho más convincente que el de *La brizna de paja en el viento*. En *Doña Bárbara*, la eliminación de la devoradora de los hombres, de Mr. Dánger y de todos los otros malos marca el comienzo de una nueva época para la llanura y para Venezuela: "tierra de horizontes abiertos donde una raza buena ama, sufre y espera".[6] En *La brizna de paja en el viento*, la eliminación del cacique universitario Justo Rigores por José Luis no tiene la misma trascendencia. Aunque Justo Rigores, igual que doña Bárbara, representa la barbarie, no ocupa un papel tan importante en la novela. Además, ya en el capítulo doce (hay diecinueve en la novela) el mismo Justo Rigores reconocía que le había llegado la hora del avestruz —o sea la hora de dejar de actuar—. Otra diferencia entre las dos novelas es que Gallegos concibe al pueblo venezolano como una raza, mientras que los distintos elementos raciales de la población cubana no logran fundirse en la novela. Esto puede ser un reflejo fiel de la realidad histórica, pero hace menos convincente el fin optimista de la novela, que es un calco de la última oración de *Doña Bárbara:* "desnuda, la incansable tierra se tendió a esperar que volviesen a surcarla y a sembrarla" (332).

Uno de los mayores problemas de *La brizna de paja en el viento* es la caracterización. El título de la novela se refiere a Juan Luis, quien más que nadie merece el papel de protagonista. Es el personaje marginal que representa psicológicamente a la nación cubana que está asediada de problemas y que se deja doblar en distintos rumbos por el viento, pero que sobrevive a pesar de todo. No obstante, ese papel de protagonista se lo disputa Florencia Azcárate y al principio de la novela se da la impresión de que ella será la protagonista. Es la niña consentida por su padre, por sus cinco hermanos mayores y por su manejadora negra. También es la mujer voluntariosa que regresa de los Estados Unidos acostumbrada a dirigir a los demás como *drum majorette*. Se sale con la suya en todo hasta con su deseo de casarse con Juan Luis, lo que se cumplirá en cuanto él salga de la cárcel. Aún considerando a los dos como coprotagonistas, no se mantiene su doble preponderancia a través de toda la novela como

---

[6] Rómulo Gallegos, *Doña Bárbara*, Buenos Aires: Espasa-Calpe, 1947, 330.

ocurre con doña Bárbara y Santos Luzardo. En parte, esto se debe a la individualización de demasiados personajes secundarios, que en ciertos momentos se destacan, pero cuya importancia en la novela no se define con suficiente claridad. A pesar de que los cinco hermanos de Florencia se individualizan por sus nombres en orden alfabético y por representar distintos sectores de la economía nacional, las cuatro esposas apenas actúan en la novela. Aún Dionisio, que es tan malo como Justo Rigores a causa de su actuación donjuanesca con las guajiras, no llega a desempeñar un papel verdaderamente activo. Otros personajes interesantes que entran en escena pero que no vuelven con suficiente frecuencia son el profesor Rogelio Luciente, cuyo nombre recuerda el de Santos Luzardo; Mauricio Leal, contrincante de Justo Rigores; Amarelis, la estudiante de voluntad doblegada, y Clorinda, primer amor de Juan Luis. Todos estos personajes están enredados en las intrigas amorosas de la novela y ahí es donde Gallegos no se destaca como novelista. Intelectual obsesionado con los problemas geográficos, históricos, políticos, raciales, sociológicos y folclóricos de la nación, Gallegos no es especialista en captar los vaivenes del amor, ni siquiera en sus mejores obras.

En cambio, Gallegos sí sobresale en sus descripciones poéticas de la naturaleza venezolana y en su presentación de sus escenas folclóricas, pero en *La brizna de paja en el viento* escasean las descripciones y las escenas folclóricas no resultan tan auténticas como las venezolanas. El capítulo de la zafra se parece al capítulo de la doma en *Doña Bárbara* en que tanto el finquero como los trabajadores se entusiasman con las actividades, pero sólo hay dos conversaciones relativamente breves entre don Alfonso Azcárate y dos negros, cortadores de caña, que hablan con dialecto moderado. Más atracción exótica siente Gallegos hacia la santería, a la cual dedica cinco páginas pero sin la exuberancia que caracteriza sus descripciones del folclor venezolano en *Doña Bárbara*.

Tal vez donde más fracasa *La brizna de paja en el viento* sea en su falta de originalidad artística. En ella se observa el mismo conjunto de ingredientes novelísticos que supo elaborar Gallegos mucho mejor en sus obras anteriores. Al autor de *Doña Bárbara* lo denuncian hoy día más que nada por su visión maniqueísta de la realidad. Para Gallegos, las fuerzas del bien están en pugna contra las fuerzas del mal. En la Universidad de La Habana, esa lucha se entabla entre Justo Rigores y Mauricio Leal, respaldado por el profesor Luciente. A pesar de que esta lucha no predomina en la novela tanto como en *Doña Bárbara,* es inferior porque faltan la tensión, el suspenso y el dramatismo. La lucha entre las dos fuerzas no llega a asumir las mismas proporciones trascendentes como en *Doña Bárbara*.

A Gallegos se le ha criticado también el simbolismo demasiado obvio de los nombres de sus personajes: doña Bárbara, Santos Luzardo, Mr. Dánger. Como ya se ha señalado, la novela cubana peca del mismo defecto. También el simbolismo está presente en todas las novelas de Gallegos, pero en *La brizna de paja en el viento* es demasiado obvio y al repetirse pierde a veces su valor poético como en la comparación de Juan Luis con el pitirre, "un pájaro pequeño que en rematado vuelo acostumbra atacar el aura" (219). Si el canto del "yacabó" en *Doña Bárbara* revela la muerte de Asdrúbal de una manera igualmente obvia, hay otros ejemplos del simbolismo mejor realizados en *Doña Bárbara,* por ejemplo, el caimán para retratar a Melquíades en el primer capítulo.

Uno de los aciertos de Gallegos en todas sus novelas venezolanas es el diálogo que suena auténtico tanto en sus formas dialectales como en sus frases cargadas de doble sentido. En *La brizna de paja en el viento,* de vez en cuando Gallegos reproduce tímidamente el dialecto cubano, pero no parece captar el ritmo del habla cubana y los personajes hablan con el mismo doble sentido que sus personajes venezolanos.

Otro rasgo muy positivo del arte novelístico de Gallegos es su lenguaje artístico. Heredero del modernismo, supo labrar una prosa rítmica, sonora y cromática en *Doña Bárbara,* que desgraciadamente no se encuentra en su penúltima novela.

La última novela de Gallegos, *Tierra bajo los pies* (1971), basada en la guerra de los cristeros en México, tampoco está a la altura de sus novelas venezolanas anteriores, como ha demostrado Osvaldo Larrazábal en una serie de ensayos. La pregunta que surge inevitablemente es, si estas dos obras son inferiores, ¿por qué molestarnos con leerlas y comentarlas? En cuanto a *La brizna de paja en el viento,* la lectura no deja de ser interesante y la visión de mundo del autor confirma la imagen que tenemos de él. Si Florencia Azcárate era "la pura mujer sobre la tierra" (332), Rómulo Gallegos era el hombre puro sobre la tierra. La culpa no la tiene el maestro Gallegos que la época actual haya engendrado una especie de cinismo que causa que la fe y el optimismo en general resulten ingenuos. Las novelas de Gallegos pueden estar doblegadas hoy día frente a las ráfagas del neobarroco tanto gongorino como quevedesco de la novelística del *boom,* pero algún día la moda literaria podrá cambiar y la obra de Gallegos volverá a valorizarse.

OBRAS CONSULTADAS

Araujo, Orlando, *Lengua y creación en la obra de Rómulo Gallegos,* Caracas: Ministerio de Educación, 1962.

Bellini, Giuseppe, *Il romanzo di Rómulo Gallegos,* Milán: Goliardica, 1962.

Díaz Seijas, Pedro, *Rómulo Gallegos: realidad y símbolo,* Caracas: Centro del Libro Venezolano, 1965.

Dunham, Lowell, *Rómulo Gallegos. Vida y obra,* México: Ediciones de Andrea, 1957.

Gallegos, Rómulo, *La brizna de paja en el viento,* La Habana: Editorial Selecta, 1952.

——, *Doña Bárbara,* Buenos Aires: Espasa-Calpe, 1947.

Martin, Lionel, *The Early Fidel. Roots of Castro's Communism,* Secaucus, N. J.: Lyle Stuart, 1978.

Pardo Llada, José, *De los jesuitas al Moncada,* Bogotá: Plaza y Janés, 1976.

Subero, Efraín (ed.), *Contribución a la bibliografía de Rómulo Gallegos,* Caracas: Gobernación del Distrito Federal, 1969.

Thomas, Hugh, *Cuba. The Pursuit of Freedom,* Nueva York: Harper and Row, 1971.

JULIO GARMENDIA Y EL NUEVO CUENTO FICTICIO

Durante la década de 1920, en plena época criollista, estrenaron cuatro cuentistas en busca de una estética distinta, los cuatro de más o menos la misma edad: el venezolano Julio Garmendia (1898-1977), el uruguayo Felisberto Hernández (1902-1963), el ecuatoriano Pablo Palacio (1903-1946) y el mexicano Efrén Hernández (1904-1958). Aunque no se conocían, los cuatro compartían ciertos rasgos:
1. No se afiliaron a ninguno de los ismos: ni al vanguardismo, ni al surrealismo, ni al futurismo-dadaísmo-estridentismo, ni al realismo mágico ni mucho menos al criollismo.
2. Los cuatro no eran prolíficos.
3. Los cuatro tenían una predilección por distintas variantes de lo fantástico, incluso la que linda con el realismo.
4. Los cuatro cultivaban tanto en el ensayo como en algunos cuentos la metaficción, es decir, divagaciones sobre la creación del cuento.
5. Los cuatro supieron captar los sentimientos de personajes insignificantes con una sensibilidad muy fina.
6. Los cuentos de los cuatro lucen un estilo aparentemente sencillo y antirretórico.
7. Los cuatro se conocen más por un cuento sobresaliente que figura en las antologías nacionales y en algunas internacionales: "La tienda de muñecos", de Garmendia; "El cocodrilo", de Felisberto Hernández; "Un hombre muerto a puntapiés", de Palacio, y "Tachas", de Efrén Hernández.
8. Los cuatro son considerados hoy día precursores de Borges, Cortázar y Arreola y, por lo tanto, a éstos deben su reconocimiento tardío a partir de las décadas de 1950 y 1960. Como escribió el mismo Borges en su ensayo "Kafka y sus precursores" (1951), "cada escritor *crea* a sus precursores. Su labor modifica nuestra concepción del pasado, como ha de modificar el futuro".[7] Sin embargo, la fama

---

[7] Jorge Luis Borges, *Otras inquisiciones,* Buenos Aires: Emecé, 1960, 148.

nacional de cada uno todavía supera a su fama internacional. Ya es tiempo de que se pregone por todas partes la importancia de Julio Garmendia.

De los cuatro autores, a Julio Garmendia le toca la distinción de haber escrito en 1922 uno de los primeros cuentos magicorrealistas: "La tienda de muñecos". Tal vez el único anterior sea "El hombre muerto" (1920), de Horacio Quiroga. Sin embargo, los dos cuentos son muy distintos uno del otro. Mientras "El hombre muerto" se emparienta con la ultraprecisión casi estereoscópica de los cuadros de Franz Radziwill, Christian Schad y Charles Sheeler, "La tienda de muñecos" se asemeja más al ambiente mágico de ensueño basado en una visión ingenua o infantil del mundo que caracteriza ciertos cuadros de Carl Grossberg y de Grant Wood. La gran originalidad de Garmendia reside en la transformación de un mundo de juguetes en el mundo real en vez de lo contrario. Con la misma aparente seriedad que había de marcar los cuentos de Juan José Arreola, el narrador transforma la tienda de muñecos de su padrino en un microcosmos de la sociedad. Todos los muñecos están ordenados según la jerarquía social. En una alusión clara tanto al dictador venezolano Juan Vicente Gómez (1909-1935) como a todos los gobernantes tiránicos, el padrino trata duramente a sus muñecos "a fin de evitar la confusión, el desorden, la anarquía, portadores de ruina así en los humildes tenduchos como en los grandes imperios".[8] También trata con dureza a Heriberto, el mozo afeminado, y al propio narrador. Éste, por orden de su padrino y, antes, de su abuelo, nunca pudo jugar con los muñecos porque irónicamente: "¡les debemos la vida!" (23). El mismo narrador se contagia al final de la actitud del abuelo y del padrino, y al morir éste, el narrador rechaza tranquilamente el llanto excesivo de Heriberto y le hace señas de que ponga otra vez en sus puestos a los muñecos que atendían al moribundo. Es que los muñecos cobran tanta vida para los respectivos dueños que el padrino, al sentirse próximo a la muerte, había pedido que le hicieran llegar al muñeco sacerdote y a las muñecas monjas.

Aunque el padrino parece rechazar el sentimentalismo con sus recomendaciones comerciales al narrador —"Vender ejércitos es un negocio pingüe" (25)—, el uso de la narración en primera persona, las emociones humanas tanto del padrino en el momento de morir como del narrador —"Cerré piadosamente sus ojos y enjugué en silencio una lágrima" (26)—

---

[8] Julio Garmendia, *La tienda de muñecos,* Caracas: Monte Ávila, 1976, 24.

y la prosa común y corriente pero exacta, discreta y desprovista de ripios, crean un tono perfecto para el llamado asunto banal, que no lo es en absoluto. En realidad, el prólogo de ocho renglones en el cual el narrador afirma haber encontrado el manuscrito anónimo de "la pequeña historieta" (21), igual que la alusión a "mis asuntos banales" (23), refuerza la ironía o la modestia falsa del narrador. "La tienda de muñecos" no es solamente el segundo ejemplo de un cuento magicorrealista,[9] sino que es uno de los cuentos más originales y más logrados de la literatura hispanoamericana.

Tanto como los juguetes cobran vida en "La tienda de muñecos", los personajes librescos cobran vida en otra tienda, una librería, en el cuento titulado "El librero". El librero, como si estuviera hablando consigo mismo, se dirige al narrador lamentando el destino de los pobres personajes de sus libros que necesitan caridad: los niños desamparados y perturbados, las solteras embarazadas y abandonadas, los hambrientos y los ancianos. Así revela Garmendia otra vez su conciencia social. Además, el librero es excelente precursor del guardagujas de Arreola. Como éste, diverga de un modo que desconcierta al que lo escucha y hace pensar que tal vez sea loco. Al final, tanto el guardagujas como el librero desaparecen misteriosamente. El cuento de Garmendia termina así: "Y desapareció finalmente de mi vista, detrás —o no sé si dentro mismo— de unos estantes que no muy bien pude observar en el penumbroso rincón donde se alzaban... ¡Unos estantes de 'Humorísticos' —según decía, arriba, un letrero!..." (64). Aunque "El librero" comparte con "El guardagujas", de Arreola, y con "La tienda de muñecos" ciertos detalles y la misma actitud hacia el prójimo, no creo que tenga la misma trascendencia, puesto que los otros dos cuentos son metáforas de la vida.

Otro cuento de *La tienda de muñecos* que anticipa a Arreola es "La realidad circundante" por el discurso científico-comercial del inventor, que hace pensar en "Baby H. P.", del autor mexicano. El vendedor callejero anuncia su invención: un aparato ajustador que ayuda a los semiadaptados o a los inadaptados radicales a adaptarse a la realidad circundante. El narrador le confiesa que sí es "¡un grave inadaptado, tal vez

---

[9] Por casualidad o por curiosidad, "El hombre muerto" fue el único cuento magicorrealista de Horacio Quiroga; "La tienda de muñecos", el único cuento magicorrealista de Garmendia, y "La lluvia", tal vez el único cuento magicorrealista de Uslar Pietri. El caso de Uslar resulta el más extraño de los tres porque en 1948 reconoció la existencia del término "realismo mágico" y en 1992 la Casa Mondadori de Madrid publicó una colección de los cuentos de Uslar bajo el título *Cuentos de la realidad mágica*, en la cual el único cuento magicorrealista es "La lluvia".

incurable!" (69), pero que no es lo bastante rico para financiarle el producto. Garmendia se refiere obviamente a sí mismo. Tanto por artista como por artista inconforme con las tendencias vigentes, es un inadaptado. Reafirmando su concepto del cuento, Garmendia remata "La realidad circundante" de un modo humorístico: "Ahí está, hoy todavía, sobre la mesa donde escribo, y alguna vez me habrá servido —no lo niego— como pisapapel sobre las hojas de un nuevo cuento inverosímil" (70).

El narrador de "El cuento ficticio",[10] nada modesto, define más explícitamente su propio concepto del cuento, que refleja su visión de mundo. En este manifiesto literario, más que cuento, el narrador se pinta como "el actual representante y legítimo descendiente y heredero […] de los inverosímiles héroes de Cuentos Azules" (29). Como tal, el narrador se considera responsable por sacar a sus correligionarios escépticos de su exilio en lo Real. Aunque ellos lo llamen "loco, inexperto y utopista […] como a todo gran reformador" (30), él insistirá en llevarlos en la gran marcha hacia el país del Cuento Azul, del Cuento Inverosímil, del Cuento Improbable, de los Cuentos Fabulosos, del Cuento Ilusorio, del Cuento Irreal, de los Cuentos Imposibles, de los Cuentos Extraordinarios. También se considera defensor del cuento contra la novela, anticipando a Borges. Aunque "El cuento ficticio" es en realidad más ensayo que cuento, el lenguaje metafórico —"marcha o viaje, expedición, conquista o descubrimiento" (30)— evoca implícitamente el éxodo de Egipto de los hebreos y su marcha de cuarenta años a través del desierto bajo el "mando supremo" (30) de Moisés. El lenguaje metafórico se remata al final con el retiro exageradamente ceremonioso y por eso burlón del narrador victorioso: "[…] me inclino profundamente delante de Vosotros, os sonrío complacido y me retiro de espaldas haciéndoos grandes reverencias" (32).

El título "Narración de las nubes" evoca recuerdos de la lectura de "Tachas", de Efrén Hernández, y de "Las babas del diablo", de Julio Cortázar. Sin embargo, a diferencia de los narradores de estos dos cuentos posteriores, que son básicamente realistas, el narrador de Julio Garmendia no divaga sobre el valor simbólico de las nubes, es decir, los cambios constantes de la realidad. En "Narración de las nubes", el narrador, con el lenguaje sencillo tan propio de Garmendia, explica cómo se lanzó al cielo para atrapar unas "hermosas enaguas que subían majestuosamen-

---

[10] Recuérdese que Borges escogió el título *Ficciones* para su colección de cuentos.

te en el aire a pesar de los esfuerzos que su dueña hacía por retenerlas en la tierra" (51). Aunque se puede pensar en una posible anticipación de Remedios la bella en *Cien años de soledad,* en el cuento de Garmendia se trata de un viaje de ida y vuelta *del narrador.* El cuento consta de seis páginas que están divididas en seis capítulos, cada uno con su título de resumen parecido a los del Quijote. Mientras el erotismo en distintos grados marca el primer capítulo y el cuarto —"Ambicioné con locura los dones más preciados de la diosa y la estreché entre mis brazos en un instante de turbación" (54)—, el capítulo tercero y el quinto, igual que en "La tienda de muñecos", presenta en el tercer capítulo una visión metafórica de los sucesos sociopolíticos. En este caso, se trata de la violencia de los rayos y truenos de una tormenta: equivalencia de la guerra: "En aquella escena de muerte comprendí todo el horror de la guerra, y la ruina y la desolación que traen consigo los odios despiadados" (53). En el capítulo quinto, el narrador filosofa sobre lo efímero de todo lo que sucede: "una vez que las cosas suceden es casi como si no hubieran sucedido. En el vasto mundo de las Nubes, el soplo del viento pasajero modifica incesantemente el curso de los acontecimientos más graves" (55).

En el capítulo sexto y final, como en un cuento bien confeccionado, se cierra el marco con la vuelta del narrador a la Tierra. Lo original es que esa vuelta se equipara a un segundo nacimiento, sugerido por la forma fetal del narrador dentro del vientre de una nube: "los codos apoyados en las rodillas y la cabeza colocada entre las manos" (57). Como en el viaje del héroe arquetípico, el narrador vuelve al lugar de donde salió provisto de una mayor comprensión del mundo, que se expresa con un toque irónico en la frase inicial: "Por desgracia, al nacer había perdido toda curiosidad por averiguar la condición de mi cuna y la calidad de mis padres, así como el dinero de que pudieran disponer" (57).

"El difunto yo", aunque sea tal vez el cuento garmendiano con una trama más tradicional, también tiene su momento de metaficción: "Pero observo que la indignación —una indignación muy justificada, por lo demás— me arrastra lejos de la brevedad con que me propuse referir los hechos. Helos aquí, enteramente desnudos de todo artificio y redundancia" (76). La indignación proviene del conflicto con su *alter ego,* quien poco a poco se impone al narrador: es el malo que logra remplazar al narrador en su lecho conyugal y acaba por descolgarlo de la viga de la cual pendía la soga con que el narrador se había ahorcado. Dr. Jekyll y Mr. Hyde, fundidos al principio del cuento, poco a poco se van desdoblando hasta la muerte del narrador. Entonces, el *alter ego* publica una nota en la prensa desconociendo deudas que haya contraído el otro, exactamente la misma nota que publicó el narrador cuando se dio cuenta de que su *alter ego* se había independizado.

"El difunto yo", igual que "Narración de las nubes", hace pensar en un cuento de Julio Cortázar: esta vez, "Lejana". El tema de "Lejana" también es el doble, pero la transformación es al revés. Mientras en "El difunto yo" los dos personajes comienzan fundidos y poco a poco se separan, en "Lejana" las dos mujeres están muy alejadas una de la otra al principio del cuento y terminan fundidas. La protagonista, Alina Reyes, es una mujer elegante y casada, probablemente en París. Escribe en su diario que de noche piensa en una pordiosera de Budapest que también podría ser una neófita en el burdel de Jujuy o una criada en Quezaltenango. En menos de un mes, Alina y su marido llegan a Budapest, se hospedan en el hotel Ritz y Alina se encuentra con su doble, la pordiosera húngara en medio de un puente. El narrador ya le ha informado al lector que dos meses después Alina y su marido se van a divorciar. En el último párrafo del cuento, después de que las dos mujeres se encuentran en el puente, el punto de vista narrativo se cambia a la pordiosera húngara. Mientras en "El difunto yo" el *alter ego* se distingue moralmente del narrador, en "Lejana" la otra se distingue económicamente de Alina Reyes. Aunque el mensaje de Cortázar queda claro, me parece que se debilita un poco por su virtuosismo. Igual que otros cuentos de Cortázar, como "Continuidad de los parques", "La noche boca arriba", "Axolotl" y "La isla al mediodía", Cortázar está luciendo su gran ingeniosidad en la transformación lenta de un personaje en otro. En cambio, "El difunto yo", de Garmendia, escrito en primera persona, parece más sincero y más dramático.

"El alma" es una variante muy original del encuentro tradicional del protagonista/narrador con el Diablo y, por lo tanto, hace pensar en "Un pacto con el diablo" (1942), de Juan José Arreola. Se podría decir que el tema de "El alma" es el escepticismo religioso del narrador. Primero, reta al Diablo a que le compruebe que de veras tiene un alma. El Diablo ofrece matarlo para que se le revele el alma después de la muerte. El narrador, al darse cuenta de que efectivamente no tiene alma, decide engañar al Diablo contándole que se le apareció un Pontífice dispuesto a consagrarlo. El narrador, sin embargo, recordando su pacto satánico, se escapó para volver a su cadáver. Le dice al Diablo que considera su alma tan invalorable que no se la venderá por dinero sino por "el don de mentir sin pestañear" (41).[11] El narrador remata sus sentimientos antirreligiosos mintiendo que lamenta no haber traído de su "celeste correría" (41) unos pedazos de oro de la Puerta del Cielo, porque "a mi regreso, parientes y amigos se los hubieran disputado con fervoroso ardor, porque son sumamente cristianos, y todos de una gran piedad…!" (41).

Si he guardado por último mis comentarios sobre "El cuarto de los duendes" es porque lo considero inferior a los otros, tanto en contenido como en forma. Aunque no carezca de interés, me parece que hay menos argumento y la elaboración estilística es menos original. El narrador vuelve a la casa de su infancia por primera vez después de muchos años de ausencia. Por la noche, los duendes caen del techo, pero él ya no les tiene miedo, por mucho que se vayan multiplicando por toda la casa. Incluso les ofrece tragos de su propia botella, lo que contribuye a evocar un repaso vago de su vida: países extranjeros, cajas de libros, foto de una mujer inolvidable, horarios de ferrocarril, raqueta de tenis y zapatos de goma. Con el alba, los duendes van desapareciendo. Así es que el desenlace no tiene ningún impacto. Tampoco impresiona el estilo de este cuento: hay demasiadas series de tres frases paralelas: "Su talla minúscula, su figurilla grotesca, sus extraños movimientos" (45); "aquellos fantasmas, aquellas vislumbres, aquellas apariencias" (45).

En fin, siete de los ocho cuentos de *La tienda de muñecos* merecen mayor difusión internacional. Los críticos venezolanos han ponderado los valores de Garmendia; ahora nos toca a los críticos y catedráticos de otros países estudiar los cuentos, incluirlos en nuestros cursos y establecer semejanzas y diferencias con Felisberto Hernández, Efrén Hernández y Pablo Palacio, además de reconocer a los cuatro como precursores de autores tan renombrados como Borges, Cortázar y Arreola.

OBRAS CONSULTADAS

Aray, Edmundo (ed.), *Aquí Venezuela cuenta,* prólogo de Ángel Rama, Montevideo: Arca, 1968.
Arreola, Juan José, *Confabulario total: 1941-1961,* 3ª ed., México: Fondo de Cultura Económica, 1962.

[11] Es una de las técnicas más típicas del realismo mágico, técnica que luce el narrador de *Cien años de soledad*.

Balza, José (ed.), *El cuento venezolano,* Caracas: Universidad Central de Venezuela, 1990.
Borges, Jorge Luis, *Otras inquisiciones,* Buenos Aires: Emecé, 1960.
Cortázar, Julio, *Las armas secretas,* Buenos Aires: Sudamericana, 1964.
——, *Bestiario,* Buenos Aires: Sudamericana, 1951.
——, *Final del juego,* Buenos Aires: Sudamericana, 1964.
Garmendia, Julio, *La tienda de muñecos,* 4ª ed., prólogo de Jorge Semprún y epílogo de Domingo Miliani, Caracas: Monte Ávila, 1976.
Hernández, Efrén, *Obras: poesía/novela/cuentos,* México: Fondo de Cultura Económica, 1965.
Hernández, Felisberto, *Obras completas,* Montevideo: Arca-Calicanto, 1981.
Meneses, Guillermo (ed.), *Antología del cuento venezolano,* 3ª ed., Caracas: Monte Ávila, 1990.
Palacio, Pablo, *Obras escogidas,* Guayaquil-Quito: Clásicos Ariel, 1971.
Rivera Silvestrini, José, *El cuento moderno venezolano,* Río Piedras: Puerto Rico, Prometeo, 1967.
Uslar Pietri, Arturo, *Cuentos de la realidad mágica,* Madrid: Mondadori, 1992.

XIV. Colombia

LA NOVELA COLOMBIANA: PLANETAS Y SATÉLITES[1]

Prólogo

Desde hace tiempo se ha venido repitiendo con insistencia que Colombia es un país de poetas y que la novela no existe en ese país. Creo que ha llegado el momento de afirmar que Colombia tiene todo el derecho de sentirse orgullosa de sus cuatro novelas *planeta* que, además de sobresalientes, son representativas sin par no sólo de Colombia, sino del continente en sus épocas respectivas: *María*, para el romanticismo; *Frutos de mi tierra*, para el realismo; *La vorágine*, para el criollismo, y *Cien años de soledad*, para la nueva novela hispanoamericana, la novela del *boom* y del realismo mágico. Al presentar en este libro nuevas interpretaciones de las tres primeras novelas, mi propósito ha sido descubrir los ingredientes artísticos que les ha permitido sobrevivir superando los cambios de gusto epocal. En el caso de *Cien años de soledad*, considerando que ya existen muchos estudios de alta calidad con los cuales no tengo mayor discrepancia, he preferido destacar los aciertos de la novela maestra de García Márquez comparándola con su inmediata antecesora y con las obras epígonas colombianas. Además de las cuatro novelas *planeta*, Colombia cuenta con varias novelas *satélite*, es decir, trabajos de menor magnitud que, sin embargo, merecen leerse y estudiarse por sus valores intrínsecos y por la posibilidad que ofrecen de descubrir las imperfecciones o debilidades que les han impedido alcanzar la misma categoría de las cuatro grandes.

[1] El libro se publicó en 1978 en Bogotá en la casa editorial Plaza y Janés. Sólo por razones de espacio decidí suprimir los capítulos I, II, V, IX y X, sobre *María*, de Jorge Isaacs; *Manuela*, de Eugenio Díaz; *Manuel Pacho*, de Eduardo Caballero Calderón; *Breve historia de todas las cosas*, de Marco Tulio Aguilera Garramuño, y *El titiritero*, de Gustavo Álvarez Gardeazábal. El capítulo VIII sobre *El otoño del patriarca* decidí colocarlo en el primer capítulo de este libro junto con el estudio sobre *El recurso del método*, por ser las dos novelas síntesis de todas las naciones latinoamericanas.

Implícito en este trabajo se destaca el concepto de que el crítico tiene la obligación de emitir juicios de valor. Reconozco plenamente que los juicios sobre una obra dada pueden cambiar de una época a otra, incluso para autores tan sobresalientes como Góngora y Shakespeare. También es obvio que los juicios de valor pueden variar según la clase social o la ideología del crítico. Además, es muy posible que un crítico cambie de opinión sobre una obra determinada en el transcurso de los años. Dicho todo esto, es innegable que dentro de cada estilo epocal existe un escalafón o una jerarquía de valores. De toda la pléyade de dramaturgos lopistas en el siglo XVII sería extremadamente raro que algún crítico del futuro compruebe que cualquiera de ellos sea superior a Lope de Vega. Entre las dos mil piezas de Lope, unas tres se han identificado desde el siglo XVII como las mejores. Por muchas ediciones críticas que se hagan de las piezas desconocidas y por mucho que se cambie la ideología política de los críticos, será muy difícil que sean remplazadas *Fuenteovejuna, Peribáñez y el comendador de Ocaña* y *El caballero de Olmedo*. En cuanto a la novela hispanoamericana, *María* es una obra cuyo sentimentalismo desentona con la edad de la bomba atómica, las computadoras y la revolución sexual. Sin embargo, todos han estado de acuerdo durante más de cien años en que ninguna de las numerosas novelas inspiradas en *María* alcanza el mismo alto nivel artístico. La labor del crítico se orienta entonces a analizar cada obra intrínsecamente y luego, basado en su experiencia, indicar con buenas razones al estudiante o al lector aficionado los factores que determinan la evaluación de las novelas de un grupo más o menos homogéneo. Cuantos más años de buena fama acompañan a una obra, tanto más fácil es la tarea del crítico. Contando con los juicios previos de varias generaciones, el exégeta actual puede proceder a señalar los factores positivos de una obra sin temer que los defectos que pueda descubrirle lleguen a cancelar sus cualidades. En cambio, al evaluar obras contemporáneas, el crítico tiene que aproximarse a la obra con especial cautela para no dejarse influir positiva o negativamente por circunstancias o elementos de valor transitorio, o sea, por su posición social o su ideología política del momento, o por su gusto personal.

Este libro no pretende ser una historia completa de la novela colombiana. Hasta la fecha, el estudio que mejor cumple esa función es *Evolución de la novela en Colombia,* de Antonio Curcio Altamar (Bogotá: Instituto Caro y Cuervo, 1957; 2ª ed., Bogotá: Instituto Colombiano de Cultura, 1975), que desgraciadamente apenas llega hasta la década de 1950, cuando un mayor sentido de conciencia nacional comenzaba a reflejarse en el florecimiento de la novelística colombiana. Otra obra indispensable tanto para el nuevo periodo como para los cien años anteriores es la *Bibliografía de la novela colombiana,* de Ernesto Porras Collantes (Bogotá: Instituto Caro y Cuervo, 1976).[2]

Dentro del concepto de los planetas y los satélites, no es necesario defender la selección de aquéllos. En cambio, sí son indispensables unas cuantas palabras para explicar la omisión de algunas obras *satélite.* Tres novelas que habrían encajado muy bien dentro del esquema de este libro son *El alférez real,* de Eustaquio Palacios; *Toá,* de César Uribe Piedrahita, y *La casa grande,* de Álvaro Cepeda Samudio. *El alférez real,* novela histórico-romántica, comparte con *María* el escenario vallecaucano y el argumento amoroso pero ya ha sido cuidadosamente estudiada y enjuiciada por Alberto Carvajal.[3] La influencia de *La vorágine* en *Toá* es tan obvia que salta a la vista de cualquier lector. Además, es tan defectuosa esa novela que no merece ser recordada estéticamente ni aun como un reflejo pálido de la obra *planeta.* Por haber sido el autor de *La casa grande* muy amigo de García Márquez y por haber estimulado en él la lectura de la novelística norteamericana; por haberse publicado la novela cinco años antes de *Cien años de soledad* —y por sus propios aciertos—, *La casa grande* sí merece un capítulo especial en este libro. El único motivo que nos obliga a omitirla es que ya fue acertadamente estudiada por Lucila Inés Mena,[4] quien en otro estudio analizó también la fabulación de la huelga bananera en *Cien años de soledad.*[5]

[2] Además de los dos libros mencionados y los estudios monográficos consultados para cada uno de los capítulos, he aquí una breve bibliografía suplementaria sobre la novela colombiana:
López Tames, Román, *La narrativa actual de Colombia y su contexto social,* Valladolid, España: Universidad de Valladolid, 1975.
Ospina, Urie, *Sesenta minutos de novela en Colombia,* Bogotá: Banco de la República, s. f. [1976].
Pachón Padilla, Eduardo, "Panorama de la novela colombiana en el siglo xx", *Letras Nacionales,* 30 (1976), 5-39.
Peña Gutiérrez, Isaías, *La generación del bloqueo y del estadio de sitio,* Bogotá: Ediciones Punto Rojo, 1973.
Ramos, Óscar Gerardo, *De Manuela a Macondo,* Bogotá: Instituto Colombiano de Cultura, 1972.
Williams, Raymond L., *La novela colombiana contemporánea,* Bogotá: Plaza y Janés, 1976.
[3] Eustaquio Palacios, *El alférez real,* Cali: Biblioteca de la Universidad del Valle, 1959. Introducción y notas de Alberto Carvajal.
[4] Lucila Inés Mena, "*La casa grande:* el fracaso de un orden social", *Hispamérica,* 1, 2 (diciembre de 1972), 3-17.
[5] Lucila Inés Mena, "La huelga de la compañía bananera como expresión de lo 'real maravilloso' americano en *Cien años de soledad*", *Bulletin Hispanique,* 74, 3-4 (1972), 379-405.

Debido a que en la órbita macondina se mueve el mayor número de satélites, no he querido analizarlos todos, ya que esto hubiera desequilibrado el libro. *El hostigante verano de los dioses* (1963), de Fanny Buitrago, merece especial atención porque se publicó cuatro años antes de *Cien años de soledad* y porque contiene una presentación sutil de la vida trágica de los peones bananeros contrastada con la de los protagonistas seudointelectuales, en un ambiente tropical basado tanto en Cali como en Barranquilla. Otras novelas no estudiadas aquí que muestran claras huellas de *Cien años de soledad* a la vez que atestiguan la alta calidad de la novela colombiana actual son *Cola de zorro* (1970), de la misma Fanny Buitrago; *Los cortejos del diablo* (1970), de Germán Espinosa; *Las causas supremas* (1969) y *Sin nada entre las manos* (1976), de Héctor Sánchez, y *La otra raya del tigre* (1977), de Pedro Gómez Valderrama. Respecto a *El otoño del patriarca*, la novela *Del presidente no se burla nadie* (1972), de Julio José Fajardo, trata el mismo tema de la dictadura latinoamericana personificada en François Duvalier de Haití, pero artísticamente presenta muchos altibajos que impiden que resulte una novela cabal, por muy experimental que sea.

La motivación de este libro obedece precisamente a mi repudio del concepto elaborado por Mario Vargas Llosa, Carlos Fuentes y otros muchos críticos devotos de la nueva narrativa latinoamericana de que la "novela de creación" se inicia con ellos, o tal vez con Carpentier y Asturias hacia 1946. Según ese concepto, todas las novelas anteriores son primitivas con la única excepción de *El pozo* (1939), de Juan Carlos Onetti. Frente a esa afirmación tan egoísta y dogmática, me puse a leer de nuevo las principales novelas del siglo XIX, de las cuales sólo dos en realidad resisten un análisis detenido: la muy conocida *María* y la muy desconocida *Frutos de mi tierra*. Más tarde descubrí, mediante lecturas de la crítica arquetípica, la clave para descifrar las estructuras ocultas de *La vorágine*. Una lectura cuidadosa de *Respirando el verano*, de Héctor Rojas Herazo, me impulsó a demostrar la influencia de esta obra en la composición de *Cien años de soledad* y a la vez comprobar la superioridad artística de la novela de García Márquez. Finalmente la publicación tan ansiosamente esperada de *El otoño del patriarca* me animó a escribir, poco después de aparecer la obra, un análisis que comienza con la observación de un fenómeno estilístico y que va luego ampliándose en forma de círculos concéntricos hasta terminar con mis propias experiencias en la República Dominicana en la época del dictador Trujillo.

Así es que en este libro se recogen cinco estudios publicados antes,[6] y que ahora he retocado ligeramente, y se le agregan otros cinco escritos en los dos últimos años, especialmente durante mi estadía de tres meses en Colombia durante el verano (junio-septiembre) de 1977. A pesar de que los primeros estudios fueron elaborados como monografías, quisiera subrayar la unidad integral que tiene el libro, unidad que se deriva de los mismos criterios con que me he aproximado a cada una de las novelas:

1. El análisis intrínseco de la obra teniendo en cuenta constantemente el momento histórico e histórico-literario en que apareció.

2. Las razones que explican el relativo éxito artístico de cada novela.

La estadía indispensable y fructífera en Colombia fue posible gracias a una beca otorgada por la Organización de Estados Americanos. En Bogotá conté con la cooperación del doctor José Manuel Rivas Sacconi, director del Instituto Caro y Cuervo, y del doctor José Darío Abreu, director del seminario Andrés Bello, del mismo instituto. Tuve la buena fortuna de conocer en Bogotá, Cali y Medellín a numerosos autores, críticos y aficionados a la literatura con quienes pude conversar largamente para explicar mi proyecto y enterarme de otras obras que podrían ser consideradas. A todos ellos les doy las gracias más sinceras y pido disculpas por no haber dedicado un capítulo a la obra predilecta de cada uno de ellos: Gustavo Álvarez Gardeazábal, Miguel Arbeláez, Fanny Buitrago, Henry Cañizales, José Cardona López, Alberto Dow, Pedro Gómez Valderrama, Cecilia Hernández de Mendoza, Roberto Herrera Soto, Néstor Madrid-Malo, Jaime Mejía Duque, Manuel Mejía Vallejo, Otto Morales Benítez, Eduardo Pachón Padilla, Isaías Peña Gutiérrez, Darío Ruiz Gómez, Benhur Sánchez, David Sánchez Juliao, Germán Santamaría, José Stevenson, Germán Vargas, Manuel Zapata Olivella y Ramón de Zubiría. A mi colega Héctor Orjuela le agradezco su voluntad constante de ofrecer sugerencias para mejorar la redacción del libro y su ayuda eficaz de orientador bogotano. Para los estudios redactados en Bogotá conté con los valiosos servicios de Ángela Quiroga, bibliotecaria del seminario Andrés Bello y mecanógrafa sin par. En la preparación del manuscrito final en Irvine colaboraron en forma espléndida Celia Bernal y Luisa Gan.

[6] "La estructura dualística de *María*", *Thesaurus*, 25, 2 (mayo-agosto de 1970), 251-277; "*Frutos de mi tierra* o 'Jamones y Solomos'", *Thesaurus*, 25, 1 (enero-abril de 1970), 59-83; "*La vorágine*, Circling the Triangle", *Hispania*, 59, 3 (septiembre de 1976), 418-434; "*Respirando el verano*, fuente colombiana de *Cien años de soledad*", *Revista Iberoamericana*, 41, 91 (abril-junio de 1975, 203-217; "Ver para no creer: *El otoño del patriarca*", *Caribe*, 1, 1 (1976), 7-27.

"FRUTOS DE MI TIERRA" O "JAMONES Y SOLOMOS"

A "Frutos de mi tierra", de Tomás Carrasquilla, no le ha tocado la misma suerte de *María*. Mientras ésta se ha divulgado por todo el mundo hispánico con un sinfín de ediciones, *Frutos de mi tierra* sigue prácticamente desconocida. Publicada por primera vez en Bogotá en 1896, no había vuelto a publicarse hasta 1972 sino entre las obras completas del autor en 1952 en Madrid y seis años más tarde en Bogotá. Durante una estadía de tres meses en Colombia, entre junio y septiembre de 1977, me di cuenta de que muchos catedráticos de literatura y los intelectuales en general —aun los de Medellín— no habían leído mi edición de 1972, por la relativa poca divulgación popular de las obras publicadas por el Instituto Caro y Cuervo.[7] Carrasquilla mismo no ha recibido la atención que merece. A pesar de los elogios calurosos de Unamuno, de Antonio J. Restrepo (1916) y de Julio Cejador y Frauca (1919) y a pesar de ganar el Premio Nacional de Literatura y Ciencias Vergara y Vergara (1935), sólo en 1951, cuando Federico de Onís lo llamó "precursor de la novela americana moderna",[8] llegó a ser uno de los clásicos de la literatura hispanoamericana. Poco tiempo después aparecieron las dos ediciones de las obras completas, la de *Seis cuentos* (México, 1959), por Carlos García Prada, y el estudio de Kurt Levy, *Vida y obra de Tomás Carrasquilla* (Medellín, 1958). No obstante ese "descubrimiento", sus cuatro novelas, *Frutos de mi tierra* (1896), *Grandeza* (1910), *La marquesa de Yolombó* (1928) y *Hace tiempos* (1935-1936), todavía no han sido debidamente analizadas.

Si a *María* le corresponde el galardón de la mejor novela romántica de toda Hispanoamérica, *Frutos de mi tierra*[9] merece el mismo honor para el

---

[7] El Instituto Caro y Cuervo realiza una gran labor de investigación tanto literaria como lingüística y manda sus publicaciones a bibliotecas y universidades por todo el mundo pero la difusión nacional es relativamente escasa. Para remediar esta situación, el instituto ha abierto dos librerías en Bogotá donde tienen a la venta sus publicaciones.

[8] Federico de Onís, "Tomás Carrasquilla, precursor de la novela americana moderna", en *La novela iberoamericana* (Albuquerque: University of New Mexico Press, 1952), 135-151.

[9] Discrepo del juicio de Antonio Curcio Altamar *(Evolución de la novela en Colombia,* Bogotá: Instituto Caro y Cuervo, 1957, cap. x) de que la mejor novela de Carrasquilla es *La marquesa de Yolombó*.

realismo.[10] Dentro de la fórmula literaria establecida por Dickens, Balzac y Galdós, *Frutos de mi tierra* se destaca de las otras novelas hispanoamericanas de la segunda mitad del siglo XIX debido a la gran maestría profesional con la cual están integrados sus varios elementos. No hay que juzgar esta novela por la verosimilitud ni por la complejidad de sus personajes. Carrasquilla puede haber tenido un "profundo conocimiento [...] del corazón humano" (Levy, 145), pero sus personajes son tipos caricaturescos que nunca logran independizarse de su creador. Tampoco hay que ver en *Frutos de mi tierra* sólo "una serie de cuadros costumbristas eslabonados por un débil argumento".[11] No, al contrario, lo que más provoca admiración en el lector moderno es la unidad artística de la obra que desmiente la primera impresión causada por el doble argumento y por la extensión de algunas descripciones. Además, Carrasquilla sobresale por su gran dominio del idioma, la ingeniosidad con que moraliza y la destreza con que da un sentido nacional y aun universal a su regionalismo.

Una radiografía de la novela revela el esqueleto de los siete pecados capitales sostenido dentro del doble marco del título definitivo, *Frutos de mi tierra*, y del título original, "Jamones y solomos".[12] Mientras aquél identifica a los personajes con su tierra antioqueña y con Colombia en general, las partes del cerdo representan las dos tramas que se desarrollan de una manera independiente a través de toda la novela. Al mismo tiempo, el cerdo simboliza dos de los siete pecados capitales: la gula y la pereza. Los "jamones", advenedizos de malas pulgas, son los hermanos Alzate y su sobrino César a quienes están dedicados los capítulos I-III, IX, XI, XV, XVI, XVIII-XX, XXIII-XXVIII y XXX; los "solomos", gente más fina pero tampoco perfecta, son Martín Gala y Pepa Escandón, a quienes están dedicados los capítulos IV-VIII, X, XII-XIV, XVII, XXI-XXII y XXIX. Los protagonistas de los dos argumentos *nunca* se hablan y no hay más que dos ocasiones en que se entremezclan las tramas abiertamente: las escenas callejeras hacia principios (cap. IV) y a fines (cap. XXIX) de la novela.

---

[10] La palabra "realismo" se usa en el sentido limitado y particular de la tendencia literaria que predominaba en la novela francesa entre 1830 y 1870; en la española, entre 1870 y 1890, y en la hispanoamericana entre 1860 y 1910.

[11] Alfred L. Coester, *The Literary History of Spanish America* (Nueva York: MacMillan, 1921), 303.

[12] Kurt Levy encontró otros cinco títulos que confirman la importancia del simbolismo porquino: "Jamones y solomillos", "Solomos y jamones", "Lonjas y tocinos", "Jamones y tocinos", "Tocinos y tasajos" (Levy, 32, 260).

Los siete pecados capitales

De los dos argumentos, el más divertido es el de los Alzate. De acuerdo con la fórmula realista, Carrasquilla narra a principios de la novela (cap. II) la "historia antigua" de la viuda señá Mónica Seferino y sus *siete* niños, pero no es hasta fines del capítulo XXVIII que se confirma claramente el simbolismo con la aparición de una verdadera puerca y "sus siete infantes" (324).[13] Después de la muerte de su esposo, señá Mónica decidió ganarse la vida abriendo una pulpería detrás de la cual hizo construir dos chiqueros para cuatro puerquitos. De ahí en adelante Carrasquilla machaca el motivo recurrente porquino con una intencionada variedad lingüística: cochino (2, 317), cochambre (343), puerco (321), puerquito (113, 314), puercada (313), porquería (2, 228, 247), emporcar (2), marrano (71, 305, 321, 322, 323), marranito (314), cerda (146, 226) y jamoncilla (124).

El parecido físico entre los puercos y los Alzate se destaca con el retrato de la gordota Filomena (8-9), quien de joven ayudaba a su hermano Agustín cocinando en la trastienda. En el párrafo siguiente, Carrasquilla la coloca en una escena infernal convirtiéndola en diablo al mismo tiempo que da vida a la sartén (gordana), a la cuchara y a las longanizas.

> Pegada de la hornilla, cuya lumbre aviva con un cuero, se ve una muchacha frescachona, de carnes tentadoras, peinada con mucho repulgo si mal vestida, la cual, una vez llameante el carbón, se apercibe a armar unas empanadas tan repulgadas como su cabeza. A un lado tiene el perolillo de adobo hecho un empalago, por lo aliñado y grasoso. La ardiente gordana al recibir la fría masa, tinta en azafrán, ruge de enojo y escupe y espumaraja; la ennegrecida cuchara de palo, cual buque salvavidas, no bien la inflamada grasa dora el relleno manjar, lo impele a la orilla y le pone en salvo en la playa de un plato hospitalario. Apenas ha terminado tan filantrópica tarea, vuela a socorrer las longanizas, que en la atroz gordana se retuercen en las convulsiones de los condenados, ni más ni menos que les vio santa Francisca Romana, allá en las calderas de Lucifer [21-22].

Agustín, "el gastrónomo" (65), se desayuna ampliamente con vino, plátanos, arepas, huevos estrellados, longaniza, una gallina frita, leche, conservón y café. No sólo la cantidad de comida sino la manera de inge-

---

[13] Las citas provienen de la edición del Instituto Caro y Cuervo (Bogotá, 1972).

rirla lo identifica con los puercos: "medio atragantado por los bocados que le esponjaban ambos carrillos" (63), "quedándosele la densa espuma de la leche en los pintados bigotes" (64). Huelga decir que el mantel no estaba muy limpio: "de arabescos de azafrán y grasa" (63). El pecado de la GULA se remata al final de la novela con el ubérrimo *catabre* (305) preparado por Filomena para el paseo idílico con su sobrino/novio César.

Además de la gula, también la PEREZA identifica a Agustín con los cerdos. Después de su caída, guarda cama durante el resto de la novela a pesar de las imprecaciones de su hermana Filomena. Es cierto que sufre trastornos mentales pero las consecuencias físicas del encuentro con Bengala desaparecieron a los pocos días. Toda la ira de Filomena es incapaz de sacar a Agustín de la cama:

—¡Pero decí de una vez qué es lo que estás pensando, hombre del enemigo malo! [...] ¡Decíme si es que pensás podrirte en esa cama, pa ver qué hago! [...] ¡Tomá más... que todavía le quedó faltando a Bengala! El acostado sacó un pie, y la dejó seca de un jarretazo en el estómago [149-150, 151].

En efecto, la IRA es un rasgo también predominante de Agustín, lo mismo que de la tercera de los hermanos, Belarmina, mientras la pereza también caracteriza al sobrino César. Sólo Nieves, la menor de los hermanos Alzate, se escapa de esos pecados y de los demás, por haber tenido otro padre: es fruto adulterino de la señá Mónica y su compadre Juancho.

Más que los tres pecados susodichos, Carrasquilla, como varios autores realistas y naturalistas del siglo XIX,[14] critica la AVARICIA, manifestada en el gran afán de acumular dinero, sobre todo por los nuevos ricos, señalados por el apellido Alzate. Agustín nunca se casa, en parte porque busca novia sólo entre las ricas. Al pordiosero que pide comida, Agustín y Filomena "lo echaban noramala hartándolo a insultos" (52). Agustín le roba el pañolón y los zapatos al cadáver de su propia madre. Junto con Filomena se lleva la mayor parte del dinero guardado por señá Mónica

[14] En realidad, la avaricia en *Frutos de mi tierra* se entronca más con la de *L'avare*, de Molière, y con la de *Eugénie Grandet*, de Balzac, y con la de *Silas Marner*, de George Eliot, que con la de las novelas de fines del siglo. Éstas, que se citan a continuación, insistieron más en la especulación financiera y en la efimeridad de la riqueza: Zola, *L'argent* (1891); Julián Martel, *La bolsa* (1891); Segundo Villafañe, *Horas de fiebre* (1891); Narcís Oller, *Le febre d'or* (1890-93); Carlos María Ocantos, *Quilito* (1891); Alberto del Solar, *Contra la marea* (1894); Pedro G. Morante, *Grandezas* (1896); Enrique Martínez Sobral, *Humo* (1900); Tomás Carrasquilla, *Grandeza* (1910), y Frank Norris, *The Pit* (1903). Véase Myron Lichtblau, "Algunas interpretaciones novelísticas de la bolsa", *Humanitas*, 1, 1, 1960, 331-344.

para evitar el reparto entre los otros hermanos. Más adelante, los dos hermanos avarientos[15] engañan a Nieves quitándoles a ella y a Belarmina el dinero heredado al padrino Juancho. Por consiguiente, la misma Filomena queda sentenciada a sufrir el robo de todos sus bienes por su propio esposo César, lo que le produce una "enteritis coleriforme" fatal (351). Agustín, muy impresionado por la muerte de su hermana, en un momento de debilidad hace la misma pregunta formulada antes por Filomena cuando pensaba cautivar a César con su dinero: "¿para qué sirve el dinero?" (223, 260). Sin embargo, antes de que la negra Bernabela pueda contestarle, Agustín se repone e indica lo irremediables que son tanto su avaricia como su ira.

—Pes vea, miamo: la plata sirve...
Preparaba los dedos para enumerar, cuando en el portón se oye ruido de muletas, y una voz desfallecida de anciano plañe:
—¡Una limosnita, mis amos, por amor de Dios!
Agusto[16] grita energúmeno:
—¡Salí de aquí, vagamundo, perezoso!... ¡Tirá a trabajar si tenés hambre!
Un ¡Ay, Jesús! se oyó, y las muletas, lentas, vacilantes, sonaron en el zaguán hasta perderse en la calle [352].

El hecho de que éstas sean las últimas palabras del libro refuerza la importancia de la avaricia, que junto con la soberbia determinan el desenlace feliz de los amores de los "solomos" y el fin trágico de los "jamones". Mientras el dinero figura mucho en las ideas matrimoniales de Agustín, Filomena y César, Pepa afirma con gran voluntad que está dispuesta a casarse con quien le guste, tenga dinero o no. Irónicamente, su novio Martín es el único heredero de una viuda muy rica radicada en el Cauca. En contraste con la avaricia de los Alzate, Pepa muestra compasión por los pobres (87-88) y su padre don Pacho Escandón "socorría al pobre sin ostentación y por amor de Dios" (229). Así es que Carrasquilla señala la generosidad de los que están acostumbrados a la riqueza y critica la mezquindad de los que han dedicado toda su vida a adquirir dinero para alzarse en la jerarquía social.

Para presentar la SOBERBIA tanto de los "jamones" como de los "solo-

---

[15] Filomena es más avarienta que Agustín. El mismo narrador dice con cierta ironía que "Agustín no era hombre de grandes ambiciones, y, si un tanto codicioso, tampoco fue un avaro" (289).
[16] Carrasquilla llama a su personaje de las dos maneras: Agusto y Agustín. En casa, lo llamaban Agusto como señal de respeto.

mos", Carrasquilla alude a conceptos católicos. Martín y Pepa merecen el paraíso por su generosidad y también porque los dos logran liberarse de la soberbia. A medida que Martín trata de conquistar a Pepa con una actitud altiva pavoneándose a caballo, ella lo rechaza. Martín hasta se disfraza de Mefistófeles (135) para tentarla, pero Pepa se burla de él despiadadamente y no es hasta que el caucano se enferma y pierde por completo su soberbia que ella abandona la suya propia y lo rescata del infierno para llevarlo al paraíso. Al recibir el recado amoroso de Pepa, Martín entre otras cosas "miró al cielo… recordó el cuadro de san Martín que había en su casa, montado en un caballo palomo y partiendo la capa con el mendigo" (171-172).[17] En la procesión de la boda, Pepa hasta va vestida de ángel;

> en cuyo brazo se apoya la novia; y tal va ella, que alguien la compara con un ángel —comparación tanto más razonable, cuanto la desposada tiene en los hombros sendos promontorios de trapo, a modo de alas recogidas—. El velo, abullonado en la cabeza, prendido con las flores de naranjo, flotando por detrás, flotando por delante, flotando por los lados, la envuelve como en neblina matinal. Ahí tiene usted el ángel entre nubes.
>
> No va ni envanecida ni turbada; el aire es de sentirse satisfecha; sus denguecillos a fuer de angélicos, sólo cosa de cielo pueden ser; las miradas que, de cuando en cuando, dirige al público, al través del etéreo antifaz, es como si dos estrellas se filtrasen… y todavía es poquito para lo que siente el novio [331].

En el almuerzo de la boda, un convidado anónimo brinda por los novios ligándolos bíblicamente con el paraíso y "el casamiento de Adán y Eva, celebrado 'en el templo grandioso de la naturaleza' " (346).

En cambio, los Alzate se condenan al infierno porque son incapaces de luchar contra la soberbia y los otros pecados capitales. En la Calle de las Queseras del Medio, la gente rica y linajuda no acepta a sus nuevos vecinos. Los tres Alzate (Agustín, Filomena y Belarmina) se vengan declarando la guerra a todos "y con especial encarnizamiento a la familia de Juan Palma, única pobre de la calle" (52). Además de su persecución de esa familia, la soberbia de Agustín se retrata de un modo magistral en el primer capítulo. Impresionan, sobre todo, la precisión de los términos, las imágenes tan acertadas y la ironía del narrador:

> Pues es que Agustín Alzate tiene una tiesura, un sacudimiento de cabeza, un modo de erguirse y contonearse, y sobre todo, un ¡compás tan dinástico!

[17] Probablemente del Greco.

Y sobre lo que él se procura, el cuerpo que le ayuda: alto como un granadero, cenceño como un venado, el ojo pardo y saltón, largo el pescuezo, nariz medio corva, ensanchada a toda hora y como aspirando malos olores, boca desdeñosa, entrecejo fruncido, dientes montados en oro, bigotes a lo Napoleón III, cetrina la color y un tanto rugosa y acartonada la piel. Destellos de azabache lanza su becerruno calzado; a su ropa, flamante siempre, ni leve pelusilla se le pega, ni átomo de polvo la empaña; su camisa, última expresión de lo níveo, parece tallada de puro tiesa. Gasta en sus palabras la concisión del magnate; no cede la acera al más pintado; echa a codazos al que se la disputa, y se pasa a la opuesta por no darla a las señoras [...] [5-6].

Además del retrato general, ciertas palabras susodichas sugieren una visión infernal en la cual Agustín se identifica con el diablo: malos olores, oro, destellos de azabache, becerruno (el becerro de oro), flamante. En efecto, desde el principio de la novela, Belarmina llama demonios a Agustín y a Filomena (6). Señá Mónica califica a Agustín de "enemigo malo" (18), epíteto repetido después por Filomena cuando aquél se niega a abandonar la cama (149). Agustín es el diablo que ofende a Dios por su soberbia y, una vez tumbado a latigazos por el yerno de Juan Palma, no puede levantarse y está condenado a sufrir en el infierno. El mismo Carrasquilla explica el simbolismo:

> Y comoquiera que los arrequives de la opulencia no se llevan sin que uno se deslumbre lo bastante para alzarse a mayores, Agusto, una vez rico, dio en achacarse altísimas cualidades y en levantarse falsos testimonios —harto favorables, por supuesto—; y como la pendiente es resbaladiza, no paró hasta sentirse poco menos que rey, pero no un rey de baraja, como quien dice, sino un rey-dechado, dechado de cuanto hay de grande, encumbrado y sublime; y en ello, se cerró; y fuérale usted a probarle lo contrario.
> Tal vivía Agustín Alzate. Pero he aquí que, merced a un percance, para muchos de poca monta, para algunos de grande enseñanza, Agusto se ofusca, vacila, duda... y no hubo remedio: ya no era Agusto. El trono se vino abajo, la apoteosis se tornó picota. Nostalgia como ésta sólo tiene parecido, aunque en caricatura, a la del Diablo [289].

La negra Bernabela refuerza la identificación de Agustín con el diablo durante la procesión matrimonial: "¡si eso pece un Judas en aquella casa! [...] ¿No te igo qu'está endiablado? [...] ¡si-esu-es el Patas que lo tiene enjunecido!" (329).

Mientras Agustín cae de su trono a causa de los latigazos de Jorge

Bengala, el castigo de Filomena se anticipa simbólicamente por la caída de las manzanas regaladas por César y se entronca con los dos últimos pecados capitales: la LASCIVIA y la ENVIDIA. Filomena se muestra envidiosa al ver pasar un coche rumbo a El Poblado con un matrimonio conocido y tres niños (221).[18] La idea extravagante de casarse con César, o de vivir con él sin casarse, la trastorna por completo y la entrega a los deleites de la lascivia:

> Tendría, pues, que vivir con César, y mirarlo como fruto prohibido. ¡De tanto amor ni un recuerdo iba a quedarle!... ¡Ah, sí!, las manzanas. Las guardaría... ¡para verlas a raticos!
>
> Un pensamiento de superstición acabó de hundirla, por si algo le faltaba: las manzanas se habían caído y rodado por el suelo. ¡No podría darse presagio más negro!
>
> El verbo interno de la prendera habló ese día lenguas desconocidas, como los orgullosos de Babel.
>
> Destroncada, magullada de cerebro, en una laxitud morbosa echóse la cuitada en el suelo como una ebria.
>
> La tormenta se desencadenó del todo.
>
> La fiebre de la pasión, embargando por completo a Filomena, la fue arrastrando, de miraje en miraje, al estado de verdadera alucinación; y a modo de asceta combatido por diabólicas artimañas, vióse enredada, entre despierta y dormida, en unas delicias que serían del cielo o del infierno, jamás de la tierra [226].

Unidad estructural de los dos argumentos

La presencia o ausencia de los distintos pecados es sólo una de las varias trabazones empleadas por Carrasquilla para ligar los dos argumentos. Por medio de la inversión del papel respectivo de los cuatro novios, el autor los aproxima unos a otros: mientras que Filomena se siente totalmente enamorada, tanto como una pastora de Garcilaso de la Vega, y se deja burlar del muy listo de César; en la pareja de "solomos", es la novia

---

[18] Irónicamente, Filomena después llega a provocar la envidia de su hermana Belarmina, quien no puede aguantar el comportamiento amoroso de su hermana y César. El carácter de Belarmina se analiza en el capítulo III: "Mira, tan recelosa de suyo, siempre tan contrariada, sintiéndose sola e impotente en la lucha con los dos hermanos, y descorazonada para el logro de sus deseos matrimoniales, no halló otro expediente que sepultar bajo una mal fingida calma todo aquel tumulto de ideas y sentimientos" (50).

Pepa quien se burla con ingeniosidad del novio Martín, enamorado literariamente al estilo de lord Byron. Martín delira por Pepa en el capítulo XIII lo mismo que Filomena por César en los capítulos XVIII y XX.

También hay puntos de contacto entre novias y novios. A Filomena lo mismo que a Pepa el amor les altera el carácter de la manera más inesperada. La prendera avarienta se vuelve generosa con su sobrino/novio y Pepa se vuelve mansa como un cordero con Martín. El diálogo amoroso de Pepa y Martín en el capítulo XVII anticipa los de Filomena y César en los capítulos XXV y XXVII. Tanto Martín como César eran malos estudiantes que preferían derrochar el dinero y hacer el cachaco antes que dedicarse a los estudios. Los dos deciden abandonar a Medellín poco antes de descubrir que son amados por Pepa y Filomena (169, 261). César se enferma de reumatismo y tiene que guardar cama (cap. XXIV) muy bien atendido por la señora de casa (Filomena) igual que Martín (Marucha). El delirio de éste (cap. XIII) corresponde a aquél de Agustín en el capítulo XI y también se relaciona con los insomnios de Filomena (cap. XVIII) y del propio Agustín (cap. XXVI). El mismo médico, el doctor Puerta, atiende a los dos hombres. El episodio del "vuelo", cuando Agustín revela su oposición al matrimonio de su hermana Filomena con su sobrino César haciendo volar toda la comida, se anticipa por el café tirado a la cara de Nieves por Agustín (cap. IV), lo mismo que por la "hecatombe de lozas y cristales" (234), realizada por don Pacho al saber que su hija Pepa quiere casarse con Martín. Sin embargo, la ira de don Pacho no se puede comparar con la de Agustín porque don Pacho acaba por reconciliarse con el matrimonio de su hija mientras Agustín sigue iracundo hasta el final. Poco antes del "vuelo", Agustín ataca a César a trancazos haciendo recordar al lector los latigazos sufridos por aquél a manos del yerno de Juan Palma. Mientras se malogra el paseo de Filis (Filomena) y Sarito (César) a la quinta alquilada por Agustín en El Cucaracho, Martín y Pepa pasan una luna de miel deliciosa en la quinta de don Pacho en El Poblado.

En el penúltimo capítulo las dos tramas se juntan por primera vez desde el capítulo IV. Durante la boda bulliciosa de Pepa y Martín se comenta en la calle la celebración muy modesta, casi secreta, del matrimonio de Filomena y César. Carrasquilla se sirve aun de los detalles más pequeños para unir los dos argumentos: el regalo de bodas de *Las viejas* en cuya casa vivía Martín es una tapafunda de almohadón que hace pensar en la de Filomena que resultó manchada la noche en que ella sudó tanto que se le destiñó el pelo. De una manera semejante, la frase "ese relámpago le resarció con usura todos los dolores" (193) que aparece en el diálogo amoroso de Pepa y Martín no puede menos que evocar a la prendera Filomena; durante la descripción de César, la frase "Milagro patente, que diría Marucha" (183) hace pensar inmediatamente en Martín.

Además de los eslabones entre los dos grupos de personajes, también hay varios paralelismos entre los mismos "jamones". La relación entre César y Agustín se subraya por la ligazón de los nombres, reforzados por el apodo de éste: el Cónsul (6). Los dos se imponen a sus tres hermanas respectivas y el afán de César de vestirse bien, de no ensuciarse las manos trabajando y su acto de rebeldía contra la autoridad materna reflejan su parentesco con Agustín. El reparto de los bienes materiales efectuado al final entre Agustín y Filomena hace recordar la suerte de la herencia de señá Mónica y por lo tanto constituye una leve insinuación de la muerte de Filomena. El dinero, el robo y el engaño se simbolizan por los baúles: de señá Mónica (cap. II, 30), de César (XV, XIX) y de Filomena (XXX, 223). El cambio de aires recetado para Filomena en Bogotá corresponde a aquél de Agustín en Medellín. En términos de verosimilitud, puede sorprender la muerte repentina de Filomena ocasionada por el robo de César pero estructuralmente se anticipa con la muerte igualmente repentina de Juancho, señá Mónica, Pedrito y Onofre.

Los frutos y "mi tierra"

El término "fruto prohibido", con que inicia Carrasquilla el pasaje sobre la lascivia de Filomena, se refiere directamente al título de la novela *Frutos de mi tierra*. Los frutos son los personajes que Carrasquilla llama "cuatro *frutos* muy podridos y hediondos, otros de regular sabor y algunos hasta gratos y perfumados".[19] Como los frutos provienen de los árboles o del suelo, los personajes se identifican con su tierra. Tomás Carrasquilla puede haber querido mucho a su Antioquia pero en *Frutos de mi tierra* no cabe duda que la avaricia y especialmente la soberbia de los dos frutos más podridos, Agustín y Filomena, constituyen un reflejo directo de los pecados de Medellín. En el capítulo XXVI, por primera vez desde el IX, la acción gira alrededor de Agustín Alzate. Para restaurarle su importancia en la novela, Carrasquilla empieza el capítulo con una larga descripción de las afueras de Medellín. A primera vista, esa descripción

[19] Kurt Levy, 33.

con sus detalles geográficos desconcierta al lector porque parece un paréntesis poético demasiado largo en la novela. Sin embargo, con una lectura más cuidadosa, salta a la vista el intento del autor de identificar a sus personajes, o frutos, con su tierra. Las palabras empleadas para describir El Cucaracho, donde vive Agustín, aluden directamente a él y a la hermana prendera. Después de un párrafo de comentarios sobre el nombre Cucaracho, reflejo del abatimiento de Agustín, los adjetivos del párrafo siguiente se refieren claramente a la soberbia de Agustín y las palabras "almohadones" y "revuelta cabellera" son dos motivos recurrentes asociados con Filomena:

> Levántase en majestuosa vuelta al occidente del valle. Aquí arranca violenta y atrevida, allá en suavísimo declive, más allá convulsiva y vacilante. Presenta, al ascender, ondulaciones esqueletadas de toldo sobre estacas, turgencias de acolchados almohadones, asperezas de caracol marino. Se encumbra altanera hasta dar en el cielo la fantástica silueta, que así semeja delineamiento de revuelta cabellera, como de almenares derruidos [272].

Luego, el contraste entre la "salvaje arrogancia de nuestras montañas" con sus "ropajes de soberana" (273) y los flancos desnudos con sus "guiñapos de mendigo", sus "peladuras rojas en carne viva" y su podredumbre leprosa, simboliza el contraste entre los propietarios ricos con sus casas de recreo y los propietarios pobres que "labran para comer —y que no por ornato [...]" (273). En seguida, el mismo contraste se simboliza con la rosa y el Diablo frente al jazmín y la Virgen con una alusión al *Fausto,* de Goethe:

> Su majestad la rosa, esa reina-Proteo, luce allí todas sus formas y colores; en tanto que el jazmín común, siempre sencillo, siempre humilde, se arrima a la tapia, busca la grieta, se entreteje, y ofrece a la rapaza, a quien amedrenta el Diablo, la corona sin espinas y la florecilla cándida de ideal fragancia, para que vaya a llevarlas a la Virgen [274].

Desde El Cucaracho se contemplan paisajes muy bonitos y la descripción de Santa Elena por el símil "como jirones de velo nupcial" hace pensar en Pepa y Martín:

> Por aquello de que: *El que no ha visto iglesia...* se resiste uno a creer que aquel horizonte pueda ser medido; al contemplarlo, parecen mentira las distancias y

cómputos cosmográficos: es un fondo como de engrudo claro medio tinto en añil, una semblanza de la inmensidad, ornada de vellones de un gris desvanecido, que se escarmenan blancos y difusos como jirones de velo nupcial. Al frente, Santa Elena —uno de los puntos culminantes de la ramificación central de los Andes antioqueños— perfila sus crestas sobre ese fondo y se pierde a lado y lado en lejanías azules, de aquel azul color de lo infinito, esfumándose en el cielo [275].

Al describir un magnífico palacio en ruinas, Carrasquilla elabora el tema de *ubi sunt* o *sic transit gloria* pero Agustín, endiablado en El Cucaracho, es incapaz de levantar la vista. "Mas el que mira desde El Cucaracho, en nada de esto para mientes, atraído por el fondo del valle" (277).

¿Qué atrae la vista de Agustín en el fondo del valle? —el cañaveral con su "fábrica hidráulica, de maquinaria norteamericana de alta techumbre y atrevida chimenea" (277)—. El uso de la palabra "atrevida" indica la protesta de Carrasquilla contra la comercialización de la agricultura y su preferencia *(beatus ille)* por los campos de legumbres con "el feraz negror de la tierra en que entrañan las ópimas raíces" (277).

Carrasquilla termina su descripción geográfica con una crítica de la soberbia y la avaricia de Medellín, que se enriquece con las alusiones a Agripina y a Cleopatra:

¡Tan seductora, tan engreída! Recostada en el regazo de aquella naturaleza, respirando ese aliento, siente fiebre de amor y neurosis de poesía. ¡Ah! sí: su soñadora mirada registra el cielo: ese sol... ¿no será una onza de aquellas que se fueron, acaso para no volver? La enamora la luna: ¡son tan bellos los astros de plata! Contempla los arreboles de la tarde: ¿Se desharán en lluvia de oro? El viento enredando la arboleda le trae notas que aceleran los latidos de su corazón: es el mismo ruido [...] de los billetes nuevos y de las letras de cambio. Su nariz de diosa se ensancha: y en aquel concierto de olores cree distinguir el perfume de los cajones de pino, los efluvios del encerado y el aroma embriagador de mercancías recién abiertas. Vedla: la pupila llamea de pasión, hace ondular sus formas de Agripina, modula voces de sirena, y, recostada en el lecho de rosas, quiere aparecer como la reina egipcia ante el enamoradizo triunviro: es que ha oliscado algún Creso [279].

La última imagen del pavo real —"Cabrillea el paisaje con relumbrones metálicos y se tornasola con los matices del pavo real" (279)— remata las distintas formas de las palabras "soberano", "arrogante", "atrevido", "ufano", "altivo" y "engreído" y logra convertir a Agustín Alzate de un individuo tan caricaturesco en un símbolo de su ciudad.

Esta interpretación se comprueba aún más por los momentos en que Carrasquilla, mediante la personificación, eleva a Medellín a la categoría de protagonista, no para elogiarla sino para criticar sus defectos: avaricia, excesiva seriedad, religiosidad superficial, poca cultura, manía de los disfraces y egoísmo. Durante todo el año "Medellín, la hermosa" se recoge en sus quehaceres, "guardando como una vieja avara, riendo poco, conversando sobre si el vecino se casa o se descasa, sobre si el otro difunto dejó o no dejó, rezando mucho, eso sí [...]" (119). La casa de los Alzate se mantiene sumamente limpia pero "nada que huela a libro, ni a impreso, ni a recado de escribir" (4). De vez en cuando se hacen fiestas en Medellín como para celebrar el 7 de agosto, aniversario de la batalla de Boyacá. Carrasquilla indica hasta qué punto está muerto el patriotismo, primero burlándose del estilo romántico sin presentar los datos históricos y luego haciendo un contraste entre el sacrificio de los patriotas y el egoísmo de los medellinenses:

> Como de encargo vendría aquí un cachito crítico-histórico sobre nuestras glorias patrias. ¡Cuánta erudición luciéramos! ¡Cómo encantáramos al lector con aquello del *León de Iberia, Las cadenas rotas, La Virgen América, La ominosa servidumbre, Los carcomidos tronos!...* Sería un modelo el tal cacho. Pero mejor será no meternos en arquitrabes... y vamos con las fiestas [120].

> ¡Oh, padres de la Patria! ¡Oh, Libertad! ¡Por honraros se hacen tales cosas; mas no temáis que el recuerdo de vuestras glorias sea tan intenso que llegue a exaltarnos hasta hacer por vosotros épicas locuras!... Por ahora nos contentamos con hacer brotar de nuestras frentes el grato sudor del baile, o con una borrachera patriótica [...] a vuestro nombre [123].

En vez del patriotismo predomina el aspecto comercial de las fiestas y el afán de disfrazarse. ¡Con qué riqueza de imágenes describe Carrasquilla cómo de repente se suelta el dinero!

> Los señores dueños de la renta de licores sienten por anticipación esa voluptuosidad que produce el susurro de los billetes y la armonía del níquel cuando van cayendo al cajón arreo, arreo como un chorrito [120].

> Y Medellín, en tanto, brota y brota moneda por todos los poros, cual si un sudor pecuniario le sobreviniese, y para todo hay; pues de cicatera se ha tornado en manirrota [121].

Los medellinenses enriquecidos no conocen la historia patria ni tampoco saben quiénes son los personajes históricos que sirven de modelo para los disfraces. Carrasquilla dedica tanta atención a los disfraces que éstos logran cobrar una importancia que no es puramente descriptiva. En toda la novela se insiste mucho en la ropa como símbolo de las apariencias, de la hipocresía. Agustín Alzate y su sobrino César se dedican al buen vestir para parecer lo que no son. Carrasquilla hasta propone una explicación racial de este fenómeno:

> Esto de disfraz debe de ser entre nosotros cuestión de raza.
> Bien nos venga de los españoles, tan bizarros en el vestir; bien de nuestros indígenas progenitores, tan pintados de piel, tan apasionados por plumajes y abalorios, ello es que, en mentándonos vestimenta abigarrada, hasta el más estirado viejo se disfraza, siquiera con la colcha de la cama [122].

Regionalismo y conciencia nacional

A pesar de que *Frutos de mi tierra* debe clasificarse como una novela regionalista de Medellín, hay algunas indicaciones de que Carrasquilla también pensaba algo en el país entero. La familia de César vive en Bogotá mientras la madre de Martín vive en el Cauca. Antes de decidirse éste por la Universidad de Medellín, pensaba en la de Popayán. Filomena luce una peineta cartagenera (9) y también se menciona el departamento de Tolima.

Además de los orígenes raciales del amor a los disfraces y los comentarios sobre las fiestas de Boyacá, Carrasquilla alude a la historia reciente de Colombia. Onofre murió y su madre, señá Mónica, comenzó a enriquecerse durante la Guerra Grande o la Revolución del 60. La muerte de señá Mónica diez años después coloca la acción en 1870. César fue militar en la revolución del 85 antes de dedicarse al juego en Bogotá. La derrota de esa Revolución con el apoyo del Partido Conservador permitió a Rafael Núñez permanecer en la presidencia, como titular al menos, hasta su muerte en 1894. El parecido entre el retrato de Agustín Alzate y la figura de Julio Arboleda[20] (12-13) y la conversación de don Pacho Escandón y su yerno acerca del doctor Núñez,[21] sirven para extender la crítica que

---

[20] Julio Arboleda (1817-1862), poeta, político, orador. Fue asesinado durante la guerra civil contra los federales.
[21] Según Antonio J. Restrepo, Carrasquilla era rentista y "el billetaje que a tantos consolidó,

hace Carrasquilla de Medellín a toda Colombia —sobre todo a la Colombia bajo la tutela del Partido Conservador alrededor de 1892—, tema que había de elaborar más en la novela corta *Luterito* (1899). Una de las pocas veces que Carrasquilla menciona a Colombia en toda la novela sirve para retratar a Agustín a la vez que encierra una crítica al Partido Conservador: "¡Tendría que ver que en un Departamento de Colombia, la demócrata, resultase alguien con aires de realeza! ¡Vaya si tendría!" (5).

Lo que distingue tradicionalmente a los liberales de los conservadores en Colombia es su actitud respecto a la Iglesia. En efecto, la crítica de Carrasquilla se dirige mucho más a la Iglesia que al doctor Núñez o al Partido Conservador: "a la sazón corrían los tiempos en que el Espíritu Santo soplaba por los lados de Colombia" (239). Al describir una iglesia de Medellín, Carrasquilla critica sutilmente el excesivo adorno de linones, papeles y plantas de todos los colores. En la oración siguiente, la palabra "probablemente" indica que el sentido del decorado no queda claro: "El decorado del templo es una alegoría de la aurora, probablemente" (95). La palabra "mercado", última del párrafo siguiente, no sólo da una idea del ruido y de la confusión sino que también convierte ideológicamente al templo en un mercado:

> El rumor del rezo llena la iglesia. ¡Modo más curioso de hablar con la Virgen y el Señor! El primer misterio glorioso tal y cual cosa, y cuando el cura va en el *Señor es contigo,* lo atropella la gente con el *Santa María,* y sigue atropellándolo, hasta que el cura se contagia y los atropella a todos, de tal forma que aquello se vuelve una titiritera de padrenuestros y avemarías, que ni en mercado [96].

La competencia entre los devotos del Señor del Divino Rostro y la Virgen del Perpetuo Socorro se reduce al absurdo en la discusión entre Marucha y su hija Paula sobre cuál de las dos salvó a Martín de su delirio en el capítulo titulado "Milagro disputado".

Más seria es la crítica de la venalidad de la Iglesia respecto al matrimonio de Filomena y César. Otra vez Carrasquilla subraya su propósito colocando una frase casi parentética al final de la oración: "Algo dizque gruñó su Señoría Ilustrísima por la dispensa en novios tan consanguíneos; pero como para concederla tuviese facultad pontificia, hubo de acceder a la petición y a los empeños del Padre Ángel, cien pesos y doscientos rosarios mediantes" (302).

liquidó a Carrasquilla, por obra y gracia del célebre arbitrista y felón político Rafael Núñez" (*Obras completas,* de Carrasquilla, Bogotá: Editorial Bedout, 1958, XVIII, columna 2).

"Nada es superior a las palabras"[22]

El tono irónico que se nota en el trozo susodicho y en otros ya citados predomina en toda la novela y es uno de los muchos recursos lingüísticos que contribuyen tanto a su valor duradero. Aunque algunos críticos han tachado la novela de poco dinámica por la relativa falta de acción y por la abundancia de largas descripciones, éstas junto con los diálogos demuestran precisamente el gran poder creador de Carrasquilla. La pulpería de los Alzate (19-21) se presenta con enumeraciones de todos los productos patrios: granos, carne, frutas, dulces, especias, licores, correas y cabuya, artículos de cuero, etc. Sin embargo, la gran variedad de verbos activos, las distintas imágenes y alguna que otra observación picante del novelista impiden que se aburra el lector y captan la vida bulliciosa de la pulpería aun sin la presencia de un solo cliente. Los diferentes comestibles y otros artículos "penden", "ondean", "ostentan", "cuelgan", "alternan", "se apilan", "blanquean", "campan", "convidan", "resaltan" y "denuncian". Las pilastras de dulces "formadas en batallón" y la "falange de botellas" no sólo crean una imagen de arreglo muy ordenado sino que constituyen parte del motivo recurrente bélico tan íntimamente relacionado con la figura imperial de Agustín, quien en el capítulo IV sale de la casa "desempedrando las calles" (66). El "ubérrimo racimo de plátanos" pende "a manera de araña", mientras "un mosquitero de papel, picado en rejilla, que, con sólo invertirlo, hubiera servido a Eiffel de modelo para su famosa torre". Para indicar la presencia de insectos, el autor menciona "el pan y el bizcocho morenos, donde las moscas hacen de las suyas" y la "gran caja [panela] perseguida por las avispas".

Además de las largas descripciones que llegan a ser joyas casi independientes, Carrasquilla nunca pierde de vista la unidad artística de toda la novela, la cual refuerza constantemente por el uso discreto de imágenes. Como eco de las imágenes militares asociadas con Agustín, Pepa Escandón se convierte en generala para dirigir a sus amigas en la primera escaramuza con Martín Gala y los suyos:

---

[22] La cita viene de *Los niños se despiden*, de Pablo Armando Fernández (La Habana, 1968, 528), cuyo concepto de la novela lo vincula a todos los nuevos novelistas hispanoamericanos que han creado a partir de 1960 el llamado *boom* (véase Emir Rodríguez Monegal, *Mundo Nuevo*, 17, 3 París, noviembre de 1987, 22-23).

Ésta [Pepa] permanece en su puesto, y como el general que desde el campamento dirige el catalejo al enemigo, lleva ella la mano vacía a un ojo, a modo de alargavista, lo apunta a lo largo de la concurrida calle, observa, y a poco clama entusiasmada: "—¡Allá vienen!, ¡allá vienen!, ¡y toditos son de espuela y pelea!" [59].

Los encuentros entre hombres y mujeres también inspiran otras imágenes. Anticipando sus relaciones con César, Filomena revela en términos taurinos su deseo de encontrar un hombre: "Que estaba con la *embestidera,* era visto; pero nadie se atrevió a capearla" (49). La agresividad de Filomena y la descripción dantesca de la cocina (22) se refuerzan en la segunda mitad del libro durante la discusión con Agusto sobre César: "—Quitá de aquí, ¡vieja del demonio! ¡Andá a fregar al infierno! La palabra *vieja* chirrió en el corazón de Filomena cual la marca encendida sobre la piel de la res; y como una hiena se lanza sobre Agusto, para acabar con él" (215).

Menos violento, pero igualmente malogrado, es el esfuerzo de Belarmina por conseguir un hombre: "aprovechó Minita el sueño del cancerbero [Agusto] para echar a la puerta un ratico de pesca; pero ni una anguila picó" (62). Más femenina es la actitud de las amigas de Pepa que se convierten en flores para atraer a los hombres: "y los días de fiesta se formaba en su puerta un ramillete de flores de carne y hueso, que ni para hacerle chorrear la baba a tanto abejón como pasaba por la calle" (57). En los coches de alquiler pasan las prostitutas: "sirenas de cuarto ciego" (57). Igualmente "sirena", pero de una manera muy exagerada por el autor, es Pepa Escandón para Martín Gala. Carrasquilla pone en ridículo las pretensiones poéticas del estudiante cuando éste compara el vestido de Pepa con una pintura del lago de Ginebra, sin poder completar la imagen del Cauca: "Se parece al lago de Ginebra que hay en *El Casino;* se parece también a los horizontes del Cauca, en las mañanas de... (imposible dar con el mes; pero la poesía le fue creciendo)" (139-140). Después de burlarse de Martín por medio del doctor Puerta, de la manera más cruel, Pepa abandona la sala dejando a Martín, disfrazado de Mefistófeles, medio muerto. La evocación de la imagen acuática, el hecho de andar Pepa disfrazada de la reina francesa, sinónimo del desdén por los sentimientos ajenos, la imagen militar de los cañonazos y la burla del concepto romántico de que la naturaleza refleja los sentimientos de los personajes, todo se combina para producir un fin de capítulo magistral:

El lago de Ginebra se rizó, fulguraron los horizontes caucanos, el plumaje del ave del Paraíso se desplegó, y María Antonieta de Lorena, dando un revoloteo, salió dejando a Martín Gala aplastado como un sapo.

Los cielos, al ver la caída de Mefistófeles, dieron una salva de cañones, después enviaron aleluyas de granizo, luego se desataron en chorros.

José Bermúdez, al ver aparecer a Pepa en los salones, corrió a buscar a Mefistófeles; pero Mefistófeles se había desvanecido [144].

Carrasquilla no sólo se burla de sus personajes sino que también, como buen realista del siglo XIX, les pone nombres que indican su carácter. Ya se ha comentado la relación imperial entre César y Agusto. Nieves, la menor de los Alzate, es la inocencia por antonomasia. El carácter bélico de su hermana lo insinúa su nombre Belarmina. En otra muestra de modernidad, el autor trata de confundir al lector por la semejanza entre el apodo de ésta, Mina, y el de la hermana mayor, Mena, de Filomena. Martín Gala es el estudiante rico que nunca trabaja, que está de fiesta o de gala, y su elegancia a caballo lo liga con el famoso cuadro de san Martín (171-172). El apellido de Pepa Escandón se explica por su comportamiento escandaloso en la primera mitad de la novela. El apellido de los Alzate señala su carácter de arribistas, contrasta con la caída infernal de Agusto y constituye todo un motivo recurrente por la frecuencia con que el autor emplea el verbo "alzar" en todas sus formas y sentidos: "alzó a mirar" (51), "alzados los puños" (69), "zambos alzaos" (64), "aunque se las alce el Patas" (233), "blancos cendales que se alzan del fondo" (279) y "los arrequives de la opulencia no se llevan sin que uno se deslumbre lo bastante para alzarse a mayores" (289).

Las variaciones del vocablo "alzar" como las del tema porquino son ejemplos de la afición del autor a jugar con las palabras, rasgo típico de los realistas del siglo XIX. Otros casos se citan a continuación. Cuando los policías acaban con la industria clandestina de señá Mónica, "no siendo ella de las que alambican el dolor, aunque fuese pecuniario y se tratase de alambique, determinó [...]" (29). Comentando la soberbia de Agusto, el autor la compara con la soberbia que muchas veces se combina con algún rasgo positivo: "Entonces esa jactancia es moneda corriente; tan corriente, que corre y correrá como ha corrido siempre" (48).

Este trozo es una de las muchas ocasiones en que el narrador se dirige personalmente al lector. Esta técnica, que en muchas obras llega a ser un defecto, no desentona en absoluto por la discreción con que Carrasquilla la emplea y por el papel primordial que desempeña el autor en su manejo de los varios elementos de la obra. Es decir que la novela no se destaca por la originalidad del argumento ni por la complejidad de los personajes sino por su virtuosismo lingüístico.

Si la presencia del narrador se siente fuertemente en las descripciones y en los apartes al lector, los varios diálogos se destacan precisamente por la poca intervención del narrador. Los personajes se expresan con un lenguaje tan apropiado que esos diálogos se convierten en pequeñas escenas teatrales con un mínimo de acotaciones del dramaturgo. Desde la primera página de la novela se establece el carácter de Agusto y de Nieves por el contraste entre las palabras muy humildes de ésta y las muy iracundas de aquél. De los otros diálogos bien distribuidos en la novela se destacan los siguientes: Martín Gala, enfermo de amor, y sus compañeros de cuarto, que se burlan de él con pretendida erudición (78-80); Martín, primero puesto en ridículo por Pepa (130-132, 140-142), y después correspondido (192-196); César, con sus modalidades bogotanas, y las primas aturdidas de Medellín (154-156, 173-181); Filomena desvelada y atendida por sus hermanas (202-208); la declaración de amor de César (266-269); la discusión airada entre don Pacho y su esposa doña Bárbara (231-234); la conversación llena de ternura entre el mismo don Pacho y su hijo Pachito (236-238); el debate algo intelectual entre don Pacho y el estudiante Mazuera (240-245); el largo discurso de la negra Bernabela (285-287); los comentarios anónimos que se oyen en la calle (334-337).

El largo discurso de la negra Bernabela es en realidad un monólogo, puesto que nadie se atreve a interrumpirla. Mucho más monólogo es el de Filomena durante el capítulo XVIII, titulado "De claro en claro". Obsesionada por César, la prendera cincuentona habla consigo misma en una especie de monólogo interior que anticipa por casi veinte años el de Agusto Pérez en *Niebla* (1914), de Unamuno. Alternan a manera de asociación libre los encantos de César, la ropa que se va a poner ella al día siguiente, el dinero, el pito del sereno, la tienda, la caída de Agusto y los aullidos de los perros.

Además de transcribir fonéticamente el dialecto hablado por sus personajes, Carrasquilla también reproduce su ortografía. La carta de Juanita que anuncia la próxima llegada de César contiene los errores siguientes: mui, hase, tienpo, colocazion, canpana, barias, acto [apto], travajo, vezes, carapter, disen, fasil, favoreserán, hirse, resibido (151-152).

Reminiscencias literarias

El contraste entre la reproducción fonética del lenguaje hablado y escrito de sus personajes y alguna que otra parodia literaria contribuye al tono burlón que predomina en gran parte de la novela. La oposición del idealismo de los "solomos" al materialismo de los "jamones" se perfila nítidamente por su relación con don Quijote y Sancho Panza. Agustín se identifica con Sancho solamente una vez pero con tanto estrépito que la intención del autor se mantiene en pie a través de toda la novela: "El cual [Agustín], en prosaica postura, pasaba por las propias congojas que Sancho cuando la toma del bálsamo aquel. Los estrépitos del mal eran para alarmar" (69).

En el capítulo siguiente Carrasquilla establece la identidad de Martín con don Quijote burlándose de los gustos literarios de aquél:

> Pero ni romances, ni poemas, ni don Adriano, ni nada llegó a herir tanto la fantasía del joven, ni a empeorarlo de cabeza como la *Biografía de lord Byron* por Castelar...
>
> En plata: el amante de Carolina Lam vino a ser para él lo que Amadís y su caterva para don Quijote; y de tal modo se fue calentando de cascos con estos pujos lordbyrianos, que hasta una caída se deseó, para quebrarse una pata y salir luego cojín cojeando lordbyrianamente [75-76].

En la caravana de máscaras, Martín, montado en un caballo muy brioso, irrumpe en la calle de Pepa, precedido de don Quijote y Sancho. Puesto en solfa por Pepa, Martín se enferma y el capítulo en que se describe su delirio se llama "La cueva de Montesinos". Martín sueña con asistir a su propio entierro y durante los momentos de lucidez pondera su propia locura aludiendo a otros dos episodios del *Quijote:* "pero no la [locura] mostraría; evitaría a su madre esa pena, se evitaría el verse amarrado en una jaula, o apedreado por los muchachos" (164).

En la descripción de César Pinto, Carrasquilla refuerza el aspecto sanchopancesco de los "jamones" con una alusión a la boda de Camacho (189). Más adelante, César y Filomena realizan de una manera grotesca el sueño de don Quijote convirtiéndose en los pastores Sarito y Filis.

Además de emparentarse con *Don Quijote, Frutos de mi tierra* también se relaciona con las obras de dos descendientes decimononos del *Quijote:*

Tradiciones peruanas, de Ricardo Palma, y, mucho más, la serie de Torquemada, de Benito Pérez Galdós.

El párrafo inicial del capítulo XXI de *Frutos de mi tierra* es una imitación directa de las *Tradiciones* de Palma: " 'Es más sucia que la boca de don Pacho Escandón', suelen decir en Medellín para ponderar la porquería de alguna cosa" (228).

Tanto por su talento lingüístico como por su actitud anticlerical, su costumbrismo y su realismo en general, Carrasquilla se parece mucho a Benito Pérez Galdós, cuyas novelas influyeron en todos los realistas hispanoamericanos de fines del siglo XIX. Por lo tanto, no sería muy atrevido señalar la serie de Torquemada (1889-1895) como posible fuente de inspiración literaria para *Frutos de mi tierra.* No sólo las semejanzas estilísticas en general, sino también la proximidad de fechas; los oficios semejantes del usurero Torquemada y de la prendera Filomena; la influencia de san Martín en el regalo de la capa [la vieja, no la nueva] de Torquemada *(Torquemada en la hoguera,* cap. VI) y en la figura ecuestre de Martín Gala; el parecido entre la arenga larga, pintoresca y acertada que le echa la negra Bernabela a la cara de su amo Agusto y la que echa la vieja criada "tía Roma" a la cara de Torquemada *(Torquemada en la hoguera,* cap. VIII); el final abrupto de *Torquemada en la hoguera* en que, a pesar de la muerte de su hijo Valentín, Torquemada vuelve a pensar en los negocios y rechaza la misericordia ("La misericordia que yo tenga, [...] ¡ñales!, que me la claven en la frente")[23] igual que Agusto después de la muerte de Filomena; por fin, el uso de apodos y de imágenes porcinas:

[...] fuiste un grandísimo puerco [*Torquemada en la cruz,* 980].

Eran ellos [unos socios] los pastores y Torquemada el cerdo que, olfateando la tierra, descubría las encondidas trufas, y allí donde le veían hociquear, negocio seguro [*Torquemada en el purgatorio,* 1049].

Ello es la extravagancia más donosa de nuestro jabalí, que, cegado por la vanidad y desvanecido por su barbarie... [*Torquemada en el purgatorio,* 1067].

Gruñendo como un cerdo, se retorcía con borrosas convulsiones [*Torquemada y San Pedro,* 1202].

---

[23] Benito Pérez Galdós, *Obras completas* (Madrid: Aguilar, 1942), tomo V, 962.

A pesar de este parentesco, no se puede dudar de la originalidad de *Frutos de mi tierra*. Donde supera esta novela a sus contemporáneas es en la conciencia artística del autor. Con los mismos ingredientes realistas de Galdós, del chileno Blest Gana y de tantos otros realistas de México, de la Argentina y de la misma Colombia, Carrasquilla le da a su novela mayor valor mediante la armazón de los siete pecados, la elaboración de los dos títulos: *Frutos de mi tierra* y "Jamones y solomos", y un gran dominio del idioma tanto literario como popular. Sólo su publicación tardía, unos treinta años después del comienzo de la tendencia realista en Hispanoamérica, ha impedido que se le conceda un lugar privilegiado al lado de las otras novelas estelares.

OBRAS CONSULTADAS

Carrasquilla, Tomás, *Frutos de mi tierra,* Bogotá, Instituto Caro y Cuervo, 1972.
Coester, Alfred L., *The Literary History of Spanish America,* Nueva York: MacMillan, 1921.
Curcio Altamar, Antonio, *Evolución de la novela en Colombia,* Bogotá: Instituto Caro y Cuervo, 1957.
Levy, Kurt, *Vida y obra de Tomás Carrasquilla,* Medellín: Bedout, 1958.
Lichtblau, Myron I., "Algunas interpretaciones novelísticas de la bolsa", *Humanitas,* Monterrey, 1, 1, 1960, pp. 331-344.
Onís, Federico de, "Tomás Carrasquilla, precursor de la novela americana moderna", en *La novela iberoamericana,* Albuquerque, University of New Mexico Press, 1952, pp. 135-151.
Pérez Galdós, Benito, *Obras completas,* Madrid: Aguilar, 1942, tomo v.
Restrepo, Antonio J., *Obras completas,* prólogo de Carrasquilla, Bogotá: Bedout, 1958.

"LA VORÁGINE": EL TRIÁNGULO Y EL CÍRCULO

"La vorágine" (1924), de José Eustasio Rivera (1888-1928), igual que *María* y *Frutos de mi tierra,* ha sido criticada erróneamente por su falta de unidad.[24] A partir del *boom* también le han echado la culpa por haber engendrado toda una serie de novelas geográficas.[25] Sin embargo, no debería confundirse *La vorágine* con todos sus epígonos, ya que la obra de Rivera dista mucho de ser una simple novela telúrica. Por el contrario, además de ser una novela de fuerte protesta social, *La vorágine* también luce una compleja visión alegórica, cristiana y pesimista, de la pérdida del hombre del Paraíso y su castigo y su muerte prematura en los círculos concéntricos del infierno. En términos históricos y realistas,[26] el infierno de Rivera se encuentra en las selvas caucheras de Colombia, pero esto no impide que también se identifique con el "bosque oscuro" del *Infierno* de Dante o con la vorágine negra de la *Eneida* de Virgilio, ésta traducida por el colombiano Miguel Antonio Caro en 1908, cuando Rivera tenía veinte años: "Por las riberas del Estigio hermano, Vorágines de negro, ardiente lodo…"[27]

[24] Fernando Alegría observa en su *Historia de la novela hispanoamericana* (México: De Andrea, 1965) que, "como novela, *La vorágine* ha sido objeto de críticas severas: se le censura la falta de organización en la trama…" (113).

[25] Luis Harss dice, en *Los nuestros* (Buenos Aires: Editorial Sudamericana, 1968), que "[…] en *La vorágine,* de Rivera, la selva virgen dio su ambiente devorador a la novela del trópico. Todas estas obras marcan una etapa en la vida de nuestra novela, fervorosa y apasionada siempre en sus manifestaciones, pero al mismo tiempo inocentemente autoritaria, declamatoria y hasta demagógica. Era una literatura hecha más de vehemencias intelectuales que de jugos gástricos, épica en su concepto, utilitaria en sus propósitos" (16).

Carlos Fuentes, en *La nueva novela hispanoamericana* (México: Joaquín Mortiz, 1969), revela una actitud aún más despectiva: " '¡Se los tragó la selva!', dice la frase final de *La vorágine,* de José Eustasio Rivera. La exclamación es algo más que la lápida de Arturo Cova y sus compañeros: podría ser el comentario a un largo siglo de novelas latinoamericanas: se los tragó la montaña, se los tragó la pampa, se los tragó la mina, se los tragó el río. Más cercana a la geografía que a la literatura" (9). (En *Valiente mundo nuevo* [1990], Fuentes se desmintió reconociendo la importancia de las obras maestras del criollismo.)

[26] Véanse los dos estudios muy bien documentados de Eduardo Neale-Silva: "The Factual Basis of *La vorágine*" (PMLA, 54 [1939], 316-351) y *Horizonte humano: vida de José Eustasio Rivera* (México: Fondo de Cultura Económica, 1960).

[27] Virgilio, *Eneida,* traducción en versos castellanos por Miguel Antonio Caro (Madrid: Librería de Perlado, Páez y Cía., 1908), tomo II, 173. En el latín original: "[…] Stygii per flumina fratis. Per pice torrentes atque vorágine, ripas […]" (libro X, versos 113-114).

En una especie de réplica a la *Divina comedia* en que Dante, habiendo iniciado su viaje en el bosque infernal, sube hasta llegar al Paraíso, Arturo Cova baja del Paraíso de la cordillera, por ambiguo que sea, y no para de dar vueltas hasta caer irredento a la sima sin fondo de la selva infernal, personificada ésta en Zoraida Ayram, la imagen junguiana de la Madre Terrible. Si Dante se salva con la ayuda del poeta Virgilio y de la amada ideal Beatriz, Arturo y sus *alter egos* se condenan por causa de la mujer y los poetas no sirven para enfrentarse a los problemas de la realidad: "Pobre fantasía de los poetas que sólo conocen las soledades domesticadas".[28]

La importancia de la *Divina comedia* en la estructura básica de *La vorágine*, además de la clara presencia de otras obras clásicas de la literatura universal como la *Ilíada* y la *Odisea*, la *Eneida* y el *Quijote*, desmiente el rótulo regionalista aplicado tan a menudo, y en tono despectivo, a la novela de Rivera.[29]

I. El triángulo

De acuerdo con la teología cristiana en general y con la *Divina comedia* en particular, el número tres es la base estructural de la visión de mundo de *La vorágine*. La novela está dividida en tres partes, cada una de las cuales va precedida de una obertura dedicada respectivamente a los tres temas básicos de la obra: el amor, la naturaleza y la explotación de los caucheros. En la novela, Colombia también se divide geográficamente en tres partes: la sierra, los llanos y la selva, que corresponden al Paraíso, al Purgatorio y al Infierno de Dante. No obstante, el proceso creativo de Rivera, pese a lo que dicen los nuevos críticos, no es nada simplista puesto que las trinidades temáticas, geográficas y simbólicas no están totalmente encajonadas en las tres partes de la novela. Más bien tienden a desbordarse, a entremezclarse y a veces a contradecirse como reflejo de la visión caótica que plasma Rivera tanto de la selva como del mundo y de la humanidad en general.

---

[28] José Eustasio Rivera, *La vorágine* (Buenos Aires: Editorial Losada, 1968), 176. Todas las citas subsiguientes provienen de esta edición.

[29] Leonidas Morales analiza toda la novela en términos del motivo del descenso a los infiernos y demuestra sin lugar a dudas las semejanzas con las obras de Homero, Virgilio y Dante: "En cambio, se nos revelará una dimensión humana y poética enteramente nueva en *La vorágine*, si entendemos el viaje de Cova y sus compañeros a la selva como un *descenso a los infiernos* o como un *viaje al país de los muertos*, motivo desarrollado en numerosos mitos y ritos primitivos y que la tradición literaria occidental (Homero, Virgilio y Dante) elaboró a partir del mito grie-

El amor, la sierra, el Paraíso

Arturo Cova, protagonista y narrador principal, se ve obligado a huir de Bogotá aparentemente a causa de una aventura amorosa con Alicia. En un plano más profundo, se le castiga por haber aspirado al "don divino del amor ideal" (11).[30] Igual que Adán, Arturo es arrojado del Paraíso porque se dejó tentar por Eva, por Alicia —cuyo nombre sugiere el adjetivo "aliciente", seductora—. Como en los casos de Lucifer y de don Juan, es la soberbia sobre todo lo que causa la pérdida de Arturo de la gracia divina, aunque también hay que agregársele los pecados de la codicia, la lujuria y la ira. El uso de la imagen del fuego, en el párrafo inicial de la novela, evoca también la figura mitológica de Prometeo que fue castigado por haberse robado el fuego divino: "con todo, ambicionaba el don divino del amor ideal, que me encendiera espiritualmente, para que mi alma destellara en mi cuerpo como la llama sobre el leño que la alimenta" (11).

A través de toda la novela se refuerza la imagen de Arturo como el ángel caído pero especialmente a finales de la primera parte. Un poco antes, en una especie de eco del primer párrafo de la novela, sufre Arturo un ataque de delirio antes de cruzar el río para entrar en el Purgatorio (que también podría interpretarse como el primer círculo del Infierno). Se imagina un águila como Ícaro, y como Dante en el canto noveno del *Purgatorio*, quien en su anhelo de rescatar a Alicia del mal, vuela demasiado cerca del sol: "Quería descender para levantar en las garras a Alicia y llevarla sobre una nube, lejos de Barrera y de la maldad. Y subía tan alto, que contra el cielo aleteaba, el sol me ardía el cabello y yo aspiraba el ígneo resplandor" (55).

En los últimos renglones de la primera parte, las reacciones de Arturo frente al acto de Fidel Franco de incendiar su propia casa reafirma su soberbia como causa de su caída del Paraíso, de Bogotá:

> El traquido de los arbustos, el ululante coro de las sierpes y de las fieras, el tropel de los ganados pavóricos, el amargo olor a carnes quemadas, agasajáronme

---

go de la laguna o río Estigia" (*"La vorágine, un viaje al país de los muertos"*, Anales de la Universidad de Chile, 123, 134 [abril-junio de 1965]), 150.

[30] Jean Franco demuestra claramente los antecedentes románticos de la rebelión satánica de Arturo Cova y del castigo por sus ilusiones en "Image and Experience in *La vorágine*", Bulletin of Hispanic Studies, 41 (abril de 1964), 101-110.

la soberbia; y sentí deleite por todo lo que moría a la zaga de mi ilusión, por ese océano purpúreo que me arrojaba entre la selva aislándome del mundo que conocí, por el incendio que extendía su ceniza, sobre mis pasos.

¿Qué restaba de mis esfuerzos, de mi ideal y de mi ambición? ¿Qué había logrado mi perseverancia contra la suerte? ¡Dios me desamparaba y el amor huía...!

¡En medio de las llamas empecé a reír como Satanás! [94].

La sierra se identifica con el Paraíso no sólo por su altura sino también por ubicarse allá los recuerdos de la niñez inocente de Arturo y sus sueños del futuro. En la segunda parte, durante el viaje del Purgatorio al Infierno, la vista de las blancas plumas de las garzas recuerda a Arturo los momentos religiosos de su niñez en la provincia de Tolima: "Y por encima de ese alado tumulto volvía a girar la corona eucarística de garzas, se despertaba sobre la ciénaga y mi espíritu sentíase deslumbrado, como en los días de su candor, al evocar las hostias divinas, los coros angelicales, los cirios inmaculados" (104).

En la primera parte, poco después de su huida de Bogotá con Alicia, Arturo sueña con la vuelta heroica al Paraíso de Bogotá, la vuelta del héroe arquetípico después de un largo viaje lleno de episodios peligrosos. Volverá acompañado de esposa e hijo y será perdonado por los padres y aclamado por los amigos:

> Me vi de nuevo entre mis condiscípulos, contándoles mis aventuras de Casanare, exagerándoles mi repentina riqueza, viéndolos felicitarme, entre sorprendidos y envidiosos. Los invitaría a comer a mi casa, porque ya para entonces tendría una propia, de jardín cercano a mi cuarto de estudio. Con frecuencia, Alicia nos dejaría solos, urgida por el llanto del pequeñuelo, llamado Rafael en memoria de nuestro compañero de viaje.
>
> Mi familia, realizando un antiguo proyecto, se radicaría en Bogotá; y aunque la severidad de mis padres los indujera a rechazarme, les mandaría a la nodriza con el pequeño los días de fiesta. Al principio se negarían a recibirlo, mas luego, mis hermanas curiosas, alzándolo en los brazos, exclamarían: "¡Es el mismo retrato de Arturo!" Y mi mamá, bañada en llanto, lo miraría gozosa, llamando a mi padre para que lo conociera; mas el anciano, inexorable, se retiraría a sus aposentos, trémulo de emoción.
>
> Poco a poco, mis buenos éxitos literarios irían conquistando el indulto. Según mi madre, debía tenérseme lástima. Después de mi grado en la facultad se olvidaba todo. Hasta mis amigas, intrigadas por mi conducta, disimularían mi pasado con esta frase: ¡Esas cosas de Arturo...! [44-45].

Por mucho que represente la sierra el Paraíso, ni Arturo ni el autor tienen ilusiones sobre Bogotá o sobre cualquier ciudad. Aunque la novela se concentra en presentar la barbarie de la selva, la ciudad tampoco se ve como centro de la civilización. Los parientes de Alicia en Bogotá, ayudados por el sacerdote y por el juez, conspiraron para obligar a Arturo a casarse con ella. En la tercera parte de la novela, Arturo increpa a Petardo Lesmes por su robo de cien mil pesos en términos que denuncian la burguesía bogotana en general por hipócrita y fraudulenta.

> Fulano de tal falsificó cheques; Zutano adulteró cuentas y depósitos, Perencejo se puso por la derecha un sueldo adecuado a su categoría de novio elegante, en lo cual procedió muy bien, pues no es justo ni humano trajinar con talegas y mazos de billetones, padeciendo necesidades, con el suplicio de Tántalo día por día, y ser como el asno que marcha hambriento llevando la cebada sobre su lomo. Vine por aquí mientras olvidan el desfalco; tornaré presto, diciendo que andaba por Nueva York; y llegaré vestido a la moda, con abrigo de pieles y zapatos de caña blanca, a frecuentar mis relaciones, mis amistades, y a obtener otro empleo fructuoso [212].

Expresada esta actitud de otra manera, la vieja mulata Sebastiana afirma "—Que el yanero es el sincero; que al serrano, ni la mano" (47).

La naturaleza, los llanos, el Purgatorio

La segunda parte de *La vorágine* comienza con el apóstrofe de Arturo Cova dirigido a la selva. Además de aludir a varios temas que se desarrollan más ampliamente en la segunda y en la tercera partes de la novela, esta obertura suena como eco del comienzo de la primera parte. Arturo vuelve a echarle la culpa a Alicia por su caída del Paraíso: "¡Déjame tornar a la tierra de donde vine, para desandar esa ruta de lágrimas y sangre, que recorrí en nefando día, cuando tras la huella de una mujer me arrastré por montes y desiertos, en busca de la Venganza, diosa implacable que sólo sonríe sobre las tumbas!" (96).

Al expresar su nostalgia por los llanos y los picos nevados inolvidables, no puede menos que revelar otra vez su soberbia: "¡hacia el lado de mi país, donde hay llanuras inolvidables y cumbres de corona blanca, desde cuyos picachos me vi a la altura de las cordilleras!" (95).

En realidad, la segunda parte no coincide con la estadía de Arturo en los llanos puesto que el noventa por ciento de la primera parte transcurre en esa zona del país. Después de los primeros encuentros con el hipócrita Pipa y el comisario de Villavicencio, tanto hipócrita como lujurioso, Arturo y Alicia abandonan la cordillera para siempre y se ponen a "navegar" a través de los llanos, guiados por el primero de los tres guías de Arturo, el viejo don Rafo: "Y nos señaló don Rafo la cordillera diciendo: —Despidámonos de ella, porque no la volveremos a ver. Sólo quedan llanos, llanos y llanos" (18). La identificación de don Rafo como el guía bueno arquetípico se subraya por su postura frente al fuego: "Arrodillado ante ella como ante una divinidad, don Rafo la soplaba con su resuello" (16). Su papel arquetípico también se reafirma por su nombre, trastrueque de las letras de *faro*.[31]

Igual que el Purgatorio[32] de Dante, los llanos de Casanare tienen elementos buenos y malos. Donde difieren los dos Purgatorios es en que la visión de Dante es optimista. En su *Purgatorio,* los pecadores tienen la oportunidad de purificarse el alma para ascender al Paraíso. En cambio, en *La vorágine,* los personajes van en rumbo opuesto. O sea que los llanos le ofrecen a Arturo la noble amistad de don Rafo y de Fidel Franco junto con la lealtad incondicional de Antonio Correa; pero también es donde se efectúa el primer encuentro con el personaje diabólico Narciso Barrera, y la primera travesía del río Estigio. Inclusive la visión de la naturaleza es ambigua. Al experimentar su primer amanecer en los llanos, Arturo el poeta no puede dejar de lanzar una descripción puramente modernista donde la realidad queda convertida en arte: "un vapor sonrosado que ondulaba en la atmósfera como ligera muselina [...] un celaje de incendio [...] un coágulo de rubí [...] las garzas morosas como copos flotantes [...]" (20). Un momento después, sin embargo, Alicia, aterrada por el sol brillante, hace que Arturo vuelva a la realidad. El hombre insignificante está condenado a desaparecer dentro de la naturaleza: "luego, nosotros, prosiguiendo la marcha, nos hundimos en la inmensidad" (20).

Más adelante, aun después de su primer encuentro con Narciso Barrera, Arturo divaga de un modo romántico sobre la posibilidad de llevar una vida pastoril en los llanos, en la tradición del *beatus ille:*

---

[31] El primero, que yo sepa, en señalar el significado del nombre de don Rafo, de Zoraida Ayram y de otros personajes secundarios fue Ernesto Porras Collantes en "Hacia una interpretación estructural de *La vorágine*", *Thesaurus*, 13, 2 (mayo-agosto de 1968), 271-272. Extraña por lo tanto que no comentara el significado de los nombres "Alicia" y "Arturo Cova".

[32] El hecho de que el Purgatorio de Dante sea una montaña no impide que se equipare con los llanos de Rivera que, como el Purgatorio de Dante, se encuentran entre el Paraíso y el Infierno.

Hasta tuve deseos de confinarme para siempre en esas llanuras fascinadoras, viviendo con Alicia en una casa risueña [...] Allí, de tarde, se congregarían los ganados, y yo, fumando en el umbral, como un patriarca primitivo [...] y libre ya de las vanas aspiraciones, del engaño de los triunfos efímeros, limitaría mis anhelos a cuidar de la zona que abarcaran mis ojos; al goce de las faenas campesinas, a mi consonancia con la soledad.
¿Para qué las ciudades? [74].

Esta visión complementa el sueño anterior de Arturo de volver con éxito a su familia en Bogotá y coloca los llanos entre la sierra y la selva, entre el Paraíso y el Infierno. Aunque se podría decir que Arturo no baja a la verdadera selva hasta que entra en el Vichada, hay indicaciones de que la línea divisoria entre el Purgatorio y el Infierno se halla en el riachuelo que separa la estancia de Fidel Franco de la del Viejo Zubieta donde está hospedado Narciso Barrera. Aun cuando Arturo vadea el caño a caballo, la travesía la noche anterior por el peón Miguel se lleva a cabo dentro de un ambiente totalmente arquetípico con la oscuridad, el silencio, el misterio y los perros que aúllan:

[...] Afuera, en alguna senda del pajonal, aullaron los perros.
Aquí va la sangrecita por donde se la llevó.
[...] La vieja Tiana, como un ánima en pena, asomó al umbral [...]
Lo vi alejarse en la embarcación, sobre el agua enlutada donde los árboles tenían sus sombras inmóviles. Entró luego en la zona oscura del charco, y sólo percibí el cabrilleo del canalete rútilo como cimitarra anchurosa.
Esperé hasta la madrugada. Nadie volvió.
¡Dios sabe lo que hubiera pasado! [53-54].

Una vez que se encuentra Arturo en la estancia diabólica, aparecen varios personajes pintados en los tonos más grotescos. Clarita, amante de Narciso Barrera, es una "mujercilla halconera, de rostro envilecido por el colorete, cabello oxigenado y brazos flacuchos" (56). ¡Cómo se diferencia de las mujeres preinfernales: Alicia, Griselda y Tiana!

El viejo Zubieta es igualmente infernal: "Acaballado en el chinchorro y tendido de espaldas en camiseta y calzoncillos estaba el hacendado de barriga protuberante, ojos de lince, cara pecosa y pelo rojizo. Alargándome sus manos, que además de ser escabrosas parecían hinchadas, hizo rechinar entre los bigotes una risa [...]" (56).

El tuerto Mauco completa el trío de las "Gracias" que presencian el desafío a un juego de dados lanzado por Arturo a Barrera:

Admirado yo, observaba al hombruco, de color terroso, mejillas fofas y amoratados labios. Puso en el suelo, con solicitud minuciosa, el bordón en que se apoyaba, y encima el sombrero grasiento de roídas alas, que tenía como cinta un mazo de cabuyas a medio torcer. Por entre los harapos se le veían las carnes hidrópicas; principalmente el abdomen, escurrido en rollo sobre el empeine [60].

Cuando Arturo acusa a Barrera de hacer trampa con los dados, se arma una trifulca de los mil diablos. Durante la pelea que se desencadena en la oscuridad, Arturo recibe una puñalada. El uso de los verbos *sumir* y *hundir*, que ocurre con bastante frecuencia a través de toda la novela, recalca la continuidad del descenso de Arturo al Infierno: "Quedamos sumidos en el más pavoroso silencio [...]" (59); "Tuve la impresión de que me hundía en un hoyo profundo a cuyo fondo no llegaba jamás" (61).

Más tarde, al cruzar a caballo los llanos resecos, Arturo se encuentra todavía con otro personaje grotesco, el juez hipócrita que va montado en una mula con paraguas rojo en la mano: "El tísico rostro del señor juez era bilioso como sus espejuelos de celuloide y repulsivo como sus dientes llenos de sarro. Simiescamente risible [...]" (79).

Además de los personajes grotescos, dos muertes grotescas refuerzan la interpretación de que los llanos después de la travesía equivalen al primer círculo del Infierno. Millán, enganchado por una oreja en los cuernos del toro enfurecido, cae arrastrado de su cabello y termina decapitado. Una vez más, la imaginación poética de Arturo hace aún más grotesca la escena: "Aquellos ojos, ¿dónde cayeron? ¿Colgarían de alguna breña, adheridos al frontal roto, vaciado, repulsivos, goteantes?" (87). La muerte de Zubieta, probablemente a manos de Barrera, no es menos grotesca: "Colgado por las muñecas, en el lazo del chinchorro, balanceábase el vejete, vivo todavía, sin quejarse ni articular, porque en la raíz de la lengua le amarraron un cáñamo" (92). Después de que lo entierran, los cerdos lo desentierran y le comen uno de los brazos.

La explotación, la selva, el Infierno

La obertura de la tercera parte de la novela es cantada, probablemente por Arturo Cova disfrazado de cauchero explotado. En su lenguaje típicamente poético y delirante, afirma una vez más las razones por su caída... del Paraíso: "¿Quién estableció el desequilibrio entre la realidad y el alma incolmable? ¿Para qué nos dieron alas en el vacío? [...] Por mirar la altura tropezábamos en la tierra [...] el que buscó la novia, halló el desdén; el que soñó con la esposa, encontró la querida; el que intentó elevarse cayó vencido [...]" (169). En su condición satánica, Arturo quisiera desafiar el orden cósmico: "¡Quisiera librar la batalla de las especies, morir en los cataclismos, ver invertidas las fuerzas cósmicas! Si Satán dirigiera esta rebelión" (171).

Sin embargo, para dar mayor credulidad a su denuncia de los explotadores de caucho, Rivera acude acertadamente a otros narradores más cuerdos: Clemente Silva, Helí Mesa, Balbino Jácome y Ramiro Estévanez. A pesar de que la existencia horrorosa de los obreros caucheros constituye el tema principal de la obertura de la tercera parte, su historia trágica comienza en realidad hacia mediados de la segunda parte.

Helí Mesa cuenta cómo Alicia y Griselda, junto con otros muchos colombianos, fueron engañadas por el contratista Narciso Barrera (lo que recuerda el famoso cuento de Horacio Quiroga, "Los mensú", del año 1914). Después de deslumbrar a sus víctimas con promesas, música, comida y bebida, Barrera los entregó desarmados a la esclavitud. Amarrados en parejas, fueron llevados en lanchas a las remotas zonas caucheras de la selva. Durante el viaje, un niño, por no dejar de llorar, fue arrojado a los caimanes hambrientos. La madre enloquecida se tiró al río y sufrió la misma muerte.

Los verdaderos detalles de la vida en los campamentos caucheros los narra Clemente Silva, cuyo nombre subraya irónicamente la ferocidad de la selva. El hombre vive atormentado por el calor, la oscuridad, los mosquitos, las enfermedades tropicales, las tambochas y los pececitos carnívoros —evocando algunos de los castigos del Purgatorio y del Infierno de la *Divina comedia*—. La barbarie de la selva engendra o estimula la barbarie en el hombre. Quien protesta contra el sistema resulta torturado o muerto de la manera más sádica. Las manos se cercenan, los párpados se cosen y los oídos se llenan de cera caliente —todo narrado por Balbino Jácome—. Clemente Silva busca en balde la ayuda del cónsul colombiano en Iquitos, Perú; Balbino Jácome denuncia a los políticos de Lima y de Bogotá; Ramiro Estévanez narra la masacre histórica de los obreros caucheros llevada a cabo por el coronel venezolano Tomás Funes el 8 de mayo de 1913 —todo para indicar la complicidad de todos los niveles de políticos y de la sociedad en general con los empresarios caucheros—: "Funes es un sistema, un estado de alma, es la sed de oro, es la envidia sórdida. Muchos son Funes, aunque lleve uno solo el nombre fatídico" (218).

Así es que la visión de Rivera en 1924 es cristiana más que marxista,[33] o sea que los obreros caucheros son castigados por sus pecados de la codicia y de la envidia, y no se distinguen claramente por su clase social de sus explotadores, quienes son aún más culpables de los pecados de la codicia junto con la lujuria, la furia y la pereza. No sólo los peones sino también dos de los empresarios más importantes, el Cayeno y Barrera, mueren grotescamente en el río. Por la fuerza tremenda de la selva, todos los hombres son deshumanizados y transformados en habitantes dantescos del Infierno.

Tanto como don Rafo y Antonio Correa le sirven de guía a Arturo Cova en el Purgatorio y en el primer círculo del Infierno, Clemente Silva cumple con esa función en el resto del Infierno. Arturo y sus compañeros descubren a Clemente después de una segunda travesía simbólica de un río: "pasamos a la opuesta riba, sobre la onda apacible que ensangrentaba el sol" (131). Aunque este ambiente parece a primera vista menos infernal que aquel de la travesía a la hacienda del viejo Zubieta, el descubrimiento de Clemente significa la entrada de Arturo en el próximo círculo del Infierno donde los partidarios antagónicos del coronel Funes y del Cayeno son responsables por los cadáveres colgados en los peñascos que dominan el río.

Los horrores se van multiplicando a medida que Arturo Cova sigue bajando por los círculos infernales. Muere irredento de la manera más cruel puesto que muere ilusionado por el triunfo: acabó por encontrar a su mujer, demostró su hombría matando a su rival en una lucha titánica y se puso delirante de felicidad con el nacimiento de su hijo primogénito. Aunque el nacimiento de un niño suele indicar la redención del héroe dentro de los esquemas arquetípicos,[34] en el caso de Arturo confirma su pecado capital de la soberbia. Alicia da a luz antes del tiempo debido cuando Arturo la alza orgullosamente para que vea el esqueleto de su rival: "Allí quedó, allí estaba cuando corrí a buscar a Alicia, y, alzándola en mis brazos, se lo mostré. Lívida, exánime, la acostamos en el fondo de la

---

[33] Para una interpretación distorsionada de la novela a la manera marxista dogmática, véase la introducción de F. V. Kelin a la edición soviética de 1935 de *La vorágine*, reimpresa en la revista chilena *Atenea*, 23 (1936), 314-325, y en *Revista de la Universidad de Antioquia*, 9 (mayo de 1936), 111-117.

[34] Tanto Ernesto Porras Collantes, *op. cit.*, como Richard J. Callan ("The Archetype of Psychic Renewal in *La vorágine*", *Hispania*, 54, 3 [septiembre de 1971], 475) asumen equivocadamente que el nacimiento del hijo de Cova representa la pauta arquetípica normal.

curiara, con los síntomas del aborto" (248). Su papel de ángel caído y redentor falso se confirma aún más cuando se niega a arriesgar la salud de su mujer y de su niño para aliviar el sufrimiento de la colonia leprosa flotante: "Allá escucho toser la flotilla mendiga, que me clama ayuda, pretendiendo alojarse aquí. ¡Imposible! En otra circunstancia me sacrificaría por aliviar a mis coterráneos. ¡Hoy no! ¡Peligraría la salud de Alicia! ¡Pueden contagiar a mi hijo! Es imposible convencer a estos importunos que me apellidan su redentor" (248).

La vida orgullosa de Arturo se remata cuando decide abandonar el campamento y guiar a los suyos por la selva, pretendiendo vencer a la selva cuando un hombre de tanta experiencia como Clemente Silva ya había fracasado en el episodio de los prófugos brasileños: "—Yo marcharé delante, con mi primogénito bajo la ruana" (249). La muerte segura de Arturo en la vorágine de la selva se asemeja a la de Ulises, narrada por Dante en el canto XXVI del Infierno. El barco de Ulises da tres vueltas en la tempestad antes de ser tragado por el mar. Ulises, igual que Arturo, muere por atreverse a desafiar a la naturaleza navegando más allá de los Pilares de Hércules, o sea el Peñón de Gibraltar.

El hecho de que la soberbia de Arturo esté algo diluida por haber informado a los leprosos que él y sus compañeros también andan escasos de provisiones y por haber escrito la nota a Clemente Silva recordándole la suerte trágica de los brasileños atestigua una vez más la complejidad y la sutileza artística de la novela. Arturo sigue siendo el ángel caído pero, madurado por sus experiencias y por el nacimiento de su hijo, ya no desafía a la naturaleza de un modo tan delirante como al principio de su odisea.

La estructura trinaria

La última marcha fatal de Arturo, Alicia y el niño acompañados de Fidel Franco, Griselda y Helí Mesa no es más que un ejemplo de las varias agrupaciones de tres que refuerzan constantemente el aspecto cristiano de la estructura novelística. El triángulo amoroso de Alicia, Arturo y Barrera se repite con éstos y Griselda, y luego Clarita. Otras agrupaciones de tres personajes constan de Arturo, Alicia y Pipa (15); Arturo, Alicia y don Rafo (16); Arturo, Alicia y el general Gámez (17); Arturo, Clarita y Mauco (60); Arturo, Fidel y don Rafo (45). Una señal de humo triangular (96), un fuego triangular para cocinar (32), una salida dentro de tres días

(44), un escape hace tres semanas (237), una espera de tres años por los huesos de Luciano (168), las treinta libras dejadas en el bolsillo de Arturo (44), los trescientos troncos en la obertura de la tercera parte (170) y el trillón de tambochas (175) son algunos de los ejemplos del uso del número tres y sus derivados a través de toda la novela sin que lleguen a ser excesivos o demasiado obvios.

La estructura tripartita también se refleja estilísticamente en los múltiples ejemplos de paralelismos trimembres desde la primera página de la novela: "—Nada supe de los deliquios embriagadores, ni de la confidencia sentimental ni de la zozobra de las miradas cobardes" (11), hasta fines de la tercera parte: "Burbujeaba la onda en hervir dantesco, sanguinosa, túrbida, trágica [...] el esqueleto mondo, blancuzco, semihundido [...] Anteanoche, entre la miseria, la oscuridad y el desamparo, nació el pequeñuelo sietemesino" (248).

II. El círculo

A pesar de la gran importancia ya documentada del triángulo y del número tres en general, el círculo es aún más importante en la estructura novelística: el círculo como reflejo de la vorágine que arrastra a sus víctimas en un torbellino constante que llega a tal velocidad que las víctimas pierden su propia identidad y se convierten en una sola víctima. Al mismo tiempo, esa vorágine los va absorbiendo en un retroceso cronológico hasta los tiempos prehistóricos, hasta el mismo origen de la vida simbolizado por el uruburu, la gran serpiente, el gran redondo: "A la manera de la víbora mapanare, que vuelve los colmillos contra la cola, la llamarada se retorcía sobre sí misma [...]" (93).

El movimiento circular

Aparece la vorágine en su forma más literal en la muerte trágica de los dos indios maipureños. La imagen del embudo y la alusión a la mariposa de la Mapiripana legendaria sugieren un descenso tanto cronológico como físico: "el embudo trágico los sorbió a todos. Los sombreros de los náufragos quedaron girando en el remolino, bajo el iris que abría sus pétalos como la mariposa de la indiecita Mapiripana" (126).

La equiparación de la selva con la vorágine acuática la afirma claramente Clemente Silva: "Y por este proceso —¡oh selva!— hemos pasado todos los que caemos en tu vorágine" (179). A medida que Arturo se acerca a la meta de su odisea (el encuentro con Barrera), siente el peligro inminente de la vorágine: "Tengo el presentimiento de que mi senda toca su fin, y cual sordo zumbido de ramajes en la tormenta, percibo la amenaza de la vorágine" (246).

La imagen de la vorágine se intensifica por las vueltas que da Clemente Silva en la selva, por la imagen de la selva como una boca enorme, por las huellas tragadas y por su hundimiento en el pantano donde se refugió con los brasileños cuando la invasion de las tambochas: "Por tres veces en una hora volvió a salir a un mismo pantano [...]" (184); "la visión de un abismo antropófago, la selva misma, abierta ante el alma como una boca que se engulle a los hombres a quienes el hambre y el desaliento le van colocando entre las mandíbulas [...]" (185); "Sus huellas en el barro eran pequeños pozos que se inundaban" (188); "En el hoyo vacío burbujeó el agua" (189). Una indicación muy clara de que la visión que proyecta Rivera del mundo como una vorágine no se limita a la selva se comprueba cuando Clemente da las mismas vueltas en busca de ayuda en la ciudad de Iquitos: "Al fin me di cuenta de que los edificios se repetían" (166). El Infierno no se limita a la selva, ni a Iquitos; el Infierno en la visión de mundo pesimista de Rivera se extiende para abarcar todo el mundo: "Eso, como dice Juancito Vega, pasa en Iquitos y en dondequiera que existan hombres" (160).

La imagen de la vorágine también se refuerza con toda una serie de hombres, animales, tormentas y objetos que giran en las páginas de la novela. Arturo y Antonio dan vueltas a caballo en el llano: "Aunque el mulato me señalaba las sabanetas donde anochecimos la víspera, fueme imposible reconocerlas, por su semejanza con las demás [...]" (88). También las yeguas dan vueltas: "la yeguada pujante, que se revolvía en círculo, ganosa de atropellar el encierro" (39). Cuando Arturo provoca el escape del ganado de Barrera, la descripción capta el ritmo acelerante y las imágenes acuáticas de una vorágine: "el ganado empezó a remolinear [...] como vertiginosa marejada [...] remecerse en aborrascadas ondas [...] con un estruendo de cataclismo, con una convulsión de embravecido mar" (68). La pelea de gallos comienza con un "simultáneo revuelo" (71). El huracán en los llanos causa derrumbes de las márgenes del río Meta cayéndose muchos árboles a las corrientes tempestuosas *también en forma circular:* "Desde allí mirábamos hervir las revolucionadas ondas [...] hasta que al fin giraba el bosque en el oleaje como la balsa del espanto" (82). La imagen del río hirviendo que echa burbujas se repite en el momento de la muerte de Barrera: "Burbujeaba la onda en hervir dantesco" (248). Durante el delirio desaforado que sufre Arturo después de pegar a Griselda, la casa da vueltas: "el zumbido de la casa, que giraba en rápido círculo" (55). En otro delirio posterior, el mismo Arturo crea una "vorágine" aérea: "Las [arenas] agité con braceo febril, hasta provocar una tolvanera" (122). Hacia el final de la novela, en una de las escenas más grotescas, el perro de Arturo saca del río el cadáver del Cayeno [...] por el intestino con la sugerencia de lo circular por el verbo "desenrollaba": "¡el extremo del intestino, que se desenrollaba como una cinta, larga, siniestra!" (245).

La imagen de la vorágine también aparece en las escenas inmóviles, plásticas del grupo de las indiecitas, de ocho a trece años, concubinas de los empresarios caucheros, sentadas "en círculo triste" (205) y las víctimas de la peste "que también parecen formar un círculo: "Circundados por hogueras medicinales, tosían los apestados entre el humo" (247).

Estructura circular

La estructura narrativa concéntrica de *La vorágine* ofrece un ejemplo excelente de la correspondencia entre contenido y forma. El prólogo alude a la desaparición de Arturo Cova y a sus amigos y a la futura publicación del manuscrito de Cova. Luego toda la novela traza las aventuras de Arturo y sus amigos para al fin regresar al punto de partida con las palabras del epílogo tan frecuentemente citadas: "Hace cinco meses búscalos en vano Clemente Silva. Ni rastro de ellos. ¡Los devoró la selva!" (250).

Cuando la búsqueda de Arturo va tocando a su fin, él comienza a comentar el mismo acto de escribir el manuscrito.[35] En la descripción de su propio estilo, no es por casualidad que emplea la imagen de los ríos turbulentos: "redacté [...] una tremenda requisitoria de estilo borbollante y apresurado como el agua de los torrentes" (214). Al utilizar la palabra

---

[35] La presencia de la novela autoconsciente es relativamente fuerte en Colombia. Comienza con *Manuela* (tal vez por influencia del *Quijote*) e incluye además de *La vorágine*, *El buen salvaje* (1966), de Caballero Calderón; *Breve historia de todas las cosas* (1975), de Aguilera Garramuño, y *El titiritero* (1977), de Álvarez Gardeazábal.

"odisea" para describir sus aventuras, Arturo Cova demuestra conscientemente el paralelismo con los viajes arquetípicos de los héroes clásicos, Ulises y Eneas: "distraigo la ociedad escribiendo las notas de mi odisea" (216). Las últimas palabras del manuscrito se dirigen a Clemente Silva y descubren cómo Arturo y sus amigos dejarán la choza de Manuel Cardoso en busca de una salida de la selva. Arturo pide a Clemente que haga llegar el manuscrito a manos del cónsul colombiano —y efectivamente así sucedió según se nos cuenta en el prólogo de la novela—. El fin simultáneo del manuscrito y de la novela refleja el movimiento voraginesco de la misma estructura novelística —se revuelve sobre sí misma— y puede considerarse un antecedente directo del fin de *Cien años de soledad* cuando el último de los Buendía acaba por descifrar el manuscrito en sánscrito de Melquíades para leer acerca de su propia muerte en el momento que ocurre.

Dentro del mismo manuscrito de Arturo Cova, una pauta narrativa frecuente es un resumen conciso de lo que sucedió seguido de la historia completa con todos sus detalles terminando en el mismo punto de arranque, o sea cerrando el marco circular. Por ejemplo, Arturo escribe: "Ya libré a mi patria del hijo infame. Ya no existe el enganchador. ¡Lo maté! ¡Lo maté!" (247), e inmediatamente se pone a narrar los detalles de la lucha titánica. De un modo semejante, primero se resume en el diálogo esticomítico entre Arturo y Clemente el intento de éste de escaparse con los hermanos Coutinho y los otros cuatro peones caucheros antes de que se cuente con todos los detalles. También se hacen alusiones a los crímenes horrendos del coronel Funes y se resumen brevemente —"Todos aquellos ríos presenciaron la muerte de los gomeros que mató Funes el 8 de mayo de 1913" (218)— antes de que Ramiro Estévanez recree la escena grotesca en la cual se presenta otra imagen circular cuando "hasta los asesinos se asesinaron" (221).

Otro tipo de pauta circular se nota en la repetición de un acontecimiento o de una situación en distintas circunstancias. La suerte trágica de los *seis*[36] prófugos con quienes Clemente Silva había intentado encontrar la salida de la selva prefigura claramente lo que debió haberles pasado a Arturo, Alicia, el niño y sus tres amigos: "¡No se tarde! ¡Sólo tenemos víveres para *seis* días! ¡Acuérdese de Coutinho y de Souza Machado!" (249). El Cayeno se había escapado de la Isla del Diablo echándose al mar,

---

[36] El énfasis en *seis* es mío para recalcar la importancia numerológica.

pero al tratar de escaparse de Arturo saltando al río, los dos perros, nombrados simbólicamente Martel y Dólar,[37] lo persiguen y lo matan. La relación entre los perros y la imagen omnipresente de la vorágine podría provenir de la figura mitológica de Scylla: "como tantas figuras femeninas seductoras y mortíferas, la parte superior de Scylla, la vorágine devoradora, corresponde a la de una mujer hermosa, mientras la parte inferior consta de tres perros infernales.[38]

Aún más circular es la técnica de las alusiones repetidas pero variadas al mismo acontecimiento. El ejemplo sobresaliente es la muerte del capitán de Fidel Franco a causa de Griselda, narrada de dos maneras por cuatro narradores. Según Sebastiana (36), y más adelante Antonio Correa (80-81), quien repite la versión de Helí Mesa, Fidel Franco, ofuscado por los celos, mató al capitán a puñaladas. La versión verídica no se revela hasta más tarde cuando Fidel Franco dice (128) que fue Griselda quien lo mató. Esta versión la confirma la misma Griselda hacia fines de la novela (238-239) reconociendo la caballerosidad de Fidel al aceptar la culpa. También se presentan dos versiones de la muerte de Luciano Silva. Al fin de la segunda parte, uno de los peones de Pezil le cuenta a Clemente que su hijo fue matado por un árbol (168). En la tercera parte, sin embargo, Zoraida Ayram revela que Luciano se mató a sí mismo mientras la abrazaba (215).

Todos los hombres son uno

El movimiento circular como reflejo de la vorágine, que ya se ha visto en las escenas dramáticas, en los cuadros plásticos y en las estructuras narrativas, también se refuerza con la multiplicidad de personajes succionados por la vorágine de distintas partes. Tan rápidamente giran los empresarios caucheros y algunos de los peones que se confunden los unos con los otros. A pesar de esto y por brevemente que aparezcan, Rivera se preocupa por señalar su nacionalidad: el coronel Funes y Aquiles Vácares son

---

[37] Mientras "Dólar" significa obviamente la codicia, "Martel" podría interpretarse de distintas maneras según las definiciones de las palabras más próximas en el *Diccionario de la Academia* (México: Talleres de Publicaciones Herrerías, 1941):
  a) martillo: fig. El que persigue una cosa con el fin de sofocarla o acabar con ella.
  b) martelo: ant. Celos, enamoramiento, galanteo.
  c) Marte: Entre los antiguos romanos, el dios de la guerra.
[38] Erich Neumann, *The Great Mother*. Traducido del alemán al inglés por Ralph Manheim (Princeton, New Jersey: Princeton University Press, 1972), 168. La traducción de esta cita y las otras al español son mías.

venezolanos; Arana es peruano; el Presbítero, del Ecuador; brasileños son Juan Muñeiro Cardoso y los hermanos Coutinho; el Cayeno es de la Guyana francesa; el *negrote,* de Martinica; Zoraida y Pezil son turcos; Peggi es italiano; Barchilón, judío, y Larrañaga y Vega son colombianos. La única justificación del apodo "Argentino" para el colombiano Petardo Lesmes es el sugerir que la fuerza de la vorágine se extiende hasta la lejana Argentina. También insiste Rivera en nombrar las distintas regiones colombianas de donde vienen algunos de los protagonistas: Arturo, de Tolima; Alicia, de Bogotá; Fidel Franco, de Antioquia; Clemente Silva, de Pasto, y Balbino Jácome, de Garzón. La población colombiana en general queda representada racialmente por individuos blancos, mestizos, indios, mulatos y negros.

En un nivel de interpretación más profundo, Rivera identifica a su protagonista Arturo Cova con un número asombroso de amigos y enemigos. La exclamación cursi de Arturo dirigida a Fidel Franco, Helí Mesa y Antonio Correa antes de cruzar el río para bajar al próximo círculo del Infierno —"Los cuatro formaremos un solo hombre" (130)— es una verdadera clave para comprender la caracterización en la novela. Todos los hombres son pecadores condenados a sufrir, pero Rivera pone un empeño especial en castigar a aquellos hombres que siguen la tradición poética que comenzó con Dante cuando idealizó ciegamente a la mujer. Arturo no es el único personaje que pierde el Paraíso por haber aspirado al amor ideal.[39] Ramiro Estévanez, a quien Arturo había respetado como a un hermano mayor y con quien se había fundido por completo —"nos completábamos en el espíritu, poniendo yo la imaginación, él la filosofía" (206)—, también se encuentra atrapado en los tentáculos de la selva por haber buscado el amor ideal, agravado el pecado por ser su amada de la clase alta —"Y la loca ilusión lo llevó al desastre" (207)—. En los casos de Ramiro, Coutinho y el hermano de don Rafo, el pecado de aspirar a un amor ideal también se intensifica por la ambición social o la codicia. El mayor de los Coutinho, quien matará a su propio hermano antes de ser tragado por la selva, "quiere casarse con una moza que tenga rentas" (183). El hermano de don Rafo hasta logró casarse con una joven rica pero ciertas obsesiones sociales de ella no tardaron en provocar un divor-

---

[39] Aunque Eduardo Neale-Silva, biógrafo sin par de Rivera, no explica concretamente la actitud del autor hacia la mujer, la imagen que surge en la novela podría atribuirse por lo menos en parte al hecho de que Rivera nunca se casó, de que tenía cuatro hermanas mayores y que de niño por lo menos se sentía fuertemente ligado a su mamá: "fuerte lazo emocional que unía al poeta con doña Catalina" (Neale-Silva, *Horizonte humano,* 45).

cio. En cambio, don Rafo, en su papel de viejo guía arquetípico, es el único hombre en la novela que ha tenido un "matrimonio" feliz porque abandonó la ambición de "hacer un matrimonio brillante" (23) y se conformó con una amante modesta y por consiguiente agradecida. Fidel Franco, compañero constante y fiel de Arturo (así lo indica su nombre),[40] se contagia del impulso quijotesco de Arturo y defiende el honor de su dama idealizada, persiguiendo a Barrera a través de la selva. Los esfuerzos heroicos de los dos hombres por rescatar a las dos mujeres que se dejaron llevar por Barrera llevan un parecido estrecho con los esfuerzos de los héroes griegos, de la *Ilíada*, de Homero, por liberar a Helena, quien se había dejado llevar por París. La identidad entre Arturo y Fidel se refuerza aún más con la fuga anterior de Fidel y Griselda después de la muerte misteriosa del capitán: "—¡Lo que voy haciendo por Alicia lo hiciste ya por la Griselda!" (128).

De una manera distinta, una mujer también es culpable de la tragedia de Clemente Silva y de su hijo Luciano. Éste huyó del hogar porque se sintió deshonrado por la fuga de su hermana con el novio. Luciano como Fidel Franco y Ramiro Estévanez, se identifica con Arturo al revelarse que lo había precedido como amante de Zoraida. Su parentesco estrecho se anuncia desde el primer encuentro de Arturo con Clemente Silva en quien aquél ve un reflejo de su propio padre: "me acordé de mi anciano padre" (132).

No sólo Luciano sino también Clemente Silva se funde con Arturo en su función de narrador. La pérdida de sus dos hijos y la medio locura de su esposa lo echan a la vorágine. La odisea en busca de su hijo (el revés de la búsqueda arquetípica que emprende Telémaco por su padre) constituye un paralelismo con la búsqueda de Alicia por Arturo. En la segunda parte de la novela, se cambia el narrador de Arturo a Clemente Silva por haber experimentado éste en carne viva los horrores del sistema cauchero y porque su estilo es más llano y por lo tanto ofrece mayor credulidad que el del poeta delirante que es Arturo. A pesar de esas diferencias de estilo, los dos narradores se funden totalmente a principios de la tercera parte en una especie de contagio mutuo que recuerda el de don Quijote y Sancho Panza. El comienzo de esa parte puede interpretarse de dos maneras: o Arturo Cova se imagina cauchero, que es lo más probable —"¡Yo he sido cauchero, yo soy cauchero!" (169)— o Clemente Silva se ha conta-

[40] Compárese con el caso del fiel Achates de Eneas en la *Eneida*, de Virgilio, libro 1, renglón 171; libro 8, renglones 535 y 601.

giado del estilo altamente poético y exaltado de Arturo.[41] Unas cuantas páginas más adelante los dos narradores se trenzan íntimamente por el uso inesperado del diálogo esticomítico en el cual Arturo se turna con Clemente para recitar el prólogo de la historia de los siete fugitivos, cuya muerte en la selva presagia la suerte final de Arturo y sus compañeros:

—Éramos siete caucheros prófugos.
 —Y quisieron matarlo...
 —Creían que los extraviaba intencionalmente.
 —Y unas veces lo maltrataban...
 —Y otras me pedían de rodillas la salvación.
 —Y lo amarraron una noche entera...
 —Temiendo que pudiera abandonarlos.
 —Y se dispersaron por buscar el rumbo...
 —Pero sólo toparon el de la muerte [179].

Inmediatamente después, Arturo, ya recobrada la razón, como don Quijote vuelto cuerdo al final de la obra de Cervantes, se pone a narrar toda la historia de una manera racional (179-191).

Tal como Homero utilizó varios narradores en la *Odisea* para recrear episodios de la guerra de Troya y las luchas de los héroes griegos para volver cada uno a su patria, Rivera emplea cinco narradores para armar el cuadro del Infierno, dando la impresión de que la misma narración va bajando de testigo en testigo en círculos concéntricos: Rivera "encontró" el manuscrito de Arturo Cova; éste se encuentra con Helí Mesa, quien narra la salida de Barrera con Alicia y Griselda; luego Arturo conoce a Clemente Silva, quien se convierte en el narrador principal de la segunda mitad de la segunda parte; dentro de la narración de Silva, Balbino Jácome cuenta la historia del naturalista francés en parte a base de lo que Juancito Vega le contó a él; en la tercera parte, Ramiro Estévanez narra la masacre histórica llevada a cabo el 8 de mayo de 1913 por el coronel Funes (218-225).

Anticipando el concepto borgesiano de la equivalencia entre el traidor y el héroe, Judas y Jesús, Arturo también se identifica con su enemigo Narciso Barrera. Aunque Arturo llama a Barrera "mi enemigo" (57), "Mi rival" (58), "mi adversario" (59), el carácter diabólico de Barrera está to-

---

[41] Lydia de León Hazera expresa una preferencia por la segunda interpretación en *La novela de la selva hispanoamericana* (Bogotá: Instituto Caro y Cuervo, 1971), 132, 136.

talmente identificado con la mitad diabólica de Arturo. Como el Mefistófeles de *Fausto,* Barrera aparece como un hombre guapo, vestido con elegancia, que trata de tentar a las mujeres con perfumes (36), que le ofrece oro a Arturo (57) y que lo halaga por su poesía (57). Su carácter narcisista se simboliza en el espejo (75, 247). Aunque el autor se esfuerza por identificar con relativa precisión el origen geográfico de todos los personajes, en el caso de Barrera no descubre nada de sus antecedentes. Sólo indirectamente se sabe que es colombiano, cuando Helí Mesa cuenta que Barrera se dirigió a los colombianos enganchados con las palabras "Compatriotas queridos" (115), pero nunca se revela de qué parte de Colombia procede. Al no individualizarse Barrera, se funde mejor con el aspecto diabólico de Arturo que persiste a través de toda la novela. Por ejemplo, en la tercera parte, Ramiro Estévanez le dice: "—Mal te cuadra el penacho rojo de Lucifer" (209). El nombre de pila de Barrera, Narciso, sería muy apropiado para el engreído Arturo. Zoraida, la Madre Terrible, llama a éste "Ángel mío" (204) y revela que probablemente también había tenido relaciones con Narciso Barrera (231). La búsqueda de su *alter ego* diabólico, que obsesiona tanto a Arturo, culmina en la lucha titánica entre los dos cuerpos trenzados como serpientes:

> Aquel hombre era fuerte, y, aunque mi estatura lo aventajaba, me derribó. Pataleando, convulsos, arábamos la maleza y el arenal en nudo apretado, trocándonos el aliento de boca en boca, él debajo unas veces, otras encima. Trenzábamos los cuerpos como sierpes, nuestros pies chapoteaban la orilla y volvíamos sobre la ropa, y rodábamos otra vez hasta que yo, casi desmayado, en supremo ímpetu, le agrandé con mis dientes las sajaduras, lo ensangrenté y, rabiosamente, lo sumergí bajo la linfa para asfixiarlo como un pichón [247].

La muerte de Barrera se anticipa por su identificación con su secuaz Millán. Imaginándose Arturo la cara de Barrera cortada por Griselda y Alicia, funde la risa diabólica de Barrera con la cabeza decapitada de Millán: "¡Y mientras me agobiaba la agitación, bailaba ante mis retinas la mueca de un rostro herido, que no era rostro, ni era mueca, sino la mandíbula de Millán, partida por el golpe de la cornada que se reía injuriosamente, con risa enigmática y dolorosa como la de Barrera, como la de Barrera!" (235).

Antes, el recuerdo de la cara de Millán contribuyó a que Arturo no se suicidara: "y permanecí entre el chinchorro, con la mandíbula puesta sobre el cañón de la carabina. ¿Cómo iría a quedar mi rostro? ¿Repetiría el espectáculo de Millán? Y este solo pensamiento me acobardaba" (112). Previamente, Arturo, empeñado en vengarse, identificó a Barrera con Millán: "Y en el vértigo del escape me parecía ver a Barrera, descabezado como Millán" (93).

Además de identificarse con Barrera y por asociación con Millán, Arturo también se identifica con los diablos secundarios cuando pretende ser "el Argentino" Petardo Lesmes (211-212) y cuando halaga a Aquiles Vácares llamándolo "¡Paladín homérida!" (195) a causa de su nombre, tal como Pipa lo mismo que Barrera habían halagado a Arturo.

La vorágine interior del hombre

Al identificarse Arturo tanto con sus amigos como con sus enemigos, se logra la impresión de que cada hombre tiene su propia vorágine interior en la cual giran continuamente los rasgos positivos y negativos. La clave para esta interpretación de nuevo podría buscarse en los nombres de los personajes. Ramiro Estévanez, *alter ego* de Arturo, al hallarse arruinado en la selva a causa de "la loca ilusión" (207) y medio ciego con "una venda [simbólica] sobre los párpados" (207), le da una vuelta a su nombre y se hace llamar Esteban Ramírez. La demora con que se descubre el nombre de la dama de Estévanez —no aparece hasta treinta y cinco páginas después de narrarse la tragedia de éste— subraya su importancia. Su nombre, Marina, ofrece dos posibilidades antagónicas: la sirena en la tradición de Circe que atrae a los hombres para destruirlos e, irónicamente, una variante de María, la virgen idealizada. La segunda interpretación también se entronca con el nombre de la Madre Terrible, Zoraida Ayram, cuyo apellido Ayram equivale a María al revés y a quien llaman a menudo la Madona. Irónicamente Zoraida es el nombre de la mora en el *Quijote* que abandonó su propio país, cambió su nombre a María y se dedicó al culto de la Virgen. Si es evidente que Rivera escogió con especial cuidado los nombres de tantos personajes, ¿por qué no intentar también una interpretación del nombre del personaje principal, Arturo Cova? Mientras Arturo representa el valor, los impulsos nobles y caballerosos asociados con el rey Arturo, Cova significa la cueva, otra forma arquetípica del vientre de la Madre Terrible, que sugiere los aspectos oscuros y diabólicos del hombre.

La época andrógina

Según las manifestaciones artísticas de algunas sociedades primitivas, las distinciones entre el hombre y la mujer no siempre se destacaban. Los figurines más antiguos suelen representar a la mujer como un gran bulto redondo y se han encontrado algunas estatuas que combinan órganos sexuales masculinos y femeninos.[42] Según Mircea Eliade, Platón describe al hombre primitivo como un ser bisexual, de forma esférica.[43] Puesto que el descenso fisiográfico a la selva de Arturo Cova también es un descenso cronológico a los tiempos primitivos —igual que en *Los pasos perdidos* (1953), de Alejo Carpentier—, no se le puede tachar *La vorágine* por las escenas antropológicas de los indios primitivos. Aunque desempeñan estas escenas un papel insignificante en la novela total, están completamente justificadas desde el punto de vista estructural, siempre que se le reconocen a la novela sus aspectos arquetípicos. Para indicar hasta qué punto se remonta en el tiempo, Arturo compara a las indias viejas con gorilas en postura fetal: "acurrucáronse junto al fogón, como gorilas momificadas" (103).

El rito del nacimiento de estos indios ofrece otro ejemplo de la fusión de los sexos en los tiempos prehistóricos: "al presentir el alumbramiento, la parturienta toma el monte y vuelve, ya lavada, a buscar a su hombre para entregarle la criatura. El padre, al punto se encama a guardar dieta, mientras la mujer le prepara cocimientos contra las náuseas y los cefálicos" (106).

Como parte de la inconsciencia colectiva, la psicología junguiana del siglo XX afirma que dentro de cada individuo existen rasgos masculinos y femeninos, o sea el ánima dentro de los hombres y el ánimo dentro de las mujeres. Eso se refleja inclusive en el género de parejas de sustantivos contrastados durante el sueño profundo de Arturo Cova: *autoridad-cariño, sinrazón-razonamiento, ánima-corazón*.

> Tuve la impresión de que me hundía en un hoyo profundo, a cuyo fondo no llegaba jamás.
> Un sentimiento de rencor me hacía odioso el recuerdo de Alicia, la responsable de cuanto pasaba. Si alguna culpa podía corresponderme en el trance

---

[42] "Ésta es la época de las figuras quiméricas, fusiones de animales distintos o de animales y hombres [...] y también de tales monstruosidades como madres con falo y con barba" (Neumann, 13).

[43] Mircea Eliade, *Mefistóteles y el andrógino* (Madrid: Ediciones Guadarrama, 1961), 136. Toda la cuestión de los dioses andróginos está bien documentada en las pp. 124-158.

calamitoso, era la de no haber sido severo con ella, la de no haberle impuesto a toda costa mi autoridad y mi cariño. Así, con la sinrazón de este razonamiento, envenenaba mi ánima y enconaba mi corazón [61].

Pocas páginas después, el uso del verbo *sepultar* y la relación entre el ánimo de Arturo y el alacrán (pariente de la araña arquetípica)[44] en el seno, refuerza la hipótesis de que el autor estaba pensando consciente o subconscientemente en términos junguianos: "Sepulté en mi ánimo el ardid vengativo, como puede guardarse un alacrán en el seno: a cada instante se despertaba para clavarme el aguijón" (67).

La naturaleza personificada y la Madre Terrible

Las palabras más citadas no sólo de *La vorágine* sino de todas las novelas telúricas han sido las últimas del epílogo: "¡Los devoró la selva!" (250). Esta imagen de una selva personificada, antropófaga, no surge inesperadamente. Antes, Clemente Silva proyectó exactamente la misma visión con detalles más explícitos mientras vagaba perdido con los prófugos brasileños: "un abismo antropófago, la selva misma, abierta ante el alma como una boca que se engulle a los hombres a quienes el hambre y el desaliento le van colocando entre las mandíbulas" (185). Ramiro Estévanez refuerza la imagen antropófaga al concluir su historia de los crímenes del coronel Funes: "La selva los aniquila, la selva los retiene; la selva los llama para tragárselos" (225).

Una de las muertes más horripilantes es la que sufre Barrera, comido vivo por las pirañas carnívoras. Antes Arturo había amenazado a Pipa con la misma muerte (125). Según Erich Neumann, estos peces carnívoros simbolizan la *vagina dentata*[45] de la Madre Terrible. Esta asociación se refleja en la descripción que hace Arturo de los llanos inundados cuando las vacas, que simbolizan a la Madre Buena que proporciona la vida y la nutrición, resultan atacadas por los caribes (pirañas): "Y aunque las

---

[44] Véase Neumann, 66, 177.
[45] "El aspecto femenino positivo del vientre se representa como una boca; por eso se le atribuyen labios al órgano sexual de la mujer. A base de esta ecuación simbólica positiva, en la boca, o sea el 'vientre superior', nace la respiración y la palabra, el Logos. De un modo semejante, el aspecto negativo de lo femenino, el vientre destructivo y mortífero, se representa con mucha frecuencia en la forma arquetípica de una boca repleta de dientes amenazantes. Encontramos este simbolismo en una estatuilla africana donde el vientre lleno de dientes queda remplazado por

vacas pastaban en los esteros, con el agua sobre los lomos, perdían sus tetas en los dientes de los caribes" (112).

La personificación de la Madre Terrible, de la selva devoradora, es la turca Zoraida Ayram. Al aparecer en la última parte de la novela, se ubica cerca de la sima sin fondo del infierno. Como la odisea desde Bogotá hasta el Vichada es un descenso tanto histórico como fisiográfico, Zoraida, como las primeras mujeres prehistóricas, tiene ciertos rasgos masculinos: "¡Mujer singular, mujer ambiciosa, mujer varonil!" (199). Sin emoción, sin alma, utiliza su cuerpo para tragar o devorar a los hombres como la selva o para absorberlos o succionarlos como la vorágine. Seduce a Narciso Barrera, a Lucianito Silva y a Arturo Cova motivada sólo por la codicia: "ayudándose con su cuerpo cuando el buen éxito del negocio lo requería. Por hechizar a los hombres selváticos ataviábase con grande esmero" (199). Desde este punto de vista, es un antecedente muy claro de doña Bárbara, de Rómulo Gallegos, "la devoradora de los hombres". Menos individualizada que doña Bárbara, Zoraida se describe en términos de la Madre Tierra Terrible. Además de su aspecto físico, tiene relevancia especial en la cita siguiente el uso de las palabras "agigantada", "láctea", "cascada", "madreselva", "sima" y "pulposos". Esta última palabra evoca la imagen negativa del pulpo,[46] animal que también absorbe y succiona como la Madre Terrible:

> Era una hembra adiposa y agigantada, redonda de pechos y de caderas. Ojos claros, piel láctea, gesto vulgar. Con sus vestidos blancos y sus encajes tenía la apariencia de una cascada. Luengo collar de cuentas azules se descolgaba desde su seno, cual una madreselva sobre una sima. Sus brazos resonantes por las pulseras y desnudos desde los hombros, eran pulposos y satinados como dos cojincillos para el placer, y en la enjoyada mano tenía un tatuaje que representaba dos corazones atravesados por un puñal [195-196].

---

una máscara de dientes rechinados, y en una representación azteca de la diosa de la muerte, queda remplazado por una máscara armada de una variedad de cuchillos y dientes puntiagudos. Este motivo de la *vagina dentata* está más claramente perfilado en la mitología de los indios norteamericanos. En la mitología de otras tribus indígenas, un pez carnívoro reside en la vagina de la Madre Terrible" (Neumann, 168).

El motivo de la *vagina dentata* aparece muy claramente en una novela de Carlos Fuentes: "con las uñas de un ala de drago la desvirgué de nuevo, dijo la madre Celestina, y armé la boca de su placer con doble fila de dientes de pescado..." *(Terra nostra,* México: Joaquín Mortiz, 1975, 623). Véase también *Paradiso* (México: Ediciones Era, 1968), de José Lezama Lima, 340.

[46] Neumann, 66.

Las palabras "ciudades", otra imagen de la Madre Terrible,[47] y "sedienta" en la próxima cita refuerzan aún más el aspecto arquetípico de Zoraida: "¡Otra vez, como en las ciudades, la hembra bestial y calculadora, sedienta de provechos, me vendía su tentación!" (199).

Arturo, en el momento de sentirse totalmente agotado por la pulpa succionadora, vuelve a soñar con la mujer ideal e inalcanzable, una María antítesis de Zorayda Ayram:

> Calamidades físicas y morales se han aliado contra mi existencia en el sopor de estos días viciosos. Mi decaimiento y mi escepticismo tienen por causa el cansancio lúbrico, la astenia del vigor físico, succionado por los besos de la madona. Cual se agota una esperma invertida sobre su llama, acabó presto con mi ardentía esta loba insaciable, que oxida con su aliento mi virilidad.
>
> Y la odio y la detesto por calurosa, por mercenaria, por incitante, por sus pulpas tiranas, por sus senos trágicos. Hoy, como nunca, siento nostalgia de la mujer ideal y pura, cuyos brazos rinden serenidad para la inquietud, frescura para el ardor, olvido para los vicios y las pasiones [225-226].

La interpretación arquetípica de Zoraida también ayuda a explicar la función estructural de la leyenda de la india Mapiripana. Igual que la descripción del rito del nacimiento, la leyenda no se debe considerar un trozo antropológico con el único fin de darle al lector un poco de descanso de la violencia vertiginosa. Más bien ofrece un eslabón entre dos temas básicos de la novela: la destrucción del hombre al dejarse tentar por la mujer y su aniquilamiento al tratar de alterar el estado divino de la naturaleza virgen. En una variante de la tradición de Circe,[48] la joven sacerdotisa india se presenta ante el misionero lujurioso a la luz del plenilunio para que él la persiga hasta una cueva donde queda preso durante muchos años. Para castigarlo, ella "chupábale los labios hasta rendirlo" (121), exactamente como Zoraida habría de rendir a Arturo, y como la selva finalmente habría de devorar a éste y a sus compañeros. El hecho de que a Mapiripana también se le atribuya la creación de los raudales y de los saltos justifica su presencia en la novela como otra personificación de la vorágine.

El misionero es castigado no sólo por su lujuria sino también por su intento de alterar la existencia pacífica de los indios: "¡como era enviado

---

[47] Neumann, 46, 283.
[48] *Ibid.*, 35, 80-81.

del cielo a derrotar la superstición!" (120). De la misma manera, se castiga al hombre civilizado por su codicia al explotar y destruir la naturaleza: "es el hombre civilizado el paladín de la destrucción" (177); "Un sino de fracaso y maldición persigue a cuantos explotan la mina verde" (225). La naturaleza aparece personificada como "un ser sensible cuya psicología desconocemos" (176). Los hombres no comprenden, sobre todo, a los árboles de caucho que "tienen sangre blanca, como los dioses" (169). Es más, ese árbol se equipara con la Madre Terrible quien, como la sacerdotisa Mapiripana y Zoraida Ayram, no permite a los moribundos calmar su sed con su leche mortífera: "muchos sucumben de la calentura, abrazados al árbol que mana leche" (135). Otro árbol personificado es el irónicamente nombrado *mariquita,* que lleva un parecido innegable con Mapiripana, con Zoraida y con todas las sirenas arquetípicas: "Dicho árbol, a semejanza de las mujeres de mal vivir, brinda una sombra perfumada; ¡mas ay del que no resista a la tentación!" (153).

¿Fue éste el árbol que mató a Lucianito Silva? — "¡Lo mató un árbol!" (168)—. Más adelante, Arturo, aludiendo a la expulsión del hombre del Paraíso, le dice a Zoraida que Lucianito fue matado por "el [árbol] de la ciencia del bien y del mal" (215). Se refuerza la identificación del árbol del caucho con la Madre Terrible cuando Zoraida cuenta cómo se suicidó Lucianito: "Inclinóse sobre mi hamaca, como oliéndome, como palpándome. ¡De pronto, un disparo! ¡Y me bañó los senos en sangre!" (215).

En cambio, cuando Arturo sueña con Alicia convertida en un árbol de caucho cuya corteza él había picado, ella asume el papel de portavoz de la naturaleza violada en general: "¿Por qué me desangras?" (35). También los hombres llegan a identificarse con los árboles. En uno de sus delirios, Arturo se imagina que la caoba está instando a la Muerte armada de hoz que le imponga el mismo martirio que él impuso a los árboles: "¡Picadlo, picadlo con vuestro hierro para que experimente lo que es el hacha en la carne viva. Picadlo aunque esté indefenso, pues él también destruyó los árboles y es justo que conozca nuestro martirio!" (123). Durante su primer ataque de beriberi, Arturo se imagina convertido totalmente en un árbol: "me sentía sembrado en el suelo, y por mi pierna, hinchada, fofa y deforme como las raíces de ciertas palmeras, ascendía una savia caliente petrificante" (241). En un pasaje más realista, Clemente Silva recuerda haberle mostrado al naturalista y explorador francés las cicatrices de su espalda comparándolas con las heridas del árbol del caucho: "—Señor, diga si mi espalda ha sufrido menos que ese árbol. Y, levantándome la camisa, le enseñé mis carnes laceradas. Momentos después, el árbol y yo perpetuamos en la Kodak nuestras heridas, que vertieron para igual amo distintos jugos: siringa y sangre" (151).

Los antecedentes literarios de la conversión en árboles de hombres y mujeres se encuentran en la mitología grecorromana pero, de un modo más relacionado con *La vorágine*, también en el canto XIII del Infierno de Dante:

> Entonces extendí la mano hacia delante, cogí una ramita de un gran endrino, y su tronco exclamó:
> —¿Por qué me rompes? Inmediatamente se tiñó de sangre y volvió a exclamar: —¿Por qué me desgarras? ¿No tienes ningún sentimiento de piedad? Hombres fuimos, y ahora estamos convertidos en troncos: tu mano debería haber sido más piadosa aunque fuéramos almas de serpientes.[49]

El análisis de las complejas estructuras tanto triangulares como circulares de *La vorágine* debe acabar de una vez con el desprecio dirigido hacia la novela por los nuevos críticos del *boom:* "la narrativa hispanoamericana pasa del realismo telúrico de los Rivera, Gallegos, Güiraldes y demás... a formas narrativas mucho más complejas".[50] La estructura aparentemente caótica de la obra, igual que el "desorden ordenado" del barroco, refleja la cosmovisión del autor y resulta totalmente coherente cuando se interpreta correctamente. Aunque el propósito principal del autor fue indudablemente la denuncia de los horrores de la explotación cauchera y de los efectos embrutecedores de la selva sobre el hombre, la novela se enriquece a la vez que se universaliza rechazando y parodiando los conceptos del amor ideal y del heroísmo físico tal como aparecen en algunas de las obras maestras de la civilización occidental: la *Ilíada* y la *Odisea*, la *Eneida*, la *Divina comedia* y *Don Quijote*.

El desarrollo de la crítica arquetípica, sobre todo en las dos últimas décadas, facilita la percepción del sentido profundo de varios aspectos de la novela que antes se consideraban fortuitos y disparatados. Es de esperar que la nueva lectura de *La vorágine* contribuya a su resurrección y a

---

[49] Dante, *Divina comedia* (Barcelona: Editorial Juventud, 1969), 51-52.
[50] Emir Rodríguez Monegal, *El boom de la novela latinoamericana* (Caracas: Editorial Tiempo Nuevo, 1972), 76.

su estimación, no solamente como la precursora de *Los pasos perdidos,* de Alejo Carpentier,[51] sino también como una de las novelas de mayor complejidad artística de toda la literatura hispanoamericana y digna de conocerse por todo el mundo hispánico y nohispánico.

OBRAS CONSULTADAS

Alegría, Fernando, *Historia de la novela hispanoamericana,* México: Ediciones de Andrea, 1965.

Alighieri, Dante, *Divina comedia,* Barcelona: Editorial Juventud, 1969.

Callan, Richard, "The Archetype of Psychic Renewal in *La vorágine*", *Hispania,* 54, 3, septiembre de 1971.

Eliade, Mircea, *Mefistófeles y el andrógino,* Madrid: Guadarrama, 1961.

Franco, Jean, "Image and Experience in *La vorágine*", *Bulletin of Hispanic Studies,* 41, abril de 1964, 101-110.

Fuentes, Carlos, *La nueva novela hispanoamericana,* México: Joaquín Mortiz, 1969.

Harss, Luis, *Los nuestros,* Buenos Aires: Sudamericana, 1968.

Hazera, L. de, *La novela de la selva hispanoamericana,* Bogotá: Instituto Caro y Cuervo, 1971.

Kelin, F. V., "Introducción a la edición soviética de 1935 de *La vorágine*", *Atenea,* Santiago de Chile, 23, 1936, 314-325, y *Revista de la Universidad de Antioquia,* 9, mayo de 1936, 11-117.

Mejía Duque, Jaime, *Narrativa y neocoloniaje en América Latina,* Bogotá: Tercer Mundo, 1977.

Morales, Leonidas, "*La vorágine,* un viaje al país de los muertos", *Anales de la Universidad de Chile,* 123, 134, abril-junio de 1965.

Neale-Silva, Eduardo, "The Factual Basis of *La vorágine*", PMLA, 54, 1939, 316-351.

———, *Horizonte humano: vida de José Eustasio Rivera,* México: Fondo de Cultura Económica, 1960.

Neumann, Erich, *The Great Mother,* traducido del alemán al inglés por Ralph Manheim, Princeton, N. J.: Princeton University Press, 1972.

Porras Collantes, Ernesto, "Hacia una interpretación estructural de *La vorágine*", *Thesaurus,* 13, 2, mayo-agosto de 1968.

---

[51] Jaime Mejía Duque encuentra en *Los pasos perdidos* "una metafísica del telurismo, pero más seria, más fundada y elaborada que la de Rivera o Gallegos" *(Narrativa y neocoloniaje en América Latina,* Bogotá: Ediciones Tercer Mundo, 1977, 44).

Rivera, José Eustasio, *La vorágine,* Buenos Aires: Losada, 1968.
Rodríguez Monegal, Emir, *El boom de la novela latinoamericana,* Caracas: Tiempo Nuevo, 1972.
Virgilio, *La Eneida,* traducción en versos castellanos por Miguel Antonio Caro, Madrid: Librería de Perlado, Páez y Cía., 1908.

"EL DÍA SEÑALADO", DE MANUEL MEJÍA VALLEJO
Un análisis ambivalente precedido de una esquematización imposible de la novela de la Violencia

Durante unos veinte años (1951-1971), el fenómeno histórico de la Violencia fue el tema obsesionante de un gran número de novelistas colombianos. Por su importancia en las letras nacionales, sólo es comparable, guardadas las proporciones, a la novela de la Revolución mexicana y a la de la Revolución cubana. Sin embargo, a diferencia de esos dos fenómenos literarios, todavía no se ha elaborado una buena teoría que sirva para clasificar las más de cuatro decenas de obras que se han publicado sobre el tema y, además, es difícil que se pueda encontrar tal teoría.[52]

La novela de la Violencia colombiana, a diferencia de sus congéneres mexicana y cubana, no se presta ni para agrupaciones generacionales ni temáticas ni estilísticas, ni depende de una política cultural nacional. Gustavo Álvarez Gardeazábal, en un excelente estudio comparado,[53] destaca nada menos que once diferencias entre la novela de la Revolución mexicana y la de la Violencia colombiana. Las más importantes podrían resumirse en dos:

1. El carácter épico de la Revolución mexicana reconocido y divulgado oficialmente frente a la condena universal de la Violencia como "vergüenza nacional" y el desconocimiento, encubrimiento u olvido tanto oficial como público de los acontecimientos principales.

2. La mayor participación directa o indirecta de los escritores mexicanos en la Revolución frente a los escritores colombianos que escribieron sobre el fenómeno de la Violencia desde Bogotá u otras ciudades grandes donde a excepción del bogotazo del 9 de abril de 1948, no se manifestó la Violencia.

---

[52] El libro de Gerardo Suárez Rondón, *La novela sobre la Violencia en Colombia* (Bogotá: Editorial Luis F. Serrano, 1966), consta de una serie de resúmenes puramente temáticos de las novelas individuales seguida de comentarios sobre cómo se tratan en el conjunto de las novelas los dos partidos políticos, la policía, el ejército y la Iglesia. También comenta en otro capítulo la creación de personajes, el paisaje y el aspecto lingüístico de las novelas en general sin hacer ningún análisis completo de ninguna obra individual.

[53] Gustavo Álvarez Gardeazábal, "México y Colombia: Violencia y revolución en la novela", *Mundo Nuevo*, 57-58 (marzo-abril de 1971), 77-82.

En realidad, estas diferencias y otras señaladas por Álvarez Gardeazábal servirían para explicar la escasez o hasta la ausencia de obras sobre la Violencia y, por lo tanto, sorprende la existencia de unas cuarenta y tantas novelas. También sorprende la imposibilidad de agruparlas según los criterios que suelen utilizarse para tales fenómenos literarios. Un análisis generacional revela la presencia de autores nacidos entre 1910 y 1946. Teniendo en cuenta sólo las obras de los escritores más renombrados, no se pueden explicar sus rasgos particulares por la edad de los autores. Entre las novelas de Eduardo Caballero Calderón (1910-1993), Clemente Airó (1918-1975), Manuel Zapata Olivella (1920), Manuel Mejía Vallejo (1923-1998), Gabriel García Márquez (1927) y el mismo Gustavo Álvarez Gardeazábal (1945), no se encuentran ni diferencias de actitud frente al fenómeno histórico ni una creciente sofisticación artística absoluta. El más dedicado al tema ha sido el mayor de edad, Caballero Calderón, cuya primera obra, *El Cristo de espaldas* (1952), ha quedado como una de las mejores a pesar de que el mismo autor ha hecho un esfuerzo por tratar otros aspectos de la Violencia con una variedad de técnica novelística en *Siervo sin tierra* (1954), *Manuel Pacho* (1964) y *Caín* (1969). Los más jóvenes, como García Márquez y Álvarez Gardeazábal, todavía no cuajan, en sus respectivas novelas sobre la Violencia, *La mala hora* (1961) y *Cóndores no entierran todos los días* (1971), los ingredientes artísticos que habían de hacer sobresalir sus futuras obras maestras, *Cien años de soledad* (1967) y *El bazar de los idiotas* (1974) o *El titiritero* (1977). En cambio, para Mejía Vallejo, *El día señalado* representa precisamente la fusión bien lograda de varios elementos esbozados en sus cuentos y novelas anteriores.

Las diferencias entre las novelas tampoco podrían atribuirse al origen geográfico de cada autor. Los ya nombrados representan a Boyacá (Caballero Calderón), a Antioquia (Mejía Vallejo), al Valle del Cauca (Álvarez Gardeazábal) y a la costa del norte (Zapata Olivella y García Márquez), mientras Clemente Airó era un español radicado por muchos años en Bogotá.

El estudio de las novelas en orden cronológico tampoco ofrece la posibilidad de formar grupos homogéneos como en el caso de México y el de Cuba. Aunque los historiadores suelen destacar tres periodos de la Violencia identificados principal, pero no exclusivamente, con la lucha entre liberales y conservadores (1946-1953), con el bandolerismo (1954-1958) y con la guerrilla revolucionaria (1959-1965), las novelas publicadas en esos años no reflejan directamente esas diferencias. Mientras *El día señalado* (1963) y *Caín* (1969) sí tratan la fase guerrillera de la Violencia, *Cóndores no entierran todos los días* (1971), a pesar de ser la última novela de la Violencia de los autores comentados, se remonta a la época del comienzo de la Violencia, entre 1948 y 1953.

Frente a la imposibilidad de llegar a una esquematización lógica de las cuarenta y siete[54] novelas de la Violencia publicadas a partir de 1951, hay que estudiarlas individualmente. No cabe duda de que la más digna de un análisis literario es *El día señalado* (1963), de Manuel Mejía Vallejo (1923-1998).[55] El colombianista canadiense Kurt Levy destaca su "substancia artística y fascinación humana [...] vitalidad del lenguaje hablado, tensión dramática [...] dinámica unidad".[56] El catedrático francés André Nougué alaba la novela por su "union entre la langue et l'action, dialogues nerveux et pathétiques, vocabulaire riche, construction souple".[57] El crítico colombiano Óscar Gerardo Ramos le elogia los "meteóricos diálogos y apretadas descripciones".[58] Sin embargo, por muchas cualidades positivas que tenga, *El día señalado* no llega a las alturas de la primera constelación de novelas colombianas. Un análisis objetivo revelará tanto sus aciertos como sus fallas.

Gustavo Álvarez Gardeazábal, en su estudio sobre la novela de la Violencia, opina que "las mejores obras, como novelas, son las de quienes trataron el tema de soslayo, tangencialmente (Manuel Mejía Vallejo, *El día señalado;* Eduardo Caballero Calderón, *Siervo sin tierra;* Gabriel García Márquez, *La mala hora*)" (77). Mientras la Violencia no constituye el tema predominante y exclusivo ni en *Siervo sin tierra* ni en *La mala hora* —y habría que agregar *El Cristo de espaldas, Manuel Pacho* y *Caín*,

---

[54] Además de las cuarenta y tres enumeradas por Álvarez Gardeazábal, hay que agregar *Caín* (1969), de Caballero Calderón; *Cóndores no entierran todos los días* (1971), del mismo Álvarez Gardeazábal; *Estaba la pájara pinta sentada en el verde limón* (1975), de Alba Lucía Ángel, y *El cadáver* (1975), de Benhur Sánchez (1946). En *El titiritero* (1977), de Álvarez Gardeazábal, también aparece la Violencia pero en segundo plano.

[55] Para una nota discrepante, véase Russell W. Ramsey, "Critical Bibliography on la violencia in Colombia", *Latin American Research Review,* 8, 1 (primavera de 1973), 38. Ahí se afirma que *El Cristo de espaldas* es "the greatest piece of literature to emanate from the violencia". Ese juicio pierde su fidedignidad por lo incompleta que es la bibliografía en su parte literaria. No se comentan más que 23 libros y brilla por su ausencia *El día señalado*. En cambio, en su aspecto histórico, el artículo es bastante valioso.

[56] Kurt L. Levy, "Manuel Mejía Vallejo, novelista colombiano", *Nivel,* 58 (1967), 163.

[57] André Nougué, *"El día señalado* de Manuel Mejía Vallejo", *Caravelle. Cahiers du Monde Hispanique et Luso-Brésilien,* 39 (1964), 47.

[58] Óscar Gerardo Ramos, *De Manuela a Macondo* (Bogotá: Instituto Colombiano de Cultura, 1972), 89.

de Caballero Calderón—, discrepo de Álvarez Gardeazábal respecto a *El día señalado*. Es precisamente la gran concentración en ese tema y su mitificación poética que hacen sobresalir *El día señalado* por encima de sus congéneres. Aunque los capítulos dedicados a la Violencia alternan con otros dedicados a la venganza personal del forastero gallero, las dos series de capítulos se van acercando una a otra con tensión creciente a través de toda la novela hasta fundirse al final cuando coinciden los dos enfrentamientos, entre padre e hijo en la gallera, y entre guerrilleros y soldados en el pueblo. La semejanza entre las dos luchas no es nada rebuscada. De hecho, no puede haber mejor símbolo de la Violencia que la pelea de gallos. Don Heraclio, el llamado Cojo Chútez, cacique todopoderoso de Tambo y padre del forastero gallero, le dice al sacerdote heroico: "—Ésa es la vida, la que dice el gallo fino: me matas o te mato".[59] Lo que no aclara el Cojo Chútez es que en las peleas a veces mueren los dos gallos. Otra ligazón entre el tema gallero y el de la Violencia se encuentra en el prólogo a la segunda parte: la descripción tremendista de cómo "a una campesina le abrieron el vientre con un machete y le sacaron al hijo" (100) para luego meterle un gallo vivo y coserle el tajo.

Aunque el autor simpatiza más con los guerrilleros, insiste en condenar la violencia de los dos grupos.[60] En el prólogo a la primera parte, José Miguel "sintió tristeza por los dos soldados muertos, por los guerrilleros mutilados" (11). Cuando el padre Barrios le pregunta al sargento si "le atrae la sangre de los rebeldes", éste contesta paralelamente: "no me atrae ver la de mis soldados" (31). Marta, la hermana del guerrillero Antonio Roble, trenza los dos hilos novelescos al sentenciar: "—No deben matarse los animales. No deben matarse los hombres" (57).

El partidarismo del autor también se templa mediante la creación de un personaje negativo entre los guerrilleros y la humanización del Cojo Chútez. Si Antonio Robles es el guerrillero bueno, Pedro Canales es el malo. Amante de la prostituta Otilia, ella lo evoca en términos diabólicos: "cabellos al viento, espumarajos en el belfo y los ijares, olor de bestia en celo, estrellas en el frío de la noche [...] carcajadas [...] Son negras y

---

[59] Manuel Mejía Vallejo, *El día señalado* (Barcelona: Ediciones Destino, 1964), 79.
[60] La explicación histórica de esta actitud puede encontrarse en el cuento del mismo autor "La muerte de Pedro Canales" (1955) donde el narrador afirma amargamente: "De legionarios contra un estado corrompido de cosas, habíamos caído en hombres fuera de la ley. Ya no luchábamos por nuestra causa sino por vengarnos en forma criminal de nuestra derrota" *(Tiempo de sequía*, Medellín: Balmore Álvarez García, 1957, 106).

altas. Las mandó hacer con la piel del diablo" (115-116).[61] Son las carcajadas aún más que las botas que establecen el paralelismo entre Pedro Canales y el Cojo Chútez de quien las risotadas y carcajadas constituyen una especie de epíteto épico. En un intento final de librarse de la influencia maléfica de Pedro Canales, Otilia le confiesa que también se entregó al Cojo Chútez (252).

De esos dos personajes diabólicos, el que se convierte en un verdadero personaje conflictivo —tal vez demasiado fácilmente— es el Cojo. A primera vista, se parece al famoso Pedro Páramo de Juan Rulfo: es el cacique del pueblo. Es decir que ha ido acaparando los mejores terrenos en las colinas mientras el pueblo se ha ido secando. El tamarindo solitario de la plaza ha quedado como recuerdo constante de su fuerza vengativa porque ahorcó ahí hace unos veinte años a Juancho Lopera. Como buen cacique latinoamericano, su poder se basa en la complicidad con los jefes respectivos del sector militar, eclesiástico y político, o sea el sargento Mataya (bien escogido el apellido), el viejo padre Azuaje y el alcalde. Éste recibía cierto porcentaje de las ganancias de don Heraclio y hacía caso omiso de los rumores sobre las relaciones amorosas del cacique con su esposa. A pesar de esos antecedentes, en la primera entrevista particular con el padre Barrios el gamonal se humaniza demasiado pronto: "Algo en don Heraclio se abría, refrescándose" (72). Poco tiempo después, el cacique sorprende tanto a sus contrincantes como a sus subalternos protegiendo a la prostituta Otilia contra la curiosidad del pueblo que esperaba a que saliera de su entrevista con el nuevo párroco: "el sepulturero miró al Cojo como si lo descubriera. Los matones andaban desorientados" (92). En la siguiente entrevista entre el padre Barrios y don Heraclio, éste se deja convencer con una lentitud dramática que debe regalar una de sus parcelas predilectas, pero ociosas, al pueblo para que la cultive. No sólo eso sino que gracias a don Heraclio, el padre Barrios puede imponer —con algo de inverosimilitud— a los cien soldados y al mismo sargento una penitencia de un día de trabajo en el nuevo terreno de la comunidad. El Cojo Chútez adelanta más su proceso de humanización en la escena de la libélula y la araña que simboliza la lucha dentro de él entre las fuerzas del bien y del mal. Tanto como se le despertó la misericordia por Otilia, se le despierta la misericordia por la libélula arrastrada a la ra-

---

[61] El carácter diabólico de Pedro Canales es aún más explícito en el cuento "La muerte de Pedro Canales".

nura, pero cuando ya es demasiado tarde. Las últimas palabras del capítulo se refieren a la necesidad de proteger al párroco contra el sargento lo mismo que a la posibilidad de que el cacique se redima con buenas obras: "Quizá hubiera tiempo todavía…" (159).

La revelación total del episodio que causó la cojera del cacique y el ahorcamiento de Juancho Lopera distingue a don Heraclio como el personaje más interesante y más completo de la novela. En una versión dramática de la cacería humorística del tigre de *María*,[62] Juancho le había quitado las municiones al rifle de Heraclio (todavía no se llamaba "don"). La oración siguiente justifica la venganza de Heraclio, explica el origen amargo de las carcajadas y gana la simpatía del lector: "Fueron una sola sensación la del percutor contra el cartucho, la del silencio de la pólvora, la de los dientes hincándose en sus carnes y la de una risa que se alejaba entre los chamizales" (195).

La caracterización de don Heraclio se refuerza aún más en la escena final en la gallera. En los capítulos 21, 23, 25 y 27, el cacique vuelve a demostrar su afición a la violencia —"El Cojo saboreaba la prolongación de la escena, jugaba con los nudos del zurriago asegurado a su muñeca por una trenza de cuero" (208)— y hasta el padre Barrios es incapaz de hacerlo desistir del encuentro violento con el forastero:

—Padre Barrios —recalcó en un formidable tono bajo—, nadie me dice a mí qué cosa debo hacer ni qué cosa hice o no hice.
—Ésta no es casa de oración sino cueva de galleros.
—En todas partes está Dios.
—Pues aquí se le adelantó Satanás [223].

Sin embargo, la derrota del párroco afecta, aunque pasajeramente, a don Heraclio: "El zurriago aflojó en el puño del Cojo al contemplarse las manos después de salir el sacerdote. Pero en los nudillos volvieron a blanquearse cuando se enfrentó a mi terquedad" (224). En los capítulos 29 y 31,[63] la sospecha de que el forastero sea su hijo y su reconocimiento del gallo tapado conmueven profundamente a don Heraclio sin que pierda del todo su aspecto de cacique:

---

[62] Braulio, el amigo de Efraín, le había quitado las balas a la escopeta de Carlos para que éste no luciera en la cacería. (*María*, México: Porrúa, 1986, 56-57).

[63] En la primera edición de esta novela, que es la que manejamos, el último capítulo lleva el número 30, pero como el penúltimo lo mismo que el antepenúltimo llevan el número 29, supongo que se trata de un error de la imprenta y, por lo tanto, la novela consta de 31 capítulos en vez de 30.

—¡Aguilán! —exclamó al verlo y desde ese momento no dejó de mirarme. Era como si ante un espejo empañado tratara de reconocer un rostro que pudo ser el suyo. Sus movimientos empezaron a ser mecánicos, tenían un extraño agotamiento [243-244].

El Amo de Tambo recuperaba energías, levantaba su vigorosa cojera [255].

Una vez empezada la pelea de gallos, don Heraclio parece aceptar su destino resignadamente:
—Son torcidos todos los caminos que andamos. No sé qué quiso decir. Era como si le clavaran cien espuelas. El bordón se aflojó en sus manos, el cuchillo se desgonzó en las mías. Sus párpados se despabilaron con miedo de que se le cayera encima la tristeza [257].

Por excelente que resulte la caracterización de don Heraclio y por muy bien que se capte el aumento de la tensión dramática de ese "día señalado", se debilita el fin de la novela por una falla estructural. Al insistir rígidamente en el contrapunto entre los capítulos narrados en tercera persona dedicados al tema de la violencia en el pueblo de Tambo y los capítulos narrados en primera persona por el gallero que busca a su padre, Mejía Vallejo cae en el melodramatismo. El momento culminante del encuentro entre el forastero y don Heraclio en la gallera se prolonga a través de nada menos que siete capítulos (19, 21, 23, 25, 27, 29 y 31), de los cuales seis se interrumpen con cambios de escenario en los capítulos pares. El refrán "Tanto se estira la cuerda hasta que se rompe" podría aplicarse a la tensión dramática. En efecto, el mismo relato sin interrupción tiene mayor impacto en el cuento "Venganza" (1960).[64]

De acuerdo con la realidad nacional de ese momento, la novela presenta una visión de mundo pesimista. Aunque la llegada de los guerrilleros, la muerte del sargento y la derrota del Cojo Chútez en la gallera marcan el triunfo de los "buenos", también marcan el triunfo de la violencia y se insinúa que Pedro Canales será el nuevo amo de Tambo hasta que lleguen nuevas tropas del gobierno.[65] En cambio, la decisión del forastero de no matar a su padre al clavar su cuchillo en el polvo ofrece al lector un fin abierto con la posibilidad de distintas interpretaciones.

[64] Véase "Venganza", *Cuentos de zona tórrida* (Medellín: Editorial Carpel-Antorcha, 1967). La diferencia principal entre las dos versiones es que el sacerdote no aparece en el cuento.
[65] En el cuento "La muerte de Pedro Canales", éste no llega a dominar ningún pueblo y se deja asesinar por su amigo en un simulacro de pelea a cuchillo.

Desgraciadamente ese fin abierto se cierra tanto en el cuento como en la novela con los trece últimos renglones que apuntan a una visión circular de la historia. El hecho de que el forastero deje el gallo con su novia-amante "en prueba de que volveré" (259) es una manera artificial de indicar que la historia personal se va a repetir y que la violencia seguirá. Como esa idea ya se había planteado con el triunfo de los guerrilleros capitaneados por Pedro Canales, sobraba reforzarla con el único fin de mantener la simetría entre los dos hilos novelescos.

El mismo contrapunto que ya se ha comentado entre las dos series de capítulos también se manifiesta, pero no de un modo absoluto, tanto entre los personajes conflictivos como entre los planos.[66] Mientras don Heraclio poco a poco se vuelve personaje conflictivo, su hijo contrincante se mantiene como personaje de una sola pieza, empecinado, obsesionado por vengar el abandono de su mamá ya muerta. Inclusive el verdadero amor que siente por Marta queda subordinado a su misión. Hasta las palabras que se emplean para describir el acto amoroso en el cañaduzal tienen la misma sonoridad que se asocia con la violencia en el Tambo de los tambores: "Y cuando nos perdemos siguiendo el olor de la retama, el sol tumbaba el humo, tumbaba las sombras contra el suelo rajado" (145). Desde luego que el verbo "tumbar" también equivale a "poseer", mientras "el suelo rajado" sugiere a la mujer poseída y a la Madre Tierra. A pesar de que el forastero había de recordar detalles de esa escena por muchos años, la presencia del gallo y el sonido del tambor lo devuelven a su misión: "Un grillo chillaba ininterrumpidamente. Aguilán escarbaba el pie de una raíz. El golpe del tambor se hizo hondo en la respiración de Marta. Ya ni sabía cómo fue su gemido, perdido en la lejana canción" (145). Sólo una vez en la novela pierde el forastero la increíble seguridad de cobrarle la deuda a su padre, el momento de la derrota del sacerdote en la gallera: "Cuando el sacerdote apartó la mirada se corvaron más sus espaldas, como si en la mirada misma hubiera estado apoyando el cuerpo. No sé qué había en él, porque cuando volvió a mí su cara, con un oscuro

---

[66] Luis A. Pérez Botero, en "Tres imágenes del hombre en la novela", *Revista de Letras*, 3 (1971), critica la mitificación del mundo novelesco de *El día señalado* y declara contundentemente que "todos los personajes están descritos con rasgos convencionales" (135). En cambio, André Nougué reconoce el marcado simbolismo de la novela y su dualismo pero opina que el mismo novelista se dio cuenta del peligro y lo venció al hacer más complejos algunos de los personajes: "Mais le romancier parait avoir senti l'inconvenient que présentait une construction trop rigoureusement antithétique; c'est pourquoi le monolithisme de ses personnages n'est pas absolu". *Le Roman y gagne* (43).

movimiento sonámbulo, tuve ganas de bajar la mía. No sé por qué me hacía aparecer culpable, no sé qué tenía que ver yo en su destino, pero algo mío sufría dentro de él, algo mío le dolía" (223). La anonimidad del forastero comprueba el intento del autor de crear en él un personaje arquetípico, un Telémaco en busca de Ulises, un Juan Preciado en busca de Pedro Páramo, sólo que aquí se trata de un hijo que odia a su padre. En una conversación con el sargento, el padre Barrios explica el arquetipo y señala su homología religiosa: "—Así como en el fondo todo niño odia a su padre en cuanto lo cree omnipotente, e implacable, así todo hombre odia a Dios en cuanto coarta sus libertades y le impone códigos de una estricta moral" (217-218).

Frente al gran odio que siente el forastero por su padre, se eleva el gran amor y respeto que siente el padre Barrios por el suyo. La única nota discordante aparece en el recuerdo del sacerdote de las botas de su padre, las cuales hacen pensar en el énfasis dado a las botas del Cojo Chútez y a las de Pedro Canales: "Desde niño se quedaba mirando aquellas botas, oyendo su taconeo, y los ojos las seguían como si fueran cosa viva e imponente. A veces, cuando las engrasaba sobre la piedra del patio, al sol de la mañana, se extrañaba de que no caminaran solas" (213). Tal como el padre malo obsesiona al forastero, el padre bueno del sacerdote se evoca constantemente en los recuerdos de éste.[67] Llamado Marcos y apodado el Hombre, el padre del sacerdote se parece a los patriarcas del Antiguo Testamento lo mismo que a los santos cristianos. Le sirve al sacerdote de constante inspiración en su afán de sembrar y de reverdecer el pueblo de Tambo:

> Era hombre simple su padre y eran simples aquellas verdades. "—Es sabroso saber que a uno lo hicieron de tierra" [...] Nunca vio a nadie como él, tan hombre y tan de la tierra [61-62] [...] Sus padres fueron un punto de referencia a lo largo de cuarenta años de sacerdocio. La pobreza y austeridad de él, el sacrificio instintivo de ella, con esa honestidad del pan moreno sobre el mantel. Trabajo, decencia, oscuro deber cumplido. Pocas palabras, correctas acciones, sobriedad en la alegría y en el sufrimiento [...] [103] [...] Era entonces sana la vida, sano el olor de la tierra para recibir la simiente [133].
>
> [...] Porque él era más su propio padre que él mismo [142] [...] La cabuya estaba ligada a su padre [188].

---

[67] Véanse las pp. 46, 61-62, 64, 103-104, 132-133, 142, 188-192, 203, 206-207, 212-213 y 227-229.

Por eso el padre Barrios se empeña tanto en hacer sembrar. Cuando don Heraclio le dice que lo llaman *Cura vegetal*, el sacerdote acepta el apodo con mucha honra: "soy labrador, mi padre era labrador" (132). El párroco de Balandú le había dicho: "—usted no es sacerdote sino labrador. Hubiera sido feliz si el Seminario fuera una Escuela de Agricultura" (44). La diferencia entre el sacerdote malo y el bueno se simboliza por la imagen de san Isidro, santo de los agricultores: "La vieja imagen de san Isidro la había cambiado el padre Azuaje por una relamida traída de Europa" (131).

En realidad el padre Barrios está demasiado idealizado. El único pecado que se le conoce es que de niño "mató a un sinsonte con una honda" (72).[68] Durante toda la novela hasta su derrota final en la gallera, procede con la misma seguridad que el forastero. Logra domar a don Heraclio con relativa facilidad; convierte a la prostituta Otilia en una María Magdalena y hasta consigue templar la brutalidad del sargento: "—Padre —dijo casi en susurro—, si Dios me dijera qué debo hacer, lo obedecería… Creo en Él. Pero, ¿por qué está escondido? Si Él no me dice ahora mismo qué cosa debo hacer, mi deber es liquidar a los guerrilleros. Se levantó. En él vio el sacerdote al hombre perplejo a solas frente a su destino" (219). Sin embargo, el padre Barrios logra superar su idealización y aunque no llegue a ser un verdadero personaje conflictivo, los recuerdos de su infancia y de su niñez al lado de sus padres sí lo hacen un personaje muy humano.

El refuerzo del tema de las relaciones entre padre e hijo con otros dos ejemplos enriquece la novela a la vez que contribuye a su simetría excesiva. Don Jacinto, el tendero, vive con un miedo constante porque todo el mundo, sobre todo don Heraclio y sus matones, sabe que su hijo Antonio Roble es uno de los jefes de los guerrilleros. Amenazados él igual que su hija Marta, se le obliga a pagar una cuota semanal. Después de sufrir mucho con su propia indecisión, don Jacinto, nerviosísimo, se decide y en una escena muy dramática[69] mata al sargento, a muchos soldados y a sí mismo con licor envenenado al mismo tiempo que entran los guerrilleros en Tambo: "Don Jacinto quiso ver a su hijo pero los ojos no obede-

---

[68] Este pecado se le atribuye a Pedro Canales en el cuento ya citado.

[69] Es casi exactamente el mismo relato que se halla en el cuento "Miedo" (1956), de la colección *Tiempo de sequía*. Benigno Ávila Rodríguez analizó cómo el autor utilizó este cuento y "Venganza" como los ejes narrativos de la novela en una ponencia presentada en el XVII Congreso del Instituto Internacional de Literatura Iberoamericana (Madrid, 1975). Por su bibliografía, parece que no leyó "Las manos en el rostro" ni "Aquí yace alguien", de la colección *Cielo cerrado* (1963).

cieron. Sabía que iba a entrar por encima del cuerpo del sargento. Quisiera decirle: "Me decidí, muchacho" (240).[70]

Tanto como el forastero anónimo se contrapone al padre Barrios humanizado como personajes planos principales, el enterrador anónimo y don Jacinto podrían contraponerse como personajes secundarios. Una figura lúgubre, el enterrador vive, igual que el forastero, lleno de odio y con el único propósito de vengarse. Él y su hijito Daniel tuvieron que abandonar su tierra en el páramo: "—Me obligaron a enterrar a mi mujer y a mi hijita. No sabe las bestialidades que les hicieron delante del niño" (33). Le cortaron de un machetazo la mano al enterrador y le acribillaron al niño su perro Guardián. Las otras funciones estructurales del enterrador son: contrapesar al Cojo Chútez por su manquera; contrapesar al ama de llaves como espía proguerrillero —"Se odiaban ella y el enterrador, y se temían" (27)—; contrapesar al padre Barrios al nunca soltar la pica mientras el sacerdote no deja de empuñar el crucifijo (54).

La presencia del maestro y sus alumnos entre los primeros sembradores de árboles en el capítulo quinto también podría citarse como otro ejemplo de relaciones entre padre e hijo pero, por una razón inexplicable, al maestro no se le vuelve a mencionar en el resto de la novela.

Otros personajes anónimos que contribuyen a la simetría exagerada de la novela son:

1. El alfarero, que por su oficio "religioso" de crear cosas del barro se identifica tanto con el padre Barrios (¿barro?) como con la prostituta redimida.

2. La prostituta redimida que se contrapone a las cuatro beatas hipócritas, quienes visitan la casa cural precisamente para quejarse de la visita de la prostituta del capítulo anterior.

3. El hombre del potro manchado que llegó a Tambo en busca del caballo y la guitarra de José Miguel Pérez y que se convierte en protector misterioso del forastero gallero.

4. Los dos mulatos que respaldan al hombre del potro manchado fren-

---

[70] La indecisión del tendero don Jacinto llega a ser el tema predominante en la más reciente de las novelas de la Violencia, *El cadáver*, de Benhur Sánchez Suárez (1946), del departamento de Huila. El protagonista de *El cadáver* es el tendero Segundo, típico antihéroe existencialista: solitario, enajenado, angustiado. Intelectualmente es revolucionario pero no decide unirse a la guerrilla del monte hasta el último capítulo cuando ya es demasiado tarde: el jefe guerrillero, llamado Jacinto por casualidad, ha sido matado por la policía y a Segundo lo llevan preso. Como en *El día señalado*, se insiste demasiado en crear el ambiente de la novela, sólo que el dramatismo de la obra de Mejía Vallejo corresponde mejor al tema de la Violencia que el antidramatismo existencialista de *El cadáver*.

te al hombre gordo de vestido blanco y al de bigotes que amenazan al forastero.

No es que la simetría en sí sea un defecto, pero cuando es excesiva y demasiado obvia, por mucho que refleje el tema de la obra, constituye para el lector un recuerdo constante de la presencia del autor y le resta fuerza al mundo que el autor está plasmando. Otra novela que adolece del mismo defecto es la renombrada *Doña Bárbara*. De una manera aún más simplista, casi cada uno de los partidarios de Santos Luzardo tiene su contrincante equivalente en el equipo de doña Bárbara. Sin embargo, la novela venezolana logra superar esa artificialidad más que *El día señalado*, donde la simetría también se extiende a elementos espaciales, temporales, estructurales y estilísticos.

Aunque *El día señalado* está dividida en tres partes más o menos iguales, cada una con su prólogo, y aunque hay muchos ejemplos de frases trimembres,[71] es predominantemente dualística y el estilo es predominantemente bimembre. Inclusive la división de la novela en tres partes resulta arbitraria. La acción de la novela se desarrolla en una línea continua desde el principio hasta el fin sin que haya cambios significantes de una parte a otra y sin que haya unidad estructural independiente de cada parte. Es más, el hecho de que la escena final de la gallera comience en el último capítulo de la segunda parte borra los límites entre ésta y la tercera parte.

Tampoco se justifican los tres prólogos. El primero, que es el mejor logrado,[72] se parece a la obertura de una ópera al anunciar el tema de la novela y al iniciar gran cantidad de motivos recurrentes. Al resumir toda la vida de José Miguel Pérez (1936-1960) desde su concepción hasta su muerte, ese prólogo constituye todo un cuento bien estructurado que denuncia la violencia en general, denuncia la complicidad del alcalde lo mismo que del viejo cura, despierta la compasión del lector por la madre y por la novia, presenta algunos de los personajes que actuarán en la novela y mitifica a José Miguel Pérez con un estilo poético y dramático que

---

[71] "—Yo estaba contra los guerrilleros, contra la violencia, contra Antonio [...] Me contaban muchas cosas. Castraciones, degollamientos, mutilaciones" (237). Desde luego que podrían citarse otros muchos ejemplos pero aun así predomina el estilo bimembre. En esto, discrepo de la afirmación de Pauline Deuel — "The use of two repetitions is not significant" — en su estudio acertado (menos en este detalle) de ciertos recursos estilísticos de la novela, "Sound and Rhythm in *El día señalado*", *Hispania*, 52, 2 (mayo de 1969), 198-202.

[72] Es casi idéntico al cuento "Aquí yace alguien" (1959), de la colección *Cielo cerrado* (Medellín: Ediciones La Tertulia, 1963).

prevalecerá a través de toda la novela y que tiene fuertes reminiscencias del estilo de Federico García Lorca en *Yerma, Bodas de sangre* y *La casa de Bernarda Alba*.

Mientras el primer prólogo se destaca como una pequeña joya literaria, tanto en sí como en su función de prólogo, no se justifican los otros dos prólogos como tales. El segundo consta de una escena entre el amigo de José Miguel Pérez, el del potro manchado, y el alcalde, la cual debiera haberse incorporado en la novela como uno de los capítulos normales por su paralelismo y por su contrapeso con las escenas entre el padre Barrios y don Heraclio. Como el padre Barrios, el amigo de José Miguel Pérez pide justicia a uno de los responsables por la violencia; como el padre Barrios, el alcalde domina la conversación entretejiendo sus palabras con sus pensamientos.

El tercer prólogo, como el primero, se destaca más por su propia unidad estructural pero tampoco se justifica.[73] Se trata del relato más o menos completo de cómo y por qué el enterrador y su hijito tuvieron que abandonar su tierra en el páramo. Como ya se habían presentado algunos fragmentos de ese relato a través de la novela, los detalles que faltaban pudieron haberse presentado del mismo modo fragmentario en que se reconstruyó todo el pasado del padre Barrios.

Rechazado el análisis tripartita de la novela, examinemos la mayor adecuación de un análisis dualístico que corresponde mejor al tema de la Violencia por mucho que el autor se haya excedido. La justificación de una estructura dualística es muy sencilla: el tema principal es la lucha entre dos fuerzas, los soldados y los guerrilleros, y además la obra de Mejía Vallejo sigue la pauta de otras novelas colombianas cuyo dualismo se deriva de la división política tradicional entre liberales y conservadores. La violencia se presenta en dos planos: el social y el personal, representados por la alternación entre capítulos narrados en tercera persona omnisciente y capítulos narrados en primera persona por el forastero gallero. El estilo semejante o idéntico de los dos narradores desconcierta de vez en cuando al lector. Los capítulos "personales" que identifican al narrador en la primera oración ("Cuando abandoné la fonda el enterrador arrastró la pica" [109]; "Los ojos de Marta se me agrandaban al acercarme, se le agranda-

---

[73] Se publicó como cuento originalmente en la colección *Cielo cerrado* con el título "Las manos en el rostro" (1959). André Nougué también cuestiona la decisión de incluir este prólogo: "Était-il absolument nécessaire de raconter l'histoire du fossoyeur [181-184 y 201-207] pour insister sur les brutalités des soldats?" (41).

ban a ella en la cara asustada" (143) tienen mucho más impacto que aquellos que empiezan con oraciones que parecen provenir de un narrador omnisciente ("La muchacha caminó con paso lento, largo, de jaguar al mediodía" [66]; "A un furioso redoble del tambor viraron las cabezas hacia la puerta de comunicación con El Gallo Rojo" [221]).

Además de los casos ya señalados de personajes contrapuestos o paralelos, sobresalen otros más. El padre Barrios, el sacerdote bueno, llega a Tambo montado en una mula mientras el padre Azuaje, el sacerdote malo, se va montado en un caballo, simbolizando el contraste entre la soberbia de éste y la humildad de aquél. Mientras el padre Barrios simpatiza más con los guerrilleros, el párroco de Balandú es partidario de las fuerzas del gobierno. El dualismo relacionado con el padre Barrios también se extiende a los conceptos teológicos: "me preocupo más por los cuerpos que por las almas" (43). El sacerdote piensa que muchas personas "no adoraban al Dios que perdonaba sino al de los castigos [...] Y de Cristo, su encarnación, admiraban al que latigueó furioso a los mercaderes del templo, y reprochaban al que sufría una temporal derrota" (43). La segunda visita de don Heraclio al párroco reafirma la idea de éste de que "no existen seres absolutamente buenos ni absolutamente depravados... La eterna oscilación... El Mal y el Bien... ¿Cuáles sus límites? ¿Dónde empieza la sombra y dónde acaba la luz, en qué partes mueren los sonidos y hace el silencio? El Bien y el Mal..." (131). El alcalde, que es cómplice del viejo sacerdote en el primer prólogo, se vuelve contrincante del padre Barrios y en el segundo prólogo defiende su actitud de Poncio Pilatos recordando que "su antecesor fue asesinado por querer cambiar las cosas" (99).

Aunque predominan en la novela las relaciones hijo-padre, también son importantes los dos ejemplos paralelos de relaciones hijo-madre: el forastero gallero y su madre, y José Miguel Pérez y la suya, María la lavandera. Los dos hombres se ligan por sus amores con Marta y por su amistad con el hombre del potro manchado. Este potro hace juego a la vez con el alazán de José Miguel Pérez.

Además de los personajes, también es dualístico el espacio novelístico. Los soldados esperan en el calor opresivo de Tambo el ataque de los guerrilleros acampados en el frío del páramo. Se simboliza el calor lo mismo que el peligro en el volcán cercano que, a punto de estallar, brama continuamente. Los incendios de los cañaduzales, los cohetes de la feria, los pájaros que "caen chamuscados al polvo" (50), todo contribuye a crear un ambiente infernal donde el demonio todopoderoso es el Cojo Chútez:

"—*Él* manda en este infierno. *Él* y el sargento y esta sofocación que no se larga" (51). El único alivio del calor son los helados pregonados repetidamente por el negro de la carretilla: "[...] el negro soltó el pregón como una tinajada de agua, sobre carbones al rojo" (82). Los sabores de fruta que pregona —piña, banano, curuba, mora, sandía y limón (82)— se complementan con los mangos que come Marta casi cada vez que entra en escena.

Dentro de Tambo, la lucha entre el bien y el mal está representada por "la gallera y la iglesia [...] los únicos edificios importantes de Tambo" (20). Otras escenas se desenvuelven en la fonda El Gallo Rojo y en el prostíbulo La Casa de los Faroles.

El dualismo de la novela también se manifiesta en la constante presencia del pasado en el presente de ciertos personajes. El padre Barrios conversa y actúa a la vez que evoca los recuerdos de su niñez. El forastero no deja de pensar en su madre abandonada. La cojera de don Heraclio le recuerda constantemente la traición de Juancho Lopera. El hombre del potro manchado mantiene vivo el recuerdo de la muerte criminal de José Miguel Pérez. El sepulturero no puede olvidar los actos violentos que le amargaron la vida para siempre. Tampoco puede olvidar Otilia la pasión violenta de Pedro Canales en su lucha actual por redimirse. Yuxtapuestos pasado y presente, no hay lugar en el mundo infernal de la Violencia para el futuro. La promesa final del forastero de volver por su gallo es más una alusión al pasado que al futuro puesto que indica que la historia se va a repetir. En toda la novela no hay más que una alusión auténtica al futuro, que desentona por aparecer tan inesperadamente: "[...] Hasta muchos años después mis ojos recordaron la pelusilla de su cuello, mis manos recordaron sus senos brincones, mis oídos recordaron su queja amorosa" (145). Así es que el único sobreviviente de la novela es el forastero porque logra salir del infierno de Tambo. Todos los demás perecerán víctimas de la violencia, o tal vez del volcán.

La concepción dualística de toda la novela, como era de esperar, también se refleja en el estilo. Aunque se podría hacer una lista impresionante de frases trimembres, el ritmo de dos se gana la partida fácilmente. Los ejemplos siguientes no son nada atípicos:

Comíamos pan duro, comíamos silencios duros con la sopa sobre un mantel de cuadros amarillos y rojos, remendado una y cien veces junto a la ventana. Nunca la ausencia de aquel hombre dejó de llenar el rancho, nunca una alegría sin mancha llegó a nuestra mesa gris [25].

—Ya el cura Barrios... Malos vientos soplan del volcán.
—Malos en su boca —dije mirándolo fijamente. Le ardió el sol, le ardió la mirada. Le vi en los ojos otro odio tan grande que lo creí tuerto. Hasta su nariz en gancho se aferraba a una oscura intención. Hasta sus dientes incompletos. Podría ser peligroso como tantos a quienes la violencia ha obligado a ser dobles para vengarse o salvar el pellejo [37-38].

El camino se volvió calle, en la calle había sol y frases de personas invisibles:
—¿Lloverá esta semana?
—Qué ha de llover.
—Tal vez ceniza del volcán.
—Tal vez candela [39].

Por muy eficaz que sea este estilo bimembre para reflejar los conflictos básicos de la novela, se recalca tanto que a veces salta demasiado a la vista. Lo mismo sucede con los sonidos. Por transcurrir la acción en un pueblo nombrado Tambo, su valor onomatopéyico se presta con demasiada facilidad al sonido de los tambores: "El tambor no dejaba de sonar. Y un grito largo entre su son. Volvían a golpear los cueros en las afueras" (89). El volcán brama, los cohetes estallan anunciando la feria de Tambo y el loco toca el tambor: "—Uno que tocaba en la banda y enloqueció. Le mataron a tres hermanos" (54). Aunque hay otros efectos sensoriales en la obra, sería difícil encontrar un trozo que compitiera con los sonidos del que sigue:

> Doblé una esquina. Las barras y las azadas resonaban en mis oídos. Y el griterío de los niños cuando lanzaban un cohete, y las canciones chillonas. En Tambo estaban de más los traganíqueles; al pueblo le quedaban mejor el tambor loco, los cueros de res en las afueras, los retumbos del volcán, los cohetes. Pero algo vi de trágico en el chillar de los discos y en quienes aguantaban como expiación [113].

En otros momentos la "sinfonía se enriquece con los cascos, los sonidos de las botas y las espuelas y los "alaridos de torturados en las celdas" (34, 148).

Aunque se trate del verdadero pueblo de Tambo[74] o no, *El día señalado* es la novela de la Violencia menos localizada. Por la presencia de las

---

[74] Existe un pueblo llamado Tambo al norte de Buenaventura pero obviamente no es el Tambo de la novela. Manuel Mejía Vallejo me contó en septiembre de 1977 en Medellín que él había escrito la novela en El Salvador y que se inspiró en el Izalco de ese país y que el pueblo de Tam-

tres cordilleras que atraviesan el país del norte al sur, un pueblo como Tambo podría encontrarse en cualquiera de los valles cálidos dominados por cerros y páramos. El proceso de deslocalización se refuerza por la ausencia casi total de localismos lingüísticos, sean de tipo fonético o semántico. En ese sentido, *El día señalado* se aproxima a una representación nacional de la Violencia, logro nada despreciable en un país cuya geografía ha constituido un obstáculo constante para la integración nacional. El único intento obvio y algo artificial de captar la totalidad nacional es cuando el forastero narrador observa que "por la calle pasaban bultos blancos, negroides, mestizos" (51).

De un modo más significativo, la deslocalización se produce por el marcado afán del autor de plasmar un mundo mitificado mediante varios personajes arquetípicos, llámense el Hombre o Pedro Canales, el forastero o el padre Barrios, que actúan en un ambiente de resonancias bíblicas. La tensión dramática y el lenguaje sencillo y poético a la vez no sólo corresponden a la manera de enfocar el tema sino que también mantienen el interés del lector desde la primera página hasta la última. No obstante, el lector experimentado no puede dejar de pensar en los dramas de García Lorca[75] y en la novela de Juan Rulfo y, lo que es más serio, en algunos de los excesos intrínsecos ya señalados que opacan un poco el brillo de esta novela e impiden que figure entre las mejores novelas hispanoamericanas del *boom* a pesar de haberse ganado con mucha honra y bien merecido el Premio Nadal de 1963.

OBRAS CONSULTADAS

Álvarez Gardeazábal, Gustavo, "México y Colombia: Violencia y revolución en la novela", *Mundo Nuevo*, 57-58, marzo-abril de 1971, 77-82.

Ávila Rodríguez, Benito, " 'Miedo' y 'Venganza' en *El día señalado*", XVII Congreso del Instituto Internacional de Literatura Iberoamericana, Madrid, 1975.

Deuel, Pauline, "Sound and Rhythm in *El día señalado*", *Hispania*, 52, 1969, 193-202.

Levy, Kurt L., "Manuel Mejía Vallejo, novelista colombiano", *Nivel*, 58, 1967.

---

bo de su novela existe como tal y que más bien representa cualquier pueblo interior de Colombia afectado por la Violencia.

[75] El prólogo a la primera parte delata a gritos la presencia de García Lorca: el caballo, la guitarra, los gitanos, la madre y las mujeres del pueblo y la violencia, sin que esto le menoscabe su propio valor.

Mejía Vallejo, Manuel, *Cielo cerrado,* Medellín: La Tertulia, 1963.
——, *Cuentos de zona tórrida,* Medellín: Editorial Carpel-Antorcha, 1967.
——, *El día señalado,* Barcelona: Ediciones Destino, 1964.
——, *Tiempo de sequía,* Medellín: Balmore Álvarez García, 1957.
Nougué, André, "*El día señalado* de Manuel Mejía Vallejo", *Caravelle, Cahiers du Monde Hispanique et Luso-Brésilien,* 39, 1964.
Pérez Botero, Luis A., "Tres imágenes del hombre en la novela", *Revista de Letras,* 3, 1971.
Ramos, Óscar Gerardo, *De Manuela a Macondo,* Bogotá: Instituto Colombiano de Cultura, 1972.
Ramsey, Russell W., "Critical Bibliography on la Violencia in Colombia", *Latin American Research Review,* 8, 1, primavera de 1973.
Sánchez Suárez, Benhur, *El cadáver,* Barcelona: Planeta, 1975.
Suárez Rondón, Gerardo, *La novela sobre la Violencia en Colombia,* Bogotá: Editorial Luis F. Serrano, 1966.

"RESPIRANDO EL VERANO", FUENTE COLOMBIANA DE "CIEN AÑOS DE SOLEDAD"

El éxito descomunal de *Cien años de soledad* ha provocado en la última década una búsqueda afanosa de sus raíces. Mario Vargas Llosa identificó los antecedentes biográficos de su galería de personajes pintorescos,[76] en tanto que Mario Benedetti y otros ocho "asediantes"[77] comprobaron que varios elementos de las obras anteriores de García Márquez se fueron refinando y fundiendo para lograr la máxima expresión en la obra maestra. Emir Rodríguez Monegal, entre otros, señaló la influencia de ciertas obras clásicas de la literatura universal como *Pantagruel,* de Rabelais, *Don Quijote* y la novela de caballería y *Orlando,* de Virginia Woolf.[78] Hasta hubo una acusación de plagio lanzada infelizmente por Miguel Ángel Asturias respecto a *La búsqueda del absoluto,* de Balzac. Precisamente debido a este afán por descubrir los secretos de la gestación de *Cien años de soledad,* sorprende la casi nula investigación de sus raíces colombianas.[79] Cinco años antes de la publicación de *Cien años de soledad,* apareció *Respirando el verano,* primera novela del poeta-pintor Héctor Rojas Herazo (1922), que mereció el segundo premio de novela en el concurso Esso de 1962, el mismo concurso en que el primer premio fue otorgado a *La mala hora,*

---

[76] Mario Vargas Llosa, "García Márquez: de Aracataca a Macondo", *9 asedios a García Márquez,* Santiago de Chile: Editorial Universitaria, 1969, 126-146; también Mario Vargas Llosa, *Historia de un deicidio,* Barcelona: Barral Editores, 1971.

[77] "Todos los libros anteriores, aun los más notables (como *Los funerales de la Mamá Grande* y *El coronel no tiene quien le escriba),* se convierten ahora en un intermitente borrador de esta novela excepcional, en la trama de datos más o menos verosímiles que servirán de trampolín para el gran salto imaginativo. Aparentemente cada uno de los libros anteriores fue un fragmento de la historia de Macondo (aun los relatos que no transcurren en ese pueblo se refieren a él e integran su mundo) y éste de ahora es la historia total" (Mario Benedetti, "Gabriel García Márquez o la vigilia dentro del sueño", *9 asedios a García Márquez,* 18-19). Los otros asediantes son Emmanuel Carballo, Pedro Lastra, Juan Loveluck, Julio Ortega, José Miguel Oviedo, Ángel Rama, Mario Vargas Llosa y Ernesto Volkening.

[78] Emir Rodríguez Monegal, "Novedad y anacronismo", *Narradores de esta América,* II, Buenos Aires: Editorial Alfa Argentina, 1974, 286. El mismo García Márquez confiesa en la propia novela la influencia de Rabelais cuando el personaje Gabriel sale para Europa "con dos mudas de ropa, un par de zapatos y las obras completas de Rabelais" *(Cien años de soledad,* 3ª ed., Buenos Aires: Sudamericana, septiembre de 1967, 340).

[79] Que yo sepa, la única excepción es el excelente estudio de Lucila Inés Mena: *"La casa grande:* el fracaso de un orden social", *Hispamérica,* 1, 2 (diciembre de 1972), 3-17.

de García Márquez. El estudio de los puntos de contacto entre *Respirando el verano* y *Cien años de soledad* revelará la deuda que tiene García Márquez con su ex colega del grupo de Barranquilla,[80] sin que se rebaje el talento genial del creador de Macondo. Al contrario, se hará hincapié en la manera artística con que adoptó y elaboró ciertos elementos de su compatriota, entretejiéndolos en una estructura novelística totalizante y confiriéndoles una verdadera trascendencia universal que no se encuentra en *Respirando el verano*.

Como *Cien años de soledad*, *Respirando el verano* es la crónica de una sola familia, que abarca poco menos de cien años, en un pueblo tropical de la costa norte de Colombia. En lo que más se parecen las dos novelas es en la caracterización de los personajes que integran las dos familias, en la visión magicorrealista del mundo y en el estilo de ciertos pasajes, aunque hay que hacer constar que el estilo en general de las dos obras no es nada semejante. Por mucho que se parezcan los personajes macondinos a los de Rojas Herazo, no hay entre ellos una equivalencia total, o sea que a veces un personaje de *Respirando el verano* parece influir en más de uno de *Cien años de soledad*, y otras veces son varios personajes de Rojas Herazo los que contribuyen a la creación de uno solo de los Buendía.

1. Celia-Úrsula Buendía, el coronel Aureliano

Anticipando a Úrsula Buendía, Celia es el eje de su familia y sobrevive tanto a su marido como a algunos de sus hijos. Nacida en 1855, Celia todavía tiene bastante vigor a los ochenta y ocho años para anunciar el fin del verano, de la misma manera tajante que caracteriza las afirmaciones de los Buendía: "—Hoy en la madrugada va a llover, lo sé porque los huesos de la pierna han empezado a dolerme".[81]

---

[80] Entre 1950 y 1953, se reunían en la librería Mundo, en el periódico *El Heraldo* y en el café Colombia y el bar La Cueva, de Barranquilla, cuatro amigos: Gabriel García Márquez, Álvaro Cepeda Samudio, Germán Vargas y Alfonso Fuenmayor. Sus "asesores" literarios fueron los viejos Ramón Vínyes (el librero catalán) y José Félix Fuenmayor. "Por esa época Héctor Rojas Herazo se presentaba de vez en cuando a Barranquilla para vender cuadros patrióticos como retratos del general Santander... recitales por radio" (suplemento dominical de *El Caribe*, Barranquilla, 14 de octubre de 1973, 12) y se incorporaba al grupo. Véanse también Jacques Gilard, "García Márquez, el grupo de Barranquilla y Faulkner", *Lecturas Dominicales, El Tiempo*, 13 de febrero de 1977, 6-8; Germán Vargas, "La casa grande", *Arco*, 195, Bogotá, abril de 1977, 17-19; Alfonso Fuenmayor, "El grupo de Barranquilla", *Magazine Dominical, El Espectador*, entre el 6 de febrero y el 15 de mayo de 1977, una serie de 14 artículos.

[81] Las citas provienen de la primera edición: Héctor Rojas Herazo, *Respirando el verano*, Bogotá: Ediciones Tercer Mundo, diciembre de 1962, 207.

Igual que Úrsula, Celia se identifica totalmente con la casa. Con un toque magicorrealista digno de García Márquez, la muerte de Celia parece precipitar el derrumbe de la casa:

> A los tres días de muerta la casa se derrumbó de golpe como si alguien le hubiese dado un brusco manotazo. Ella la presentía y algunas veces, muy pocas, habló de eso con sus hijos. Sin embargo, parecía no darle importancia a este aspecto, el más inquietante y misterioso de su existencia [...] Fue que ella y la casa se volvieron un solo organismo [132].

Un año antes, ella había previsto su propia muerte: "—El año entrante ni la casa ni yo estaremos en este lugar" (25). Uno de los recuerdos más persistentes de Celia es el del día en que dos de sus hijas trataron de persuadirla que abandonara la casa destartalada. En un gesto propio de Úrsula, Celia "se encerró en un hosco mutismo" (132) y "se fue a lo profundo del patio, bajo el árbol de guayabo, y allí se quedó el resto de la tarde" (24) hasta que las hijas desistieron. Cuando José Arcadio Buendía propone trasladar a Macondo a un lugar más propicio, Úrsula se opone: "en una secreta e implacable labor de hormiguita predispuso a las mujeres de la aldea contra la veleidad de sus hombres" (19). Con estas palabras el conflicto personal entre José Arcadio Buendía y Úrsula se transforma en el conflicto arquetípico entre el marido idealista o soñador y la mujer práctica. La crisis se resuelve en una de las inolvidables salidas breves y tajantes que salpican de vez en cuando el estilo de crónica del narrador omnisciente. Cuando José Arcadio Buendía afirma que sí pueden abandonar a Macondo porque todavía nadie ha muerto allí, Úrsula le contesta "con una suave firmeza: —Si es necesario que yo me muera para que se queden aquí, me muero" (19). Luego, después de dirigir la atención de su marido a sus dos hijos, Úrsula "seguía barriendo la casa que ahora estaba segura de no abandonar en el resto de su vida" (20).

Cuando Celia se enfrenta al peligro de perder la casa por una hipoteca, "cogía entre sus manos —con dura pasión, con hambre, casi con odio— un pequeño icono de san Antonio, tallado en una tagua, y lo iba metiendo, por turno, en los escondrijos más inusitados de la casa" (133). En *Cien años de soledad,* la estatua de san José llena de dinero y las bolsas escondidas por Úrsula llegan a constituir un pequeño motivo recurrente. Aparece por primera vez hacia la mitad de la novela cuando Aureliano Segundo empapela la casa con billetes de a peso (168). Unas cuarenta páginas más adelante, Úrsula, ya envejecida, "fastidiaba a los forasteros con la preguntadera de si no habían dejado en la casa, por los tiempos de la guerra, un san José de yeso para que lo guardara mientras pasaba la lluvia" (212). Durante el diluvio, Aureliano Segundo trata de recuperar su fortuna, excavando toda la casa buscando en vano las tres bolsas de monedas escondidas por Úrsula (278-280). Una generación después, el escondite se revela milagrosamente, cuando el "papa" José Arcadio y uno de los cuatro niños enviciados ven "un resplandor amarillo a través del cemento cristalizado" (314).

Aunque en *Respirando el verano* no aparece más que una guerra civil, la de los Mil Días (1899-1902), Celia la sufre en carne viva. A su marido lo llevan preso "arrastrándole de la garganta con una cuerda" (158). Veintidós soldados se instalan en la casa sin permiso. Arrancan ladrillos para hacer fogones, mastican "en las alcobas, entre los caballos y los muebles hendidos a machete" (158). Un cabo, indio serrano, habla descaradamente a Julia, la hija mayor, y cuatro soldados le rompen el piano rellenándolo de comida. El hijo Jorge vuelve de la guerra con "el rostro amarillo y esquelético azuleado por la barba" (158). Celia misma resulta herida en el brazo "por la bala que había rebotado en uno de los arcos del comedor" (158). De una manera semejante, Úrsula aguanta los vaivenes de veinte años de guerras civiles, e incluso encuentros violentos con su propio nieto Arcadio y hasta con su hijo Aureliano cuando éstos se dejan embrutecer por la guerra. Los dos nietos, Arcadio y Aureliano José, mueren violentamente y el coronel Aureliano regresa de la primera guerra tan deshecho como el Jorge de *Respirando el verano:* "Parecía un pordiosero. Tenía la ropa desgarrada, el cabello y la barba enmarañados, y estaba descalzo" (109).

Terminadas las guerras civiles, Úrsula saca fuerzas de flaqueza y rejuvenece la casa.

> "Ahora van a ver quién soy yo", dijo cuando supo que su hijo viviría. "No habrá una casa mejor, ni más abierta a todo el mundo, que esta casa de locos." La hizo lavar y pintar, cambió los muebles, restauró el jardín y sembró flores nuevas, y abrió puertas y ventanas para que entrara hasta los dormitorios la deslumbrante claridad del verano [157].

Más de una generación después, pasadas las lluvias, Úrsula reacciona contra la invasión de las cucarachas y de una manera febril vuelve a restaurar la casa por segunda vez:

"No es posible vivir en esta negligencia", decía. "A este paso terminaremos devorados por las bestias." Desde entonces no tuvo un instante de reposo. Levantada desde antes del amanecer, recurría a quien estuviera disponible, inclusive a los niños. Puso al sol las escasas ropas que todavía estaban en condiciones de ser usadas, ahuyentó las cucarachas con sorpresivos asaltos de insecticida, raspó las venas del comején en puertas y ventanas y asfixió con cal viva a las hormigas en sus madrigueras. La fiebre de restauración acabó por llevarla a los cuartos olvidados [...] [284].

Lo que es una constante en Úrsula también se anticipa en Celia y con palabras parecidas, pero sólo una vez. A los setenta y seis años, Celia, acompañada de sus nietos, se había reanimado bañándose en el mar: "Aquella mañana parecía más vivaracha y minúscula. 'Como una hormiguita arriera', pensó Anselmo" (68).

Empequeñecida por la vejez y por la muerte, Celia es presentada con términos semejantes a los que había de emplear García Márquez para describir a la matriarca de los Buendía. Al morirse en 1948 a los noventa y tres años, Celia parece estar "durmiendo dentro de su ataúd como una de sus muñecas de maíz" (135). En su noche final se ve "empequeñecida y seca como una fruta a la que se ha despojado de toda su pulpa" (135). El año anterior tenía "el aspecto de una muñeca siniestra, de un juguete al que se le estuviese finalizando la cuerda" (25). De nuevo, García Márquez supera a Rojas Herazo convirtiendo la imagen de la muñeca en toda una escena dramática. Durante el diluvio, Amaranta Úrsula y el pequeño Aureliano jugaban con su tatarabuela Úrsula como si fuera un juguete: "la tuvieron por una gran muñeca decrépita que llevaban y traían por los rincones, disfrazada con trapos de colores y la cara pintada con hollín y achiote" (277). En los últimos meses de su vida, Úrsula, igual que Celia, "era una ciruela pasa perdida dentro del camisón" (290). No cabe duda que estas descripciones, por mucho que se parezcan, producen un efecto distinto en cada obra. Como el lector de *Cien años de soledad* ha convivido con Úrsula durante varias horas de lectura, el presenciar su transformación de la mujer más enérgica de Macondo en una muñeca de trapo ciega despierta una reacción emotiva. En cambio, por ser Celia menos protagonista que Úrsula, por no narrarse en orden cronológico los sucesos de su vida y por sentirse mucho más la mano del autor en la presentación de sus personajes, Celia no cobra tanta vida como Úrsula y por lo tanto su decadencia física y su muerte no provocan ningún sentimiento en el lector. Además, la muerte de Úrsula se reviste de cierto simbolismo cristiano atemperado por una nota medio tragicómica y medio fantástica. Un Domingo de Ramos, Amaranta Úrsula y Aureliano fingen que ya se murió la anciana y la cargan por la nuca y los tobillos. Cuando los niños pretenden no oír sus gritos, la misma Úrsula cree que ya está muerta: "Entonces Úrsula se rindió a la evidencia. 'Dios mío', exclamó en voz baja. 'De modo que esto es la muerte'" (290). Cuatro días después, el Jueves Santo, amanece muerta de verdad entre los ciento quince y ciento veintidós años de edad.

Las distintas escenas en que interviene Celia en la primera parte de *Respirando el verano* quedan aclaradas para el lector gracias al resumen con que empieza la segunda parte. El estilo seudoenciclopédico de estos renglones se destaca por el contraste con el estilo altamente florido del resto de la novela. La abundancia de los pretéritos, las enumeraciones y las alusiones a acontecimientos todavía no presentados hacen pensar en el primer párrafo del capítulo seis de *Cien años de soledad,* en el cual se resume la actuación guerrera del coronel Aureliano Buendía: "El coronel Aureliano Buendía promovió treinta y dos levantamientos armados y los perdió todos..." (94).

> Celia llegó al pueblo la mañana del veintiséis de diciembre de mil ochocientos setenta y uno [...] Desmontó y penetró allí y allí se quedó por espacio de setenta y siete años, en el transcurso de los cuales parió once hijos y sufrió siete velorios, entre ellos el de su esposo. Nunca más montó a caballo y durante esos setenta y siete años, no salió sino doce veces al pueblo (ella llevaba, al respecto, una cuenta rigurosa) y sus otras salidas, esta vez por los lados de la playa, fueron con sus nietos para tomar los baños de mar. Su ausencia en un hospital de Panamá, cuarenta y seis años después, duraría dos meses [131].

Otro punto de relación entre Celia y el coronel Aureliano es su percepción extrasensorial. Al llegar sola al pueblo de su novio, Celia logra dar con la casa de una manera casi mágica: "y se dirigió sin preguntar como guiada por un olor, a la casa de paja que quedaba bajo los dos almendros en un ángulo de la plaza" (131). Mientras está en el hospital de Panamá, anuncia la herida de Jorge (confundiendo el nombre con el de otro hijo muerto) con la misma seguridad que caracteriza las intuiciones de Aureliano: "—¡Han herido a Carlos, le han dado un balazo en la mano derecha!" (174).

Aunque a Celia no la persigue el miedo de engendrar una criatura con cola de cerdo, el incesto es un tema tan importante en una novela como en la otra. En el caso de las matriarcas, cuando el protomacho José Arcadio recuerda su iniciación sexual con Pilar Ternera, "se encontraba con el rostro de Úrsula" (31). Este toque junguiano se presenta discretamente en *Cien años de soledad* y de una manera más arquetípica que freudiana. En cambio, el amor que siente Celia por su hijo Horacio se elabora mucho más y aparece más bien como una anormalidad psicológica individual: "Si no fuera mi hijo habría sido mi amante. Es el único que me regocija y me llena de rubor cuando me habla" (168).

2. El doctor Milcíades Domínguez Ahumada-José Arcadio Buendía, el coronel Aureliano, Prudencio Aguilar, Melquíades

A pesar de que el marido de Celia es un personaje secundario que no participa activamente en ninguna escena, también parece haber influido en la gestación de *Cien años de soledad*. Antes de que José Arcadio Buendía se hubiese casado con su prima Úrsula, el doctor Milcíades se había casado con su sobrina. Aunque no tiene la curiosidad intelectual de José Arcadio, el doctor Milcíades es un hombre culto que todas las tardes hojeaba la *Ilíada* o escuchaba recitársela a su hija Julia. Librepensador como José Arcadio, no quiso aceptar los óleos del sacerdote durante los últimos momentos de su agonía.

El noviazgo del doctor Milcíades con su sobrina, a quien conocía desde niña, hace pensar en el noviazgo de Aureliano Buendía con la todavía impúber Remedios Moscote. Celia recuerda cómo "muchas veces él la sentaba en sus piernas para que jugara con la gruesa leontina de su reloj" (133). Desde luego que García Márquez elabora mucho más este episodio inyectando toques cómicos por medio de la exageración e introduciendo una nota arquetípica que refuerza el aspecto universal de la obra. Cuando Aureliano informa a su padre que quiere casarse con Remedios Moscote, la respuesta del fundador de Macondo hace pensar en Romeo y Julieta y en otras tantas parejas cuyos sentimientos amorosos han tenido que enfrentarse al odio entre familias: "'El amor es una peste', tronó. 'Habiendo tantas muchachas bonitas y decentes, lo único que se te ocurre es casarte con la hija del enemigo'" (66). El padre de Remedios no quiere rechazar a Aureliano pero queda asombrado ante la selección de éste: "'Tenemos seis hijas más, todas solteras y en edad de merecer, que estarían encantadas de ser esposas dignísimas de caballeros serios y trabajadores como su hijo, y Aurelito pone sus ojos precisamente en la única que todavía se orina en la cama'" (67). Durante el noviazgo, Aureliano enseña a Remedios a leer, a escribir y a dibujar "en un cuaderno con lápices de colores casitas con vacas en los corrales y soles redondos con rayos amarillos que se ocultaban detrás de las lomas" (71). Poco después de llegar Remedios a la pubertad, se celebra el matrimonio, y como ocurre tantas veces en *Cien años de soledad,* el aspecto pintoresco de Remedios se complementa con su bondad humana. Por su espíritu alegre, es la única persona capaz de intervenir en las disputas entre Rebeca y Amaranta. Atiende con mucho cariño a José Arcadio Buendía, envejecido y amarrado al castaño, y acepta en la casa al hijo ilegítimo de Aureliano. Su muerte afecta profundamente a toda la familia.

En una prefiguración de las visitas póstumas de Prudencio Aguilar, el fantasma del doctor Milcíades sigue apareciendo y acostándose con Celia once años después de su muerte. El mismo fantasma también persigue a Julia agregándose así un ejemplo más al tema incestuoso. En *Cien años de soledad,* ese tema del fantasma se reviste tanto de humorismo como de patetismo. Cuando Úrsula se da cuenta de que el fantasma de Prudencio Aguilar está lavándose las heridas de la garganta causadas por la lanza de José Arcadio Buendía, ella le coloca tazones de agua por toda la casa. La persistencia del fantasma acaba por obligar a José Arcadio Buendía y a su esposa a abandonar el pueblo y a trasladarse a Macondo. Años después, vuelve a aparecer el fantasma de Prudencio, envejecido y dispuesto a perdonar a su enemigo, porque se sentía tan solo en la muerte.

Además de su nombre, el doctor Milcíades anticipa al gitano Melquíades por su dentadura postiza. Celia dice: "me parece escuchar el paladeo de sus encías, igual que cuando se sacaba la caja de dientes y la ponía a humedecer en el vaso de agua" (161). La dentadura postiza de Melquíades adquiere mayor importancia al presentarse como otro de los muchos milagros de los gitanos capaz de rejuvenecer a la gente y aun cobra vida poética propia dentro del vaso: "y el vaso con la dentadura postiza donde habían prendido unas plantitas acuáticas de minúsculas flores amarillas" (68).

3. Jorge-José Arcadio el protomacho y el coronel Aureliano

La primera indicación de un parentesco entre las dos novelas ocurre en el capítulo inicial de *Respirando el verano*. Se trata de la llegada inesperada del macho gigantesco Jorge, hijo mayor de Celia y del doctor Milcíades. Jorge, igual que José Arcadio, rezuma sexo, pero de una manera menos explícita. Llega al pueblo montado a caballo, formando los dos un bloque agigantado por la perspectiva de Anselmo, su sobrino de nueve años de edad, que jugaba en ese momento con un corcelito de palo. Después de alzar a Anselmo, Jorge abraza a su madre Celia: "El gigante la atrajo con frenesí, le besó los cabellos y la frente, reteniéndola entre sus brazos. La viejecita parecía una niña desamparada, entre los garfios musculares del hijo" (14). También José Arcadio "fue directamente a la cocina" donde "Úrsula saltó a su cuello gritando y llorando de alegría" (83). Después, Jorge alza a Fela la ciega, quien, como Rebeca Buendía, vive con la familia sin ser pariente: "Y rodeó livianamente la cintura de la ciega con temor de quebrar aquella vítrea delgadez con su entusiasmo de toro" (15). En los ojos de Anselmo, Jorge es "una montaña viva" (13). El capítulo se cierra mostrando a Jorge acostado en un taburete de cuero que parecía minúsculo. Los otros puntos de contacto con el protomacho macondino se intensifican al enterarse el lector en un capítulo posterior que cuando Jorge volvía al pueblo de sus viajes periódicos, jugaba dominó y visitaba "a las ocho mozas" (112). Por cierto que las visitas de José Arcadio a la tienda de Catarino son mucho más pintorescas, como cuando exhibe su miembro tatuado y se rifa a las prostitutas. José Arcadio también aventaja a Jorge como personaje por representar después al terrateniente insaciable que acapara las tierras con trámites seudolegales.

El deseo de José Arcadio de casarse con su "casi hermana" Rebeca tiene vagos antecedentes en las relaciones entre Jorge y su hermana Berta. Ésta rememora con insinuaciones incestuosas cómo su hermano mayor la cuidaba:

> Berta sentía la mano del hermano penetrándola, empequeñeciéndola hasta la infancia [...] Y los ojos de él, severos, recriminándola, mientras decía: "Ahora sí estamos fregados, he quedado de niñera", y luego, sin transición, liberando un cálido deseo, una comprensión que envolvía las caricias para una hija futura, la subía a las piernas, pasando la gran mano por los rizos dorados, por las húme-

das mejillas, por los párpados enjoyados con lágrimas de duda, de estupor y de final entusiasmo [111].

Sin embargo, el aspecto gigantesco de Jorge no logra mantenerse a través de toda la novela. Después de dominar todo el primer capítulo, no se le vuelve a mencionar hasta el capítulo décimo. Luego interviene en las disputas matrimoniales entre Berta y su esposo borracho Andrés, quien le hiere en el brazo dejándoselo inútil. Con este episodio se refuerza la insinuación incestuosa cuando Berta, rodeada de imágenes fálicas, indica que lo va a curar a pesar de la envidia de su prima Sara:

> [...] Vio su traje negro cubierto por una gasa de leve mugre y debajo de él —flácido, agitado por la envidia— su pecho ronco tostándose en el purgatorio de un duro pensamiento. Sara indagó con voz turbia:
> —¿Lo vas a curar?
> No respondió. Cogió con su mano izquierda el brazo derecho de Jorge, lo sostuvo firmemente y subió con él los escalones del pretil. Todos la vieron —maciza en la puerta, con el rostro enmarcado en el oro de su cabellera trenzada— sosteniendo la mano de Jorge como un trofeo, como un rojizo cáliz en que convergían el calor, la vibración y la ignominia de aquel rudo verano. Cuando cerró la puerta dos lanzas de luz acribillaron la madera y se quedaron allí, cruzadas y temblando, sobre el corredor abrasado [127].

Aunque la participación de Jorge en la Guerra de los Mil Días ocurre cronológicamente antes de la escena susodicha y precediendo su aparicion inicial en la novela, los comentarios al respecto no se hacen hasta la segunda parte de la obra dando la impresión de que va perdiendo su fuerza descomunal. Su regreso de la guerra hecho un desastre y su desilusión anterior presagian la situación similar del coronel Aureliano. A los diecinueve años, Jorge entró en la guerra lleno de entusiasmo y no tardó en ganar las estrellas de capitán. Sin embargo, al dar muerte a bayonetazos a un enemigo, sufrió un choque que le iba a durar toda la vida: "Al principio fue la guerra, esa alegre aventura en la que entraba todo menos la muerte. Pero ahora llevaba a aquel hombre dentro de él. Por siempre, por siempre, aquellos ojos circulando como peces entre las órbitas sangrientas, lo perseguirían en silencio" (120). Después, a la edad de treinta y ocho años, caminando al encuentro de Andrés, Jorge se siente enajenado del Jorge severo y valiente que todos admiran: "Él, en cambio, sabía que había vivido al margen de sí mismo" (118).

Mientras que la actitud de Jorge frente a la guerra es totalmente personal, la desilusión del coronel Aureliano adquiere una dimensión histórica que constituye un ejemplo más de la mayor trascendencia de *Cien años de soledad*. Además de darse cuenta de que está peleando sólo "por orgullo" (121), el coronel Aureliano se desilusiona con sus correligionarios liberales en Bogotá: "'Estaremos perdiendo el tiempo mientras los cabrones del partido estén mendigando un asiento en el congreso'" (120). Cuando los "seis abogados de levita y chistera" (147) le piden que renuncie a todo el programa liberal: "la revisión de los títulos de propiedad de la tierra [...] la lucha contra la influencia clerical [...] las aspiraciones de igualdad de derechos entre los hijos naturales y los legítimos" (147), el coronel Aureliano ya no aguanta más. Con su acostumbrado laconismo, suelta a su compañero Gerineldo Márquez las siguientes frases: "Terminó la farsa, compadre [...] 'Vámonos de aquí antes de que acaben de fusilarte los mosquitos'" (149). El entusiasmo con que el coronel Aureliano se lanza a la última guerra de fines del siglo puede reflejar la actitud de García Márquez frente al acuerdo de 1958 entre liberales y conservadores de turnarse en la presidencia por dieciséis años: "Nunca fue mejor guerrero que entonces. La certidumbre de que por fin peleaba por su propia liberación, y no por ideales abstractos, por consignas que los políticos podían voltear al derecho y al revés según las circunstancias, le infundió un entusiasmo enardecido" (149).

4. Julia, Sara, Ana-Amaranta

La actitud ambigua hacia el sexo que muestra Amaranta Buendía se anticipa en nada menos que tres personajes femeninos de *Respirando el verano*. Julia, hija mayor de Celia y del doctor Milcíades, ama tanto a su padre que de adolescente revela "una terca disposición a no amar ni entender a otro hombre" (38). Cuando su primo Simón la pretendía, "ella miró su bigote flotante como si mirara un gusano" (38). El primo se venga volviendo después de su muerte en la forma de un fantasma desnudo. A los dieciséis años, Julia fue llevada a un convento de Cartagena donde sólo permaneció dos años. A la edad de treinta, por primera vez sintió "unos alfiletazos de placer" (54) al conocer al capitán José Manuel Espinar, a quien le tocó trasladar preso al doctor Milcíades desde la cárcel municipal al lanchón del gobierno. Después de esa visita, el capitán Espinar volvió tres veces más en vano intento de despertarle el amor a Julia. Hacia el fin de la novela, Celia recuerda cómo Julia se mostró indiferente aun en el momento de peligrar la vida del capitán: "La noche en que casi matan a Espinar —la noche en que tuvimos que ocultarlo en mi propio cuarto mientras los macheteros, incrédulos e iracundos, se sentaron en el pretil esperando que saliera para poder descuartizarlo—, Julia se acostó sin despedirse de nosotros. Parecía fatigada de prolongar una comedia" (177). De una manera semejante, Amaranta parece hacer un esfuerzo por enamorarse del coronel Gerineldo Márquez, pero cuando él le propone matrimonio, ella lo rechaza categóricamente: "—No me casaré con nadie —le dijo—, pero menos contigo. Quieres tanto a Aureliano que te vas a casar conmigo porque no puedes casarte con él" (123). Después de renovarse el noviazgo y prolongarse durante los años de las guerras civiles, Amaranta vuelve a rechazarlo: "Olvidémonos para siempre —le dijo—, ya somos demasiado viejos para estas cosas" (144).

Julia, a la edad de cuarenta y cuatro años, conoció al mercader libanés Salomón Niseli. Se fue con él pero regresó treinta y ocho meses después y se instaló en la casa "como si nada hubiese ocurrido, como si únicamente hubiese estado de visita donde Leonor o donde cualquiera otra de las primas, sacó su taburete y se sentó, sofocada y adusta, a ventearse furiosamente con su abanico de paja" (49).[82] A los tres meses, llega el libanés y se instala en la casa, como lo habría de hacer Melquíades, por veintidós años... en su propio cuarto (68).

Tanto en sus relaciones con el libanés como en el breve noviazgo con el capitán Espinar, Julia representa la imagen de la Madre Terrible junguiana. Respecto al libanés:

[...] ella monumental y sórdida, estrictamente vegetal, poseída, sin embargo, de su fugaz importancia— ponía en movimiento sus grandes círculos sebáceos, tintineantes, y, desnuda, en pie, con sus brillantes rodillas de oro encendidas entre las moscas, lo introducía a aquel pantano uteral y fofo donde chapoteaba su deseo y terminaba por caer, rendido, aspirando las miasmas de un estertor ronco, grasoso, de múltiples vísceras en erección, ampliadas por el tedio de vibrantes insectos [45].

---

[82] Úrsula se comporta de la misma manera al regresar con la muchedumbre después de una ausencia de cinco meses: "Le dio un beso convencional [a su marido], como si no hubiera estado ausente más de una hora" (38).

El capitán Espinar había logrado inicialmente romper la indiferencia de Julia con "el lento arrastre de sus palabras y esa música forastera —¿de montaña o de llano?" (56), y ella "pareció sacar todos sus tentáculos (sus ojos, su memoria, su apetito) y succionar, hambrienta y desdichada, entre aquella vegetación, ebria de juventud, entre la cual, vibrando como una hilera de pájaros en la linde de un bosque, flotaban los dientes bajo las cañas de sus bigotes dorados" (56). Igualmente junguiana es la "pasión pantanosa" (236) que siente Amaranta por su sobrino Aureliano José. Incluso hay una leve insinuación de amor incestuoso entre Amaranta y su propio hermano Aureliano. Al describir cómo Amaranta arregla el cadáver del coronel Aureliano, el narrador se siente obligado a negar la posibilidad del amor, lo que produce exactamente el efecto contrario, o sea que siembra la duda en la mente del lector: "Ella ayudó a levantar el cuerpo. Lo vistió con sus arreos de guerrero, lo afeitó, lo peinó, y le engomó el bigote mejor que él mismo no lo hacía en sus años de gloria. Nadie pensó que hubiera amor en aquel acto, porque estaban acostumbrados a la familiaridad de Amaranta con los ritos de la muerte" (236).

Además de Julia, dos personajes secundarios, Ana y Sara, parecen haber contribuido a la caracterización de Amaranta. Cuando Horacio, hermano menor de Jorge, le propone a su novia Ana que se casen en enero, ella contesta: "—Sí, será un enero. Cuando los almendros estén florecidos y ninguno de los dos esté sobre la tierra" (157). García Márquez utiliza el mismo tipo de respuesta para Amaranta cuando Crespi le propone matrimonio, sólo que la respuesta de Amaranta es más vaga: "—Por supuesto, Crespi —dijo—, pero cuando uno se conozca mejor. Nunca es bueno precipitar las cosas" (87). Al prolongarse el noviazgo, Crespi trata de fijar una fecha próxima para la boda. El rechazo inesperadamente cruel de Amaranta lo lleva al suicidio: "—No seas ingenuo, Crespi —sonrió—, ni muerta me casaré contigo" (98).

Sara, prima de Julia, anda vestida de luto con "sus ojos amargos, concentrados, ebrios de ansiedad y remota lujuria. Parecía embebida en un placer infernal y callado. Algo de lo que nada ni nadie que no fuese su propia y enigmática voluntad podría participar" (19).

En tanto que nunca se le revela al lector por qué Sara anda vestida de luto, la decisión de Amaranta no sólo queda explícita sino que se presenta de un modo muy dramático: "puso la mano en las brasas del fogón" y la amarró con una "venda de gasa negra [...] que había de llevar hasta la muerte" (100) como testimonio público de su remordimiento por el suicidio de Pietro Crespi. Sin embargo, tanto en la caracterización de Amaranta como en la del coronel Aureliano y la de los demás personajes, García Márquez se interesa más en los aspectos pintorescos, dramáticos y arquetípicos de sus personajes que en su verosimilitud y su complejidad psicológica. Además de lo susodicho, se recuerda a Amaranta como la mujer que acariciaba sexualmente a su propio sobrino Aureliano José, lo que había de repetir dos generaciones después con el futuro "papa" José Arcadio. Hasta su muerte, "Amaranta parecía llevar en la frente la cruz de ceniza de la virginidad" (222) y después de acostarse para morir, "obligó a Úrsula a dar testimonio público de su virginidad" (240), en una alusión a la costumbre practicada por algunos pueblos en la noche de bodas.[83] Las instrucciones para tejer la mortaja las recibe Amaranta de la Muerte, personificada en "una mujer vestida de azul con el cabello largo de aspecto un poco anticuado, y con un cierto parecido a Pilar Ternera en la época en que las ayudaba en los oficios de cocina" (238). Es tan humana la Muerte que hasta llegó a pedirle a Amaranta en una ocasión "el favor de que le ensartara una aguja" (238). En *Respirando el verano*, Rojas Herazo también había personificado a la Muerte, pero en la forma de un "hombrecillo recostado al almendro, mirándolo [al moribundo Horacio] con sus ojos de piedralipe bajo el enorme sombrero" (159), pero luego el hombrecillo desaparece sin actuar más en la novela.

5. Salomón Niseli-Melquíades

Aunque el nombre del gitano Melquíades en *Cien años de soledad* parece provenir del doctor Milcíades, el personaje de *Respirando el verano* que más le corresponde a aquél es el llamado libanés, cuyo verdadero nombre, Salomón Niseli, no se revela hasta el último capítulo. La frase inicial de ese capítulo, como otras frases ya citadas, tiene un marcado sabor a *Cien años de soledad:* "Salomón Niseli tiene sesenta y dos años, nueve meses y seis días, los ojos color humo, el bigote caído y un antiguo dolor de hígado reflejándose sobre el vientre en esta tarde de verano. Viene caminando, bajo la hilera de almendros amarillos desde el otro lado del mundo" (197). El libanés es el único extranjero en toda la novela y su trabajo de vender baratijas sugiere un parentesco tanto con Melquíades

---

[83] Véase Ousmane Socé, *Karim, roman sénégalais* (1935), París: Nouvelles Éditions Latines, 1948, 147.

como con los primeros árabes que llegaron a Macondo con "pantuflas y argollas en las orejas, cambiando collares de vidrio por guacamayas" (39). Por cierto que Melquíades cobra una mayor importancia al asociarse con una serie de inventos como el imán, el catalejo, la lupa, los dientes postizos y los instrumentos de navegación, sin olvidar el laboratorio de alquimia. Además de su amistad con el fundador José Arcadio Buendía y sus dos muertes, Melquíades desempeña un papel primordial en la novela por ser de cierta manera el narrador. Cuando el penúltimo Aureliano acaba por descifrar el manuscrito en sánscrito de Melquíades, se da cuenta de que "era la historia de la familia, escrita por Melquíades hasta con sus detalles más triviales, con cien años de anticipación" (349). Ese truco literario del descubrimiento de un manuscrito proviene tanto del *Quijote* como de *La vorágine*, pero lo original de *Cien años de soledad* es que el truco no se revela hasta las últimas páginas de la novela.

Aunque no cabe la menor duda de que la caracterización y ciertos toques estilísticos de *Respirando el verano* han influido en la gestación de *Cien años de soledad*, una comparación global de las dos obras reafirma la mayor complejidad y la enorme riqueza de la obra de García Márquez. Mientras *Cien años de soledad* es la crónica del pueblo de Macondo tanto como la de los Buendía, *Respirando el verano* presenta a la familia de Celia casi en un vacío social. El nombre del pueblo nunca se revela pero se puede descubrir su ubicación geográfica por la mención de las ciudades de Cartagena, Barranquilla, Ovejas y Sincelejo, y por su situación a orillas del mar. Así es que el espacio novelístico debe ser un pueblo del golfo de Morrosquillo, al sur de Cartagena, al oeste del río Magdalena; Macondo, como se sabe, suele identificarse con el pueblo de Aracataca al sur de Santa Marta y al este del río Magdalena.

La identificación geográfica del pueblo, sin embargo, es lo de menos. Si se compara *Respirando el verano* con la segunda novela del propio Rojas Herazo, *En noviembre llega el arzobispo* (1967), se ve que Rojas persigue distintos fines en las dos obras. En ésta un pueblo parecido se presenta con muchas familias que compiten por la atención del lector dando la impresión de una verdadera sociedad. En cambio, *Respirando el verano* se concentra casi exclusivamente en una sola familia. En cuanto a la vida económica del pueblo, sólo se sabe que existe un matadero cerca de la playa y que algunos de los habitantes viven de la pesca. Parece que el mismo autor se dio cuenta del vacío en que había puesto a la familia y al final de la novela introdujo de una manera algo forzada otros habitantes del pueblo. En el capítulo antepenúltimo, Horacio, moribundo, recibe la visita del doctor Stanford, "negro, orondo y grasoso como un cacique del Senegal" (184). Poco después llega por primera vez el cura, "mulato de ojos saltones y cachetes de gelatina" (189), pero ni el uno ni el otro actúan tan pintorescamente como sus colegas profesionales de Macondo: el médico anarquista Alirio Noguera o el padre Nicanor, el de la levitación. El afán de agregar a *Respirando el verano* una dimensión más panorámica se nota aún más en el último capítulo. La caminata del libanés por el pueblo es utilizada por el autor para presentar personajes que ni se habían mencionado antes. Don Rómulo Vásquez Atehortúa se identifica como el amo del pueblo. Es un "ventrudo mulato de grandes mostachos de azafrán [...] partiendo la brisa del mar con su vientre repleto de químicas agrarias" (198). Liborio González, otro rico, con sus "depósitos cargados de arroz", responde al saludo del libanés "desde su larga osamenta frunciendo las lívidas narices" (197). Doña Clarisa de Romero, diabética con espejuelos y los "pies heridos por su propia sangre, cuando se llena de rubias hormiguitas a las dos de la tarde", tiene una hija loca "a quien se le aparece Dios desnudo, haciéndole señas con los hombros hundidos en la alberca" (198) que busca "la espada de san Gabriel perdida entre los palotes y las ollas de la cocina" (199). Como puede apreciarse, todos son personajes pintorescos que podrían haber enriquecido la novela si el autor hubiera decidido de antemano entremezclarlos con los miembros de la familia.

En cambio, García Márquez, al trazar la historia de una sola familia, la relaciona íntimamente con la sociedad. En efecto, uno de los grandes logros de la novela es la transformación de Macondo en un microcosmos tanto de Colombia como de todo el mundo occidental. Mientras los antecedentes de la familia de los Buendía remontan al asalto del pirata Francis Drake, y el descubrimiento del enorme galeón español evoca el periodo de la conquista del siglo XVI, el éxodo de Riohacha en busca de "la tierra que nadie les había prometido" (27) es una alusión directa a la historia del éxodo de los hebreos de Egipto bajo Moisés. Es más, García Márquez obliga al lector a retroceder históricamente hasta los tiempos míticos, cuando la fundación de un Macondo utópico sugiere una arcadia semejante a la edad de oro del *Quijote* cuando no existían las palabras "mío" y "tuyo": "José Arcadio Buendía, que era el hombre más emprendedor que se vería jamás en la aldea, había dispuesto de tal modo la posición de las casas, que desde todas podía llegarse al río y abastecerse de agua con igual esfuerzo, y trazó las calles con tan buen sentido que ninguna casa recibía más sol que otra a la hora del calor" (15). El marco de la novela entera lo podría constituir el génesis y el holocausto apocalíptico, o sea la creación de un río con "piedras pulidas, blancas y enormes como huevos prehistóricos" (9) y el "pavoroso remolino de polvo y escombros centrifugado por la cólera del huracán bíblico" (350).

Mientras las guerras civiles del coronel Aureliano y la actuación de la empresa bananera reflejan directamente la historia de Colombia, García Márquez extiende con la mayor naturalidad los límites tanto geográficos como históricos de la novela más allá de su propio país. Algunos de los personajes viajan a distintas partes de los Estados Unidos, de Europa y de Asia; el protomacho José Arcadio "le había dado sesenta y cinco veces la vuelta al mundo" (84) y se descubre que también hay un Macondo en Tanganyika, África, cuando allá llega el avión pedido por Gastón. El apellido de Mauricio Babilonia, las tarjetas postales de Pietro Crespi con las "ciudades antiguas de cuya pasada grandeza sólo quedaban los gatos entre los escombros" (97), la alquimia y "el cinturón de castidad" de Úrsula, los inventos y el descubrimiento de que el mundo es redondo, el victorianismo de la casa nueva de los Buendía, el despilfarro de dinero por Aureliano Segundo son algunas de las alusiones a distintas épocas históricas sin que se precisen las fechas. La única época histórica que parece faltar de este gran mural panorámico es el Siglo de las Luces, cuyo culto de la razón tal vez hubiera desentonado con el mundo magicorrealista concebido por García Márquez en la época antirracionalista de 1967. Sin embargo, la fascinación por lo mágico no impide que la última oración de la novela abogue "científicamente" por el inevitable mundo socialista habitado por una nueva raza, menos solitaria, y por lo tanto, menos egoísta.

Además de esbozar un compendio de la historia universal, *Cien años de soledad* también capta la totalidad de la literatura occidental desde Homero hasta los mismos contemporáneos de García Márquez siguiendo cronológicamente las alusiones a la Biblia y a la épica griega, los cuatro amigos del librero catalán estudian a Séneca y a Ovidio; Gabriel se lleva a París las obras completas de Rabelais; el nombre de Catarino, el cantinero homosexual, proviene de Catalinón de *El burlador de Sevilla;* Francisco el Hombre hace pensar en *Cantaclaro* de Rómulo Gallegos; Victor Hugues, Artemio Cruz y Rocamadour son alusiones directas a las novelas contemporáneas de Alejo Carpentier, Carlos Fuentes y Julio Cortázar.

En su afán totalizador, García Márquez hasta se sirve de los cuatro elementos naturales[84] para integrar uno de los ejes estructurantes. Las variantes del agua, del fuego, de la tierra y del aire constituyen cuatro motivos recurrentes distintos. El agua está presente en el río de Macondo y el hielo de Melquíades; en los baños de Aureliano José, de Remedios la Bella y del "papa" José Arcadio; en los viajes marítimos y fluviales de sir Francis Drake, del protomacho José Arcadio y de José Arcadio Segundo con las matronas de Francia; en la lluvia de "cuatro años, once meses y dos días" (267). El fuego desempeña un papel esencialmente negativo. Además de los fusilamientos y de la masacre de los peones bananeros, la bisabuela de Úrsula se asustó tanto con el ataque de sir Francis Drake que "se sentó en un fogón encendido" (24); la mulata adolescente se acuesta con más de sesenta y tres hombres cada noche para pagarle a su abuela "el valor de la casa incendiada" (52) por su descuido; Amaranta mete la mano en el fuego arrepentida por el suicidio de Pietro Crespi; Fernanda "se quemó los dedos tratando de prender un fogón por primera vez en la vida" (305) después de la fuga de Santa Sofía de la Piedad. La tierra la come Rebeca quien después se casa con el protomacho José Arcadio, quien acapara la tierra durante las guerras civiles; el coronel Aureliano se desilusiona con las guerras cuando se da cuenta de la complicidad entre los terratenientes liberales y conservadores; y por supuesto, la tierra es fundamental para la finca bananera, que altera la historia de Macondo. Por el aire, flotan la estera voladora, Remedios la Bella con las sábanas de Fernanda, las "minúsculas flores amarillas" que marcan la muerte del fundador José Arcadio Buendía y las mariposas de Mauricio Babilonia. Al fin de la novela, el viento tibio de Macondo se vuelve "un pavoroso remolino de polvo", un "huracán bíblico" (350) que acaba con el pueblo. Una clave para reconocer no sólo la existencia de los cuatro elementos naturales como elementos estructurantes sino el aspecto totalizador de toda la novela es la "casualidad" de que sean cuatro los adolescentes que matan al "papa" José Arcadio y cuatro los amigos del librero catalán.

A pesar de que *Cien años de soledad* es un compendio de la historia y de la cultura del mundo desde "aquel paraíso de humedad y silencio, anterior al pecado original" (17) hasta el futuro holocausto atómico, la

---

[84] Véase Northrop Frye, prefacio a Gaston Bachelard, *The Psychoanalysis of Fire* (1938), traducido por C. M. Ross, Boston: Beacon Press, 1964, VII.

cronología es lineal y no constituye ningún problema para el lector. En cambio, *Respirando el verano,* que no abarca más que tres generaciones de la misma familia, sufre de la alternación confusa de distintos planos cronológicos, al estilo de William Faulkner, cuya influencia se siente en tantos novelistas hispanoamericanos a partir de la década de 1930, inclusive en el mismo García Márquez en las obras anteriores a *Cien años de soledad.* Tanto como el lector de *Cien años de soledad* necesita un esquema genealógico, el de *Respirando el verano* necesita un esquema cronológico. Apuntando todas las fechas de la novela y haciendo calistenias mentales se llega a descifrar la cronología con una exactitud que rechazó García Márquez en la composición de *Cien años de soledad* porque no correspondía a su visión magicorrealista del mundo. Celia nació en 1855, se casó en 1871 y en el transcurso del mismo año nació Julia, la hija mayor. A los diez años de casados, en 1881, Celia y Milcíades ya tenían siete hijos; Jorge estuvo en el ejército en 1901, el mismo año en que Julia conoció al capitán Espinar; a Celia se le murió el esposo en 1911; en 1917, Celia sufrió su última caída y estuvo en el hospital de Panamá, Julia conoció al libanés, Berta se casó con Andrés y un año después éste por poco mata tanto a Berta como a Jorge; Horacio, nacido en 1894, muere en 1921; el "presente" de la novela es 1931 cuando Celia se rejuvenece en el mar; pero la acción continúa y como el libanés ya cumplió veintidós años de estar instalado en la casa, el autor nos sitúa en 1940; en otro capítulo, Julia cumple setenta y dos años, avanzando la fecha a 1943, y como Celia muere setenta y siete años después de casarse, la acción no se cierra hasta 1948. Todas estas fechas en sí no tienen importancia, pero sin ellas sería casi imposible reconocer a los personajes, a quienes el autor, como Faulkner, alude con pronombres antes de establecer su identidad. La cronología también ayuda para aclarar el parentesco entre un número demasiado grande de protagonistas. Lo que para Faulkner constituye una técnica que sirve para obligar al lector a participar más activamente en la novela, para crear un ambiente atemporal y para establecer relaciones entre varios personajes de distintas generaciones, se reduce en *Respirando el verano* a un puro alarde tecnicista de recorrer toda la cronología desde 1855 hasta 1948 mientras la duración del tiempo novelístico parece corresponder a la duración del verano de 1931.

Más logrado resulta el estilo de *Respirando el verano,* tanto por la anticipación de algunos recursos empleados en *Cien años de soledad* como por sus propias cualidades poéticas. Además de las semejanzas ya señaladas, hay que recalcar la importancia de la prolepsis, o sea las alusiones al futuro por medio del condicional, que adapta García Márquez con su acostumbrada destreza. En *Cien años de soledad,* la primera oración del capítulo primero se ve reproducida en otra forma en la primera oración del capítulo diez, las dos abarcando casi todas las generaciones de la novela desde el fundador José Arcadio Buendía hasta el "papa" José Arcadio:

> Muchos años después, frente al pelotón de fusilamiento, el coronel Aureliano Buendía había de recordar aquella tarde remota en que su padre lo llevó a conocer el hielo [9].

> Años después, en su lecho de agonía, Aureliano Segundo había de recordar la lluviosa tarde de junio en que entró en el dormitorio a conocer a su primer hijo [159].

La frase repetida "había de recordar", que establece de un modo tan singular la cosmovisión de toda la obra, bien puede haberse inspirado en el uso del condicional con la misma intención por Rojas Herazo en la oración siguiente y otras semejantes. Nótense, sin embargo, las diferencias. Mientras el laconismo relativo de García Márquez contribuye a crear en el lector un efecto deslumbrante, la mayor extensión de la oración de Rojas, su mayor adjetivación, los efectos onomatopéyicos y las imágenes se combinan para producir una prosa más rica en sí pero que no graba tanto en la mente del lector el futuro derrumbe de la casa: "Quería huir, irse lo más lejos de aquellas frases en jirones, de los ojos iracundos de los hermanos como perros acezando en las tinieblas, de la casa que un día terminaría por caer con funeral estruendo para sepultarlos a todos entre su madera y su polvo y sus incontables sollozos apretados y resecos en el barro de sus paredes" (96).

En efecto, a pesar de ciertas semejanzas, el estilo de Rojas Herazo es muy distinto de aquél de García Márquez. Por la abundancia de imágenes surrealistas, recuerda más el estilo de García Lorca, pero por la extensión y la sonoridad de las oraciones, hace pensar en la prosa brillante de un modernista como Enrique Larreta:

> Alzó la vista y vio la plaza hirviendo, temblorosa, contra una vasta lámina de vidrio con sus casas de paja y sus árboles de almendro retorciéndose como si los viera reflejados en el agua [11].

Veía la plaza, abierta y dorada, con sus delgados senderitos grabados en la yerba. Las techumbres flotaban como estrellas de miel entre el rumor de las acacias y los clemones y el delirio de los gallos invisibles [32].

Lo veía entre la hamaca como un navegante perdido: sentía la espuma del tiempo (tal vez la espuma de la muerte) susurrando en copos invisibles en torno de aquel navío de tela y escuchaba los pájaros que picoteaban, sangrándola, el interior de aquella frente para volar con sus despojos más lejos todavía, donde el navegante, indefenso, no podría rescatar aquellas porciones que, para siempre, le habían sido arrancadas de su alma [38].

Aunque estos trozos y otros muchos son verdaderas creaciones estéticas, abundan tanto que a veces llegan a empalagar. También se le puede criticar al autor el uso excesivo del verbo "flotar" en el sentido metafórico: "una calma recia y majestuosa flotaba en sus facciones como un estandarte" (180), para recalcar aún más la sequía del verano. De la misma manera pone demasiado hincapié en el verbo "respirar" para subrayar el título de la novela.

Por estos defectos estilísticos, por la confusión cronológica, por la ausencia de la sociedad pueblerina y por la falta de trascendencia, *Respirando el verano* no es una novela de primera categoría. No obstante, sí merece ser rescatada del olvido por haber contribuido, poco más poco menos, a la creación de ciertos protagonistas claves de Macondo; por haber sugerido algunos trucos estilísticos, y por haber dado el ejemplo de una interpretación mágica de la costa tropical de Colombia.

OBRAS CONSULTADAS

Benedetti, Mario, "Gabriel García Márquez o la vigilia dentro del sueño", *9 asedios a García Márquez,* Santiago de Chile: Editorial Universitaria, 1969.

Frye, Northrop, prefacio a Gaston Bachelard, *The Psychoanalysis of Fire* (1938), traducido al inglés por C. M. Ross, Boston: Beacon Press, 1964.

Fuenmayor, Alfonso, "El grupo de Barranquilla", *Magazine Dominical, El Espectador,* entre el 6 de febrero y el 15 de mayo de 1977, una serie de 14 artículos.

García Márquez, Gabriel, *Cien años de soledad,* 3ª ed., Buenos Aires: Sudamericana, 1967.

Gilard, Jacques, "García Márquez, el grupo de Barranquilla y Faulkner", *Lecturas Dominicales, El Tiempo,* 13 de febrero de 1977, 6-8.

Mena, Lucila Inés, "*La casa grande:* el fracaso de un orden social", *Hispamérica,* 1, 2, diciembre de 1972, 3-17.
Rodríguez Monegal, Emir, "Novedad y anacronismo", *Narradores de esta América,* vol. II, Buenos Aires: Editorial Alfa Argentina, 1974.
Rojas Herazo, Héctor, *En noviembre llega el obispo,* 2ª ed., Bogotá: Lerner, 1968.
——, *Respirando el verano,* Bogotá: Tercer Mundo, 1962.
Vargas, Germán, "*La casa grande*", *Arco,* 195, Bogotá, abril de 1977, 17-19.
Vargas Llosa, Mario, "García Márquez: de Aracataca a Macondo", *9 asedios a García Márquez,* Santiago de Chile: Editorial Universitaria, 1969.
——, *Historia de un deicidio,* Barcelona: Barral Editores, 1971.

MANUAL IMPERFECTO DEL NOVELISTA

Hacia 1925, Horacio Quiroga elaboró un decálogo de mandamientos que publicó bajo el título de "Manual del perfecto cuentista". Desde ese momento, por desgracia no se han eliminado los cuentistas imperfectos y son muy pocos los que han logrado el mismo grado de perfección de los mejores cuentos de Quiroga. Esto comprueba que es imposible establecer de antemano cuáles deben ser los ingredientes de un cuento sobresaliente, por no decir perfecto. Después de distinguir entre planetas, satélites y otros objetos celestiales del sistema solar colombiano, también estoy convencido de la imposibilidad de establecer criterios fijos y absolutos para todas las novelas de un solo país y mucho menos para todas las novelas de todos los países. A pesar de esa imposibilidad, los criterios siguientes pueden ser útiles para determinar el valor relativo de cualquier novela, o por lo menos, para distinguir entre planetas, satélites, meteoritos y platillos voladores.

1. Unidad orgánica

Una buena novela podría compararse a un edificio bien estructurado donde cada elemento cumple una función precisa, de acuerdo con un plan general. Para soportar el peso de la estructura y para crear un conjunto bello, no debería faltar ni sobrar ninguna piedra, ningún arbotante, ninguna viga ni ningún *quebra-luz*.

A veces, no se percibe a primera vista la armazón de una novela, lo que puede ocasionar la crítica de ciertos elementos aparentemente sueltos o gratuitos, o en el peor de los casos puede causar una interpretación equivocada de toda la novela. Para comprender una novela, hay que encontrar la clave o el eje estructurante que da coherencia a *todos* los elementos de la novela, por dispersos que sean.

En los análisis de *Frutos de mi tierra* y de *La vorágine,* el descubrimiento del eje estructurante desmiente a aquellos críticos que les han tachado su falta de unidad. La primera parece constar de dos novelas independientes que se entremezclan artificialmente. Sin embargo, la unidad orgánica salta a la vista al identificar como eje estructurante la ciudad de Medellín en un momento de transformación social. Aunque los personajes de los dos sectores sociales, es decir de las dos tramas, casi nunca aparecen en el mismo capítulo, están unidos por la estructura básica de los siete pecados capitales, algunos de éstos simbolizados por el puerco y por una serie de paralelismos.

La vorágine, en cambio, rezuma caos de acuerdo con su tema pero la identificación de su doble eje estructurante, el triangular y el circular, acaba con todas las incógnitas de la novela y revela tanto su complejidad artística como su trascendencia.

En las otras novelas estudiadas, la identificación del eje estructurante no representa ningún problema. Igual que *Frutos de mi tierra, El día señalado* se basa en el entretejimiento de dos argumentos. Sin embargo, *El día señalado* podría servir de prototipo de una novela que sufre de un exceso de unidad orgánica. Los capítulos alternan demasiado rigurosamente entre los dos argumentos y hay una simetría exagerada entre las fuerzas del bien y del mal y los motivos recurrentes que les corresponden.

La unidad orgánica de una novela proviene de una idea preconcebida de parte del autor de la visión de mundo que quiere plasmar a través de la selección de un tema, una trama, un grupo de personajes y un conjunto de recursos estilísticos apropiados. Hacia el final de cada novela, suelen intensificarse los refuerzos estructurales, o sea las alusiones a personajes o a acontecimientos anteriores para ayudar al lector a recordar toda la novela como una unidad. El éxito de esta técnica depende de la destreza con que se hacen las alusiones. La sola utilización de esas alusiones no garantiza que se refuerce la obra artísticamente. A veces, esas alusiones se introducen de una manera forzada, artificial —lo que revela demasiado la mano del escritor restándole autenticidad a la obra—.

2. Tema trascendente

No es el tema en sí sino la combinación del tema con su modo de elaboración que determina la trascendencia de la obra. Las grandes tragedias de Shakespeare, *Hamlet, Macbeth* y *Otelo,* se sitúan en tierras o tiempos lejanos tanto de la Inglaterra del siglo XVII como de la América del siglo XX, pero las obras llevan ya tres siglos de destacarse por sus temas trascendentes: el estudio de ciertos rasgos de carácter básicos del ser humano ejecutado de una manera magistral. En cambio, una novela detectivesca, por bien ejectuada que resulte, puede despertar un interés relampagueante pero que no deja de ser pasajero.

En cuanto a la novela colombiana, parece predominar la predilección por el tema social por encima del individual. Mientras *El otoño del patriarca* y *Cien años de soledad* pretenden abarcar la evolución histórica de todo un pueblo, de todo un continente y de toda la civilización occidental, otras obras como *Frutos de mi tierra*, *La vorágine* y *El día señalado* se sitúan dentro de un marco cronológico mucho más limitado. Cuando el tema del panorama familiar, como en *Respirando el verano*, carece casi completamente de una dimensión histórica, se reduce mucho la trascendencia de la obra, sobre todo frente a *Cien años de soledad*. Tanto como la historia de Macondo se transforma en la historia del mundo occidental en *Cien años de soledad*, la plasmación de la violencia del mundo cauchero en *La vorágine*, a pesar de referirse a una situación muy precisa y limitada, llega a una mayor trascendencia que la de *El día señalado*, mediante sus dimensiones arquetípicas y su complejidad artística.

3. Argumento, trama, o fábula interesante

Uno de los grandes aciertos de *Cien años de soledad* es la fascinación que ejerce sobre una gran variedad de lectores. Igual que en las grandes novelas del siglo xix, se narra una historia intrínsecamente interesante. Llámese argumento, trama o fábula, lo que sucede en la novela debe provocar el interés del lector y mantenerlo hasta el final. Indudablemente varían mucho los gustos y la preparación cultural de cada lector. Por lo tanto, lo que interesa a un lector, otro lo puede encontrar aburrido o incomprensible. No obstante, demasiados novelistas del siglo xx se han dejado ofuscar por la búsqueda de novedades formales que a veces terminan en puro alarde tecnicista perjudicando el interés del relato. En efecto, *Cien años de soledad* se distingue de las otras novelas del llamado *boom* hispanoamericano por su relativa y aparente sencillez. La trama es interesante por la variedad de sucesos, la variedad de personajes pintorescos y la dosis justa de humorismo. Por llevar los personajes nombres tan semejantes, el narrador se ve obligado a repasar periódicamente el elenco, pero cada vez que la lectura está a punto de ser aburrida por la repetición, en ese mismo momento se introducen atinadamente nuevos personajes y nuevos sucesos. Claro que la novela también despierta interés en el lector culto por sus distintos niveles de interpretación.

Aunque las otras novelas analizadas en este libro no se lean con el mismo grado de interés que *Cien años de soledad,* todas tienen una trama relativamente interesante. *El día señalado* se destaca por su gran tensión dramática que crece constantemente, pero el fin resulta algo melodramático al prolongarse demasiado la escena culminante. En cambio, hay momentos en *Frutos de mi tierra* en que los pasajes descriptivos parecen prolongarse demasiado y se necesita una lectura cuidadosa para revelar su importancia en la estructura total de la novela. La lectura de *El otoño del patriarca* llega a ser monótona de vez en cuando pero el lector experimentado reconoce que esa monotonía es un efecto deseado por el autor para reflejar lo interminable de la dictadura del patriarca.

4. Caracterización acertada

La novela colombiana y la novela hispanoamericana en general no han sido justamente apreciadas por los críticos europeos y norteamericanos porque tal vez los criterios principales empleados por estos críticos sean la complejidad psicológica, la verosimilitud y la constancia de caracterización del protagonista y de los otros personajes. En las novelas de los llamados países desarrollados del mundo capitalista, los problemas sociales están subordinados a los problemas individuales mientras la búsqueda de la identidad nacional no constituye una preocupación porque ya se formuló hace mucho tiempo. En cambio, el novelista hispanoamericano suele considerarse la conciencia de su patria obligado a denunciar abusos, reclamar derechos y formular una nueva conciencia social. Por lo tanto, en muchas novelas hispanoamericanas, el protagonista no es un individuo sino un pueblo, una ciudad o una nación. Por eso, una obra como *El señor Presidente,* de Miguel Ángel Asturias, no ha sido debidamente justipreciada fuera de Hispanoamérica y por eso se han equivocado tanto críticos conradianos que han tratado de comprobar que una sola persona es el protagonista de *Nostromo* cuando en realidad es Costaguana, síntesis geográfica e histórica de la nación latinoamericana que protagoniza la novela.

Respecto a las novelas colombianas estudiadas, hay pocos protagonistas individuales en el sentido tradicional del género. Por ejemplo, el carácter grotesco del dictador de *El otoño del patriarca* no satisface al crítico que busca la verosimilitud. Lo mismo podría decirse de *La vorágine*. A pesar de ser Arturo Cova el narrador principal y el personaje más importante, se ha dicho con cierta razón que el verdadero protagonista de la novela es la selva. En algunas de las novelas estudiadas, no hay un solo protagonista sino toda una familia *(Respirando el verano)* o todo un pueblo *(Cien años de soledad, El día señalado)*. Los personajes de *Cien años de soledad* no se destacan por su complejidad psicológica sino por ser sumamente pintorescos, capaces de las acciones más incongruentes y a veces de la mayor ternura. Su falta de individualidad psicológica les permite transformarse en ciertos momentos en figuras arquetípicas. En *Frutos de mi tierra*, de acuerdo con la estética realista decimonónica, los personajes son puras caricaturas. En el caso de *Respirando el verano*, sin embargo, como tiene más trazas de novela psicológica, es lícito criticarle el desarrollo insuficiente de ciertos personajes y no mantenerse la caracterización original de Jorge.

5. Constancia de tono

Un tono constante forma, desde luego, parte de la unidad orgánica de una obra. El tono exaltado de *La vorágine* concuerda tanto con el carácter de poeta delirante del narrador principal como con la intensidad del sufrimiento de las almas perdidas en la selva infernal. En una novela de este tipo desentonaría cualquier intento de parte del narrador de permitirse los juegos de palabras que abundan tanto en *Frutos de mi tierra*.

A pesar de que la novela hispanoamericana en general se caracteriza por su tono dramático, trágico y sombrío, reflejo de la realidad, sólo dos de las novelas colombianas estudiadas aquí, *La vorágine* y *El día señalado*, siguen esa pauta. *Cien años de soledad* y *El otoño del patriarca* sobresalen en gran parte por el sentido humorístico del autor basado en la hipérbole rabelesiana y en la naturalidad con que se narran las cosas más extravagantes.

El humor típico del costumbrismo del siglo XIX se reviste en *Frutos de mi tierra* de un fuerte tono crítico basado en la ironía que no deja de sentirse en ningún momento. Por eso, no solamente el amor entre Filomena y César sino también el de Martín y Pepa distan mucho de tomarse tan en serio como el de María y Efraín en la novela de Isaacs.

6. Adecuación de recursos técnicos

El empleo de cualquier recurso técnico, por novedoso y bien ejecutado que sea, no constituye automáticamente un acierto. Todo recurso técnico tiene que relacionarse con el plan general de la novela. Si trazamos la trayectoria de la novela colombiana en total desde *Manuela* (1858) hasta *Cien años de soledad* (1967) y sus satélites, no cabe duda de que hay una creciente conciencia profesional de parte de los autores. A medida que va creciendo el nivel cultural del lector medio, también va creciendo la preparación cultural y profesional del novelista medio. Con la modernización reciente y repentina de varios países hispanoamericanos, por muy defectuosa que sea, se ha creado un sector intelectual mucho más amplio que antes y que ya no se siente tan dependiente de la cultura europea o norteamericana. De ahí que hayan surgido novelistas como Carpentier, Asturias, Cortázar, Rulfo, Fuentes, García Márquez y Vargas Llosa que han merecido el respeto de los críticos de París, Londres y Nueva York y que no tienen nada que pedir a sus congéneres europeos y norteamericanos.

No obstante, esto no quiere decir de ninguna manera que cualquier novela de la década de 1960 sea superior a todas las novelas, digamos, de la década de 1920. Es muy posible que el conjunto de novelas de 1960-1970 supere al conjunto de novelas de 1920-1930, pero ya se ha comprobado la alta calidad artística de *La vorágine* con la cual ¿qué otra novela colombiana más reciente, fuera de *Cien años de soledad,* podría competir? De la misma manera se ha comprobado la alta calidad artística de *Frutos de mi tierra* dentro de la tendencia artística de su época.

Entre los recursos técnicos comentados en los capítulos individuales, se destacan el contrapunto *(Frutos de mi tierra, El día señalado),* una alternación de distintos planos cronológicos *(Respirando el verano, El otoño del patriarca),* el cambio de voz narrativa *(La vorágine, El día señalado, El otoño del patriarca),* los comentarios sobre la misma gestación de la novela *(La vorágine)* y otros. Como se ve por los ejemplos, esas técnicas no se limitan a las novelas más recientes.

El contrapunto suele tener mayor efecto cuando se van alternando capítulos cuyas relaciones no son demasiado obvias desde el principio, y por lo tanto, obligan al lector a buscarlas. En ese sentido, *Frutos de mi tierra* supera a *El día señalado*. La novela de Mejía Vallejo sigue un plan demasiado rígido de alternar entre los dos temas demasiado parecidos y

Galería de narradores 1960-2000
con la colaboración técnica de Allen Walter Menton

Joaquín Gutiérrez, costarricense,
San José, Costa Rica, 1960.

Rosario Castellanos, mexicana, y Carlos Solórzano, guatemalteco, Congreso de la Comunidad de Escritores Latinoamericanos, Caracas, 1970.

Jorge Luis Borges, argentino,
Universidad de Houston,
marzo de 1972.

Juan José Arreola, mexicano,
U. C. Irvine, 1972.

José Revueltas, mexicano,
U. C. Irvine, 1972.

Álvaro Menéndez Leal, salvadoreño,
U. C. Irvine, 1972.

Agustín Yáñez, mexicano,
Mesón del Quijote,
La Mancha, España,
marzo de 1975.

Gerardo Sáenz, mexicano,
de la Universidad de Kentucky,
Eugenio Chang Rodríguez, peruano,
de Queens College, N. Y.,
Seymour Menton
y Juan Carlos Onetti, uruguayo,
Congreso del IILI, Sevilla,
marzo de 1975.

José Agustín, mexicano,
Newport Beach, California,
diciembre de 1978.

Augusto Roa Bastos, paraguayo,
Simposio sobre el cuento,
La Sorbona, París, abril de 1980.

Antonio Benítez Rojo, cubano,
Simposio sobre el cuento,
La Sorbona, París, abril de 1980.

Carlos Fuentes, mexicano,
U. C. Irvine, mayo de 1980.

Gustavo Sainz, mexicano,
y Alessandra Luiselli,
Newport Beach, California, 1981.

Rogelio Sinán, panameño,
Encuentro de Escritores
Pablo Neruda,
Santo Domingo, septiembre de 1983.

Álvaro Mutis, colombiano,
su esposa, Carmen, y Cathy Menton,
Newport Beach, junio de 1993.

Abel Posse, argentino,
y Seymour Menton,
Praga, 1995.

Mario Vargas Llosa, peruano,
U. C. L. A., junio de 1999.

Mario Monteforte Toledo, guatemalteco, y
Seymour Menton,
Antigua, Guatemala, marzo de 2000.

Gabriel García Márquez, colombiano,
y Seymour Menton,
Casa de las Diligencias, Toluca,
noviembre de 2000.

entre los dos narradores cuyos estilos tampoco se diferencian bastante. Cuanto más obvios y simplistas los personajes y elementos antagónicos y cuanto más abundantes los grupos binarios, tanto menos su efecto artístico. Cuando se oponen demasiado claramente las fuerzas del bien y del mal, se cae en el maniqueísmo, pecado capital para el crítico del siglo XX que califica la caracterización por el grado de conflictividad de los personajes. Por eso, en *El día señalado,* el Cojo Chútez impresiona como mejor creación literaria que su hijo que no tiene más que una obsesión, la de la venganza.

El dualismo es un fenómeno universal pero suele aparecer más en la novela colombiana como factor determinante que en la novela de otros países hispanoamericanos. Eso podría atribuirse a la oposición tradicional entre liberales y conservadores que sigue siendo un tema importante en las novelas de la Violencia de la segunda mitad del siglo XX. Si hace falta comprobar que el fenómeno dualístico no aparece en tantas novelas colombianas por casualidad, sólo hay que echar una ojeada a una excepción, *La vorágine,* estructurada sobre una base trinaria.

Una de las técnicas predilectas de los novelistas del siglo XX es el romper la cronología lineal de las novelas anteriores. Al explorar el laberinto de la mente humana, el novelista presenta simultáneamente el presente y distintos momentos del pasado. En *Respirando el verano,* los saltos cronológicos a veces son tan arbitrarios que sirven más para crear un rompecabezas que para profundizar en la caracterización de los personajes. En *El otoño del patriarca,* como en *Cien años de soledad,* resalta no tanto la simultaneidad de distintos planos cronológicos sino la coexistencia de un tiempo muy limitado y muy preciso con un tiempo vago casi atemporal, propia del realismo mágico. En *El otoño del patriarca* ese concepto del tiempo refleja el carácter interminable de la dictadura hispanoamericana. A pesar de su mayor sencillez cronológica, *Cien años de soledad* refleja el concepto borgesiano de la fusión de pasado, presente y futuro.

Además de acabar con la cronología lineal, el novelista del siglo XX también acaba con el narrador omnisciente. La realidad se hace relativa y hay que verla desde distintos ángulos. Ningún individuo es capaz de conocer la realidad. En *La vorágine,* un narrador engendra a otro en una especie de reflejo de los círculos concéntricos del infierno por donde va bajando Arturo Cova. Los narradores en *El otoño del patriarca* se vuelven a veces totalmente anónimos y van cambiándose constantemente para crear la impresión de que es imposible conocer la realidad, o sea que no hay una sola realidad absoluta.

Desde Unamuno y Pirandello, la literatura del siglo XX ha revelado una tendencia de explorar el proceso creativo dentro de la misma obra creada. Respecto a la novela hispanoamericana, *Rayuela*, de Julio Cortázar, se reconoce como el prototipo. No obstante, tanto como esa tendencia se remonta al *Quijote* y a *Tristram Shandy* en el plano de la literatura universal, en la novela colombiana los antecedentes de ese aspecto de *Cien años de soledad* pueden encontrarse en *La vorágine*. Como se ha visto en los capítulos individuales, hay distintos modos de incorporar esa técnica en la novela. Lo que sí suelen tener en común es la conciencia de la relación entre la obra que se está creando y las obras maestras de la literatura universal y en los ejemplos más recientes de la literatura hispanoamericana.

El reconocimiento de la presencia de esas obras universales es indispensable para comprender *La vorágine* (la *Divina comedia*). En cuanto a *Cien años de soledad*, la novela sobresale por su gran originalidad a pesar de que alude intertextualmente a muchísimas obras literarias desde el Antiguo Testamento hasta *Rayuela*, alusiones que constituyen una de las varias estructuras totalizantes.

7. Lenguaje creativo

El mayor énfasis que se ha dado últimamente a la experimentación estructural también se refleja en el lenguaje hasta el punto de que se habla de la novela lingüística. Una novela, como toda obra literaria, se hace con palabras y un criterio para juzgar una novela tiene que ser la adecuación del lenguaje. El lenguaje o el estilo empleado por el novelista no puede analizarse en un vacío sino en relación con todo el organismo de la novela. Dentro de los distintos estilos epocales, no cabe duda de que ciertos autores se destacan por su maestría lingüística. Los colombianos en general tienen fama de ser buenos hablistas y en efecto todas las novelas estudiadas lucen un gran dominio de la lengua.

Entre las novelas estudiadas, hay que elogiar *Frutos de mi tierra* por su combinación de un lenguaje culto, rico en vocablos e ingenioso con una maestría del dialecto popular de Medellín; *La vorágine,* por la cualidad delirante de su prosa. *El día señalado* y *Respirando el verano* lucen un lenguaje rico en efectos sensoriales y en imágenes que a veces llegan a ser excesivos. En cambio, la parquedad de esos efectos en *Cien años de soledad* les da mayor relieve. El uso exagerado de la anáfora en *El otoño del patriarca*, de acuerdo con el tema de la novela, indica que el novelista profesional es el que sabe adaptar o cambiar su estilo según las necesidades de cada novela.

8. Originalidad

Además de las cualidades intrínsecas de una novela, hay, por lo menos, dos factores extrínsecos que contribuyen a su fama: su originalidad y su impacto posterior sobre otras obras. Para determinar la originalidad de una obra, su fecha de publicación es muy importante. *Frutos de mi tierra* (1896), a pesar de sus logros artísticos, seguramente habría sido más reconocida como la mejor novela realista de Hispanoamérica si se hubiera publicado treinta años antes. *La vorágine* y *Cien años de soledad* se aprecian, entre otras cosas, por su falta de antecedentes europeos. En cambio, *El otoño del patriarca*, a pesar de sus aciertos, sufre por seguir el camino ya trillado de la dictadura sintética de la América Latina *(Nostromo, Tirano Banderas, El recurso del método,* etcétera).

9. Impacto posterior

Si se juzga el valor de una novela por su impacto posterior, por su engendro de otras novelas parecidas, no cabe duda de que las mejores de todas las novelas colombianas son *María, La vorágine* y *Cien años de soledad*. En esas tres obras coinciden los altos valores intrínsecos con una influencia sobre otros novelistas dentro y fuera de Colombia. Hay un parentesco bastante obvio entre *María* y las historias sentimentales de *El alférez real* (1886), del colombiano Eustaquio Palacios; *Carmen* (1882), del mexicano Pedro Castera; *Angelina* (1893), del mexicano Rafael Delgado; *Peonía*, del venezolano Manuel V. Romero García, y otras muchas. *La vorágine* tuvo aún mayores repercusiones llegando a ser casi el prototipo de la novela criollista aunque no plantea el tema maniqueísta de civilización y barbarie que caracteriza a tantos de sus engendros. Apenas han transcurrido diez años desde la publicación de *Cien años de soledad* y ya hay toda una escuela macondina en Colombia. Fuera de las fronteras nacionales, la novela ha gozado de un éxito tremendo por todo el mundo y su influencia salta a la vista en *Tiempo de fulgor* del nicaragüense Sergio Ramírez, en *Los niños de medianoche,* de Salman Rushdie, de la India, y en otras muchas novelas de Hispanoamérica, Estados Unidos, Europa, África y otras partes.

El gran éxito de *Cien años de soledad* y la relativa riqueza de la novela colombiana desde 1960 suele identificarse con el *boom* de la novela hispanoamericana. No obstante, el hecho de que ese *boom* no se haya manifestado en todos los países con el mismo brillo indica que influyen también factores locales. Desde 1960, la novela guatemalteca y la ecuatoriana están en relativa decadencia. En Guatemala, a causa de los gobiernos represivos desde 1954, un gran porcentaje de los literatos prefieren vivir en el exterior, y a excepción de Miguel Ángel Asturias y Mario Monteforte Toledo, muerto el uno, ya sesentón el otro, ningún novelista ha cobrado renombre ni siquiera nacional.[85] En el Ecuador, los famosos viejos de la década de los treinta, Demetrio Aguilera Malta, Alfredo Pareja Diezcanseco y Jorge Icaza se han regenerado con nuevas obras que caben dentro del *boom*. Tal vez por eso no se han perfilado nuevos valores en la novelística de ese país. En Venezuela, la actividad editorial ha aumentado muchísimo pero los únicos nombres que suenan fuera del país son Salvador Garmendia y, en grado menor, Adriano González León.

En Colombia, la incorporación socioeconómica de la región de la costa en la nación y el crecimiento vertiginoso de Bogotá ha puesto fin al regionalismo tradicional. A partir de la década de 1960, no cabe duda de que Bogotá es el único centro cultural del país a donde acuden novelistas de todas partes. Una mayor conciencia nacional despertada en parte por la Violencia ha contribuido a fomentar la producción novelística. Si Colombia todavía no se encuentra novelísticamente a la par de México ni de Chile, se debe a que esos dos países ya tenían una fuerte conciencia nacional a principios del siglo XIX, cuando nacía la novela. Sin embargo, si se juzga la novela colombiana sólo desde 1960 hasta la actualidad, supera a la chilena y sólo se encuentra a la zaga de la mexicana, la argentina y tal vez la cubana. Para que alcance a éstas y tal vez rebasarlas, tendrá que escaparse de la órbita macondina y encontrar los modos más apropiados para novelar las tremendas contradicciones que se ven diariamente en la nueva Bogotá. Tal vez lo haga el mismo García Márquez aunque es más probable que sea algún joven bogotano que haya experimentado en carne viva esa transformación.

---

[85] Advertencia: esto se escribió en 1977. Véase el capítulo sobre Guatemala para el grupo de novelistas que surgió después. Monteforte cumplió noventa años en 2001.

XV. El Ecuador

HERMANO[1] DEMETRIO

Hermano Demetrio, ¡cuánto recuerdo los gratos momentos que pasamos juntos con nuestras esposas Velia y Catalina en México, en Irvine, en Claremont y en Los Ángeles! ¡Y qué tal los recados que me diste en 1971 para tu sobrino y otros parientes y amigos de Guayaquil que me abrieron las puertas al mundo intelectual de la costa! Ahí tuve el gusto de conocer a tu hermano Enrique Gil Gilbert, quien lamentaba que sus obligaciones con el Partido Comunista de escribir panfletos para los conflictos laborales impidieran que continuara con la carrera literaria. Pero, más que nada, no me cansaré de agradecerte la difusión continental que diste a tu reseña de mi antología *El cuento hispanoamericano,* que contribuyó tanto a su éxito. En julio, agosto y septiembre de 1964 se publicó la reseña en una variedad de periódicos desde *La Opinión* de Los Ángeles hasta *El Mercurio* de Valparaíso; en México, desde *El Occidental* de Guadalajara hasta *El Sol* de Tampico; en Centroamérica, desde *El Día* de Tegucigalpa hasta *La Estrella* de Panamá; en Venezuela, desde *El Universal* de Caracas hasta *Impulso* de Barquisimeto, y aun en *Presencia* de La Paz, Bolivia, uno de los dos países latinoamericanos (Paraguay es el otro) que todavía no he pisado en mi caminata. Tampoco olvidaré la entrevista conmigo que publicaste en febrero de 1971 en el *Mundo Nuevo* del postemirato. Ahí charlamos sobre la segunda edición aumentada de *El cuento hispanoamericano* y las últimas tendencias tanto en la novelística como en la cuentística. Me preguntaste sobre los criterios que seguí en la selección de los cuentos para la antología.

Pero, hermano, cambiemos de tema. Permíteme hablar de las obras tuyas, obras realizadas en el transcurso de medio siglo. Estrenaste precisamente en 1928, apenas un año después de que nací, con "El cholo que se vengó", que se publicó en 1930, junto con otros cuentos de cholos en el tomo *Los que se van,* libro que marcó un hito no sólo en la literatura

---

[1] Demetrio Aguilera Malta solía llamar "hermano" a todos sus amigos.

ecuatoriana sino también en el criollismo hispanoamericano. La colaboración de tus dos hermanos menores, Joaquín Gallegos Lara (1911) y Enrique Gil Gilbert (1912), debe ser un caso único. ¿Tú conoces otro tomo de cuentos con la participación igualitaria de tres autores —"marcha fraterna de nuestros tres espíritus"— que haya alcanzado tanta fama?

Ya que estamos charlando sobre *Los que se van,* ¿cuál de los ocho cuentos tuyos te gusta más? Como sabes, yo escogí para mi antología "El cholo que se vengó" y ahí va mi media página de comentario levemente alterado:

> Lo que más se destaca en "El cholo que se vengó" es la gran fuerza dramática de una escena exenta de acción. De los dos personajes presentes, sólo habla Melquíades. Por medio de su monólogo y por el silencio de la destinataria Andrea, el lector se entera de la gran desilusión sufrida tanto por el hombre traicionado como por la mujer. A medida que se va completando el cuadro, crece el suspenso. A pesar de que el título se explica en el primer párrafo, queda la amenaza de la violencia. Por eso, aunque el final concuerda completamente con todo el cuento, no deja de sorprender.
>
> Aguilera Malta embellece esta escena de la vida chola alternando las descripciones del mar con el monólogo. Esas descripciones tienen una función múltiple. El furor del mar igual que la calma que sigue reflejan las emociones del hombre. La presencia del mar sugiere el sexo en su sentido más primitivo y da más universalidad al cuento. Melquíades y Andrea, por medio del mar, dejan de ser cholos y se convierten en un hombre y una mujer. Al mismo tiempo que la actuación del mar refleja las emociones del hombre, el lenguaje poético de las descripciones hace contraste con su habla realista. Los distintos juegos de luz y sonido crean una serie de cinco cuadros plásticos que podrían ser interpretados a las mil maravillas por una orquesta sinfónica.

¿Qué te parece si releo los ocho cuentos ahora, unos cuarenta años después de la primera lectura, para ver si llego a la misma selección?

De los ochos cuentos, "El cholo que se vengó" se destaca por su gran concentración. Es el más breve de todos y tiene una gran unidad de espacio y de tiempo con sólo dos personajes. Además, es el cuento donde mejor se elaboran los trozos descriptivos.

Los otros siete cuentos comparten una estructura de varias (entre cuatro y veintiséis) escenas separadas por un trío de estrellitas. Tres de los cuentos también están divididos en dos o cuatro actos o capítulos numerados. Aunque el tema amoroso o sexual figura de distintos modos en todos los cuentos, me parece que se presenta con mayor emoción y mayor intensidad en "El cholo que se vengó" que en los otros. "El cholo de la Atacosa" y "El cholo del cuerito e venao" podrían considerarse un dístico, con dos variantes del mismo protagonista, Nemesio Melgar. En el primero, Nemesio se enamora de una mujer promiscua o prostituta y la invita a vivir con él. Ella rechaza la invitación pero le dice a Nemesio que puede volver a visitarla cuando quiera. Al enterarse que unos amigos también se han acostado con ella, Nemesio se suicida tirándose al mar. ¡Ay, hermano Demetrio, eso sí que no me lo trago! En cambio, en "El cholo del cuerito e venao", Nemesio es el promiscuo al seguir la política de "la primera y la úrtima",[2] o sea que para no dejarse amarrar, está decidido a acostarse con cada mujer solamente una vez. Tan inverosímil como "El cholo de la Atacosa", Nerea le dice: "Yo siempre te seré fier como er cuerito e venao" (61), después de que Nemesio la toma por fuerza, solamente una vez, en la canoa entre los mangles.

De cierta manera, "El cholo del tiburón" también forma un dístico con… "El cholo que se vengó", con dos protagonistas nombrados Melquíades. Mientras el cholo que se vengó perdió a su mujer Andrea a otro cholo, en "El cholo del tiburón", Melquíades logró juntarse con Nerea matando al amante de ella, crimen que no le confesó hasta que llegan a ser viejos con hijos crecidos. Al final, Melquíades parece volverse loco y se tira al agua creyendo que el tiburón viene por él tal como Nerea creía que el tiburón había venido por su amante.

En "El cholo de las patas e mulas", igual que en "El cholo que se vengó", la mujer se larga con otro mientras el cholo está pescando. En este caso, Mamerto, el abandonado, entre tragos de aguardiente, lamenta que la mujer no es como las "patas e mulas", mariscos conocidos por su inmovilidad, por su apego al sitio donde nacieron.

Perdona, Demetrio, que te lo diga, pero creo que el menos logrado de los ocho cuentos es "El cholo que se castró", que también es el más largo. Dividido en cuatro actos y veintiséis escenas, el cuento narra las aventuras de Nicasio Yagual, cholo donjuanesco que viola a varias mujeres antes de encontrarse con La Peralta, quien sabe defenderse con machete. Aunque Nicasio logra dominarla, decide no violarla. Sin embargo, después de poco tiempo, ella logra seducirlo. En un momento epifánico,

---

[2] Demetrio Aguilera Malta, Joaquín Gallegos Lara y Enrique Gil Gilbert, *Los que se van. Cuentos del cholo y del montuvio*, 2ª ed., Quito: Casa de la Cultura Ecuatoriana, 1955, 60.

Nicasio se da cuenta de que todas sus fechorías se deben a los impulsos de su órgano sexual y decide vengarse ¡castrándose!

En los dos cuentos más o menos desprovistos del amor sexual, predomina lo didáctico. En "El cholo que se fue pa Guayaquil", Tomás Leiton, obsesionado con la idea de ir a Guayaquil, abandona su hogar, las viejas islas verdes grises. Por mucho que trabaje en la ciudad, se da cuenta de que nunca podría poseerla como se posee a una mujer y deprimido se lanza al mar.

El primero de los ocho cuentos titulado "El cholo que odió la plata" demuestra que no es justo echarles la culpa a los blancos por todas las desgracias sufridas por los cholos. El mismo viejo cholo don Guayamabe se desmiente al ser humillado por su ex compañero cholo Banchón, que se ha enriquecido. En la última de las siete escenas, don Guayanabe, tal vez ante un tribunal de Guayaquil, insiste que "la plata esgracia a los hombres" (32), a todos los hombres.

Hermano Demetrio, tar que te hei prometío, hei vuerto a ejtudiar loj cuentoj y ejtoy máh convencío que nunca que "El cholo que se vengó" ej el mejor. Eh máh; eh una verdadera obra maehtra.

OBRAS CONSULTADAS

Aguilera Malta, Demetrio, Joaquín Gallegos Lara y Enrique Gil Gilbert, *Los que se van. Cuentos del cholo y del montuvio*, 2ª ed., Quito: Casa de la Cultura Ecuatoriana, 1955.

Chica, Jimmy Jorge, *La novela ecuatoriana contemporánea de 1970-1985 y su marginación*, Nueva York: Peter Lang, 1995.

Fama, Antonio, *Realismo mágico en la narrativa de Aguilera Malta*, Madrid: Playor, 1977.

Rabassa, Clementine Christos, *Demetrio Aguilera-Malta and Social Justice. The Tertiary Phase of Epic Tradition in Latin American Literature*, Cranbury, N. J.: Associated University Presses, 1980.

Viteri, Eugenia, "*Los que se van*, un libro crucial", *Letras del Ecuador*, Quito: Casa de la Cultura Ecuatoriana, 152, agosto de 1972.

"UNA CRUZ EN LA SIERRA MAESTRA", DE DEMETRIO AGUILERA MALTA[3]

Teniendo en cuenta el tremendo entusiasmo engendrado por la Revolución cubana entre casi todos los intelectuales latinoamericanos, hay que premiar a Demetrio Aguilera Malta por haber sido el primero de éstos en publicar una novela sobre el tema, *Una cruz en la Sierra Maestra* (Buenos Aires, 1960). Aunque esta obra, lo mismo que *Canal Zone* (1935) y *Madrid* (1939), no alcanza la misma calidad literaria que las obras del autor sobre temas ecuatorianos, no deja de ser interesante, tanto por su carácter emocionante como por su visión histórica algo distorsionada.

Como Aguilera Malta escribió la novela en México sin haber visitado Cuba durante el proceso revolucionario, parece haberse inspirado más en la novela de Ernest Hemingway acerca de la Guerra Civil española, *Por quién doblan las campanas*, que en la realidad cubana. El mismo epígrafe proviene del famoso discurso de Gettysburg de Abraham Lincoln, con el fin de rendir homenaje a la Brigada Internacional Abraham Lincoln. De la patrulla revolucionaria de seis hombres, sólo dos son cubanos y no desempeñan un papel importante. En cambio, Emilio Mondragón, periodista mexicano, descendiente tanto de Cuauhtémoc como de Cortés, protagoniza el marco de la novela en el cual recuerda los detalles del episodio en la Sierra Maestra mientras observa la entrada triunfal en La Habana de Fidel Castro el 8 de enero de 1959. El otro sobreviviente de la patrulla es el maestro español, mayor de edad que sus compañeros. Los otros dos que integran la patrulla son el argentino Che Cavalcanti y el tejano Bob. Después de una escaramuza, el mexicano, herido, y el maestro español logran llegar hasta un pequeño pueblo donde los reciben como héroes y una familia se encarga de esconderlos. Aunque el sargento psicópata de las tropas del gobierno tortura a los miembros de la familia, éstos no revelan el paradero de los revolucionarios. Igual que las novelas cubanas publicadas

[3] Adaptación de la ponencia presentada en agosto de 1971 en el Congreso del Instituto Internacional de Literatura Iberoamericana celebrado en Huampaní, Perú, y que provocó la denuncia teatral de José Antonio Portuondo. Véase Menton, *Prose Fiction of the Cuban Revolution*, Austin: University of Texas Press, 1975, 247-272.

en 1959-1960, se trata de una novela de aventuras con suspenso que a veces llega al melodrama. Véanse, por ejemplo, los siguientes títulos de capítulos: "La patrulla suicida", "La muerte con botas" y "El tiburón saca su aleta". En otro parentesco con las novelas cubanas de esa primera etapa revolucionaria, el único propósito de los protagonistas revolucionarios es derrotar a Batista para poner fin a la brutalidad de la policía y del ejército. No hay ninguna insinuación de la próxima transformación socialista.

"SIETE LUNAS Y SIETE SERPIENTES", DE DEMETRIO AGUILERA MALTA[4]

Con la publicación de "Siete lunas y siete serpientes" (1970), Demetrio Aguilera Malta se coloca dentro de la corriente de la nueva novelística hispanoamericana sin que esta obra represente una ruptura con las más importantes de sus obras anteriores. Autor de novelas de protesta social con escenario extranjero como *Canal Zone* (1935), *Madrid* (1939) y *Una cruz en la Sierra Maestra* (1961) y de una serie de "Episodios americanos" sobre Bolívar (1964), Orellana (1964) y Balboa (1965), la contribución principal de Aguilera Malta a la narrativa hispanoamericana consta de las obras con escenario ecuatoriano, o más bien guayaquileño: los cuentos de *Los que se van* (1930), las novelas *Don Goyo* (1933) y *La isla virgen* (1942) y ahora, casi treinta años después, *Siete lunas y siete serpientes*. Si el criollismo de Aguilera Malta entre 1930 y 1942 se distinguía por sus toques artísticos, folclóricos y aun mágicos —anticipando la moda de hoy—, en *Siete lunas y siete serpientes* el autor da rienda suelta a la creación lingüística, folclórica y fantástica pero sin dejar de señalar las injusticias sufridas por el pueblo hispanoamericano.

Igual que *Hombres de maíz* (1949) y *Mulata de tal* (1963), de Miguel Ángel Asturias, Aguilera Malta estructura su novela a base de una serie de leyendas y supersticiones de su país, sólo que no se limita al folclor indígena ni al folclor negro. En realidad, tanto como Severo Sarduy elabora en *De donde son los cantantes* (1967) un *curriculum cubense* con elementos chinos, mulatos y españoles, Aguilera Malta realiza una síntesis latinoamericana mediante la integración de elementos del folclor indio, negro y cristiano sin indicar explícitamente las procedencias raciales.

El conflicto principal de la novela se deriva en gran parte de la literatura medieval: la lucha entre el bien y el mal, sin caer en el llamado maniqueísmo de algunas novelas criollistas, tan severamente criticado actualmente por los nuevos críticos. Entre los malos se encuentran los "Mandamás" del pueblo de Santorontón: Crisóstomo Chalena, el acaparador del agua;

---

[4] Reseña publicada en la *Revista Iberoamericana*, octubre-diciembre de 1970, 677-680.

el padre Gaudencio, sacerdote que se preocupa más por la elegancia de su iglesia que por el alma de sus parroquianos; el doctor Espurio Carranza, médico-enterrador; el tendero Vigiliano Rufo; el teniente político Salustiano Caldera; el jefe de la Policía Rural, Rugel Banchaca; el coro de mujeres hipócritas. En cambio, los buenos cuentan con el doctor Juvencio Balda, joven médico idealista de la ciudad; el padre Cándido, sacerdote bueno, pobre, iracundo y fuerte; Clotilde Quindales, la joven violada por Candelario y curada de su psicosis antimasculina (¿inspirada en *Doña Bárbara?*) por un amigo médico de Juvencio; el pobre José Isabel Lindajón; el coro de monos. En ciertos momentos críticos, los buenos reciben la ayuda decisiva del Cristo Quemado que no sólo habla sino que a veces baja de su crucifijo para intervenir directamente en los asuntos terrestres y para contravenir la influencia del Diablo, que tiene el contrato tradicional con el explotador Crisóstomo Chalena.

Las escaramuzas iniciales entre los dos bandos se entablan por la llegada de la modernidad en la persona del doctor Juvencio que interviene para quitarle el rosal a la mano del hijo de la Muda y del cojo Timoteo Ruales; para salvar a los monos sedientos heridos por los Mandamás; para construir la ciénega acabando con el monopolio del agua establecido por Crisóstomo con sus techos de zinc. Sin embargo, esas escaramuzas no son más que preparativos para la disputa final: la lucha por la redención del gran pecador Candelario Mariscal.

Ahijado del padre Cándido e hijo del Diablo, Candelario es expulsado de la iglesia original después de haberla incendiado durante una borrachera. "Desterrado del cielo", el hijo del Diablo comete un sinfín de proezas sexuales y militares. Aprovechándose de su poder zoomórfico, se convierte en caimán para acechar a Josefa Quindales, la Chepa, la única mujer cuya resistencia no ha podido vencer. Al no encontrarla en casa, asesina a sus padres y viola a Clotilde, su hermana menor. Luego, se alza en armas convirtiéndose en el coronel Candelario. Después de muchas victorias sexuales y militares, igual que el coronel Eufrasio Sangurima de *Los Sangurimas* (1934) y el coronel Aureliano Buendía de *Cien años de soledad* (1967), deja las armas repentinamente y se vuelve un ciudadano pacífico de Santorontón. Sintiéndose perseguido sexualmente por el fantasma de la Chepa, Candelario consulta al brujo Bulu-Bulu, descendiente de un esclavo negro. Éste le recomienda el matrimonio con su propia hija Dominga, el cual tendrá que celebrarse en la iglesia. Las fuerzas del mal, o sea los Mandamás y la Muerte (el fantasma de la Chepa), hacen todo lo posible por impedir la boda pero el Cristo Quemado logra convencer tanto al padre Gaudencio como al padre Cándido que debieran ayudar a Candelario a regenerarse. Aunque la novela termina antes de la boda y aunque queden ciertas dudas sobre la futura actuación de la Chepa fantasmal, el matrimonio representa el triunfo de las fuerzas pobres pero sanas de la América Latina contra las fuerzas retrógradas e impotentes. Candelario con su enorme vitalidad sexual ya no asolará el país con sus aventuras militares sino que, unido con Dominga, doblemente proscrita de la sociedad santoronteña por ser negra y por ser hija del brujo, se impondrá a los viejos explotadores del pueblo: el caimán con su vigor sexual triunfa sobre la rana (Crisóstomo) impotente.

La actuación simultánea de personajes de carne y hueso con fantasmas y con animales depende de la ordenación cronológica de la novela. Aguilera Malta se sirve de tres procedimientos para crear su mundo eterno: como en *El acoso* (1956), de Carpentier; *Puerto Limón* (1950), de Joaquín Gutiérrez, y tantas otras obras influidas por Joyce y Faulkner, los antecedentes de los personajes principales se revelan a través de sus recuerdos entremezclados con los diálogos; como en *La muerte de Artemio Cruz* (1962), de Carlos Fuentes, y *La casa verde* (1966), de Vargas Llosa, los acontecimientos actuales no se presentan en orden cronológico, más bien parecen barajados los distintos capítulos; como en *El luto humano* (1943), de José Revueltas, y *Los pasos perdidos* (1953), de Carpentier, se borran por completo las fronteras entre las épocas cronológicas para negar el concepto del progreso, afirmando a la vez el concepto de la unidad histórica del hombre. En *Siete lunas y siete serpientes,* el recuerdo del barco negrero y la evocación del auto medieval hacen más verosímil el retorno a la época cavernaria de Clotilde cuando se refugia en la cueva y sobrevive gracias a los animales.

La vuelta a la época primitiva también se entronca con la creencia en las leyendas y en las supersticiones, la magia, la importancia de las primeras palabras y de los sonidos. Igual que *Tres tristes tigres* (1967), de Cabrera Infante, el lenguaje a veces se convierte en protagonista de la novela. En el siguiente párrafo, que recuerda el párrafo inicial de *El señor Presidente,* de Miguel Ángel Asturias, y varios párrafos de *Juyungo* (1943), de Adalberto Ortiz, los sonidos no sólo captan el ambiente del mundo primitivo sino que deshumanizan a Crisóstomo Chalena y achacan su sed de poder a su impotencia sexual:

Sa-u. Po-cug. Sapo-ucug. Sapo verde. Sapo negro. Sapo amarillo. Sapo hinchado. No sapo chico-jambatu. Sapo grande-ucug. Tirado en su hamaca. Sin Muda meciendo. Sin el Tolón venteando. Sapo sapeando. No jambatuano. Ucugando. No jambatu. Ucug. El sapo Chalena. Chalena no jambatu. Chaluna ucug. ¿Rurruillag Chalena? ¿Chalena capón? ¿Ruruillag Ucug? ¿Sapo grande capón? Chalena capón. Auto capón. Por hundirse en sí mismo. Por hundir dentro de él sus partes viriles. Por filo-auto-atrofiarse. Por minimizar todo aquello que le aminorase su sed de poder. Su hambre de plata. Aunque nadie —ni él mismo— supiera que es capón. ¡Ay la capadura! ¡Ay rurru surcushca chugri! Chalena hamaqueando. Sin Muda meciendo. El sapo ucugando. Sin Tolón venteando. ¡Ay la capadura! ¡Ay rurru surcushca chugri! [255].

En cambio, la virilidad de Candelario Mariscal se capta en el análisis lingüístico de su nombre y en su asociación con los elementos primitivos del fuego y del agua:

Candelario. Candela-río. Mar-iscal. Candelarío. Candela-mar. —Fuego-agua. Sexo-sangre. Hombresaurio. Candela-río-mar. Tatuajes rútilos. En los ojos: La Chepa desnuda. En la boca: las fauces hirvientes. En las garras: la ruta al infierno. En el sexo: la fuente del mal. La Chepa desnuda. Las fauces hirvientes. La ruta al infierno. La fuente del mal. —Puñal en las garras, colmillos y sexo. Puñal de marfil, de acero y coral. Caymantapachaca manajaycapi canta tigrashpa ricuhuashachu. De hoy en adelante, jamás volveré el rostro para verte [67].

El énfasis en el sexo ya no es sólo un reflejo de la realidad tropical como en el mundo de *Los que se van* sino que tiene un poder mítico, ontológico. El énfasis en la serpiente evoca claramente la escena bíblica de Adán y Eva. El número siete es sólo uno de los varios sinónimos que emplea el autor para el órgano masculino. En efecto, el primer capítulo con la lucha fálica entre los dos Tin-Tines con la intervención de la víbora X-Rabo-de-Hueso podría considerarse una obertura riquísima para una sinfonía dedicada al tema del sexo. Este virtuosismo lingüístico es tan fuerte al principio que deslumbra al lector y le dificulta adentrarse en la novela. Sin embargo, como en casi todas las nuevas novelas, con una segunda lectura se aclaran las dudas y se atan todos los cabos sueltos.

A través de esta reseña se ha señalado el parentesco de *Siete lunas y siete serpientes* con varias novelas hispanoamericanas. Si tuviera que escoger las novelas más parecidas, diría que *Siete lunas y siete serpientes* es una especie de combinación del aspecto legendario, lingüístico y sexual de *Mulata de tal,* con el aspecto épico de *Cien años de soledad* y con el aspecto dualístico y bíblico de *Hijo de hombre.* Sin embargo, hay que subrayar el origen ecuatoriano de estos mismos aspectos y de otros: *Juyungo,* de Adalberto Ortiz; *Los Sangurimas,* de José de la Cuadra, y *Don Goyo* y *La isla virgen,* del propio Demetrio Aguilera Malta.

"RÉQUIEM PARA EL DIABLO", DE DEMETRIO AGUILERA MALTA[5]

Aguilera Malta publicó en 1967 el drama *Infierno negro*, que tres años después fue estrenado en Guadalajara, México. Esta obra que, según Gerardo Luzuriaga, representa la "culminación de la modalidad expresionista" del autor, ahora se ha convertido en una novela. Para los que no conozcan *Infierno negro*, *Réquiem para el diablo* es una protesta en contra de la discriminación racial, en contra del capitalismo y en contra de los males de la modernización. La forma es totalmente experimental con personajes caricaturescos, con alternación de distintos planos temporales y espaciales y con cambios del punto de vista narrativo dentro de la misma oración como en *El otoño del patriarca*, de García Márquez.

El protagonista Hórridus Nabus es un ex catedrático que abandonó la universidad por el deseo de enriquecerse mediante invenciones verdaderamente extraordinarias. Para resolver el problema del aire contaminado, inventa el airómetro, que mide el consumo de aire per cápita con un yelmo que permitirá a los ricos pagar por respirar aire puro. Para resolver el problema de los conflictos raciales, inventa una fábrica kafkiana de embutidos hechos de la carne de los negros. Si el inventor es una aberración individual, quienes lo estimulan son tipos representativos de la sociedad capitalista. Parecidos a los personajes grotescos de los cuadros de Fernando Botero, los cuatro Notables de Nylónpolis son: Mater Salamandra, la Ballena, la Macropanza, la vaca con aftosa; el General Pim-Pam-Pum, el esplendoroso general, el Uniformado; el banquero Creso Topo, y Arácnido Mefítico, el Industrial. Su cómplice es el publicista Feto Eunuco, Andrógino, Pico de Rubí. El único que se opone a los planes de los mandamases es el idealista Ariel Bizarro, encadenado en una jaula hasta las últimas páginas de la novela, cuando se escapa y encabeza una sublevación que acaba con los Notables. Al mismo tiempo, los cuatro negros atléticos, que siempre hablan en versos de una gran variedad internacional de poetas de la negritud (Nicolás Guillén, Palés Matos, Jorge de

---

[5] Reseña publicada en *Explicación de Textos Literarios*, 9, 1 (1980-1981), 85.

Lima, Langston Hughes, Léopold Senghor, Aimé Césaire, etc.) enjuician al inventor y lo condenan al Infierno Negro.

Aunque hay muchas semejanzas entre la obra dramática y la novela, ésta se actualiza con la introducción de un par de capítulos sobre los efectos del petróleo y la presentación del nuevo personaje Magnus Skatos (115), representante de las empresas trasnacionales. Con la construcción del oleoducto "que le dará la vuelta al mundo" (135), llegará la gran prosperidad, reflejo de la tremenda transformación de Quito en la década de los setenta. Habrá tantos pesos que podrán emplearse para empapelar las casas. Entretanto, los habitantes de Nylónpolis se vuelven transparentes, la ciudad se deseca y los edificios están cada vez más altos.

Por mucho que se pierdan los aspectos teatrales del drama en la novela, *Réquiem para el diablo* atestigua el vigor continuo del autor de *Don Goyo*, quien celebró el año pasado sus bodas de oro de escritor.

XVI. El Perú

LA GUERRA CONTRA EL FANATISMO: "LA GUERRA DEL FIN DEL MUNDO", DE MARIO VARGAS LLOSA[1]

> Todo resulta fácil si uno es capaz de identificar el mal o el bien detrás de cada cosa que ocurre [361].

"La guerra del fin del mundo" (1981), la mejor novela de Mario Vargas Llosa, termina con las palabras "Yo lo vi".[2] Esas palabras pronunciadas por una vieja esquelética, se refieren a los arcángeles que subieron al cielo al ex cangaçeiro João Abade. Por lo tanto, constituyen una muestra más de la fe ciega engendrada entre los pobres y los lisiados por el profeta Antonio Consejero, líder de la rebelión de Canudos contra el gobierno brasileño a fines del siglo XIX en la paupérrima zona rural del Noreste. Además, esas palabras de la vieja esquelética recuerdan intertextualmente a los esclavos negros haitianos de *El reino de este mundo*, que "ven" la transformación de su líder místico Macandal en un "mosquito zumbón",[3] y de la familia de Remedios la Bella en *Cien años de soledad* que "ven" su subida al cielo. De un modo parecido aun los corresponsales urbanos y "civilizados" mandados a cubrir la rebelión también ven lo que quieren ver: "—Podían ver pero sin embargo no veían. Sólo vieron lo que fueron a ver. Aunque no estuviese allí. No eran uno, dos. Todos encontraron pruebas flagrantes de la conspiración monárquico-británica" (394).

En el primer párrafo de la novela el narrador omnisciente revela sus propias limitaciones al describir al profeta rebelde: "era imposible saber

---

[1] Este estudio se publicó en mi libro *La Nueva Novela Histórica de la América Latina, 1979-1992*, México: Fondo de Cultura Económica, 1993. Otra versión anterior se publicó en *Cuadernos Americanos*, 28 (julio-agosto de 1991), 50-62.
[2] Véase mi estudio "Ver para no creer: *El otoño del patriarca*", p. 44 de este libro. Este uso anafórico-"oximorónico" del verbo "ver" puede haberse originado en "La muerte y la brújula" (146) y "El sur" (183), de Borges, *Ficciones,* Buenos Aires: EMECÉ, 1968.
[3] Alejo Carpentier, *El reino de este mundo,* Santiago de Chile: Orbe, 1972, 50.

su edad, su procedencia, su historia" (15). Al mismo tiempo, hay que reconocer esta limitación como un truco técnico que sirve para revestir al profeta de una capa misteriosa. Digo que es un truco porque en la obra brasileña *Os sertões*, de Euclides da Cunha, que sirvió de punto de partida para Vargas Llosa, sí se dan los antecedentes del Consejero, tanto de sus antepasados como de sus propias experiencias antes de emprender su misión antirrepublicana.[4] A la vez, los discípulos del Profeta sí se presentan con sus antecedentes en la novela de Vargas Llosa, lo que no ocurre en la obra brasileña.

Como el héroe de la novela de Vargas Llosa es el periodista miope y anónimo, el motivo recurrente de la vista también refleja la visión de mundo magicorrealista de Borges y de García Márquez[5] proyectada por toda la novela de que no hay una sola verdad absoluta, no hay una sola interpretación verdadera de la historia o de la realidad; en fin, que la realidad es inconocible. Este punto de vista también coincide con el de la época posmoderna y con los conceptos de lo dialógico y lo polifónico de Bajtín.

Si la realidad es inconocible, razón de más para condenar el fanatismo, no sólo del profeta Antonio Consejero y todos sus discípulos, sino también de su contrincante principal y de otros personajes. Así es que el tema de toda la novela es la condena del fanatismo, lo que se confirma con afirmaciones recientes de Vargas Llosa respecto a otras manifestaciones del fanatismo.

La respuesta de Vargas Llosa a la sentencia de muerte proclamada por el ayatolá Jomeini contra Salman Rushdie por su novela *The Satanic Verses (Los versos satánicos)* se publicó en el *New York Times Book Review* el 12 de marzo de 1989 y es una reafirmación explícita del tema de su novela de 1981:

---

[4] Euclides da Cunha, *Os sertões*, São Paulo: Cultrix, 1973, 120-139.

[5] En una entrevista con Ricardo Setti, Vargas Llosa expresó en 1986 su preferencia por Borges —de entre todos los escritores latinoamericanos— a causa de su gran originalidad, su imaginación, su cultura y su lenguaje preciso y conciso *(Conversas com Vargas Llosa,* São Paulo: Editora Brasiliense, 1986, 17). Véase también la conferencia de Vargas Llosa en Syracuse University, "An invitation to Borges's Fiction", publicada en Mario Vargas Llosa, *A Writer's Reality* (Ed. Myron I. Lichtblau, Syracuse: Syracuse University Press, 1991, 1-20). Su admiración por el novelista García Márquez se conoce en el mundo de las letras por lo menos desde el famoso encuentro de Caracas en agosto de 1967 y la publicación en 1971 de su tesis doctoral *García Márquez: historia de un deicidio,* hasta el también famoso encuentro pugilístico un lustro después en México.

Pienso muchísimo en ti y en lo que te ha sucedido. Me solidarizo totalmente con tu libro y me gustaría compartir contigo este asalto sobre el racionalismo, la razón y la libertad. Los escritores deberíamos unirnos en este momento muy crítico para la libertad de creación. Creíamos que se había ganado esta guerra hace mucho tiempo pero no fue así. En el pasado fueron la Inquisición católica, el fascismo, el estalinismo; ahora se trata del fundamentalismo musulmán y probablemente habrá otros. Las fuerzas del fanatismo siempre estarán allí. El espíritu de la libertad siempre será amenazado por la irracionalidad y la intolerancia, que están aparentemente arraigadas en la profundidad del corazón humano.[6]

En un nivel más personal, la condena del fanatismo en el Brasil de fines del siglo XIX por Vargas Llosa también se dirige contra los extremistas izquierdistas de la América Latina que no pierden oportunidad de denunciarlo, sobre todo desde 1971, por su crítica del gobierno cubano por haber limitado la libertad de expresión artística.[7] Aunque Vargas Llosa lleva años criticando a los guerrilleros del Sendero Luminoso,[8] hay que constatar que éstos no surgieron hasta 1980 y, por lo tanto, lo más probable es que no le hayan inspirado directamente la novela publicada en 1981. El hecho de que Vargas Llosa fuera un candidato presidencial a partir del otoño de 1988, apoyado por una coalición de partidos centristas que defienden la propiedad privada, refuerza la analogía entre el pasado brasileño y el presente peruano.

La condena del fanatismo en la novela, cuya importancia no ha sido suficientemente señalada por la mayoría de los críticos,[9] se complementa

---

[6] Carlos Fuentes publicó una carta muy semejante en el *Los Angeles Times* del 1º de abril de 1992, B 11.

[7] Como tantos intelectuales latinoamericanos, Vargas Llosa apoyó con gran entusiasmo la Revolución cubana en sus primeros años, pero siempre abogando por el derecho del intelectual y su deber de criticar al socialismo con el fin de mejorarlo. Sin embargo, a partir de 1967 el gobierno cubano lo considera *persona non grata* por su polémica pública con Haydée Santamaría, directora de la Casa de las Américas, y por su disidencia con el gobierno cubano en cuanto a la invasión soviética de Checoslovaquia en agosto de 1968 y al caso Padilla entre 1968 y 1971. Véase Menton, *Prose Fiction of the Cuban Revolution* (146, 153-156), y Vargas Llosa, "The Author's Favorite of His Novels" ("La propia novela predilecta de Vargas Llosa") y "Transforming a Lie into Truth" ("Transformando una mentira en la verdad"), en *A Writer's Reality*.

[8] En una entrevista de 1986 con Raymond L. Williams, Vargas Llosa se refiere al Sendero Luminoso en términos de "violencia abstracta, terror ciego" (Williams, "The Boom Twenty Years Later: An Interview with Mario Vargas Llosa", en *The Boom in Retrospect: A Reconsideration*, Yvette E. Miller y Raymond L. Williams (comps.), número especial de *Latin American Literary Review*, 15, 29, enero-junio de 1987, 205). Véase también Vargas Llosa, "Inquest in the Andes", *The New York Times Magazine,* 31 de julio, 1983, 18 ss.

[9] Entre los estudios más valiosos sobre la novela, el de Raymond Souza *(La historia en la*

con el elogio de la flexibilidad, del cambio, de la objetividad y de la relatividad, elogio que va acompañado de la subversión de ciertos estereotipos.

Los cuatro fanáticos principales se identifican con distintas formas del fuego, mientras el flexible barón de Cañabrava se simboliza con el camaleón sin las connotaciones negativas tradicionales. El Profeta tenía los "ojos incandescentes" (16), "ojos ígneos" (32) y "la cabeza de hirvientes cabellos color azabache" (16) y hablaba a los suyos "del cielo y también del infierno, la morada del Perro, empedrada de brasas y crótalos" (17). Cita, además, las palabras bíblicas: "¡Vine para atizar un incendio!" (91). Después advierte que "el fuego va a quemar este lugar" (152) y que "habrá cuatro incendios" (152), palabras éstas recordadas hacia el final por León de Natuba, escribiente del Profeta (513). Como declaración de guerra contra el gobierno republicano, el Profeta manda quemar los decretos de secularización de 1889. Desde luego que el motivo recurrente del fuego se nutre de las sequías de la región, de la frecuente mención de las fogatas y de los fuegos artificiales y del uso metafórico de verbos como "llamear" (16), "enardecerse" (57), "chispear" (253) y "carbonizarse" (267).

Igualmente fanático es el coronel Moreira César, defensor incondicional de la República, mandado por el gobierno a acabar con la rebeldía de Canudos. Había aplastado "con mano de hierro" (146) todas las sublevaciones que hubo en los primeros años de la República y defendía "en ese

novela hispanoamericana moderna, Bogotá: Tercer Mundo, 1988) es el que más se aproxima a señalar la importancia del fanatismo. Reconoce la relación entre la novela y los guerrilleros del Sendero Luminoso (69); señala la condena del fanatismo y la evolución positiva del Barón; pero no identifica la condena del fanatismo como el eje estructurante de toda la novela. Ángel Rama *("La guerra del fin del mundo,* una obra maestra del fanatismo artístico", *Eco,* 246, abril de 1982, 600-640) discute con gran amplitud la ideología de la novela sin aludir a su aplicación a la actualidad peruana. José Miguel Oviedo, en su estudio "Vargas Llosa en Canudos: versión clásica de un clásico" *(Eco,* 246, abril de 1982, 641-664), reconoce los grandes aciertos de la novela pero no destaca debidamente el papel positivo del Barón. Jorge Ruffinelli ("Vargas Llosa: Dios y el diablo en la tierra del sol", en *La escritura invisible,* Xalapa: Universidad Veracruzana, 1986, 98-109) elogia mucho el valor artístico de la novela pero también critica la ideología antirrevolucionaria de Vargas Llosa sin reconocer la importancia del barón de Cañabrava: la novela "nunca logra dar una visión amplia y comprensiva de lo que es un movimiento de liberación en busca de su propia libertad y su autonomía" (108). Antonio Cornejo Polar *("La guerra del fin del mundo:* sentido [y sin-sentido] de la historia", *Hispamérica,* 31, 1982, 3-14), también desde la izquierda, critica la novela por su ideología antirrevolucionaria. Raymond L. Williams *(Mario Vargas Llosa,* Nueva York: Ungar, 1986) identifica el fanatismo como "uno de los factores que motivan a los personajes [...] aunque no es el principal" (150). Alfred MacAdam ("Euclides da Cunha y Mario Vargas Llosa: meditaciones intertextuales", *Revista Iberoamericana,* 126, enero-marzo de 1984, 157-164) pregunta por qué Vargas Llosa se interesó en un brasileño cuando todas sus novelas anteriores versan sobre temas peruanos; pero en vez de contestar a su propia pregunta, explora la intertextualidad del tema del escritor y la lucha épica.

periódico incendiario, *O Jacobino,* sus tesis en favor de la República dictatorial, sin parlamento, sin partidos políticos" (146). Llega a encargarse del mando de las tropas en "la atmósfera ardiente" (147) de Queimadas; tiene "unos ojitos que echan chispas" (146), habla "en un tono encendido" (147), monta un caballo blanco y los rebeldes lo llaman "cortapescueço". En una escena que recuerda la de "La fiesta de las balas", de Martín Luis Guzmán —en que Rodolfo Fierro se acuesta en un pesebre después de ejecutar personalmente a 300 soldados prisioneros—, el coronel Moreira César manda degollar a dos prisioneros y "en el acto, parece olvidar la ejecución. Con andar nervioso, rápido, se aleja por el descampado, hacia la cabaña, donde le han preparado una hamaca" (191). Aun después de ser mortalmente herido, Moreira César parece literalmente resucitar —el médico dice: "Tiene el vientre destrozado [...] Mucho me temo que [...] Dudo, incluso, que recobre el sentido" (305)—, para insistir en que el periodista miope apunte su oposición a la decisión de sus subalternos de retirarse.

La equivalencia del fanatismo de los dos contrincantes se subraya con la frase "el Can contra Canudos" (177), en que "can", o sea "perro", el equivalente a "diablo", es el epíteto usado por los rebeldes para referirse al gobierno. Los pitos de madera usados por los rebeldes a través de toda la novela para amedrentar a los soldados se asocian con éstos en sólo dos ocasiones, pero el efecto junguiano/borgeano queda claro: todos los hombres son uno, hasta los peores enemigos. En la oración inicial de la tercera parte, no es por casualidad que se anuncie la llegada del coronel Moreira César con el sonido del pito: "El tren entra pitando en la estación de Queimadas" (143). Más adelante el periodista miope se desvela pensando en los centinelas del gobierno que "se comunicarán mediante silbatos" (250).

En un plano más grande se borran las diferencias entre el gobierno republicano y los rebeldes de Canudos como representantes de la lucha entre la civilización urbana y la barbarie rural. Los motines en Río de Janeiro y en São Paulo, que estallan después de la derrota de Moreira César y que culminan en la muerte violenta del monarquista moderado, simpático y políticamente ingenuo, Gentil de Castro, son para el Barón tan absurdos como lo peor de la violencia rural. Cuando el periodista trata de dar una explicación lógica y racional de lo que sucedió en las ciudades, el Barón exclama: "—¿Lógico y racional que la multitud se vuelque a las calles a destruir periódicos, a asaltar casas, a asesinar gentes incapaces de señalar en el mapa dónde está Canudos, porque unos fanáticos derrotan a una expedición a miles de kilómetros de distancia? ¿Lógico y racional eso?" (361).

El tercer protagonista fanático de la novela es el frenólogo y anarquista escocés Galileo Gall. Más simpático que los dos anteriores, Gall es igualmente fanático y también se identifica con el fuego. No es por casualidad que tenga "una enrulada cabellera rojiza" (18), "cabellos encendidos" (19) y "una barbita rojiza" (19). Su padre propagaba las ideas de Proudhon y Bakunin de que "la propiedad es el origen de todos los males sociales y que el pobre sólo romperá las cadenas de la explotación y el oscurantismo mediante la violencia" (24). Gall había estado en la cárcel "acusado de complicidad en el incendio de una iglesia" (25). Peleó en la Comuna de París en 1871 y colaboraba en un periódico de Lyon llamado *L'Étincelle de la révolte* (La chispa de la rebelión) (125). Por sus experiencias revolucionarias, "fogueado en las luchas políticas" (74), cree que podría ayudar a los rebeldes de Canudos, a pesar del fanatismo religioso de éstos. O sea que para Gall, su carácter de "combatiente de la libertad" (19) predomina sobre su anticlericalismo. Es tan fanático en su idealismo revolucionario que cree que el sexo distrae al hombre de su compromiso político. Cuando se deja tentar por Jurema, después de unos diez años de abstinencia, no lo puede comprender y su única explicación, siempre con el motivo ígneo, es que "la ciencia es todavía un candil que parpadea en una gran caverna en tinieblas" (108).

Tal como las fuerzas fanáticas de los rebeldes de Canudos se enfrentan en la tercera parte de la novela a la tercera expedición militar dirigida por el fanático coronel Moreira César, en la misma tercera parte se enfrenta el fanático anarquista Gall al esposo de Jurema, el guía Rufino, quien hace las veces del cuarto fanático destacado de la novela. Mientras la primera y la tercera sección de cada capítulo se enfocan respectivamente en Moreira César y en el Profeta y sus discípulos, la segunda y la cuarta sección se centran respectivamente en Gall y en Rufino. En los dos conflictos, los contrincantes poco a poco se van acercando el uno al otro, y cuando acaban por encontrarse, las luchas intensas y prolongadas están envueltas respectivamente en pólvora y en lodo para borrar las diferencias entre los enemigos a muerte. En todavía otro ejemplo del concepto arquetípico de que todos los seres humanos son uno, y en casi un reflejo exacto, intertextual, de la lucha mortal entre Arturo Cova y Narciso Barrera en *La vorágine*, Gall y Rufino "agonizan abrazados, mirándose. Jurema tiene la impresión de que las dos caras, a milímetros una de la otra, se están sonriendo" (293-294).

Rufino, sin embargo, se distingue de los otros tres fanáticos en que Vargas Llosa, al igual que García Márquez en *Crónica de una muerte anunciada,* no está condenando tanto al fanático individual como al código matrimonial fanático de la América Latina. Rufino se siente presionado por sus prójimos a limpiar su honor tanto matando a su esposa Jurema —porque fue violada por Gall— como abofeteando a éste antes de matarlo o en el mismo acto de matarlo. El amigo Caifás le dice a Rufino: "La muerte no basta, no lava la afrenta. La mano o el chicote en la cara, en cambio, sí. Porque la cara es tan sagrada como la madre o la mujer" (184). Caifás hasta se niega a cumplir la orden de Epaminondas de matar a Gall porque, según el código de honor, sólo el marido ofendido tiene la obligación de matar al violador lo mismo que a la mujer "infiel". Sólo en el caso de que se muriera el marido ofendido, le tocaría al amigo matar a los dos ofensores. También la madre de Rufino, a pesar de ser "una anciana esquelética, fruncida, de mirada dura" (159), se siente tan deshonrada que tiene que abandonar su tienda de velas y objetos religiosos en Queimadas para emprender el viaje largo y difícil a Canudos.

Rufino incendia su casa mancillada y cuando acaba por alcanzar a Gall, se le convierten los ojos en "brillos azogados" (282). Gall se defiende, pero su propia fe ciega en el anarquismo le impide comprender el fanatismo de Rufino. En vez de matar a su enemigo, trata de razonar con él: "—No soy tu enemigo, tus enemigos son los que tocan esas cornetas. ¿No las oyes? Eso es más importante que mi semen, que el coño de tu mujer, donde has puesto tu honor, como un burgués imbécil" (283). Por supuesto que Rufino es incapaz de comprender las palabras de Gall tal como éste es incapaz de comprender el código de honor de Rufino. Una vez más, la víctima Jurema, aunque está totalmente familiarizada con el código de honor local, dirige las siguientes palabras a su marido ya muerto: "'Ya le pusiste la mano en la cara, Rufino', piensa Jurema. '¿Qué has ganado con eso, Rufino? ¿De qué te sirve la venganza si has muerto, si me has dejado sola en el mundo, Rufino?'" (294).

Frente a los cuatro fanáticos principales se opone el barón de Cañabrava, simbolizado por el camaleón. Hacendado rico, cacique político, ex ministro bajo el Imperio y ex embajador ante la Gran Bretaña, el Barón llega a ser el coprotagonista de la novela, opacado sólo por el periodista miope, quien a veces se convierte en el portavoz ideológico de Vargas

Llosa. También es el mejor ejemplo del afán del autor por desmentir ciertos estereotipos latinoamericanos. En la tercera parte de la novela, mientras las parejas de fanáticos se matan en las secciones A, B, C y D —la designación de las letras mayúsculas es mía— de cada capítulo, se crea una quinta sección (E), que no existía en la primera parte ni en la segunda, para subrayar la tranquilidad racional del Barón aun frente a los encuentros provocativos con cada uno de los cuatro fanáticos: Moreira César, Gall, Rufino y el representante del Consejero, Pajeú, el de la cicatriz incandescente: "la cicatriz parece incandescente, irradia ondas ardientes hacia su cerebro" (373). Antes, recién regresado de Europa, el Barón había escuchado con escasa atención las malas noticias políticas de sus colegas porque estaba más preocupado por encontrar a su camaleón: "un animal con el que se había encariñado como otros con perros o gatos" (164-165). Momentos después, el Barón critica al coronel Moreira César por fanático: "era un fanático y, como todos los fanáticos, peligroso" (165). Luego el Barón sorprende a los suyos declarando tranquilamente su disposición a transigir con el coronel ofreciéndole el apoyo de su Partido Autonomista. Justifica su decisión con uno de los axiomas principales de la política: "para defender los intereses de Bahía hay que seguir en el poder y para seguir en el poder hay que cambiar de política, al menos por el momento" (167).

No obstante, no es su astucia política sino su compasión humana y su propio sufrimiento que contribuyen a la destrucción o por lo menos a la modificación del estereotipo latinoamericano del rico hacendado desalmado. Como padrino de boda del guía Rufino y Jurema, ex criada de su esposa, el Barón se siente obligado a otorgar a Rufino el permiso tradicional de matar a su esposa por su "infidelidad" con Galileo Gall. De lo que Rufino le refiere, el Barón se da cuenta del truco de su enemigo político Epaminondas de matar a Gall para "comprobar" que el gobierno británico respaldaba la rebelión de Canudos porque quería restaurar la monarquía en el Brasil. A pesar de esta revelación, el Barón está más preocupado por la situación de Jurema y las consecuencias para su propia esposa. El hecho de que los siguientes renglones cierren el capítulo comprueba que el autor está dispuesto a cuestionar la validez del estereotipo: "pero a pesar de lo extraordinario del descubrimiento que había hecho, no pensaba en Epaminondas Gonçalves, sino en Jurema, la muchacha que Rufino iba a matar, y en la pena que su mujer sentiría si lo llegaba a saber" (189).

Durante la visita del fanático coronel Moreira César a su hacienda, la humanidad del Barón sigue creciendo. Su esposa le explica al coronel que los esclavos del Barón "fueron libertados cinco años antes de la ley" (210). A pesar de que el Barón permite que el médico trate las convulsiones de Moreira César en su casa, éste se despide afirmando: "usted y yo somos enemigos mortales, nuestra guerra es sin cuartel y no tenemos nada que hablar" (211). El mantener la tranquilidad frente a esta provocación —"Le agradezco su franqueza" (212)—, otra vez, al fin del capítulo, enaltece más al Barón.

En el capítulo siguiente, como una especie de paralelismo, el Barón se encuentra con otros dos fanáticos: Galileo Gall quien, vivo, podría desmentir la acusación de Epaminondas, y el ex yagunzo Pajeú, devoto del Consejero. Pajeú le revela al Barón su misión de quemar la hacienda, pero permitiendo que éste y los suyos escapen. Sabiendo que la resistencia sería inútil, el Barón reconoce su impotencia ante los fanáticos lamentando a la vez su predominio: "no, nunca comprendería. Era tan vano tratar de razonar con él, con Moreira César o con Gall. El Barón tuvo un estremecimiento; era como si el mundo hubiera perdido la razón y sólo creencias ciegas, irracionales, gobernaran la vida" (238). Con la mayor preocupación por su esposa Estela, el Barón sacrifica su carrera política permitiendo que Gall salga de su casa en busca de Canudos. Dándose cuenta del tremendo fanatismo de la gente de Canudos, propone un acomodo con los republicanos (272). A Epaminondas hasta le ofrece apoyar su candidatura con la sola condición de "que no se toquen las propiedades agrarias ni los comercios urbanos" (330).

Para convencer a Epaminondas de que acepte el pacto, el Barón alude implícitamente al Perú actual de Vargas Llosa:

> Hay que hacer las paces, Epaminondas. Olvídese de las estridencias jacobinas, deje de atacar a los pobres portugueses, de pedir la nacionalización de los comercios y sea práctico. El jacobinismo murió con Moreira César. Asuma la Gobernación y defendamos juntos, en esta hecatombe, el orden civil. Evitemos que la República se convierta, aquí, como en tantos países latinoamericanos, en un grotesco aquelarre donde todo es caos, cuartelazo, corrupción, demagogia... [332].

En el primer capítulo de la cuarta parte de la novela, el Barón llega a protagonizar por primera vez la primera sección. En los capítulos anteriores siempre aparecía en la última sección. Retirado de la política y amargado por la locura de su esposa, el Barón sigue identificándose con el camaleón. Accede a la petición del periodista miope de volver a trabajar en su periódico perdonándolo por haber pasado antes al periódico de su enemigo Epaminondas: "Lo hago por el camaleón" (339).

La conversión del Barón en cohéroe de la novela se refuerza, por paradójico que sea, con su violación de Sebastiana, criada devota y lesbiana,[10] de su esposa Estela, ¡en presencia de ésta! O sea que para rematar su guerra contra el fanatismo, Vargas Llosa escoge atrevidamente uno de los abusos más comunes y más reprensibles del hacendado arquetípico, y *en esta situación particular* lo cuestiona. Aunque desde el punto de vista de la criada, nunca deja de ser una violación puesto que ni todas las palabras ni todos los gestos delicados ni todas las caricias eróticas del Barón logran vencer su miedo y su resistencia, Vargas Llosa parece justificar esta violación. Desde el principio de la escena se recalca el amor del Barón por su esposa enloquecida: "Sólo ella importa" (500). Cuando ella aparece y observa lo que está pasando, "no parecía asustada, enfurecida, horrorizada, sino ligeramente intrigada" (505). Incluso, "ese volcarse afuera, ese interesarse en algo ajeno" (505) puede indicar el comienzo de la recuperación de la razón. Agradecido por la actitud de su esposa, el Barón le besa los pies y la mano. Enardecido otra vez, el Barón consuma la violación de la criada mientras la esposa sentada en el borde de la cabecera de la cama, "tenía siempre las dos manos en la cara de Sebastiana, a la que miraba con ternura y piedad" (507). El episodio se cierra con una escena de éxtasis *casi* total: el Barón se despierta en la cama de Sebastiana; observa con "ternura, melancolía, agradecimiento y una vaga inquietud [507] a Sebastiana y a Estela dormidas en la de ésta; observa "la bahía encendida por el naciente sol" (507); pero con los prismáticos de Estela observa cómo "las gentes de las barcas no estaban pescando sino echando flores al mar [...] y, aunque no podía oírlo —el pecho le golpeaba con fuerza—, estuvo seguro que esas gentes estaban también rezando y acaso cantando" (508). Los pescadores habían descubierto milagrosamente el lugar de la bahía donde los oficiales del gobierno echaran secretamente la cabeza del Consejero. Como la escena de la violación va precedida de una descripción relativa-

---

[10] Aunque la relación entre las dos mujeres nunca se identifica explícitamente como lesbiana, el autor no deja mucho lugar a dudas. El Barón recuerda lo celoso que se sentía en los primeros años de su matrimonio y cómo insistía Estela en no despedir a Sebastiana: "que si Sebastiana partía, partiría ella también" (295). Antes de la escena de la violación, el Barón recuerda que Sebastiana resentía el cariño con que Estela había tratado a Jurema (472). Durante la misma violación, el Barón le dice a su esposa: "—Siempre quise compartirla contigo, amor mío" (506).

mente larga del "festín de buitres" (502) después de la caída de Canudos, la implicación es que el Barón jamás podrá borrar de su memoria los sucesos de Canudos.

La interpretación positiva de este episodio respecto al Barón se refuerza aún más teniendo en cuenta que él había aceptado antes la relación aparentemente lesbiana entre su esposa y su criada: "Y se preguntó si Adalberto hubiera consentido en su hogar una complicidad tan estrecha como la de Estela y Sebastiana" (296). Otros refuerzos de la interpretación positiva de este episodio surgen de las relaciones entre el Barón y otros dos personajes. Antes de emprender la violación de Sebastiana, el Barón recuerda el "voto de castidad" (503) del anarquista fanático Galileo Gall: "'He sido tan estúpido como él', pensó. Sin haberlo hecho, había cumplido un voto semejante por muchísimo tiempo, renunciando al placer, a la felicidad, por ese quehacer vil que había traído desgracia al ser que más quería en el mundo" (503). El Barón rechaza entonces la abstinencia sexual del fanático Gall para seguir el ejemplo del periodista miope, quien le había hablado "afiebrado del amor y del placer: 'Lo más grande que hay en el mundo, Barón, lo único a través de lo cual puede encontrar el hombre cierta felicidad, es saber lo que llaman felicidad'" (502).

Sin embargo, existe una diferencia fundamental entre los dos actos sexuales/amorosos: el del periodista es recíproco, el único ejemplo en la novela de una mujer que goza físicamente del sexo: "Su terror se volvió júbilo mientras abrazaba a esa mujer que lo abrazaba con la misma desesperación. Unos labios se juntaron a los suyos, no se apartaron, respondieron a sus besos" (458-459). Mientras el personaje central de esta cita es el periodista, los sentimientos de Jurema se refuerzan al principio mismo de la sección C del capítulo siguiente, siendo ella la protagonista: "Abrió los ojos y seguía sintiéndose feliz, como la noche pasada, la víspera y la antevíspera, sucesión de días que se confundían hasta la tarde en que, después de creerlo enterrado bajo los escombros del almacén, halló en la puerta del santuario al periodista miope, se echó en sus brazos y le oyó decir que la amaba y dijo que ella también lo amaba" (485). Aunque se podría afirmar que el Barón, al violar a Sebastiana, la identifica con su esposa y en realidad está haciéndole el amor a su esposa —antes el Barón había observado que Sebastiana "seguía siendo una mujer de formas duras y bellas, admirablemente conservadas. 'Igual que Estela', se dijo" (295)—, en ningún momento experimenta Sebastiana o Estela un placer sexual.

El episodio de la violación también tiene que considerarse dentro del contexto de la cuarta parte de la novela donde el amor hasta puede humanizar a los personajes más bestializados por la guerra. Tal como el Barón percibe la realidad a través del filtro de sus preocupaciones tiernas por su esposa, Pajeú no puede dejar de pensar en Jurema durante el largo episodio en que realiza la emboscada de las tropas federales. Jurema constituye su primer amor y gracias a ella "descubrió que no estaba seco por dentro" (415). Otras dos variantes del amor también llegan a predominar en los pensamientos de otros personajes en la cuarta parte: el amor de João Abade por Catarina (cuyos padres él había matado antes de convertirse en discípulo del Consejero) a pesar de la incapacidad de ella de corresponder a sus deseos sexuales y la actitud abusiva del sargento Fructuoso Medrado hacia la esposa de uno de sus soldados.

Aunque el fanatismo puede ceder de vez en cuando su primacía temática al amor en la cuarta parte de la novela, no deja de reforzarse tanto directa como indirectamente. Por mucho que se condene el fanatismo de la sublevación de Canudos a través de toda la novela, el enfoque periódico y sistemático de los sucesos por los ojos de "los de abajo" no puede menos que despertar compasión y admiración en el lector.[11] Para impedir que esta reacción natural de los lectores barriera con el mensaje ideológico de la novela, Vargas Llosa subraya en los dos últimos capítulos los extremos a los cuales los fanáticos pueden llegar. Durante los momentos agónicos del Consejero, el Beatito se convence a sí mismo y a los demás del carácter santo de los orines y del excremento del Profeta incontinente:

> Había algo misterioso y sagrado en esos cuescos súbitos, tamizados, prolongados, en esas acometidas que parecían no terminar nunca, acompañadas siempre de la emisión de esa aguadija. Lo adivinó: "Son óbolos, no excremento". Entendió clarísimo que el Padre, o el Divino Espíritu Santo, o el Buen Jesús, o la Señora, o el propio Consejero querían someterlos a una prueba. Con dichosa inspiración se adelantó, estiró la mano entre las beatas, mojó sus

---

[11] Aunque la biografía del Consejero por Cunninghame Graham presenta una visión mucho más negativa de los rebeldes y de su jefe que Vargas Llosa, él tampoco puede reprimir cierta compasión por ellos: "En fin, es imposible simpatizar algo con los sectarios mal dirigidos, puesto que no querían más que seguir viviendo la vida a la cual estaban acostumbrados y cantar sus letanías. En realidad, Antonio Conselheiro no tenía ninguna opinión sobre nada que no estuviera dentro de su distrito. Sus sueños se concentraban en un mundo mejor y su preocupación principal era preparar a los suyos para el cambio que creía que había de suceder pronto" (173).

dedos en la aguadija y se los llevó a la boca, salmodiando: "¿Es así como quieres que comulgue tu siervo, Padre? ¿No es esto para mí rocío?" Todas las beatas del Coro Sagrado comulgaron también, como él [479].

Después de la muerte del Profeta ocurren otros ejemplos de comportamiento fanático. El León de Natuba respeta los deseos de una madre agónica: que las ratas no coman el cadáver de su niño, penetrando con éste el muro de llamas: "—Yo lo llevo, yo lo acompaño. Ese fuego me espera hace 20 años, madre" (516). Después de que el Beatito pide una tregua para salvar a los viejos, a los niños y a las mujeres encinta, llega João Abade y, convencido de que los soldados les van a cortar el pescuezo, les dispara para que no sean deshonrados (519). La secuela a este episodio es una condena todavía más fuerte del fanatismo. Cuando la esposa de Antonio Vilanova critica la conducta de João Abade, atribuyéndola a una regresión a su carácter preconverso de João Satán, Antonio, quizá el más normal de todos los discípulos del Profeta,[12] la amenaza de muerte: "—No quiero oírte decir eso nunca más —murmuró, despacio, Antonio Vilanova—. Eres mi mujer desde hace años, desde siempre. Hemos pasado todas las cosas juntos. Pero si te oigo repetir eso, todo se acabaría. Tú te acabarías también" (521).

Además de estas condenas directas de los fanáticos de Canudos en la cuarta parte, otros dos fanáticos de la tercera parte, el coronel Moreira César y Rufino, llegan a parecer aún más fanáticos en la cuarta parte por el contraste con sus "sucesores" respectivos, el general Artur Oscar y el ex bandido Pajeú. El general Artur Oscar, líder de la cuarta expedición del gobierno en contra de los rebeldes de Canudos y el de rango más alto (los anteriores eran un teniente, un mayor y un coronel), se retrata como una versión más humanizada del oficial militar. Está profundamente preocupado por las bajas entre sus tropas. En contraste con la oposición agónica del coronel Moreira al retiro, el general Oscar manda suspender uno de los ataques finales en contra de Canudos a pesar de las protestas airadas de algunos de sus oficiales: "—¡Pero si la victoria está al alcance de la mano, excelencia!" (460). Escucha con verdadera compasión huma-

---

[12] La amenaza de Antonio de matar a su esposa en este momento es aún más asombrosa cuando se tiene en cuenta que antes él había sentido compasión por los soldados contra quienes disparaba: "¿Cómo es posible que le inspiren piedad quienes quieren destruir Belo Monte? Si, en este momento, mientras los ve desplomarse, los oye gemir y los apunta y los mata, no los odia: presiente su miseria espiritual, su humanidad pecadora, los sabe víctimas, instrumentos ciegos y estúpidos, atrapados en las artes del Maligno" (442-443).

na la confesión del joven médico practicante quien se dejó convencer por el teniente Pires, horriblemente herido, de que debía matarlo. El general Artur Oscar siente una tremenda fascinación por los fuegos artificiales y hasta se instala en la que fue la casa de Antonio Fogueteiro, el fabricante y perito, discípulo del Consejero. Aunque los fuegos artificiales tienen que considerarse una variante del motivo recurrente del fuego, símbolo del fanatismo a través de toda la novela, en este caso los fuegos artificiales sirven para establecer una ligazón con la niñez del General, con el fin de humanizarlo aún más. No todos los oficiales militares están presentados a la imagen del estereotipo ni todos los católicos son fanáticos. El general Oscar, "creyente devoto, cumplidor riguroso de los preceptos de la Iglesia" (462), y quien no ha avanzado tan rápidamente como debía en el ejército de la República porque no renunció al catolicismo para hacerse masón, se siente confundido y apenado por las actividades religiosas del Consejero y sus discípulos. Sin embargo, su falta de fanatismo se revela aún más después de que escucha las distintas opiniones de sus oficiales sobre las causas de la rebelión de Canudos: una raza de "mestizos degenerados" o una conspiración monarquista (469). Su poca satisfacción con una sola explicación absoluta, positivista y determinista, constituye, en realidad, un cuestionamiento de la explicación geográfica y la racial de Euclides da Cunha en *Os sertões*:

> El general Oscar, que ha seguido con interés el diálogo, queda perplejo cuando le preguntan su opinión. Vacila. Sí, dice al fin, la ignorancia ha permitido a los aristócratas fanatizar a esos miserables y lanzarlos contra lo que amenazaba sus intereses, pues la República garantiza la igualdad de los hombres, lo que está reñido con los privilegios congénitos a un régimen aristocrático. Pero se siente íntimamente escéptico sobre lo que dice. Cuando los otros parten, queda cavilando en su hamaca. ¿Cuál es la explicación de Canudos? ¿Taras sanguíneas de los caboclos? ¿Incultura? ¿Vocación de barbarie de gentes acostumbradas a la violencia y que se resisten por atavismo a la civilización? ¿Tiene algo que ver con la religión, con Dios? Nada lo deja satisfecho [469].

Ubicada en el otro extremo de la escala social, Jurema, esposa de Rufino, está íntimamente ligada a distintas manifestaciones del fanatismo, de estereotipos y de su desmentimiento. Sin querer, ella es responsable por el hecho de que Gall haya roto su juramento de castidad y que su marido Rufino se haya obcecado fanáticamente con la venganza. El mensaje de la novela de que la vida humana es más importante que una ciega devoción a un código fanático se refuerza una vez más en la violación de Jurema por varios soldados. Dándose cuenta del peligro, ella no resiste en absoluto y hasta coopera con el primero de los violadores: "Con los ojos entrecerrados lo ve escarbar en el pantalón, abrírselo, mientras con la mano que acaba de soltar el fusil trata de levantarle la falda. Lo ayuda, encogiéndose, alargando una pierna [...]" (291). Ella se salva milagrosamente por la llegada de Pajeú y otros rebeldes de Canudos que matan al soldado y la consuelan. Poco a poco, Pajeú se enamora de Jurema y hasta ofrece casarse con ella, apoyado por sus compañeros. Cuando Jurema lo rechaza a causa de su amor creciente por el periodista miope, lo más lógico habría sido que Pajeú, "el más malvado de todo el *sertón*" (98), matase a su rival de acuerdo con las mismas costumbres que obligaron a Rufino a matar a Gall. Sin embargo, en este caso, como Pajeú ha sido "tocado" por el Consejero, puede reprimir tanto sus impulsos violentos como el código fanático. Por lo tanto, resulta aún más imperdonable el fanatismo de Rufino. El odio y el desprecio que siente Pajeú por el periodista miope y cobarde se expresa durante las instrucciones finales que él da al grupo de sobrevivientes que han sido nombrados para escapar de Canudos mientras él va a distraer al enemigo con un ataque suicida: "—Estornude ahora —le dijo, sin cambiar de tono—. No después. No cuando estén esperando los pitos. Si estornuda ahí, le clavarán una faca en el corazón. No sería justo que por sus estornudos capturaran a todos" (493). La importancia de este episodio crece a medida que se va aumentando la actuación de Pajeú en varias secciones de los capítulos III, IV y V de la cuarta parte.

De acuerdo con el punto de vista magicorrealista de que las cosas más raras y más inesperadas pueden suceder y efectivamente suceden y que, por lo tanto, el fanatismo y los estereotipos son ridículos, Pajeú resulta vencido en un combate feroz con el soldado homosexual Queluz. Tal como la compasión del general Oscar y su rechazo a las explicaciones dogmáticas de la sublevación de Canudos desmienten el estereotipo del oficial militar, la fuerza física y el valor de Queluz desmienten el estereotipo del homosexual y refuerzan la campaña de Vargas Llosa contra el fanatismo. Acusado de haber molestado a un corneta bisoño, Queluz acepta sin chistar su castigo de treinta latigazos ganando así el respeto de algunos de sus compañeros que fueron a presenciar el castigo para insultarlo. No vuelve a aparecer en la novela hasta la cuarta sección del penúltimo capítulo que comienza con una reafirmación de su homosexualidad y que culmina en una recepción triunfal por haber tomado preso a Pajeú:

"Queluz merece una bienvenida apoteósica. Se corre la voz que mató a uno de los bandidos que los atacaron y que ha capturado a Pajeú y todos salen a mirarlo, a felicitarlo, a palmearlo y abrazarlo" (497). Lo que le da aún mayor fuerza a este episodio es su ambigüedad.[13] Para combatir el fanatismo y los estereotipos, Vargas Llosa no cae en la trampa de convertir al soldado homosexual en un héroe ciento por ciento. En efecto, el papel de la casualidad y el hecho de que Queluz haya encubierto parte de lo que sucedió reflejan la filosofía del "Tema del traidor y del héroe", de Jorge Luis Borges. Pajeú, con unos veinte o treinta hombres, había podido penetrar en el campamento federal y matar a muchos soldados porque Queluz, estando de guardia, se había dormido. Al despertarse y darse cuenta de lo que ha sucedido no sólo se siente culpable sino que tiene miedo de ser castigado. Trata de disparar el rifle contra el enemigo pero el gatillo queda trabado y, cuando al fin se destraba, la bala le roza la propia nariz. Queluz descubre el cadáver de su compañero de guardia y comienza a llevarlo de regreso al campamento para comprobar que había visto a los bandidos y que trató de detenerlos. En ese momento aparecen en la oscuridad dos de los bandidos. Queluz vuelve a cargar su rifle, dispara y mata a uno de ellos. Cuando el gatillo vuelve a trabarse, pega al otro con la culata. Luego sigue el combate mano a mano ("Queluz sabe pelear, ha destacado siempre en las pruebas de fuerza que organiza el capitán Oliveira", 496) y gana Queluz. Sólo en ese momento reconoce que ha peleado contra Pajeú: "Con el fusil en el aire, piensa: 'Pajeú'. —Parpadeando, acezando, el pecho reventándole de excitación, grita—: '¿Pajeú? ¿Eres Pajeú?' —No está muerto, tiene los ojos abiertos, lo mira—. '¿Pajeú?' —grita loco de alegría—. '¿Quiere decir que yo te capturé, Pajeú?'" (496). El lector no puede menos que preguntarse si Queluz habría luchado con tanta fuerza si hubiera sabido que estaba peleando contra el más feroz de los bandidos.

Además de los estereotipos del hacendado despiadado, del general rígido y cruel y del homosexual cobarde, *La guerra del fin del mundo* también cuestiona los estereotipos del comerciante materialista, del sacerdote lujurioso y del periodista listo e ingenioso.[14] Aunque éste es más bien un

---

[13] El episodio recuerda la primera "hazaña heroica" del protagonista de *La muerte de Artemio Cruz* (1962), de Carlos Fuentes.

[14] En cuanto a la afición de Vargas Llosa de escoger periodistas para protagonistas de sus novelas, véase Carlos Meneses, "La visión del periodista, tema recurrente en Mario Vargas Llosa", *Revista Iberoamericana*, 123-124 (abril-septiembre de 1983), 523-529.

estereotipo norteamericano que latinoamericano, no cabe duda de que el corresponsal miope brasileño dista mucho de ser el representante típico de su gremio.

Uno de los discípulos más fieles y más capaces del Profeta es Antonio Vilanova, ex comerciante. Aunque reveló de niño su talento y su amor por los negocios y aunque su energía y su voluntad indómita parecían garantizar su éxito comercial a pesar de las sequías, las inundaciones, la pestilencia y la violencia del noreste del Brasil, Antonio Vilanova llega a descubrir que su destino es aceptar al Consejero y colaborar en su misión. Poco a poco va quitando su energía a los negocios para encauzarla a la creación del nuevo pueblo (reflejo de su apellido) de Canudos, recordando la fundación de Macondo por José Arcadio Buendía en *Cien años de soledad*.

> Él había distribuido el terreno para que levantaran sus casas y sembraran, indicando qué era bueno sembrar y qué animales criar y él canjeaba en los pueblos lo que Canudos producía con lo que necesitaba y, cuando empezaron a llegar donativos, él separó lo que sería tesoro del Templo del Buen Jesús con lo que se emplearía en armas y provisiones. Una vez que el Beatito autorizaba su permanencia, los nuevos vecinos venían donde Antonio Vilanova a que los ayudara a instalarse. Idea suya eran las Casas de Salud para los ancianos, enfermos y desvalidos [...] [177].

Antonio Vilanova, su hermano Honorio y las familias de ellos mantienen su fe hasta el fin y participan en la lucha militar. Pocos momentos antes de morir, el Profeta llama a Antonio y, a pesar de las protestas de él, lo manda huir de Canudos para poder continuar su misión religiosa: "—Anda al mundo a dar testimonio, Antonio, y no vuelvas a cruzar el círculo. Aquí me quedo yo con el rebaño. Allá irás tú. Eres hombre del mundo, anda, enseña a sumar a los que olvidaron la enseñanza. Que el Divino te guíe y el Padre te bendiga" (480). El uso metafórico del verbo "sumar" alude a la carrera anterior de Vilanova y recuerda sus dos primeros encuentros con el Profeta: cuando éste lo ayudó a enterrar a su sobrino y rechazó su oferta de una recompensa: "No has aprendido a sumar, hijo" (86), y unos cinco años después, en Canudos, cuando Vilanova se puso pálido a la vista del Profeta y cayó de rodillas después que éste le preguntara: "¿Ya aprendiste a sumar?" (87).

La conversión del lujurioso padre Joaquim es otro ejemplo de cómo

Vargas Llosa cuestiona de una manera compleja los estereotipos latinoamericanos. De todos los conversos, el padre Joaquim es el último en ser presentado en la primera parte y se distingue de los demás en que su transformación es mucho más lenta. Se retrata inicialmente como un buen bohemio rabelesiano entregado a los siete pecados capitales, menos la codicia. Frente a las denuncias violentas que lanza el Consejero contra los sacerdotes inmorales durante meses y años, el padre Joaquim queda intrigado pero no convencido. Cuando la madre de sus tres niños lo abandona para seguir al Consejero, el padre Joaquim sigue cumpliendo con sus deberes sacerdotales en el pueblo de Cumbe, pero poco a poco se deja involucrar en la rebelión de Canudos. En primer lugar, contra las órdenes del arzobispo de Bahía, dice misa en Canudos y atiende las necesidades espirituales de los discípulos del Profeta. Después viaja a distintos pueblos para recoger medicinas, provisiones, explosivos y noticias sobre movimientos de las tropas federales en favor de los rebeldes de Canudos.

Sin embargo, cuando el coronel Moreira César lo toma preso, se asusta tanto que todo lo confiesa e incluso está dispuesto a dibujar un plano detallado del pueblo indicando trincheras y demás para salvarse la vida. Le dice al Coronel que envidia la fe de los rebeldes pero que él es distinto: "Me causan tanto malestar, tanta envidia, por esa fe, esa serenidad de espíritu que nunca he tenido. ¡No me mate!... Le digo todo lo que sé. Yo no soy como ellos, no quiero ser mártir, no me mate" (248). La decisión del fanático Coronel maquiavélico de no matar al padre Joaquim para comprobar la complicidad de la Iglesia en la rebelión tiende a hacer menos repugnante la cobardía del padre Joaquim. La próxima vez que aparece en la novela está totalmente redimido. Durante la lucha entre las fuerzas del Coronel y las de Canudos, el padre Joaquim logra escaparse, se encuentra con la indefensa Jurema, el Enano y el periodista miope en el campo de batalla y los ayuda a llegar sanos y salvos a Canudos. Irónicamente, al rompérsele los anteojos, el periodista miope, tremendamente atemorizado, acude al padre Joaquim quien se había asustado tanto frente a Moreira César. Después se asombra el periodista ante el valor tranquilo del padre y su manejo del rifle: "¿Era éste el viejecillo al que el periodista miope había visto lloriquear, muerto de pánico, ante el coronel Moreira César?" (455). Cuando el periodista acusa histéricamente a los rebeldes de ser fanáticos y asesinos, el sacerdote, totalmente convertido, responde con gran tranquilidad: "—Mueren por decenas, por centenas...

¿Por qué? Por creer en Dios, por ajustar sus vidas a la ley de Dios. La matanza de los Inocentes, de nuevo" (455). Para reforzar aún más lo milagrosa que ha sido esta conversión, el Barón, incrédulo, le pregunta al periodista: "—¿Ese curita cargado de hijos? ¿Ese borrachín y practicante de los siete pecados capitales estaba en Canudos?" (396). El padre Joaquim muere peleando en una de las últimas batallas.

De cierta manera la conversión del padre Joaquim podría equipararse a la del periodista miope quien poco a poco se convierte en el verdadero héroe de la novela. Hacia el principio de la novela el narrador lo retrata como un espantapájaros, la antítesis tanto de un periodista como de un héroe:

> Joven, miope, con anteojos espesos. No toma notas con un lápiz sino con una pluma de ganso. Viste un pantalón descosido, una casaca blancuzca, una gorrita con visera y toda su ropa resulta postiza, equivocada, en su figura sin garbo. Sostiene un tablero en el que hay varias hojas de papel y moja la pluma de ganso en un tintero, prendido en la manga de su casaca, cuya tapa es un corcho de botella. Su aspecto es, casi, el de un espantapájaros [35].

Para completar el retrato del improbable periodista, está propenso a ataques de estornudos, sobre todo en los momentos de peligro. Al mismo tiempo que él se considera "un civilizado, un intelectual, un periodista" (449), se da cuenta, después de repasar su propia vida, que no es muy distinto del Enano o del León de Natuba: "Él también era un monstruo, tullido, inválido, anormal" (451). Por lo tanto, se identifica con los de Canudo: "No era accidente que estuviese donde habían venido a congregarse los tullidos, los desgraciados, los anormales, los sufridos del mundo. Era inevitable, pues era uno de ellos" (451).

La imagen absurda del corresponsal de guerra miope se intensifica después de que se le rompen los anteojos. Al ver la cabeza cercenada de Moreira César, el periodista estornuda tan fuertemente que se le desprenden los anteojos.[15] Al caerse, se le rompen los lentes y de hecho el periodista se queda ciego, hecho que lo obliga a privilegiar los otros sentidos, según se lo explica después al Barón: "—Pero aunque no las vi, sentí, olí, palpé, olí las cosas que pasaron... Y, el resto, lo adiviné" (340). Aun antes

---

[15] El hecho de que se le cayeran los anteojos en una ocasión anterior, sin romperse, puede ser una alusión intertextual a la viñeta sobre los anteojos y el estuche en *Historias de cronopios y famas,* de Julio Cortázar: las cosas más ilógicas pueden suceder.

de que se le rompan los anteojos, el periodista subvierte su propio sentido de la vista durante la campaña de Moreira César: "Se siente extraño, hipnotizado, y le pasa por la cabeza la absurda idea de que no está viendo aquello que ve" (300).

En contraste con los periodistas subjetivos o venales, el miope sí cambió como consecuencia de la experiencia de Canudos, mereciendo el respeto algo escéptico del Barón camaleonófilo: "—O sea que Canudos hizo de usted un periodista íntegro" (338). Antes de llegar a esa etapa, había tenido que enfrentarse a su verdadera condición de cobarde, pese a su fama de atrevido entre sus colegas: "Tenía fama de temerario entre ellos, por andar siempre a la caza de experiencias nuevas" (349). Sobre todo después de que se le rompen los anteojos, por poco se deshace toda su dignidad humana: "Era tan cómica esa figurilla que iba y venía, levantándose y cayendo y mirando la tierra con su anteojo estrambótico, que las mujeres acabaron por burlarse, señalándolo" (382). Hasta Jurema, su protectora angelical, no puede menos que notar su comicidad: "¿Había alguien más desvalido y acobardado que su hijo? Todo lo asustaba; las personas que lo rozaban, los tullidos, locos y leprosos que pedían caridad, la rata que cruzaba el almacén: todo le provocaba el gritito, le desencajaba la cara, lo hacía buscar su mano" (382).

A pesar de todo, el periodista miope y Jurema no sólo sobreviven sino que por medio del amor alcanzan el mayor placer y la mayor felicidad. El hecho de que se realizara su unión sexual en Canudos, precisamente "cuando empezó a deshacerse el mundo y fue el apogeo del horror" (471-472), más la tremenda inverosimilitud de que sintieran una atracción mutua "una perrita chusca del *sertón*" (473) y un hombre relativamente culto, causan que el Barón, asombrado, divague sobre el carácter inescrutable, magicorrealista del mundo:

> Otra vez se apoderó del Barón esa sensación de irrealidad, de sueño, de ficción, en que solía precipitarlo Canudos. Esas casualidades, coincidencias y asociaciones lo ponían sobre ascuas. ¿Sabía el periodista que Galileo Gall había violado a Jurema? No se lo preguntó, se quedó perplejo pensando en las extrañas geografías del azar, en ese orden clandestino, en esa inescrutable ley de la historia de los pueblos y de los individuos que acercaba, alejaba, enemistaba y aliaba, caprichosamente a unos y a otros [472].

Sin embargo, como el mundo de *La guerra del fin del mundo* es ilógico —"Si hubiera lógica en esta historia, yo debería de haber muerto allá varias veces" (475)— el cobarde miope no sólo sobrevive sino que llega a ser el verdadero héroe de la novela. De todos los personajes de la novela, el periodista miope es el único cuya importancia crece constantemente y el que experimenta la guerra desde un mayor número de perspectivas que cualquier otro. En la primera parte aparece brevemente sólo dos veces, en la sección B de los capítulos I y II, observado por Gall en la oficina del periódico en Salvador y entrevistando al teniente Pires Ferreira después de la primera derrota de las tropas del gobierno. La segunda parte consta principalmente del reportaje estilizado escrito por el periodista sobre el debate en la asamblea legislativa acerca de la segunda derrota de las fuerzas del gobierno, esta vez dirigidas por el mayor Febronio de Brito. El periodista miope llega a presenciar toda la tercera parte de la novela, la tercera derrota de las tropas del gobierno al lado de su comandante, el fanático coronel Moreira César. En cuanto a la cuarta campaña del gobierno, el periodista miope con los anteojos rotos y acurrucado junto a Jurema y al Enano, en un esfuerzo desesperado por sobrevivir, experimenta por primera vez en carne propia —sintiendo más que viendo—, desde el punto vista de los de abajo, la derrota final de los discípulos del Profeta: María Quadrado, el padre Joaquim, Pajeú, el León de Natuba y los hermanos Vilanova con sus esposas.

En términos estructurales, el periodista miope llega a ocupar el centro del escenario de la cuarta parte desempeñando el doble papel de protagonista principal de la sección C en cada uno de los seis capítulos y coprotagonista con el Barón en la sección A que transcurre después del fin de la guerra. Aunque el Barón camaleonófilo es uno de los dos cohéroes de la novela por su repudio de todos los fanáticos, el periodista miope le opaca por su transformación. Su "retorno de la muerte", al fin de la guerra, puede equipararse con el descenso mitológico al infierno en la aventura arquetípica del héroe. El periodista, regenerado por el amor de Jurema, logra vencer su cobardía y su egoísmo. Con total seguridad personal le describe al Barón su doble misión de ayudar al Enano tísico, que se encuentra en el hospital, y de documentar la historia, escribiendo: "—No permitiré que se olviden [...] Es una promesa que me he hecho [...] De la única manera que se conservan las cosas [...] Escribiéndolas" (341). El Barón, en cambio, prefiere olvidarlas completamente por el dolor que le causaron. Mientras el periodista cree que la actitud del Barón es cínica, éste considera a aquél ingenuo, angelical y, tal vez, hasta fanático, con lo cual el mismo Vargas Llosa puede estar cuestionando su propia condena fanática del fanatismo.[16] El periodista ya ha empezado a escudriñar todos los periódicos de la época en la Academia de Historia después de rechazar la oferta de Epaminondas de subirle el sueldo con tal que abandone su proyecto. Ahora insiste en entrevistar al Barón: "—Necesito saber lo que usted sabe" (342).

¿Por qué el periodista miope queda anónimo a través de toda la novela cuando los otros personajes históricos llevan su propio nombre? Además del énfasis constante en su miopía que refuerza el motivo recurrente de "ver" y, por lo tanto, la visión de mundo de la novela, la anonimidad del personaje podría explicarse por el hecho de que sea una versión *ficticia* de Euclides da Cunha, el periodista brasileño que publicó en 1902 la obra clásica *Os sertões*. La historia de la guerra de Canudos, desde varios puntos de vista que el periodista miope está escribiendo, y que es la novela de Vargas Llosa, va mucho más allá que la obra positivista, sociológica y ensayística de Da Cunha.

Vargas Llosa postula todavía otra versión de la historia de Canudos a través de las palabras de la figura grotesca pero muy inteligente de León de Natuba: "—Yo escribía todas las palabras del Consejero [...] Sus pensamientos, sus consejos, sus rezos, sus profecías, sus sueños. Para la posteridad. Para añadir otro Evangelio a la Biblia" (456). Sin embargo, esos apuntes del escriba de Canudos se quemaron tal como se extraviaron los del periodista miope y los de aquél no pueden reconstruirse puesto que el mismo León de Natuba pereció entre las llamas. Todavía otra versión, aunque parcial, es la historia escrita por Gall de lo que le pasó después de su entrevista con Epaminondas, una historia pedida por el Barón.

De acuerdo con el mundo posmoderno, bajtiniano, de los años setenta y ochenta, *La guerra del fin del mundo* es una novela polifónica en la cual no sólo se presentan los sucesos históricos desde distintas perspectivas sino que, en las palabras del cuento "Tema del traidor y del héroe", de Borges, toda la historia podría considerarse una imitación de la literatura: "Que la historia hubiera copiado a la historia ya era suficientemente pasmoso; que la historia copie a la literatura es inconcebible".[17] Al final de la segunda parte, el periodista miope pide a Epaminondas que le permita cubrir la campaña de Moreira César, porque "ver a un héroe de carne y

---

[16] El narrador se burla sutilmente de su propio héroe, el periodista cuestionador que busca distintos puntos de vista, cuando después de que se le acaba la tinta, después de que se le rompe la última pluma de ganso y cuando se le pierden todos sus apuntes, se encuentra en un estado onírico y, no obstante, se repite casi anafóricamente la frase "está seguro" (322).

[17] Jorge Luis Borges, *Ficciones*, Buenos Aires: EMECÉ, 1968, 133.

hueso, estar cerca de alguien tan famoso resulta muy tentador. Como tocar a un personaje de novela" (140). También, desde el punto de vista del Profeta muchos de los sucesos que ocurren tienen sus antecedentes en la Biblia: "El Consejero explicó que el caballo blanco del Cortapescuezos no era novedad para el creyente, pues ¿no estaba escrito en el Apocalipsis que vendría y que su jinete llevaría un arco y una corona para vencer y conquistar? Pero sus conquistas cesarían a las puertas de Belo Monte por intercesión de la Señora" (287-288). En realidad, a medida que progresa la novela, su carácter esencialmente mimético se subvierte más. A pesar de todas sus entrevistas con el Barón y todas sus investigaciones minuciosas en la Academia de Historia, la versión final elaborada por el periodista miope no puede ser más que una aproximación a la verdad histórica o, según la tendencia de Vargas Llosa de seguir el modelo de Borges, una posible reescritura de las historias de los troveros conservadas oralmente de generación en generación.[18] No es por casualidad que el trovero principal de la novela, el Enano, llegue a ser el amigo íntimo del periodista miope. Además, varios de los personajes importantes, incluso el cangaçeiro arrepentido João Abade y el Barón, conocen las historias. João Abade, que se siente fascinado desde la niñez con la historia de Roberto el Diablo, se da cuenta de lo extraño que es el mundo cuando reflexiona sobre su propia situación, el haber aceptado al Consejero para escapar de su pasado sangriento y luego encontrarse implicado en una lucha mucho más sangrienta: "João Abade salió del almacén pensando en lo raras que resultaban las cosas de su vida y, acaso, las de todas las vidas. 'Como en las historias de los troveros', pensó" (178).

Uno de los fenómenos más inverosímiles de la historia de Canudos es la conversión religiosa de tantos pecadores: "Los cabras más terribles de estas tierras. Se odiaban y se mataban unos a otros. Ahora son hermanos y luchan por el Consejero. Se van a ir al cielo, pese a las maldades que hicieron. El Consejero los perdonó" (199-200). Sin embargo, tiene su antecedente en la "Terrible y ejemplar historia de Roberto el Diablo" (338) que canta frecuentemente el Enano junto con otras historias de Carlomagno y los Doce Pares de Francia. Aunque se menciona la historia de Roberto el Diablo a través de toda la novela, no es hasta las últimas páginas que se establece el gran paralelismo entre los yagunzos arrepentidos y el Roberto legendario. Hijo del duque de Normandía, "su madre era

---

[18] Vargas Llosa ha expresado frecuentemente su admiración por las novelas de caballería y en 1969 publicó una edición de *Tirant lo Blanc*.

estéril y vieja y tuvo que hacer pacto para que Roberto naciera [...] poseído, empujado, dominado por el espíritu de destrucción, fuerza invisible que no podía resistir, hundía la faca en el vientre de las mujeres embarazadas o degollaba a los recién nacidos [...] y empala a los campesinos y prendía fuego a las cabañas donde dormían las familias" (522). Después de su redención por el Buen Jesús, Roberto salvó al emperador Carlomagno del ataque de los moros, se casó con la reina del Brasil y viajó por todo el mundo en busca de los parientes de sus víctimas anteriores, cuyos pies besaba mientras les rogaba que lo torturaran. Muere llamado Roberto el Santo, "convertido en piadoso ermitaño" (522). Las historias cobran más prestigio con los recuerdos del Barón de su amigo profesor, que "se quedaba horas fascinado oyendo a los troveros de las ferias, se hacía dictar las letras que oía cantar y contar y aseguraba que eran romances medievales, traídos por los primeros portugueses y conservados por la tradición *sertanera*" (338).

Es posible que la interpretación legendaria sea la más verídica, aunque los lectores racionales de fines del siglo XX estamos más dispuestos a poner nuestra fe en los esfuerzos del periodista miope de desmentir a todos los que han tratado de distorsionar los sucesos. De todos modos, en el mundo posmoderno de hoy, donde se cuestionan todas las verdades absolutas y donde se acepta más el comentario del médico militar doctor Souza Ferreiro de que "las fronteras entre ciencia y magia eran indiferenciables" (208), todo intento de llegar a una interpretación total está condenado a fracasar. Incluso es posible que las nuevas versiones históricas/novelescas del futuro puedan presentar aún otras versiones de la guerra de Canudos enriqueciendo nuestra comprensión y nuestro aprecio de lo que sucedió o no sucedió. Sin embargo, lo que es totalmente (quizá) incontrovertible es la gran calidad artística de *La guerra del fin del mundo,* una verdadera "sinfonía[19] de narratividad" (70) en las palabras de

[19] Como una sinfonía tradicional, la novela está dividida en cuatro partes, que reflejan las cuatro expediciones militares que tratan de acabar con la rebelión de Canudos; los cuatro fanáticos principales (el Consejero, Moreira César, Gall y Rufino); los cuatro Antonios de Canudos (Consejero —su nombre verdadero fue Antonio Vicente Mendes Maciel—, Beatito, Vilanova y el Fogueteiro). Antes de arrepentirse, João Abade se conocía por João Chico, João Rápido, João Cabra Tranquilo y João Satán (67). En una de las cartas que manda Gall al periódico de Lyon elogia a los cuatro sastres mulatos que conspiraron en 1789 contra la monarquía (41). La estructura sinfónica se refuerza constantemente por grupos de cuatro nombres, palabras y frases paralelos: "los lugareños de Tucano, Soure, Amparo y Pombal, fueron escuchándolos" (17); "Había palpado cráneos amarillos, negros, rojos y blancos" (25); "los cangaceiros, 10, 20 hombres armados con todos los instrumentos capaces de cortar, punzar, perforar, arrancar, veían al hombre flaco" (27); "había advertido que el Comandante de la Calle tenía brillo en los ojos, un espejeo

Roberto González Echevarría,[20] una sinfonía en que todos los motivos recurrentes y todos los temas musicales se combinan para condenar el fanatismo.

OBRAS CONSULTADAS

Cunninghame Graham, Robert B., *A Brazilian Mystic. Being the Life and Miracles of Antônio Conselheiro,* Nueva York: Dodd, Mead, 1920.

Da Cunha, Euclides, *Os sertões,* São Paulo: Editôra Cultrix, 1973.

Fuentes, Carlos, carta sobre Salman Rushdie, *Los Angeles Times,* 1° de abril de 1992, sección B, p. 11.

MacAdam, Alfred, "Euclides da Cunha y Mario Vargas Llosa: meditaciones intertextuales", *Revista Iberoamericana,* 126, enero-marzo de 1984, 157-164.

Meneses, Carlos, "La visión del periodista, tema recurrente en Mario Vargas Llosa", *Revista Iberoamericana,* 123-124, abril-septiembre de 1983, 523-529.

Oviedo, José Miguel, "Vargas Llosa en Canudos: versión clásica de un clásico", *Eco,* 246, abril de 1982, 641-664; "Vargas Llosa in Canudos", *World Literature Today,* 60, 1, invierno de 1986, 51-54.

Rama, Ángel, "*La guerra del fin del mundo,* una obra maestra del fanatismo artístico", *Eco,* 246, abril de 1982, 600-640.

Ruffinelli, Jorge, "Vargas Llosa: Dios y el diablo en la tierra del sol", en *La escritura invisible,* Xalapa: Universidad Veracruzana, 1986, 98-109.

Setti, Ricardo A., *Conversas com Vargas Llosa,* São Paulo: Editôra Brasiliense, 1986.

Souza, Raymond D., *La historia en la novela hispanoamericana moderna,* Bogotá: Tercer Mundo, 1988.

Vargas Llosa, Mario, carta sobre Salman Rushdie, *New York Times Book Review,* 12 de marzo de 1989.

——, *La guerra del fin del mundo,* Barcelona: Plaza y Janés, 1981.

——, "Inquest in the Andes", *New York Times Magazine,* 31 de julio de 1983, 18-23, 33, 36-37, 42, 48-51, 56.

---

en las mejillas, temblor en la barbilla y ese subir y bajar de su pecho" (521). Frente a los críticos dogmáticos que afirman que en el mundo posmoderno no hay visión totalizante, Vargas Llosa combina lo dialógico de lo posmoderno con lo totalizante del mundo moderno a través del simbolismo numerológico: los cuatro puntos cardinales, las cuatro estaciones del año, los cuatro elementos del mundo prearistotélico, los cuatro Evangelios y los cuatro lados del cuadro como en el nombre María Quadrado, quien fue violada... cuatro veces.

[20] Roberto González Echevarría, "Sarduy, the Boom, and the Post-boom", en *The Boom in Retrospect: a Reconsideration,* Yvette E. Miller y Raymond L. Williams (comps.), número especial de *Latin American Literary Review,* 15, 29 (enero-junio de 1987), 70.

Vargas Llosa, Mario, *A Writers Reality,* Myron I. Lichtblau (ed.), Syracuse: Syracuse University Press, 1991.

Williams, Raymond Leslie, "The Boom Twenty Years Later: An Interview with Mario Vargas Llosa", en *The Boom in Retrospect: a Reconsideration,* Yvette E. Miller y Raymond Leslie Williams (comps.), número especial de *Latin American Literary Review,* 15, 29, enero-junio de 1987, 201-206.

——, *Mario Vargas Llosa,* Nueva York: Ungar, 1986.

"LA FIESTA DEL CHIVO", DE MARIO VARGAS LLOSA[21]

La publicación de una novela más de alta calidad en la época posrevolucionaria, 1989-2000, debe hacer reconsiderar a los culturólogos su oposición a lo que llaman literatura elitista. Junto con Carlos Fuentes, Abel Posse, Sergio Ramírez, Julio Escoto y otros muchos que han publicado obras sobresalientes en la década pasada, Vargas Llosa ha escrito una novela fascinante y bien documentada basada en la historia de la América Latina. A diferencia de *El recurso del método,* de Alejo Carpentier; *El otoño del patriarca,* de Gabriel García Márquez, y de otras varias novelas que captan una síntesis multinacional del dictador arquetípico, *La fiesta del Chivo* se concentra específicamente y de una manera realista en el dictador más tiránico de todos: Rafael Leónidas Trujillo, de la República Dominicana (1930-1961).

Las tres series de capítulos que se van alternando están ancladas en 1961, año del asesinato de Trujillo. Sin embargo, igual que muchas novelas del *boom,* se capta el régimen total del Chivo, sin excluir las relaciones internacionales, mediante una variedad de lentes fotográficas. Los capítulos protagonizados por Trujillo destacan los rasgos personales del Jefe; su deuda con el sargento de la Marina Simon Gittleman por haberle enseñado la disciplina y la puntualidad; la enemistad del presidente John F. Kennedy por los atentados contra el presidente venezolano Rómulo Betancourt además del temor de que un movimiento antitrujillista pudiera seguir el modelo de Fidel Castro; la advertencia en 1955 del dictador argentino Juan Perón de que Trujillo no debiera meterse con la Iglesia —en efecto, la campaña de la Iglesia en contra de Trujillo empezó en enero de 1960—; los crímenes más horripilantes: el asesinato en 1937 de miles de haitianos que trabajaban cerca de la frontera entre los dos países, el secuestro del profesor español Jesús Galíndez en plena Nueva York y la muerte de las hermanas Mirabal; el desprecio de Trujillo por su propia familia (hermanos, hijos y esposa), a excepción de su madre Julia Molina que tenía noventa y seis años, y sus colaboradores serviles a quienes man-

---

[21] Reseña publicada en *World Literature Today,* 74, 3, verano de 2000, 676.

tiene constantemente en un estado de miedo. El Jefe sigue anticipando con la mayor ingeniosidad la indicación más leve de deslealtad, pero lo que no puede controlar, a la edad de setenta, es el comienzo de la incontinencia y de la impotencia, que manchan su obsesión con la limpieza y la virilidad.

Los capítulos enfocados por los conspiradores están llenos de suspenso. Mientras esperan en su coche a que pase Trujillo en su Chevrolet de 1957 rumbo a la Casa de Caoba en San Cristóbal, lugar predilecto para la seducción de las adolescentes, se revelan los motivos de cada uno por asesinar al Chivo. El magnicidio se lleva a cabo en el capítulo doce, centro de la novela, pero esta serie de capítulos continúa hasta el fin del capítulo veintitrés con la narración de la persecución, la captura, la tortura y la muerte de casi todos los conspiradores a manos del infame director del Servicio de Inteligencia, Johnny Abbes García, con la colaboración de los hijos de Trujillo. La conspiración, cuidadosamente planeada para establecer una junta militar-civil de transición, fracasa a causa de la indecisión del general José René Román, Pupo.

La protagonista de la tercera serie de capítulos es la doctora Urania Cabral, que acaba de volver a Santo Domingo en 1996 por primera vez después de escaparse precipitadamente a los Estados Unidos en 1961, a los catorce años. Hija del senador ficticio Agustín Cabral, Cerebrito, uno de los colaboradores más incondicionales de Trujillo, Urania regresa inesperadamente para visitar a su padre medio moribundo a quien odia a no poder más. Aunque el lector sospecha desde principios de la novela la causa de su odio, la tensión se mantiene hasta el capítulo final cuando Urania les revela a su tía y a sus primos los detalles espantosos de la "fiesta del Chivo", su encuentro a solas con el Jefe setentón e impotente en su Casa de Caoba. Por alguna razón nunca esclarecida, el senador Cabral había ofendido al Jefe y para volver a congraciarse con éste, se deja caer en la trampa de regalarle a su hija muy querida.

Uno de los aspectos más interesantes de la novela es el retrato de Joaquín Balaguer que se va dibujando poco a poco después del magnicidio. Es el único de los colaboradores de Trujillo que es totalmente impenetrable, aun para el dictador. Intelectual bajito, poeta, soltero, casto y zalamero, Balaguer, según Trujillo, "no bebe, no fuma, no come, no corre tras las faldas, el dinero ni el poder" (289). A causa de su aparente falta de ambición, Trujillo lo nombró presidente en 1957. No obstante, después del asesinato, Balaguer se las ingenia para imponerse a los otros colaboradores lo mismo que a Ramfis y a los otros hijos de Trujillo. En años posteriores a la novela, Balaguer fue elegido presidente en tres ocasiones distintas, y tres meses después de la publicación de la novela, el *Los Angeles Times* informó que era posible que Balaguer ganara las elecciones de 2000 a pesar de tener noventa y tres años y de ser legalmente ciego y casi totalmente sordo. Aunque no ganó las elecciones, no cabe ninguna duda de que es el candidato favorito para el Oscar que se otorga al mejor actor secundario en esta novela que ya se ha establecido como un exitazo y que está destinada a figurar entre las mejores cuatro de Vargas Llosa, junto con *La casa verde, Conversación en La Catedral* y *La guerra del fin del mundo.*

"¡VIVA LA REPÚBLICA!", DE CARLOS THORNE[22]

Con "¡Viva la República!" (1981), primera novela del cuentista renombrado Carlos Thorne, el Perú contribuye al tema más cultivado de la novelística hispanoamericana de las dos últimas décadas. Igual que *El otoño del patriarca*, de García Márquez; *El recurso del método*, de Alejo Carpentier, y sus precursores (*Nostromo*, de Conrad, y *Tirano Banderas*, de Valle-Inclán), *¡Viva la República!* no se limita a la realidad de un solo país. Aunque el espacio es predominantemente peruano, tiene unas cuantas alusiones argentinas, las suficientes para obligar al lector a pensar en términos continentales. El dictador se considera descendiente de Juan Manuel de Rosas y de Sánchez Cerro; la capital se llama Sanrico del Aire (*cf.* Buenos Aires); se usa de vez en cuando el "che" y el voseo, y uno de sus ministros se llama Alsogaray (como el ex ministro argentino).

La estructura de la novela entera es básicamente dualista. Además de las alusiones peruanas y argentinas, los cuarenta y cuatro capítulos relativamente breves alternan entre el dictador, que se llama el general don Pío Urano Servidela, y el jefe guerrillero preso Santos el Demonio. Felizmente, la alternación no sigue un patrón fijo, lo que despierta más interés en el lector.

La selección de voces narrativas tampoco es fija. Para los capítulos dedicados al dictador, el narrador en tercera persona suele ser un "garzón" o un "fígaro" del general don Pío, que llama "hideputas" a los ministros. En el capítulo décimo revela que es un infiltrado: "si supiera este cabrón que soy un infiltrado me manda rebanar la cabeza con una bayonetita" (58). Sólo en el capítulo XXII se revela indirectamente su nombre, Gavilano. En el capítulo dos, en cambio, el narrador parece ser uno de los ministros o generales y en el capítulo XXXVI, la narración empieza en segunda persona.

En los capítulos dedicados a Santos predomina la narración en segunda persona, dirigida hacia Santos, pero en el capítulo nueve, Santos pasa a ser el narrador en primera persona y el capítulo cuarenta empieza en ter-

---

[22] Reseña publicada en *Chasqui*, noviembre de 1985, 57-59.

cera persona. Mientras el nombre del dictador, don Pío, es obviamente irónico, el del guerrillero, Santos el Demonio, refleja la visión ambigua del autor. La falta de mitificación del guerrillero contribuye, más que nada, al efecto sombrío de la novela. Aunque aguanta todas las torturas sádicas sin delatar a sus correligionarios, el Santos que poco a poco emerge de las escenas retrospectivas que se evocan entre o durante las sesiones de tortura no parece ser un héroe defensor del pueblo sino un joven de familia acomodada, obsesionado por el sexo, que decide luchar por la libertad sólo después de aburrirse de la vida bohemia en Europa. Su novia fue quien lo impulsó a la lucha; después de conversaciones preliminares en Italia, su amigo Prometeo le dijo que antes de lanzarse a la revolución tenía que ir a Cuba a ver a Fidel, y el narrador le dice a Santos en tono crítico: "eres un heterodoxo, un francotirador, un pensador individualista dentro del pensamiento marxista" (247).

Menos antecedentes se dan del dictador, que sólo vive en el presente. El militar grotescamente convertido en el perro feroz de la carátula junto con el epígrafe del primer capítulo —la descripción del Cerbero por Dante— crean desde el principio el ambiente sombrío y cruel que no se alivia con las ingeniosidades humorísticas de un García Márquez. Otro factor que contribuye a lo sombrío de la novela es la concentración cronológica: toda la acción transcurre en sólo tres días que marcan la división de la novela en tres partes —lunes, martes y miércoles—. Igual que la mayoría de los dictadores novelados, el general Pío es todo poderoso, está rodeado de aduladores que participan con él en el saqueo del país y recibe el apoyo del arzobispo y del embajador de los Estados Unidos, de éste siempre que *declara* respetar los derechos humanos. Las descripciones detalladas de los muebles y de las comidas, al estilo de Alejo Carpentier, refuerzan el ambiente grotesco. La esposa del dictador, acompañada de las altas damas del gobierno, hace una visita de caridad en su Mercedes Benz a los barrios pobres, llamados eufemísticamente "villas jóvenes".

Aunque la novela termina con la muerte de los dos protagonistas, el interés de la novela no depende del suspenso. La tortura de Santos, que consiste en golpes y choques eléctricos en los órganos sexuales mientras una prostituta trata de excitarlo, se repite por todo el libro sin intensificarse hasta que el general Pío se enfurece por su resistencia y lo manda matar, lo que no sorprende en absoluto al lector. En cambio, la muerte del dictador por una tremenda explosión en la catedral en el momento en que éste está recibiendo la comunión del arzobispo coge al lector de sorpresa y constituye un fin algo optimista que no concuerda con el resto de la obra.

La imagen grotesca del dictador latinoamericano plasmada por Thorne coincide más o menos con la de las otras novelas dedicadas a ese tema en las dos últimas décadas. ¿A qué se debe la gran popularidad del tema? ¿Será que con la muerte de Trujillo en 1961 se marca el fin de un desfile larguísimo de dictadores grotescamente egoístas y arbitrarios permitiendo a los autores utilizar una variedad de innovaciones técnicas para armar el retrato sintético de ese tipo ocurrente, pintoresco, ridículo y cruel que en las dos últimas décadas ha sido remplazado por una serie de dictadores más modernos, más anónimos y tal vez no menos crueles? O en el caso de *¡Viva la República!*, ¿será que Carlos Thorne esté reaccionando en contra del malogro de la Revolución de 1968 llevada a cabo por las fuerzas armadas peruanas? Cualquiera que fuera la explicación, no cabe duda de que *¡Viva la República!* enriquece ese caudal de obras y constitutuye para el autor un feliz estreno en la novela.

XVII. Chile

LA RESURRECCIÓN DE "ALSINO" Y SU SIMBOLISMO CRISTIANO

EN 1920 SE PUBLICÓ EN SANTIAGO DE CHILE la novela *Alsino,* de Pedro Prado (1886-1952). Por muy conocida y apreciada que esté en Chile, no se ha difundido tanto como debiera en los otros países hispanoamericanos y mucho menos en el resto del mundo.[1] En 1996, en un estudio sobre el modernismo de *Alsino,* Marina Martín afirma que Pedro Prado, "por extraño que parezca, resulta ser uno de los escritores más injustamente abandonados por la crítica".[2] ¿Por qué? El crítico chileno Arturo Torres-Rioseco, quien elogia mucho *Alsino,* atribuye en 1935 su relativa falta de éxito exterior al rechazo de parte del autor de la autopromoción: "Ha hecho todo su arte en silencio. En Chile se le tiene por uno de los mejores escritores modernos; en el resto de América es menos conocido que algunos de sus compañeros más hábiles en la propaganda. Yo creo que en toda la América nadie aventaja a Pedro Prado en el manejo del estilo artístico".[3] Otras dos explicaciones posibles son la poca difusión extranjera de los libros de la Editorial Nascimento y el hecho de que *Alsino* sea, según Torres-Rioseco, una "novela poemática" (19) y, según el mismo autor, "un poema novelesco",[4] publicada en una época de predominio criollista:[5]

---

[1] La primera edición es de la Editorial Minerva en Santiago. Las otras siete ediciones son de la Editorial Nascimento, de Santiago: 1928, ?, 1943, 1951, 1956, 1959, 1963. Hay otra edición en 1986 de la Editorial Andrés Bello, también de Santiago, pero ninguna edición fuera de Chile. La única traducción que he podido descubrir es al inglés, de Guillermo I. Castillo-Feliu, Nueva York: Peter Lang, ¡1994!

[2] "*Alsino* y la novela modernista: Pedro Prado, pintor de cadencias", *Revista Iberoamericana,* 42, 174 (enero-marzo de 1996), 71.

[3] Arturo Torres-Rioseco, *Pedro Prado,* Santiago: Imprenta Universitaria, 1935, 4, y Arturo Torres-Rioseco, *Grandes novelistas de la América Hispana,* vol. 2: *Los novelistas de la ciudad,* Berkeley: University of California Press, 1943, 165. Sin embargo, Torres-Rioseco no acepta el simbolismo trascendental de la novela: "*Alsino* es una bella obra, una de las más bellas concebidas en nuestro continente, pero en tono menor, de grandeza limitada, cuento infantil transformado en la mente de un escritor" (13).

[4] John R. Kelly, *Pedro Prado,* Nueva York: Twayne, 1974, 85.

[5] En su *Historia de la novela hispanoamericana,* Valparaíso: Ediciones Universitarias, 1972, el

Prado (1886) es coetáneo de Rómulo Gallegos (1884), Benito Lynch (1885), Ricardo Güiraldes (1886), Martín Luis Guzmán (1887) y José Eustasio Rivera (1888).

No obstante, sesenta y tres años después de su primera edición, *Alsino* resucitó milagrosamente con el estreno en Managua, Nicaragua, de *Alsino y el cóndor* (1983), coproducción nicaragüense, cubana, mexicana y costarricense, dirigida por el cineasta chileno Miguel Littin. En contraste con la novela, la película cobró fama internacional al llegar a ser una de las finalistas para la mejor película extranjera del año en la ceremonia de los Oscar (Academy Awards).[6] Aunque la película está ubicada en la Nicaragua de los años setenta y versa sobre la campaña antiguerrillera del gobierno somocista respaldado por los helicópteros Cóndor y sus pilotos norteamericanos, tanto el título como varios personajes y situaciones indican sus orígenes en la novela de Prado. Como ésta, el protagonista de la película es un niño criado por su abuela curandera que sueña con volar como los pájaros; salta de un árbol, se lastima la espalda y resulta curcuncho o jorobado; se encuentra con don Nazario, el viejo consejero arquetípico, pero satánico, que les rompe los huesos de las alas a los pájaros para que no puedan volar; también aconseja a Alsino que no se involucre en la lucha guerrillera; Alsino no se deja impresionar por el paseo en helicóptero ofrecido por el piloto norteamericano porque considera mayor hazaña el vuelo de los pájaros; Alsino presencia la procesión popular de la crucifixión en Semana Santa. El fin de la película se diferencia del fin de la novela. Alsino se integra a la guerrilla, feliz de que lo llamen "compita". De todos modos, él pide que lo llamen Manuel[7] (Manuel Salazar era uno de los líderes en la sierra) como todos los guerrilleros.

Así es que la película no sólo ha contribuido a la resurrección de la novela sino que también ha subrayado su simbolismo cristiano,[8] que alu-

---

crítico chileno Cedomil Goic incluye a Pedro Prado en lo que llama la Generación de 1912, la Generación mundonovista [o sea criollista]. En ese capítulo, Goic analiza tres novelas ejemplares: *La vorágine, Doña Bárbara* y *Don Segundo Sombra*.

[6] Otra indicación de que la película ha opacado la novela es que García Márquez publicó en 1983 un artículo sobre cómo se hizo la película reconociendo que fue "inspirada en un cuento [sic] del escritor chileno Pedro Prado", *Nicaráuac*, 9, 163. En 1986, García Márquez publicó un reportaje titulado *La aventura de Miguel Littin, clandestino en Chile,* Bogotá: Oveja Negra, sobre la infiltración clandestina de Littin en Chile en 1985 para filmar la realidad de la dictadura de Pinochet.

[7] El nombre Emanuel, que proviene del hebreo, significa "Dios con nosotros" y se refiere a Jesucristo.

[8] De todas las revoluciones, la sandinista es la que más estaba ligada con el cristianismo primitivo. En *Adiós muchachos. Memoria de la revolución sandinista* (1999), Sergio Ramírez recalca el

de tanto a san Francisco de Asís[9] como a Jesucristo. Por contundentes que sean las pruebas textuales de este simbolismo, hay que recordar además que Pedro Prado admiraba mucho a Augusto D'Halmar (1882-1950), quien, junto con unos pocos amigos chilenos, había fundado en 1904 una colonia tolstoiana con los ideales del cristianismo original de la abnegación, el amor al prójimo y la identificación con la naturaleza.

Por milagroso que parezca, los críticos no han analizado el simbolismo cristiano de *Alsino*. Torres-Rioseco elogia la novela por su gran originalidad, por su "harmonía cósmica" (171) y por el "panteísmo místico" (189) de los bellos paisajes, pero no dice absolutamente nada sobre el simbolismo cristiano. Julio Arriagada Augier y Hugo Goldsack[10] señalan el "pensamiento tolstoiano" (71) de la novela y "que era el tiempo en que la juventud buscaba el retorno a la sencillez de los primeros cristianos" (71), pero insisten mucho más en la interpretación marxista: los anhelos de Alsino por volar simbolizan "los anhelos del proletariado chileno por romper sus cadenas seculares" (57). Raúl Silva Castro[11] reconoce que *Alsino* es "una vasta alegoría basada en un grupo muy amplio de símbolos" (84). Insiste mucho en el simbolismo del poeta o del individuo o de don Quijote que quieren volar o soñar, pero ni una palabra del simbolismo cristiano. John R. Kelly[12] también reconoce que *Alsino* es una "novela alegórica" (81), pero pone más énfasis en los retratos realistas de los campesinos chilenos. Varios de los estudios reconocen que *Alsino* es una versión chilena del mito griego de Ícaro. La única crítica verdaderamente negativa se encuentra en la prestigiosa *Historia de la literatura hispanoamericana*, de Enrique Anderson Imbert. El crítico argentino afirma que "*Alsino* no vale como alegoría, pese a algunas reflexiones filosóficas sueltas [...] Está malograda por la falta de unidad. Fantasía y realidad baten

---

paralelismo entre los jóvenes guerrilleros sandinistas y los cristianos primitivos o los franciscanos, en el segundo capítulo titulado "Vivir como los santos" (véase pp. 297-298 de este libro). Dos sacerdotes, representantes de la teología de la liberación, figuraron en el gobierno como ministros: Ernesto Cardenal, de Cultura, y Miguel de Escoto, de Relaciones Exteriores. El número 5 de la revista *Nicaráuac* (abril-junio de 1981) contiene una sección titulada "Los cristianos y la Revolución", con artículos de un sacerdote nicaragüense, de un pastor bautista nicaragüense, de un capuchino norteamericano y varios documentos sobre las relaciones entre los cristianos y la Revolución.

[9] Para los paralelismos entre Alsino y san Francisco me he basado en parte en el trabajo inédito de mi estudiante de posgrado Kevin E. Murphy, "El neocristianismo en *Alsino*", curso 233A sobre la novela chilena, UCI, otoño de 1969.

[10] "Pedro Prado, un clásico de América", *Atenea*, Concepción, 321-324 (marzo, abril, mayo y junio de 1952), 107 pp.

[11] *Pedro Prado (1886-1952)*, Santiago: Ed. Andrés Bello, 1965, 191 pp.

[12] *Pedro Prado*, Nueva York: Twayne, 1974, 154 pp.

como las alas de Alsino. Sólo que el modernismo preciosista y el realismo descriptivo de la vida chilena no se compaginan".[13] De todos los estudios críticos que he consultado, me parece que el de Lucía Guerra-Cunningham[14] es el que más toma en cuenta el cristianismo de la novela. Reconoce que la novela es una "reafirmación de los valores cristianos [...] en un mundo dominado por el impulso bélico, el pragmatismo y los avances tecnológicos" (37). Sin embargo, presta más atención a los mitemas de la aventura del héroe que al simbolismo cristiano.

La primera clave incontrovertible para la interpretación cristiana del simbolismo ocurre cuando Alsino se encuentra con el viejo consejero arquetípico nombrado irónicamente ño Nazario (nazareno). En realidad, no es el consejero bueno sino el satánico. Tal como Alsino escoge en la primera parte los caminos que le ofrecen la independencia de su abuela y de sus padres, en la segunda parte escoge el camino difícil que lo separa de ño Nazario. La descripción física de éste subraya su aspecto diabólico: "sus ojos turbios, sanguinolentos y deshechos [...] las culebras de las venas" (38). Ño Nazario tiene amaestrados a los tordos, que hacen contraste con Alsino. Mientras los tordos andan presos de las patas por una liga porque ño Nazario les ha zafado un huesito del ala, a Alsino le crecen las alas, regaladas por la gracia divina: "Ya a mis alas no puedo seguir ocultándolas. A menudo tiemblan y se estremecen aunque sobre ellas pesan mi camisa, mi chaqueta, mi manta" (45). Las alas representan los ideales, y los tordos, que ya no pueden volar, representan las personas desprovistas de ideales y que sólo piensan en las cosas mundanales y, por eso, necesitan al ño Nazario satánico para guiarlos: "esos cien vasallos que iban, como en un encantamiento, olvidados del vuelo y vestidos de ricos y negros plumajes. Reflejos azules y profundos y brillos metálicos" (42).

En cambio, Alsino está cada día más sordo al mundanal ruido, más sordo al mundo prosaico y burgués. Ño Nazario se enoja porque Alsino no lo oye, pero éste se defiende con palabras que recuerdan a san Francisco, quien, al empezar su vida de santidad, fue dirigido por voces: "¡Mi cabeza suena como un caracol! ¡Terrible día y noche! Cada vez estoy como más lleno de voces. Hay momentos en que no cabe otra nueva. ¿Cómo oírte? Te lo he dicho cien veces" (48).

---

[13] *Historia de la literatura hispanoamericana* (1954), 5ª ed., México: Fondo de Cultura Económica, 1966, vol. II, 119.

[14] Lucía Guerra-Cunningham, "La aventura del héroe como representación de la visión de mundo en *Alsino*, de Pedro Prado", *Hispania*, 66, 1 (marzo de 1983), 32-37.

Aunque Alsino acompaña a ño Nazario durante unos meses, no llega a congeniarse con él: "ni él es mi amigo, ni yo me siento afecto a él" (43). Mientras ño Nazario pregona los deleites de los pecados, Alsino se mantiene fiel a los valores cristianos: "De las malezas inútiles vivimos" (43). Por eso, Alsino, igual que Jesucristo, triunfa sobre la tentación,[15] rechazando la invitación de ño Nazario de "bajar al valle [...] lleno de mujeres preciosas" (48-49); también rechaza la oferta de éste de enseñarle a robar. Mientras Alsino es idealista, ño Nazario afirma ser realista: "Yo procedo de acuerdo con lo que sucede y no con lo que pudiera suceder" (51). Al llegar al punto donde se bifurcan los caminos, Alsino se siente respaldado por "el lejano y cristalino rumor de las aguas" (52).[16] En efecto, la identificación de Alsino con el agua, las aves, los animales y todas las manifestaciones de la naturaleza, atestiguan la presencia en la novela no sólo de Jesucristo sino también de san Francisco, "cuya vida entera era un poema".[17] En el monólogo con que termina la primera parte, Alsino se identifica con los ríos que fluyen sin rumbo fijo: "Como los ríos que reparten sus aguas por canales y acequias cantoras, y van por todos a la vez, por cada uno de los caminos y senderos quisiera dispersarme".[18] La joroba, resultado de su caída del árbol[19] al intentar volar, se convierte en la alforja de los peregrinos: "Nada traje y, sin embargo, veo por ella que llevo a la espalda la alforja de los peregrinos. La alforja de los que salen a rodar tierras" (33). Aunque los pájaros habían huido al oírlo hablar, al caer la noche, "los ratones salen de sus cuevas y no me huyen" (34), alusión clara a san Francisco.[20]

Alsino rechaza el camino al valle placentero donde "brillaba una fría claridad amarillenta" (53), o sea el oro, y escoge el camino más difícil, el

---

[15] Después de pasar cuarenta días y cuarenta noches en ayunas en el desierto, Jesucristo rechaza la visión satánica de la gloria de todos los reinos del mundo para emprender su misión de predicar, pidiendo a la gente que se arrepienta de sus pecados. Véanse Roy B. Chamberlin y Herman Feldman, *The Dartmouth Bible*, Boston: Houghton Mifflin, 1950, 876-877, y Allen C. Myers, editor de la revisión, *The Eerdmans Bible Dictionary*, Grand Rapids, Mich.: William B. Eerdmans Publishing Co., 1987, 992-993.

[16] El poeta modernista mexicano Amado Nervo publicó en 1901 un poema muy conocido titulado "La hermana agua".

[17] Hugh McKay, introducción a *The Little Flowers of St. Francis; The Mirror of Perfection; St. Bonaventure's Life of St. Francis*, Londres: J. M. Dent and Sons, 1963, VIII.

[18] Pedro Prado, *Alsino*, 6ª ed., Santiago: Nascimento, 1956, 32.

[19] La caída del árbol también identifica a Alsino con el primer hombre, Adán, cuya caída del Jardín del Edén se debe a un árbol, por la tentación de su fruto.

[20] San Francisco hablaba con las aves y apreciaba todas las criaturas de Dios por asquerosas que fueran (Murphy, 5-6).

que se interna "en nuevas serranías" (53), las mismas serranías que prefería san Francisco.[21]

Una vez que se separa Alsino de la figura satánica de ño Nazario, aumentan los paralelismos tanto con la vida de Jesucristo como con la de san Francisco. En el capítulo noveno, titulado "Revelación", Alsino de repente se encuentra en el calvario simbólico después de haber bajado de la sierra hasta "el pueblo hosco y misérrimo" (55). La descripción detallada de la miseria del pueblo se refuerza por el contraste con el agua cristalina anterior: "Ya en las afueras, [Alsino] no pudo reconocer en el hilo de agua sucio, cenagoso y callado, al alegre arroyuelo del que más arriba bebiese" (55). En el camino, Alsino se encuentra con la ingratitud y la crueldad humana. Después de ayudar a tres muchachos a sacar su "rústica carreta" (56) de "los profundos carriles pantanosos" (56) del camino para dejar pasar un mocetón con su yunta de bueyes, los muchachos se meten en la carreta y obligan a Alsino a arrastrarla cuesta arriba infligiéndole "denuestos groseros y golpes con los terrones que tenían a mano" (56). El mocetón le da a Alsino "un fuerte puntazo en las espaldas" (57), que junto con las piedras que remplazan a los terrones acaba por exasperar a Alsino, tanto que se le vibran las alas con ira y logra volar a saltos asustando a sus perseguidores.

Alsino se repone de haber cargado con "la cruz" vagando por los caminos y reuniéndose con la naturaleza: "las claras estrellas [...] pasan de una nube a otra, ocultándose como pececillos de plata" (60); "las montañas, solemnes, arremeten y galopan" (61); "una procesión de hojas secas" (61). Alsino se comunica con todas ellas y más: "todas las cosas de la tierra, y quizás del mundo, las que hacían en mí ese ruido" (62).

Antes de realizar su primer vuelo verdadero en el último capítulo de la segunda parte, Alsino presencia sin contaminarse cuatro de los pecados capitales: la gula de los "jotes [zopilotes] mal olientes que graznan y bailan en torno de una vaca muerta" (65); la lujuria "de las lavanderas que provocan con sus punzantes risas a los carreteros" (66); la pereza de los molineros que le azuzan a Alsino varios perros que lo rodean con furia, ira y rabia, pero que él logra dominar hablándoles hasta que enmudecen y se van huyendo. El vuelo de Alsino se anuncia con la aparición de la luz entre las tinieblas: "cuando ya se creía en la llegada de la noche, una clari-

---

[21] Tomás de Celano, compañero y biógrafo de san Francisco, dice que a éste "le encantaba levantar vuelo como un pájaro y hacer su nido en la sierra". E. M. Almedingen, *St. Francis of Assisi, a Great Life in Brief,* Nueva York: Alfred A. Knopf, 1967, 122.

dad imprevista apareció por el poniente" (69). Al volar por encima de las cumbres, "hacia el este, un resplandor creciente hizo comprender a Alsino que la luna salía" (71).

Dirigiéndose a la tierra, Alsino se maravilla ante la sensación de creerse el centro del universo, insinuando una caída en el pecado de la soberbia:

> ¡Oh, cosas incomprensibles! Cuando iba caminando sobre ti, bien sabía quién era el que se movía, mas ahora cuando vuelo, confuso veo que la tierra, las nubes y todas las cosas se acercan o se alejan de mí, vienen o van mientras yo permanezco fijo e inmóvil, y vislumbro que todas ellas buscan referirse a mi ser, y me están ligadas y dependientes, como si yo fuese el centro del universo! [73]

Esa soberbia parece llevarlo en la tercera parte a la adoración del dios pagano del sol:[22] "Alsino también asciende en busca del sol [...] adivino tu cercana majestad que viene [...] Cuando arda el cielo y tus rayos sobre los montes caigan [...] Destinado en secreto a grandes hechos, recibiré temblando tus dones y tu amor" (87-88). Sin embargo, como reacción contra esa apoteosis falsa, Alsino, en las tres últimas partes de la novela, se parece más al Jesucristo redentor de los pobres, de los enfermos, de los humildes y hasta se parece al Jesucristo revolucionario. En la tercera parte, aunque este aspecto cristiano está subordinado al canto poético modernista, Alsino da algunas muestras de identificarse cristianamente con los pobres. Al buscar Alsino comida, todo el mundo le tiene miedo, pero si los campesinos y los pescadores hubieran sido "personas más cultas, de los que siempre saben a qué atenerse sobre diablos, aparecidos y demás seres ignorados o misteriosos" (82), le habrían disparado. En cambio, el anacoreta que encuentra en las serranías desiertas hace contraste con ño Nazario agradeciendo a Dios el haberle enviado a uno de sus ángeles [Alsino] después de veinte años de penitencia.

En cuanto al modernismo de la tercera parte, hay que compararla con los cuatro poemas de Rubén Darío en *Azul:* "Primaveral", "Estival", "Otoñal" e "Invernal" y con las cuatro sonatas novelescas correspondientes de Valle-Inclán. Es más; la tercera parte también se estructura a

---

[22] Aunque san Francisco también amaba el sol, insistía en elogiarlo como creación de Dios: "Sobre todas las criaturas, san Francisco amaba el sol y el fuego con mayor afecto. Porque solía decir: 'En la mañana cuando sale el sol, todos deberíamos alabar a Dios, quien lo creó para nuestro uso, porque, gracias al sol, nuestros ojos pueden apreciar el día'" (Hugh McKay, *The Little Flowers of St. Francis; The Mirror of Perfection; St. Bonaventure's Life of St. Francis*, Londres: J. M. Dent and Sons, 1963, 294).

base de las distintas horas del día (alba, mañana, tarde, crepúsculo, noche) y las distintas condiciones meteorológicas (sol y tempestad). En el capítulo XVI, titulado "Una mañana de primavera", Alsino persigue una manada de caballos simbolizando su triunfo sobre la lujuria[23] y la altivez, o sea el pecado de la soberbia: "Alsino goza hasta el paroxismo de la alegría que trae el dominio avasallador" (92). No obstante, el mismo Alsino es culpable del pecado de la ira y dista mucho de la imagen del Cristo redentor de los pobres y los humildes: "Poseído de ira entusiasta, ágil vuela y pronto alcanza nuevamente la manada. De un salto, como una fiera, se deja caer sobre un altivo potro tordillo que guía delantero [...] que va desplomándose [...] y se derrumba con el estruendo de una torre [símbolo fálico] que viniese a tierra" (92). El mismo potro vuelve a ponerse de pie, Alsino lo vuelve a montar y el potro sale disparado hasta el borde del barranco y "cae veloz hacia el mar" (92), un momento después de que Alsino lo abandona.

Siguiendo con el recorrido modernista, el capítulo XVIII, titulado "En el verano silencioso", presenta la iniciación sexual de Alsino sin que se revista el acto sexual de ningún matiz pecaminoso; ya se venció la lujuria, simbólicamente, en el dominio de los caballos.[24] Mientras sestean unas vacas en el bochorno y mientras callan "los pájaros, en el sopor de la siesta" (100), Alsino posee a la joven bañista, asustada y medio desmayada. Hay que constatar que Alsino no está representando aquí a Jesús sino al devoto del sol y de la naturaleza: "El sol, que atraviesa el follaje, cae en discos de oro atigrando el cuerpo desnudo de la joven" (102).

En contraste con la tercera parte, Alsino deja de volar en la cuarta parte residiendo en la tierra con resabios de la novela criollista. En efecto, la cuarta parte se abre con una especie de obertura nacional, precursora de las de Asturias, Gallegos, Mallea, Dos Passos, Fuentes y Sarduy.[25] El tema es el pánico nacional causado por el "ángel o demonio que, volando por los aires, visita la región" (126). La noticia cunde gracias a una variedad de medios, de sectores sociales y de "creyentes": arrieros y carreteros, los trenes y los jinetes, el periódico de provincia y "los grandes diarios de las ciudades" (127). Aunque predominan los campesinos, también

---

[23] El caballo excitado simboliza a menudo el sexo desenfrenado, como en *La casa de Bernarda Alba*, de Federico García Lorca.
[24] San Francisco venció al "hermano asno" echándose desnudo en la nieve y dándose latigazos. Por casualidad, *El hermano asno*, de Eduardo Barrios, se publicó en 1922, sólo dos años después de *Alsino*.
[25] Véase "La obertura nacional", pp. 16-33, de este libro.

escuchan la noticia los mineros de las cordilleras y los pescadores de la playa. La noticia se discute entre los espiritistas, los frailes de aldea y los hombres de ciencia.

Terminada la obertura, Alsino cae preso en manos del guardián borracho Evaristo quien, con la ayuda de los perros, lo encierra en una vieja casa de fundo junto con otros tres presos: un borracho, un ratero de gallinas y un hombre desconocido. Evaristo le despunta las alas a Alsino recordando el episodio de ño Nazario y los tordos. El dueño del fundo y cacique de la región, don Javier Saldías, advierte a Evaristo que no debería maltratar a Alsino porque piensa exhibirlo para recuperar el dinero perdido en negocios de minas. Entretanto, Alsino se adapta a la vida del fundo, que se describe con bastante detalle como en cualquier novela criollista. Alsino hasta se enamora de Abigaíl, hija de don Javier: "Los dedos de Alsino fueron cerrándose en torno de los de la joven, como las llamas de una hoguera cuando buscan encender la olorosa madera que cae entre ellas" (175).

Alsino poco a poco cobra fama por sus "curaciones milagrosas" (165) con hierbas medicinales, curaciones que aprendió de niño al lado de su abuela. En una nota humorística, el párroco enfermo llega para deshechizar a Alsino, para aliviarlo, pero tose tanto que Alsino tiene que sostenerlo. Unas lluvias y vendavales fuertes azotan la región dejando hambrientos y enfermos a los animales, que acuden en "peregrinación" (171) para consultar a Alsino. Según la leyenda, el estigma de san Francisco tenía el poder de curar animales víctimas de una plaga, de derrotar los granizales y calentar a los pobres que sufrían del frío.[26] Una variedad de hombres, mujeres y niños también consultan a Alsino con distintas enfermedades. Pese a su éxito de curandero, Alsino se pone muy triste al observar el tremendo entusiasmo con que todo el mundo recibe al piloto, oriundo de esa región. Se trata de la adoración de un dios falso, que se repetirá en el último capítulo de la novela. En una evocación de la persecución por los muchachos de la carreta y el mocetón boyero, unos veinte campesinos borrachos se burlan de Alsino y lo golpean para que vuele, lo que recuerda la burla sufrida por Jesucristo en la cruz: "si eres hijo de Dios, baja de esa cruz [...] Salvó a otros y a sí mismo no puede salvarse. Si es el rey de Israel, que baje ahora de la cruz y creeremos en Él".[27]

Alsino se escapa y vuelve a las caminatas pero todavía sin recuperar la

[26] McKay, *St. Bonaventure's Life of St. Francis*, 386.
[27] Mateo 27; 40-42.

capacidad de volar. La quinta parte es donde Alsino llega a parecerse más a Jesús sin que se disminuya el parecido con san Francisco, sobre todo después de quedar ciego por un filtro de amor echado en sus ojos por Rosa, hija del leonero, que se había enamorado de él. Alsino se lo perdona y le dice: "—¿Aún lloras, Rosa? ¿Por qué te torturas? También mis ojos ciegos saben de lágrimas; y acaso los ojos, más que para ver, nos fueron dados para llorar" (242). San Francisco también se volvió ciego, por verter tantas lágrimas por el amor de Dios y la compasión por Cristo crucificado. Una vez ciego, Alsino se identifica aún más con los enfermos, los lisiados, los estropeados y todos los otros desgraciados que lo buscan en peregrinación: "Reclinado contra el tronco de un árbol, el ciego, enflaquecido y medio cubierto de harapos" (246), consuela y cura ya no tanto con las yerbas medicinales sino con su presencia, como Jesús, y con el respaldo de la consabida agua cristalina: "Tras él, un hilo de agua caía con fresco murmullo" (246). Además de curar a los peregrinos, Alsino, emulando el Sermón en el Monte (Mateo, capítulos 5-7), les predica, por unas cuatro páginas, sobre la guerra apocalíptica, las revoluciones y el amanecer de una nueva civilización. ¿El autor estará pensando en la primera Guerra Mundial y en la Revolución bolchevique? La guerra llegará ineludiblemente causando muerte y destrucción para todos: "Que los victoriosos quedarán, al igual de los vencidos, dominados por lejanos pueblos; y sólo sangre inútil y ruina habrá por todas partes" (248). Después de la guerra, habrá confusión y revolución: "Y vendrán tiempos de confusión, y los mismos pueblos dominadores fermentarán como las cubas donde hierve el mosto. En ellas lo que está arriba estará abajo; y lo de abajo, arriba; y lo que debiera estar sobre todo, vivirá eclipsado, invisible por el velo que la sangre vertida pone ante los ojos de los hombres" (249). O sea que los mismos movimientos revolucionarios engendrarán tanta violencia que se olvidarán de los principios cristianos. El capítulo, sin embargo, termina con una nota optimista. Según Alsino, después de "tantos siglos de sordera [...] Poco a poco la presente civilización se irá despojando de sus vistosas vestiduras" (250). Es decir, se cumplirá el mensaje de Jesús de que los pobres y los humildes heredarán el mundo: "Los tristes y los humildes entienden mejor que los falsos sabios las nuevas verdades, porque ponen en juego, no su atención razonadora, sino su ser todo, vibrante como un pájaro nuevo al borde del nido que desea abandonar" (249).

Después del sermón, el capítulo termina con una visión apoteósica de Alsino sobre una peña, con un brazo en el arroyo, adorado por los animales. Hasta el caballo, enloquecido por la presencia de Alsino en el capítulo dieciséis, se acerca en actitud sumisa:

> El ciego, sentado en una peña, con un brazo colgante, una mano hundida en el arroyo, sintiendo el suave roce del agua, acariciaba con la otra a los perros de los campesinos, y a los cabritos nuevos que acudían a balar entre sus rodillas.
> Los pájaros cantaban en las altas copas bañadas de sol dorado, y el caballo que antes impaciente relinchara, saliendo de la espesura, se acercó arrastrando sus bridas rotas [251].

Con el motivo de buscar una vaca extraviada, Alsino vuelve a volar por primera vez desde que el guardián Evaristo le despuntó las alas. Vuela acompañado del niño Cotoipa, quien debe servirle de guía. Sin embargo, a medida que Alsino va subiendo, Cotoipa, reflejo del hermano Poli de la primera parte, tiene tanto miedo que "cayó en locura ciega" (257) y chocan los dos contra los árboles. Mientras Cotoipa huye desesperadamente, Alsino se repone con la ayuda de "los pájaros, los árboles y una vertiente" (258) que le hablan. El capítulo termina con la llegada del zorro que "silencioso se acercó a Alsino y púsose a lamer, cuidadosamente, las heridas de la pierna y el costado" (260).

En el penúltimo capítulo de la novela, titulado "Nuevas voces", Alsino renace al reconocerse culpable del pecado capital de la soberbia y agradece a Dios el haberle enseñado esa lección. Reconoce que su orgullo consiste en su deseo panteísta anterior de estar en toda cosa: "Hecho a vuestra semejanza, perdóname, Señor, si yo también sentí el ansia de estar en toda cosa" (268). A pesar de su dolor, que evoca el estigma de Cristo crucificado —"Dos grandes heridas cruzan mi costado [...] como si por mis heridas pasasen clavos monstruosos" (266)—,[28] Alsino se da cuenta de que no hay mal que por bien no venga: "Mas, bendito sea Aquel que ha derramado, hasta en el mal, el bien; y que hace que los goces supremos no dependan de una orgullosa plenitud" (266).

Con esta revelación divina, el rostro de Alsino asume la misma sonrisa de beatitud que Jesucristo: "fui sintiendo que se dibujaba en mi rostro ¡oh, Dios mío! Como si el tuyo bondadoso contemplara, cada vez más profunda, una imborrable sonrisa de beatitud" (267). Para rematar el capítulo, el autor presenta otro episodio de la adoración del dios falso, esta vez en forma de "las aves enloquecidas" (268) por "la viva luz de un faro"

---

[28] San Francisco recibió en 1224 el estigma de Jesucristo.

(268), o sea la electricidad, que chocan "contra los cristales de la linterna" (269) en contraste con Alsino, quien está contento de dejarse guiar por la luz divina: "Señor [...] tus vivísimos y eternos rayos [...] ¡oh, Dios mío, que ellos me guíen, y por el mismo sitio donde las tinieblas se rasgan, pase yo a tu reino!" (269).

En el último capítulo de la novela, titulado "El fuego", se diferencia la muerte del protagonista de la del mítico Ícaro; se refuerza la estructura de la novela, y se recalca la presencia de san Francisco. Ícaro muere porque vuela demasiado alto, aproximándose al sol, y se le derriten las alas causando su caída al mar. En cambio, la muerte de Alsino no se presenta como un castigo. Después de pregonar su humildad exagerando todos los males y los daños que ha causado —"Por donde paso todo es sobresalto y ruina" (271)—, Alsino causa su propia muerte tomando y apretando las alas "como un círculo de hierro" (276). Al caer vertiginosamente, se le encienden las alas y el fuego lo consume, sin que sea una tragedia. Más bien se compara con las estrellas fugaces y sus cenizas se eternizan, según las últimas palabras de la novela: "han quedado, para siempre, fundidas en el aire invisible y vagabundo" (277).

El fuego, igual que el agua, merecía con san Francisco el sobrenombre de hermano. Para el fuego, san Francisco tenía un afecto especial "porque de noche nos permitía ver, tal como el sol nos permitía ver de día. Por eso, hay que elogiar a Dios por haber creado estos dos instrumentos de la vista".[29] Así se cierra el marco del capítulo que había empezado con la ayuda "franciscana" proporcionada a Alsino por el zorro, los abejones silvestres, las minúsculas arañitas, el avellano, los pájaros y "las frías y puras aguas de la vertiente" (271).

Tal como se refuerza la estructura del capítulo, se refuerza en este capítulo final la estructura de toda la novela. Al pensar que el volar ha sido una pesadilla repetida, Alsino recuerda a su hermano Poli y a su abuela. También evoca los paisajes chilenos: "las cordilleras nevadas" (274) y "todos los valles de Chile" (274), y el paso de las estaciones con su amor por Abigaíl en Vega de Reinoso.

Total que *Alsino* es una novela bellísima y bien estructurada; una novela alegórica que combina las alusiones a san Francisco y a Jesucristo con el paisaje chileno tanto de la naturaleza como de los habitantes rurales. Si la película sandinista *Alsino y el cóndor* sigue promoviendo la resurrec-

---

[29] Véase McKay, *Mirror of Perfection*, 294.

ción de la novela, será una prueba más de que el futuro es inconocible y que cualquier obra literaria puede interpretarse y apreciarse de un modo distinto según ciertas obras publicadas después.[30]

OBRAS CONSULTADAS

Almedingen, E. M., *St. Francis of Assisi, a Great Life in Brief*, Nueva York: Alfred A. Knopf, 1967.
Anderson Imbert, Enrique, *Historia de la literatura hispanoamericana*, 5ª ed., México: Fondo de Cultura Económica, 1966.
Arriagada Augier, Julio, y Hugo Goldsack, "Pedro Prado, un clásico de América", *Atenea*, Concepción, núms. 321-324, marzo-junio de 1952, 107 pp.
Chamberlin, Roy B., y Herman Feldman, *The Dartmouth Bible*, Boston: Houghton Mifflin, 1950.
García Márquez, Gabriel, *La aventura de Miguel Littín, clandestino en Chile*, Bogotá: Oveja Negra, 1986.
———, "Cómo se hizo *Alsino y el cóndor*", *Nicaráuac*, 9, 1983, 163.
Goic, Cedomil, *Historia de la novela hispanoamericana*, Valparaíso: Ediciones Universitarias, 1972.
Guerra-Cunningham, Lucía, "La aventura del héroe como representación de la visión de mundo en *Alsino*, de Pedro Prado", *Hispania*, 66, 1, marzo de 1983, 32-37.
Kelly, John R., *Pedro Prado*, Nueva York: Twayne, 1974.
Littín, Miguel (director), *Alsino y el cóndor*, coproducción nicaragüense, cubana, mexicana y costarricense, 1983.
Martín, Marina, "*Alsino* y la novela modernista. Pedro Prado, pintor de cadencias", *Revista Iberoamericana*, 42, 174, enero-marzo de 1996.
McKay, Hugh, introducción a *The Little Flowers of St. Francis; The Mirror of Perfection; St. Bonaventure's Life of St. Francis*, Londres: J. M. Dent and Sons, 1963.
Murphy, Kevin E., "El neocristianismo en *Alsino*", trabajo inédito para mi curso de posgrado Español 233A, sobre la novela chilena, UCI, otoño de 1969.
Myers, Allen C. (editor de la revisión), *The Eerdmans Bible Dictionary*, Grand Rapids, Michigan: William B. Eerdmans Publishing Co., 1987.
Nicaráuac, 5, abril-junio de 1981, número con una sección titulada "Los cristianos y la Revolución".

---

[30] Ya se ha señalado el caso de *El reino de este mundo*, de Carpentier, y su mayor valorización con el gran éxito posterior de la Nueva Novela Histórica.

Prado, Pedro, *Alsino,* 6ª ed., Santiago: Nascimento, 1956; traducción al inglés de Guillermo I. Castillo-Feliu, Nueva York: Peter Lang, 1994.

Ramírez, Sergio, *Adiós muchachos. Memoria de la revolución sandinista,* México: Alfaguara, 1999.

Silva Castro, Raúl, *Pedro Prado (1886-1952),* Santiago: Editorial Andrés Bello, 1965.

Torres-Rioseco, Arturo, *Grandes novelistas de la América Hispana,* vol. 2: *Los novelistas de la ciudad,* Berkeley: University of California Press, 1943.

——, *Pedro Prado,* Santiago: Imprenta Universitaria, 1935.

XVIII. Bolivia

TRES VISIONES DE LA REVOLUCIÓN:
*"Los fundadores del alba", de Renato Prada Oropeza;
"Los muertos están cada día más indóciles", de Fernando
Medina Ferrada; "Los vulnerables", de Gaby Vallejo
de Bolívar, y... Domitila*

A COMIENZOS DE LOS AÑOS SETENTA se vislumbraba la posibilidad del triunfo socialista en la América Latina. Cuba bajo Fidel Castro se había incorporado al bloque soviético a partir de agosto de 1968; Salvador Allende ocupaba la presidencia en Chile; el Frente Amplio, con predominio de los Tupamaros, esperaba ganar las elecciones nacionales en el Uruguay; las consecuencias del terremoto de 1972 en Nicaragua presagiaban el triunfo sandinista de 1979, y los movimientos guerrilleros proliferaban en Guatemala, El Salvador y Colombia. Entretanto, en Bolivia, donde la ejecución de Che Guevara en 1967 lo convirtió en un mártir universal, el general Juan José Torres, apoyado por mineros y obreros, ocupó la presidencia entre octubre de 1970 y agosto de 1971.[1] Con la meta de establecer un gobierno socialista, se creó una Asamblea Popular con delegados de los sindicatos de obreros, de los grupos de campesinos indígenas y de varios partidos izquierdistas. Tampoco hay que olvidar que la Revolución boliviana del Movimiento Nacionalista Revolucionario (MNR) (1952-1964), pese a su derrota en 1964, había cambiado el país profundamente.

No obstante el optimismo revolucionario de esos años, las tres novelas bolivianas de Renato Prada Oropeza, de Fernando Medina Ferrada y de Gaby Vallejo de Bolívar, y el testimonio de Domitila, publicados entre 1969 y 1977, que se analizarán a continuación, reflejan distintas actitudes pesimistas respecto a la revolución. Mientras las tres novelas versan respectivamente sobre la guerra de guerrillas, la Revolución del MNR y los

---

[1] Para la historia política contemporánea de Bolivia, véase Robert J. Alexander, *Bolivia: Past, Present and Future of Its Politics*, Nueva York: Praeger, 1982, una copublicación con la Hoover Institution Press de la Universidad de Stanford.

terroristas urbanos, el testimonio de Domitila proyecta detalladamente el sufrimiento y las frustraciones de una mujer de las minas bolivianas. Aunque ninguna de las novelas sea una obra maestra literaria, son interesantes no sólo por la imagen que proyectan de Bolivia sino también por su relación en distintos grados con la Revolución cubana y su política de fomentar en esa época revoluciones socialistas por todo el continente. En el caso del testimonio de Domitila, se trata de uno de los mejores ejemplos del nuevo género que llegó a su auge en los años setenta y ochenta.

De las tres novelas, la más ideológicamente revolucionaria es, sin duda, *Los fundadores del alba,* de Renato Prada Oropeza (1937),[2] que recibió el premio de novela Casa de las Américas para 1969, con un jurado ideológicamente ejemplar de Salvador Garmendia, Noé Jitrik, Ángel Rama, David Viñas y Alejo Carpentier. Su tiraje de 15 000 ejemplares en La Habana y otra "primera edición" en Cochabamba, más la carrera posterior del autor en Xalapa, México, como catedrático, crítico literario, teórico, cuentista y novelista,[3] han contribuido a la mayor difusión de la novela. *Los muertos están cada día más indóciles,* de Fernando Medina Ferrada (1925), también ganó el premio Casa de las Américas para 1972, pero con un jurado menos prestigioso integrado por el argentino Bernardo Kordon, la uruguaya Silvia Lago y el cubano Manuel Cofiño; fue publicada en La Habana con 25 000 ejemplares y otra edición en 1975 con Monte Ávila, de Caracas, pero, que yo sepa, el autor no ha publicado más que una novela anterior, *Laberinto* (1967), y la obra teatral *Bocas hambrientas.*[4] La novela premiada versa sobre los sucesos del sexenio que precedieron el triunfo del MNR en 1952. *Los vulnerables,* de Gaby Vallejo de Bolívar (1941), publicada en 1973 en La Paz, denuncia "el manejo del estudiante, desde partidos que ocultan la cara"[5] en un colegio de Cochabamba.

Partiendo del título simbólico,[6] *Los fundadores del alba* refleja la nue-

---

[2] Publiqué una reseña de la novela en *Books Abroad,* primavera de 1970, 277-278, pero la he ampliado aquí bastante.

[3] Después de *Los fundadores del alba,* Prada Oropeza publicó las siguientes obras narrativas: *Al borde del silencio* (1970), *El último filo* (1975), *Larga hora: la vigilia* (1979), *La ofrenda* (1981), *Los nombres del infierno* (1985), *Mientras cae la noche* (1988) y *...poco después, humo* (1990). También es autor de *Los sentidos del símbolo. Ensayos de hermenéutica literaria* (1990) y dirige la revista *Simiosis* de la Universidad Veracruzana.

[4] Según la solapa de la edición cubana, el autor reside en Caracas, "donde ha desarrollado una intensa labor teatral con campesinos y obreros".

[5] Entrevista de Gaby Vallejo con Kathy S. Leonard en *Hispamérica,* 25, 75 (diciembre de 1996), 69.

[6] En 1972, en el concurso de novela de la UNEAC, se premiaron con mención otras tres novelas, cubanas, con semejantes títulos simbólicos: *Despertar 1959,* de Marta Olga Manresa Lago;

va política cultural de Cuba adoptada en octubre de 1968. Según esa política, los escritores y los artistas deberían considerarse trabajadores de la cultura con la obligación de contribuir a la creación del nuevo hombre socialista. Las obras deberían estar al alcance de todo el pueblo. La malograda misión de Che Guevara en Bolivia (noviembre de 1966 hasta octubre de 1967) puede haber inspirado al autor, mientras la Revolución del MNR no se deja ver para nada. El protagonista de la novela no es ni minero ni campesino indígena sino hijo de un hombre de negocios de Cochabamba. Inconforme con la vida burguesa de sus padres, Javier, al principio de la novela, se encuentra en un seminario donde ha sido el mejor alumno durante seis años, pero después de mucha reflexión decide que no tiene vocación religiosa. Regresa a casa para anunciar a sus padres que está dejando el seminario y tampoco quiere "ser el gerente por herencia de la empresa".[7] Se acuesta por última vez con la criada Juana e ingresa en el "Partido". Sirve de guía para su amigo obrero José, quien abandona a su Negra con dos hijos para participar en la lucha guerrillera. (En cuanto al abandono de la mujer, *Los fundadores del alba* anticipa la novela cubana, prototipo del realismo socialista, que ganó el premio Casa de las Américas para 1971: *La última mujer y el próximo combate,* de Manuel Cofiño López.) Los dos compañeros van en tren a La Paz, donde el descenso provoca el recuerdo de la *Divina comedia* de Dante identificándose Javier con Virgilio.

Tal como Javier entra en la guerrilla acompañado de su amigo José, el indio anónimo entra de recluta en el ejército donde se hace amigo de Loro. Mientras los dos amigos guerrilleros se presentan como revolucionarios idealistas, los dos reclutas van a un bar para divertirse tomando, bailando, orinando, lanzando groserías, peleando y jodiendo. Así termina la primera parte de la novela.

La segunda parte consta de un contrapunto entre los guerrilleros que se entrenan para luego atrapar en una emboscada a la patrulla del ejército y los soldados que persiguen a los guerrilleros y por fin los sorprenden, también en una emboscada, matando a los quince. El jefe de los guerrilleros es un idealista puro que hace quince años se rebeló contra su familia burguesa para dedicarse a la revolución. Trata a sus compañeros lo mismo que a un prisionero con respeto y fraternidad. En cambio, el capitán

Las barreras del alba, de Alfredo Reyes Trejo, y *Amanecer en silencio,* de Armando Cristóbal Pérez.
[7] Renato Prada Oropeza, *Los fundadores del alba,* La Habana: Casa de las Américas, 1969, 33.

del ejército es un tipo panzudo, inculto, rabioso, sádico y mal hablado a quien sus soldados temen: "Y me sobresalto cuando la voz del capitán truena cerca de mi oído y gotitas de saliva, del capitán, empiezan a humedecerme el rostro" (67). El ejército también tiene un oficial bueno, un teniente a quien todos los soldados respetan y quieren pero muere en la primera escaramuza con los guerrilleros, limitándose su presencia en la novela a cuatro páginas (79-82). Mientras el soldado indio y su amigo Loro se obsesionan con la prostituta que "ha ganado el sobrenombre de 'Potranca'" (68), Javier se enamora a primera vista de una joven, Laura, que se baña desnuda en un río en una escena edénica: "El sol tiende los rayos de su lumbre por montes y por valles, despertando las aves y animales y la gente" (73). Aunque Javier no puede dejar de contemplarla, no siente absolutamente nada de lujuria y el Chaqueño, que ha acompañado a Javier, dice: "'Javier es mi mejor camarada, incapaz de algo que avergüence a la causa'" (75).

Un poco más adelante, el Chaqueño resulta herido y lo llevan a la cabaña de Laura. Javier le confiesa su amor y ella le corresponde: "Tu piel se estremece, se me acerca otra vez. Mi cuerpo la envuelve, sediento. La apresa y la suelta. Y es tu piel, ahora, la apresa mi cuerpo, la retiene y le entrega su tersura" (99).

En el capítulo más largo de la novela (107-127), las secciones numeradas revelan distintos aspectos de la lucha de los guerrilleros. Su afiliación comunista no se disimula; más bien se pregona. De narrador, Javier dice: "nos visitan algunos intelectuales y periodistas extranjeros todos ellos de tendencias avanzadas" (108). El jefe se enferma y revela a sus camaradas de lucha la falta de apoyo del partido, la misma falta de apoyo que contribuyó a la muerte de Che Guevara: "No hay ningún apoyo del Partido. No mueve nada por las ciudades. Parece que hay discrepancias sobre el procedimiento y la jefatura de las guerrillas" (109). No obstante, al llegar a un pueblo pequeño, el jefe convoca a los habitantes y trata de concientizarlos:

> Luchamos por la justicia [...] por ustedes [...] Queremos un sistema de vida humano y digno para ustedes y sus hijos y para todos los bolivianos. Queremos que esta tierra sea para beneficiar a los que nacen, trabajan y viven en ella, no para los capitalistas extranjeros [...] Ahora el mundo tiene que estar con la Revolución o contra la Revolución. La Revolución no es entregarles un pedazo de tierra que después ustedes no saben cómo cultivarla: significa la organización científica de la producción para que cada uno tenga según sus

necesidades y según su aporte al bienestar de todos [...] les traemos la esperanza de un mundo nuevo [...] Todos los pueblos americanos tenemos que unirnos contra el imperialismo yanqui y contra los capitalistas [121-124].

El capítulo termina de un modo pesimista. En la reunión, las palabras del jefe no parecen entusiasmar a los habitantes del pueblo porque saben que los soldados son mucho más numerosos que los guerrilleros y que andan con mejores armas. El sargento también les había dicho que los guerrilleros son comunistas y que no creen en Dios, lo que no niega el jefe. Al día siguiente, los guerrilleros dejan el pueblo "sin que nadie nos viera partir" (125). Al encontrarse con un camarada del grupo de José, Javier se entera de la muerte de su amigo obrero de Cochabamba, muerte debida a la traición de un "minero voluntario" (126). Su tristeza es análoga a la que siente el indio anónimo por la muerte de Loro en el capítulo anterior.

Javier no sólo pierde a su jefe sino que no vuelve a ver a Laura antes de morir. De los quince guerrilleros, catorce de ellos, incluso el jefe, mueren casi inmediatamente en la emboscada. El único sobreviviente, gravemente herido, es Javier. Sin embargo, se puede decir que la novela termina con una nota optimista, por artificial que parezca. Aunque el soldado indio anónimo venga la muerte de su amigo Loro disparando contra los guerrilleros, es incapaz de darle el disparo de gracia a Javier. Hasta se hinca a su lado en un acto de fraternidad humana y quisiera "salvarlo, vendarle su herida" (163) antes de que llegue el sargento, pero Javier muere por la pérdida de sangre. Al mismo tiempo, el nuevo compañero del soldado deja que se escapen de la cabaña Laura y su padre. El título simbólico de la novela se refiere tanto a los guerrilleros como al hijo de Javier que lleva Laura en el vientre: "tú te llevarás la mano al vientre y pensarás que Javier, el único hombre a quien amaste, no ha muerto, y está palpitando en todas tus venas, que dentro de poco tendrás que alimentarlo con tu leche, vestirlo y enseñarle todo lo que puedas [...] sintiendo las palpitaciones de tu alegría en el fondo mismo de tu vientre" (161-162).

Aunque *Los fundadores del alba* cumple ideológicamente con la nueva política cultural de Cuba de 1968, su forma experimental es demasiado elitista para que la novela sea legible para las masas. Como algunos cuentos de Juan Rulfo, el lenguaje es sencillo y, en gran parte, oral, pero la novela se complica con el punto de vista que varía entre primera, segunda y tercera personas; a veces se van alternando escenas del presente y del pasado; la focalización entre guerrilleros y soldados también se va alternando, sobre todo en el capítulo de la persecución que termina trágicamente para los guerrilleros, capítulo que recuerda la alternación entre el perseguido y el perseguidor de "El hombre", de Juan Rulfo.

El mensaje revolucionario se diluye tanto por la idealización de los guerrilleros como por la desbolivianización de la novela. Aunque se menciona a Cochabamba y a La Paz y un personaje es oriundo del Chaco, el autor no se esfuerza por crear mucho sabor boliviano. Hay un mínimo de detalles geográficos y una ausencia total de detalles históricos con ninguna mención ni alusión a la Revolución del MNR. El hecho de que no se encuentren ni indios ni mineros entre los guerrilleros vincula la novela mucho más a la expedición malograda de Che Guevara que a la realidad boliviana.

A pesar de que *Los muertos están cada día más indóciles*[8] (1972) también fue premiada en Cuba por Casa de las Américas, no tiene nada que ver con la malograda intervención guerrillera de Che Guevara. Más bien abarca el sexenio de lucha que terminó con el triunfo del MNR en 1952. Por eso, la mención de Che Guevara en la contraportada de la edición venezolana es totalmente gratuita: "[...] Juan, que años más tarde, al igual que su compañera Laura y los demás personajes, pudiera ser uno de los miembros de las guerrillas de Che Guevara".[9] No sólo eso sino que no hubo tales guerrillas. El grupo guerrillero de Che constaba de entre unos doce a cuarenta y ocho personas, la mayoría de quienes eran extranjeros[10] y ni los campesinos indígenas ni los mineros ni el Partido Comunista de Bolivia lo apoyaron. En cambio, entre 1946 y 1952, los campesinos y los mineros bolivianos fueron organizados por el MNR, que abogaba por la nacionalización de las minas de estaño y por una reforma agraria. Sin embargo, en contraste con *Los fundadores del alba*, esta novela dista mucho de idealizar la Revolución del MNR. Por una parte, se justifica la revolución de los de abajo contra el gobierno de la rosca [oligarquía] apoyado por el ejército pero, por otra parte, el protagonista existencialis-

---

[8] El título y el epígrafe son del poeta salvadoreño Roque Dalton: "Los muertos están cada día más indóciles /.../ Me parece que caen en la cuenta / De ser cada vez más la mayoría". No obstante, el epígrafe no refleja la actitud ambigua del protagonista hacia las revoluciones.

[9] Parece casi una duplicación de lo que había escrito el cubano Julio Travieso en su reseña de la novela en *Casa de las Américas*, 13, 73 (julio-agosto de 1972), 140-141: "[...] Juan, que años después, al igual que Laura, o el carpintero-símbolo, o el zapatero-símbolo, u otros muchos, perfectamente pudiera ser uno de los miembros de la guerrilla boliviana" (141).

[10] Véase *El diario del Che en Bolivia*, México: Siglo XXI, 1968, 158.

ta cuestiona la posibilidad de que se llegue a una verdadera hermandad humana.

El sexenio histórico está enmarcado por una denuncia de la chusma urbana de La Paz. La novela empieza en 1946 cuando el protagonista Juan trabajaba en la emisora del gobierno. Estalla el motín contra el presidente Gualberto Villarroel y se describe el arrastre del presidente desnudo por las calles antes de que "esa mierda vociferante"[11] lo cuelgue de un poste cabeza abajo. Se capta muy bien el caos del momento porque el mismo protagonista Juan no es sólo testigo sino también víctima. Alguien lo reconoce en la calle como "enemigo de la clase trabajadora" (28). Lo golpean y lo arrastran por la calle hasta que, por milagro, un hombre anónimo lo rescata y lo mete dentro de su casa, para luego denunciar a la "chusma [...] tan inconsciente" (30): "—¡Usted estaba agonizando y los criminales, esos cholos, lo pateaban, le estaban echando baldes de agua!" (31).

Aunque al final de la novela Juan participa heroicamente en una escaramuza revolucionaria en las afueras de La Paz, la entrada triunfal también desencadena las pasiones bajas de la chusma. Juan observa cómo llevan a empellones a un hombre herido y sangrando y tratan de impedir que entre en una ambulancia. Para Juan, no importa que se trate de un policía torturador: "Los gritos, las risas histéricas, tienen algo de terrible y avasallante, capaz de cualquier extremo, y quieren decir cansancio, miseria, odio [...] El tiempo se ha detenido como un péndulo; ha concluido un ciclo. No hay luz ni sombra. Nadie escucha. Nadie ve. La piel de los hombres se ha cerrado sobre sí misma" (161).

Dentro de ese marco de denuncia de la chusma, la novela revela cómo Juan se involucra en el movimiento revolucionario del MNR casi por azar. Aunque está consciente de las injusticias cometidas contra los mineros por el gobierno y por el ejército, no es de ninguna manera un individuo comprometido. Más bien es un tipo solitario, lleno de angustia, en busca de sí mismo. Como dice Julio Travieso en su reseña de la novela: "no es ni burgués, ni obrero, ni estudiante, es un desclasado" (140). Al escaparse de La Paz, rompe con su esposa, después de acostarse con ella por última vez. En Oruro, consigue un empleo no definido que le permite vivir en el Rancho de Empleados del campamento minero y frecuentar sus reuniones sociales. Ahí se enamora de la maestra soltera Laura y llegan a ser amantes. Comparte con ella las preocupaciones sociales y los riesgos de

[11] Fernando Medina Ferrada, *Los muertos están cada día más indóciles*, Caracas: Monte Ávila, 1975, 19.

participar en las reuniones de los mineros sobre la huelga. No obstante, Juan no está dispuesto a comprometerse con ella y se escapa a la Argentina después de que su foto aparece en el periódico en un artículo sobre el "complot subversivo contra el gobierno democrático" (87). Frente a la decepción de Laura, Juan dice, como buen existencialista: "Supongo que algún día habrá algo que me retenga en un sitio, definitivamente, o tal vez nunca" (69).

Una vez en Buenos Aires, Juan se integra en el MNR, por casualidad. Al conversar con unos compatriotas exiliados que estaban planeando un nuevo complot, Juan les pregunta si tienen un transmisor. Ellos, ingenuos, se sorprenden por la pregunta y luego se lo comisionan incluyéndolo en el cuadro técnico. Después, escondido en una pensión pueblerina en Bolivia cerca de la frontera argentina, Juan cuestiona su propia participación en el MNR: "¿soy acaso revolucionario? [...] Actué, simplemente; hice el papel que correspondió en la circunstancia. Nadie me debe, ni a nadie di nada: viví lo mío. Eso es todo" (97). Aun después de transmitir el mensaje del jefe revolucionario [Víctor Paz Estenssoro] — "¡Compañeros, el pueblo está en armas!"(106)— Juan sigue enajenado: "Espectador distante, te ves —más que nunca— comprometido en un rol que no sabes cómo ha de terminar" (106).[12]

Aunque el protagonista mantiene su actitud escéptica a través de toda la novela, no cabe duda que simpatiza con los de abajo. La identificación de Juan con los mineros se define claramente en Oruro. Aunque asiste a las reuniones sabatinas de los oficiales y de los funcionarios de la mina, no parece sentirse a gusto. Al mismo tiempo que los que ocupan los chalets "organizan la intimidad de reuniones, en las que se baila y se bebe con el afán de mantener vivas las costumbres y el ambiente sofisticado de la lejana capital" (52), los mineros se reúnen en una pulpería para tomar chicha, bailar cueca y cambiar insultos. Aunque Juan no presencia la llegada de los carabineros para llevarse a tres "viejos luchadores sindicalistas" (53), que después matan y cuyos cadáveres tiran desde un avión al Lago Titicaca, por medio de Laura conoce a sus esposas y sus hijos y se entera del despido de ciento cincuenta obreros. Los dos asisten a las reuniones secretas donde se discuten los preparativos de la huelga. En Catavi, tanto Juan como Laura se decepcionan por la actitud del partido, que probablemente se refiere más al Partido Comunista que al MNR: "¡Los

---

[12] En la novela, el punto de vista narrativo varía entre primera, segunda y tercera personas pero de un modo menos experimental que en *Los fundadores del alba*.

hombres no son más importantes que el partido!" (77). El partido también manda a los mineros que vayan con sus mujeres y sus niños a protestar frente al edifico de la gerencia de la mina asegurándoles [falsamente] que los militares no tienen orden de disparar (89). El capítulo termina con la orden de "¡Fuego!" dada por el comandante (96).

La ambigüedad revolucionaria de la novela se subraya en el último capítulo. Juan pelea en la carretera fuera de La Paz al lado del pequeño grupo revolucionario del Zapatero. Por el compañerismo del grupo, que evoca recuerdos de *Los de abajo* igual que de *Por quién doblan las campanas*, Juan piensa que está afirmándose: "En la verdad de los hombres [...] en la lucha que le corresponde a cada uno [...] ¡eso sí!, ¡eso sí [...]" (142) o sea su "solidaridad contra la injusticia" (142). Por otra parte, se desmitifica la lucha con la violación de una india por uno de los revolucionarios, quien después se la ofrece a los demás. Así es que, pese al triunfo de la Revolución, Juan se pregunta: "¿Seis años para llegar al mismo punto de partida?" (143).

Como la novela fue premiada en 1972 en Cuba, seguramente fue escrita después de 1964 cuando la rivalidad entre los varios dirigentes del MNR ofreció la posibilidad a los militares de tumbar el gobierno con el golpe de Barrientos y Ovando. También es probable que se haya escrito después de la muerte de Che Guevara en 1967. Por lo tanto, la visión de mundo de la novela refleja la desilusión con los ideales utópicos tanto del MNR como de Che.

Los vulnerables (1973), primera novela de Gaby Vallejo de Bolívar,[13] trata el tema revolucionario de un modo más complejo que las otras dos novelas, tanto en su contenido como en su forma. A diferencia del título de realismo socialista de *Los fundadores del alba* y del título claramente revolucionario (aunque no corresponde al contenido de la novela) de *Los muertos están cada día más indóciles*, el título de *Los vulnerables* es parcialmente antirrevolucionario. Se refiere principalmente a los estudiantes de colegio, de distintas clases sociales, que se dejan ilusionar y manejar en un movimiento revolucionario/terrorista urbano. El título también podría incluir a las mujeres, víctimas del machismo, sin distinguir entre capas sociales. Mientras las otras dos novelas tienen un solo protagonista,

---

[13] Sus otras novelas son *Hijo de opa* (1977), *Juvenal niña* (novela infantil, 1981) y *La sierpe empieza en cola* (1991). Es catedrática de literatura y castellano en la Universidad Mayor de San Simón en Cochabamba. La conocí en el Segundo Encuentro de Escritoras Latinoamericanas del PEN Club celebrado en diciembre de 1998 en Guadalajara, México.

Javier, el ex seminarista idealista, y Juan, el técnico de radio existencialista, *Los vulnerables* luce tres protagonistas cuyos problemas personales asumen tanta importancia como su actuación revolucionaria: Antonio, Rita y Daniel. Una cuarta protagonista, María, no está involucrada en el movimiento terrorista pero va cobrando más importancia al final con su conversión en la autora de la novela. Para captar el mundo interior de los cuatro protagonistas, la autora cambia frecuentemente la focalización y abundan los diálogos y los monólogos interiores sin que se identifique explícitamente el hablante. Aunque la acción transcurre casi exclusivamente en Cochabamba, escasean los detalles geográficos. Los cambios cronológicos contribuyen al ambiente caótico. Por ejemplo, en el capítulo doce, María tiene diecisiete años, mientras en el quince tiene veinticinco y en el veinticuatro, treinta, sin que se señale el paso del tiempo. La brevedad de los capítulos (treinta y dos y un epílogo en ciento cuarenta y una páginas) también contribuye a la sensación de movimiento caótico.

De los cuatro protagonistas vulnerables, tal vez se proporcionen más antecedentes sobre Antonio López, jefe del grupo fabril Terrorismo y Libertad. Como buen líder terrorista, está muy disciplinado y no puede permitirse sentimentalismos. Sin embargo, al llegar al capítulo veintitrés, ya no puede suprimir su amor por Rita. Se lo confiesa y le revela su gran inseguridad: "Hay algo que me ha roído desde niño, una seguridad de que soy el ser más deforme y monstruoso, una alimaña, un insecto asqueroso".[14] De los cuatro protagonistas, Antonio es el único de la clase baja. De niño, sufría hambre y tenía que aguantar los golpes de su padre borracho en Tarata. Después de la muerte del padre, su madre lo llevó a Cochabamba donde una prima lejana le dio trabajo de empleada en un hotel. A Antonio lo llamaban "el hijo de la empleada" (46) y era el niño de los mandados. Todavía odia a su madre porque, de niño, ella llegaba a la noche tan cansada que ni podía escucharlo ni mucho menos ofrecerle cariño; porque de adolescente, "empezaba a sentirse un hombre durmiendo con su madre" (86) y de hombre, no aguanta los consejos de su madre que descanse. A medida que Antonio va revelando con gran sinceridad los horrores de su pasado, se intercalan unos párrafos que describen cómo consiguió trabajo en una fábrica, sin saber leer, y cómo se empeñó en vencer ese obstáculo y cómo el obrero Pedro lo inició en el socialismo.

[14] Gaby Vallejo de Bolívar, *Los vulnerables*, Cochabamba y La Paz: Editorial Los Amigos del Libro, 1973, 89.

En cambio, Rita y Daniel, como tantos otros jóvenes burgueses de los años sesenta y setenta, rechazan a su familia y encuentran una altenativa en el grupo revolucionario. Rita, después de una escena violenta con sus papás y la tía Judith, monologa contrastando los falsos valores de la aristocracia con los nuevos valores del grupo terrorista de Antonio:

> ¡Aristocracia podrida! ¡Burgueses superficiales! Y... Sabe Dios qué barbaridades han hecho para ser lo que son con su dinero. No puedo soportarlos. Me han engañado siempre con falsos valores. Si no fuera por Antonio y el grupo, que me han iniciado en esta nueva mirada sobre el hombre, ya hubiera entregado "mi mano" a un "joven decente" y estuviera en un "Té-Rumi". Estupideces, frivolidad de papagayos pintados como mi tía [53].

Rita admira la disciplina de Antonio, pero como está enamorada de él quisiera que se humanizara algo, lo que por fin sucede en el capítulo veintitrés. En el transcurso de la novela, Rita cumple con dos misiones: pretende ser amiga de Daniel para vigilarlo para Antonio porque es el único del grupo que falló en un atentado terrorista, y distrae a un sereno mientras Antonio y otros camaradas colocan una bomba en las oficinas de un periódico. Sin embargo, la muerte de Antonio le provoca una crisis. Después de contemplarse en el espejo del cuarto de baño, Rita pide dinero a su padre para que pueda salir del país. En el epílogo, la narradora/autora informa que Rita se encuentra en Buenos Aires donde vive cómodamente con unas tías. Sigue enamorada de Antonio pero ya no quiere asociarse con los grupos revolucionarios porque "estaba segura de que la vida tiene sus propias jugadas, de las que no se puede escapar" (138), una visión de mundo más propia de Jorge Luis Borges que del marxismo científico. Rita estudia periodismo y "estaba acomodada nuevamente en un mundo de estructuras semejantes al de su padre" (137).

Uno de los aciertos de *Los vulnerables* es que cada uno de los cuatro protagonistas se individualiza a la vez que se entretejen sus historias. Daniel Toranzos es el único del grupo terrorista de Antonio que falló y por eso Antonio lo manda vigilar por Rita, y por Jaime en el colegio. En el primer capítulo, Daniel admira la fe y la seguridad de Rita, pero se siente algo existencialista, incapaz de acción. Su existencialismo se revela con uno de los símbolos más típicos: "Su uña rasca maquinalmente las manchas dejadas por las moscas en el viejo adorno de la cómoda" (56). No es hasta el capítulo nueve que se revela su falla: "el sentimentalismo de haber perdonado la vida de su padre lo condena de sentimentalista, de traidor a una causa que no mide parentescos" (37-38). Preocupado por el acoso del grupo terrorista, Daniel se siente angustiado y quiere comprobarse a sí mismo que no es cobarde ingresando en las guerrillas del oriente de Bolivia. No obstante, no entra en la guerrilla porque su hermanastra María, prostituta, le aconseja no tomar esa decisión mientras tenga miedo. Daniel, en un acto valiente, se enfrenta a su madre: "—Mamá, si vuelves a hablar mal de mi hermana, no voy a regresar más a la casa. A mí también me duele todo esto, me da asco que se hable siempre así en esta casa" (96). Efectivamente, Daniel se traslada a la casa de María y ella lo ayuda a encontrarse. Después de la muerte de Antonio, se informa en el epílogo que Daniel sale del país en barco, y después de una gran crisis se da cuenta de que puede seguir viviendo. Acaba por salvarse convirtiéndose en "un hombre, en un profesional, en un novio, en un marido, no tiene ya el contorno que le daba el dolor" (140).

De los cuatro protagonistas, María Toranzos es la única que no está involucrada en el grupo terrorista. Los cuatro primeros capítulos pares revelan su situación vulnerable de ser amante de Roberto, hombre casado, después de haberse entregado con exaltación a los diecisiete años a César —"Tómame poco a poco y locamente hasta el abismo de la entraña temblorosa" (26)—, quien acaba por abandonarla. Ya para los veinticinco años, María se reconoce "puta, sola" (58) y mientras espera su turno en el consultorio del dentista, analiza filosóficamente su pasado y sus opciones actuales.

Sólo en el capítulo veinticuatro María llega a enlazarse con el argumento principal. En su primer diálogo con Daniel, le escucha y le aconseja sobre su cobardía y "la posibilidad de un futuro auténtico" (97). Además de crecer a los ojos de Daniel, lo que es más importante es que María crece a los ojos propios, lo cual se indica con su sonrisa subrayada: "La sonrisa no se borra de sus labios" (97). La importancia de María sigue creciendo hasta que se convierte al final en la autora de la novela: "Me persigue la idea de que podría escribir una novela sobre Daniel, Rita y, el muerto, Antonio" (134).

Luego, en un trozo de metaficción, María se dirige mentalmente a cada uno de los tres divagando sobre cómo va a incorporarlos en la novela, contando con la complicidad de los lectores. Con la creación literaria, María se siente redimida: "Sólo yo encuentro que lo único que importa es redimirme, rescatarme, recobrarme para mí misma, para poder abrir las piernas limpiamente" (135).

La redención de María a través de la literatura se anticipa desde el capítulo cuarto por su afición a la literatura. Piensa en la técnica descriptiva de Balzac (IV); recita los versos de César Vallejo —"Hay golpes en la vida, tan fuertes que yo no sé..." (49)— al mirarse en el espejo (XII); lee un libro de Cortázar y analiza escuetamente los aciertos del cuento "Reunión", protagonizado por Che Guevara[15] (XXVII), y observa como literata a la gente que espera turno en el consultorio del dentista y en la oficina del registro cívico (VIII, XXVII). Además, la prosa de sus monólogos es más artística que la de los otros personajes.

Aunque el título *Los vulnerables* se refiere a la vulnerabilidad de las mujeres frente al machismo (María y la madre de Antonio) y a la vulnerabilidad de los jóvenes frente a la falta de comprensión y de cariño de los padres (Antonio, Daniel, María, Rita), la vulnerabilidad principal es la de los jóvenes ilusos que se dejan enganchar en el movimiento terrorista que termina trágicamente. El grupo terrorista parece depender de un tal Félix, quien nunca aparece en la novela. Daniel lo busca para pedir entrada en la guerrilla. Algunos del grupo están dispuestos a desaparecer a Daniel, pero Antonio dice: "—No hacemos nada mientras Félix no lo ordene [...] Se juega su vida el que haga algo contra lo dispuesto por Félix" (40). Tal como los revolucionarios en la Universidad de San Marcos de Lima estaban divididos entre moscovitas, maoístas y castristas en los años sesenta, también en *Los vulnerables* parece haber otro grupo revolucionario en el colegio, que también cuenta "con un respaldo absoluto de Félix" (103), pero sin identificarse su afiliación ideológica. El que maneja ese otro grupo es un profesor de química, "viejo búho" (103), que logra convertir a Jaime (del grupo de Antonio) y a sus propios aliados en agentes provocadores mediante el reparto de dinero. Por desconfiar de Antonio, el "viejo búho" le paga a Jaime para que lo mate [...] y eso a pesar de que Antonio había recibido una advertencia de Félix: " 'Cuídate, te están olfateando' " (125). Con la muerte de Antonio, se dispersa el grupo y se acaba la novela. Aunque la novela revela brevemente el contraste entre la cultura de la pobreza en la niñez de Antonio y la vida frívola de la familia rica de Rita, la denuncia principal va destinada a la violencia irracional engendrada en los colegios y en la universidad por gente cuyos ideales, si una vez los tuvieran, se van contaminando del placer derivado del manejo del poder.[16]

---

[15] La figura de Che también aparece brevemente en los pensamientos de Daniel como signo que le conduce a las guerrillas de oriente (56).

A diferencia de las novelas de protesta social de los años treinta y cuarenta, como *Los eternos vagabundos* (1939), de Roberto Leyton, y *Metal del diablo* (1946), de Augusto Céspedes,[17] *Los vulnerables,* igual que *Los fundadores del alba* y *Los muertos están cada día más indóciles,* no da primacía al sufrimiento de los de abajo. En *Los vulnerables,* Antonio representa la cultura de la pobreza, tan bien captada por el antropólogo norteamericano Oscar Lewis en *Cinco familias* (1959) y *Los hijos de Sánchez* (1961), y por la *favelada* Carolina de Jesús en *Quarto de despejo* (1960), pero no es más que uno de los cuatro protagonistas y se da mayor énfasis en el presente que en los antecedentes de cada personaje. En *Los fundadores del alba,* el protagonista es el hijo de una familia rica de Cochabamba y el único personaje indígena es un recluta anónimo empeñado en vengar la muerte de su amigo inmoral Loro, matando guerrilleros. No se dan antecedentes del indígena: nada de sus padres ni de su pueblo. La única de las tres novelas que presenta la vida trágica de los mineros y los abusos sufridos a manos del ejército es *Los muertos están cada día más indóciles,* pero el impacto se diluye por el énfasis en el protagonista existencialista que enmarca sus experiencias con la denuncia de la chusma capitalina.

Para una visión detallada y emocionante de las condiciones en que vivieron los mineros en la zona de Oruro bajo los gobiernos del MNR (1952-1964), de los generales Barrientos y Ovando (1964-1970), del general revolucionario Juan José Torres (1970-1971) y del general contrarrevolucionario Hugo Bánzer (1971-1978), hay que acudir al testimonio de Domitila Barrios de Chungara (1937), *"Si me permiten hablar..." Testimonio de Domitila, una mujer de las minas de Bolivia* (1977), grabado y revisado por la antropóloga brasileña Moema Viezzer. El título *"Si me permiten hablar..."* se refiere a los enfrentamientos valientes de Domitila, sobre todo con los militares, pero también con los mineros que desconfían de una mujer activista, y con las delegadas burguesas al Congreso Internacional de la Mujer, celebrado en 1975 en México, D. F. A base de

---

[16] En eso discrepo de Mario Araujo Subieta, cuyo estudio "Algunos aspectos formales de la novela *Los vulnerables*" *(Nueva Narrativa Hispanoamericana,* 5, 1-2 [1975], 179-183) acierta en el análisis de los aspectos formales pero se equivoca al declarar que "el soporte vertebral está dado por una crítica a los moldes político-sociales que rigen nuestro pueblo" (179).

[17] La falta de mayor número de novelas en esta época dedicadas a denunciar los abusos en la vida de los mineros y en la de los campesinos se podría atribuir a la competencia con el tema de la Guerra del Chaco, tremenda tragedia para los bolivianos: *Aluvión de fuego* (1935), de Óscar Cerruto; *Sangre de mestizos* (1936), de Augusto Céspedes, y *Prisionero de guerra* (1937), de Augusto Guzmán.

los sueldos bajos de los mineros, los peligros del trabajo para la salud, la represión militar contra los sindicatos y contra las huelgas, incluso las masacres, Domitila llega a ser una de las organizadoras principales del Comité de Amas de Casa y se concientiza políticamente. Ella está totalmente convencida de que "Bolivia solamente será libre cuando sea un país socialista".[18] Aunque lamenta las divisiones entre los distintos grupos marxistas, insiste en aplicar el marxismo "a la realidad de cada país" (256). Domitila es anticapitalista, antimperialista y aboga por un gobierno controlado por los verdaderos representantes de los mineros, de los campesinos y de los fabriles. Domitila puede haberse equivocado al creer que una revolución socialista podría mejorar las condiciones de vida de todos los pobres bolivianos pero su testimonio presenta una visión mucho más auténtica de la situación boliviana que *Los fundadores del alba*, que también aboga por una revolución socialista. En cambio, tanto *Los muertos están cada día más indóciles* como *Los vulnerables* simpatizan con los problemas de los seres explotados y marginados pero desconfían de las revoluciones. Las tres novelas, sin ser estéticamente sobresalientes, se destacan en conjunto por las distintas visiones ideológicas que presentan de Bolivia entre 1946 y principios de los setenta. Desde la perspectiva del año 2000, las tres novelas trascienden la frontera nacional por sus enlaces, en distintos grados, con la Revolución cubana, y por el cuestionamiento en dos de ellas de un dogma revolucionario desprestigiado mundialmente a partir de 1989.

OBRAS CONSULTADAS

Alexander, Robert J., *Bolivia: Past, Present and Fuure of Its Politics,* Nueva York: Praeger, 1982.
Araujo Subieta, Mario, "Algunos aspectos formales de la novela *Los vulnerables*", *Nueva Narrativa Hispanoamericana*, 5, 1-2, 1975, 179-183.
Guevara, Ernesto Che, *El diario del Che en Bolivia,* México: Siglo XXI, 1968.
Leonard, Kathy S., "Entrevista de Gaby Vallejo", *Hispamérica,* 25, 75, diciembre de 1996.
Medina Ferrada, Fernando, *Los muertos están cada día más indóciles,* Caracas: Monte Ávila, 1975.

[18] Moema Viezzer, *"Si me permiten hablar..." Testimonio de Domitila, una mujer de las minas de Bolivia,* México: Siglo XXI, 1977, 43.

Prada Oropeza, Renato, *Los fundadores del alba,* La Habana: Casa de las Américas, 1969.
Vallejo de Bolívar, Gaby, *Los vulnerables*, Cochabamba y La Paz: Editorial Los Amigos del Libro, 1973.
Viezzer, Moema, *"Si me permiten hablar..." Testimonio de Domitila, una mujer de las minas de Bolivia,* México: Siglo XXI, 1977.

XIX. Paraguay

REALISMO MÁGICO Y DUALIDAD EN "HIJO DE HOMBRE"[1]

La publicación en 1960 de "Hijo de hombre" representa un verdadero hito en la evolución de la novela hispanoamericana. Escrita por el paraguayo Augusto Roa Bastos (1917), ya se va colocando al lado de obras consagradas como *Los de abajo, Don Segundo Sombra* y *Doña Bárbara*,[2] además de prefigurar ciertas obras posteriores del *boom*. Como Azuela, Güiraldes, Gallegos y tantos otros escritores hispanoamericanos entre 1920 y 1945,[3] Roa se empeña en captar la esencia de la nación. Sin embargo, a diferencia de éstos, funde su visión nacional con una visión universal del hombre sirviéndose de varios recursos técnicos introducidos por Borges y los otros cosmopolitas que dominaron el mundo de las letras hispanoamericanas entre 1945 y 1960.

Esta fusión de las dos tendencias antagónicas ayuda a establecer el tono predominante de realismo mágico que constituye el primer ejemplo de la dualidad[4] sobre la cual se estructura toda la novela. Aunque la dualidad,

---

[1] Leído, en versión abreviada, en noviembre de 1966 en el Congreso de la Philological Association of the Pacific Coast en Berkeley, California, y publicado en la *Revista Iberoamericana*, 33, 63 (1967), 55-70.

[2] Véanse Jorge Campos, "Una novela paraguaya: *Hijo del* [sic] *hombre*, de Roa Bastos", *Ínsula*, 15, 168 (noviembre de 1960), 13; Hugo Rodríguez Alcalá, "*Hijo de hombre*, de Roa Bastos, y la intrahistoria del Paraguay", *Cuadernos Americanos*, 22, 2 (marzo-abril de 1963), 221-234; David William Foster, "'The Figure of Christ Crucified as a Narrative Symbol in Roa Bastos' *Hijo de hombre*", *Books Abroad*, 37, 1 (1963), 16-20; Joseph Sommers, "The Indian-Oriented Novel in Latin America", *Journal of Inter-American Studies*, 6 (1964), 256-260; Oswaldo Arana, "El hombre en la novela de la guerra del Chaco", *Journal of Inter-American Studies*, 6 (1964), 347-365; Fernando Alegría, *Novelistas contemporáneos hispanoamericanos*, Boston: D. C. Heath, 1964), 130-131. En 1965, Rachel Caffyn publicó la primera traducción al inglés de la novela: *Son of Man*, Londres: V. Gollancz, 1965, 256 pp.

[3] Para el Ecuador, *Cholos* (1938), de Jorge Icaza, y *Juyungo* (1942), de Adalberto Ortiz; para el Perú, *El mundo es ancho y ajeno* (1941), de Ciro Alegría, y la rezagada *Todas las sangres*, de José María Arguedas; para México, *El luto humano* (1943), de José Revueltas, y para Guatemala, *Entre la piedra y la cruz* (1948), de Mario Monteforte Toledo. Véase mi trabajo "In Search of a Nation", *Hispania*, 38 (1955), 432-442.

[4] La dualidad o el dualismo existe en todo el mundo. Edwin M. Moseley, en su *Pseudonyms of Christ in the Modern Novel: Motifs and Methods*, Pittsburgh: University of Pittsburgh Press,

en general, es un fenómeno bastante común, proviene aquí de la misma realidad paraguaya. La nación paraguaya, una de las más homogéneas de la América Latina, consta paradójicamente de dos razas, dos lenguas, dos geografías y dos historias. Aunque Roa Bastos tiene en cuenta los orígenes dualísticos de su patria, queda fiel a la realidad subrayando los elementos que le han dado unidad.

Para crear la impresión del hombre paraguayo en general, Roa trata el problema racial con cierta ambivalencia. Por una parte, simpatiza más con los personajes de aspecto más guaraní, pero por otra, no los distingue mucho de sus compatriotas más blancos. En contraste con lo que ocurre en la novela de México, Guatemala y los países andinos, el mundo paraguayo no se divide entre indios y blancos, ladinos o cholos, y eso a pesar de que las estadísticas nos aseguran que sesenta y cinco por ciento de la población paraguaya es guaraní.[5]

Fusión de dos razas antagónicas, el Paraguay es también fusión de dos regiones antagónicas: la meseta oriental, que cuenta con un suelo rico, mucha lluvia y los centros de población más importantes, y las tierras bajas del noroeste, que constituyen los dos tercios del territorio nacional con un suelo poroso aluvial, poca lluvia, esteros secos y muy poca gente. Aunque la división territorial es muy clara, Roa funde las dos regiones por medio del clima para reforzar su concepto de un Paraguay homogéneo. El calor y la sequía del Chaco en el noroeste (capítulos VII y VIII) no se diferencian mucho del calor y de la sequía de los meses secos en los pueblos sudestinos de Itapé (capítulos I y IX) y de Sapukai (II, V y VI). De la misma manera, el calor húmedo de la hacienda en el centro-este (capítulo IV) es tan opresivo como el del campamento militar en el río Paraguay cerca de Puerto Casado (capítulo VII).

A pesar de la gran distribución geográfica de la novela, Roa estrecha la

---

1962, comenta el "orthodox dualism of Christianity and countless other religious-and-philosophical traditions" (19). Sin embargo, el Paraguay, tal vez más que ninguna otra nación, se identifica completamente con la dualidad. La primera oración del libro de Juan Natalicio González, *Proceso y formación de la cultura paraguaya*, 2ª ed. (Asunción, 1948), es "El hombre es una dualidad" (9). El segundo párrafo reza: "La nación es igualmente una dualidad" (9). González, uno de los intelectuales paraguayos más sobresalientes, fue presidente entre 1948 y 1949, fecha en que fue derrocado por un golpe militar.

[5] Aunque Preston James calcula que 65% de la población es guaraní, 30% mestizo y 5% de ascendencia europea, muchos de ellos inmigrantes desde 1870 que viven en Asunción (Preston James, *Latin America*, Nueva York: Odyssey, 1950, 244-245), Juan Natalicio González, en su *Proceso y formación de la cultura paraguaya*, afirma que se realizó el proceso de mestizaje entre españoles e indias para 1785. También hace hincapié en el carácter homogéneo de la población: "A la larga el pueblo se convirtió en un conglomerado étnicamente homogéneo" (221).

unidad de su mundo dualístico dividiendo a todos sus personajes en oriundos o del viejo pueblo colonial de Itapé o del nuevo pueblo de Sapukai, fundado en 1910.

Del mismo modo con que Roa funde dos elementos demográficos y dos geográficos, también funde dos elementos históricos para producir una sola visión del Paraguay. La división entre la época precolombina y la poscolombina se borra con la narración de antiguas leyendas y con la amenaza unificadora de las dos guerras internacionales: la de la Triple Alianza (1865-1870) y la del Chaco (1932-1935).[6] La identificación del lugar en el Chaco con el paraíso terrenal y las alusiones a la versión judeocristiana de la Creación tienden a fundir la cultura guaraní con la española.

> Creo que en el libro de León Pinelo se afirma y se prueba que el Paraíso Terrenal estuvo situado aquí, en el corazón del continente indio, como un lugar "corpóreo, real y verdadero", y que aquí fue creado el Primer Hombre. Cualesquiera de estos árboles pudieron ser el Árbol de la Vida y el Árbol del Bien y del Mal, y no sería difícil que en la laguna de Isla Po'í se hubieran bañado Adán y Eva, con los ojos deslumbrados aún por las maravillas del primer jardín. Si el cosmógrafo y teólogo de Chuquisaca tuvo razón, éstas serían las cenizas del Edén, incinerado por el Castigo, sobre las cuales los hijos de Caín peregrinan ahora trajeados de khaki y verdeolivo.
>
> De aquellos lodos salieron estos polvos.[7]

La fusión de la leyenda cristiana de San Tomé con el mito indio de Zumé, realizada por los misioneros,[8] se convierte en otro puente irónico entre el pasado y el presente cuando los peones semiesclavizados dirigen sus oraciones a Santo Tomás, santo patrón del mate, para que él los proteja contra su explotador extranjero..., Mr. Thomas.

La unidad de la visión histórica se refuerza aún más por el papel diabólico del caballo frente a la carreta de bueyes. El capataz demoniaco Agui-

---

[6] La fusión relativamente fácil de dos culturas antagónicas puede atribuirse también a su cooperación frente a los enemigos comunes: los incas, los indios del Chaco y los bandeirantes brasileños (González, 99-109).

[7] Augusto Roa Bastos, *Hijo de hombre,* 2ª ed., Buenos Aires: Losada, 1961, 160.

[8] "El sacerdote católico, hábil en su catequesis, en lugar de negar esos mitos, les buscó fisonomía cristiana. Enseñó a conjurarlos con la oración, la cruz y el agua bendita. El mito del peregrino blanco, que cruzó estas regiones para enseñar el cultivo del maíz, rey de los cereales, 'jefe altanero de espigada tribu', fue transformado en la leyenda dorada de Pai-zumé, Santo Tomás, cuyas pisadas quedaron grabadas en el cerro de Paraguarí. Pai-zumé vivió en México, transitó por Guatemala, por Colombia, por el Brasil, y se ciudadanizó en el Paraguay" (Justo Pastor Benítez, "El colorido folklore paraguayo", en *Journal of Inter-American Studies,* 6, 1963, 372).

leo Coronel y su asistente Chaparra persiguen a caballo a sus víctimas; la sublevación malograda de 1930 fue suprimida por la caballería, y la figura diabólica del doctor Francia (1812-1840) se evoca a caballo llevando una capa negra con forro colorado y los ojos como carbones encendidos (15). En cambio, Casiano y su familia logran escapar de sus perseguidores a caballo gracias a una carreta de bueyes.

Aunque Roa alude en su mural nacional a ciertos acontecimientos históricos, sobre todo a la Guerra de la Triple Alianza (1865-1870) y a la Guerra del Chaco (1932-1935), su visión nacional depende mucho más del carácter del pueblo paraguayo y de sus símbolos. Los paraguayos son capaces de resistir tanto la opresión doméstica como la extranjera. Condenados a guerrear constantemente —"un pueblo cuya fatalidad ancestral parecía residir en la guerra" (221)— nunca se rinden.[9] Siguen conspirando en un ciclo eterno que hace pensar en el concepto borgesiano del universo: "Y sus ciclos se expanden en espiral. En todo Itapé, como en muchos otros pueblos, fermenta nuevamente la revuelta, en una atmósfera de desasosiego, de malestares y resentimientos" (222).

Debilitados por el calor y por el polvo, los paraguayos resucitan a orillas de los ríos que forman la espina dorsal de la nación y que constituyen para el Paraguay el símbolo más universal y más importante de la vida y de la libertad.[10] Otros símbolos netamente paraguayos son la guitarra, los leprosos y el guacamayo. Gaspar Mora, el personaje más "cristiano" de los varios redentores de la novela, es fabricante de guitarras.[11] Dos estudiantes de derecho y un periodista, que vuelven del destierro, lamentan la desaparición de los grandes guitarristas paraguayos. La purificación de Salu'í se anuncia con serenatas de guitarra y de arpa (174). Antes del escape de Casiano Jara, "lo más que había conseguido escapar de

---

La aparente confusión entre Santo Tomás (75) y Santo Tomé (45) en *Hijo de hombre* puede atribuirse a san Bartolomé, quien, según la leyenda, le sacó el veneno a la yerba paraguaya: "The Paraguayan grass, also called the grass of St. Bartholomew, for the saint was supposed to have taken the poison out of it and made it wholesome" (François Cali, *The Spanish Arts of Latin America*, traducido del francés, Nueva York, 1961, 122).

[9] La palabra "guaraní" significa "guerra" (González, 36). Refiriéndose sólo a la época colonial, González escribe que "la vida del paraguayo era un continuo guerrear" (242).

[10] "El río paterno distiende su influjo en la banda de oriente y en la banda de occidente, introduciendo en ambas regiones antitéticas elementos de conciliación, factores de homogeneidad, un sólo espíritu. En su fuga hacia los mares, la gran arteria fluvial no sólo realiza una labor de síntesis sino que da un sentido de universalidad a lo mediterráneo. Abre las puertas del mundo al corazón de América" (González, 24).

[11] El imbaracá, la guitarra indígena, era el instrumento sagrado de los guaraníes antes de la llegada de los españoles (González, 53).

Takurú-Pucú eran los versos de un compuesto, que a lomo de las guitarras campesinas, hablaban de las penurias del mensú, enterrado vivo en las catacumbas de los yerbales" (69). Para realzar el aspecto heroico de la guitarra, el capataz Coronel se siente sin talento para tocarla: "luchando con la guitarra" (84).

Gaspar Mora representa el carácter heroico de su patria no solamente por su guitarra sino también por su enfermedad: la lepra. Las estadísticas indican que de toda Hispanoamérica el Paraguay tiene la incidencia más alta de casos de lepra: uno o dos por cada mil habitantes.[12] Esos leprosos que simbolizan al Paraguay por su capacidad para sobrellevar un sufrimiento eterno, participan activamente en el escape de Cristóbal Jara, el redentor moderno.

Otro símbolo del Paraguay que también se relaciona con el tema del escape es el guacamayo,[13] que se hace querer de los prisioneros militares con sus gritos en guaraní de "Yapia-paiteké..." (¡Escapemos!... ¡Escapemos todos!) (142). La carreta, la guitarra, el leproso, el guacamayo, éstos son los verdaderos símbolos del pueblo paraguayo en contraste con los símbolos oficiales y artificiales: la vieja bandera descolorida y llena de telarañas y el mapa roto (213).

Bastaría esta presentación épica del Paraguay para que *Hijo de hombre* fuera considerada una novela importante, pero se enriquece aún más con los temas universales, que también tienen una estructura dualística. El mismo título, *Hijo de hombre*, se refiere a las muchas relaciones entre padre e hijo, u hombre y niño, que demuestra el concepto de que el hombre se parece a un río: "—El hombre, mis hijos —nos decía—, es como un río. Tiene barranca y orilla. Nace y desemboca en otros ríos. Alguna utilidad debe prestar. Mal río es el que muere en un estero..." (14).

El hombre nace dos veces, cuando nace y cuando muere. Cuando muere, sigue viviendo en sus niños.[14] La lucha por la libertad empezada por Casiano Jara continúa bajo la dirección de su hijo Cristóbal. El espíritu de Crisanto sigue viviendo en su hijo Cuchu'í. La denuncia de la santidad de Gaspar Mora pasa de Nicanor Goiburú a sus hijos gemelos.

---

[12] *Hechos sobre problemas de salud*, Publicaciones Varias, 63 (Washington: Organización Panamericana de la Salud, 1961), 25.

[13] "El recuerdo del loro que habla se halla unido a una de las tradiciones fundamentales y más antiguas de la raza, relacionada con el problema de los orígenes" (González, 52).

[14] "En pocas razas del mundo el amor paternal ha tenido expresiones más delicadas, tiernas y tan profundas. El hijo era un ser sagrado a cuya formación cultural y moral se consagraban los mayores sacrificios" (González, 71).

Esta relación entre padre e hijo se extiende a cualquier hombre y a cualquier niño porque según el autor "todos los hombres eran uno solo" (22).[15] Al doctor Dubrovsky lo golpean y lo echan del tren cuando trata de curar al niño de Damiana. El teniente Vera protege a Pesebre, hijo de su ex novia, y luego lo mata para que no siga sufriendo. La concurrencia de varias generaciones en un solo río se simboliza aún más por el entierro del anciano Macario Francia en un ataúd de niño (35) y por los ojos brillantes y juveniles del viejo carretero (96). El hecho de que Casiano, al delirar, confunda al viejo con su propio abuelo Cristóbal refuerza la visión del autor de que el mundo es un ciclo eterno —el niño también se llama Cristóbal—.

En realidad, el "hijo de hombre" más importante es la estatua de Cristo engendrada por el escultor leproso Gaspar Mora: "¡Es su hijo! Lo dejó en su remplazo"(26). Protagonista del primer capítulo, Gaspar Mora es también la piedra angular para otros dos ejemplos de la dualidad. En los dos primeros capítulos, Roa establece un paralelismo muy claro entre Gaspar Mora en Itapé y el doctor Alexis Dubrovsky en Sapukai. Los dos viven solos, fuera del pueblo; a los dos casi todo el mundo los respeta; cada uno tiene una mujer solitaria que le lleva la comida, y los dos son crucificados. Gaspar Mora se enferma de lepra; el leñador revela su escondite; los hombres de Itapé se olvidan de él durante la sequía, y algunos tratan de destruir su estatua. Después de ser echado del tren, el doctor Alexis vive como ermitaño hasta que se le reconoce el talento de curandero. Sin embargo, en contraste con Gaspar Mora, el doctor Alexis es un profeta falso. Al descubrir que hay monedas de oro escondidas en las estatuas coloniales con que le pagan los enfermos, las decapita secretamente, guarda el dinero, se emborracha, viola a María Regalada y desaparece.

Aún más importante que el contraste entre el redentor nacional y el extranjero es el contraste entre el redentor viejo y el joven. Gaspar Mora muere en 1910; Cristóbal Jara muere en 1935. A Jara como a Mora, el pueblo los adora y los respeta. Los dos están envueltos en un ambiente misterioso y los dos son ayudados por una prostituta redimida. La vida de Cristóbal Jara está llena de simbolismo cristiano: su nacimiento en el yerbal, el escape milagroso de sus padres, la traición del teniente Vera, la última cena (197) y la crucifixión en el volante del camión de agua (204).

---

[15] Existía el canibalismo entre los guaraníes porque ellos creían que los valores morales de la víctima podían transmitirse directamente. También creían en la transmigración del alma (González, 81-82).

El mensaje de Roa queda muy claro. Gaspar representa a un Cristo pasivo, sufrido y religioso cuyo espíritu sobrevive en una estatua de madera. En cambio, Cristóbal es el redentor ateo con raíces en la cultura guaraní y cuya determinación inquebrantable frente a los obstáculos más espantosos se inmortalizará en todas las sublevaciones que sean necesarias para conseguir la libertad y la justicia.

Lo que no puede hacer el hombre, nadie más puede hacer [199].

En todo Itapé, como en muchos otros pueblos, fermenta nuevamente la revuelta [...] Las montoneras vuelven a pulular en los bosques. El grito de ¡*Tierra, pan y libertad!* resuena de nuevo sordamente en todo el país [...] El camión de Cristóbal Jara no atravesó la muerte para salvar la vida de un traidor. Envuelto en llamas sigue rodando en la noche, sobre el desierto, en las picadas, llevando el agua para la sed de los sobrevivientes [222-223].

Íntimamente relacionadas con el motivo de Cristo son las traiciones, las redenciones de prostitutas y las resurrecciones. Éstas a menudo se llaman renacimientos, fundiendo el milagro cristiano de Lázaro con el concepto universal del autor de que el hombre es un río que fluye eternamente. El escape de Macario Francia durante la Guerra de la Triple Alianza se presenta como un verdadero milagro: "él mismo era un Lázaro resucitado del gran exterminio" (17). Paradójicamente, la segunda guerra paraguaya, la del Chaco, hace posible la resurrección del teniente Vera de su lenta agonía en el campamento militar: "Hasta han vuelto a dirigirme la palabra. Quiñónez nos trata de nuevo como a camaradas" (150). El espíritu de Silvestre Aquino sobrevive por medio de su sombrero utilizado por Cristóbal Jara para "vendar" su mano gangrenosa: "La otra mano en alto, monstruosamente hinchada dentro del sombrero, esbozaba sobre el vidrio lanudo una cabeza alerta y larval. La cabeza de Silvestre Aquino, cercenada por la bomba" (20). El mismo Silvestre Aquino fue quien antes se dio cuenta del sacrificio de Salu'í y le dijo: "Estás naciendo de nuevo, Salu'í" (186).

La variedad de prostitutas redimidas indica el gran cuidado con que el libro está planeado. Además de la ya mencionada Salu'í, María Rosa sacrifica su pelo por el Cristo de Gaspar Mora. Lágrima González, la ex novia del teniente Vera convertida en prostituta, se resucita pero no se redime por su Niño Nacimiento (Pesebre). La única prostituta que no tiene ninguna esperanza de redimirse es Flaviana, la mujer llevada al yerbal por el capataz Coronel desde la ciudad de Villa Encarnación. Sin embargo, su baile lascivo en medio de la borrachera general llama mucho la atención por su valor dualístico: el contraste con la pureza de la "Santa familia" (Casiano, Natí y el niño Cristóbal) y al mismo tiempo el entretenimiento del capataz, que permite el escape.

Otro motivo bíblico, y tal vez el más importante porque es la clave de todo lo que ocurre en la novela, es la traición del hombre por su prójimo. Para representar esta traición, Roa vuelve a fundir dos motivos: el de Judas y el de Caín (160). Las variaciones sobre el tema del hombre condenado a crucificar a su prójimo —"este monstruoso contrasentido del hombre crucificado por el hombre" (227)— abundan a través de toda la novela. Las traiciones más obviamente cristianas son las que se relacionan con Gaspar Mora y su Cristo de madera. El leñador revela su escondite sin querer. Por ser involuntaria, esta delación junto con otras, contribuye al ambiente de realismo mágico donde el hombre parece flotar en una atmósfera sujeto al capricho de los dioses. Cuando Gaspar muere de sed durante la sequía, los hombres de Itapé se sienten culpables: "—La muerte de Gaspar pesaba sobre nosotros" (25). Cuando Nicanor Goiburú insiste que se queme la estatua de Cristo, el sacerdote se siente incapaz de cometer el sacrilegio, pero le pide al joven sacristán que lo haga. Al malograrse el atentado, el sacristán "se dejó caer y reptó"[16] (31) hacia el campanario, donde se suicidó, reforzando la evocación de Judas. El papel desempeñado por Nicanor Goiburú se transmite a sus hijos gemelos, quienes tratan de ahogar a Miguel Vera cuando éste todavía se puede considerar una figura angélica. Su fe lo salva: "Me salvé porque sabía nadar y zambullir más que ellos. Pero sobre todo, porque creía firmemente en algo [...] En el abombamiento de la asfixia sentí que la mano de madera de Gaspar me sacaba a la superficie" (21).

La traición sin el tono religioso también desempeña un papel muy importante en varios episodios militares. Atanasio Galván traiciona la sublevación agraria informando por telégrafo a las fuerzas del gobierno que los rebeldes estaban a punto de atacar. Su actuación subsiguiente como presidente municipal de Sapukai y el enorme cráter dejado por la bomba mantienen vivo el recuerdo de su traición.

La víctima más frecuente de la traición de sus prójimos es el redentor moderno Cristóbal Jara. El teniente Vera, que ayudaba a entrenar a los

---

[16] El uso del verbo "reptar" evoca imágenes de la serpiente como instrumento del diablo.

sublevados bajo Jara, los denuncia sin querer durante una borrachera. El escape de Jara realizado con la ayuda de los leprosos por poco se malogra dos veces de una manera algo mágica. Gamarra, uno de los adictos de Jara, trata de despistar a un capitán de las tropas del gobierno con una historia inventada de que Jara estaba escondido dentro del tronco de un árbol. Afortunadamente el capitán no lo creyó porque lo que se contó como mentira fue en realidad la verdad. Después, Bruno Menoret, el ex patrón de Jara, lo reconoce en el baile y por poco lo delata. La gran importancia concedida por Roa a la casualidad concuerda con el realismo mágico de toda la novela: "El catalán dudó, echando los ojos muertos al cielo, como si de improviso hubiera visto abrirse una grieta muy profunda y llameante. Nadie supo, tal vez ni él mismo lo supiera, si en ese momento iba a delatar a Cristóbal Jara o si por el contrario estaba tratando de urdir en su favor una loca patraña, alguna increíble y absurda coartada [...]" (137).

Durante la guerra del Chaco, mientras Cristóbal Jara lucha con el máximo valor, hay otros que se hieren en la mano para no tener que ir al frente. En la expedición final, Otazú y Rivas abandonan el convoy de camiones de agua después de sacicarse la sed sin ni siquiera cerrar la llave. Cuando Cristóbal Jara, amarradas las manos deshechas al volante, acaba por manejar su camión hasta su destino después de un verdadero calvario, se encuentra con una ráfaga de balas disparada por la ametralladora del delirante Miguel Vera. Como Cristo, Cristóbal muere a manos del hombre a quien quería salvar.

A pesar de la traición de Eva, Delila y sus descendientes, las mujeres en *Hijo de hombre* son relativamente buenas. No hay más que dos excepciones, con personajes secundarios: la esposa de Jiménez, que comete adulterio, y Juana Rosa, cuya infidelidad a Crisanto también puede haber sido involuntaria.

De mayor importancia es la "traición" realizada por un hijo. Macario deshonra a su padre al dejarse seducir por la moneda de oro. Poco tiempo después, cuando éste pierde la gracia del doctor Francia, Macario se siente culpable: "Se murió por mi culpa, porque toda su desgracia salió de la llaga negra de mi ladronicio" (16). El doctor Alexis tampoco puede resistir la tentación del dinero, y al perder su santidad, recuerda su intento malogrado de salvarle la vida a su padre: "Los ojos celestes estaban turbios, al borde la capitulación, como la vez en que no pudo salvar a su padre [...]" (49). Cabe recordar aquí la deserción de Pesebre frente a su benefactor Vera, lo mismo que el primer intento de escaparse de Casiano y Natividad Jara, que no se lleva a cabo por sentir ésta los primeros dolores del parto.

En ninguna parte se desarrolla más el tema de la traición que en el protagonista alternativo, Miguel Vera, quien, como el Anciano Marinero de Coleridge, expía su culpa narrando sus traiciones en los capítulos impares de la novela: "Ahora mismo, mientras escribo estos recuerdos, siento que a la inocencia, a los asombros de mi infancia, se mezclan mis traiciones y olvidos de hombre, las repetidas muertes de mi vida. No estoy reviviendo estos recuerdos; tal vez los estoy expiando" (13). Los sentimientos de culpa son aún más trágicos por el aspecto involuntario de las traiciones. Además de los dos episodios en que delata y luego mata a Cristóbal Jara, Miguel Vera tiene otras razones para sentirse culpable. Durante su estancia en el campamento militar, Vera se siente responsable por la muerte de su coprisionero Jiménez por haber rechazado la necesidad desesperada de Jiménez de comunicarse con alguien: "Yo pude ayudarlo, quizás. Ya estaba semiasfixiado y necesitaba algo semejante al tratamiento de respiración artificial. Una sola mirada de simpatía puede a veces salvar la vida de un hombre" (145). En una de las pocas traiciones conscientes, Vera mata un armadillo, lo mete en el bolsillo y poco después lo tira a la tierra porque ya no puede soportar el peso:[17] "Húmeda la bolsa con su sangre y mi sudor" (105). El sentido de este episodio se trasluce por medio de la mirada de Cristóbal Jara: "Cristóbal Jara giró sobre el rostro inescrutable y me miró por la rajita de los párpados, con esa leve mueca que no se podía definir si era de comprensión o de burla" (105). Esos sentimientos de culpa que persiguen a Vera se remontan hasta su niñez. Tener que matar al enemigo anónimo durante el sitio de Boquerón evoca el recuerdo de cuando su padre lo obligó a matar un gato enfermo:

> De muchacho, un día mi padre me mandó sacrificar un gato enfermo y agusanado. Lleno de repugnancia, no supe sino meterlo en una bolsa y me puse a acuchillarlo ciegamente con un machete, hasta que se me durmieron los brazos. La bolsa se deshizo y el animal, destripado, salió dando saltos ante mi hipnotizado aturdimiento, perforándome el vientre con sus chillidos atroces [158].

Señalados y comentados ya los temas criollistas y universales, hay que constatar que la alta calidad artística de la obra no depende tanto de la

---

[17] "El cazador parco, que no cobra sino las piezas necesarias para las necesidades de la vida, encuentra la protección espontánea del genio de la selva... Pero ¡infeliz del destructor impío del bosque, del que se complace en la inútil hecatombe de los animales!" (González, 308).

presentación muralística de la tragedia paraguaya ni del sufrimiento de la humanidad en general como de la manera en que se funden estas dos visiones artísticas revistiéndose de un aire mágico.

Tal vez el factor más importante en la creación del mundo magicorrealista sea el manejo del tiempo. El contraste entre las luchas épicas de los protagonistas y el ritmo increíblemente lento produce un efecto irreal muy extraño. Roa de veras ve girar el mundo como un trompo: cuanto más rápido gira, tanto más parece estar parado: "Todo igual, como si el tiempo no se moviera sobre el trompo inmenso y lento" (62); "—¡Allá va el doctor! —dice la gente de la mañanita cuando, envuelto en tierra y rocío, Sapukai gira lentamente hacia la salida del sol con su caserío aborregado en torno a la iglesia mocha, a las ruinas de la estación—" (35). El mismo movimiento planetario se aplica al perro del doctor Alexis, cuyo paseo al pueblo para comprar alimentos marca el compás lentísimo de todo el capítulo II: "Sigue haciendo el mismo camino con una rara puntualidad; pequeño planeta lanudo dando vueltas en esa órbita misteriosa donde lo vivo y lo muerto se mezclan de tan extraña manera" (37).

En otras situaciones, el movimiento imperceptible prolonga el tiempo cronológico hasta la eternidad. Cinco años han pasado desde la explosión del tren en Sapukai sin que se llene el cráter. Los leprosos tardan casi veinte años (¿1913?-¿1932?) en empujar al bosque el vagón abandonado: "Sólo el destrozado vagón parece seguir avanzando, cada vez un poco más, sin rieles, no se sabe cómo, sobre la llanura sedienta y agrietada. Tal vez el mismo vagón del que arrojaron años atrás al doctor, de rodillas, sobre el rojo andén de Sapukai, en medio de las ruinas" (51). Durante la guerra del Chaco, el camión de agua avanza seis millas en más de dos horas, pero después de que se revientan las llantas, su "velocidad" se reduce aún más: "Las ruedas adelantaban centímetro a centímetro sobre los cueros vacunos puestos como alfombra sobre la arena. Salu'í los iba colocando uno tras otro, a medida que se desplazaba el camión. Mogelós y Gamarra empujaban detrás y vigilaban el equilibrio del tanque que se bamboleaba peligrosamente al descompensarse en las ondulaciones" (199). En la vida de los peones yerbaleros un año es el equivalente de un siglo: "Así transcurrió el primer año. Fue como un siglo" (74). La carreta simbólica también se eterniza con una metáfora irónicamente acuática: "[...] el camino a Borja y Villarrica, sobre cuya cinta polvorienta se eternizaba alguna carreta flotando en la llanura" (12).

Además de la lentitud anormal del tiempo, el sentido cronológico está confundido, también de una manera irreal. Los recuerdos de Macario Francia abarcan "un tiempo inmemorial, difuso y terrible como un sueño" (18). El pasado y el futuro se integran eliminando el presente:[18] "Sí, la vida es eso, por muy atrás o muy adelante que se mire, y aún sobre el ciego presente" (77); "entre un anciano muerto y un niño que aún no ha nacido" (77); "Infancia y destino, el tiempo de la vida, lo que quedaba detrás y lo que ya no tenía futuro, que debe tener una antigüedad tan fascinadora como la del pasado" (222); "en una región inaccesible, donde pasado y futuro mezclaban sus fronteras" (135). Esta combinación del futuro con el pasado también sirve para insinuar al lector algo de lo que va a ocurrir después:[19] "Iba a ser también la última [comida]. Pero aún no lo sabían" (70); "No se había convertido aún en enfermera" (174); "Lo arrastrábamos hacia el boliche para ayudarlo a olvidar por anticipado lo que acaso ignoraba todavía" (210).

Este tipo de oración, casi siempre con las palabras "aún" o "todavía", se encuentra a través de toda la novela, y cinco de los nueve capítulos se estructuran sobre la alternación entre el pasado-futuro y el presente rutinario. Por ejemplo, tanto el capítulo II como el IV comienzan en el presente, luego describen en términos consuetudinarios —sea con el imperfecto; con los verbos frecuentativos en "-ear" o con el presente junto con palabras como "siempre", "de costumbre" o "suele"— los seis últimos meses desde la desaparición del doctor (II) o la historia general del yerbal (IV), y luego narran en el pretérito los acontecimientos inmediatamente anteriores al presente. Esta técnica se simboliza en parte por el reloj de Sapukai que marca la hora al revés. El teniente Vera utiliza la misma técnica a fines del capítulo VII al aludir en orden inverso a sus propias expe-

---

[18] Este mismo concepto se observa en *Al filo del agua*, de Agustín Yáñez (México: Porrúa, 1947). Por la gran fama de esta novela mexicana, es posible que el Viejo Lucas haya influido en la creación de Macario Francia:
El olfato y la vista son los resortes de la memoria en el viejo Lucas: su gusto es apostar con los muchachos quién distingue las cosas desde más lejos, quién identifica más pronto a los que bajan de la Cruz, vienen por los caminos de las lomas fronteras, quién —desde el camposanto— conoce a los que andan en el Calvario; y el viejo resulta casi siempre gananciso. El presente y lo inmediato no hallan eco, sino por semejanza con el pasado y por indicio del futuro; Lucas parece insensible a lo actual; pero cuando lo actual fragua lo histórico, las imágenes volverán con fuerza viva en el fluir de la conversación [134].
La base filosófica de este concepto puede provenir de Henri Bergson: "La durée est le progrès continu du passé qui ronge l'avenir et qui gonfle en avançant. Du moment que le passé s'accroît sans cesse, indéfiniment aussi il se conserve" (Henri Bergson, citado en Guthrie y Diller, *Prose and Poetry of Modern France*, Nueva York: Charles Scribner's Sons, 1964, 42).
[19] Lo que llegó a conocerse como prolepsis en la época de *Cien años de soledad*.

riencias: su conversación con Jiménez en la isla penal, su salida de Itapé para la escuela militar y su asociación con Macario Francia (163).

La dualidad cronológica de pasado-futuro, momento-eternidad encuentra eco en la dualidad espacial del punto de vista. Los nueve capítulos se narran alternativamente entre la tercera persona y la primera (Miguel Vera). Vera mismo explica esta técnica y nota sus efectos extraños: "Veo el vapor que mana de mi cuerpo mientras anoto estas cosas en mi libreta. ¿Por qué lo hago? Tal vez para releerlas más tarde, al azar. Tienen entonces un aire de divertida irrealidad, como si las hubiera escrito otro. Las releo en voz alta, como si conversara con alguien, como si alguien me contara cosas desconocidas por mí" (141).

Así como se juega con el orden cronológico para crear el ambiente de ensueño, de la misma manera se le ponen trabas a la vista. Macario Francia, quien narra la historia de Gaspar Mora, sufre de cataratas. El calor y la sequía producen un polvo en el aire que todo lo ofusca: "Los ranchos y los árboles se esfumaban en la lechosa claridad que ponía sobre ellos una aureola polvorienta" (20). Llama la atención a este respecto la frecuencia con que se usa la palabra "borrar" y sus derivados: "un puñado de polvo podía borrarlo" (33); "el polvo aguardaba en la marcha lenta y borrosa [...]" (26); "las caras y las siluetas del andén se fueron borrando" (54-55); "la vi borronearse" (62). Esa cortina de polvo hasta afecta la memoria: "la confusa, inestimable carga de sus recuerdos" (17). La consecuencia lógica de esta imprecisión visual es la frecuencia con que aparecen palabras como "tal vez", "quizás", "acaso" y "algún".

La conversión del mundo real en un mundo de ensueño se refleja también en el uso muy acertado de imágenes. El peón explotado del yerbal se compara con un insecto: "Detrás, el fardo de troncos arrastrándose casi a flor de tierra, sobre las patas de una cucaracha" (79). La situación de los soldados en el Chaco se representa con un símil más complejo: "multitud de hombres, uniformados de hoja seca, pululan diseminándose sobre el gran queso gris del desierto, como gusanillos engendrados por su fermentación" (151). El uso de las imágenes acuáticas para describir la misión lentísima de los camiones de agua intensifica, por medio de la ironía, la sensación de la sequía: "en esos momentos cada camión navegaba [...]" (178); "entraron en un cañadón liso y ancho como un lago" (179); "[...] se abría la garganta boscosa ante la proa azufrada del camión" (181). Las casas flotantes de la primera página del último capítulo recuerdan la carreta flotante del primero: "las casas y los ranchos que flotaban en el polvo" (205). El cráter cruzado por los rieles flotantes produce un cuadro grotesco digno de los surrealistas: "las encías de hierro flotan en el aire tembriqueando peligrosamente sobre los pilotes provisionales, cada vez que pasa el tren sobre el cráter" (35). La descripción aliterativa algo humorística de una de las figuras demoniacas — "El gran sombrero desmonta despacio con el hombre flaco debajo" (94)— puede atribuirse al contacto de Roa con Miguel Ángel Asturias.[20]

No sólo las palabras sino también los mismos sonidos refuerzan el aspecto mágico de la realidad paraguaya. La aliteración —sobre todo de la "s"— recalca el ritmo soñoliento de la novela: "semejaban sombras suspendidas" (24); "Itapé iba a desperezarse de su siesta de siglos" (33); "allí solía solemnizarse la celebración del Viernes Santo" (12); "él estaba vivo en el viejo vagabundo que vivía de la caridad [...]" (19); "Sus cuerpos humean en el húmedo horno de la selva que les va chupando los últimos jugos en la huida sin rumbo" (67). El mismo efecto se logra con la repetición de palabras: "ecos de otros ecos. Sombras de sombras. Reflejos de reflejos" (14).

El ritmo monótono producido por esas frases caracteriza todo el estilo paraguayo de Roa. Digo "paraguayo" porque, como su patria, el estilo de Roa tiene una base dualística. He aquí unos cuanto ejemplos de la agrupación de varias frases bimembres dentro de la misma oración:

> Los chillidos y las burlas no lo tocaban. Tembleque y terroso se perdía entre los reverberos, a la sombra de los paraísos y las ovenias que bordeaban la acera [11].

> Toda la mañana estuve guerreando para meter en los zapatos mis pies encallecidos por los tropezones y las corridas, rajados por los espinos del monte, por los raigones del río, en todo ese tiempo de libertad y vagabundaje que ahora se acababa, como se acaban todas las cosas, sin que yo supiera todavía si debía alegrarme o entristecerme [52].

> Los perifollos de Natí habían vuelto a su condición de andrajos. La paquetería masculina de Casiano y de los otros, también. La selva igualadora arrancaba a

---

[20] Tanto Asturias como Roa vivieron mucho tiempo en Buenos Aires en calidad de exiliados políticos. Asturias fue miembro del jurado que otorgó a Roa el primer premio del Concurso Internacional de Narrativa de la Editorial Losada. En *El señor Presidente,* de Asturias, el cartero borracho que va tirando las cartas por la calle es un hombre bajo y cabezudo, así es que el uniforme le queda muy grande y la gorra muy pequeña.

pedazos toda piel postiza, toda esperanza. Las puntas de las guascas trenzadas y duras como alambre, los primeros remezones del temor, los despertaron a esa realidad que los iba tragando lenta pero inexorablemente [71].

Era una procesión triste y silenciosa, a pesar de los gritos y las risas. El silencio iba por dentro. Llevábamos casi en peso a un hombre con tres cruces, una por cada año de combates y sacrificios, de furiosos soles, de furiosas y estériles penurias en el infinito y furioso desierto boreal, en cuyo vientre hervía el furioso y negro petróleo [209-210].

Al revisar los otros ejemplos de la dualidad, no podemos menos de asombrarnos ante la gran maestría con que Roa entreteje los varios hilos de su obra, de tal manera que esa dualidad nunca parece forzada ni artificial: fraseología bimembre; pasado-futuro; narración en primera persona y en tercera; agua-tierra; agua-fuego; río-estera; carreta-tren; carreta-caballo; dos protagonistas: Cristóbal Jara y Miguel Vera; el redentor pasivo Gaspar Mora y el redentor activo Cristóbal Jara; dos generaciones de rebeldes: Cristóbal y Casiano Jara; el santo verdadero Gaspar Mora y el falso doctor Alexis; las dos adictas incondicionales: María Regalada y María Rosa; Bolivia y Paraguay en la Guerra del Chaco; Itapé-Sapukai; Dios-diablo; Dios-hombre; Caín-Abel; el bien y el mal; vida-muerte; castellano-guaraní; criollismo-cosmopolitismo.

Para rematar este análisis del realismo mágico y de la dualidad en *Hijo de hombre*, he guardado para el final mis comentarios sobre los dos epígrafes. Como reflejo de la dualidad cultural del Paraguay, un epígrafe proviene del profeta Ezequiel, mientras el otro proviene de un himno de los muertos guaraníes. Los dos están muy bien escogidos. Ezequiel, desterrado a Babilonia con los otros diez mil israelitas, fue al principio un profeta pesimista pero después mantuvo viva entre su pueblo la esperanza de la victoria final. Sus palabras indican el origen del título de la novela; reflejan su espíritu rebelde; previenen a los malos, y denuncian a los profetas falsos. La fraseología bimembre de "pan-agua"; "come-bebe"; "estremecimiento-anhelo"; "pondré-pondré"; "señal-fábula" puede atribuirse a la casualidad, pero no deja de llamar poderosamente la atención:

Hijo del hombre, tú habitas en medio de casa rebelde [...] [XII, 2].

[...] Come tu pan con temblor y bebe tu agua con estremecimiento y con anhelo [...] [XII, 8].

Y pondré mi rostro contra aquel hombre, y le pondré por señal y por fábula, y yo le cortaré de entre mi pueblo [...] [XIV, 8].   EZEQUIEL

En cambio, el tono plácido del himno de los muertos guaraníes refleja la confianza tranquila pero segura en el futuro de la humanidad. El uso metafórico de los verbos "fluir" y "encarnarse" y la idea de un ciclo continuo e interminable anticipan el aire irreal de la novela y su filosofía básicamente optimista:

> [...] He de hacer que la voz vuelva a fluir por los huesos [...]
> Y haré que vuelva a encarnarse el habla [...]
> Después que se pierda este tiempo y un nuevo tiempo amanezca.
> *Himno de los muertos de los guaraníes*

El mismo hecho de que esta novela surgiera inesperadamente del Paraguay, un país con una tradición novelística insignificante,[21] añade otro elemento extraño al análisis. Aunque no pretendo que *Hijo de hombre* haya establecido la moda para las obras del *boom* de los sesenta, no cabe duda de que figura en el primer rango junto con las obras de Carlos Fuentes, Mario Vargas Llosa y Gabriel García Márquez, quienes manejan con confianza la técnica experimental de la década anterior a la vez que rechazan su escapismo. Son autores comprometidos que se sienten obligados a comentar artísticamente los problemas nacionales... pero en términos universales.

OBRAS CONSULTADAS

Alegría, Fernando, *Novelistas contemporáneos hispanoamericanos*, Boston: D. C. Heath, 1964, 130-131.

Arana, Oswaldo, "El hombre en la novela de la guerra del Chaco", *Journal of Inter-American Studies*, 6, 1964, 347-365.

Bareiro Saguier, Rubén, "Panorama de la literatura paraguaya: 1900-1959", en

---

[21] Según Rubén Bareiro Saguier, la falta de una fuerte tradición novelística en el Paraguay puede atribuirse al gran interés nacional en la historia: "Quizás ese afán desmesurado por la historia, ya en las enconadas polémicas sobre determinados personajes o en el más noble propósito de defender el Chaco, absorbió toda la preocupación de los intelectuales consumiendo los talentos cultivadores de importancia" ("Panorama de la literatura paraguaya: 1900-1959", en Joaquim de Montezuma de Carvalho, *Panorama das literaturas das Américas,* Angola, 1959, vol. III, 1276).

Joaquim de Montezuma de Carvalho, *Panorama das literaturas das Américas,* Nova Lisboa: Angola, 1959, vol. III.

Cali, François, *The Spanish Arts of Latin America,* traducido del francés, Nueva York: Viking Press, 1961.

Campos, Jorge, "Una novela paraguaya: *Hijo de hombre", Ínsula,* 15, 168, noviembre de 1960, 13.

Foster, David William, " 'The Figure of Christ Crucified as a Narrative Symbol in Roa Bastos' *Hijo de hombre", Books Abroad,* 37, 1, 1963, 16-20.

González, Juan Natalicio, *Proceso y formación de la cultura paraguaya,* 2ª ed., Asunción: Editorial Guarania, 1948.

Guthrie, Ramon, y George E. Diller, *Prose and Poetry of Modern France,* Nueva York: Charles Scribner's Sons, 1964, 42.

Hechos sobre problemas de salud, Publicaciones Varias, núm. 63, Washington: Organización Panamericana de la Salud, 1961.

James, Preston, *Latin America,* Nueva York: Odyssey, 1950.

Menton, Seymour, "In Search of a Nation", *Hispania,* 38, 1955, 432-442.

Moseley, Edwin M., *Pseudonyms of Christ in the Modern Novel. Motifs and Methods,* Pittsburgh: University of Pittsburgh Press, 1962.

Pastor Benítez, Justo, "El colorido folklore paraguayo", *Journal of Inter-American Studies,* 6, 1963.

Roa Bastos, Augusto, *Hijo de hombre,* 2ª ed., Buenos Aires: Losada, 1961.

Rodríguez Alcalá, Hugo, "*Hijo de hombre* de Roa Bastos y la intrahistoria del Paraguay", *Cuadernos Americanos,* 22, 2, marzo-abril de 1963, 221-234.

Sommers, Joseph, "The Indian-Oriented Novel in Latin America", *Journal of Inter-American Studies,* 6, 1964, 256-260.

Yáñez, Agustín, *Al filo del agua,* México: Porrúa, 1947.

XX. El Brasil

ÉRICO VERÍSSIMO Y JOHN DOS PASSOS: DOS VERSIONES DE LA NOVELA NACIONAL[1]

EN 1961 SE PUBLICÓ "MIDCENTURY" (A la mitad del siglo), de John Dos Passos (1896-1970), que completó su ciclo novelístico-muralístico de los Estados Unidos de la primera mitad del siglo XX, ciclo empezado con la trilogía *U.S.A.* (1930-1938) y continuado con la trilogía *District of Columbia* (1939-1949). Un año después, en 1962, Érico Veríssimo (1905-1975) publicó el tercer tomo de *O arquipélago*, que constituye la tercera parte de su interpretación novelística-muralística de Rio Grande do Sul y del Brasil, llamada en conjunto *O tempo e o vento* (1949-1962). Esta coincidencia cronológica pide una comparación de las dos obras monumentales. Un estudio de sus semejanzas y sus diferencias destacará los rasgos artísticos de cada uno de los autores además de sus actitudes respecto a las dos naciones.

La novela cíclica se remonta al siglo XIX con autores como Balzac y Zola, pero no llega a ser verdaderamente nacional hasta la cuarta y quinta décadas del siglo XX. Sólo con el establecimiento de las rutas aéreas se llega a captar la extensión geográfica de las dos naciones. Incluso, en el epílogo poético de *U.S.A.*, mientras Vag, protagonista pobre, desempleado y anónimo, pide aventón en la carretera, pasa por encima de él un avión lleno de pasajeros transcontinentales que gozan de la vida pensando en contratos, ganancias y vacaciones. Después de seguir la ruta del avión desde Newark hasta Los Ángeles, pasando por Cleveland, Chicago, Iowa, Omaha, Cheyenne, Salt Lake City y Las Vegas, el narrador vuelve a fijarse en el joven hambriento que se siente más débil cada momento, esperando que se detenga un coche para recogerlo. A la vez, el socialismo y el comunismo contribuyeron a la formación de sindicatos y al reconoci-

---

[1] Ponencia presentada en el congreso de la Modern Language Association, diciembre de 1962, en Washington, D. C.; publicada en inglés en la *Interamerican Review of Bibliography*, enero de 1964, 54-59, y en *Centro Brasileiro de Estudos Latinoamericanos,* Universidade de Rio Grande do Sul, 1, 1, 1965.

miento de las distintas capas sociales, étnicas y raciales integradas en la población nacional. El despertar de la conciencia nacional, como fuerza política lo mismo que cultural, provocó la resurrección de los héroes del pasado. Esta conciencia nacional, con sus aspectos geográficos, sociales e históricos, constituye el meollo de las obras más importantes de los dos autores.

Aunque tanto Dos Passos como Veríssimo se iniciaron en la novela muralística al nivel urbano: Nueva York en *Manhattan Transfer* (1925) y Pôrto Alegre en *Caminhos cruzados* (1935), esas dos novelas, por buenas que sean, podrían considerarse como ensayos para los proyectos más grandiosos. Los dos autores tenían la misma meta de captar la totalidad de la nación pero la perspectiva y el método son muy distintos. Dos Passos, de acuerdo con las condiciones de los Estados Unidos, estructura sus novelas sobre la gran movilidad, tanto geográfica como social. Sus personajes, de distintas capas sociales, no sólo representan distintas regiones del país, sino que viajan constantemente. Dos Passos tiene una visión de los Estados Unidos de una variedad de climas, de topografías y de grupos demográficos, todos unidos y fundidos por una gran red de carreteras, ferrocarriles y líneas aéreas. Los lugares geográficos se identifican específicamente y determinan en parte la evolución de los personajes.

En cambio, en la trilogía de Veríssimo hay relativamente poco movimiento geográfico. Toda la acción se desenvuelve en el estado de Rio Grande do Sul, en el pueblo ficticio de Santa Fe. Aun cuando los personajes salen de su estado el autor no los sigue directamente. Lo que les sucede fuera del estado se revela después de cierto lapso de tiempo en cartas, conversaciones o pensamientos nostálgicos —¡en Santa Fe!—. Las experiencias del doctor Rodrigo Cambará y su familia en Río de Janeiro, tan decisivas en su vida, sólo se descubren a través de las conversaciones y los recuerdos después de su vuelta a Santa Fe. Así es que se podría decir que la meta de Veríssimo es más regionalista que la de Dos Passos, pero no sería acertado decir que *O tempo e o vento* sólo es una epopeya estatal; más bien es la epopeya estatal junto con el mural nacional visto a través de los ojos de los *gaúchos*.[2] La política nacional cobra mayor importancia en cada una de las tres partes. En *O continente* y *O retrato,* el contacto entre Rio Grande do Sul y el resto del Brasil se establece mediante las guerras contra los españoles, los uruguayos, los argentinos, los

---

[2] En el Brasil, un *gaúcho* no es el equivalente del gaucho argentino; quiere decir cualquier habitante del estado de Rio Grande do Sul.

paraguayos y las guerras civiles. En cambio, en *O arquipélago,* ese contacto se fortalece mediante el dictador nacional Getúlio Vargas, de origen gaúcho.

Además de las diferencias en la presentación geográfica, igualmente importantes son las diferencias en la presentación histórica de las dos naciones. Dos Passos no siente ninguna obligación de evocar los siglos anteriores en su interpretación del siglo XX. Para él, el carácter del país se determina totalmente por sus contemporáneos, que no se sienten ligados a las tradiciones nacionales. La explicación es que los personajes de *U.S.A.* son en gran parte inmigrantes europeos o hijos de ellos que, gracias a la tremenda expansión industrial del país, pueden cruzar rápidamente las fronteras poco rígidas entre las clases sociales. Los personajes de Dos Passos sienten directamente el impacto de los sucesos internacionales: las dos guerras mundiales y la formación y el desarrollo de la Unión Soviética.

Para incorporar al Brasil en las corrientes internacionales, Veríssimo suele aludir, a veces artificialmente, a personajes y sucesos históricos de otros países. Por ejemplo, menciona gratuitamente la muerte del rey Eduardo VII de Inglaterra. En *O continente* y *O retrato,* los sucesos internacionales no parecen afectar la historia de Rio Grande do Sul: los grupos antagónicos no dejan de atacarse y el *minuano* o viento fuerte señala la proximidad de la tragedia. En cambio, en *O arquipélago,* todo el Brasil se ve afectado por los sucesos que culminan en la segunda Guerra Mundial. Arão Stein participa en la Guerra Civil de España como miembro de la Brigada Internacional; Eduardo Cambará se integra al Partido Comunista; mientras otros habitantes del pueblo se afilian con los *integralistas* fascistas.

Para que los lectores comprendan al Brasil contemporáneo, Veríssimo se siente obligado a trazar los orígenes de su nación. La trilogía empieza con el establecimiento de las misiones en el siglo XVIII y luego retrata ocho generaciones de una sola familia hasta la época de Getúlio Vargas. Desde hace más de un siglo se mantiene la casona familiar, el Sobrado, en el pueblo de Santa Fe, como símbolo del carácter indómito de la familia Terra-Cambará y de los *gaúchos*. La muerte de Rodrigo Cambará marca el fin de una era y la casona misma puede estar a punto de derrumbarse a medida que los cuatro hijos individualistas escogen distintos senderos: Jango a la hacienda, Eduardo al Partido Comunista, Bibi a la vida frívola de Río de Janeiro y Floriano a su mesa de escritor en Río al lado de su madre.

Ninguno de los cuatro se siente irremediablemente atado al Sobrado. Al contrario, reaccionan en contra. Sólo Jango se parece a sus antepasados. Al mismo tiempo, los descendientes de los primeros inmigrantes alemanes e italianos se han incorporado totalmente en la sociedad de Santa Fe hasta el punto de remplazar a varias de las familias *gaúchas* de alcurnia en puestos de prestigio social.

En la creación de un mural nacional, uno de los problemas más difíciles para cualquier autor es mantener el equilibrio entre los elementos históricos y los ficticios. Dentro de las dos obras estudiadas, se notan tendencias contradictorias. En *U.S.A.*, Dos Passos logra captar la totalidad de la experiencia norteamericana mediante una serie de novelas cortas con personajes ficticios que se van alternando. El cronotopo, o sea el espacio geográfico y el momento histórico, se refuerza por la intercalación de: *1)* varios esbozos biográficos de personajes históricos que representan tanto la política (William Jennings Bryan, Theodore Roosevelt, Woodrow Wilson, Bob La Follette) como la ciencia (Thomas Edison, Luther Burbank), la industria (Henry Ford), las artes (Isadora Duncan, Rudolph Valentino, Frank Lloyd Wright) y los reformadores sociales (Eugene V. Debs, Thorstein Veblen); *2)* versos y estrofas de canciones de moda, y *3)* encabezados, frases y fragmentos de párrafos de la prensa. En la segunda trilogía *District of Columbia* y en *Midcentury*, Dos Passos comenta demasiado los sucesos contemporáneos y los personajes novelescos pierden su identidad como individuos.

En cambio, Érico Veríssimo dedica a la historia gran parte del primer tomo, *O continente,* que abarca más de dos siglos. En la segunda parte, *O retrato,* se limita a una sola generación, concentrándose principalmente en el protagonista novelesco, el doctor Rodrigo Cambará. En *O arquipélago,* la última parte y la más larga de las tres, Veríssimo presenta tan detalladamente los problemas contemporáneos que queda opacada la transformación del doctor Rodrigo Cambará de la figura representativa de una generación de la historia nacional al protagonista de toda la novela tripartita. Así que terminada la lectura de *O arquipélago,* la primera parte, *O continente,* resulta una introducción que proporciona los antecedentes familiares lo mismo que la herencia nacional del doctor Rodrigo.

Al contrastar las tres novelas nacionales de Dos Passos con *O tempo e o vento,* de Veríssimo, se perfila más claramente la actitud hacia la historia de ambos autores. Veríssimo analiza la historia de su nación tratando de mantener una actitud objetiva. Parece aficionado a teorizar sobre los distintos grupos étnicos que han contribuido al desarrollo del sur del Brasil: los colonos portugueses, los misioneros españoles y los inmigrantes alemanes e italianos. Critica el fanatismo, venga de los republicanos o de los monarquistas a fines del siglo XIX; o de los comunistas o de los *integralistas* en la época de Getúlio Vargas. Sobre todo, lamenta acudir a la guerra como método de resolver diferencias. Veríssimo mantiene su objetividad histórica expresando sus ideas a través de tres personajes desvinculados de las ideologías conflictivas: el doctor alemán Carl Winter en *O retrato;* y en *O arquipélago,* tanto Roque Bandeira, cínico bondadoso e ictiólogo desprovisto de mares, lagos y ríos, y el novelista cosmopolita Floriano Cambará.

Dos Passos ni siquiera trata de mantener una actitud objetiva al describir el país al cual se siente tan vinculado. En *U.S.A.* protesta contra la explotación de la clase obrera por el capitalismo decadente y nada esclarecido de 1920 a 1929; en *District of Columbia,* protesta contra el fanatismo hipócrita de los comunistas y contra los *New Dealers* (los devotos de la política del Nuevo Trato de Franklin D. Roosevelt), egoístas cuyo programa idealista no puede realizarse; en *Midcentury* sigue abogando por el obrero, pero esta vez en su lucha contra los dirigentes corruptos de los sindicatos. Aunque es discutible si cambió la ideología de Dos Passos o si cambiaron los grupos hegemónicos, no cabe duda de que Dos Passos es un escritor apasionado cuya interpretación subjetiva del siglo XX da a sus novelas un tono dramático, lo que puede a la vez rebajar su valor literario.

Además de su visión de mundo, hay que evaluar las novelas de los dos autores con criterios artísticos, o sea: la trama, la caracterización y los recursos técnicos. Para los dos, la trama está subordinada a la meta de crear un mural panorámico. La caracterización también sufre por el afán muralístico. Aun *O retrato,* cuyo título proviene de un retrato pintado del protagonista doctor Rodrigo, resulta mucho menos logrado que *O continente,* a pesar de que los personajes relativamente planos se sacrifican a la amplia visión épica. Aunque Veríssimo dedica más páginas que Dos Passos a cada uno de sus personajes, en general no son personajes complejos ni conflictivos. De toda la familia Terra-Cambará hasta el siglo XX, los únicos que se destacan como personajes de carne y hueso son Bolívar Cambará, cuya inseguridad personal es muy rara en esta familia, y su esposa Luzia, cuya psicología anormal deja intrigado al narrador. Sin embargo, en los dos casos la caracterización no se completa. Veríssimo prefiere subordinar a los dos a la anciana Bibiana, quien continúa la tradición familiar, y al doctor Winter, espectador más o menos indiferente. El mismo Veríssimo reconoce este defecto en la crítica que hace Roque Bandeira del personaje novelista Floriano:

> Es propietario de una mina rica, pero no la explota en profundidad. La trabaja al aire libre, contentándose con el mineral mediocre que encuentra en la superficie. Si él excavara en las entrañas de la tierra, estoy seguro de que encontraría los minerales más ricos. Tal vez ni él mismo puede apreciar la riqueza de su mina. Su miedo de las cavernas, de los laberintos oscuros del alma lo mantiene en la superficie de la vida y de los seres humanos. Nuestro querido amigo es el hombre del sol.[3]

En *O arquipélago*, Veríssimo acaba por dar vida a sus personajes, sobre todo al doctor Rodrigo y a su hijo Floriano. Quizá sea paradójico que los personajes de Veríssimo, a pesar de su poca profundidad, dejan una impresión más duradera que los de Dos Passos a causa de su estatura épica y su presencia más prolongada en la novela. Dos Passos, en cambio, crea una variedad más grande de personajes complejos, que pronto se olvidan por la población tan densa de sus novelas.

En cuanto a los recursos técnicos, no cabe duda de que Dos Passos luce mayor originalidad. Domina su oficio y parece escribir con gran energía y tal vez con mayor facilidad que Veríssimo. La técnica de Dos Passos queda constante en los tres tomos (*U.S.A., District of Columbia* y *Midcentury*) aunque la ideología cambia. Puesto que esta técnica es bastante experimental, el hecho de que Dos Passos no la haya renovado deja al lector intelectual algo decepcionado.

Veríssimo, aunque es un escritor más tradicional que experimental, incluye seis capítulos tipo *camera eye* en *O continente*, primer tomo de *O tempo e o vento*, que ayudan a crear el ambiente histórico y artístico a la vez que están directamente relacionados con los personajes novelescos. También se entretejen bien los capítulos breves que narran la acción muy limitada que ocurre en 1895 dentro del Sobrado con la trama principal. En *O retrato*, segundo tomo de la trilogía, Veríssimo casi abandona por completo la experimentación aunque mantiene la doble base cronológica: el presente de 1945 en el primer capítulo y en el último, y el pasado de 1910-1915, que ocupa más del ochenta por ciento del tomo. El título del tomo tercero, *O arquipélago,* hace contraste geográfico con el título

---

[3] Érico Veríssimo, *O arquipélago*, Pôrto Alegre: Globo, 1962, 912.

del primer tomo, *O continente,* y también simboliza el cambio en las relaciones sociales. La solidaridad original de la familia y de los habitantes del pueblo se ha perdido y predomina la soledad humana y la incapacidad de cada individuo de comunicarse con el prójimo. *O arquipélago* mantiene la fecha futura de 1945 y rellena el cuarto de siglo anterior de sucesos personales e históricos narrados en: *1)* tercera persona omnisciente; *2)* los apuntes de Floriano en su "Cuaderno de pauta sencillo", y *3)* el diario de Silvia.

Los dos novelistas demuestran su talento de adecuar su estilo al tema. Dos Passos capta el ritmo frenético de la vida norteamericana de las tres primeras décadas del siglo XX con oraciones breves y fragmentadas, sobre todo en las secciones de *camera eye* donde no se respetan mucho las reglas de gramática. Veríssimo emplea un estilo semejante pero sólo en los seis capítulos impresionistas de *O continente,* mientras que en el resto de la trilogía acude a un ritmo más lento para crear una sensación de profundidad para tres siglos de historia. En el tercer tomo, el estilo sencillo y directo que emplea para captar las emociones y los pensamientos sinceros de Silvia en su diario ofrecen un contraste fresco y bien apreciado por el lector con los largos monólogos y diálogos filosóficos de Floriano, que de vez en cuando llegan a ser aburridos.

En la década de los sesenta ya no estaban de moda ni la meta ni el estilo de Dos Passos y de Veríssimo. La llamada "Nueva Crítica" tiende a despreciar la novela muralística como una muestra de virtuosismo sin profundidad y sin grandes logros artísticos. Sin embargo, desde la perspectiva del siglo XXI, se sabe que las modas teóricas cambian con gran frecuencia y en el momento oportuno habrá que revalorizar a los novelistas muralísticos. De las tres novelas nacionales de Dos Passos, la última, *Midcentury,* no mejora la reputación del autor. En cambio, *U.S.A.* fue y continúa siendo una obra monumental en la historia de la novela estadunidense y universal. También el primer tomo de *O tempo e o vento* es claramente superior al segundo. En cuanto al tercer tomo de la trilogía, *O arquipélago,* sus primeros dos volúmenes prometían superar los tomos anteriores por la humanización del protagonista y de su hijo. Desgraciadamente, el tercer volumen no cumple con esa promesa. El espíritu épico y dramático que marca *O continente* se vuelve una búsqueda dolorosa de la verdad y de la autenticidd individual de un solo personaje, Floriano, frente a su padre, el doctor Rodrigo. La búsqueda pierde su dinamismo y el último tomo también se debilita por los lazos muy tenues entre la búsqueda personal y el tema histórico del régimen de Getúlio Vargas. Mientras las generaciones anteriores de los Terra y los Cambará participan activamente en las luchas históricas, Rodrigo sólo habla acerca del dictador enigmático. El narrador dice que Rodrigo estaba íntimamente asociado con Getúlio Vargas, pero no aparecen juntos en la novela a excepción de un momento muy breve en el tren que los lleva a Río de Janeiro para celebrar el triunfo.

Es difícil esperar que un autor o cualquier artista siga superándose obra tras obra. Tal vez sea aún más difícil tratándose de obras épicas o murales nacionales. No obstante, *U.S.A.* y *O continente* están destinadas a quedar como obras sobresalientes mientras los otros tomos de los dos autores, sin ser grandes novelas, ofrecen perspectivas interesantes sobre los distintos periodos históricos.

OBRAS CONSULTADAS

Castello, J. Aderaldo, *Aspectos do romance brasileiro,* Río de Janeiro: Ministério da Educação e Cultura, 1960.
Dos Passos, John, *U.S.A.*, Nueva York: The Modern Library, 1937.
Landsberg, Melvin, *Dos Passos' Path to U.S.A.; a Political Biography*, 1912-1936, Boulder, Colorado: Associated University Press, 1972.
Martins, Heitor (ed.), *The Brazilian Novel,* Bloomington: Indiana University, Department of Spanish and Portuguese, 1976.
Martins, Wilson, "Romance mitológico", *O Estado de São Paulo, Suplemento Literário,* 1º de junio de 1962.
Pizer, Donald, *Dos Passos' U.S.A.: A Critical Study,* Charlottesville: University Press of Virginia, 1988.
Veríssimo, Érico, *O tempo e o vento,* III: *O arquipélago,* tres tomos, Pôrto Alegre: Globo, 1962.
——, *O tempo e o vento,* I: *O continente,* 8ª ed., Pôrto Alegre: Globo, 1957.
——, *O tempo e o vento,* II: *O retrato,* 3ª ed., Pôrto Alegre: Globo, 1955.
Wrenn, John H., *John Dos Passos,* Nueva York: Twayne, 1962.

"GABRIELA, CRAVO E CANELA", DE JORGE AMADO[4]

Además de su gran éxito comercial —dieciséis ediciones en dos años—, *Gabriela, Cravo e Canela* ha tenido una recepción elogiosa de los críticos profesionales. Hasta los más cautelosos citan la novela, junto con *Terras do Sem Fim*, como las obras maestras del autor. Por otra parte, algunos críticos la juzgan no sólo la mejor novela de Jorge Amado, sino también la obra que representa la madurez de la novela brasileña.

Una novela muy bien estructurada, *Gabriela, Cravo e Canela* combina la historia graciosa del amor entre Gabriela y el árabe Nacib con una visión panorámica de la evolución de una pequeña ciudad en el estado de Bahía. A pesar del espacio y del tiempo muy fijos —Ilhéus en 1925— la novela luce gran interés universal. La lucha entre las fuerzas tradicionales y las modernas, que constituye el conflicto principal, podría haber acontecido en cualquier ciudad del mundo. En *Gabriela, Cravo e Canela*, los antagonistas son los viejos *coronéis*, hacendados de cacao, y los nuevos profesionales: abogados, médicos e ingenieros formados en las ciudades grandes. De importancia primordial para la evolución de Ilhéus se destaca el transporte. La novela comienza con la inauguración de una línea de autobuses que ligará Ilhéus con Itabuna por la nueva carretera, y termina con la entrada en la bahía recién dragada de un barco sueco.

Más que nada, sin embargo, es el tono que da a la novela su sentido universal. En contraste con las novelas anteriores de Jorge Amado, *Gabriela* no es ni épico ni poético. Aunque el autor crea un cuadro panorámico de la sociedad de Ilhéus subrayando la derrota de los *coronéis*, la novela es más bien picaresca y nada trágica, igual que la historia de Gabriela y Nacib. Dueño de un bar, éste busca una cocinera al principio y al fin de la novela. Gabriela, emigrante pobre y hambrienta del estado norteño de Ceará, es empleada por Nacib y llega a ser su amante y luego su esposa. No obstante, ella no puede resistir a los otros hombres. Cuando

---

[4] Reseña publicada en portugués en la *Revista Interamericana de Bibliografía*, 9, 2 (abril de 1961), 167-168, y en *Armas y Letras*, 4, 1 (enero-marzo de 1961), 93-95.

Nacib la descubre con Tonico Bastos, no lo mata, violando así la vieja costumbre de Ilhéus. Tonico se escapa con una bofetada y Gabriela con una paliza. Sin cocinera una vez más, Nacib busca otra, pero en balde. Entonces acaba por aceptar de nuevo a Gabriela, "descasada", como cocinera y en las últimas páginas de la novela como amante.

Reforzando el tono antiépico, hay varias escenas dramáticas que se resuelven de una manera feliz. El negro Fagundes, perseguido en el cerro por los guardaespaldas del *coronel* Aristóteles Pires después de dispararle sin matarlo, se salva brincando al patio de Gabriela, con quien entabla un diálogo gracioso. Esta escena inesperada y otras semejantes permiten encasillar la novela como antecedente magicorrealista de *Cien años de soledad*. La amenaza de violencia en las elecciones se elimina con la muerte natural del viejo *coronel* Ramiro Bastos. Las mujeres contribuyen mucho a frenar la violencia de los *coronéis*. Malvina desafía a su padre tiránico escapándose del colegio de monjas en Salvador y consiguiendo trabajo en São Paulo. La función de Jerusa es reducir la tensión entre su abuelo y su enemigo político Mundinho Falcão, despertándole una pasión. Gloria, después de engañar al *coronel* Coriolano Ribeiro, no sufre la violencia que sufrieron las concubinas anteriores.

En el proceso de entrelazar los distintos hilos de los habitantes de Ilhéus, el autor a veces se detiene demasiado en los antecedentes de cada uno, lo que extiende la novela sin lograr mayor identificación entre el lector y los personajes. El hecho de que se caiga a veces en lo obvio también obra en contra de los elogios excesivos de algunos críticos. En fin, *Gabriela, Cravo e Canela* es, sin duda, una de las mejores novelas de Jorge Amado, pero no creo que llegue a ser la obra más importante de la novela brasileña contemporánea.

EL PROFETA REVOLUCIONARIO EN "A CASCA DA SERPENTE", DE JOSÉ J. VEIGA[5]

Si "La guerra del fin del mundo", de Mario Vargas Llosa, es una "sinfonía de narratividad", *A casca da serpente,* una novela corta de 155 páginas, es una canción popular muy divertida con un mensaje antifanático semejante pero con un final distinto e inesperado.

El protagonista histórico, Antônio Conselheiro, no muere en Canudos sino que se lo llevan unos pocos sobrevivientes de la catástrofe dejando en su sepultura otro cadáver vestido con la túnica del Profeta. La trampa no se descubre y el Consejero, después de reponerse, lleva a sus discípulos a Itamundé donde fundan un nuevo pueblo, la nueva Canudos, nombrada irónicamente Concorrência (Competencia), sobre la cumbre de una montaña, a pesar de que "água não gosta de subir morro" ("al agua no le gusta subir cuesta arriba").[6]

Mientras Vargas Llosa denuncia el fanatismo presentando miméticamente sus consecuencias, Veiga subvierte el fanatismo con la transformación apócrifa del Consejero, es decir, con su cambio de piel (la alusión de Veiga a la novela de Carlos Fuentes puede ser adrede). Asombrando a sus discípulos, el Consejero poco a poco abandona su santidad pidiendo que interrumpan su caminata para hacer una necesidad (13-15), disminuyendo el tiempo dedicado a las oraciones (27), bañándose (28), enseñando a sus discípulos a organizar un cabildo democrático (46) y quitándose la barba y poniéndose ropa moderna hecha a la medida por un sastre (89). La última decisión va acompañada de uno de los dichos populares que abundan en la novela: "Vida nova, cara e estampas novas" ("vida nueva, cara e imágenes nuevas") (89).

Una vez establecida la nueva Canudos, comienzan a llegar de visita los extranjeros y el Consejero expresa sinceramente su interés en una serie de invenciones modernas, alusión intertextual a José Arcadio Buendía, de *Cien años de soledad.* La primera que llega es la cámara, que deja asom-

---

[5] Proviene de Menton, *La nueva novela histórica de la América Latina, 1979-1992,* México: Fondo de Cultura Económica, 1993, 98-101.
[6] José J. Veiga, *A casca da serpente*, Río de Janeiro: Betrand Brasil, 1989, 77.

bradísimo al Consejero: "ficou como cara de cabra que ve girafa pela primeira vez" ("quedó con cara de payo que ve jirafa por primera vez") (115).

Además de la intertextualidad con *Cien años de soledad,* y posiblemente con *Los perros del Paraíso,* de Abel Posse —puesto que tanto Cristóbal Colón como Antônio Conselheiro invocan al profeta Isaías[7] en la creación de un nuevo mundo: "Ou Isaías, eis que as coisas de antes já vieram, e as novas eu vos anuncio. Eu crio céus novos e nova terra" ("Oh Isaías, he aquí que las cosas de antes ya vinieron, y las nuevas yo os anuncio. Yo creo cielos nuevos y nueva tierra") (54)—, la novela de Veiga obviamente tiene bastante interacción con *Os sertões* (1902), de Euclides da Cunha, y con *La guerra del fin del mundo,* de Vargas Llosa. De acuerdo con su tono discretamente juguetón, en la novela de Veiga sólo una vez aparece el nombre de Da Cunha, en su forma completa —Euclides Rodrigues Pimenta da Cunha (11)—, mientras en otras cuatro ocasiones se refiere al periodista con el nombre de Pimenta da Cunha (47, 78, 118, 121). Al no llamarlo Euclides da Cunha, Veiga está demostrando su intención de establecer la autonomía de su texto. De la misma manera, de los discípulos fanáticos que desempeñan un papel muy importante en *La guerra del fin del mundo,* sólo Antônio Beatinho aparece brevemente al comienzo de la novela (5-15), mientras João Abade (78) y Pajeú (79) sólo se mencionan una vez. Por otra parte, Veiga se separa aún más de la novela peruana creando otros sobrevivientes que no aparecen en ésta: Bernabé José de Carvalho, Quero-Quero, Pedrão, la deslenguada Marigarda, que resulta ser prima hermana cearense del Profeta, y el muchacho Dasdor, con su tortuguita y su burro, que por poco muere ahogado al tratar de tragarse una rana. En la lista de personajes también figuran un par de patriotas irlandeses del grupo Sinn Fein, un geólogo norteamericano y una bella compositora brasileña.

La llegada de Pedro, el anarquista ruso (154), evoca inmediatamente a Gall, el anarquista escocés en la novela de Vargas Llosa, pero Veiga utiliza a su personaje para otro fin ideológico. Pedro admira mucho la sociedad egalitaria de Concorrência que está sirviendo de modelo para otros muchos pueblos por todo el mundo y que respalda su propio cuestionamiento de la teoría de Darwin de que sólo sobreviven los más aptos: "—Vi na Ásia colônias de animais de espécies diferentes vivendo na harmonia, e não em luta feroz pela existência" (142).

---

[7] Véase Isaías 65: 17 y 66: 22.

El narrador termina la novela con una afirmación ideológica bastante explícita que se refiere tanto a la nueva Canudos como a los países ex comunistas de Europa oriental: "Se daquele sonho e daquele esforço só restam ruinas, isso não significa que o sonho fosse absurdo" ("Si de aquel sueño y de aquel esfuerzo sólo quedan ruinas, esto no significa que el sueño fuera absurdo") (154), punto de vista que Vargas Llosa no podría aceptar hoy. En una demostración artificial de cómo la historia se repite, en 1965, unos invasores no identificados, que aparecen en ciertas obras anteriores de Veiga,[8] llegan al pueblo para destruir la estatua de Antônio Conselheiro y todo el pueblo de Concorrência para crear en su lugar un "depósito de lixo atómico administrado por uma indústria química com sede ficticia no Principado de Mônaco" ("depósito de basura atómica administrada por una industria química con sede ficticia en el principado de Mónaco") (155).

La fusión anacrónica del Profeta rebelde resucitado con el problema del detritus nuclear de las últimas décadas del siglo xx y las primeras del xxi y con la cultura popular de los cincuenta —el matrimonio en 1956 de la artista de cine Grace Kelly con el príncipe de Mónaco— coloca la novela de Veiga totalmente dentro de la Nueva Novela Histórica, tal vez más que *La guerra del fin del mundo,* que es más mimética. En efecto, las dos novelas podrían considerarse representantes de los dos polos de la Nueva Novela Histórica: la canción popular, ligera y divertida, sin descartar su seriedad política, y la sinfonía larga y desprovista de humor pero que nunca deja de fascinar.

OBRAS CONSULTADAS

García Márquez, Gabriel, *Cien años de soledad,* Buenos Aires: Sudamericana, 1967.
Isaías 65: 17 y 66: 22, en Roy B. Chamberlin y Herman Feldman, *The Dartmouth Bible,* Boston: Houghton Mifflin, 1950.
Posse, Abel, *Los perros del paraíso,* Barcelona: Plaza y Janés, 1987.
Veiga, José J., *A casca da serpente,* Río de Janeiro: Bertrand Brasil, 1989.

---

[8] Dos cuentos: "La fábrica al otro lado del cerro" (1959) y "La máquina extraviada" (1968), y tres novelas cortas: *Los tres procesos de Manirema* (1966), *Sombras de reyes barbudos* (1972) y *Los pecados de la tribu* (1976).

LOS INVASORES MISTERIOSOS O EL ASALTO INMINENTE EN LA OBRA DE JOSÉ J. VEIGA[9]

En una serie de cuadros titulados *Interiores norteamericanos,* Gundmunsson Erro (1932), islandés que vive en París desde 1958, captó en 1969 la situación precaria de los estadunidenses ricos cuya vida lujosa resulta vergonzosa en contraste con las masas hambrientas. Los revolucionarios vigorosos, con mirada amenazadora desde afuera, ya han empezado a penetrar en la casa típica de las nuevas urbanizaciones con todas las comodidades. Lo que más sobresale en estos cuadros es que, a pesar de la situación dramática, se presentan con un estilo antidramático. A diferencia de los cuadros expresionistas que predominaban antes de 1918, no hay ninguna sensación de movimiento. Los revolucionarios parecen congelados en un vacío mientras, dentro de la casa, todo está antisépticamente limpio, pulcro y elegante, sin ninguna presencia humana. Igual que en el teatro épico de Brecht durante la década de los veinte, los espectadores deben reaccionar más con el cerebro que con el corazón. El dibujo ultrapreciso de los revolucionarios y de los objetos, la falta de emoción, la cualidad estática de los cuadros y la superficie lisa son rasgos que los hiperrealistas de los años sesenta y setenta heredaron a sus "abuelos" de los años veinte: los precisionistas estadunidenses, los devotos de la nueva objetividad alemana y los *novecentisti* italianos —es decir, los magicorrealistas—.

Ciertos rasgos magicorrealistas que se encuentran en los cuadros de Erro también contribuyen a la excelencia de una variedad de obras literarias de seis países distintos que abarcan cuatro décadas... todas con temas muy semejantes: "Casa tomada" (1946), cuento del argentino Julio Cortázar; "Estatuas sepultadas" (1967), cuento del cubano Antonio Benítez Rojo; dos cuentos y dos novelas cortas (1959-1976) del brasileño José J. Veiga (1915); dos cuentos del italiano Dino Buzzati (1906-1972), y tres novelas: *Auf den Marmorklippen* (Sobre los acantilados de mármol) (1939), del alemán Ernst Jünger (1895-1999); *Il deserto dei Tartari* (El

---

[9] Adaptación del capítulo v de mi *Historia verdadera del realismo mágico*, México: Fondo de Cultura Económica, 1998.

desierto de los tártaros) (1940), del italiano Dino Buzzati, y *Ir Nofesh (Badenheim 1939)* (1975), del israelita nacido en Rumania, Aharon Appelfeld (1932). Lo que comparten todas estas obras es que en cada una los protagonistas se ven amenazados por una misteriosa fuerza agresiva que pone en peligro la estabilidad de su mundo aislado. La aparente despreocupación de los protagonistas frente a su situación gravísima deja desconcertados y asombrados a los lectores y los obliga a analizar la situación intelectualmente.

De todas esas obras literarias, las de José J. Veiga son las únicas que previenen a sus lectores contra el peligro no de los nazis ni de una revolución comunista sino del imperialismo estadunidense que apoyaba o tal vez fomentaba la política de modernización del presidente Juscelino Kubitschek (1955-1960). Durante la presidencia de Kubitschek se construyó la nueva capital Brasilia, cuya arquitectura espectacular contribuyó a una inflación descontrolada, la cual provocó el crecimiento de un movimiento revolucionario que dio a los militares el pretexto para establecer una dictadura de veinte años, de 1964-1984. Aunque "A usina atrás do morro" ("La fábrica detrás de la colina") (1959) no tiene la misma precisión y objetividad de "Casa tomada" de Cortázar, logra un efecto semejante introduciendo sin énfasis un suceso extraordinario en la vida cotidiana de un pueblo brasileño que se retrata de una manera realista a pesar de no estar identificado de nombre.

En contraste con "Casa tomada", los invasores misteriosos aparecen al principio del cuento. La oración inicial —"Recuerdo cuando llegaron"—[10] despierta inmediatamente la curiosidad de los lectores respecto a la identidad del sujeto de cada verbo. Aunque nunca se da el nombre del narrador ingenuo, los lectores descubren pronto que se trata de un muchacho, hijo de un hombre que trata en vano de advertir a los otros habitantes del pueblo que la llegada de los dos extranjeros representa un peligro. Éstos, un hombre y una mujer, llegan un día con una gran cantidad de cajas, maletas, instrumentos, pequeñas estufas y linternas. Son los extranjeros o fuereños típicos del realismo mágico: llegan inesperadamente y nada se revela de sus antecedentes. Alquilan un cuarto en una pensión; hablan un idioma que nadie entiende; pasan el día al otro lado del río y pasan la noche en su cuarto hablando, tomando cerveza y trazando planes sin reír jamás. La curiosidad inicial de los habitantes del pueblo poco a poco se

---

[10] José J. Veiga, *Os cavalinhos de Platiplanto*, Río de Janeiro: Editora Nitida, 1959, 23.

transforma en ansiedad cuando los rumores de que van a construir una fábrica no se cumplen. No obstante, los mandamás del pueblo, el sacerdote y el juez, protegen a los extranjeros contra la desconfianza del pueblo. La solidaridad de la mayoría de los habitantes se rompe cuando el carpintero Estêvão obliga a su buen amigo a desocupar su cabaña para que él pueda vendérsela a los extranjeros. Según dice, "No tuve otra opción" (29). Los extranjeros se van por algún tiempo después de persuadir al camionero Geraldo a aceptar su oferta de trabajo. La madre de Geraldo lamenta que el contacto con los extranjeros ha causado que olvide "todo lo que su padre y yo le hemos enseñado" (32).

La invasión definitiva ocurre con la llegada inesperada, a las tres de la madrugada, de una fila sin fin de camiones que pasan por las calles estrechas del pueblo con los faros prendidos "como un desfile enorme de luciérnagas" (33). De ahí en adelante, se acaban la paz y la tranquilidad del pueblo. De la noche al amanecer el pueblo se transforma, prefigurando la transformación de Macondo con la llegada de la bananera en *Cien años de soledad*. Al estilo hiperbólico de García Márquez, los ruidos del otro lado de la colina sacuden las sartenes colgadas en la pared de la cocina y rompen todos los espejos colgados; los nuevos obreros rubios compran todos los cigarrillos del pueblo creando una escasez que dura un mes; de noche se oyen ruidos extraños y se ilumina el cielo con una brillantez inusitada. Geraldo, en su trabajo de gerente, contrata obreros locales ofreciéndoles casa y motocicleta a los hombres, bicicletas a los niños y máquinas de coser a las mujeres. Algunas casas se incendian misteriosamente, los motociclistas se divierten atropellando tanto perros como seres humanos y se establece un sistema de espionaje omnipresente. Con el paso misterioso de los años, los que no han colaborado con los invasores se rinden y permiten que se les derrumbe la casa. Después de que el padre del narrador muere atropellado por una motocicleta, la madre vende todas sus gallinas y otros bienes para poder pagar dos boletos de autobús que les permitirán alejarse del pueblo. Igual que los hermanos oligárquicos de "Casa tomada", madre e hijo se van sin despedirse de nadie, llevando sólo dos bultos, "como dos mendigos" (40). Aunque el pueblo se ha rendido completamente a los invasores extranjeros, el autor introduce algo de fe en una revolución futura: antes de irse, el narrador entierra unas cajas de dinamita que había encontrado.

Además de "La fábrica detrás de la colina", Veiga escribió otras tres obras dedicadas al tema de los invasores misteriosos: el cuento "A máquina extraviada" ("La máquina extraviada") de 1967 y dos novelas cortas: *A hora dos ruminantes* (La hora de los rumiantes) de 1966 y *Sombras de Reis Barbudos* (Sombras de reyes barbudos) de 1972. Con la misma preocupación política y algunos de los mismos elementos del argumento, estas tres obras también tienen algunos recursos técnicos que representan distintos grados de realismo mágico. "La máquina extraviada", narrado en primera persona, es una versión más breve y más concentrada de "La fábrica detrás de la colina". No es una fábrica que llega misteriosamente sino una máquina. Los fuereños la arman durante la noche y se van al amanecer. De ahí en adelante, la máquina se transforma en "el orgullo y la gloria"[11] del pueblo. Símbolo de la tecnología moderna, todos adoran la máquina, todos menos el viejo sacerdote malhumorado, a quien obviamente no le gusta la competencia. Estilísticamente, "La máquina extraviada" se conforma más con el realismo mágico que "La fábrica detrás de la colina": no tiene la hipérbole macondina y el narrador, con el mismo estilo sencillo y cotidiano, es más objetivo y más irónico. Por ejemplo, después de que un borracho cae sobre el engranaje de la máquina y pierde una pierna, el narrador comenta tranquilamente: "Afortunadamente nada le pasó a la máquina. El pobre hombre descuidado, sin pierna ni empleo, ahora ayuda con el mantenimiento de la máquina, cuidando las piezas inferiores" (93). Lo que proporciona a la máquina su carácter mágico es que nadie sabe cuál es su función: "Todavía no sabemos para qué sirve pero eso no importa mucho" (91). En efecto, si llega un extranjero para hacer funcionar la máquina, "se romperá el hechizo y la máquina dejará de existir" (93). Con estas palabras termina el cuento, obligando a los lectores a identificar la máquina con la idealización de la tecnología que prevalece en el mundo subdesarrollado en contraste con las duras consecuencias que acompañan su introducción.

Las dos novelas cortas de Veiga también contienen algunos elementos magicorrealistas pero no están tan bien estructuradas y el realismo mágico no es tan constante. *La hora de los rumiantes,* versión ampliada de "La fábrica detrás de la colina", contiene dos episodios absurdistas y unos trozos inesperadamente líricos y otros dinámicos que representan desviaciones del realismo mágico. La descripción inicial del pueblo de Manirema se diferencia de las otras obras de Veiga por su cualidad sumamente lírica, debida tal vez al uso de un narrador en tercera persona: "La noche

---

[11] José J. Veiga, *The Misplaced Machine and Other Stories,* traducción de Pamela G. Bird, Nueva York: Alfred A. Knopf, 1970, 91. Las citas en español las traduje del inglés.

llegó temprano a Manirema. El sol apenas había empezado a desaparecer detrás de las colinas —escapándose sin aviso— cuando ya era tiempo de prender las lámparas, buscar los becerros [...] El agua seguía murmurando bajo el puente, produciendo pequeños remolinos alrededor de los postes, burbujeando y echando espuma".[12] En cambio, la segunda parte narra la invasión violenta del pueblo por "torrentes de perros" (52), captada estilísticamente por una sucesión rápida de verbos y sustantivos que constituyen la antítesis de la aceptación tranquila, magicorrealista, de los sucesos más extraordinarios:

> Las puertas se cerraron de golpe, la gente gritó, los niños lloraron, las gallinas se aterraron, las madres regañaron, pegaron, temblaron, rezaron... el maremoto de piel, dientes, patas, colas y aullidos irrumpieron en conjunto, en todas partes, husmeando, raspando, encabritándose, meando sobre piedras, terraplenes de lodo, muros y raíces de árboles, rasguñando puertas, gimiendo, parándose en las patas traseras para mirar dentro de las casas [53].

La ocupación completa del pueblo por los perros es mucho más absurdista que magicorrealista. Los perros se van tan inesperadamente como habían llegado, pero otra invasión igualmente absurdista ocurre en la tercera parte, esta vez, de bueyes. Las calles se llenan de animales "tan apretados como pasas en una caja" (133) y sólo los muchachos son capaces de llevar mensajes de una casa a otra saltando de la ventana al lomo de los bueyes. Al final de la novela corta, los bueyes, junto con los extranjeros, se marchan misteriosamente y la vida pueblerina vuelve a su ritmo normal, evocando la estructura del cuento absurdista de Julio Cortázar, "La autopista del sur".

Sombras de reyes barbudos también contiene algunos elementos absurdistas, pero se distingue de las otras obras de Veiga sobre el tema de la invasión misteriosa en que tiene personajes más individualizados, personajes con sentimientos verdaderamente humanos. El narrador, que es un muchacho, recuerda el impacto de la fábrica misteriosa sobre su propia familia. Su tío Baltasar es responsable por la llegada del doctor Macondes (¿alusión a Macondo?) con su hijo fotógrafo Felipe, semejante a la llegada a Macondo de Mr. Herbert, el que descubre el sabor de los bananos en *Cien años de soledad*. Tan pronto como se van, la fábrica aparece mágica-

---

[12] José J. Veiga, *The Three Trials of Manirema*, traducción de Pamela G. Bird, Nueva York: Alfred A. Knopf, 1970, 3-4. Las traducciones al español de las citas las hice yo.

mente y comienza a funcionar. El tío Baltasar dirige la compañía por dos o tres años viviendo lujosamente. Sin embargo, surgen inesperadamente algunos problemas con la compañía, el tío Baltasar se enferma y tiene que vender su palacio y abandonar el pueblo. Horacio, padre del narrador, vence su oposición a la compañía para aceptar un puesto de segunda categoría, pero poco a poco llega a ser uno de los inspectores más importantes y más autoritarios, lo que disgusta a su mujer y a su hijo. Sin embargo, él también cae en desgracia y sus esfuerzos posteriores de poner una tienda fracasan debido al control total que ejerce la compañía. En una trama secundaria, el narrador viaja en tren para visitar a su tío Baltasar, ya paralítico, y a su tía Dulce, más joven y hambrienta de amor sexual. El narrador apunta sus impresiones de las visitas nocturnas de su tía.

Finalmente la compañía se lleva al padre del narrador y los otros inspectores hostigan a éste y a su madre por no declarar todos los comestibles que están cultivando en su jardín. Los invasores misteriosos siguen intensificando su control sobre el pueblo hasta llegar al extremo de obligar a todos a llevar un collar ortopédico para impedir que miren para arriba y que descubran a los voladores fantásticos que aparecen en el capítulo final. No obstante, aun en esta situación, el autor ofrece algo de esperanza: a pesar de los collares, la gente puede ver las sombras de los voladores en la tierra. Un maestro explica que los voladores son una alucinación colectiva y que seguirán hasta la "fiesta de los reyes barbudos",[13] es decir, hasta la llegada de un libertador-redentor.

Además de los voladores, otros elementos poco realistas e inconformes con el realismo mágico son la aparición, de la noche a la mañana, de muros que marcan el aislamiento de todas las calles, dificultando la comunicación entre vecinos, y la domesticación de los buitres, combatida por la compañía a causa del simbolismo cristiano de las aves —el capítulo se titula "Cruces horizontales"—. La resonancia bíblica del título de la novela, *Sombras de reyes barbudos,* se refuerza con el nombre del tío, Baltasar. La llegada del gran mago, Grand Uzk, anunciada por carteles que ponen énfasis en sus ojos encendidos y combatida por la compañía, puede ser una alusión al presidente carismático pero excéntrico Jânio Quadros (1961-1962), quien quiso reformar el gobierno brasileño antes de renunciar inesperadamente. A pesar de tener el mismo tema que los dos

---

[13] José J. Veiga, *Sombras de Reis Barbudos,* Río de Janeiro: Editora Civilização Brasileira, 1972, 135.

cuentos magicorrealistas anteriores de Veiga, *Sombras de reyes barbudos*, en conjunto, no cabe dentro del realismo mágico, tanto por sus elementos fantásticos como por las emociones humanas de sus personajes. Así es que la obsesión de Veiga con la invasión extranjera se manifiesta en cuatro formas distintas que le permiten lucir su talento de escritor.

OBRAS CONSULTADAS

Appelfeld, Aharon, *Badenheim 1939*, traducción del hebreo de Dalya Bilu, Boston: David R. Godine, 1980.
Benítez Rojo, Antonio, *Estatuas sepultadas y otros relatos*, Hanover, N. H.: Ediciones del Norte, 1984.
Buzzati, Dino, *Sessanta racconti*, 8ª ed., Verona: Arnoldo Mondadori, 1964.
———, *The Tartar Steppe*, traducción del italiano de Stuart C. Hood, Nueva York: Avon Books, 1980.
Cortázar, Julio, *Bestiario*, 6ª ed., Buenos Aires: Sudamericana, 1967.
Jünger, Ernst, *On the Marble Cliffs*, traducción del alemán de Stuart C. Hood, Nueva York: New Directions, 1947.
Veiga, José J., *Os cavalinhos de Platiplanto*, Río de Janeiro: Editôra Nitida, 1959.
———, *The Misplaced Machine and Other Stories*, traducción de Pamela G. Bird, Nueva York: Alfred A. Knopf, 1970.
———, *The Three Trials of Manirema*, traducción de Pamela G. Bird, Nueva York: Alfred A. Knopf, 1970.
———, *Sombras de Reis Barbudos*, Río de Janeiro: Editora Civilização Brasileira, 1972.

EL JUDÍO ERRANTE Y "A ESTRANHA NAÇÃO DE RAFAEL MENDES", DE MOACYR SCLIAR[14]

"A ESTRANHA NAÇÃO DE RAFAEL MENDES" (1983) se basa en el concepto del judío errante abarcando más de 2 500 años desde el profeta Jonás hasta 1975. Sin embargo, se aproxima mucho más a una novela histórica tradicional que a una Nueva Novela Histórica; es más realista que carnavalesca. Como novela tradicional, las primeras sesenta y siete páginas, más o menos veinticinco por ciento de la novela, y las últimas treinta y siete páginas transcurren en 1975 en Pôrto Alegre, Brasil, con una trama dramática y personajes realistas. El protagonista, Rafael Mendes, católico, es socio ingenuo en una empresa de inversiones corrupta dirigida por Boris Goldbaum, cuyo apellido, "árbol del oro", refleja su carácter de negociante inescrupuloso. Además, es mujeriego. La preocupación principal de Mendes es su hija rebelde y bohemia. Sin embargo, si la obra comienza como novela psicológica realista con algo de protesta social, se insinúa desde el principio un toque magicorrealista con las pesadillas del protagonista: las manoplas de hierro de los cruzados, las hogueras de la Inquisición y la cabeza cortada de Tiradentes. O sea que, por asimilado que esté Rafael Mendes, su herencia judía no puede borrarse de su subsconsciencia.

El puente entre el presente y el pasado se establece por la aparición inesperada de una caja en la puerta del departamento de Mendes, caja que contiene libros de historia, un cuaderno y una foto de Mendes de niño con sus padres, del año 1938. Resulta que la caja fue dejada allí por el profesor Samar-Kand, genealogista que conocía al padre de Rafael y que le había trazado su genealogía desde Jonás. La mayor parte de la novela, más o menos sesenta por ciento, está dedicada a las historias, en orden cronológico, de los antepasados del protagonista Rafael Mendes desde Jonás hasta su padre, quien abandonó a su familia en 1938 para pelear en la Guerra Civil española contra Franco. Irónicamente, el Rafael Mendes protagonista está obsesionado con la condición comatosa del dictador español en 1975.

[14] Se publicó en Menton, *La Nueva Novela Histórica de la América Latina, 1979-1992*, México: Fondo de Cultura Económica, 1993.

La novela termina con un ritmo acelerado que hace pensar en las películas de tipo *thriller*. Mendes descubre que su hija se está escapando con su socio embaucador Boris. A toda velocidad se dirige al aeropuerto y llega a tiempo para impedir que aborden el avión. Boris y Rafael van a la cárcel acusados de desfalco. Boris escapa con la ayuda de un médico; Franco acaba por morir; Rafael termina por aceptar su herencia judía y evoca los recuerdos de todos sus antepasados.

En las 164 páginas dedicadas a la elaboración de la genealogía de Rafael Mendes, las historias de las diez generaciones de sus antepasados (con algunos saltos), todos nombrados Rafael Mendes, se narran en un estilo conciso poco adornado pero salpicado de realismo mágico. La historia de cada generación ocupa entre siete y catorce páginas, a excepción de la del padre del protagonista, cuya historia se narra con más detalles ocupando unas cincuenta y cinco páginas.

Antes de las historias individuales de los diez Rafael Mendes, el "Primer Cuaderno del Cristiano Nuevo" narra las historias de tres antepasados importantes: el profeta Jonás, el de la ballena; el esenio Habacuc ben Tov[15] en los tiempos de Jesús, y el gran médico y filósofo del siglo XII Moisés Maimónides.

El vagar de los judíos, lo mismo que la dicotomía entre los judíos buenos, los perplejos, y los judíos malos, codiciosos y llenos de confianza en sí mismos, comienza con Jonás. En efecto, la sección sobre Jonás empieza con la palabra *perplexo:* "Perplexo recebeu Jonas do Senhor a missão de profetizar contra a corrupta cidade de Nínive" ("Perplejo, recibió Jonás del Señor la misión de profetizar contra la corrupta ciudad de Nínive").[16] Por una parte, Jonás rechaza la insinuación de su padre de que debería intervenir con Dios para encontrar el árbol del oro tanto como rechaza las tentaciones del bandido siniestro y de la lujuriosa sacerdotisa de Astarté dentro del vientre de la ballena. En cambio, Jonás no comprende por qué Jehová no lleva a cabo las profecías con las cuales él ha amenazado a los pecadores de Nínive. Con un lenguaje sencillo, común y corriente, lenguaje típico de toda la novela, Jonás decide abandonar su misión: "Não podemos trabalhar juntos: eu, perplexo e Tu enigmático, isto não vai dar certo. Chega" ("No podemos trabajar juntos: yo perplejo, y Tú enigmático, esto no va a resultar. Basta") (84). Jonás sale de Nínive y vaga

---

[15] Elena Garro utiliza una variante del nombre Abacuc para el héroe legendario de los cristeros en su novela *Recuerdos del porvenir*.
[16] Moacyr Scliar, *A estranha nação de Rafael Mendes,* Pôrto Alegre: L & PM Editores, 1983, 77.

delirando en el desierto hasta que ofende a Dios confundiendo un árbol de sombra, colocado allí por Dios para ayudarlo, con el árbol del oro.

Habacuc ben Tov también empieza como judío bueno rechazando las disputas entre los saduceos y los fariseos, abandonando a su mujer infiel en Jerusalén, rechazando a Jesús como el mesías a pesar de haberlo visto caminar sobre el agua y juntándose con los esenios. Sin embargo, mientras huye con Noemí después de haber matado a su rival, comete el error de preguntarle si llevaba las semillas del árbol del oro. Allí termina su amor idílico: "a cobiça envenenou-lhes a vida. Como Adão e Eva depois do fruto da Árvore da Ciência do Bem e do Mal, não mais terão descanso" ("La codicia les envenenó la vida. Como Adán y Eva después de la fruta del Árbol del Conocimiento del Bien y del Mal, ya no tendrán descanso") (92). Dios condena a los descendientes de Habacuc a vagar por todo el mundo, "até que a palavra dos Filhos da Luz seja ouvida" ("hasta que la palabra de los Hijos de la Luz sea oída") (93), otra versión del origen de la leyenda del judío errante.

Sin embargo, Habacuc y Noemí llegan a España y prosperan. Sus descendientes viven en Toledo bajo los romanos, los visigodos y los moros. En el siglo XII vuelve a aparecer el tema del judío errante con la expulsión de Maimónides y su familia por los fanáticos almohades. Van a El Cairo donde se manifiesta el primer ejemplo de los muchos pares maniqueos de judíos (como el actual Rafael Mendes y su socio Boris Goldbaum): Maimónides llega a ser el médico y filósofo generoso y abnegado, mientras su hermano David se obsesiona con el negocio de la joyería y la búsqueda del árbol del oro. Maimónides es obligado a aceptar el nombramiento de médico en la corte del sultán Saladín y justifica su abandono de los enfermos pobres, tratándolos en su imaginación. La manera muy sencilla en que se presenta esta actividad bastante extraña cae dentro de la corriente magicorrealista y recuerda las cartas de Fernanda del Carpio dirigidas a los médicos imaginarios en *Cien años de soledad:* "Maimónides dedica-se a tratar doentes fictícios" ("Maimónides se dedica a tratar enfermos ficticios") (100). Además de escribir su obra maestra *Guía de los perplejos,* él mismo se enfrenta perplejo a una situación muy difícil: o curar a Saladín del cólera cumpliendo con su responsabilidad profesional o dejarlo morir porque Saladín piensa firmar un tratado con el cruzado Ricardo, que afectaría negativamente tanto a los musulmanes como a los judíos. Por casualidad, Maimónides se libra de la decisión porque Saladín muere pronto y los descendientes de Maimónides vuelven a España.

Una vez establecido el modelo dualista, el espacio se cambia a Portugal y al Brasil. El nombre de Rafael Mendes proviene de Maimónides: "Rafael" significa, en hebreo, "médico de Deus" (108) y Mendes es una forma abreviada de Maimónides. Los hijos se nombran con el mismo nombre de su padre para despistar a los oficiales de la Inquisición en el norte de Portugal, puesto que la religión judía prohíbe que los niños se nombren por un pariente vivo. Antes de proceder con la historia de la familia Rafael Mendes, el narrador resume en media página los orígenes medievales del antisemitismo.

Os judeus despertavam inveja e temor. Eles eram médicos e poetas, astrônomos e filósofos; mas eram sobretudo comerciantes e financistas.

Durante toda a Idade Média os judeus eram os únicos intermediários comerciais entre o Ocidente e o Oriente. Falavam todas as línguas importantes: o persa, o latim, o árabe, o francês, o espanhol, os idiomas eslavos. Saindo da Espanha e da França levavam para a India e a China peles, espadas e eunucos; voltavam com almíscar, aloés, cânfora; cravo e canela; tecidos orientais. Mas, para comprar todas estas preciosidades —e mais, para montar as freqüentes expedições guerreiras— os senhores feudais precisavam de dinheiro. A usura sendo proibida aos christãos, tal atividade foi reservada aos judeus, que aliás, se prestavam às maravilhas para isto; se os barões não podiam pagar as dívidas contraídas, tudo o que tinham a fazer era desencadear um massacre [108-109].

[Los judíos despertaban envidia y temor. Ellos eran médicos y poetas, astrónomos y filósofos; pero eran sobre todo comerciantes y financieros.

Durante toda la Edad Media los judíos eran los únicos intermediarios comerciales entre el Occidente y el Oriente. Hablaban todas las lenguas importantes: el persa, el latín, el árabe, el francés, el español, los idiomas eslavos. Saliendo de España y de Francia llevaban para la India y la China pieles, espadas y eunucos; regresaban con almizcleña, áloes, alcanfor; clavo y canela; tejidos orientales. Pero, para comprar todas estas preciosidades —y más, para montar las frecuentes expediciones guerreras—, los señores feudales necesitaban dinero. Siendo prohibida la usura a los cristianos, tal actividad fue reservada a los judíos, quienes además se prestaban a las mil maravillas para esto; si los barones no podían pagar las deudas contraídas, lo único que tenían que hacer era desencadenar una masacre.]

En *A estranha nação de Rafael Mendes*, el tema principal es la sobrevivencia asombrosa de los judíos, con énfasis en los casi quinientos años de la historia del Brasil, junto con el carácter dualista del judío arquetípico:

el negociante falto de escrúpulos y obsesionado por el dinero que se simboliza con el árbol del oro y el filósofo moral y perplejo que desdeña las riquezas materiales y se identifica con los oprimidos. El mismo Scliar, judío practicante cuyos abuelos emigraron al Brasil desde Rusia, ha descrito su propia relación con el judaísmo como dialéctico. En la reseña de la traducción de la novela, que publicó Mark Day en el *Los Angeles Times*,[17] se cita a Scliar: "Judaism itself is dialectical [...] Within it there is a Marx and a Rothschild, the philosopher Martin Buber and the gangster Meyer Lanski" ("El judaísmo mismo es dialéctico [...] Dentro de él caben un Marx y un Rothschild, el filósofo Martin Buber y el gángster Meyer Lanski"). Aunque Goldbaum y sus antepasados materialistas se retratan en forma negativa, afortunadamente los dos arquetipos no se presentan siempre en términos maniqueos.

El primer Rafael Mendes es un cartógrafo portugués quien no puede participar en el primer viaje de Cristóbal Colón al Nuevo Mundo a causa de la oposición de su padre y porque pierde el partido de ajedrez[18] con Colón en el monasterio de La Rábida. En esa época, la quinta parte de la población portuguesa era de origen judío y, por lo tanto, sujeta a la persecución por la Inquisición. Aunque el hijo del cartógrafo y su amigo Afonso Sanches son encarcelados y torturados y aunque las generaciones siguientes de los Rafael Mendes también son perseguidos por la Inquisición hasta 1773, cuando queda abolida por el marqués del Pombal la distinción entre los cristianos viejos y los nuevos, la novela de Scliar insiste más en la "extraña nación" que en la "nación sufrida", sobre todo en la sobrevivencia de esta "extraña nación". Aunque el nieto del cartógrafo es bautizado en 1591, sigue practicando secretamente la religión judía, lo mismo que sus descendientes en los próximos dos siglos.

Una excepción a la persecución constante es la extraña ocupación de Pernambuco entre 1630 y 1654 por los holandeses más tolerantes y la conversión de Recife en "a Jerusalem do Novo Mundo, a cidade onde as glórias da fé mosaica podiam ser proclamadas numa belíssima sinagoga, toda ornamentada em jacarandá e ouro" ("la Jerusalén del Nuevo Mun-

---

[17] Mark R. Day, reseña de *The Strange Nation of Rafael Mendes* de Moacyr Scliar, *Los Angeles Times Book Review*, 24 de enero de 1988, 2 y 9.

[18] Abundan los partidos de ajedrez a través de la novela, muchas veces como una manera de resolver una disputa pero también como simple juego. El hijo del cartógrafo y su amigo Afonso Sanches soportan las horribles condiciones en el calabozo de la Inquisición jugando ajedrez, con piezas y tabla imaginarias (116) que evocan los nuevos reglamentos para el ajedrez propuestos por Tardewski en *Respiración artificial*, de Ricardo Piglia, y constituyen todavía otra prueba de la influencia de Borges en las Nuevas Novelas Históricas.

do, la ciudad donde las glorias de la fe mosaica podían ser proclamadas en una bellísima sinagoga, toda adornada en jacaranda y oro") (132). Con la reconquista portuguesa de Pernambuco vuelve la persecución de los judíos por la Inquisición. Con la llegada del llamado Siglo de las Luces, un amigo de otro Rafael Mendes propone una solución verdaderamente ingeniosa:

> Um refúgio seguro para as perseguições é o que ele imagina: a Nova Sião. Trata-se de uma gigantesca plataforma de madeira, medindo vinte léguas de comprimento, por outro tanto de largura. Sobre esta plataforma serão construídas casas, escolas, oficinas, uma sinagoga... Cento e vinte Passarolas farão com que esta monumental estrutura se eleve no ar, até a altura de légua e meia, mais ou menos; e, ao sabor das correntes aéreas percorrerão o Brasil, de norte a sul, de leste a oeste. Lá em cima, os judeus estarão mais próximos a Deus [159].

[Un refugio seguro para las persecuciones es lo que él imagina: el *Nuevo Sión*. Se trata de una gigantesca plataforma de madera que mide veinte leguas de largo y otras tantas de ancho. Sobre esta plataforma se construirán casas, escuelas, talleres, una sinagoga... ciento veinte Passarolas servirán para que esta monumental estructura se eleve en el aire, hasta la altura de legua y media, más o menos; y, al sabor de las corrientes aéreas recorrerán el Brasil, de norte a sur, de este a oeste. Allá arriba, los judíos estarán más próximos a Dios.]

Los ciento veinte "Passarolas" o globos constituyen una alusión intertextual a *Memorial do convento* (1982), novela muy elogiada del portugués José Saramago que se ubica en el Portugal de principios del siglo XVIII.

Los nuevos cristianos siguen practicando secretamente el judaísmo hasta fines de la década de 1840, cuando el ex compañero de Garibaldi en la Guerra das Farroupilhas se casa, engendra un hijo y no le dice que es judío, pero sí le adormece con la canción de cuna ladina, que se menciona por primera vez en la descripción de los descendientes españoles de Maimónides: "Duerme, duerme, mi angelico / Hijico chico de tu nación... / Criatura de Sión, / no conoces la dolor" (106). La canción de cuna sobrevive de generación en generación hasta llegar al padre del Rafael Mendes actual, quien la canta sin darse cuenta de su significado ni de su origen. Sin embargo, este hombre es el médico quien, en 1936, en la tradición de Maimónides, prefiere ayudar a los pobres indios en las zonas rurales del estado de Rio Grande do Sul, que sufren de una epidemia causada por el agua contaminada, que colaborar con el gobierno de Getúlio Vargas y los ricos terratenientes. Éste también es el hombre quien, gracias al genealogista, descubre sus raíces judías, abandona a su familia para pelear en la Guerra Civil española, pero nunca llega a España porque muere en alta mar, probablemente a causa de la epidemia de los indios.

La extraña sobrevivencia de los judíos en el Brasil se refuerza por su contacto con los indios y los negros. Cuando el hijo del cartógrafo y su amigo Afonso Sanches llegan al Brasil a principios del siglo XVI, unos indios los llevan presos a su pueblo donde el jefe, en buen estilo magicorrealista, los saluda en hebreo: "Bruchim habaim" ("Benditos los que vienen") (124). El jefe explica que desciende de uno de los hijos del rey Salomón, quien, como castigo por su rebeldía en contra de su padre, fue colocado, junto con sus colaboradores y familiares, en un barco sin timón, "para que vagassem à deriva: sábio castigo para quem havia perdido o rumo" ("para que vagaran a la deriva, sabio castigo para quien había perdido el rumbo") (124). Han mantenido por más de dos mil quinientos años a conciencia de sus orígenes judíos gracias al hecho de que en cada generación "um é encarregado da guarda da Torá, trazida de Jerusalém" ("uno es encargado de guardar la Torá, traída de Jerusalén") (125).

Cuatro generaciones después otro Rafael Mendes y su amigo Álvaro caen presos de un grupo de negros en el interior de la provincia de Bahía. Llevados al pueblo, el jefe los salva porque recuerda haber conocido a un negro judío en África quien afirmaba ser descendiente del rey Salomón y la reina de Saba, alusión a la sobrevivencia extraña, magicorrealista pero auténtica, de los falashim, los judíos etíopes de la actualidad.

Aunque la palabra *nação* en la novela siempre se refiere a los judíos, también podría aplicarse al Brasil. Las varias generaciones de los Rafael Mendes proporcionan un resumen geográfico e histórico del país (sobre todo desde el punto de vista económico). El hijo del cartógrafo y su hijo viven entre los indios del norte del Brasil y siembran caña de azúcar. Luego Rafael Mendes se traslada hacia el sur a Olina, establece un negocio y en 1593 se hace amigo del primer poeta brasileño Bentos Teixeira. Durante la ocupación holandesa, otro Rafael Mendes llega a ser dueño de una óptica muy próspera en Recife. El siguiente Rafael Mendes se instala en Maranhão, se hace profesor y, junto con el padre Antonio Vieira, defiende a los indios contra los abusos de los dueños de las fincas de caña y de tabaco. Las siguientes generaciones viven en Bahía, Río de Janeiro y Minas Gerais. A fines del siglo XVIII, Rafael Mendes por poco muere cuando su amigo dentista, el prócer Tiradentes, le saca una muela. Después de reponerse a tiempo para presenciar la ejecución de Tiradentes, Mendes viaja a São Paulo, donde los judíos han gozado de prestigio durante varias generaciones como médicos, farmacéuticos y negociantes que costean las expediciones de los *bandeirantes* que buscan en el interior de la provincia oro, otros metales preciosos e indios para esclavizar. Al buscar el árbol del oro, Rafael Mendes y su compañero perplejo Bentos Seixas topan con lo que llaman un cafetal inútil, "esse veneno tropical" (174). Completando el resumen brasileño, ese Mendes sigue su camino hacia el sur, hasta Rio Grande do Sul, donde él y sus descendientes se quedan, participando en la Guerra das Farroupilhas y trabajando de ingeniero en el ferrocarril de la familia francesa Rothschild a mediados del siglo XIX y de oficial de salubridad pública en el gobierno de Getúlio Vargas en la década de 1930-1940.

La imagen de la nación judía dentro de la nación brasileña que se proyecta en la novela puede ser dualista pero en general predomina la imagen positiva por dos motivos. En primer lugar, los judíos buenos y perplejos son normalmente los Rafael Mendes con quienes el lector se identifica, mientras los buscadores del árbol del oro suelen ser los otros, aunque sean amigos. En segundo término, el tono magicorrealista de toda la novela refleja una visión de mundo optimista, o sea que a pesar de las persecuciones y la asimilación, la extraña nación de Rafael Mendes seguirá sobreviviendo gracias a una variedad de factores entre los cuales figura la vieja canción de cuna ladina.

Para cerrar con broche de oro magicorrealista estos comentarios sobre la novela de Scliar, el 26 de enero de 1993 se publicó en el *Los Angeles Times* (H/2) un reportaje sobre la Sociedad Hebraica para el Estudio del Marranismo, fundada hace dos años en el Brasil. Según esa sociedad, ¡hasta quince millones de brasileños son de ascendencia judía y algunos de ellos están reconvirtiéndose actualmente al judaísmo!

OBRAS CONSULTADAS

Scliar, Moacyr, *A estranha nação de Rafael Mendes,* Pôrto Alegre: L & PM Editores, 1983.

Sue, Eugène, *Le juif errant,* París: Paulin, 1845.

XXI. El Uruguay

EL PRIMER CUENTO MAGICORREALISTA: "EL HOMBRE MUERTO" (1920), DE HORACIO QUIROGA[1]

Aunque Horacio Quiroga se conoce como criollista por antonomasia, también merece el honor de haber escrito tal vez el primer cuento magicorrealista, no sólo de la América Latina sino del mundo entero. Publicado por primera vez el 27 de junio de 1920 en el diario porteño *La Nación*, "El hombre muerto" comparte varios rasgos con la pintura magicorrealista europea y norteamericana que irrumpe hacia 1918 como reacción contra el expresionismo. Por ejemplo, veamos el cuadro pintado en 1928 por el alemán Franz Radziwill, *Accidente fatal de Karl Buchstätter*. Aunque se trata de la muerte de un famoso piloto alemán, cuyo avión empieza a caer, el cuadro no tiene nada de dramatismo. El avión más bien parece suspendido en el centro del cielo en la parte superior del lienzo sin llamas ni humo. No se turba en absoluto la tranquilidad del paisaje rural pintado con una gran precisión en la parte inferior. Los paralelismos entre la pintura y la literatura respecto a este tema se refuerzan en el poema "Paisaje con la caída de Ícaro" (1954), del autor norteamericano William Carlos Williams, que describe sin emoción el cuadro pintado en 1555 por Breughel.

Sin embargo, se puede demostrar el realismo mágico de "El hombre muerto" aún más fácilmente contrastándolo con "A la deriva" (1912), cuento típicamente criollista del mismo Quiroga.[2] Mientras el protago-

---

[1] Ampliación del comentario sobre "El hombre muerto" en la quinta edición de mi *El cuento hispanoamericano*, México: Fondo de Cultura Económica, 1996, 224-226.

[2] Lo que también es verdaderamente asombroso es que los críticos han preferido privilegiar las semejanzas entre los dos cuentos sin fijarse en las diferencias. En "Sobre dos cuentos de Horacio Quiroga: correlación en el tema de la muerte, el ambiente y la estructura narrativa en 'A la deriva' y 'El hombre muerto'" (*Thesaurus*, 37, 1, enero-abril de 1982), Manuel Arango señala que son los dos cuentos mejor logrados de Quiroga "al mezclar artísticamente la realidad y la fantasía" (154). Observa el contraste entre el tiempo psicológico de "El hombre muerto" y el tiempo cronológico de "A la deriva", los tintes irreales de "El hombre muerto", pero no comenta el

nista de "A la deriva" es un peón mestizo nombrado Paulino que muere como consecuencia de haber sido mordido por una víbora, el protagonista anónimo de "El hombre muerto" es un colono, probablemente extranjero, dueño de su propia tierra, que muere como consecuencia de un accidente sumamente inesperado. Después de luchar y triunfar durante unos diez años contra las fuerzas de la naturaleza, el hombre, al cruzar una cerca de alambre de púa de su propio bananal, se resbala y se le clava en el vientre su propio machete. Lo que crea, más que nada, el ambiente magicorrealista es la falta de emoción, la falta de dramatismo con que se narra el accidente. El hombre herido no siente ningún dolor, no grita y no aparece ni una gota de sangre.

En cambio, en "A la deriva", Paulino observa con desesperación creciente cómo va aumentando el dolor a medida que el veneno va invadiendo toda la pierna y luego todo el cuerpo. En busca de ayuda, se dirige a su rancho y luego se mete en su canoa con la esperanza de llegar a Tacurú-Pacú. El río Paraná pregona su muerte próxima con su imagen de ataúd: "una inmensa hoya, cuyas paredes altas de cien metros encajonan fúnebremente el río [...] muralla lúgubre [...] un silencio de muerte".[3]

En "El hombre muerto", una vez herido, el protagonista no se mueve para nada. Se asombra ante la indiferencia de la naturaleza: el sol sigue brillando, "yace en el fondo del valle el Paraná dormido como un lago" (82) y no se registra ningún cambio en el paisaje. Su situación resulta aún más trágica y asombrosa teniendo en cuenta la proximidad del muchacho que pasa rumbo al puerto nuevo, del caballo que espera el momento de pasar por el alambrado y de su mujer con sus dos hijos que vienen a buscarlo para almorzar en el momento de su muerte.

"El hombre muerto" luce una gran concentración cronológica: son los últimos diecisiete minutos (11:43-12:00) en la vida del protagonista. El tiempo avanza con una lentitud increíble marcada por la precisión de la hora: el triple uso de "acababa de" en la primera página; "no han pasado

---

contraste en la presentación de la naturaleza, ni la ausencia de elementos regionales ni el tono exageradamente antidramático de "El hombre muerto".

En la antología crítica de Ángel Flores, *El realismo mágico en el cuento hispanoamericano* (México: Premiá, 1985), se incluyen los mismos dos cuentos de Quiroga con estudios respectivos de Saúl Yurkievich y de José E. Etcheverry. Sin embargo, Yurkievich acierta al no tratar en absoluto de enlazar "A la deriva" con el realismo mágico. Su análisis subraya la perfección artística del cuento. En cambio, Etcheverry, aunque observa y comenta casi todos los ingredientes de "El hombre muerto", no se fija en lo inverosímil del accidente ni en la ausencia extraña de sangre y dolor, y tampoco menciona el realismo mágico.

[3] Horacio Quiroga, *Cuentos,* México: Porrúa, 1992, 15.

dos segundos" (81); "las sombras no han avanzado un milímetro" (81); el muchacho que pasa todas las mañanas "a las once y media" (82); el accidente ocurrió "hace dos minutos" (82); "a las doce menos cuarto" (82) salen del chalet su mujer y sus dos hijos, y "a mediodía" (83) muere.

El asombro del protagonista ante el accidente inverosímil y ante su muerte próxima se anuncia en la primera oración del cuento cuya personificación del machete deja asombrado al lector: "El hombre y su machete acababan de limpiar la quinta calle del bananal" (81). La anonimidad del protagonista refleja el aspecto arquetípico, junguiano del realismo mágico reforzado por su posición algo fetal después del accidente: "Estaba como hubiera deseado estar, las rodillas dobladas y la mano izquierda sobre el pecho" (81).

A pesar de que "El hombre muerto" está ubicado en Misiones, cerca del río Paraná, a diferencia de "A la deriva" y de otros cuentos criollistas suyos y de toda Hispanoamérica, no hay ningún giro regional. En efecto, fuera de los pensamientos del hombre que agoniza, no hay nada de diálogo. Tampoco aparecen detalles geográficos como en "A la deriva".

Otro contraste entre "El hombre muerto" y "A la deriva" y la narrativa criollista en general es la falta de protesta social en el primero. Aunque la muerte en los dos cuentos se debe al azar, en "A la deriva" la muerte del peón podría atribuirse a la falta de médicos y de sueros antitóxicos en esa zona. Además, se subraya la protesta por la analogía, algo gratuita, con la crucifixión de Jesús: Paulino en su último momento de vida recuerda haber conocido al recibidor de maderas de míster Dougald "en Puerto Esperanza un Viernes Santo" (15). En cambio, "El hombre muerto" termina de un modo totalmente antidramático. La focalización se cambia del hombre agonizante al caballo. El momento de la muerte se señala por el paso del caballo antes "inmóvil de cautela ante el esquinado del alambrado [...] entre el poste y el hombre tendido —que ya ha descansado—" (83).

El hecho de que Horacio Quiroga no haya escrito otros cuentos magicorrealistas no desmiente en absoluto la identificación de "El hombre muerto" con esta tendencia universal que había de florecer en las décadas siguientes con los cuentos tan insignes de Jorge Luis Borges, Dino Buzzati y Truman Capote y con las novelas de Ernst Jünger, André Schwarz-Bart y Gabriel García Márquez.

OBRAS CONSULTADAS

Arango, Manuel, "Sobre dos cuentos de Horacio Quiroga: correlación en el tema de la muerte, el ambiente y la estructura narrativa en 'A la deriva' y 'El hombre muerto'", *Thesaurus,* 37, 1, enero-abril de 1982.
Flores, Ángel, *El realismo mágico en el cuento hispanoamericano,* México: Premiá, 1985.
Quiroga, Horacio, *Cuentos,* México: Porrúa, 1992.

"JACOB Y EL OTRO": EL CUENTO MEJOR REALIZADO DE JUAN CARLOS ONETTI

PARA LA EDICIÓN DE 1986 de mi antología *El cuento hispanoamericano*, decidí que era absoutamentre necesario incluir un cuento de Juan Carlos Onetti a quien había estudiado con mis alumnos en varios cursos sobre el cuento rioplatense. Entre sus mejores cuentos opté por "Un sueño realizado" (1941), el más enigmático y el más estudiado, que a la vez representa los temas existencialistas de la vejez y de la soledad humana, tan típicos de Onetti. Ahí va mi comentario de 1986:

> "Un sueño realizado" es uno de los cuentos más originales no sólo del existencialismo sino de toda la cuentística hispanoamericana y tal vez internacional. El lector comparte la perplejidad de Langman frente al pedido raro de la mujer de ver representar su sueño y por lo tanto, terminado el cuento, tiene que volver a leerlo para comprender el desenlace y el sentido de todos los otros ingredientes.
>
> Igual que los cuentos de Eduardo Mallea, el tema es la soledad humana, pero complementado por la vejez y el fracaso de los sueños —de ahí, la ironía del título—. Las caricias ansiadas por la protagonista se realizan sólo después de su muerte. Por otra parte, es posible que el sueño realizado en escena coincida con su entrega anterior a Blanes. Es decir, que la mujer sabía que iba a morir y que tenía miedo de morir sin la caricia de un prójimo aunque fuera de un tipo aparentemente cínico como Blanes.
>
> El cuento se enriquece con la fusión de los tres protagonistas. Blanes abandona al final su cinismo emocionándose con la muerte de la mujer por haberse identificado con ella. Langman se da cuenta de que Blanes buscaba lo mismo que buscaba la mujer y al tratarlo de loco ("sus prisas de loco"),[4] lo empareja con ella. Como Blanes había calificado de loco a Langman por "su desmedido amor por *Hamlet*" (7), los tres llegan a fundirse en uno. Además de la locura, Langman y Blanes representan dos aspectos del mismo hombre, el idealista y el realista, cuyos papeles se trastruecan algo al final. Esa aproximación de los dos hombres se anticipa con la oración: "Me siguió hablando, mientras iba y venía, como me había visto hacer tantas veces en el despacho" (18). Al narrar la

[4] Juan Carlos Onetti, *Cuentos completos*, Caracas: Monte Ávila, 1968, 22.

historia de la mujer unos veinte años después del suceso, Langman se encuentra en un asilo para gente de teatro arruinada, con una peluca rubia y una dentadura mal adaptada, lo que le da un aspecto tan trágico como el de la mujer. Blanes, aun en la época de la representación, "estaba envejecido y el cabello rubio lo tenía descolorido y escaso" (18). Con las palabras "Y, también, W. Shakespeare" (8), Onetti confiesa su identificación con los tres protagonistas.

El prototipo del protagonista existencialista en este cuento es Hamlet, personaje solitario, loco (fingido o verdadero) y lleno de angustia porque no puede dejar de cuestionar, reflexionar y cavilar y nunca llega a decidirse y a actuar. Otros puntos de contacto con la obra de Shakespeare son: el suicidio de Ofelia, que sugiere la posibilidad de que la mujer del cuento se haya planeado su propio suicidio, el teatro dentro del teatro y la intensidad con que Hamlet observa a su madre y a su padrastro, que se relaciona con el uso anafórico de "vi" en la penúltima página del cuento, el cual remata el motivo recurrente de los ojos: "dilatando los ojos" (9), "sostener los ojos" (9), "una última mirada con un solo ojo" (11), "mirando con ojos turbios" (18).

La indecisión de Hamlet y el fracaso de los protagonistas existencialistas se simbolizan por el ir y venir ya citado, que se repite dos veces en el último párrafo del cuento, el ir y venir del automóvil y el cruzar la calle y regresar de Blanes —o sea que el protagonista existencialista no progresa; está atrapado en una especie de zanja ciega, fumando y bebiendo, sin realizar su sueño—.

Aunque Juan Carlos Onetti no haya podido realizar su sueño íntimo, esta pequeña obra maestra igual que "Bienvenido, Bob", "El infierno tan temido" y "Jacob y el otro" lo han inmortalizado como cuentista. Dentro del plano de la literatura universal, los críticos lo han comparado con William Faulkner, pero por su visión de mundo pesimista se parece más al francés Céline (1894-1971), al norteamericano Nathaniel West (1902-1940) y al argentino Roberto Arlt (1900-1942).

"Jacob y el otro" (1961),[5] en cambio, por su fin optimista, no es tan típico de Onetti, pero de todos modos sigue gustándome y si no recuerdo

---

[5] Aunque "Jacob y el otro" fue premiado con la primera mención en el concurso literario de *Life en Español* para 1960, no ha atraído tanta atención de los críticos como "Un sueño realizado", *El pozo* y las otras novelas publicadas antes de 1960. Por ejemplo, en las *Actas de las Jornadas de homenaje a Juan Carlos Onetti*, celebrado en 1997, dirigido por Sylvia Lago y auspiciado tanto por la Universidad de la República de Montevideo como por la Universidad Nacional de Buenos Aires, figuran treinta y cuatro ponencias de las cuales sólo siete se dedican a los cuentos; y de éstas, cuatro versan sobre "Un sueño realizado" y ninguna sobre "Jacob y el otro". El análisis más completo de los cuentos de Onetti se encuentra en *An Analysis of the Short Stories of Juan Carlos Onetti. Fictions of Desire*, Queenston, Canadá: Edwin Mellen Press, 1993, de Mark Millington, pero el método psicoanalítico basado en las teorías de Lacan llevan al autor a una interpretación algo distorsionada de "Jacob y el otro".

mal, sólo su extensión de cuarenta páginas me impidió que lo escogiera en 1986.

A diferencia de los otros cuentos de Onetti, "Jacob y el otro" es lo que los teóricos de hace tres décadas rotulaban con el término infeliz de "cuento de fábula". Es decir que es parcialmente un cuento lleno de suspenso, un poco como los cuentos detectivescos. El cuento empieza con el fin de la "fábula". El primero de los tres narradores, médico envejecido pero todavía campeón, decide dejar el juego de póquer para tratar de salvar a un casi cadáver, perdedor de una lucha celebrada en el Teatro Apolo de Santa María ante un gran público tumultuoso. A pesar de haber dormido sólo un par de horas la noche anterior y de haber tomado dos coñacs, la operación resulta exitosa: un verdadero acto heroico que le proporciona al médico tanta satisfacción "como el cumplimiento de un viejo sueño irrealizable: arreglar con mis propias manos, y para siempre, el motor de mi viejo automóvil" (127). Aunque la presencia en el hospital de la mujer ("la yegua") que escupe puede indicar que el gravemente herido es el luchador local, el médico narrador también ofrece la posibilidad de que sea el ex campeón mundial de lucha al describirlo como "el gigante moribundo [que] estuvo media hora de rodillas en la iglesia, rezando" (130).

Sin embargo, la escena más dramática del cuento, la que tiene más suspenso, no es la lucha entre el viejo campeón alemán que tiene cincuenta años y el joven dueño del almacén sanmariano de sólo veinte años sino la lucha entre Jacob y su mánager Orsini. La lucha dura diez páginas y va creciendo la tensión lenta pero constantemente. El príncipe Orsini está convencido que su campeón envejecido va a perder el desafío y quiere que los dos se escapen de Santa María en la madrugada antes del desafío. Orsini intuye que el campeón, pese a su inteligencia limitada, va a oponerse al plan y, por si acaso, mete en el bolsillo un revólver cargado. Orsini acude a toda su ingeniosidad y a varios tragos para convencer al campeón. El diálogo entre los dos se complementa con los pensamientos de Orsini. La escena termina magistralmente: primero con el golpe en la mandíbula que le proporciona el campeón a Orsini, pero luego con la ternura mostrada por el campeón al colocarlo en la cama.

Pese al golpe, los dos tienen una relación amistosa, simbiótica que recuerda la novela *Of Mice and Men*, de John Steinbeck. Por eso, hay que aclarar que el cuento, además de ser "de fábula", también es "de personajes". Orsini se dice respecto al "gigante moribundo" (130): "Sabe, sabe que el único amigo soy yo" (132). Por su parte, se compadece a sí mismo por estar "condenado a cuidar, mentir y aburrirse como una niñera con la criatura que le tocó en suerte para ganarse la vida" (151).

La relación entre Mario el turco, el desafiante, dueño del almacén, y su novia encinta Adriana es bastante parecida. Igual que Jacob, Mario "es una bestia" (135), sin "un gramo de inteligencia o sensibilidad" (139), con "el pecho de un gorila, dos centímetros de frente" (140). Adriana, como Orsini, es pequeña, lista y sabe manejar a su "bestia", "como si fuera la madre o la maestra" (137), "como una madre conversa con su hijo" (143). Pese a su tamaño, "se había endurecido hasta el hierro" (135) y en sus conversaciones con Orsini no se deja engañar. Insiste en que Orsini deposite los quinientos pesos del desafío en el banco o en el periódico antes de la lucha, y después rechaza las insinuaciones de Orsini de un "arreglo": "—Necesitamos quinientos pesos y él se los va a ganar el sábado sin trampas, sin arreglos" (144). La mayor diferencia entre la amistad de Orsini con Jacob y el amor entre Mario y Adriana es que Adriana parece casi totalmente incapaz de ternura y de cariño. Está obsesionada con los quinientos pesos y cuando pierde Mario, ella "trató de patear al próximo cadáver [...] y se acercó a la ambulancia para escupirlo" (125). No obstante, va al hospital "con un termo y un mate" (126) dispuesta a esperar para verlo. El contraste entre el amor y la amistad se nota aún más claramente en otro cuento de Onetti, el que Mario Benedetti considera el mejor:[6] "El infierno tan temido".

Aunque la amistad entre Jacob y Orsini puede interpretarse como algo ambigua por su aspecto económico, el cuento luce otros dos ejemplos de amistad muy sincera, los dos con el narrador médico. A pesar de que los otros médicos estaban dispuestos a firmar el certificado de defunción para el turco, el narrador médico insiste en cumplir con su lema: "—A mí, los enfermos se me mueren en la mesa" (125). En la operación colabora con el doctor Rius, quien lo admira muchísimo. Al recibir los dos la noticia de que el turco ha sobrevivido, el narrador médico se da cuenta de cuánto lo quiere Rius: "tal vez nunca me vio tan viejo, acaso nunca me quiso tanto como aquella mañana de primavera, tal vez estaba averiguando quién era yo y por qué me quería" (127).

Las propias palabras de Rius, con sus toques de humor, seguidas de la

---

[6] Discrepo de la opinión de Benedetti de que "Jacob y el otro" es "un relato cruel, despiadado, en que los personajes dejan al aire sus peores raíces" (Helmy F. Giacomán (ed.), *Homenaje a Juan Carlos Onetti*, Nueva York: Las Américas Publishing Co., 1974, 61).

palmada prolongada captan de un modo insuperable la profundidad del afecto entre los dos:

> "Usted lo hizo, jefe. Si esa bestia no reventó todavía, no revienta más. Si en el Club le aconsejaron limitarse a un certificado de defunción —es lo que yo hubiera hecho, con mucha morfina, claro, si usted por cualquier razón no estuviera en Santa María— yo le aconsejo ahora darle al tipo un certificado de inmortalidad. Con la conciencia tranquila y la firma endosada por el doctor Rius. Hágalo, jefe. Y robe en seguida del laboratorio un coctel de hipnóticos y váyase a dormir veinticuatro horas. Yo me encargo de atender al juez y a la policía, me comprometo a organizar los salivazos de la mujer que espera mateando en el corredor."
>
> Se levantó y vino a palmearme, una sola vez, pero demorando el peso y el calor de la mano [127].

También figura el humorismo en la presentación de la estrecha amistad entre el médico narrador y el chofer de la ambulancia, el gallego Herminio. Parece que el médico suele confiar, de cierta manera, en el diagnóstico del chofer. Cuando se lo pide respecto al turco deshecho, la actitud del chofer refuerza la amistad entre ellos: "Vi la alegría que trataba de esconder el gallego, imaginé el suspiro con que celebraba el retorno a lo habitual, a los viejos ritos sagrados" (124). Después de que el chofer da todos los detalles de un modo semicientífico, el médico le expresa su fe en el pronóstico para luego desmentirla, para sus adentros: "'—¿Se muere o no? Usted nunca se equivocó, Herminio'. Se había equivocado muchas veces pero siempre con excusas" (124).

El cuento termina con todavía otro remate de humor. El tercer narrador, Orsini (el segundo es el omnisciente), describe la maniobra victoriosa de Jacob y, con hipérbole, el vuelo del turco:

> Contra todas las reglas, Jacob mantuvo los brazos altos durante diez segundos. Después afirmó las piernas y giró; puso una mano en la espalda del desafiante, y la otra, también el antebrazo, contra un muslo. Yo no entendía aquello y seguí sin entender durante el exacto medio minuto que duró la lucha. Entonces vi que el turco salía volando del ring, atravesando con esfuerzo los aullidos de los sanmarianos y desaparecía en el fondo oscuro de la platea.
>
> Había volado, con los grandes bigotes, con la absurda flexión de las piernas que buscaban en el aire sucio apoyo y estabilidad. Lo vi pasar cerca del techo, entre los reflectores, manoteando [162-163].

La última oración del cuento identifica al "otro" del título con el turco, pero el lector también podría identificarlo con Orsini o con el médico narrador. Lo que liga a Jacob tanto con el médico como con Orsini es la preocupación por la vejez, tema frecuente en los cuentos de Onetti, tales como "Un sueño realizado" y "Bienvenido, Bob". Mientras estos dos cuentos destacan la soledad humana y el fracaso de la vida humana, "Jacob y el otro" comienza y termina con sendos triunfos: el del médico y el de Jacob. ¿Es posible que el mismo Onetti estuviera pronosticando en 1960 su triunfo sobre el alcohol y la nicotina? Murió en 1994 ¡a la edad de ochenta y cinco!

OBRAS CONSULTADAS

Giacomán, Helmy, *Homenaje a Juan Carlos Onetti,* Nueva York: Las Américas, 1974.

Lago, Sylvia (ed.), *Actas de las Jornadas de homenaje a Juan Carlos Onetti,* Buenos Aires-Montevideo: Universidad Nacional-Universidad de la República, 1997.

Millington, Merle, *An Analysis of the Short Stories of Juan Carlos Onetti. Fictions of Desire,* Queenston, Canadá: Edwin Mellen Press, 1993.

Onetti, Juan Carlos, *"Jacob y el otro", "Un sueño realizado" y otros cuentos,* Montevideo: Editorial de la Banda Oriental, 1965.

XXII. La Argentina

BORGES Y LA HISTORIA[1]

No cabe ninguna duda de que Borges merece todos los homenajes que se le hacen. Ya que este año se está celebrando el centenario de su nacimiento, también hay que reconocer que estamos celebrando tal vez cincuenta años de crítica sobre Borges, crítica escrita por argentinos, mexicanos, otros hispanoamericanos, europeos, norteamericanos y gente de otros continentes. Hoy, ¿cómo me las ingenio para decir algo novedoso?

Desde luego que tengo que acudir al mismo Borges para la solución. En su ensayo "Kafka y sus precursores", escrito en 1951 y publicado en *Otras inquisiciones* (1960),[2] Borges comprueba que "cada escritor *crea* a sus precursores. Su labor modifica nuestra concepción del pasado, como ha de modificar el futuro [...] el poema 'Fears and Scruples' (Miedos y escrúpulos) de Robert Browning profetiza la obra de Kafka pero nuestra lectura de Kafka afina y desvía sensiblemente nuestra lectura del poema" (148). El mismo concepto se expresa más atrevidamente en el cuento de Borges "Pierre Menard, autor del Quijote". Borges propone la teoría de que si Pierre Menard o cualquiera de nosotros escribiera hoy el Quijote, palabra por palabra, no sería la misma obra. Es decir que una obra escrita con el estilo cervantino en la época posmoderna se recibiría como una parodia. Esta situación sería de veras irónica puesto que el mismo Cervantes, escribiendo a comienzos del siglo XVII, estaba parodiando tanto las novelas de caballería como las pastoriles del siglo anterior. Al mismo tiempo, es muy posible que Borges haya escrito "Pierre Menard, autor del Quijote" como una parodia *avant la lettre* de la teoría recepcionista, interpretación elaborada por Enrique Anderson Imbert en su libro *Modernidad y posmodernidad* (1997).

A lo que voy con este prólogo es que el auge de la Nueva Novela His-

---

[1] Conferencia inaugural del Primer Coloquio Internacional de Literatura Latinoamericana: Centenario del nacimiento de Jorge Luis Borges, Universidad Autónoma del Estado de México, Toluca, 15 de noviembre de 1999. Inédita.
[2] Jorge Luis Borges, *Otras inquisiciones*, 3ª impr., Buenos Aires: EMECÉ, 1966.

tórica entre 1975 y hoy nos ha proporcionado una razón más para apreciar la ingeniosidad lo mismo que el impacto de algunos de los cuentos de Borges. Uno de los rasgos principales de las Nuevas Novelas Históricas como *Terra nostra,* de Carlos Fuentes; *Noticias del Imperio,* de Fernando del Paso; *El arpa y la sombra,* de Alejo Carpentier; *Los perros del Paraíso,* de Abel Posse, y otras muchas, es la subordinación en distintos grados de la reproducción mimética de cierto periodo histórico a la presentación de algunas ideas filosóficas sobre la historia, divulgadas, sobre todo, gracias a dos cuentos de Borges, breves los dos: "Historia del guerrero y de la cautiva" y "Tema del traidor y del héroe". Las ideas que se destacan son la imposibilidad de conocer la verdad histórica —piensen ustedes en el asesinato de Kennedy o en el de Colosio— y el carácter cíclico o repetitivo de la historia —piensen ustedes en la derrota de Napoleón lo mismo que la de Hitler por no haber podido triunfar en Rusia antes de la llegada del invierno—. Al mismo tiempo que se repite, la historia también es imprevisible, es decir, los sucesos más inesperados pueden ocurrir —piensen ustedes en los escapes milagrosos de Fidel Castro durante el asalto al cuartel Moncada en 1953 y en el derrumbe del muro de Berlín en 1989 y la fragmentación de la Unión Soviética—. Estas ideas desde luego no fueron inventadas por Borges pero en los dos cuentos susodichos las elaboró tan concisa e ingeniosamente que han quedado grabadas en la mente de todos los lectores. Veamos los detalles.

"Historia del guerrero y de la cautiva"[3] consta en realidad de dos historias ubicadas en dos cronotopos muy distintos: Ravena, Italia, "al promediar" el siglo VI durante la invasión de los bárbaros lombardos-germánicos y la pampa argentina en 1872. Lo que une las dos historias es que son variantes del mismo tema de "civilización contra barbarie". En Ravena el guerrero lombardo Droctulft queda tan impresionado por la vista de la ciudad, que representa la civilización, que traiciona a los suyos y muere peleando por Ravena. La realidad depende de quien la mira. Para los lombardos, Droctulft era un traidor; para los de Ravena, era un héroe. En cambio, en la segunda parte del cuento, una muchacha inglesa, capturada por un grupo de indios en la Argentina, ha convivido con ellos por quince años llegando a ser mujer de un capitanejo y madre de sus dos hijos. Mientras Borges el narrador conoce la historia de Droctulft mediante un libro de Benedetto Croce, quien abrevió el episodio encontra-

---

[3] Jorge Luis Borges, *Antología personal,* Buenos Aires: Sur, 1961.

do en el texto latino del historiador Pablo el Diácono, Borges conoce la historia de la cautiva inglesa por medio de su propia abuela inglesa. Tanto como Droctulft el bárbaro optó por la civilización, la cautiva inglesa optó por la barbarie. Rechaza la oferta de amistad de su compatriota y prefiere seguir viviendo entre los indios bárbaros. Borges nos propone que las dos historias son en realidad una: "el anverso y el reverso de una sola moneda" (159).

Además de la propuesta filosófica, el cuento se enriquece con una variedad de elementos. En la primera oración, Borges el narrador dice que la suerte y el epitafio de Droctulft le "conmovieron singularmente, luego entendí por qué" (156). La explicación de por qué se conmovió tanto Borges se revela en la segunda parte del cuento, o sea la experiencia de su abuela con la cautiva. Pero, en el párrafo anterior a la evocación de su abuela, Borges el narrador recalca que la historia del guerrero lo "conmovió de manera insólita" (158) y despista al lector con otro ejemplo de la conversión de los bárbaros: "Fugazmente pensé en los jinetes mongoles que querían hacer de la China un infinito campo de pastoreo y luego envejecieron en las ciudades que habían anhelado destruir" (158). Así es que con los mongoles tenemos dos ejemplos de la conversión de los bárbaros y sólo un ejemplo de la conversión de una civilizada: la cautiva. Por lo tanto, no sería exagerado interpretar el destino de la abuela de Borges como el segundo ejemplo de la conversión de una civilizada: la inglesa que se casa con el jefe militar argentino encargado de pelear contra los indios en la frontera donde ella se considera "desterrada a ese fin del mundo" (158). Incluso, la abuela "pudo percibir en la otra mujer [...] un espejo monstruoso de su destino" (159).

Al mismo tiempo que Borges nos proporciona nombres geográficos específicos y fichas bibliográficas exactas, él mismo subvierte la historicidad de los dos relatos. Por ejemplo, dice que el episodio de Droctulft pudo haber ocurrido en el siglo VI o en el VIII antes de declarar: "Imaginemos (éste no es un trabajo histórico) lo primero" (156). En la próxima oración repite la palabra "imaginemos" para convencernos que su relato es más subjetivo que objetivo. Propone que imaginemos a Droctulft no como un individuo sino como arquetipo. Al final de la historia de la cautiva aindiada, Borges el narrador dice: "*como en un sueño* pasó una india a caballo. Se tiró al suelo y bebió la sangre caliente" (159). No se trata de un sueño. De acuerdo con la visión de mundo magicorrealista, las cosas más inverosímiles pueden ocurrir... como en un sueño. Juan Rulfo utiliza la misma imagen en su cuento sobresaliente "Luvina". Para subvertir aún más la historicidad del relato de Droctulft, Borges comenta su propio cuento. Después de justificar la traición de Droctulft llamándola conversión, afirma que hay muchas conjeturas, es decir, muchas interpretaciones del acto de Droctulft. Sobre la suya dice: "si no es verdadera como hecho, lo será como símbolo" (158). Para rematar el concepto de Borges que la realidad histórica es inconocible, hay que señalar el uso frecuente en el cuento de palabras como "quizá", "acaso", "tal vez" y "o".

El otro cuento que ejemplifica los conceptos de Borges sobre la historia es más complejo, más laberíntico. Se trata de "Tema del traidor y del héroe".[4] El argumento se puede resumir en una sola oración: el personaje irlandés Ryan, al escribir la biografía de su bisabuelo Fergus Kilpatrick, descubre que éste fue asesinado por sus colegas revolucionarios por traidor y "resuelve silenciar el descubrimiento" (135). Con esta oración se reafirma el concepto borgesiano de que la historia es inconocible. Sin embargo, por laberíntico que sea este cuento de cuatro páginas y media, hay otros dos conceptos borgesianos que se destacan: la circularidad de la historia simbolizada por la torre circular de Kilgarvan, donde Kilpatrick había nacido, prefigurada por el epígrafe del poema "The Tower" (La torre), del irlandés William Butler Yeats. El segundo concepto, también anunciado en el epígrafe poético —"all men are dancers" (todos los seres humanos somos danzantes)—, es una reformulación de las palabras de *As You Like It,* de Shakespeare: "All the world's a stage, And all the men and women merely players" (todo el mundo es una escena y todos los hombres y todas las mujeres no son más que actores) (acto II, escena VII). En efecto, Shakespeare es el autor escogido por Borges para comprobar no sólo la circularidad de la historia sino el concepto inconcebible de que "la historia copie a la literatura" (133). Igual que el Julio César de Shakespeare, Kilpatrick recibió una carta advirtiéndole el peligro de ser asesinado, carta que no abrió. El día de su muerte, Kilpatrick conversó con un mendigo, lo que fue prefigurado en la tragedia de *Macbeth.* James Nolan, quien descubrió la traición de Kilpatrick y quien planea el asesinato de tal modo que convierta al traidor en mártir, "había traducido al gaélico los principales dramas de Shakespeare" (133).

Ryan también descubre que Nolan había escrito un artículo sobre los *Festspiele* de Suiza: "vastas y errantes representaciones teatrales que re-

---

[4] Jorge Luis Borges, *Ficciones*, 3ª ed., Buenos Aires: EMECÉ, 1961.

quieren miles de actores y que reiteran episodios históricos en las mismas ciudades y montañas donde ocurrieron" (133). Así es que Nolan se inspiró en esos *Festspiele* suizos para asesinar a Kilpatrick, quien "fue ultimado en un teatro pero de teatro hizo también la entera ciudad y los actores fueron legión" (133). El mismo Kilpatrick se redimió cumpliendo con su papel de mártir: "un balazo anhelado entró en el pecho del traidor y del héroe" (135) el 6 de agosto de 1824, prefigurando el asesinato de Abraham Lincoln cuarenta y un años después.

La precisión cronológica y la exactitud de las investigaciones de Ryan hacen contraste con la metaficción y la vaguedad del comienzo del cuento: "he imaginado este argumento, que escribiré tal vez [...] Faltan pormenores, rectificaciones, ajustes [...] La acción transcurre en un país oprimido y tenaz: Polonia, Irlanda, la república de Venecia, algún estado sudamericano o balcánico" (131). Estas palabras provocan una sonrisa en los lectores pero reflejan seriamente el concepto de Borges sobre la historia: los mismos sucesos, o variantes de ellos, pueden ocurrir en cualquier país, en cualquier momento, o en cualquier obra literaria.

De ahí no hay que dar un gran salto para llegar a *Historia universal de la infamia*[5] (1935). En realidad, según la propia confesión de Borges en 1954, no son cuentos originales porque él era demasiado tímido para escribir cuentos. Así es que los siete relatos que caben bajo el título del volumen son "ajenas historias" que Borges "se distrajo en falsear y tergiversar" (10). El mismo Borges proporciona las fuentes bibliográficas de tres de los cuentos. Los siguientes títulos no son apócrifos; los he consultado: *A History of Persia* (1915), de Sir Percy Sykes; *Tales of Old Japan* (1871), de Algernon Bertram Freeman-Mitford Redesdale, y *The Gangs of New York. An Informal History of the Underworld* (1928), de Herbert Asbury, quien también publicó libros sobre los bandos de ladrones y asesinos de Chicago, San Francisco y Nueva Orleans.[6]

Pese a lo de "ajenas historias", hay que subrayar la originalidad de estos cuentos de Borges. Por una parte, escribir cuentos históricos en plena época criollista, en plena época de protesta social fue un acto atrevido. Es más, no se trata de una obra histórica como *Las lanzas coloradas* (1931),

---

[5] Jorge Luis Borges, *Historia universal de la infamia*, 6ª impr., Buenos Aires: EMECÉ, 1966.
[6] Sir Percy Sykes, *A History of Persia*, 3ª ed., Londres: Macmillan, 1958; Algernon Bertram Freeman-Mitford Redesdale, *Tales of Old Japan*, Londres: Macmillan, 1871; Herbert Asbury, *The Gangs of New York. An Informal History of the Underworld*, Nueva York: Alfred A. Knopf, 1928.

de Arturo Uslar Pietri, una de las pocas novelas históricas de la década. Mientras Uslar escribió una novela antibélica basada en la guerra de independencia de Venezuela con la presencia en el fondo de Simón Bolívar, Borges escribió siete relatos universales en el sentido de que transcurren en todas partes del mundo menos en la Argentina. Además, los protagonistas con una sola excepción no son personas famosas. O sea que Borges anticipaba de cierta manera a los historiadores de orientación sociológica que predominan en las últimas décadas. Éstos ya no escriben sobre los reyes y los héroes militares sino sobre los alcantarilleros de París (Donald Reid, 1991) y los beisboleros de Nuevo Laredo (Alan M. Klein, 1997). En realidad, Borges también se diferencia de éstos. Los cuentos no versan sobre grupos anónimos sino sobre individuos extraordinarios. La novedad es que los individuos extraordinarios son infames. De los siete protagonistas, la viuda Ching es una pirata china; Kotsuké no Suké es un samurai japonés que se niega a suicidarse; Hákim de Merv es un leproso de Turquestán disfrazado de profeta; Tom Castro, a pesar de su apellido, es un inglés bobo que llega a ser el impostor inverosímil gracias a la ingeniosidad de su criado negro a quien conoce en Australia. La universalidad se completa con tres norteamericanos de distintas partes del país. El espantoso redentor Lazarus Morell, sureño blanco de clase baja, ayudaba a los esclavos a escaparse para luego revenderlos. El gángster cuchillero de Nueva York Monk Eastman capitaneaba una banda de mil doscientos hombres. El asesino desinteresado Bill Harrigan también nació en Nueva York, pero se hizo más famoso como Billy the Kid en Arizona y Nuevo México, donde mató a veintiún hombres antes de morir a los veintiún años.

Si la América Latina brilla por su ausencia entre los protagonistas de los siete cuentos, Borges no la omite completamente. En el primer capítulo de "El espantoso redentor Lazarus Morell", la importación de esclavos africanos al Nuevo Mundo se atribuye al redentor de los indios Bartolomé de las Casas, quien en 1517 logró convencer a Carlos V de que los negros trabajarían mejor que los indios "en los laboriosos infiernos de las minas de oro antillanas" (17). A ese "filántropo" Las Casas se deben por lo tanto "el moreno que asesinó Martín Fierro, la deplorable rumba *El manisero,* el napoleonismo arrestado y encalabozado de Toussaint Louverture, la cruz y la serpiente en Haití, la sangre de las cobras degolladas por el machete del *papaloi,* la habanera madre del tango, el candombe" (17-18). Como el infame Lazarus Morell lucía su infamia cerca del río

Mississippi, Borges recuerda a "su primer explorador [...] el capitán Hernando de Soto, antiguo conquistador del Perú que distrajo los meses de prisión del Inca Atahualpa enseñándole el juego del ajedrez" (18). Borges también compara el río Mississippi con el Paraná, el Uruguay, el Amazonas y el Orinoco. Todas estas alusiones y menciones latinoamericanas ocurren en las dos primeras páginas del cuento como divagación preliminar antes de entrar en la actuación de Morell entre los negros de las plantaciones de algodón en el estado de Mississippi. Ustedes recordarán que esta técnica de la divagación preliminar se utilizó más concisamente en "Tema del traidor y del héroe".

La América Latina también está presente, aunque más brevemente, en otros tres cuentos de *Historia universal de la infamia*. El protagonista de "El impostor inverosímil Tom Castro" es en realidad un inglés llamado Arthur Orton pero a los dieciséis años desembarcó en Valparaíso, Chile, donde se conocía por el nombre de Tom Castro. Monk Eastman, el proveedor de iniquidades, fue el jefe de una banda de malevos de Nueva York, pero el cuento empieza con un párrafo ubicado en la Argentina: "Perfilados bien por un fondo de paredes celestes o de cielo alto, dos compadritos envainados en seria ropa negra bailan sobre zapatos de mujer un baile gravísimo, que es el de los cuchillos parejos [...]" (53). En "El asesino desinteresado Bill Harrigan", éste se gana el apodo de Billy the Kid disparando contra el temido Belisario Villagrán de Chihuahua, "un mejicano más que fornido, con cara de india vieja" (69).

La frase "cara de india vieja" es un ejemplo del sentido de humor que predomina en todos los cuentos. A Borges se le ha criticado su falta de sensibilidad racial o étnica. Ofendió a muchos mexicanos cuando durante una visita a San Antonio, Texas, elogió a los defensores de El Álamo. En el cuento sobre Billy the Kid no sólo menciona el desprecio con que tratan a los mexicanos en el estado de Nuevo México sino que también se burla de la pronunciación mexicana del español: "Hay quienes hablan un idioma con muchas eses, que ha de ser español puesto que quienes lo hablan son despreciados" (69). No pretendo defender a Borges pero sí quiero señalar cómo se burla de una gran variedad de razas y de nacionalidades, incluso la suya propia y la adoptiva: la inglesa. En efecto, al escoger el tema de la infamia con sus representantes internacionales de distintas épocas, Borges está burlándose de un mundo donde los héroes quizás no sean tan heroicos y donde abundan los infames.

En "El incivil maestro de ceremonias Kotsuké no Suké", Borges se burla de los samurai y de su costumbre de suicidarse, el *harakiri*. Otro título de este cuento, según Borges, podría ser la "Historia Doctrinal de los Cuarenta y Siete Capitanes", historia celebrada según la hipérbole de Borges, en "un centenar de novelas, de monografías, de tesis doctorales y de óperas" (73), además de varias películas. El punto de partida del conflicto es una cinta del zapato del maestro que se desató. De ahí varios samurai se suicidan y el protagonista Kotsuké no Suké, quien le ata la cinta al maestro a la vez que lo insulta, se niega a suicidarse. El colmo es el *harakiri* de un muchacho "polvoriento y cansado" (81) porque le había escupido en la cara al consejero, jefe de los cuarenta y siete, cuando éste pretendía estar borracho en la puerta de un lupanar de Kioto para hacer creer al protagonista que los cuarenta y siete ya no lo perseguían.

En "El proveedor de iniquidades Monk Eastman", el protagonista también se conoce por otros nombres, incluso William Delaney, nombre típicamente irlandés, lo que nos hace sonreír a los lectores neoyorquinos porque su contrincante principal es el irlandés Paul Kelly. En realidad, Monk Eastman nació Edward Ostermann, judío. Borges se burla de los judíos a pesar de que sus tradiciones religioso-culturales figuran en varios de sus cuentos. Haciendo caso omiso de varios gángsters judíos de Nueva York, el narrador dice: "Cosa extraña, ese malevo tormentoso era hebreo. Era hijo de un patrón de restaurant de los que anuncian Kosher, donde varones de rabínicas bandas pueden asimilar sin peligro la carne desangrada y tres veces limpia de terneras degolladas con rectitud" (56). Por casualidad, Monk Eastman despachaba a sus enemigos con cuchillo, o sea degollándolos.

En "La viuda Ching, pirata", Borges se burla de la corrupción del emperador chino, quien colabora laberínticamente con los accionistas de las escuadras piráticas. También se burla del estilo imperial, burla que podría aplicarse a varios contemporáneos argentinos e hispanoamericanos de Borges: "las desfallecidas flores retóricas que prestan una majestad más bien irrisoria a la manera china oficial" (44). Cuando el almirante pierde la batalla frente a la flota de la viuda Ching, la burla otra vez se extiende a la patria borgesiana: el almirante chino se suicida, "un rito que nuestros generales derrotados optan por omitir" (47). La última rendición de la viuda Ching también provoca risa rematando el tono de "ya descolorida zarzuela" (41) anunciado en la primera oración del cuento. Ella se asusta por las "altas bandadas perezosas de livianos dragones [...] aéreas construcciones de papel y de caña, a modo de cometas" (49).

El protagonista de "El tintorero enmascarado Hákim de Merv" es un profeta musulmán que logra engañar a sus súbditos durante cuatro años: 774-777 de la era cristiana. Gracias a su oficio de tintorero, "arte de impíos, de falsarios y de inconstantes" (84), Hákim aprende a falsificar la realidad. Empieza su carrera religiosa surgiendo del desierto con máscara de toro (recuérdese que era tintorero) y acompañado de dos ciegos. Hákim se dirige a un grupo incrédulo de "esclavos, limosneros, chalanes, ladrones de camellos y matarifes" (85) y les pide que lo sigan en una guerra santa. Cuando le niegan su fe, el profeta enmascarado los convence haciendo el milagro de dejar ciego a un leopardo que se había escapado de su jaula: "los hombres adoraron a Hákim y confesaron su virtud sobrenatural" (87). Aceptado y adorado como profeta, Hákim cambió la cabeza de toro por "un cuádruple velo de seda blanca recamado de piedras" (88). Montado sobre un camello, Hákim el Enmascarado gana muchas batallas mediante plegarias a la divinidad. Cuando no participaba en las batallas, "era estudioso de la meditación y la paz: un harem de 114 mujeres ciegas trataba de aplacar las necesidades de su cuerpo divino" (89). Su religión personal, herejía de Islam, se basa en el asco como virtud fundamental, a la cual se puede llegar con "dos disciplinas (cuya elección dejaba libre el profeta) [...]: la abstinencia y el desenfreno, el ejercicio de la carne o su castidad" (90). La prepotencia de Hákim termina cuando dos capitanes sospechosos lo desenmascaran revelando la cara de un leproso: "lo atravesaron con lanzas" (192). Aunque la autenticidad histórica se refuerza con bastantes datos específicos sobre el mundo del Islam, el cuento va más allá: se trata del desenmascaramiento o la burla de cualquier profeta de cualquier religión.

Para rematar estos comentarios sobre Borges y la historia, quisiera recomendarles el cuento que considero el mejor cuento de Borges a la vez que el más distinto, el más extraordinario, el más *sui generis:* "El Sur" (1952). Además de reflejar la visión de mundo magicorrealista de Borges con una serie de paralelismos y simetrías elaborados con gran cuidado, "El Sur" es el único de sus cuentos que trata de captar la problemática nacional, por su representación de la antítesis de civilización y barbarie, que remonta a principios del siglo xix y antes, la misma antítesis que ya estudiamos en "Historia del guerrero y de la cautiva". Esa antítesis ha sido un obstáculo que los argentinos no han sabido superar para formar una verdadera conciencia nacional. En su ensayo titulado "Nuestro pobre individualismo" de 1946, Borges afirma categóricamente que "el argentino, a diferencia de los americanos del Norte y de casi todos los europeos, no se identifica con el Estado [...] lo cierto es que el argentino es un individuo, no un ciudadano".[7] Juan Dahlmann, protagonista del cuento, de abolengo criollo-alemán, muere porque no puede resistir el llamado de su pasado gaucho o bárbaro. Juan Dahlmann, secretario de una biblioteca municipal de Buenos Aires, muere a manos del compadrito borracho después de recoger la daga que le tira el viejo gaucho arquetípico.

El mensaje de "El Sur", publicado en *Ficciones,* es que si la Argentina quiere progresar, los elementos civilizados de Buenos Aires tienen que predominar sobre la tradición rural bárbara perpetuada por las juntas militares dirigidas por Perón o por Onganía, Videla y sus colegas. En su ensayo "Anotación al 23 de agosto de 1944", escrito con motivo de la liberación de París, Borges indica que la barbarie de los nazis es totalmente anacrónica. De la misma manera, el compadrito gaucho que probablemente mata a Juan Dahlmann también es un anacronismo: se diferencia mucho de los gauchos auténticos de los siglos anteriores: "Ser nazi (jugar a la barbarie enérgica, jugar a ser un vikingo, un tártaro, un conquistador del siglo XVI, un gaucho, un piel roja) es, a la larga, una imposibilidad mental y moral" *(Otras inquisiciones,* 185). Si la Argentina ha de progresar, Juan Dahlmann o Juan Argentino tiene que aceptar la fusión de su linaje oximorónico sin escoger el más macho sólo para morir como un héroe o un mártir. En este sentido, Santos Luzardo, protagonista y héroe de *Doña Bárbara,* puede triunfar sobre las fuerzas bárbaras de los llanos venezolanos porque se siente más cerca de su pasado rural que Juan Dahlmann y todavía sabe manejar un lazo y una pistola. Si Juan Dahlmann hubiera visitado su estancia con mayor frecuencia, habría estado más capacitado para manejar la daga y hubiera podido defenderse contra el compatriota bárbaro. "El Sur", con su protagonista Juan Dahlmann, es una alegoría de la historia patria. Sea la muerte de Juan Dahlmann una alucinación o el retrato de la realidad, representa el triunfo de la barbarie sobre la civilización, el triunfo de la fuerza física sobre el intelectualismo ingenuo de un habitante de la torre de marfil literaria, el triunfo de la dictadura peronista sobre los intelectuales argentinos, espejo de la persecución de los intelectuales unitarios por la dictadura de Rosas hacia 1830.

Así es que Borges, sin haber escrito ni una novela histórica, sí elaboró varias ideas sobre la historia que hoy son vigentes y que tal vez lo sean aún en el futuro lejano.

[7] Jorge Luis Borges, *Otras inquisiciones,* Buenos Aires: EMECÉ, 1960, 51.

Para un *encore*, les diré que en el año 1970, casi veinte años después de la publicación de "El Sur", Borges nos asombró a sus devotos con la publicación de otro tomo de cuentos, *El informe de Brodie*. Dentro del tema de esta conferencia hay que destacar el cuento "Guayaquil", que versa sobre el encuentro secreto celebrado en 1822 por Bolívar y San Martín en la ciudad ecuatoriana de Guayaquil. Lo genial del cuento es que Borges transforma ese encuentro en un duelo mental entre dos historiadores que conversan en Buenos Aires para decidir cuál irá a la ciudad ficticia de Sulaco a recoger el epistolario recién descubierto de Bolívar, en el cual puede revelarse el secreto de lo que sucedió entre los dos libertadores. Los dos historiadores se presentan como *alter ego* de los libertadores. El alemán-judío de Córdoba, con su voluntad tipo Schopenhauer al estilo de Bolívar, triunfa sobre el narrador, criollo porteño, dotado de "sencillez republicana"[8] (124) y confiado en el racionalismo. Aunque el historiador criollo tiene antecedentes profesionales mucho más apropiados que su contrincante para el viaje a Sulaco, pierde el duelo porque el racionalismo no le sirve en un mundo donde predomina lo irracional.

Igual que en "Tema del traidor y del héroe", Borges no distingue entre la historia y la ficción. Por lo tanto, desde la primera página, se indica que el destino del historiador triunfante será Sulaco, capital del Estado Occidental, en la novela *Nostromo*, de José Korzeniovski, o sea de Joseph Conrad, y a excepción del título, no se menciona el nombre de Guayaquil en todo el cuento.

De acuerdo con el concepto borgesiano de que la historia se repite, el narrador describe otros dos duelos: la batalla medio singular en un tablero de ajedrez ubicado en lo alto de un cerro entre dos reyes cuyos guerreros combaten abajo y el duelo entre dos bardos famosos en el cual triunfa el que queda callado sobre el que cantó acompañándose con el arpa un día entero.

Como en tantos otros cuentos de Borges, la metaficción es un elemento primordial y forma el marco del cuento. El segundo párrafo reza: "Releo el párrafo anterior para redactar el siguiente y me sorprende su manera que a un tiempo es melancólica y pomposa" (111). El cuento termina con las siguientes palabras: "Releo estas desordenadas páginas, que no tardaré en entregar al fuego. La entrevista había sido corta. Presiento que ya no escribiré más. *Mon siège est fait*" (124).

---

[8] Jorge Luis Borges, *El informe de Brodie*, Buenos Aires: EMECÉ, 1970, 124.

Desde luego que no hay que tomar al pie de la letra lo que dicen los personajes de Borges ni éstos deberían identificarse con el autor, aunque escriban en primera persona. De todos modos, Borges sí publicó otra colección de cuentos, *El libro de arena,* en 1975, su última. Habrá que esperar unos años más, hasta que pase el auge de la Nueva Novela Histórica y del posmodernismo, para ver qué nuevas tendencias literarias van a reconocer a Borges como su precursor y su maestro.

OBRAS CONSULTADAS

Alazraki, Jaime, *La prosa narrativa de Jorge Luis Borges,* Madrid: Gredos, 1968.
Asbury, Herbert, *The Gangs of New York. An Informal History of the Underworld,* Nueva York: Alfred A. Knopf, 1928.
Borges, Jorge Luis, *Antología personal,* Buenos Aires: Sur, 1961.
——, *Ficciones,* 3ª ed., Buenos Aires: EMECÉ, 1961.
——, *Historia universal de la infamia,* 6ª impr., Buenos Aires: EMECÉ, 1966.
——, *El informe de Brodie,* Buenos Aires: EMECÉ, 1970.
——, *Otras inquisiciones,* Buenos Aires: EMECÉ, 1960.
Redesdale, Algernon Bertram Freeman-Mitford, *Tales of Old Japan,* Londres: Macmillan, 1871.
Sykes, Sir Percy, *A History of Persia,* 3ª ed., Londres: Macmillan, 1958.

JULIO CORTÁZAR
Y EL GATO MAGICORREALISTA[9]

La obsesión de los críticos de clasificar a los autores según tendencias literarias a veces nos lleva a polémicas inútiles. Al mismo tiempo, esas polémicas promueven la investigación y pueden contribuir a una mayor comprensión y un mayor aprecio del autor, siempre que el crítico logre evitar la clasificación exclusivista y dogmática. Me parece que los cuentos de Julio Cortázar sirven muy bien para elaborar este planteamiento teórico.

En el libro muy bien documentado *¿Es Julio Cortázar un surrealista?* (1975), Evelyn Picón Garfield comprueba sin lugar a dudas los fuertes nexos entre Cortázar y el surrealismo. Sin embargo, aunque señala una gran variedad de rasgos surrealistas tanto en las novelas como en ciertos cuentos de Cortázar, la visión total resulta algo distorsionada porque no analiza intrínsecamente ninguna obra particular. El mismo Cortázar se oponía a que lo clasificaran como surrealista; Picón Garfield cita sus propias palabras: "En mi biblioteca encontrará los libros de Crevel, de Jacques Vaché, de Arthur Cravan (¡pero no me fiche por eso como surrealista!)".[10]

Emma Susana Speratti-Piñero demuestra también de un modo convincente las afinidades entre Cortázar y tres pintores belgas: James Ensor (1860-1949), Paul Delvaux (1897-1994) y René Magritte (1898-1967). Mientras los dos últimos sí son surrealistas, Ensor se considera más bien precursor tanto del expresionismo como del surrealismo. Aunque Speratti-Piñero reconoce la afición surrealista de Cortázar, ella destaca su independencia y su originalidad: "[...] se vinculó en algún momento con la llamada 'generación del 40', pero no perteneció a ningún grupo o cenáculo. Revela simpatías —por los surrealistas, especialmente—, pero manteniendo una originalidad muy propia".[11]

---

[9] Conferencia inédita dada, con leves variantes, en la Universidad de Cornell, el 27 de octubre de 1994; en el simposio "1914 Cortázar 1994" en la Universidad de California, Los Ángeles, el 18 de noviembre de 1994, y en la Universidad de Northern Arizona, el 28 de abril de 1995.

[10] Evelyn Picón Garfield, *¿Es Julio Cortázar un surrealista?*, Madrid: Gredos, 1975, 11.

[11] Emma Susana Speratti-Piñero, "Julio Cortázar y tres pintores belgas: Ensor, Delvaux, Magritte", *Nueva Revista de Filología Hispánica*, 24, 2, 1975, 541.

Precisamente a causa de la originalidad de Cortázar, es difícil ubicar todas sus obras dentro de una sola tendencia literaria. En efecto, es posible que convenga más estudiar y evaluar sus obras a base de su propia temática, sus estructuras y sus recursos técnicos en vez de encasillarlas dentro del surrealismo o dentro de cualquier otro ismo. Sin embargo, lo que pretendo hacer hoy es armar sin rigidez una tipología de sus más de setenta cuentos terminando con el realismo mágico y su gato simbólico. Las cuatro categorías que he escogido son: el realismo, el surrealismo o lo fantástico, lo absurdo y el realismo mágico. Los comentarios sobre cada categoría revelarán tanto las claras diferencias entre ellas como la falta de una evolución cronológica bien definida.

Los cuentos realistas no contienen elementos fantásticos ni se presenta la realidad a través de la visión estereoscópica de los magicorrealistas. "Torito", un *tour de force* lingüístico, es un monólogo de un boxeador argentino dirigido a un amigo que no contesta. A medida que el boxeador evoca su carrera en su propia jerga, el lector va cobrándole simpatía. En este cuento, igual que en los otros cuentos realistas de Cortázar, la psicología del protagonista es de gran importancia.

En los cuentos totalmente realistas "Los venenos", de *Final del juego*, y "La señorita Cora", de *Todos los fuegos el fuego,* la psicología del preadolescente y del adolescente, respectivamente, constituyen el tema principal. El título de "Los venenos" revela que tal como la máquina mata hormigas, el descubrimiento del narrador de que su amiga Lila se enamora del primo porteño "envenena" sus profundas emociones amorosas. Aunque "La señorita Cora" es un cuento más complejo, tampoco contiene elementos surrealistas, absurdistas o magicorrealistas. En un nivel, es la historia sentimental de un muchacho quinceañero que, antes de morirse de apendicitis en el hospital, se enamora de su enfermera, que tiene diecinueve años. En el nivel lingüístico, los cambios constantes del punto de vista narrativo proporcionan a Cortázar la posibilidad de reproducir distintas variedades del dialecto de la clase media porteña, tal como había reproducido el dialecto de la clase baja en "Torito". En otro nivel, el cuento es una parodia de las radionovelas, anticipando *Boquitas pintadas* (1969), de Manuel Puig.

El cuento homónimo del volumen *Final del juego* es aún más poético y sensible que "Los venenos" y "La señorita Cora" precisamente por su mayor grado de realismo. El amor imposible de la impedida Leticia recuerda el *Zoológico de cristal*, de Tennessee Williams, pero no hay nada mágico ni fantástico en los juegos escapistas armados por las tres hermanas en contraste con sus actividades diarias en un ambiente bastante desagradable.

Suele señalarse "El perseguidor" (1959) como el punto de partida para la fase madura del arte cuentístico de Cortázar. Se dice que en vez de utilizar a sus personajes para lograr ciertos efectos especiales, Cortázar crea dos protagonistas de carne y hueso. Además de su mayor extensión, "El perseguidor" plantea el problema verdaderamente importante, que después va a obsesionar al protagonista de *Rayuela*: ¿hasta qué punto puede escaparse el ser humano de mediados del siglo de su cultura falologocéntrica o eurocéntrica para prestar más atención a sus instintos y a sus impulsos espontáneos como el músico drogadicto Johnny Carter, o la Maga, novia de Horacio Oliveira. Aunque "El perseguidor" se narra de un modo totalmente realista, el interés verdadero de Cortázar en los problemas de sus personajes no empieza con ese cuento. Como ya he señalado, está presente en "Torito", "Los venenos", "La señorita Cora" y "Final del juego". Además, aunque sus cuentos posteriores tienden a volverse más complejos, persiste el realismo psicológico. En "Usted se tendió a tu lado", de *Alguien que anda por ahí* (1977), el conflicto entre el muchacho adolescente y su madre dominadora, parecida a la de "La señorita Cora", se vuelve más escabroso cuando la madre más joven y más bonita por poco seduce físicamente a su hijo quinceañero.

Tal vez el mejor ejemplo para subvertir el encasillamiento realista y cualquier encasillamiento exclusivista de los cuentos de Cortázar lo demuestra uno de sus mejores cuentos: "Reunión" (1964), recogido en *Todos los fuegos el fuego* (1966). Inspirado en *Pasajes de la guerra revolucionaria* (1963), de Che Guevara, "Reunión" traza la odisea del narrador Che con sus compañeros cubanos desde el desembarco del yate *Granma* en diciembre de 1956 hasta la reunión con Fidel Castro en la cumbre de la Sierra Maestra. Por mucho que el cuento esté basado en sucesos reales, el gran logro de Cortázar es su conversión en una obra de arte mediante el uso ingenioso de elementos magicorrealistas, absurdistas y surrealistas, todos revestidos de humor.

A pesar de la narración subjetiva en primera persona de Che Guevara, hay por lo menos un momento del realismo mágico frío, preciso y estereoscópico, directamente emparentado con la pintura magicorrealista: "Con la sangre y el dolor y el susto las cosas se me pusieron estereoscópicas, cada imagen seca y en relieve" (82). Además, el marco del cuento refleja la visión de mundo magicorrealista de que las cosas más inverosímiles pueden ocurrir. El desembarco no pudo haber sido peor: la tormenta que mareaba a los invasores y no los dejaba ver el faro de Cabo Cruz y por eso el desembarco en un lugar equivocado obligándolos a vadear una ciénaga donde los aviones de Batista, prevenidos por la bravuconería de Fidel, podían dispararles impunemente. Aunque sólo sobrevivieron unos doce o trece o catorce[12] de los ochenta y dos invasores, y aunque vagaban perdidos en la Sierra Maestra durante varios días, al final Che y Fidel (cuyo nombre de batalla es Luis) se reúnen en la cumbre, una escena acompañada mentalmente de un modo inverosímil del adagio del cuarteto de Mozart llamado "La caza", adagio fundido con el dibujo formado por las hojas y las ramas: "después vi inscribirse una estrella en el centro del dibujo, y era una estrella pequeña y muy azul, y aunque no sé nada de astronomía y no hubiera podido decir si era una estrella o un planeta, en cambio me sentí seguro de que no era Marte ni Mercurio, brillaba demasiado en el centro del adagio demasiado en el centro de las palabras de Luis como para que alguien pudiera confundirla con Marte o con Mercurio".[13] Si el simbolismo cristiano[14] de la estrella en lo alto de la montaña parece demasiado propagandístico, se salva por el sentido de humor del narrador diabólico, que es el mismo Che Guevara: "asma del demonio" (67), "mi maligna manera de entender el mundo" (69), "sendero infernal" (77). El sentido de humor, que está presente en todo el cuento, llega a su apogeo en la misma reunión en la cumbre, a base de los dialectos nacionales de Fidel (Luis) y Che:

—Mira que usar esos anteojos —dijo Luis.
—Y vos esos espejuelos —le contesté, y nos doblamos de risa, y su quijada

---

[12] En *Pasajes de la guerra revolucionaria* (163), el número de sobrevivientes del desembarco del *Granma* se establece en doce más Fidel, como Jesús y sus doce discípulos, aunque en realidad Guevara nombra a catorce sin contarse a sí mismo (121): "Ésa es nuestra experiencia cubana donde, una vez, doce hombres pudieron crear el núcleo del ejército que se formó, porque se cumplían todas estas condiciones y porque quien los dirigía se llamaba Fidel Castro" (96). Carlos Franqui publicó una colección de relatos testimoniales del desembarco en francés, titulado *Le livre des douze*, y más tarde, en 1966, en español, *El libro de los doce*. A principios de la Revolución bolchevique, el simbolismo cristiano también se utilizó para exaltar a la Revolución: "En 'Twelve' (1918), de Blok, Cristo marcha triunfalmente, a la cabeza de la Guardia Roja, y en 'Christ Is Risen' (1918), de Bely, las vicisitudes sufridas por la Revolución se comparan con el Calvario: al martirio de la Cruz seguirá la Resurrección" (Max Hayward y Patricia Blake, *Dissonant Voices in Soviet Literature*, Nueva York: Harper and Row, 1964, ix).
[13] Julio Cortázar, *Todos los fuegos el fuego*, 10ª ed., Buenos Aires: Sudamericana, 1970, 86.
[14] Antes de que "resucite" Fidel (Luis), Che lo identifica totalmente con Jesús: "una imagen

contra mi cara me hizo doler el balazo como el demonio, pero era un dolor que yo hubiera querido prolongar más allá de la vida.
—Así que llegaste, Che —dijo Luis.
Naturalmente, decía "che" muy mal.
—¿Qué tú crees? —le contesté, igualmente mal. Y volvimos a doblarnos como idiotas [...] [85].

En cuanto al absurdismo de "Reunión", el mismo narrador reconoce y recalca lo absurdo de su situación: un intelectual febril y asmático —"Yo como un idiota con mi pulverizador de adrenalina" (68); "ese juego absurdo" (71); "este respiro absurdo" (73)—. Lo absurdo del desembarco se subraya con el uso de imágenes circenses. La lancha gira y se tambalea "como una tortuga borracha" (67) y los invasores vagan por los pantanos "como alelados en un circo de barro y de total fracaso para diversión del babuino en su Palacio" (68).

El surrealismo de "Reunión" se limita a sólo una escena, pero es una escena bastante importante. Llega la noticia de la muerte de Luis (después se desmentirá); se come un "chivito asado. No lo podíamos creer, comimos como quien se come a un fantasma" (77). Luego, Che, que estaba marcado para suceder a Luis como jefe, sufre una visión pesadillesca, surrealista: "por un segundo me pareció que Luis se separaba de su cara y me la tendía, y yo defendí mi cara con las dos manos diciendo: 'No, no, por favor no, Luis' " (79).

Además de combinar las cuatro tendencias artísticas, "Reunión" también luce el uso muy acertado del doble. Che, no sólo se funde con Fidel tanto en la pesadilla como en el abrazo final, sino que también se desdobla al evocar lo que sería su vida si se hubiera quedado en Buenos Aires conviviendo con sus parientes y amigos burgueses. Ese desdoblamiento se subraya con el uso del verbo "doblarse" tanto al principio como al fin del cuento y el uso de varias frases bimembres por todo el cuento: "y medio mundo enfermo, doblándose para vomitar como si fueran a partirse por la mitad" (67); "Y volvimos a doblarnos como idiotas, y medio mundo se reía sin saber por qué" (85).

En contraste con los cuentos realistas de Cortázar, los cuentos surrea-

de pantocrátor, un juez que empieza por ser el acusado y el testigo y que no juzga, que simplemente separa las tierras de las aguas para que al fin, alguna vez, nazca una patria de hombres en un amanecer tembloroso, a orillas de un tiempo más limpio" (75-76). En *Un cri sur le rivage,* de Eduardo Manet, uno de los personajes comenta el parecido de Fidel con Jesús: "No has oído el elogio que se le hace a Fidel: se parece a Cristo" (París: Julliard, 1963), 123.

listas se basan en distorsiones y transformaciones raras que surgen del subconsciente, del mundo de ensueño y pueden encasillarse dentro de la literatura fantástica, o sea las obras donde ciertos sucesos o ciertos personajes rompen con las leyes físicas de la naturaleza, sucesos que no pueden explicarse lógicamente. Por ejemplo, en "La noche boca arriba", de *Final del juego,* un motociclista contemporáneo herido, probablemente en París, se transforma en una víctima ritual de los aztecas. La transformación ocurre a través de una serie de sueños que se convierten en la realidad mientras la realidad se vuelve sueño. Aunque el cuento se parece algo a "El Sur", de Borges, cae en el virtuosismo porque no hay ninguna justificación lógica para el sueño azteca, menos la identificación del motociclista con los motecas apócrifos, pura invención de Cortázar a base de los aztecas, los mixtecas, los zapotecas y otras etnias más.

Aunque "Axolótl", de *Final del juego,* también está estructurado a base de la transformación del protagonista con el contraste entre el mundo precolombino y el París contemporáneo, tiene un sentido filosófico complejo que lo coloca muy por encima de "La noche boca arriba". Al convertirse en axolótl para esconderse detrás del vidrio, el narrador rechaza las complejidades del mundo contemporáneo del cual se siente totalmente marginado. Su pesimismo se alivia con la solidaridad con los otros axolótl indicando que la comprensión y la compasión pueden encontrarse entre las criaturas más diversas. Al escoger al axolótl de todos los animales del parque zoológico, Cortázar insinúa la sobrevivencia de la cultura azteca y su victoria sobre los europeos obsesionados con el progreso. Al mismo tiempo, de un modo dialógico, la mención de "un remoto señorío aniquilado, un tiempo de libertad en que el mundo había sido de los axolótl",[15] recuerda para el ser humano moderno la mutabilidad del mundo: *sic transit gloria mundi.* En el nivel psicoanalítico, la conversión del narrador en axolótl puede reflejar el deseo freudiano de volver a la comodidad y a la seguridad del útero, y a la vez la atracción junguiana del inconsciente colectivo hacia las primeras manifestaciones de la vida a orillas del mar. También de acuerdo con los arquetipos junguianos, el narrador no es un hombre individualizado realista sino un representante de la raza contemporánea. El cuento termina con la misma nota fantástica que "La noche boca arriba". Tal como el motociclista parisiense que sueña con la víctima sacrificada de los aztecas se convierte en esa víctima que

---

[15] Julio Cortázar, *Final del juego,* 5ª ed., Buenos Aires: Sudamericana, 1966, 166.

sueña con el futuro accidente parisiense, el visitante al parque zoológico se convierte en un axolótl quien, desde el otro lado del vidrio, piensa que el narrador "acaso va a escribir sobre nosotros" (168).

Una estructura transformacional y algunos de los mismos temas también se encuentran en "La isla a mediodía" de *Todos los fuegos el fuego*. Igual que en "Axolótl", el hombre contemporáneo rechaza la sociedad tecnológica (el avión, el reloj, el jugo de tomate enlatado y los frívolos turistas) y busca una alternativa en una sociedad más primitiva. Al llamar a la isla griega "la tortuga dorada",[16] el narrador evoca el anhelo del ser humano de regresar a los tiempos prehistóricos (la tortuga darwiniana) y a la edad de oro de Cervantes cuando no existían las palabras "mío" y "tuyo". La obsesión del sobrecargo se vuelve realidad cuando el avión cae en el mar y él muere ahogado. El elemento fantástico, igual que en "Axolótl", consiste en el desdoblamiento del progatonista. Por una parte, el sobrecargo llega a la isla, se quita el reloj y goza de la vida sencilla, pero atestigua la caída del avión y trata en vano de salvar a su doble.

En "Las armas secretas" (1959), la técnica del doble fantástico se aplica a un estudio psicoanalítico, estableciendo un nexo con los cuentos realistas de Cortázar. Los problemas sexuales de Michèle, que provienen de su violación por un soldado alemán durante la segunda Guerra Mundial, son totalmente realistas. No obstante, cuando su amigo Pierre resulta ser la reencarnación del mismo soldado alemán que había sido matado por los amigos de Michèle, entonces el cuento entra en el reino de lo fantástico y lo surrealista. La persistencia del tema de la violación, tratado de un modo fantástico, se observa en "Anillo de Moebius", del tomo *Queremos tanto a Glenda* (1980), donde la ciclista inglesa violada se reúne con el ex preso francés violador después de que se mueren los dos.

Mientras estos dos últimos cuentos surrealistas subrayan las ansiedades subconscientes de la protagonista, los cuentos absurdistas ofrecen un protagonista anónimo, sin rasgos que lo individualicen, menos la incapacidad de enfrentarse a los problemas diarios de la vida contemporánea. Mientras "La noche boca abajo", "Axolótl" y "La isla a mediodía" presentan lo fantástico (o sea las transformaciones o desdoblamientos imposibles) de un modo natural, realista, los cuentos absurdistas exageran una situación realista a tal punto que llega a ser absurda. En "No se culpe a nadie", de *Final del juego,* el protagonista anónimo lucha por ponerse el

---

[16] Julio Cortázar, *Todos los fuegos el fuego*, 6ª ed., Buenos Aires: Sudamericana, 1968, 121.

pulóver mientras su esposa lo espera en un almacén para escoger un regalo de boda. La lucha por ponerse el pulóver se vuelve más intensa cada momento pero se narra sin tono dramático. El cuento termina con el suicidio del protagonista que salta por la ventana de su departamento en el duodécimo piso. El sentido de la lucha es que el hombre se está rebelando no sólo contra el ir de compras con su esposa sino también contra todo el laberinto de su vida burguesa en el cual se siente atrapado. Una posible interpretación política establecería un paralelismo entre la imposibilidad de coordinar los movimientos de los dos brazos con la dificultad de escoger entre la izquierda y la derecha. El mismo narrador confirma la afiliación literaria de este cuento empleando dos veces la palabra "absurdo" (14, 15) y una vez "absurdamente" (18).

Tal vez el cuento absurdista más famoso de Cortázar, además de su colección *Historias de cronopios y famas* (1962), sea "La autopista del sur", de *Todos los fuegos el fuego*. Un embotellamiento en una autopista fuera de París se exagera a tal punto de convertirse en un microcosmo de la sociedad. El narrador deshumaniza a sus personajes refiriéndose a ellos con el nombre de su automóvil: marca y modelo. Sin embargo, con el paso de los días y los meses y el funcionamiento de los sucesos biológicos del nacimiento y de la muerte, los personajes robotizados se humanizan y llegan a ayudarse frente a un peligro común. El final, en cambio, es pesimista. El embotellamiento se disuelve y los personajes humanizados vuelven a sus vehículos individuales para reasumir su vida egoísta.

De los varios cuentos cortazarianos que caben dentro del realismo mágico, el más ortodoxo es su primer cuento, "Casa tomada" (1946), recogido en *Bestiario* (1951), y considerado en 1970 por sus compatriotas literarios su mejor cuento.[17] Publicado por primera vez en plena dictadura populista de Juan Perón, "Casa tomada" es una metáfora inolvidable de la amenaza revolucionaria que sienten los oligarcas argentinos.[18] La acción se desarrolla en una casa grande de Buenos Aires donde el narrador y su hermana viven cómodamente de sus rentas de la estancia familiar. Ninguno de los dos está casado y su esterilidad se subraya por sus pasa-

---

[17] La selección de los mejores cuentos argentinos fue hecha en agosto de 1970 por Borges, Cortázar, Marechal, Sábato, Bioy Casares, Puig, Conti y otros. Véase *Casa de las Américas*, 64 (enero-febrero de 1971), 196.

[18] Rodolfo A. Borello alude a la interpretación psicoanalítica del cuento pero prefiere la interpretación política: "De todos los textos cortazarianos que se refieren a esta época, ninguno parece más digno de una interpretación política o ideológica que "Casa tomada" *(El peronismo, 1943-1955, en la narrativa argentina*, Ottawa, Canadá: Dovehouse Editions, 1991, 154).

tiempos: él hojea los álbumes de estampillas de su padre mientras ella teje y desteje. El ambiente extraño, raro, magicorrealista del cuento comienza con la ocupación misteriosa de varios cuartos de la casa por invasores que nunca hablan ni aparecen en el cuento y, lo que es aún más raro, sin que los protagonistas ofrezcan la menor resistencia. En el párrafo final, después de que los dos protagonistas salen de su hogar ancestral, el narrador cierra la puerta y tira la llave a la alcantarilla observando irónicamente: "No fuese que a algún pobre diablo se le ocurriera robar y se metiera en la casa, a esa hora y con la casa tomada" (18). A diferencia del surrealismo y de lo fantástico, no hay ni distorsiones imposibles ni sueños. El realismo mágico consiste en la visión mágica de la realidad cotidiana, la cual proviene de la aceptación sin emoción de un acontecimiento extraordinario o inverosímil.

La aplicación del realismo mágico a temas políticos continúa en "Reunión", de *Todos los fuegos el fuego* (1966), y en "Recortes de prensa", de *Queremos tanto a Glenda* (1980). En "Recortes de prensa", una denuncia de la violencia oficial argentina de los años setenta se entreteje con un caso de violencia matrimonial en París. El elemento magicorrealista aparece hacia el final del cuento cuando lo que cree haber presenciado la protagonista en París sale en el periódico de Marsella. Frente a la incredulidad de su amigo el escultor, ella regresa al barrio, no puede reconocer el portal pero sí encuentra a la nena que la llevó a salvar a su mamá.

Si estoy dando más énfasis al realismo mágico de Cortázar es porque creo que él comparte esa visión de mundo con Borges, con García Márquez y con este servidor. Además, de los cuatro, es el más gatófilo. Si todo el mundo acepta el cisne como emblema del modernismo rubendariano, me parece que el reconocimiento del gato como emblema del realismo mágico no sólo hispanoamericano sino universal ayudaría a establecer una comprensión uniforme de esta tendencia.

Aunque Borges puede haber sido el primer literato hispanoamericano en dar al gato ese valor simbólico en su cuento magistral "El Sur", en el libro *The Cat and Man*, de Gillette Grilhe (Nueva York: G. Putnam's Sons, 1974), el cliché debajo de la reproducción de un cuadro primitivista decimonónico de Estados Unidos reza: "Los artistas siempre han intuido el carácter misterioso del gato" (frontispicio). En el Egipto antiguo, los campesinos y, sobre todo, las mujeres adoraban al gato como un dios con propiedad especial de genio tutelar. Sin embargo, a partir del siglo x, los gatos se identificaban con la brujería; hubo una masacre de centenares de gatos, quemados vivos, en el año 962 en Metz, Francia, porque la gente los creía "brujas disfrazadas" (55). En los siglos XIV y XV, los dueños de gatos eran perseguidos por la Inquisición y para el siglo XV, el Diablo se retrataba a menudo como un gato.

El aspecto diabólico del gato identificado con la mujer aparece en el primer cuadro magicorrealista: *La calle Rhin* (1917), del suizo Niklaus Stöcklin (1896-1982), y en *El gato eficaz* (1972), de Luisa Valenzuela. En cambio, la identificación del gato positivo con la mujer como alternativa a la sociedad capitalista, tecnológica, burocratizada y deshumanizada de los años sesenta se proyecta en la novela *Rayuela* (1963), de Cortázar. Efectivamente el primer capítulo empieza con la pregunta respecto a Horacio Oliveira: "¿Encontraría a la Maga?" Luego, Horacio y la Maga se asocian con el gato: "Preferíamos encontrarnos en el puente, en la terraza de un café, en un cineclub o agachados junto a un gato en cualquier patio del barrio latino".[19] En el capítulo cuarto se elabora más la identificación de la Maga con todos los gatos internacionales en un patio, de un modo juguetón, pero sin perder de vista el elemento misterioso, mágico:

> un viejito tomando sombra en un rincón, y los gatos, siempre inevitablemente los minouche morrongos miaumiau kitten kat chat cat gatto grises y blancos y negros y de albañal, dueños del tiempo y de las baldosas tibias, invariables amigos de la Maga que sabía hacerles cosquillas en la barriga y les hablaba un lenguaje entre tonto y misterioso, con citas a plazo fijo, consejos y advertencias [37-38].

El gato también aparece en otros varios cuentos de Cortázar: "Todos los fuegos el fuego", "El otro cielo", "Circe", "Historia con migalas" y, sobre todo, "Orientación de los gatos", donde el gato con el nombre egipciaco de Osiris se identifica con la esposa del narrador para afirmar, como en el caso de la Maga, el aspecto misterioso y mágico de la mujer, inconocible e impenetrable para el hombre falologocéntrico.

El realismo mágico, como tendencia predominante, parecía haber cedido su lugar en la última década a distintas variantes de lo posmoderno. No obstante, el tremendo éxito popular tanto de librería como de cine de *La casa de los espíritus,* de Isabel Allende, y de *Como agua para chocolate,* de Laura Esquivel, y el uso del término cada día más frecuente por los críticos literarios del mundo eurocéntrico lo mismo que del mundo marginado indican que este es el momento para que yo termine mi libro defi-

---

[19] Julio Cortázar, *Rayuela*, Buenos Aires: Sudamericana, 1963, 15.

nitivo sobre el realismo mágico aclarando lo que Todorov y tantos otros contagiados del virus teórico han ofuscado. En cuanto se publique mi libro, les recomiendo que lo lean acompañados de su gato.[20]

OBRAS CONSULTADAS

Alonso, Carlos J. (ed.), *Julio Cortázar. New Readings,* Nueva York: Cambridge University Press, 1998.
Barrenechea, Ana María, y Emma Susana Speratti-Piñero, *La literatura fantástica en Argentina,* México: Imprenta Universitaria, 1957.
Borello, Rodolfo A., *El peronismo, 1943-1955, en la narrativa argentina,* Ottawa: Dovehouse Editions, 1991.
Cortázar, Julio, *Alguien que anda por ahí,* México: Hermes, 1977.
——, *Las armas secretas,* 5ª ed., Buenos Aires: Sudamericana, 1966.
——, *Bestiario,* 6ª ed., Buenos Aires: Sudamericana, 1967.
——, *Final del juego,* 5ª ed., Buenos Aires: Sudamericana, 1966.
——, *Historias de cronopios y famas,* Buenos Aires: Minotauro, 1962.
——, *Queremos tanto a Glenda,* México: Nueva Imagen, 1980.
——, *Rayuela,* Buenos Aires: Sudamericana, 1963.
——, *Todos los fuegos el fuego,* 6ª ed., Buenos Aires: Sudamericana, 1968.
Grilhe, Gillette, *The Cat and Man,* Nueva York: G. Putnam's Sons, 1974.
Guevara, Ernesto Che, *Pasajes de la guerra revolucionaria,* en *Obras revolucionarias,* 4ª ed., México: Era, 1971.
Hayward, Max, y Patricia Blake, *Dissonant Voices in Soviet Literature,* Nueva York: Harper and Row, 1964.
Manet, Eduardo, *Un cri sur le rivage,* París: Julliard, 1963.
Picón Garfield, Evelyn, *¿Es Julio Cortázar un surrealista?,* Madrid: Gredos, 1975.
Speratti-Piñero, Emma Susana, "Julio Cortázar y tres pintores belgas: Ensor, Delvaux, Magritte", *Nueva Revista de Filología Hispánica,* 24, 2, 1975.

---

[20] El libro ya se publicó bajo el título de *Historia verdadera del realismo mágico,* México: Fondo de Cultura Económica, 1998.

LA HISTORIA VERDADERA DE ÁLVAR NÚÑEZ CABEZA DE VACA: "EL LARGO ATARDECER DEL CAMINANTE", DE ABEL POSSE[21]

DE ACUERDO CON LAS TEORÍAS DE BORGES, Hayden White y todos los que nos hemos contagiado de lo posmoderno, el discurso histórico no es más verídico que el discurso novelístico. En la Nueva Novela Histórica de Abel Posse, *El largo atardecer del caminante* (1992), Álvar Núñez Cabeza de Vaca emprende su última caminata en Sevilla un año antes de morirse escribiendo la verdadera historia de sus propias andanzas tanto en la Florida y México como en el Brasil y Paraguay. Con una buena dosis de metaficción, el viejo conquistador caminante desmiente y complementa su propia crónica *Naufragios y comentarios,* tal como Bernal Díaz del Castillo escribió a los noventa años la verdadera historia de la conquista de la Nueva España desmintiendo al cronista López de Gómara. Refiriéndose a los seis años pasados entre los indios de la Florida,[22] el viejo caminante señala de la manera más franca la increíble omisión en *Naufragios* de sus experiencias entre los indios: "Releyéndome ahora, encuentro que mi silencio de seis años resuelto con página y media de mi libro, es lo suficientemente descarado y evidente como para que los estúpidos inquisidores de la Real Audiencia y del Consejo de Indias no sospechasen nada"[23] (78). Es decir que el conquistador peatón, y otros conquistadores y cronistas, pese a su proximidad con los sucesos narrados, no podían escribir la verdad en su discurso histórico por miedo a las consecuencias a manos de la Inquisición o del emperador y sus oficiales. Si la novela de Posse resulta más verídica que la crónica de su propio protagonista, Posse no comete la imprudencia de convertir esta situación en la norma de toda creación literaria. Por eso, incluye en su novela al único personaje anacrónico, el Marqués de Bradomín, protagonista de las cua-

---

[21] Ponencia presentada en el congreso de la Modern Language Association, el 27 de diciembre de 1993 en Toronto; publicada en la *Revista Iberoamericana*, 62, 175 (abril-junio de 1996), 421-426.
[22] La Florida abarcaba en esa época toda la zona del Golfo de México, incluidos los estados actuales de la Florida, Alabama, Mississippi, Luisiana y Texas.
[23] Abel Posse, *El largo atardecer del caminante*, Buenos Aires: EMECÉ, 1992, 78.

tro sonatas de Valle-Inclán. Con las fabulaciones de Bradomín, sobre todo respecto a la pérdida de su brazo, el viejo caminante-escritor comenta que "lo más fascinante de la mentira literaria es la facultad para acumular detalles. La historia termina siendo más interesante que la verdad" (103). El ejemplo que utiliza Posse se destaca por su tono melodramático, que contrasta con el tono sincero del viejo Cabeza de Vaca: "Achispado con el vino fresco volvió a contar la historia de la pérdida de su brazo durante sus supuestas aventuras por México [...] Perseguido por feroces olmecas se refugia en una caverna y allí una tigra recién parida le arranca el brazo creyendo que atacaría la cría" (102-103).

En cuanto a las verdades omitidas de *Naufragios y comentarios*, reveladas en la nueva novela de Posse, se destacan tres. El náufrago se adapta a la vida indígena llegando a querer a la joven Amaría, regalada por su tío, el jefe Duljan. Desconociendo el concepto religioso del pecado, ella goza de las relaciones sexuales procurando la mayor sensualidad: "Ambos cuerpos ingresan demoradamente en la esfera de la sensualidad y se apoyan mutuamente sin ya existir macho o hembra. Es como un solo ser rodando por una pendiente de delicias" (96). El náufrago también demuestra un verdadero afecto paterno hacia los dos hijos mestizos: el niño Amadís y la niña Nube. En efecto, hacia el final de la novela, descubre a su hijo enjaulado en Sevilla destinado con otros indios a ser mandados a la Universidad de Lovaina y los rescata mediante la venta de su casa quedándose totalmente empobrecido.

Durante los seis años que Cabeza de Vaca pasa con la tribu de Duljan, llega a ser su consejero militar y su curandero despertando envidia entre los otros indios a tal punto que Duljan le aconseja partir en busca de las Siete Ciudades de Cíbola con dos españoles, Castillo y Andrés Dorantes, y el moro negro Estebanico. En su travesía de dos años por los estados actuales de Texas, Nuevo México y Arizona, Álvar Núñez camina desnudo y descalzo curando a los indios mediante oraciones católicas y técnicas aprendidas durante sus seis años de convivencia con los indios de la Florida. Aunque algo de esto se narra en *Naufragios*, muchos detalles se omiten por miedo a la Inquisición.

Uno de los mayores secretos revelados en la novela es que Álvar Núñez nunca llegó a encontrar El Dorado ni las Siete Ciudades de Quivira o de Cíbola —secreto que no reveló ni al viejo cronista Gonzalo Fernández de Oviedo ni al emperador Carlos V en el monasterio de Yuste—. Lo que sí revela en la novela es que habiendo ganado la confianza de los indios tarahumaras en el norte de Chihuahua, ellos le dieron una sustancia alucinógena para masticar que le dio durante tres días "una gran lucidez" (174) que hasta le permitió ver cómo su padre le engendró con su madre. Con esa experiencia, se acabó la aventura y pronto se reencuentra con soldados españoles del gobernador de la Nueva Galicia (Jalisco), Nuño de Guzmán.

En realidad, la revisión o la ampliación de *Naufragios y comentarios* es sólo un hilo de la novela y está subordinado al acto de escribir que constituye el eje estructurante de toda la novela desde el principio hasta el fin. Desde el primer capítulo, Lucía de Aranha le sirve al protagonista de inspiración. Ella ha leído sus memorias y tiene ganas de saber la historia completa y verdadera. Influido Álvar Núñez por su idealismo quijotesco —"Se sabe que era alto, de músculos correosos, con barba valleinclanesca y aquijotado" (prólogo, 12)—, le cambia el nombre a Lucinda. Ella le regala "una resma de papel imitación pergamino [...] En cada folio hay un escudo de agua que transparenta la insignia de los Cabeza de Vaca" (34). Sentado en su cuarto o en la azotea, Álvar Núñez emprende la "inesperada jornada 'literaria' de mi vida que se origina en la resma de papel de Lucinda" (53). Trata de escribir dos o tres cuartillas cada día. El acto de escribir le exalta a tal punto que "desde hace más de un mes me despierto muchas veces con fuertes erecciones" (48). A veces, la tarea es relativamente fácil: "No puedo decirle las cosas a Lucinda tal como las confío a la pluma en estos días largos y sosegados de mi caminata por el papel" (65). En otras ocasiones es más difícil: "Visitar a punta de pluma mi pasado es un viaje tan cansador como cualquier otra jornada" (111). El uso metafórico de la caminata para el acto de escribir se mantiene a través de toda la novela: "caminante que anda por las cuartillas de Lucinda" (235). En la última página de la novela, el protagonista compara sus memorias con "un mensaje arrojado al mar del tiempo" (262) y termina con otra metáfora marítima: "Espero que esta nave no naufrague y llegue a buen lector. Al fin de cuentas el peor de todos los naufragios sería el olvido" (262).

La novela de Posse es, sin embargo, mucho más que una versión ampliada de *Naufragios y comentarios*. Se trata de la humanización de un personaje histórico en vísperas de su muerte. En ese sentido se podría comparar con *El general en su laberinto*, de García Márquez, y la segunda parte de *El arpa y la sombra*, de Carpentier. Al escribir sus verdaderas memorias, Álvar Núñez trata de recordar "¿quién era Álvar Núñez en aquel entonces?" (18), reconociendo que el ser humano cambia constantemente: "Nuestros sucesivos nosotros, que se nos van muriendo por el camino" (24). Sin embargo, Álvar Núñez se destaca en la novela como el único conquistador bueno. Es el único conquistador peatón en contraste con los jinetes Cortés y De Soto. Es el único conquistador que no mató a ningún indio —"en diez años de andanzas no había matado un solo indio" (207)—, que trató a los indios como seres humanos, tratando de comprenderlos y de ayudarlos: "sólo la fe cura, sólo la bondad conquista" (208). Cuando el cronista Gonzalo Fernández de Oviedo le pregunta: "¿Quiénes son esos misteriosos '*nosotros*'?" (32), Álvar Núñez da a entender que es el primer mestizo cultural: "los que ya no podemos ser ni tan indios ni tan cristianos" (32). Su único "correligionario" es el cronista Pedro Cieza de León, quien presenció el fusilamiento de los dioses gigantescos de Tiahuanaco por los españoles: "A su modo, se transformó en un 'otro'. Ni tan español ni indio" (212).

La caracterización positiva de Álvar Núñez se refuerza con la condena de los conquistadores crueles y violentos comenzando con su propio abuelo Pedro de Vera, quien estableció el paradigma para la conquista al someter las Canarias ordenando "colgar a los caciques guanches de las orejas y de los pulgares contra el muro ardiente del castillo" (18). La complicidad entre la espada (el puñal) y la cruz, tan difundida por Diego Rivera y transformada en "cruzhorca" por el mismo Posse en *Los perros del Paraíso,* vuelve a destacarse en las palabras novelísticas de Cabeza de Vaca: "De este modo daba lo mismo lo que hiciera Cortés o Pizarro o Alvarado o ineptos como yo —que soy un mal militar— o cualquier capitán improvisado que se cree un Aníbal. Los americanos, los aborígenes, quedaban derrotados ante nuestra simple presencia, antes de que entren a actuar la cruz y la cruz de los puñales" (182).

O sea que el verdadero secreto de Cabeza de Vaca no fue la experiencia alucinógena en las Siete Ciudades de Cíbola sino la revelación poco antes de zarpar de Veracruz en 1537 de que "es el mal que prevalece en nuestra cultura" (183); "el Demonio nos precede, hagamos lo que hagamos. Seamos un Pizarro o intentemos, como en mi caso, defender que 'sólo la bondad conquista'" (182). Esa revelación, con la cual se cierra la tercera parte, podría llevar a Cabeza de Vaca "a la hoguera inquisitorial" (183). Es una revelación percibida sólo por el nuevo hombre mestizo, el "nosotros" o "el otro" en terminología actual. El protagonista de Posse reconoce eso al decir: "un secreto para *nosotros*. O para hombres de otra época, no de ahora" (184).

También de acuerdo con los "hombres de otra época", o sea nosotros los contemporáneos de Posse, Cabeza de Vaca da un sesgo ecológico a la condena de la violencia española. En el Paraguay observa con repugnancia cómo los españoles atrapan un pez maravilloso y luego lo arrojan a la playa para que muera. "¿Qué profunda maldición cainita mueve a los hombres de esta arrogante 'civilización' conquistadora?" (219).

Tanto como *Los perros del Paraíso, Noticias del Imperio* y otras Nuevas Novelas Históricas, *El largo atardecer del caminante* cuestiona la interpretación tradicional o decimonona de la dicotomía de "civilización y barbarie". Después de su primer naufragio, Cabeza de Vaca se da cuenta de la superioridad tanto moral como científica de los llamados "bárbaros": "los bárbaros —esos que mataban por centenas hombres como Narváez o Pizarro para establecer la verdadera fe— eran quienes lloraban por mi desamparo, condoliéndose de nuestra inhabilidad y desdicha. Nosotros, los dominadores del mundo, desnudos y sin coraza ni espada, debíamos aprender de los salvajes a coger peces y raíces no venenosas" (75). El cacique Dulján resulta "ser mejor persona que el chanchero Pizarro que asesinó a Atahualpa" (85).

Por haber convivido con los indios, Cabeza de Vaca está dispuesto a contemplar la naturaleza americana con la misma actitud simbiótica de los indios, comparándola con el Paraíso Terrenal que descubrió Colón y el Paraíso Terrenal paraguayo: "estábamos cruzando el Paraíso primordial" (224).

No obstante todo lo que ya he dicho, lo que más fascina de esta novela es cómo se distingue tanto de *Los perros del Paraíso* como de la mayoría de las Nuevas Novelas Históricas: ni es totalizadora, ni es neobarroco, ni es carnavalesco. Con el énfasis casi exclusivo en el protagonista-narrador que narra *en el presente* de 1557 en Sevilla, Posse logra dar vida a ese momento tan importante de transición entre Carlos V y Felipe II, los conquistadores y los gobernadores de América. Al caminar por los muelles del Guadalquivir, Álvar Núñez nota el movimiento frenético. Al describir los nuevos productos americanos, utiliza la enumeración multisensorial de Carpentier pero de una manera menos erudita y más personal:

Seguí más allá, hacia el muelle de los grandes bastimentos de Indias: azúcar, aromáticas especias, cacao, piedras medicinales, pieles curtidas, plumas exóticas y hasta sagradas —como las del quetzal— que, según dicen, las reclaman a cualquier precio las putas finas de Venecia y de la corte borgoñona. Me gusta demorarme en ese muelle. Me apoyo contra los altos fardos de hojas secas de tabaco y aspiro profundamente el olor de aquella América. Las balas de goma látex, el susurro de las bolsas de porotos. Pero lo que más me gusta es hundir la mano abierta en los granos de cacao y aspirar el aroma denso [41].

Cientos de personas que seguirán trabajando incluso entrada la noche. Redes, guinches, cargas, risas, martillazos, imprecaciones. Los sonidos se ahogan en la corriente lacia del Guadalquivir, anochece. Desde los castillos de popa, contramaestres tratando de hacerse oír, contadores de lápiz atento y de vez en cuando la silueta de algún capitán que bosteza aburrido debajo de su tricornio con vistosas plumas americanas. Quien vaya alguna vez por el Arenal podrá irse haciendo una idea más o menos clara del mundo en que vivimos [43].

Otro factor que distingue la presentación de Posse del ambiente elaborado a base de la mayor investigación arqueológica y la mayor complejidad estilística de Alejo Carpentier y de Homero Aridjis, es la observación por Álvar Núñez de los cambios ocurridos en Sevilla desde su infancia. Nacido en Jerez, Álvar Núñez se crió en la finca de Extremadura con visitas a Sevilla. Hasta parece recordar la llegada triunfal de Cristóbal Colón en 1493 cuando él tenía sólo tres años. Aunque dice que "era muy niño, no recuerdo casi nada" (100), sí narra cómo trepaba en la espalda de una de las criadas moriscas para poder ver "el desfile de indios, papagayos, tucanes y tigrillos enjaulados" (100) y una máscara de latón o de oro: "La gente gritaba '¡Es oro! ¡Oro!' Y yo sólo vi como un latón más bien sucio que no refulgía ni brillaba" (100). Este segmento también deja una impresión fuerte en el lector por ser la única ocasión en que el almirante se menciona de nombre. Aunque todos los otros conquistadores siempre se mencionan de nombre, a Colón, Álvar Núñez suele llamarlo el "genovés descubridor" (21), "genovés aventurero" (97), "genovés sinvergüenza y marrano" (148).

Entre los aspectos más interesantes de esta novela se destaca la serie de encuentros personales de Cabeza de Vaca con el cronista Fernández de Oviedo, con los conquistadores Hernán Cortés y Hernando de Soto y con el mismo emperador Carlos V. A Cortés se le dedica todo un capítulo para presentar el encuentro dos días antes de su muerte en 1547, "avejentado, triste y caído" (151). A pesar de ser nombrado Marqués de Oaxaca, a Cortés el emperador le negó el puesto de virrey de la Nueva España, y en España no le perdonaron su falta de estirpe noble. Cortés le confiesa a Cabeza de Vaca sus dudas sobre la legitimidad de la Conquista:

"A veces me pregunto si no habremos sido como aquellos bárbaros que llegaron a Roma y la sepultaron sin darse cuenta de lo que hacían" (154). Cabeza de Vaca puede compartir las emociones de Cortés porque él también se siente un fracasado: "Tal vez quise ser un conquistador distinto, y eso es imposible. Ni los hombres de Iglesia me dejaron. Fracasé" (155). Cabeza de Vaca también evoca en sus memorias sus encuentros anteriores con Cortés en México: recién llegado a Tenochtitlan después de andar descalzo y desnudo ocho años entre los indios, con énfasis en el contraste con las "botas finas, de cabritilla" (45) de Cortés. También recuerda cómo Cortés lo había llevado a presenciar la ceremonia del sacrificio de los aztecas en una pirámide de Oaxaca (117).

Cabeza de Vaca también tiene una relación estrecha con Hernando de Soto. En Sevilla éste lo convence que debe pedir el puesto de adelantado en el Río de la Plata, en vez del puesto de adelantado en la Florida que ambicionaba De Soto por la posibilidad de encontrar las Siete Ciudades de Cíbola.

El recuerdo de la entrevista con Carlos V cierra la primera parte de la novela. Asediado por "el implacable tictac metálico del reloj" (56-57), el moribundo emperador abdicado reconoce la contribución de Cabeza de Vaca y su actitud honrada frente a "esas grandes perfidias" (57) que vio en las Indias —"Estás en el otro extremo de ese demente, el Lope de Aguirre"—, y sin embargo, se deja vencer por la indiferencia y Cabeza de Vaca se da cuenta de que ya no vale la pena hablarle de las Siete Ciudades ni de su crónica secreta. En tal vez el único momento en que Abel Posse, a través del narrador Cabeza de Vaca, emplea un estilo muralístico, repasa con orgullo su propia generación: "Y en lo alto el gran rey Carlos, Primero y Quinto. Emperador invencido que murió viendo el deslizamiento de los últimos metálicos segundos, implacables, en el reloj que le trajo el niño don Juan de Austria su hijo e hijo de la bella doncella de Ratisbona" (149). En ese gran salón, gran teatro, Cabeza de Vaca incluye españoles e indios, reyes y sus propios familiares: el rey Fernando, Cortés, Colón, Moctezuma, Duljan, Atahualpa, Amaría, Nube: "Soy casi ya el bisabuelo de aquel Álvar Núñez que se presentó desnudo el otro día en la azotea" (149).

¿Hasta qué punto constituye esta novela la verdadera historia de Álvar Núñez Cabeza de Vaca? ¿Hasta qué punto es más fidedigno el novelista Posse que el cronista-protagonista de *Naufragios*? ¿Qué opina el mismo Posse? Yo diría que esta novela, como varias de las Nuevas Novelas Históricas, es dialógica. Por una parte, las memorias de Cabeza de Vaca escritas en la novela parecen más completas y más verosímiles que *Naufragios* con la explicación del miedo a la Inquisición y a los oficiales imperiales. Por otra parte, *El largo atardecer del caminante* es una novela. Todo lo que le sucede a Cabeza de Vaca en Sevilla durante el último año de su vida no proviene de ninguna crónica, de ninguna autobiografía, ni de ningún texto histórico: es invención del novelista. De ahí la importancia de la trama amorosa entre el protagonista y la joven Lucinda. El suspenso de la novela se deriva del amor que siente el protagonista, de sus celos al enterarse de que Lucinda tiene un novio medio moro, y de su plan de asesinar a éste. El desenlace inesperado es que el novio resulta ser un judaizante y que los dos van a escaparse pronto de España. La importancia del novelista entrenado en la fabulación se simboliza con la presencia anacrónica del Marqués de Bradomín, fabulador por antonomasia. ¿Cuál es mi propia conclusión? Igual que Hayden White, creo que hay que desconfiar de los historiadores. Al mismo tiempo, concuerdo con Posse en que la esencia del novelista es su talento para fabular, es decir, inventar o mentir. Por lo tanto, como crítico literario, me toca elogiar la última novela de Posse como obra de arte; pero para averiguar la verdad, toda la verdad y nada más que la verdad, confío más en los futuros historiadores.

OBRAS CONSULTADAS

Núñez Cabeza de Vaca, Álvar, *Naufragios y comentarios con dos cartas*, 4ª ed., Madrid: Espasa-Calpe, 1957.
Posse, Abel, *El largo atardecer del caminante*, Buenos Aires: EMECÉ, 1992.
Pupo-Walker, Enrique (ed.), Álvar Núñez Cabeza de Vaca, *Castaways: the Narrative of Álvar Núñez Cabeza de Vaca*, traducción al inglés de Frances M. López Morillas, Berkeley: University of California Press, 1993.
Ventura, Michael, "Heart of Darkness, Heart of Light. The Saga of Álvar Núñez Cabeza de Vaca, the First American", *Los Angeles Times Magazine*, 15 de enero de 1995, 22-25, 32.

"LA PASIÓN SEGÚN EVA", DE ABEL POSSE[24]

Desde 1979 el auge de la Nueva Novela Histórica ha desmentido a aquellos críticos que han celebrado prematuramente el triunfo de la novela del post*boom*. En 1983, Abel Posse publicó *Los perros del Paraíso,* una de las Nuevas Novelas Históricas más sobresalientes y más representativas. En ella, por medio del descubrimiento del Nuevo Mundo, Posse denuncia todas formas del poder absoluto, sean de los Reyes Católicos con la Inquisición, de Hitler y los nazis, del imperialismo norteamericano, de los gobiernos de los aztecas y de los incas, del comunismo y de los militares argentinos representados en la novela por Perón y Evita.

Como reflejo de la actitud dialógica que caracteriza las Nuevas Novelas Históricas, Posse publicó once años después *La pasión según Eva,* Buenos Aires: EMECÉ (1994), una "novela coral" que entrega un retrato predominantemente positivo de una de las figuras más polémicas en la historia de la Argentina. El retrato resulta positivo no por la alteración de los datos históricos sino por la estructura de la novela y por la selección u omisión de ciertos episodios.

Como el presente de la novela está anclado en los últimos nueve meses (alusión irónica a la gestación) de la vida de Evita, el lector no puede dejar de sentir compasión por la mujer que sufre constantemente los alfilerazos del cáncer útero-vaginal y que muere en julio de 1952 a la edad simbólica de 33, pesando 33 kilos. Además, se insiste mucho en su ingreso a partir de 1948 "en su vida tercera" (246) en que ya no se asocia tanto con Perón:

> El poder y la pasión política los fueron llevando por caminos paralelos pero diferentes [231].

Así es que mientras Perón se tilda de viejo zorro político, Eva se presenta como una mujer que se sentía marginada desde la niñez y que estaba sinceramente dedicada a la justicia social. Poco antes de morir, al despedirse de Perón, ella le pidió que nunca abandonara "la lucha de los pobres" [315].

[24] Reseña publicada en *Alba de América,* 14, 28 (1996), 471-472.

El presente agónico de Evita (1951-1952) va alternándose con la reconstrucción de toda su vida a partir de su nacimiento en 1919 en el pueblo de Los Toldos. A diferencia de una biografía, no se enumeran todos los sucesos de su vida sino los más dramáticos. Entre éstos se destacan: la muerte de su padre Juan Duarte el mismo día en que la niña Eva mata a un caballo; el inicio de su concientización política con los discursos del ferrocarrilero anarquista en 1934 en Junín; su llegada a Buenos Aires en 1939 con aspiraciones de ser actriz y su búsqueda de una pensión; su primer encuentro con Perón efectuado al quitarle el asiento a Libertad Lamarque; su incertidumbre cuando los militares detuvieron a Perón en octubre de 1945 y la apoteosis de él gracias a la tremenda manifestación callejera de los descamisados; su "descarado derroche modisteril" (173) en la gran gala de 1946 en el teatro Colón para vengarse de las damas oligárquicas que la habían insultado antes por sus orígenes humildes y sus antecedentes en el mundo de la radio, del teatro y del cine; su visita bochornosa a la España de Franco en 1947 por su identificación con los obreros, los pobres y las mujeres, y sus intrigas con el general Von E., ex oficial nazi, para proteger a Perón contra el golpe militar malogrado de 1951.

El efecto coral y a veces dialógico se consigue con una gran variedad de narradores. Desde luego que la misma Evita habla de su propia vida, a veces contradiciendo los cambios introducidos en su autobiografía oficial *La razón de mi vida*. Entre los otros narradores, se destacan su consejero político Renzi y su confesor el padre Benítez que sabía su secreto, el cual nunca se revela pero que se insinúa que tenía que ver con su desaparición en 1943 por varios meses. Evita también sabía el secreto del padre Benítez, el cual explicaba su afiliación con el peronismo. Además, hay un número bastante amplio de narradores medio anónimos: periodistas, críticos de cine, actrices, un fotógrafo, un militar antiperonista, una manicurista y otros más.

Desde su publicación, *La pasión según Eva* ha sido un *best-seller* inmediato en la Argentina, lo que atestigua tanto su calidad como la sobrevivencia del interés en Evita más de cuarenta años después de su muerte. Esta novela histórica pide un estudio comparativo con las cuarenta obras señaladas por Posse en su "bibliografía orientadora" para determinar la elusiva verdad histórica. Al mismo tiempo, pide un estudio comparativo con *Santa Evita* (1995), de Tomás Eloy Martínez, para revelar los secretos estéticos y para averiguar cuáles son las técnicas más acertadas para convertir personajes históricos en protagonistas novelescos.

CUESTIONANDO LAS DEFINICIONES O EL ARTE DE LA SUBVERSIÓN: "RESPIRACIÓN ARTIFICIAL", DE RICARDO PIGLIA[25]

De acuerdo con los aspectos dialógicos y paródicos de algunas de las Nuevas Novelas Históricas, me toca subvertir mi propia definición de la novela histórica para comentar una de las más originales: *Respiración artificial* (1980), de Ricardo Piglia (1940), novelista argentino muy elogiado por los críticos y, sobre todo, por los críticos izquierdistas; Piglia era "activista marxista en la década de los sesenta".[26] Desmintiendo mi definición de la novela histórica, la mayoría de los diálogos y de las cartas intercambiadas de *Respiración artificial* está ubicada a fines de la década de los setenta. Uno de los narradores principales es Emilio Renzi,[27] quien nació, igual que el autor, en 1940. Renzi es un escritor neófito que viaja en 1979 a Concordia, Entrerríos, en busca de su tío (el hermano de su madre), Marcelo Maggi, profesor de historia. Sin embargo, la actualidad de 1979 resulta aparentemente "desaparecida", junto con el padre de Renzi, quien ni siquiera se menciona, para reflejar la desaparición de Maggi y para ceder el paso a una reconstrucción compleja de la historia y de la literatura argentina que culmina en el descubrimiento de una relación entre Hitler y Kafka, que a su vez se liga con la junta militar argentina de 1976-1979. La estructura laberíntica que va y viene entre el pasado y el futuro y el grupo de narradores encapsulados al estilo de las muñecas rusas,[28] tienen la meta aparente de engañar a los censores. Sin embargo, si Piglia hubiera deseado engañar de veras a los censores, ¿por qué explicó

---

[25] Es el capítulo seis de mi libro *La Nueva Novela Histórica de la América Latina, 1979-1992*, México: Fondo de Cultura Económica, 1993.

[26] Kathleen Elizabeth Newman, "The Argentine Political Novel: Determinations in Discourse", disertación doctoral, Stanford University, 1983, 75.

[27] La selección del apellido Renzi puede interpretarse como homenaje al líder gremial Renzi, quien acompañó en 1922 a los huelguistas de Patagonia y luego peleó en la Brigada Internacional durante la Guerra Civil española. Figura como personaje en el cuento "Un poeta en el asilo", publicado en la colección *La mulata y el guerrero* (1986), de Pedro Orgambide. Sin embargo, el Renzi histórico no se menciona en varios libros sobre la historia del sindicalismo argentino que he consultado.

[28] Por ejemplo, en la segunda parte de la novela, Tardewski le cuenta a Renzi cómo Marconi le habló acerca de una mujer que había elogiado sus sonetos (de Marconi): "En cuanto a ella, se

el sentido del título de la novela en la contraportada: "Tiempos sombríos en que los hombres parecen necesitar un aire artificial para poder sobrevivir"?

Mientras Abel Posse disfraza en *Los perros del Paraíso* su crítica de la dictadura argentina con una elaboración carnavalesca, muy poco argentina, del descubrimiento del Caribe por Cristóbal Colón, la novela de Piglia cabe muy bien dentro de la tradición argentina y podría considerarse como la novela borgesiana que Borges nunca llegó a escribir. Como *El mal metafísico* (1916), de Manuel Gálvez; *La bahía de silencio* (1940), de Eduardo Mallea; *Adán Buenosayres* (1948), de Leopoldo Marechal; *Sobre héroes y tumbas* (1962), de Ernesto Sábato, y *Rayuela* (1963), de Julio Cortázar, *Respiración artificial* es una novela ensayística en que escasea la acción y predominan los monólogos, los diálogos y las cartas intelectuales. Renzi critica a la mayoría de los escritores argentinos, desde Sarmiento a Borges (una verdadera paradoja puesto que se siente la presencia de Borges en toda la novela). Desprecia a Lugones y hasta llega al extremo de proclamar que "ya no existe la literatura argentina" (160) desde la muerte de Roberto Arlt[29] en 1942. Borges se caracteriza como un escritor siglo XIX y el nombre de Cortázar sólo aparece una vez (170), probablemente para mantener el énfasis de la novela en el pasado.

La búsqueda eterna de la identidad argentina, normalmente representada como el conflicto esquizofrénico entre la "civilización" europeizante de Buenos Aires y las tradiciones criollas del interior "bárbaro", se refleja en la estructura dualista de la novela. La primera parte, narrada por el escritor neófito Emilio Renzi, es una saga familiar muy enredada cuyo protagonista es Enrique Ossorio, secretario particular del dictador Juan Manuel Rosas, pero que se remonta al abuelo de Enrique, quien se hizo de una fortuna comprando esclavos enfermos, curándolos y vendiéndolos a un precio mayor, lo que evoca recuerdos del cuento borgesiano "El espantoso redentor Lazarus Morell", de *Historia universal de la infamia*. La verdadera redacción de la saga se define a la manera de la novela autoconsciente (metaficción) como una empresa colaborativa entre Renzi y

---

apasionaba por la literatura desde siempre, pero no se sentía capaz de dedicarse a escribir porque, dijo la mujer, contó Marconi, me dice Tardewski: ¿sobre qué puede un escritor construir su obra si no es sobre su propia vida?" (Ricardo Piglia, *Respiración artificial*, Buenos Aires: Pomaire, 1980, 203).

[29] Para otro ejemplo de la obsesión de Piglia por Roberto Arlt, véase el artículo de Ellen McCracken: "Metaplagiarism and the Critic's Role as Detective: Ricardo Piglia's Reinvention of Roberto Arlt", *PMLA*, 106, 5 (octubre de 1991), 1071-1082.

Maggi: "Ahora bien, ¿construiremos a dúo la gran saga familiar? ¿Volveremos a contarnos toda la historia?" (22). El dúo, por supuesto, de acuerdo con la moda dialógica, tiene que constar de dos personas con puntos de vista opuestos: Maggi está obsesionado con la historia, mientras Renzi afirma que no se interesa ni en la historia ni en la política: "Después del descubrimiento de América no ha pasado nada en estos lares que merezca la más mínima atención" (21).

La segunda parte, narrada por Tardewski, el amigo polaco de Marcelo Maggi, es una conversación peripatética, joyceana entre Tardewski y Renzi que perdura desde las diez de la mañana hasta el amanecer siguiente, mientras se espera en vano la reaparición de Maggi en Concordia. No obstante, Tardewski expresa su predilección por Kafka por encima de Joyce porque considera que éste era demasiado virtuosista. Aunque Piglia se distingue de Carpentier, Lezama Lima, Carlos Fuentes, Abel Posse o Fernando del Paso al no seguir el modelo de Joyce en cuanto al adorno neobarroco y los juegos de palabras, *Respiración artificial,* por la complejidad de la cronología y del punto de vista narrativo, dista mucho de ser accesible a las masas de lectores y no cabe dentro de lo que Marta Morello-Frosch llama la nueva biografía ficticia que "da por tierra con la ficción 'carnavalesca' de la novela latinoamericana precedente, esa polifonía de voces que signaban con la hipoglosia más aberrante, un vacío central de significado".[30]

Si la primera parte representa las raíces históricas más tradicionales de la Argentina, entonces su título, "Si yo mismo fuera el invierno sombrío", puede interpretarse, pese a los teóricos recepcionistas,[31] como una imagen negativa a la vez que enigmática de la nación. Al mismo tiempo, la selección de apellidos italianos —Renzi, Maggi, Ossorio— para los protagonistas de la parte "argentina" de la novela revela un mayor grado de complejidad que el conflicto muy claro entre los criollos argentinos y los

---

[30] Marta Morello-Frosch, "Biografías ficticias: formas de resistencia y reflexión en la narrativa argentina reciente", en René Jara y Hernán Vidal (comps.), *Ficción y política en la narrativa argentina durante el proceso militar,* Minneapolis: University of Minnesota Press, Institute for the Study of Ideologies and Literature, y Buenos Aires: Alianza Editorial, 1987, 60-70.

[31] En la introducción al conjunto de artículos sobre la teoría de la recepción en la revista *PMLA* (octubre de 1991), Constance Jordan se refiere al credo recepcionista que rechaza "any recourse to notions of interpretive objectivity" ("cualquier recurso a la idea de la objetividad de interpretación") y "dispels the illusion that the act of reading is a discovery of what is, objectively, in the text" ("acaba con la ilusión que el acto de leer es un descubrimiento de lo que se encuentra objetivamente dentro del texto") (1037). A mi juicio, acepto que es difícil conseguir una objetividad del ciento por ciento, pero de todos modos el crítico honrado debería tratar de alcanzar una objetividad de 99.44 por ciento.

inmigrantes italianos en *La gringa,* de Florencio Sánchez, por ejemplo. El epígrafe de la primera parte, que proviene de T. S. Eliot —"We had the experience but missed the meaning, and approach to the meaning restores the experience" ("Teníamos la experiencia pero nos equivocamos en cuanto al sentido, y el acercamiento al sentido restaura la experiencia")—, refuerza la imagen negativa de la historia patria y reafirma la obsesión de los intelectuales argentinos con la cultura europea. La segunda parte, en cambio, se titula "Descartes", reflejo de la racionalidad francesa y posiblemente europea, concepto totalmente subvertido por la importancia dada al encuentro apócrifo en 1909-1910 entre Hitler y Franz Kafka en Praga. Como buena novela autoconsciente, el historiador Maggi le escribe a su sobrino Renzi que "todo es apócrifo" (18).

Tal vez la mejor justificación para encasillar *Respiración artificial* como Nueva Novela Histórica es la ausencia casi total de la recreación del espacio histórico. Aunque todos los personajes están ubicados específicamente en periodos cronológicos y espacios geográficos, y aunque muchos políticos históricos se mencionan de nombre, desde Rosas hasta Yrigoyen, no hay ningún intento de captar el sabor de esas épocas. Más bien la novela tiene como meta la exposición de las ideas filosóficas de Borges sobre la historia en general. Como en "Tema del traidor y del héroe" e "Historia del guerrero y de la cautiva", la historia se repite. Maggi abandonó a su esposa Esperanza seis meses después de la boda para vivir con la bailarina cabaretera Coca, mayor que él, tal como Enrique Ossorio vivió en Nueva York con Lisette, la prostituta negra de Martinica, y tal como el abuelo de Enrique abandonó a su familia a la edad de setenta años para vivir con una jamaicana negra de catorce a quien él llamaba la Emperatriz. Los tres casos constituyen una protesta contra el matrimonio burgués, tema frecuente en la obra del Cortázar ausente. Maggi, quien fue encarcelado por unos cuantos años hacia 1940, aparentemente por estar afiliado con el ala de Amadeo Sabattini del Partido Radical, o por haberse robado el dinero de su esposa, critica la procedencia oligárquica de ésta en términos que recuerdan a Fernanda del Carpio de *Cien años de soledad:* "No ves que es loca, siempre cagó de parada, me consta, porque alguien le dijo que era más elegante" (19).

La historia se repite también en la dedicación multigeneracional a la literatura, o, por lo menos, a la escritura. Emilio Renzi publicó en 1976 su primera novela que describe como una especie de parodia de Onetti con el estilo de *Las palmeras salvajes,* de Faulkner, según la tradujo Borges (16).

Renzi le cuenta después a Tardewski que está convencido de que "ya no existían ni las experiencias, ni las aventuras. Ya no hay aventuras, me dijo, sólo parodias. Pensaba, dijo, que las aventuras, hoy, no eran más que parodias [...] el centro mismo de la vida moderna" (137). Poco después de la publicación de su novela, Renzi recibió la primera de una serie de cartas de su tío Marcelo Maggi, quien está escribiendo un libro acerca de Enrique Ossorio, compañero de Juan Bautista Alberdi en la Facultad de Leyes y después secretario particular del dictador Rosas. El mismo Ossorio está escribiendo su autobiografía y planea una novela ubicada en 1837-1838 y una enciclopedia de ideas americanas. El padre de Ossorio, quien participó en las guerras de independencia, apuntó una serie de máximas antibélicas que llamó *Máximas sobre el arte de la guerra* (89).

Hay otros dos ejemplos de cómo se repite la historia. Enrique Ossorio se suicidó; a Emilio Renzi le fascina considerarse "un suicida que camina" (45), y el propio Maggi puede haberse suicidado también. Tanto el hijo de Enrique Ossorio como Luciano Ossorio eran hijos póstumos en el sentido de que fueron abandonados por su padre antes de nacer; el de Luciano, muerto en un duelo. Siguiendo por el camino borgesiano y también junguiano, si la historia se repite, entonces todos los seres humanos nos convertimos en uno, unidos por la inconsciencia colectiva. En 1850 escribió Enrique Ossorio: "ahora ya soy todos los nombres de la historia. Todos están en mí, en este cajón donde guardo mis escritos" (83).

Si todos los seres humanos somos uno, entonces no hay diferencias entre héroes y traidores. En "Tres versiones de Judas", de Borges, Judas puede ser el verdadero (?) Cristo; el traidor Kilpatrick es un héroe y mártir irlandés para todos los que no leen "Tema del traidor y del héroe", de Borges; y Moon, el traidor comunista de "La forma de la espada", narra el cuento desde la perspectiva de su víctima heroica. De una manera semejante, el personaje Enrique Ossorio de *Respiración artificial* proclama: "Compatriotas, yo soy aquel Enrique Ossorio que luchó incansablemente por la Libertad y que ahora reside en la ciudad de New York" (83), pero que también "he sido un traidor y un espía y un amigo desleal y seré juzgado tal por la historia, como soy ahora juzgado así por mis contemporáneos" (91).

Si la historia se repite y si todos los seres humanos somos uno, entonces todo es previsible, concepto que contradice otros dos conceptos borgesianos: la importancia de la casualidad y la imposibilidad de averiguar la verdad. Maggi le escribe a Renzi: "Estoy convencido de que nunca nos sucede nada que no hayamos previsto, nada para lo que no estemos preparados" (29). Más específicamente, Enrique Ossorio, en el año de 1850, imagina "la Argentina tal cual va a ser dentro de 130 años" (97): "Preveo: disensiones, divergencias, nuevas luchas. Interminablemente. Asesinatos, masacres, guerras fratricidas" (84). La previsibilidad del futuro se simboliza por el motivo recurrente borgesiano del partido de ajedrez donde están predeterminadas las pautas de las jugadas. Sin embargo, Tardewski propone un cambio en los reglamentos del juego "en el que las posiciones no permanezcan siempre igual, en el que la función de las piezas, después de estar un rato en el mismo sitio, se modifique" (26-27) para que sea menos previsible el desenlace. En efecto, la casualidad es la clave para comprender el gran descubrimiento de Tardewski acerca de las reuniones de Kafka y Hitler en 1909-1910 en Praga. Si Tardewski hubiera recibido los escritos del sofista griego Hiparco en el Museo Británico que había pedido, nunca habría descubierto la conexión Hitler-Kafka, pero, por equivocación, por casualidad, le entregaron un ejemplar de *Mein Kampf*, de Hitler.

La imposibilidad de llegar a la verdad incontrovertible, trátese de la historia o de la realidad contemporánea, se anuncia por Piglia como el tema de la novela en la dedicación irónica a Elías y a Rubén "que me ayudaron a conocer la verdad de la historia". Maggi expresa la misma idea, sin ironía, en sus comentarios sobre el anacrónico género epistolar del siglo XVIII cuando "los hombres que vivían en esa época todavía confiaban en la pura verdad de las palabras escritas" (38). Si no hay ninguna realidad que se pueda averiguar, entonces, según Tardewski, "todo lo que nos rodea [...] es artificial" (38), alusión obvia al título de la novela.

El concepto borgesiano de la interacción entre la literatura y la realidad que se presenta en "Tema del traidor y del héroe" (el *Julio César* de Shakespeare y los asesinatos de Kilpatrick y Abraham Lincoln) también aparece en la novela de Piglia. Para reforzar la imagen negativa de Esperancita, esposa de Maggi, sus últimas palabras antes de morir son "Buenos Aires, Buenos Aires" (22), imitación artificial y afectada de José Hernández, autor de *Martín Fierro*. Renzi afirma que le interesa más el estilo que la política y se sorprende que nadie haya descubierto que los escritos de Macedonio Fernández se inspiraran en los discursos del presidente Yrigoyen. Además de inspirarse *Respiración artificial* en los conceptos filosóficos de Borges respecto a la historia, hay que constatar la presencia intertextual de por lo menos cinco cuentos específicos de Borges. El apellido materno de Maggi era Pophan y, por lo tanto, Maggi se describe como "caballero irlandés al servicio de la reina. El hombre que en vida amaba a Parnell" (20): el oxímoron "irlandés-inglés", que es un motivo recurrente predilecto de Borges, aparece en "El jardín de senderos que se bifurcan", "Tema del traidor y del héroe" y "La forma de la espada". Luciano Ossorio, suegro de Maggi y uno de los fundadores de la Unión Conservadora y senador de 1912 a 1916, fue herido en 1931 por un borracho o por un radical y desde entonces ha quedado paralizado. Su encierro en la casa con la única posibilidad de ver el mundo exterior por la ventana (57) es una alusión al paralítico Recabarren en "El fin", de Borges. Sin embargo, Luciano es más que un observador; en una de las muchas metáforas de la novela, es la Argentina: "Estoy paralítico, igual que este país, decía. Yo soy la Argentina, carajo" (24). Cuando el padre anónimo de Luciano (quien es también el hijo de Enrique Ossorio), el que "jamás había manejado una pistola" (61), muere en el lance de 1879, prefigura la muerte de Juan Dahlmann, protagonista de "El Sur". Ese hijo de Enrique Ossorio había utilizado el dinero que su papá había acumulado en la época del descubrimiento del oro en California para convertirse en uno de los estancieros más pudientes de la Argentina de 1860. Partidario del presidente Bartolomé Mitre, su lance fatal marcó un hito en la historia de la Argentina porque su contrincante fue procesado, simbolizando el fin de las luchas internas entre los miembros de la oligarquía y el descubrimiento de que tenían que unirse "para matar a quienes no se resignaban a reconocerles su condición de Señores y de Amos. Como por ejemplo [...] a los inmigrantes, a los gauchos y a los indios" (63), preparando el camino para el ascenso a la presidencia en 1880 del general Roca.

La muerte de Dahlmann en "El Sur" fue precedida de su viaje en tren hacia el sur, viaje hacia el pasado, evocado irónicamente por el viaje en tren de Renzi hacia el norte, a Concordia: "Unos tipos que jugaban a los naipes sobre una valija de cartón me convidaron con ginebra. Para mí era como avanzar hacia el pasado y al final de ese viaje comprendí hasta qué punto Maggi lo había previsto todo" (21). En la segunda mitad de la novela, Renzi comenta la predilección de Borges por "El Sur", atribuyéndola al entrelazamiento e integración de las dos corrientes literarias de la Argentina en el siglo XIX: la erudición europea y el nacionalismo gauchesco populista (163-164).

Aunque la segunda parte de *Respiración artificial* transcurre en Concordia en menos de veinticuatro horas en el año de 1979, ese presente resulta desaparecido porque una serie de personajes —Renzi, Tardewski y los amigos locales de éste: Antón Tokray, hijo de un noble ruso, el ex nazi Rudolph von Maier y Bartolomé Marconi, de habla lunfarda— conversan acerca de la totalidad de la literatura argentina y también sobre periodos específicos de la historia europea. En una especie de contrapunto a la saga familiar de la primera parte, Tardewski narra la "saga familiar" de dúos literarios elaborada por el profesor Marcelo Maggi, dúos que constan de intelectuales europeos radicados en la Argentina que servían de modelos para sus amigos argentinos. El progenitor fue Pedro de Angelis, especialista en Vico y Hegel, agregado cultural en San Petersburgo, colaborador de la *Revue Enciclopédique,* que llegó a ser el consejero más importante del dictador Juan Manuel Rosas: "Frente a él, Echeverría, Alberdi, Sarmiento, parecían copistas desesperados, diletantes corroídos por un saber de segunda mano" (138-139). El "árbol genealógico" siguió en la década de 1880-1890 con Paul Groussac y Miguel Cané; en la primera década del siglo XX con Charles de Soussens, una especie de Verlaine, y Leopoldo Lugones; en 1920-1930, con William Henry Hudson y Ricardo Güiraldes; en los cuarenta con Witold Gombrowicz y Borges, y en los setenta con los protagonistas ficticios Tardewski y Marcelo Maggi respaldados por los personajes secundarios, también ficticios, el frenólogo ex nazi Rudolph von Maier y su amigo y admirador argentino Pedro Arregui. Para que el laberinto se complique aún más, los modelos europeos estaban basados en otros modelos europeos. Así es que Charles de Soussens provenía de Verlaine, y Tardewski se inspiró mucho en el dialógico Wittgenstein, "el único en la historia que produjo dos sistemas filosóficos totalmente diferentes en el curso de su vida, cada uno de los cuales dominó por lo menos una generación y generó dos corrientes de pensamiento, con sus protagonistas, sus comentadores y sus discípulos absolutamente antagónicos" (207).

El servilismo de los intelectuales argentinos a sus modelos europeos se subraya en la década de los setenta por la fascinación argentina con las últimas modas europeas de la teoría crítica.[32] Marconi le pregunta a Renzi si todavía están "jodiendo con la lingüística" (177). Renzi parece estar contento con responder que la lingüística ha sido remplazada por el

---

[32] El novelista y crítico brasileño Silviano Santiago también aludió en 1990 al desprecio que sentían los autores brasileños por los teóricos: "Los grandes escritores del país, en general, tienden a despreciar completamente la discusión teórica académica en virtud de una jerga, según ellos, impenetrable" (55).

psicoanálisis. Sin embargo, cerca de Concordia, según Marconi, Antuñano le ha dicho que un informe sobre el folclor regional podría titularse "Hjelmsley entre los gauderios entrerrianos o un ejemplo de gauchesca semiológica" (178), y en la pulpería rural varios de los gauchos conversan acerca de temas relacionados con la escritura y la fonética.

En otro plano más serio se postula a Hitler como antecedente del régimen militar argentino de 1976-1979. Aunque la conexión Hitler-Kafka puede parecer un poco estrafalaria, es de gran importancia en la novela. Después de unas cien páginas de meandro laberíntico en la segunda parte, el narrador Tardewski liga el nombre de Kafka con los nazis por primera vez en la página 227: "me decidí a escribir un artículo con la intención de asegurarme la *propiedad* de esa idea que yo tenía sobre las relaciones entre el nazismo y la obra de Franz Kafka". Durante las siguientes treinta páginas, el autor va aumentando el suspenso al no revelar el punto de contacto. Cuando por fin lo revela, el lector se da cuenta de lo bien que está integrado este episodio dentro del tema principal de la novela: la denuncia de la dictadura militar de 1976-1979. El descubrimiento de Tardewski es que en 1909-1910 Hitler desapareció de Viena para evitar el servicio militar y se refugió en Praga, donde frecuentaba el café Arcos. En dos cartas dirigidas a amigos, Kafka menciona a un exiliado austriaco, "ese extraño hombrecito que dice ser pintor y que se ha fugado de Viena por un motivo oscuro. Se llama Adolf" (259). Kafka, a través de Tardewski, hasta transcribió una conversación entre él y Hitler sobre los planes de éste para el futuro, que influyeron en las novelas de Kafka, las cuales, a su vez, prefiguraron la realidad del Tercer Reich, y que se parece algo a la visión que proyecta Enrique Ossorio en 1850 sobre la Argentina de 1980:

[...] Inmediatamente, en el renglón siguiente, Kafka transcribe esto: Discusión A. No quería decir eso, me dice, lee Tardewski. Usted ya me conoce, doctor. Soy un hombre completamente inofensivo. Tuve que desahogarme. Lo que dije no son más que palabras. Yo lo interrumpo. Esto es precisamente lo peligroso. Las palabras preparan el camino, son precursoras de los actos venideros, las chispas de los incendios futuros. No tenía intención de decir eso, me contesta A. Eso dice usted, le contesto tratando de sonreír. Pero, ¿sabe qué aspecto tienen las cosas realmente? Puede que estemos ya sentados encima del barril de pólvora que convierta en hecho su deseo [...] Adolf Hitler sabía planear tan maravillosamente bien lo que pensaba hacer con el futuro del mundo, sabía exponer de un modo tan fascinante sus planes y sus proyectos, leyó Tardewski en su cuaderno de citas, que habría uno podido escucharlo indefinidamente, tal era el encanto y la seducción de sus palabras y el carácter desmesurado y a la vez meticuloso y prolijo de sus descripciones de lo que el mundo iba a recibir de él en el futuro [...] La utopía atroz de un mundo convertido en una inmensa colonia penitenciaria, de eso le habla Adolf, el desertor insignificante y grotesco, a Franz Kafka, que lo sabe oír, en las mesas del café Arcos, en Praga, a fines de 1909. Y Kafka le cree [...] El genio de Kafka reside en haber comprendido que si esas palabras podían ser dichas, entonces podían ser realizadas [260-261 y 264].

Kafka puede imaginar la transformación del pintor frustrado en el Führer. Como la palabra "transformación" en la cita siguiente sugiere obviamente el título de la novela *Metamorfosis*, de Kafka, y como el uso algo ambiguo del pronombre "su" funde la identidad de los hombres, entonces, al estilo borgesiano, Kafka es Hitler:

Con su estilo, que ahora nosotros conocemos bien, el insignificante y pulguiento pequeñoburgués austriaco que vive semiclandestino en Praga porque es un desertor, ese artista fracasado que se gana la vida pintando tarjetas postales, desarrolla, frente a quien todavía no es pero ya comienza a ser Franz Kafka, sus sueños gangosos, desmesurados, en los que entreví su transformación en el Führer, el Jefe, el Amo absoluto de millones de hombres, sirvientes, esclavos, insectos sometidos a su dominio, dice Tardewski [263].

Los nazis empleaban la palabra "Ungeziefer" ("sabandijas") para referirse a los internados en los campos de concentración: la misma palabra usada por Kakfa para referirse a la transformación de Gregor Samsa al despertarse una mañana en *Metamorfosis*. Los planes de Hitler para el futuro, que Kafka creía realizables, servían de modelo para *El proceso*.

Usted leyó *El proceso,* me dice Tardewski. Kafka supo ver hasta en el detalle más preciso cómo se acumulaba el horror. Esa novela presenta de un modo alucinante el modelo clásico del Estado convertido en instrumento de terror. Describe la maquinaria anónima de un mundo donde todos pueden ser acusados y culpables, la siniestra inseguridad que el totalitarismo insinúa en la vida de los hombres, el aburrimiento sin rostro de los asesinos, el sadismo furtivo. Desde que Kafka escribió ese libro el golpe nocturno ha llegado a innumerables puertas y el nombre de los que fueron arrastrados a morir *como un perro,* igual que Joseph K., es legión [265].

Las treinta páginas anteriores a esta revelación están llenas de suspenso entrelazándose la conexión Hitler-Kafka con el tejido de toda la novela. El lustro de 1905-1910 en la vida de Hitler, descrita como "increíble y patética" (251), tenía un interés especial para Tardewski durante su propio lustro de 1940-1945 en Buenos Aires. Al llegar a la capital de la Argentina, Tardewski se hospedó en el hotel Tres Sargentos, cuyo nombre, además de ser apropiado, es auténtico. Allí escribió Tardewski su ensayo sobre las relaciones entre Kafka y los nazis. Un día, sin embargo, volvió a su habitación y descubrió que unos ladrones habían entrado en ella y se lo habían llevado todo, incluso las obras de Kafka. Como excelente ejemplo del uso de la metáfora, la cual se elogia en términos de metaficción en distintas partes de la novela,[33] Tardewski compara su propia situación con la de Europa en el verano de 1940: "cuando llegué al hotel y subí y entré en mi pieza me encontré con una reproducción en miniatura, pero real, de la Europa arrasada por la guerra" (229). Tardewski encuentra trabajo como empleado en el Banco Polaco de Buenos Aires. El hecho de que renunciara sin explicación poco después de haber sido trasladado en 1945 a la sucursal de Concordia puede provenir de su deseo de escaparse del mundo de Gregor Samsa. Se gana la vida dando lecciones particulares de lenguas extranjeras y cultiva el ajedrez. Su amistad con el profesor de historia Maggi se explica en términos de "la unidad de los contrarios" (237): "yo, el escéptico, el hombre que vive fuera de la historia; él, un hombre de principios, que solamente puede pensar desde la historia" (237).

Esa teoría de "la unidad de los contrarios" también se ejemplifica por el descubrimiento de Tardewski de que *"Mein Kampf* era una suerte de reverso perfecto o de apócrifa continuación del *Discurso del método"* (241), que Valéry había llamado la primera novela moderna, "porque se trata de un monólogo donde en lugar de narrarse la historia de una pasión se narra la historia de una idea" (244) (obsérvese la evocación de la obra de Eduardo Mallea, *Historia de una pasión argentina*). En otro ejemplo de la metaficción, Tardewski recuerda que Maggi le decía frecuentemente que sufría del mismo entusiasmo por "la misma avidez digresiva" (250) que el general Lucio Mansilla. Este comentario se debe a las dos minianécdotas que cuenta Tardewski para respaldar su creencia en la gran importancia de la casualidad. Si Tardewski no hubiera recibido *Mein Kampf* por equivocación del bibliotecario del Museo Británico, no

---

[33] Por ejemplo, Maggi escribe a Renzi acerca de Luciano: "Al verlo uno tenía tendencia a ser metafórico y él mismo reflexionaba metafóricamente" (24).

se habría dado cuenta de que ya no quería seguir estudiando la filosofía y no habría podido escaparse a Buenos Aires. De un modo parecido, si Hitler hubiera sido admitido en la Academia de Bellas Artes de Viena, un escritor de ciencia ficción podría haberse inventado una trama muy interesante. De acuerdo con la teoría ya comentada de la influencia ejercida sobre los argentinos por los escritores e intelectuales europeos, mediatizados por otros europeos, Hitler sacó sus teorías racistas de su tocayo, el ex fraile Adolfo Lenz von Liebenfels (253), cuyos escritos se publicaban en la revista *Ostara,* que Kafka también conocía. Teniendo en cuenta el título de una de las novelas más famosas de Kafka, *El proceso,* la alusión a la junta militar argentina de 1976-1979 no es nada disimulada: Proceso de Reorganización Nacional.

Si las dos últimas páginas de este análisis parecen demasiado detalladas y prolongadas, se debe a mi deseo de captar el método que emplea Piglia para esconder su verdadera meta: la denuncia de los abusos cometidos bajo la dictadura militar, pero de una manera borgesiana, laberíntica, a la manera de "El jardín de senderos que se bifurcan", para confundir a los censores. En realidad, el tema de la censura aparece en la novela en la forma de interceptar y descifrar cartas escritas por individuos vigilados. En el segundo capítulo de la primera parte (56), el ex senador Luciano Ossorio le revela a su nieto Renzi que un hombre llamado Francisco José Arocena le está amenazando por carta a la vez que intercepta y trata de descifrar —igual que Luciano— otras cartas destinadas a éste. Sólo se describe brevemente cómo Arocena examina toda la correspondencia, pero lo bastante para crear la impresión de que sus responsabilidades no se limitan a la correspondencia Renzi-Maggi-Luciano Ossorio: "Revisó los sobres y estableció rápidamente un primer sistema de clasificación. Caracas. Nueva York. Bogotá; una carta a Ohio, otra a Londres; Buenos Aires; Concordia; Buenos Aires. Numeró las cartas: eran ocho. Dejó a un costado la carta de Marcelo Maggi a Ossorio que poco antes había leído" (92). Después el narrador se burla de los intentos torpes de Arocena (118) de descifrar una carta incestuosa firmada Juana la Loca, destinada a su hermano, estudiante posdoctoral de física en Oxford. La importancia de esta carta y del papel de Arocena como censor empleado por el gobierno se refuerza por su reaparición al final de la primera parte donde está trabajando mucho para descifrar con códigos numéricos el breve mensaje de "Raquel llega a Ezeiza el 10, vuelo 2203" (125), probablemente una alusión a la tan esperada vuelta de Juan Perón a Buenos Aires desde Madrid para ocupar la presidencia el 20 de junio de 1973 y una anticipación de *La novela de Perón* (1985), de Tomás Eloy Martínez, que, como *Respiración artificial*, utiliza una saga familiar, la de Perón, para explicar la violencia del presente, la masacre de Ezeiza en junio de 1973. A pesar de las alusiones a Perón, éste no aparece en la novela, igual que el padre de Renzi, para reforzar la imagen de los diez mil o treinta mil desaparecidos históricos.

El papel oficial de Arocena en la creación de un ambiente de terror por parte del gobierno en toda la Argentina se complementa con una carta que recibe de Echevarne Angélica Inés, cuyos tres nombres parecen estar escritos en orden inverso para sugerir el arte de descifrar. Ella explica cómo le "colocaron un aparato transmisor disimulado entre las arborescencias del corazón" (98) que le permitió ver cómo mataron a los judíos en Polonia con alambre de enfardar. También vio los hornos crematorios en el norte de la Argentina: "Al Norte, bien al Norte, en Belén, provincia de Catamarca" (99), que prefigura la aparición de Hitler en la segunda parte. Ella se ha convertido en la "Cantatriz oficial" (99), eufemismo por "espía" lo mismo que alusión a las dos esposas cantantes de Perón, Evita e Isabelita. Echevarne se ha hecho cantante para evitar enloquecerse como resultado de ver tanta miseria y tanto sufrimiento en este mundo.

De todos modos, la novela termina con una nota positiva, o por lo menos, una nota dialógica. Tardewski admite a Renzi que Maggi no va a aparecer pero implica que a pesar de todo no hay que ser cínico. Cita a Emmanuel Kant, quien, mientras agonizaba, dijo: "El sentido de la Humanidad todavía no me ha abandonado" (273). Luego Tardewski comenta extensamente el sentido de la palabra *Humanität* en alemán y se lo aplica a Maggi. En cambio, Tardewski luego le entrega a Renzi tres carpetas de Maggi, llenas de documentos y notas. Al abrir una de ellas, Renzi encuentra la breve nota de suicidio de Enrique Ossorio y así se cierra la novela insinuando que posiblemente Maggi también se ha suicidado, lo que sería una contradicción de la *Humanität* de Kant.

¿Debería haberse incluido el estudio de *Respiración artificial* en este libro dedicado a la Nueva Novela Histórica? Obviamente que no, puesto que desmiente mi propia definición de una novela histórica: una obra en la cual la acción transcurre antes del nacimiento del autor. En la novela de Piglia, los personajes escriben cartas y conversan entre 1976 y 1979. Además, el tema principal es la denuncia de la dictadura militar, sobre todo durante esos tres años. Sin embargo, el autor, nacido en 1940, era demasiado joven para experimentar el periodo de Hitler y la segunda

Guerra Mundial y tampoco pudo haber experimentado el mundo político y literario de la Argentina antes de 1942 (Roberto Arlt murió en 1942 y Perón subió al poder en 1943). Además, igual que *El reino de este mundo* y otras muchas de las Nuevas Novelas Históricas, en *Respiración artificial* se subordina la recreación de cierto periodo histórico a la presentación de una visión filosófica de la historia en general, que proviene en gran parte de Borges. También se puede alegar que la novela capta la totalidad o gran parte de la historia de la Argentina; que es muy dialógica; que contiene mucha intertextualidad y metaficción, e incluso puede ser una parodia de la novela que Borges nunca escribió.

OBRAS CONSULTADAS

Borges, Jorge Luis, *Ficciones,* 3ª ed., Buenos Aires: EMECÉ, 1961.
Jordan, Constance, introducción al conjunto de artículos sobre la teoría de la recepción, *PMLA,* 106, octubre de 1991.
Kafka, Franz, *Metamorphosis,* Nueva York: Vanguard Press, 1946.
———, *The Trial,* traducción del alemán por Willa y Edwin Muir, revisada con notas de E. M. Butler, Nueva York: Knopf, 1992.
McCracken, Ellen, "Metaplagiarism and the Critic's Role as Detective: Ricardo Piglia's Reinvention of Roberto Arlt", *PMLA,* 106, 5, octubre de 1991, 1071-1082.
Morello-Frosch, Marta, "Biografías ficticias: formas de resistencia y reflexión en la narrativa argentina reciente", en René Jara y Hernán Vidal (comps.), *Ficción y política en la narrativa argentina durante el proceso militar,* Minneapolis: University of Minnesota Institute for the Study of Ideologies and Literature, y Buenos Aires: Alianza Editorial, 1987, 60-70.
———, "Ficción e historia en *Respiración artificial* de Ricardo Piglia", *Discurso Literario,* 1, 2, primavera de 1984, 243-245.
Newman, Kathleen Elizabeth, "The Argentine Political Novel: Determinations in Discourse", disertación doctoral, Stanford University, 1983.
Piglia, Ricardo, *Respiración artificial,* Buenos Aires: Pomaire, 1980.
Santiago, Silviano, "El estado actual de los estudios literarios en Brasil", *Hispamérica,* 56/57, 1990, 47-56.

EL DESFILE DE LAS MODAS: BREVE DENUNCIA ELEGIACA DE LA TEORÍA CRÍTICA[34]

DESDE 1966, fecha del primer congreso teórico en la Universidad de Johns Hopkins, los conversos han cambiado de moda con la misma frecuencia que los diseñadores de ropa: estructuralismo, postestructuralismo, desconstruccionismo, neofreudianismo lacaniano, recepcionismo, posmodernismo, poscolonialismo, estudios culturales. Si he omitido algunos de los cultos, que me perdonen los devotos. Durante el auge, por breve que fuera, de cada moda, los que no estábamos vestidos con los últimos vocablos recónditos, no teníamos el derecho de entrar en el diálogo académico. Recuerdo una visita en 1977 a la Universidad Nacional de Bogotá en que una profesora de literatura me preguntó: "En California, ¿a quién siguen ustedes?" Le contesté que yo nunca seguía a nadie porque era capaz de pensar por mi propia cuenta, pero que algunos de mis colegas citaban mucho a Lucien Goldmann. La profesora bogotana me contestó con la mayor satisfacción: "¡Uy! Nosotros ya hemos superado a Goldmann; estamos ahora con Jacques Leenhardt".

En esa época, los que nos inquietábamos por la actitud dogmática de nuestros colegas, nos sentíamos cohibidos para discutir y, además, no se permitía ningún debate. Por iconoclasta, antidogmático y atrevido, publiqué en 1979 un pequeño manifiesto antiteórico en *El Café Literario* de Bogotá que luego se reprodujo en *Hispania* (marzo de 1980) y en *The Journal of Literary Theory* (1983). El manifiesto se titula "Teorizando sobre la teoría". La consecuencia inmediata fue que ciertas universidades

---

[34] Mesa redonda sobre las últimas tendencias en la teoría literaria. Primer Congreso Internacional de Literatura Panameña, Panamá, 10 de julio de 1999. Incluyo esta breve intervención teórica o antiteórica dentro del capítulo dedicado a la Argentina por tres razones:

1. Aunque la teoría crítica nunca llegó a predominar tanto en las universidades latinoamericanas como en las norteamericanas, me parece que encontró más adictos en la Argentina que en ningún otro país latinoamericano.

2. El crítico teórico argentino Noé Jitrik participó en la misma mesa redonda en Panamá. Después de mi intervención, él comentó de un modo totalmente irrelevante: "Mi amigo Seymour está preocupado por la proliferación de tendencias teóricas; yo estoy más preocupado por la proliferación por todo el mundo de los restaurantes MacDonald's".

3. El novelista argentino Ricardo Piglia comparte mi desdén por los teóricos muy creídos.

dejaron de invitarme a dar conferencias y algunos colegas por poco me niegan el saludo.

Afortunadamente la situación hoy ha cambiado. En 1993 lancé en el congreso de la Modern Language Association mi segundo desenmascaramiento de la religión teórica bajo el título: "And the Smoke Screen Came Crumbling Down", que se publicó en la UNAM (*La experiencia literaria* de la Facultad de Humanidades) bajo el título "Ya se esfumó la cortina teórica". Al mismo tiempo se publicaron varios libros burlándose de los teóricos oscurantistas que predominaban en muchas universidades y en la Modern Language Association. Hay que admitir que los teóricos de hoy han abandonado el oscurantismo, por lo menos en algunos casos. Según los preceptos de su nueva religión, los culturólogos reconocen la necesidad de predicar a las masas en términos comprensibles. Frente al derrumbe del imperio soviético de la última década y frente al fracaso de los movimientos guerrilleros de Centroamérica, los teóricos universitarios, más engreídos que nunca, están empeñados en establecer la utopía marxista mediante el rechazo de la literatura, por ser una actividad elitista. En las palabras del sacerdote John Beverley: "Después de la literatura, ¿qué?"

Pero eso también pasará o, mejor dicho, ya está pasando. En un artículo publicado el 4 de diciembre de 1998 en el *Chronicle of Higher Education,* se señala que varios catedráticos se están cansando de los estudios culturales y están volviendo a los autores canónicos y desterrando a Homi Bhabha y a Néstor García Canclini a las facultades de ciencias sociales. En 1994 hasta se formó una nueva asociación, la Association of Literary Scholars and Critics, como reacción contra la obsesión teórica y contra la obsesión con lo políticamente correcto de la Modern Language Association.

Dos ideas más: para los que defiendan el desfile de los cambios de moda teórica con la idea progresista de que cada moda contribuye al avance de nuestra comprensión de la literatura y de la cultura, afirmo teóricamente que tal como está el mundo hoy día, la fe en el progreso es una ilusión. Así es que en vez de incorporar algo de cada "ismo" teórico, hay que ser bastante valiente para admitir que en el jardín de la literatura, frente a los distintos senderos que se bifurcan, si se escoge una bifurcación equivocada, más vale retroceder para escoger otra en vez de seguir a ciegas.

Para terminar, quisiera plantearles el aspecto imperialista de la pasada hegemonía teórica. Empecé diciendo que la fascinación norteamericana empezó en 1966 en la Universidad de Johns Hopkins con el encuentro de los franceses Roland Barthes y Jacques Derrida con dos acólitos de la Universidad de Yale, Paul de Man y J. Hillis Miller. Durante las mismas décadas en que los teóricos europeos y norteamericanos deslumbraban a los catedráticos y críticos por todo el mundo, los nuevos novelistas hispanoamericanos establecieron, por primera vez, su superioridad sobre sus colegas europeos y norteamericanos, superioridad reconocida por éstos. Así es que nos parece al novelista argentino Ricardo Piglia y a mí un acto absurdo, si no suicida, que algunos catedráticos y críticos hispanoamericanos traten de emular a los teóricos extranjeros en vez de ponderar los valores de sus propios creadores. Uno de los personajes de la excelente novela *Respiración artificial* (1980), de Piglia, dice con sarcasmo que un informe sobre el folclor regional podría titularse "Hjelmsley entre los guaderios entrerrianos o un ejemplo de gauchesca semiológica" (178) y en la pulpería rural varios de los gauchos conversan acerca de temas relacionados con la escritura y la fonética. Quisiera terminar esta intervención con una buena noticia. Hoy día los gauchos ya no citan a Lucien Goldmann y mucho menos a Jacques Leenhardt. Tal vez valga la pena tener fe en el futuro.

PUBLICACIONES COMPLETAS DE SEYMOUR MENTON

Libros

1. *Saga de México,* Nueva York: Appleton-Century-Crofts, 1955, 245 pp. Una nueva edición actualizada se publicó en colaboración con María Herrera Sobek en la Bilingual Press de Phoenix, Arizona, en 1992. Se trata de un texto de lecturas de autores mexicanos para estudiantes universitarios inscritos en el segundo año de español.
2. *Historia crítica de la novela guatemalteca,* Guatemala: Universidad de San Carlos, 1960, 332 pp. Una segunda edición revisada y actualizada se publicó en Guatemala con la Universidad de San Carlos, en agosto de 1985. El capítulo sobre Miguel Ángel Asturias se reprodujo en Joaquín Roy (ed.), *Narrativa y crítica de nuestra América,* Madrid: Castalia 1978. El capítulo sobre Irisarri se reprodujo en *Presente,* Tegucigalpa, 50 (enero de 1981), 13-23.
3. *El cuento hispanoamericano,* México: FCE, 1964, 2 vols., 553 pp.; ediciones revisadas y actualizadas en 1970, 1986 y 1991. Traducción al inglés de Seymour Menton: *The Spanish American Short Story. A Critical Anthology,* Berkeley: University of California Press, 1980, con una edición empastada y otra en rústica.
4. *El cuento costarricense. Historia, antología y bibliografía,* México: Studium, agosto de 1964, 200 pp. Una parte del prólogo se reprodujo en el periódico *La Opinión,* Los Ángeles, 14 de junio de 1981, 10-15.
5. *Teatro Brasileiro Contemporâneo,* en colaboración con Wilson Martins, Nueva York: Appleton-Century, 1966; segunda edición revisada: Nueva York: Irvington Publishers, 1977.
6. Edición de Tomás Carrasquilla, *Frutos de mi tierra,* Bogotá: Instituto Caro y Cuervo, 1972.
7. *Prose Fiction of the Cuban Revolution,* Austin: University of Texas Press, agosto de 1975; dos ediciones en español: *La narrativa de la revolución cubana,* Madrid: Playor, 1978, y México: Plaza y Janés, 1982.
8. *La novela colombiana: planetas y satélites,* Bogotá: Plaza y Janés, 1978, 394 pp.
9. *Magic Realism Rediscovered, 1918-1981,* East Brunswick, NJ: Associated University Presses y Philadelphia Art Alliance Press, enero de 1983.
10. Traducción al inglés de Álvaro Cepeda Samudio, *La casa grande,* Austin: University of Texas Press, 1991.

11. *La narrativa mexicana desde "Los de abajo" hasta "Noticias del Imperio"*, Tlaxcala: Universidad Autónoma de Tlaxcala, 1991.
12. *Latin America's New Historical Novel, 1979-1992*, Austin: University of Texas Press, octubre de 1993. *La nueva novela histórica de la América Latina, 1979-1992*, traducción de Seymour Menton, México: Fondo de Cultura Económica, enero de 1994.
13. Coordinador, edición crítica en inglés de Mariano Azuela: *The Underdogs*, Pittsburgh: University of Pittsburgh Press, 1992.
14. *Historia verdadera del realismo mágico*, México: Fondo de Cultura Económica, 1998.

Artículos

1. "*Entresuelo* de Gregorio López y Fuentes", *Suma Bibliográfica*, agosto-septiembre de 1948, 515-519.
2. "Heredia, introductor del romanticismo", *Revista Iberoamericana*, 15, 29 (julio de 1949), 83-90.
3. "Teaching English to Puerto Rican Students", *High Points,* noviembre de 1952, 67-70.
4. "*La Negra Angustias,* una *Doña Bárbara* mexicana", *Revista Iberoamericana*, 19, 38 (septiembre de 1954), 299-308.
5. "Revalorización de Federico Gamboa", *Memoria del Sexto Congreso del Instituto Internacional de Literatura Iberoamericana*, 1954, 205-211.
6. "Mexican Baseball Terminology", *Hispania*, 37, 4 (diciembre de 1954), 478-481.
7. "La conciencia nacional en la novela guatemalteca", *El Imparcial,* Guatemala, 18-20 de agosto de 1955, 3 y ss.
8. "In Search of a Nation: the Twentieth-Century Spanish American Novel", *Hispania,* 38, 4 (diciembre de 1955), 432-442. Cuadernos de las Facultades de Filosofía, Letras y Educación, Panamá, agosto de 1960, 16-30.
9. "Some Helpful Hints to New Teachers of Spanish, French, and German", *K.M.L.A. Bulletin,* marzo de 1957, 14.
10. "Mario Monteforte Toledo y la evolución de la novela hispanoamericana", *Armas y Letras,* enero-marzo de 1958, 41-52.
11. "Influencias extranjeras en las obras de Federico Gamboa", *Armas y Letras,* julio-septiembre de 1958, 35-50.
12. "Juan José Arreola and the Twentieth-Century Short Story", *Hispania*, 42, 3 (septiembre de 1959), 295-308. Recogida en español en *Iberoamérica* (México: Studium, 1962), colección de los mejores artículos sobre la literatura latinoamericana publicados en *Hispania,* y como fascículo por Casa de las Américas: La Habana, 1963.

13. "La novela experimental y la república comprensiva de Hispanoamérica: estudio analítico y comparativo de *Nostromo, Le Dictateur, Tirano Banderas y El señor Presidente*", *Humanitas*, anuario del Centro de Estudios Humanísticos de la Universidad de Nuevo León, México, 1, 1 (1960), 409-464.
14. "El comprender y apreciar novelas", *Armas y Letras*, julio-septiembre de 1960, 13-20.
15. "Sobre influencias en la novela guatemalteca", *Revista Iberoamericana*, 25, 50 (julio-diciembre de 1960), 309-315.
16. "La generación puertorriqueña del cuarenta", *Hispania*, 44, 2 (mayo de 1961), 209-211.
17. "The Costa Rica-Kansas Exchange Program", *Modern Language Journal*, 45 (octubre de 1961), 263-266.
18. "Federico Gamboa: un análisis estilístico", *Humanitas*, 1963, 311-342.
19. "Érico Veríssimo and John Dos Passos: Two Interpretations of the National Novel", *Revista Interamericana de Bibliografía*, 14, 1 (enero de 1964), 54-59, y *CEBELA* (Centro Brasileiro de Estudios Latinoamericanos), Universidade de Rio Grande do Sul, Brasil, 1, 1 (1965).
20. "La novela de la Revolución cubana", *Cuadernos Americanos*, 23, 1 (enero-febrero de 1964), 231-241.
21. "Realismo mágico y dualidad en *Hijo de hombre*", *Revista Iberoamericana*, 33, 63 (enero-junio de 1967), 55-70.
22. "La estructura épica de *Los de abajo* y un prólogo especulativo", *Hispania*, 50, 4 (diciembre de 1967), 1001-1011; recogido en *La novela iberoamericana contemporánea*, Caracas: Universidad Central de Venezuela, 1968, 215-222; en *La Gaceta*, México: Fondo de Cultura Económica, 1970, 2-8; en *Letras del Ecuador*, núm. 148, diciembre de 1970, 22-25; en *La Semana de Bellas Artes*, 80, 13 de junio de 1979; en Aurora Ocampo (ed.), *La crítica de la novela mexicana contemporánea*, México: UNAM, 1981; una versión revisada, titulada "Texturas épicas de *Los de abajo*", se publicó en Jorge Ruffinelli (ed.), *Mariano Azuela, "Los de abajo"*, Madrid: Colección Archivos, 1988, y en su edición en inglés: Seymour Menton (coord.), *The Underdogs*, Pittsburgh: University of Pittsburgh, 1992.
23. "Prose Fiction: Central America and the Antilles", seis bibliografías anuales anotadas con resúmenes de las obras, *Handbook of Latin American Studies*, Jacksonville: University of Florida Press, 24 (1962), 288-293; 25 (1963), 310-312; 26 (1964), 159-171; 28 (1966), 255-260; 30 (1968), 252-257; 32 (1970), 370-378.
24. "Asturias, Carpentier y Yáñez: paralelismos y divergencias", *Revista Iberoamericana*, 35, 67 (enero-abril de 1969), 31-52. Se publicó después en el suplemento cultural de *La Opinión*, 25 de mayo de 1980.
25. "*Frutos de mi tierra* o 'Jamones y Solomos'", *Thesaurus*, 25, 1 (enero-marzo de 1970), 3-27.

26. "La estructura dualística de *María*", *Thesaurus*, 25, 2 (mayo-agosto de 1970), 251-277.
27. "The Short Story of the Cuban Revolution, 1959-1969", *Studies in Short Fiction*, 8 (invierno de 1971), 32-43.
28. Demetrio Aguilera Malta, "Charla con Seymour Menton", *Mundo Nuevo*, 56 (febrero de 1971), 49-52.
29. "El cuento rioplatense", *Apertura*, Santa Fe, Argentina, 12 (junio de 1971), 6-7.
30. "En torno a la novela de la Revolución cubana", *Memoria del Tercer Congreso Latinoamericano de Escritores*, Caracas, 1971, 214-222.
31. "La narrativa centroamericana: 1960-1970", *Nueva Narrativa Hispanoamericana*, 2, 1 (enero de 1972), 119-129.
32. American Association of Teachers of Spanish and Portuguese: Presidential Corners and Presidential Address at the Annual Meeting:
    a) "Afirmación", *Hispania*, 54, 1 (marzo de 1971), 134-135.
    b) "El profesionalismo", *Hispania*, 54, 2 (mayo de 1971), 339-340.
    c) "The British Are Coming", *Hispania*, 54, 4 (diciembre de 1971), 922-923.
    d) "El método contrastivo", *Hispania*, 55, 1 (marzo de 1972), 28-31.
33. "The Cuban Novel of the Revolution: A Decade of Growing National Consciousness", H. Ernest Lewald (ed.), *The Cry of Home: Cultural Nationalism and the Modern Writer*, Knoxville: University of Tennessee Press, 1972.
34. "Four Stages in the Cuban Novel of the Revolution", *Contemporary Latin American Literature*, actas del congreso celebrado el 16 y 17 de marzo de 1972 en la Universidad de Houston, Texas.
35. "*Respirando el verano*, fuente colombiana de *Cien años de soledad*", *Revista Iberoamericana*, 41, 91 (abril-junio de 1975), 203-217.
36. "Antonio Benítez y el realismo mágico en la narrativa de la Revolución cubana", *Memoria del XVI Congreso del Instituto Internacional de Literatura Iberoamericana*, East Lansing: Michigan State University, 1975, 233-237.
37. "Ver para no creer: *El otoño del patriarca*", *Caribe*, 1, 1 (1976); recogido en Peter Earle, *García Márquez*, Madrid: Taurus, 1981.
38. "*La vorágine*, Circling the Triangle", *Hispania*, 59, 3 (septiembre de 1976), 418-434; recogido en Montserrat Ordóñez Vila, *La vorágine: textos críticos*, Bogotá: Alianza Editorial, 1987, 199-228.
39. "El indio y las corrientes literarias", *América Indígena*, 38, 1 (1978), 231-240; recogido en *Homenaje a Luis Leal*, Madrid: Ínsula, 1978, 63-73.
40. "Periodization and Typology of the Novel of the Cuban Revolution, a Comparative Perspective, *Proceedings of the Tenth Texas Tech Comparative Literature Symposium*, Lubbock: Texas Tech Press, 1978, 87-99.

41. "Un nuevo satélite: *El jardín de las Hartmann*", *El Café Literario*, Bogotá, 6 (noviembre-diciembre de 1978), 48-49.
42. "Teorizando sobre la teoría", *El Café Literario*, Bogotá, 2, 12 (noviembre-diciembre de 1979), 35; reproducido en *Hispania*, 63, 1 (marzo de 1980); "Theorizing on Theory", *The Journal of Literary Theory*, 4 (1983), 20-22.
43. "Doblegada pero no vencida: *La brizna de paja en el viento*", *Nine Essays on Rómulo Gallegos*, UC Riverside Latin American Studies Program, 1979, 140-155.
44. "Muchos años después, frente al pelotón de fusilamiento...", Distinguished Faculty Lecture, UCI, 24 de enero de 1980, publicada en español en el suplemento cultural de *La Opinión*, Los Ángeles, 30 de marzo y 6 de abril de 1980.
45. "El realismo mágico en la pintura y en la literatura de tres continentes", *La Semana de Bellas Artes*, México, 117 (27 de febrero de 1980).
46. "Models for the Epic Novel of the Cuban Revolution", Catherine Vera y George McMurray (eds.), *In Honor of Boyd Carter*, Laramie: University of Wyoming Press, 1981, 49-58. Una versión ampliada se publicó en Roberto González Echevarría, *Historia y ficción en la narrativa hispanoamericana*, Caracas: Monte Ávila, 1984, 343-358.
47. "Los juicios de valor y la obra literaria: la nueva novela colombiana", *El Café Literario*, 27 (mayo-junio de 1982), 35-40; *Letras de Buenos Aires*, 2, 8 (enero de 1983), 9-24.
48. "Jorge Luis Borges, Magic Realist", *Hispanic Review*, 50 (1982), 411-426.
49. "La contradanza de Moratín", *Romance Notes*, 23, 3 (1983), 1-7.
50. "La obertura nacional: Asturias, Gallegos, Mallea, Dos Passos, Yáñez, Fuentes y Sarduy", *Revista Iberoamericana*, 51, 130-131 (junio de 1985), 151-166.
51. "*El Llano en llamas*, antiepopeya de la Revolución. Luis Leal Festschrift", *La Palabra*, Arizona State University, vols. 4-5, núms. 1-2 (1982-1983), 93-96.
52. "El realismo mágico y la narrativa del asalto inminente: Cortázar, Jünger, Buzzati y Appelfeld", *Iberoromania*, 19 (1984), 45-52.
53. "Ethnocentric Criticism", *Latin American Literary Review*, 11 (primavera-verano de 1983), 7-13.
54. "Los señores presidentes y los guerrilleros: The New and the Old Guatemalan Novel: 1976-1982", *Latin American Research Review*, 19, 2 (1984), 93-117.
55. "Los almendros y el castaño: *Cien años de soledad* y *El último justo*", Raymond Williams (ed.), *Ensayos de literatura colombiana. Primer Encuentro de Colombianistas Norteamericanos*, en Quirama, Colombia, junio de 1984, Bogotá: Plaza y Janés, 1985, 81-92.
56. "Las dos ediciones de *Puerto Limón*", *Revista Iberoamericana*, 53, 138-139 (enero-junio de 1987), 233-244.

57. "El teatro de Federico Gamboa", en Menton, *Narrativa mexicana desde "Los de abajo" hasta "Noticias del Imperio"*, Tlaxcala: Universidad Autónoma de Tlaxcala, 1991, 151-170.
58. "*The Last of the Just:* between Borges and García Márquez", *World Literature Today,* 59, 4 (otoño de 1985), 517-524.
59. "The Novel of the Cuban Revolution, Phase Five: 1975-1986", Barbara A. Lafford (ed.), *Central America and the Caribbean: Today and Tomorrow,* Tempe, Az.: Center for Latin American Studies, Arizona State University, 1987. Una versión ampliada se publicó en español en la *Revista Iberoamericana,* 56, 152-153 (julio-diciembre de 1990), 913-932.
60. "Sin embargo: la nueva cuentística femenina en México", *Tinta,* U. C. Santa Barbara, primavera de 1987, 35-37. Una versión ampliada con el título de "Las cuentistas mexicanas en la época feminista (1970-1988)" se publicó en *Hispania,* 73, 2 (mayo de 1990), 366-370.
61. "Federico Gamboa", Carlos A. Solé (ed.), *Latin American Writers,* Nueva York: Charles Scribner's Sons, 1989, vol. I, 371-376.
62. "La mujer cubana en el teatro revolucionario de Freddy Artiles", Joseph Ricapito (ed.), *Hispanic Studies in Honor of Joseph H. Silverman*, Newark, Del.: Juan de la Cuesta, 1987, 277-283.
63. "La novelística de la costa colombiana: especulaciones históricas", en colaboración con Nancy McCarty, *Revista de Estudios Colombianos,* 3 (1987), 35-38, y *Actas del Congreso de la Asociación Internacional de Hispanistas,* Berlín, 1989.
64. "Los indios de *Pedro Páramo*", actas del Congreso del Instituto Internacional de Literatura Iberoamericana, agosto de 1988. También se publicó en Menton, *La narrativa mexicana desde "Los de abajo" hasta "Noticias del Imperio",* Tlaxcala: Universidad Autónoma de Tlaxcala, 1991.
65. "Martín Luis Guzmán y Rafael Muñoz: un estudio contrastivo", *Mexican Studies/Estudios Mexicanos,* Irvine, 6, 1 (invierno de 1990), 1-9.
66. "Caribbean Colombian Literature", A. James Arnold (ed.), *A History of Literature in the Caribbean,* vol. 1: *Hispanic and Francophone Regions,* Amsterdam/Philadelphia: John Benjamins Publishing Company, 1994, 65-73.
67. "La nueva cuentística hispanoamericana, 1970-1985: feminismo y violencia", *La crítica literaria en Latinoamérica,* Lima, 1987, actas del Congreso del Instituto Internacional de Literatura Iberoamericana, Stanford University, 8-12 de julio de 1985.
68. "*La campaña*: crónica de una guerra denunciada", *Universidad de México,* 46, 485 (junio de 1991), 5-11.
69. "La guerra de Mario Vargas Llosa contra el fanatismo", *Cuadernos Americanos,* 28, 4 (julio-agosto de 1991), 50-62.

70. "*Los perros del Paraíso*, una novela dialógica", *Río de la Plata, Culturas*, 11-12, actas del Tercer Congreso Internacional del CELCIRP, Universidad de Regensburg, Alemania, 2-5 de julio de 1990.
71. "Christopher Columbus and the New Historical Novel", *Hispania*, 75, 4 (octubre de 1992), 930-940.
72. "Cuba's Hegemonic Novelists", *Latin American Research Review*, 29, 1 (invierno de 1994), 260-266.
73. "La historia verdadera de Álvar Núñez Cabeza de Vaca en la última novela de Abel Posse, *El largo atardecer del caminante*", *Revista Iberoamericana*, 62, 175 (abril-junio de 1996), 421-426.
74. "El nuevo teatro histórico o la vuelta del autor", *Tradición y actualidad de la literatura iberoamericana*, actas del XXX Congreso del Instituto Internacional de Literatura Iberoamericana, University of Pittsburgh, 1995, 61-66.
75. "'El último rostro': nada de fragmento", *Revista de Estudios Colombianos*, 12-13 (1994), 39-42.
76. "Y la cortina de humo se derrumbó en pedazos (un inmodesto prólogo posmoderno)", *La experiencia literaria*, Facultad de Filosofía y Letras, UNAM, primavera de 1994, 9-13.

Creación literaria

1. "Confesiones de un profesor aparentemente alegre", Sara Poot Herrera (ed.), *El cuento mexicano. Homenaje a Luis Leal*, México: Dirección de Literatura, Coordinación de Difusión Cultural, UNAM, octubre de 1996, 615-633.
2. "Relato de un desventurado", *Nosotros los latinos*, Nueva York, febrero de 1997, 18-19.
3. "Siete décadas y ocho series mundiales", "El Búho", suplemento cultural de *Excélsior*, México, 13 de abril de 1997; *Linden Lane Magazine*, 16, 1 (marzo de 1997), 14-17; *Periplo*, Guadalajara, núm. 0 (agosto de 1997), 7-13; *Los Universitarios*, 93 (abril de 1997), 4-8.
4. "La revelación cubana", *Linden Lane Magazine*, XI, 2, 3, 4 (junio-diciembre de 1998), 22-23; *Nao*, México, núm. 0, octubre de 1999, 9-19.
5. "La venganza de los autores anónimos", "México en la Cultura", *Siempre!*, 46, 2407, 5 de agosto de 1999, 62-63.
6. "The Equestrian Saint", Fernando Burgos (ed.), *Studies in Honor of Myron Lichtblau*, Newark, Del.: Juan de la Cuesta, 2000, XXI-XXIX.
7. "Caos en Caracas", *Periplo*, Guadalajara, México, 8 (abril de 2000), 5-8.

Reseñas

1. Gregorio López y Fuentes, "Milpa, potrero y monte", *Revista Iberoamericana*, 17, 33 (febrero-julio de 1951), 136-141.
2. Luis Alberto Sánchez, "Proceso y contenido de la novela hispanoamericana", *Hispania*, 38, 1 (marzo de 1955), 126-128.
3. Max Henríquez Ureña, "Breve historia del modernismo", *Hispania*, 38, 3 (septiembre de 1955), 385-386.
4. Luis Leal, "Breve historia del cuento mexicano", *Hispania*, 39, 3 (septiembre de 1956), 382-384.
5. J. S. Brushwood, "The Romantic Novel in Mexico", *Romanic Review*, 47, 3 (octubre de 1956), 223-225.
6. René Marqués, "Otro día nuestro", *Revista Interamericana de Bibliografía*, 7 (enero-marzo de 1957), 105-106.
7. Carlos Mazzanti, "El sustituto", *Revista Iberoamericana*, 22, 43 (enero-junio de 1957), 164-167.
8. Juan B. Rael, "Cuentos españoles de Colorado y Nuevo Méjico", *Hispania*, 40, 4 (diciembre de 1957), 503.
9. Fernando Alegría, "Caballo de copas", *Armas y Letras*, octubre-diciembre de 1958, 87-90.
10. Carlos Wyld Ospina, "Los lares apagados", *Armas y Letras*, abril-junio de 1959, 92.
11. Emilio Díaz Valcárcel, "El asedio y otros cuentos", *Armas y Letras*, abril-junio de 1959, 89-91.
12. René Marqués, "La víspera del hombre", *Armas y Letras*, julio-septiembre de 1959, 83-86.
13. Pedro Juan Soto, "Usmaíl", *Revista Hispánica Moderna*, 27, 3-4 (junio-octubre de 1961), 561-562, y *La República*, San José, Costa Rica, 24 de abril de 1960, 16.
14. Jorge Amado, "Gabriela, Cravo e Canela", *Revista Interamericana de Bibliografía*, 11, 2 (abril-junio de 1961), 167-168, y *Armas y Letras*, enero-marzo de 1961, 93-95.
15. Alfredo Balsells Rivera, "El venadeado y otros cuentos", *Armas y Letras*, julio-septiembre de 1960, 88-89.
16. Ricardo Estrada H., "Flavio Herrera, su novela", *Hispanic Review*, 29, 4 (octubre de 1961), 346-347.
17. Carlos Fuentes, "The Death of Artemio Cruz", *Saturday Review*, 23 de mayo de 1964, 44.
18. Julián del Casal, "Prosas", *Hispania*, 49, 3 (septiembre de 1966), 541-542.
19. Dwight Bolinger *et al.*, *Modern Spanish*, 2ª ed., 1966, *Hispania*, 49, 4 (diciembre de 1966), 902-904, en colaboración con Richard Barrutia.

20. Earl M. Aldrich, "The Modern Short Story in Peru", *Hispanic Review*, 36, 4 (octubre de 1968), 390-391.
21. Orlando Gómez-Gil, "Historia crítica de la literatura hispanoamericana", *Revista Iberoamericana*, 34, 66 (julio-diciembre de 1968), 404-406.
22. Óscar Acosta y Roberto Sosa, "Antología del cuento hondureño", *Hispania*, 53, 1 (marzo de 1970), 160-161; *El Día*, Tegucigalpa, 18 de noviembre de 1969; *Extra*, Tegucigalpa, octubre de 1969.
23. Renato Prada Oropeza, "Los fundadores del alba", *Books Abroad*, 44, 2 (primavera de 1970), 277-278.
24. Vicente Leñero, "Pueblo rechazado", *Books Abroad*, 44, 3 (verano de 1970), 88-89.
25. Demetrio Aguilera Malta, "Siete lunas y siete serpientes", *Revista Iberoamericana*, 36, 73 (octubre-diciembre de 1970), 677-680.
26. Domingo Miliani, "Uslar Pietri, renovador del cuento venezolano", *Books Abroad*, 45, 1 (invierno de 1971), 75-76.
27. Ricard Callan, "Miguel Ángel Asturias", *Latin American Theatre Review*, 4, 2 (primavera de 1971), 85-86.
28. Miguel Cossío Woodward, "Sacchario", *Revista Iberoamericana*, 38, 78 (enero-marzo de 1972), 164-166.
29. José Caballero Bonald, "Narrativa cubana de la revolución", *Hispania*, 55, 2 (mayo de 1972), 391-392.
30. Manuel Cofiño López, "La última mujer y el próximo combate", *Revista Iberoamericana*, 38, 79 (abril-junio de 1972), 352-353.
31. Walter M. Langford, "The Mexican Novel Comes of Age", *Books Abroad*, 46, 4 (otoño de 1972), 643-644.
32. Tomás Rivera, "...y no se lo tragó la tierra", *Latin American Literary Review*, 1, 1 (otoño de 1972), 111-115.
33. Miguel Ángel Asturias, "Viernes de Dolores", *Books Abroad*, 47, 2 (primavera de 1973), 330-331.
34. Ernesto Cardenal, "En Cuba", *Books Abroad*, 48, 1 (invierno de 1974), 106-107.
35. Enrique Jaramillo Levi, "Duplicaciones", *Books Abroad*, 48, 2 (primavera de 1974), 338-339.
36. Ernesto Cardenal, "Homage to the American Indians", *Books Abroad*, 48, 4 (otoño de 1974), 749.
37. John Garganigo, "Javier de Viana", *Hispanic Review*, 43, 2 (primavera de 1975), 225-227.
38. Roque Dalton, "Las historias prohibidas del Pulgarcito", *Journal of Spanish Studies: Twentieth Century*, 3, 2 (otoño de 1975), 154-155.
39. Luis Eyzaguirre, "El héroe en la novela hispanoamericana del siglo xx", *Hispania*, 59, 1 (marzo de 1976), 176-177.

40. Alfonso Chase, "Narrativa contemporánea de Costa Rica", *Hispania*, 60, 1 (marzo de 1977), 173-174.
41. Raymond Souza, "Modern Cuban Novelists, Innovation and Tradition", *Journal of Spanish Studies: Twentieth Century*, 5, 1 (primavera de 1977), 85-90.
42. Marta Portal, "Proceso narrativo de la Revolución mexicana", *Inter-American Review of Bibliography*, 28, 4 (1978), 438-439.
43. Eduardo Heras León, "Acero", *Hispania*, 63, 1 (marzo de 1980), 119-120.
44. Alejo Carpentier, "La consagración de la primavera", *Revista Iberoamericana*, 46, 110-111 (enero-junio de 1980), 342-345.
46. Celia Zapata y Lygia Johnson, "Detrás de la reja", *Hispania*, 64, 4 (diciembre de 1981), 643-644.
47. Edmundo Desnoes (ed.), "Los dispositivos en la flor. Cuba: Literatura desde la Revolución", *Hispania*, 65, 3 (septiembre de 1982), 470-471.
48. Gustavo Sainz (ed.), "Jaula de palabras", *Hispania*, 65, 3 (septiembre de 1982), 472-473.
49. Kurt Levy, "Tomás Carrasquilla", *Hispanic Review*, 50, 2 (primavera de 1982), 234-237.
50. Demetrio Aguilera Malta, "Réquiem para el diablo", *Explicación de Textos Literarios*, 9, 1 (1980-1981), 85.
51. Lucila Inés Mena, "La función de la historia en 'Cien años de soledad' ", *Hispamérica*, 27 (1980), 114-115.
52. Carlos Thorne, "¡Viva la República!", *Chasqui*, 15, 1 (noviembre de 1985), 57-59.
53. Ramón Luis Acevedo, "La novela centroamericana", *Hispania*, 66, 3 (septiembre de 1983), 440.
54. Yulan Washburn, "Juan José Arreola", *Hispania*, 67, 2 (mayo de 1984), 213.
55. Michael Palencia-Roth, "Gabriel García Márquez, la línea, el círculo y las metamorfosis del mito", *Hispanic Review*, 53, 3 (verano de 1985), 389-391.
56. Efraín Barradas, "Apalabramiento: diez cuentistas puertorriqueños de hoy", *World Literature Today*, 58, 4 (otoño de 1984), 571.
57. León Octavio, "Bando de Villamaga", *El Café Literario*, julio-diciembre de 1984, 66; *Hispania*, 68, 1 (marzo de 1985), 77-78.
58. Luis Rafael Sánchez, "Quíntuples", *World Literature Today*, 60, 4 (otoño de 1986), 608.
59. Enrique Jaramillo Leví, "La voz despalabrada", *World Literature Today*, 61, 2 (primavera de 1987), 250.
60. Roberto González Echevarría, "La ruta de Severo Sarduy", *World Literature Today*, 61, 4 (otoño de 1987), 609.
61. Reinaldo Montero, "Donjuanes", *World Literature Today*, 62, 1 (invierno de 1988), 98.
62. Carlos Alberto Montaner, "Trama", *Hispania*, 71, 4 (diciembre de 1988), 845-846.

63. Merlin H. Forster y Julio Ortega, "De la crónica a la nueva narrativa. Coloquio sobre literatura mexicana", *Hispanic Review*, 57, 1 (invierno de 1989), 126-127.
64. Benjamín Torres, "Gabriel García Márquez. La alquimia del incesto", *Hispanic Review* 58, 3 (verano de 1990), 421-423.
65. Roque Dalton, "Un libro levemente odioso", *World Literature Today*, 63, 3 (verano de 1989), 459.
66. Jean Weisgerber (ed.), "Le réalisme magique, Roman, Peinture et cinéma", *World Literature Today*, 63, 3 (verano de 1989), 542-543.
67. Marcela del Río, "La cripta del espejo", *Plural*, México, 219 (diciembre de 1989), 76.
68. Teresita Rodríguez, "La problemática de la identidad en 'El Señor Presidente' de Miguel Ángel Asturias", *Hispanic Review*, 59, 2 (primavera de 1991), 254-255.
69. Herminio Martínez, "Diario maldito de Nuño de Guzmán", *Hispania*, 74, 2 (mayo de 1991), 330.
70. John Beverley y Marc Zimmerman, "Literature and Politics in the Central American Revolutions", *World Literature Today*, 65, 3 (verano de 1991), 462-463.
71. Antonio Benítez Rojo, "The Magic Dog and Other Stories", *World Literature Today*, 65, 3 (verano de 1991), 464.
72. Gregorio Martínez, "Crónica de músicos y diablos", *Hispania*, 75, 3 (septiembre de 1992), 577-578.
73. Ana Lydia Vega, "Falsas crónicas del sur", *World Literature Today*, 67, 1 (invierno de 1993), 159.
74. Augusto Roa Bastos, "Vigilia del Almirante", *World Literature Today*, 68, 2 (primavera de 1994), 346.
75. René Prieto, "Miguel Ángel Asturias's Archaeology of Return", *Hispanic Review*, 63, 2 (primavera de 1995), 250-252.
76. Johnny Payne, "Conquest of the New Word, Experimental Fiction and Translation in the Americas", *Hispania*, 78, 1 (marzo de 1995), 77-78.
77. Hub, Hermans y Maarten Steenmeijer, "La Nueva Novela Histórica hispanoamericana", *Dispositio*, 18, 45 (1994), 232-233.
78. Sara Poot Herrera, "Un giro en espiral. El proyecto literario de Juan José Arreola", *Nueva Revista de Filología Hispánica*, 43, 2 (1995), 536-538.
79. Abel Posse, "La pasión según Eva", *Alba de América*, 14, 28 (1996), 471-472.
80. Luz Mery Giraldo B. (ed.), "La novela colombiana ante la crítica, 1975-1990", *Revista de Estudios Colombianos*, 17, 1997, 50-51.
81. Nora Glickman y Gloria F. Waldman, "Argentine Jewish Theatre. A Critical Anthology", *Gestos*, 12, 23 (abril de 1997), 177-178.
82. Kurt Spang, Ignacio Arellano y Carlos Mata (eds.), "La novela histórica. Teoría y comentarios", *Nueva Revista de Filología Hispánica*, 44, 2 (1996), 618-620.

83. Francisco Soto, "Reinaldo Arenas: The Pentagonía", *Hispanic Review*, 66, 4 (otoño de 1998), 501-503.

Notas

1. "*Revista del Instituto de Cultura Puertorriqueña*", *Hispania*, 42, 2 (mayo de 1959), 269; *El Imparcial*, Guatemala, 4 de febrero de 1959, 3; *Armas y Letras*, enero-marzo de 1959, 83-84.
2. "Rafael Heliodoro Valle, *Historia de las ideas contemporáneas en Centro América*", *Hispania*, 43, 4 (diciembre de 1960), 626.
3. "Nationalism and Literary Activity in Panama", *Hispania*, 43, 4 (diciembre de 1960), 633.
4. "Las novelas de César Andreu Iglesias", *Hispania*, 43, 4 (diciembre de 1960), 633-634.
5. "Miguel Ángel Asturias, *Los ojos de los enterrados*", *Hispania*, 44, 2 (mayo de 1961), 340.
6. "Fernando Durán Ayanegui, *Dos reales y otros cuentos*", *Hispania*, 44, 3 (septiembre de 1961), 561-562; *Armas y Letras*, octubre-diciembre de 1961, 103-104.
7. "Rafael Arévalo Martínez, *El embajador de Torlania*", *Hispania*, 44, 4 (diciembre de 1961), 751-752; *Armas y Letras*, octubre-diciembre de 1961, 103-104.
8. "Salarrué, *La espada y otras narraciones*", *Hispania*, 45, 1 (marzo de 1962), 138-139.
9. "Machado de Assis, *Seus 30 Melhores Contos*", *Hispania*, 45, 2 (mayo de 1962), 355.
10. "Antonio de Alcántara Machado, *Novelas Paulistanas*", *Hispania*, 45, 2 (mayo de 1962), 355-356.
11. "Henriqueta Lisboa, *Antologia Poética para a Infáncia e a Juventude*", *Hispania*, 45, 2 (mayo de 1962), 359.
12. "Lengua, lectura y literatura", *Hispania*, 49, 4 (diciembre de 1966), 802.
13. "José Rodríguez Feo, "Aquí 11 cubanos cuentan", *Books Abroad*, 43, 3 (verano de 1969), 389.
14. "Resurrección del Cristiano Errante", *Revista Iberoamericana*, 37, 75 (abril-junio de 1971), 419-420.
15. "Sergio Ramírez, *La narrativa centroamericana*", *Books Abroad*, 46, 1 (invierno de 1972), 447-448.
16. "Helmy Giacomán, *Homenaje a Miguel Ángel Asturias*", *Books Abroad*, 47, 1 (invierno de 1973), 123.
17. "¿Desaparece la censura en España? Antonio Gala, *Las cítaras colgadas de los árboles*", *Hispania*, 58, 3 (septiembre de 1975), 543-544.
18. "El Café Literario", *Hispania*, 62, 1 (marzo de 1979), 144.

19. "Letras de Guatemala", *Hispania,* 64, 2 (mayo de 1981), 294-295.
20. "Escritores invisibles", *Hispania,* 66, 2 (mayo de 1983), 228-229.
21. "Omar Cabezas Lacayo, *La montaña es más que una inmensa estepa verde",* *World Literature Today,* 57, 3 (verano de 1983), 437-438.
22. "Distorsión y desmitificación", *Hispania,* 66, 4 (diciembre de 1983), 613.
23. "La presencia de Concha Meléndez", *Sin Nombre,* 14, 2 (enero-marzo de 1984), 98.
24. "Huevos y gallinas: teatro revolucionario en Guatemala", *Gestos,* 1, 1 (abril de 1986), 177-179.
25. "Claribel Alegría, *Despierta, mi bien, despierta",* *World Literature Today,* 62, 2 (primavera de 1988), 256.
26. "Peter Earle", *Hispanic Review,* 61 (1993), 155-156.

Traducciones

1. Guillermo Díaz Plaja, "Theater in Spain, 1960-1961", *Modern Drama,* 4, 2 (septiembre de 1961), 179-183.
2. Calvert Casey, "Brilliant Polonnaise", *Latin American Literary Review,* 4, 7 (otoño-invierno de 1975), 127-131.
3. *The Spanish American Short Story. A Historical-Critical Anthology,* véase "Libros", 3.
4. Álvaro Cepeda Samudio, *La casa grande,* véase "Libros", 10.

ÍNDICE DE ILUSTRACIONES

Foto del autor en el tren urbano de Celaya, 1949 14
Caricatura del autor con Artemio Cruz, dibujada por Carlos Fuentes, 1980 74
Esquema: periodización de la novela de la Revolución cubana . . . 411

Epistolario 1954-1995
(pliego de ilustraciones inserto)

Cartas argentinas, de su puño y letra, de:
Jorge Luis Borges, 1962
Julio Cortázar, 1970
Abel Posse, 1995
Cartas escritas a máquina de:
Mario Monteforte Toledo, 1954
Augusto Roa Bastos, 1967
Rosario Castellanos, 1974
Severo Sarduy, 1978

Galería de narradores 1960-2000
con la colaboración técnica de Allen Walter Menton
(pliego de ilustraciones inserto)

Joaquín Gutiérrez, costarricense, San José, Costa Rica, 1960
Rosario Castellanos, mexicana, y Carlos Solórzano, guatemalteco, Congreso de la Comunidad de Escritores Latinoamericanos, Caracas, 1970
Jorge Luis Borges, argentino, Universidad de Houston, marzo de 1972
Juan José Arreola, mexicano, U. C. Irvine, 1972
José Revueltas, mexicano, U. C. Irvine, 1972
Álvaro Menéndez Leal, salvadoreño, U. C. Irvine, 1972

Agustín Yáñez, mexicano, Mesón del Quijote, La Mancha, España, marzo de 1975
Gerardo Sáenz, mexicano, de la Universidad de Kentucky, Eugenio Chang Rodríguez, peruano, de Queens College, N. Y., Seymour Menton y Juan Carlos Onetti, uruguayo, Congreso del IILI, Sevilla, marzo de 1975
José Agustín, mexicano, Newport Beach, California, diciembre de 1978
Augusto Roa Bastos, paraguayo, Simposio sobre el cuento, La Sorbona, París, abril de 1980
Antonio Benítez Rojo, cubano, Simposio sobre el cuento, La Sorbona, París, abril de 1980
Carlos Fuentes, mexicano, U. C. Irvine, mayo de 1980
Gustavo Sainz, mexicano, y Alessandra Luiselli, Newport Beach, California, 1981
Rogelio Sinán, panameño, Encuentro de Escritores Pablo Neruda, Santo Domingo, septiembre de 1983
Álvaro Mutis, colombiano, su esposa, Carmen, y Cathy Menton, Newport Beach, junio de 1993
Abel Posse, argentino, y Seymour Menton, Praga, 1995
Mario Vargas Llosa, peruano, U. C. L. A., junio de 1999
Mario Monteforte Toledo, guatemalteco, y Seymour Menton, Antigua, Guatemala, marzo de 2000
Gabriel García Márquez, colombiano, y Seymour Menton, Casa de las Diligencias, Toluca, noviembre de 2000

ÍNDICE DE NOMBRES

A casca da serpente (J. J. Veiga): 685
A estranha nação de Rafael Mendes (M. Scliar): 698
A History of Persia (P. Sykes): 717
A hora dos ruminantes (J. J. Veiga): 691
Abel Sánchez (M. de Unamuno): 118
Abelleyra, Angélica: 308n
Absalón Pastora, Joaquín: 316
Aburto, Juan: 313
Accidentes (M. L. Puga): 152
Acevedo, Ramón Luis: 273n, 292
Adán Buenosayres (L. Marechal): 747
Adiós muchachos (S. Ramírez): 278n, 295-296, 299, 302-303, 305, 319, 628n
Adire y el tiempo roto (M. Granados): 417
Agüero, Luis: 358n
Aguilar Leal, Roberto: 316
Aguilera Garramuño, Marco Tulio: 255, 515
Aguilera Malta, Demetrio: 59, 70, 580, 581n, 583-585, 587, 589, 591-592
Aguirre, Erick: 297, 305, 311, 316n
Agustín (Ramírez), José: 72, 155, 255
Aira, César: 176
Airó, Clemente: 532
Al borde del silencio (R. Prada Oropeza): 642n
Al faro (V. Woolf): 343
Al filo del agua (A. Yáñez): 16, 24-25, 30, 68-69, 176, 366, 422, 668n
al-Khadafi, Moammar, *véase* Khadafi, Moammar
Albee, Edward: 343
Alberdi, Juan Bautista: 753
Albizu Campos, Pedro: 445
Álbum de familia (R. Castellanos): 150
Alegría, Ciro: 160n, 199, 201, 238n, 273, 281, 458, 657n
Alegría, Fernando: 76n, 502n
Alemán Valdés, Miguel: 67
Alexis, Jacques Stéphen: 435-436

Alguien que anda por ahí (J. Cortázar): 727
Alonso, Dora: 363
Alsino (P. Prado): 627-629, 638
Aluvión de fuego (O. Cerruto): 654n
Alvarado, Pedro de: 268, 338
Álvarez de Arenales, Juan Antonio: 160n
Álvarez Gardeazábal, Gustavo: 189, 479, 515n, 531-534
All Quiet on the Western Front (E. M. Remarque): 172
Allende, Isabel: 734
Allende, Salvador: 641
Amadís de Gaula (G. Ordóñez de Montalvo): 10
Amado, Jorge: 683-684
Amado Blanco, Luis: 395
Amanecer en silencio (A. C. Pérez): 643n
Amorim, Enrique: 458
An Analysis of the Short Stories of Juan Carlos Onetti (M. Millington): 708n
Anaité (M. Monteforte Toledo): 235, 240
Andamos huyendo, Lola (E. Garro): 149
Anderson, Benedict: 15
Anderson, Sherwood: 333
Anderson Imbert, Enrique: 629, 713
Andrea, Pedro Frank de: 70-71
Ángel, Alba Lucía: 533n
Angelina (R. Delgado): 579
Appelfeld, Aharon: 689
Aquino, Anastasio: 269
Arana Osorio, Carlos: 258, 261
Arango, Ángel: 401
Arango, Manuel: 703n
Araujo Subieta, Mario: 654n
Arbeláez, Miguel: 479
Árbol de la vida (L. Otero): 274, 337, 358n, 377
Arboleda, Julio: 493n
Árboles petrificados (A. Dávila): 150
Arco, Juana de: 164
Arcocha, Juan: 395

Arellano, Jorge Eduardo: 315*n*
Arenal, Humberto: 350, 395
Arenas, Reinaldo (Reynaldo): 36, 185, 366, 383-384, 398, 401, 416, 425-426, 429, 431
Arévalo Martínez, Rafael: 212, 223
Arguedas, José María: 332, 657*n*
Argueta, Manlio: 267, 269*n*
Arias, Arturo: 250, 260-262, 267, 273*n*
Aridjis, Homero: 741
Arlt, Roberto: 708, 747*n*, 759
Arráncame la vida (A. Mastretta): 191
Arredondo, Inés: 148, 150-151
Arreola, Juan José: 69-70, 102, 112-114, 116, 118-125, 127-131, 133-137, 139, 155, 365-366, 452, 466-468, 471-472
Arriagada Augier, Julio: 629
Arroyo, Anita: 431
As You Like It (W. Shakespeare): 716
Asbury, Herbert: 717
Ascensión Tun (S. Molina): 139
Asturias, Miguel Ángel: 16, 18, 38, 40, 43, 68, 160*n*, 211-212, 214-222, 224-225, 230, 232-233, 250, 254, 257, 261-262, 330*n*, 365, 398, 478, 549, 574, 576, 580, 587, 589, 634, 670
Audivert, P.: 241
Auf den Marmorklippen (E. Jünger): 688
Aura (C. Fuentes): 162*n*
Ávila Rodríguez, Benigno: 540*n*
Avilés Fabila, René: 59, 72
Azuela, Mariano: 68, 75-79, 84, 89-90, 105-106, 127, 367, 657
Azul (R. Darío): 633

Báez, Carmen: 148
Bahía de silencio (E. Mallea): 273, 309, 747
Bajtín, Mijaíl: 12, 139-141, 169
Balboa, Silvestre de: 430
Balún-Canán (R. Castellanos): 70, 150
Balzac, Honoré de: 481, 483*n*, 549, 675
Barbusse, Henri: 39
Bareiro Saguier, Rubén: 672*n*
Barnet, Miguel: 394-395, 417
Baroja, Pío: 357
Barrientos, René: 649, 654
Barrios, Eduardo: 634*n*
Barrios, Gerardo: 270

Barrios de Chungara, Domitila: 641-642, 654-655
Barthes, Roland: 762
Batista, Fulgencio: 282*n*, 349-350, 352, 354-355, 357, 359, 373, 378, 381, 388-389, 394, 396, 418
Becerra Ortega, José: 350
Belaval, Emilio S.: 444
Belli, Gioconda: 313, 318
Bellini, Giuseppe: 34
Benedetti, Mario: 402, 420, 431, 549, 709
Benet, Stephen Vincent: 124, 127
Benítez Rojo, Antonio: 411, 420, 426, 429, 431, 688
Bergson, Henri: 668*n*
Bernal, Cecilia: 479
Bernstein, Leonard: 174
Bertillón 166 (J. Soler Puig): 350-351, 411
Bestiario (J. Cortázar): 732
Beverley, John: 761
Bhabha, Homi: 15, 761
Bibliografía de la novela colombiana (E. Porras Collantes): 477
Biografía de un cimarrón (M. Barnet): 394, 417
Bioy Casares, Adolfo: 732*n*
Blanco, Tomás: 444
Blandón, Erick: 318
Blest Gana, Alberto: 10, 501
Blixen, Tania von (Isak Dinesen): 340*n*, 341-342, 344
Bocas hambrientas (F. Medina Ferrada): 642
Bodas de sangre (F. García Lorca): 543
Bofill, Ricardo: 426
Bolaños e Isla, Amancio: 73
Bolívar, hoy (A. Uslar Pietri): 172*n*
Bolívar, Simón: 179, 183, 185-186
Bontempelli, Massimo: 101
Boquitas pintadas (M. Puig): 433, 726
Borello, Rodolfo A.: 732*n*
Borge, Tomás: 278*n*, 296, 299-301, 303, 307, 315*n*
Borges, Jorge Luis: 100, 102-103, 115, 135, 137, 139-141, 144, 163*n*, 173, 175, 179, 184, 186, 268, 308, 316, 333*n*, 363, 365, 398, 445, 452, 466, 469, 472, 595*n*, 596, 610, 616-617, 651, 657, 699*n*, 705, 713-724, 730, 732*n*, 733, 736, 747, 749-752, 759

ÍNDICE DE NOMBRES

Bosch, Juan: 93, 439-441, 445
Botero, Fernando: 592
Bradu, Fabienne: 317
Bravo, Douglas: 364
Brecht, Bertolt: 688
Breton, André: 101
Breve historia de la novela mexicana (J. Rojas Garcidueñas): 89*n*
Breve historia de todas las cosas (M. T. Aguilera Garramuño): 515*n*
Britton, Rosa María: 333, 338-340, 346
Browning, Robert: 713
Bruce-Novoa, Juan: 70
Brueghel, Pieter: 703
Brushwood, John S.: 70
Buitrago, Fanny: 478-479
Bush, George: 164, 275, 302
Büssenhausen, Hugo (barón): 118
Buzzati, Dino: 688-689, 705
Buzzi, David: 392-393, 395
Byron, Lord (George Gordon): 488

Caballero, Jiménez: 77
Caballero Bonald, José Manuel: 361, 393*n*
Caballero Calderón, Eduardo: 515*n*, 532-534
Cabezas Lacayo, Omar: 299, 303
Cabrera, Lydia: 350*n*, 388
Cabrera Infante, Guillermo: 27, 36, 173, 267-268, 274, 337-338, 353, 363*n*, 365-366, 386-388, 391, 394, 396, 426, 429, 589
Caicedo, Andrés: 255
Caín (E. Caballero Calderón): 532-533
Calderón, Fernando: 126-127
Callan, Richard J.: 511
Calles, Plutarco Elías: 99
Camara, Madeline: 423-424
Camargo, José Vicente: 160*n*
Cambio de piel (C. Fuentes): 365-366, 396
Caminata por la narrativa latinoamericana (S. Menton): 15
Caminhos cruzados (E. Veríssimo): 676
Camões, Luiz de: 367
Campbell, Joseph: 164
Campobello, Nellie: 148
Camus, Albert: 445
Canaima (R. Gallegos): 16, 18, 20-21, 24, 27, 69, 160*n*, 161, 167, 235, 273, 363, 457-458

Canal Zone (D. Aguilera Malta): 585, 587
Canción de Rachel (M. Barnet): 394
Cané, Miguel: 753
Cantaclaro (R. Gallegos): 565
Canto castrato (C. Aira): 176
Canto Nacional (E. Cardenal): 313
Cantón, Wilberto: 70
Cañas, Alberto: 321*n*
Cañizales, Henry: 479
Caos (F. Herrera): 204, 209-210, 241
Caperucita roja (Ch. Perrault): 40
Capitán de cimarrones (C. Leante): 411
Capote, Truman: 102, 394, 605
Caracol Beach (D. Eliseo Alberto): 429
Carballido, Emilio: 72
Carballo, Emmanuel: 24*n*, 71, 128, 137, 148, 549*n*
Cardenal, Ernesto: 298-299, 303, 310, 312-313, 629*n*
Cárdenas, Cuauhtémoc: 67
Cárdenas Acuña, Ignacio: 413
Cardona López, José: 479
Carías Andino, Tiburcio: 291
Carlos, el amanecer ya no es una tentación (T. Borge): 278*n*
Carlota Amalia: 179, 183
Carmen (P. Castera): 579
Carnegie, James: 416
Caro, Miguel Antonio: 502
Carpentier, Alejo: 11, 34-38, 39*n*, 40-41, 47, 55, 59, 62, 68, 100-101, 144, 160, 162*n*, 172-173, 178, 180, 185, 212, 282*n*, 363, 365, 366*n*, 368-369, 370*n*, 372*n*, 379, 381, 383, 385, 388-390, 393, 416, 418-421, 425, 433, 435-436, 478, 523, 529, 566, 576, 589, 621, 624-625, 642, 714, 738, 740-741, 748
Carranza, Venustiano: 99, 192
Carrasquilla, Tomás: 10, 480-489, 491-501
Carroll, Lewis: 387
Cartas apócrifas (G. Guardia): 333, 339-340, 345-346
Carter, James: 302
Carvajal, Alberto: 477
Casal, Lourdes: 368*n*
Casalduero, Joaquín: 10
Castañón, Adolfo: 9
Castelar, Emilio: 499

Castellanos, Pruden: 265
Castellanos, Rosario: 70-71, 148, 150, 152
Castellanos Quinto, Erasmo: 73
Castera, Pedro: 579
Castigo divino (S. Ramírez): 295, 302
Castillo, Ernesto: 298
Castillo, José María: 300n
Castillo, Otto René: 269
Castillo Armas, Carlos: 255, 258, 261
Castillo-Feliu, Guillermo I.: 627n
Castrera, Pedro: 579
Castro, Cipriano: 64
Castro, Claudio de: 340
Castro, Fidel: 38, 59, 64, 253, 301-302, 337, 350-355, 364, 367, 371, 378, 411, 418, 421-422, 460-461, 641, 714, 728n
Cazabandido (N. Fuentes): 394
Cejador y Frauca, Julio: 480
Cela, Camilo José: 69
Celano, Tomás de: 632n
Celestino antes del alba (R. Arenas): 398, 400, 425
Céline, Louis-Ferdinand: 708
Cenizas (F. Herrera): 195
Cepeda Samudio, Álvaro: 327n, 332, 477, 550n
Cerda, Martha: 9
Cerruto, Óscar: 654
Cervantes, Miguel de: 174-175, 713
Césaire, Aimé: 593
Céspedes, Augusto: 654
Céspedes, Carlos Manuel de: 378
Cien años de soledad (G. García Márquez): 42n, 48-49, 54-58, 90, 102, 139, 172, 174, 185, 188, 190, 250, 268, 273, 327n, 332, 365, 396, 426, 470, 475, 477-478, 516, 532, 549-551, 553-556, 559, 562-563, 565-568, 573-580, 588, 591, 595, 611, 668, 684-686, 690, 692, 697, 749
Ciénaga (L. F. Rodríguez): 337, 458-459
Cienfuegos, Camilo: 350
Cieza de León, Pedro: 739
Cifuentes, Edwin: 250, 262-263
Cinco familias (O. Lewis): 394, 654
City Block (W. Frank): 21n
Ciudad Real (R. Castellanos): 150, 152
Ciudad rebelde (L. Amado Blanco): 395-396

Clave de sol (S. Ramírez): 295n
Clinton, William J.: 276
Cobra (S. Sarduy): 363n, 370
Cofiño López, Manuel: 10, 402, 406, 411, 642-643
Cojulún Bedoya, Carlos: 265
Cola de zorro (F. Buitrago): 478
Cold Mountain (Ch. Frazier): 192
Coleridge, Samuel Taylor: 666
Colibrí (S. Sarduy): 370, 426
Coloma, Fidel: 315n
Colombia nazi (S. Galvis): 187
Colón, Cristóbal: 179, 183, 280n
Colosio, Luis Donaldo: 714
Collazo, Miguel: 401
Como agua para chocolate (L. Esquivel): 734
Como un mensajero (M. Montero): 39n
Concentración pública (R. González de Cascorro): 354
Concierto barroco (A. Carpentier): 41
Condenados de Condado (N. Fuentes): 394
Cóndores no entierran todos los días (G. Álvarez Gardeazábal): 189, 532-533
Confabulario (J. J. Arreola): 69, 112, 119, 122-129, 131, 133
Confabulario total (J. J. Arreola): 70
Conrad, Joseph: 34, 37, 59, 624, 723
Conti, Haroldo: 732n
Contreras, Eduardo: 300n
Conversación en La Catedral (M. Vargas Llosa): 623
Cook, Paul J.: 446
Corbière, Tristan: 398
Cornejo Polar, Antonio: 598n
Corona de sombra (R. Usigli): 71
Coronel Urtecho, José: 311
Cortázar, Julio: 27, 90, 100, 133-135, 137, 139, 150, 160, 172-173, 333n, 364-365, 381, 452, 466, 469, 471-472, 566, 576, 578, 613n, 688-689, 692, 725-727, 729-734, 747, 749
Cortés, Hernán: 162
Cossío Woodward, Miguel: 402
Cratilo (Platón): 161n
Cristóbal Nonato (C. Fuentes): 179
Croce, Benedetto: 714
Crónica de una muerte anunciada (G. García Márquez): 157, 173, 433, 601

ÍNDICE DE NOMBRES   783

Cross, Elsa: 148
Crowder, Enoch: 37
Cruz, sor Juana Inés de la: 27
Cuadra, José de la: 591
Cuadra, Pablo Antonio: 311, 344*n*
Cuadra, Roberto: 312
Cuando la noche muera (J. Travieso): 422
Cuentos de ciencia ficción (R. Llopis): 401
Cuentos de la Revolución cubana (A. Fornet): 393*n*
Cuentos puertorriqueños de hoy (R. Marqués): 443-444, 446
Cunha, Euclides da: 185, 596, 608, 616, 686
Cunninghame Graham, R. B.: 606*n*
Curcio Altamar, Antonio: 476

Chamorro, Pedro Joaquín: 309-310
Chanson de Roland: 367
Chapman, Arnold: 21*n*
Chávez Morado, José: 367
Chéjov, Antón: 112, 140
Cholos (J. Icaza): 160*n*, 201, 273, 281, 458, 657*n*

D'Halmar, Augusto: 629
Dalton, Margarita: 148-149
Dalton, Roque: 267*n*, 268-270, 274, 291, 338, 646*n*
Dante Alighieri: 127, 342, 502-503, 507, 512, 518, 528, 643
Darío, Rubén: 56, 270, 298, 306, 307*n*, 308, 310, 633
Darío Abreu, José: 479
Dauster, Frank: 70
Dávila, Amparo: 148, 150-151
Day, Mark: 699
De donde son los cantantes (S. Sarduy): 16, 29, 32, 69, 160*n*, 273, 337, 370-371, 374, 376, 387, 394, 458, 587
De noche vienes (E. Poniatowska): 152
De peña pobre (C. Vitier): 422
Del presidente no se burla nadie (J. J. Fajardo): 59, 478
Delgado, José Matías: 269
Delgado, Rafael: 579
Delvaux, Paul: 725
Derrida, Jacques: 762
Descartes, René: 37, 39, 166

Desnoes, Edmundo: 354, 357, 358*n*, 360-362, 386, 393, 395, 411, 426, 431
Despertar 1959 (M. O. Manresa Lago): 642*n*
Después de las bombas (A. Arias): 250, 257, 260, 262, 264-265, 267
Deuel, Pauline: 542*n*
Diálogos con el cuerpo (E. Seligson): 153
Díaz, Jesús: 394
Díaz, Porfirio: 24, 38, 99
Díaz Alfaro, Abelardo: 443-444, 446-447
Díaz del Castillo, Bernal: 736
Díaz Lozano, Argentina: 265
Díaz Ortega, Haydée: 412
Díaz Valcárcel, Emilio: 444, 446
Dickens, Charles: 133, 136, 481
Diderot, Denis: 158, 179
Diego, Eliseo Alberto: 429
District of Columbia (J. Dos Passos): 675, 678-680
Divina comedia (Dante): 80, 342, 503, 510, 528, 578, 643
Doble acento (E. Florit): 357*n*
Dobles, Fabián: 321*n*
Dolujanoff, Emma: 148
Don Goyo (D. Aguilera Malta): 587, 591, 593
Don Segundo Sombra (R. Güiraldes): 75, 363, 452, 628*n*, 657
Donde acaban los caminos (M. Monteforte Toledo): 235, 240-242
Donoso, José: 173
Doña Bárbara (R. Gallegos): 75, 196-197, 202, 235, 363, 457, 461-464, 542, 588, 628*n*, 657, 722
Dos Passos, John: 16, 22-23, 24*n*, 112, 160*n*, 200, 358-359, 367, 406, 458, 634, 675-681
Dostoievski, Fyodor M.: 140, 357
Dow, Alberto: 479
Dreaming in Cuban (C. García): 430
Dubliners (J. Joyce): 16, 333*n*
Dueñas, Guadalupe: 148
Duvalier, François ("Papa Doc"): 64

Earle, Peter: 35
Ecce Pericles! (R. Arévalo Martínez): 212
Echavarren, Roberto: 431
Echeverría, Esteban: 420

ÍNDICE DE NOMBRES

Echeverría, Myriam: 431
Ecue-Yambo-O (A. Carpentier): 417
Eich, Gunter: 102
El acoso (A. Carpentier): 370, 589
El águila y la serpiente (M. L. Guzmán): 68, 92
El alférez real (E. Palacios): 477, 579
El alhajadito (M. A. Asturias): 398
El árbol de los pañuelos (J. Escoto): 267
El arpa y la sombra (A. Carpentier): 178, 419, 433, 714, 738
El bazar de los idiotas (A. Gardeazábal): 532
El buen salvaje (E. Caballero Calderón): 515n
El burlador de Sevilla (Tirso de Molina): 565
El caballero de Olmedo (F. Lope de Vega): 476
El caballo y su sombra (E. Amorim): 458
El cadáver (B. Sánchez Suárez): 533n, 541n
El candidato (A. A. Fernández): 422
El canto de guerra de las cosas (J. Pasos): 311
El comandante veneno (M. Pereira): 424
El coronel no tiene quien le escriba (G. García Márquez): 549n
El cristiano errante (A. J. de Irisarri): 262
El Cristo de espaldas (E. Caballero Calderón): 532-533
El cuarto círculo (L. R. Nogueras y G. Rodríguez Rivera): 411, 413, 415
El cuento costarricense (S. Menton): 11
El cuento hispanoamericano (S. Menton): 68, 72, 92, 455, 581, 707
El derecho de asilo (A. Carpentier): 35, 59
El día señalado (M. Mejía Vallejo): 189, 532-534, 538n, 541n, 542, 546-547, 572-578
El discurso del método (R. Descartes): 37, 756
El embrujo de Sevilla (C. Reyles): 440
El escudo de hojas (A. Benítez Rojo): 431
El espejo de Lida Sal (M. A. Asturias): 18n
El espejo enterrado (C. Fuentes): 164
El farol (L. Soldevilla): 360, 424
El feroz cabecilla (R. F. Muñoz): 176
El fin del viaje (V. Woolf): 343

El general en su laberinto (G. García Márquez): 134, 173-174, 186, 738
El gran solitario de palacio (R. Avilés Fabila): 59
El guerrero (A. Sarasquete de Smyth): 336n
El hermano asno (E. Barrios): 634
El hostigante verano de los dioses (F. Buitrago): 478
El indio (G. López y Fuentes): 110n
El informe de Brodie (J. L. Borges): 723
El insondable (A. Pineda Botero): 182-183, 185-186
El largo atardecer del caminante (A. Posse): 192, 736, 740, 743
El libro de arena (J. L. Borges): 724
El libro de buen amor (J. Ruiz, Arcipreste de Hita): 174
El libro de la invasión (F. Martínez y P. Rivera): 338
El libro fantástico de Oaj (M. Collazo): 401
El lunes te mataré (E. Krauze): 154
El luto humano (J. Revueltas): 69, 76, 160n, 201, 238n, 273, 366-367, 422, 458, 589, 657n
El Llano en llamas (J. Rulfo): 103, 110
El mal metafísico (M. Gálvez): 747
El mar de las lentejas (A. Benítez Rojo): 411, 420, 431
El mundo alucinante (R. Arenas): 185, 383-384, 386, 401, 416
El mundo es ancho y ajeno (C. Alegría): 160n, 201, 238n, 273, 281, 363, 458, 657n
El otoño del patriarca (G. García Márquez): 34-35, 41, 42n, 47, 50, 53, 55-59, 61-62, 134, 173, 180n, 478, 573-579, 592, 621, 624
El papa verde (M. A. Asturias): 216, 330n
El perseguido (C. Leante): 350
El pozo (J. C. Onetti): 478
El proceso (F. Kafka): 755, 757
El pueblo y los atentados (E. Cifuentes): 250, 257, 262, 265
El Quijote (M. de Cervantes): 10, 175, 370n, 499, 503, 515n, 528, 549, 564, 578
El realismo mágico en el cuento hispanoamericano (A. Flores): 704

El recurso del método (A. Carpentier): 34-38, 40-41, 59, 62, 173, 363n, 579, 621, 624
El reino de este mundo (A. Carpentier): 11, 144, 180, 282n, 372, 379, 417, 419, 435, 595, 759
El resplandor (M. Magdaleno): 110
El rey de La Habana (P. J. Gutiérrez): 429
El ruso (M. Pereira): 425-426
El secuestro del general (D. Aguilera Malta): 59
El señor Presidente (M. A. Asturias): 39-40, 212, 216, 219, 222-223, 225, 232-233, 250-251, 257, 261-262, 574, 589, 670n
El siglo de las luces (A. Carpentier): 36, 55, 185, 363n, 368, 380-381, 383, 385-386, 396, 416
El sol a plomo (H. Arenal): 350-352
El sol, ese enemigo (J. L. Fuentes): 355, 357
El tiempo es el diablo (R. Bofill): 426
El tigre (F. Herrera): 195-196, 199-200, 202-204, 209-210
El titiritero (G. Álvarez Gardeazábal): 515n, 532, 533n
El último filo (R. Prada Oropeza): 642n
El Valle de las Hamacas (M. Argueta): 267
El viaje (M. Collazo): 401
Eliade, Mircea: 523
Eliot, George: 483n
Eliot, T. S.: 749
Elizondo, Salvador: 27
En ciudad semejante (L. Otero): 274, 337, 358n, 376, 397, 422-423
En noviembre llega el arzobispo (H. Rojas Herazo): 563
En otoño, después de mil años (M. Yauri Montero): 402
Eneida (Virgilio): 367, 502-503, 519n, 528
Enigma para un domingo (I. Cárdenas Acuña): 413
Enrigue, Álvaro: 308n, 316n
Enríquez, Carlos: 389
Enríquez de Rivera, fray Payo: 18
Ensor, James: 725
Entre hermanos (F. Gamboa): 71
Entre la piedra y la cruz (M. Monteforte Toledo): 160n, 235-237, 239-242, 247, 273, 281, 458, 657n
Epistolario (L. de Góngora): 120
Eran las doce... y de noche (A. Díaz Lozano): 265
Erro, Gundmunsson: 688
¿Es Julio Cortázar un surrealista? (E. Picón Garfield): 725
Escalante, Aníbal: 364
Escoto, Julio: 267, 273, 275, 278n, 279, 621
Escoto, Miguel de: 299, 629n
Espejo, Beatriz: 152
Espejo de paciencia (S. de Balboa): 430
Espinosa, Germán: 478
Esquivel, Laura: 734
Estaba la pájara pinta sentada en el verde limón (A. L. Ángel): 533n
Éste era un gato... (L. A. Ramos): 67
Estévez, Abilio: 429
Estrada Cabrera, Manuel: 39, 64, 195, 212-213, 215, 219, 225, 258
Estupiñán Bass, Nelson: 59
Etcheverry, José E.: 704n
Eugénie Grandet (H. de Balzac): 483n
Evolución de la novela en Colombia (A. Curcio Altamar): 476

Fajardo, Julio José: 59, 478
Falsas crónicas del sur (A. Lydia Vega): 455
Farabeuf (S. Elizondo): 27
Farsa (J. Goyanarte): 59
Faulkner, William: 69, 251, 393, 398, 445, 567, 589, 708, 749
Fauré, Gabriel: 24n
Fausto (Goethe): 490
Feijóo, Samuel: 400
¡Felices Pascuas! (H. Perera Soto): 426
Felipe II, rey de España: 183
Fernández, Alfredo Antonio: 422
Fernández, Macedonio: 751
Fernández, Pablo Armando: 273, 337, 353, 370, 374, 379, 393, 395-396, 406, 411, 422-423, 495n
Fernández de Lizardi, José Joaquín: 123, 131
Fernández de Oviedo, Gonzalo: 737, 739, 741

Fernández Retamar, Roberto: 353
Ferretis, Jorge: 99
Ficciones (J. L. Borges): 469n, 722
Figueres, José: 282n, 301
Figueroa, Edwin: 444
Final del juego (J. Cortázar): 726, 730-731
Five Families (O. Lewis): 394, 654
Flemming, Alexander: 345n
Flores, Ángel: 704n
Flores, Marco Antonio: 250, 260, 262
Florit, Eugenio: 357n
Fonseca, Carlos: 296, 300
Fornet, Ambrosio: 393n, 403
Francisco, san (de Asís): 631n-634n, 635, 637n
Franco, Jean: 504n
Franco Bahamonde, Francisco: 35, 311, 444
Frank, Waldo: 21n
Franklin, Benjamín: 192
Franqui, Carlos: 728n
Frazier, Charles: 192
Frutos de mi tierra (T. Carrasquilla): 10, 475, 478, 480-481, 483, 489, 493, 499-500, 502, 571-579
Fuenmayor, Alonso: 550n
Fuenmayor, José Félix: 550n
Fuenteovejuna (F. Lope de Vega): 476
Fuentes, Carlos: 16, 25-27, 29, 34, 67, 73, 90, 100, 139-140, 157-158, 159n, 160-161, 162n, 163-165, 166n, 167-174, 176-178, 180, 251, 254, 267, 273, 274n, 322, 363, 366-367, 396, 422, 433, 458, 478, 502n, 525n, 566, 589, 597n, 610n, 621, 634, 672, 685, 714, 748
Fuentes, José Norberto: 394
Fuentes, Ydígoras: 261
Fuerte es el silencio (E. Poniatowska): 152

Gabriela, Cravo e Canela (J. Amado): 683-684
Gage, Thomas: 421
Gaitán, Jorge Eliécer: 187
Galeano, Eduardo: 268, 302
Galich, Franz: 316
Gálvez, Manuel: 440, 747
Galvis, Silvia: 186
Gallegos, Rómulo: 16, 18-20, 99, 160n, 161, 163, 197, 199, 235, 273, 281, 334, 363, 440, 445, 457-458, 460-464, 525, 528, 565, 628, 634, 657
Gallegos Lara, Joaquín: 582
Gamboa, Berta: 68
Gamboa, Federico: 11, 71
Gan, Luisa: 479
Garay, Pedro de: 159
García, Cristina: 430
García, Dwight: 431
García Canclini, Néstor: 761
García Laviana, Gaspar: 299
García Lorca, Federico: 126-127, 277, 344, 398, 543, 547, 568, 634n
García Márquez (P. Earle): 35
García Márquez: historia de un deicidio (M. Vargas Llosa): 596n
García Márquez, Gabriel: 34, 42, 45, 48-49, 52-53, 56-57, 59-62, 65, 90, 100, 102, 134, 137, 157, 160, 172-174, 178, 186, 189, 254, 267-268, 301, 327n, 332, 364-365, 433, 475, 477-478, 532-533, 549-551, 553, 555, 559, 561-568, 576, 580, 592, 596, 601, 621, 624-625, 628n, 672, 690, 705, 733, 738
García Ponce, Juan: 153
García Prada, Carlos: 480
Garmendia, Julio: 466-472
Garmendia, Salvador: 580, 642
Garro, Elena: 148-150, 696n
Gavidia, Francisco: 269
Genette, Gérard: 173
Gershwin, Ira: 50
Gestos (S. Sarduy): 32, 337, 363n, 368, 370, 374, 395
Gil Gilbert, Enrique: 581-582
Glantz, Margo: 72, 148
Goethe, Johann W. von: 490
Goic, Cedomil: 628n
Goldmann, Lucien: 760, 762
Goldsack, Hugo: 629
Gombrowicz, Witold: 753
Gómez, Juan Vicente: 64
Gómez, Laureano: 187
Gómez de Avellaneda, Gertrudis: 416
Gómez Valderrama, Pedro: 478-479
Góngora, Luis de: 120, 131, 383, 476
González, José Luis: 93, 440-441, 443-444

ÍNDICE DE NOMBRES

González, Juan Natalicio: 658, 660n
González, Manuel Pedro: 75n-76n
González, Reynaldo: 395
González de Cascorro, Raúl: 354
González Echevarría, Roberto: 370n, 619
González León, Adriano: 580
González Martínez, Enrique: 121
Gorbachov, Mijaíl: 302
Goya, Francisco de: 183
Goyanarte, Juan: 59
Granados, Manuel: 417
Grandeza (T. Carrasquilla): 480, 483n
Grau San Martín, Ramón: 354
Grilhe, Gillette: 733
Gringo viejo (C. Fuentes): 67, 139, 168n, 173, 178
Grossberg, Carl: 467
Groussac, Paul: 753
Guardia, Gloria: 333, 340, 341n, 344n, 345
Guevara, Ernesto Che: 268, 298, 337, 354, 364, 367, 411, 641, 643, 646, 649, 727
Guillén, Fedro: 70
Guillén, Nicolás: 353, 388-389, 592
Güiraldes, Ricardo: 528, 628, 657
Gutiérrez, Joaquín: 321, 326, 327n, 332, 589
Gutiérrez, Pedro Juan: 429
Gutiérrez Alea, Tomás: 361
Gutiérrez Nájera, Manuel: 120
Guzmán, Augusto: 654n
Guzmán, Martín Luis: 68, 92-94, 98-99, 105, 599, 628

Habsburgo, Maximiliano de: 179, 183
Hace tiempos (T. Carrasquilla): 480
Hamlet (W. Shakespeare): 54, 126, 171, 342, 572
Harss, Luis: 502n
Hasta no verte Jesús mío (E. Poniatowska): 152
Hawthorne, Nathaniel: 40
Hegel, Georg W. F.: 141-142
Hemingway, Ernest: 445, 585
Henríquez Ureña, Camila: 383
Heras León, Eduardo: 394
Heredia, José María: 385
Hernández, Efrén: 466, 469, 472
Hernández, Felisberto: 466, 472

Hernández, José: 751
Hernández, Luisa Josefina: 71
Hernández de Mendoza, Cecilia: 479
Hernández Martínez, Maximiliano: 64, 269
Herrera, Flavio: 195, 198-204, 209-211, 235, 241, 267n
Herrera, Manuel: 401
Herrera Sobek, María: 71
Herrera Soto, Roberto: 479
Herrero, Juan Luis: 401
Hijo de hombre (R. Bastos): 55, 365, 591, 657, 660n, 661, 665, 671-672
Hijo de ladrón (M. Rojas): 332
Hijo de opa (G. Vallejo de Bolívar): 649n
Hillis Miller, J.: 762
Hiriart, Hugo: 72
Historia comparada de las relaciones sexuales (H. Büssenhausen): 118
Historia crítica de la novela guatemalteca (S. Menton): 11
Historia de la literatura hispanoamericana (E. Anderson Imbert): 629
Historia de la novela hispanoamericana (F. Alegría): 502
Historia de una pasión argentina (E. Mallea): 756
Historia del arrabal (M. Gálvez): 440
Historia del famoso caballero Tirante el Blanco (J. Martorell): 10, 617n
Historia universal de la infamia (J. L. Borges): 308, 717, 719, 747
Historia verdadera del realismo mágico (S. Menton): 212, 735
Historias de cronopios y famas (J. Cortázar): 613n, 732
Hitler, Adolfo: 53, 102, 418, 714, 754, 757
Homar, Lorenzo: 444
Hombres de maíz (M. A. Asturias): 225, 233, 254, 587
Homero: 77-78, 175, 503n, 519-520
Horas de fiebre (S. Villafañe): 483n
Huasipungo (J. Icaza): 363
Hudson, William Henry: 753
Huerta, David: 72
Huerta, Victoriano: 78, 192
Hughes, Langston: 593
Huis clos (J.-P. Sartre): 113

Humo (E. Martínez Sobral): 483*n*
Hurtado, Óscar: 401

Icaza, Jorge: 99, 160*n*, 199, 201, 273, 281, 458, 580, 657*n*
Ifigenia (T. de la Parra): 343-344
Ikael Torass (N. D. Williams): 416
Il deserto dei Tartari (D. Buzzati): 689
Ilíada (Homero): 77-78, 81-83, 90, 367, 503, 519, 528
Illich, Iván: 72
In cold blood (T. Capote): 394
Infierno negro (D. Aguilera Malta): 592
Intermedio para mujeres (E. Krauze): 154
Ir Nofesh (A. Appelfeld): 689
Irisarri, Antonio José de: 223, 262
Isaacs, Jorge: 575

Jaguar en llamas (A. Arias): 273*n*
James, Preston: 658*n*
Jaramillo Levi, Enrique: 340
Jaula de palabras (G. Sainz): 148, 152
Jeanmaire, Federico: 192
Jesús (Jesucristo): 85, 220, 631, 637*n*
Jesús, Carolina de: 654
Jesús, Salvador de: 443-444
Jiménez Rueda, Julio: 73
Jira descomunal (S. Feijóo): 400-401
Jitrik, Noé: 642, 760*n*
Johnson, Lyndon Baines: 364
Jomeini (ayatolá): 140, 596
Jordan, Constance: 748*n*
Joyce, James: 16, 69, 166*n*, 224, 333, 445, 589, 748
Juan Pablo II (papa): 299
Juan Quinquín en Pueblo Mocho (S. Feijóo): 400
Juan XXIII (papa): 299
Juego de espejos (G. Ortega): 430
Jünger, Ernst: 688, 705
Juvenal niña (G. Vallejo de Bolívar): 649*n*
Juyungo (A. Ortiz): 201, 458, 589, 591, 657*n*

Kafka, Franz: 116, 136, 150, 357, 713, 755, 757
Kant, Emmanuel: 758
Kelly, John R.: 629
Kennedy, John F.: 714

Khadafi, Moammar: 301
Kordon, Bernardo: 642
Kosygin, Aleksej Nicolaevich: 364
Krauze, Ethel: 72, 154
Kristeva, Julia: 173
Kubitschek, Juscelino: 689

L'argent (E. Zola): 483*n*
L'avare (Molière): 483*n*
L'oiseau bleu (M. Maeterlinck): 129
La agonía del poeta (R. Steiner): 310
La Araucana (A. de Ercilla): 10
La bolsa (J. Martel): 483*n*
La brizna de paja en el viento (R. Gallegos): 363*n*, 457, 459-464
La búsqueda (J. Sarusky): 352, 355-356, 390
La búsqueda del absoluto (H. de Balzac): 549
La cabeza de la hidra (C. Fuentes): 173, 274*n*, 433
La campaña (C. Fuentes): 157, 158*n*, 161, 163-164, 167, 169, 171, 173-174, 176-180
La carreta (R. Marqués): 448
La casa de Bernarda de Alba (F. García Lorca): 543, 634*n*
La casa de los espíritus (I. Allende): 734
La casa grande (A. Cepeda Samudio): 327*n*, 332, 477
La casa verde (M. Vargas Llosa): 250, 365, 589, 623
La casada infiel (F. García Lorca): 344
La Celestina (F. de Rojas): 174
La ciudad junto al río inmóvil (E. Mallea): 16, 20-21, 27, 69, 113, 160*n*, 333*n*
La ciudad y los perros (M. Vargas Llosa): 139
La consagración de la primavera (A. Carpentier): 41*n*, 418-419, 421
La expresión americana (J. Lezama Lima): 385
La fiesta del Chivo (M. Vargas Llosa): 621
La gringa (F. Sánchez): 749
La guerra de guerrillas (E. Che Guevara): 268
La guerra del fin del mundo (M. Vargas Llosa): 144, 165, 173, 175, 185, 416,

433, 595, 610, 614, 616, 618, 623, 685-687
La guerra tuvo seis nombres (E. Heras León): 394
La guerra y la paz (L. Tolstoi): 175
La Habana para un infante difunto (G. Cabrera Infante): 426
La importancia de llamarse Daniel Santos (L. R. Sánchez): 175
La insurrección (A. Skármeta): 318
La isla virgen (D. Aguilera Malta): 587, 591
La lente opaca (F. Herrera): 195
La letra escarlata (N. Hawthorne): 40
La lotería de San Jorge (A. Uribe): 278n, 305, 307-308, 315-316, 318-319
La mala hora (G. García Márquez): 532-533, 549
La marquesa de Yolombó (T. Carrasquilla): 10, 480
La muerte de Artemio Cruz (C. Fuentes): 29n, 90, 139, 168n, 172, 177, 192, 251, 273, 365-367, 396, 422, 458, 589, 610n
La mujer habitada (G. Belli): 318
La mulata y el guerrero (P. Orgambide): 746n
La Nausée (J.-P. Sartre): 21
La nieve del Almirante (A. Mutis): 134
La noche de los asesinos (J. Triana): 431
La noche de Tlatelolco (E. Poniatowska): 151
La novela colombiana: planetas y satélites (S. Menton): 11, 35
La novela de la selva hispanoamericana (L. de León Hazera): 520n
La novela de Perón (T. E. Martínez): 758
La novela sobre la Violencia en Colombia (G. Suárez Rondón): 531n
La novena estación (J. Becerra Ortega): 350-352
La nueva novela hispanoamericana (C. Fuentes): 160, 502n
La Numancia (M. de Cervantes): 175
La ofrenda (R. Prada Oropeza): 642n
La otra raya del tigre (P. Gómez Valderrama): 478
La paciencia impaciente (T. Borge): 300
La pasión según Eva (A. Posse): 744-745
La primera batalla (L. J. Hernández): 71

La raza cósmica (J. Vasconcelos): 166, 273, 279, 281, 458
La región más transparente (C. Fuentes): 16, 25-27, 69, 160n, 177
La religión de los elefantes (D. Buzzi): 392-393
La ronda de los rubíes (A. C. Pérez): 413
La semana de colores (E. Garro): 149
La semilla del fuego (M. A. Vázquez): 265
La señal (I. Arredondo): 150
La señora Dalloway (V. Woolf): 343
La sierpe empieza en cola (G. Vallejo de Bolívar): 649n
La situación (L. Otero): 273, 337, 358, 376-377, 396-397
La tempestad (F. Herrera): 200-204, 235
La tienda de muñecos (J. Garmendia): 468, 472
Latin America's New Historical Novel (S. Menton): 182
La traición de Rita Hayworth (M. Puig): 375, 396
La última campaña (F. Gamboa): 71
La última mujer y el próximo combate (M. Cofiño López): 10, 402-403, 406, 408, 411, 643
La venganza de la gleba (F. Gamboa): 71
La víspera del hombre (R. Marqués): 450, 452-453
La vorágine (J. E. Rivera): 12, 75, 144, 160, 165, 167, 196, 235, 363, 475, 477, 502-503, 506-507, 515, 523-524, 528, 571-573, 575-579, 600, 628n
La vuelta del cruzado (F. Calderón): 126
Laberinto (F. Median Ferrada): 642
Lacan, Jacques: 31
Lagerlöf, Selma: 345
Lago, Silvia: 642, 708n
Laguerre, Enrique: 444
Lang, Edgar: 298
Lanza, Miguel: 160n, 179
Larga hora: la vigilia (R. Prada Oropeza): 642n
Larrazábal, Osvaldo: 464
Larreta, Enriqueta: 568n
Las barreras del alba (A. Reyes Trejo): 643n
Las buenas conciencias (C. Fuentes): 73

Las causas supremas (H. Sánchez): 478
Las historias prohibidas del Pulgarcito (R. Dalton): 268, 269n, 271, 274, 291, 338
Las huellas de mis pasos (P. Rivera): 274, 333-335, 338-339
Las lanzas coloradas (A. Uslar Pietri): 172, 717
Las memorias de Mamá Blanca (T. de la Parra): 344
Las palmeras salvajes (W. Faulkner): 749
Las pequeñas estatuas (A. Pareja Diezcanseco): 59
Las posibilidades del odio (M. L. Puga): 152
Las venas abiertas de América Latina (E. Galeano): 302
Lastra, Pedro: 549n
Latorre, Mariano: 16, 321, 329
Laugerud, Kjell: 261
Leal, Luis: 70, 75, 76n, 104n, 145, 148
Le Dictateur (F. de Miomandre): 34, 37
Le livre des douze (C. Franqui): 728n
Leante, César: 350, 411, 416-417
Leenhardt, Jacques: 760, 762
Lenz von Liebenfels, Adolfo: 757
Leñero, Vicente: 72
León Hazera, Lydia de: 520n
Leonard, Kathy S.: 642n
Les Arbres musiciens (J. S. Alexis): 436
Les misérables (V. Hugo): 433
Lévi-Strauss, Claude: 162n
Levy, Kurt: 480, 481n, 533
Lewis, Oscar: 335, 394, 417, 654
Leyendas de Guatemala (M. A. Asturias): 16, 25, 69, 160n
Leyton, Roberto: 654
Lezama Lima, José: 162n, 166n, 364-366, 379, 381, 383, 385, 388, 393, 423, 425, 429, 748
Libro de la vida (T. de Jesús): 344
Lichtenstein, Roy: 394
Lilus Kikus (E. Poniatowska): 152
Lillo, Baldomero: 333n
Lima, Jorge de: 592
Lincoln, Abraham: 585, 717
Littín, Miguel: 628
Lope de Vega, Félix: 476
López de Gómara, Francisco: 736
López-Nussa, Leonel: 36, 386, 388

López Pérez, Rigoberto: 300
López y Fuentes, Gregorio: 11, 68, 76, 99, 110n, 127, 199, 238n
Lorenzo Fuentes, José: 355, 357, 395
Los albañiles (V. Leñero): 72
Los años duros (J. Díaz): 364, 394
Los caminos de la noche (N. Navarro): 393
Los caranchos de la Florida (B. Lynch): 163
Los compañeros (M. A. Flores): 250, 254-255, 257, 260, 262, 264-265
Los convidados de agosto (R. Castellanos): 150
Los cortejos del diablo (G. Espinosa): 478
Los de abajo (M. Azuela): 68-69, 75-78, 81-83, 87, 89-90, 104-105, 109, 144, 192, 226, 367, 649, 657
Los demonios salvajes (M. R. Morales): 250, 254-255, 257, 262
Los desnudos (D. Buzzi): 392-393
Los días de nuestra angustia (N. Navarro): 354, 390
Los estafados (P. Castellanos): 265
Los eternos vagabundos (R. Leyton): 654
Los fundadores del alba (R. Prada Oropeza): 642-643, 645-646, 648-649, 654-655
Los funerales de la Mamá Grande (G. García Márquez): 549n
Los guerrilleros negros (C. Leante): 411, 416-418
Los hijos de Sánchez (O. Lewis): 394, 654
Los hombres color de silencio (A. Molina): 413
Los huéspedes reales (L. J. Hernández): 71
Los muertos están cada día más indóciles (F. Medina Ferrada): 402, 642, 646, 649, 654-655
Los niños de medianoche (S. Rushdie): 579
Los niños se despiden (P. A. Fernández): 273, 337, 370, 374-376, 387, 396, 406, 411, 422-423, 495n
Los nombres del infierno (R. Prada Oropeza): 642n
Los nuestros (L. Harss): 502
Los ojos de los enterrados (M. A. Asturias): 216
Los pasos perdidos (A. Carpentier): 36, 162n, 379, 523, 529, 589

Los pecados de la tribu (J. J. Veiga): 687*n*
Los peregrinos inmóviles (G. López y Fuentes): 76, 238*n*
Los perros del Paraíso (A. Posse): 144, 176, 178, 184, 686, 714, 739-740, 744, 747
Los que se van (D. Aguilera Malta): 581-582, 587, 590
Los ríos profundos (J. M. Arguedas): 332
Los Sangurimas (J. de la Cuadra): 588, 591
Los sentidos del símbolo (R. Prada Oropeza): 642*n*
Los tres procesos de Manirema (J. J. Veiga): 687*n*
Los viajes de Orlando (E. M. Muñoz): 426
Los vulnerables (G. Vallejo de Bolívar): 642, 649-651, 653-655
Loveluck, Juan: 549*n*
Lugones, Leopoldo: 753
Lumumba, Patricio: 269
Luz de dos (E. Seligson): 153
Luzuriaga, Gerardo: 592
Lynch, Benito: 163, 628

Llarena, Elsa de: 148
Llopis, Rogelio: 401
Lloréns Torres, Luis: 444

MacAdam, Alfred: 431, 598*n*
Macbeth (W. Shakespeare): 572, 716
Machado, Gerardo: 362, 337, 375, 381, 389, 418
Machaut, Guillermo de: 119
Madero, el otro (I. Solares): 139
Madero, Francisco I.: 99, 192
Madrid (D. Aguilera Malta): 585, 587
Madrid-Malo, Néstor: 479
Maestra voluntaria (D. Olema García): 360, 424
Maeterlinck, Maurice: 129
Magdaleno, Mauricio: 110*n*
Magritte, René: 725
Mailer, Norman: 394
Maitreya (S. Sarduy): 370, 426
Mal de amores (A. Mastretta): 182, 190-191
Mallea, Eduardo: 16, 20-22, 45, 113, 160*n*, 243, 273, 309, 333*n*, 634, 707, 747, 756
Mancisidor, José: 99, 148
Manet, Eduardo: 729*n*
Manhattan Transfer (J. Dos Passos): 16, 22, 24*n*, 676
Manjarrez, Héctor: 72
Man, Paul de: 762
Manresa Lago, Marta Olga: 642*n*
Mansilla, Lucio: 756
Mántica, Felipe: 297
Manuel Pacho (E. Caballero Calderón): 532-533
Mañana es 26 (H. Perera Soto): 350-351
Mañach, Jorge: 352
Marechal, Leopoldo: 732*n*, 747
Margarita, está linda la mar (S. Ramírez): 295, 429
María (J. Isaacs): 475-476, 478, 480, 502, 579
Mariana (D. Buzzi): 392
Marinello, Juan: 403
Mármol, Miguel: 269
Marqués, René: 443-446, 448, 450-453
Martel, Julián: 483*n*
Martí, José: 352, 357, 388, 422
Martí, Farabundo: 269, 282*n*
Martín Fierro (J. Hernández): 751
Martín, Lionel: 460
Martín, Marina: 627
Martínez, Fernando: 338
Martínez, José Luis: 71
Martínez, Tomás Eloy: 745, 758
Martínez Rivas, Carlos: 312
Martínez Sobral, Enrique: 483*n*
Máscaras (L. Padura): 429
Masferrer, Alberto: 270
Mason and Dixon (T. Pynchon): 192
Mastretta, Ángeles: 182, 186, 190-191
Maupassant, Guy de: 112, 140, 143, 195
Mauss, Marcel: 162*n*
Medina, Dante: 133
Medina Ferrada, Fernando: 402, 641-642
Mejía Duque, Jaime: 479
Mejía Sánchez, Ernesto: 70, 306, 312, 315*n*
Mejía Vallejo, Manuel: 189, 479, 532-533, 541*n*, 543, 546*n*, 576
Meléndez, Concha: 446

Meléndez Contreras, José: 444
Meléndez Muñoz, Miguel: 444
Mella, Julio Antonio: 39
Memoria del fuego (E. Galeano): 268
Memorial do convento (J. Saramago): 700
Memorias (S. T. de Mier): 185, 383
Memorias del subdesarrollo (E. Desnoes): 360, 362, 391, 393, 411
Mena, Lucila Inés: 477, 549n
Méndez Rodenas, Adriana: 431
Mendoza, María Luisa: 151
Mendoza, Pedro de: 159
Meneses, Guillermo: 445
Mérida, Carlos: 241
Metal del diablo (A. Céspedes): 654
Metamorfosis (F. Kafka): 116, 755
Mi diario (F. Gamboa): 71
Miaja, María Teresa: 431
Midcentury (J. Dos Passos): 675, 678-681
Mientras agonizo (W. Faulkner): 250
Mientras cae la noche (R. Prada Oropeza): 642n
Mier, fray Servando Teresa de: 185, 383-385
Milla, José: 223
Millán, María del Carmen: 148
Millington, Mark: 708n
Miomandre, Francis de: 34, 37, 344
Miró, Ricardo: 334
Mistral, Gabriela: 340n, 343-344, 345n
Modernidad y posmodernidad (E. Anderson Imbert): 713
Molière (Jean Baptiste Poquelin): 483n
Molina, Alberto: 413
Montaner, Carlos Alberto: 177, 433-434
Monteforte Toledo, Mario: 160n, 211, 235-243, 248, 273, 281, 458, 580, 657n
Montenegro, Carlos: 350n, 363, 389-390
Monterde, Francisco: 73
Montero, Mayra: 39n
Montes, César: 261
Montes Huidobro, Matías: 35
Montevideo (F. Jeanmaire): 192
Morales, Beltrán: 313
Morales, Leonidas: 503n
Morales, Mario Roberto: 250, 255, 257
Morales Benítez, Otto: 479
Morazán, Francisco: 270, 291
Morello-Frosch, Marta: 748

Moreno, Mario (Cantinflas): 59
Moseley, Edwin, M.: 657n
Mozart, Wolfgang A.: 183, 728
Mugby Junction (Ch. Dickens): 136
Mujeres en espejo (S. Sefchovich): 147
Mulata de tal (M. A. Asturias): 587, 591
Muñecas, Ildefonso de las: 160n, 164, 179
Muñoz, Elías Miguel: 99, 426
Muñoz, Rafael F.: 37, 68, 93-94, 97-99, 115
Muñoz Marín, Luis: 445
Murena, H. A.: 59
Murillo, Rosario: 297
Muros de azogue (B. Espejo): 152
Murphy, Kevin E.: 629n
Música concreta (A. Dávila): 150
Mutis, Álvaro: 133-134, 136-137, 186

Napoleón I (Bonaparte): 379, 714
Narrativa cubana de la revolución (J. M. Caballero Bonald): 361, 393n
Narrativa de la joven Cuba (B. Subercaseaux): 394
Narrativa joven de México (M. Glantz): 148
Narrativa mexicana (S. Menton): 15
Narrativa mexicana de hoy (E. Carballo): 148
Naufragios y comentarios con dos cartas (A. Núñez Cabeza de Vaca): 736-738, 742-743
Navarro, Noel: 354, 393, 395, 415
Neale-Silva, Eduardo: 518n
Nehru, Jawaharlal: 39
Nervo, Amado: 631n
Neumann, Erich: 524
Niebla (M. de Unamuno): 498
Nietzsche, Friedrich: 162n
No es tiempo de ceremonias (R. Pérez Valero): 413
No hay problema (E. Desnoes): 354, 357, 361-362
Noche y día (V. Woolf): 343
Nogueras, Luis Rogelio: 411, 413, 415
Noriega, Manuel: 338
Nostromo (J. Conrad): 34, 37, 59, 574, 579, 624, 723
Noticias del Imperio (F. del Paso): 71, 139, 144, 176, 178-179, 714, 740

ÍNDICE DE NOMBRES 793

Nougué, André: 533, 543*n*
Novás Calvo, Lino: 350*n*, 352, 388, 445
Núñez, Rafael: 494*n*
Núñez Cabeza de Vaca, Álvar: 736, 741-743

O arquipélago (E. Veríssimo): 675, 677-681; véase también *O tempo e o vento*
O continente (E. Veríssimo): 676-682; véase también *O tempo e o vento*
O retrato (E. Veríssimo): 675, 677-680; véase también *O tempo e o vento*
O tempo e o vento (E. Veríssimo): 675, 676, 678, 680-681
Obando y Bravo, Miguel: 299
Obra literaria (A. Mutis): 134
Obregón, Álvaro: 99, 190, 192
Ocampo, Aurora M.: 72, 148-150
Ocantos, Carlos María: 483*n*
Odisea (Homero): 258, 503, 520, 528
Of Mice and Men (J. Steinbeck): 709
Oficio de difuntos (A. Uslar Pietri): 59
Oficio de tinieblas (R. Castellanos): 70, 150
Ojos de papel volando (M. L. Mendoza): 151
Olema García, Daura: 360, 424
Oliveira, Horacio: 90
Onda y escritura en México (M. Glantz): 148
Onetti, Juan Carlos: 139, 355, 363, 365, 452, 478, 707-710, 712, 749
Onís, Federico de: 480
Oráculo sobre Managua (E. Cardenal): 298, 310, 313
Oreamuno, Ricardo Jiménez: 322
Orgambide, Pedro: 746*n*
Orjuela, Héctor H.: 479
Orlando (V. Woolf): 343, 549
Orozco, José Clemente: 69, 89, 458
Ortega, Daniel: 297, 299-300, 306
Ortega, Gregorio: 396, 430
Ortega, Humberto: 297, 300, 306
Ortega, Julio: 549*n*
Ortega y Gasset, José: 99
Ortiz, Adalberto: 201, 458, 589, 591, 657*n*
Os Lusíadas (L. de Camõens): 367
Os Sertões (E. da Cunha): 185, 596, 608, 616, 686

Ospina Pérez, Mariano: 187
Otelo (W. Shakespeare): 572
Otero, Lisandro: 273, 337, 353, 355*n*, 358, 376, 379, 395-396, 421-423
Otra vez el mar (R. Arenas): 426
Otras inquisiciones (J. L. Borges): 713
Otro día nuestro (R. Marqués): 451
Ovando: 649, 654
Oviedo, José Miguel: 549*n*, 598*n*
Pablo el Diácono: 715
Pacheco, José Emilio: 71
Pachón Padilla, Eduardo: 479
Padilla, Heberto: 353, 397, 411, 431
Padilla, Manuel Ascencio: 160*n*
Padura, Leonardo: 429
Palacio, Pablo: 466, 472
Palacios, Eustaquio: 477, 579
Palés Matos, Luis: 592
Palma, Ricardo: 500
Palmerín de Inglaterra (F. de Moraes): 10
Pancho Ruta y Gil Jocuma (S. Feijóo): 400
Pantagruel (F. Rabelais): 549
Paradiso (J. Lezama Lima): 162*n*, 166*n*, 364, 381, 386-387, 394
Pardo Llada, José: 460
Pareja Diezcanseco, Alfredo: 59, 580
Parra, Teresa de la: 340, 343-344
Pasajes de la guerra revolucionaria (E. Che Guevara): 367, 727, 728*n*
Pascal, Blas: 166*n*
Pasión de Urbino (L. Otero): 397
Paso, Fernando del: 71, 176, 178, 714, 748
Paso de los vientos (A. Benítez Rojo): 431
Pasos, Joaquín: 311
Pastora, Edén: 264*n*, 300-301
Paz, Octavio: 26, 59*n*, 101, 309, 311
Paz, Senel: 425
Pedreira, Antonio S.: 444
Pedro Páramo (J. Rulfo): 69, 102-103, 106-107, 109-110, 258, 366
Peña Gutiérrez, Isaías: 479
Peonía (M. V. Romero García): 579
Pequeñas maniobras (V. Piñera): 355, 356, 357*n*, 390, 402
Peralta Azurdia: 261
Pereira, Manuel: 424-425
Perera Soto, Hilda: 350, 426

ÍNDICE DE NOMBRES

Pérez, Armando Cristóbal: 413, 643n
Pérez, Carlos Andrés: 301
Pérez Botero, Luis A.: 538n
Pérez Galdós, Benito: 481, 500-501
Pérez Valero, Rodolfo: 413
Perezcano de Salcido, María Esther: 148
Peri Rossi, Cristina: 133, 135, 137
Peribáñez y el comendador de Ocaña (F. Lope de Vega): 476
Perón, Juan: 757, 759
Petronio: 387
Peyre, Henri: 149
Picasso, Pablo: 222
Picón Garfield, Evelyn: 725
Piedra de sol (O. Paz): 311
Piglia, Ricardo: 699n, 746-748, 751, 757-758, 760n, 762
Pigmalión (G. B. Shaw): 151
Pineda Botero, Álvaro: 182, 186
Piniella, Germán: 401
Pinochet, Augusto: 628n
Piñera, Virgilio: 355-356, 357n, 366, 383, 388, 401-402, 429
Pirandello, Luigi: 578
Pita Rodríguez, Félix: 389-390
Platón: 161n, 523
...poco después, humo (R. Prada Oropeza): 642n
Poe, Edgar Allan: 140, 150
Poema de Mío Cid: 81, 87, 90, 283, 367
Polispuercón (H. A. Murena): 59
Poncela, Jardiel: 388
Poniatowska, Elena: 148, 151, 338
Poot Herrera, Sara: 136
Popol Vuh: 226, 233, 237
Por quién doblan las campanas (E. Hemingway): 585, 649
Porras Collantes, Ernesto: 477, 511n
Portuondo, José Antonio: 380, 400, 408, 585n
Posse, Abel: 144, 176, 178, 185, 192, 621, 686, 714, 736-745, 747-748
Prada Oropeza, Renato: 641-642
Prado, Pedro: 627-629
Presiones y diamantes (V. Piñera): 401-402
Prío Socarrás, Carlos: 355
Prisioneros de guerra (A. Guzmán): 654n
Proceso y formación de la cultura paraguaya (J. N. González): 658n

Prose Fiction of the Cuban Revolution (S. Menton): 72, 349n
Proust, Marcel: 16n, 153, 166n, 344, 429
Pseudonyms of Christ in the Modern Novel: Motifs and Methods (E. M. Moseley): 657n
Puerto Limón (J. Gutiérrez): 321-322, 332, 589
Puga, María Luisa: 152
Puig, Manuel: 69, 375, 396, 726, 732n
Pynchon, Thomas: 192

Quarto de espejo (C. de Jesús): 654
Queremos tanto a Glenda (J. Cortázar): 731, 733
¿Quién inventó el mambo? (R. M. Britton): 333, 338-339
¿Quién mató a Palomino Molero? (M. Vargas Llosa): 173
Quilito (C. M. Ocantos): 483n
Quiroga, Ángela: 479
Quiroga, Horacio: 10-11, 92, 112, 140, 333n, 445, 467, 468n, 510, 571, 703, 705

Rabelais, François: 549
Radziwill, Franz: 467, 703
Rama, Ángel: 39n, 549n, 598n, 642
Ramírez, Arthur: 107n
Ramírez, Sergio: 267, 278n, 295-303, 305, 318n, 319, 429, 579, 621, 628n
Ramos, Luis Arturo: 67
Ramos, Óscar Gerardo: 533
Randall, Margaret: 269n
Rasero (F. Rebolledo): 182-185
Rayuela (J. Cortázar): 27, 139, 250, 365, 374, 578, 727, 734, 747
Reagan, Ronald: 275, 302
Rebelión en la octava casa (J. Sarusky): 396
Rebolledo, Francisco: 182, 184
Recuerdos del porvenir (E. Garro): 696
Recuerdos del 36 (L. López-Nussa): 386, 388
Redesdale, Algernon Bertram Freeman-Mitford: 717
Remarque, Erich Maria: 172
Renzi, Emilio: 746, 749, 751
Reportaje de las vísperas (G. Ortega): 395
Réquiem (G. Fauré): 24n

ÍNDICE DE NOMBRES

Réquiem para el diablo (D. Aguilera Malta): 592-593
Respiración artificial (R. Piglia): 699*n*, 746-752, 758-759, 762
Respirando el verano (H. Rojas Herazo): 478, 549-550, 552, 554, 557, 559, 562-564, 567, 569, 575-578
Restrepo, Antonio J.: 480
Revueltas, Eugenia: 69, 145
Revueltas, José: 69, 76, 127, 140, 142-145, 155, 160*n*, 176, 201, 238*n*, 273, 366-367, 422, 458, 589, 657*n*
Rey del albor, Madrugada (J. Escoto): 273-274, 279, 281-282, 289, 293
Reyes, Alfonso: 131, 149
Reyes Trejo, Alfredo: 643*n*
Reyles, Carlos: 440
Rimbaud, Arthur: 398
Río subterráneo (I. Arredondo): 151
Rivas Sacconi, José Manuel: 479
Rivera, Diego: 27, 69, 89*n*, 201, 334, 367, 422, 452, 458, 739
Rivera, José Eustasio: 99, 160, 196, 235, 502-503, 507*n*, 510-511, 514, 517-518, 520, 522, 528, 628
Rivera, Pedro: 274, 333-334, 336, 338
Rivera, Tomás: 70
Roa Bastos, Augusto: 34, 55, 59, 173, 365, 657-660, 662-665, 667, 670-671
Robbe-Grillet, Alain: 391
Robles, Martha: 72, 151
Rodríguez, Luis Felipe: 337, 363, 458
Rodríguez Feo, José: 352
Rodríguez Monegal, Emir: 365, 381, 549
Rodríguez Rivera, Guillermo: 411, 413
Rodríguez Rosales, Isolda: 316
Roh, Franz: 58*n*, 101-102
Rojas, Manuel: 332
Rojas Garcidueñas, José: 89*n*
Rojas Herazo, Héctor: 478, 549-550, 553, 562-563, 568
Rojo y negro (Stendhal): 40
Romero, José Rubén: 68, 123
Romero García, Manuel V.: 579
Rosenzweig, Carmen: 148
Rousseau, Jean-Jacques: 158, 162*n*, 179
Ruffinelli, Jorge: 72, 76*n*, 598*n*
Rugama, Leonel: 298, 315
Ruiz Gómez, Darío: 479

Rulfo, Juan: 69, 100-106, 109-110, 131, 139, 155, 333*n*, 366, 535, 547, 576, 645-646, 715
Rushdie, Salman: 140, 579, 596
Sab (G. Gómez de Avellaneda): 416
Sábato, Ernesto: 269, 365, 732*n*, 747
Sacchario (M. Cossío Woodward): 402-404, 406-407
Sackville-West, Vita: 343
Saga de México (S. Menton): 71
Sainz, Gustavo: 72, 148, 152, 255
Salazar Arrué, Salvador (Salarrué): 270
Salinas de Gortari, Carlos: 163
Sánchez, Florencio: 749
Sánchez, Héctor: 478
Sánchez, Luis Rafael: 175
Sánchez de Badajoz, Garcí: 120
Sánchez de Ocaña, Rafael: 73
Sánchez Juliao, David: 479
Sánchez Suárez, Benhur: 479, 533*n*, 541*n*
Sandino, Augusto César: 300, 302, 307
Sangre de mestizos (A. Céspedes): 654
Santa Anna, Antonio López de: 58, 159*n*
Santa Evita (T. E. Martínez): 745
Santamaría, Germán: 479
Santamaría, Haydeé: 597*n*
Santiago, Silviano: 753*n*
Santos Chocano, José: 454
Santos Rivera, José: 307*n*
Saramago, José: 700
Sarasquete de Smyth, Acracia: 336*n*
Sarduy, Severo: 16, 29-32, 55, 160*n*, 173, 254, 273, 337, 350*n*, 363*n*, 365-366, 367*n*, 368, 370-374, 379, 381*n*, 393, 395, 426, 429, 458, 587, 634
Sarmiento, Domingo Faustino: 192, 270
Sarraute, Nathalie: 391
Sartre, Jean-Paul: 21-22, 113, 123, 352, 355
Sarusky, Jaime: 352, 355-356, 396
Satiricón (Petronio): 387
Scliar, Moacyr: 695, 699, 702
Scott, Walter: 177, 183, 187
Schad, Christian: 467
Schwarz-Bart, André: 705
Schwob, Marcel: 127
Sed de amar (E. Seligson): 153
Sefchovich, Sara: 72, 147
Seis cuentos (C. García Prada): 480
Seligson, Esther: 148-149, 153

"Semana de la mujer" y otras calamidades (R. M. Britton): 333, 339-340, 345-346
Senderos brillantes (N. Estupiñán Bass): 59
Senghor, Léopold: 593
Serdán, Aquiles: 192
Setti, Ricardo: 596n
Seymour, Menton: 760n
Shakespeare, William: 175, 476, 572, 716, 751
Shaw, Artie: 9
Sheeler, Charles: 467
Siempre la muerte, su paso breve (R. González): 395-396
Siervo sin tierra (E. Caballero Calderón): 532-533
Siete lunas y siete serpientes (D. Aguilera Malta): 587, 589-590
Silas Marner (G. Eliot): 483n
Silva Castro, Raúl: 629
Sin nada entre las manos (H. Sánchez): 478
Sinán, Rogelio: 340
Siqueiros, José Alfaro: 69, 458
Skármeta, Antonio: 255, 318
Sobre héroes y tumbas (E. Sábato): 269, 365, 747
Soldevilla, Loló: 360, 424
Soler Puig, José: 350, 352, 395, 411, 423
Solzhenitsyn, Alexander: 354
Sombras de Reis Barbudos (J. J. Veiga): 687n, 691-694
Sommer, Doris: 15
Sommers, Joseph: 110n
Somoza Debayle, Anastasio: 64, 309
Somoza García, Anastasio: 64, 264n, 282n, 299-302
Sonámbulo del sol (N. Tejera): 363, 391, 394
Sosa, Yon: 261, 269
Soto, Pedro Juan: 444, 446
Souza, Raymond: 597n
Speratti-Piñero, Emma Susana: 725
Stäel, Madame de: 385
Stalin, José: 418
Steinbeck, John: 709
Steiner, Rolando: 310
Stendhal (Henri Beyle): 40
Stephen Hero (J. Joyce): 166n
Stevenson, José: 479

Stöcklin, Niklaus: 734
Stravinsky, Igor: 418
Stroessner, Alfredo: 58, 59n
Suárez Rondón, Gerardo: 531n
Subercaseaux, Bernardo: 394
Sub terra (B. Lillo): 333n
Subero, Efraín: 457n
Swift, Jonathan: 115
Sykes, Sir Percy: 717

Tabaco (L. López-Nussa): 389
Tales of Old Japan (A. B. F.-M. Redesdale): 717
¿Te dio miedo la sangre? (S. Ramírez): 267, 295n
Tejera, Nivaria: 363n, 391
Temporada de ángeles (L. Otero): 421-422
Teresa de Jesús, santa: 340n, 344
Terra nostra (C. Fuentes): 157, 158n, 166n, 173, 178, 714
Terras do Sem Fim (J. Amado): 683
The Armies of the Night (N. Mailler): 394
The Big Money (J. Dos Passos): 22
The Buenos Aires Affair (M. Puig): 433
The Cat and Man (G. Grilhe): 733
The Children of Sánchez (O. Lewis): 394, 654
The Gangs of New York (H. Asbury): 717
The Hero with a Thousand Faces (J. Campbell): 164
The Modern Latin American Novel (R. L. Williams): 333
The Satanic Verses (S. Rushdie): 596
Thomas, Hugh: 368
Thorne, Carlos: 624, 626
Tiempo de fulgor (S. Ramírez): 267, 295n, 579
Tiempo destrozado (A. Dávila): 150
Tierra bajo los pies (R. Gallegos): 464
Tierra inerme (D. Alonso): 363
Tirano Banderas (R. del Valle-Inclán): 34, 37-38, 59, 61, 225, 579, 624
Toá (C. Uribe Piedrahita): 477
Toda una vida (M. Cerda): 10
Todas las sangres (J. M. Arguedas): 657n
Todo verdor perecerá (E. Mallea): 45
Todorov, Tzvetan: 735

ÍNDICE DE NOMBRES

Todos los fuegos el fuego (J. Cortázar): 726-727, 731-733
Tolstoi, León: 175
Torres, Edelberto: 307n
Torres, Juan José: 641
Torres Bodet, Jaime: 131
Torres-Rioseco, Arturo: 76n, 627-629
Torri, Julio: 73
Torrijos, Omar: 301
Tradiciones peruanas (R. Palma): 500
Trama (C. A. Montaner): 177, 433-434
Tras la ventana un árbol (E. Seligson): 153
Travieso, Julio: 422, 646-647
Tres tristes tigres (G. Cabrera Infante): 27, 250, 363n, 386, 388, 390, 394, 396-398, 406, 589
Triana, José: 431
Tristram Shandy (L. Sterne): 152, 179, 578
Tro, Emilio: 460-461
Trotski (Lev Davidovich Bronstein): 388
Trujillo, Rafael Leónidas: 38, 63, 65, 282n, 621, 626
Tu fantasma, Julián (M. Zalaguet): 318
Tufiño, Rafael: 444
Tumbaga (S. Feijóo): 400
Tünnerman Bernheim, Carlos: 307n
Turcios, Luis: 257, 261
Tute de reyes (A. Benítez Rojo): 431
Tuyo es el reino (A. Estévez): 429

Ubico, Jorge: 195, 211-212, 232, 263
Ulises (J. Joyce): 16
Último round (J. Cortázar): 133
Umaña, Helen: 273n
Un árbol de noche y otros cuentos (T. Capote): 102
Un baile de máscaras (S. Ramírez): 295n
Un bel morir (A. Mutis): 134
Un cri sur le rivage (E. Manet): 729n
Un día en la vida de Iván Denisovich (A. Solzhenitsyn): 354
Un drama nuevo (M. Tamayo y Baus): 126
Un libro levemente odioso (R. Dalton): 239n
Un mundo de cosas (J. Soler Puig): 423-424

Un rey en el jardín (S. Paz): 425-426
Un sol sobre Managua (E. Aguirre): 297, 305, 308, 310, 315-316, 318-319
Una cruz en la Sierra Maestra (D. Aguilera Malta): 585, 587
Una década en la narrativa nicaragüense y otros ensayos (I. Rodríguez Rosales): 316n
Una familia lejana (C. Fuentes): 73
Una manera de morir (M. Monteforte Toledo): 235, 242-243, 248
Una memoria de la revolución sandinista (S. Ramírez): 305
Una pasión prohibida (C. Peri Rossi): 133
Unamuno, Miguel de: 118, 480, 498, 578
Uribe, Álvaro: 278n, 305, 308n, 316-317
Uribe Piedrahita, César: 477
Urtecho, Francisco: 313
U.S.A. (J. Dos Passos): 22, 24, 27, 69, 160n, 200, 367, 406, 458, 675, 677-682
Usigli, Rodolfo: 71
Uslar Pietri, Arturo: 59, 172, 468n, 718

Valadés, Edmundo: 70
Valenzuela, Luisa: 734
Valéry, Paul: 756
Valiente mundo nuevo (C. Fuentes): 158, 159n, 161, 162n, 166n, 176n, 180n
Valle, Alejandro: 311-312
Valle, José Cecilio de: 291
Valle-Arizpe, Artemio de: 131, 384
Valle-Castillo, Julio: 307n, 310, 314, 315n
Valle-Inclán, Ramón del: 34, 37, 225, 624, 737
Vallejo de Bolívar, Gaby: 641-642, 649
Vargas, Germán: 479, 550n
Vargas, Getúlio: 677
Vargas Llosa, Mario: 100, 144, 160, 173, 175, 185, 254, 267, 322, 364-365, 381, 416, 431, 433, 478, 549, 576, 589, 595-597, 598n, 601, 603-604, 606, 609-610, 612, 615-617, 619n, 621, 672, 685-687
Varia invención (J. J. Arreola): 112, 123-125, 127-128, 131
Vasconcelos, José: 26, 99, 166, 273, 281, 458
Vázquez, Miguel Ángel: 265
Vega, Ana Lydia: 455
Veiga, José J.: 685-692, 694

Vela Zanetti, José: 242
Veríssimo, Érico: 675-681
Verlaine, Paul: 753
Verne, Julio: 400
Vico, Giambattista: 162*n*, 753
Vida y obra de Tomás Carrasquilla (K. Levy): 480
Viento de enero (J. Lorenzo Fuentes): 395
Viento fuerte (M. A. Asturias): 216
Viernes de Dolores (M. A. Asturias): 38
Vies imaginaires (M. Schwob): 127
Vieta, Ezequiel: 398
Viezzer, Moema: 654
Vilá, Portell: 460
Villa, Francisco: 77, 79, 99, 192
Villafañe, Segundo: 483*n*
Villarroel, Gualberto: 38, 65
Villeda Morales, Ramón: 277, 280, 292
Villegas, Abelardo: 69, 145
Vínyes, Ramón: 550*n*
Viñas, David: 642
¡Violencia! (C. Cojulún Bedoya): 265
Virgilio: 367, 502, 519*n*
Vista del amanecer en el trópico (G. Cabrera Infante): 268, 274, 337-338
Vitier, Cintio: 422-423
¡Viva Cristo Rey! (S. Galvis): 187, 189-191
¡Viva la República! (C. Thorne): 624, 626
Vivas, José Luis: 444
Vivir en Candonga (E. Vieta): 398, 400
Volek, Emil: 431
Volkening, Ernesto: 549*n*
Voltaire (Francisco María Arouet): 123-124, 127, 158, 179
Vuelo de cuervos (E. Blandón): 318

Wages Paid (J. Carnegie): 416
Walker, William: 270, 302
Warhol, Andy: 394
Warnes, Ignacio: 160*n*
Washington, George: 192
Week-end en Guatemala (M. A. Asturias): 216

Weil, Simone: 340*n*, 341, 344
Welles, Sumner: 389
Werfel, Franz: 101
West, Nathaniel: 708
Wheelock, Jaime: 296
White, Hayden: 736, 743
White, Steven: 318*n*
Wilde, Oscar: 398
Williams, Noel D.: 416
Williams, Raymond Leslie: 333, 597*n*-598*n*
Williams, Tennessee: 726
Williams, William Carlos: 703
Winesburg, Ohio (S. Anderson): 333*n*
Winn, Peter: 415
Wittgenstein, Ludwig: 753
Wölfflin, Heinrich: 102
Wood, Grant: 467
Wood, Maura: 34*n*
Woolf, Virginia: 340, 343-344, 549
Wyeth, Andrew: 102

...y no se lo tragó la tierra (T. Rivera): 70
Y si muero mañana (L. R. Nogueras): 415
Yáñez, Agustín: 16, 24-25, 68-69, 100, 176, 309, 366, 422, 668*n*
Yauri Montero, Marcos: 402
Yeats, William Butler: 716
Yeltsin, Boris: 302
Yerma (F. García Lorca): 126, 543
Yllescas, Edwin: 312
Yo el supremo (A. Roa Bastos): 34, 59, 173
Yurkievich, Saúl: 704*n*

Zalaguet, Mónica: 318
Zapata, Emiliano: 79, 192
Zapata Olivella, Manuel: 479, 532
Zeno Gandía, Manuel: 444
Zimmerman, Marc: 315*n*
Zola, Emilio: 483*n*, 675
Zoológico de cristal (T. Williams): 726
Zubiría, Ramón de: 479
Zweig, Stefan: 344-345

ÍNDICE GENERAL

Volver a empezar 9

I. ¿Veintiuna naciones individuales o una sola?

La obertura nacional: Asturias, Gallegos, Mallea, Dos Passos, Yáñez, Fuentes y Sarduy 16
La síntesis de la nación latinoamericana: dos versiones novelescas . 34
El recurso del método: lo nuevo y lo viejo en el nuevo neobarroco de Alejo Carpentier 35
El otoño del patriarca: ver para no creer 41
   El lector engañado, 43; El narrador desplazado, 45; Tiempo concentrado, tiempo prolongado, 47; Ambigüedad del patriarca, 51; Comparación inevitable con *Cien años de soledad,* 54; La novela del dictador y la realidad latinoamericana, 58

II. México

"Un tercer gringo viejo o Carlos Fuentes y yo" 67
Texturas épicas de *Los de abajo* 75
Martín Luis Guzmán y Rafael F. Muñoz: los pares mínimos y las diferencias generacionales 92
Juan Rulfo: tres miniponencias 101
   1. El realismo mágico en *Luvina* 101
   2. *El Llano en llamas,* antiepopeya de la Revolución 104
   3. Los indios de *Pedro Páramo* 106
Juan José Arreola y el cuento del siglo xx 112
Cuatro viajes cuentísticos en ferrocarril y uno aéreo: Mutis, Cortázar, Peri Rossi, Dickens y Arreola 133
En busca del cuento dialógico: José Revueltas 139
Sin embargo: las cuentistas mexicanas en la época feminista: 1970-1988 147

La campaña, de Carlos Fuentes: crónica de una guerra denunciada 157
  1. La novela neocriollista 160
  2. La novela arquetípica 164
  3. La novela dialógica, carnavalesca... bajtiniana 169
  4. La novela intertextual 172
  5. La parodia de la novela histórica popular 177
  6. La Nueva Novela Histórica 178
Cuarteto colombo-mexicano de las últimas novelas históricas: *Rasero* (1993), *El insondable* (1997), *¡Viva Cristo Rey!* (1991) y *Mal de amores* (1996) 182

III. Guatemala

Flavio Herrera: un criollista diferente 195
Miguel Ángel Asturias: la dictadura infernal de *El señor Presidente* y el mundo de lo real maravilloso de *Hombres de maíz* 212
Mario Monteforte Toledo: cuatro etapas de la novela hispanoamericana 235
Los señores presidentes y los guerrilleros: la nueva novela guatemalteca (1976-1982) 250

IV. El Salvador

La Nueva Novela Histórica y *Las historias prohibidas del Pulgarcito*, de Roque Dalton 267

V. Honduras

Rey del albor, madrugada, de Julio Escoto: la última novela nacional y la primera novela cibernética 273
Proyecto imperialista 274
La primera novela cibernética y las películas de James Bond . . 276
El mural nacional 278

VI. Nicaragua

Arte e ideología en *Adiós muchachos*, de Sergio Ramírez 295
La novela postsandinista: *Un sol sobre Managua* y *La lotería de San Jorge* 305
   1. Desilusión con la Revolución sandinista 305
   2. La ambigüedad genérica 308
   3. Los títulos 315
   4. La recepción 316

VII. Costa Rica

Las dos ediciones de *Puerto Limón*, de Joaquín Gutiérrez 321

VIII. Panamá

La búsqueda de la identidad nacional en el cuento panameño . . . 333

IX. Cuba

Narrativa de la Revolución cubana 349
   Fase primera, 1959-1960: la lucha contra la tiranía 349
   Fase segunda, 1961-1965: exorcismo, existencialismo y autocensura 352
   1. El héroe existencialista anterior a 1959, 355; 2. Existencialismo prerrevolucionario y euforia revolucionaria: Sartre más Dos Passos y Faulkner, 358; 3. El mundo revolucionario posterior a 1959: propaganda socialista y restos de la mentalidad burguesa, 360; 4. Fuera del camino trillado, 362
   Fase tercera, 1966-1970: epopeya, experimentación y escapismo 363
   1. Epopeya heroica; epopeya muralística, 366; 2. Experimentación lingüística, 386; 3. Continúa el exorcismo, 390; 4. Otra vez, la tiranía batistiana, 395; 5. Distintos grados de escapismo, 397
   Fase cuarta, 1971-1974: la novela ideológica, realismo socialista . 402
La quinta fase, 1975-1987: novelas detectivescas y novelas históricas 412
P. D. La sexta fase: 1989-2000 429

Escritores invisibles 431
Trama, de Carlos Alberto Montaner 433

X. Haití

El realismo maravilloso de Jacques Stéphen Alexis 435

XI. República Dominicana

Dos mujeres desiguales: la de Juan Bosch y la de José Luis González   439

XII. Puerto Rico

La generación del cuarenta 443
Otro día nuestro, de René Marqués 448
La víspera del hombre, de Rene Marqués 450
Falsas crónicas del sur, de Ana Lydia Vega 454

XIII. Venezuela

Doblegada pero no vencida: *La brizna de paja en el viento* 457
   1. La novela nacional de la Cuba prerrevolucionaria 458
   2. La vida universitaria en La Habana en 1948 460
   3. Un juicio de valor comparado 461
Julio Garmendia y el nuevo cuento ficticio 466

XIV. Colombia

La novela colombiana: planetas y satélites 475
   Prólogo 475
Frutos de mi tierra o "Jamones y solomos" 480
   Los siete pecados capitales 482
   Unidad estructural de los dos argumentos 487

Los frutos y "mi tierra" 489
　　Regionalismo y conciencia nacional 493
　　"Nada es superior a las palabras" 495
　　Reminiscencias literarias 499
La vorágine: el triángulo y el círculo 502
　　I. El triángulo 503
　　El amor, la sierra, el Paraíso, 504; La naturaleza, los llanos, el Purgatorio, 506; La explotación, la selva, el Infierno, 509; La estructura trinaria, 512
　　II. El círculo 513
　　El movimiento circular, 513; Estructura circular, 515; Todos los hombres son uno, 517; La vorágine interior del hombre, 522; La época andrógina, 523; La naturaleza personificada y la Madre Terrible, 524
El día señalado, de Manuel Mejía Vallejo. Un análisis ambivalente precedido de una esquematización imposible de la novela de la Violencia 531
Respirando el verano, fuente colombiana de *Cien años de soledad* . 549
　　1. Celia-Úrsula Buendía, el coronel Aureliano 550
　　2. El doctor Milcíades Domínguez Ahumada-José Arcadio Buendía, el coronel Aureliano, Prudencio Aguilar, Melquíades . . . 555
　　3. Jorge-José Arcadio el protomacho y el coronel Aureliano . . 557
　　4. Julia, Sara, Ana-Amaranta 559
　　5. Salomón Niseli-Melquíades 562
Manual imperfecto del novelista 571
　　1. Unidad orgánica 571
　　2. Tema trascendente 572
　　3. Argumento, trama, o fábula interesante 573
　　4. Caracterización acertada 574
　　5. Constancia de tono 575
　　6. Adecuación de recursos técnicos 576
　　7. Lenguaje creativo 578
　　8. Originalidad 579
　　9. Impacto posterior 579

XV. El Ecuador

Hermano Demetrio 581
Una cruz en la Sierra Maestra, de Demetrio Aguilera Malta 585

Siete lunas y siete serpientes, de Demetrio Aguilera Malta 587
Réquiem para el diablo, de Demetrio Aguilera Malta 592

XVI. El Perú

La guerra contra el fanatismo: *La guerra del fin del mundo*, de Mario Vargas Llosa 595
La fiesta del Chivo, de Mario Vargas Llosa 621
¡Viva la República, de Carlos Thorne 624

XVII. Chile

La resurrección de *Alsino* y su simbolismo cristiano 627

XVIII. Bolivia

Tres visiones de la revolución: *Los fundadores del alba*, de Renato Prada Oropeza; *Los muertos están cada día más indóciles*, de Fernando Medina Ferrada; *Los vulnerables*, de Gaby Vallejo de Bolívar, y... Domitila 641

XIX. Paraguay

Realismo mágico y dualidad en *Hijo de hombre* 657

XX. El Brasil

Érico Veríssimo y John Dos Passos: dos versiones de la novela nacional 675
Gabriela, cravo e canela, de Jorge Amado 683
El profeta revolucionario en *A casca da serpente*, de José J. Veiga . . 685
Los invasores misteriosos o el asalto inminente en la obra de José J. Veiga 688

El judío errante y *A estranha nação de Rafael Mendes*, de Moacyr Scliar 695

XXI. El Uruguay

El primer cuento magicorrealista: *El hombre muerto* (1920), de Horacio Quiroga 703
Jacob y el otro: el cuento mejor realizado de Juan Carlos Onetti . . 707

XXII. La Argentina

Borges y la historia 713
Julio Cortázar y el gato magicorrealista 725
La historia verdadera de Álvar Núñez Cabeza de Vaca: *El largo atardecer del caminante*, de Abel Posse 736
La pasión según Eva, de Abel Posse 744
Cuestionando las definiciones o el arte de la subversión: *Respiración artificial*, de Ricardo Piglia 746
El desfile de las modas: breve denuncia elegiaca de la teoría crítica . 760

Publicaciones completas de Seymour Menton 763
Índice de ilustraciones 777
Índice de nombres 779

Este libro se terminó de imprimir en septiembre de 2002 en los talleres de Impresora y Encuadernadora Progreso, S. A. de C. V. (IEPSA), Calz. de San Lorenzo, 244; 09830 México, D. F. En su composición, parada en el Taller de Composición Electrónica del FCE, se usaron tipos StempelGaramond de 10.5:13 y 8:9 puntos. La edición, que consta de 2 000 ejemplares, estuvo al cuidado de
René Isaías Acuña Sánchez.